勇于跨越
追求卓越

勇于超越
追求卓越

2021 CHINA RAILWAY ENGINEERING CORPORATION YEARBOOK

# 中国中铁年鉴

# 2021

《中国中铁年鉴》编委会◎编

中国经济出版社
CHINA ECONOMIC PUBLISHING HOUSE
·北京·

图书在版编目（CIP）数据

中国中铁年鉴. 2021 /《中国中铁年鉴》编委会编
. -- 北京：中国经济出版社，2021.12
ISBN 978-7-5136-6740-1

Ⅰ. ①中… Ⅱ. ①中… Ⅲ. ①铁路企业 - 企业集团 - 中国 - 2021 - 年鉴 Ⅳ. ① F532.6-54

中国版本图书馆 CIP 数据核字（2021）第 239414 号

组稿编辑　崔姜薇
责任编辑　王建昌
责任印制　马小宾
封面设计　任燕飞装帧设计工作室

出版发行　中国经济出版社
印 刷 者　北京富泰印刷有限责任公司
经 销 者　各地新华书店
开　　本　880mm × 1230mm　1/16
插页印张　3.25
印　　张　44
字　　数　1880 千字
版　　次　2021 年 12 月第 1 版
印　　次　2021 年 12 月第 1 次
定　　价　460.00 元
广告经营许可证　京西工商广字第 8179 号

中国经济出版社 网址 www. economyph. com 社址 北京市东城区安定门外大街 58 号 邮编 100011
本版图书如存在印装质量问题，请与本社销售中心联系调换（联系电话：010-57512564）

---

# 《中国中铁年鉴（2021）》编委会

# 编辑说明

一、《中国中铁年鉴》是一部概览中国中铁系统各方面情况的综合性、资料性工具书，2003年创刊，逐年连续出版，本卷年鉴是第19卷。本年鉴主要记载了中国中铁总部及所属企业2020年1月1日至12月31日生产经营、改革发展、科技创新、企业管理、党群工作等各项工作所取得的新成果、新经验以及重要活动信息。

二、本年鉴采取分类编辑法，按类目、分目、条目的结构组成内容体系，以不同字体、字号区别不同层次，条目标题均加【 】表示。为方便读者查阅，书中配备三重检索系统，即正文前有详细目录、正文有页眉检索、正文后有主题索引。

三、本年鉴设特稿、大事记、概述、基建建设、勘察设计与咨询服务、工程设备与零（部）件制造、海外业务、实业投资及金融物贸、科技创新、行政工作、党群工作、人物、所属单位、统计资料和附录15个篇目123个分目1214个条目，并有2篇文章、118个图表（含示意图）。

四、本年鉴注重图片资料的收录，以彩页和压题、补白的形式编录，全文刊载图片480幅，在正文前刊载专题彩色图片152幅，力求全书图文并茂地反映企业的发展历程。

五、本年鉴稿件由中国中铁总部各部门及所属各单位提供，所有稿件均经各部门和单位领导审核。年鉴文章、条目、图表中的统计数据，由不同业务部门提供，如因统计口径不同而出现不一致之处，请以经营开发部和财务部的数据为准。

六、本年鉴的版式编排执行国家标准，计量单位一律采用国际单位制，文字采用国家语言文字工作委员会公布的标准简化汉字，专业术语采用有关国家标准和行业标准的约定，标点符号和数字书写按出版部门有关出版物的规定执行。如有疏漏之处，欢迎提出意见。

七、本年鉴根据行文实际需要，单位名称全称和简称并用。本年鉴出现的中国中铁所属各单位全称和简称对照参看中国中铁所属单位全称及简称对照表。

八、本年鉴的编辑出版，得到了中国出版协会年鉴工作委员会、中国经济出版社的指导和帮助，得到了中国中铁各级领导、部门的关怀和重视，得到了各编辑工作者的密切配合，谨在此向所有关心、支持和直接参与编撰工作的人员表示谢意和敬意。同时，欢迎社会各界提出宝贵意见，以便提高编撰质量。

# 中国中铁所属单位全称及简称对照表

**编者注：**鉴于篇幅限制及使用的便利性，对于集团公司所属单位的分公司或子公司名称，本年鉴内文中一般按惯例使用简称，特殊语境下使用全称。在此，不再一一对照列举，内文也不再逐一加注说明。

中国铁路工程集团有限公司——集团公司
中国中铁股份有限公司——中国中铁、股份公司
中铁一局集团有限公司——中铁一局
中铁二局集团有限公司——中铁二局
中铁三局集团有限公司——中铁三局
中铁四局集团有限公司——中铁四局
中铁五局集团有限公司——中铁五局
中铁六局集团有限公司——中铁六局
中铁七局集团有限公司——中铁七局
中铁八局集团有限公司——中铁八局
中铁九局集团有限公司——中铁九局
中铁十局集团有限公司——中铁十局
中铁大桥局集团有限公司——中铁大桥局
中铁隧道局集团有限公司——中铁隧道局
中铁电气化局集团有限公司——中铁电气化局
中铁武汉电气化局集团有限公司——中铁武汉电化局
中铁建工集团有限公司——中铁建工
中铁广州工程局集团有限公司——中铁广州局
中铁北京工程局集团有限公司——中铁北京局
中铁上海工程局集团有限公司——中铁上海局
中铁国际集团有限公司——中铁国际
中铁东方国际集团有限公司——东方国际
中国海外工程有限责任公司——中海外
中铁二院工程集团有限责任公司——中铁二院
中铁第六勘察设计院集团有限公司——中铁六院
中铁工程设计咨询集团有限公司——中铁设计
中铁大桥勘测设计院集团有限公司——中铁大桥院
中铁科学研究院有限公司——中铁科研院
中铁华铁工程设计集团有限公司——中铁华铁
中铁长江交通设计集团有限公司——中铁长江设计
中铁水利水电规划设计研究院集团有限公司——中铁水利设计
中铁高新工业股份有限公司——中铁工业
中铁装配式建筑股份有限公司——中铁装配
中铁置业集团有限公司——中铁置业
中铁文化旅游投资集团有限公司——中铁文旅
中铁资源集团有限公司——中铁资源
中铁信托有限责任公司——中铁信托
中铁财务有限责任公司——中铁财务
中铁资本有限公司——中铁资本
中铁投资集团有限公司（中国中铁京津冀区域总部）——中铁投资（京津冀区域总部）
中铁南方投资集团有限公司（中国中铁华南区域总部）——中铁南方（华南区域总部）
中铁交通投资集团有限公司（中国中铁中南区域总部）——中铁交通（中南区域总部）
中铁开发投资集团有限公司（中国中铁西南区域总部）——中铁开投（西南区域总部）
中铁城市发展投资集团有限公司（中国中铁西部区域总部）——中铁城投（西部区域总部）
中铁（上海）投资集团有限公司（中国中铁华东区域总部）——中铁上投（华东区域总部）
中铁发展投资有限公司（中国中铁晋鲁豫区域总部）——中铁发展（晋鲁豫区域总部）
中铁北方投资有限公司（中国中铁北方区域总部）——中铁北方（北方区域总部）
中国铁工投资建设集团有限公司——中国铁工投资
中铁世德铁路投资有限公司——中铁世德
中铁站城融合发展投资有限公司——中铁站城
中铁（广州）投资发展有限公司——中铁广投
中铁物贸集团有限公司——中铁物贸
中铁云网信息科技有限公司——中铁信科
中铁“三个转变”研究院——中铁高科院
中铁国资资产管理有限公司——中铁国资
中国铁路工程集团有限公司党校——集团公司党校

# 领导风采

❶ 2020年5月10日，中国中铁党委书记、董事长陈云主持“三个转变”与高质量发展研讨会暨第三届中国品牌战略发展论坛

❷ 2020年12月17日，中国中铁总裁陈文健（右二）到中铁北京局调研

❶ 2020年11月17日，中国中铁党委副书记、执行董事王士奇（右二）到陕西省柞水县金米村进行脱贫攻坚调研

❷ 中国中铁总会计师孙璀（右二）到中铁山桥调研

❸ 2020年9月14日，中国中铁纪委书记张建强（左二）到中铁隧道局深中通道工程项目调研

❹ 2020 年 9 月 21 日，中国中铁副总裁、总法律顾问于腾群（右一）出席芜湖市轨道交通 1 号线、2 号线一期工程项目“创精品、保工期、大干一百天”誓师大会

❺ 2020 年 11 月 7 日，中国中铁副总裁刘宝龙（左二）在川藏铁路现场考察

❻ 2020 年 9 月 24 日，中国中铁副总裁任鸿鹏（左二）与冶金地质总局领导举行会谈

❶ 2020年6月8日，中国中铁工会主席、女工委主任刘建媛在中国中铁工会女工委三届五次全委（扩大）会议上作工作报告

❷ 2020年7月25日，中国中铁监事会主席张回家出席中国中铁办公室主任工作会议

❸ 2020年10月26日，中国中铁总工程师孔遁出席西安地铁项目建设推进会

## ·领导风采·

❹ 2020年8月10日，中国中铁总经济师马江黔到中铁大桥局调研

❺ 2020年8月31日，中国中铁董事会秘书、财务与金融管理部部长何文出席中国中铁2020年中期业绩说明会

❻ 2020年10月10日，中国中铁安全总监、安全质量环保监督部部长李凤超到中铁装配进行调研督导

**10**天建成

刷新**“中国基建速度”**

2020年2月2日，中国中铁工业旗下中铁重工参建的武汉火神山医院正式交付人民军队医务工作者，为打赢武汉保卫战奠定了坚实基础。

**14**小时完成重症病房

**792**平方米屋面钢骨架安装和焊接

**23**小时完成医学技术楼

主体**19**榀桁架现场拼接

# 火神山医院

中国中铁

2020 成绩单

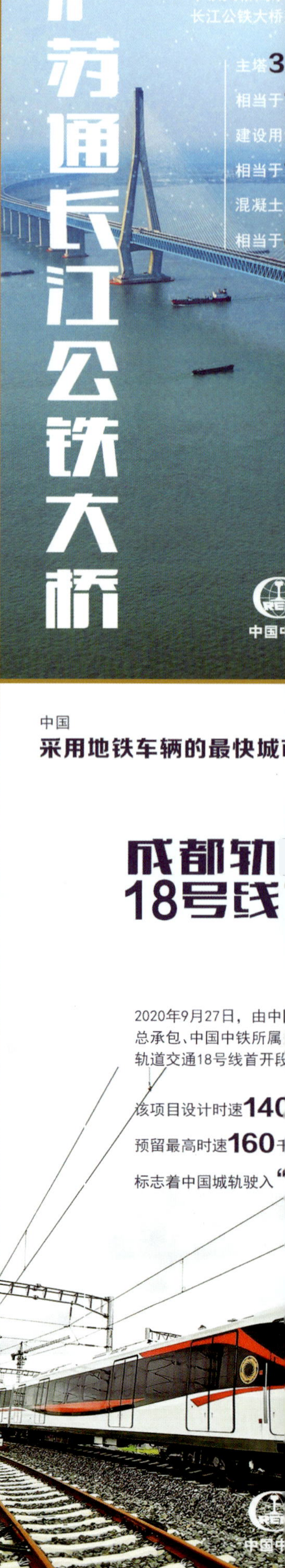

院设计、中国
参建的沪苏通
同步开通运营。

米

世界
**跨度最大的上承式连续钢桁梁铁路桥**

2020年7月1日，由中国中铁二院设计、中国中铁四局承建中老昆万铁路元江双线特大桥合龙，为全线按期建成通车奠定了基础。

元江双线特大桥全长为**832.2**米，最高的3号桥墩高达**154**米，位居同类型桥梁**世界第一**，大桥主桥采用变桁高上承式连续钢桁梁结构，**249**米的主跨也创同类型桥梁**世界第一**。

# 元江双线特大桥

中国中铁

建筑面积**47.52**万平方米
相当于**6**个北京站

京雄城际铁路
**规模最大的新建车站**

# 雄安站

2020年12月27日，京雄城际铁路全线开通，由中国中铁所属中铁建工、九局、电气化局等单位参建的雄安站同步投入使用。站房设计以雄安水文化为灵感，采用"青莲滴露"的主题，外观呈水滴状椭圆造型，椭圆形屋盖轮廓如清泉源头，似一瓣青莲上的露珠。

屋顶铺设**4.2**万平方米光伏建材，年均发电量可达**580**万千瓦时。

**国内首座**大规模运用清水混凝土技术的铁路站房，混凝土结构浇筑完成后无须再进行修饰。

中国中铁

世界
**最长跨海峡公铁两用大桥**
中国
**首座跨海公铁两用桥**

全长**16.34**千米
其中跨海段超过**11**千米

2020年12月26日，由中国中铁大桥院设计、中国中铁大桥局承建、中国中铁工业参建的平潭海峡公铁大桥随着福平铁路的开通运营，全面投入使用。

大桥所处位置为世界**三大风口之一**，全年**6级**以上大风天数达到**310天**左右，**7级**以上大风天数达到**200天**左右。

# 平潭海峡公铁大桥

中国中铁

被称为
**"史上最难掘进隧道"**

# 大柱山隧道

2020年4月28日，由中国中铁二院设计、中国中铁一局承建的大（理）瑞（丽）铁路经过**12**年的艰苦施工，终于全隧贯通。

全长**14484**米
大瑞铁路通车后，火车穿越隧道只需**7**分钟

大柱山隧道地处云南高原西部边缘，横断山脉南段，穿越著名的澜沧江深大断裂带，穿过含断层破碎带、侵入体蚀变带、岩溶等不良地质，地下水极其发育，岩体极其破碎，被形容为**"在豆腐渣里打洞"**。



中国中铁

攻克了

**海底孤石 基岩 8度地震烈度区**

等世界级施工难题

# 汕头海湾隧道

2020年8月7日，由中国中铁隧道局等单位承建的**“世界级挑战性工程”**汕头海湾隧道双线成功穿越汕头海湾。

海湾隧道

中国中铁

世界

**首座高速铁路悬索桥**

中国

**首座公铁两用悬索桥**

2020年12月11日，中国中铁大桥院勘察设计、中国中铁大桥局承建、中国中铁工业参建的连镇铁路五峰山长江大桥建成通车，将中国高铁带入了**“悬索桥时代”**。大桥上层为8车道高速公路，设计时速100千米，下层为四线铁路，正线铁路设计时速为250千米，预留线铁路设计时速200千米。

全长**6409**米

大桥主跨**1092**米

采用两根直径各**1.3**米的主缆

为目前**世界范围内最大直径主缆**

单根主缆拉力高达**9**万吨

足以吊起**1.5**艘满载的“辽宁”号航空母舰

# 五峰山长江大桥

中国中铁

世界

**首座高低矮塔公铁两**

# 芜湖长江公铁大桥

吉林省

**首条“智能高速”**

全长**187.203**千米

全线路面平整度均为**0.6**毫米以下

2020年9月15日，由中国中铁总承包的双洮高速公路提前9个月达到通车条件，正式开通运营。公路设计时速120千米，双向四车道，全线采用BIM应用技术进行施工管理。

# 双洮高速公路

中国中铁

中国

**第一铁路长隧**

# 高黎贡山隧道

2020年5月20日，经过建设者耗时四年艰苦施工，中国中铁二院勘察设计、中国中铁隧道局承建的大（理）瑞（丽）铁路高黎贡山隧道2号竖井副井掘砌到底，为高黎贡山隧道施工的全面展开奠定基础。

全长**34.538**千米

穿越**19**条断层破碎带

具有**“三高四活跃”**的特征

被称为铁路建筑史上的**“地质博物馆”**

由中国中铁大桥院设计、
建的芜湖长江三桥公路
桥已于当年6月28日通车，
大桥全面投入运营。

长
5米
大桥主塔桥面以上塔高
半。

单根拉力可达1600吨
小轿车的重量
规格平行钢丝斜拉索

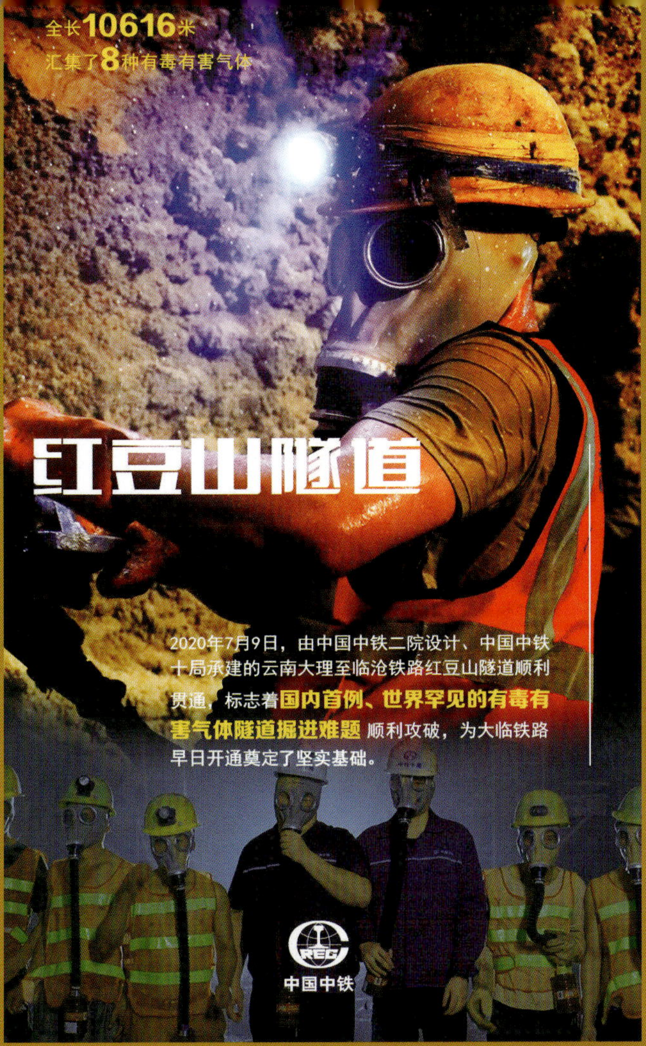

全长10616米
汇集了8种有毒有害气体

# 红豆山隧道

2020年7月9日，由中国中铁二院设计、中国中铁十局承建的云南大理至临沧铁路红豆山隧道顺利贯通，标志着**国内首例、世界罕见的有毒有害气体隧道掘进难题**顺利攻破，为大临铁路早日开通奠定了坚实基础。

中国中铁

陕西首条
**PPP模式建设的地铁线路**

# 西安地铁9号线

2020年12月28日，由中国中铁集“投资+建设+运营”于一体的西安地铁9号线正式开通初期运营。

中国中铁

铁路全线第一长隧

全长17.476千米
设计及施工难度极大
穿越9套地层
19条断层及2条向斜

# 安定隧道

020年11月28日，历时4年多的艰苦施工，由中国中铁二院勘察设计、中国中铁五局参建的安定隧道顺利贯通，标志着项目建设取得决定性胜利。

中国中铁

全长17.623千米
穿越7条断裂带

全线最长独头掘进隧道
洞内温度达43℃

# 秀岭隧道

2020年11月3日，历时12年艰苦施工，由中国中铁二院设计、中国中铁八局承建的大理至瑞丽铁路秀岭隧道进口平导掘进至9502.6米，创下**亚洲铁路山岭隧道独头掘进的新纪录**

中国中铁

# 践行『三个转变』

❶ 2020 年 5 月 10 日，中国中铁成立“三个转变”研究院

❷ 与会领导嘉宾参观中国中铁“中国品牌日”主题展览

❸ 2020 年 5 月 10 日，“三个转变”与高质量发展研讨会暨第三届中国品牌战略发展论坛在中国中铁召开

❹ 2020 年 5 月 10 日，世界首台矿用小转弯全断面硬岩掘进机在中国中铁装备集团盾构总装车间成功下线

❺ 国内道岔行业首条新型静电防腐自动化生产线正式投产

❻ 2020 年 11 月 11 日，中铁装备首台智能化悬臂掘进机顺利下线

❼ “云上 2020 年中国品牌日”展出盾构 TBM 主轴承减速机

④
热烈祝贺世界首台矿用小转弯全断面硬岩掘进机(TBM)
成功下线

⑤

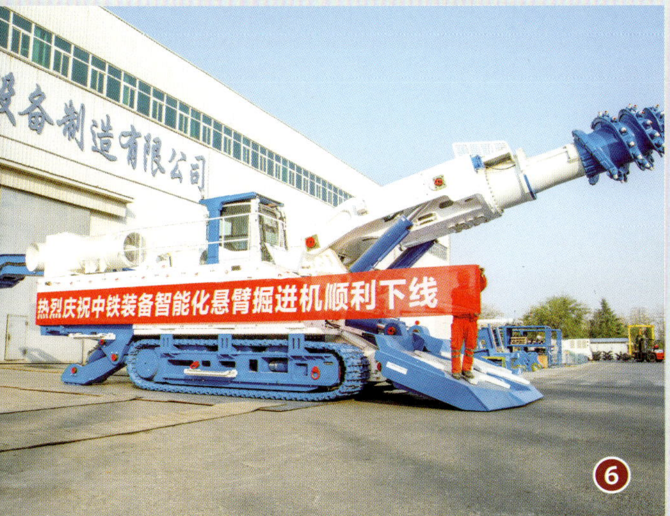
设备制造有限公司
热烈庆祝中铁装备智能化悬臂掘进机顺利下线
⑥

振兴民族工业
云上2020年中国品牌日
⑦

1
2
武汉加油
抗疫行动

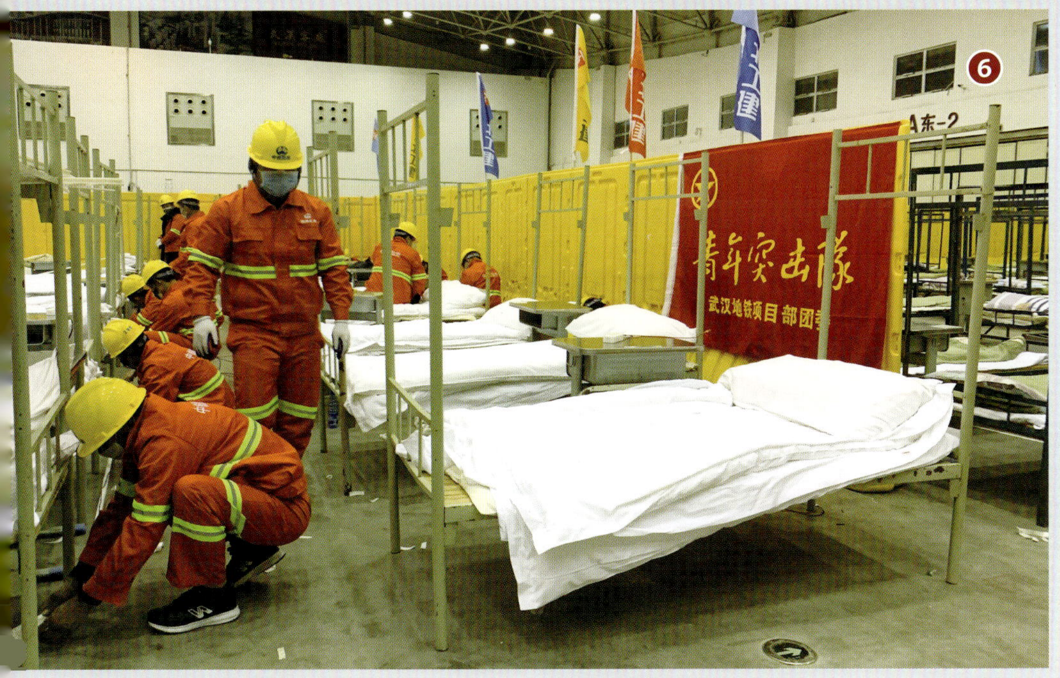


❶ 中铁工业支援火神山医院建设

❷ 中铁隧道局武汉项目支援武汉客厅方舱医院建设

❸ 中铁重工火神山医院项目临时党支部

❹ 2020 年 4 月 23 日，中国中铁向老挝捐赠抗疫物资

❺ 2020 年 4 月 29 日，中国中铁印尼代表处向西爪哇省政府捐赠防疫物资

❻ 中铁四局青年突击队武汉客厅方舱医院电源线敷设现场

中国中铁复工复产工作视频会

①

②

③

④

⑤

中国中铁

**·抗疫行动·**

❶ 中国中铁召开复工复产工作会

❷ 中国中铁重庆地铁4号线项目复工防疫知识学习

❸ 中铁二局陕西旬凤项目团员青年积极投身防疫复工

❹ 中铁北京局合肥地铁5号线项目进行体温检测

❺ 中国中铁党委书记、董事长陈云在基层单位检查防疫和复工情况

❻ 2020年10月22日，中国中铁1个集体、3名个人获中央企业抗疫先进表彰

❼ 中铁四局医务人员赴鄂武汉疫区参加医疗救治工作

❽ 中国中铁北方区域总部将“爱心礼包”送到医护人员代表手中

❶ 2020年4月，习近平总书记到中国中铁扶贫援建的陕西省柞水县金米村智能连栋木耳大棚、智慧农业示范等项目，实地考察产业扶贫成果，称赞柞水县是“小木耳，大产业”。图为村民正在智能木耳大棚里采摘木耳

❷ 中国中铁党委书记、董事长陈云为援建的猫窝村老年活动中心揭牌

❸ 中国中铁向湖南省汝城县沙洲村捐赠710条被子

❹ 沙洲村“半条被子的温暖”纪念馆展柜中展示了中国中铁向沙洲村捐赠的被子

# 脱贫攻坚

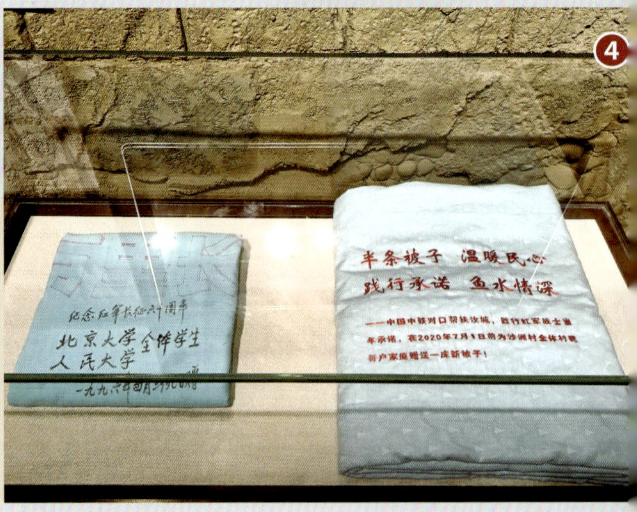

5 中国中铁以“交钥匙”的方式向云南会泽县捐赠三所扶贫搬迁安置点幼儿园

6 中国中铁对口帮扶汝城县技能教育培训基地学生宿舍工程项目钥匙交接仪式

7 中国中铁扶贫干部开展产业扶贫现场调研

8 运煤车辆行驶在中国中铁援建的山西省保德幸福大道上

9 中国中铁参建的衢宁铁路正式通车，结束闽浙 8 县市不通铁路的历史

中国中铁

TUNNEL 5
Kereta Cepat Jakarta - Bandung
BREAKTHROUGH
热烈庆祝中国中铁承建雅万高铁5#隧道顺利贯通
WARMLY CELEBRATE THE SUCCESSFULL BREAKTHROUGH OF
CREC JAKARTA BANDUNG HIGH SPEED RAILWAY TUNNEL #5
CREC

中国中铁

# 共建『一带一路』

❶ 2020 年 12 月 10 日，由中铁大桥局承建的孟加拉国帕德玛大桥主桥钢梁实现合龙

❷ 2020 年 12 月 30 日，中国中铁孟加拉区域总部举行揭牌仪式

❸ 2020 年 3 月 12 日，中国中铁承建的雅万高铁 5# 隧道顺利贯通

❹ 中老铁路元江特大桥、南溪河四线特大桥

❺ 2020 年 12 月 21 日，中铁七局参建的中国援塞拉利昂外交培训学院项目举行开工典礼

❻ 中铁九局承建的白俄—莫吉列夫大街行政商业综合体项目

❼ 中铁北京局参建的马尔代夫 Velana（维拉纳）国际机场场道工程

中国PPP基金与中国中铁
战略合作协议签约仪式
战略合作协议签约(9996666)
何 文
陈 云
孙 璀

①

南京市六合区龙袍新城项目联合开发
签 约 仪 式

②

中国外文局与中国中铁战略合作协议
签约仪式
中国中铁
中国外文局

③

# 合作共赢

❶ 2020 年 3 月 18 日，中国中铁与中国政企合作投资基金股份有限公司举行战略合作协议网络视频签约仪式

❷ 2020 年 12 月 16 日，中国中铁工投资与南京市六合区举行龙袍新城项目联合开发签约仪式

❸ 2020 年 6 月 30 日，中国中铁与中国外文局签署战略合作协议

❹ 中国中铁与南昌市人民政府签署《战略合作框架协议》

❺ 2020 年 6 月 9 日，中国中铁与黑龙江省人民政府签订战略合作协议

❻ 2020 年 12 月 22 日，中国中铁与吉林省交通运输厅正式签署吉林省高速公路 PPP 项目《投资协议》《合资经营合同》《PPP 项目合同》等

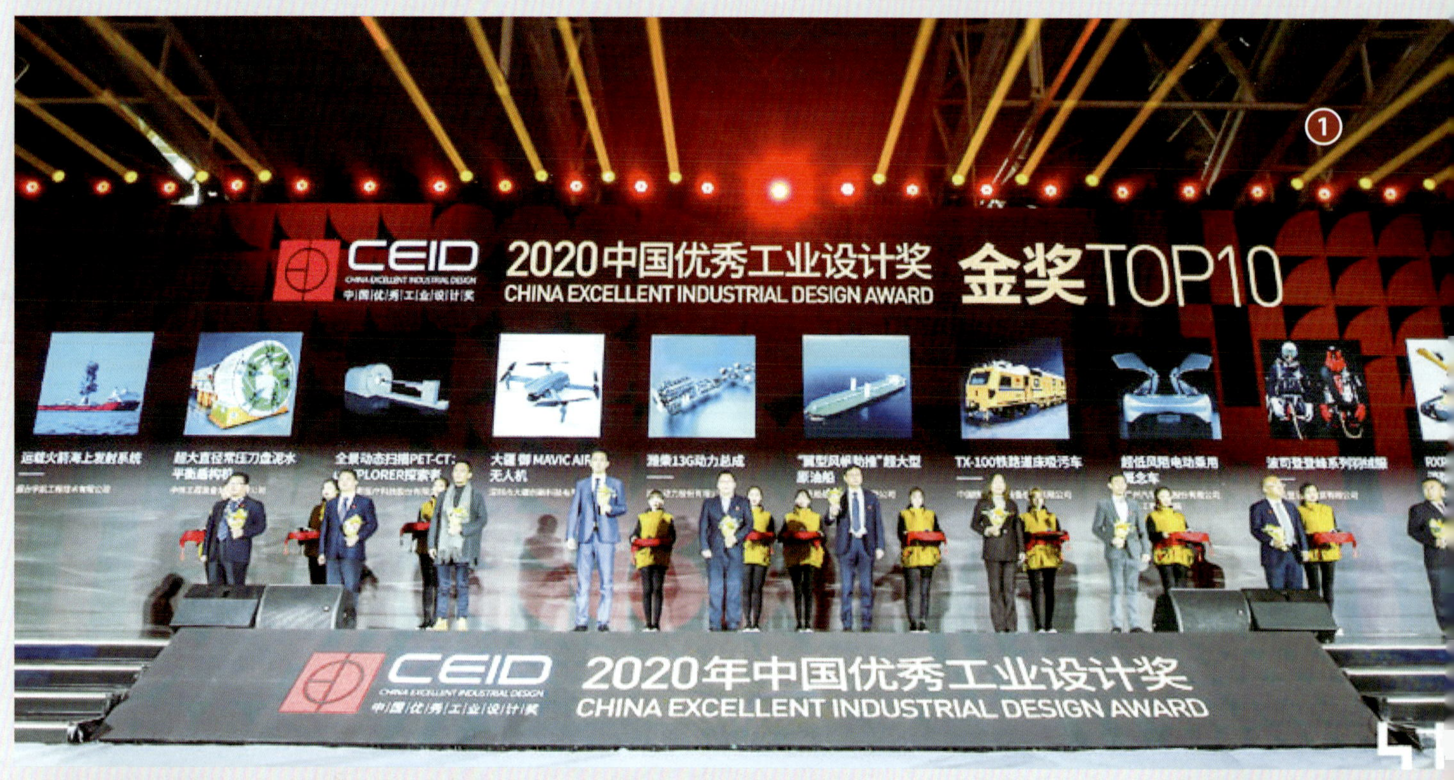

科技创新

中国中铁

❶ 2020年11月26日，中铁装备“超大直径常压刀盘泥水平衡盾构机”获中国优秀工业设计奖金奖

❷ 中国中铁召开智能建造现场推进会暨2020年总工程师会

❸ 中国中铁召开科技奖评审会

4

5

❹ 2020 年 7 月 14 日，中铁装备发明专利“隧道联络通道用盾构机及其联络通道掘进方法”获中国专利金奖

❺ 2020 年 12 月 29 日，中铁装备“大直径全断面硬岩隧道掘进机”获中国好设计金奖

❻ 2020 年 4 月 27 日，中铁装备成功入选国家“科改示范行动”企业

❼ 南京长江大桥大修项目桥板机

❽ 中铁广州局广州地铁 11 号线装配式地铁车站预制板安装，获国家实用新型专利

6

7

8

# 获奖工程

1 中国中铁参建的港珠澳大桥获 2020 年国际桥梁与结构工程协会（IABSE杰出结构奖、2020 年国际桥梁大会（IBC）超级工程奖、2020 年优秀焊接工程特等奖

2 中铁五局参建的成贵高铁玉京山隧道跨越巨型溶厅暗河工程获国际隧道与地下空间协会“攻坚克难”奖

3 2020 年，中铁大桥局承建的武汉杨泗港长江大桥获乔治 · 理查德森大奖

4 2020 年 12 月 1 日，中国中铁建设的深圳市龙华新区现代有轨电车示范线工程 BOT 项目及同步实施工程获国家优质工程奖

5 中国中铁承建的西安市地铁 4 号线工程获国家优质工程奖

6 中铁七局承建的郑州市南四环至郑州南站城郊铁路一期工程获第十八届中国土木工程詹天佑奖

7 中铁建工承建的烟台永旺梦乐城获国家优质工程奖

8 中铁工业参建的泰州长江公路大桥获第十七届中国土木工程詹天佑奖

9 中铁五局参建的贵阳经济技术开发区大数据中心项目获国家优质工程奖

4

5

6

7

8

9
数
安
汇

# 铁路工程

中国中铁

· 铁路工程 ·

❶ 中国中铁参建的福平铁路

❷ 2020 年 11 月 3 日，中国中铁参建的川藏铁路色季拉山隧道开工建设

❸ 中铁隧道局在成昆铁路小相岭隧道举办“重返沙木拉达”活动

❹ 2020 年 12 月 9 日，格库铁路新疆段实现全线贯通运营

❺ 2020 年 12 月 30 日，中铁北京局参建的盐通铁路开通运营

❻ 中铁电气化局承建的广清城际铁路接触网工程

# 公路及轨道交通工程

深入贯彻落实习近平总书记视察吉林重要讲话重要指示精神 加快推动新时代吉林全面振兴全方位振兴
吉林省 双辽至洮南 松原至通榆 高速公路通车仪式
主办单位：吉林省高速公路集团有限公司
承办单位：中国中铁股份有限公司 中国交通建设股份有限公司
太原地铁2号线一期开通仪式

❶ 中国中铁参建的成资渝高速通车

❷ 中国中铁参建的双洮高速公路通车

❸ 2020 年 12 月 26 日，中国中铁参建的山西省首条地铁线路——太原地铁 2 号线一期开通运营

❹ 2020 年 12 月 28 日，中国中铁集“投资 + 建设 + 运营”于一体的西安地铁 9 号线开通运营

❺ 2020 年 8 月 14 日，中国中铁参建的深圳城市轨道交通 6 号线联调联试

❻ 2020 年 12 月 28 日，中国中铁参建的云南省寻沾高速公路通车运营，图为寻沾高速寻甸东互通

# 市政工程

1

2

3

❶ 中铁建工承建的雄安建设者之家一号营地

❷ 2020 年 9 月 29 日，正在建设的深圳滨海大道交通综合改造工程

❸ 2020 年 5 月 1 日，中铁上海局承建的漳州疏港大道三期工程全线通车

❹ 2020 年 7 月 22 日，中铁广州局承建的南宁龙岗市政道路项目

❺ 2020 年 12 月 14 日，中铁七局参建的珠海金琴快线竣工

❻ 中铁九局参建的弥勒至楚雄高速公路玉溪至楚雄段摆衣箐大桥高墩施工现场

中铁一局大瑞铁路大柱山隧道顺利贯通

重返成昆
再树丰碑
应急物资库

# 桥隧工程

❶ 2020 年 12 月 26 日，世界最长跨海峡公铁两用大桥平潭海峡公铁大桥铁路段通车运营

❷ 2020 年 7 月 1 日，世界首座跨度超千米公铁两用斜拉桥沪苏通长江公铁大桥通车

❸ 2020 年 9 月 29 日，世界首座高低矮塔公铁两用斜拉桥芜湖长江三桥公路桥通车

❹ 2020 年 12 月 11 日，世界首座高速铁路悬索桥五峰山长江大桥建成通车

❺ 中铁一局承建的大瑞铁路大柱山隧道贯通

❻ 中铁隧道局承建的小相岭隧道横洞

# 房建工程及房地产开发

1

❶ 中铁建工参建的雄安站

❷ 2020 年 12 月 30 日，中国中铁承建的深圳在建最大体量深圳地铁 14 号线昂鹅车辆段大库盖主体结构封顶

❸ 中铁五局参建的广东珠江西岸第一大综合交通枢纽江门站

❹ 2020 年 5 月 28 日，中铁建工承建的百度云计算（阳泉）中心项目二期封顶

4

# 矿产资源及水利水电

中国中铁

❶ 中国铁工投资管理的银川都市圈城乡西线供水工程西夏水库

❷ 中铁广州局承建的贵港至梧州 3000 吨级航道工程

❸ 中铁水利院设计的峡江水利枢纽工程

❹ 中国中铁滇中引水大理Ⅱ段暗涵、倒虹吸施工现场

❺ 中铁资源华刚矿业现代化的阴极铜生产线

❻ 中铁资源鹿鸣矿业选矿厂浮选区域

❼ 中铁上海局承建的整治后的淮安黑臭水体综合整治项目

1

中国中铁“五保一树大干一百天”
动员大会

2

中国中铁党委纪念中国共产党成立99周年暨“两优一先”表彰视频大会
热烈庆祝
中国共产党成立99周年

# 党建工作

❶ 中国中铁开展“五保一树　大干一百天”劳动竞赛动员大会

❷ 2020 年 6 月 30 日，中国中铁党委隆重召开庆祝中国共产党成立 99 周年暨“两优一先”表彰视频大会

❸ 2020 年 10 月 13 日，中铁工业首个“六廉”工作室在中铁装备天津公司揭牌

❹ 中国中铁召开中老铁路廉洁建设现场推进会

❺ 中铁四局党委与沈阳地铁集团公司党委联合开展主题党建活动暨盾构始发仪式

❻ 2020 年 12 月 2 日，中国中铁党员集体学习习近平新时代中国特色社会主义思想

❼ 2020 年 12 月 3 日，中国中铁基层党组织学习宣贯党的十九届五中全会精神

❽ 2020 年 7 月 1 日，中铁九局组织党员干部参观玉溪市委党校廉政教育基地

# 企业管理

❶ 2020 年 12 月 30 日，中国铁工投资入驻首都临空经济核心区

❷ 2020 年 7 月 15 日，中国中铁股份有限公司收购北京恒通创新赛木科技股份有限公司控制权股份顺利完成交割

❸ 中国中铁举行 2020 年中期业绩说明会

❹ 2020 年 12 月 31 日，中铁云网信息科技有限公司举行揭牌仪式

❺ 2020 年 5 月 8 日，中国中铁召开海外工作视频会议

❻ 中铁信托举行品牌发布会

④
中铁云网信息科技有限公司
揭牌仪式
中铁云网信息科技有限公司

说明会

⑤
中国中铁海外工作视频会议
中国中铁

⑥
铁信托
RTC
允执其中 守信如铁
品牌发布会
2020.1 中国成都
中国中铁
中铁信托
CRTC
守信如铁

❶ 2020 年 10 月 25 日，雄安建设者之家一号营地举行开园仪式暨“传承鲁班文化　弘扬工匠精神”文化活动

❷ 中国中铁第三届职业技能竞赛暨第二届“卓越杯”BIM 大赛技能赛开幕

❸ 2020 年 11 月 20 日，中铁七局武汉公司青年员工举行集体婚礼

❹ 中国中铁 EAP 团体心理辅导走进中老铁路

❺ 2020 年 11 月 24 日，中铁南方举行“影像——致敬最可爱的人”主题展览，弘扬伟大的抗美援朝精神

❻ 老一代成昆铁路建设者向新一代成昆铁路建设者授旗，传承成昆精神

影像
中铁隧道集团
重返沙木拉达 传承成昆精神
重返沙木拉达 传承成昆精神

# 社会责任

❶ 2020 年 7 月 12 日，中铁建工支援地方抗洪抢险

❷ 中铁工业所所属中铁九桥职工参与防汛工作

❸ 中铁六局太原公司吴城项目部党支部协助地方抗洪筑堤

❹ 中铁北京局参与依吉密河抢险

❺ 2020 年 10 月 13 日，中国铁工投资团委举办“美丽中国 · 青春行动”——保护黄河母亲河增殖放流

❻ 中铁隧道局成昆铁路项目到喜德县冕山镇羊妈妈希望小学举行“六一”关爱活动

❼ 中铁广州局积极参与港澳青年南沙“百企千人”实习计划，获 2020 年港澳青年学生实习就业基地“优秀实习单位”称号

# 目录

CONTENTS

## 特　稿



## 2020年大事记



## 概　述

### 企业基本情况



### 职工队伍



### 资产和技术设备

## 创新发展



## 生产经营发展



## 抗“疫”担当



## 践行“三个转变”重要指示



## 坚决打好精准脱贫攻坚战



# 基建建设

## 基建建设经营开发

## 基建建设生产管理



## 二次经营



## 安全质量监督管理

# 勘察设计与咨询服务

## 勘察设计生产经营



## 技术咨询与服务



## 优秀工程勘察设计奖



## 优秀工程咨询成果奖

# 工程设备与零（部）件制造

## 工业企业生产经营



## 主要产品



## 生产工艺及技术创新



# 海外业务

# 实业投资及金融物贸

## 实业投资

## 金融信托



## 物资贸易



# 科技创新



# 行政工作

## 董事会办公室



## 总裁办公室（信访办公室）

## 规划发展部



## 财务与金融管理部（北京财务共享服务中心）



## 人力资源部（党委干部部）



## 法律合规部

## 审计部（监事会办公室）



## 经营开发部



## 投资管理部



## 生产管理部<br>（采购管理中心、战备办公室）



## 安全质量环保监督部（应急管理办公室）

## 科技创新部（技术中心、专家办公室）



## 行政管理部（基建办公室、离退休人员管理部、保卫部）



## 国际事业部



## 大企业合作事业部



# 党群工作

## 党委（保密）办公室



## 党委组织部



## 党委宣传部

## 党委巡视办公室



## 纪委



## 工会

## 团委



## 机关党委（机关工会）



# 人　物

## 新闻人物



## 科技人物



## 模范人物

## 所属单位

### 中铁一局集团有限公司



### 中铁二局集团有限公司



### 中铁三局集团有限公司



### 中铁四局集团有限公司

## 中铁五局集团有限公司



## 中铁六局集团有限公司



## 中铁七局集团有限公司



## 中铁八局集团有限公司

## 中铁九局集团有限公司



## 中铁十局集团有限公司



## 中铁大桥局集团有限公司



## 中铁隧道局集团有限公司



## 中铁电气化局集团有限公司

## 中铁武汉电气化局集团有限公司



## 中铁建工集团有限公司



## 中铁广州工程局集团有限公司



## 中铁北京工程局集团有限公司



## 中铁上海工程局集团有限公司

## 中铁国际集团有限公司



## 中铁东方国际集团有限公司



## 中国海外工程有限责任公司



## 中铁二院工程集团有限责任公司



## 中铁第六勘察设计院集团有限公司

## 中铁工程设计咨询集团有限公司



## 中铁大桥勘测设计院集团有限公司



## 中铁华铁工程设计集团有限公司



## 中铁科学研究院有限公司

### 中铁长江交通设计集团有限公司



### 中铁水利水电规划设计集团有限公司



### 中铁高新工业股份有限公司



### 中铁装配式建筑股份有限公司



### 中铁置业集团有限公司

## 中铁文化旅游投资集团有限公司



## 中铁资源集团有限公司



## 中铁信托有限责任公司



## 中铁财务有限责任公司



## 中铁资本有限公司

## 中铁投资集团有限公司（中国中铁京津冀区域总部）



## 中铁南方投资集团有限公司（中国中铁华南区域总部）



## 中铁交通投资集团有限公司（中国中铁中南区域总部）



## 中铁开发投资集团有限公司（中国中铁西南区域总部）



## 中铁城市发展投资集团有限公司（中国中铁西部区域总部）

## 中铁（上海）投资集团有限公司（中国中铁华东区域总部）



## 中铁发展投资有限公司（中国中铁晋鲁豫区域总部）



## 中铁北方投资有限公司（中国中铁北方区域总部）



## 中国铁工投资建设集团有限公司



## 中铁世德铁路投资有限公司



## 中铁站城融合发展投资有限公司



## 中铁（广州）投资发展有限公司

## 中铁物贸集团有限公司



## 中铁云网信息科技有限公司



## 中国中铁“三个转变”研究院



## 中国中铁雄安新区投资建设总指挥部



## 中国中铁股份有限公司孟加拉国帕德玛大桥铁路连接线项目经理部



## 中国中铁股份有限公司印尼雅万高铁项目经理部

## 中国中铁股份有限公司哈大铁路客运专线工程指挥部



## 中铁国资资产管理有限公司



## 中国铁路工程集团有限公司党校



# 统计资料

## 合同额统计汇总



## 营业额统计汇总



## 劳动工资与相关设备情况统计汇总

## 附 录

### 文件辑要



### 中国中铁总部部门职能



### 企业名录

中国中铁三届二次职工

# CHAPTER 1

# 特　稿

# 强化战略引领　推进改革创新
# 奋力谱写“十四五”时期高质量发展新篇章

党委书记、董事长陈云在中国中铁三届二次职代会暨2021年工作会上的讲话

（摘要）

（2021年1月26日）

## 一、2020年及“十三五”重点工作回顾

2020年是“十三五”收官之年，是中国中铁发展史上极不容易、极不平凡的一年。一年来，面对严峻复杂的外部形势，特别是疫情冲击、经济下行等困难，公司坚持以习近平新时代中国特色社会主义思想为指导，坚决落实党中央、国务院决策部署以及国资委党委工作要求，不忘初心、牢记使命，勇挑重担、攻坚克难，谱写了一部气势恢宏的时代华章。

概括起来，公司取得了五个方面的新突破。一是主要经济指标逆势上扬，创历史新高。全年实现新签合同额2.6万亿元，同比增长20.4%；完成营业收入9363亿元，同比增长10%；利润总额335亿元，同比增长7%；净利润267亿元，同比增长5.3%。主要经济指标均以“两位数”逆势增长，均优于中央企业平均水平，创历史最好水平，尤其是营业收入距万亿元量级咫尺之遥，向“万亿俱乐部”企业迈出关键性一步，令人振奋、催人奋进。二是国资央企顶梁柱作用充分彰显。在抗击新冠肺炎疫情“大战大考”中，公司第一时间快速反应，第一时间作出部署，第一时间发出号令，广大员工义无反顾，逆疫出征，积极作为，参与完成了武汉火神山、雷神山等46家医院的援建工作，公司投资建设了雄安新区“容东片区建设者之家”一号营地疫情防控应急工程，组织向社会捐款8704万元，彰显了中铁担当。聚焦“六稳六保”“两个力争”，不讲条件，不计得失，迅速复工复产，广泛开展“抗疫情、保增长，大干100天”专项劳动竞赛和“决战四季度、决胜保目标”攻坚行动，建成了京雄城际、沪苏通长江公铁大桥、大柱山隧道等一批超级工程，中老铁路、雅万高铁、匈塞铁路等“一带一路”重点工程取得重大进展，带动就业100多万人，有力发挥了大国重器顶梁柱的关键作用。1人获全国抗疫先进个人，3人获中央企业抗疫先进个人，1家单位获中央企业抗疫先进集体。三是精准扶贫工作圆满收官，成效显著。定点帮扶的山西保德县、湖南汝城县和桂东县全部提前脱贫摘帽，援建的陕西柞水县金米村“智能连栋木耳大棚产业项目”和湖南汝城县沙洲村扶贫工作得到习近平总书记的充分肯定，中央主流媒体多次给予重点长篇报道。四是科技创新成果丰硕，取得一批重大突破。全年获得詹天佑奖14项，首获中国工业大奖、中国优秀工业设计金奖，再获国际隧道行业最高殊荣ITA“攻坚克难”奖，7项科研创新成果通过国家科技进步奖和技术发明奖公示。五是昂首进入世界500强前50强。连续15年进入世界500强企业，2020年首次进入前50强，这是中国中铁发展史上又一个新的里程碑。

2020年，公司党建工作围绕推动企业改革发展用劲用力，迈出坚实步伐。加强党的政治思想建设，建立并坚持“第一议题”制度，强化以习近平新时代中国特色社会主义思想武装头脑、指导工作，做到了“两个维护”。立足发展需要选人用人，突出“六支人才队伍建设”，

一批优秀中青年干部走上各级领导岗位，举办首期真正意义上的中青年干部培训班，增强了干部人才队伍的生机活力和专业化能力。巩固打牢党建工作基础，加强“三基建设”，围绕提升能力素质举办6期党支部书记示范培训班，广泛开展创先争优，促进党建与业务工作深入融合，中铁大桥局党委被授予“中央企业先进基层党组织”；中铁建工北京分公司雄安站党支部被国资委党委授予第二批基层示范党支部。纵深推进全面从严治党，国资委党委巡视整改416条阶段性措施业已收尾，高质量完成了10家二级企业巡视，得到国资委充分肯定，“干部作风建设年”、“四个专项整治”、纠正形式主义官僚主义、审计发现问题警示教育取得实效，营造了积极向上的干事氛围。扎实抓好宣传文化工作，在中央电视台《新闻联播》宣传企业改革发展、重大项目建设等成果88次，三次刊登在《人民日报》头版头条，光大了企业形象。重构企业文化体系，形成了新时代企业新的精神高地。始终坚持党的依靠方针，群团组织广泛开展劳动竞赛、青年岗位建功活动，让员工在改革发展中“唱主角”，15人荣获全国“劳动模范”称号，为历次之最，位居建筑央企第一。

一年来，公司董事会认真履行“定战略、作决策、防风险”职责，突出发挥完善治理、战略引领、决策把关、风险防范、激励约束作用，加强重大事项的决策把关与检查监督，促进母子公司治理协同，确保公司治理规范运行，推动董事会决议有效执行。

过去一年取得的辉煌成就，为“十三五”胜利收官画上了圆满句号。2020年所取得的发展成就，是整个“十三五”期间中国中铁持续推进改革创新、聚焦高质量发展的生动缩影。

1. 功不唐捐、玉汝于成。这五年，我们倾心为党尽忠为国尽责，成就了大国重器的中国中铁。中国中铁传承百年“红色基因”，把坚决当好“两个基础”作为第一责任。倾心服务国家战略，全面对接京津冀、长三角、粤港澳大湾区等国家重大战略，勇担服务基础设施补短板、交通强国等重大使命，与65个省市签订战略合作协议，巩固发展传统市场领域，大力挺进新兴领域，在城市综合体、地下综合管廊、海绵城市、棚户区改造、共有产权住房、水利工程、“新基建”等市场实现突破，培育了新的增长极。倾心打造中国品牌，建成了以京张高铁、港珠澳大桥、浩吉铁路、北京大兴国际机场以及地铁领域等一批广受国内外赞誉的重大典范工程，公司为主承建的战略性世纪工程川藏铁路顺利开工，不断刷新以中国路、中国桥、中国隧道、中国高铁、

▲中国中铁参建的广清城际开通运营

中国盾构等为代表的各类“中国纪录”和“中国名片”的新高度；积极落实共建“一带一路”倡议，发起成立丝路国际联盟，推动“一带一路”“互联互通”重点项目建设15个，建成了亚吉铁路、乌兹别克斯坦安格连铁路隧道、摩洛哥穆罕默德六世大桥等重大项目。“十三五”累计实现新签合同额9.3万亿元，同比“十二五”增长124.5%，连续跨越17个千亿元级台阶，实现历史性的新跨越；累计完成营业收入3.86万亿元，同比“十二五”增长40.9%；累计获得国家优质工程奖234项，其中国家优质工程金质奖17项，中国建设工程鲁班奖59项。倾心打好三大攻坚战，“十三五”期间选派26名优秀青年干部到定点扶贫县以及新疆西藏等地区挂职锻炼，投入专项扶贫资金2.33亿元，认购中央企业扶贫基金近5亿元，构建了产业帮扶、教育帮扶、消费帮扶、就业帮扶、技术帮扶等长效机制。筑牢防范化解重大风险底线，严格负债规模和负债率双重管控，健全物贸业务管理体系，融资性贸易风险敞口大幅下降。加强节能低碳技术应用，企业万元营业收入综合能耗年均下降3.2%。五年来的孜孜以求，彰显了大国重器的风范。

2. 革故鼎新、行稳致远。这五年，我们踏着改革浪潮顺势而上，成就了富有活力的中国中铁。中国中铁顺应时代潮流，坚持市场导向，把改革作为推动企业发展的关键一招。推动组织机构改革，理顺各治理主体权责边界，明确各管理层级定位，持续强化企业“压减”，特别是以“总部机关化”问题专项整改为契机，系统性推进“瘦身健体”，大幅提升了组织运转效率。推动业务结构改革，通过央地股权合作增强公路、水利、水运规划设计业务竞争力，通过上市企业并购补齐装配式建筑业务短板，通过内部重组整合优化水务环保、设计咨询、工业制造等业务专业化布局，主动退出非主营和非优势业务，实现了优质发展资源向主责主业的汇集。推动市场化经营机制改革，实施经理层任期制和契约化管理，推行全员绩效考核和岗位竞聘机制，试点推行职业经理人制度，积极探索混合所有制改革和员工持股，焕发了企业发展活力。推动海外经营体制改革，突出海外“双优”发展，增强海外板块企业布局，打造“一体两翼N驱”海外发展新阵型，构建“大区+国别+项目”的海外经营管理体系，加快了国际化发展步伐。推动资产管理改革，较好完成国资委“处僵治困”任务，以资产证券化等多种形式处置不良资产，持续强化亏损企业和亏损项目治理，提升了资产运营质量。推动剥离企业办社会职能改革，煤炭业务剥离、“三供一业”分离移交、职教医疗机构改革、厂办大集体改革、离退休人员社会化管理等任务基本完成，推动了企业轻装上阵。五年来的动真碰硬和真抓实干，使我们一大批长期想解决而没能解决的难题得以有效解决。

▲国内首例盾构法施工的地下停车场

3. 固本培元、笃行不怠。这五年，我们融入创新时代锤炼硬核，成就了动力强劲的中国中铁。中国中铁深入践行习近平总书记“三个转变”重要指示，把创新作为引领发展的第一动力。加强体系创新，持续完善区域营销管理体系、施工生产管理体系、安全质量管理体系、海外经营管理体系、全要素成本管理体系、科技创新管理体系、财务共享管理体系、内控风险合规一体化体系等，系统性提升了企业运营效率。加强模式创新，以加强外派董监事管理和授放权改革推动集团管控模式创新，以全产业链联动经营并举推动商业模式创新，以项目群管理和专业化管理推动生产组织模式创新，以信息贯通工程推动数字化管理模式创新，以优质资产分拆或打包上市推动成员企业融资模式创新等，充分发掘并运用自身发展优势。加强管理创新，建立资本市场定期监测机制、经济运行预警管理机制、年轻干部培养选拔机制、三级工程公司建设机制、集约化市场开发机制等，建立常态化、开放性管理实验室创新平台，推动了管理体系和管理能力现代化建设，五年来累计获得全国管理创新奖43项，其中一等奖2项。加强科技创新，打造了一批科技创新中心，成立高质量发展科学研究院，推进产学研相结合，突破了高温超导高速磁悬浮、桥梁隧道、高铁建造、装备制造等一批前瞻性和关键性技术，平潭海峡公铁大桥、京雄城际铁路入选“央企十大超级工程”，“春风号”盾构机入选“央企十大创新工程”，“彩云号”TBM入选“央企十大国之重器”，盾构机产销量连续四年“世界第一”，升级了企业核心竞争力。五年来的全方位创新，为企业搏击全球市场，增添了“硬核”实力。

4. 绳锯木断、水滴石穿。这五年，我们持续苦练内功提升管理，成就了优质发展的中国中铁。中国中铁立足强身健体，把基础管理作为实现高质量发展的重要一环，下功夫打牢夯实。持续加强经营要素建设，企业资质资源储备得到明显改善，目前拥有施工资质 1843 项，较 2015 年末增加 569 项，其中特级资质 75 项，拥有设计资质 212 项，勘察资质 56 项，铁路运输许可证 3 项。持续完善企业治理体系，开展两轮规章制度的清理和建设，筑牢企业管理体系的“四梁八柱”，并在此基础上优化业务流程，成立财务共享中心，加强财务监控和“大合规”管理，完善绩效考核体系，保障了企业有序运行、健康发展。持续推动发展方式转变，扎实开展“质量提升推进高质量发展行动”，推动基建业务、金融企业及经营工作高质量发展，全面推行项目精细化管理，大力培育“微观成本管理很重要、宏观成本管理更重要”的成本管理理念、“以效益型导向为核心”的项目管理理念；大力加强三级工程公司建设，选树“卓越型”“跨越型”高质量发展示范企业；大力推进提质增效，围绕“二次经营”“双清”“两金”压降持续用力，进一步提升了创效能力。“十三五”累计实现利润总额 1248 亿元、净利润 964 亿元，同比“十二五”分别增长 91%、101.7%，2020 年净利润较 2015 年实现翻一番，年末企业总资产达到 1.24 万亿元，较 2015 年增长 73.7%，企业“吨位”空前壮大，保障经济发展的基础更加坚实，连续 7 年获国资委经营业绩考核 A 级，铁路工程信用评价持续领先占据优势。五年来的自我修炼，厚植了中国中铁在高质量发展道路上的奋斗者张力。

5. 砥砺初心、使命必达。这五年，我们全面加强企业党建工作，成就了和谐共进的中国中铁。中国中铁深入贯彻全国国企党建会精神以及国资委党委工作部署，把全面加强企业党建作为保证发展的第一要务。全面加强党的领导，坚持两个“一以贯之”，在央企上市公司中率先完成党建进章程，认真落实“双向进入、交叉任职”领导体制，制定修订了“三重一大”决策制度、党委（常委）会议事规则等发挥党委领导作用的制度，推动了党委融入公司治理的制度化、规范化。全面加强队伍建设，制定修订了成龙配套的干部人才队伍建设管理制度，“十三五”期间，新增全国工程勘察设计大师 4 名，“百千万人才”工程国家级人选 1 名，享受国务院政府特殊津贴人员 68 名，茅以升铁道工程师奖 32 名，詹天佑铁道科学技术奖 17 名，增强了行业话语权。全面加强基层党建，以“三基建设”为重点，坚持创新党组织设置模式，深入开展“两学一做”“不忘初心、牢记使命”等党内主题教育，制定修订党群机构编制、境外党建、党支部建设、述职评议、责任制考核等一系列基础性、根本性党建工作制度，广泛开展创先争优、重点工程党旗红、红旗项目部等主题实践活动，充分发挥了党组织战斗堡垒作用和党员先锋模范作用。全面加强从严治党，健全完善全面从严治党制度体系，严格落实中央八项规定精神，驰而不息纠正“四风”，推动巡视巡察有形覆盖与有效覆盖相统一，深入实施纪检体制改革，一体推进“三不腐”，加强监督执纪问责，维护了党纪党规权威。全面加强育人塑形，落实意识形态责任制，研究制定“十三五”企业文化建设规划，广泛开展群众性文化活动、十百千道德讲堂建设，加大外宣工作力度，构建“九位一体”融媒体阵地，宣传工作亮点纷呈，弘扬了主旋律，传递了正能量。全面加强共建共享，充分发挥群团组织桥梁纽带作用，尊重员工主体地位，坚持以职代会为基本形式的民主管理制度，坚持员工收入与企业发展同步增长机制，2020 年在岗员工年人均收入 15.3 万元，较 2015 年增长 67%，涌现出改革先锋、全国劳模、全国五一劳动奖章、全国三八红旗手、全国十大最美职工、央企楷模等一大批先进典型。广泛实施“三工建设”“三让三不让”，全公司 3995 名困难员工全部脱困解困。2017 年和 2019 年，获得国资委党建考核优秀。五年来的政治引领，凝聚了企业众志成城的强大奋进力量。

在五年的风雨历程中，我们进一步深化了新时代做好企业改革发展工作的规律性认识：必须坚持党的领导、加强党的建设，这是国企的“根”和“魂”，是确保企业沿着正确方向前进的根本原则；必须深入学习贯彻落实习近平总书记关于国资国企改革发展的重要论述，聚焦高质量发展不偏离，这是做强做优做大企业的根本遵循；必须顺应时代潮流，突出市场导向，持续深化改革创新，紧紧围绕服务国家战略布局产业结构，这是推动企业更高质量、更有效率、更可持续发展的根本动力；必须提升各级干部敏锐的洞察力、科学的决策力、专业化的领导力，这是企业百年大计的根本支撑；必须贯彻以人民为中心的发展思想，尊重员工主体地位，坚持发展为了员工、发展依靠员工、发展成果惠及员工，这是汇聚企业改革发展磅礴力量的根本方法。

在肯定“十三五”取得辉煌成就的同时，我们也要清醒地看到，当前在企业发展中仍面临着一些突出矛盾和问题，有些问题长期存在，新老问题交织叠加，成为制约企业高质量发展的“拦路虎”“绊脚石”。主要有以下四个方面。

第一，管理粗放、效率低下的问题依旧突出。主要有两个表现，一是程序空转。企业的管理水平没有随着规模的快速扩张而相应提升，各层级都不同程度存在管理粗放和程序空转现象，本应人人负责却变成了“无人负责”，只讲程序，不讲结果，更有甚者，不讲程序、胡作非为，造成效益流失和资产损失，令人触目惊心。二是制度失灵。最近，我们在审计中发现，个别单位，制度就是一纸空文，其结果必然导致决策随意、问题不断。多年来，我们不断创新管理体系、完善管理制度，各项制度不可谓不多、不可谓不全，但我们的管理水平和管理效率却没有得到根本性提升，其根本原因就在于有令不行、有禁不止、官僚主义、形式主义、"无政府"主义（不遵守制度和规矩）不同程度存在，某些表现在个别单位、个别领域还很严重。

第二，体系不顺、活力不足的问题依旧突出。主要有两个表现，一是管理链条过长，内部层级过多，“大企业病”严重，导致沟通成本大、管理时滞长、决策效率低；产业协同较弱，五指不成拳，板块之间割裂，信息不对称，导致中国中铁全产业链集团军优势无法变成市场竞争的优势。二是体制机制缺少活力，有效激励与约束不够，资源配置缺乏科学依据，薪酬绩效缺少明确导向，广大干部员工的积极性和创造性还没有充分激发，导致公司综合毛利率、全员劳动生产率、营业收入利润率长期处于行业下游。

第三，资产不优、经营不善的问题依旧突出。主要有两个表现，一是资产质量不高。“两金”居高不下，存在较大的减值风险，处置变现压力较大。二是盈利能力普遍较弱。项目管理、成本管理能力滑坡倒退，各层级企业发展不平衡不充分的矛盾凸显，相当一部分二三级公司资金持续紧张，依靠上级“输血”救急，个别单位、部分项目亏损面、亏损额巨大，生存发展面临不可承受之重。

第四，创新不强、赋能不足的问题依旧突出。主要有两个表现，一是创新对企业实现高质量发展引领力不够，缺乏有效的创新激励机制，制度创新、科技创新、商业模式创新乏善可陈，部分领域陷入“看不懂、跟不上、来不及”的不良循环。二是创新对企业实现高质量发展的贡献度不大，缺少对建筑前沿技术、新基建、工业互联网、现代信息技术的有效布局，还是依靠量的简单堆叠，而没有形成质的快速提升，各级企业同质化发展、低水平竞争现象严重，市场竞争能力缺少创新思维理念、先进施工技术、一流科研成果的支撑，行业领头羊的地位岌岌可危。

坚持问题导向，是推动工作的方法论。只要我们挖出问题产生的根源，找到解决问题的关键，戒骄戒躁、稳扎稳打、求新求变、再接再厉，就能在“十四五”期间闯出新路子、赢得新优势，继续昂首屹立、阔步向前，从胜利中走向胜利，在辉煌中铸就辉煌。

## 二、“十四五”时期的发展思路和目标任务

“十四五”是开启全面建设社会主义现代化国家新征程、向第二个百年奋斗目标进军的第一个五年，党的十九届五中全会擘画了“十四五”时期经济社会发展的宏伟蓝图，对国企改革作出了新的部署，准确把握好发展形势，谋划好“十四五”发展思路，对于中国中铁站在新的历史起点上接续奋斗、更好成为“两个基础”意义重大。

1. 总体发展形势。凡事预则立，不预则废。党的十九届五中全会指出，当前和今后一个时期，我国发展仍然处于重要战略机遇期，但机遇和挑战都有新的发展变化。当今世界正经历百年未有之大变局，国际力量对比深刻调整，不稳定性、不确定性明显增加。我国已转向高质量发展阶段，经济长期向好，市场空间广阔，发展韧性强劲，同时发展不平衡不充分问题仍然突出，重点领域关键环节改革任务仍然艰巨。党中央关于发展环境面临深刻复杂变化的分析判断为我们谋划好“十四五”发展方向提供了根本遵循，我们要从中把握企业面临的形势，认清风险挑战，找寻发展机遇，努力在危机中育新机、于变局中开新局。一是风险藏于大国博弈斗争之中，机遇孕育于“东升西降”趋势之下。二是风险藏于我国发展不平衡不充分之中，机遇孕育于构建新发展格局之下。三是风险藏于建筑行业竞争加剧之中，机遇孕育于新型基础设施蓬勃兴起之下。四是风险藏于地方政府债务逼近上限之中，机遇孕育于城市群都市圈竞相发展之下。

综上，“十四五”期间，公司发展仍然处于重要战略机遇期，必须把握时间窗口、抓住有利时机、扭住战略目标，因势而动、顺势而为、乘势而上，努力实现更高质量、更有效率、更可持续、更加安全的发展。

2. 总体工作思路。以习近平新时代中国特色社会主义思想为指导，全面贯彻党的十九大和十九届二中、三中、四中、五中全会精神，立足新发展阶段，贯彻新发展理念，融入新发展格局，坚持稳中求进工作总基调，以推动高质量发展为主题，以转型升级为主线，以改革创新为根本动力，以满足人民群众日益增长的美好生活需要为根本目的，推进企业治理体系和治理能力现代化，不断增强竞争力、创新力、控制力、影响力、抗风险能力，加快建设世界一流企业，为实现第二个百年奋斗目标和中华民族伟大复兴的中国梦做出更大贡献。

3. 战略目标。到2025年底，跻身世界企业前30强之列；全面迈向高质量发展阶段，发展质量进入行业前列，初步建成具有全球竞争力的世界一流综合性建筑产业集团；努力在十个方面取得新成效：经济运行总体平稳，产业布局更加优化，竞争实力再上台阶，盈利能力显著提高，治理体系运转高效，资本运作更趋成熟，创新引领动力增强，品牌价值充分彰显，党建与生产经营深度融合，员工福祉全面提升。

4. 各业务板块发展目标。设计咨询板块要牢牢占据技术高地，始终引领行业发展方向，同时要充分发挥牵引带动作用，提升产业链协同发展能力。工程建造板块要保持世界最大交通基础设施建设企业地位，产业链覆盖建筑业全领域，实现“投建营”一体化发展。特色地产板块要专注成为城市综合开发运

营商，在文旅、康养、会展、TOD、产城融合等领域形成中铁特色，创出核心品牌。装备制造板块要成为全球基建高端装备领导品牌，服务公司向建筑工业化转型。资源利用板块要实现专业管理能力，充分挖掘现有资源潜力，努力保持现金流充沛和利润充裕。资产经营板块要做好顶层设计，搭建“四梁八柱”，全面对接资本市场，尽快打造一套成熟的经营模式。金融服务板块要强化服务主业能力，为公司拓宽融资渠道、加强资本运作提供支撑。新兴产业板块要结合主业和市场需求孵化培育新的优势产业，开启增长“第二曲线”。

5.“123456”工作策略。实现“十四五”战略目标，最根本的是要坚持“123456”的工作策略，具体讲就是：聚焦“一大任务”，坚持“两项原则”，守住“三条底线”，实现“四强五优”，统筹做好“六项工作”。

（1）聚焦“一大任务”。“一大任务”是指坚持高质量发展，建设世界一流企业。

高质量发展是新时代的主题，既是我们遵循经济发展规律、顺应自身发展阶段的客观判断，也是解决大而不强、实现基业长青的主观需要；建设具有全球竞争力的世界一流企业是党的十九大和国家“十四五”规划部署的重大任务，是我们的重大使命和责任担当。国资委明确要求，要通过3年左右的努力，使部分国有企业管理达到或接近世界一流企业。建设世界一流企业，中国中铁不甘落后、更不能落后，必须笃定目标、坚定信心，走在前列、作出表率。

（2）坚持“两项原则”。“两项原则”是指坚持党建引领、科学治理；坚持发展优先、质量第一。

第一项原则是贯彻两个“一以贯之”要求，坚持党的领导是重大政治原则，是国有企业的政治底色，任何时候都不能动摇；完善中国特色现代企业制度，充分发挥党委“把方向、管大局、保落实”、董事会“定战略、作决策、防风险”、经理层“谋经营、抓落实、强管理”作用，才能实现科学治理，加快治理体系、治理能力现代化。第二项原则是统筹发展和质量，发展是第一要务，是做强做优做大国有企业的根本路径，也是解决一切问题的关键；质量是国有资产保值增值的根本保证，也是企业履行经济责任的体现。有量无质、有质无量都无法完成国有企业的历史使命，两者必须有机结合、相互促进。

（3）守住“三条底线”。“三条底线”是指党风廉政建设底线、企业债务风险底线、安全质量环保底线。

习近平总书记反复强调，安全是发展的前提，发展是安全的保障，要坚持统筹发展和安全，树立底线思维，有效防范化解各类风险挑战。对于中国中铁而言，“十四五”时期，要着重化解企业在廉政建设、债务管控、安全生产上的各类风险隐患，牢牢守住底线红线，努力提升本质安全水平，营造安全稳定的发展环境。

（4）实现“四强五优”。“四强”是指创新能力强、竞争能力强、抗风险能力强、发展能力强。

创新能力强，就是坚持用创新

▲中国铁工建设承建的石家庄滹沱河生态修复项目

引领发展，用创新赋能主业，用创新实现产业链向价值链的升级。面向国家战略、面向市场需求、面向科技前沿、面向管理提升，一体推进商业模式创新、科技创新、体制机制创新、管理创新等全方位创新，加快生产力和产品服务的智慧化升级，管控方式和管理手段的信息化融合，生产方式和生产工具的数字化提升。竞争能力强，就是要增强市场竞争能力，在技术路线上掌握独门绝技、在经营机制上激活内生动力、在市场布局上嫁接高端资源、在竞争文化上培育狼群效应、在成本管控上压降非必要支出、在运营管理上提高决策效率，从而形成技高一筹、行业领先的压倒性竞争优势。抗风险能力强，就是要在体制机制和管理体系上保障企业发展过程中不发生重大风险，确保企业行稳致远。尽快完善形成一套统一立体、科学规范、运行有效的内部控制和风险监控体系，综合运用合规风控、财务审计监督、党内监督、纪检监督等手段加强风险预判、风险识别、风险评估、风险化解，加强经济运行监控与预警，增强监督合力和监管效能，防范风险于未然。发展能力强，就是要解决长期生存、持续发展的问题，在建筑行业大浪淘沙、优胜劣汰的宏观趋势下，趋利避害、审时度势，始终保持对生存的忧患意识、对市场的敬畏之心，让“开路先锋”大旗永远高高飘扬。

“五优”是指人才优秀、资产优良、产业优质、业绩优异、文化优胜。

关于人才优秀，就是要加快建设数量充足、结构合理、专业突出、富有活力的干部人才队伍，为企业高质量发展、建设世界一流企业提供有力支撑。加快实施人才强企战略，尽快将组干人事管理转化为人力资源管理，将企业员工数量优势转化为人才优势，促进人力资本、财务资本、实物资本的“三本融合”。关于资产优良，就是要释放闲置资产、处置无效资产、盘活运营资产、清收拖欠资产，千方百计提高资产周转率、收益水平、变现能力和增值空间，做到资产质量实、结构优、流动性强、运转高效，努力实现资金、资产、资本的“循环转化”。关于产业优质，就是要不断优化国有资本布局和产业结构调整，通过资源配置更加突出主业优势和核心竞争力。公司“十四五”规划进一步明确了八大业务板块的构成和发展目标，希望各板块内企业结合自身资源禀赋，细化发展路径，加快做强做优做大，锻造中国中铁产业体系的“钢筋铁骨”。关于业绩优异，就是要突出创优创效和投入产出效率，实现盈利能力的稳步提升。对照国资委“两利四率”的考核指标体系，“十四五”期间努力实现“一保三争”，即资产负债率保持在75%以下，力争营业收入净利润率达到3%以上，研发投入率提高一倍，全员劳动生产率达到人均500万元以上。关于文化优胜，就是要弘扬传承中国中铁的特有文化和红色基因，打造与世界一流企业相匹配的文化软实力，真正让“开路先锋”精神、让新时代中国中铁的使命、愿景、核心价值观，成为引领全公司干部员工“勇于跨越、追求卓越”的强大精神动力。

（5）统筹做好“六项工作”，“六项工作”具体是指以下六个方面：

①坚持党的领导，加强党的建设，真正把政治优势转化为治理优势、竞争优势、发展优势。坚持党的领导、加强党的建设是国有企业的光荣传统和独特优势。我们要深入贯彻新时代党的建设总要求和全国国企党建会精神，围绕推动企业中心工作做文章、求实效，用高质量党建引领企业高质量发展。要把做到“两个维护”作为最高政治原则，持续加强政治思想建设，确保企业在政治上、思想上、行动上与党中央保持高度一致。要坚持“四同步四对接”，持续夯实“三基”，推动基层党组织全面进步、全面过硬，建设一批基层示范党组织，选树一批先进典型人物，打造一批党建工作特色品牌。要全面贯彻新时代党的组织路线，聚焦各级领导班子建设目标，创新干部人才工作体系，加强“六支人才队伍”建设，培养造就大批德才兼备的高素质干部人才。要纵深推进全面从严治党，坚持“严”的主基调，落实“两个责任”，构建“大监督”格局，持之以恒纠正“四风”，一体推进“三不腐”，为企业改革发展护航赋能。要落实意识形态责任制，构筑企业精神高地，传承企业优良作风，进一步擦亮中国中铁的政治本色和品牌底色。要加强群团组织领导，尊重职工主体地位，厚植职工福祉，汇聚企业高质量发展的澎湃力量。

②强化战略管控，坚持战略引领，实现由战略引领企业高质量发展。要高质量编制发展规划，树立战略管控理念和系统观念，把“十四五”规划打造成为“管全局、利长远、促发展”的宏伟蓝图，成为定向领航、科学可行、催人奋进，真正能够引领企业可持续高质量发展的纲领性文件。要专注资源要素配置，以规划实现为中心，以市场需求为导向，使之流向国家战略指向、企业发展急需、市场动能最强的领域，实现资源配置更佳和运营效率更优。要强化战略运行管控，坚持一张蓝图绘到底。建立健全发展规划执行责任体系、考核评估体系，加强动态监测和中期评估，推动规划落实落地。建立经济运行评估总结和纠偏导正机制，对趋势性、苗头性问题早发现、早干预、及时纠偏，严防小事拖大、积重难返，确保企业经济始终在合理区间健康运行。

③深化企业内部改革，激发体制机制活力，形成驱动企业发展的内生动力。要聚焦《深化改革三年行动实施方案》推进改革，逐级压实责任，逐条对照任务，确保在重要领域、关键环节取得实质性突破和进展。要聚焦关键问题深入改革，完善中国特色现代企业制度、深化混合所有制改革、健全市场化经营机制。要聚焦激发活力攻坚改革，大力探索实行经理层任期制和契约化管理，积极推进管理人员竞聘上

岗、末等调整、不胜任退出制度，健全市场化用工和薪酬分配机制，综合运用风险抵押、模拟股权、跟投、期权等激励措施。

④建立与高度的市场化竞争相匹配的现代生产方式和生产关系。要优化生产力布局，让市场在资源配置中起决定性作用。结合不同地区资源禀赋优化资源布局，转移欠发达地区密集资源，填补经济发达地区布局空白。通过资源配置对接国家重大战略，提高市场占有度、集聚产业竞争力，打造更多龙头旗舰企业。要系统调整生产关系，促进解放和发展生产力。加强“战略+运营型”总部建设，抓好战略制定、资源配置和运行管控“三件事”；不断优化升级立体经营体系，按照股份公司负责高端经营、集团公司负责主体经营、三级公司负责滚动经营、区域总部负责区域内“统筹协调、监督落实、保障服务”的定位调整好“四个方面的关系”，即调整好股份公司区域总部与集团公司区域指挥部之间、集团公司区域指挥部与三级公司之间、股份公司区域总部与投资公司之间、投资公司与集团公司之间的关系。

⑤坚持业绩导向，重塑以价值创造、投入产出为核心的绩效考核体系。一是导向要明，明确以经营业绩论英雄、以经营结果论成败的导向，扛起国有企业保值增值的重任，正如刘鹤副总理强调，“多赚人民币才能更好地为人民服务”。二是指标要清，化繁就简、抓住关键、体现价值，重点考核“两利四率”，即净利润、利润总额和营业收入利润率、资产负债率、研发投入率、全员劳动生产率。三是手段要活，根据二级企业的不同类别和板块，制定差异化的考核政策，建立更具灵活性和市场竞争力的工资总额动态调整机制，破除“高水平大锅饭”。四是考核要严，突出考核刚性，以数据说话。五是兑现要快，注重考核兑现的及时性，维护业绩考核的严肃性、权威性、激励性。

⑥着力构建新的增长方式，努力做强做优做大国有资本。重点在推进“两个转化”上下功夫。一是努力实现由债务驱动发展向积累和创新驱动发展转化，这是解决驱动力的问题。依靠积累驱动，就是要走内涵式发展道路，全面挖潜增效，提升盈利能力，做好资金回笼，实现自我积累。依靠创新驱动发展，就是要靠创新的杠杆、靠高端人才的杠杆进一步提升生产力，提高核心竞争力，培育孵化更多新技术、新产业、新业态、新模式，拓展企业发展空间，更好适应高质量发展的要求。二是努力实现由传统生产经营向资产经营和资本运营转化，这是解决发展阶段的问题。做好资产经营，就能让我们的经营性资产产生源源不断的现金流，为可持续发展提供长期动力。做好资本运营，就是让资产和资金加速循环，降低持有资产的机会成本，追求更高边际回报，在短期内快速实现资源配置优化、规模扩张、资本增值、效益增厚。

## 三、2021年重点工作

开局关系全局，起步决定后势。2021年是中国共产党成立100周年，是“两个一百年”奋斗目标的历史交汇之年，是踏上“十四五”新征程的开局之年，也是国家开启现代化建设新进程的起步之年，具有特殊意义。我们必须提高站位，锚定目标，尽锐出战，以开局即开战、起步即冲刺的奋进姿态，高质量抓好2021年重点工作。

▲中国中铁588号“春风号”盾构机

1. 深化企业内部改革，全面落实国企改革三年行动目标任务。今年是国企改革三年行动攻坚之年、关键之年，国资委明确要求今年完成三年改革任务的70%以上，我们要坚持整体推进与重点突破相结合，着力在以下五项重点改革任务上寻求突破。一是落实专项改革任务。进一步完善中国特色现代企业制度，重点是加强二级公司董事会和外派董监事履职行权；大力推进三项制度改革，全面推行经理层成员任期制和契约化管理，完善以岗位、绩效、中长期激励为主体的薪酬分配体系，强化刚性约束和刚性兑现。二是做实投资公司。当前基建投资市场出现竞争日趋激烈、政府预算支付比例减少、专业需求提高的趋势，必须主动适应市场，通过投资公司的专业化、差异化发展来实现投资功能的有效发挥、商业模式的迭代升级、管控水平和盈利能力的逐步提高。要着重改变投资公司现在大而不专、重投轻管、收益欠佳的发展现状，改变内部管控缺位、前中后期失调、施工局化倾向严重的管理现状，逐步将投资公司打造成为自主经营、自负盈亏、自我循环、自力更生的差异化法人主体，成为特定领域、特定区域的“投建营”一体的专业化平台，成为填补市场空白、带动企业转型升级的市场化载体。具备基础条件的投资公司可根据既有优势深化投资运营管理体制机制的专业化改造，承担股份公司专业领域的投资和资产经营职责，其他投资公司也要根据所在区域资源禀赋和市场需求，逐步明晰业务定位，聚焦优势领域，完成市场化改造。三是激活集团公司。今年对二级单位新签考核指标只包括自我承揽的项目，不再包含从投资公司分配的任务，目的就是强化各集团公司市场主体责任，培育“狼性文化”、提升“独狼能力”、形成“群狼效应”；在强化集团公司市场主体责任的同时，加快释放三级公司滚动经营的活力，努力形成齐心协力、团结一致打拼市场的生动局面。要充分研究、挖掘市场建立按区域、专业划分的项目数据库，运用大数据和人工智能技术对各细分市场进行网格化分析，找到增量市场的“富油区块”，按照市场集中度配置专业和区域经营资源，不搞“主体一刀切”“区域全覆盖”。四是加强总部建设。聚焦统筹引领、战略管控、资源配置、国资监管的定位，大力建设监管型、服务型总部，部门领导必须具备全局思考能力和业务统筹能力，成为专业领域的行家里手和职能管理的大方之家。深化总部“放管服”改革，在负面清单基础上实施分级授权管理，建立“放权、监管、重罚”的体制机制，确保该放的权要放到位、该管的事要管得住、该追责的要追到底。五是注重协同发展。加强并购企业和混改企业管理，研究出台支持其发展的政策措施，推动其加快融入中国中铁发展全局，提升产业链协同能力。

2. 大力推进创新创造，稳步提升创新对发展的引领力贡献度。要制定“可计量、可考核、可检验”的创新贡献度评价标准，推进在实践基础上的管理创新、制度创新、技术创新。一是高质量推进关键核心技术攻关。调配优质资源向攻关任务集中，加快推进盾构机关键核心部件国产化、推动400千米时速的高铁建造技术、高寒高海拔地区铁路建造技术等关键核心技术尽快落地。二是着力提升技术创新能力。主动承担国家重大创新任务，优化整合企业内部研发平台，重点推动国家级、省部级、股份公司三级科技研发平台建设，同时加强与外部高校、科研平台的科技合作，以提升企业竞争实力为核心，开展更多前沿原创型技术攻关；以提高施工生产能力为核心，开展更多实用型技术研究；以补齐超高层、沉管隧道等专业短板为核心，开展更多追赶型技术研究，不断提升企业自主创新能力和联合研发能力，提高成果转化应用能力。三是优化创新管理体制机制。改进科技项目组织管理方式，建立“十四五”创新攻关名录，依托研发平台和重大项目、重大工程建设，制定并落实“揭榜挂帅”等制度，充分激发创新主体的积极性，加快关键核心技术的突破。健全以创新能力、质量、实效、贡献为导向的科技人才评价体系，着力培养急需紧缺的科技领军人才、高水平创新团队。四是推进企业治理与数字化技术融合发展。改变“信息孤岛”、软件系统众多、基层表格重复填报、数据挖掘缺失的现状，以“横向贯通、纵向穿透、内外互联”为目标推进信息贯通工程，系统整合企业数据资产，构建基础“数据池”，优化数据抓取、调用、运算、发布流程，推动企业信息化建设和数字化转型，实现从企业运营管理到基层项目管理的手段和效率明显提升。

3. 深化“处僵治困”工作，恢复企业强健肌体。我们已经全面完成了国资委“处僵治困”目标计划，要进一步巩固成果，在此基础上继续深化。总的原则是，僵尸企业一律注销，“挂靠”企业一律清理，特困企业一企一策“关停并转破”，一般困难企业分级分类解困振兴。一是摸清家底。科学制定工作方案，认真开展系统摸底，“揭开锅盖看真相、打破砂锅问到底”，掌握僵尸企业、困难企业特别是特困企业实情，做到底数清、情况明，为“处僵治困”提供依据、校准靶心。二是明确目标。力争用两年左右的时间完成“处僵治困”基本清零的目标任务，今年要努力实现3个30%，即30%的僵尸企业要注销，30%的特困企业要“关停并转破”，30%的一般困难企业要脱困。实施“挂靠”企业清理专项行动，两年内全部封杀清理，止住“失血点”。三是落实责任。按照股份公司主抓、二级企业主责、困难企业主治、各级主要领导为第一责任人的原则开展工作，股份公司将成立专项工作组，加强组织领导，明确责任分工，逐级压实责任，形成上下联动、部门协同、统分有序、职责明确的工作格局。

四是取得实效。“处僵治困”任务艰巨复杂，全公司上下务必统一思想、坚决行动，用扎扎实实的工作保证取得实实在在的效果。

4.深化“治亏”专项行动，坚决处理低效无效资产。项目亏损和资产质量不佳是我们经济运行过程中最大的问题和风险，这两个问题不解决，能否实现可持续发展要打上问号，高质量发展更是无从谈起。一是解决项目层面的亏损问题。聚焦项目管理粗放、成本失控、效益流失三大问题，把好源头有效、增收创效、节支增效三个关键，集中整治物资超耗、劳务费用超结超付、大小临建超标准建设、收尾项目放任不管、管理层级过多过滥、项目部人员超编、临时用工过多、协作队伍退场讹诈等问题，堵住跑冒滴漏，为项目“止血”。要加大亏损项目审计力度，实施亏损必审机制，强化过程审计和审计结果运用，严格区分亏损的外部原因和主观责任，严肃开展追责问责。同时，开展投资项目和房地产项目可行性复核，对严重偏离预期的项目要严肃进行追责问责。二是解决实体层面的亏损问题。深化企业亏损治理“减存量、遏增量、控总量”工作，继续实行各级领导人员亏损治理定点帮扶、责任包保制度，把“治亏”效果与绩效薪酬挂钩，强化责任落实。要坚持过紧日子，各级领导要带头落实股份公司刚刚颁布的“勤俭办企业十不准”规定，坚决遏制奢靡之风、抵制铺张浪费；压缩一切不必要的非生产性支出，今年同比要“压减”25%以上。三是加大低效无效资产清理力度。探索以中铁国资为资产处置平台，加快非主业、非优势业务的“两非”剥离，抓好无效资产、低效资产的“两资”处置；全面梳理各级参股公司，全面压降非正常“两金”规模，特别是长期占用财务资源、支付财务费用却不创造现金流和利润的项目。道阻且长，行则将至。我相信只要各级党委切实负起责任，充分发挥党委领导作用，就能在亏损治理行动中取得最终胜利。

5.对标一流促管理提升，强化提质增效创效益。公司各级管理人员要铭记经济属性是企业第一属性、追求效益和创造价值是企业第一责任、管理提升是企业第一主题，持续推动经营效率和盈利能力的边际改善。一要向产业链协同要效益。完善企业全产业链对接机制，加强板块之间协同合作、上下游供需合作，推动整条产业链上的企业互相配合、协调运转、顺畅衔接。特别是对集团军作战的大型综合性项目，更要发挥设计企业前端引领、投资企业商务策划、金融工业物贸资源等企业专业支撑作用，协同发力，放大全产业链优势，增厚项目整体收益。二要向经营源头要效益。坚持标前算赢、源头把控项目质量原则，把好项目经营质量关，坚决遏制重规模轻效益、赔本赚吆喝的行为。系统提升策划能力、商务能力和政策研究能力，挖掘市场热点，对接地方政府和业主核心需求，为其提供“一揽子”解决方案，多拿大项目、好项目、含金量高的项目，确保源头质量，为项目创效奠定先天基础。三要向管理提升要效益。聚焦制约企业高质量发展的突出问题，对标世界一流企业先进经验，深层次挖掘世界一流管理内核，提炼本质提升的方式方法，实现与现有管理体系的融合转化。要聚焦影响企业效益的短板问题，牢固树立成本管理意识，以成本要素分析和价值链分析为突破口，挖掘生产经营管理潜力，全面提升企业创效能力。四要向商业模式创新要效益。保持敏锐的市场触觉，用商业思维、商人思维去跟踪运作项目，不断深化政企合作，不断优化产品结构，不断提高前端策划和资源整合能力，不断拓展全链条、全过程服务能力，用模式新颖、生动具体的商业策划打动客户、业主，开辟“蓝海市场”。

6.强化风险防控意识，在切实有效防范化解各类重大风险隐患上取得新突破。要健全风险防控体系，做到防患于未然，把风险降到最低，为企业高质量发展创造本质安全的环境。一是加强安全质量环保风险防范。严格落实安全质量环保工作责任制和安全生产“2468”管理要点，持续实施安全生产专项整治三年行动计划，加强隐患排查处置，落实工作流程和工作标准，坚决遏制一般及以上事故频次，杜绝较大及以上事故。二是加强刚性兑付风险特别是债务风险防范。保持负债率稳健可控，加大对高负债企业的穿透式管理，定期排查债务兑付风险，确保不发生债务违约。三是加强合规经营风险防范。树立合规管理理念，加强境内外合规体系建设，把加强合规管理作为企业主要负责人履行推进法治建设第一责任人职责的主要内容，确保做到“心中有法、行中遵法，决策先问法、违法不决策”，建设“法治中铁”“合规中铁”。四是加强投资风险防范。严格执行投资预算刚性管理，严禁超越财务承受能力的投资行为，严从各项投资决策制度，严格落实财务评价指标体系和负面清单制度，严控融资不落实垫资施工的行为，坚决遏制投资冲动。加强表外投资、参股投资、联合投资项目的管理，防范管理失控、征拆误工、投资超概、融资落空风险。高度重视地方政府履约风险，每年建立回款台账，安排专人对接沟通，提早谋划政府拖欠的应对措施。五是加强境外项目风险防范。增强国际经营风险防范意识，加强境外风险研判，高度关注疫情冲击和世界经济格局演化，严控赴政局不稳定或高债务国家和地区开展建设、投资。强化境外风险应急处置，统筹海外项目复工复产和疫情防控，切实维护境外资产和员工人身安全。六是加强金融风险防范。各类金融性企业要充分吸取近年来公司内部违规开展融资性贸易、高息融资的前车之鉴，充分重视近年来一些社会金融机构“暴雷”违约的惨痛教训，坚持以产促融、以融促产，严禁脱离主业，严防脱实向虚，严控内部空转，牢牢守住不发生金融风险的底线。

7. 调整优化资源配置，主动服务支撑国家重大战略。服务国家战略、融入以国内大循环为主体、国内国际双循环相互促进的新发展格局，既是中央企业的责任使命，也是赢得更好发展环境、发展空间，调整产业布局和资源配置的最直接有效的方式。一是依托国家战略优化生产力布局。要聚焦京津冀协同发展、长江经济带发展、粤港澳大湾区建设、长三角一体化发展、国家中心城市等区域发展战略优化市场布局，加快填补部分市场的机构空白。要聚焦基础设施补短板、交通强国、美丽中国、乡村振兴、战略性新兴产业规划等产业发展战略优化产业布局，用增量市场培育新兴产业和新的增长极，开启企业发展的“第二曲线”。二是调整生产关系促进生产力发展。当前，各级公司经营机构众多，有股份公司区域总部和直属项目部、专业或区域性投资公司、集团公司区域指挥部和专业事业部、三级公司分公司和分支机构，相互之间的关系错综复杂，有的机构明显处于作用失效、“坐吃山空”的状态，复杂的生产关系产生了大量的管理时滞和管理成本，制约了生产力的发展和提高。股份公司将在工作会后拿出具体举措，尽快理顺各方管理关系、经济关系和经营关系，进一步促进区域经营、立体经营的作用发挥。

8. 充分发挥政治优势，全面加强党的领导和党的建设。要以迎接建党100周年和全国国企党建会召开5周年为契机，进一步提升党建质量。一是落实“第一议题”机制，持续推动学习贯彻习近平新时代中国特色社会主义思想走深走实，着力提高各级领导干部政治判断力、政治领悟力、政治执行力，特别是要深刻领会党的十九届五中全会精神，加大实践落实力度，切实把学习成果转化为推动企业高质量发展的生动实践。二是坚持两个“一以贯之”，进一步完善“三重一大”决策制度，推动党的领导融入公司治理的机制更加成熟定型。三是推动党建与业务融合发展，坚持围绕发展抓党建、抓好党建促发展，压实党建责任，夯实基层基础，加强实践探索，强化对混合所有制企业、境外企业等党建工作的研究、探索和实践。四是落实公司人才工作会部署，坚持以业绩导向选人用人，聚焦急需紧缺推进干部人才队伍建设，大力弘扬企业家精神、科学家精神和工匠精神，加快培养新时代治企兴企的行家里手。五是坚持不懈推进全面从严治党，巩固拓展“不忘初心、牢记使命”主题教育成果，坚持“惩治”这一手段不放松，坚持无禁区、全覆盖、零容忍，坚持重遏制、强高压、长震慑，加大监督工作力度，持续深化作风建设，严肃查处违规违纪问题，营造风清气正、干事创业的良好环境。

# 强本固基　改革创新<br>全力开创企业高质量发展新局面

——总裁陈文健在中国中铁三届二次职代会暨 2021 年工作会上的报告

（摘要）

（2021 年 1 月 26 日）

## 一、2020 年工作回顾

2020 年，面对错综复杂的国际形势和世纪疫情的严重冲击，在以习近平同志为核心的党中央坚强领导下，全公司上下认真贯彻党中央、国务院和国资委各项决策部署，统筹推进疫情防控和生产经营各项工作，圆满完成年度任务目标，企业改革发展党建取得显著成绩，为我国率先控制疫情、率先恢复经济正增长做出重要贡献。

据快报统计，全年完成新签合同额 26057 亿元，同比增长 20.4%；完成营业收入 9363 亿元，同比增长 10%；实现利润总额 335 亿元、净利润 267 亿元，同比分别增长 7% 和 5.3%，主要指标均创历史新高，企业在应对重大危机中展现强大韧性潜能。

### （一）战“疫”复工彰显担当，充分体现央企初心使命

1. 投身抗疫大战做出应有贡献。面对突如其来的新冠肺炎疫情，我们坚决服务大局，坚定使命责任，在党中央坚强领导下，系统上下闻令而动，不讲条件、冲锋在前，举全公司之力先后参与国内 11 个省市 46 家救治医院建设；所属医院驰援湖北、多名医护人员逆行出征，全力参与救治；企业和个人累计捐款 8704 万元；研发应用疫情防控信息化系统，构建境内外常态化疫情防控机制，全公司未发生聚集性疫情。

2. 全力推动复工复产稳产高产。面对前所未有的严峻形势，我们倾力服务“六稳”“六保”大局，坚持疫情防控和生产经营“两手抓、两手硬”，因时因势提前部署，出台复工复产方案指引，迅速实现在建项目应复尽复、应开尽开。先后开展“大干一百天”和“决战四季度”两个专项劳动竞赛，千方百计稳产高产，主要指标快速实现正常增长，发展成效超出预期。中铁四局营收首破千亿元，中铁一局完成 850 亿元，中铁二局完成 715 亿元，中铁建工、中铁三局超 600 亿元，中铁五局、中铁十局、中铁七局超 500 亿元，中铁隧道局、中铁电气化局、中铁大桥局、中铁上海局、中铁八局超 400 亿元。

### （二）市场经营砥砺前行，经营规模质量持续提升

1. 践行交通强国战略走在前列。铁路市场继续保持领跑优势，实现新签合同额 3554 亿元，同比增长 14.2%，在铁路大中型基建市场占比 57.3%；成功中标川藏铁路先期三个标段，中标额排名第一。公路市场实现新签合同额 4098 亿元，同比增长 32.6%；成功中标京雄高速公路项目，争当千年大计开路先锋。

2. 助力区域战略发展成果突出。紧密融入京津冀、粤港澳大湾区等区域发展战略，长江经济带中标逾万亿元，长三角区域中标 3872 亿元，京津冀区域中标 2081 亿元，粤港澳大湾区中标 2595 亿元，川渝经济圈中标 1932 亿元，承接了雄安容东片区安置房等一大批关系国计民生的重大工程；城市建设市场开发步伐明显加快，其中房建市场同比大幅增长 40%。

3. 新兴市场领域取得重要突破。大企业市场开发取得突破，中铁大桥局等单位中标海上风电项目 90 亿元，中铁四局等单位中标多个长江大保护项目达 155 亿元，在国内市场均占有较高比例；中铁隧道局中标国家管网成立以来首个项目——中俄东线南段长江盾构穿越工程，意义非凡。

4. 经营质量效能得到全面提升。区域经营、立体经营成效显著，各区域总部、投资公司在深耕区域、高端经营、投资带动上持续发力，西南、华东、西部、晋鲁豫、华南总部区域全年新签合同额均超 3000 亿元；全系统协同合作，大项目经营成果突出，全年承揽百亿元以上项目 20 个、总额超 4000 亿元，中标了南京六合区龙袍新城、武汉地铁 12 号线等一大批有重大影响力的项目；骨干企业支撑作用更加明显，中铁四局、中铁建工、中铁一局均首破 2000 亿元大关，中铁三局、中铁五局超 1500 亿元，中铁十局、中铁七局、中铁隧道局、中铁大桥局、中铁二局、中铁八局、中铁上海局超千亿元；相关板块竞相发力，工业、物贸、金融板块均同比实现较大幅度增长。

**（三）生产管理克难进取，工程建设捷报佳绩频传**

1. 工程建设亮点纷呈。由中铁二院总体设计，中铁大桥局、中铁隧道局、中铁二局等单位参与建设的川藏铁路先期开工段工程年内正式开工；中铁大桥院、中铁大桥局等设计施工的平潭海峡公铁大桥，中铁建工、中铁上海局等参建的京雄城际铁路，都实现开通目标，双双入选“央企十大超级工程”；中铁建工承建的“三场一村”冬奥会场馆项目建设进展顺利，习近平总书记前不久亲自视察并给予充分肯定；中铁一局承建的“史上最难掘进隧道”大瑞铁路大柱山隧道成功贯通；双洮高速公路、商合杭高铁、沪苏通长江公铁大桥、西安地铁9号线等一大批重点项目按期建成通车，受到社会各界高度赞誉。

2. 安全生产成效显著。坚持把安全发展作为重大任务和社会责任，扎实推进安全生产专项整治三年行动，部署新时期安全生产“2468”管理要点，严格落实安全生产述职制度，积极构建风险分级管控和隐患排查治理双重预防机制，全年安全生产总体稳定，事故主要指标同比下降，连续八年杜绝了重大及以上生产安全事故，有19项工程入选全国安全生产标准化工地名单。

3. 品质创誉成果丰硕。加快建立健全项目导向型的管理体制机制，高标准、高质量、高效率推进项目建设。全年有12项工程获中国建设工程鲁班奖；51项工程获国家优质工程奖；5座大桥获国际桥梁大会（IBC）大奖；成贵高铁玉京山隧道荣获2020 ITA“攻坚克难”奖，摘得国际隧道行业最高殊荣；有6家单位入选上半年铁路信用评价A级施工企业，中铁二院再获施工图评价A级第一名。

**（四）海外发展承压奋进，重点工作有力有序推进**

1. 体制机制改革稳步实施。保障海外“双优”发展的制度体系逐步完善，第一批36项规章制度已经出台，总部“一体”统筹功能得到加强。顺利完成中海外分离重组，“两翼”架构搭建完成。区域总部试点步伐加快，孟加拉、东南亚、南太等7个区域总部完成挂牌。

2. 海外经营步伐持续加快。全年实现海外新签合同额197.9亿美元，同比增长10.8%，成绩取得十分不易。匈塞铁路在“两优”贷款方面成功对接欧盟采购规则，实现融资落地、合同生效和工程开工；大马城项目完成整体开发方案编制；中标和签约香港元朗净水设施工程、莫桑比克社会住房建设、刚果（金）水电站等一批重点民生项目。

3. 海外项目建设顺利推进。数万名海外人员承受巨大压力坚守一线，全力支援国内疫情防控，全力做好境外抗疫复工，全力确保队伍安全稳定，全年实现海外营业额68.9亿美元，同比增长4.8%。中老铁路磨万段线下工程全部完成、铺轨工程完成70%；雅万高铁连续梁桥全部合龙；孟加拉国帕德玛大桥钢梁全线贯通。

**（五）降本增效统筹推进，经济运行质量得到改善**

1. “治亏”“压减”完成目标。深入开展“亏损治理年”活动，全年有122家企业、95个项目扭亏为盈，分别减亏46.1亿元和33.5亿元，圆满完成亏损企业和亏损项目治理年度目标。“瘦身健体”走深走实，全年“压减”企业68家，累计“压减”389家，比例达36%，得到国资委充分肯定。

2. 成本管理取得实效。坚持宏微观成本管理双管齐下，积极对冲疫情和生产要素价格上涨影响，促进企业经济稳健运行。企业成本费用利润率达到3.7%，较上年提升0.51个百分点；全年物资集采3140亿元，同比增长7.4%，节约成本149亿元；实现二次经营收入1131亿元，同比增加196亿元；税务成本持续下降，整体税负处于同业央企最低水平。

3. 经济质量持续向好。落实国资委提质增效要求，大力加强经济统筹管控，全面防范化解风险，资金集中度在上年基础上继续提升，经营性净现金流保持正向流动，内部融通资金累计节约成本37亿元；“两金”增幅低于营业收入增幅；年内增加权益资金473亿元，完成资产出表410亿元；资产负债率完成国资委管控目标；加强合规管理，推进案件“压减”创效，促进审计成果运用，审计警示教育大会反响强烈，有力推动企业运行质量持续提升。

**（六）改革创新持续发力，革故鼎新汇聚发展动能**

1. 改革重点任务有力推进。全面加快对标世界一流管理提升行动和国企改革三年行动步伐。纵深推进总部机构改革和制度“压减”。深入开展“科改示范行动”，中铁大桥院、中铁装备入选“科改示范企业”。并购重组取得突破，完成恒通科技、重庆交通院和江西水利院并购重组。剥离企业办社会职能、厂办大集体在职员工安置基本完成，退休人员社会化移交进度位居建筑央企前列。

2. 创新发展步伐不断加快。认真落实“三个转变”重要指示精神，成立高质量发展科学研究院，启动创新创造能力提升专项行动，深入开展关键核心技术攻关，大力推进信息贯通工程，召开管理实验室活动总结大会，举办第一届实用技术创新大赛。全年有14项工程获中国土木工程詹天佑奖，列建筑央企首位；有7项成果通过国家科技奖公示，获奖总数连续三年位居建筑央企第一；新增专利4933项、省部级工法909项；盾构机产量突破1000台大关。

**（七）党的建设全面加强，发展成果惠及广大员工**

1. 党建工作质量不断提升。坚持以高质量党建引领高质量发展，认真落实“第一议题”制度，大力加强“三基建设”，不断加强党对群团工作的领导，积极推动党建与业务工作深度融合。坚持全面从严治党，深化纪检监察体制改革，持续深化巡视问题整改，持续加大执纪问责力度，深入开展“作风建设年”活动，营造了风清气正的发展环境。

2. 脱贫攻坚取得重大成果。认真履行政治责任，继续保持对定点扶贫县的资金投入力度，全面巩固脱贫攻坚成果。在做好对口扶贫的同时，积极响应号召助力相关地区脱贫。习近平总书记在柞水县金米村和汝城县考察调研时，高度评价中国中铁助力当地脱贫攻坚和乡村振兴工作，让我们备受鼓舞、倍增干劲。

3. 企业员工聚力同创共赢。在岗员工年人均收入达 15.3 万元，实现稳步增长；累计投入各类帮扶救助与送温暖资金 2.2 亿元，走访慰问员工、民工 33 万余人次。做好先进典型选树，全年新增享受国务院特殊津贴人员 24 名；15 名同志荣获全国劳模，获奖人数居建筑央企首位；1 名同志荣获全国抗疫先进个人。

回顾“十三五”，企业改革发展党建取得了令人瞩目的辉煌成就。主要指标在屡创新高中迈上新台阶。新签合同额、营业收入实现历史性突破，净利润实现翻番式增长。深化改革在纵深推进中取得新突破。重要领域和关键环节改革取得积极进展，生产经营管理体制机制改革有力推进。创新发展在倾力实践中汇聚新动能。科技创新、经营创新、管理创新、党建创新全面发力，大创新推动大发展格局初步形成。工程建设在攻坚克难中屡获新殊荣。建成京张高铁、京新高速、港珠澳大桥等一大批标志性工程，国家级工程质量奖数量在建筑企业名列前茅。党建民生在凝心聚力中得到新加强。党的领导、党的建设全面加强，全面推进从严治党；履行央企社会责任成效显著，在国际 ESG 评级中一跃进入同业央企最高评级；持续增进民生福祉，2020 年在岗员工年人均收入较 2015 年增长 67%。品牌影响在砥砺奋进中实现新提升。企业在《财富》世界 500 强排名由第 71 位跃升至第 50 位，在央企业绩考核中实现“七连 A”。

当前发展中存在的问题和不足，主要有：一是管理粗放、效率低下的问题依旧突出；二是体系不顺、活力不足的问题依旧突出；三是资产不优、经营不善的问题依旧突出；四是创新不强、赋能不足的问题依旧突出。

## 二、2021 年重点工作

### （一）突出战略引领，科学把握发展大势开好局

1. 立足新发展阶段，在聚焦新方位中落实好“十四五”规划。准确把握我国进入全面建设社会主义现代化国家新阶段这一历史方位，结合即将出台的股份公司“十四五”规划，各二级企业要明确发展目标，谋定发展方向，高质量完成本级企业规划；总部相关业务系统要同步做好专项子规划编制。要在“十四五”规划的总体引领下，着重提升各产业发展能力，持续做强工程设计建造产业，稳固主业底盘，提升市场竞争能力；持续做优资产经营、房地产产业，推动差异化、专业化发展，提升可持续发展能力；持续做实金融、物贸和信息等产业，促进产业协同更加高效，提升服务主业能力；持续做专工业和资源利用产业，不断夯实产业基础，提升专业化发展能力。各单位要更加注重战略执行，建立规划执行自查和督办机制，确保战略有效落地。

2. 贯彻新发展理念，锚定实现企业高质量发展这一目标。党的十九届五中全会指出，新发展阶段必须贯彻新发展理念，必须是高质量发展。国资委要求我们必须牢牢把握做强做优做大国有企业这一重大部署，牢牢把握发挥国有经济战略支撑作用这一重要使命，牢牢把握加快建设世界一流企业这一重点任务。高质量发展是企业“十四五”的主题，我们必须立足这些新要求，用新发展理念致力于解决与高质量发展不相适应的突出问题，以问题为导向，切实转变发展方式，在创新、协调、绿色、开放、共享发展中，找到推动企业做强做优做大的新路径、新措施，努力实现由债务驱动发展向积累和创新驱动发展转化，努力实现由传统生产经营向资产经营和资本运营转化，推动企业实现更高质量、更有效率、更为安全、更可持续的发展。

3. 服务新发展格局，找准助力国内国际双循环的发力点。在服务新发展格局中找准定位和比较优势，当好践行国家重大战略部署的排头兵，这是企业发展的战略基点。在国内大循环中主动适应和创造市场需求，紧盯国家重大战略，优化供给结构和质量；强化产品创新、商业模式创新，引导产业发展方向，精准供给、释放需求。在助力国内国际双循环中加快企业国际化进程，抓住国际基础设施互联互通契机，全力投身“一带一路”建设。在科技自立自强上担当使命，强化成员企业创新主体地位，集中力量打好关键领域攻坚战，塑造参与国际合作和竞争新优势，为国家经济社会发展做出更大贡献。

▲中铁一局打造“致富耳”产业链，助力脱贫攻坚

### （二）坚持强本固基，大力提升企业市场竞争力

中国中铁因铁路而生、因工程而兴，工程建设始终是企业最基础的底色，也是最基本的看家本领。在可以预见的未来，工程建设仍将是企业最核心的业务，我们要突出"建设为本"，不断擦亮底色，全面提升市场竞争力，夯实企业高质量发展根基。

1. 将服务国家战略作为主攻方向。要全面提升服务国家战略能力，加快对接建设需求，以国家战略和行业发展为导向配置优质资源，调整生产力区域布局，全力以赴完成年度经营目标。要抓住经营重点领域，聚焦国家基础设施重大战略，特别要在交通强国战略上有更大作为，紧盯西部陆海新通道、沿江高铁、京津冀城际铁路网等重大项目，稳地位、抢份额、提占比。要聚焦区域一体化战略，围绕京津冀协同、长三角一体化、粤港澳大湾区、长江经济带、成渝双城经济圈等重大战略，对接区域发展要求，促进一批项目落地；今年对华东、华南区域分别设定了超过5000亿元的经营开发目标，有关部门要拿出专项方案，分解目标、落实责任。要聚焦城市群、都市圈建设，加密"万亿俱乐部"城市经营网络，抢抓以片区开发为重点的旧改项目，抢抓城市更新、海绵城市等建设项目，以产城融合、站城融合深入拓展城市市场。要聚焦培育未来新增长极，出台特殊政策扶持战略市场、新兴市场，精准用力，促进"新基建"、长江大保护、南水北调等一大批项目落地。要突出核心竞争优势，巩固铁路领跑者地位，在推进铁路体系现代化上积极作为；强化城轨市场领先地位，奋力打造全球轨道交通第一品牌。要担当起国家重大项目建设主力军责任，扎实推进川藏铁路、滇中引水等一批重大工程建设，尤其是川藏铁路要落实高起点、高标准、高质量建设要求，发挥先期开工段示范效应，为后续做出更大贡献打下坚实基础。

2. 以内部关系理顺促进协同经营。要立足提高市场竞争力，加快理顺区域总部与投资公司、区域总部与工程局、投资公司与工程局的管理关系和合同关系，形成立体作战、协同作战能力。要发挥各自优势，设计院要积极发挥龙头作用，主动谋划引领，提升创造项目的能力；区域总部要强化统筹协调职能，既要提升高端经营和大项目承揽能力，又要引导工程局发挥更多自主经营作用；投资公司要明晰发展定位，按照"投资商""运营商"角色定位，增强当好"甲方"的能力，防止工程局化；工程局要强化自主经营能力，当好总承包商，提高市场集中度，不要求面面俱到、均衡用力，要向优势区域集中资源，打造优势省份、核心产区；物贸企业要强化对主业的保障支撑能力，发挥规模集采优势，提高降本保供能力，打造适应市场、经济高效、安全可控的供应链体系；工业企业要强化塑造产业竞争新优势的能力，打造中国高端装备制造领军品牌，推进"拳头产品"系列化步伐。各二级企业要把经营重点放在外部市场，股份公司今年将只考核各单位对外承揽的项目，鼓励各单位主动搏击市场、共同扩大战果。

▲中国电气化铁路接触网恒张力架线作业车完全实现国产化

3. 以效益提升为导向激发三级公司活力。作为市场主体，提高效率、追求效益是企业的基本需求，三级公司是管理落地、创造效益的根基，我们务必夯实这一基础。要在宏微观成本上双向用力，建立从上到下顺畅的成本管理体系，强化执行保障，重点解决管理粗放、效率低下的问题，切实管控好成本。要承揽高质量的任务，优化生产要素资源配置，强化法人对项目的资源配置能力及协调功能，推进生产方式改革，挖掘潜能、提升效益。要在国资委领导下，安排专班，统筹加强与国家铁路局、国铁集团及有关部委的沟通协调，推动铁路项目造价调整方案尽快落地。要本着市场化原则，给予三级公司更大自主权，激发内部体制机制活力，对营收连续三年超过100亿元且效益好的三级公司，要研究落实给予更多的资源和倾斜性政策。要落实"治亏"与"压减"三年攻坚战要求，对未来三年持续处于亏损且扭亏无望的三级公司，采取"关停并转破"等措施，铁腕"治亏"，堵住"失血点"，推动企业效益稳步提升。

4. 以项目责任制为抓手夯实管理基础。中国中铁的根在项目，各

层级要将项目管理提升作为管理提升最基础的课题，在“抓基层、打基础、苦练基本功”上下功夫。坚持“一切工作到项目”不动摇，优化前后台责权利关系，给基层减负授权，让“听得见炮火声”的人有更多的自主权。加强项目基础建设，高度重视项目策划，强化工期进度信誉等目标管控，防止“窝工阻工抢工返工”，对重难点工程制定专项施工方案，明确大小临建建设标准，做到从严管控。注重样板引路，总结推广三级公司20强管项目经验，选树样板企业和样板项目，推广先进技术和管理经验。强化项目管理“盈亏荣辱观”，今年要对项目亏损、劳务队伍“四违规”、现场管理“四超额”、收尾项目管理乏力等问题部署开展专项行动，堵塞“跑冒滴漏”，对违法违规、履职不力的要坚决给予问责，在内部形成良好环境，不断提升项目盈利能力。股份公司今年将召开项目管理现场会，全面推广好做法、好经验，让重视项目管理成为新风气。

### （三）做优投资业务，走稳未来可持续发展之路

“十三五”以来，公司投资业务步入“快车道”，仅2016—2019年就贡献了近1/3的新签合同额、近2/5的净利润，实现了投资业态的丰富多元，促进了业务板块协同发展，加快了公司转型升级步伐。我们要坚持工程建设与投资业务“双轮驱动”，进一步提升投资业务对企业的贡献度。

1. 进一步做好投资控制。强化投资预算管控理念，落实“无预算不投资”要求，突出投资预算刚性，控制好整体预算。以投入产出为导向，优选投资项目，按可行性研究计划把控好投资节奏。强化项目全生命周期管控理念，投资公司要积极履行“投资商”职责，规范SPV公司管理，建立与政府、银行等各参与方顺畅高效的沟通机制。强化投资项目成本管控，推行大标段管理，合理确定参建单位数量，杜绝资源浪费。强化投资项目监管，重点关注超合同投资总额、可行性研究利润实现不符合预期等问题，防范投资项目应收资金无法按时收回的风险，建立预警机制，防止“只投不管、重投轻管”。

2. 加快资产运营转型步伐。截至2020年底，全公司已进入运营期项目73个，大多数投资项目将于未来三年进入运营期，加强运营资产管理是我们亟待解决的重要课题。要高度重视现有运营项目，积累运营经验，及时盘点梳理，不断总结得失，加强交流互享，推进建标立规、完善管理、固化成果等工作。对即将进入运营期的项目，要明确运营主体责任，理顺运营业务权责关系及工作界面，尽快谋划运营模式，逐一拿出可实施的运营方案。股份公司将做好总体统筹，加强运营战略研究，尽快明确运营产业发展路径；依托现有产业基础和运营力量，以投资公司和相关工程局为主体，逐步构建覆盖城轨、公路等板块的专业化运营平台；当前还要重点把握铁路、市政市场化运营趋势，加快对接，抢先占位，壮大运营业务发展。

3. 提升房地产业务发展质量。作为国资委确定的16家以房地产为主业的中央企业，我们要抓住“十四五”时期城镇化机遇，进一步明确房地产业务发展定位和主攻方向，实现由传统的商业地产开发向集多业态、多产业、多功能于一体的综合开发模式转变，打造国内一流特色地产发展商。要紧跟产业定位，优化区域布局、完善业务链条，加大在城市圈、核心城市以及城乡一体化发展的开发力度。坚持走多维度融合的“特色地产+”路线，加快向文旅地产、产业地产、TOD地产等领域进军步伐。要提升低成本、高品质、高周转能力，加大“腾笼换鸟”力度，多管齐下推动房地产存货去化，严控增量，盘活沉淀资产。要着力补齐设计、项目定位、产品品质、产品功能短板，做到商业模式先进可靠、盈利模式清晰确切、管控模式精准到位。要制定公司房地产品牌建设实施意见，尽快形成中国中铁房地产高端品牌。

4. 推动投资业务可持续发展。要坚定“围绕主业、促进产业链资源融合发展”的投资发展战略，促进产业结构调整升级、资本结构更加优化，促进企业向资产经营、资本运营型企业转变。要处理好投资业务发展与资源承受能力的问题，立足投资业务可持续，坚定不移落实“两平衡、两调节”机制，使其成为把控存量项目的经济运行手段、增量项目准入的门槛，警惕过度负债投资，更加注重自身发展积累。要充分发挥投资引擎作用，带动设计、工程建造各板块协同发展，实现“一个投资、多个产业受益”“一次经营、多个单位和专业共同发展”的目标。要提高发展投资业务的金融支撑能力，中铁资本、中铁信托着重在项目融资的资本金和权益性融资方面发挥作用；中铁财务在项目融资的配套贷款、债务性资金方面用力，不断拓宽直接融资和以融促产路径。各投资公司要逐步由区域化发展转向差异化、专业化发展；矿产资源企业要提高专业化程度，抓住行业机遇，破解产量、质量瓶颈，提升稳健发展能力和行业知名度。

### （四）加强创新驱动，培育壮大企业发展新动能

1. 强化国家科技战略支撑。要贯彻好“三个转变”指示精神，面向国家重大需求，在战略必争技术领域强化布局，落实好“1025”专项行动要求，集中力量攻克“卡脖子”技术，尽快在盾构配件等重大领域实现关键核心技术自主可控。要巩固发展高速铁路、高原高寒铁路、轨道交通、特大桥梁、复杂隧道等关键领域核心优势，练就更多的“独门绝技”，打造更多行业第一、中国第一、世界第一。要瞄准行业前沿发展趋势，加强对可能引发交通产业变革的前瞻性、颠覆性技术研究，尤其要加强川藏铁路关键技术攻关，为实施这一重大工程提供先进可靠的技术支撑。要集合优势资源，有力推进创新攻关“揭榜挂帅”体制机制，加强创新链和产业链对接。筹备召开好第六届科技创新大会，全面加强对科技创新工作的部署。

2. 重视科研成果转化应用。推进各级科研平台建设，尤其要重视国家重点实验室建设，做实平台，高效运转，积极承担国家重大科研任务，加强协同创新，改变重创建、轻应用现象。将生产率提升、成本节约、市场有效拓展作为科研转化的关键考量因素，重点面向施工生产一线，聚焦现场难点、痛点，做好“三新”成果和先进实用技术的推广运用。加快技术专利化步伐，加大在国家级成果上的申报力度和推广力度，确保科技成果获奖数量在建筑央企中处于领先地位，并尽快转化为生产力。推动信息化技术与企业深度融合，推进信息贯通工程，坚决杜绝多头建设，注重顶层设计，更加强调投入见效和成果共享，年内基本完成一体化大平台建设，打造综合性信息化资源共享平台，突出数据价值，形成产业化服务能力，助推企业数字化变革。

3. 深入开展模式创新研究。要在商业模式创新上下功夫，做好既有模式更新迭代，关注行业前沿，拓展工程总承包、投融资经营等模式。要提升全产业链一体化服务能力，推进设计院创新能力提升，打造设计品牌，做好“设计+”大文章，发挥设计企业攻坚大项目的作用，大力发展全过程工程咨询服务。要加快培育战略性新兴产业，抓好油气管网、海上风电、潮汐能等新市场开发。要注重高端智库建设，建立校企联合、企企合作等管理创新的常态化工作模式，为企业发展提供专业的、尖端的、科学的智力支持。要积极应对住建部资质管理“压减”改革新政，抓住“窗口期”，加强资质规划和统筹管理。

### （五）深耕海外市场，坚持国际化方向毫不动摇

1. 推动海外体制机制改革落地。加大海外重点改革事项督办，按照“双优”发展战略和“一体两翼N驱”格局，优化市场布局，完善经营要素体系建设，加快提升中铁国际和中海外“两翼”带飞能力，重点在强化市场开拓和商务引领能力上下功夫。处理好平台公司与“N驱”之间的利益关系，切实实现优势互补、抱团出海、互利共赢。建立健全海外合规体系，聚焦项目履约、合同管理、佣金管理、投资并购、招投标等重点环节，保障海外持续健康发展。

2. 着力打造一批海外高产区域。积极对接政府、金融机构、商协会等，立足现有区域，加强对潜力机构的扶持，培育核心区域市场，稳步扩大新国别市场。抓好“一带一路”沿线重点区域、重点国别市场，在推进与周边国家互联互通中促进项目落地。扎实抓好现汇投标项目，以高水平属地化提升市场竞争力和项目中标率。积极稳妥开展境外投资，立足成熟区域和熟悉领域，优选项目，以小投入撬动大市场。发挥在建项目示范作用，确保中老铁路通车运营，雅万高铁土建工程主体部分全部完成、“四电”工程全面开工，紧盯中缅铁路、菲律宾南北铁路南线、巴基斯坦ML1铁路、隆新高铁等项目，确保取得重大经营成果。

3. 增强助推海外发展内生动力。做好海外“十四五”规划，明确相关路径，加强海外战略引领。强化激励引导，股份公司将对各单位年度海外经营业绩排名并给予特殊奖励政策，各二级单位也要在业绩考核、激励机制、品牌建设等方面出台政策，扶持海外发展。特别要加强国际化人才队伍建设，加大各方面激励保障，发挥好模范标杆和精神激励作用，培育海外“双优”发展文化，让更多的人才愿意投身海外、扎根海外，持续锻造海外品牌。

### （六）强化现金流管控，进一步提升企业经济效益

1. 做好现金流源头管控。营销质量是决定现金流状况的“基因”。要提升经营源头质量，坚守经营底线和红线，围绕“客户信用、价格水平、支付条件”三要素，严格落实项目投标、合同评审和效益评价制度，认真履行投标决策程序，做到优选市场、优选客户，合理测算合同价格，杜绝承揽大额及高比例垫资项目，切实从源头上把控好现金流。要建立健全客户信用评价制度，做好分类管理及评价，强化重点客户动态风险监测，规避经营风险。要保障资金链源头安全，严格融资预算执行，严控期限错配，控制表外融资表内化风险，刚性落实“无预算不得支付、无合同不得支付、超预算不得支付”的红线规定，促使资金流向产出效率高、效益好的单位，提升资金使用效能。

2. 完善现金流管控机制。要以保证“上缴款”为前提，建立健全项目现金流自平衡机制，以项目为起点，自下而上推动现金流正向流动。要自上而下进行财务资源配置，为项目现金流自平衡机制的健全和有效运转营造氛围，形成倒逼机制。要完善现金流考核机制，提高现金流考核权重，既要考核结果指标，又要考核管控过程指标。要建立健全现金流风险预警机制，发挥财务共享平台对重大资金变动情况的实时监控作用，确保资金安全、规范、高效使用。要发挥现金流“晴雨表”作用，加强分析运用，通过现金流透析企业发展质量，警惕出现账面盈利、实际资金严重匮乏情况。通过各类措施，确保企业现金流正向流动常态化。

3. 高度重视“双清”工作。贯彻落实国资委“两金”管控三年行动要求，加强清收清欠，坚决把“两金”压下去，确保“两金”增幅低于收入增幅。要将“双清”工作贯穿施工生产及资产经营始终，促进“双清”工作“常专结合”，着重加强应收款管理，尤其是逾期拖欠资金，要剖析症结，制定有效的收款方式和追责制度，创新“双清”工作方法，采取科学合理的措施，及时、足额回笼各类资金，提高资金管理能力。加强对高负债单位的穿透式管理，拟定历史遗留问题消化及考核方案，减值风险大的要及时止损，改善企业经济指标。

### （七）全面深化改革，夯实企业内涵式发展支撑

1. 抓紧抓实国企改革三年行动。国资委将国企改革三年行动纳入业绩

考核，并要求今年完成改革任务的70%。我们要聚焦改革任务清单和台账，统筹落实对标世界一流管理提升行动，压实责任，强力推进，确保在重要领域、关键性环节取得重大突破和进展；尤其是“双百”“科改”企业要动真格、啃“硬骨头”，挂牌督办，务求实效。要把深化混改、健全市场化经营机制作为重要任务，以生态环保、高端装备、设计咨询、物贸等企业为重点，积极推进混改。要进一步激发成员单位发展活力，加快推进“放管服”改革，分类制定二级子公司章程范本，对经营业绩好的单位充分授权，对经营状况差的企业压缩独立决策空间；对传统基建业务放宽放活，对投资、海外、运营、新兴等业务要从严管控。

2. 大力推进企业考核体制改革。重塑以价值创造和投入产出为核心的考核体系，建立以投入产出效率为主、救助性为辅的资源配置体系，加大扶强扶优力度，推动有限资源向优质企业和优质产业集中，打造一批高质量子企业。用好考核“指挥棒”，贯彻落实“两利四率”要求，设置科学、简约的考核指标；关注内部板块水平、全行业水平，差异化精准考核各板块企业。对困难单位要重点考虑历史风险化解、挽回损失、再发展情况，突出特殊贡献指标考核。要改进预算管理，加强预算刚性，坚持全周期考核，确保业绩、绩效真实可测量，奖惩可落实。

3. 进一步加大激励与奖惩力度。推进分配制度改革，完善差异化薪酬管理体系，建立工资增长和生产率提升正相关关系，工资总额、薪酬激励要向效益突出、贡献大的单位及人员倾斜，构建以贡献为导向的工资总额分配机制。用足、用好各类激励工具，加快推进上市公司股权激励，科技型企业股权和分红激励等中长期激励，以及超额利润分享、项目跟投等灵活激励方式，让能者更能、收入更高。加大市场化选聘力度，积极推进职业经理人队伍建设，尽快实现“由点到面”突破；全面推行经理层成员任期制和契约化管理。建立从上到下责任清晰、奖惩分明的工作机制，对给企业捅娄子、出乱子、不作为、乱作为的有关企业和责任人员，要按有关规定给予惩处，树立干事创业的鲜明导向。

## （八）防控重大风险，加固企业稳健运行防火墙

1. 强化疫情风险防控。近期我们在助力河北等地抗疫中展现了铁军风采、体现了央企担当，广受社会各界赞誉。我们要发扬好这一伟大抗疫精神，将疫情防控作为做好全年各项工作的前提和基础，时刻绷紧疫情防控这根弦，毫不松懈抓好常态化疫情防控，突出抓好海外疫情防控，既要培养“晴天带伞”的预防思维，也要练就“雨天打伞”的工作本领，推进各项措施在各层级有效落地，巩固来之不易的抗疫成果，全力确保员工生命安全和身体健康，坚决打好这场疫情防控阻击战。

2. 强化安全生产风险防控。贯彻落实新时期安全生产“2468”管理要点，深入开展安全生产专项整治三年行动，强化“管”“监”责任落实，进一步提高政治站位，抓好体系稳安全、技术保安全、监督促安全、责任强安全，保障安全生产应有投入，加强对重大工程、高风险项目的督导检查，提高安全生产治理水平。强化精品建造意识，做好工程项目全生命周期管理，加强施工全过程质量把控与红线管理，确保工程实体质量达标创优。高度重视环境保护和节能减排工作，吸取“3·28”事件教训，加快构建环保管理体系，发展绿色建造技术，杜绝环境污染事件发生。

3. 强化合规管理风险防范。推进“法治中铁”建设，培育“心中有法、行必依法、决策问法、治理靠法”的法治文化，树立法商融合意识，构筑商业管理全流程风险防控屏障。落实国资委关于案件“压存控增”要求，做好后疫情时期诉讼风险防控和“挂靠”专项治理，建立商标字号等知识产权保护长效机制。开展审计问题整改专项督查，落实亏损企业、亏损项目必审要求，加大经济责任、投资项目、海外项目、债务风险、资金业务审计力度，今年要至少选取20家三级公司和30个工程项目进行专项审计，对典型问题要在适当场合予以通报。

## （九）筑牢根魂优势，强化高质量发展根本保障

1. 全面加强党的领导、党的建设。全面贯彻落实新时代党的建设总要求，树牢“四个意识”、坚定“四个自信”、做到“两个维护”，落实两个“一以贯之”，保持央企政治本色，以“党建创新拓展年”为抓手，将党建创新融入生产经营全过程。纵深推进全面从严治党，深化党风廉政建设和反腐败工作，加大监督执纪问责力度。驰而不息纠治“四风”，严格落实“勤俭办企业十不准”规定，狠刹迎来送往、铺张浪费之风，今年各级单位非生产经营性费用支出要较上年支出“压减”25%以上。

2. 大力加强干部人才队伍建设。习近平总书记指出，用人导向最重要、最根本，也最管用。我们要树立以业绩选人用人的鲜明导向，将党管干部、党管人才原则与发挥市场机制作用有效结合，把勇于担当、实绩突出的人才选出来、用起来。要加强“六支人才队伍”建设，加快“高精尖缺”人才培养，力争在各专业领域出一批年富力强的专家人才、领军人才，筑就行业人才高地。尤其要充分认识到年轻人才培养和干部梯队建设的重要性、紧迫性，加强系统谋划，积极选派优秀年轻干部到生产经营一线循环赋能，加快成长。

3. 持续加强文化民生品牌建设。弘扬开路先锋精神，积极打造奋勇向前、实干担当、战无不胜的争先文化。建立统一规范的荣誉管理制度，选树“开路先锋”功勋企业和个人。大力发挥各级工团组织作用，开展劳动竞赛、青年创新创效等特色品牌活动。加快幸福中铁建设，积极推动员工收入正常增长和办公生活条件改善，关心关爱困难员工和离退休人员生活，实实在在为广大群众办好事。带头履行央企社会责任，保障农民工正常权益，推动脱贫攻坚与乡村振兴战略有效衔接。

新建川藏铁路
拉萨至林芝段"党员先锋队"宣誓活

CHAPTER 2

# 2020年大事记

CHINA RAILWAY ENGINEERING CORPORATION YEARBOOK

## 1月

1月2日，国资委党委第五巡视组向公司党委领导班子反馈了巡视的相关情况，中央纪委国家监委驻国资委纪检监察组组长、国资委党委巡视工作领导小组副组长陈超英出席反馈会议并对巡视整改提出明确要求，国资委党委巡视工作领导小组办公室正式印发了《关于巡视中国铁路工程集团有限公司党委的反馈意见》。

1月8日，“中共中国铁路工程集团有限公司委员会”“中国铁路工程集团有限公司”揭牌仪式在总部举行。

1月10日，2019年度国家科学技术奖励大会在北京人民大会堂隆重举行，中国中铁参与完成的4项成果获国家科技进步二等奖，1项成果获国家技术发明二等奖。

1月11日，国务委员王勇到连镇铁路五峰山长江大桥进行调研。

1月11日，国家隧道应急救援中铁五局贵阳队参加广州市天河区地面塌陷救援，搜救遇险人员3人。

1月11日至12日，中国中铁召开三届一次职代会暨2020年度工作会议。

1月15日，中国中铁党委召开“不忘初心、牢记使命”主题教育总结视频会议。

1月16日，国资委党委印发《关于王士奇等3名同志职务任免的通知》（国资党任字〔2020〕4号），王士奇同志任中国铁路工程集团有限公司党委副书记，免去其中国铁路工程集团有限公司纪委书记职务；孙璀同志任中国铁路工程集团有限公司党委常委；免去杨良同志的中国铁路工程集团有限公司党委常委职务。

1月18日，在习近平主席和缅甸国务资政昂山素季的见证下，中国中铁党委书记、董事长张宗言接受了缅甸交通与通讯部铁路局局长巴敏颁发的“木姐至曼德勒铁路可行性研究报告接受证书”，同时向对方递交了“木姐至曼德勒铁路环评报告”。

1月20日，中国中铁投资建设的绥延高速公路开通试运营，该高速是陕西省第一个以政府与社会资本合作（PPP）模式建设的高速公路项目，中铁三局、中铁六局、中铁八局、中铁九局、中铁北京局参与项目建设。

1月21日，以“凝聚全球力量，实现可持续发展”为主题的世界经济论坛2020年年会在瑞士东部小镇达沃斯开幕。中共中央政治局常委、国务院副总理韩正出席达沃斯世界经济论坛2020年年会，发表题为《共建开放型世界经济推动全球可持续发展》的致辞。中国中铁党委书记、董事长张宗言出席论坛年会系列活动。

1月23日，中国中铁与中铁二局等5家单位组成的联合体中标北京市国道109新线高速公路（西六环路—市界段）PPP项目，中标价221亿元。

1月29日，中铁工业旗下中铁重工连夜组织第一批13名青年技术骨干，4名管理人员参与援建武汉火神山医院，调配二氧化碳气保焊机12台、焊丝1吨、二氧化碳43瓶、汽车9台、货车1台，支援火神山医院建设中钢结构房屋钢桁架现场安装，为抗击疫情贡献力量。

1月30日，中国中铁党委印发《关于加强党的领导为打赢疫情防控阻击战提供坚强政治保证的通知》，要求全公司各级党组织和广大共产党员要坚决把思想和行动统一到习近平总书记重要指示上来、统一到党中央重大决策部署上来，坚决扛起疫情防控责任，迅速全面投入疫情防控阻击战，以更坚定的决心、更果断的措施、更严密的部署、更有效的行动，扎实做好疫情防控工作。

1月31日，中国中铁第四届董事会第三十二次会议以通讯表决方式召开。会议审议同意中国中铁股份有限公司通过国务院国资委账户向“新型冠状病毒感染肺炎”疫区捐赠人民币3000万元。

1月至2月，中国中铁党政工团开展“两节”送温暖慰问活动，全公司共筹集1.59亿元，走访慰问职（民）工32万余人次。

## 2月

2月3日，中铁一局、中铁四局、中铁六局、中铁七局、中铁大桥局、中铁隧道局、中铁武汉电气化局等单位火速参与援建“方舱医院”隔离病房、照明系统以及医疗床位配电改造、送电等工程。

2月5日，中国中铁召开新型冠状病毒感染肺炎疫情防控工作视频会。会议主要目的是认真贯彻落实党中央、国务院和国资委决策部署，按照“坚定信心、同舟共济、科学防治、精准施策”的要求，对全系统的疫情防控工作进行再动员、再部署、再推进，做实做细各项工作，为坚决打赢疫情防控阻击战做出应有贡献。中国中铁党委书记、董事长张宗言出席会议并讲话，总裁陈云主持会议并作总结讲话。

2月7日，中铁交通联合体中标广西南宁岑溪（粤桂界）至大新公路（横县至南宁段）项目，中标金额222.69亿元。

2月10日，中国中铁总裁陈云现场检查了中铁建工星火枢纽房建工程、中铁六局京沈客专星火站枢纽站前工程项目的疫情防控和复工复产情况。

2月12日，中国中铁总裁陈云以“四不两直”方式检查调研了国际事业部、中铁国际、中铁财务、中铁置业、中铁投资、中铁工业等部分在京单位疫情防控和复工复产进展情况。

2月15日，国务院国资委召开建筑施工类中央企业复工复产工作视频会议。中国中铁党委书记、董事长张宗言作专题汇报。

2月19日，中国中铁召开复工复产工作视频会议，研究部署复工复产工作。

2月21日，国资委党委印发《关于同意王士奇等3名同志职务任免的函》(国资党委干二〔2020〕27号),同意提名王士奇同志为中国中铁股份有限公司党委副书记、执行董事人选,不再担任中国中铁股份有限公司纪委书记职务;同意提名孙璀同志为中国中铁股份有限公司党委常委、总会计师人选;同意杨良同志不再担任中国中铁股份有限公司党委常委、总会计师职务。

2月21日,中国中铁召开总部机构改革工作会议。进一步明确总部“战略+运营”定位,积极推进“大部门制”、“首件负责制”和“一站式”服务,改革后部门数量减少20%。

2月24日,根据国务院国资委党委通知(国资党委干二〔2020〕27号),经研究,免去王士奇中国中铁股份有限公司纪委书记职务,任党委副书记;免去杨良中国中铁股份有限公司党委常委职务;孙璀任中国中铁股份有限公司党委常委。

2月25日,中国中铁党委书记张宗言、总裁陈云、党委副书记王士奇、副总裁刘宝龙分别对在京企业和项目部,以“四不两直”方式开展疫情防控和复工复产检查。

2月27日,中国中铁开展“彰显本色献爱心、众志成城战‘疫’情”爱心捐款活动,总部各党支部、离退休人员党总支、公司直属单位党工委660名党员和员工共计捐款174860元。

2月,为贯彻落实党中央、国务院决策部署和国务院安委办、应急管理部、国资委、国铁集团等关于复工复产疫情防控的具体要求,在疫情防控关键时期和企业复工复产的特殊时期,有序推动企业各项目恢复正常生产,预防和控制疫情在项目发生和蔓延,做到疫情防控与生产经营“两手抓、两不误”,股份公司编印了工程项目复工复产应对新冠肺炎疫情方案指引。

## 3月

3月3日,北京市委副书记、市长陈吉宁以“四不两直”方式到中铁置业检查疫情防控和复工复产工作,现场检查大厦出入管理和员工食堂等关键点位防控措施,询问中铁置业复工复产情况,听取中铁置业有关工作汇报。

3月9日,成立中国中铁西部区域工程建设指挥部。

3月12日,根据国务院国资委党委通知(国资党委干二〔2020〕27号),经2020年3月5日中国中铁股份有限公司第四届董事会第三十五次会议研究,解聘杨良中国中铁股份有限公司总会计师(财务总监)职务,自董事会通过之日生效;聘任孙璀为中国中铁股份有限公司总会计师(财务总监),任期自董事会通过之日起至公司第四届董事会届满。

3月13日,中国中铁召开2020年经营工作暨区域经营建设视频会。

3月17日,国务院国资委党委委员、副主任赵爱明到中国中铁总部,调研指导疫情防控和复工复产工作。

3月18日,中国中铁与中国政企合作投资基金股份有限公司(简称“中国PPP基金”)举行战略合作协议网络视频签约仪式。

3月19日,中国中铁党委书记、董事长张宗言与北京市大兴区委书记周立云在股份公司总部举行会谈,双方就进一步深化互利合作,共同推进临空经济区、新城西片区建设等进行了深入交流,并达成重要共识。

3月19日,中国中铁与中铁一局、中铁四局、中铁七局、中铁十局、中铁上海局、中铁隧道局共7家单位组成的联合体中标郑州市轨道交通7号线一期工程,中标价80.37亿元。

3月26日,中国铁工建设有限公司更名为“中国铁工投资建设集团有限公司”。

3月27日,中国中铁召开2020年党风廉政建设和反腐败工作视频会。

3月31日,中国中铁召开专题会议研究部署深入贯彻落实习近平总书记关于京张高铁开通运营重要指示精神。

3月31日至6月30日,中铁资本作为发行顾问为中国中铁发行3期权益融资资产证券化产品,共计募集资金120亿元。该业务通过创新型交易结构安排,将募集资金计入权益类科目,实现了“融资+降负”的双重目标。

## 4月

4月1日,中国中铁在总部举办

▲中铁上海局广州沥滘污水处理项目部复产现场

▲中铁电气化局沪通长江大桥恒张力布放接触网导线作业

《战“疫”——中国中铁职工抗疫复工优秀书画摄影作品展》。

4月2日，中国中铁党委书记、董事长张宗言带队到中国铁工投资开展企业重组整合进展情况专题调研。

4月2日，中国中铁2019年度A股业绩推介会在京召开。中国中铁董事长、党委书记张宗言，执行董事章献，总会计师孙璀，董事会秘书何文出席会议。

4月3日，中国中铁召开“科改示范行动”改革方案评审专题会议。会议传达了国务院国企改革领导小组办公室有关文件精神，听取了中铁大桥院、中铁装备关于改革方案和工作台账制定的情况汇报，研究并提出了改进意见和建议。

4月7日，国务院国资委宣传工作局局长夏庆丰、国资委新闻中心副主任（主持工作）杨景百、宣传局副局长侯洁、新闻中心副主任张义豪等，到中铁建工集团丰台站项目调研指导疫情防控、复工复产和宣传思想工作。中国中铁党委副书记王士奇等陪同调研。

4月10日，世界最大断面矩形盾构机“南湖号”（“中铁798号”）在中铁工业旗下中铁装备上海基地成功下线，该盾构机将用于浙江省嘉兴市区快速路环线下穿南湖大道隧道掘进。

4月11日，中国中铁党委书记、董事长张宗言与黑龙江省委书记、省人大常委会主任张庆伟举行会谈，双方就深化战略合作及加快推进重点项目进行了深入交流并达成重要共识。

4月14日，中国中铁党委书记、董事长张宗言在成都会见了四川省委书记彭清华，双方围绕进一步深化战略合作，推动在川企业加快复工复产、积极参与四川省基础设施等重点领域补短板行动、助力成渝地区双城经济圈建设等交换了意见。

4月16日，中国中铁与芜湖市人民政府、中国中车股份有限公司签署《战略合作协议书》。

4月17日，学习强国平台首页正式发布《央企一把手谈招聘·中国中铁篇》专题访谈。中国中铁党委书记、董事长张宗言在节目中畅谈了中国中铁在防疫抗疫、复工复产、扶贫攻坚、就业招聘等工作中的突出贡献和具体措施。

4月20日，习近平总书记到陕西省柞水县小岭镇金米村实地调研脱贫攻坚情况，视察中铁一局援建金米村智能连栋木耳大棚产业扶贫项目，点赞“小木耳、大产业”。

4月20日，中国中铁召开审计警示教育视频会议，深入贯彻落实习近平总书记关于审计工作的重要讲话和重要指示精神，党中央、国务院统筹疫情防控和经济社会发展最新决策部署，以及国资委中央企业一季度经济运行情况通报暨2020年经营业绩责任书签订视频会议精神，聚焦“三稳四保一加强”，强化责任担当，树立红线意识、底线思维，依法合规、从严管控、真抓实干，扎实推动企业高质量发展，努力建设具有全球竞争力的世界一流企业。

4月22日至27日，中国中铁总裁陈云先后与上海市副市长汤志平，湖北省委副书记、省长王晓东，湖北省委常委、武汉市委书记王忠林，武汉市委副书记、市长周先旺，广州市委书记张硕辅，惠州市委书记李贻伟，深圳高速公路公司董事长胡伟、总裁廖湘文等多省市领导及企业负责人举行会谈，就进一步深化合作进行了深入交流并达成重要共识。

4月22日，分离重组中国海外工程有限责任公司，纳入中国中铁二级单位管理。

4月23日，中铁一局、中铁三局、中铁七局、中铁隧道局、中铁电气化局、中铁武汉电气化局等单位参建的杭州地铁5号线后通段、杭州地铁16号线双线共同开通。

4月24日，中铁工业旗下中铁装备成功入选国家“科改示范行动”企业。

4月28日，中国中铁总裁陈云一行到中铁华南区域总部（中铁南方）调研指导，深入了解企业发展和投资经营情况，并对企业下一步发展提出要求。

4月28日，“中国中铁”学习强国号正式上线。

4月29日，中国中铁2020年度第一次临时股东大会在京召开。选举王士奇为中国中铁股份有限公司执行董事。至此，股份公司董事会成员从8人增加至9人。

4月30日，成立中国中铁“三个转变”研究院，定位为中国中铁附属专项研究机构，依托中铁工业高新股份有限公司组建；同日，批准成立中国中铁股份有限公司TOD事业部，委托中国中铁西部区域总部（中铁城市投资发展集团有限公司）代为管理，与中国中铁西部区域总部按照“一个机构、两块牌子”模式运行。

4月，中国中铁开展以“抓整改、树新风、强本领、促发展”为主题的干部作风建设年活动。

## 5月

5月1日，出版的2020年第9期《求是》杂志发表中共中央总书记、国家主席、中央军委主席习近平的重要文章《在打好精准脱贫攻坚战座谈会上的讲话》，文中对中铁隧道局20名青年党员的忠诚和担当给予了充分肯定。

5月8日，中国中铁召开海外工作视频会议。

5月10日，“三个转变”与高质量发展研讨会暨第三届中国品牌战略发展论坛在中国中铁总部召开。该活动由国务院国资委宣传局和中国中铁共同主办，国务院国资委新闻中心和品牌中国战略规划院共同承办，中铁工业负责协办。活动以“‘三个转变’引领高质量发展”为主题，旨在深入贯彻落实习近平总书记“三个转变”重要指示，为推动中国企业高质量发展、打造世界一流品牌建言献策、凝心聚力。

5月10日，中国中铁工会主席

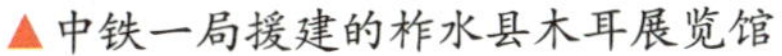

▲中铁一局援建的柞水县木耳展览馆

▲中国中铁股份有限公司荣获“最佳董事会”奖

刘建媛代表公司参加第二届国际首席营销官（品牌官）高峰论坛并作主旨演讲。

5月10日，国产盾构/TBM主轴承减速机工业试验成果发布，首批国产化6米级常规盾构机3米主轴承、减速机通过试验检测；世界首台矿用小转弯全断面硬岩掘进机和中铁装备自主研制的国内最大直径（9.83米）敞开式硬岩掘进机“云岭号”正式下线。

5月13日，中国中铁股份有限公司排福布斯全球2000强第204位。

5月15日，中国中铁与马鞍山市人民政府签署《项目合作意向协议》。

5月15日，国资委党委印发《关于张建强同志任职的通知》（国资党任字〔2020〕20号），张建强同志任中国铁路工程集团有限公司党委常委、纪委书记。

5月16日，中国中铁总裁陈云出席安徽省深入实施长三角一体化发展国家战略暨第五批贯彻“六稳”重大项目集中开工仪式。

5月18日，中国中铁“抗疫情、保增长，大干100天”专项劳动竞赛动员视频会议在总部召开。

5月19日，由中国中铁、中国医药集团有限公司共同成立的“国药中铁（安徽）医疗健康产业有限公司”在合肥举行揭牌仪式。

5月22日，中国中铁与北京交通大学在股份公司总部签署战略合作协议。

5月27日，国资委党委印发《关于同意张建强、刘辉同志职务任免的函》（国资党委干二〔2020〕68号），同意提名张建强同志为中国中铁股份有限公司党委常委、纪委书记人选，刘辉同志不再担任中国中铁股份有限公司党委常委、副总裁职务。

5月28日，老挝副总理兼财政部部长宋迪到中老铁路中铁二局管段视察工作。

5月28日，中国中铁党委副书记、执行董事、应对新型冠状病毒肺炎疫情工作小组常务副组长王士奇，纪委书记张建强调研境外项目疫情防控工作并对下一步境外疫情防控工作提出要求。

5月，中国中铁各单位持续深入贯彻落实“抗疫情、保增长，大干100天”专项劳动竞赛动员会精神，迅速开启复工达产争超产的快节奏，全方位全要素打响“守住两条底线、实现三大指标、打好八大战役”生产经营和改革发展攻坚战。

5月，中国中铁9个先进集体荣获火车头奖杯，42名先进个人荣获火车头奖章。

## 6月

6月3日，中国中铁与北京市大兴区政府签署战略合作框架协议。

6月5日，中央巡视工作领导小组赴国资委开展巡视工作调研，中国中铁党委作为唯一一家参会的委管企业在座谈会上作了交流发言。

6月8日，国务院国资委与黑龙江省政府共同召开“深化国企改革，助力龙江振兴”央地合作视频会。国资委党委书记、主任郝鹏，黑龙江省委书记张庆伟、省长王文涛等领导分别在国资委主会场、黑龙江主会场出席会议并发表重要讲话。中国中铁党委书记、董事长张宗言受邀参加会议并作为央企代表发言，中国中铁副总裁、总法律顾问于腾群在黑龙江主会场代表中国中铁与黑龙江省政府签订了合作协议。

6月8日，中国中铁总裁陈云与苏州市市长李亚平举行会谈，双方就建立全方位、多层次、宽领域的合作机制，助推苏州经济社会高质量发展深入交换意见并达成广泛共识。

6月12日，中国中铁副总裁任鸿鹏在中国日报社“新时代大讲堂”发表英文演讲《中国中铁助力全球抗疫》。

6月11日至12日，中国中铁总裁陈云，副总裁、总法律顾问于腾群一行来到中铁二局开展调研并出席中铁二局成立70周年庆祝大会。

6月11日，中国中铁启动“电商助农”项目。

6月12日至13日，中国中铁党委书记、董事长张宗言率队到中国中铁对口帮扶的湖南省桂东县和汝城县调研扶贫工作。

6月14日至15日，中国中铁党委书记、董事长张宗言率队在福建开展系列商务活动，分别拜会了福建省委书记、省人大常委会主任于伟国，省委副书记、省长唐登杰，省委副书记、福州市委书记王宁等领导，就携手推进重大国家战略，深度挖掘合作发展潜力，进一步对接合作项目落地，加大城市基础设施建设等有关事宜进行了深入交流，达成系列共识。

6月16日，中国中铁与中铁一局、中铁二局、中铁三局、中铁四局、中铁五局、中铁六局、中铁七局、中铁十局、中铁隧道局、中铁电气化局等11家单位组成的联合体中标长春市城市轨道交通5号线一期工程，中标价94亿元。

6月17日，中铁五局中标山东省潍坊市GBJ—SDL科学实验综合项目，中标金额115.59亿元。

6月19日，中铁信托与四川省慈善总会、杜甫草堂博物馆联合设立“弘文1号”慈善信托，该信托是国内首单博物馆系列文化教育慈善信托。

6月23日，根据国务院国资委党委通知（国资党委干二〔2020〕68号），经研究，免去刘辉中国中铁股份有限公司党委常委职务，退休；张建强任中国中铁股份有限公司党委常委、纪委书记。

6月23日，中国中铁2019年年度股东大会以现场与视频、音频相结合的方式在公司总部召开；会议表决以现场投票和网络投票相结合的方式进行，网络投票于当日9时15分至15时通过上海证券交易所网络投票系统进行。

6月28日，中铁三局、中铁四局、中铁六局、中铁八局、中铁大桥局、中铁隧道局、中铁上海局、中铁北京局、中铁电气化局等单位参建的商合杭高铁实现全线贯通。

6月30日，中国中铁党委在京以视频形式召开庆祝中国共产党成立99周年暨“两优一先”表彰大会，集中表彰了151名优秀共产党员、65名优秀党务工作者、93个先进基层党组织。中铁建工北京分公司雄安站被国资委党委授予“中央企业第二批基层示范党支部”称号。

6月30日，中铁三局、中铁隧道局、中铁建工等单位参建的连接辽宁喀左至内蒙古赤峰的喀赤高铁正式开通运营。

6月30日，中国中铁与中国外文局在公司总部签署战略合作协议。

6月30日，中国中铁困难职工帮扶解困攻坚战取得全面胜利。2018年以来，全公司3年累计投入困难职工帮扶解困资金5408.6万元，实现脱困解困3995户（脱困2975户，解困1020户），累计供养人口同步脱困解困11993人，在档的困难职工全部按照当地最低保障线1.5倍的标准实现了脱困或者解困，脱困解困率100%。

6月，中国中铁开展2020年“安全生产月”活动。

6月，中铁二院朱颖、中铁科研院严金秀获评“最美铁道科技工作者”。

6月至12月，中国中铁团委持续开展“五彩梦想”接力计划第二季和第三季帮扶行动，联合中国志愿服务基金会在腾讯“99公益日”活动中募集善款58.9万余元。同时，联合团桂东县委，以中国中铁定点扶贫援建的7个“乡村梦想教室”为依托，组织所属各级团组织视频连线启动“梦想课堂”三期。

## 7月

7月1日，中国中铁总裁陈云与北京市门头沟区区长付兆庚举行会谈，双方就进一步深化全面合作，加快推进国道109新线高速公路项目建设等内容进行了深入交流并达成广泛共识。会谈后，中国中铁总裁陈云带队在中铁投资施工总承包

▲7月13日，中国中铁召开管理实验室活动总结大会

的北京市国道109新线高速公路开展施工进度及安全生产工作调研。

7月1日，中铁一局、中铁四局、中铁大桥局、中铁电气化局、中铁建工、中铁上海局、中铁大桥院等单位参建的沪苏通铁路正式开通运营。

7月2日，成立中国中铁股份有限公司工程监管中心，并加挂中国中铁股份有限公司工程质量安全监督总站的牌子；同日，成立中国中铁股份有限公司基建办公室，与行政管理部合署办公。

7月6日，中国中铁匈塞铁路（匈牙利段）项目正式开工建设。

7月7日，为贯彻落实习近平总书记在中共中央政治局第二十次集体学习上的重要讲话精神，切实做好《民法典》的学习宣传和贯彻实施，中国中铁以组织参加国资委第二十九期法治讲堂为契机，以党委理论学习中心组学习（扩大）会议形式集中学习《民法典》。

7月8日，中国中铁党委书记、董事长张宗言，总裁陈云与北京市顺义区委书记高朋、区长孙军民举行会谈，双方围绕重大产业项目就进一步加强合作、实现互利共赢进行了深入交流并达成重要共识。

7月8日，中铁五局、中铁七局等单位参建的新建安顺至六盘水高速铁路开通运营，贵阳至六盘水最快1小时09分可达。

7月13日，中国中铁召开管理实验室活动总结大会。中国中铁党委书记、董事长张宗言出席会议并讲话，强调要深入践行习近平总书记"三个转变"重要指示精神，深入贯彻党的十九届四中全会精神，以及国务院国资委工作部署，总结管理实验室活动的经验，明确打造管理实验室常态化创新平台的工作思路，推动治理体系进一步优化、治理能力进一步提升，为实现企业高质量发展、建设具有全球竞争力的世界一流企业提供有力保障。

7月15日，中国中铁收购北京恒通创新赛木科技股份有限公司控制权股份交割仪式在深圳举行，双方签署了《股份交割备忘录》。公司合计持有恒通科技65184992股股份，占恒通科技总股本的26.51%，为恒通科技的控股股东，恒通科技实际控制人变更为国务院国资委。

7月15日至17日，中国中铁总裁陈云带队到山西保德县调研扶贫工作。调研组在扶贫县举行了重点援建项目签约仪式、走访慰问了建档立卡贫困户、看望了挂职干部、检查了建设项目，与县委县政府召开了巩固脱贫攻坚成果座谈会，传达了党中央、国务院的新精神、新要求，并就做好巩固脱贫攻坚成果、有效衔接乡村振兴与当地政府官员进行了深入交流，提出了针对性的意见和建议。

7月16日，国资委召开中央企业安全生产工作视频会议，学习贯彻习近平总书记重要指示精神，对中央企业防汛救灾和安全生产工作进行再动员、再部署、再落实。

7月16日，国家知识产权局发布第二十一届中国专利奖获奖通知，中国中铁获一项金奖，三项优秀奖。

7月17日，中国中铁与中国节能签署战略合作协议。

7月19日，中国中铁党委深入贯彻落实习近平总书记关于防汛救灾工作的重要指示精神和党中央决策部署，根据中组部以及国资委党委有关要求，向全公司各级党组织和广大党员发出号召：在防汛救灾中充分发挥基层党组织战斗堡垒作用和党员先锋模范作用，积极展现作为。

7月22日，中国中铁2020年经济运行情况分析会在股份公司总部召开。

7月22日，中国中铁召开2020年党风廉政建设和反腐败工作年中推进会，进一步深入贯彻十九届中央纪委四次全会精神，认真落实国务院国资委党委及驻委纪检监察组有关重点工作部署，总结企业上半年党风廉政建设和反腐败工作，安排下半年党风廉政建设和反腐败重点任务，动员部署"四个专项"整治工作。

7月25日至26日，中国中铁办公室主任会议在公司总部召开。

7月27日，中国中铁股份有限公司排财富中国500强第6位。

7月28日，中国中铁副总裁、总法律顾问于腾群出席中铁隧道局中俄东线天然气管道（永清—上海段）长江盾构穿越工程开工仪式。

7月28日，中国中铁与广西壮族自治区签订合作协议。

7月28日，中国中铁与中国一汽签署了战略合作框架协议。

7月28日至29日，中国中铁纪委书记张建强到中铁工业旗下中铁装备开展企业落实"三个转变"专题调研。

7月29日，中国中铁股份有限公司排ENR国际设计企业225强第

▲9月4日，中国中铁智能产品亮相2020服贸会

122位，全球工程设计公司150强第16位。

7月29日，中国中铁完全自主研发的中国中铁采购电子商务平台二期建设项目启动试点应用。

7月31日，中国中铁荣获2019年度中央企业负责人经营业绩考核A级，连续7年获国资委经营业绩考核A级。

## 8月

8月3日，泰国总理巴育出席中铁十局承建的泰国粦铃（Dindaeng）社区二期住宅D1号楼工程开工典礼。

8月3日，中国中铁滇中引水工程应急救援救护保障中心依托昆明队成立，保障中心设置在昆明队基地。

8月5日至7日，中国中铁总裁陈云带队深入东莞、广州、中山、佛山、珠海等粤港澳大湾区重要节点城市，先后与东莞市委书记、市人大常委会主任梁维东，广州市委常委、南沙区委书记卢一先，中山市委书记、市人大常委会主任赖泽华，佛山市委书记、市人大常委会主任鲁毅和市委副书记、市长朱伟，珠海市委书记、市人大常委会主任郭永航等举行会谈，就落实国家战略，深化项目合作，携手推进粤港澳大湾区都市圈建设等进行了深入交流并达成重要共识。

8月5日，中铁五局与四川高速公路建设开发集团、四川交投建设工程股份有限公司联合体中标京昆高速公路汉中至广元段（四川境）、广元至绵阳段扩容项目，中标金额171.62亿元。

8月9日，国务院国资委党委书记、主任郝鹏到中铁七局西安公司武威雷台景区项目进行调研。

8月10日，中国中铁排世界500强第50位。

8月12日，中国海外工程有限责任公司揭牌仪式在京举行。

8月17日，中国中铁党委召开2020年第一批巡视工作动员部署会。会议宣布，安排5个巡视组，对中铁一局、中铁二局、中铁七局、中铁九局、中铁电气化局、中铁武汉电气化局、中铁国际、中铁设计咨询、中铁工业、中铁信托等10家单位党委开展常规巡视。

8月17日，国铁集团公布2020年上半年铁路施工企业信用评价结果，中铁一局、中铁三局、中铁四局、中铁五局、中铁建工、中铁上海局共6家施工企业被评为A级（全路共10家）。

8月18日，中铁交通联合体中标G59呼北高速炉红山（湘鄂界）至慈利段、G5515张南高速桑植至龙山段PPP项目包，中标金额260.01亿元。

▲8月9日，国务院国资委党委书记、主任郝鹏到中铁七局西安公司武威雷台景区项目进行调研

8月18日，深圳城市轨道交通6号线、10号线开通暨四期调整工程（首批线路）开工仪式在中国中铁承建的深圳城市轨道交通6号线通新岭站举行。

8月18日，中铁六局、中铁八局、中铁大桥局、中铁电气化局等单位参建的珠机城际铁路珠海至珠海长隆段正式开通运营。

8月19日至22日，中国中铁党委书记、董事长张宗言与云南省委书记陈豪、省长阮成发举行会谈，双方就深化战略合作框架协议落实，继续加强在综合交通基础设施、滇中引水工程、总部经济、沿边开发开放、教育扶贫等领域的合作交换了意见，并达成广泛共识。会谈后，中国中铁党委书记、董事长张宗言赴滇中引水昆明段调研，并以“四不两直”方式，对中铁置业贵州公司贵阳阅山湖、阅山湖云著项目进行检查。

8月20日，中国中铁股份有限公司排ENR全球最大250家国际承包商第2位，国际承包商250强第13位。

8月20日，由中国中铁捐资建设的云南省会泽县三所扶贫搬迁安置点幼儿园捐赠仪式在会泽县中国中铁第一幼儿园举行。

8月24日，北京恒通创新赛木科技股份有限公司更名为“中铁装配式建筑股份有限公司”。

8月27日，中国中铁与吉林省人民政府签署合作框架协议。

8月28日，中国中铁股份有限公司在证券时报主办的“第14届中国上市公司价值评选”活动中荣获“社会责任奖”。

## 9月

9月3日，中铁城投联合体中标天水市乡村振兴南北两山片区基础设施PPP项目，中标金额109.16亿元。

9月4日，中国中铁智能产品亮相2020服贸会。

9月7日，调整中铁广州建设有限公司及广州轨道交通工程指挥部机构职能与编制定员；同日，将中国中铁珠三角城际工程建设指挥部划入中铁华南区域总部（中铁南方投资集团有限公司）管理。

9月8日，中铁四局张浩荣获"全国抗疫先进个人"称号。

9月9日，中国中铁党委理论学习中心组迅速传达学习全国抗击新冠肺炎疫情表彰大会精神。

9月12日，盾构及掘进技术国家重点实验室二届二次理事会议在郑州召开。中国中铁总裁陈云当选为理事长，副总裁任鸿鹏、总工程师孔遁当选为常务副理事长。

9月14日至15日，中国中铁党委常委、纪委书记张建强到中铁隧道局调研。

9月14日，中国中铁总裁陈云和副总裁刘宝龙出席在吉林松原市举行的"知名企业家走进松原·助力查干湖生态保护与发展"活动。

9月14日，国资委党委印发《关于章献同志免职的通知》(国资党任字〔2020〕46号)，免去章献同志的中国铁路工程集团有限公司党委常委职务，退休。

9月15日，中国中铁党委书记、董事长张宗言在青岛会见了山东省委常委、青岛市委书记王清宪，双方领导共同为中国中铁晋鲁豫区域总部揭牌。

9月15日，中国中铁与山东港口集团在青岛签订战略合作协议。

9月15日，由中国中铁总承包的双（辽）洮（南）高速公路正式通车。

9月16日，习近平总书记到中国中铁定点帮扶的湖南省郴州市汝城县调研，前往文明瑶族乡沙洲瑶族村，参观了"半条被子的温暖"专题陈列馆，在中国中铁捐赠棉被的展柜前，习近平总书记查看了展柜的相关信息，并将中国中铁捐赠棉被上的字样读了出来："半条被子，温暖民心。践行承诺，鱼水情深。——中国中铁对口帮扶汝城，践行红军战士当年承诺，在2020年7月1日前，为沙洲村全体村民每户家庭赠送一床新被子。"

9月17日，中国中铁与重庆市交通局签署《关于重庆市交通规划勘察设计院有限公司增资协议》。

9月17日，成立中铁站城融合发展投资有限公司。

9月18日，中国中铁PPP项目广州市中心城区地下综合管廊支线工程通过国家人防办验收。

9月21日至22日，中国中铁总裁陈云在广州市先后会见广东省铁投党委书记、董事长丘小广，广东省交通运输厅厅长李静，广东省交通集团党委书记、董事长邓小华，围绕中国中铁在穗重点项目建设及城际铁路、高速公路、轨道交通及沿线TOD综合开发等领域重点项目合作等进行了深入交流并达成重要共识。

9月22日，中国土木工程学会2020年学术年会暨第十七届中国土木工程詹天佑奖颁奖大会在京召开，中国中铁14项工程获得中国土木工程詹天佑奖。

9月22日，中国中铁股份有限公司总部员工登山代表队参加第三届北京国际旅游登山节团体赛，获得冠军。

9月22日，中国中铁承建的中老铁路磨万段隧道工程全部贯通。

9月23日，中国中铁投资建设的昆明地铁4号线开通初期运营。

9月23日，中国中铁启动对标世界一流管理提升行动。

9月23日，中国中铁2020年法治工作会在股份公司总部召开。

9月24日，中国中铁总裁陈云在股份公司总部会见海南省副省长沈丹阳一行，双方就推进海南全球精品展示中心项目合作等事宜进行了深入交流，并达成重要共识。

9月24日，中国中铁与中国冶金地质总局签署战略合作协议。

9月25日，2020（第九届）国际桥梁与隧道技术大会组委会到中国中铁广州市轨道交通十一号线总承包项目施工现场观摩。

9月25日，中国中铁与中铁开投、中铁一局、中铁二局、中铁三局、中铁五局、中铁六局、中铁七局、中铁八局、中铁九局、中铁隧道局、中铁北京局、中铁上海局、中铁建工、中铁武汉电化局、中铁四局机电公司等22家单位组成的联合体中标云南省勐醒至江城至绿春高速公路PPP项目，中标价342亿元。

9月25日，中国中铁召开百日大干总结暨项目管理提升会。

9月27日，中国中铁参建的衢州至宁德铁路开通运营。

9月28日，中国中铁与江西省水利厅签署江西省水利规划设计研

▲建成后的双洮高速公路

▲9月17日，中国中铁与重庆市交通局签署《关于重庆市交通规划勘察设计院有限公司增资协议》

究院股权转让协议。

9月29日，《人民日报》以《大柱山隧道的[illegible]》为题，长篇报道了中铁一局大瑞铁路大柱山隧道项目党建典型经验。

9月，中铁二院徐浩入选第五届铁路青年人才托举工程。

## 10月

10月10日，中国中铁与山东大学签署战略合作协议。

10月10日，国家隧道应急救援中铁五局贵阳队参加广西百色隧道坍塌事故救援，搜救遇险人员9人。

10月13日，中国中铁与中国人寿签订战略合作协议。

10月13日，中国中铁获得中国施工企业管理协会首届工程建设行业传媒作品大赛多个奖项，其中报刊类6项，短视频类13项，海报类7项。

10月14日，中铁城投等单位与新疆交通投资（集团）有限责任公司、新疆公路建设（集团）有限责任公司、新疆路桥建设集团有限公司、新疆维吾尔自治区交通规划勘察设计研究院联合体中标新疆伊犁哈萨克自治州直属G577精伊线、G577特昭线经营性公路PPP项目，中标金额130.87亿元。

10月16日，中国中铁与中铁一局、中铁二局、中铁三局、中铁四局、中铁五局、中铁六局、中铁七局、中铁九局、中铁北京局、中铁大桥局、中铁上海局、中铁广州局、中铁东北投资共14家单位组成的联合体中标延吉至长春高速公路大蒲柴河至烟筒山段、延吉至长春高速公路烟筒山至长春段、本溪至集安高速公路恒仁（省界）至集安段PPP项目，中标价280.42亿元。

10月16日，中国中铁总裁陈云与重庆高速集团党委书记、董事长滕英明举行会谈。

10月17日，中国中铁党委副书记王士奇接受国资委《对话新国企·大道康庄》节目专访。

10月19日，中国中铁召开安全生产工作视频会。

10月20日，重庆市交通规划勘察设计院有限公司更名为“中铁长江交通规划勘察设计集团有限公司”。

10月21日，中铁大桥院、中铁工业参建的四项桥梁工程荣获国际桥梁大会（IBC）大奖，其中港珠澳大桥荣获“超级工程奖”，南京长江大桥改造工程荣获“铁路桥奖”，秭归长江公路大桥荣获“古斯塔夫斯·林德撒尔奖”，杨泗港长江大桥荣获“乔治·理查德森奖”。

10月22日，中铁大桥局党委荣获“中央企业抗击新冠肺炎疫情先进集体”“中央企业先进基层党组织”称号。中铁三局智彩霞、中铁工业中铁重工舒伟浩、中国中铁印尼雅万高铁项目部沈超荣获“中央企业抗击新冠肺炎疫情先进个人”称号。

10月23日至26日，中国中铁总裁陈云带队深入惠州、东莞、广州、南沙等粤港澳大湾区中心城市，先后会见了惠州市委书记李贻伟、东莞市市长肖亚非、广州市委书记张硕辅等相关领导，就携手推进湾区城市建设、进一步深化企地合作等进行了深入交流并达成重要共识。

10月27日，中国中铁召开并购重组企业工作对接会，中国中铁总裁陈云出席会议并讲话，中铁装配式建筑股份有限公司、中铁水利水电规划设计研究院集团有限公司、中铁长江交通规划勘察设计集团有限公司等3家并购重组企业主要领导及相关领导参加会议。

10月，中国中铁所属各单位看望慰问抗美援朝老战士。

## 11月

11月3日，中铁广州建设有限公司更名为“中铁（广州）投资发展有限公司”。

11月4日，中国中铁总裁陈云率团参加第三届中国国际进口博览会，并应邀出席开幕式，现场聆听习近平主席发表的主旨演讲。

11月6日，中国中铁党委书记、董事长张宗言在沈阳会见辽宁省委书记张国清，双方就深入学习贯彻党的十九届五中全会精神和习近平总书记关于东北振兴系列重要指示精神，进一步巩固和深化全面战略合作关系，加快推进重点项目合作等进行了深入交流并达成重要共识。

11月6日，加纳共和国总统纳纳·阿库福·阿多出席了中铁五局承建的TN项目恩索考医院竣工剪彩仪式。

11月8日，在北京和川藏铁路控制性工程色季拉山隧道、大渡河特大桥三地以视频连线的方式召开了川藏铁路（雅安至林芝段）开工动员大会。中共中央总书记、国家主席、中央军委主席习近平对川藏铁路开工建设作出重要指示。他指出，建设川藏铁路是贯彻落实新时代党的治藏方略的一项重大举措，对维护国家统一、促进民族团结、巩固边疆稳定，对推动西部地区特别是川藏两省区经济社会发展，具有十分重要的意义。中共中央政治局常委、国务院总理李克强作出批示。

11月11日，成立中铁高质量发展科学研究院有限公司，与中国中铁“三个转变”研究院按照“一个机构、两块牌子”模式运行，纳入中国中铁直接管理。

11月12日，中国中铁党委常委、总会计师孙璀出席了2020年全国建筑业财税大会，并发表了主旨演讲。中国中铁90篇论文和45篇案例获得2020年度建筑财税优秀论文和案例奖。

11月12日，中国铁工投资、中铁电气化局、中铁设计、中铁市政环境、中铁资本组成联合体，成功中标南京市六合区龙袍新城“四新”建设项目联合开发特许经营项目，项目总投资280.45亿元。

11月13日，中共中央政治局常委、国务院副总理韩正在江西调研期间，实地调研了中铁六局承建的九江市永修县吴城候鸟小镇项目。

11月14日，中国中铁党委副书记、执行董事王士奇一行赴湖南省郴州市汝城县进行脱贫攻坚考察调研，并出席中国中铁与郴州市对接会、2020年中国红色旅游博览会汝城分会场开幕以及援建项目交付等相关活动。

11月15日，中国中铁九人获得全国“盾构工匠”称号。

11月16日，纪念中国人民志愿军铁道工程总队入朝70周年暨中铁四局第十届企业文化节在中铁四局文化宫拉开序幕。中国中铁党委书记、董事长张宗言，安徽省委常委、合肥市委书记虞爱华，原铁道部副部长（正部级）蔡庆华等出席开幕式。

11月16日，中国中铁与南昌市政府举行战略合作框架协议签订仪式。

11月17日，中国中铁党委副书记、执行董事王士奇一行赴陕西省商洛市柞水县金米村开展脱贫攻坚调研。

11月17日，中国中铁总裁陈云出席四川省政府与国务院国资委在成都举行的“落实新时代西部大开发战略——四川省与中央企业合作发展座谈会暨项目签约仪式”，作为央企代表在会上发言，中国中铁与四川省政府签署深化战略合作框架协议。

11月18日，根据国务院国资委党委通知（国资党委干二〔2020〕120号），经研究，免去章献中国中铁股份有限公司党委常委职务，退休。

11月18日，中铁二局、中铁三局、中铁八局等单位参建的（河北唐山）新建水厂矿区至曹妃甸港区集疏港铁路正线正式开通。

11月19日，中国中铁召开2020年度财务工作会议。

11月20日，中国中铁承办第二届“一带一路”百国印记短视频大赛，其中两项作品分获“一带一路”最美共建者和优秀剪辑奖。外交部发言人赵立坚在例行记者会上为大赛点赞。

11月20日，中国中铁参建的郑州至太原高铁全线开始按图试运行。

11月24日，国资委印发《关于陈云等3人职务任免的通知》（国资任字〔2020〕117号），任命陈云为中国铁路工程集团有限公司董事长，不再担任中国铁路工程集团有限公司总经理职务；任命陈文健为中国铁路工程集团有限公司董事，提名为中国铁路工程集团有限公司总经理人选；免去张宗言的中国铁路工程集团有限公司董事长、董事职务。

11月24日，国资委党委印发《关于陈云等3名同志职务任免的通知》（国资党任字〔2020〕63号），陈云同志任中国铁路工程集团有限公司党委书记，陈文健同志任中国铁路工程集团有限公司党委副书记，免去张宗言同志的中国铁路工程集团有限公司党委书记、党委常委职务。

11月24日，中国中铁共有15人获得“全国劳动模范”荣誉称号，受表彰人数在中央建筑企业中排名第一。

11月25日，中铁工业旗下中铁装备自主研发的“超大直径常压刀盘泥水平衡盾构机”荣获中国优秀工业设计金奖，这是中国轨道交通施工装备领域首次荣获该奖项的产品。

11月25日，中国中铁学习贯彻党的十九届五中全会精神宣讲报告会暨“党课开讲啦”活动在公司总部举行。

11月26日，中铁一局、中铁十局、中铁建工、中铁上海局等单位参建的山东潍荣高速铁路潍莱段开通运营。

11月28日，中国中铁股份有限公司获评2020年中国百强企业奖第25位。

11月，中国中铁《特大型施工企业基于四级责任矩阵的工程项目全要素成本管理》获得第二十六届全国企业管理现代化创新成果一等奖。

11月27日至12月3日，中国中铁党委在京连续举办两期领导干部学习贯彻党的十九届五中全会精神集中轮训班。

11月28日，中国广告主大会暨中国广告主协会成立15周年志庆活动在京举行。中国中铁工会主席刘建媛代表公司参加活动并在会上作“提质增效　助推双循环新发展格局”主旨发言。

## 12月

12月3日，中国中铁印发《中国中铁股份有限公司境内基础设施项目投资管理办法》，进一步规范基础设施投资行为，有效提升预期管理能力，促进企业高质量发展。

12月3日，中国中铁获得“金紫荆—最具社会责任感上市公司”称号，中国中铁党委书记、董事长张宗言获得“金紫荆—资本市场三十周年杰出企业家”称号。

12月3日，中铁工业旗下中铁科工被认定为“国家技术创新示范企业”。

12月4日，由中铁二院勘察设计、中铁五局施工、中铁科研院四川铁科监理的“成贵高铁玉京山隧道跨越巨型溶厅暗河工程（Tunnel Crossing Giant Karst Cav）”以小组第一的优异成绩，荣获2020 ITA“攻坚克难”奖。

12月8日，中国铁路工程集团有限公司党委书记、董事长陈云，党委副书记、总经理陈文健在昆明与云南省委书记阮成发、代省长王予波举行会谈。双方围绕加强优势互补，助力云南打造世界一流“三张牌”、实现高质量发展等进行了交流并达成重要共识。

12月8日，中国中铁与中铁一局、中铁五局、中铁六局、中铁北京局共5家单位联合体中标京雄高速公路（北京段）政府和社会资本合作（PPP）项目，中标价122.12亿元。

12月8日，中国中铁党委在云南玉溪召开中老铁路廉洁建设现场推进会。

12月9日，由中国中铁多家单位参建的格尔木至库尔勒铁路（简称“格库铁路”）新疆段（茫崖镇至库尔勒）正式开通运营。

12月9日至11日，中国铁路工程集团有限公司党委书记、董事长陈云先后与澳门特区行政长官贺一诚、中央人民政府驻澳门联络办公室副主任姚坚及有关合作伙伴举行会谈。

12 月 9 日，中国铁路工程集团有限公司党委副书记、总经理陈文健先后赴滇中引水项目、中铁总部大厦项目、中铁西南区域总部（中铁开投）调研并召开调研座谈会。

12 月 10 日至 17 日，中国铁路工程集团有限公司党委副书记、总经理陈文健先后到中铁文旅、中铁置业贵州公司、中铁电气化局一公司、中铁建工、中铁北京局、中铁国际开展调研。

12 月 11 日，由中铁大桥院勘察设计、中铁大桥局承建的世界首座高速铁路悬索桥、中国首座公铁两用悬索桥——连镇铁路五峰山长江大桥建成通车。

12 月 11 日，由中铁一局、中铁四局、中铁六局、中铁十局、中铁大桥局、中铁武汉电气化局、中铁建工、中铁北京局、中铁大桥院、中铁工业等单位参建的新建连淮扬镇铁路建成通车。

12 月 11 日，由中国中铁投资建设，中铁交通负责建设及运营管理，中铁二局、中铁三局、中铁六局、中铁八局、中铁九局参建的陕西省第一个 PPP 高速公路项目——清涧至子长高速公路正式通车。

12 月 12 日，中国中铁多家单位参建的首条纵贯太行山高铁郑州至太原高铁开通运营。

12 月 14 日，中国铁路工程集团有限公司党委书记、董事长陈云在中国中铁首期中青年干部培训班授课。

12 月 14 日，人力资源社会保障部和财政部联合颁布了 2020 年国家级高技能人才培训基地和国家级技能大师工作室项目单位备案目录，中铁五局倪派技能大师工作室入选目录清单。

12 月 15 日，世界跨度最大的串联式斜拉桥——珠海洪鹤大桥正式通车。

12 月 15 日至 17 日，中国铁路工程集团有限公司党委副书记、总经理陈文健到基层宣讲党的十九届五中全会精神，并调研部分在京单位。中国中铁副总裁刘宝龙、董事会秘书何文、安全总监李凤超参加相关活动。

12 月 16 日，南京市六合区龙袍新城项目联合开发签约仪式在南京举行。中国铁路工程集团有限公司党委书记、董事长陈云，江苏省委常委、南京市委书记张敬华出席签约仪式，并共同为联合开发项目实施主体“中铁龙袍生态智慧新城（南京）投资发展有限公司”揭牌。

12 月 16 日，中国中铁与中铁二院、中铁南方 3 家单位组成联合体中标阳春至信宜（粤桂界）高速公路建设项目，中标价 273 亿元。

12 月 16 日，国资委党委印发《关于同意中国中铁股份有限公司有关领导人员职务调整的函》（国资党委干二〔2020〕154 号），同意提名陈云同志为中国中铁股份有限公司党委书记、董事长人选，不再担任中国中铁股份有限公司总裁职务；同意提名陈文健同志为中国中铁股份有限公司党委副书记、执行董事、总裁人选；同意张宗言同志不再担任中国中铁股份有限公司党委书记、党委常委、董事长、董事职务。

12 月 18 日，中国铁路工程集团有限公司党委书记、董事长陈云应邀出席成都市城市轨道交通“500 公里”开通运营仪式。

12 月 18 日，中铁一局至十局、中铁隧道局、中铁电化局、中铁武汉电化局、中铁北京局、中铁上海局等单位参建的成都地铁 6 号线一期、二期、三期，8 号线一期，9 号线一期，17 号线一期及 18 号线三岔站（不含）至天府机场北站段等五线六项目同步开通初期运营。

12 月 19 日，中国铁路工程集团有限公司党委书记、董事长陈云主持、“三个转变”研究院参与完成的《“十四五”时期我国建设制造强国的政策建议研究》，获评中国管理科学研究院学术年会优秀论文一等奖。

12 月 21 日，塞拉利昂总统比奥、首席部长弗朗西斯等政府高官出席中国援塞拉利昂外交培训学院项目开工典礼。

12 月 21 日，中铁高铁电气装备股份有限公司首次公开发行股票并在科创板上市申请获上海证券交易所受理。

12 月 22 日，中国中铁党委书记、董事长陈云在长春与吉林省委书记景俊海、代省长韩俊举行会谈，并共同见证吉林省高速公路 PPP 项目签约。

12 月 22 日，中国中铁总裁陈文健与湖北省委常委、武汉市委书记王忠林，市长周先旺举行会谈，双方就进一步加强合作进行深入交流，并达成广泛共识。

12 月 22 日，中国中铁“‘小木耳 大产业’作水扶贫项目融媒体传播”荣获“2020 年度中国企业新媒体创作奖”。

12 月 22 日，由中铁大桥院勘察设计、中铁大桥局参与建设的甬舟铁路西堠门公铁两用大桥等项目正式启动建设。

12 月 23 日，中国中铁人才队伍建设工作会暨全国劳模等先进典型表彰会在股份公司总部召开。

12 月 24 日，重庆市交通规划勘察设计院有限公司完成公司工商变更登记。公司更名为“中铁长江交通设计集团有限公司”。

12 月 24 日，中国中铁 10 项管理创新成果获得第二十七项届全国企业管理现代化创新成果奖。其中，《特大型施工企业以制度优化为目标的“管理实验室”构建与运行》代表中国中铁获得国家级管理创新成果一等奖。

12 月 26 日，中铁一局、中铁三局、中铁五局、中铁隧道局、中铁北京局、中铁上海局、中铁广州局等单位参建的全长 617 千米的银川至西安高速铁路全线开通运营，银川至西安最快旅行时间由 11 小时 45 分缩减至 3 小时 04 分。

12 月 26 日，中铁一局、中铁四局、中铁隧道局等单位参建的南昌地铁 3 号线正式开通初期运营。

12 月 26 日，由中铁一局、中铁四局、中铁五局、中铁电气化局等单位参建的郑州市轨道交通 4 号线

工程，正式开通载客初期运营。

12月26日，中铁一局、中铁二局、中铁三局、中铁四局等单位参建的上海轨道交通10号线二期、18号线一期南段（航头站—御桥站）两条新线新段均开通试运营。上海轨道交通全网络运营里程增至729千米。

12月27日，中铁六局、中铁九局、中铁建工、中铁上海局等单位参建的京雄城际（大兴机场至雄安新区段）开通运营，京雄城际铁路实现全线通车。

12月28日，中铁一局、中铁二局、中铁三局、中铁四局、中铁五局、中铁八局、中铁广州局等单位参建的西安地铁5号线、6号线一期、9号线正式开通初期运营。

12月28日，江西省水利规划设计研究院有限公司更名为“中铁水利水电规划设计研究院集团有限公司”。

12月29日，根据国务院国资委党委通知（国资党委干二〔2020〕154号），经研究，免去张宗言中国中铁股份有限公司党委书记、党委常委职务；经中国中铁股份有限公司第四届董事会研究，张宗言不再担任中国中铁股份有限公司董事长、董事职务，自2020年12月22日生效。

12月29日，中国中铁总部召开第二次党员代表大会。

12月30日，根据国务院国资委通知（国资任字〔2020〕117号），经2020年12月1日中国铁路工程集团有限公司第一届董事会第三十二次会议研究决定，陈云不再担任中国铁路工程集团有限公司总经理职务，自董事会通过之日生效；聘任陈文健为中国铁路工程集团有限公司总经理职务，自董事会通过之日生效。

12月30日，根据国务院国资委党委通知（国资党委干二〔2020〕154号），经研究，陈云任中国中铁股份有限公司党委书记；2020年12月22日中国中铁股份有限公司第四届董事会第四十五次会议选举陈云为中国中铁股份有限公司董事长，任期自董事会通过之日起至本届董事会换届之日止；同时陈云不再担任中国中铁股份有限公司总裁职务，自董事会通过之日生效。

12月30日，根据国务院国资委党委通知（国资党委干二〔2020〕154号），经研究，陈文健任中国中铁股份有限公司党委副书记；经2020年12月22日中国中铁股份有限公司第四届董事会第四十五次会议研究决定，聘任陈文健为中国中铁股份有限公司总裁，任期自董事会通过之日起至本届董事会换届之日止。

12月30日，中国铁工投资建设集团有限公司揭牌暨入驻首都临空经济核心区仪式在京举行。中国中铁党委书记、董事长陈云，总裁陈文健，总会计师孙璀，董事会秘书何文出席仪式并共同为企业揭牌。

12月30日，由中铁大桥院设计、中铁大桥局承建的平潭海峡公铁大桥公路桥正式通车。

12月30日，中铁一局、中铁二局、中铁三局、中铁六局、中铁十局、中铁隧道局、中铁电气化局、中铁上海局等单位参建的杭州地铁1号线三期、6号线一期、杭富线（与6号线贯通运营）、7号线首通段开通运营。

12月31日，中铁一局、中铁二局、中铁三局、中铁六局、中铁八局、中铁隧道局、中铁北京局等单位参建的成都天府机场高速公路主线正式通车。

12月31日，中铁一局、中铁二局、中铁三局、中铁四局、中铁电气化局等单位参建的北京地铁房山线北延、北京地铁16号线中段、北京地铁有轨电车T1线，开通运营。

12月，由中国中铁党委副书记、执行董事王士奇主持、中国中铁“三个转变”研究院协助完成的《新时代驱动中国制造业高质量发展的“四项变革”》获得“2020中国企业改革发展优秀成果”一等奖。

12月，中国中铁获“第十一届中华慈善奖捐赠企业奖”。

12月，中铁工业王杜娟入选2020年国家“百千万人才工程”名单，被授予国家“有突出贡献中青年专家”称号。

12月，中铁二院曾永平入选第五批国家“万人计划”名单，按照《国家高层次人才特殊支持计划管理办法》培养支持。

12月，中铁工业叶蕾、中铁二院曾永平、中铁四局黄海获第十五届詹天佑铁道科学技术奖—青年奖。

2020年，中国中铁在长江大保护市场累计中标（选）项目合同额73.71亿元。

▲中国中铁员工试乘西安地铁9号线

▲12月15日，世界跨度最大的串联式斜拉桥——珠海洪鹤大桥正式通车

# CHAPTER 3

# 概 述

## 企业基本情况

【简况】中国铁路工程集团有限公司是集勘察设计、施工安装、房地产开发、工业制造、科研咨询、工程监理、资本经营、金融信托、资源开发和外经外贸于一体的多功能、特大型企业集团，总部设在北京。

中国铁路工程集团有限公司的前身是1950年3月成立的铁道部工程总局和设计总局，及1952年9月成立的基建总局，后经分合，于1958年3月合并为基本建设总局。1979年5月，基本建设总局对外称“中国铁路工程总公司”。1989年7月，铁道部撤销基本建设总局，正式组建中国铁路工程总公司。2000年9月，经国务院批准，铁道部与中国铁路工程总公司实行政企分开，中国铁路工程总公司整体移交中央企业工委管理。2003年，国务院国有资产监督管理委员会（简称“国务院国资委”或“国资委”）成立后，中国铁路工程总公司隶属国务院国资委管理。2006年11月，国务院国资委在中国铁路工程总公司总部开展了董事会试点。2007年9月12日，中国铁路工程总公司独家发起设立中国中铁股份有限公司（简称“中国中铁”），并于2007年12月3日和12月7日，分别在上海证券交易所和香港联合交易所挂牌上市。作为中国中铁的控股股东，中国铁路工程总公司于2017年12月28日完成公司制改制，工商变更登记为“中国铁路工程集团有限公司”。

中国中铁是中国铁路工程集团有限公司经营业务的运营主体，拥有50余家子分公司，主要分布在中国除台湾地区以外的各省、自治区、直辖市，并在90多个国家和地区设有办事处、代表处和项目部等境外机构。主要有中铁一局等18家施工企业；中铁二院等8家勘察设计咨询科研企业；中铁工业、中铁装配2家工业制造企业；以及中铁国际等25家国际业务、金融、投资、房地产开发、矿产管理、物资贸易、信息化公司。中铁国资资产管理有限公司负责管理中国铁路工程集团有限公司有关学校、医院、土辅助离资产等未进入上市范围的机构和资产，中铁党校为中国铁路工程集团有限公司直属单位。

中国中铁具有住房和城乡建设部批准的铁路工程施工总承包特级资质、公路工程施工总承包特级资质、市政公用工程施工总承包一级资质以及桥梁工程、隧道工程、公路路面、公路路基工程专业承包一级资质。作为全球最大建筑工程承包商之一，自2006年起，连续15年进入世界企业500强，2020年首次进入世界企业前50强，在中国企业500强中列第6位，在2020年ENR全球最大承包商250强中排第2位。连续7年入选中央企业业绩考核A类企业。

中国中铁业务范围涵盖基本建设各个领域，能够提供建筑业“纵向一体化”的一揽子交钥匙服务。先后参建了京九铁路、青藏铁路、京沪高铁、京张高铁、港珠澳大桥、中老铁路、雅万高铁等一大批举世瞩目的重大工程，参与建设的铁路占中国铁路总里程的2/3以上；建成电气化铁路占中国电气化铁路的90%；参与建设的高速公路约占中国高速公路总里程的1/8；建设了中国3/5的城市轨道工程。

作为科技部、国务院国资委和中华全国总工会授予的全国首批“创新型企业”，中国中铁拥有“高速铁路建造技术国家工程实验室”“盾构及掘进技术国家重点实验室”“桥梁结构健康与安全国家重点实验室”3个国家实验室及10个博士后工作站，1个国家地方联合研究中心（数字轨道交通技术研究与应用国家地方联合工程研究中心），36个省部级研发中心（实验室），19个国家认定的技术中心和107个省部认定的技术中心，先后组建了20个专业研发中心，并参股建设川藏铁路国家技术创新中心。截至2020年底，中国中铁共获国家科技进步奖127项，其中特等奖5项，一等奖16项；获中国建设工程鲁班奖212项，国家优质工程奖432项，中国土木工程詹天佑奖151项，省部级（含国家认可的社会力量设奖）科技进步奖3817项；国家级工法166项，省部级工法3979项；通过省部级科技鉴定的科技成果1973项；拥有有效专利授权18586件，其中发明专利3969件，海外专利63件。

截至年末，全公司在册员工288968人，其中，干部208675人、工人80293人；管理人才138780人、各类专业技术人才195725人（含在管理岗位的125830人）、技能人才80293人。高级及以上职称36378人（含正高级2732人），其中，正高级工程师2413人，高级工程师28817人，高级经济师3161人，高级会计师1914人；中级职称66529人。中国工程院院士1名、“百千万人才工程”国家级人选11名、全国工程勘察设计大师8名、享受国务院政府特殊津贴专家120人，全国杰出专业技术人才2名、中国中铁特级专家14人、中国中铁专家105人。

（王　琳）

【中国铁路工程集团有限公司法人治理结构】中国铁路工程集团有限公司不设股东会。2020年，公司治理结构人员有所调整，截至年末，董事会由3名董事组成，分别为董事长、党委书记陈云，董事、总经理、党委副书记陈文健，职工董事、工会主席刘建媛；董事会不设专门委员会。经理层由1人组成，为总经理陈文健。党组织组成人员情况详见中国铁路工程集团有限公司领导人员名单。

（郭　飞）

【中国中铁股份有限公司法人治理结构】中国中铁股份有限公司建立包括股东大会、董事会、经理层、监事会、党组织在内的完善的法人治理结构。2020年，公司法人治理结构组成人员有所调整。截至年末，董事会由6名董事组成，其中执行董事2名，分别为董事长、执行董

事、党委书记陈云，执行董事、党委副书记王士奇；独立非执行董事4名，分别为郭培章、闻宝满、郑清智、钟瑞明；董事会下设战略、审计与风险管理、薪酬与考核、提名、安全健康环保五个专门委员会，其中提名委员会和安全健康环保委员会委员中独立非执行董事占多数、审计与风险管理委员会和薪酬与考核委员会委员全部由独立非执行董事担任。经理层由8人组成，分别为总裁陈文健，总会计师孙璀，副总裁、总法律顾问于腾群，副总裁刘宝龙、任鸿鹏，总工程师孔遁，总经济师马江黔，安全总监李凤超。公司设董事会秘书1名，由何文担任。公司经理层成员和董事会秘书均为公司高级管理人员。监事会由5名监事组成，其中股东代表监事两名，分别为监事会主席张回家、监事陈文鑫，职工代表监事3名，分别为刘建媛、苑宝印、范经华。党组织组成人员情况详见中国中铁股份有限公司领导及高管名单。（梁 韵）

▲ 6月23日，中国中铁2019年年度股东大会以现场会议加视频连线的方式在公司总部召开

【中国中铁股东情况】2020年末，公司总股本245.71亿股，其中A股203.64亿股，占总股本的82.88%；H股42.07亿股，占总股本的17.12%，全年股份总数未发生变动。公司股东总数571235户，其中中国铁路工程集团有限公司持有中国中铁11598764390股（含H股164394000股），持股比例为47.21%，为中国中铁控股股东。（张 凡）

【中国中铁股价及市值变动情况】2020年，公司股价与建筑板块走势一致，相较可比公司走势平均水平略强，截至2020年12月31日收盘，中国中铁A股股价5.27元，下跌8.56%；H股股价3.42港元，下跌25.53%；总市值为1194.26亿元，较2019年末下跌14.14%。2020年末，中国中铁A股市净率为0.64倍，在可比公司中略高于中国铁建、中国交建，低于中国建筑和中国中冶；H股市净率为0.29倍，略高于中国铁建、中国交建和中国中冶。（张 凡）

【中国中铁资本市场评级情况】2020年全年，公司A股获62篇评级，其中买入28家、增持19家、审慎增持8家、推荐7家；H股获“买入/跑赢大市”评级114篇，“持有/中性”评级9篇，见表3-1。

表3-1 中国中铁资本市场评级情况一览

| A股（买入28家、增持19家、审慎增持8家、推荐7家） | | | |
|---|---|---|---|
| 中国中铁62篇 | 买入/跑赢大市 | 持有/中性 | 卖出/跑输大市 |
| | 62篇 | 0篇 | 0篇 |
| H股 | | | |
| 中国中铁123篇 | 买入/跑赢大市 | 持有/中性 | 卖出/跑输大市 |
| | 114篇 | 9篇 | 0篇 |

【主要经济技术指标完成情况】2020年，中国铁路工程集团有限公司新签合同额26056.6亿元，同比增长20.4%。其中，海外业务新签合同额1362.6亿元，占新签合同总额的5.2%。基建建设板块新签合同21829.2亿元，占新签合同总额的83.8%，同比增长21.6%。其中，铁路工程新签合同额3553.8亿元，占基建建设板块的16.3%，同比增长14.2%；公路工程新签合同额4097.6亿元，占基建建设板块的18.8%，同比增长32.6%；市政工程新签合额4459.1亿元，占基建建设板块的20.4%，同比减少4%；房建工程新签合同额6106亿元，占基建建设板块的28%，同比增长40%；城市轨道工程新签合同额1660.4亿元，占基建建设板块的7.6%，同比下降17.6%；水利水电工程新签合同额296.3亿元，占基建建设板块的1.4%，同比增长25.4%；港口与航道工程新签合同额57.7亿元，占基建建设板块的0.3%，同比增长96.2%；机场工程新签合同额175.1亿元，占基建建设板块的0.3%，同比增长428%。非基建建设板块新签

合同额 4227.4 亿元，占新签合同总额的 16.2%，同比增长 14.2%。其中，勘察设计咨询新签合同额 258.6 亿元，同比减少 10.2%；工业制造新签合同额 542.8 亿元，同比增长 29%；房地产开发新签合同额 685.6 亿元，同比减少 1.6%；物贸新签合同额 993.9 亿元，同比增长 24.1%；矿产资源新签合同额 123.3 亿元，同比减少 11.5%；金融新签合同额 48.2 亿元，同比增长 29.1%；其他 1575.0 亿元，同比增长 19.4%。

2020 年，中国铁路工程集团有限公司完成企业营业额 10892 亿元。其中，国内完成 10403.2 亿元，占总产值的 95.5%；海外完成 488.8 亿元，占总产值的 4.5%。在企业营业额中，基建建设 9483 亿元，占 87.1%；勘察设计咨询 168.1 亿元，占 1.5%；工业制造 208.1 亿元，占 1.9%；房地产开发 503.8 亿元，占 4.6%；基础设施投资 41.4 亿元，占 0.4%；矿产资源 121.8 亿元，占 1.1%；物资贸易 169.9 亿元，占 1.6%；金融 43.8 亿元，占 0.4%；其他 152.1 亿元，占 1.4%。

公司基建建设营业额中，铁路 2302.5 亿元，占 24.3%；公路 1608.1 亿元，占 17%；市政 1822.9 亿元，占 19.2%；房建 1634.1 亿元，占 17.2%；城轨 1711.6 亿元，占 18%；水利水电 172.9 亿元，占 1.8%；港口与航道 27.5 亿元，占 0.3%；机场 13.9 亿元，占 0.1%；其他工程 189.5 亿元，占 2%。

中国铁路工程集团有限公司总产值排前五位的所属二级单位：中铁四局 1130.2 亿元，中铁一局 1003.0 亿元，中铁建工 749.5 亿元，中铁二局 738.8 亿元，中铁五局 710.9 亿元。（丁　宾）

【生产经营】2020 年，中国中铁统筹推进工程建设生产，全年完成施工产值 9483 亿元，建成桥梁 1973.3 千米、隧道 1108.7 千米。

基建建设板块新签合同额 21829.2 亿元，同比增长 21.6%。承包经营新签合同额达到 17531.3 亿元，同比增长 24.3%。其中，以公司资质中标的国内总承包项目 10 项 562.1 亿元。勘察设计咨询新签合同额 258.6 亿元，同比减少 10.2%；工业制造新签合同额 542.8 亿元，同比增长 29%；房地产开发新签合同额 685.6 亿元，同比减少 1.6%；物贸新签合同额 993.9 亿元，同比增长 24.1%；矿产资源新签合同额 123.3 亿元，同比减少 11.5%；金融新签合同额 48.2 亿元，同比增长 29.1%；其他 1575.0 亿元，同比增长 19.4%。所属单位中，中铁四局、中铁建工、中铁一局新签合同额超过 2000 亿元。（丁　宾）

【企业资质】中国中铁拥有施工资质包括：铁路工程施工总承包特级、公路工程施工总承包特级、市政公用工程施工总承包一级、桥梁工程专业承包一级、隧道工程专业承包一级、公路路面工程专业承包一级、公路路基工程专业承包一级等资质，同时拥有工程设计公路行业甲级资质。

2020 年，中国中铁系统共申请取得各类施工资质 143 项，其中总承包一级和专业承包一级资质合计 38 项。截至 2020 年 12 月 31 日，全系统共有各类企业 267 家，具有施工资质 1843 项，其中总承包特级资质 75 项，总承包一级资质 281 项，总承包二、三级资质 373 项，专业承包一级资质 694 项，专业承包二、三级资质 420 项；拥有勘察资质 55 项，其中综合甲级 7 项，专业甲级 16 项，专业乙级 28 项，劳务资质 4 项；拥有设计资质 212 项，其中综合甲级 3 项，行业甲级 80 项，行业乙级 2 项，专业甲级 52 项，专业乙级 41 项，专业丙级 7 项，专项甲级 9 项，专项乙级 16 项。中铁一局、中铁三局、中铁电气化局分别拥有“铁路运输许可证”。（郭新立）

【信息化建设】推进企业治理与数字化技术融合发展。改变“信息孤岛”、软件系统众多、基层表格重复填报、数据挖掘缺失的现状，以“横向贯通、纵向穿透、内外互联”为目标推进信息贯通工程，系统整合企业数据资产，构建基础“数据池”，优化数据抓取、调用、运算、发布流程，推动企业信息化建设和数字化转型，实现从企业运营管理到基层项目管理的手段和效率明显提升。（杨晶晶）

【党建工作】2020 年，中国中铁党建工作围绕推动企业改革发展用劲用力，迈出坚实步伐。加强党的政治思想建设，建立并坚持“第一议题”制度，强化以习近平新时代中国特色社会主义思想武装头脑、指导工

▲中铁五局承建的西银高铁全线箱梁架设圆满收官

▲中铁大桥局承建的孟加拉国帕德玛大桥主桥钢梁实现合龙

作，做到了“两个维护”。立足发展需要选人用人，突出“六支人才队伍建设”，一批优秀中青年干部走上各级领导岗位，举办首期中青年干部培训班，增强了干部人才队伍的生机活力和专业化能力。巩固打牢党建工作基础，加强“三基建设”，围绕提升能力素质举办6期党支部书记示范培训班，广泛开展创先争优，促进党建与业务工作深度融合，中铁大桥局党委被授予“中央企业先进基层党组织”称号；中铁建工北京分公司雄安站党支部被国资委党委授予“第二批基层示范党支部”称号。纵深推进全面从严治党，国资委党委巡视整改416条阶段性措施已收尾，高质量完成了10家二级企业巡视，得到了国资委的充分肯定，“干部作风建设年”、“四个专项整治”、纠正形式主义官僚主义、审计发现问题警示教育取得实效，营造了积极向上的干事氛围。扎实抓好宣传文化工作，在中央电视台《新闻联播》宣传企业改革发展、重大项目建设等成果88次，二次刊登在《人民日报》头版头条。重构企业文化体系，形成了新时代企业新的精神高地。始终坚持党的依靠方针，群团组织广泛开展劳动竞赛、青年岗位建功活动，让员工在改革发展中“唱主角”，15人被授予“全国劳动模范”称号，位居建筑央企第一。（王 琳）

【履行社会责任】编制发布2020年度《社会责任报告暨ESG（环境、社会与管治）报告》。加大精准扶贫力度，提前并超额完成定点扶贫责任书各项指标任务。向定点帮扶县投入专项资金6390万元，为定点扶贫县引进帮扶资金7994万元，培训基层干部213人，为定点扶贫县和其他贫困地区培训专业技术人员7226人。2020年，各所属企业积极开展扶贫领域工作，共有28家单位参与扶贫开发工作。全公司共投入扶贫资金16950.35万元，帮助建档立卡贫困人口1326人脱贫，资助贫困学生4443人；购买定点扶贫县农产品1517.69万元、其他贫困县农产品112.87万元、湖北地区农产品505.54万元，帮助销售农产品164.89万元。三个定点扶贫县脱贫摘帽后，坚持“四个不摘”，继续保持资金投入力度，充分发挥企业优势，扎实推进定点扶贫各项工作，帮助定点扶贫县全面巩固脱贫攻坚成果，有效衔接乡村振兴。积极参与各地各类抢险救灾。加强三支国家专业救援队建设，按照应急救援体系建设工作总体部署，持续推进昆明救援队、贵阳救援队基地建设和救援装备升级改造，并逐步拓展应对各类自然灾害综合应急救援能力。围绕基地建设项目的实施和基地的新定位、新任务，全面系统开展补充救援人员、完善指挥系统、健全协调机制、配套基础设施、完善规章制度、加强培训演练和构建保障体系等工作，有效提升基地专业救援、快速机动和综合保障能力。全公司全年共参加了各类抢险救援335次，累计投入救援人员29763人、各类机械设备3085台（套）。积极推进绿色发展。组织编写《中国中铁股份有限公司“十三五”节能减排规划》，深入贯彻绿色发展理念，推行绿色规划设计，引入全生命周期绿色设计模式，从源头上控制能耗，把绿色、低碳、生态设计理念融入工程规划设计的全过程。2020年，共评比180项绿色施工科技示范工程，以评促建，绿色低碳施工成效显著。积极维护就业稳定，认真落实《集体合同》员工上岗就业承诺，通过接收大中专毕业生、接收转业军人、人才市场引进等形式，为社会人才提供了大量就业机

▲7月22日，中铁七局组建突击队驰援长江防汛一线

会。2020年，全公司新接收大中专毕业生14109人，军转干部在京安置退役军人3人。抗击新冠肺炎疫情。2020年，在抗击新冠肺炎疫情大战大考中，中国中铁第一时间快速反应，第一时间作出部署，第一时间发出号令，广大职工义无反顾，逆疫出征，积极作为，勇挑重担，全力以赴投入这场疫情防控的人民战争、总体战、阻击战，为取得抗击新冠肺炎疫情斗争重大战略成果做出了应有贡献。中国中铁及19家二级单位积极参建了武汉火神山医院、雷神山医院、方舱医院等11个省市45家新冠肺炎救治医院，投资建设了雄安新区9万平方米的“容东片区建设者之家”一号营地疫情防控应急工程，援建面积38.7万平方米、增加床位3.4万个，投入人力1.4万余人、机械设备3千台（套）。中国中铁有6000余名医护人员参与全国各地的医疗救治工作，累计接诊发热病人1628人次、确诊病人13例、疑似病例61例。中国中铁及所属单位以企业名义捐款8704万元；广大职工自发捐款2428.81万元。中国中铁及所属单位主动向地方政府及相关机构捐赠口罩239.5万只、八四消毒液5.1万升、75%酒精2.0万升、医用防护服2.7万套，橡胶手套18.5万双等防疫物资，以及疫情防控检测点办公物资和各种生活物资。中国中铁广大干部职工纷纷发挥志愿者精神，自愿投入身边的社区、村镇防疫，聚焦老、弱、病、残、孕等重点群体，围绕解决老百姓社区（村）封闭、物流不畅、买菜难、买药难、情绪不安等难点问题，筑起了志愿“防疫墙”。

（李　巍）

## 职工队伍

【干部构成】截至2020年12月31日，中国中铁拥有干部总数208675人，其中女干部40690人，约占19.5%；少数民族干部8182人，约占3.92%；党员干部84952人，约占40.71%。学历结构：研究生及以上学历毕业11845人，约占5.68%；本科学历毕业140826人，约占67.49%；专科学历毕业41428人，约占19.85%；中专及以下学历毕业14576人，约占6.98%。

（张晓明）

【工人构成】截至2020年12月31日，中国中铁工人总数80293人，其中女职工8817人，技术工人60065人，其中工匠技师11人、特级技师307人、高级技师6094人、技师11437人、高级工26232人、中级工11675人、初级工4627人。高级工及以上的高技能人才43763人，占工人总数的54.5%，占有职业资格证书的技术工人数量的82.5%。工人队伍文化结构，高中、技校、中专共占82%，大专及以上占18%。工人队伍年龄结构，35岁及以下占16.2%，36岁至49岁占51.5%，50岁及以上占32.3%。

（张晓明）

## 中国铁路工程集团有限公司领导人员名单

| | |
|---|---|
| 党委书记、董事长 | 张宗言（11月免，调离） |
| 党委书记、董事长 | 陈　云（11月任） |
| 党委副书记、董事、总经理 | 陈　云（11月免） |
| 党委副书记、董事、总经理 | 陈文健（11月任） |
| 党委常委、党委副书记 | 王士奇（1月任） |
| 党委常委 | 刘　辉（5月免，退休） |
| 党委常委 | 章　献（9月免，退休） |
| 党委常委 | 杨　良（1月免，调离） |
| 党委常委 | 孙　璀（1月任） |
| 党委常委、纪委书记 | 王士奇（1月免） |
| 党委常委、纪委书记 | 张建强（5月任） |
| 党委常委 | 于腾群 |

（任玉超）

## 中国中铁股份有限公司领导及高管名单

| | |
|---|---|
| 党委书记、董事长 | 张宗言（12月免，调离） |
| 党委书记、董事长 | 陈　云（12月任） |
| 党委常委、党委副书记、执行董事、总裁 | 陈　云（12月免） |
| 党委常委、党委副书记、执行董事、总裁 | 陈文健（12月任） |
| 党委副书记、执行董事 | 王士奇（4月任） |
| 党委常委、副总裁 | 刘　辉（6月免，退休） |
| 党委常委、执行董事 | 章　献（11月免，退休） |

| | |
|---|---|
| 党委常委、总会计师（财务总监） | 杨　良（3月免，调离） |
| 党委常委、总会计师（财务总监） | 孙　璀（3月任） |
| 党委常委、纪委书记 | 王士奇（2月免） |
| 党委常委、纪委书记 | 张建强（6月任） |
| 党委常委、副总裁、总法律顾问 | 于腾群 |
| 副总裁 | 段永传（12月10日责令辞职） |
| 副总裁 | 刘宝龙 |
| 副总裁 | 任鸿鹏 |
| 工会主席、职工监事 | 刘建媛 |
| 监事会主席 | 张回家 |
| 总工程师 | 孔　遁 |
| 总经济师 | 马江黔 |
| 董事会秘书 | 何　文 |
| 安全生产总监 | 李凤超（7月任） |

（任玉超）

## 中国中铁股份有限公司首席设计大师、高级专家

| | |
|---|---|
| 首席设计大师 | 朱　颖（1月任） |
| 高级专家 | 郑　机 |

（韩明哲）

## 中国中铁股份有限公司外派专职董事监事

| | |
|---|---|
| 外派专职董事监事 | 汪建刚 |
| | 沈尧兴 |
| | 张河川 |
| | 李开言 |
| | 杨　峰 |
| | 赵德义 |
| | 黄江刚 |
| | 梁永兴 |
| | 周振国 |
| | 薛　林 |
| | 唐　忠 |
| | 梁　勇 |
| | 范经华 |
| | 郭民龙 |
| | 陈晓春 |
| | 汪保华 |
| | 王云波 |
| | 王随新 |
| | 魏云翔 |
| | 张亚君 |
| | 毛锁明 |
| | 谭厚斌 |
| | 杨马庄 |
| | 房晓军 |
| | 邓文华 |
| | 曹艳春 |

王喜军
王宗怀
冯慧光
安庆军
蔡红生
邓元发
汪国明
周志宁
郑　勇
李　辉
陈文鑫
丁荣富

（朱成亮）

## 中国铁路工程集团有限公司总部部门正副职领导

### 党委办公室（保密办公室）

| | |
|---|---|
| 主任 | 齐　伟（1 月任，12 月免，调离） |
| 副主任 | 李聚民 |

### 办公室

| | |
|---|---|
| 主任 | 薛　健（5 月任） |

### 财务部

| | |
|---|---|
| 部长 | 李　平 |

### 党委干部部

| | |
|---|---|
| 部长 | 张贺华（7 月任） |
| 副部长 | 裴清宁 |
| | 李　敏（2 月任） |
| | 张春全 |

### 党委组织部

| | |
|---|---|
| 部长 | 方　锐（7 月任） |
| 副部长 | 黄建忠 |

### 党委宣传部

| | |
|---|---|
| 部长 | 丁荣昌（2 月任） |
| 副部长 | 张　翰 |
| | 陈宝华（2 月任） |
| | 王国卿 |

### 纪委

| | |
|---|---|
| 副书记 | 苑宝印 |
| | 曹　兴 |

### 纪委综合室

| | |
|---|---|
| 主任 | 吕月胜（7 月任） |
| 副主任 | 吕立良（7 月任） |

### 纪委执纪审查一室
主任　　梁宝岭
副主任　　韩　宁

### 纪委执纪审查二室
主任　　朱高明（7月任）
副主任　　井国彬（7月任）

### 纪委执纪监督室
主任　　魏心柏

### 工会
副主席　　李晓声
　　贾惠平（2月任）

### 工会综合部
部长　　郑　黎
副部长　　赵家兴（9月任）

### 工会权益保障女工部
部长　　刘治国
副部长　　章　静

### 团委
书记　　杨　飞（9月任）
副书记　　刘传刚

（左文雄）

## 中国中铁股份有限公司总部部门正副职领导

### 董事会办公室
主任　　段银华（6月任）
副主任　　杨晓东（7月任）

### 总裁办公室（信访办公室）
主任　　薛　健（5月任）
信访办公室主任，总裁办公室副主任　　李　辉（6月起按部门正职管理）
　　付晋德（6月任）

### 规划发展部（改革办、企业管理实验室）
规划发展部部长、企业管理实验室主任　　张学军（7月任）
改革办主任，规划发展部（企业管理实验室）副部长（副主任）
　　景　象（6月任，按部门正职管理）
规划发展部（企业管理实验室）副部长（副主任）　　李景贵（2月任）

### 财务与金融管理部
部长　　何　文（兼）
副部长　　李　静
　　杨　涛
　　于来新（5月任）

### 人力资源部（党委干部部）
部长　　张贺华（7月任）

副部长　裴清宁（人才公司执行董事、总经理，按部门正职管理）
李　敏（2月任）
张春会

## 法律合规部

部长　侯杜中
副部长　李永超（6月任）

## 审计部（监事会办公室）

部长（主任）　王新华（7月任）
专职监事　陈文鑫
副部长（副主任）　吴　青

## 经营开发部

部长　郭凤芝
副部长　史　洁

## 投资发展部

部长　姜洪友（2月任）
副部长　孙旭东
郭　华
王永胜（2月任）

## 生产管理部（采购管理中心、战备办公室）

部长（主任）　朱定法（2月任）
股份公司工经专家、副部长（副主任）　李夏初（7月任，按部门正职管理）
副部长（副主任）　杨启兵
孟祥红（2月任）
彭立军（2月任）

## 安全质量环保监督部（应急管理办公室）

部长（主任）　李凤超（兼）
副部长（副主任）　何荣康
樊玉智

## 科技创新部（技术中心、专家办公室）

部长（主任）　伍　军（6月任）
副部长（副主任）　李海明（2月任）

## 行政管理部（离退休人员管理部、保卫部、基建办公室、机关党委、机关纪委、机关工会）

行政管理部（离退休人员管理部、保卫部）部长，基建办公室主任，机关党委书记，离退休干部党总支书记，机关纪委书记、工会主席，部长　韩　东（7月任）
行政管理部（离退休人员管理部、保卫部）副部长　刘建锁
行政管理部副部长、基建办副主任　谢洋斌（8月任）

## 党委办公室（保密办公室）

主任　齐　伟（1月任，12月免，调离）
副主任　李聚民

### 党委组织部

部长　方　锐（7月任）
副部长　黄建忠

### 党委宣传部（企业文化部、统战部、跨文化融合办、中国中铁报社、政研会）

党委宣传部（企业文化部）部长，跨文化融合办主任，中国中铁报社总编　丁荣昌（2月任）
政研会秘书长，党委宣传部（企业文化部）副部长，中国中铁报社副总编　张　翰（6月起按部门正职管理）
党委宣传部（企业文化部）副部长，中国中铁报社副总编　陈宝华（2月任，享受部门正职待遇）
党委宣传部（企业文化部）副部长，中国中铁报社副总编　王国卿

### 党委巡视工作领导小组办公室

主任　常玉伟（2月任）
副主任　谭风华（7月任）

### 纪委

副书记　苑宝印
　曹　兴

### 纪委综合室

主任　吕月胜（7月任）
副主任　吕立良（7月任）

### 纪委执纪审查一室

主任　梁宝岭
副主任、派驻纪检二组组长　韩　宁

### 纪委执纪审查二室

主任　朱高明（7月任）
副主任　井国彬（7月任）

### 纪委执纪监督室

主任　魏心柏

### 工会

副主席　李晓声
　贾惠平（2月任）

### 工会综合部（体协）

部长　郑　黎
副部长　赵家兴（9月任）

### 工会权益保障女工部

部长　刘治国
副部长　章　静

### 团委

书记　杨　飞（9月任）
副书记　刘传刚

### 国际事业部

党委书记、总经理　卢　勃

执行总经理 张永康（7月任）
张 伟（8月任）
副总经理 王高明
王 坤
李建平
杨新平
任彩晖（7月任）
王建军（9月任）

大企业合作事业部（军民融合部）
总经理 龙 禹（5月任）
副总经理 杨文博
宋 瑞（6月任）

北京财务共享服务中心
主任 何 文（兼，4月任）
副主任 田 华（6月任）

信息化中心
主任 于兴义（2月任）
副主任 高 峰（2月任）

工程监管中心（工程质量安全监督总站）
主任 肖于太（7月任）
副主任 唐连成（8月任）
范增国（11月任）

（左文雄）

## 资产和技术设备

【资产及财务状况】中国铁路工程集团有限公司总资产12091.85亿元，其中，流动资产7438.4亿元，主要构成为货币资金1757.4亿元，应收账款1078.72亿元，其他应收款318.13亿元，预付账款302.96亿元，存货1926.65亿元；非流动资产4653.45亿元，主要构成为债权投资187.73亿元，长期应收款412.01亿元，长期股权投资817.5亿元，其他权益工具投资101.7亿元，固定资产净值663.74亿元，无形资产777.92亿元，递延资产94亿元，其他非流动资产1239.75亿元。总负债8865.5亿元，其中，流动负债7042.8亿元，主要构成为短期借款527.02亿元，应付票据773.54亿元，应付账款3072.26亿元，其他应付款746.82亿元，合同负债1247.41亿元，应付职工薪酬37.95亿元；长期负债1822.7亿元，主要构成为长期借款1199.7亿元，应付债券417.05亿元，长期应付款136.26亿元。净资产3226.35亿元，其中，国家资本122.73亿元，资本公积268.25亿元，未分配利润627.72亿元。当年完成营业收入总额9755.49亿元，实现利润总额333.67亿元，实现净利润272.09亿元。（樊 伟）

【主要财务指标完成情况】2020年，中国铁路工程集团有限公司实现营业总收入9755.49亿元，同比增长14.50%。基础设施建设实现营业收入8441.09亿元，同比增长15.38%；勘察设计与咨询服务实现营业收入161.87亿元，同比增长0.09%；工程设备与零部件制造业务营业收入230.74亿元，同比增长35.94%；房地产开发业务实现营业收入493.04亿元，同比增长14.58%；其他业务方面实现营业收入合计428.74亿元，同比下降3.08%；全年在境外地区实现收入470.85亿元，同比增长4.45%；实现利税578.77亿元，同比增长18.86%。实现净利润272.09亿元，同比增长7.84%。资产总额12091.85亿元，同比增长13.47%；负债总额8865.50亿元，同比增长9.16%；所有者权益3226.35亿元，同比增长27.28%，其中归属于母公司股东权益1119.78亿元，同比增长10.42%。资产负债率为73.32%，较2019年末的76.21%减少2.89个百分点。12月31日，中国中铁A股、H股总市值1194.27亿元。（樊 伟）

表 3-2　中国铁路工程集团有限公司 2020 年主要财务指标完成情况

| 项目 | 2019 年 | 2020 年 | 增长率 /% |
|---|---|---|---|
| 资产总额 / 亿元 | 10656.30 | 12091.85 | 13.47 |
| 所有者权益 / 亿元 | 2534.80 | 3226.35 | 27.28 |
| 负债总额 / 亿元 | 8121.50 | 8865.50 | 9.16 |
| 营业总收入 / 亿元 | 8519.78 | 9755.49 | 14.50 |
| 利润总额 / 亿元 | 311.73 | 333.67 | 7.04 |
| 净利润 / 亿元 | 252.31 | 272.09 | 7.84 |
| 归属于母公司所有者的净利润 / 亿元 | 106.06 | 113.08 | 6.62 |
| 技术开发投入 / 亿元 | 165.11 | 218.38 | 32.26 |
| 利税总额 / 亿元 | 486.92 | 578.77 | 18.86 |
| 应交税金总额 / 亿元 | 234.61 | 306.68 | 30.72 |
| 全员劳动生产率 /［万元 /（人·年）］ | 35.36 | 38.27 | 8.23 |
| 净资产收益率 /% | 10.58 | 9.45 | 减少 1.13 个百分点 |
| 总资产报酬率 /% | 3.65 | 3.50 | 减少 0.15 个百分点 |
| 国有资本保值增值率 /% | 113.00 | 111.52 | 减少 1.48 个百分点 |

制表：樊　伟

【子企业财务指标完成情况】2020 年，中国铁路工程集团有限公司子企业财务指标完成情况见表 3-3。

表 3-3　中国铁路工程集团有限公司子企业财务指标完成情况

| 单位名称 | 收入 | | | 净利润 | | |
|---|---|---|---|---|---|---|
| | 本年完成 / 亿元 | 年度预算 / 亿元 | 完成度 /% | 本年完成 / 亿元 | 年度预算 / 亿元 | 完成度 /% |
| 中铁一局 | 820.96 | 848.00 | 96.81 | 11.98 | 15.75 | 76.06 |
| 中铁二局 | 732.58 | 737.00 | 99.40 | 1.38 | 3.52 | 39.20 |
| 中铁三局 | 613.27 | 613.00 | 100.04 | 9.06 | 12.12 | 74.75 |
| 中铁四局 | 1010.13 | 920.00 | 109.80 | 18.37 | 18.10 | 101.49 |
| 中铁五局 | 601.39 | 551.00 | 109.15 | 6.11 | 5.06 | 120.75 |
| 中铁六局 | 301.67 | 394.00 | 76.57 | 1.51 | 5.50 | 27.45 |
| 中铁七局 | 503.69 | 480.00 | 104.94 | 10.12 | 9.60 | 105.42 |
| 中铁八局 | 374.81 | 368.00 | 101.85 | 8.41 | 7.34 | 114.58 |
| 中铁九局 | 195.48 | 194.00 | 100.76 | -5.47 | 0.45 | -1215.56 |
| 中铁十局 | 530.15 | 534.00 | 99.28 | 3.76 | 8.73 | 43.07 |
| 中铁大桥局 | 400.54 | 405.00 | 98.90 | 5.01 | 6.46 | 77.55 |
| 中铁隧道局 | 460.47 | 505.00 | 91.18 | 4.38 | 4.05 | 108.15 |
| 中铁电气化局 | 442.18 | 440.00 | 100.50 | 14.16 | 10.33 | 137.08 |
| 中铁武汉电气化局 | 117.76 | 117.00 | 100.65 | 2.17 | 1.79 | 121.23 |
| 中铁建工 | 710.09 | 667.00 | 106.46 | 1.44 | 15.22 | 9.46 |

续表

| 单位名称 | 收入 | | | 净利润 | | |
|---|---|---|---|---|---|---|
| | 本年完成 / 亿元 | 年度预算 / 亿元 | 完成度 /% | 本年完成 / 亿元 | 年度预算 / 亿元 | 完成度 /% |
| 中铁广州局 | 248.98 | 206.00 | 120.86 | 0.97 | 1.90 | 51.05 |
| 中铁北京局 | 285.63 | 298.00 | 95.85 | 0.39 | 2.00 | 19.50 |
| 中铁上海局 | 410.58 | 374.00 | 109.78 | 2.42 | 8.23 | 29.40 |
| 中铁国际 | 36.96 | 47.60 | 77.65 | 1.13 | 1.34 | 84.33 |
| 中海外 | 7.57 | 12.30 | 61.54 | 0.04 | 0.31 | 12.90 |
| 中铁东方国际 | 18.54 | 22.80 | 81.32 | 0.40 | 0.23 | 173.91 |
| 中铁二院 | 99.58 | 98.87 | 100.72 | –13.34 | 6.98 | –191.12 |
| 中铁六院 | 27.84 | 29.60 | 94.05 | 2.07 | 1.75 | 118.29 |
| 中铁设计 | 53.42 | 51.13 | 104.48 | 6.01 | 5.99 | 100.33 |
| 中铁大桥院 | 18.37 | 18.35 | 100.11 | 1.87 | 1.62 | 115.43 |
| 中铁科研院 | 17.93 | 17.66 | 101.53 | 0.55 | 0.54 | 101.85 |
| 华铁工程 | 10.21 | 11.26 | 90.67 | 0.47 | 0.87 | 54.02 |
| 水利院 | 6.75 | — | — | 0.34 | — | — |
| 长江院 | 5.46 | — | — | 0.24 | — | — |
| 中铁交投 | 160.60 | 141.84 | 113.23 | 9.09 | 4.29 | 211.89 |
| 中铁南方 | 239.41 | 207.85 | 115.18 | 5.48 | 4.80 | 114.17 |
| 中铁投资 | 34.58 | 33.31 | 103.81 | 1.76 | 1.26 | 139.68 |
| 中铁城投 | 344.89 | 268.00 | 128.69 | 41.23 | 18.19 | 226.66 |
| 中铁开投 | 345.40 | 308.00 | 112.14 | 25.64 | 19.51 | 131.42 |
| 中铁上投 | 102.85 | 102.00 | 100.83 | 1.44 | 1.82 | 79.12 |
| 中铁北方 | 62.64 | 55.20 | 113.48 | 6.66 | 2.97 | 224.24 |
| 中铁发展 | 121.04 | 108.00 | 112.07 | 11.08 | 6.71 | 165.13 |
| 中国铁工投资 | 127.73 | 125.00 | 102.18 | 5.72 | 3.92 | 145.92 |
| 广州投资 | 79.91 | 59.50 | 134.30 | 0.01 | 0.48 | 2.08 |
| 中铁文旅 | 106.97 | 101.00 | 105.91 | 14.69 | 12.44 | 118.09 |
| 中铁置业 | 204.64 | 200.00 | 102.32 | –17.20 | 12.75 | –134.90 |
| 中铁工业 | 242.92 | 236.00 | 102.93 | 18.25 | 17.96 | 101.61 |
| 中铁资源 | 129.67 | 135.00 | 96.05 | 22.70 | 17.50 | 129.71 |
| 中铁信托 | 21.64 | 17.00 | 127.29 | 11.34 | 10.09 | 112.39 |
| 财务公司 | 16.56 | 14.60 | 113.42 | 6.78 | 6.50 | 104.31 |
| 中铁物贸 | 311.92 | 327.00 | 95.39 | 5.35 | 4.41 | 121.32 |
| 中铁资本 | 10.21 | 9.00 | 113.44 | 2.33 | 1.75 | 133.14 |
| 中铁装配 | 9.91 | — | — | 0.14 | — | — |
| 中铁人才 | 0.03 | — | — | 0 | — | — |

制表：樊 伟

【资产比重变动】2020 年，中国铁路工程集团有限公司资产比重变动情况见表 3–4。

**表 3–4 中国铁路工程集团有限公司资产比重变动情况**

| 项目 | 年末数 / 亿元 | 年初数 / 亿元 | 增长额 / 亿元 | 增幅 /% | 占总资产 /% |
| --- | --- | --- | --- | --- | --- |
| 货币资金 | 1757.40 | 1591.26 | 166.14 | 10.44 | 14.53 |
| 应收账款 | 1078.72 | 1038.29 | 40.43 | 3.89 | 8.92 |
| 预付款项 | 302.96 | 277.18 | 25.78 | 9.30 | 2.51 |
| 其他应收款 | 318.13 | 336.86 | –18.73 | –5.56 | 2.63 |
| 存货 | 1926.65 | 1997.76 | –71.11 | –3.56 | 15.93 |
| 合同资产 | 1250.42 | 1159.29 | 91.13 | 7.86 | 10.34 |
| 其他流动资产 | 405.01 | 413.77 | –8.76 | –2.12 | 3.35 |
| 流动资产合计 | 7438.40 | 7133.81 | 304.59 | 4.27 | 60.77 |
| 长期应收款 | 412.01 | 286.14 | 125.87 | 43.99 | 3.41 |
| 长期股权投资 | 817.50 | 625.16 | 192.34 | 30.77 | 6.76 |
| 固定资产 | 663.74 | 616.06 | 47.68 | 7.74 | 5.49 |
| 无形资产 | 777.92 | 401.17 | 376.75 | 93.91 | 6.43 |
| 其他非流动资产 | 1239.75 | 947.34 | 292.41 | 30.87 | 10.25 |
| 非流动资产合计 | 4653.45 | 3522.49 | 1130.96 | 32.11 | 38.48 |
| 资产总计 | 12091.85 | 10656.30 | 1435.55 | 13.47 | 100.00 |

制表：樊 伟

【主要技术动力装备】截至 2020 年底，中国中铁拥有机械动力设备 126190 台（套），设备原值 665.51 亿元，机械设备总功率 1099 万千瓦，技术装备率 10.29 万元 / 人，动力装备率 42.98 千瓦 / 人，主要施工机械设备新度系数 0.40。主要设备：盾构（含 TBM）385 台（套），T 梁、箱梁搬提运架设备 622 台（套），铺轨焊轨 137 台（套），铁路机车、轨道车 590 台（套），电气化作业车、放线车、轨道吊 550 台（套），大型机械化整道设备 85 台（套）。主要施工设备实力继续提高，尤其是大直径盾构等大型核心设备保有量稳步提升，提高了股份公司的市场竞争力，在工程投标和完成施工任务中发挥了重要作用。（姚道雄）

## 创新发展

【改革发展】全面加快对标世界一流管理提升行动和国企改革三年行动步伐。纵深推进中国中铁总部机构改革和制度压减。深入开展“科改示范行动”，中铁大桥院、中铁装备入选“科改示范企业”。通过央地股权合作增强公路、水利、水运规划设计业务竞争力，完成恒通科技、重庆交通院和江西水利院并购重组，补齐装配式建筑业务短板，通过内部重组整合优化水务环保、设计咨询、工业制造等业务专业化布局，主动退出非主营和非优势业务，实现了优质发展资源向主责主业的汇集。实施经理层任期制和契约化管理，推行全员绩效考核和岗位竞聘机制，试点推行职业经理人制度，积极探索混合所有制改革和员工持股。突出海外“双优”发展，增强海外板块企业布局，打造“一体两翼 N 驱”海外发展新阵型，构建“大区 + 国别 + 项目”的海外经营管理体系，加快国际化发展步伐。推动剥离企业办社会职能改革、“三供一业”分离移交、职教医疗机构改革、厂办大集体在职员工安置基本完成，退休人员社会化移交进度位居建筑央企前列。

（丁 琳　林山桦）

【管理创新】制定《关于进一步贯彻落实习近平总书记“三个转变”重要指示精神　推动企业创新发展的意见》，以科技创新为突破，以管理创新为保障，以质量提升为根本，以品牌塑造为目标，全力推动质量变革、效率变革、动力变革，努力打造世界一流的中国创造、中国质量、中国品牌。组建了中国中铁“三个转变”研究院，开展推动“三个转变”的路径和方法的理论研究和实践探索，加快企业在产业转型、技术创新、质量提升、品牌建设等方面的突破。《“十四五”时期我国建设制造强国的政策建议研究》

获得中国管理科学院2020年会优秀论文一等奖，《新时代驱动中国制造业高质量发展的“四项变革”》获得2020中国企业改革发展优秀成果等奖。2020年，公司积极开展管理创新成果评选，共产生优秀成果85项，其中11项被评为第二十七届全国企业管理现代化管理创新成果。

（王　琳　代胜元）

【科技创新】中国中铁研发课题以川藏铁路建造技术、高速铁路建造技术、桥梁修建技术、隧道与地下工程修建技术、“四电”工程技术、施工装备及工业产品制造技术、房屋建筑技术、节能减排及其他新领域技术、智能制造及信息化技术等领域为重点，结合公司生产经营实际的需要，以滇中引水工程、成达万铁路、青岛地铁、广州地铁、常泰长江大桥、巢马铁路马鞍山公铁两用长江大桥、新疆引额供水二期输水工程、广深港大湾区高速磁悬浮等重难点工程为依托，重点开展贯通式同相供电装置研制、高速铁路无砟轨道—桥梁结构体系服役性能智能评定和性能提升关键技术研究、智能建造关键技术研究、滇中引水工程建造关键技术研究等课题。2020年，中国中铁获得国家科技进步奖6项、技术发明奖1项，中国土木工程詹天佑奖12项，获省部级科技进步成果奖345项，新增授权专利4933件，其中发明专利676件，PCT等海外专利47件，“隧道联络通道用盾构机及其联络通道掘进方法”获第二十一届中国专利奖金奖，“整体式无砟轨道”“具备防抬梁和防落梁功能的双曲面球型减隔震支座”“一种用于盾构机刀盘的可转动辐条”等3件专利获中国专利优秀奖；获得省部级工法909项。

（黄佳强　李永全）

【并购重组中铁装配式建筑股份有限公司】2020年4月29日，中国中铁取得国资委《关于中国中铁股份有限公司协议受让北京恒通创新赛木科技股份有限公司部分股份有关问题的批复》；7月15日，完成转让股份交割过户。过户完成后，中国中铁共持有恒通科技65184992股股份（占其总股本的26.51%），并通过转让方孙志强放弃其剩余股份表决权，取得恒通科技控制权，恒通科技控股股东变更为中国中铁股份有限公司，实际控制人变更为国务院国资委。北京恒通创新赛木科技股份有限公司更名为“中铁装配式建筑股份有限公司”，成为中国中铁的二级企业。装配式建筑属于中国中铁主业范围，收购满足国有资本业务布局和结构调整需要，有利于中国中铁进一步聚焦主业、完善全产业链，提升“一站式”服务能力。本次收购有利于放大协同效应，促进中国中铁高质量发展。

（王　琳　林山桦）

【并购重组中铁长江交通设计集团有限公司】2020年9月17日，中国中铁与重庆市交通局在重庆签署重庆市交通规划勘察设计院有限公司增资扩股合作协议。增资扩股后，中国中铁占重庆市交通规划勘察设计院注册资本66%的股权，成为最大股东。重庆市交通规划勘察设计院有限公司更名为“中铁长江交通设计集团有限公司”，成为中国中铁的二级企业。参与重庆市交通规划勘察设计院有限公司股权合作，是中国中铁落实习近平总书记对重庆提出的“两点”定位、“两地”和“两高”目标、发挥“三个作用”的具体措施，是深化央地国企战略协作、促进合作发展的具体体现。

（王　琳　王　丁）

【并购重组中铁水利水电规划设计研究院集团有限公司】2020年9月28日，中国中铁与江西省水利厅在南昌签署江西省水利规划设计研究院股权转让协议。股权转让后，中国中铁占江西省水利规划设计研究院注册资本65%的股权，成为最大股东。江西省水利规划设计研究院更名为“中铁水利水电规划设计研究院集团有限公司”，成为中国中铁的二级企业。江西省水利规划设计研究院转企改制，是落实习近平总书记提出的增强中部地区综合实力和竞争力、奋力开创中部地区崛起新局面的重大举措，是积极贯彻落实江西省委、省政府推进社会经济发展战略的具体举措，也是深化经济体制改革、促进央地协同发展的具体体现。

（王　琳　苏晓堃）

【分离重组中国海外工程有限责任公司】按照股份公司《中国中铁股份有限公司海外体制机制改革方案》和《关于推进股份公司海外体制机制改革的实施意见》，为加快改革步伐，积极推进构建“一体两翼N驱”

▲8月12日，中国海外工程有限责任公司在北京总部举行揭牌仪式

的海外发展新格局，分离重组中国海外工程有限责任公司，采用非公开协议转让方式，不进行资产评估。确定2020年6月30日为重组基准日，完成中铁国际对中海外“债转股”，再将中海外按账面净资产划转至中国中铁。划转后，中海外成为中国中铁全资子公司，按照中国中铁的二级企业进行管理。

（王 琳　苏晓堃）

【重组设立中铁发展投资有限公司】重组设立中铁发展投资有限公司，作为股份公司二级企业管理，撤销中铁华北工程指挥部，其人员、资产并入中铁晋鲁豫区域总部，实行“一个机构、两块牌子”管理。依托“黄河流域生态保护和高质量发展”战略，整合中铁中原投资公司、中铁山东投资公司以及股份公司委托中铁投资管理的中铁山东城市建设公司、青岛分公司、洛阳分公司在山东、河南和中铁交通在山西区域内现有机构、资产、人员，一并划入中铁发展投资管理。中铁投资管理的山东泰安泰城水生态环境治理工程PPP项目已划归中国铁工建设集团管理，不纳入本次重组范围。重组后，中铁发展投资有限公司注册资本50亿元，注册地山东省青岛市。负责山东、山西、河南区域市场经营和项目管理工作。

（王 琳　王 丁）

【重组设立中铁北方投资有限公司】重组设立中铁北方投资有限公司，作为股份公司二级企业管理，与中铁北方区域总部合署办公，实行“一个机构、两块牌子”管理。依托“振兴东北”战略，整合现有中国中铁双洮指挥部、中铁投资辽宁、吉林、黑龙江、内蒙古区域内现有机构、资产、人员，一并划入中铁北方投资管理。重组后，中铁北方投资有限公司注册资本金50亿元，注册地：辽宁省沈阳市。负责辽宁、吉林、黑龙江、内蒙古区域市场经营和项目管理工作。

（王 琳　王 丁）

【重组设立中铁中南区域总部】设立中国中铁中南区域总部，与中铁交通实行“一个机构、两块牌子”管理。整合中铁南方江西区域内现有机构、资产、人员，一并划归中铁交通管理。经营区域为广西、湖南、江西，保留中铁交通在其他区域已运营项目。

（王 琳）

【成立中国中铁股份有限公司西部区域工程建设指挥部】2020年3月9日，成立中国中铁股份有限公司西部区域工程建设指挥部。主要职能为：①认真贯彻执行有关法律、法规、标准、规范，代表中国中铁股份有限公司全面履行合同协议，组织实施项目设计、施工总承包管理工作；②负责项目施工生产组织，工程技术和成本、工期、安全、质量、保密、环保的监督管理工作，负责组织、指挥和协调参建单位；③负责与业主及代建部门、设计、施工、监理等单位的业务联系和沟通工作；④负责项目财务和资金管理工作，统一向建设单位办理验工计价和财务往来及工程款的收支等工作，统筹管理项目建设资金，按照交（竣）工验收有关规定，负责项目交（竣）工移交验收工作；⑤统筹负责项目党建思想政治工作、廉政建设、对外协调、保密、安全保卫、维稳防恐、精准扶贫、应急及后勤保障等相关工作。

（王 琳　郭鑫荣）

【成立中国中铁股份有限公司TOD事业部】为充分发挥股份公司在规划设计、投融资、建设施工、运营管理和科技研发等方面的全产业链优势，深入参与成都市TOD模式为主的轨道交通建设和城市开发项目，提升股份公司TOD模式运作能力，经股份公司四届董事会第三十七次会议审议通过，决定成立中国中铁股份有限公司TOD事业部。TOD事业部的主要职能为：①负责以西部地区TOD项目为主的组织协调运作，兼顾其他地区TOD项目；②负责总结借鉴国外TOD业务成熟运作模式和先进实践经验，结合当前国内法律法规、行业政策和市场环境等实际情况，探索形成符合中国特色的可复制可推广的TOD业务运作模式和特色做法；③负责建立健全TOD业务管理制度，推动TOD模式管理的规范化；④负责TOD业务的项目政策与模式研究，研究分析TOD模式和相关政策法规，制定并组织实施TOD业务的发展规划；⑤负责TOD业务的项目策划与开发；⑥负责TOD业务的项目规划与设计；⑦负责TOD业务项目融资与投资；⑧负责TOD业务项目建设与运营；⑨负责TOD业务的统计、运营分析和总结报告，并提出改进和完善性建议。TOD事业部与中国中铁西部区域总部（中铁城市发展投资集团有限公司）系“一个机构、两块牌子”。

（王 琳　杜 伟）

【成立中国中铁股份有限公司工程监管中心（工程质量安全监督总站）】为进一步强化以股份公司名义运作，由股份公司直接管理或委托区域总部（投资公司）管理的境内投资和总承包项目工程的质量与安全、成本管控、红线管理、设计与技术等工作，经股份公司四届董事会第三十九次会议审议通过，决定成立中国中铁股份有限公司工程监管中心并加挂中国中铁股份有限公司工程质量安全监督总站的牌子（简称“工程监管中心”）。工程监管中心作为股份公司总部专设附属机构，在股份公司总部相关职能部门的业务指导下，以固定编制人员为主，临时抽调人员为辅，充分发挥股份公司派出外部董事及专家的积极作用，构建灵活有效的组织保障体系；依据国家项目工程管理的相关政策法规要求，结合股份公司有关项目工程的质量与安全管理、成本管控、红线管理、设计与技术管理制度办法，构建科学规范的审查、检查、评价、指导标准体系；按照“审查、检查、指导、评价、通报”“五位一体”的原则，组织实施或参与配合管理范围内项目工程的审查、检查、

概述

指导、评价工作并负责对检查、指导、评价情况的通报。

（王 琳　郭鑫荣）

【成立中铁站城融合发展投资有限公司】为充分发挥股份公司规划设计、投融资、建设施工、运营管理和科技研发全产业链优势，深化企地合作，创新商业模式，抢抓TOD市场发展机遇，培育新的经济增长点，经2020年8月28日股份公司第四届第四十二次董事会审议通过，决定成立中铁站城融合发展投资有限公司（简称“中铁站城”）。中铁站城定位为股份公司TOD综合开发投资、运营平台，不配备与经营要素相关的资质资源。公司注册资本30亿元，注册地为云南省昆明市。经营范围包括但不限于投资、建设、运营城市轨道交通沿线站点、场段TOD综合开发项目；投资、建设、运营铁路、公路站点TOD综合开发。

（王 琳　郭鑫荣）

【总部机构改革】中国中铁深入贯彻落实习近平总书记重要指示批示，按照国务院国资委关于中央企业“总部机关化”问题专项整改工作部署，结合国资委巡视问题整改，为切实解决总部定位不够清晰、机构臃肿、职能错位等突出问题，从总部实际出发，坚持战略引领、问题导向、市场运作、精干高效原则，经过深入调查、充分酝酿、反复研究，制定了《中国中铁总部机构调整方案》，对总部职能机构、岗位编制进行整合精简、优化配置，进一步明确总部“战略＋运营”的定位，积极推进“大部门制”管理，使总部职能定位更加明晰，组织体系进一步优化。总部部门数由31个减少到25个，减少6个，减少了20%。其中，行政部门由16个调整为13个，减少3个，减少了19%；党群部门减少3个，减少了22%。公司总部总定员由303人减少到289人，减少14人，减少了5%。截至年末，总部现有机构25个，承担总部职能的事业部或中心5个，总定员294人（不含事业部和各类中心）。

（王 琳　郭鑫荣）

▲9月29日，中国中铁站城融合投资发展有限公司揭牌仪式

▲2月21日，中国中铁召开总部机构改革工作会议

【机构设立审批】1月12日，股份公司决定重组成立中铁发展投资有限公司（中铁晋鲁豫区域总部），注册资本50亿元。

同日，股份公司决定重组成立中铁北方投资有限公司（中铁北方区域总部），注册资本50亿元。

1月13日，股份公司同意中铁四局集团成立巴西有限公司，注册资本100万美元。

同日，股份公司同意中铁四局集团有限公司成立罗马尼亚分公司。

同日，股份公司同意中铁六局集团成立津巴布韦有限公司，注册资本30万美元。

同日，股份公司同意中铁九局集团成立博尔有限公司，注册资本1000美元。

同日，股份公司同意中铁九局集团成立赞比亚有限公司，注册资本1150美元。

同日，股份公司同意中铁十局集团有限公司成立阿根廷分公司。

同日，股份公司同意中铁大桥局成立武汉桥梁传媒有限公司孟加拉国分公司。

同日，股份公司同意中铁隧道局集团有限公司成立格鲁吉亚分公司。

同日，股份公司同意中铁电气化局集团有限公司成立驻阿斯塔纳

代表处。

同日，股份公司同意中铁电气化局集团有限公司成立驻乌兹别克斯坦代表处。

同日，股份公司同意中铁建工集团有限公司成立乌兹别克斯坦代表处。

同日，股份公司同意中铁北京工程局集团有限公司成立巴基斯坦分公司。

同日，股份公司同意中铁上海工程局集团成立匈牙利有限责任公司。

同日，股份公司同意中铁国际集团有限公司成立菲律宾分公司，注册资本20万美元。

1月15日，股份公司同意中铁北京工程局成立西安航天新区发展有限公司，注册资本2亿元人民币，中铁北京工程局持股65%，西安云上航天智慧投资发展有限公司持股35%。

1月21日，股份公司同意中铁建工集团成立中铁建工集团建筑工业化产业有限公司，注册资本1亿元。

3月26日，股份公司决定将中国铁工建设有限公司更名为“中国铁工投资建设集团有限公司”。

3月27日，股份公司同意中铁二局集团有限公司成立青岛分公司。与中铁二局中原公司按照“一个机构、两块牌子”模式管理。

同日，股份公司同意中铁四局成立北京分公司。与中铁四局京津冀指挥部按照“一个机构、两块牌子”模式管理。

同日，股份公司同意中铁建工集团有限公司成立大连中铁诺德物业服务有限公司湖北分公司。

同日，股份公司同意中铁广州局成立中铁广州局集团西安工程有限公司，注册资本5000万元人民币。与中铁广州局市政环保公司按照“一个机构、两块牌子”模式管理。

同日，股份公司同意中国铁工建设有限公司成立中铁城市建设开发有限公司。

同日，股份公司同意中铁重庆投资发展有限公司成立重庆中铁九龙投资开发有限公司。注册资本1亿元人民币，其中，中铁重庆投资发展有限公司持股51%，重庆九龙半岛开发建设有限公司持股49%。

3月29日，股份公司同意中铁三局集团有限公司成立菲律宾分公司，注册资本20万美元。

同日，股份公司同意中铁四局集团有限公司成立莫桑比克分公司。

同日，股份公司同意中铁五局集团有限公司成立俄罗斯公司，注册资本10万卢布。

同日，股份公司同意中铁七局集团有限公司成立揭阳分公司。与中铁七局五公司按照“一个机构、两块牌子”模式管理。

同日，股份公司同意中铁七局集团有限公司成立毛里求斯分公司。

同日，股份公司同意中铁九局集团有限公司将中铁九局集团博尔有限公司名称变更为“中铁九局（贝尔格莱德）工程建设有限公司”，注册地址变更为贝尔格莱德市。

同日，股份公司同意中铁十局集团有限公司成立海南分公司。与中铁十局城市轨道交通工程有限公司按照“一个机构、两块牌子”模式管理。

同日，股份公司同意中铁建工集团有限公司成立安庆分公司。与中铁建工集团有限公司上海分公司按照“一个机构、两块牌子”模式管理。

同日，股份公司同意中铁北京局集团有限公司撤销中国中铁航空港建设集团有限公司非洲办事处。

同日，股份公司同意中铁工程设计咨询集团有限公司成立菲律宾分公司，注册资本20万美元。

同日，股份公司同意中铁大桥勘测设计院集团有限公司成立加纳分公司，注册资本50万美元。

3月30日，股份公司同意中铁大桥勘测设计院集团有限公司将中铁大桥（南京）桥隧诊治有限公司名称变更为“中铁桥隧技术有限公司”。

4月22日，股份公司决定将中国海外工程有限责任公司出资人由中铁国际集团有限公司变更为“中国中铁股份有限公司”。

4月30日，股份公司决定成立中国中铁“三个转变”研究院，依托中铁高新工业股份有限公司组建。

6月11日，股份公司同意中铁一局集团有限公司成立唐山分公司。与中铁一局二公司按照“一个机构、两块牌子”模式管理。

同日，股份公司同意中铁大桥勘测设计院集团有限公司成立中铁武汉勘察设计院有限公司，注册资本5000万元人民币。

同日，股份公司同意中铁大桥勘测设计院集团有限公司成立武汉分公司。

同日，股份公司同意中铁七局集团有限公司成立平原分公司。与中铁七局郑州公司按照“一个机构、两块牌子”模式管理。

同日，股份公司同意中铁大桥局集团有限公司成立东莞分公司。与中铁大桥局四公司按照“一个机构、两块牌子”模式管理。

同日，股份公司同意中铁物贸集团有限公司成立海南有限公司，注册资本5000万元人民币，中铁物贸持股80.2%，中铁海南投资建设有限公司持股19.8%。

6月12日，股份公司同意中铁城市发展投资集团有限公司成立乐山分公司。纳入中铁城市发展投资集团有限公司四川分公司管理，与乐西项目公司按照“一个机构、两块牌子”模式运行。

6月14日，股份公司同意中铁建工集团有限公司成立赞比亚分公司。

6月16日，股份公司同意中铁三局集团有限公司成立沙特阿拉伯分公司。

同日，股份公司同意中铁隧道局集团有限公司在以色列成立全资子公司，注册资本20万谢克尔。

同日，股份公司同意中铁十局集团有限公司成立智利分公司。

同日，股份公司同意中铁国际集团有限公司在阿联酋成立阿布扎比分公司。

6月20日，股份公司同意中铁

一局集团有限公司成立杜秦公路工程有限公司，注册资本9000万元人民币。

同日，股份公司同意中铁上海局集团有限公司成立广州中铁建设工程有限公司，注册资本1亿元人民币。

同日，股份公司同意中铁开发投资集团有限公司成立安顺国家路游公园投资开发有限责任公司，注册资本3000万元人民币，中铁开投持股60%，贵州安顺交通旅游集团有限责任公司持股30%，贵州黄果树旅游集团股份有限公司持股10%。

6月24日，股份公司同意中铁工业香港有限公司成立中铁工业老挝重工有限公司，注册资本100亿基普。

6月28日，股份公司同意中国中铁匈牙利有限公司成立中匈铁路物贸有限公司。注册资本3000000匈牙利福林，中国中铁匈牙利有限公司持股50%，匈牙利HK公司持股50%。

7月1日，股份公司同意中铁上海局集团有限公司成立南京水务环保有限公司，注册资本5亿元人民币。

8月27日，股份公司同意中铁七局有限公司成立新疆分公司，与中铁七局三公司按照“一个机构、两块牌子”模式管理。

同日，股份公司同意中铁七局有限公司成立郑州管城分公司，与中铁七局五公司按照“一个机构、两块牌子”模式管理。

同日，股份公司同意中铁隧道局有限公司成立服务保障分公司。

同日，股份公司同意中铁上海局集团有限公司成立中铁上海局集团工程检测有限公司，注册资本500万元人民币。

同日，股份公司同意中铁高新工业股份有限公司成立中铁高新工业股份有限公司西南分公司，与中铁高新工业股份有限公司西南区域营销中心按照“一个机构、两块牌子”模式管理。

9月17日，股份公司决定成立中铁站城融合发展投资有限公司，公司注册地云南省昆明市，注册资本30亿元人民币。

9月7日，股份公司同意中铁二局成立中铁二局集团有限公司尼泊尔分公司。

同日，股份公司同意中铁九局、中铁七局在刚果（金）参股成立卢阿拉巴建设简易股份有限公司，注册资本3万美元，中铁九局、中铁七局各持股24.5%，3名刚果（金）国籍自然人持股51%。

同日，股份公司同意中铁九局在刚果（金）参股成立卢阿拉巴久隆有限公司，注册资本2.6万美元，中铁九局持股49%，3名刚果（金）国籍自然人持股51%。

8月27日，股份公司同意中铁隧道局有限公司将中铁隧道局集团有限公司工程试验分公司名称变更为“中铁隧道局集团有限公司工程测量试验分公司”。

10月20日，股份公司决定将重庆交通规划勘察设计院有限公司更名为“中铁长江交通规划勘察设计集团有限公司”。

11月3日，股份公司同意中铁隧道局有限公司成立卡塔尔分公司。

同日，股份公司同意中铁建工集团有限公司成立中铁建工集团阿尔及利亚有限公司，注册资本50万美元。

同日，股份公司同意中铁国际集团有限公司成立澳门分公司，注册资本50万澳门币。

同日，股份公司同意中铁国际集团有限公司成立智利分公司。

同日，股份公司同意中铁七局集团有限公司成立中铁七局集团有限公司投资分公司。

同日，股份公司同意中铁九局集团有限公司成立中铁九局集团有限公司东莞分公司，委托中铁九局路桥分公司管理。

同日，股份公司同意中铁十局集团有限公司成立中铁十局集团第六工程有限公司，注册资本1亿元人民币。

同日，股份公司同意中铁武汉电气化局集团有限公司成立中铁武汉电气化局新基建建设有限公司，注册资本1亿元人民币，与中铁武汉电气化局城市建设分公司按照“一个机构、两块牌子”模式管理。

同日，股份公司同意中铁北京工程局集团有限公司成立中铁北京工程局集团检测有限公司，注册资本5000万元人民币。

同日，股份公司同意中铁开发投资集团有限公司合资成立中铁城乡建设发展有限责任公司，注册资本1亿元人民币，中铁开投持股16%，中铁六局持股13%，中铁惠信股权投资基金管理有限公司持股36%，昭通高速城乡开发有限公司持股35%。

11月3日，股份公司同意将山西华诚工程检测有限公司出资人由中铁六局集团太原铁建有限公司变更为中铁六局集团有限公司，名称变更为“华诚检测认证科技有限公司”。

同日，股份公司同意将中铁六局集团太原铁建天和工程公司由集体所有制企业整体改制为中铁六局太原铁建公司下属子公司。

同日，股份公司决定将中铁广州建设有限公司名称变更为“中铁（广州）投资发展有限公司”，注册地址变更为广州市海珠区阅江中路832号5层至6层。

11月11日，股份公司决定将中国中铁“三个转变”研究院注册为中铁高质量发展科学研究院有限公司，注册资本5000万元人民币。

（郭鑫荣）

【注销机构】1月20日，中铁二局集团有限公司注销四川创业投资有限公司。

1月20日，中铁高新工业股份有限公司注销秦皇岛中铁海源培训有限公司。

1月23日，中铁资源集团有限公司注销内蒙古中铁华金矿业有限公司。

1月23日，中铁交通投资集团有限公司转让广西中铁交通高速公路管理有限公司、河南平正高速公

路有限公司、四川遂宁绵遂高速公路有限公司、陕西榆林榆神高速公路有限公司、陕西榆林神佳米高速公路有限公司、中铁菏泽德商高速公路发展有限公司、云南富砚高速公路发展有限公司、重庆垫忠高速公路有限公司、广西全兴高速公路有限公司、广西岑兴高速公路有限公司和广西梧州岑梧高速公路有限公司。

1月23日，中铁国际集团有限公司转让成都川铁压缩天然气有限公司。

3月16日，中铁科学研究院有限公司注销甘肃兴科物业管理有限公司。

3月25日，中铁一局集团有限公司注销海南大泮房地产开发有限公司。

3月31日，中铁文化旅游投资集团有限公司注销中铁（贵州）资源开发有限公司。

4月2日，中铁四局集团有限公司转让安徽省恒桥公路工程有限公司。

4月26日，中铁三局集团有限公司注销广州三铁铁路专用设备有限公司。

5月21日，中铁二局集团有限公司注销成都鼎昌行建筑材料有限公司。

6月3日，中铁三局集团有限公司注销中铁三局集团山西房地产开发有限公司。

6月24日，中铁二局集团有限公司注销成都迅合投资咨询有限公司。

6月28日，中铁六局集团有限公司注销中铁六局集团吉林市工程建设有限公司。

7月9日，中铁南方投资集团有限公司注销深圳中铁佳兴投资发展有限公司。

7月27日，中铁电气化局集团有限公司注销衡水景旭房地产开发有限公司。

7月28日，中铁一局集团有限公司注销中铁一局集团萨摩亚有限公司。

8月4日，中铁广州工程局集团有限公司注销中铁广州工程局集团置业有限公司。

8月17日，中铁上海工程局集团有限公司注销中铁上海工程局集团建设工程有限公司。

8月18日，中铁四局集团有限公司注销长春铁路分局工程段劳动服务处。

8月24日，中铁二局集团有限公司注销福建润海投资有限公司。

8月25日，中铁大桥局集团有限公司注销武汉城桥置业有限公司。

9月2日，中国铁工投资建设集团有限公司注销银川中铁水务集团润川实业发展有限公司。

9月3日，中铁电气化局集团有限公司注销北京中景睿天检测科技有限公司。

9月9日，中铁北京工程局集团有限公司注销北京中航恒远物业管理有限公司。

9月15日，中铁四局集团有限公司注销安徽宏源水利水电建设有限公司。

9月22日，中铁八局集团有限公司注销西安中铁龙盛房地产开发有限公司。

9月29日，中铁二局集团有限公司注销成都新顺建筑工程有限责任公司。

10月15日，中铁隧道局集团有限公司注销中铁隧道集团海外工程有限公司。

11月17日，中铁高新工业集团有限公司注销中铁山桥集团高强度紧固器材有限公司。

11月25日，中铁七局集团有限公司注销洛阳啓明工程检测有限公司。

11月26日，中铁一局集团有限公司注销咸阳中铁润丰房地产开发有限公司。

12月2日，中铁东方国际集团有限公司注销中国铁路工程（马来西亚）南部铁路项目公司。

12月2日，中铁资源集团有限公司注销中铁资源商贸有限公司。

12月3日，中铁八局集团有限公司注销中铁八局集团昆明铁路物业管理有限公司。

12月7日，中铁电气化局集团有限公司注销中铁电工德阳制品有限公司。

12月9日，中铁二局集团有限公司转让资阳沁峰房地产开发有限公司。

12月10日，中铁建工集团有限公司注销苏州诺德置业有限公司。

12月10日，中铁四局集团有限公司注销中铁四局集团武汉地铁投资建设有限公司。

12月11日，中铁七局集团有限公司注销西安铁路工程总公司宝鸡建筑工程公司。

12月11日，中铁国际集团有限公司注销中铁国际集团南非工程公司。

12月18日，中铁八局集团有限公司注销成都中铁汽车销售服务有限公司。

12月20日，中铁隧道局集团有限公司注销中铁隧道局投资有限公司。

12月21日，中铁一局集团有限公司注销中铁一局集团建工机械有限公司。

12月22日，中铁五局集团有限公司注销贵州中加教育发展有限公司。

12月23日，中铁二局集团有限公司注销四川中铁二局园林绿化有限公司。

12月24日，中铁八局集团有限公司注销中铁八局集团第六工程有限公司。

12月24日，中铁装配式建筑股份有限公司注销北京恒通赛木木塑制品有限公司。

12月25日，中铁五局集团有限公司注销海长沙天麟建材贸易有限公司。

12月28日，中铁一局集团有限公司注销中铁一局集团武汉地铁投资建设有限公司。

12月30日，中铁建工集团有限公司注销苏州诺德物业服务有限公司。

12 月 30 日，中铁九局集团有限公司注销中铁九局集团大连建设有限公司。

12 月 30 日，中铁十局集团有限公司注销济南鲁铁劳务有限公司。

12 月 31 日，中国铁工投资建设集团有限公司注销青岛中铁机械工程有限责任公司。（杜 伟）

【直属指挥部、区域经营机构设立、变更】1 月 6 日，中国中铁股份有限公司成立中国中铁股份有限公司西藏区域建设工程指挥部，由中铁五局集团有限公司负责组建和管理。

2 月 19 日，中国中铁股份有限公司成立中国中铁股份有限公司天津地铁 4 号线 PPP 项目北段工程总承包部，由中铁投资集团有限公司负责组建和管理。

2 月 27 日，中国中铁股份有限公司成立中国中铁股份有限公司滨海快线（福州至长乐机场城际铁路工程）土建施工第一标段项目经理部，由中铁南方投资集团有限公司负责组建和管理。

同日，成立中国中铁股份有限公司国道 109 高速公路工程总承包部，由中铁投资集团有限公司负责组建和管理；成立中国中铁股份有限公司濮新高速公路宁沈段工程指挥部，由中铁开发投资集团有限公司负责组建和管理。

3 月 2 日，中国中铁股份有限公司成立中国中铁股份有限公司广州市轨道交通七号线一期工程西延顺德段机电工程总承包项目经理部，由中铁（广州）投资发展有限公司负责组建和管理。

同日，成立中国中铁股份有限公司重庆渝湘复线高速公路工程指挥部，由中铁开发投资集团有限公司负责组建和管理。

3 月 9 日，中国中铁股份有限公司成立中国中铁股份有限公司西部区域工程建设指挥部。

3 月 23 日，中国中铁股份有限公司成立中国中铁股份有限公司山西太原西北二环高速公路工程指挥部，由中铁发展投资有限公司负责组建和管理。

3 月 30 日，中国中铁股份有限公司成立中国中铁股份有限公司郑济铁路（山东段）工程项目经理部，由中铁上海工程局集团有限公司负责组建和管理。

4 月 16 日，中国中铁股份有限公司成立中国中铁股份有限公司郑州市轨道交通 7 号线一期工程土建工程项目经理部，由中铁发展投资有限公司负责组建和管理。

5 月 20 日，中国中铁股份有限公司成立中国中铁西部区域工程建设指挥部分指挥部，各分指挥部与各参加单位成立的总承包项目部按照“一个机构、两块牌子”模式运作。

6 月 12 日，中国中铁股份有限公司重庆渝湘复线高速公路工程指挥部更名为“中国中铁股份有限公司重庆渝湘复线高速公路总承包部”。

6 月 27 日，中国中铁股份有限公司成立中国中铁股份有限公司长春市轨道交通 5 号线一期工程项目经理部，由中铁北方投资有限公司组建和管理。

7 月 27 日，中国中铁股份有限公司将中国中铁股份有限公司山西静兴高速公路项目工程指挥部管理单位由中铁交通投资集团有限公司变更为“中铁发展投资有限公司”。

8 月 3 日，中国中铁股份有限公司将中国中铁股份有限公司长春地铁 6 号线 2 标段总包部管理单位由中铁三局集团有限公司变更为“中铁北方投资有限公司”。

8 月 5 日，中国中铁股份有限公司成立中国中铁股份有限公司匈塞铁路项目经理部。

9 月 7 日，中国中铁股份有限公司成立中国中铁股份有限公司西安地铁 10 号线一期工程 3 标段项目经理部，由中铁城市发展投资集团有限公司负责组建和管理。

同日，调整中国中铁股份有限公司广州轨道交通工程指挥部机构职能与编制定员，指挥部与中铁广州建设有限公司按照“一个机构、两块牌子”进行管理，代表股份公司在广州市履行区域总部职能，编制定员调整为 40 人。

同日，调整中国中铁股份有限公司珠三角城际工程建设指挥部管理关系，将指挥部划入中铁南方投资集团有限公司（中铁华南区域总部）管理。

11 月 25 日，中国中铁股份有限公司成立中国中铁股份有限公司 S39 甘其毛都口岸至海流图高速公路工程 PPP 项目总经理部，由中铁北方投资有限公司负责组建和管理。

11 月 26 日，中国中铁股份有限公司成立中国中铁股份有限公司延长高速蒲烟段烟长段及本集高速桓集段 PPP 项目总经理部、中国中铁股份有限公司延长高速蒲烟段 PPP 项目经理部、中国中铁股份有限公司延长高速烟长段 PPP 项目经理部和中国中铁股份有限公司本集高速桓集段 PPP 项目经理部，由中铁北方投资有限公司负责组建和管理。

12 月 29 日，中国中铁股份有限公司成立中国中铁股份有限公司合肥市轨道交通 8 号线一期土建施工总承包项目经理部，由中铁（上海）投资集团有限公司负责组建和管理。

（郭鑫荣 杜 伟）

## 生产经营发展

【国内工程】2020 年，中国中铁参与建设的川藏铁路先期开工段工程正式开工；设计施工的平潭海峡公铁大桥，参建的京雄城际铁路都实现开通目标，双双入选“央企十大超级工程”；承建的“三场一村”东奥会场馆项目建设进展顺利，习近平总书记亲自视察并给予充分肯定；承建的“史上最难掘进隧道”大瑞铁路大柱山隧道成功贯通；双洮高速公路、商合杭高铁、沪苏通长江公铁大桥、西安地铁 9 号线等一大批重点项目按期建成通车。全年有 12 项工程获得中国建设工程鲁班奖；51 项工程获国家优质工程奖；5 座大桥获国际桥梁大会（IBC）大奖；成贵高铁玉京山隧道获 2020 ITA“攻坚克难”奖。（王 琳）

【海外业务】2020年，中国中铁积极参与共建“一带一路”项目和“互联互通”工程，全力推动中国铁路“走出去”。全公司国际业务实现新签合同额197.914亿美元，成功签订了老挝新建铁路磨丁至万象南工程施工总承包Laos-China ZQSG标、新加坡地铁裕廊区域线轨道工程J150项目、印度尼西亚KPC煤炭运输专线项目等一批项目合同。在ENR全球最大250家国际承包商中排第13位。2020年，是中国中铁海外经营体制机制的改革元年。根据《中国中铁股份有限公司海外体制机制改革方案》的要求，按照“整体规划、分批设立、试点先行”的原则，公司挂牌设立了孟加拉区域总部、东南亚区域总部、南部非洲区域总部、南太区域总部、南美北部区域总部、西非区域总部、南美南部区域总部。积极推进属地化管理，注重与当地民众融合，通过联合孔子学院和驻在国大学共同举办“中华文化大讲堂”等系列活动，充分发挥文化的桥梁、影响和引领作用，向世界讲好中国故事，促进优秀文化“走出去”，为“一带一路”民心相通贡献力量。积极履行企业社会责任，2020年新冠肺炎疫情发生以来，境外累计捐赠各类防疫物资约145.95万件，捐赠物资累计金额折合约773.89万元。（王建军）

【勘察设计】中国中铁勘察设计与咨询服务板块业务涵盖规划、咨询、勘察设计、监理、工程总承包、产品产业化等基本建设全过程服务，主要涉及铁路、城市轨道交通、公路、市政、房建等行业，并不断向现代有轨电车、磁悬浮、智能交通、民用机场、港口码头、电力、节能环保等新行业、新领域拓展。2020年，并购了中铁长江院和中铁水利院，合理布局生产要素，增强了公路、水利水电、水资源开发利用、河道或流域水生态、水环境治理的设计和规划优势，对公司原有业务形成了有效补充。创新勘察设计业务经营模式，充分利用开展城市基础交通设施规划的优势，努力获取设计项目和工程总承包项目，促进全产业链发展。作为中国勘察设计行业的骨干企业，中国中铁在工程建设领域发挥了重要的引领和主导作用，尤其是在协助制定铁路行业建设施工规范和质量验收标准等方面发挥着重要作用。在2020年ENR全球150家最大设计企业和225家最大国际设计企业排名中，中国中铁分别列第16位和122位。2020年，中国中铁勘察设计与咨询服务业务新签合同额258.6亿元，同比下降10.2%。中国中铁作为川藏铁路雅安至林芝段的总体设计单位，负责雅安至昌都段勘察设计，可行性研究报告已获国家发改委批复，先期开工段已在年内按期开工；参与设计的成渝中线高铁施工图已完成可行性研究评审，成都经达州至万州铁路初步设计已完成，西昆高铁设计工作有序推进。（贤慧）

【工业制造】中国中铁工业板块主要生产厂家：中铁工业（股票代码600528.SH）是中国铁路基建装备领域产品最全，A股市场上唯一主营轨道交通及地下掘进高端装备的工业企业；高铁电气（股票代码873023）是国内电气化接触网零部件及城市轨道交通供电装备重要的研发、生产和系统集成供应商；中铁装配（股票代码300374.SZ）是国内房屋装配式建筑部品部件行业中产品结构丰富并具备装配式建筑集成服务能力的供应商，可提供装配式建筑全套解决方案。生产的主要产品有：道岔、隧道施工设备、工程施工机械、铁路和城市轨道交通电气化器材、装配式建筑和钢结构制造及安装等。2020年，公司工程设备与零部件制造业务新签合同额542.8亿元，同比增长29.0%，其中，国内新签合同额完成514.3亿元，海外新签合同额完成28.5亿元。全年新签珠三角水资源、新加坡穿岛线、格鲁吉亚公路隧道等多个大订单。全年生产销售隧道施工装备241台（其中盾构/TBM新机124台，再制造机79台），新机同比增长13.8%。通过加快市场布局，寻求重点突破，重点围绕桥梁工业化建造、道岔技术进步、工程施工机械和隧道掘进装备关键零部件国产化替代等方向解决制约公司产业发展的技术瓶颈，加强国内市场开拓和覆盖，钢结构、道岔、工程机械、隧道施工装备等主要板块新签合同额均实现10%以上的增长，中标了芜湖至黄山高速

▲中铁五局建设者包机返岗吉尔吉斯助力复工复产

▲中国中铁参建的深圳轨道交通4号线观澜湖站

▲ 11 月 11 日，中铁工业旗下中铁装备智能化悬臂式隧道掘进机顺利下线

公路桥梁钢结构制造及安装等一批重点项目。（王　琳）

【房地产开发】2020 年，面对复杂多变的市场环境和突如其来的新冠肺炎疫情，房地产投资业务系统全面贯彻党中央国务院的决策部署，认真落实国务院国资委和股份公司总体工作要求，坚持稳中求进工作总基调，坚持新发展理念，统筹推进新冠肺炎疫情防控和房地产业务日常管理，按照目标导向和问题导向，全力推动投资经营市场开发，不断加强房地产项目监督管理，充分发挥了房地产投资的引擎带动作用，顺利实现了各项目标指标，为实现“十四五”良好开局奠定了基础。根据业务统计数据，房地产新签合同额、销售额及营业收入等主要经济指标实现增长。一是新签合同额持续大幅增长。2020 年，新签合同额超过 1934 亿元，比“十三五”初期增长 7.2 倍。二是房地产销售额实现大幅增长，2020 年实现销售额 760 亿元，比“十二五”初期增长 2.8 倍。三是营业收入实现较快增长，2020 年突破 500 亿元大关，比“十三五”初期增长了 1.77 倍。（孙玉宝）

## 抗“疫”担当

【援建专门救治医院】中国中铁及 19 家二级单位积极参建了武汉火神山医院、雷神山医院、方舱医院等 11 个省市 45 家新冠肺炎救治医院，投资建设了雄安新区 9 万平方米的“容东片区建设者之家”一号营地疫情防控应急工程，援建面积 38.7 万平方米、增加床位 3.4 万个，投入人力 1.4 万余人、机械设备 3000 台（套）。（王　琳）

【医疗救护】中国中铁有 6000 余名医护人员参与全国各地的医疗救治工作，其中 5 名医护人员随地方援鄂医疗队参与武汉的救治工作，1 名医护人员支援地方专门医院的救治。所属三家医院（中铁二局中心医院、中铁四局阜阳中心医院、中铁五局耒阳医院）作为当地新冠肺炎隔离救治定点医院，累计接诊发热病人 1628 人次、确诊病人 13 例、疑似病例 61 例。（王　琳）

【捐款捐物】中国中铁及所属单位以企业名义捐款 8704 万元；广大职工自发捐款 2428.81 万元。中国中铁及所属单位主动向地方政府及相关机构捐赠口罩 239.5 万只、八四消毒液 5.1 万升、75% 酒精 2.0 万升、医用防护服 2.7 万套、橡胶手套 18.5 万双等防疫物资，以及疫情防控检测点办公物资和各种生活物资。（王　琳）

【志愿服务】中国中铁广大干部职工纷纷发挥志愿者精神，自愿投入身边的社区、村镇防疫，聚焦老、弱、病、残、孕等重点群体，围绕解决老百姓社区（村）封闭、物流不畅、买菜难、买药难、情绪不安等难点问题，不辞辛苦，筑起了志愿“防疫墙”。（王　琳）

【境外疫情防控】按照股份公司应对新型冠状病毒感染肺炎疫情工作领导小组的决策部署和境外疫情防控专班工作小组的工作安排，国际事业部统筹抓好境外疫情防控各项工作。按照国资委和股份公司关于境外疫情防控要求，境外疫情防控专班工作小组与国际事业部坚持零报告、日报和周报制度；配合国资委多次连线巡检中老铁路、印尼雅万高铁、孟加拉国帕德玛大桥铁路连接线等重点项目，分批分国别对各二级单位境外项目（机构）开展内

▲中铁四局机电公司正在进行武汉客厅方舱医院施工

▲贵州“春风行动”农民工返岗车辆接送中铁二局三公司农民工

▲中国中铁印尼雅万项目经理部向西爪哇省政府捐赠生活物资和防疫口罩

部巡检；建立境外疫情防控预警动态信息及有关国家疫情防控入境管控措施日报机制；制定境外疫情防控应急处置指南、分类预案指引和防控常态化的各项措施；统筹做好境外防疫和生活物资储备、捐赠事宜并积极协助境外项目（机构）采购防疫物资，截至2020年末，所有境外项目的防疫和生活物资储备均已满足60天的红线要求，国际事业部组织为境外项目（机构）采购口罩累计约215.27万只，采购其他防疫物资和应急类药物等累计约1.95万件，支持各境外项目（机构）为驻在国捐赠各类防疫物资累计约64.62万件，捐赠物资累计金额折合人民币约443.70万元；组织开发并推广应用“中铁海康”系统，实时掌握海外员工健康动态，督导各二级单位科学合理安排人员派出和回国事宜，严格执行外事备案、包机审批程序等要求；大力协调总部及各二级单位与国资委境外办及国药集团对接开展疫苗紧急接种工作，已累计完成接种12724人次。

（余　翔）

【总部疫情防控】坚持全员、全过程、全方位做好总部疫情防控工作，严格落实总部防疫防控“双查双控”、ABC座全员防控、全面消杀管理、精准防疫制度，从严加强对餐厅和物业人员日常防疫监管及外来人员防疫防控，积极做好防疫物资设备采购配置，扎实做好总部疫情防控常态化管理服务。加强舆论引导，编发充分发挥党建优势、打赢疫情阻击战等通知文件和信息简报。开展爱心捐款，总部共有660名党员和员工自愿捐款17.5万元。完成总部人员核酸检测千余人次，上门核酸检测30余次；总部共组织了6场新冠疫苗接种，利用总部人力及资源服务基层，共有36家二级企业共计2685人接种了疫苗。加强同属地政府部门疫情联防联控联动，海淀区万寿路街道在属地区域对部门的做法进行了通报表扬，行政管理部获得公司党委授予的“抗击疫情先进集体”称号。（夏玉民　谭坤朋）

【全国抗击新冠肺炎疫情先进个人】

张　浩　中铁四局集团中心医院内三科主任、副主任医师

（王　琳）

【中央企业抗击新冠肺炎疫情先进集体】

中国中铁大桥局党委

（王　琳）

【中央企业抗击新冠肺炎疫情先进个人】

智彩霞　中铁三局中心医院护士长

舒伟浩　中铁工业中铁重工党委副书记、总经理

沈　超　中国中铁印尼雅万高铁项目经理部

（王　琳）

## 践行“三个转变”重要指示

【韩正出席“云上2020年中国品牌日”活动】5月10日，中共中央政治局常委、国务院副总理韩正出席“云上2020年中国品牌日”活动并宣布活动开幕。活动启动仪式上播放了中国品牌日活动主题片，中铁工程装备集团有限公司作为唯一的企业代表通过视频连线的方式向韩正副总理汇报品牌建设情况。

（王　琳）

【“三个转变”与高质量发展研讨会暨第三届中国品牌战略发展论坛】5月10日，“三个转变”与高质量发展研讨会暨第三届中国品牌战略发展论坛在中国中铁总部召开。国务院国资委党委委员、副主任翁杰明在讲话中指出，近年来，国资委和国有企业坚决贯彻落实习近平总书

记重要指示精神，大力推进创新发展、转型升级、提质增效，企业创新潜力有效激发、质量效益加速提升、品牌效应充分展现，在这次抗“疫”大战大考中，以强大的支撑保障能力和产业转换能力展现了“三个转变”的显著成效。翁杰明强调，要始终胸怀“两个大局”，切实增强责任感使命感紧迫感，强化创新理论武装，筑牢“三个转变”的思想根基，在学懂、弄通、做实中坚定实业报国信念，增强企业发展信心，践行大国重器使命。坚持高质量发展，集聚“三个转变”的强大势能，以创新发展推动中国制造向中国创造转变，以提质增效推动中国速度向中国质量转变，以品牌建设推动中国产品向中国品牌转变。深化国企改革，激发“三个转变”的动力、活力，着力完善中国特色现代企业制度，加快打造中国智造品牌，为推进制造强国建设做出更大贡献。

中国国家铁路集团有限公司副总经理王同军，在讲话中回顾总结了在“三个转变”指引下，全国铁路系统在“推动铁路高质量发展、加快建设交通强国”实践中的成绩经验和做法，就中国铁路如何深入践行“三个转变”，推动新时代中国铁路高质量发展方面提出了很好的建议：一是坚持以创新驱动引领高质量发展；二是坚持以工匠精神促进高质量发展；三是坚持以品牌效应成就高质量发展。

中国中铁党委书记、董事长张宗言表示：作为“三个转变”重要指示的发源地，在国资委的正确领导下，中国中铁牢记习近平总书记嘱托，以只争朝夕、不负众望的奋斗姿态，努力建功新时代、奉献共同体，切实把“三个转变”重要指示转化为建设世界一流企业的生动实践，取得了一系列丰硕成果。

在主旨演讲环节，中国工程院副院长何华武院士，住房和城乡建设部总工程师李如生，中国机械工业集团有限公司党委副书记宋欣，徐工集团工程机械有限公司董事长、党委书记王民，品牌中国战略规划院江同院长先后进行了精彩的演讲，分别从不同角度和领域分享了各自对“三个转变”“高质量发展”“中国品牌”的思考、认识和体会。（王　琳）

**【组建中国中铁“三个转变”研究院】** 5月10日，为深入践行习近平总书记“三个转变”重要指示，全面提升企业创新创造实力，中国中铁决定，成立中国中铁“三个转变”研究院。国务院国资委宣传工作局局长夏庆丰，中国中铁党委书记、董事长张宗言，共同为中国中铁“三个转变”研究院揭牌。中国中铁“三个转变”研究院以习近平新时代中国特色社会主义思想为指引，围绕“三个转变”的精髓内核，以“三型三化”建设为抓手，以科技创新为突破，以管理创新为保障，以质量提升为根本，以品牌塑造为目标，以智慧高铁、TOD业务、智能城市建设、新基建、“一带一路”等领域内的一批大项目为依托，旨在成为企业理论研究的学术平台、技术研发的科技平台、成果转化的孵化平台、品牌建设的运营平台，全力推动质量变革、效率变革，助力打造世界一流的“中国创造”“中国质量”“中国品牌”。（王　琳）

**【《隧道联络通道用盾构机及其联络通道掘进方法》获中国专利奖】** 依托宁波轨道交通3号线鄞南区间联络通道工程，中国中铁成立《机械法联络通道建造成套技术研究》重大科研项目攻关团队，由中铁上海局、中铁装备、宁波大学等单位联合开展研究工作。2018年1月15日，国内首条盾构法施工的联络通道顺利贯通。项目攻克了结构设计、装备研发、施工工艺等多项核心技术难题，标志着中铁装备研制的国内首台联络通道盾构机得到了成功应用。围绕联络通道盾构机及其掘进方法，中铁装备布局数十项专利，形成了一张立体的全方位专利保护网。“隧道联络通道用盾构机及其联络通道掘进方法”作为此项技术的核心专利，实现了基于高机动性、高功率密度整机集成，新型曲面结构刀盘及密封，主隧道安全支护体系，联络通道施工方法四大技术创新。7月14日，国家知识产权局印发《国家知识产权局关于第二十一届中国专利奖授奖的决定》（国知发运字〔2020〕28号）。中铁工业旗下中铁装备《隧道联络通道用盾构机及其联络通道掘进方法》获第二十一届中国专利金奖。（蒲林茂）

**【盾构核心部件国产化取得重大突破】** 5月10日，国产盾构/TBM主轴承减速机工业试验成果发布，首批国产化6米级常规盾构3米直径主轴承、减速机通过试验检测，标志着中国盾构核心部件国产化取得了新的重大突破。主轴承是全断面隧道掘进机的心脏，承担着盾构机运转过程的主要载荷，是刀盘驱动系统的关键部件。长期以来，由于制造工艺复杂、原材料性能要求高、设计理论不成熟等原因，中国盾构机用主轴承长期依赖进口。2015年7月24日，中国中铁联合国内主轴承、减速机技术优势企业，成功申报工业转型升级国家强基工程，承担盾构/TBM主轴承、减速机工业试验平台建设项目，开展国产主轴承、减速机关键技术研究及工业性试验，盾构/TBM主轴承减速机工业试验平台位于中铁装备郑州基地，试验平台于2018年6月完成生产制造、组装、调试，经过充分调研及论证；于2018年7月12日，正式开始试验，经过空载试验、均载试验和加速试验三个阶段，2019年6月30日，完成主轴承、减速机10000小时等效寿命试验，应用状态良好，各项参数指标运转正常。国产主驱动变频器和500排量液压泵性能稳定，可靠性较高。2020年4月，通过对主轴承和减速机内部进行检验，评审专家一致认可试验平台的加载方法和试验结论，一致认为应用于地铁盾构机的国产主轴承、减速机相关性能达到

▲世界首台矿用小转弯全断面硬岩掘进机

标准和要求，标志着中国盾构/TBM核心部件国产化进程取得新的重大进展，可有效降低对进口部件的依赖。（王 琳）

【世界首台矿用小转弯全断面硬岩掘进机下线】5月10日，世界首台矿用小转弯全断面硬岩掘进机（“中铁819号”TBM）在中铁装备盾构总装车间下线，设备将用于贵州省四季春煤矿。四季春煤矿地处贵州省毕节市大山深处，资源储量1.96亿吨，批复建设规模120万吨/年。针对四季春煤矿煤瓦斯含量高，巷道转弯半径小，起伏坡度大，下井尺寸、重量严重受限等工程难点，研制了“中铁819号”矿用TBM，并达到下线条件。该台TBM直径4.33米，转弯半径40米，整机搭载了性能可靠的超前钻机系统、风电、瓦电闭锁系统，在严格落实“逢掘必探”施工工艺要求的前提下可为施工人员提供有效的安全保障。（王 琳）

【国内最大直径敞开式硬岩掘进机“云岭号”下线】5月8日，由中国中铁自主研制的国内最大直径（9.83米）敞开式硬岩掘进机——“云岭号”在四川德阳下线，该设备将用于云南省滇中引水工程。滇中引水项目是国务院确定的172项节水供水重大水利工程中的标志性工程，也是中国西南地区规模最大、投资最多的水资源配置工程。“云岭号”作为国内自主研制最大直径硬岩掘进机，是为云南省滇中引水工程大理Ⅰ段施工3标香炉山隧洞量身打造的利器，设备开挖直径9.83米，总长度约220米，总重量约2050吨。面对复杂的施工条件，设备研发制造团队以安全性、可靠性和适应性为首要准则，针对软岩大变形、断层破碎带、涌水突泥等地质条件进行精准设计，并配置了超前地质预报、有害气体检测、应急避险舱等多种功能，为“云岭号”硬岩掘进机量身定制最佳方案，创造性地解决施工中可能发生的“岩爆、突泥、涌水”等行业性难题，为滇中引水工程安全、优质、高效建设提供了有力保障。（王 琳）

【发布《中国中铁践行“三个转变”推动企业高质量发展行动方案》】5月，中国中铁发布《中国中铁践行“三个转变”推动企业高质量发展行动方案》。该方案以习近平新时代中国特色社会主义思想为指导，担当践行“三个转变”引领者的历史责任，着眼于建筑业未来发展趋势和企业现实矛盾和问题，以科技创新为突破，以管理创新为保障，以质量提升为根本，以品牌塑造为目标，全力推动质量变革、效率变革、动力变革，努力打造世界一流的“中国创造”“中国质量”“中国品牌”。方案明确用三年到五年时间，研制一批国际领先、具有自主知识产权的核心技术和产品，把现有的优势产业打造成世界隐形冠军，构建国内领先、世界一流的科技创新、质量保证、产业集群、品牌集群体系，推动企业高质量发展迈上新台阶，全面担当起“一带一路”建设的先行者、构建人类命运共同体的主力军。该方案的主要措施体现在以下方面。第一，推动战略升级。将企业发展定位提升到“中国创造”“中国质量”“中国品牌”“中国服务”的国际竞争力上来。第二，强化创新驱动。加强技术创新和管理创新，加快建设企业协同创新中心，建设一批产业孵化基地。第三，着力质量提升。推进企业发展从规模速度型向质量效益型转变，加快企业转型升级。第四，加强品牌建设。以打造世界一流的企业、产品、服务品牌为目标，确立品牌战略，健全品牌管理体系，强化品牌塑造，提高品牌运营能力。第五，激发机制活力。建立和完善激励机制，充分调动和释放广大干部职工干事创业的创造性、主动性和积极性。第六，强化队伍建设。引进“高精尖”人才和创新团队，加强领导干部和后备人才队伍建设，加强员工职业发展路径设计，弘扬劳模精神、工匠精神，培养新时代产业工人。第七，实现产业融合发展。推进产业基础高级化、产业链现代化的产业升级发展，推进建筑工业化和信息化融合。

（王 琳 韩 毅）

## 坚决打好精准脱贫攻坚战

【精准扶贫规划】2020年，是全面建成小康社会目标实现之年，是脱贫攻坚收官之年。中国中铁坚持“摘帽不摘责任、摘帽不摘政策、摘帽不摘帮扶、摘帽不摘监管”的基本原则，针对农村发展短板，切实采取有效措施，激发建档立卡贫困户内生动力，实现真脱贫、不返贫、能致富的目标，确保2020年实现全面小康社会。以问题为导向抓好整改落实，安排部署2020年扶贫开发工作，科学合理制定各项指标。公司主要领导亲自带队到扶贫县进行调研督导，实现三个贫困县调研考察全覆盖，检查督导扶贫责任书进展情况，看望挂职干部，检查推进重点援建项目，准确掌握工作总体进度。贯彻落实《关于深入开展消费扶贫助力扶贫工作的指导意见》，督促挂职干部做好调研，围绕帮助构建脱贫带贫机制，促进消费扶贫和定点帮扶有效结合，确保政策实实在在惠及建档立卡贫困户。积极推进消费扶贫工作，实现线上、线下同时销售，积极消费贫困县农产品。针对加大农村基础设施建设力度、提高农村教育质量、加强农村社会保障、改善乡村公共文化服务等问题，专题研究、专门立项、集中投入、重点突破。积极开展好致富创业带头人培训。以“点亮微心愿，我是圆梦人”为主题，持续做好扶贫日主题活动。持续开展监督检查，将脱贫攻坚工作的作风建设作为重点来抓来管，严查问题，严防风险，切实做到帮扶对象精准、项目安排精准、资金使用精准、措施到位精准、脱贫成效精准。

（王 琳）

【2020年精准扶贫举措】2020年，中国中铁向定点帮扶县投入专项资金6390万元，为定点扶贫县引进帮扶资金7994万元，培训基层干部213人，为定点扶贫县和其他贫困地区培训专业技术人员7226人。2020年，各所属企业积极开展扶贫领域工作，共有28家单位参与扶贫开发工作。全公司共投入扶贫资金16950.35万元，帮助建档立卡贫困人口1326人脱贫，资助贫困学生4443人；购买定点扶贫县农产品1517.69万元、其他贫困县农产品112.87万元、湖北地区农产品505.54万元，帮助销售农产品164.89万元。公司采取的主要扶贫举措包括以下方面。一是中国中铁扶贫工作受到习近平总书记点赞和关注。2020年4月，习近平总书记到陕西省商洛市柞水县小岭镇金米村考察脱贫攻坚工作，实地视察中国中铁一局投资建设的金米村智能连栋木耳大棚产业项目时，点赞“小木耳，大产业”。二是公司领导现场调研安排部署扶贫工作。公司主要领导带队到湖南省桂东县、汝城县和山西保德县调研考察，了解巩固脱贫成果情况，帮助解决实际困难。调研组在扶贫县举行了重点援建项目签约仪式、走访慰问了建档立卡贫困户、看望了挂职干部、检查了建设项目、与县委县政府召开了巩固脱贫攻坚成果座谈会，并就做好巩固脱贫攻坚成果、有效衔接乡村振兴与当地政府官员进行了深入交流，提出了针对性的意见和建议。三是推进全面脱贫与乡村振兴有效衔接。2020年，继续聚焦并补齐扶贫县教育与交通基础设施短板，发挥中国中铁援助资金的撬动作用，投入专项资金6000万元，推进全面脱贫与乡村振兴有效衔接。在湖南省桂东县寨前镇建设九年一贯制学校一所，在湖南省汝城县职业技能教育中心捐建教学楼1栋，在山西省保德县引入当地民营企业共同建设“中铁幸福大道”北段项目。四是以消费扶贫解决贫困地区农产品滞销问题。公司精心组织，广泛动员，上下联动，鼓励所属企业及广大干部职工加大购买及消费力度。在公司内部电商平台上开设专区长期展示销售定点扶贫县的农产品；将发放贫困县农产品采购券作为员工福利，有力推动贫困县农产品的销售。公司选派的挂职干部积极想方设法，有的化身网络主播、有的采取认购模式，带动当地农产品销售。

（王 琳）

【中国中铁“电商助农”项目】6月11日，中国中铁正式启动“电商助农”项目。该项目是由中铁惠园App和中铁物贸集团鲁班公司联合开发。“电商助农”项目以股份公司三个定点扶贫县（湖南省桂东县、汝城县，山西省保德县）为试点，在网上商城开辟电商扶贫专区，为扶贫县农产品提供在线展示平台、在线交易及统计管理，推动中国中铁各级组织、广大职工及外部用户方便快捷购买贫困地区农产品，全面深化消费扶贫成效、增强消费扶贫力度。在此基础上，与中铁惠园App实现数据互通，建立品牌馆、区域馆等频道。依托网上商城渠道优势，将助农产品推广至第三方平台，拓展扶贫县农产品销售渠道，为下一步乡村振兴战略奠定坚实基础。截至年末，助农专区共开设15家店铺（湖南省桂东县9家、湖南省汝城县4家、山西省保德县2家），已上架杂粮、茶油、干货等十余项中类、百余种小类商品。

（王 琳）

▲中国中铁启动"电商助农"项目

▲中国中铁定点扶贫县汝城县开发的扶贫产品

【精准扶贫成效】

表 3-5　中国中铁 2020 年精准扶贫成效

| 指标 | 数量及开展情况 |
| --- | --- |
| 一、总体情况 | |
| 资金 / 万元 | 16950.35 |
| 物资折款 / 万元 | 522.57 |
| 帮助建档立卡贫困人口脱贫数 / 人 | 1326 |
| 二、分项投入 | |
| 1. 产业发展脱贫 | |
| 产业扶贫项目类型 | ☑ 农林产业扶贫<br>☑ 旅游扶贫<br>☑ 电商扶贫<br>☑ 资产收益扶贫<br>☐ 科技扶贫<br>☑ 其他 |
| 产业扶贫项目个数 / 个 | 29 |
| 产业扶贫项目投入金额 / 万元 | 970.30 |
| 帮助建档立卡贫困人口脱贫数 / 人 | 638 |
| 2. 转移就业脱贫 | |
| 职业技能培训投入金额 / 万元 | 189.71 |
| 职业技能培训人数 / 人 | 7226 |
| 帮助建档立卡贫困户实现就业人数 / 人 | 1410 |

续表

| 指标 | 数量及开展情况 |
| --- | --- |
| 3. 易地搬迁脱贫 | |
| 帮助搬迁户就业人数 / 人 | 73 |
| 4. 教育脱贫 | |
| 资助贫困学生投入金额 / 万元 | 284.42 |
| 资助贫困学生人数 / 人 | 4443 |
| 改善贫困地区教育资源投入金额 / 万元 | 12783.60 |
| 5. 健康扶贫 | |
| 贫困地区医疗卫生资源投入金额 / 万元 | 0 |
| 6. 生态保护扶贫 | |
| 生态保护扶贫类型 | ☑ 开展生态保护与建设<br>☑ 建立生态保护补偿方式<br>☑ 设立生态公益岗位<br>☐ 其他 |
| 投入金额 / 万元 | 8.90 |
| 7. 兜底保障 | |
| 帮助“三留守”人员投入金额 / 万元 | 7.19 |
| 帮助“三留守”人员数 / 人 | 121 |
| 帮助贫困残疾人投入金额 / 万元 | 15.17 |
| 帮助贫困残疾人数 / 人 | 253 |
| 8. 社会扶贫 | |
| 东西部扶贫协作投入金额 / 万元 | 0 |
| 定点扶贫工作投入金额 / 万元 | 6390.00 |
| 扶贫公益基金 / 万元 | 18.60 |
| 9. 其他项目 | |
| 项目个数 / 个 | 38 |
| 投入金额 / 万元 | 1588.27 |
| 帮助建档立卡贫困人口脱贫数 / 人 | 688 |
| 其他项目说明 | |

续表

| 指标 | 数量及开展情况 |
| --- | --- |
| 三、所获奖项（所列全部为省部级奖项） | |
| 中铁一局工会获全国脱贫攻坚先进集体<br>中铁三局刘小营获全国脱贫攻坚先进个人；山西省干部驻村帮扶工作模范农村第一书记<br>中铁一局张忠文获山西省脱贫攻坚“贡献奖”和忻州市劳动模范<br>中铁一局获“陕西省第三届三秦善星企业”<br>中铁一局获“2019 年度陕西省助力脱贫攻坚优秀”<br>中铁二局何政获四川省 2019 年脱贫攻坚先进个人<br>中铁三局获山西省“干部驻村帮扶工作模范单位”<br>中铁四局汪李村驻村扶贫干部郑加卫被评为 2020 年度“安徽好人”<br>中铁二院陈天地获“脱贫攻坚四川好人”<br>中铁大桥院代畅获 2019 年度工作突出的省驻村工作队队长、第一书记；2019 年度工作突出的省驻村工作队队员 | |

# 中国铁路工程集团有限公司组织机构

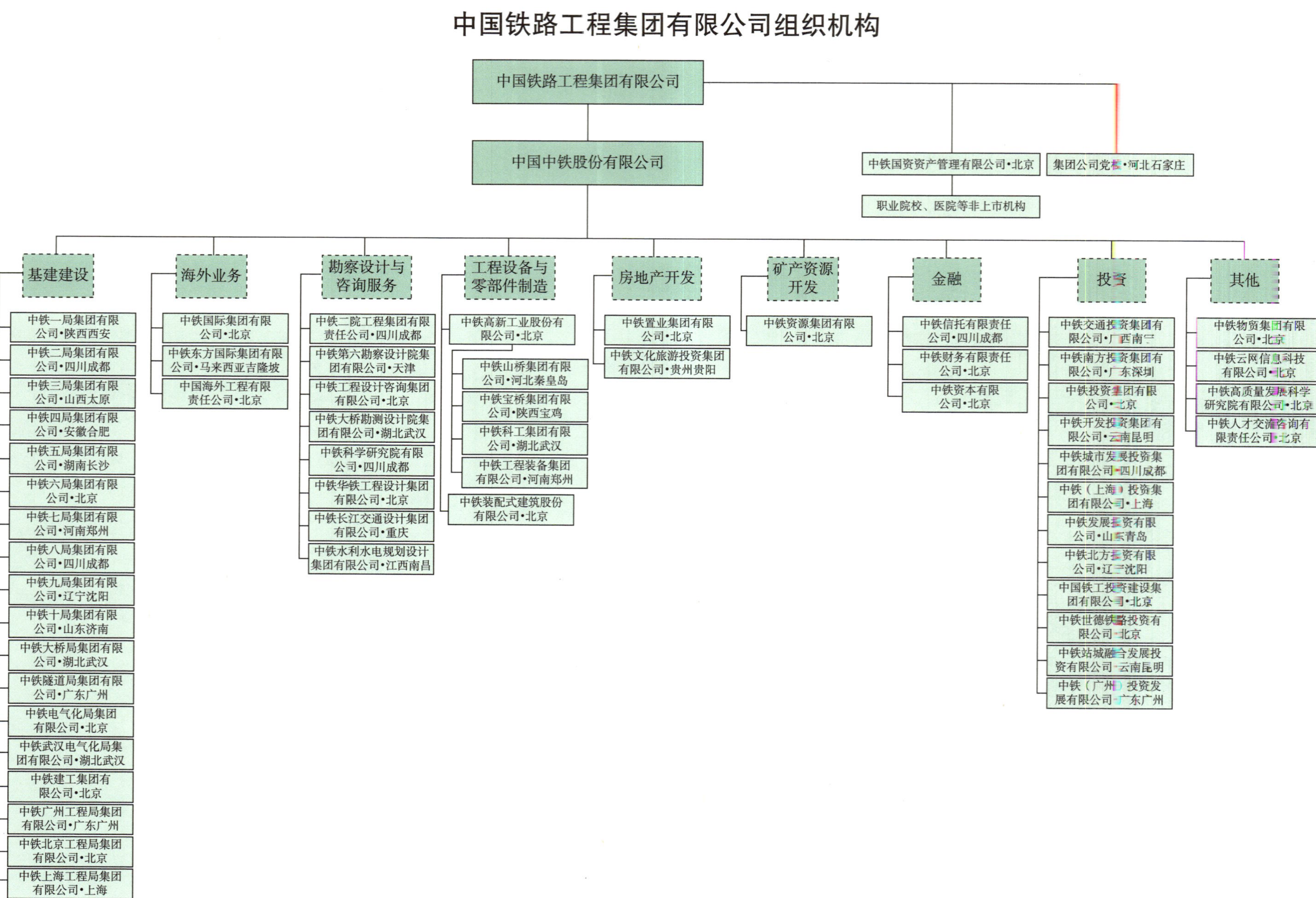

# 中国中铁股份有限公司总部组织机构

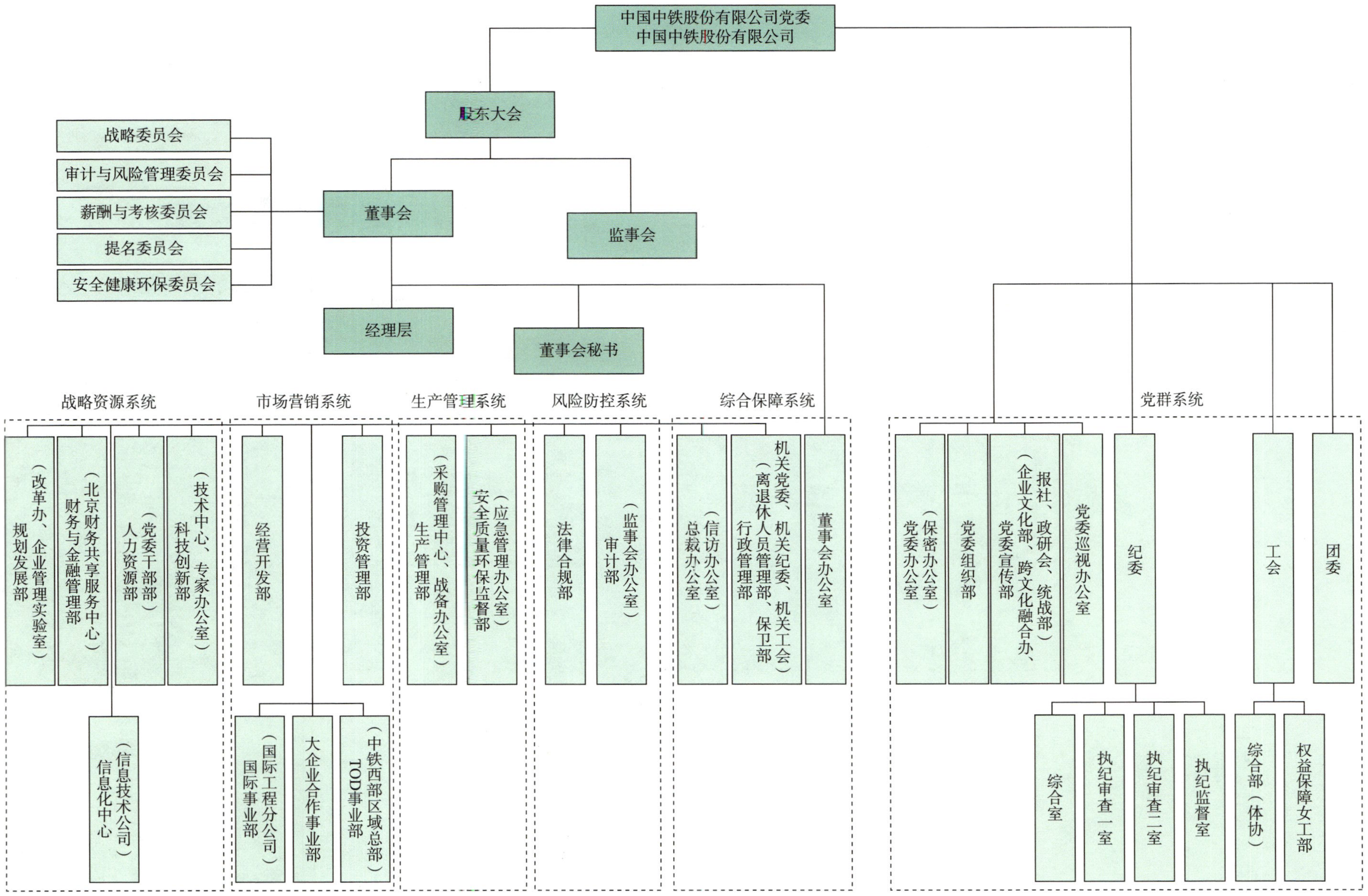

- 中国中铁股份有限公司党委 / 中国中铁股份有限公司
  - 股东大会
    - 董事会
      - 战略委员会
      - 审计与风险管理委员会
      - 薪酬与考核委员会
      - 提名委员会
      - 安全健康环保委员会
      - 经理层
      - 董事会秘书
    - 监事会
  - 战略资源系统
    - 规划发展部（改革办、企业管理实验室）
    - 财务与金融管理部（北京财务共享服务中心）
    - 人力资源部（党委干部部）
    - 科技创新部（技术中心、专家办公室）
    - 信息化中心（信息技术公司）
  - 市场营销系统
    - 经营开发部
    - 投资管理部
    - 国际事业部（国际工程分公司）
    - 大企业合作事业部
    - TOD事业部（中铁西部区域总部）
  - 生产管理系统
    - 生产管理部（采购管理中心、战备办公室）
    - 安全质量环保监督部（应急管理办公室）
  - 风险防控系统
    - 法律合规部
    - 审计部（监事会办公室）
  - 综合保障系统
    - 总裁办公室（信访办公室）
    - 行政管理部（离退休人员管理部、保卫部）机关党委、机关纪委、机关工会
    - 董事会办公室
  - 党群系统
    - 党委办公室（保密办公室）
    - 党委组织部
    - 党委宣传部（企业文化部、跨文化融合办、报社、政研会、统战部）
    - 党委巡视办公室
    - 纪委
      - 综合室
      - 执纪审查一室
      - 执纪审查二室
      - 执纪监督室
    - 工会
      - 综合部（体协）
      - 权益保障女工部
    - 团委



概述

鹦鹉洲长江大桥

CHAPTER 4

# 基建建设

## 基建建设经营开发

【基建建设板块新签合同额】2020年，中国中铁基建建设板块完成新签合同额21829.2亿元，同比增长21.6%。其中，铁路工程板块新签合同额3553.8亿元，占基建建设板块新签合同总额的16.3%，同比增长14.2%；非铁路板块新签合同额18725.4亿元，占基建建设板块新签合同总额的83.7%，同比增长23.2%。（丁 宾）

【铁路市场经营开发概况】2020年，中国中铁基建建设铁路工程板块新签合同额3553.8亿元，占基建建设板块新签合同总额的16.3%，同比增长14.2%。其中，国内铁路大中型市场（含投资类项目）累计开标143个项目252个标段，开标总额3355.8亿元，其中中国中铁中标137个标段1922.4亿元，占57.3%。（丁 宾 康育卓）

【非铁路市场经营开发概况】2020年，中国中铁基建建设非铁路板块新签合同额18275.4亿元，占基建建设板块新签合同总额的83.7%，同比增长23.2%。公路工程新签合同额4097.6亿元，同比增长32.6%；市政工程新签合同额4459.1亿元，同比减少4%；房建工程新签合同额6106亿元，同比增长40%；城市轨道工程新签合同额1660.4亿元，同比下降17.6%；水利水电工程新签合同额296.3亿元，同比增长25.4%；港口与航道工程新签合同额57.7亿元，同比增长96.2%；机场工程新签合同额175.1亿元，同比增长428%。

全年公司完成铁路正线铺轨（新线、复线）6944.2千米，完成电气化铁路接触网6432.3千米。全年公司完成公路建设2788.2千米，其中包括1903.8千米的高速公路。建成桥梁1973.3千米、隧道1108.7千米。（丁 宾）

▲7月30日，中国中铁与云南省昭通市人民政府签署战略合作框架协议

表4–1 2020年以股份公司名义中标的总承包项目汇总

| 序号 | 工程项目名称 | 总包合同签订单位 | 建设单位名称 | 合同金额/万元 | 合同工期 |
|---|---|---|---|---|---|
| 1 | 郑州市轨道交通7号线一期工程土建施工 | 中国中铁 中铁一局<br>中铁四局 中铁七局<br>中铁十局<br>中铁上海局<br>中铁隧道股份 | 郑州地铁集团有限公司 | 803681 | 1370日历天 |

续表

| 序号 | 工程项目名称 | 总包合同签订单位 | 建设单位名称 | 合同金额 / 万元 | 合同工期 |
|---|---|---|---|---|---|
| 2 | 长春市城市轨道交通 5 号线一期工程 | 中国中铁（牵头）<br>中铁一局<br>中铁二局<br>中铁三局<br>中铁四局<br>中铁五局<br>中铁六局<br>中铁七局<br>中铁十局<br>中铁隧道局<br>中铁电气化局 | 长春市地铁有限责任公司 | 936223 | 2009 天 |
| 3 | 成都市轨道交通 8 号线二期工程 | 中国中铁　中铁一局<br>中铁二局　中铁三局<br>中铁五局　中铁九局<br>中铁上海局 | 成都轨道交通集团有限公司 | 436961 | 1462 日历天 |
| 4 | 沿江通道浦东段（越江段—五洲大道）工程高速公路主线施工 3 标 | 中国中铁 | 上海城投环城高速建设发展有限公司 | 66871 | 1005 日历天 |
| 5 | 西安市地铁 10 号线一期工程施工总承包项目 3 标段 | 中国中铁　中铁九局<br>中铁隧道局　中铁电气化局<br>中铁广州局<br>中铁北京局<br>中铁上海局<br>中铁城投 | 西安市轨道交通集团有限公司 | 465858 | 1462 天 |
| 6 | 深圳市东部过境高速公路梧桐立交至终点段工程 | 中国中铁<br>中铁四局<br>中铁南方 | 深圳华昱东部高速公路有限公司 | 579569 | 725 日历天 |
| 7 | 合肥市轨道交通 7 号线、8 号线一期土建施工总承包 -2 标段 | 中国中铁<br>中铁三局<br>中铁四局<br>中铁隧道局<br>中铁上海局 | 合肥市轨道交通集团有限公司 | 432561 | 1857 日历天 |
| 8 | 望海路快速化改造工程设计施工总承包（EPC）项目 | 中国中铁<br>中铁四局<br>中铁隧道局<br>中铁上海局<br>中铁南方<br>中铁六院 | 深圳市交通公用设施建设中心 | 759619 | 1674 日历天 |
| 9 | 廊坊临空经济区 29 个街村回迁安置项目（永清片区）设计施工总承包项目 | 中国中铁<br>中铁八局<br>中铁建工<br>中铁广州局 | 河北临空集团有限公司 | 612819 | 911 日历天 |
| 10 | 廊坊临空经济区 29 个街村回迁安置项目（广阳片区）设计施工总承包项目 | 中国中铁<br>中铁一局<br>中铁北京局<br>中铁上海局<br>中铁设计 | 河北临空集团有限公司 | 548494 | 1007 日历天 |

制表：丁　宾

【郑州市轨道交通7号线一期工程土建施工】2020年3月19日，中国中铁、中铁一局、中铁四局、中铁七局、中铁十局、中铁上海局、中铁隧道股份联合体中标郑州市轨道交通7号线一期工程土建施工总承包项目，建设单位郑州地铁集团有限公司，公开招标方式中标，中标价803681万元，工期1370日历天，计划2020年3月31日开工建设，2023年12月31日竣工，项目起于惠济区东赵北，经过东赵站、英才街站、龙门路站、陈砦站、农业大学站、郑大一附院站、路砦站、王胡砦站、漓江路站、刺绣路站、南环公园站及侯寨站，止于二七区南部大学南路与规划豫一路路口，全长约26.81千米，均为地下线，设车站20座，本项目车站12座、区间21个、1段1场；总承包施工内容包括正线的土建及预留预埋，人防工程、主变电站、外部电源土建及预留预埋，市政接驳，及其专项工作等；段场工区内房屋建筑工程及场坪土石方等附属工程、机电安装及装修、场区道路、室外配套工程、市政接驳及预留预埋部分施工工程、专项工作、配合段场专用设备安装等。（李少林）

【长春市城市轨道交通5号线一期工程】2020年6月16日，中国中铁牵头与中铁一局、中铁二局、中铁三局、中铁四局、中铁五局、中铁六局、中铁七局、中铁十局、中铁隧道局、中铁电气化局联合体中标长春市城市轨道交通5号线一期工程施工总承包工程，建设单位长春市地铁有限责任公司，公开招标方式中标，中标价936223万元。其中，工程建安费中标下浮系数为4.5%，暂定中标价914768万元，管线改迁中标下浮系数为2.4%，暂定中标价21500万元。工期2009天，计划2020年8月1日开工建设，2026年1月30日竣工。该工程为西南—东北向骨干线，线路全长19.657千米，起于硅谷大街与卓越大街交会处的西南枢纽站，途经超强街站、顺达路站、越达路站、安新路站、蔚山路西站、硅谷广场站、硅谷大街站、繁荣路西站、南湖广场站、湖西路站、工农大路站、文化广场站、同志街站、人民广场站、大经路站、亚泰大街站，终于东大桥站，共18座车18区间、1出入段线隧道、1联络线、1车辆段。总承包施工范围：主体及装修工程、鲁山屯车辆段及出入段线（不含南湖广场站结构工程、含双阳线车站土建工程），含电缆隧道、3号线、4号线改造；全线交通疏解工程、标识、标志安装、标线（含除线）及交通附属设施等；全线（含车辆段）管线的迁改工程（含交通信号灯及视频监控迁改（含附属配电系统拆除与临时排迁）、恢复工程，不含临时用水工程、自来水管线排迁、电力管线排迁、路灯排迁。（李少林）

【成都市轨道交通8号线二期工程】2020年6月10日，中国中铁、中铁一局、中铁二局、中铁三局、中铁五局、中铁九局、中铁上海局联合体中标成都市轨道交通8号线二期工程施工总承包项目，建设单位成都轨道交通集团有限公司，公开招标方式中标，中标价436961万元，工期1462日历天，计划2020年4月30日开工建设，2024年4月30日开始初期运营。该项目为成都轨道交通在建的8号线一期的延伸线，均为地下线，线路全长7.61千米，共设车站7座，停车场1座，主变电所1座。分为西南延段和东北延段，其中西南延段起于8号线一期工程起点莲花站（不含），沿西航港大道向南敷设，止于西航港客运中心站，共设1站1区间，线路长度1.25千米；东北延段线路起于8号线一期工程终点站十里店站（不含），向北沿成华大道敷设，止于龙潭寺东站，共设6站6区间，线路长度为6.36千米。施工总承包工程范围包括土建工程、轨道工程、机电工程、车辆段及停车场常规设备（不含工艺设备）采购与安装、绿化景观、与停车场密不可分的平台工程和与停车场工程建设配套的市政工程及其他市政接驳工程等。（李少林）

【沿江通道浦东段（越江段—五洲大道）工程高速公路主线施工3标】2020年9月23日，中国中铁中标沿江通道浦东段（越江段—五洲大道）工程高速公路主线施工3标施工总承包项目，建设单位上海城投环城高速建设发展有限公司，公开招标方式中标，中标价66871万元，工期1005日历天，计划2020年9月28日开工建设，计划交工时间2023年6月30日。该标段主线里程桩号：左线LK17+480.726（不含分界墩及伸缩缝）~LK19+915.481（含分界墩及伸缩缝）、右线RK16+734.978（不含分界墩及伸缩缝）~RK19+662.277（含分界墩及伸缩缝），全长约2.93千米（以右线计）；杨高北路匝道（Y1K0+008.55~Y1K0+206.23、Y2K0+125.04~Y2K0+444.13）、S1匝道（S1K0+032.2~S1K0+692.77）及S2匝道（S2K0+000~S2K0+167.48）。主线桥梁上跨外环运河采用（50+75+50）米三跨连续组合梁结构，杨高北路上匝道桥（Y1）上跨外环运河采用（45+70+45）米三跨连续组合梁结构，杨高北路上匝道桥（S1）上跨外环运河采用（45+70+45）米三跨连续组合梁结构，主线桥跨合流污水箱涵分别采用（50+75+50）米、（40+55+40）米三跨连续组合梁结构。（李少林）

【西安市地铁10号线一期工程施工总承包项目3标段】2020年6月30日，中国中铁、中铁城投、中铁上海局、中铁隧道局、中铁北京局、中铁广州局、中铁九局、中铁电气化局联合体中标西安市地铁10号线一期工程施工总承包项目3标段，建设单位西安市轨道交通集团有限公司，公开招标方式中标，中标价465858万元，工期1462天。西安市地铁10号线一期工程南起于8号线换乘的杨家庄站，北至高陵区水景公园站，线路全长34.203千米，共设车站17座（含1座预留站），设

高陵车辆段1座，环园中路停车场1座，新建主变电所2座。共化三个标段，总承包施工范围包括全线管线迁改等前期工程（含设计）、土建工程、人防工程、轨道工程、高陵车辆段及上盖开发平台、跨泾渭河公轨合建桥工程、主变电站（土建、装修及配套分水电工程）、外部电源（设计、沟道土建部分）等内容。

（李少林）

【深圳市东部过境高速公路梧桐立交至终点段工程】2020年11月5日，中国中铁、中铁南方、中铁四局联合体中标深圳市东部过境高速公路梧桐立交至终点段工程施工总承包，项目建设单位深圳华昱东部高速公路有限公司，公开招标方式中标，中标价579569万元，计划工期725日历天，2022年12月31日交工。东部过境高速公路位于深圳市罗湖区、龙岗区及坪山新区，路线基本为西南—东北走向。起点为罗沙路跨线桥，通过口岸与香港公路网衔接，在莲塘水厂处，莲塘隧道与市政连接线（由市政府另立项目）相接，路线途经莲塘工业区、梧桐山风景区、大望片区、西坑村、安良大康片区、东海工业园、简龙工业园、宝龙工业区、坪山镇、同乐工业区等，终点接入现况深汕、惠盐高速公路金钱坳立交，路线全长32.2千米。其中保通段K0+497~K10+820工程已完成施工，达到开通条件。范围为非保通段K10+820~K32+193.386区间内所有未完成工程量，包括（但不限于）本项目所含全部内容：路基、桥梁、排水隧道、收费站、路面、配套交通、交安、电力迁改、燃气迁改、景观绿化、环保水保、交通疏解、涉铁施工等工程。

（李少林）

【合肥市轨道交通7号线、8号线一期土建施工总承包-2标段】2020年12月10日，中国中铁、中铁上海局、中铁三局、中铁四局、中铁隧道局等单位联合体中标合肥市轨道交通7号线、8号线一期土建施工总承包-2标段工程，建设单位合肥市轨道交通集团有限公司，公开招标方式中标，中标价432561万元，工期1857日历天，计划2020年11月30日开工，2025年12月31日竣工（含轨道及机电安装）。范围包括一里井站、灵璧路站、耀远路站、清河路站、荷塘路站、金宁路站、金梅路站、梅冲湖路站、北城世纪城站、泉河路站、龙湖北路站、北城高铁站、一里井站—灵璧路站区间、灵璧路站—耀远路站区间、耀远路站—清河路站区间、清河路站—荷塘路站区间、荷塘路站—金宁路站区间、金宁路站—金梅路站区间、金梅路站—梅冲湖路站区间、梅冲湖路站—北城世纪城站区间、北城世纪城站—泉河路站区间、泉河路站—龙湖北路站区间、龙湖北路站—北城高铁站区间（含中间风井）、出入段线等共12站11区间及1出入段线，总承包施工内容为土建工程。

（李少林）

【望海路快速化改造工程设计施工总承包（EPC）项目】2020年12月25日，中国中铁、中铁南方、中铁隧道局、中铁上海局、中铁四局、中铁六院等单位联合体中标望海路快速化改造工程设计施工总承包（EPC）项目，建设单位深圳市交通公用设施建设中心，公开招标方式中标，中标价759619万元，计划工期1674日历天。望海路快速化改造工程地下快速路全长7.66千米，沿线设置4对出入口匝道，在太子湾预留一对妈湾方向匝道，在后海大道增加专用道衔接歌剧院地下车库，并预留地下一层为歌剧院漫游层空间。太子湾以西段为双向4车道，长0.96千米，矩形单层断面，采用明挖法施工。太子湾以东段为双向6车道，采用“明挖+盾构法”施工，明挖段长1.41千米，矩形双层断面；盾构段长5.3千米，单洞双层断面，管片外径15.7米。地面主干道全长8.24千米，太子湾—中心路段由双向4车道拓宽为双向6车道；中心路—沙河西路段维持双向4车道，仅路面改造及西侧拓宽。兴海大道综合管廊1.1千米，采用干线型标准。

（李少林）

【廊坊临空经济区29个街村回迁安置项目（永清片区）设计施工总承包项目】2020年11月6日，中国中铁、中铁建工、中铁八局、中铁广州局联合体中标廊坊临空经济区29个村街回迁安置项目（永清片区）设计施工总承包工程，建设单位河北临空集团有限公司，公开招标方式中标，中标价为612819万元，工期911日历天。工程内容及规模：项目占地面积657523.4平方米，总建筑面积约1736303.57平方米，其中地上建筑面积约1125844.57平方米，地下建筑面积约610459平方米，项目规划范围内建设回迁安置房、公寓、配套公建、幼儿园，以及小区道路、绿化、管网等配套。设计施工总承包范围及工作内容：包括完成本项目设计所需资料搜集和设备购置及安装、构筑物及附属设施的方案设计、初步设计、施工图设计及相关配合服务，施工至工程竣工验收，完成并配合建设单位接受相关部门结（决）算审计、参与竣工验收，质量保证期内的缺陷修复。

（李少林）

【廊坊临空经济区29个街村回迁安置项目（广阳片区）设计施工总承包项目】2020年11月9日，中国中铁、中铁北京局、中铁上海局、中铁一局、中铁设计联合体中标廊坊临空经济区29个村街回迁安置项目（广阳片区）设计施工总承包工程，建设单位河北临空集团有限公司，公开招标方式中标，中标价548494万元，工期1007日历天。工程内容及规模：项目占地面积483876.6平方米，总建筑面积约1554029.43平方米，其中地上建筑面积约974155.43平方米，地下建筑面积约579874平方米，项目规划范围内建设回迁安置房、公寓、配套公建、幼儿园、小区道路、绿化、

基建建设

管网等配套。设计施工总承包范围及工作内容，包括完成本项目设计所需的资料搜集和设备购置及安装、构筑物及附属设施的方案设计、初步设计、施工图设计及相关配合服务，施工至工程竣工验收，完成并配合建设单位接受相关部门结（决）算审计、参与竣工验收，质量保证期内的缺陷修复。（李少林）

▲7月28日，由中铁隧道局承建的中俄东线天然气管道（永清—上海段）（简称“中俄东线南段”）长江盾构穿越工程正式开工

▲商合杭高铁全线通车

**表4-2　2020年签署的承包类重大合同（基建建设业务）**

| 序号 | 签订单位 | 业主单位 | 合同名称 | 合同签署日期 | 合同金额/万元 | 合同工期 |
|---|---|---|---|---|---|---|
| 铁　路 | | | | | | |
| 1 | 中铁二局、中铁三局、中铁七局、中铁十局、中铁北京局、中铁广州局 | 广东广湛铁路有限责任公司<br>中国铁路设计集团有限公司 | 新建广州至湛江高速铁路站前工程施工总价承包GZZQ-10标、GZZQ-5标、GZZQ-8标、GZZQ-7标、GZZQ-6标、GZZQ-3标 | 2020年11月 | 1435428 | 47.7~60个月 |
| 2 | 中铁三局、中铁五局、中铁六局 | 中国铁路北京局集团有限公司石家庄工程项目管理部 | 新建石衡沧港城际铁路衡黄段工程站前施工总价承包SHCG-ZQ6标段、SHCG-ZQ1标段、SHCG-ZQ4标段 | 2020年6月 | 917003 | 42个月 |
| 3 | 中铁一局、中铁二局、中铁广州局 | 中国铁路上海局集团有限公司上海铁路枢纽工程建设指挥部 | 新建上海经苏州至湖州铁路站前工程（不含先期开工段）HSHZQ-7标、HSHZQ-6标、HSHZQ-5标 | 2020年6月 | 837288 | 1461天 |
| 4 | 中铁三局、中铁大桥局、中铁隧道局 | 川藏铁路有限公司 | 新建川藏铁路雅安至林芝段先期开工段“两隧一桥”及施工供电工程施工CZXZGD-1标段、CZSCZQ-1标段、CZXZZQ-2标段 | 2020年11月 | 740897 | 12个月<br>74个月<br>92个月 |
| 5 | 中铁建工 | 中国铁路广州局集团有限公司站房建设指挥部 | 广州铁路枢纽新建广州白云站（棠溪站）工程白云站站房及相关工程施工总价承包招标-BYZSG3标 | 2020年11月 | 677457 | 40个月 |
| 公　路 | | | | | | |
| 1 | 中铁四局、中铁七局 | 西藏自治区交通建设项目招投标中心 | 雅安至叶城国家高速公路拉萨至日喀则机场段施工第十二、第九标段 | 2020年5月 | 622193 | 48个月 |
| 2 | 中国中铁、中铁南方、中铁四局 | 深圳华昱东部高速公路有限公司 | 深圳市东部过境高速公路梧桐立交至终点段工程 | 2020年12月 | 579569 | 725天 |

续表

| 序号 | 签订单位 | 业主单位 | 合同名称 | 合同签署日期 | 合同金额 / 万元 | 合同工期 |
|---|---|---|---|---|---|---|
| 3 | 中铁大桥局及其他单位 | 佛山市建盈发展有限公司 | 佛山市季华路西延线工程设计施工总承包 | 2020 年 10 月 | 496999 | 42 个月 |
| 4 | 中铁大桥局 | 江苏省交通工程建设局 | 常泰长江大桥（跨江段）主体工程施工项目 -CT-A4 | 2020 年 9 月 | 476790 | 2020 年 8 月至 2024 年 7 月 |
| 5 | 中铁一局 | 中国有色金属工业第六冶金建设有限公司 | 云南弥玉高速公路项目第二合同段十八工区施工（二次重新招标） | 2020 年 5 月 | 240798 | 48 个月 |
| 市政及其他 | | | | | | |
| 1 | 中国中铁、中铁一局、中铁二局、中铁三局、中铁四局、中铁五局、中铁六局、中铁七局、中铁十局、中铁隧道局、中铁电化局 | 长春市地铁有限责任公司 | 长春市城市轨道交通 5 号线一期工程 | 2020 年 6 月 | 914768 | 2020 年 8 月至 2026 年 1 月 |
| 2 | 中国中铁、中铁一局、中铁四局、中铁七局、中铁十局、中铁隧道局、中铁上海局 | 郑州地铁集团有限公司 | 郑州市轨道交通 7 号线一期工程土建施工 | 2020 年 5 月 | 803681 | 1370 天 |
| 3 | 中国中铁、中铁南方、中铁隧道局、中铁四局、中铁上海局、中铁六院及其他 | 深圳市交通公用设施建设中心 | 望海路快速化改造工程设计施工总承包（EPC）（二次） | 2021 年 1 月 | 759619 | 1674 天 |
| 4 | 中国中铁、中铁八局、中铁建工、中铁广州局 | 河北临空集团有限公司 | 廊坊临空经济区 29 个村街回迁安置项目（永清片区）设计施工总承包 | 2021 年 1 月 | 612819 | 2021 年 2 月至 2023 年 8 月 |
| 5 | 中国中铁、中铁一局、中铁上海局、中铁北京局、中铁设计 | 河北临空集团有限公司 | 廊坊临空经济区 29 个村街回迁安置项目（广阳片区）设计施工总承包 | 2021 年 1 月 | 548494 | 2021 年 2 月至 2023 年 8 月 |

制表：徐林尧

## 基建建设生产管理

【施工产值完成情况】2020 年，中国中铁所属 18 家施工企业完成施工产值 8902.50 亿元，占年度计划 7444 亿元的 120%，同比增长 19%。各施工企业中，中铁四局完成 1154 亿元，中铁一局完成 937 亿元，中铁二局完成 669 亿元，中铁五局完成 657 亿元，中铁三局完成 636 亿元，中铁建工完成 596 亿元，中铁十局完成 549 亿元，中铁隧道局完成 516 亿元，中铁七局完成 450 亿元，中铁上海局完成 384 亿元，中铁大桥局完成 383 亿元，中铁电气化局完成 358 亿元，中铁六局完成 355 亿元，中铁八局完成 345 亿元，中铁广州局完成 300 亿元，中铁北京局完成 297 亿元，中铁九局完成 195 亿元，中铁武汉电气化局完成 118 亿元。各投资集团企业中，中铁城投完成 357 亿元，中铁开投完成 365 亿元，中铁南方完成 254 亿元，中铁交通完成 155 亿元，中铁发展完成 150 亿元，中铁上投完成 108 亿元，中铁北方完成 56 亿元，中铁文旅完成 44 亿元，中铁投资完成 36 亿元。（李卫华　杨　斌）

【新开工重点项目】·国道 109 新线高速公路（西六环路—市界段）PPP 项目· 工程采用 PPP 投资建设模式，由中国中铁、政府及其他社会资本三方出资。股权结构为：首发集团占比 40%、中国中铁占比 42%、中铁二局占比 3%，北京市政路桥、建工、住总共计占比 15%。2020 年 3 月 1 日开工，线路全长 65.5 千米，起点为西六环路军庄立交，终点为市界，与张涿高速公路相接，其中四车道 30.6 千米、六车道 34.9 千米。全线共设桥梁 32 座，其中特大桥 9 座、大桥 21 座、中桥 3 座；隧道 18 座，其中特长隧道 4 座，长隧道 8 座，中隧道 3 座，短隧道 3 座；设匝道站收费站 4 处，服务区 1 座，管理中心 1 处，收费所 1 处，2 处养护工区，2 处隧道管理所，养护工区 2 处。设计速度为 80 千米 / 时。项目投资额为 2209239 万元，其中建安费总额 1593736 万元。项目合作期为 2020 年 5 月 1 日至 2023 年 12 月 16 日，建设期为 2020 年 5 月 1 日至 2023 年 5 月 1 日。施工单位为中铁一局、中铁二局、中铁三局、中铁六局、中铁十局、中铁北京局、中铁广州局、中铁上海局、北京住总集团有限责任公司、北京建工集团有限责任公司、北京市政路桥股份有限公司。

**·云南省普通高中建设项目EPC总承包（二标段）项目·** 项目由中铁川投代建，于2020年1月3日开工，项目共包括43所学校，其中新建22所、改扩建21所。分布在文山州、红河州、普洱市、西双版纳州4个州市下属的22个县市，建筑面积约129万平方米，框架结构，建筑层数1~6层。工程合同金额636295万元，项目开工日期2020年1月3日，竣工日期2020年7月31日，合同工期211日历天。主要施工范围为建筑工程、安装工程和设备购置（包括土方、桩基、支护、建筑及室内外装饰装修、结构、给排水、暖通、强电、弱电、消防、人防、节能、智能化、道路、室外管网、室外配套、园林景观、围墙、大门、值班室及导向标识等）。施工单位由中铁二局、中铁八局、中铁建工局、中铁五局、中铁北京局、中铁三局六家工程局。

**·郑州市轨道交通7号线一期工程土建施工总承包项目·** 项目由中铁发展投资代建，于2020年3月31日开工，项目位于郑州市，北起惠济区东赵北，南止于二七区南部大学南路与规划豫一路路口，全长约26.81千米，均为地下线，设车站20座和21个区间（其中8座车站已先期招标建设，其余12座车站属于本次施工范围），平均站间距1386米，最大站间距2139米（龙门路站—张家村站），最小站间距938米（路砦站—古玩城站）。一期工程新建一段一场，在线路北端设东赵停车场，在线路南端设南环车辆段。本期新建郑州北和鼎盛大道两座主变电站，其中郑州北主变电站为7号、3号线共享，鼎盛大道主变电站为7号、9号线共享。主要实物工程量：车站土方262.14万立方米，车站混凝土606645立方米，盾构区间27121米，房间工程126000平方米；本工程合同总额约为80.37亿元，合同工期为2020年3月31日至2023年12月31日，共1370天，采用联合体施工总承包模式组织施工。

**·青兰国家高速公路长治至延安联络线（G2211）山西境黎城至霍州段PPP项目·** 由中铁发展投资实施，于2020年9月1日开工，位于山西省长治市沁源县、临汾市古县境内。项目施工里程为K116+400~K153+142.888，主线全长34.947千米。标段起于空灵山镇水泉坪村，设空灵山互通、千佛沟互通、太岳山服务区，止于霍州市观堆村，与京昆高速公路大运段交会并接霍州至永和关公路辛庄枢纽。主要工程内容包括：路基土石方共计801.78万立方米，其中挖方量458.83万立方米，填方342.95万立方米；桥梁3747米/16座；隧道19195米/7座；涵洞、通道1764.89米/48座；天桥762.6米/8座；服务区1处；互通连接线2条。施工单位有中铁一局集团第四工程有限公司、中铁隧道股份有限公司、中铁北京工程局集团有限公司、中铁二局集团第六工程有限公司。

**·长春轨道交通5号线一期工程施工总承包项目·** 由中铁北方投资代建，于2020年6月27日开工，项目位于吉林省长春市。施工里程：鲁家屯车辆段及出入段线（CK0+028.326~CK1+885）、5号线一期工程正线线路（YCK22+073.077~YCK41+761.683）线路全长19.657千米，全部为地下线，地下车站16座，在绕城高速绿化带设鲁家屯车辆段一座，占地面积约240240平方米。合同额936223万元（投资估算总金额），其中建安费总额914767.95万元。合同工期：2020年8月1日至2026年1月30日，其中建设期：2020年8月1日至2026年1月30日。主要施工内容：线路全长19.657千米，全部为地下线，共设车站18座，均为地下站，其中换乘站8座。5号线共设明挖车站5座、明盖结合车站4座、盖挖车站1座、装配式车站2座、暗挖车站4座，其他2座（南湖广场站、硅谷广场站）结构工程分别由6号线和7号线实施；15个盾构区间全长13.89千米（含出入段线盾构段1.25千米）、3个暗挖区间长2.992千米、出入段线明挖段长0.669千米，在绕城高速绿化带设鲁家屯车辆段一座，占地面积约240240平方米。主要实物工程量：16座地下车站为明挖车站5座、明盖结合车站4座、盖挖车站1座、装配式车站2座、暗挖车站4座、15个盾构区间全长13.89千米（含出入段线盾构段1.25千米）、3个暗挖区间长2.992千米、出入段线明挖段长0.669千米，鲁家屯车辆段一座。施工单位有中铁一局至中铁七局、中铁十局、中铁隧道局、中铁电气化局联合体。

**·盐场污水处理厂扩建BOT项目·** 由中国铁工投资建设实施，于2020年6月18日开工，项目位于甘肃省兰州市城关区。近期7.5万吨，远期10万吨污水处理厂，BOT特许经营模式。总投资10.64亿元。工期2020年6月18日至2022年6月17日。主要工程有新建地埋式钢筋混凝土箱体一座，地埋式钢筋混凝土箱体内包括：细格栅间及沉砂池各1座、膜格栅间1座、平流式沉淀池1座、改良A2O生物池1座、MBR膜池及膜设备间1座、接触池及UV消毒反应器1座、鼓风机房1座、污泥脱水机房1座、加药间1座、加氯间1座、回用水泵房1座、消防水箱1个、消防水池1座、消防泵房1座、碳源投加间1座、变配电室5座及水源热泵机房1座；附属建筑物包括：中控室、消防控制室及门卫值班室1座，一期工程改造包括：一期总图（工艺管、暖管等）改造、现状化验室增加设备。施工单位为中铁一局。（杨 斌）

【在建重点工程进展情况】**·新建铁路大瑞线大理至保山段站前工程第一标段·** 该标段位于云南省大理州漾濞县，起讫里程DK0+920~D1K72+100，线路由既有大理站西端引出，穿福星隧道，跨西洱河及楚大高速公路，穿太邑隧道、漾濞隧道后，沿漾濞江左岸

▲中铁智慧服务武汉轨道交通全生命周期建设

▲中国中铁首条“空轨”试验线在中铁工业制造基地落地

基建建设

紧坡而下，于石家村跨越漾濞江至漾濞县河西镇设站；出站后线路沿老滇缅公路西行，穿秀岭隧道、跨顺濞河、穿阿克路隧道、穿大坡岭隧道至本标段终点，线路正线长度70.03千米。主要施工内容：路基3.62千米，车站路基1.76千米，桥梁5288.3延长米/16座（特大桥3座，大桥8座，中桥5座），隧道59.941千米/13.5座，涵洞计538.14横延米/39座，无砟轨道39.173千米，车站5座。项目重点工程：太邑隧道（设计长度：7203米）、秀岭隧道（设计长度：17623米）、阿克路隧道（设计长度：8446米）、大坡岭隧道（1标施工7365米）。

项目合同额25.0284亿元。合同工期2008年8月6日至2019年6月30日至2021年12月31日。年度完成施工产值20826万元，占年度计划18577万元的112%；开累完成253991万元，占合同额250284万元的101%。

隧道工程年度完成3337米，占年度计划3300米的101.1%；开累完成57685成洞米，占设计长度60155米的95.9%。其中，太邑隧道（设计长度：7203米）开累完成7203成洞米，全部完成。秀岭隧道（设计长度：17623米）开累完成15618成洞米，占设计的88.6%；剩余工程量2005米。桥梁工程年度完成185米，占年度计划140米的132.1%；开累完成5268米，为设计5294.546米的99.5%；剩余工程量26.546米。

·新建玉溪至磨憨铁路站前工程YMZQ-13标段· 该标段位于云南省普洱市，线路北起海子田经白沙坡、信房水库、老王寨至麻栗坪结束，起讫里程DK265+085~DK284+285，正线长度19.2千米。主要工程数量：桥梁15座，共3126.16延长米，其中特大桥1座为木乃河特大桥，长1173.35延长米；隧道14座，共12983延长米，最长隧道为营盘山隧道，长3175延长米；区间路基1062.58米，路基土石方33万立方米；中间站1处：普洱车站，全长1980米，站场土石方694万立方米，站场内涵洞7座，框架桥1座，地道2座。项目重点工程：麻栗坪隧道（设计长度：1130米）、木乃河双线特大桥（设计长度：1173.35米）、普洱车站（土石方设计量：695万立方米）。

项目合同额16.23亿元。合同工期：2016年4月15日至2020年12月31日。年度完成31421万元，占年度计划29930万元的105%；开累完成162506万元，占合同额162348万元的100%。

隧道工程已经全部贯通，共计14座/12953成洞米。正洞、明洞、洞门及水沟电缆槽已全部完成；二次填充完成415米，累计完成12953米，已全部完成。桥梁主体工程已全部完成，共计15座/3126.22米。路基工程土石方和绿化工程全部完工，剩余路基附属工程0.52万立方米、旅客站台墙180米。

·深圳地铁14号线· 项目起自福田中心区岗厦北枢纽，经罗湖区、龙岗区，止于坪山区沙田站，预留延伸至惠州，线路全长50.34千米。主要施工内容：车站17座（枢纽站4座，换乘站10座，标准站3座，平均站间距3.1千米），全地下敷设；车辆基地按1段1场布置（福新停车场、昂鹅车辆段）；主变电所共4座（新建2座、利用既有1座、预留1座）；盾构区间21个，盾构区间单线总长88.86千米。重点工程及特点：建设标准高，地铁14号线设计最大时速为120千米/时，具备地铁快线功能，采用自动化无人驾驶模式；征拆迁改量大，全线征拆量约41.1万平方米；盾构资源投入强度大，盾构区间长大区间多，平均站间距3.1千米，计划投入47台盾构机，其中6台双模盾构机施工在深圳轨道建设尚为首次应用；地质复杂，岩溶地质施工风险高。深圳地铁14号线岩溶主要分布于二站三区间，合计约4.7千米，约占线路总长度9.4%；沿线枢纽多（新建黄木岗枢纽、大运枢纽、穿越岗厦北枢纽）枢纽体量大、施工难度高。参建单位：中铁隧道局、中铁六局、中铁五局、中铁九局、中铁广州局、中铁三局、中铁电气化局。

项目合同额：235.00亿元。合同工期：2018年1月10日至2022

年8月10日。年度完成产值675675万元，占年度产值计划650044万元的104%；开累完成产值1256237万元，占合同额2350666万元的53%。

项目共有31个工点，已全部开工。累计完成：地连墙、咬合桩全部完成；土方475.9万立方米，占总量的99%；主体结构砼62.51万立方米，占总量的90%，已有9个车站封顶；盾构掘进61847米，占总量的69%，已贯通单线区间21个。

**·大连地铁5号线PPP项目·** 大连地铁5号线工程南起虎滩新区站，北至后关村站，线路全长24.484千米，包括18站19区间，1出入线段；变电所2座及控制中心1座与4号线、7号线共享；后关村车辆段综合维修基地1处。

全线18个车站已全部封顶10座，包括虎滩新区站、桃源站、青云街站、石葵路站、火车站站、梭鱼湾南站、梭鱼湾站、山花街站、泉水东站、前盐站。已实现局部封顶5座，包括秀月街站、甘井子站、中华路站、后盐站、后关村站。剩余1座明挖车站和3座暗挖车站正在建设中，其中虎滩公园站正在进行土石方开挖施工，石葵路站正在进行主体结构施工，劳动公园站和青泥洼桥站正在进行主体导洞拱部二衬施工。

全线19个区间中有暗挖区间3个，明挖区间1个，盾构区间11个，“明挖+盾构”区间1个，“明挖+暗挖+盾构”区间3个。截至年末，石劳、劳青、火梭3个暗挖区间正在进行正线暗挖初支施工，起虎、梭甘、泉前区间暗挖段二衬已完工。出入段线正在进行路基及罩棚施工，火梭、梭梭、梭甘、泉前区间明挖段主体结构已完工。全线已进场12台盾构机，8台盾构机正在进行掘进，1台盾构机已完成接收待始发，2台盾构已停机，1台盾构机已退场。虎虎区间左右线、秀桃区间左右线、桃青区间左右线、梭梭区间左右线、甘山区间左右线、山中区间左右线、泉前区间左右线等14条盾构隧道已贯通，后后区间左右线已抵达后盐站停机段。后关村车辆段通信、信号、供电、装饰装修等工程有序开展，轨道铺装已基本完成。控制中心主楼已实现封顶。全线施工有序推进，总体安全、质量受控。

车站土石方开累完成193万立方米，完成总量的72%；车站砼开累完成266122立方米，完成总量的61%；附属工程土石方开累完成280万立方米，完成总量的69%；附属工程砼开累完成18913立方米，完成总量的8%。非盾构区间开挖开累完成3762米，完成总量的84%；非盾构区间衬砌开累完成2983米，完成总量的67%；盾构区间开累完成340263米，完成总量的94%。房建开累完成149099平方米，完成总量的99%。

关键控制工程火梭区间线路全长3310米，其中海域段2310米，北岸陆域段180米，南岸陆域段820米。从北岸梭鱼湾南站跨梭鱼湾海域至疏港路南侧风井采用单洞双线大直径盾构隧道建设方案，由中铁一局负责施工。2020年12月完成盾构施工202米，累计掘进完成2850米，完成总量的98.8%，掘进进展正常。

项目合同额115.0361亿元。建设期2017年3月30日至2022年4月30日。年度完成产值171250万元，占公司下达年度计划171050万元的100%；开累完成产值600450万元，占项目总产值1150361万元的52%。

**·成都轨道交通10号线三期及13号线一期工程项目·** 成都地铁10号线三期线路约长5.8千米，均为地下线，北起人民公园站，终点接入10号线一期太平园站（已建成运营），共5座车站。13号线一期线路长约29.07千米，均为地下线，主要经过青羊区、武侯区、锦江区、龙泉驿区，共设车站21座，车辆段1座，主变电所2座。

合同额212.4917亿元。合同工期10号线：2019年10月10日至2024年3月31日；13号线2019年10月10日至2024年8月10日。年度完成165437万元，占年度计划160000万元的103.4%，开累完成165437万元，占合同额212.4917亿元的7.8%。

成都地铁13号线一期工程车站共23座（含10号线、17号线同步实施站各1座），已开工21座；44个盾构区间，计划投入23台盾构机，已下井1台；10个暗挖区间；明挖区间4段，开工2段。10号线三期车站共5座，开工3座；10段盾构区间，4个暗挖区间。土石方年度完成3271176立方米，占年度计划的96%，开累完成3271176立方米，占设计总量8835990立方米的37.0%。结构砼年度完成189873立方米，占年度计划的64%，开累完成189873立方米，占设计总量1421126.52立方米的13.4%。车站主体结构年度完成115450平方米，占年度计划的71%，开累完成115450平方米，占设计总量500561平方米的23.1%。明挖区间年度完成177米，占年度计划的125%，开累完成177米，占设计总量1489米的11.9%。车辆段年度完成10423平方米，占年度计划的123%，开累完成10423平方米，占设计总量139398平方米的7.5%。

成都地铁10号线三期土石方年度完成20000立方米，占年度计划的14%，开累完成20000立方米，占设计总量829369立方米的2.4%。车站主体结构年度完成11630平方米，占年度计划的64%，开累完成11630平方米，占设计总量48203平方米的24.1%。

**·贵阳市轨道交通3号线一期工程PPP项目·** 该项目由中国中铁联合体（联合体牵头人股份公司）以“PPP+施工总承包”模式承建。线路全长43.03千米，设车站29座、区间30个（其中，在贵阳首次采用盾构掘进的区间18个），设车辆段、停车场各1处，设控制中心1座、主变电所3座。施工内容包括：全线的土建（含房建、装修）、轨道、常规设备、通信、供电、综合监控等系统设备（不含信号）。

项目合同额建安投资173.4亿元。合同工期2018年12月30日至

2023年12月29日。年内完成产值287182万元，占年度计划273658万元的104.9%；开累完成产值452291万元，占项目建安投资1733701万元的26.1%。

全线29座车站已全部开工，30个区间已开工20个，22台盾构机已始发15台。开累完成：各类桩基14704根（附属2743根），占总量的96%（附属26%）；车站、区间及停车场土石方557万立方米，占总量的75%；完成主体结构780段，占总量的47%；完成施工通道3458.3米，占总量的99%；完成盾构掘进6884环，占总量的20%；完成暗挖区间开挖支护4650米，占总量的34%；完成暗挖车站开挖支护503.7米，占总量的39%。

·北京市国道109（新线）高速公路工程PPP项目· 该项目线路总长65.5千米，总投资220.9239亿元（其中，建安费总额159.3774亿元）。合同工期：2020年4月1日至2023年12月31日。工程采用PPP投资建设模式，由中国中铁、政府及其他社会资本三方出资。股权结构：首发集团40%，中国中铁42%、中铁二局3%，北京市政路桥、建工、住总合计15%。工程位于北京市门头沟区，施工里程为A1K12+900~A1K51+543.5，全长38.64千米。主要施工内容为路基、桥梁、隧道、房建及服务区；主要实物工程量：路基土石方262.49万立方米（填方180.8万立方米、挖方81.69万立方米，桥梁13座/32775米，隧道10座/44403米，涵洞26座，路面铺设1031593平方米，房建1539平方米，互通式立交3处，服务区1处等。中国中铁施工任务占比份额63.33%，建安投资100.93亿元，中国中铁承建8个标段施工任务。年度完成产值124122万元，占年度计划80000万元的155%；开累完成产值124122万元，占建安费总额1009337万元的12%。

截至年末，一工区至八工区已经全部开工，全线桥梁共计15座，其中军庄互通立交桥、陈家庄大桥、下苇甸大桥、安家庄特大桥转体桥、雁翅立交桥匝道、军响特大桥、斋堂特大桥、东胡林特大桥8座桥正在进行施工；全线隧道共计10座，其中谷山村隧道、下苇甸隧道、黄台隧道斜井、安家庄隧道、饮马鞍隧道、黄岩沟1号隧道、塔岭沟隧道7座已开始洞身施工；其中黄台隧道进口、黄岩沟1号隧道进口、黄岩沟2号隧道出口、青白口隧道、西胡林隧道进口5座隧道正在进行洞门施工；施工便道完成13.628千米；全线自建两座拌和站均已通过验收，具备投产条件。

桥梁工程：桩基钻孔开累完成717根/17925米，占设计总量2641根/66025米的27.15%；系梁完成3个，开累完成3个，占设计总量1100个的0.27%；墩柱完成5个，开累完成5个，占设计总量1713个的0.29%。隧道工程：洞身开挖月完成838.7米，开累完成1073米占设计总量44435米的2.41%；斜井开挖月完成397.95米，开累完成518.25米，占设计总量694.25米的74.65%。隧道洞门施工边仰坡开挖月完成167645立方米，开累完成234412立方米，占设计总量521427立方米的46.87%（已开工点）；边仰坡喷锚月完成2000立方米，开累完成3001立方米，占设计总量5857立方米的51.24%（已开工点）；套拱施混凝土浇筑月完成359立方米，开累完成424立方米，占设计总量524立方米的80.9%（已开工点）；管棚月完成471根，开累完成784根，占设计总量851根的92.13%（已开工点）。重点工程下苇甸隧道开挖月完成365.2米，开累完成419米，占设计长度6880米的6.1%。其中左线开挖月累完成182.9米，开累完成210.4米；右线开挖月累完成182.3米，开累完成208.6米。

·贵州省遵义至余庆高速公路（PPP）· 贵州省遵义至余庆高速公路项目，起点始于余庆县境内江瓮高速余庆枢纽，线路向西北途经湄潭县、瓮安县，最后于遵义市播州区接入遵义市西南环冷水坪枢纽到达终点。初步设计路线全长为93.19千米，含路基土石方1228万立方米，桥梁65座/23958米，隧道22座/28573米，全线设互通式立体交叉10处，分离式立体交叉58处，服务（停车）区3处，收费站8处。设计时速80千米，双向四车道，路基宽度为24.5米。

全线各项工程已全面展开。开累完成：路基土石方开挖1947万立方米，占总量的100%，填方1583万立方米，占总量的99%，附属圬工36万立方米，占总量的92%；桥梁桩基3658根，占总量的100%，墩柱2146个，占总量的100%，梁片预制6493片，占总量的100%，梁片架设6493片，占总量的100%；隧道开挖56698米，占总量的100%，仰拱57034米，占总量的100%，二衬56763米，占总量的99%。路面工程完成33%，机电工程完成71%，交安工程完成42%，房建工程完成38%，绿化工程完成57%。

建安投资：50.56亿元。合同工期：2017年9月3日至2020年12月31日。年度完成392343万元，占年度计划435973万元的90%；开累完成1042375万元，占项目建安投资额1086005万元的96%。

·G8012弥勒至楚雄高速公路玉溪至楚雄段PPP项目· 该项目由中国中铁联合体（联合体牵头人股份公司）以“PPP+施工总承包”模式承建。线路全长190.597千米，共设服务区4处，停车区1处，管理分中心1处，互通式立交15处，互通式立交连接线7条。主要工程量：路基土石方4179万立方米，隧道64座/77287米，其中芭蕉箐隧道为3697米、双柏隧道为3615米、里士隧道为3535米，桥梁274单幅座/110008.8米，其中绿汁江大桥为主跨780米悬索桥。施工内容包括全线的土建、路面、机电、交安、绿化等。

项目合同额建安投资221.4亿元。合同工期2019年1月8日至2022年12月31日。年度完成

891012 万元，占年度计划 839654 万元的 106.1%；开累完成 1449179 万元，占项目建安投资额 2213987 万元的 65.5%。

开累完成路基土石方开挖 4091 万立方米，占总量的 95%，填方 2415 万立方米，占总量的 92%，附属圬工 158.2 万立方米，占总量的 90%；桥梁桩基 10366 根，占总量的 97%，承台 2630 个，占总量的 90%，墩柱 5259 个，占总量的 80%，梁片预制 11741 片，占总量的 61%，梁片架设 8876 片，占总量的 46%；隧道开挖 63365 米，占总量的 82%，仰拱 61373 米，占总量的 79%，二衬 58563 米，占总量的 75%。

·云南省滇中引水工程大理Ⅰ段至楚雄段引入社会资本建设项目·该项目由中国中铁联合体（联合体牵头人股份公司）以“股权投资+施工总承包”模式承建。施工线路总长 102.848 千米，共包括 31 座输水建筑物：隧洞 153.557 千米 /18 座（共布置 30 座施工支洞），其中芹河隧道为 20.94 千米，大转弯隧洞为 22.698 千米，凤凰山隧洞 24.091 千米；渡槽 0.989 千米 /4 座；倒虹吸 6.886 千米 /5 座；暗涵 1.419 千米 /4 座。施工内容包括：全线的隧洞（含支洞）、渡槽、倒虹吸、暗涵等。

合同额 165.4 亿元。合同工期 2019 年 12 月 1 日至 2026 年 7 月 16 日。2020 年完成 232066 万元，占年度计划 225463 万元的 102.9%；开累完成 239855 万元，占项目建安投资总额 1654070 万元的 14.5%。全线 30 座支洞，已开工 30 座，30 座支洞已进洞，3 座退水洞，已进洞 2 座，18 座隧洞，正洞已进洞 16 座；倒虹吸 5 座，已开工 3 座；暗涵 4 座，已开工 3 座。开累完成：主洞开挖 14546.5 米，支洞开挖 18988.48 米。

（杨　斌）

【竣工项目】1 月 13 日，由中铁建工承建的建筑高度为 250 米的深圳北站商务区“汇德大厦一期”工程竣工。

1 月 20 日，由中国中铁在陕西省榆林市、延安市投资建设的绥延高速公路开通试运营，中铁三局、中铁六局、中铁八局、中铁九局、中铁北京局参建。

4 月 23 日，杭州至临安城际铁路开通。

5 月 24 日，长沙市轨道交通 5 号线一期工程通车。

7 月 1 日，中铁一局、中铁十局、中铁电气化局、中铁建工等单位参建的沪苏通铁路开通运营。

▲中国中铁参建的衢宁铁路开通运营

8月18日，中铁六局、中铁八局、中铁大桥局、中铁电气化局参建的珠机城际铁路珠海至珠海长隆段正式开通运营。

8月26日，石家庄地铁2号线开通。

9月15日，双洮高速公路正式通车，中铁四局、中铁五局、中铁七局、中铁十局、中铁北京局等单位参建。

9月27日，衢（州）宁（德）铁路开通运营。中铁三局、中铁五局、中铁六局、中铁电气化局、中铁建工等单位参建。

9月29日，由中铁大桥院设计、中铁大桥局承建的世界首座高低矮塔公铁两用斜拉桥——安徽芜湖长江三桥公路桥正式通车。

10月1日，呼和浩特市轨道交通2号线一期工程开通运营。

12月9日，历时六年建设的国家重点铁路建设项目——新疆库尔勒至青海格尔木的格库铁路全线贯通运营。中铁一局、中铁三局、中铁隧道局、中铁电气化局、中铁建工等单位参建。

12月11日，由中铁大桥局承建的世界首座高速铁路悬索桥“连镇铁路五峰山长江大桥”正线通车运营。

12月18日，成都地铁8号线一期工程顺利开通运营。

12月24日，青岛地铁1号线、8号线开通运营。

12月26日，中铁一局、中铁二局等单位参建的涪（涪陵）秀（秀山）铁路开通运营。

12月26日，全长617千米的银川至西安高速铁路全线开通运营。中铁一局、中铁三局、中铁五局、中铁隧道局、中铁北京局、中铁上海局、中铁广州局等单位参建。

12月26日，上海地铁18号线一期、10号线二期开通运营，深圳地铁6号线、10号线开通运营。

12月26日，太原地铁2号线一期工程正式开通运营。

12月26日，中铁一局、中铁四局、中铁隧道局等单位参建的南昌地铁3号线正式开通初期运营。

12月26日，由中铁一局、中铁四局、中铁五局、中铁电气化局等单位参建的郑州市轨道交通4号线工程开通运营。

12月27日，中铁建工施工的京雄城际铁路雄安站开通运营。

12月27日，黄（黄骅港）大（山东大家洼）铁路开通，黄大铁路是国家环渤海湾铁路通道的重要组成部分。

▲中铁一局承建的西安动车段高级修补强工程顺利通过竣工验收

▲6月29日，中铁七局参建的郑州市四环线及大河路快速化工程顺利开通

12月28日，寻甸至沾益高速公路（昆明段）正式通车。

12月28日，西安地铁5号线、6号线、9号线工程顺利开通运营。

12月30日，由中铁大桥院设计、中铁大桥局承建的福平铁路正式通车。

12月30日，盐通高铁开通。盐城至南通高铁是中国“八纵八横”高铁网的重要组成部分，也是助力“一带一路”建设和“长江经济带”发展的重要交通脉络。

12月30日，杭州地铁1号线三期、6号线一期、7号线首通段开通运营。

12月30日，由中铁一局承建的大（大理）临（临沧市）铁路站前、站后工程开通运营。

12月31日，北京轨道交通同时新开三条线路，分别是房山线北延、16号线中段、有轨电车T1线。中铁一局、中铁二局、中铁三局、中铁四局、中铁电气化局等单位参建。

12月31日，中铁一局、中铁三局、中铁六局、中铁八局、中铁隧道局、中铁北京局等单位参建的成都天府机场高速公路主线正式通车。

（李卫华　杨　斌）

## 二次经营

【二次经营概况】2020年，全系统各单位共完成施工产值7672.79亿元，实现变更索赔额1131.31亿元，变更索赔率为14.74%；变更索赔创效额168.25亿元，变更索赔创效率2.19%。

（刘艳芳）

【铁路工程二次经营】2020年，铁路工程完成产值2236.95亿元，实现变更索赔额516.44亿元，变更索赔率为23.09%；变更索赔创效额73.55亿元，变更索赔创效率3.29%。

（刘艳芳）

【公路工程二次经营】2020年，公路工程完成产值1275.81亿元，实现变更索赔额139.3亿元，变更索赔率为10.92%；变更索赔创效额21.08亿元，变更索赔创效率1.65%。

（刘艳芳）

【市政工程二次经营】2020年，市政工程完成产值1363.73亿元，实现变更索赔额145.43亿元，变更索赔率为10.66%；变更索赔创效额24.59亿元，变更索赔创效率1.8%。

（刘艳芳）

【房建工程二次经营】2020年，房建工程完成产值1275.14亿元，实现变更索赔额125.79亿元，变更索赔率为9.86%；变更索赔创效额17.83亿元，变更索赔创效率1.4%。（刘艳芳）

【城轨工程二次经营】2020年，城轨工程完成产值1317.59亿元，实现变更索赔额179.91亿元，变更索赔率为13.65%；变更索赔创效额27.27亿元，变更索赔创效率2.07%。

（刘艳芳）

【水利水电工程二次经营】2020年，水利水电工程完成产值115.13亿元，实现变更索赔额13.83亿元，变更索赔率为12.01%；变更索赔创效额2.1亿元，变更索赔创效率1.82%。

（刘艳芳）

【其他工程二次经营】2020年，其他工程完成产值88.43亿元，实现变更索赔额10.61亿元，变更索赔率为11.99%；变更索赔创效额1.84亿元，变更索赔创效率2.08%。（刘艳芳）

## 安全质量监督管理

【安全质量监督管理概况】2020年，中国中铁坚持生命至上、安全第一，树牢安全发展理念，强化红线意识和底线思维，始终把员工的生命安全和身体健康放在第一位，继续推动“管”“监”系统责任落实，策划实施安全生产专项整治三年行动，部署新时期安全生产“2468”管理要点，持续强化安全生产管控，全面加强和规范安全生产教育培训，严格落实安全生产述职机制，促进自控体系有效运行。

新冠肺炎疫情暴发后，中国中铁遵照政府工作要求，迅速做出总体安排，逐级成立疫情工作领导小组，七次召开会议专题研究部署境内外疫情防控、复工复产工作，全公司在较短时间内就形成疫情防控、复工复产两兼顾的良好局面。2020年，全公司无新冠肺炎疫情死亡病例，无复工复产引起的疫情输入和

聚集性传染事件。中国中铁分布在90多个国家和地区的600余个机构和项目、近5200名中方员工，无一例因疫情病亡，重点项目无一停工。（任乐春）

【安全生产】中国中铁始终将“保持安全生产的稳定局面，为社会提供安全优质的建筑产品，为公众提供安全愉悦的周边环境，为员工创造安全健康的工作条件”作为履行社会责任的重要方面。从落实安全责任、完善安全管理体系、强化安全施工管理、加强安全设备保障、开展安全教育培训5个方面，全方位强化安全生产，保障员工工作安全。制定了项目“零事故、零伤害”和企业本质安全的长远目标，认真落实《安全生产管理“十三五”规划》，制定了《2020年安全生产、工程质量、环境保护和职业健康监督管理工作要点》，明确了全年工作思路和工作目标，并开展落实。公司安全生产管理情况与高管薪酬挂钩，是国务院国资委对公司年度业绩考核和公司主要负责人任期考核的重要内容。2020年，公司进一步加大安全生产管控力度，全年未发生重大及以上安全生产事故，较大安全事故件数、责任事故件数均低于上级考核指标，确保了疫情重大节假日期间安全生产无事故，实现了安全质量稳定可控的奋斗目标。在承包商安全生产管理方面，公司对劳务（专业）承包商实施负面清单管理。公司在评标过程中，要对投标方的安全生产管理能力进行明确评估。（任乐春）

【落实安全责任】中国中铁设有安全生产（质量）委员会，统筹负责公司安全生产各项工作。委员会设主任2名，由股份公司党委书记、董事长，股份公司总裁担任；设副主任1名，由分管安全质量的副总裁担任；委员若干名，包含股份公司领导班子其他成员和高管、安全生产总监（高管）、高级专家、总部相关部门负责人。从公司总部到项目部，各级组织都设有安全生产总监和安全生产监督部门。

▲1月6日，中国中铁召开2020年安全质量工作视频会

为进一步强化主体责任落实，完善管理体系，夯实管理基础，先后出台了《进一步落实安全生产“管”“监”责任暨构建风险和隐患双重预防长效机制》的通知；印发了《安全生产专项整治三年行动计划实施方案》《中国中铁新时期安全生产“2468”管理要点》，配套编制了2468管理要点100题问答手册和宣传海报；发布了《中国中铁总部安全生产责任制》《关于进一步明确企业主要负责人安全生产责任的通知》《关于进一步明确项目经理安全质量责任的通知》《中国中铁因质量安全、环境保护与职业健康事件被限制市场准入责任追究办法》等规范性文件；修订了《中国中铁防范惯性事故强化技术及管理交底刚性要求》《安全质量、生态环境事故（事件）应急预案》；印发了年度工作要点、起重吊装专项整治、重点时段安全检查、“安全月”、“质量月”、50作业岗位员工安全卡控等40余份业务管理文件、电报及作业指导手册。

2020年，公司执行落实《关于建立安全生产述职机制的通知》，进一步完善企业安全生产考核评价体系，督促安全生产第一责任人和分管负责人履职尽责。同时，公司落实开展为期三年的安全生产责任“落实年”活动，通过开展安全生产“管”“监”责任大宣贯大培训活动、安全生产“管”“监”责任落实专项检查活动、筑牢安全生产管理基础专项行动、生产安全惯性事故防控专项行动、本质安全保障能力提升行动等五大主题活动，进一步推动安全生产“管”“监”系统责任落实，不断提升企业和项目本质安全保障能力。克服疫情影响，组织开展了安全生产集中整治、专项整治、防洪防汛安全生产大检查、起重吊装专项整治、岁末年初安全质量检查等检查6次，涉及30家二级公司承建的118个项目。检查及整改资料已闭合存档，确保全公司安全生产形势持续稳定。（任乐春）

【全国“安全生产月”活动】2020年6月，安质环保监督部以党政工团联合形式下发了《关于2020年“安全生产月”活动安排的通知》，以“消除事故隐患，筑牢安全防线”为主题，部署开展了全公司安全质量宣誓、学习贯彻习近平总书记关于安全生产重要论述、“排查整治进行时”专题、“安全生产大家谈”云课堂、惯性事故预防、应急预案演练等系列活动。中国中铁员工10.9万人参加“全国安全知识网络竞赛”答题，获得全国央企安全知识竞赛排行榜第11名，全国施工企业第2名。通过开展安全宣誓、教育培训、隐患排查、问题整改、经验推广、案例警示、监督举报、知识普及、有奖答题等宣传教育活动，提高了全员安全素质。（任乐春）

【安全管理体系建设】为提升企业安全工作保障能力，提出了新时期落实企业主体责任的“2468”管理要点，即落实“两个”责任、推进“四化”建设、健全“六大”体

系、强化“八个”到位，科学阐述建筑企业安全管理的多层面、多领域、全要素管理内容、要求和作用。深入贯彻《中共中央国务院关于推进安全生产领域改革发展的意见》，认真落实GB/T 28001标准，把生产要素系统（组织指挥、技术保障、资源配置）的常态管控作为安全生产的基础，采取有效措施，加强安全生产的源头管控和预防预控。同时，中国中铁运用顶层设计、制度建立、监督检查等手段对安全生产情况进行纠偏，建立起层层预防、纠偏补充的多重保障体系，真正形成安全生产的长效机制，提高企业和项目本质安全保障能力。2020年，公司全面强化安全生产风险分级管控，针对安全风险辨识评估清单，明确各层级安全风险管控等级、范围、重点和责任人，明确落实每一处重大安全风险和重大危险源的安全管理与监管责任，严格落实风险控制方案和措施，强化风险管控技术、制度的刚性落实与执行。公司在重要时间节点，采用作业条件危险性评价法（LEC）、专家调查法、是非判断法、安全检查表分析等方法，开展全方位、全流程的风险辨识评估，并通过安全教育培训、技术交底、更新公示等方式将风险源和管控措施告知从业人员。把风险辨识评估、分级、管控等内容作为项目安全策划的重要组成部分。（任乐春）

【应急救援体系建设】持续推进昆明救援队、贵阳救援队基地建设和救援装备升级改造，并逐步拓展应对各类自然灾害综合应急救援能力。同时，围绕基地建设项目的实施和基地的新定位、新任务，全面系统开展补充救援人员、完善指挥系统、健全协调机制、配套基础设施、完善规章制度、加强培训演练和构建保障体系等工作，有效提升基地专业救援、快速机动和综合保障能力。2020年6月3日至5日，公司安全总监带队对昆明救援队、贵阳救援队进行了督导检查，对两支救援队伍的基地建设、日常训练、队伍管理等进行了指导，推动专业应急救援能力持续提升。2020年，昆明救援队参加了玉磨铁路王岗山隧道坍塌救援，贵阳救援队参加了乐业县环城大道隧道坍塌救援，展现了隧道专业应急救援水平。（任乐春）

【安全施工管理】加强施工技术管理工作，与施工企业签订《安全质量责任书》，推进科学施工，持续优化策划，合理安排资源配置，坚决杜绝盲目赶工期、抢进度，做到手续不齐全不施工、地质条件不清楚不施工、安全措施不落实不施工、人员培训不到位不施工、隐患不排除不施工。项目过程中，随时做好施工图审核与勘探设计复核工作，对实际地质与设计图纸不符等问题要及时向设计方及业主方反馈，及时落实变更方案，排除重大安全质量隐患。（任乐春）

【开展安全教育培训】不断完善项目安全教育培训体系，持续推广应用安全教育培训微课堂，编写和补

▲中铁二局承建的深圳下坪场项目将垃圾填埋场变成安全文明、鸟语花香的生态环境园

▲ 11 月 9 日，中铁七局国道 207 焦作至温县改扩建项目跨南水北调特大桥波形钢腹板正在进行连续梁施工

充质量通病预防课件，利用多媒体安全培训工具箱对现场作业人员进行培训，实现安全教育培训的趣味化、信息化、系统化和规范化以及培训内容的多样化、专业化。2020 年，公司举办了第二期安全生产高级人员培训班，共 153 人参加了集中封闭培训。培训期间，陈云董事长到校看望了学员，与学员进行座谈并对参培的安全生产“关键少数”提出了安全工作“四个要”的要求。年内，公司举办了盾构管理及操作人员安全培训，注册安全工程师继续教育、“三类人员”考核续期等 6 期培训班，有 5900 余人参培。

（任乐春）

【工程创优】2020 年，中国中铁共有 13 项工程获得中国建设工程鲁班奖，51 项工程获得国家优质工程奖，其中 4 项工程获得国家优质工程金质奖。截至 2020 年末，中国中铁累计获得中国建设工程鲁班奖 212 项，获得国家优质工程奖 432 项。

（柴海楼）

表 4–3　2020 年中国中铁获中国建设工程鲁班奖情况

| 序号 | 工程名称 | 获奖单位 |
|---|---|---|
| 境内获奖项目（11 项） | | |
| 1 | 长春市快速轨道交通北湖线一期工程 | 中铁一局集团有限公司 |
| 2 | 南宁市轨道交通 3 号线一期工程（科园大道—平乐大道） | 中国中铁股份有限公司<br>中铁隧道局集团有限公司<br>中铁一局集团有限公司 |
| 3 | 贵州省地质资料馆暨地质博物馆建设项目 | 中铁五局集团建筑工程有限责任公司 |
| 4 | 梅山春晓大桥工程 | 中铁山桥集团有限公司 |
| 5 | 重庆至贵阳铁路扩能改造工程新白沙沱长江特大桥 | 中铁大桥局集团有限公司 |
| 6 | 银川北京路延伸及滨河黄河大桥工程 | 中铁大桥局集团有限公司 |
| 7 | 广州周大福金融中心 | 中铁建工集团有限公司 |
| 8 | 新建石家庄至济南铁路客运专线济南黄河公铁两用桥工程 | 中铁四局集团有限公司 |
| 9 | 波音 737MAX 飞机完工及交付中心定制厂房及配套设施建设项目工程 | 中铁建工集团有限公司 |
| 10 | 新建济南至青岛高速铁路工程站房及相关工程施工总价承包 JQGTZFSG–6 标潍坊北站 | 中铁建工集团有限公司 |
| 11 | 武汉市轨道交通 8 号线一期工程 | 中铁一局集团有限公司<br>中铁四局集团有限公司 |
| 境外获奖项目（2 项） | | |
| 12 | 乌兰巴托—新乌兰巴托国际机场方向高速公路项目 | 中铁四局集团有限公司 |
| 13 | 摩洛哥拉巴特绕城高速公路布里格里格河谷斜拉桥工程 | 中铁大桥局集团有限公司 |

制表：胡科敏

表 4-4　2020 年中国中铁获国家优质工程奖情况

| 序号 | 工程名称 | 获奖单位 | 获奖等级 |
| --- | --- | --- | --- |
| 1 | 太古供热项目（古交兴能电厂至太原供热主管线及中继能源站工程） | 施工总承包单位：<br>中铁六局集团有限公司 | 国家优质工程金质奖 |
| 2 | 武汉市轨道交通 6 号线一期工程 | 工程监理单位：<br>中铁武汉大桥工程咨询监理有限公司<br>中铁华铁工程设计集团有限公司<br>中铁二院（成都）咨询监理有限责任公司<br>施工总承包单位：<br>中铁三局集团有限公司<br>中铁七局集团有限公司<br>中铁一局集团建筑安装工程有限公司<br>中铁十局集团有限公司<br>中铁武汉电气化局集团有限公司<br>中铁五局集团有限公司<br>中铁上海工程局集团有限公司<br>中铁二局集团有限公司<br>中铁一局集团有限公司<br>中铁隧道股份有限公司 | 国家优质工程金质奖 |
| 3 | 广州市轨道交通 14 号线一期工程 | 参建单位：<br>中铁隧道局集团有限公司<br>中铁广州工程局集团有限公司<br>中铁二局集团有限公司<br>中铁大桥局集团有限公司<br>中铁一局集团有限公司<br>中铁三局集团有限公司<br>中铁电气化局集团有限公司 | 国家优质工程金质奖 |
| 4 | 深圳市城市轨道交通 9 号线工程 | 参建单位：<br>中铁二局集团有限公司<br>中铁二局集团电务工程有限公司<br>中铁十局集团有限公司<br>中铁隧道局集团有限公司 | 国家优质工程金质奖 |
| 5 | 中国铁塔海南省分公司 2015 年西环高铁公众通信网络覆盖基础设施工程 | 参建单位：<br>中铁武汉电气化局集团有限公司 | 国家优质工程奖 |
| 6 | 深圳港盐田港区西作业区集装箱码头工程 | 施工总承包单位：<br>中铁二局集团有限公司<br>参建单位：<br>中铁二局第四工程有限公司 | 国家优质工程奖 |
| 7 | 中石化（香港）洋浦成品油保税库项目配套码头工程和洋浦港神头港区神北三港池南防波堤工程 | 参建单位：<br>中铁广州工程局集团有限公司 | 国家优质工程奖 |
| 8 | 农业路快速通道工程（雄鹰东路—金源东街） | 勘察及设计单位：<br>中铁第六勘察设计院集团有限公司<br>中铁工程设计咨询集团有限公司<br>中铁二院工程集团有限责任公司<br>参建单位：<br>中铁七局集团有限公司<br>中铁大桥局集团有限公司<br>中铁四局集团第四工程有限公司 | 国家优质工程奖 |
| 9 | 武西高速公路桃花峪黄河大桥 | 参建单位：<br>中铁大桥局集团有限公司<br>中铁大桥局集团第一工程有限公司 | 国家优质工程奖 |
| 10 | 南宁市沙井—南站立交工程 | 施工总承包单位：<br>中国中铁股份有限公司<br>参建单位：<br>中铁三局集团有限公司<br>中铁三局集团桥隧工程有限公司<br>中铁交通投资集团有限公司 | 国家优质工程奖 |

续表

| 序号 | 工程名称 | 获奖单位 | 获奖等级 |
|---|---|---|---|
| 11 | 广西贵港市青云大桥工程 | 勘查及设计单位：<br>中铁大桥勘测设计院集团有限公司 | 国家优质工程奖 |
| 12 | 柳州市官塘大桥工程 | 施工总承包：<br>中铁上海工程局集团有限公司<br>参建单位：<br>中铁上海工程局集团第五工程有限公司<br>中铁上海工程局集团建筑工程有限公司 | 国家优质工程奖 |
| 13 | 湄洲湾至重庆高速公路莆田段岐山隧道 | 施工总承包单位：<br>中铁隧道集团三处有限公司 | 国家优质工程奖 |
| 14 | 深圳市龙华新区现代有轨电车示范线工程 BOT 项目及同步实施工程 | 工程总承包单位：<br>中国中铁股份有限公司、深圳市地铁集团有限公司<br>施工总承包单位：<br>中铁南方投资集团有限公司<br>中铁二局集团有限公司<br>中铁四局集团有限公司<br>中铁广州工程局集团有限公司<br>中铁武汉电气化局集团有限公司<br>参建单位：<br>中铁二局第六工程有限公司<br>中铁四局集团有限公司第七工程分公司<br>中铁四局集团有限公司第八工程分公司<br>中铁四局集团机电设备安装有限公司<br>中铁广州工程局集团深圳工程有限公司 | 国家优质工程奖 |
| 15 | 广东省龙川至怀集公路（龙川至连平段） | 参建单位：<br>中铁六局集团有限公司<br>中铁隧道局集团有限公司 | 国家优质工程奖 |
| 16 | 重庆市华岩（石板）隧道工程 | 参建单位：中铁七局集团有限公司 | 国家优质工程奖 |
| 17 | 桃巴高速公路米仓山隧道工程 | 施工总承包单位：<br>中铁一局集团有限公司<br>参建单位：<br>中铁一局集团第四工程有限公司 | 国家优质工程奖 |
| 18 | 济齐黄河公路大桥 | 施工总承包单位：<br>中铁一局集团有限公司<br>中铁四局集团有限公司<br>中铁三局集团有限公司<br>参建单位：<br>中铁一局集团桥梁工程有限公司<br>中铁四局集团第二工程有限公司<br>中铁三局集团第五工程有限公司 | 国家优质工程奖 |
| 19 | 新万福路桥梁一标段新建万福大桥工程 | 施工总承包单位：<br>中铁大桥局集团有限公司<br>参建单位：<br>中铁大桥局集团第二工程有限公司 | 国家优质工程奖 |
| 20 | 朔州市开发路恢河大桥工程 | 参建单位：中铁六局集团有限公司 | 国家优质工程奖 |
| 21 | 霍永高速公路西段（隰县至永和关）工程 | 施工总承包单位：<br>中铁三局集团有限公司<br>参建单位：<br>中铁三局集团第三工程有限公司<br>中铁三局集团第五工程有限公司<br>中铁三局集团第六工程有限公司<br>中铁三局集团建筑安装工程有限公司<br>中铁三局集团电务工程有限公司<br>中铁三局集团有限公司运输工程分公司 | 国家优质工程奖 |
| 22 | 黄陵至铜川高速公路 | 参建单位：<br>中铁隧道局集团有限公司<br>中铁三局集团第五工程有限公司<br>中铁五局集团有限公司 | 国家优质工程奖 |

续表

| 序号 | 工程名称 | 获奖单位 | 获奖等级 |
| --- | --- | --- | --- |
| 23 | 常青路（三环线—青年路）改造工程 | 勘察及设计单位：<br>中铁武汉勘察设计研究院有限责任公司 | 国家优质工程奖 |
| 24 | 永顺至吉首高速公路石家寨互通立交桥 | 施工总承包单位：<br>中铁二局第四工程有限公司 | 国家优质工程奖 |
| 25 | 新建北京至沈阳铁路客运专线辽宁段站前工程施工 JSLNTJ-6 标段铁营子特大桥 | 工程监理单位：<br>中铁济南工程建设监理有限公司<br>施工总承包单位：<br>中铁五局集团有限公司<br>参建单位：<br>中铁五局集团第四工程有限责任公司<br>中铁五局集团第六工程有限责任公司<br>中铁五局集团第二工程有限责任公司 | 国家优质工程奖 |
| 26 | 新建北京至沈阳铁路客运专线河北段站前工程 JSJJSG-3 标瀑河特大桥 | 施工总承包单位：<br>中铁五局集团有限公司<br>参建单位：<br>中铁五局集团第一工程有限责任公司<br>中铁五局集团第六工程有限责任公司 | 国家优质工程奖 |
| 27 | 石家庄市城市轨道交通 1 号线 | 施工总承包单位：<br>中国中铁股份有限公司<br>中铁投资集团有限公司<br>中铁北方投资发展有限公司<br>参建单位：<br>中铁七局集团有限公司<br>中铁一局集团有限公司<br>中铁三局集团有限公司<br>中铁四局集团有限公司<br>中铁五局集团有限公司<br>中铁六局集团有限公司<br>中铁九局集团有限公司<br>中铁十局集团有限公司<br>中铁电气化局集团有限公司<br>中铁北京工程局集团有限公司<br>中铁隧道局集团有限公司<br>中铁广州工程局集团有限公司<br>中铁上海工程局集团有限公司 | 国家优质工程奖 |
| 28 | 郑州市轨道交通 1 号线二期工程 | 施工总承包单位：<br>中铁隧道局集团有限公司<br>中铁四局集团有限公司<br>参建单位：<br>中铁隧道股份有限公司<br>中铁四局集团有限公司城市轨道交通工程分公司<br>中铁电气化局集团有限公司<br>中铁五局集团有限公司 | 国家优质工程奖 |
| 29 | 新建郑州至徐州铁路客运专线郑汴特大桥 | 施工总承包单位：<br>中铁四局集团有限公司<br>参建单位：<br>中铁四局集团第一工程有限公司 | 国家优质工程奖 |
| 30 | 济南轨道交通 1 号线工程 | 工程监理单位：<br>中铁济南工程建设监理有限公司<br>参建单位：<br>中铁十局集团有限公司<br>中铁一局集团有限公司<br>中铁电气化局集团有限公司<br>中铁四局集团有限公司 | 国家优质工程奖 |
| 31 | 新建济南至青岛高速铁路站前工程 JQGTSG—5 标段临青特大桥 | 施工总承包单位：<br>中铁五局集团有限公司<br>参建单位：<br>中铁五局集团第二工程有限责任公司<br>中铁五局集团第六工程有限责任公司 | 国家优质工程奖 |

续表

| 序号 | 工程名称 | 获奖单位 | 获奖等级 |
|---|---|---|---|
| 32 | 西安市地铁 4 号线工程 | 勘察及设计单位：<br>中铁第六勘察设计院集团有限公司<br>施工总承包单位：<br>中铁一局集团有限公司<br>中铁上海工程局集团有限公司<br>中铁九局集团有限公司<br>中铁北京工程局集团有限公司<br>中铁广州工程局集团有限公司<br>中铁建工集团有限公司<br>中铁三局集团有限公司<br>参建单位：<br>中铁隧道集团机电工程有限公司<br>中铁电气化局集团有限公司<br>中铁七局集团电务工程有限公司<br>中铁一局集团城市轨道交通工程有限公司<br>中铁一局集团电务工程有限公司<br>中铁上海工程局集团第七工程有限公司<br>中铁五局集团有限公司<br>中铁五局集团电务工程有限责任公司 | 国家优质工程奖 |
| 33 | 郑州至西安客运专线引入西安枢纽新建客运北环线西安动车段工程 | 施工总承包：<br>中铁一局集团有限公司<br>参建单位：<br>中铁一局集团建筑安装工程有限公司<br>中铁一局集团新运工程有限公司<br>中铁武汉电气化局集团有限公司 | 国家优质工程奖 |
| 34 | 新建铁路西安至成都客运专线西安至江油段“四电”系统集成工程 | 勘察及设计单位：<br>中国中铁二院工程集团有限责任公司<br>工程监理单位：<br>北京中铁诚业工程建设监理有限公司<br>华铁工程咨询有限责任公司 | 国家优质工程奖 |
| 35 | 成都地铁 7 号线工程土建工程第 10 标段川师车辆段与综合基地工程 | 勘察及设计单位：<br>中铁二院工程集团有限责任公司<br>施工总承包单位：<br>中铁城市发展投资集团有限公司<br>参建单位：<br>中铁六局集团有限公司<br>中铁六局集团呼和浩特铁路建设有限公司<br>中铁六局集团电务工程有限公司 | 国家优质工程奖 |
| 36 | 新建铁路宝鸡至兰州客运专线占城岭隧道 | 施工总承包单位：<br>中铁隧道局集团有限公司<br>参建单位：<br>中铁隧道集团二处有限公司 | 国家优质工程奖 |
| 37 | 厦门市轨道交通 1 号线一期工程 | 勘察及设计单位：<br>中铁二院工程集团有限责任公司<br>中铁大桥勘测设计院集团有限公司<br>中铁第六勘察设计院集团有限公司<br>工程监理单位：<br>中铁华铁工程设计集团有限公司<br>参建单位：<br>中铁一局集团有限公司<br>中铁二局集团有限公司<br>中铁电气化局集团有限公司<br>中铁五局集团电务工程有限责任公司 | 国家优质工程奖 |
| 38 | 广州市城市轨道交通 13 号线首期工程 | 参建单位：<br>中铁一局集团有限公司<br>中铁电气化局集团有限公司<br>中铁二局集团有限公司<br>中铁隧道局集团有限公司<br>中铁四局集团有限公司<br>中铁七局集团有限公司 | 国家优质工程奖 |

续表

| 序号 | 工程名称 | 获奖单位 | 获奖等级 |
| --- | --- | --- | --- |
| 39 | 昆玉铁路宝峰隧道工程 | 勘察及设计单位：<br>中铁二院工程集团有限责任公司<br>中铁二院昆明勘察设计研究院有限责任公司 | 国家优质工程奖 |
| 40 | 新建云桂铁路云南段站前四标幸福隧道工程 | 勘察及设计单位：<br>中铁二院工程集团有限责任公司<br>施工总承包单位：<br>中铁十局集团有限公司<br>参建单位：<br>中铁十局集团第二建设有限公司 | 国家优质工程奖 |
| 41 | 铁科院武清铁路专用设备配件厂房工程（年产93万件、355759套、8.5万件） | 勘察及设计单位：<br>中铁华铁工程设计集团有限公司<br>施工总承包单位：<br>中铁一局集团有限公司<br>参建单位：<br>中铁一局集团第二工程有限公司<br>中铁一局集团天津建设工程有限公司 | 国家优质工程奖 |
| 42 | 铁道第三勘察设计院集团有限公司研发基地一期工程 | 施工总承包单位：<br>中铁建工集团有限公司 | 国家优质工程奖 |
| 43 | 新建杭州至长沙铁路客运专线杭州南站站房工程及相关工程 | 工程监理单位：<br>中铁二院（成都）咨询监理有限责任公司<br>施工总承包单位：<br>中铁三局集团有限公司<br>参建单位：<br>中铁建工集团有限公司<br>中铁三局集团建筑安装工程有限公司<br>中铁三局集团第二工程有限公司<br>中铁三局集团第五工程有限公司 | 国家优质工程奖 |
| 44 | 文化东路地块项目A–D栋楼及地下车库工程 | 工程监理单位：<br>中铁济南工程建设监理有限公司 | 国家优质工程奖 |
| 45 | 天安·万达商业区万达商业综合体 | 中铁隧道洛阳监理有限公司 | 国家优质工程奖 |
| 46 | 新乡万达广场 | 中铁建工集团安装工程有限公司 | 国家优质工程奖 |
| 47 | 新建南京至安庆铁路芜湖站工程 | 施工总承包单位：<br>中铁电气化局集团有限公司<br>参建单位：<br>中铁电气化局集团北京建筑工程有限公司 | 国家优质工程奖 |
| 48 | 新建成都至贵阳铁路乐山至贵阳段宜宾东站、毕节站站房及相关工程毕节站 | 勘察单位：<br>中铁二院工程集团有限责任公司<br>工程监理单位：<br>北京中铁诚业工程建设监理有限公司 | 国家优质工程奖 |
| 49 | 贵阳经济技术开发区大数据安全产业示范区A区建设PPP项目国家大数据安全靶场（竞演区）施工 | 施工总承包单位：<br>中铁五局集团建筑工程有限责任公司 | 国家优质工程奖 |
| 50 | 贵州国际旅游体育休闲度假中心白晶谷3组团一期酒店（安纳塔拉酒店） | 建设单位：<br>中铁贵州旅游文化发展有限公司<br>勘察及设计单位：<br>中铁二局集团有限公司<br>施工总承包单位：<br>中国中铁股份有限公司贵州生态城分公司<br>参建单位：<br>中铁八局集团建筑工程有限公司 | 国家优质工程奖 |
| 51 | 乌兹别克斯坦安革连至琶布铁路卡姆奇克隧道工程 | 勘察及设计单位：<br>中铁第六勘察设计院集团有限公司<br>施工总承包单位：<br>中铁隧道局集团有限公司<br>参建单位：<br>中铁隧道股份有限公司<br>中铁隧道集团一处有限公司 | 国家优质工程奖 |

制表：胡科敏

表 4-5　2020 年度中国中铁杯优质工程项目及获奖单位名单

| 序号 | 工程名称 | 申报单位 |
|---|---|---|
| | 铁路隧道（16 项） | |
| 1 | 温州市域铁路 S1 线大主山隧道 | 中铁一局集团有限公司<br>中铁一局集团第五工程有限公司 |
| 2 | 新建蒙西至华中地区铁路 MHSS-6 标段连云山隧道工程 | 中铁二局集团有限公司<br>中铁二局第二工程有限公司 |
| 3 | 新建杭州至黄山铁路站前及相关工程 HHZQ-7 标段紫高尖隧道 | 中铁二局集团有限公司<br>中铁二局第四工程有限公司 |
| 4 | 新建梅州至潮汕铁路站前工程（MSSG-3 标段）丰顺隧道 | 中铁二局集团有限公司<br>中铁二局第四工程有限公司 |
| 5 | 蒙华铁路 MHTJ-3 标白城隧道 | 中铁四局集团有限公司<br>中铁四局集团第四工程有限公司 |
| 6 | 新八达岭隧道及长城站工程 | 中铁五局集团有限公司<br>中铁五局集团第四工程有限责任公司<br>中铁五局集团建筑工程有限责任公司 |
| 7 | 成贵铁路玉京山隧道 | 中铁五局集团有限公司<br>中铁五局集团第四工程有限责任公司 |
| 8 | 浩吉铁路黄柏岭隧道 | 中铁五局集团有限公司<br>中铁五局集团机械化工程有限责任公司 |
| 9 | 新建北京至张家口铁路工程南口隧道工程 | 中铁六局集团有限公司<br>中铁六局集团北京铁路建设有限公司 |
| 10 | 蒙华铁路段家坪隧道 | 中铁隧道局集团有限公司<br>中铁隧道集团二处有限公司 |
| 11 | 新建南昌至赣州铁路客运专线兴国隧道 | 中铁隧道局集团有限公司<br>中铁隧道集团一处有限公司 |
| 12 | 济青高铁青阳隧道 | 中铁隧道局集团有限公司<br>中铁隧道集团二处有限公司 |
| 13 | 新建黔江至张家界至常德铁路武陵山隧道 | 中铁隧道局集团有限公司<br>中铁隧道集团三处有限公司 |
| 14 | 新建北京至雄安新区城际铁路工程 - 机场 1 号隧道 | 中铁北京工程局集团北京有限公司 |
| 15 | 新建武汉至十堰铁路孝感至十堰段站前工程 9 标岘山三号隧道 | 中铁广州工程局集团第二工程有限公司 |
| 16 | 蒙华铁路 MHTJ-30 标段大围山隧道工程 | 中铁广州工程局集团有限公司<br>中铁广州工程局第三工程有限公司 |
| | 铁路桥梁（41 项） | |
| 17 | 郑阜铁路淮沈特大桥工程 | 中铁一局集团第二工程有限公司 |
| 18 | 郑阜高铁沈界 1 号特大桥 | 中铁一局集团第三工程分公司 |
| 19 | 商合杭铁路木兰特大桥工程 | 中铁一局集团有限公司<br>中铁一局集团第四工程有限公司 |
| 20 | 浩吉铁路桑树坪特大桥 | 中铁一局集团厦门建设工程有限公司 |
| 21 | 宝兰客专锦屏牛谷河特大桥工程 | 中铁一局集团市政环保工程有限公司 |
| 22 | 新建银西铁路灵武太中银铁路立交特大桥 | 中铁一局集团桥梁工程有限公司 |
| 23 | 新建铁路杭州至黄山客运专线进贤溪特大桥 | 中铁二局集团有限公司<br>中铁二局第六工程有限公司 |
| 24 | 新建成都至蒲江铁路站前工程成都西特大桥 | 中铁二局集团有限公司<br>中铁八局集团有限公司<br>中铁二局集团新运工程有限公司<br>中铁二局第六工程有限公司 |
| 25 | 广梅汕铁路龙湖南至汕头段增建第二线 ZQSG-2 标桥梁工程 | 中铁三局集团有限公司<br>中铁三局集团广东建设工程有限公司 |
| 26 | 新建北京至沈阳铁路客运专线辽宁段站前工程 JSLNTJ-12 标段辽河特大桥 | 中铁三局集团有限公司<br>中铁三局集团第四工程有限公司 |



基建建设

续表

| 序号 | 工程名称 | 甲报单位 |
| --- | --- | --- |
| 27 | 新建商丘至合肥至杭州 SHZQ-15 标商合杭铁路裕溪河特大桥双塔钢箱桁梁斜拉桥 | 中铁三局集团桥隧工程有限公司 |
| 28 | 新建成都至兰州铁路 CLZQ-10 标段太平站四线大桥 | 中铁三局集团桥隧工程有限公司 |
| 29 | 新建济南至青岛高速铁路 JQGTSG-3 标邹淄特大桥 | 中铁三局集团有限公司<br>中铁三局集团第五工程有限公司 |
| 30 | 新建银川至西安铁路甘宁段站前工程 YX-SG-ZQ9 标段吴忠南特大桥 | 中铁三局集团第六工程有限公司 |
| 31 | 新建成都至贵阳线乐山至贵阳段 CGZQSG1 标五通岷江特大桥工程 | 中铁四局集团第二工程有限公司 |
| 32 | 新建徐州至淮安至盐城铁路站前工程 XYZQ- Ⅷ标盐城特大桥 | 中铁四局集团第二工程有限公司 |
| 33 | 蒙华铁路 MHTJ-3 标跨太中银铁路特大桥 | 中铁四局集团有限公司第四工程有限公司 |
| 34 | 连镇铁路苏北灌溉总渠特大桥 | 中铁四局集团有限公司第四工程有限公司 |
| 35 | 新建郑州至万州铁路白河双线特大桥工程 | 中铁四局集团第五工程有限公司 |
| 36 | 新建铁路南昌至赣州客运专线 CGZQ-2 标赣抚运渠特大桥 | 中铁四局集团第五工程有限公司 |
| 37 | 浩吉铁路洛河大桥 | 中铁五局集团有限公司<br>中铁五局集团机械化工程有限责任公司<br>中铁五局集团第六工程有限责任公司 |
| 38 | 新建铁路郑州至万州铁路河南段站前工程跨兰南高速特大桥 | 中铁五局集团成都工程有限责任公司 |
| 39 | 改建铁路南平至龙岩扩能改造工程 NLZQ-3 标段城关沙溪大桥 | 中铁五局集团有限公司<br>中铁五局集团第二工程有限责任公司 |
| 40 | 改建铁路广通至大理线扩能改造工程站前土建工程五标下家山双线特大桥 | 中铁五局集团有限公司<br>中铁五局集团第五工程有限责任公司 |
| 41 | 改建铁路南平至龙岩扩能改造工程 NLZQ-3 标段沙县特大桥 | 中铁五局集团有限公司<br>中铁五局集团第二工程有限责任公司 |
| 42 | 改建铁路广通至大理线扩能改造工程站前土建工程五标新庄子双线特大桥 | 中铁五局集团有限公司<br>中铁五局集团第五工程有限责任公司 |
| 43 | 新建张家口至呼和浩特铁路 ZHZQ-7 标卓资山特大桥工程 | 中铁六局集团呼和浩特铁路建设有限公司 |
| 44 | 新建商合杭铁路水阳江特大桥 | 中铁六局集团有限公司<br>中铁六局集团天津铁路建设有限公司 |
| 45 | 广西沿海铁路黎塘至钦州段扩能改造工程 LQ 标段跨南钦铁路特大桥 | 中铁九局集团第六工程有限公司 |
| 46 | YDK796+425.14 京通疏解线特大桥工程 | 中铁九局集团有限公司 |
| 47 | 新建徐州至淮安至盐城铁路 XYZQ- Ⅶ标建湖特大桥 | 中铁十局集团有限公司<br>中铁十局集团第三建设有限公司<br>中铁十局集团第五工程有限公司 |
| 48 | 新建郑州至周口至阜阳铁路安徽段站前二标临阜特大桥 | 中铁十局集团有限公司<br>中铁十局集团第三建设有限公司 |
| 49 | 新建连云港至盐城铁路站前工程Ⅴ标黄沙港特大桥 | 中铁十局集团有限公司<br>中铁十局集团第五工程有限公司 |
| 50 | 新建济南至青岛高速铁路工程济南特大桥 | 中铁十局集团有限公司<br>中铁十局集团第二工程有限公司 |
| 51 | 新建徐州至淮安至盐城铁路 XYZQ- Ⅶ标盐城特大桥 | 中铁十局集团有限公司<br>中铁十局集团第三建设有限公司 |
| 52 | 新建宁启铁路南通至启东段先期开工段工程Ⅱ标通启高速特大桥 | 中铁十局集团有限公司<br>中铁十局集团第一工程有限公司 |
| 53 | 新建鲁南高速铁路临沂至曲阜段 LQTJ-4 标段高上 1 号特大桥 | 中铁十局集团有限公司<br>中铁十局集团第八工程有限公司 |
| 54 | 商合杭铁路古城特大桥 | 中铁隧道局集团有限公司<br>中铁隧道局集团路桥工程有限公司<br>中铁十八局集团有限公司<br>中铁十八局集团第二工程有限公司 |
| 55 | 新建商丘至合肥至杭州铁路赵桥特大桥 | 中铁电气化局集团有限公司<br>中铁十八局集团有限公司 |

续表

| 序号 | 工程名称 | 申报单位 |
|---|---|---|
| 56 | 新建郑阜铁路（河南段）站前工程鄢扶特大桥 | 中铁北京工程局集团（天津）工程有限公司 |
| 57 | 成贵铁路五通岷江特大桥 | 中铁上海工程局集团有限公司 |
| | 公路隧道（6 项） | |
| 58 | 成都机场高速龙泉山 1 号隧道 | 中铁城市发展投资集团有限公司成都分公司<br>中铁一局集团有限公司<br>中铁一局集团第四工程有限公司 |
| 59 | 甬台温高速公路复线温州瑞安至苍南段安峰隧道 | 中铁三局集团有限公司<br>中铁三局第二工程有限公司 |
| 60 | 宁德沈海复线福鼎贯岭至柘荣段高速公路 A2 标白石岗隧道 | 中铁隧道集团三处有限公司 |
| 61 | 云南省 S25 昆明至巧家高速公路东川至格勒段土建 1 标铜都隧道 | 中铁开发投资集团有限公司<br>中铁八局集团有限公司<br>中铁八局集团昆明铁路建设有限公司 |
| 62 | 云南省 S25 昆明至巧家高速公路东川至格勒段土建 2 标达朵隧道 | 中铁开发投资集团有限公司<br>中铁二局集团有限公司<br>中铁二局第一工程有限公司 |
| 63 | 成都天府国际机场高速公路龙泉山 2 号隧道 | 中铁城市发展投资集团有限公司成都分公司<br>中铁隧道局集团有限公司<br>中铁隧道集团一处有限公司<br>中铁二局集团有限公司<br>中铁二局第五工程有限公司 |
| | 公路桥梁（6 项） | |
| 64 | 宁德沈海复线高速公路福鼎贯岭至柘荣段 A1 标桐山溪特大桥工程 | 中铁五局集团有限公司<br>中铁五局集团机械化工程限责任公司<br>中铁五局集团第四工程有限责任公司 |
| 65 | 襄阳市东津新区苏岭山大桥工程 | 中铁大桥局第七工程有限公司 |
| 66 | 南京长江大桥公路桥维修改造涉铁工程 | 中铁大桥局集团有限公司<br>中铁大桥局武汉桥梁特种技术有限公司 |
| 67 | 华阳南路一环互通立交及菊花湾大桥工程 | 中铁广州工程局集团桥梁工程有限公司 |
| 68 | 寻甸至沾益高速公路（昆明段）土建 1 标 | 中铁北京工程局集团有限公司<br>中铁开发投资集团有限公司<br>中铁北京工程局集团北京有限公司 |
| 69 | G228 公路（鳗鲤泾—海湾路以东）新建工程 FXI–2 标 | 中铁上海工程局集团有限公司 |
| | 交通综合（28 项） | |
| 70 | 河池至百色公路 12 合同段百色北枢纽互通立交工程 | 中铁一局集团第三工程分公司 |
| 71 | 东帝汶苏艾高速公路 1 标 | 中铁一局集团有限公司 |
| 72 | 国道 321 线新区富廊至端州前村段城市化改造二期工程 | 中铁一局集团有限公司广州分公司 |
| 73 | 铜玉铁路 1 标段轨道工程 | 中铁一局集团新运工程有限公司 |
| 74 | 新建铁路蒙西至华中铁路煤运通道工程 MHPJ–2 标段铺架工程 | 中铁四局集团有限公司第八工程分公司 |
| 75 | 松江现代有轨电车示范线工程 T2 线二标段（梅家浜—锦昔路）工程 | 中铁四局集团有限公司第八工程分公司 |
| 76 | 中广核浙江三澳核电厂进厂道路工程 | 中铁五局集团有限公司<br>中铁五局集团路桥工程有限责任公司 |
| 77 | 唐山市中心城区环线（二环路）工程施工 B–18 标段 | 中铁六局集团有限公司<br>中铁六局集团北京铁路建设有限公司 |
| 78 | 新店街建设工程 3 标段 | 中铁六局集团有限公司 |
| 79 | 广佛江快速通道江门段（五邑路至三江）新会区间第四标段银鹭立交工程 | 中铁六局集团广州工程有限公司 |
| 80 | 新建石家庄至济南铁路客运专线石济枢纽工程 | 中铁六局集团有限公司<br>中铁六局集团丰桥桥梁有限公司 |
| 81 | 邢台市莲池大街上跨京广铁路立体交叉工程 | 中铁六局集团有限公司<br>中铁六局集团石家庄铁路建设有限公司 |

续表

| 序号 | 工程名称 | 申报单位 |
|---|---|---|
| 82 | 四川省汶川至马尔康高速公路项目路基土建工程施工第 C23 标段 | 中铁七局集团第三工程有限公司 |
| 83 | 国道 318 线林芝至拉萨段公路改造（二期）工程工布江达至米拉山段第四合同段 | 中铁七局集团有限公司<br>中铁七局集团郑州工程有限公司 |
| 84 | 金沙江乌东德水电站半角至新村公路第一标段工程 | 中铁七局集团有限公司<br>中铁七局集团郑州工程有限公司 |
| 85 | 广东省仁化（湘粤界）至博罗公路 TJ24 合同段 | 中铁七局集团有限公司<br>中铁七局集团武汉工程有限公司 |
| 86 | 改建铁路阳安线增建第二线大岭铺至安康东直通线工程 YAZTS-2 标 | 中铁七局集团有限公司<br>中铁七局集团西安铁路工程有限公司 |
| 87 | 西安铁路枢纽新建新筑物流基地站前工程 | 中铁七局集团有限公司<br>中铁七局集团西安铁路工程有限公司 |
| 88 | 新建蒙西至华中地区铁路煤运通道 MHTJ-14 标段 | 中铁七局集团有限公司<br>中铁七局集团第一工程有限公司<br>中铁七局集团第五工程有限公司<br>中铁七局集团郑州工程有限公司 |
| 89 | 新建呼和浩特至准格尔铁路站前工程 HZSG-5 标段 | 中铁七局集团路桥工程有限公司 |
| 90 | 刚果（金）利卡西－科洛维奇公路项目（185 千米） | 中铁七局集团有限公司<br>中铁七局集团有限公司海外公司 |
| 91 | 平潭综合实验区苏平路（坛西大道至环岛路君山段）A5 合同段 | 中铁大桥局集团有限公司<br>中铁大桥局集团第二工程有限公司 |
| 92 | 东莞至番禺高速桥头至沙田段工程施工第一合同段 | 中铁大桥局集团有限公司<br>中铁大桥局集团第四工程有限公司 |
| 93 | 广东省仁化（湘粤界）至博罗公路仁化至新丰段第 TJ8 标段 | 中铁大桥局集团有限公司<br>中铁大桥局集团第四工程有限公司 |
| 94 | 汕湛高速公路云浮至湛江段及支线工程第 TJ31 标合同段 | 中铁大桥局集团有限公司<br>中铁大桥局第九工程有限公司 |
| 95 | 金寨县水毁道路修复和提升工程（一期）（金寨县高铁站连接线工程） | 中铁隧道局集团建设有限公司 |
| 96 | 福建省厦蓉线漳州天宝至龙岩蛟洋高速公路改扩建工程（漳州市境）路基土建工程 A5 标段 | 中铁隧道局集团建设有限公司 |
| 97 | 双辽至洮南高速公路建设项目 | 中国中铁双洮高速公路项目总经理部<br>中铁四局集团有限公司<br>中铁五局集团有限公司<br>中铁七局集团有限公司<br>中铁十局集团有限公司<br>中铁北京工程局集团有限公司<br>中铁物贸集团有限公司<br>中铁九桥工程有限公司<br>北京云星宇交通科技股份有限公司 |
| | **地铁工程（54 项）** | |
| 98 | 济南 R1 线车辆基地 ±0 以上标段工程 | 中铁一局集团有限公司<br>中铁一局集团建筑安装工程有限公司 |
| 99 | 郑州 5 号线停车场及车辆段施工 02 标段工程 | 中铁一局集团有限公司<br>中铁一局集团建筑安装工程有限公司 |
| 100 | 苏州市轨道交通 3 号线 15 标段工程 | 中铁一局集团城市轨道交通工程有限公司 |
| 101 | 武汉 7 号线 12 标段工程 | 中铁一局集团城市轨道交通工程有限公司 |
| 102 | 杭州地铁 5 号线一期工程土建施工 SG5-9 标段：沈半路站 / 沈半路站—再行路站区间 | 中铁二局集团有限公司<br>中铁二局第一工程有限公司 |
| 103 | 杭州地铁 5 号线一期工程姑娘桥停车场 I 标段 | 中铁二局集团有限公司<br>中铁二局第一工程有限公司 |
| 104 | 沈阳地铁 9 号线一期土建施工第十三合同段 | 中铁二局集团有限公司<br>中铁二局第四工程有限公司 |

基建建设

续表

| 序号 | 工程名称 | 申报单位 |
|---|---|---|
| 105 | 苏州市轨道交通3号线工程土建施工项目（Ⅲ-TS-04标） | 中铁二局集团有限公司<br>中铁二局第五工程有限公司 |
| 106 | 苏州市轨道交通3号线工程土建施工项目（Ⅲ-TS-09标） | 中铁二局集团有限公司<br>中铁二局第五工程有限公司 |
| 107 | 温州市域铁路S1线一期工程土建SG6A标段 | 中铁二局集团有限公司<br>中铁二局第六工程有限公司 |
| 108 | 上海轨道交通13号线二期工程13（2）.102标东明路站、东明路站—华鹏路站—下南路站区间 | 中铁二局集团有限公司<br>中铁二局集团有限公司城通分公司 |
| 109 | 成都地铁3号线二、三期工程土建8标 | 中铁三局集团桥隧工程有限公司 |
| 110 | 广州市轨道交通八号线北延段白云湖车辆段 | 中铁三局集团有限公司<br>中铁三局集团广东建设工程有限公司 |
| 111 | 广州市轨道交通21号线施工2标土建工程 | 中铁三局集团广东建设工程有限公司 |
| 112 | 呼和浩特市城市轨道交通1号线一期工程04标 | 中铁三局集团第二工程有限公司 |
| 113 | 青岛市地铁1号线瓦屋庄站—贵州路站区间隧道工程（一标段） | 中铁三局集团有限公司<br>中铁三局集团第四工程有限公司 |
| 114 | 天津地铁1号线东延至国家会展中心项目土建施工第6合同段（双桥河车辆段及全线铺轨工程） | 中铁三局集团天津建设工程有限公司 |
| 115 | 郑州市轨道交通5号线工程土建工程10标段 | 中铁三局集团桥隧工程有限公司 |
| 116 | 无锡地铁3号线一期工程11标土建工程 | 中铁四局集团第二工程有限公司 |
| 117 | 常州市轨道交通1号线一期工程M1-GC-TJ-13标 | 中铁四局集团第二工程有限公司<br>中铁四局集团有限公司第八工程分公司 |
| 118 | 南宁市轨道交通3号线一期工程（科园大道—平乐大道）施工总承包02标土建12工区 | 中铁四局集团第五工程有限公司 |
| 119 | 武汉市轨道交通8号线一期工程土建四标 | 中铁四局集团第五工程有限公司 |
| 120 | 郑州市轨道交通5号线工程土建施工06标段 | 中铁四局集团有限公司城市轨道交通工程分公司 |
| 121 | 沈阳地铁10号线工程土建施工第五合同段 | 中铁五局集团有限公司<br>中铁五局集团第一工程有限责任公司<br>中铁五局集团有限公司城市轨道交通工程分公司 |
| 122 | 北京地铁8号线三期工程土建施工05合同段 | 中铁五局集团有限公司<br>中铁五局集团有限公司城市轨道交通工程分公司 |
| 123 | 成都地铁7号线轨道工程 | 中铁五局集团有限公司<br>中铁五局集团第六工程有限责任公司<br>中铁城市发展投资集团有限公司 |
| 124 | 沈阳地铁9号线一期工程土建施工第二十合同段 | 中铁五局集团有限公司<br>中铁五局集团第一工程有限责任公司 |
| 125 | 沈阳地铁10号线工程土建施工第六合同段 | 中铁五局集团有限公司<br>中铁五局集团第一工程有限责任公司 |
| 126 | 郑州市民文化服务区地下交通工程轨道安装工程 | 中铁五局集团有限公司<br>中铁五局集团第六工程有限责任公司 |
| 127 | 济南地铁R3线一期土建工程四标 | 中铁五局集团有限公司<br>中铁五局集团机械化工程有限责任公司<br>中铁五局集团有限公司城市轨道交通工程分公司 |
| 128 | 沈阳地铁9号线一期工程土建施工第十合同段 | 中铁七局集团有限公司<br>中铁七局集团第二工程有限公司 |
| 129 | 沈阳地铁9号线一期工程土建施工第十五合同段 | 中铁七局集团有限公司<br>中铁七局集团第三工程有限公司 |
| 130 | 乌鲁木齐轨道交通1号线工程土建施工09合同段 | 中铁七局集团有限公司<br>中铁七局集团第三工程有限公司 |
| 131 | 郑州市轨道交通5号线工程土建施工08标段 | 中铁七局集团有限公司<br>中铁七局集团第五工程有限公司<br>中铁七局集团第三工程有限公司<br>中铁七局集团郑州工程有限公司 |

续表

| 序号 | 工程名称 | 申报单位 |
| --- | --- | --- |
| 132 | 南宁市轨道交通3号线一期（科园大道—平乐大道）施工总承包02标土建15工区新村停车场出入场线区间工程 | 中铁八局集团有限公司<br>中铁八局城市轨道交通分公司 |
| 133 | 成都地铁5号线一期、二期工程高升桥站 | 中铁八局集团有限公司<br>中铁八局城市轨道交通分公司 |
| 134 | 呼和浩特市轨道交通1号线一期工程土建1标 | 中铁十局集团有限公司<br>中铁十局集团第二建设有限公司 |
| 135 | 成都地铁7号线土建9标 | 中铁十局集团有限公司<br>中铁十局集团第一工程有限公司 |
| 136 | 武汉市轨道交通7号线一期工程第三标段土建工程 | 中铁隧道股份有限公司 |
| 137 | 武汉市轨道交通7号线一期工程第十标段土建工程 | 中铁隧道股份有限公司 |
| 138 | 南昌市轨道交通2号线一期工程土建施工04合同段 | 中铁隧道集团二处有限公司 |
| 139 | 常州地铁1号线一期工程02标 | 中铁隧道集团三处有限公司 |
| 140 | 沈阳地铁9号线土建一期工程第二合同段 | 中铁隧道局集团路桥工程有限公司 |
| 141 | 苏州市轨道交通3号线工程土建施工项目（Ⅲ-TS-05标） | 中铁电气化局集团有限公司<br>中铁电气化局集团有限公司铁路工程公司 |
| 142 | 乌鲁木齐轨道交通1号线工程土建施工18A合同段 | 中铁武汉电气化局集团有限公司城铁分公司 |
| 143 | 广州市轨道交通14号线一期工程石湖停车场（施工Ⅱ标） | 中铁建工集团有限公司广州分公司 |
| 144 | 深圳城市轨道交通6号线6102标 | 中铁北京工程局集团第二工程有限公司 |
| 145 | 西安市地铁4号线3标 | 中铁北京工程局集团有限公司<br>中铁北京工程局集团城市轨道交通工程有限公司 |
| 146 | 南宁市轨道交通3号线一期工程2标土建13工区 | 中铁广州工程局集团有限公司<br>中铁广州工程局集团城轨工程有限公司 |
| 147 | 西安北至机场城际轨道项目北客站 | 中铁广州工程局集团有限公司<br>中铁广州工程局集团市政环保工程有限公司 |
| 148 | 北京轨道交通地铁燕房线工程土建04合同段标工程 | 中铁上海工程局集团有限公司 |
| 149 | 无锡地铁1号线南延线工程土建02标 | 中铁上海工程局集团有限公司 |
| 150 | 常州市轨道交通1号线一期工程 | 中铁上海工程局集团有限公司<br>中铁电气化局集团有限公司<br>中铁一局集团有限公司<br>中铁四局集团有限公司 |
| 151 | 呼和浩特市城市轨道交通1号线一期工程08标段工程 | 中国铁工投资建设集团有限公司 |
| **水运水利工程（2项）** | | |
| 152 | 惠州港燃料油调和配送中心2万吨码头（Ⅰ标） | 中铁广州工程局集团有限公司<br>中铁广州工程局集团港航工程有限公司 |
| 153 | 中石化（香港）洋浦成品油保税库项目配套码头工程 | 中铁广州工程局集团有限公司<br>中铁广州工程局集团港航工程有限公司 |
| **市政园林（27项）** | | |
| 154 | 宝鸡渭河陆港大桥工程 | 中铁一局集团有限公司<br>中铁一局集团第四工程有限公司 |
| 155 | 宝鸡市植物园大桥 | 中铁一局集团铁路建设有限公司 |
| 156 | 宝鸡联盟路渭河大桥工程 | 中铁一局集团第三工程分公司 |
| 157 | 鼓锣公园河道公园建设及末端治理工程项目 | 中铁一局集团有限公司<br>中铁一局集团厦门建设工程有限公司 |
| 158 | 国道319线漳州段改线一期工程（厦漳同城大道）桥头村大桥 | 中国中铁股份有限公司<br>中铁二局集团有限公司<br>中铁二局第二工程有限公司 |
| 159 | 广州木棉变电站配套220千伏线路工程（第一部分：220千伏石井至凯旋电力隧道）第一标段 | 中铁二局集团有限公司<br>中铁二局第三工程有限公司 |
| 160 | 沈海高速黄石出口互通提升工程 | 中铁三局集团有限公司<br>中铁三局集团第二工程有限公司 |

续表

| 序号 | 工程名称 | 申报单位 |
|---|---|---|
| 161 | 新建银川市凤凰北街（贺兰山路—唐徕渠北）市政道路工程一标段艾依河钢箱拱桥 | 中铁三局集团有限公司运输工程分公司 |
| 162 | 贵州新蒲经济开发区新田东路建设项目洛安江大桥 | 中铁四局集团有限公司第七工程分公司 |
| 163 | 沈阳市东塔跨浑河桥 | 中铁四局集团钢结构建筑有限公司 |
| 164 | 阜阳市颍柳路泉河大桥及接线工程 | 中铁四局集团市政工程有限公司 |
| 165 | 一汽－大众汽车有限公司新建试验场项目及试验场扩建工程 | 中铁四局集团第一工程有限公司 |
| 166 | 襄阳汽车试车场扩建项目试验道路及配套设施工程 | 中铁四局集团第一工程有限公司 |
| 167 | 黄山市生活垃圾综合处理厂 | 中铁四局集团第三建设有限公司 |
| 168 | 衡阳滨江新区北三环湘江大桥 | 中铁五局集团机械化工程有限责任公司<br>中铁交通投资集团有限公司 |
| 169 | 古交兴能电厂至太原供热主管线及中继能源站工程隧道工程第三标段 | 中铁六局集团太原铁路建设有限公司 |
| 170 | 楚都大道工程（荆州纪南文旅区建设项目工程总承包五标段） | 中铁七局集团有限公司<br>中铁七局集团第四工程有限公司 |
| 171 | 乌干达首都市政项目 | 中铁七局集团有限公司<br>中铁七局集团有限公司海外公司 |
| 172 | 大理市洱海环湖截污工程—大理镇片区 | 中铁八局集团第三工程有限公司 |
| 173 | 广安市再生水厂工程 | 中铁八局集团有限公司 |
| 174 | 广佛江快速通道江门段（五邑路至三江）主道工程–A5 合同段 | 中铁八局集团第一工程有限公司 |
| 175 | 合肥市上海路（裕溪路—锦绣大道）工程施工（一标段） | 中铁十局集团有限公司<br>中铁十局集团第三建设有限公司 |
| 176 | 厦门海沧货运通道（马青路—疏港通道段）工程 A 标 | 中铁大桥局集团有限公司<br>中铁大桥局集团第五工程有限公司 |
| 177 | 徐尹路（燕郊段）潮白河大桥工程 | 中铁大桥局集团有限公司<br>中铁大桥局集团第六工程有限公司 |
| 178 | 汉口至阳逻江北快速路（江岸段、黄陂段）工程二七桥段施工 | 中铁大桥局集团有限公司<br>中铁大桥局第七工程有限公司 |
| 179 | 无锡蠡湖大道快速化改造及配套工程 LHDD 01 标 | 中铁隧道集团三处有限公司 |
| 180 | 福州市洋里污水处理厂四期（生产及技术检测实验楼）EPC 建设项目 | 中国铁工投资建设集团有限公司 |
| | **四电及机电工程（33 项）** | |
| 181 | 广州地铁 21 号线供电系统安装工程 | 中铁一局集团电务工程有限公司 |
| 182 | 厦门地铁 2 号线设备安装及装修工程 7 标段工程 | 中铁一局集团电务工程有限公司 |
| 183 | 西安地铁四号线通信、信号、综合监控系统工程 | 中铁一局集团电务工程有限公司 |
| 184 | 成都地铁 3 号线二、三期工程机电安装 1 标 | 中铁二局集团电务工程有限公司 |
| 185 | 南宁市轨道交通三号线一期工程（科园大道—平乐大道）段施工总承包 02 标项目（机电 03 工区） | 中铁三局集团电务工程有限公司 |
| 186 | 武汉市轨道交通 7 号线一期工程信号系统安装工程 | 中铁三局集团电务工程有限公司 |
| 187 | 杭州地铁 5 号线一期工程车站（含区间）设备安装及装修工程Ⅱ标 | 中铁四局集团电气化工程有限公司 |
| 188 | 北京地铁 6 号线西延工程信号系统及 AFC 系统设备安装工程 | 中铁四局集团电气化工程有限公司 |
| 189 | 成都地铁 3 号线二期、三期机电 5 标 | 中铁四局集团机电设备安装有限公司 |
| 190 | 武汉市轨道交通 7 号线南延线（纸坊线）工程（风、水、电、装修）施工（第三标段） | 中铁四局集团机电设备安装有限公司 |
| 191 | 南宁轨道交通 3 号线 02 标机电 7 工区 | 中铁四局集团机电设备安装有限公司 |
| 192 | 新建厦门北动车运用所站后工程 XDZHSG 标段工程 | 中铁六局集团电务工程有限公司 |
| 193 | 成都地铁 3 号线二期、三期工程机电系统 1 标 | 中铁六局集团电务工程有限公司<br>中铁城市发展投资集团有限公司 |
| 194 | 南宁市轨道交通三号线一期工程（科园大道—平乐大道）段施工总承包 02 标项目（机电 06 工区） | 中铁七局集团电务工程有限公司 |

续表

| 序号 | 工程名称 | 申报单位 |
|---|---|---|
| 195 | 郑州市轨道交通 5 号线工程止线风水电安装及装修工程施工 05 标段 | 中铁七局集团电务工程有限公司 |
| 196 | 常州市轨道交通 1 号线一期工程机电安装施工项目 M1-GC-JDAZ-FSD 07 标段 | 中铁八局集团电务工程有限公司 |
| 197 | 成都地铁 7 号线信号系统安装工程 | 中铁八局集团电务工程有限公司 |
| 198 | 广州市轨道交通 14 号线一期信号系统安装工程 | 中铁九局集团有限公司 |
| 199 | 新建济南至青岛高速铁路胶州北站相关工程 ZH-1 标段（四电工程） | 中铁十局集团有限公司<br>中铁十局集团电务工程有限公司 |
| 200 | 南昌轨道交通 2 号线风水电及装修 04 标 | 中铁隧道集团机电工程有限公司 |
| 201 | 新建北京至沈阳铁路客运专线辽宁段“四电”集成及相关工程 | 中铁电气化局集团有限公司<br>中铁电气化局集团有限公司沈阳电气化工程分公司<br>中铁电气化局集团第一工程有限公司 |
| 202 | 西安市地铁 4 号线供电系统工程施工总承包 -1 标段 | 中铁电气化局集团有限公司<br>中铁电气化局集团西安电气化工程有限公司 |
| 203 | 长春至白城铁路扩能改造工程“四电”集成及配套房屋（不含白城地区）施工 CBSG-9 标段 | 中铁电气化局集团有限公司<br>中铁电气化局集团有限公司沈阳电气化工程分公司<br>中铁电气化局集团西安电气化工程有限公司 |
| 204 | 西安北至机场城际轨道项目机电标工程 | 中铁电气化局集团有限公司<br>中铁电气化局集团有限公司基础设施投资分公司<br>中铁电气化局集团西安电气化工程有限公司<br>中铁电气工业有限公司<br>中铁电气化局集团有限公司设计研究院<br>中铁电化集团北京电信研究试验中心有限公司 |
| 205 | 合肥市轨道交通 2 号线工程供电系统集成 I 标 | 中铁电气化局集团有限公司<br>中铁电气化局集团西安电气化工程有限公司 |
| 206 | 南平至龙岩铁路扩能改造工程“四电”系统集成相关工程 | 中铁电气化局集团有限公司<br>中铁电气化局集团西安电气化工程有限公司<br>中铁电气化局集团第三工程有限公司 |
| 207 | 福州地铁 2 号线机电设备 PPP 项目轨道工程 | 中铁电气化局集团有限公司<br>中铁电气化局集团有限公司铁路工程公司<br>中铁电气化局集团有限公司基础设施投资分公司 |
| 208 | 新建深圳至茂名铁路江门至茂名段站后工程四电集成 JMSG-9 标段 | 中铁电气化局集团有限公司<br>中铁电气化局集团有限公司第二工程分公司 |
| 209 | 青岛市红岛—胶南城际轨道交通工程弱电系统安装总承包项目 | 中铁电气化局集团有限公司<br>中铁电气化局集团有限公司城铁公司 |
| 210 | 新建梅州至潮汕铁路“四电”系统集成工程 | 中铁武汉电气化局集团有限公司 |
| 211 | 新建蒙西至华中地区铁路煤运通道 MHSD-1 标段 | 中铁武汉电气化局集团有限公司 |
| 212 | 厦门市轨道交通 2 号线工程车站设备安装及装修工程施工 8 标 | 中铁上海工程局集团有限公司 |
| 213 | 宁波市轨道交通 3 号线一期工程 JDSG3105 标段车站机电安装施工 | 中铁上海工程局集团有限公司 |
| | 工业建筑（2 项） | |
| 214 | 上海微小卫星工程中心卫星研制项目 | 中铁四局集团有限公司上海工程有限公司 |
| 215 | 波音 737MAX 飞机完工及交付中心定制厂房及配套设施建设项目工程 | 中铁建工集团有限公司 |
| | 公共建筑（32 项） | |
| 216 | 钦州产业园区综合配套设施建设项目 | 中铁一局集团第三工程分公司 |
| 217 | 西安市地铁 2 号线大明宫西站周边环境综合整治工程 | 中铁一局集团建筑安装工程有限公司 |
| 218 | 汉十铁路襄阳东津站工程 | 中铁一局集团第五工程有限公司 |
| 219 | 贵州省工伤职业康复医院 | 中铁二局集团有限公司<br>中铁二局第一工程有限公司 |
| 220 | 四川社会科学馆建设项目 | 中铁二局集团有限公司<br>中铁二局第三工程有限公司 |

续表

| 序号 | 工程名称 | 申报单位 |
|---|---|---|
| 221 | 宝利丰广场1号楼工程 | 中铁二局集团有限公司<br>深圳中铁二局工程有限公司 |
| 222 | 商合杭铁路合肥南动车所SHDCS-1标 | 中铁四局集团钢结构建筑有限公司 |
| 223 | 佳木斯铁路物流基地新建工程 | 中铁四局集团钢结构建筑有限公司 |
| 224 | 西安北至机场城际轨道车辆段与综合基地、控制中心工程 | 中铁四局集团建筑工程有限公司 |
| 225 | 新建郑州至周口至阜阳铁路郑州南站及相关工程（不含站房）ZNSG-2标 | 中铁四局集团第一工程有限公司 |
| 226 | 新建蒙西至华中地区铁路煤运通道土建工程MHTJ-15标卢氏站及站后房建工程 | 中铁五局集团有限公司<br>中铁五局集团第四工程有限责任公司<br>中铁五局集团建筑工程有限责任公司 |
| 227 | 新建衢州至宁德铁路（福建段）QNFJZQ-5标宁德北站 | 中铁五局集团有限公司<br>中铁五局集团第一工程有限责任公司<br>中铁五局集团第六工程有限责任公司 |
| 228 | 成都宏誉环球汇综合项目4号地块总承包工程 | 中铁八局集团第一工程有限公司 |
| 229 | 中铁隧道局科技大厦 | 中铁隧道局集团有限公司<br>中铁隧道局集团建设有限公司 |
| 230 | 1号科研业务用房（铁路产品认证检测试验基地）等3项［铁科院办公区科研业务用房（1号、2号、3号）］ | 中铁电气化局集团有限公司<br>中铁电气化局集团北京建筑工程有限公司 |
| 231 | 新建杭州至长沙铁路客运专线浙江段金华站站房二期及相关工程HCZJZF-5标段 | 中铁电气化局集团有限公司<br>中铁电气化局集团北京建筑工程有限公司 |
| 232 | 新建北京至沈阳铁路客运专线河北段站房、生产生活房屋及相关工程JSJJZF-1标段 | 中铁电气化局集团有限公司<br>中铁电气化局集团北京建筑工程有限公司 |
| 233 | 中国铁路主数据中心工程项目土建工程EPC总承包 | 中铁电气化局集团有限公司<br>中铁电气化局集团第一工程有限公司 |
| 234 | 地铁汇通大厦BT项目 | 中铁北京工程局集团有限公司<br>中铁南方投资集团有限公司 |
| 235 | 新建济南至青岛高速铁路工程站房及相关工程施工总价承包JQGTZFSG-6标潍坊北站工程 | 中铁建工集团有限公司 |
| 236 | 青岛新机场高地铁站房工程 | 中铁建工集团有限公司 |
| 237 | 新建济南至青岛高速铁路工程淄博北站站房及相关工程施工总价承包JQGTZFSG-6标工程 | 中铁建工集团有限公司 |
| 238 | 新建连云港至盐城铁路连云港等6座站房及相关工程LYFJ-Ⅰ标段 | 中铁建工集团有限公司上海分公司 |
| 239 | 南龙铁路扩能改造工程站房Ⅱ标龙岩站 | 中铁建工集团有限公司上海分公司 |
| 240 | 京沪铁路无锡站改造工程 | 中铁建工集团有限公司上海分公司 |
| 241 | 新建武汉至十堰铁路孝感至十堰段随州南站站房及相关工程 | 中铁建工集团有限公司 |
| 242 | 中央商务区A-3-5-1地块 | 中铁建工集团有限公司 |
| 243 | 汇德大厦（一期）项目<br>（原名称：深圳北站枢纽城市综合体D2地块物业开发项目） | 中铁建工集团有限公司深圳分公司 |
| 244 | 青岛华信大厦工程 | 中铁建工集团有限公司 |
| 245 | 阿尔及利亚阿尔及尔省海水浴疗中心酒店项目 | 中铁建工集团有限公司国际工程公司 |
| 246 | 图书馆（北京工业大学逸夫图书馆改扩建工程） | 中铁建工集团有限公司华北分公司 |
| 247 | 改扩建工业研发用房项目 | 中铁上海工程局集团有限公司<br>中铁上海工程局集团建筑工程有限公司 |
| | **住宅工程（15项）** | |
| 248 | 中铁通锦坊工程 | 中铁二局集团有限公司<br>中铁二局第四工程有限公司 |
| 249 | 成都恒大望江华府主体及配套设施工程 | 中铁二局集团有限公司<br>中铁二局集团建筑有限公司 |
| 250 | 中国海南海花岛2号岛二（二）期 | 中铁二局集团有限公司<br>深圳中铁二局工程有限公司 |

续表

| 序号 | 工程名称 | 申报单位 |
| --- | --- | --- |
| 251 | 丽华北路东侧、关河东路南侧地块限价商品房项目 | 中铁三局集团有限公司运输工程分公司 |
| 252 | 中铁丁香水岸小区 | 中铁六局集团有限公司<br>中铁六局集团建筑安装工程有限公司 |
| 253 | 地铁惠生新城工程（公租房）土建施工总承包第一标段 | 中铁八局集团有限公司<br>中铁八局昆明铁路建设有限公司 |
| 254 | 济南综合保税区章锦片区五村整合安置项目（一期） | 中铁十局集团有限公司<br>中铁十局集团建筑工程有限公司 |
| 255 | 榆中县政府家属院片区、西关新村一区、二区棚户区改造项目建设御景院一标段工程 | 中铁十局集团有限公司<br>中铁十局集团建筑工程有限公司 |
| 256 | 凤凰国际房地产开发项目南区一标段 | 中铁建工集团有限公司 |
| 257 | 中国中铁·诺德名城二期二区 26 号楼、27 号楼、28 号楼 | 中铁建工集团有限公司 |
| 258 | 依林家园、中电东莞大厦 | 中铁建工集团有限公司广州分公司 |
| 259 | 中航科技城—航空产业城 -1 地块、3 地块 A3、A5 项目施工总承包工程 | 中铁建工集团有限公司 |
| 260 | 合肥高铁都市花园 8 号至 17 号楼及 S-24 地下室 | 中铁建工集团有限公司上海分公司 |
| 261 | 合肥高铁都市花园 1 号至 7 号楼、社区服务中心及 S-23 地下室 | 中铁上海工程局集团有限公司 |
| 262 | 中铁交通·天地明珠项目 | 中铁交通投资集团有限公司<br>中铁建工集团有限公司<br>中铁北京工程局集团有限公司 |

制表：柴海楼

表 4-6　2020 年度中国中铁获建设工程项目施工安全生产标准化工地名单

| 序号 | 工程名称 | 获奖单位 |
| --- | --- | --- |
| 1 | 上海市轨道交通 14 号线工程通信系统、信号系统、接触网系统安装工程 | 中铁一局集团有限公司 |
| 2 | 重庆铁路枢纽东环线项目 | 中铁二局集团有限公司 |
| 3 | 北京地铁 12 号线工程土建施工 03 合同段 | 中铁三局集团有限公司 |
| 4 | 新建银川至西安铁路陕西段站前工程 YXZQ-1 标段咸阳渭河特大桥 | 中铁五局集团有限公司 |
| 5 | 3 号住宅楼等 19 项（中国铁道科学研究院朝阳区酒仙桥北路 1 号院职工住宅） | 中铁电气化局集团有限公司 |
| 6 | 新建连云港至镇江铁路站前工程 LZDQSG-2 标段 | 中铁大桥局集团有限公司 |
| 7 | 京沈客专京冀段十三标项目部 | 中铁隧道局集团有限公司 |
| 8 | 北京市朝阳区孙河乡北甸西村、西甸村 2902-29 地块 R2 二类居住用地、2902-17 地块 A8 社区综合服务设施用地、2902-15 地块 A334 托幼用地项目（31 号住宅楼等 18 项）工程 | 中铁建工集团有限公司 |
| 9 | 南昌轨道交通 4 号线 2 标六工区 | 中铁五局集团有限公司 |
| 10 | 海滨路东西延伸工程施工一标段 | 中铁六局集团有限公司 |
| 11 | 黑龙江省哈尔滨市轨道交通 2 号线一期工程土建施工项目（十二标段） | 中铁七局集团有限公司 |
| 12 | 扬子科创中心三期项目 EPC 总承包工程 | 中铁建工集团有限公司 |
| 13 | 日照海韵广场智慧物贸综合体项目 | 中铁建工集团有限公司 |
| 14 | 中铁诺德·绣惠生态城一期一标段 R23 地块 1 号楼、3 号楼、5 号楼、7 号楼、9 号楼、20 号楼、22 号楼、23 号楼 | 中铁建工集团有限公司 |
| 15 | 贵阳恒大中央公园 B1 地块 1 ~ 3 号楼及地下室建设工程项目 | 中铁五局集团建筑工程有限责任公司 |
| 16 | 中铁开发投资集团中铁大厦项目 | 中铁建工集团有限公司 |
| 17 | 呈黄路（经开区至机场高速段）工程 | 中铁八局集团有限公司 |
| 18 | 西宁市群众艺术活动文化交流中心项目 | 中铁七局集团有限公司 |
| 19 | 旅游路南侧汉峪片区 B7 地块房地产建设项目 1 号、2 号、3 号、4 号、5 号、6 号、地下车库及配套公建 | 中铁建工集团有限公司 |

制表：柴海楼

表 4-7　2020 年度中国中铁安全标准工地表彰名单（境内）

| 序号 | 工程项目 | 施工单位 | 项目经理 |
|---|---|---|---|
| 地铁工程（31 项） | | | |
| 1 | 洛阳市城市轨道交通 1 号线工程 LYGD1-CLJD-01 标段（车辆段施工） | 中铁一局集团建筑安装工程有限公司 | 白　涛 |
| 2 | 上海轨道交通 18 号线工程土建工程 5 标 | 中铁一局集团城市轨道交通工程有限公司 | 陈　彪 |
| 3 | 广州市轨道交通 11 号线项目 | 中铁一局集团有限公司广州分公司 | 李永飞 |
| 4 | 杭州地铁 6 号线二期工程丰北停车场 | 中铁二局第一工程有限公司 | 石　伟 |
| 5 | 合肥轨道交通 4 号线土建施工总承包 TJ02 标 | 中铁三局集团华东建设有限公司 | 姜春阳 |
| 6 | 天津地铁 4 号线南段工程土建施工第 1 合同段 | 中铁三局集团天津建设工程有限公司 | 范晓东 |
| 7 | 杭州地铁 8 号线一期工程 SG8-1 标 | 中铁三局集团桥隧工程有限公司 | 张名玉 |
| 8 | 合肥轨道交通 5 号线土建施工总承包 4 标雨花塘站车站主体工程 | 中铁四局集团第四工程有限公司 | 丁峻峰 |
| 9 | 青岛市地铁 8 号线工程 PPP 项目（B2 包）土建 01 工区（科技馆站） | 中铁四局集团第七工程分公司 | 刘　辉 |
| 10 | 杭州地铁 6 号线二期土建施工 SG6-15 标段 | 中铁四局集团城市轨道交通工程分公司 | 邬家林 |
| 11 | 西安地铁 6 号线一期工程（南客站—劳动南路站）土建施工项目 D6TJSG-12 标段 | 中铁五局集团成都工程有限责任公司 | 熊汝全 |
| 12 | 郑州市轨道交通 10 号线一期工程区间土建施工项目 06 标段 | 中铁六局集团有限公司交通工程分公司 | 杜晓红 |
| 13 | 杭州地铁 3 号线一期工程土建施工 SG3-12 标段 | 中铁七局集团第三工程有限公司 | 刘新虎 |
| 14 | 合肥市轨道交通 5 号线土建施工总承包 5 标 | 中铁八局集团有限公司城市轨道交通分公司 | 金　钟 |
| 15 | 青岛市地铁 8 号线工程 PPP 项目（B2 包）土建 04 工区 | 中铁八局集团昆明铁路建设有限公司 | 张　青 |
| 16 | 山东省济南市轨道交通 R2 线一期土建工程施工五标段 | 中铁十局集团第一工程有限公司 | 李敬之 |
| 17 | 南昌轨道交通 4 号线 02 合同段二工区 | 中铁隧道集团二处有限公司<br>中铁交通投资集团有限公司 | 龚学栋 |
| 18 | 宁波市轨道交通 5 号线土建工程 TJ5120 标 | 中铁隧道股份有限公司 | 李发勇 |
| 19 | 西安地铁 6 号线一期站后工程系统设备安装工程 | 中铁武汉电气化局集团机电分公司 | 贾　玮 |
| 20 | 深圳市城市轨道交通 10 号线 1011-4A 工区项目 | 中铁北京工程局集团第二工程有限公司 | 张天军 |
| 21 | 北京地铁 12 号线工程土建施工 06 合同段 | 中铁上海工程局集团有限公司 | 陆海锋 |
| 22 | 昆明市轨道交通 4 号线 PPP 项目土建施工项目 TJ-9 标广卫停车场 | 中铁上海工程局集团有限公司 | 王　柏 |
| 23 | 宁波市轨道交通 4 号线工程东钱湖车辆段 | 中铁上海工程局集团有限公司 | 胡光静 |
| 24 | 大连地铁 5 号线工程项目第 10 标段 | 中国铁工投资建设集团有限公司 | 陈　凯 |
| 25 | 南宁市轨道交通 4 号线 02 标五象车辆段综合工程 | 中铁交通投资集团有限公司<br>中铁八局集团第三工程有限公司<br>中铁八局集团电务工程有限公司<br>中铁电气化集团北京电气化工程有限公司<br>中铁三局集团线桥工程有限公司<br>中铁三局集团电务工程有限公司 | 刘进友 |
| 26 | 大连地铁 5 号线火梭大盾构区间 | 中国中铁股份有限公司大连地铁五号线总承包管理部<br>中铁一局集团城市轨道交通工程有限公司 | 李世安<br>严　淦 |
| 27 | 青岛市地铁 8 号线工程 PPP 项目（B2 包）土建 07 工区 | 中铁发展投资有限公司<br>中铁三局集团有限公司 | 冯慧君<br>胡红星 |
| 28 | 贵阳市轨道交通 3 号线一期工程花溪公园站 | 中铁开发投资集团有限公司<br>中铁一局集团有限公司 | 费富华<br>董　飞 |
| 29 | 重庆轨道交通 4 号线二期土建工程项目 | 中铁开发投资集团有限公司<br>中铁一局集团有限公司<br>中铁二局集团有限公司<br>中铁七局集团有限公司<br>中铁八局集团有限公司<br>中铁上海工程局集团有限公司<br>中铁隧道局集团有限公司<br>中铁建工集团有限公司 | 王德荣 |



基建建设

续表

| 序号 | 工程项目 | 施工单位 | 项目经理 |
| --- | --- | --- | --- |
| 30 | 西安市地铁临潼线（9 号线）一期工程 PPP 项目 | 中铁城市发展投资集团有限公司<br>中铁新丝路建设投资管理有限公司<br>中铁一局集团建筑安装工程有限公司<br>中铁一局集团新运工程有限公司<br>中铁二局集团有限公司城通分公司<br>中铁二局集团电务工程有限公司<br>中铁三局集团第五工程有限公司<br>中铁三局集团电务工程有限公司 | 孙明英 |
| 31 | 南京地铁 7 号线工程施工总承包 D7-TA02 标 | 中铁（上海）投资集团有限公司<br>中铁一局集团城市轨道交通工程有限公司<br>中铁三局集团华东建设有限公司<br>中铁四局集团第四工程有限公司<br>中铁北京工程局集团城市轨道交通工程有限公司<br>中铁上海工程局集团华海工程有限公司<br>中铁隧道股份有限公司 | 张彦红 |
| | **建筑工程（8 项）** | | |
| 32 | 平潭高铁中心站综合交通枢纽及高铁中心站站前城市综合体工程 | 中铁一局集团厦门建设工程有限公司 | 胡红亮 |
| 33 | 国家农业科技园一期项目 | 中铁二局集团建筑有限公司 | 何　志 |
| 34 | 江苏省无锡市新梅车辆段工程 | 中铁四局集团建筑工程有限公司 | 许再兴 |
| 35 | 中铁・御花府 | 中铁八局集团建筑工程有限公司 | 吴　彬 |
| 36 | 中铁阅香湖项目施工总承包（一标段）工程 | 中铁九局集团第四工程有限公司 | 任　晔 |
| 37 | 北京地铁 19 号线一期工程土建施工 10 合同段新宫车辆段 | 中铁电气化局集团有限公司北京建筑工程有限公司 | 袁　涛 |
| 38 | 丰台区花乡白盆窑村 BPY-L010、BPY-L013 地块 R2 二类居住用地、A33 基础教育用地工程 | 中铁建工集团北方公司 | 张　乐 |
| 39 | 周口市高铁新城片区棚户区改造项目（德和家园）工程 | 中铁北京工程局集团北京有限公司 | 姚全德 |
| | **公路工程（13 项）** | | |
| 40 | 雄安新区 K1 快速路 1 期 2 标 | 中铁二局第五工程有限公司 | 魏中军 |
| 41 | 太原东西山旅游公路（防火通道）项目经理部 | 中铁三局集团第五工程有限公司 | 朱玉玺 |
| 42 | 乌玛公路青铜峡至中卫段第 A7 标段 | 中铁五局集团第一工程有限责任公司 | 罗朝华 |
| 43 | G8012 弥勒至楚雄高速公路玉溪至楚雄段工程 TJ-16 标段 | 中铁六局集团长沙路桥分公司<br>呼和浩特铁路建设有限公司 | 张　强<br>张建国 |
| 44 | 静乐丰润至兴县黑峪口高速公路工程 TJ2 标段 | 中铁六局集团太原铁路建设有限公司 | 金　路 |
| 45 | 国道 207 焦作至温县段改建工程项目部 | 中铁七局集团第一工程有限公司 | 部战良 |
| 46 | 国道 318 线拉萨至日喀则机场段公路新改建工程（控制性工程）施工第四标段 | 中铁七局集团郑州工程有限公司 | 薛晓卫 |
| 47 | 弥勒至楚雄国家高速公路玉溪至楚雄段 TJ-3 标 | 中铁九局集团有限公司大连分公司<br>中铁开发投资集团有限公司 | 张来斌 |
| 48 | 西藏自治区拉萨至日喀则机场段公路新改建工程（控制性工程）施工第二标段 | 中铁十局集团第二工程有限公司 | 张　宏 |
| 49 | 山东省新泰至台儿庄（鲁苏界）公路新泰至台儿庄马兰屯 02 合同段 | 中铁十局集团第一工程有限公司<br>中铁十局集团第七工程有限公司 | 王吉磊 |
| 50 | 遵义至余庆高速公路 TJ- Ⅴ标 | 中铁大桥局集团第八工程有限公司<br>中铁开发投资集团有限公司 | 张　剑 |
| 51 | G8012 弥勒至楚雄高速公路玉溪至楚雄段工程 PPP 项目 TJ-7 标 | 中铁建工集团北京路桥分公司<br>中铁开发投资集团有限公司 | 高亚伟 |
| 52 | 宜宾城市过境高速公路西段和宜宾至彝良高速公路（四川境段） | 中铁城市发展投资集团有限公司<br>中铁宜宾投资建设有限公司<br>中铁四局集团有限公司工程建设分公司<br>中铁八局集团第二工程有限公司<br>中铁三局集团第五工程有限公司<br>中铁二局第六工程有限公司<br>中铁七局集团武汉工程有限公司<br>中铁广州工程局集团深圳工程有限公司 | 周志勇 |

续表

| 序号 | 工程项目 | 施工单位 | 项目经理 |
|---|---|---|---|
| 铁路工程（20 项） | | | |
| 53 | 郑万铁路（重庆段）干溪沟隧道工程 | 中铁一局集团第四工程有限公司 | 惠　宝 |
| 54 | 新建北京至天津滨海新区铁路宝坻至滨海新区段 JBSG-1 标段 | 中铁一局集团天津建设工程有限公司 | 刘胜永 |
| 55 | 杭州至绍兴城际铁路工程 SG-4 标 | 中铁二局城通分公司 | 李志宏 |
| 56 | 新建太原至焦作铁路山西段站前工程 1 标铺架工区 | 中铁三局集团线桥工程有限公司 | 郑　飞 |
| 57 | 东营港疏港铁路 PPP 项目 | 中铁三局集团有限公司<br>中铁三局集团第四工程有限公司<br>中铁三局集团第五工程有限公司<br>中铁三局集团建筑安装工程有限公司<br>中铁三局集团线桥工程有限公司<br>中铁三局集团电务工程有限公司<br>中铁三局集团运输工程分公司 | 刘荣华 |
| 58 | 昌景黄铁路 CJHZQJX-2 标项目部 | 中铁三局集团第二工程有限公司 | 张建桥 |
| 59 | 郑州南站及相关工程（车场高架预留部分及剩余生产生活房屋）ZNGJS-1 标 | 中铁四局集团第一工程有限公司 | 范　伟 |
| 60 | 新建郑州至周口至阜阳铁路郑州南站及相关工程 ZNSG-2 标铺架工程 | 中铁四局集团第八工程分公司 | 姚东升 |
| 61 | 新建广州（新塘）至汕尾铁路站前工程施工总价承包 GSSG2 标段二工区 | 中铁五局集团第五工程有限责任公司 | 魏奇伟 |
| 62 | 新建常德经益阳至长沙铁路站前工程 CYCZQ-3 标 | 中铁五局集团机械化工程有限责任公司<br>中铁五局集团第六工程有限责任公司 | 王金宝<br>周　涛 |
| 63 | 新建城际铁路联络线一期工程站前 2 标 | 中铁六局集团北京铁路建设有限公司 | 胡　伟 |
| 64 | 新建重庆铁路枢纽东环线站前 DHZQ-5 标段龙盛制梁场 | 中铁八局集团第一工程有限公司 | 廖远国 |
| 65 | 新建安庆至九江铁路（湖北段）AJZQ-3 标 | 中铁大桥局集团有限公司安九铁路湖北段 AJZQ-3 标项目经理部 | 王贵明 |
| 66 | 新建北京至雄安新区城际铁路雄安站站房及相关工程二标段、四标段 | 中铁建工集团北京分公司 | 石成刚 |
| 67 | 新建郑州至周口至阜阳铁路郑州南站及相关工程 ZNZFS-1 标 | 中铁建工集团深圳分公司 | 郑　恒 |
| 68 | 新建川藏铁路拉萨至林芝段站房及相关工程 LLZF2 标段 | 中铁建工集团西北分公司 | 马思龙 |
| 69 | 新建深圳至茂名铁路江门至茂名段江门站房及相关工程 | 中铁建工集团广州分公司 | 陈　明 |
| 70 | 新建江苏南沿江城际铁路 NYJZQ-4 标 | 中铁广州工程局集团第三工程有限公司 | 许国昌 |
| 71 | 新建贵阳至南宁铁路广西段站前工程 CNZQ-7 标段 | 中铁北京工程局集团有限公司<br>中铁北京工程局集团第二工程有限公司<br>中铁北京局集团第六工程有限公司 | 吴彬彬 |
| 72 | 新建盐城至南通铁路站前工程 YTZQ-4 标段 | 中铁北京工程局集团有限公司<br>中铁北京工程局集团第五工程有限公司<br>中铁北京局集团第六工程有限公司 | 邓旭刚 |
| 市政工程（19 项） | | | |
| 73 | 深圳下坪固体废弃物填埋场安全隐患治理工程及抢险救灾工程 | 中铁二局第五工程有限公司 | 李振赟 |
| 74 | 广州市江高净水厂设计—采购—施工总承包项目 | 中铁四局集团第三建设有限公司 | 黄　刚 |
| 75 | 南昌市九洲高架二期延伸工程（洪都大道快速化改造工程）第二标段 | 中铁四局集团第五工程有限公司 | 金启钊 |
| 76 | 深圳市城市轨道交通 6 号线一期声屏障工程 6107 标 | 中铁四局集团钢结构建筑有限公司 | 张成才 |
| 77 | 重庆市郊铁路（轨道延长线）尖顶坡至璧山段剩余工程（铺轨工程含疏散平台、系统设备及声屏障等）施工总承包 | 中铁五局集团第六工程有限责任公司 | 范刘杰 |
| 78 | 新都区毗河流域水环境综合整治 PPP 项目 | 中铁五局集团路桥工程有限责任公司 | 吴永松 |
| 79 | 番禺区洛溪岛污水管网首期工程及南浦岛污水主干管网工程 | 中铁六局集团广州工程有限公司 | 林治国 |
| 80 | 武威雷台景区文化旅游综合体项目施工第二标段 | 中铁七局集团西安铁路工程有限公司 | 金晓乐 |
| 81 | 江苏省扬州市运河南北路快速化改造一期工程（二里桥路南—万福西路） | 中铁十局集团第五工程有限公司 | 徐佩岭 |
| 82 | 浙江省杭州市余杭区乔司至南苑连接线上跨沪昆铁路立交工程 | 中铁十局集团第四工程有限公司 | 姚计猛 |
| 83 | 安徽省太和县东站站前广场、镜湖东路建设工程 | 中铁十局集团第三建设工程有限公司 | 宋永康 |
| 84 | 山东省淄博火车站南广场交通枢纽工程 | 中铁十局集团青岛工程有限公司 | 刘士鹏 |

基建建设

续表

| 序号 | 工程项目 | 施工单位 | 项目经理 |
|---|---|---|---|
| 85 | 信阳市政路桥工程 PPP 项目 | 中铁大桥局集团第一工程有限公司 | 李　响 |
| 86 | 安阳市示范区工程 | 中铁隧道局集团路桥工程有限公司 | 张　鹏 |
| 87 | 衢州市过江通道项目 | 中铁隧道局集团建设有限公司 | 龚志明 |
| 88 | 沥滘污水处理厂三期工程、沥滘污水厂提标改造设计—采购—施工总承包（EPC） | 中铁上海工程局集团有限公司 | 凌利云 |
| 89 | 黄家湖污水处理厂三期扩建工程施工总承包 | 中铁市政环境建设有限公司 | 王　丁 |
| 90 | 泰城水生态环境治理工程 PPP 项目 | 中国铁工投资建设集团有限公司 | 赵新兵 |
| 91 | 广州市南沙新区大岗先进制造业基地区块综合开发项目 | 中铁南方投资集团有限公司<br>中铁二局集团有限公司<br>中铁广州局集团有限公司<br>中铁六局集团有限公司<br>中铁九局集团有限公司<br>中铁隧道局集团有限公司 | 刘永清 |
| | **机电安装（6 项）** | | |
| 92 | 深圳市城市轨道交通 10 号线 1011-1Z 标 | 中铁一局集团电务工程有限公司 | 李国强 |
| 93 | 西安地铁 9 号线一期工程机电及装修 2 标 PPP | 中铁二局集团装饰装修工程有限公司<br>中铁城市发展投资集团有限公司 | 洪　健 |
| 94 | 合肥市轨道交通 4 号线、5 号线机电安系统（风水电）安装及装修总承包项目 11 标段 | 中铁四局集团电气化工程有限公司 | 张传岭 |
| 95 | 深圳市桂湾一路、临海大道、滨海大道地下道路机电、装修工程 | 中铁四局集团机电设备安装有限公司 | 齐胜利 |
| 96 | 苏州市轨道交通 5 号线工程供电系统（含接触网）施工安装项目 SRT5-11-9 标 | 中铁七局集团电务工程有限公司 | 王　森 |
| 97 | 厦门市轨道交通 3 号线工程机电、装修、供电系统设备采购及安装工程 | 中铁南方投资集团有限公司<br>中铁二局集团电务工程有限公司<br>中铁四局集团机电设备安装有限公司<br>中铁五局集团电务工程有限责任公司<br>中铁一局集团电务工程有限公司<br>中铁电气化局集团有限公司城铁公司<br>中铁武汉电气化局集团有限公司城铁分公司 | 秦卫东 |
| | **“四电”工程（5 项）** | | |
| 98 | 新建银川至西安铁路甘宁段“四电”集成系统工程 | 中铁二局集团电务工程有限公司 | 林安普 |
| 99 | 新建格尔木至库尔勒铁路新疆段站后弱电集成相关工程（不含库尔勒站房及相关工程）RDS 标段 | 中铁电气化局集团西安电气化工程有限公司 | 江　波 |
| 100 | 广州至清远城际轨道交通项目广州北至清远段 GQZH-3 标四电集成、房屋建筑及相关工程 | 中铁电气化局集团有限公司第二工程分公司 | 张铁栋 |
| 101 | 新建川南城际铁路内江至自贡至泸州“四电”系统集成及相关工程 | 中铁电气化局集团第三工程有限公司 | 曹长安 |
| 102 | 对南昌局集团公司管内沪昆线、吉衡线、昌赣高铁线、南龙线等 7 条铁路牵引供电设备运营维护管理 | 中铁电气化局集团铁路运营管理有限公司 | 赵术东 |
| | **桥梁工程（8 项）** | | |
| 103 | 白河县白郧汉江大桥工程 | 中铁一局集团有限公司第三工程分公司 | 马红健 |
| 104 | 广汕铁路 GSSG4 标博罗东江特大桥 | 中铁二局第四工程有限公司 | 王春林 |
| 105 | 新建牡丹江至佳木斯铁路站前工程 MJZQSG-1 标牡丹江特大桥 | 中铁四局集团第二工程有限公司 | 刘长军 |
| 106 | 新建盐城至南通铁路站前工程 YTZQ-1 标盐城南特大桥 | 中铁四局集团第二工程有限公司<br>中铁四局集团上海工程公司 | 岑　峰 |
| 107 | 新建兴国至泉州铁路站前工程 XQXN-3 标梅江特大桥 | 中铁五局集团贵州工程有限公司 | 敬章权 |
| 108 | 湛江调顺跨海大桥 PPP 项目 | 中铁大桥局集团第四工程有限公司 | 戴军翔 |
| 109 | 丽香铁路站前 LXZQ-3 标金沙江特大桥 | 中铁大桥局集团第五工程有限公司 | 伍小团 |
| 110 | 郑万铁路重庆段土建 4 标奉节梅溪河双线特大桥 | 中铁上海工程局集团有限公司 | 魏焱波 |
| | **隧道工程（3 项）** | | |
| 111 | 定西至临洮高速公路工程 DLSG-04 标段紫云山隧道工程 | 中铁八局集团第二工程有限公司 | 白　银 |
| 112 | 广州国际创新城金光东隧道工程 | 中铁隧道集团三处有限公司 | 钟玉明 |

续表

| 序号 | 工程项目 | 施工单位 | 项目经理 |
|---|---|---|---|
| 113 | 贵州双龙航空港经济区物流外环路道路工程葫芦山隧道 | 中铁交通投资集团有限公司<br>中铁上海工程局集团第五工程有限公司 | 唐　晖 |
| 铁路运输（1项） | | | |
| 114 | 郭白线、郭查线、锡白联络线铁路委管运输 | 中铁三局集团有限公司运输工程分公司 | 李　军 |
| 水运工程（5项） | | | |
| 115 | 银川市城乡西线供水取水泵站项目 | 中铁一局集团市政环保工程有限公司 | 马卫波 |
| 116 | 银川都市圈城乡西线供水工程 | 中铁一局集团铁路建设有限公司 | 潘成福 |
| 117 | 引江济淮工程（安徽段）江淮沟通段施工 J007-1 标 | 中铁五局集团第四工程有限责任公司 | 徐罡先 |
| 118 | 云南省滇中引水工程楚雄段施工 6 标 | 中铁十局集团第三建设工程有限公司 | 吴健春 |
| 119 | 广州港南沙港区近洋码头工程 | 中铁广州工程局集团港航工程有限公司 | 詹义生 |
| 综合工程（1项） | | | |
| 120 | 万华化学 2×60 万立方丙烷洞库项目 | 中铁隧道集团一处有限公司 | 郭得福 |

制表：徐彦胜

**表 4-8　2020 年度中国中铁安全标准工地表彰名单（境外）**

| 序号 | 工程项目 | 施工单位 | 项目经理 |
|---|---|---|---|
| 建筑工程（5项） | | | |
| 1 | 援斯里兰卡水技术研究与示范联合中心工程 | 中铁四局集团市政工程有限公司 | 韦　化 |
| 2 | 刚果（金）KAMOA 选矿厂土建工程项目 | 中铁九局集团大连分公司 | 赵　佳 |
| 3 | 阿联酋沙迦警察总局项目 | 中铁国际集团中东分公司 | 罗　漪 |
| 4 | 阿尔及尔 Hussein Day-213 套（R+10+ 屋顶层）高档商品房交钥匙工程设计和施工项目 | 中铁建工集团国际工程公司 | 武　星 |
| 5 | LOT31 办公室和商业大楼项目 | 中铁建工集团巴新有限公司 | 刘恒兴 |
| 公路工程（4项） | | | |
| 6 | 安哥拉威热省 Quitexe Ambuila Quipedro（Lote1 Quitexe Ambuila）公路段修缮项目 | 中铁四局集团第一工程有限公司 | 何礼明 |
| 7 | 纳米比亚温得和克到霍齐亚·库塔科国际机场双向四车道高速建设 I 期 | 中铁七局集团郑州工程有限公司 | 马书强 |
| 8 | 坦桑尼亚 KASINDE-MPANDA 道路项目（108 千米） | 中铁七局集团海外公司 | 董　辉 |
| 9 | 东帝汶包考至维克克公路升级改造项目 Lot1 标段 | 中铁十局集团第二工程有限公司 | 郭洪亮 |
| 铁路工程（2项） | | | |
| 10 | 新建铁路磨丁至万象线 ZLZQ- Ⅰ标 | 中铁二局集团第二工程有限公司 | 白小可 |
| 11 | 磨万铁路琅勃拉邦梁场项目 | 中铁八局集团第七工程有限公司 | 王　伟 |
| 市政工程（3项） | | | |
| 12 | 新加坡地铁 T302 项目 | 中铁一局集团新加坡分公司 | 张继力 |
| 13 | 东南罗安达净水厂生水引水系统扩建工程 | 中铁四局集团市政工程分公司 | 毛　会 |
| 14 | 智利圣地亚哥地铁 2 号延长线 3 标 | 中铁隧道局集团国际事业部 | 杨彦奇 |
| 隧道工程（1项） | | | |
| 15 | 秘鲁钱凯港口隧道洞门项目 | 中铁十局集团拉美分公司<br>中铁十局集团第三建设有限公司 | 吴劲松 |
| 桥梁工程（2项） | | | |
| 16 | 肯尼亚 BARICHO 桥及附属道路项目 | 中铁十局集团非洲分公司 | 王玉亮 |
| 17 | 坦桑尼亚新塞兰德跨海大桥项目 | 中铁大桥局集团第五工程有限公司 | 曾海平 |
| 水利水电工程（2项） | | | |
| 18 | 刚果（金）布桑加水电站引水系统工程 | 中铁七局集团第三工程有限公司 | 王　波 |
| 19 | 援塞内加尔阿菲尼亚姆水坝修缮项目 | 中铁八局集团海外工程分公司 | 蒋兴方 |
| 电力工程（1项） | | | |
| 20 | 巴基斯坦塔尔Ⅱ区块 TEL1×33MW 坑口燃煤电站项目 | 中铁国际集团川铁国际经济技术合作有限公司 | 车明安 |

制表：徐彦胜

# CHAPTER 5

# 勘察设计与咨询服务

## 勘察设计生产经营

【全公司勘察设计工作概况】中国中铁勘察设计与咨询服务板块业务涵盖规划、咨询、勘察设计、监理、工程总承包、产品产业化等基本建设全过程服务，主要涉及铁路、城市轨道交通、公路、市政、房建等行业，并不断向现代有轨电车、磁悬浮、智能交通、民用机场、港口码头、电力、节能环保等新行业新领域拓展。2020年，公司并购了中铁装配、中铁长江院和中铁水利院，合理布局生产要素，增强了装配式建筑、公路、水利水电、水资源开发利用、河道或流域水生态、水环境治理的设计和规划优势，对公司原有业务形成了有效补充。公司基本经营模式是在境内外通过市场竞争获得勘察设计订单，按照合同约定完成工程项目的勘察设计等相关服务任务。同时，公司不断创新勘察设计业务经营模式，充分利用开展城市基础交通设施规划的优势，努力获取设计项目和工程总承包项目，促进全产业链发展。作为中国勘察设计行业的骨干企业，公司在工程建设领域发挥了重要的引领和主导作用，尤其是在协助制定铁路行业建设施工规范和质量验收标准等方面发挥着重要作用。在2020年ENR全球150家最大设计企业和225家最大国际设计企业排名中，公司分别居第16位和第122位。（贤 慧）

【勘察设计与咨询生产经营概况】2020年，勘察设计企业完成营业额234.64亿元，占年度计划216.5亿元的108.38%，较2019年增加27.9亿元，同比增长13.51%。（贤 慧）

【重点工程勘察设计】2020年，各咨询企业共开展项目6662项，其中，勘察设计项目2816项、咨询项目1307项、监理项目857项、国外项目85项、其他项目1597项。中铁二院作为川藏铁路雅安至林芝段的总体设计单位，负责雅安至昌都段勘察设计，可行性研究报告已于2020年9月获国家发改委批复，11月先期开工段按期开工。中铁设计和中铁二院负责成达万铁路的勘察设计工作，可行性研究报告已于11月4日获得国家发改委批复，12月24日先期开工点天府动车所已启动开工仪式。中铁二院勘察设计的大临铁路正式开通运营，大临铁路全线地质条件复杂，桥隧比高，正线全长202千米，设计时速达160千米。历经12年设计建设，中铁二院规划设计的重庆沙坪坝站铁路综合交通枢纽正式开启，为全国首例高铁TOD项目。12月31日由中铁设计总体总包项目北京市轨道交通房山线北延工程正式开通运营。12月26日，福平铁路正式通车运营，标志着由中铁大桥院勘察设计、监理及健康监测的中国首座跨海峡公铁大桥——平潭海峡大桥全线通车。（贤 慧）

【中铁二院勘察设计生产经营】2020年，中铁二院完成新签合同额290.77亿元，较2019年232.03亿元增加58.74亿元，增长25.3%，为年度计划290亿元的100.3%；实现营业收入99.57亿元，较2019年91.74亿元增加7.83亿元，增长8.53%，为全年确保目标的100.71%；主业净利润为9.79亿元。中铁二院勘察设计实物工作量为4961.66折算千米，较2019年4726.30折算千米增长5%；地质钻探312万实钻米，实钻米同比增长18.5%。（王 璐）

【中铁二院勘察设计工作进展情况】2020年，中铁二院全年完成勘察设计实物工作量4961.66折算千米，比2019年同期4726.30折算千米增加5%；地质钻探312万实钻米，实钻米同比增加18.5%。全年共承担国内勘察设计及咨询项目309项，其中铁路板块项目85项、咨询板块项目11项、城市轨道交通板块项目151项、公路及市政交通工程板块项目62项。

铁路板块完成可行性研究22项、初步设计13项、施工图设计15项，确保了成昆铁路米攀段、安水铁路等8个项目年内开通运行；城市轨道交通板块完成工可12项、初步设计12项、施工图设计13项，确保了昆明地铁4号线、成都地铁18号线一期工程等16个项目建成通车；公路及市政板块完成可行性研究2

▲ 2020年9月27日，由中铁二院担任勘察设计总承包任务的成都轨道交通18号线首开段正式开通初期运营

▲ 2020年9月23日，由中国中铁二院承担勘察设计总承包的昆明地铁4号线开通初期运营

项、初步设计5项、施工图设计6项，确保了成洛大道（三环至四环路）快速路改造工程等3个项目年内开通。2020年，中铁二院承担的海外勘察设计项目共计81项。项目主要分布于亚洲、非洲、欧洲、南美洲、北美洲和大洋洲共32个国家，其中非洲28项，亚洲34项，欧洲3项，南美洲13项，北美洲1项，大洋洲2项。按项目类型分类，规划咨询类项目21个、勘察设计项目41个、工程类项目3个、援外项目16个。全年，中铁二院国内工程总承包板块完成新签合同额174.9亿元，营业收入17.85亿元。执行的工程总承包项目共计63项，其中在建项目48项，暂停施工项目5项，未开工项目10项。

（王璐　孟美辰　王长春）

【中铁六院勘察设计生产经营】2020年，中铁六院累计完成营业额31.98亿元，为股份公司年度预算目标29.60亿元的108.04%，同比增长10.58%，全年执行生产项目共计4271项。其中，勘察设计项目2509项，工程总承包项目（含施工）29项，境外项目15项，技术咨询项目（含施工图审核、设计咨询、集成服务等）1535项，工程监理项目149项，产品产业化项目34项。完成地质钻探18.2万实钻米。全年新增生产项目782项，完工或投运项目569项。从各板块来看：

铁路工程方面。承担勘察设计项目597项；承担设计咨询、施工图审核项目119项；其他类项目34项。

城市轨道交通工程方面。承担总体总包（设计总承包）项目6项，工点设计项目417项，系统设计项目326项；承担设计咨询、施工图审核项目170项；承担勘察、测绘及第三方监测项目366项。

公路市政工程方面。承担勘察设计项目455项；承担设计咨询、施工图审核项目283项。

工程总承包方面。承担工程总承包和施工项目29项。其中，城轨项目2项，铁路项目9项，建筑项目11项，市政项目7项。

建筑工程方面。承担勘察设计项目680项；承担设计咨询、施工图审核项目550项。

海外工程方面。承担海外工程项目15项。其中，铁路项目2项，城轨项目11项，建筑项目1项，市政项目1项。

工程监理方面。共承担工程监理149项，其中铁路项目监理共40项；城轨项目监理共105项；市政项目监理共4项。

配合经营前期研究和投标项目方面。配合经营前期研究项目189项。其中海外工程8项；境内工程项目181项。投标项目290项。

（李红谍）

【中铁六院勘察设计工作进展情况】铁路项目。北黑线（龙镇至黑河段）铁路升级改造工程：线路长度302.68千米，2020年度主要开展了定测、初步设计、施工图设计、配合施工等工作。深圳至茂名铁路越珠江口工程：国内最长的高速铁路水下隧道，隧道长13.74千米，年内主要开展了施工图设计、配合施工等工作。重庆至昆明高速铁路寻甸至会泽段（DK550+300 ~ DK604+581.424）勘察设计工程：线路长度52.481千米，年内主要开展了施工图设计等工作。京通铁路电气化改造工程：线路全长803.10千米，年内主要开展了配合施工等工作。

城市轨道交通。南京至马鞍山城际铁路：线路全长65.15千米，设车站20座，其中地下站9座，高架站11座，年内主要开展了项目工可、总体设计等工作。天津地铁2号线延伸空港经济区工程：线路全长7.7千米，共设站4座，均为地下站，年内主要开展了项目可行性研究、

▲2020年9月30日，由中铁六院担任勘察设计任务的京通铁路昌朝段北京市范围内线路正式开通初期运营

初步设计等工作。重庆轨道交通4号线西延伸段：线路全长11.2千米，共设站9座，均为地下站，年内主要开展了项目初步设计等工作。滨海新区轨道交通B1线一期工程（黄港车辆段至于家堡站段）：线路全长约22.4千米，均为地下线，共设站15座，在黄港欣嘉园东侧设置黄港车辆段，年内主要开展了施工图设计和配合施工等工作。滨海新区B1线一期工程（于家堡站至盐田停车场）：线路全长约8.9千米，均为地下线，共设站7座，设盐田停车场一处，年内主要开展了施工图设计工作和配合施工等工作。北京轨道交通28号线（原CBD线）：线路长度6.54千米，全为地下线，设8座车站，一座停车场，其中换乘站4座，年内主要开展了初步设计修改、施工图设计等工作。

以色列特拉维夫地铁红线系统工程：线路全长24千米，中铁六院主要负责供电系统、通信系统、屏蔽门、AFC和PSCADA等系统设计，年内主要开展了施工图设计工作。（李红课）

【中铁设计勘察设计生产经营】2020年，中铁设计新签合同1906项，新签合同额150.17亿元，完成中国中铁下达计划新签合同额130亿元的116%，同比2019年新签合同额112.48亿元增长34%。完成营业额53.33亿元，完成中国中铁下达计划营业额47亿元的113%，同比增长21%。

2020年，中铁设计开展不同阶段的主要勘测设计、咨询、工程总承包项目共计548项，累计完成工程设计（或实物）工作量5079折算千米（其中，铁路2736折算千米；城市轨道交通801折算千米），同比增长7.5%；工程测量2216标准平方千米，同比增长18.4%；工程地质125.38实钻万米，同比增长206.2%。

（刘彪　韩宁）

【中铁设计勘察设计工作进展情况】2020年，中铁设计承担中国铁路总公司项目18项（2887千米），其中，前期工作（预可行性研究、可行性研究）项目6项（1026千米），初步设计、施工图设计及配合施工项目12项（1861千米）；承担铁路局及地方铁路项目108项，其中，前期工作（预可行性研究、可行性研究）项目29项（2341千米），初步设计、施工图设计及配合施工项目38项（1881千米），铁路规划、方案研究项目41项。

2020年，中铁设计承担的城市轨道交通主要设计项目91项，主要分布在北京、上海、天津、广东、四川等18个省、自治区、直辖市。目前传统轨道交通项目大部分处于初步设计和施工图设计阶段，转型跨座式轨道交通项目继续开展规划、勘察设计，其中芜湖项目继续开工建设。

【中铁大桥院勘察设计生产经营】2020年中铁大桥院完成新签合同额39.79亿元，占年度计划39亿元的102.03%；实现营业收入18.37亿元，完成全年预算18.35亿元的100.11%；实现净利润1.87亿元，完成年度预算1.62亿元的115.43%。

中铁大桥院突出经营开发龙头作用，进一步完善经营布局，加大队伍建设，落实保障机制，持续提高经营质量。深入推进区域经营体制机制改革，形成了各负其责、协同一体、优势互补的立体经营格局；强化全员经营意识，配齐配强经营力量，通过多种形式选派政治素质硬、业务水平高、经营意愿强、综合素质高的人员加入区域经营和海外经营队伍。中铁大桥院坚持把经营开发作为保证发展的主攻方向和突破重点，全力承揽项目，桥梁、市政、公路、规划、建筑、铁路、诊治、监理等各业务板块持续发力，优势市场得到巩固，成功中标武汉光谷长江大桥、荆州李埠公铁两用长江大桥、新建宜昌至涪陵铁路、深茂铁路珠江口隧道、重庆轨道交通15号线、安庆产城融合等一大批项目；桥梁产业链条继续稳固，监理、监控、监测业务成果显著；铁水联运、铁路专用线、工程总承包等新兴业务稳妥推进。在确保全年海外员工零感染的同时，国际国内联动发力，参与跟踪和投标项目共计30余项，分布在欧洲、亚洲、非洲、南美等地区。（刘慧）

【中铁大桥院勘察设计工作进展情况】桥梁工程领域，由中铁大桥院

▲中铁设计承担勘察设计任务的京张高铁清河站获得中国钢结构金奖

参建的沪苏通长江公铁大桥、五峰山长江大桥、平潭海峡公铁大桥、商合杭铁路芜湖长江公铁大桥、武汉青山长江大桥5座世界级桥梁建成通车，行业龙头地位不断巩固。常泰长江大桥等10座世界级桥梁入选央视《“十三五”成就巡礼》栏目，占全部入选桥梁的5/6。持续加强工程监理、施工监控、健康监测、运营养护、维修加固、咨询审核、检测试验等桥梁产业链建设，积极抢占景观设计、桥梁防撞、防腐除湿、检修平台、涉水专题、应急抢险等市场，保持在手项目丰富、储备项目充裕的良好态势。重点在建项目川藏铁路4座特大桥、北沿江高铁过江通道、通苏嘉甬铁路跨杭州湾通道、甬舟铁路跨海大桥、安九铁路九江长江大桥、巢马铁路马鞍山长江大桥、荆州李埠长江大桥、白沙洲长江公铁大桥、光谷长江大桥等进展顺利。市政工程领域，中标了武汉江汉七桥、南通西站大道、南宁乐富邕大桥、芜湖长江公铁大桥公路连接线化工西路段工程等项目，并积极抢占公路市场，参与了宜威高速、乐西高速等项目。

轨道交通领域，紧抓轨道交通市场发展机遇，努力提高市场地位，参与武汉、北京、佛山、南宁、长春、沈阳、南京、厦门、南通、广州等多个城市轨道交通项目中高架、地下车站区间的勘察设计工作，新签重庆轨道交通15号线、4号线西延伸段设计总承包项目、南宁市郊机场线设计标段、广州轨道交通三期土建设计标段等，承担多条地铁监理、监测及沿线停车场设计。

城乡规划领域，项目地域分布遍及除新疆、西藏、青海、甘肃、台湾之外的各省区，承接了山东宁阳棚改项目、安徽安庆产城融合项目、河北保定城中村改造项目、云南普高项目、贵州纳雍项目、肇庆白土镇产业园城市设计、十堰经开区核心区选址方案与城市设计、中铁黑龙滩国际旅游度假区生态沟项目等。

建筑设计领域，继续在高铁站房设计市场保持稳健发展势头，“南通西站”成为国铁集团观摩示范工程，取得了良好社会效应。成功中标广湛铁路吴川站、新建昌景黄线景德镇北站等10座高铁站房，累计承担高铁站房设计近百座。着力培育特色小镇、绿色建筑、智能建筑、BIM等业务增长点，承担中铁菏泽牡丹城、徐州淮海国际陆港行政商务区、川藏铁路BIM应用等项目。

铁道工程领域，不断壮大铁路专用线、铁水联运等特色业务优势，承担淮滨港专用线、岳阳煤炭专用线、湖南省铁水联运规划等项目。积极拓展高速铁路业务，高质量推进沿江高铁上海至合肥段勘察设计工作。持续推进上跨下穿、质量监督、通信信号等业务品牌建设，承担京港澳高速湖北段铁路立交工程、郑万铁路湖北段质量监督、电子客票通信网络通道扩容改造工程等。

（刘　慧）

【中铁华铁勘察设计生产经营】2020年，中铁华铁认真贯彻落实股份公司年度工作会议精神，牢固树立“经营是龙头”的理念，大力推进经营领域创新和经营模式创新，有序推进区域经营和立体经营，积极应对勘察设计市场新形势，在巩固勘察设计与咨询板块业务持续发展的基础上，坚持以创新为导向，大力拓展以设计为主体的工程总承包业务、政府采购服务业务、项目代建业务，较好地完成了各项经营工作。全年实现新签合同额41.62亿元，完成股份公司下达新签合同额指标39亿元的106.71%，同比2019年29.38亿元增长41.66%。

（李　冰）

【中铁华铁勘察设计工作进展情况】

1. 黄山云海旅游基础设施——

勘察设计与咨询服务

▲2020年12月15日，由珠海交通集团建设、中铁大桥院勘察设计、中铁大桥局等单位施工的世界首座大跨度串联式斜拉桥——洪鹤大桥通车运营

黄山汤口温泉小镇EPC总承包项目，合同额127652万元，项目在建阶段。

2. 河北乐盛家园工程总承包项目，合同额159077万元，项目在建阶段。

3. 中国中铁华东总部基地设计项目，合同额842.5万元，项目在建阶段。

4. 深圳市福田区水围市场及其周边改造提升工程代建项目，合同额3479万元，项目在建阶段。

5. 中铁隧道局集团新兴产业园设计项目，合同额1558万元，项目在建阶段。

6. 苏州工业园区生物医药产业园五期A1、A2地块设计项目，合同额1090万元，项目在建阶段。

7. 亿达东城国际设计项目，合同额532万元，项目在建阶段。

8. 新建太原至焦作铁路长治东站站房设计项目，合同额801万元，项目在建阶段。

9. 望亭镇吴门雅苑一期工程设计项目，合同额591万元，项目在建阶段。

10. 苏地2019-WG-26号地块设计项目，合同额795.75万元，项目在建阶段。

11. 苏州工业园区生物医药产业园三期B区设计项目，合同额549万元，项目在建阶段。

12. 讷河市沿江沿湖乡村振兴示范区建设工程设计项目，合同额2200万元，项目在建阶段。

13. 新建大同至张家口高速铁路山西省境内大同南动车所工程建管甲供设备项目，合同额1872万元，设备供货中。

14. 新建太原至焦作铁路山西段站后工程建管甲供物资（动车所设备）项目，合同额1668.72万元，设备供货中。

15. 新建北京至雄安新区城际铁路工程动车所建管甲供物资项目，合同额1080万元，设备供货中。

（李 冰）

【中铁科研院勘察设计生产经营】2020年，中铁科研院勘察设计板块新签合同总额20848万元，比2019年增加4337万元，增长26.3%。勘察设计板块完成营业额11880万元，比2019年增加1125万元，增长10.5%。

（伍海艳）

【中铁科研院勘察设计工作进展情况】

1. 成都地铁6号线一期、二期工程工点设计车站5标项目。工程名称：成都地铁6号线一期、二期工程。业主单位：成都地铁有限责任公司。合同额3351.8万元。合同工期：2015年8月起至工程竣工验收合格为止。主要工作内容为：玉双路站（与运营4号线换乘）、牛王庙站（与已建成的2号线换乘）、顺江路站、三官堂站（与规划的13号线换乘）、东光站（与在建8号线换乘）、琉璃场站（与运营的7号线换乘）共6座车站（含车站配线、车站盾构井）土建、装修、风水电设计及新鸿路北站—琉璃场站区间风水电的设计，主变电所至相邻车站及区间的35千伏电力廊道设计。进展情况：2020年完成所有车站建筑、结构及机电施工图设计工作和施工配合工作，2020年12月18日已通车运营。

2. 成都轨道交通8号线一期工程CZ7标项目。工程名称：成都轨道交通8号线一期工程。业主单位：北京城建设计发展集团股份有限公司。合同额1636.83万元。合同工期为2016年5月至2021年3月。主要工作内容为：成都地铁8号线一期工程沙河桥站、沙河桥东站、东大路站建筑、结构、通风空调、动力照明、给排水等专业初步设计、施工图设计及施工配合工作。进展情况：2020年完成所有车站建筑、结构及机电施工图设计工作和施工配合工作，2020年12月18日通车运营。

▲中铁华铁设计集团设计的二七厂国家冰雪运动训练科研基地改建项目获得中国钢结构金奖

3. 成都轨道交通9号线一期工程车站5标项目。工程名称：成都轨道交通9号线一期工程。业主单位：中铁二院工程集团有限公司。合同额1275.5101万元。合同工期为2016年5月至2021年5月。主要工作内容为：成都轨道交通9号线一期工程成都西站、黄田坝站车站建筑设计、景观绿化设计及路面恢复设计等。进展情况：2020年完成所有车站建筑、结构及机电施工图设计工作和施工配合工作，2020年12月18日通车运营。

4. 成都轨道交通9号线一期工程9CLD［武青车辆段土建（含主变电）、装修、风水电］设计项目。工程名称：成都轨道交通9号线一期工程9CLD（武青车辆段）工程。业主单位：中铁二院工程集团有限责任公司。合同额2926万元。合同工期：2016年5月起至工程竣工验收合格为止。主要工作内容为：车辆段运用库、物资总库、调机工程车库、检修库、不落轮镟库及试车间、轮对踏面检测棚及设备室、洗车棚及控制室、咽喉区等板块的设计工作。进展情况：2020年完成全部设计工作，正在开展相关施工配合工作。

5. 青岛市轨道交通1号线一期工程。工程名称：青岛市地铁1号线一期工程土建工点5标5站。业主单位：中国铁路设计集团有限公司。合同额1392万元。合同工期：2014年6月起至工程竣工验收合格为止。主要工作内容为：庙头站、文阳路站、春阳路站、沟岔村站、东郭庄站建筑、结构、通风空调、动力照明、给排水等专业初步设计、施工图设计及施工配合工作。进展情况：已完成施工配合。2020年12月24日通车运营。

6. 青岛市地铁4号线土建工点设计2标项目。工程名称：青岛市地铁4号线工程。业主单位：中铁二院工程集团有限责任公司。合同额1359万元。合同工期：2015年5月1日至通过政府验收且缺陷责任期结束。主要工作内容为：昌乐路站、内蒙古路站、静港路站、沙子口站、九静区间、静沙区间4个车站2个区间。进展情况：2020年主要完成昌乐路站、沙子口站、静港路站、内蒙古路站主体建筑及结构施工图；九静区间、静沙区间主体结构、管片结构及配筋、竖井施工图；静港路站、沙子口站主体围护结构变更图；昌乐路站预埋槽道施工图；沙子口站附属建筑施工图、附属围护结构施工图、附属主体施工图；昌乐路站附属建筑施工图。

7. 青岛市地铁6号线一期工程土建工点设计4标项目。工程名称：青岛市轨道交通6号线一期工程。业主单位：青岛市地铁六号线有限公司（原青岛地铁集团有限公司）。合同额2662.8223万元。合同工期：2017年2月起至工程竣工验收合格为止。主要工作内容为：港头站、黄河路站、淮河西路站、可洛石站、港头站—黄河路站区间、黄河路站—淮河西路站区间、淮河西路站—可洛石站区间、可洛石站—抓马山站的建筑、结构、通风空调、动力照明、给排水等专业初步设计、施工图设计及施工配合工作。进展情况：2020年完成各站、区间主体结构施工图。

8. 青岛市地铁8号线土建工点设计3标段项目。工程名称：青岛地铁8号线工程。业主单位：青岛市地铁八号线有限公司（原青岛地铁集团有限公司）。合同额3013.74万元。合同工期：2016年6月起至工程竣工验收合格为止。主要工作内容为：市民健康中心站、市民健身中心站、观涛站、红岛火车站—观涛区间共3站3区间设计任务，标段线路长度约8.4千米。主要工作内容为：初步设计及概算编制（含规划方案、总体方案设计、总体优化设计、施工图及设备材料招标设计）、施工图设计及相关后续服务（含施工及设备材料采购招标配合服务，施工现场及缺陷责任配合服务）和建筑信息模型（BIM）等。进展情况：已完成施工配合工作。2020年12月24日通车运营。

9. 昆明轨道交通4号线设计3标项目。工程名称：昆明轨道交通4号线。业主单位：昆明轨道交通四号线土建项目建设管理有限公司。合同额2136万元。合同工期：2016年1月1日至2020年6月30日。主要工作内容为：大塘子站、朱家村站、牛街庄站、云大西路站、可乐村站五座地下车站的建筑、结构、通风空调、动力照明、给排水等专业初步设计、施工图设计及施工配合工作。进展情况：已完成施工配合工作。2020年9月23日通车运营。

10. 佛山地铁11号线项目。工程名称：佛山城市轨道交通11号线工程。业主单位：中铁二院工程集团有限责任公司。合同额1190.93万元。合同工期：2017年8月起至工程竣工验收合格为止。主要工作内容为：细滘站、红旗路站、桂州大道站共3车站建筑、结构、通风空调、动力照明、给排水等专业初步设计、施工图设计及施工配合工作。进展情况：2020年完成建筑、结构、机电图纸送一签审查。

11. 广州轨道交通12号线设计14标项目。工程名称：广州市轨道交通12号线工程。业主单位：广州地铁集团有限公司。合同额2263万元。合同工期：2017年11月起至工程竣工验收合格为止。主要工作内容为：仓头站、仓头站—官洲站区间、官洲站—大学城北站区间、大学城北站—大学城南站区间、大学城南停车场出入场线区间共1车站4区间初步设计、施工图设计及施工配合工作。进展情况：2020年仓头站主体建筑、主体结构图出正式施工图；完成大学城南停车场出入场线区间第三方监测图、大学城南停车场出入场线盾构区间隧道主体（区间平纵断面图、盾构特殊管片设计图）施工图设计。（郭　晨）

## 技术咨询与服务

【全公司技术咨询和服务情况】2020年勘察设计板块技术咨询与服务实现营业额39.2亿元，占比16.7%，同比增长6.6%；新签合同额60.8亿元，占比 9.42%，同比增长 20.6%。充分发挥股份公司专家委员会作用，广泛开展设计咨询，相继组织技术专家研究股份公司总包的广州地铁 11 号线、13 号线大跨浅埋暗挖工程施工方案，提出了设计优化、施工加强等多项方案。组织研究确定滇中引水隧洞工程白云岩沙化、伊春矿业结构整治等专项方案。（贤 慧）

【中铁二院技术咨询和服务情况】2020 年，中铁二院咨询公司新签合同总额 6150 万元，与 2019 年相较，同比增长 21%。成功获取了穗莞深城际铁路深圳机场至前海段工程施工图审核及全过程投资控制造价咨询、新建兰州至合作铁路施工图审核及造价咨询等项目。

2020 年，中铁二院（成都）咨询监理有限责任公司技术管理服务板块完成新签合同总额 4.22 亿元，与 2019 年相较，同比减少 1.80%。获取了成都轨道交通 30 号线一期土建施工监理 1 标、深圳市城市轨道交通 12 及 13 号线设备监理 1 标、新建宣城至绩溪高速铁路工程监理（XJJL-2 标段）等项目。

（刘广峰 吴小娟）

【中铁六院技术咨询和服务与监理项目情况】全年承揽了新建广州至汕尾铁路工程、广州市轨道交通 10 号线及同步实施工程、新建常德经益阳至长沙铁路工程等 50 余个监理项目，完成新签合同额 3.58 亿元，占合同总额的 4.33%。咨询业务承揽了秘鲁利马市政空轨项目、重庆轨道交通 7 号线一期、6 号线重庆东站延伸段、8 号线一期、18 号线渝中区延伸段、17 号线一期工程设计审查、成都轨道交通 19 号线二期施工图审查等项目，共计 280 余个，完成新签合同额 4.98 亿元，占合同总额的 6.02%。

（边少勇）

【中铁设计技术咨询与服务】2020 年，中铁设计监理业务全年中标新建石衡沧港城际铁路衡黄段、新建重庆至昆明高速铁路重庆至宜宾段、新建广州至湛江高速铁路佛山站（不含）至西江桥尾、新兴南站（不含）至湛江北站（含）、深圳市城市轨道交通 13 号线二期（北延）等 95 个监理项目，完成新签合同额 51054 万元，占合同总额的 3.4%。

咨询业务稳步拓展，承揽了新建粤港澳大湾区肇庆大沙多式联运铁路货场工程可行性研究、聊城—邯郸—长治铁路工程可行性研究、荆州李埠长江公铁大桥勘察设计监理和审查咨询、宜昌市轨道交通 2 号线一期工程可行性研究及相关专题报告编制等项目，完成新签合同额 72192 万元，占合同总额的 4.8%。

全年共完成工程监理营业额 43033 万元；完成技术咨询（含技术咨询、工程检测、地勘监理）营业额 39984 万元。

（韩 宁）

▲中铁设计参与设计的北京市轨道交通新机场线一期工程

【中铁大桥院重大咨询与监理项目情况】·常泰长江大桥· 常泰长江大桥项目采用“高速公路 + 城际铁路 + 普通公路”三位一体合并方式过江，桥梁上层为高速公路，下层为城际铁路和普通公路；该桥建成后将成为世界上首座集高速公路、城际铁路、一级公路于一体的过江通道及最大跨度斜拉桥。主体工程于 2019 年 9 月开工，计划于 2025 年 3 月完工，目前该项目正在进行施工建设，进度正常。中铁大桥院承担常泰长江大桥工程全线（含公铁合建段、普通公路接线）桥梁、路基、涵洞、通道、路面、铁路道砟工程、交通工程相关预留预埋、铁路桥后续工程相关预留预埋、交通安全设施、景观绿化及可能发生的声屏障等环保工程的施工监理和缺陷责任期监理服务。

·深中通道· 深圳至中山跨江通道项目沿线经过深圳市宝安区、海域、中山翠亨新区。工程包括：第一阶段两座人工岛，东侧岛长 625 米、宽 100 米，西侧岛长 625 米、宽 175 米，西人工岛从 2016 年 12 月开工，建设工期为 70 个月；第二阶段作为关键线路和控制性工程的岛隧工程在 2017 年 12 月开工；第三阶段桥梁工程于 2018 年 4 月开工，深中通道项目计划于 2024 年建成通车，目前该项目正在施工建设，施工进度正常。中铁大桥院负责深中通道两座人工岛及沉管隧道部分施工监理任务。

·川南城际铁路· 川南城际铁路位于川南城市群核心区域，连接内江、自贡、宜宾和泸州四市，是连接成渝经济区腹地次级中心城之间，以及沿线地区与成都、重庆两大中心城市之间的便捷快速通道，线路总长约 213 千米。建设川南城际铁路对完善成渝城际铁路网，促进区域内城镇化进程，推动沿线经济社会发展具有重要意义。

·宜宾临港长江大桥· 宜宾临港长江大桥建成后将成为中国首座公铁两用钢箱梁斜拉桥，也是世界上最宽的公铁两用桥，以及世界上跨度最大的公铁两用钢箱梁斜拉桥。该项目主体工程于2018年12月开工，计划竣工日期：2022年12月30日，目前该项目正在进行施工建设，进度正常。中铁大桥院承担的监理任务：宜宾临港长江大桥（DK71+870.91~DK73+608.81）范围内的站前站后工程施工监理，主要包括临建工程、桥梁工程、四电工程、铺轨工程等。

·温州瓯江北口大桥· 温州瓯江北口大桥位于温州市瓯江出海口，采用宁波至东莞国家高速公路和国道228线（南金公路）共线过江的双层桥梁方案，该工程于2016年12月30日开工，计划于2021年12月底建成，目前，该项目正处于施工阶段。中铁大桥院负责土建中塔（中塔沉井基础、承台、塔柱）、土建北塔、北锚碇、北引桥及上部钢结构制造、安装的施工监理。

·福平铁路· 新建福州至平潭铁路，位于福建省福州市、平潭综合试验区。跨海平潭海峡大桥采用公铁合建桥梁方案，平潭海峡公铁两用大桥是福平铁路的控制性工程。该项目于2013年10月开工，2020年末建成通车。中铁大桥院承担新建福州至平潭铁路FPJL–4标段工程的施工监理任务，正线长18.323千米。主要工程内容包含桥梁9座/8312.48米，隧道1座/1894米，路基13处/8081米；三电及管线迁改与道路改移；综合接地，接触网立柱基础等与站后有关接口工程、航道航标相关工程、隧道地表加固及帷幕、径向注浆工程。

·沪苏通长江大桥· 沪苏通长江大桥主塔采用钻石型混凝土结构，该桥跨径为同类桥梁世界之最，29号墩深水沉井基础为世界最大的桥梁沉井基础；国内第一次采用了Q500qE新钢种及2000兆帕级斜拉索；主塔高度325米，为国内第一。该项目为铁路工程，于2014年3月1日开始施工，于2020年6月完成。中铁大桥院与铁科院监理公司组成联合体承担沪通长江大桥主桥及南岸引桥的全部施工监理任务，中铁武汉大桥工程咨询监理有限公司主要负责沪通长江大桥北侧（南通侧）一半及南岸公铁合建段的施工监理任务。

·五峰山长江大桥· 五峰山长江大桥是新建铁路连云港至镇江铁路重点控制工程，该桥跨径是同类桥型世界第一，本工程于2015年10月28日开工，于2020年8月建设完成。五峰山长江大桥是由中铁大桥院与铁科院监理公司联合体监理，中铁大桥院主要负责监理范围：DK273+073.310~DK276+306.021 里程范围内道路改移、电力线路和通信线路迁改（不含军缆与35千伏及以上高压电力），路基，站场，桥涵，接触网支柱基础，电缆槽，声屏障，绿化，综合管沟，站台墙，地道，站场附属以及其他大临工程等工程。包含五峰山长江特大桥北锚碇、主桥北岸边墩、北岸辅助墩、北塔基础、北塔、北岸主缆锚固系统、北岸主索鞍塔顶格栅及顶推架的预埋件等。

·杭州湾跨海大桥· 杭州湾跨海大桥混凝土裂缝维修工程，杭州湾跨海大桥全长36千米，主要维修内容为混凝土箱梁内裂缝维修、混凝土箱梁外锈胀露筋维修及涂装、65座承台自身裂缝及混凝土套箱与承台结合面裂缝维修及F06承台锈胀露筋维修及内部缺陷专项维修。项目规模约1047万元，截至2020年末除箱梁外防腐涂装已全部完成。

（刘 慧）

【中铁华铁重大咨询与监理项目情况】2020年，中铁华铁工程设计集团有限公司技术咨询服务业务持续稳定发展，主要项目有：佛山轨道交通工程质量安全监督管理政府采购服务项目，合同额8494.22万元，在建阶段；新建重庆至昆明高速铁路重庆至宜宾段施工监理2标，合同额4340万元，在建阶段；厦门市轨道交通6号线（林埭西至华侨大学段）工程监理项目2标，合同额3727.32万元；深圳市轨道交通四期共建管廊工程14号线共建管廊工程监理项目4标，合同额3517万元，在建阶段；沈阳地铁3号线土建工程监理4标，合同额1906.89万元，在建阶段；沈阳地铁3号线土建工程监理3标，合同额1721.83万元，在建阶段；新建重庆至昆明高速铁路云贵段工程监理，合同额1642万元，在建阶段；杭州市萧山区通城大道快速路并行铁路路段工程监理，合同额1400万元，在建阶段。

（李 冰）

【中铁科研院重大咨询与监理项目情况】2020年，中铁科研院技术咨询服务板块完成新签合同额139487万元，比2019年增加3332万元，增长2.4%。技术咨询服务板块完成营业额97268万元，比2019年增加7779万元，增长8.7%。主要项目如下。

·滇中引水工程隧洞超前地质预报及监控量测项目· 合同金额3236.78万元，合同工期约48个月。该标段共有7座隧道，15个工点，其中小路南2号隧洞（14099米）、龙树隧洞（10648米）属长大隧道。合同主要服务内容为临时安全监测工作。临时安全监测工作主要内容包括洞内外观察、周边位移、拱顶下沉、地表下沉（浅埋段）等。截至2020年底，进度完成21%。

·广州轨道交通13号线二期及同步实施工程项目施工监测· 合同金额2836.85万元，项目包括8站1停车场13区间，分别为：梅东路站（不含）—花城广场北站—冼村站—石牌南站—马场站—白马岗站—天河公园站（不含）—棠下站—车陂站—珠村站—鱼珠停车场。周边环境复杂，天河区段周边写字楼高层建筑居多，地质情况复杂，部分区域存在不同大小的溶洞；梅花区间下穿黄埔大道及上部桥梁；冼村站为换乘站且周边建筑均为写字楼高层建筑；石碑南站两侧分别为黄埔大道下穿隧道东口及马场路隧道西口；马场站将来为换乘站且周边为高层建筑及快速路高架桥；马

勘察设计与咨询服务

▲中铁科研院正在抢险加固的楼兰古城三间房遗址

白区间下穿华南快速干道；车陂站为换乘站且周边车流量较大。截至2020年末，进度完成18%。

·国道216线（西藏境）区界至改则段公路新改建工程检测· 合同金额2666万元，路线全长746.427千米，铺筑沥青混凝土路面，增设必要的交通安全设施等，本项目采用三级公路标准建设，设计速度采用30千米/时，路基宽度采用7.5米，桥涵设计汽车荷载等级采用公路－Ⅱ级。其他技术指标应符合《公路工程技术标准》（JTGB 01—2014）中的相关规定。具体检测内容为全线土建、桥梁和交安工程交工质量鉴定检测，桥梁动静载检测及桩基检测等。截至2020年末，进度完成49%。

·成都市武侯区桥梁管养项目· 在2020—2022的三年服务期内，对成都市武侯区范围内的144座桥梁、4座下穿隧道进行管养服务工作。工作内容为既有病害整治、桥梁检查、日常管养、专项养护、日常监测等。在三年服务期内，新移交及减少桥隧的相关费用按中标人的投标价进行核算。截至2020年末，进度完成33%。

·马来西亚吉隆坡地铁二期监测项目· 合同金额4278.37万林吉特，主要工作内容：完成Titiwangsa车站、Hospital KL车站、1号中央通风井与1号渡线（IVS1&Crossover 1）和C标段的施工监测，监测项目包含地面沉降、建筑物倾斜及沉降、墙（土）体测斜、轴力、地下水位、水压、自动监测等内容。截至2020年末，进度完成76%。

·成都轨道交通27号线一期工程土建施工监理项目· 合同金额6346.81万元，包括27号线一期全部地下车站、高架车站及盾构区间、高架区间、中间风井、明挖法区间、矿山法区间、场段及其出入场线等土建施工监理。包括但不限于：车站主体工程及附属工程，盾构工作井与通风井主体工程及附属工程，高架区间、明挖法区间、矿山法区间、盾构法区间、区间联络通道、竖井、洞门、区间泵站及附属工程、场段及其出入场线主体工程及附属工程，排洪工程等。截至2020年底，进度完成4.71%。

·广州市轨道交通18号线工程监理1标项目· 合同金额6510.32万元。工程范围：18号线YDK0+690~YDK14+330（长度为13640米），包含万顷沙车辆段出入线。该标段共2座车站、2座中间风井、2座盾构井、1条出入线及5段盾构区间（22个联络通道）。截至2020年末，进度完成53%。

·新建贵阳至南宁高速铁路广西段GNJL-2标监理项目· 合同金额5132.491万元，站前工程管段里程为DK196+418.95~DK291+757.3，总长度为66.537千米，短链2处共28820.442米，长链1处19.032米，包括路基26段共4061米、隧道10座共48837米（其中，特长隧道2座、长隧道3座）、桥梁23座共14650米（其中特大桥8座、大桥11座、中桥4座）、车站2座等。铺轨工程包括正线铺轨562.491千米，站线铺轨20.678千米。截至2020年末，进度完成51%。

·中老铁路磨丁至万象段JL-2标监理项目· 合同金额5047.38万元。项目位于老挝乌多姆赛省和琅勃拉邦省之间。包含隧道14座，正洞全长36126延长米，桥梁27座，全长7654.72延长米；车站6座，房屋16301平方米，场站土石方158.4万立方米；路基（含车站）长度10114米，路基土石方119.166万立方米；涵洞35座，总计1883.3横延米。截至2020年末，进度完成88%。

·重庆轨道18号线监理1标项目· 合同金额4473.39万元，线路起点至李家沱长江复线桥北侧，本标段包括富华路停车场、停车场出入线、富华路站（代建）、富歇区间、歇台子站、歇奥区间、奥体中心站、奥石区间、石坪桥站、石杨区间、杨家坪站、杨滩区间、滩子口站、滩黄区间、黄桷坪站、黄四区间、四川美院站、四电区间、电厂站、电长区间，共计8站9区间，1停车场，1出入场线。截至2020年末，进度完成22%。

·新建重庆至黔江铁路施工监理CQQJJL-3标段项目· 合同金额4474.51万元，起讫里程DK113+233~DK159+182，DK172+369~DK180+129；主要工程内容包括CQQJZQ-7、CQQJZQ-8对应范围内的站前、站后工程施工监理。包括上述范围内的征地拆迁、路基、桥涵、隧道及明洞、轨道工程、通信信号及信息、电力及牵引供电、房屋、其他运营生产设备及建筑物、大型临时设施和过渡工程等所有站前站后工程项目。截至2020年末，进度完成3.63%。

·新建成都至自贡高速铁路（不含 DK24+055~DK39+406）施工监理 1 标段· 合同金额 4296 万元。项目位于四川省成都市天府新区。主要工程包括：①正线。站前、站后工程 42.048 千米，其中桥梁 12 座 /32.682 千米，隧道 3 座 /5.757 千米，路基 14 处 /2.573 千米，涵洞 3 座 /0.069.94 横延米，箱梁制架 878 孔、T 梁制架 55 孔。②成都南联络线。桥梁（单线）3 座 /2.068 千米；路基 1 处 /0.704 千米，含华兴村线路所改造工程。③铺轨。成自线、自宜线全线铺轨、铺砟（有砟道床）、铺岔。截至 2020 年末，进度完成 8%。（伍海艳）

## 优秀工程勘察设计奖

【优秀工程勘察设计奖】2020 年，中国中铁共获得省部级优秀勘察设计奖 151 项，其中：优秀工程勘察奖 27 项，优秀工程设计奖 114 项，优秀工程标准设计奖 2 项，优秀工程计算机软件奖 8 项。（贤 慧）

**表 5-1 2020 年度中国中铁获国家及省部级优秀工程勘察设计奖**

| 序号 | 项目名称 | 奖项名称 | 获奖单位 | 评选单位 | 获奖等级 |
|---|---|---|---|---|---|
| 1 | 南充—大竹—梁平高速公路（A3 合同段）工程地质详勘 | 省部级优秀工程勘察奖 | 中铁二院 | 四川省勘察设计协会 | 一等奖 |
| 2 | 成贵铁路乐山至贵阳段精测网测量 | 省部级优秀工程勘察奖 | 中铁二院 | 四川省勘察设计协会 | 一等奖 |
| 3 | 海南西环铁路精密控制网测量 | 省部级优秀工程勘察奖 | 中铁二院 | 四川省勘察设计协会 | 二等奖 |
| 4 | 成都地铁 4 号线二期工程盾构隧道漂卵石专项工程勘察 | 省部级优秀工程勘察奖 | 中铁二院 | 四川省勘察设计协会 | 三等奖 |
| 5 | 杭州地铁 4 号线一期工程（东冠路站—近江站）控制测量及施工控制测量检测工程 | 省部级优秀工程勘察奖 | 中铁六院 | 天津市勘察设计协会 | 二等奖 |
| 6 | 广州市轨道交通 14 号线支线工程（新和—镇龙）控制测量及施工测量检测工程项目 | 省部级优秀工程勘察奖 | 中铁六院 | 天津市勘察设计协会 | 三等奖 |
| 7 | 南宁市轨道交通 2 号线工程（玉洞—西津）第三方监测项目 2 标段 | 省部级优秀工程勘察奖 | 中铁六院 | 天津市勘察设计协会 | 三等奖 |
| 8 | 广州市轨道交通 13 号线一期工程鱼珠—象颈岭段控制测量及施工测量检测工程项目 | 省部级优秀工程勘察奖 | 中铁六院 | 天津市勘察设计协会 | 一等奖 |
| 9 | 郑州市轨道交通 1 号线一期工程运营期监测项目 | 省部级优秀工程勘察奖 | 中铁六院 | 天津市勘察设计协会 | 一等奖 |
| 10 | 宝鸡至兰州铁路客运专线朱家山隧道综合地质勘察 | 省部级优秀工程勘察奖 | 中铁六院 | 天津市勘察设计协会 | 一等奖 |
| 11 | 山西中南部铁路通道太行山隧道工程地质勘察 | 省部级优秀工程勘察奖 | 中铁设计 | 中国勘察设计协会 | 二等奖 |
| 12 | 京沪高铁泰安站出站口和西外环路综合改造工程铁路沉降监测 | 省部级优秀工程勘察奖 | 中铁设计 | 山东省测绘地理信息行业协会 | 一等奖 |
| 13 | 济南市刘长山路下穿京沪高铁济沪联络线、济南南站立交桥工程变形监测 | 省部级优秀工程勘察奖 | 中铁设计 | 山东省测绘地理信息行业协会 | 一等奖 |
| 14 | 青岛新机场高速公路上跨胶济铁路沉降监测工程 | 省部级优秀工程勘察奖 | 中铁设计 | 山东省测绘地理信息行业协会 | 二等奖 |
| 15 | 蒙华铁路 MHTJ-6 标段 CP Ⅲ建网及复测 | 省部级优秀工程勘察奖 | 中铁设计 | 山东省测绘地理信息行业协会 | 二等奖 |
| 16 | 新建湛江东海岛铁路通明湾特大桥勘察 | 省部级优秀工程勘察奖 | 中铁设计 | 河南省勘察设计协会 | 一等奖 |
| 17 | 金水路西延（嵩山北路—金水路）道路工程测量 | 省部级优秀工程勘察奖 | 中铁设计 | 河南省勘察设计协会 | 二等奖 |
| 18 | 杭长客专江西段运营初期线下工程沉降变形普查性监测和精测网复测 | 省部级优秀工程勘察奖 | 中铁设计 | 中国测绘学会 | 一等奖 |
| 19 | 马尔代夫跨海大桥（中马友谊大桥）工程地质勘察 | 省部级优秀工程勘察奖 | 中铁大桥院 | 中国公路交通勘察设计协会 | 二等奖 |

续表

| 序号 | 项目名称 | 奖项名称 | 获奖单位 | 评选单位 | 获奖等级 |
|---|---|---|---|---|---|
| 20 | 港珠澳大桥海中桥隧主体工程勘察 | 省部级优秀工程勘察奖 | 中铁大桥院 | 湖北省勘察设计协会 | 一等奖 |
| 21 | 武汉杨泗港长江大桥工程勘察 | 省部级优秀工程勘察奖 | 中铁大桥院 | 湖北省勘察设计协会 | 一等奖 |
| 22 | 新建蒙华铁路洞庭湖特大桥定测 | 省部级优秀工程勘察奖 | 中铁大桥院 | 湖北省勘察设计协会 | 一等奖 |
| 23 | 武汉市轨道交通 8 号线工程越江段勘察 | 省部级优秀工程勘察奖 | 中铁大桥院 | 湖北省勘察设计协会 | 一等奖 |
| 24 | 南宁市轨道交通 3 号线施工监测 | 省部级优秀工程勘察奖 | 中铁大桥院 | 湖北省勘察设计协会 | 三等奖 |
| 25 | 新建铁路宜昌紫云地方铁路工程勘察 | 省部级优秀工程勘察奖 | 中铁大桥院 | 湖北省勘察设计协会 | 二等奖 |
| 26 | 新余市大岗山水利枢纽工程测量（LIDAR） | 省部级优秀工程勘察奖 | 中铁水利院 | 江西省测绘地理信息学会 | 一等奖 |
| 27 | 江西省峡江水利枢纽工程标准化管理信息平台三维建模工程 | 省部级优秀工程勘察奖 | 中铁水利院 | 江西省测绘地理信息学会 | 一等奖 |
| 28 | 中铁鹭岛艺术城 | 省部级优秀工程设计奖 | 中铁二局 | 四川省勘察设计协会 | 三等奖 |
| 29 | 成都至重庆高速铁路通信、信号、信息及防灾工程设计 | 省部级优秀工程设计奖 | 中铁二院 | 四川省勘察设计协会 | 一等奖 |
| 30 | 沪昆客专玉屏至昆明段通信、信号、信息、防灾安全监控工程设计 | 省部级优秀工程设计奖 | 中铁二院 | 四川省勘察设计协会 | 二等奖 |
| 31 | 尼日尔 Maradi~Malbaza&Soraz~Zinder 132 千伏电力输变电工程设计 | 省部级优秀工程设计奖 | 中铁二院 | 四川省勘察设计协会 | 二等奖 |
| 32 | 云南铁塔公司沪昆高铁公网通信覆盖工程 | 省部级优秀工程设计奖 | 中铁二院 | 四川省勘察设计协会 | 三等奖 |
| 33 | 沪昆客专玉屏至昆明段电气化工程设计 | 省部级优秀工程设计奖 | 中铁二院 | 四川省勘察设计协会 | 三等奖 |
| 34 | 新建昆明铁路局调度所工程运调系统设计 | 省部级优秀工程设计奖 | 中铁二院 | 四川省勘察设计协会 | 三等奖 |
| 35 | 云桂铁路通信、信号、信息、防灾安全监控工程设计 | 省部级优秀工程设计奖 | 中铁二院 | 四川省勘察设计协会 | 三等奖 |
| 36 | 大庆至广州高速公路粤境连平至从化段 D3 和 D4 合同段工程设计 | 省部级优秀工程设计奖 | 中铁二院 | 四川省勘察设计协会 | 一等奖 |
| 37 | 东莞市城市快速轨道交通 R2 线工程设计 | 省部级优秀工程设计奖 | 中铁二院 | 四川省勘察设计协会 | 一等奖 |
| 38 | 深圳地铁 11 号线松岗车辆段与综合基地工程设计 | 省部级优秀工程设计奖 | 中铁二院 | 四川省勘察设计协会 | 一等奖 |
| 39 | 云桂铁路南盘江特大桥 | 省部级优秀工程设计奖 | 中铁二院 | 四川省勘察设计协会 | 一等奖 |
| 40 | 兰渝铁路皇泽寺隧道群设计 | 省部级优秀工程设计奖 | 中铁二院 | 四川省勘察设计协会 | 一等奖 |
| 41 | 兰州市北环路（二环）东段工程设计 | 省部级优秀工程设计奖 | 中铁二院 | 四川省勘察设计协会 | 一等奖 |
| 42 | 深圳车公庙综合交通枢纽工程设计 | 省部级优秀工程设计奖 | 中铁二院 | 四川省勘察设计协会 | 一等奖 |
| 43 | 云桂铁路新莲隧道工程设计 | 省部级优秀工程设计奖 | 中铁二院 | 四川省勘察设计协会 | 二等奖 |
| 44 | 重庆北站综合交通枢纽工程设计 | 省部级优秀工程设计奖 | 中铁二院 | 四川省勘察设计协会 | 二等奖 |
| 45 | 昆明枢纽改扩建工程近接隧道群设计 | 省部级优秀工程设计奖 | 中铁二院 | 四川省勘察设计协会 | 二等奖 |
| 46 | 新建海南西环线凤凰站综合换乘交通枢纽 | 省部级优秀工程设计奖 | 中铁二院 | 四川省勘察设计协会 | 二等奖 |
| 47 | 三台县第二水厂建设工程 | 省部级优秀工程设计奖 | 中铁二院 | 四川省勘察设计协会 | 二等奖 |
| 48 | 青岛市地铁一期工程（3 号线）安顺车辆基地工程设计 | 省部级优秀工程设计奖 | 中铁二院 | 四川省勘察设计协会 | 二等奖 |

续表

| 序号 | 项目名称 | 奖项名称 | 获奖单位 | 评选单位 | 获奖等级 |
|---|---|---|---|---|---|
| 49 | 深圳市城市轨道交通 11 号线工程区间隧道设计 | 省部级优秀工程设计奖 | 中铁二院 | 四川省勘察设计协会 | 二等奖 |
| 50 | 昆明枢纽昆明南站多线特大桥 | 省部级优秀工程设计奖 | 中铁二院 | 四川省勘察设计协会 | 二等奖 |
| 51 | 立体三线换乘车站——成都太平园站工程设计 | 省部级优秀工程设计奖 | 中铁二院 | 四川省勘察设计协会 | 二等奖 |
| 52 | 成都市人民南路顶掘法隧道工程 | 省部级优秀工程设计奖 | 中铁二院 | 四川省勘察设计协会 | 三等奖 |
| 53 | 埃塞俄比亚亚的斯亚贝巴轻轨一期工程车站结构设计 | 省部级优秀工程设计奖 | 中铁二院 | 四川省勘察设计协会 | 三等奖 |
| 54 | 广州地铁 6 号线二期工程花岗岩地区区间隧道设计 | 省部级优秀工程设计奖 | 中铁二院 | 四川省勘察设计协会 | 三等奖 |
| 55 | 兰渝铁路熊洞湾隧道设计 | 省部级优秀工程设计奖 | 中铁二院 | 四川省勘察设计协会 | 三等奖 |
| 56 | 新建云桂铁路引入昆明枢纽昆明南站强膨胀土路堑超高边坡工程设计 | 省部级优秀工程设计奖 | 中铁二院 | 四川省勘察设计协会 | 二等奖 |
| 57 | 成都市蜀龙路五期船槽工程设计 | 省部级优秀工程设计奖 | 中铁二院 | 四川省勘察设计协会 | 二等奖 |
| 58 | 广州市轨道交通 7 号线一期工程通信信号系统设计 | 省部级优秀工程设计奖 | 中铁二院 | 四川省勘察设计协会 | 一等奖 |
| 59 | 深圳市城市轨道交通 11 号线工程车站设备系统设计 | 省部级优秀工程设计奖 | 中铁二院 | 四川省勘察设计协会 | 一等奖 |
| 60 | 西安地铁 3 号线一期工程通信系统 | 省部级优秀工程设计奖 | 中铁二院 | 四川省勘察设计协会 | 二等奖 |
| 61 | 广州地铁 6 号线自动售检票系统工程设计 | 省部级优秀工程设计奖 | 中铁二院 | 四川省勘察设计协会 | 二等奖 |
| 62 | 合肥市轨道交通 1 号线合肥南站通风空调工程 | 省部级优秀工程设计奖 | 中铁二院 | 四川省勘察设计协会 | 三等奖 |
| 63 | 改建甘钟线右嘴头隧道进口滑坡防治工程设计 | 省部级优秀工程设计奖 | 中铁六院 | 陕西省勘察设计协会 | 一等奖 |
| 64 | 蒲城清洁能源化工有限责任公司铁路专用线工程 EPC 项目 | 省部级优秀工程设计奖 | 中铁六院 | 陕西省勘察设计协会 | 二等奖 |
| 65 | 陇海线宝鸡东 I 场、绛帐、武功站联锁设备改造工程 | 省部级优秀工程设计奖 | 中铁六院 | 陕西省勘察设计协会 | 三等奖 |
| 66 | 浩吉铁路中条山隧道 | 省部级优秀工程设计奖 | 中铁六院 | 天津市勘察设计协会 | 二等奖 |
| 67 | 北京地铁 8 号线三期工点设计 04 合同段 | 省部级优秀工程设计奖 | 中铁六院 | 天津市勘察设计协会 | 一等奖 |
| 68 | 复杂工况条件下盾构隧道施工 BIM 管理平台应用 | 省部级优秀工程设计奖 | 中铁六院 | 天津市勘察设计协会 | 一等奖 |
| 69 | 北京地铁 8 号线中国美术馆站错台岛式端厅结构设计 | 省部级优秀工程设计奖 | 中铁六院 | 天津市勘察设计协会 | 二等奖 |
| 70 | 浩吉铁路中条山隧道 | 省部级优秀工程设计奖 | 中铁六院 | 天津市勘察设计协会 | 二等奖 |
| 71 | 沈阳地铁 9 号线设计第三标段区间工程设计 | 省部级优秀工程设计奖 | 中铁六院 | 天津市勘察设计协会 | 二等奖 |
| 72 | 沈阳地铁 9 号线一期工程奥体中心站 | 省部级优秀工程设计奖 | 中铁六院 | 天津市勘察设计协会 | 二等奖 |
| 73 | 武汉轨道交通 7 号线一期工程王家墩商务区站东西两端与黄海路隧道共建段工程 | 省部级优秀工程设计奖 | 中铁六院 | 天津市勘察设计协会 | 二等奖 |
| 74 | 北京地铁 6 号线西延工程 03 标段 | 省部级优秀工程设计奖 | 中铁六院 | 天津市勘察设计协会 | 三等奖 |
| 75 | 成都地铁 7 号线工程 CZ2 标（花照壁站、茶店子站） | 省部级优秀工程设计奖 | 中铁六院 | 天津市勘察设计协会 | 三等奖 |

续表

| 序号 | 项目名称 | 奖项名称 | 获奖单位 | 评选单位 | 获奖等级 |
|---|---|---|---|---|---|
| 76 | 芜湖至杭州铁路电气化改造工程 | 省部级优秀工程设计奖 | 中铁六院 | 天津市勘察设计协会 | 三等奖 |
| 77 | 武汉市轨道交通11号线东段一期工程未来三路站岩溶处理 | 省部级优秀工程设计奖 | 中铁六院 | 天津市勘察设计协会 | 三等奖 |
| 78 | 杭州地铁2号线一期工程供电系统集成管理服务 | 省部级优秀工程设计奖 | 中铁六院 | 天津市勘察设计协会 | 一等奖 |
| 79 | 乌鲁木齐地铁1号线北段工程（八楼站—国际机场站）供电、综合监控及机电系统 | 省部级优秀工程设计奖 | 中铁六院 | 天津市勘察设计协会 | 一等奖 |
| 80 | 北京地铁8号线四期工程机电设备系统 | 省部级优秀工程设计奖 | 中铁六院 | 天津市勘察设计协会 | 三等奖 |
| 81 | 广州市轨道交通7号线（一期）车站设备监造采购项目 | 省部级优秀工程设计奖 | 中铁六院 | 天津市勘察设计协会 | 三等奖 |
| 82 | 厦门市轨道交通2号线一期工程五缘湾南站主体深基坑支护设计 | 省部级优秀工程设计奖 | 中铁六院 | 天津市勘察设计协会 | 三等奖 |
| 83 | 乌兹别克斯坦卡尔西至铁尔梅兹铁路电气化改造工程 | 省部级优秀工程设计奖 | 中铁六院 | 天津市勘察设计协会 | 三等奖 |
| 84 | 珠江三角洲城际快速轨道交通广州至佛山段工程 | 省部级优秀工程设计奖 | 中铁六院 | 天津市勘察设计协会 | 三等奖 |
| 85 | 厦门轨道交通2号线一期工程五缘湾站BIM设计及应用 | 省部级优秀工程设计奖 | 中铁六院 | 天津市勘察设计协会 | 三等奖 |
| 86 | 广州市轨道交通4号线南延段工程综合监控系统（含ISCS、FAS、BAS、ACS、安防）设计 | 省部级优秀工程设计奖 | 中铁六院 | 天津市勘察设计协会 | 二等奖 |
| 87 | 合肥市轨道交通1号线一、二期工程机电系统集成（咨询）及监造服务 | 省部级优秀工程设计奖 | 中铁六院 | 天津市勘察设计协会 | 二等奖 |
| 88 | 卡姆奇克隧道工程 | 省部级优秀工程设计奖 | 中铁六院 | 天津市勘察设计协会 | 一等奖 |
| 89 | 厦门市轨道交通2号线五缘湾站主体基坑支护设计 | 省部级优秀工程设计奖 | 中铁六院 | 天津市勘察设计协会 | 一等奖 |
| 90 | 天津地铁5号线供电工程及综合监控工程 | 省部级优秀工程设计奖 | 中铁六院 | 天津市勘察设计协会 | 二等奖 |
| 91 | 天津地铁5号线综合监控工程 | 省部级优秀工程设计奖 | 中铁六院 | 天津市勘察设计协会 | 一等奖 |
| 92 | 北京轨道交通燕房线（主线）工程总体 | 省部级优秀工程设计奖 | 中铁设计 | 中国勘察设计协会 | 一等奖 |
| 93 | 新建湛江东海岛铁路工程测量 | 省部级优秀工程设计奖 | 中铁设计 | 中国勘察设计协会 | 二等奖 |
| 94 | 济南市轨道交通1号线工程王府庄站基坑支护与降水工程设计 | 省部级优秀工程设计奖 | 中铁设计 | 山东省勘察设计协会 | 一等奖 |
| 95 | 郑州市金水路西延道路（嵩山北路—金水路）工程 | 省部级优秀工程设计奖 | 中铁设计 | 河南省勘察设计协会 | 一等奖 |
| 96 | 焦作电厂上大压小异地扩建工程铁路专用线 | 省部级优秀工程设计奖 | 中铁设计 | 河南省勘察设计协会 | 一等奖 |
| 97 | 长治市五针街铁路立交桥EPC（设计、采购、施工）总承包 | 省部级优秀工程设计奖 | 中铁设计 | 河南省勘察设计协会 | 一等奖 |
| 98 | 新郑市中心城区新区创业路暖泉河大桥工程 | 省部级优秀工程设计奖 | 中铁设计 | 河南省勘察设计协会 | 二等奖 |
| 99 | 安阳西北绕城高速公路上跨京广铁路立交工程 | 省部级优秀工程设计奖 | 中铁设计 | 河南省勘察设计协会 | 二等 |

续表

| 序号 | 项目名称 | 奖项名称 | 获奖单位 | 评选单位 | 获奖等级 |
|---|---|---|---|---|---|
| 100 | 豫北煤炭物流储配基地铁路专用线 | 省部级优秀工程设计奖 | 中铁设计 | 河南省勘察设计协会 | 二等奖 |
| 101 | 晋城北站区热源改造工程 | 省部级优秀工程设计奖 | 中铁设计 | 河南省勘察设计协会 | 三等奖 |
| 102 | 郑州市农业路快速通道工程 | 省部级优秀工程设计奖 | 中铁设计 | 中国施工企业管理协会 | 一等奖 |
| 103 | 石太线北京铁路局管内设施设备改造工程 | 省部级优秀工程设计奖 | 中铁设计 | 山西省铁道学会 | 一等奖 |
| 104 | 古交三期 2×66 万千瓦低热值煤热电项目铁路专用线工程 | 省部级优秀工程设计奖 | 中铁设计 | 山西省铁道学会 | 一等奖 |
| 105 | 新建太原至兴县铁路工程柳林河一号大桥 | 省部级优秀工程设计奖 | 中铁设计 | 山西省铁道学会 | 一等奖 |
| 106 | 曲沃县闽光焦化有限责任公司铁路专用线站台环保封闭工程 | 省部级优秀工程设计奖 | 中铁设计 | 山西省铁道学会 | 二等奖 |
| 107 | 山西省焦炭集团益兴铁路专用线工程 | 省部级优秀工程设计奖 | 中铁设计 | 山西省铁道学会 | 二等奖 |
| 108 | 大同煤矿集团忻州煤炭运销岢岚安塘有限公司铁路专用线工程 | 省部级优秀工程设计奖 | 中铁设计 | 山西省铁道学会 | 二等奖 |
| 109 | 临汾站改造工程 | 省部级优秀工程设计奖 | 中铁设计 | 山西省铁道学会 | 二等奖 |
| 110 | 北京市轨道交通燕房线（主线）工程总体项目 | 省部级优秀工程设计奖 | 中铁设计 | 中国勘察设计协会 | 一等奖 |
| 111 | 济南市二环西路南延下穿京沪铁路立交桥工程 | 省部级优秀工程设计奖 | 中铁设计 | 山东省住房和城乡建设厅 | 三等奖 |
| 112 | 港珠澳大桥主体桥梁工程 | 省部级优秀工程设计奖 | 中铁大桥院 | 中国公路交通勘察设计协会 | 一等奖 |
| 113 | 港珠澳大桥主体工程桥梁 DB02 标设计 | 省部级优秀工程设计奖 | 中铁大桥院 | 湖北省勘察设计协会 | 一等奖 |
| 114 | 援马尔代夫中马友谊大桥工程设计 | 省部级优秀工程设计奖 | 中铁大桥院 | 湖北省勘察设计协会 | 一等奖 |
| 115 | 杨泗港长江大桥工程设计 | 省部级优秀工程设计奖 | 中铁大桥院 | 湖北省勘察设计协会 | 一等奖 |
| 116 | 柳州市白沙大桥工程 | 省部级优秀工程设计奖 | 中铁大桥院 | 湖北省勘察设计协会 | 一等奖 |
| 117 | 武汉市鹦鹉洲长江大桥两岸接线工程 | 省部级优秀工程设计奖 | 中铁大桥院 | 湖北省勘察设计协会 | 三等奖 |
| 118 | 武汉市轨道交通 27 号线（纸坊线）工程设计第 2 标段 | 省部级优秀工程设计奖 | 中铁大桥院 | 湖北省勘察设计协会 | 一等奖 |
| 119 | 广州地铁 4 号线南延段资讯园—南沙客运港区间 | 省部级优秀工程设计奖 | 中铁大桥院 | 湖北省勘察设计协会 | 三等奖 |
| 120 | 浩吉铁路洞庭湖大桥工程设计 | 省部级优秀工程设计奖 | 中铁大桥院 | 湖北省勘察设计协会 | 二等奖 |
| 121 | 宜昌紫云地方铁路工程设计 | 省部级优秀工程设计奖 | 中铁大桥院 | 湖北省勘察设计协会 | 一等奖 |
| 122 | 常青路（三环线—青年路）工程跨铁路桥 | 省部级优秀工程设计奖 | 中铁大桥院 | 湖北省勘察设计协会 | 二等奖 |
| 123 | 武汉轨道交通 7 号线一期工程长丰停车场工程设计 | 省部级优秀工程设计奖 | 中铁大桥院 | 湖北省勘察设计协会 | 二等奖 |
| 124 | 芜湖市城东 6 号地块（罗兰小镇）规划设计方案 | 省部级优秀工程设计奖 | 中铁大桥院 | 安徽省城市规划学会 | 二等奖 |
| 125 | 芜湖市生态网络规划（2017—2030 年） | 省部级优秀工程设计奖 | 中铁大桥院 | 中国城市规划协会 | 三等奖 |
| 126 | 苏州柯利达装饰股份有限公司研发楼 | 省部级优秀工程设计奖 | 中铁华铁 | 江苏省住房和城乡建设厅 | 三等奖 |
| 127 | 苏地 2016-WG-12 号地块项目（当代 · MOMA） | 省部级优秀工程设计奖 | 中铁华铁 | 江苏省住房和城乡建设厅 | 三等奖 |

续表

| 序号 | 项目名称 | 奖项名称 | 获奖单位 | 评选单位 | 获奖等级 |
|---|---|---|---|---|---|
| 128 | 中房怡园项目 | 省部级优秀工程设计奖 | 中铁华铁 | 江苏省住房和城乡建设厅 | 二等奖 |
| 129 | 重庆海螺水泥有限责任公司专用码头工程 | 省部级优秀工程设计奖 | 中铁长江院 | 中国水运建设行业协会 | 三等奖 |
| 130 | 重庆南川至贵州道真高速公路（重庆段） | 省部级优秀工程设计奖 | 中铁长江院 | 中国公路勘察设计协会 | 二等奖 |
| 131 | 重庆驸马长江大桥（中交公路规划设计院有限公司） | 省部级优秀工程设计奖 | 中铁长江院 | 中国公路勘察设计协会 | 二等奖 |
| 132 | 重庆梁平至忠县高速公路礼让隧道 | 省部级优秀工程设计奖 | 中铁长江院 | 中国公路勘察设计协会 | 二等奖 |
| 133 | 重庆九龙坡至永川高速公路（成渝高速公路扩能）交通工程及沿线设施设计 | 省部级优秀工程设计奖 | 中铁长江院 | 中国公路勘察设计协会 | 三等奖 |
| 134 | 重庆忠县至万州高速公路 | 省部级优秀工程设计奖 | 中铁长江院 | 中国公路勘察设计协会 | 三等奖 |
| 135 | 重庆南川至贵州道真高速公路（重庆段） | 省部级优秀工程设计奖 | 中铁长江院 | 重庆市勘察设计协会 | 一等奖 |
| 136 | 重庆港主城港区佛耳岩作业区二期工程 | 省部级优秀工程设计奖 | 中铁长江院 | 重庆市勘察设计协会 | 一等奖 |
| 137 | 重庆海螺水泥有限责任公司专用码头工程 | 省部级优秀工程设计奖 | 中铁长江院 | 重庆市勘察设计协会 | 二等奖 |
| 138 | 重庆梁平至忠县高速公路礼让隧道 | 省部级优秀工程设计奖 | 中铁长江院 | 重庆市勘察设计协会 | 三等奖 |
| 139 | 三峡库区重庆重要支流航道汤溪河（河口—白水）航道整治利用工程 | 省部级优秀工程设计奖 | 中铁长江院 | 重庆市勘察设计协会 | 三等奖 |
| 140 | 重庆港永川港区松溉作业区特川建材码头工程 | 省部级优秀工程设计奖 | 中铁长江院 | 重庆市勘察设计协会 | 三等奖 |
| 141 | 重庆主城港区长寿老黄沟淹没码头复建工程 | 省部级优秀工程设计奖 | 中铁长江院 | 重庆市勘察设计协会 | 三等奖 |
| 142 | 各类道岔通用铺设图 | 省部级优秀工程标准设计奖 | 中铁设计 | 北京市勘察设计协会 | 三等奖 |
| 143 | 车挡通用铺设图 | 省部级优秀工程标准设计奖 | 中铁设计 | 北京市勘察设计协会 | 三等奖 |
| 144 | 铁路工程电子施工日志管理系统 | 省部级优秀工程计算机软件奖 | 中铁二院 | 四川省勘察设计协会 | 一等奖 |
| 145 | 铁路钢筋混凝土框架桥设计软件 | 省部级优秀工程计算机软件奖 | 中铁二院 | 四川省勘察设计协会 | 二等奖 |
| 146 | 动态交互式地铁线路设计与综合铺轨软件 | 省部级优秀工程计算机软件奖 | 中铁二院 | 四川省勘察设计协会 | 二等奖 |
| 147 | 办公管理系统 6.0 版 | 省部级优秀工程计算机软件奖 | 中铁二院 | 四川省勘察设计协会 | 三等奖 |
| 148 | 地铁限界辅助设计系统 | 省部级优秀工程计算机软件奖 | 中铁二院 | 四川省勘察设计协会 | 三等奖 |
| 149 | 陇海线下行 k890+630~k890+760 等区段增设异物侵限自动报警系统工程 | 省部级优秀工程计算机软件奖 | 中铁设计 | 河南省勘察设计协会 | 三等奖 |
| 150 | 牵引供电系统计算软件 | 省部级优秀工程计算机软件奖 | 中铁设计 | 河南省勘察设计协会 | 三等奖 |
| 151 | 江西省峡江水利枢纽工程标准化管理信息平台三维建模工程 | 省部级优秀工程计算机软件奖 | 中铁水利院 | 江西省测绘地理信息学会 | 一等奖 |

制表：贤 慧

## 优秀工程咨询成果奖

【优秀工程咨询成果奖】2020 年，中国中铁获得省部级优秀咨询成果奖 19 项。（贤 慧）

表 5-2 2020 年度中国中铁获省部级以上优秀工程咨询成果奖

| 序号 | 项目名称 | 获奖类别 | 获奖单位 | 评选单位 | 获奖等级 |
|---|---|---|---|---|---|
| 1 | 大同煤矿集团轩岗煤电有限责任公司煤炭物流港铁路专用线 | 省部级优秀咨询成果奖 | 中铁设计 | 河南省工程咨询协会 | 二等奖 |
| 2 | 郑州市西站路西延（金水路西延）跨西流湖桥梁工程 | 省部级优秀咨询成果奖 | 中铁设计 | 河南省工程咨询协会 | 三等奖 |
| 3 | 安李线综合扩能改造工程 | 省部级优秀咨询成果奖 | 中铁设计 | 河南省工程咨询协会 | 三等奖 |
| 4 | 神木市秦运达物流有限公司铁路专用线 | 省部级优秀咨询成果奖 | 中铁设计 | 河南省工程咨询协会 | 三等奖 |
| 5 | 省道 332（新增省道）确山县跨京广铁路立交桥改建工程 | 省部级优秀咨询成果奖 | 中铁设计 | 河南省工程咨询协会 | 三等奖 |
| 6 | 新建铁路蒙西至华中铁路煤运通道浩勒报吉北矿区集运线 | 省部级优秀咨询成果奖 | 中铁设计 | 河南省工程咨询协会 | 一等奖 |
| 7 | 郑州火车站东、西广场片区交通总体改善工程——操场街下穿隧道工程 | 省部级优秀咨询成果奖 | 中铁设计 | 河南省工程咨询协会 | 一等奖 |
| 8 | 郑州市金水河（建设东路—铭功路）沿河路综合整治提升工程 | 省部级优秀咨询成果奖 | 中铁设计 | 河南省工程咨询协会 | 二等奖 |
| 9 | 龙潭过江通道工程可行性研究报告 | 省部级优秀咨询成果奖 | 中铁大桥院 | 湖北省工程咨询协会 | 一等奖 |
| 10 | 巫溪至开州高速公路项目可行性研究报告 | 省部级优秀咨询成果奖 | 中铁长江院 | 重庆工程咨询协会 | 一等奖 |
| 11 | 渝湘高速扩能（巴南—彭水段）项目可行性研究报告 | 省部级优秀咨询成果奖 | 中铁长江院 | 重庆工程咨询协会 | 一等奖 |
| 12 | 铜梁至安岳高速公路（重庆段）项目可行性研究报告 | 省部级优秀咨询成果奖 | 中铁长江院 | 重庆工程咨询协会 | 二等奖 |
| 13 | 重庆市高速公路网规划（2019—2035 年） | 省部级优秀咨询成果奖 | 中铁长江院 | 重庆工程咨询协会 | 二等奖 |
| 14 | 江津至泸州北线高速公路工程可行性研究报告 | 省部级优秀咨询成果奖 | 中铁长江院 | 重庆工程咨询协会 | 三等奖 |
| 15 | 渠江重庆段航道整治工程可行性研究报告 | 省部级优秀咨询成果奖 | 中铁长江院 | 重庆工程咨询协会 | 三等奖 |
| 16 | 渠江重庆段航道整治工程可行性研究 | 省部级优秀咨询成果奖 | 中铁长江院 | 中国水运建设行业协会 | 二等奖 |
| 17 | 广州火炉山隧道工程可行性研究报告 | 省部级优秀咨询成果奖 | 中铁六院 | 天津市工程咨询协会 | 一等奖 |
| 18 | 湘雅路过江通道工程可行性研究报告 | 省部级优秀咨询成果奖 | 中铁六院 | 天津市工程咨询协会 | 一等奖 |
| 19 | 金圆大厦对厦门轨道交通 2 号线工程影响评估 | 省部级优秀咨询成果奖 | 中铁六院 | 天津市工程咨询协会 | 二等奖 |

制表：贤 慧

勘察设计与咨询服务

CHAPTER 6

# 工程设备与零（部）件制造

## 工业企业生产经营

【工业制造概况】中国中铁工程设备与零部件制造业务主要服务于境内外基础设施建设，产品涵盖道岔、隧道施工设备、桥梁建筑钢结构、工程施工机械、装配式建筑品部件以及轨道交通电气化器材等。基本经营模式主要是在境内外通过市场竞争获取订单，根据合同按期、保质提供相关产品及服务。道岔产品方面，中国中铁拥有从设计研发到制造的全产业链核心竞争优势，具备年产各类道岔2万组的能力，产品广泛应用于铁路、地铁及有轨电车等领域。隧道施工设备及服务方面，能够提供涵盖复合盾构机、硬岩TBM等各系列隧道掘进机及配套设备、隧道施工机械的相关产品和配套服务，并已构建了零部件及配套设备设计研发、生产制造及配套服务的全产业链布局。工程施工机械方面，中国中铁是国内乃至世界领先的专业从事铁路、公路、城市轨道交通等领域专用施工机械的制造与研发的大型科技型企业，产品包括铺轨机、架桥机、运梁车及搬运机等铁路施工专用设备以及起重机械等其他大型工程机械。铁路和城市轨道交通电气化器材方面，中国中铁轨道交通电气化器材主要产品包括普速铁路、提速铁路、高速铁路接触网成套器材以及城市轨道交通所有供电形式的成套供电器材，其中，铁路客运专线、高速铁路接触网器材处于国际先进水平。装配式建筑方面，中国中铁是国内房屋装配式建筑部品部件行业中产品结构丰富并可提供装配式建筑全套解决方案的供应商，致力于打造高科技创新型装配式建筑业务平台。钢结构制造及安装方面，公司桥梁钢结构制造与安装业务主要以制造、安装各类大型桥梁钢结构为主，在跨江跨河的桥梁钢结构市场优势明显，生产制造的桥梁钢结构、钢索塔产品已达国际先进水平。中国中铁是全球销量最大的盾构机/TBM研发制造商，是全球最大的道岔和桥梁钢结构制造商、国内最大的铁路专用施工设备制造商、世界领先的基础设施建设服务型装备制造商。在国内市场，中国中铁在技术要求较高的高速道岔（250千米时速以上）业务市场的占有率约为55%，在重载道岔市场的占有率为50%以上，在城市轨道交通业务领域道岔市场的占有率为60%~70%，在大型钢结构桥梁市场的占有率为60%以上，在高速铁路接触网零部件市场的占有率为60%以上，在城市轨道交通供电产品市场占有率约为50%。中国中铁旗下控股子公司中铁工业（股票代码600528.SH）是中国铁路基建装备领域产品最全，A股市场上唯一主营轨道交通及地下掘进高端装备的工业企业；高铁电气（股票代码873023）是国内电气化接触网零部件及城市轨道交通供电装备重要的研发、生产和系统集成供应商；中铁装配（股票代码300374.SZ）是国内房屋装配式建筑部品部件行业中产品结构丰富并具备装配式建筑集成服务能力的供应商，可提供装配式建筑全套解决方案。

2020年，中国中铁工程设备与零部件制造业务新签合同额542.8亿元，同比增长29.0%，其中，国内新签完成514.3亿元，海外新签完成28.5亿元。中标珠三角水资源、新加坡穿岛线、格鲁吉亚公路隧道等多个订单。生产销售隧道施工装备241台（其中，盾构/TBM新机124台，再制造79台），新机同比增长13.8%。年内，中国中铁通过加快市场布局，寻求重点突破，重点围绕桥梁工业化建造、道岔技术进步、工程施工机械和隧道掘进装备关键零部件国产化替代等方向解决制约公司产业发展的技术瓶颈，加强国内市场开拓和覆盖，钢结构、道岔、工程机械、隧道施工装备等主要板块新签合同额均实现10%以上的增长，中标了芜湖至黄山高速公路桥梁钢结构制造及安装等一批重点项目。

（王　琳）

【中铁工业生产经营概况】2020年，中铁工业累计完成营业额264.0亿元，较2019年233.7亿元，同比增长13%。其中，境外营业额完成13.6亿元，同比增长11.2%。各业务板块中，钢结构产业完成营业额106.1亿元，同比增长16.1%；钢结构产品产量达到122.3万吨，同比增长4.9%。隧道施工装备完成营业额83.9亿元，同比增长9.9%；隧道施工装备产品产量为242台，同比下降4.7%。道岔完成营业额37.4亿元，同比增长4.4%；整租道岔8425组，同比下降12.2%。工程施工机

▲智能巡检机器人对变电所内设备状态进行巡检

械产业完成营业额6.5亿元，同比下降7.9%；工程服务产业完成营业额21.0亿元，同比增长14.3%。

（邱守慈）

【中铁电气化局工业公司生产经营概况】2020年，中铁电气工业有限公司完成新签合同额55.25亿元。其中铁路市场32.39亿元，占比58.62%；城市轨道交通市场12.41亿元，占比22.46%；海外市场3.42亿元，占比6.19%；轨外市场7.03亿元，占比12.72%。实现营业收入34.32亿元，完成工业产值32亿元，利润总额为2.12亿元，产品出厂合格率为100%。（陈 楠）

【中铁装配生产经营概况】2020年，中铁装配资产总额为32.26亿元，所有者权益为15.35亿元，营业收入为9.91亿元，利润总额为0.16亿元，净利润为0.14亿元，归属于母公司所有者的净利润为0.14亿元，技术开发投入为0.21亿元，利税总额为0.51亿元，应交税金总额为0.39亿元，全员劳动生产率为33.50万元，净资产收益率为0.91%，总资产报酬率为1.95%，国有资本保值增值率为103.70%。（王壮军）

## 主要产品

### ·隧道施工设备·

【中铁工业隧道施工设备概况】2020年，中铁工业累计生产完成盾构新机125台，再制造79台，合计204台；生产完成隧道专用设备38台（套）。重点完成了应用于杭州天马山项目的4台ϕ13.41米大直径泥水平衡盾构（中铁758号/759号/788号/789号），应用于嘉兴快速路项目的14.82米×9.44米顶管机（中铁798号），应用于澳大利亚雪山项目的ϕ11.01米大直径TBM，应用于滇中引水项目的ϕ9.83米大直径TBM（中铁888号），应用于波兰项目的ϕ13.4米大直径泥水平衡盾构（中铁797号），应用于格鲁吉亚项目的ϕ14.86米大直径TBM（中铁859号）。隧道专用设备产品领域，重点完成了应用于深圳微波山项目的世界最大悬臂掘进机CTR450，应用于滇中引水磨盘山隧洞项目的悬臂掘进机CTR323，应用于甘肃项目新乌鞘岭隧道的国内首台可自带动力行走的悬臂掘进机CTR300A，应用于渭武高速木寨岭隧道的高原型双臂湿喷台车HP-5017G。

（孙晓伟）

表6-1 中铁工业2020年隧道施工设备产品一览

| 序号 | 产品类别 | 应用领域/技术特点 |
|---|---|---|
| 1 |  土压平衡盾构机<br>（图示：中国中铁296号盾构，服务于太原铁路枢纽西南环线项目） | 适用于含有多种岩层的复合地质隧道开挖，主要用于城市地铁隧道建设，目前应用于国内近40个城市地铁项目的掘进，形成了盾构族群。<br>现有产品适用范围为直径4~17米 |
| 2 |  泥水平衡盾构机<br>（图示：中国中铁588号泥水盾构，服务于春风隧道项目） | 适用于含水量大的过江、跨海隧道施工，现主要用于公路、地铁、铁路工程，典型代表为下穿长江隧道工程以及规划中的渤海海峡、琼州海峡、台湾海峡跨海隧道工程。<br>与土压平衡盾构外观相似，出渣方式和平衡方式不同。<br>现有产品适用范围直径为4~17米 |



工程设备与零（部）件制造

续表

| 序号 | 产品类别 | 应用领域 / 技术特点 |
|---|---|---|
| 3 |  硬岩掘进机（TBM）<br>（图示：中国中铁 305 号 TBM，服务于大瑞铁路高黎贡山项目） | 适用于围岩相对稳定，以Ⅱ、Ⅲ类围岩为主的硬岩地层开挖，采用锚喷支护形式，常用于水利、水电、铁路、公路等山岭隧道建设。<br>现有产品适用范围为直径 3.5~15 米 |
| 4 |  硬岩掘进机（TBM）——凯式<br>（图示：中国中铁 237 号 /238 号 TBM，服务于黎巴嫩大贝鲁特引水项目） | 适用于围岩相对稳定，以Ⅱ、Ⅲ类围岩为主的硬岩地层开挖，采用锚喷支护形式，常用于水利、水电、铁路、公路等山岭隧道建设。<br>与主梁式的支护形式相同，推进及支撑形式不同。<br>现有产品适用范围为直径 3.5~15 米。 |
| 5 |  硬岩掘进机（TBM）——双护盾<br>（图示：中国中铁 382 号 TBM，服务于深圳地铁 6 号线项目） | 适用于软岩和硬岩地层，岩石完整或者破碎但能够自稳的地层。以管片衬砌作为初期或永久性支护，具备单护盾和双护盾两种工作模式。TBM 掘进和管片安装可以同步进行。常用于水利、水电、铁路、公路、城市地铁等隧道建设。<br>现有产品适用范围为直径 3.5~15 米 |

续表

| 序号 | 产品类别 | 应用领域 / 技术特点 |
|---|---|---|
| 6 |  硬岩掘进机（TBM）——单护盾<br>（图示：中国中铁 R17 号 /R18 号 TBM，服务于重庆地铁 5 号线项目） | 适用于软岩，岩石较破碎但是能够自稳的地层，以管片衬砌作为初期或永久性支护，依靠管片提供反推力，掘进和管片安装顺次进行。常用于水利、水电、铁路、公路、城市地铁等隧道建设。<br>现有产品适用范围为直径 3.5~15 米 |
| 7 |  马蹄形盾构<br>（图示：中铁 269 号“马蹄形”盾构，服务于浩吉铁路白城隧道） | 适用于大型公路、铁路山体隧道等领域，能够最大限度增加空间利用率，较圆形截面减少 15% 以上的开挖面积为全球首创的隧道开挖模式 |
| 8 | 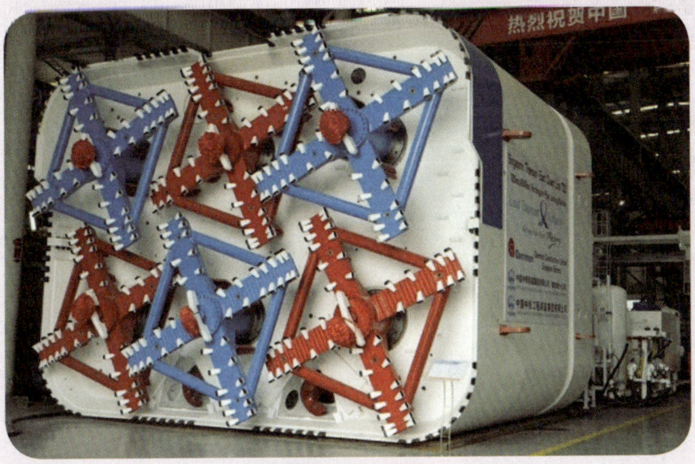 矩形盾构顶管机<br>（图示：中国中铁 236 号新加坡地铁汤申线矩形顶管） | 适用于矩形断面隧道开挖，主要用于城市交通下穿隧道建设和地下横通道建设。<br>现有产品最大断面为 14.82 米 ×9.446 米 |

续表

| 序号 | 产品类别 | 应用领域 / 技术特点 |
| --- | --- | --- |
| 9 |  U 型盾构<br>（图示：设备应用于海口项目） | U 型盾构机主要适用于土层、粉质黏土、砂土层、密实卵砾地层中的各类方涵、管廊的铺设，富水地层需进行降水，局部岩石方便破碎明挖，施工深度一般不大于 10 米，宽度一般不大于 15 米 |
| 10 |  顶管机 | 适用于浅覆土隧道开挖，主要用于城市地下共同管廊建设和油气输送管道建设。<br>现有产品适用范围为直径 0.8~4 米。产品类型包括泥水平衡顶管机、土压平衡顶管机 |
| 11 |  土压 /TBM 双模盾构机<br>（图示：中铁 749 号盾构，开挖直径 9980 毫米，服务于意大利切法卢高速铁路项目） | 适用于复合地层中存在长距离全断面硬岩地层施工，在复合地层中使用土压模式达到保压防沉降的目的，在全断面硬岩地层采用 TBM 模式达到快速掘进的目的。<br>现有产品适用范围为直径 4~17 米 |
| 12 | 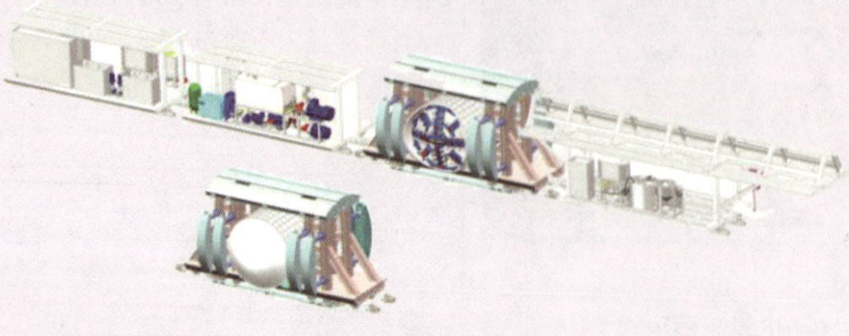 联络通道掘进机 | 目前，隧道联络通道项目主要采用冷冻法或者注浆法加固、矿山法暗挖，成本高、工期长且存在一定的安全质量风险。采用联络通道掘进机施工，可大大降低施工加固成本，缩短施工工期。同时技术成熟后可拓展至各种 T 接隧道施工，为地下空间、综合管廊的支线管网施工提供新的解决方案 |

续表

| 序号 | 产品类别 | 应用领域 / 技术特点 |
| --- | --- | --- |
| 13 |  扩孔式掘进机 TBE | 先开挖导洞，再进行分级或以此扩孔掘进成洞的机器，适用于围岩相对稳定、高强度岩层隧道开挖。<br>现有产品最大开挖直径为 14 米 |
| 14 |  斜井 TBM | 可开挖倾斜隧洞的 TBM。<br>现有产品开挖能力为从上向下 10°坡度，从下向上 30°坡度 |
| 15 |  SBM 竖井掘进机 | SBM 竖井掘进机是结合隧道掘进机及竖井施工特点研制的新型竖井施工设备，设备集成了竖井开挖、出渣、支护、通风、排水等多项施工及施工保障，是一种集机、电、液于一体的大型集成化施工设备，是竖井施工行业的创新性产品 |
| 16 |  曲线管幕机 | 曲线管幕机是一种应用于超大地下空间开发的机械装备，在避开地下障碍物、盾构机地下对接、主隧道与闸道接合部开挖、地铁车站开挖等超大地下空间工程中具有广泛应用前景 |

续表

| 序号 | 产品类别 | 应用领域 / 技术特点 |
| --- | --- | --- |
| 17 |  连续皮带机 | 专门用于隧道开挖出渣的连续性物料运输设备，主要和盾构机或硬岩 TBM 配套施工，可实现不停机掘进，是隧道施工机械化、成套化的关键设备 |
| 18 |  竖井皮带机 | 垂直提升主要采用波纹挡边皮带机，多应用于煤矿、水泥厂和钢厂，优点是占用面积小，可连续输送，同比目前斗式提升效率高，而且可以根据不同的需求进行针对性的布置 |
| 19 | 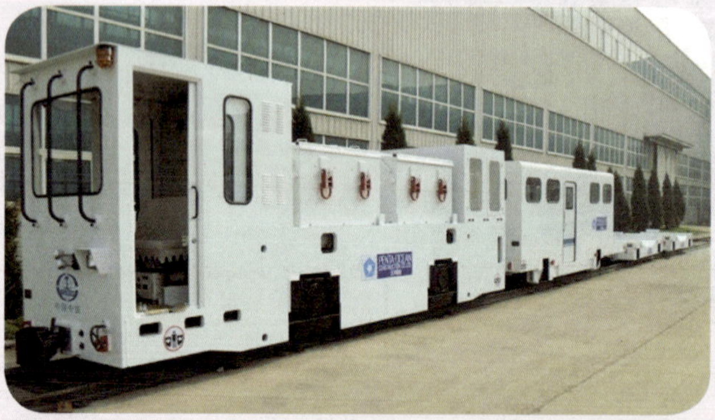 隧道配套编组列车 | 该设备主要由机车、渣车、砂浆车和管片车等组成，适用于地铁、铁路、公路、电力、引水等隧道施工，满足隧道施工物料、人员、渣土等物料运输。<br>现有产品适用范围为 12 ~ 60 吨牵引机车编 |
| 20 |  隧道凿岩台车 | 隧道凿岩台车广泛应用于铁路、公路、水利等钻爆法隧道施工领域，可用于隧道全断面或微台阶开挖等地下工程爆破孔钻设，还可用于超前地质钻探、超前管棚钻设、超前注浆钻设、径向锚杆钻设、辅助装药及撬毛等多种作业。设备具有信息化智能化程度高、作业效率高、经济性好、作业人员少、劳动强度低、安全性好、断面覆盖范围广、爬坡角度大、转场灵活等特点 |

续表

| 序号 | 产品类别 | 应用领域 / 技术特点 |
|---|---|---|
| 21 |  混凝土湿喷台车 | HP 系列混凝土湿喷台车是由中铁装备完全自主研发的混凝土喷射支护设备，具有喷射效率高、覆盖范围广、综合回弹率低、操作灵活方便等优点，已广泛应用于隧道、铁路、公路以及水利水电等多个施工领域 |
| 22 |  悬臂式隧道掘进机 | 悬臂式隧道掘进机是一种集截割、装载运输、自行走及喷雾除尘等功能于一体的高效联合作业机械。广泛应用于地铁、市政、公路、水利等隧道施工。具有机械化程度高、围岩损伤扰动少、超欠挖易控制、开挖出渣连续、作业人员少、劳动强度低、安全性高、适应断面灵活等特点。因其履带式的行走机构，便于转弯、爬坡，对复杂地质条件适应性强 |
| 23 |  智能锚注一体台车 | 智能锚注一体台车具有完全自主知识产权，集钻孔、注浆、安装锚杆等功能于一体，广泛应用于隧道掘进、地下硐室开挖等各项地下工程领域，具有适应性强、智能化程度高、施工安全可靠，操作人性化等特点，经过针对性设计可在 3500 米以上海拔高度的极端环境下高效完成各类型锚杆支护作业 |
| 24 |  防水板铺设台车 | 防水板（土工布）铺设台车用于隧道防水施工中防水卷材的自动铺设，并设置多点焊接作业平台提高焊接工效，同时为钢筋绑扎提供作业平台。对于隧道铺设大宽幅防水卷材在降低劳动强度及人工成本的同时又提高了铺设工效和质量，大净空门架设计保证隧道内车辆顺利通行 |

续表

| 序号 | 产品类别 | 应用领域 / 技术特点 |
| --- | --- | --- |
| 25 | 信息化二衬模板台车 | 隧道施工过程二次衬砌专用设备，用于对隧道内壁的砼衬砌施工，采取分布式灌浆管道，易于操作，浇筑效率高。每循环衬砌长度为 12 米。配备信息化系统，可实现二次衬砌的全过程监控并形成施工日志，具备数据传输和上传功能 |
| 26 | 仰拱栈桥 | 适用于隧道仰拱施工时车辆通行以及仰拱衬砌浇筑成型。技术特点：<br>（1）采用机电液一体化控制，自动化程度高；<br>（2）栈桥有效净空 24 米；<br>（3）额定过车重量 60 吨；<br>（4）行车宽度 3.5 米；<br>（5）行走方式多样，有履带整体式、轮胎步履式；<br>（6）可自动横向、纵向、高度调节；<br>（7）带双侧边墙弧形模板，液压脱模；<br>（8）栈桥可拖移弧形模板、水沟模板 |
| 27 | 高韧性滚刀 | 应用于地质相对复杂，对刀具冲击要求比较高的软硬不均地层、溶洞地层及富水大卵石地层 |
| 28 | 盾构 /TBM 中心双联滚刀 | 满足各类盾构 /TBM 刀盘的中心双联滚刀 |
| 29 | 高水压 / 硬岩滚刀 | 满足高水压的压力平衡滚刀及适合硬岩地层的重载滚刀 |

续表

| 序号 | 产品类别 | 应用领域 / 技术特点 |
|---|---|---|
| 30 | 镶齿滚刀 | 适合于长距离掘进的镶齿滚刀，可满足磨蚀性极高的低冲击地层的长距离掘进 |
| 31 | 各类刀圈 | 适应于高冲击、高磨蚀地层光刀圈及需要长距离掘进的镶齿刀 |
| 32 | 撕裂刀 边刮刀 刮刀<br>合金刀具 | 复合盾构刀盘合金刀具 |

制表：张　俊

▲ 2020 年 6 月 18 日，由中铁工业研制的将用于澳大利亚 Snowy Hydro 2.0（雪山 2.0 水电站）项目建设“中铁 783 号”硬岩 TBM 顺利下线

▲ 2020 年 3 月 18 日，粤港澳大湾区“超级工程”——珠江三角洲水资源配置工程首台盾构机“粤海 1 号”（中铁 815 号）在广东佛山顺德鲤鱼洲交通隧洞正式始发

### ·道岔·

**【中铁工业承揽道岔产品及生产情况】** 2020 年，中铁工业全年完成整组道岔 8425 组，高锰钢辙叉 15488 个。年内中标了新建兰州至张掖三四线铁路中川机场至武威段，新建弥勒至蒙自铁路工程，新建福州至厦门铁路、昌景黄铁路，新建太原至焦作铁路等一批国家重点铁路基建工程；中标了京唐京滨城际、广州白云站、沈丹铁路金凤、川南城际铁路等项目；承揽了广州地铁、郑州地铁、黄埔有轨电车、嘉兴有轨电车等城市轨道交通项目；承揽了乐都南站轨道检修工程、中兰客专兰州枢纽工程等地方铁路项目以及济南铁路局、武汉铁路局、上海铁路局等路局大维修项目；海外道岔中标了蒙古国、孟加拉国等国家的项目。（李琭琛　蒋晓强）

表 6-2　2020 年中铁工业道岔产品一览

| 序号 | 产品名称 | 应用领域 / 技术特点 |
| --- | --- | --- |
| 1 |  50 千克 / 米钢轨 7 号三开道岔【SC837】 | 三开道岔可以将线路方向一分为三，实现在同样运行功能的情况下，比单开道岔长度短、节省空间，适用于编组站、货场等地。道岔导曲线半径为 180 米，允许侧向通过速度为 30 千米 / 时；转辙器部分设弹性夹扣压，采用新型转辙器护轨结构，可有效降低尖轨磨耗；尖轨跟端为活接头、双间隔铁结构，扳动灵活；辙叉可根据使用需求采用高锰钢整铸或合金钢拼装形式；道岔采用混凝土岔枕，主要面向现有木枕道岔的更换 |
| 2 |  50 千克 / 米钢轨 7 号可动心单开道岔【专线 9101- Ⅲ】 | 该道岔创新性地实现了 7 号道岔的可动心辙叉结构，克服了固定型辙叉的不足，可有效减震降噪，尤其适用于地铁线路。道岔尖轨采用弹性可弯结构，结构简单并可实现无缝化连接，尖轨设一个牵引点；辙叉部分为双肢弹性可弯结构，并采取系列措施降低扳动力，辙叉设一个牵引点、外锁闭结构；翼轨为整体铸造式，结构稳定、维修工作量小。道岔通过轨距块和调距盖板实现更大范围轨距调节，铁垫板下设双层减震结构 |
| 3 |  专为蒙古国设计的 UIC60 钢轨 9 号、18 号单开道岔【SCW2038 及 SCW2039】 | 专为蒙古国设计的 UIC60 钢轨 9 号及 18 号单开道岔。轨距为 150 毫米，道岔允许通过直向速度为 100 千米 / 时，侧向通过速度为 30 千米 / 时；基本轨采用 UIC60 钢轨，尖轨采用 60AT2 钢轨，尖轨采用弹性可弯结构，尖轨为藏尖式；道岔设置 1∶20 轨底坡；岔枕大部分采用扇形布置。该系列道岔于 2020 年 9 月完成试铺，并通过业主验收 |

续表

| 序号 | 产品名称 | 应用领域 / 技术特点 |
|---|---|---|
| 4 |  50 千克 / 米钢轨 18 号单开道岔【研线 1903】 | “50 千克 / 米钢轨 9 号、12 号、18 号等系列改进型单开道岔”是中国铁道科学研究院通过全路调查，结合国家铁路集团提出的简统化要求，汲取提速高速道岔及重载道岔技术的成熟成功经验进行设计的。该系列道岔大大提升了道岔的综合性能；可实现使用寿命长、少维护的目的；并可与目前在线的相应型号实现互换 |
| 5 |  时速 200 千米、60 千克 / 米钢轨 12 号可动心单开道岔【GZY-GD-04-4200】 | 用于广州地铁 18 号线无砟道床的 60 千克 / 米钢轨 12 号可动心单开道岔 GZY-GD-04-4200，通过合理调整不同部位轨下和板下胶垫的刚度，使其在整个岔内弹性趋于一致，适合无砟轨道线路的使用。道岔侧向平面线型采用 R450 米、R350 米复曲线线型，并保持尖轨尖端部位轨头具有一定的粗壮度。改善了列车顺向出岔或逆向进岔的运行条件，提高了尖轨的耐磨性 |
| 6 |  60R2 钢轨 6 号单开道岔【SC949】 | 用于黄埔有轨电车 2 号线整体道床。<br>基于提高生产效率、降低生产成本，同时能够满足业主整体式转辙器的需求考虑，60R2 钢轨 6 号单开道岔采用了锰钢基座式拼装结构转辙器。该转辙器的主体基座采用铸造而成，基本轨与尖轨均采用合金钢加工制造，能够满足业主耐磨性及整体稳定性的需求。辙叉采用整体合金钢形式，其上层采用 NM400 耐磨钢板，下层采用 Q355 钢板，辙叉前后焊接普通钢轨。护轨采用组合式护轨，方便后期维修更换 |
| 7 |  60R2 钢轨 6 号单开道岔【SC923】 | 用于嘉兴有轨电车 T1 线整体道床的 60R2 钢轨 6 号单开道岔，轨下基础为混凝土枕整体道床。道岔全长 15650 毫米，前长 4788 毫米，后长 10862 毫米。道岔采用整体合金钢结构。转辙器的基座、尖轨、辙叉均采用 PB2 钢坯加工，整体稳定性高，道岔耐磨性能好，硬度能达到 380 布氏硬度以上。护轨采用组合式护轨，方便后期维修更换 |

续表

| 序号 | 产品名称 | 应用领域 / 技术特点 |
| --- | --- | --- |
| 8 |  用于孟加拉国的 60E1 钢轨 1 : 8.5D– 变形道岔【SCW1839】 | 孟加拉国是中国提出的“一带一路”倡议的参与国之一。为更好地加强地区互联互通和经济一体化，中国中铁和中国铁建等公司联合承包孟加拉国部分铁路的建设项目。其中就有 60E1 钢轨 1 : 8.5–T/D 变形道岔。<br>该道岔为双轨距道岔线路，宽股轨距 1676 毫米，米股轨距 1000 毫米，T 变形为共直股设计，D 变形为共曲股设计。轴重：宽轨 250 千牛・米，米轨 150 千牛・米；轨下基础采用混凝土岔枕；基本轨采用 60E1 钢轨，尖轨采用 60E1A5 钢轨；辙叉采用高锰钢整铸式。为保证绝缘设置和线路平顺，钝角辙叉部分护轨采用 60E1 钢轨制造，而其余位置采用分开可调式槽型护轨 |
| 9 |  新型城市轨道交通 60kg/m 钢轨 9 号提速道岔<br>（图示：新型 60–9 号提速道岔，在目前中国最快地铁（时速 160 千米）广州地铁 22 号线陈头岗车辆段上道试验） | 适用于城市轨道交通建设。该新型道岔是国家重点研发计划任务“面向全生命周期成本优化的轨道交通道岔允许通过速度提升”课题研究项目，开发了多项新技术：首次将城市轨道交通 60 千克 / 米钢轨 9 号单开道岔侧向速度由 35 千米 / 时提升到 45 千米 / 时，有效缩短了地铁车辆的折返时间及发车间隔，大幅降低了因采用更大号码道岔造成的折返区域隧道的开挖和工程投资 |
| 10 |  1435 毫米轨距 60 钢轨 12 号单开道岔（无砟）<br>（图示：60 钢轨 12 号单开道岔，应用于广州地铁 22 号线建设） | 适用于城市轨道交通建设。轨下基础采用无砟道床，较大程度地降低了运营维护成本；开发了无砟扣件系统，实现了岔区刚度均匀化，采用高耐磨性的曲线合金钢辙叉，同时强化尖轨耐磨性工艺，对尖轨表层进行强化处理，延长了尖轨尤其折返区间道岔的使用寿命，轨道质量指数居国内领先水平。对市域铁路行业的发展有深远的影响，为市域铁路在中国的发展做出了积极的贡献 |

续表

| 序号 | 产品名称 | 应用领域 / 技术特点 |
| --- | --- | --- |
| 11 |  1435 毫米轨距 50 钢轨 7 号单开道岔（砼长轨，碎石道床）<br>（图示：50 钢轨 7 号单开，应用于天津地铁 4 号线建设） | 适用于城市轨道交通建设，轨下基础采用无挡肩混凝土岔枕。道岔容许速度：直向 80 千米 / 时，转辙器采用 50AT 弹性可弯尖轨，尖轨尖端为藏尖式，弹性可弯跟端设间隔铁。电务转换设备按联动内锁闭装置设计；尖轨设一个牵引点，固定辙叉采用高锰钢整铸式，护轨为分开式，采用 I 型弹条分开式可调扣件，道岔不设轨底坡 |
| 12 |  1435 毫米轨距 60 钢轨 9 号单开道岔（砼长轨，碎石道床）<br>（图示：60 钢轨 9 号单开，应用于天津地铁 4 号线建设） | 适用于城市轨道交通建设。道岔容许通过速度：直向为 100 千米 / 时，侧向为 35 千米 / 时。轨下基础采用无挡肩混凝土岔枕，采用 60AT 弹性可弯尖轨，跟端设间隔铁。尖轨设两个牵引点，第一牵引点动程为 160 毫米，第二牵引点动程为 80 毫米，采用高锰钢整铸式辙叉，分开式护轨，采用 Ⅱ 型弹条分开式可调扣件，弹性垫板分热塑性聚酯弹性体和橡胶两种材质，电务转换设备按分动外锁闭设计，道岔不设置轨底坡 |
| 13 |  1435 毫米轨距 60 钢轨 9 号三开道岔（砼长轨，碎石道床）<br>（图示：60 钢轨 9 号三开，应用于天津地铁 4 号线建设） | 道岔仅适用于城市轨道交通存车线，容许通过速度为 35 千米 / 时。轨下基础采用长、短轨枕相结合的混凝土岔枕，尖轨采用 60AT1 在线淬火轨或合金钢钢轨制造，跟端为间隔铁结构。尖轨设一个牵引点，基本轨设可调式轨撑，采用弹片滑床板，采用高锰钢整铸式辙叉，中间辙叉为曲线型，后端辙叉为直线型。采用 Ⅱ 型弹条分开式可调扣件，电务转换设备按联动内锁闭设计。弹性垫板分为热塑性聚酯弹性体和橡胶两种材质 |

续表

| 序号 | 产品名称 | 应用领域 / 技术特点 |
|---|---|---|
| 14 |  1435 毫米轨距 50 钢轨 7 号单开道岔（砼长轨，碎石道床）<br>（图示：560 钢轨 7 号单开，应用于天津地铁 10 号线建设） | 适用于城市轨道交通建设。直向容许通过速度≤ 80 千米 / 时；道岔按照设置轨道电路设计，电务转换设备采用联动内锁闭。轨下基础采用预应力混凝土岔枕。采用 50AT1 弹性可弯尖轨，尖轨尖端为藏尖式，弹性可弯跟端设间隔铁。尖轨设一个牵引点，采用 B 型弹条分开式可调扣件，滑床板部分基本轨内侧为刚性结构，基本轨外侧间隔设置轨撑滑床板，采用高锰钢整铸式辙叉，分开式护轨 |
| 15 |  1435 毫米轨距 60 钢轨 9 号单开道岔（砼长轨，碎石道床）<br>（图示：60–9 号单开，应用于天津地铁 10 号线建设） | 适用于城市轨道交通建设。直向容许通过速度 100 千米 / 时；电务转换设备采用分动外锁闭。尖轨弹性可弯跟端设间隔铁。尖轨设两个牵引点，采用Ⅱ型弹条分开式可调扣件，滑床板部分基本轨内侧为“弹片 + 销钉”扣压结构，基本轨外侧间隔设置轨撑滑床板，采用高锰钢整铸式辙叉。采用聚酯弹性体弹性垫板。道岔不设轨底坡 |
| 16 |  1067 毫米轨距 54E1 钢轨 8 号菱形交叉厂内试铺<br>（图示：54E1 钢轨 8 号菱形交叉，应用于印度尼西亚交通部铁路既有线路改造及新建线路） | 适用于东南亚国家铁路建设，菱形交叉采用焊接式高锰钢辙叉，Ⅲ型弹条分开式可调扣件系统，道岔可适用于无砟、有砟道床，满足线路无缝化使用要求。为目前最大号码的菱形交叉 |

续表

| 序号 | 产品名称 | 应用领域 / 技术特点 |
|---|---|---|
| 17 |  1000 毫米轨距 43 千克 / 米钢轨 9 号单开道岔及配套 4.4 米交叉渡线道岔（图示：43 千克 / 米钢轨 9 号 4.4 米交叉渡线，应用于肯尼亚奈瓦沙 ICD 铁路站场） | 适用于非洲米轨铁路建设，道岔尖轨采用贴底式弹性可弯尖轨，在木枕道岔上首次采用 B 型分开式可调弹条扣件系统，道岔整铸高锰钢辙叉，可与拼装式辙叉进行互换。道岔可满足非洲米轨铁路站场的建设要求 |
| 18 |  1435 毫米轨距 54E1 钢轨 9 号单开道岔厂内试铺（图示：54E1 钢轨 9 号单开道岔，应用于菲律宾马尼拉轻轨 1 号线延长线工程正线） | 适用于海外城市轨道交通、地铁等领域，道岔容许通过速度：直向为 100 千米 / 时，侧向为 35 千米 / 时。采用 VOSSLOH 336 型弹条扣件系统，适用于无砟无枕轨道 |
| 19 |  1067 毫米轨距 50 千克 / 米钢轨 9 号单开道岔厂内试铺（图示：50 千克 / 米钢轨 9 号道岔，应用于安哥拉罗安达新机场线延长线） | 适用于非洲米轨铁路建设，道岔采用混凝土岔枕，有砟道床，联动内锁闭装置，直向容许通过速度提高到 100 千米 / 时。道岔按照中国 TB/T412 制造 |

制表：冯 薇 蒋晓强

## ·钢结构制造与安装·

【中铁工业承揽重点钢结构项目情况】2020年，中铁工业钢结构产品产量达到122.3万吨，同比增长4.9%。钢结构产品相继中标闽侯二桥工程、青岛机场高速桥、湖杭铁路富春江桥、德州至上饶高速公路池州至祁门段大桥、汕头牛田洋快速通道工程、佛山富龙西江特大桥、空港新城西一线大桥、凤凰岭大桥、芜湖高速公路、滨海湾大桥等多个项目。（李琭琛　蒋晓强）

【闽侯二桥工程】由中铁工业承揽制造的闽侯二桥工程，位于福建省福州市闽侯县境内，距离上游闽侯大桥44千米、下游福州绕城高速公路江桥460米，是跨越闽江、连接闽江两岸（甘蔗街道与竹岐乡）的过江通道。项目南起316国道，自南向北，依次与竹岐大道平交，主线上跨南滨江路，跨越闽江，之后上跨北滨江路，终点止于滨城大道，全长约3.535千米。闽侯二桥项目工程主要包含跨闽江（40+100+280+100+40）米，由双塔结合梁斜拉桥、塔上锚梁、牛腿、水上引桥、北岸互通立交、南北岸引桥及连接线等共计20座桥组成，重约1.8万吨。采用Q370qD材质。（宋红飞）

【京沪高速改扩建工程】由中铁工业承揽制造的京沪高速改扩建工程，是京沪高速公路新沂至江都段扩建工程钢结构制造项目JHK-GJG2标段，由新沂至江都段和淮安至江都段线路构成。京沪高速公路新沂至江都段贯穿苏北、苏中中心腹地，是江苏省南北交通主通道。其北起于苏鲁交界的徐州新沂市，南止于扬州江都区，与沪陕高速公路相接，全长259.6千米。京沪高速公路淮安至江都段，涉及主线桥、互通匝道、被交路主线、支线上跨景观桥等。京沪高速改扩建工程钢结构类型主要包括钢桁梁、钢箱梁、钢塔、钢混组合梁、钢板梁，共计30座桥梁3.8万吨，材质为Q345qD。（宋红飞）

【廊坊市交通中心工程光明道立交桥】河北省廊坊市交通中心工程光明道上跨京沪高铁、京沪铁路立交桥，主桥（118+268+118）米上加劲连续钢桁梁主梁布置两片桁片，采用N形桁架，两片主桁横向中心距为24.2米，主桁外侧对称设置挑臂，主桥桥面全宽34.2米，桁高12米。加劲弦采用圆曲线型，中墩处加劲弦高30米。主桁采用Q420qE、Q345qE钢，桥面系及连接系采用Q345qE钢，共计用钢量约1.52万吨。主桥制造共分为12个轮次，采用工厂内制造杆件，运至桥址进行整拼安装。（宋红飞）

【温州瓯江北口大桥】由中铁工业承揽制造的温州瓯江北口大桥项目主桥为“三塔四跨双层钢桁梁”悬索桥，全桥重约4万吨，主桥采用主跨2×800米三塔四跨双层连续钢桁梁悬索桥，主缆的跨度布置为（230+800+800+348）米，主缆矢跨比为1∶10，全桥共设两根主缆，横向间距41.8米；主桥加劲梁全长2087.2米，其中北边跨加劲梁长213.6米，南边跨加劲梁长273.6米，加劲梁全桥连续，采用四跨悬吊形式。主桁采用Q345qD、Q420qD两种材质的钢材，边塔及中塔中心线两侧各2个节间钢桁架以及加劲梁端部受力较大的两根竖杆采用Q420qD钢材，其余均采用Q345qD钢材。TMCP轧制工艺，厚度公差要求为C类。（宋红飞）

【深汕西钢箱梁】2020年10月14日，中铁工业与广东省高速公路有

▲2020年12月10日，中铁工业参建的孟加拉国帕德玛大桥成功合龙

限公司深汕西分公司签订沈阳至海口国家高速公路汕尾陆丰至深圳龙岗段（K71+650~K146+517.590段）钢箱梁制造G01合同段施工承包合同。深汕西高速改扩建G01合同段（简称“深汕西”）共有3座钢箱梁桥，分别为坪山高架桥、松子坑大桥、松子坑天桥。其中，坪山高架桥共49跨（全幅）14联，桥梁全长1954.2米；松子坑大桥为钢箱梁+T梁结构组合桥，孔跨布置为：左幅（4×25）米预应力简支T梁，右幅（30+50+30）米钢箱（+2×25）米预应力简支T梁；松子坑天桥孔跨布置为（1×50）米钢箱梁。钢材主要材质为Q355C、Q345qC，合计工程量约为4.7万吨。（高正稳）

【白马河特大桥钢箱梁及钢塔】2020年11月11日，中铁工业与山东省公路桥梁建设有限公司济微高速济宁段项目经理部签订了济微高速济宁段项目白马河特大桥钢结构加工制造工程施工专业分包合同。济南至微山公路济宁新机场至枣菏高速段是山东省高速公路网的重要组成部分，白马河特大桥作为济微高速全线的重点控制性工程，全长1460米，主桥为（145+240+145）米跨径的钢箱梁矮塔斜拉桥，索塔采用双索面钢索塔。大桥钢材主要采用Q345qD材质，总工程量约为1.18万吨。（高正稳）

【滨海湾大桥索塔钢壳及钢箱梁】2020年8月8日，中铁工业与中铁大桥局东莞分公司签订了索塔钢壳及钢箱梁工程施工专业分包合同。滨海湾大桥地理位置独特，位于伶仃洋交椅湾口，是国内桥面最宽的桥梁，大桥呈东西走向，规划红线宽度为80米，线路总长973.6米，采用独塔双跨式空间扭索面斜拉桥，主孔对称布置，全桥跨径组合为（60+200+200+60）米。主塔采用独柱塔，造型为东莞市花——玉兰花，总高为149.8米，桥面以上高度为131.597米。结构为内外钢壳—混凝土组合索塔，采用Q345qD板材、Q370qD板材、ZG340–550H铸钢件及Q235B型材。全桥钢箱梁共划分为57个梁段，标准节段长9米，梁高3.5米（箱梁内侧内尺寸），全幅总宽60.5米。主体材质为Q345qD、Q370qD，钢箱梁重约1.9万吨。（高正稳）

【泸州城东长江二桥钢桁梁】2020年12月，中铁工业与中国建筑第六工程局有限公司签订泸州市沙茜过江通道（城东长江二桥）及连接线工程PPP项目钢桁梁制作工程施工专业分包合同。泸州城东长江二桥起于国窖长江大桥东桥头茜草立交，经茜草半岛后跨越长江，路线全长约6.25千米，包含跨江桥工程及两岸接线工程。泸州城东长江二桥为双塔双索面双层钢桁梁悬索桥，跨径布置为（3×50+70+576+70+3×50）米，钢桁梁全长716米。主梁为板–桁结合钢桁梁，钢桁梁采用两片主桁的三角形桁架，主桁中心距为16米，桁高11.355米，节间长度为14.4米，上层桥面宽度为31.1米和28.8米两种，下层桥面为等宽设计。钢桁梁沿桥纵向共分成51个节段，主体结构钢材采用Q345qD、Q420qD、Q420qD–Z25，工程量约为1.6万吨。（高正稳）

【兰家湾特大桥钢结构】2020年12月17日，中铁工业与四川路桥桥梁工程有限责任公司峨眉至汉源高速公路2标段施工总承包项目15分部签订兰家湾特大桥钢桁梁、桥面系、附属设施加工运输涂装及安装合同。兰家湾大桥上部结构体系为上承式变高钢桁架连续梁桥，跨径布置为（70+115+6×160+115+70）米，全长1342米，桥面宽度为25.5米，横向布置两片桁架，主桁中心间距16米。其中70米边跨为等高连续桁架，桁高6米；节间间距7米；115米次边跨和160米中跨为变高连续桁架，支点桁高14米，跨中桁高6米，变高段按二次抛物线变化，节间长度7米渐变为9.5米。主桥主桁结构和上横梁采用Q390D钢，其中上、下弦杆节点板有Z35要求，其余采用Q345C钢。（高正稳）

【芜黄高速项目】2020年6月，中铁工业与安徽省交通控股集团有限公司签订芜湖至黄山高速公路桥梁钢结构制造及安装工程合同。芜湖至黄山高速公路项目是安徽省“四纵八横”高速公路网中的“纵二”（徐州—福州高速公路）的重要组成部分，是安徽省省交通运输发展规划的交通重点工程之一，项目线路全长为116.122千米。全线钢结构桥梁共计8个标段21座桥，类型包含钢板组合梁桥、钢板组合梁斜拉桥、匝道钢箱梁、人行天桥钢箱梁和钢箱组合梁，钢材材质为Q345qD，用钢量共计约4.2万吨。（高正稳）

【京沪高速新沂至江都段扩建工程钢梁】2020年8月27日，中铁工业与江苏省交通工程建设局签订京沪高速公路新沂至江都段扩建工程钢结构制造项目JHK–GJG1标段合同。京沪高速公路新沂至江都段改扩建工程总体采用以双侧拼宽为主、局部分离为辅的扩建方案，扩建为八车道高速公路，扩建里程约259.6千米，路基宽度为42米。合同段涉及主线桥、互通匝道、被交路主线、支线上跨景观桥等，钢结构类型主

要包括钢箱梁、钢混组合梁、钢桁梁、钢拱肋等，共计含 24 座桥，用钢量约 2.8 万吨。（高正稳）

### ·工程机械·

【中铁工业工程机械类产品】2020 年，中铁工业机械板块完成新签合同额 7.88 亿元，主要项目有：1300 吨 /1000 吨 /800 吨运架、CCPG500A 长铺机、WKH-12A 电铲、不锈钢槽道、防撞钢套箱、管片螺栓、砼搅拌站等。

2020 年，首台新型 800 吨级架桥机在济莱高铁成功首架；湖北恩施青云崖旅游观光线项目顺利开工建设，成功刻上“中铁烙印”；柳州轻轨 2 号线进行首次试跑；高湿粉尘干式除尘设备（型号：RD1200）开展工地试验并通过股份公司现场结验专家审查；JQ1300 架桥机成功实现在宁波地区首架；广州地铁 7 号线裕丰围站地连墙工程获“中国中铁 2020 年度绿色施工科技示范工程”称号；针对川藏线建设项目研制的便携式制氧机设备（型号：ZTGY-A03L）顺利下线；散式制氧机（型号：ZTGY-A20L）成功应用于中铁钢构装配式房屋内。（周 龑）

表 6-3 2020 年中铁工业主要工程机械类产品

| 序号 | 产品类别 | 应用领域 / 技术参数 |
| --- | --- | --- |
| 1 |  杭甬复线 1800 吨双幅箱梁运架设备 | 杭甬复线 1800 吨双幅箱梁运架设备包括 JQ1800 型箱梁架桥机和 YL1800 型运梁车。该设备是为适应杭甬复线跨海大桥 1800 吨级双幅箱梁运架而专门研制的成套施工装备，可以适应 50 米标准梁，40 米边跨梁，小曲线，大横坡等施工工况。JQ1800 型架桥机采用中心对称设计，可直接在桥面互换前、后支腿位置，实现反向架梁。运梁车采用四车矩阵型设计，左右两车通过机械保护，应用同步控制技术和智能安全控制系统，保证了运输的安全性 |
| 2 |  城际铁路单双线箱梁运架设备 | 城际铁路单双线箱梁运架设备是为同时适应城铁 800 吨级双线箱梁和单线箱梁架设而研发的成套施工装备。JQLS800 型架桥机采用单主梁，四支腿，前、后吊挂小车的整体结构形式。提出了一种通过支腿转换，轮胎驱动整机走行一次纵移到位的过孔方式，安全可靠。YLS800 型运梁车采用“主车 + 从车”的组合式车辆结构，能够适应小曲线。该套设备的优势是能够兼顾 800 吨级单、双线箱梁的运架施工，一机多用；架桥机能够由运梁车驮运通过隧道，并实现隧道口 4.5 米架梁 |
| 3 |  580 吨运架设备 | 580 吨运架设备包含 JQB550 型架桥机和 YLB550 型运梁车，满足郑许市域铁路（郑州段）双线箱梁以及通桥单线箱梁的施工架设需求，整车结构采用模块化设计制作，组合便捷，安全可靠；主梁可拆分，便于长短途运输、组装、拆解和多次转场组装；科技含量高，具有液压均衡、走行自动调平、紧急制动、可实现桥间短距离转移等功能 |

续表

| 序号 | 产品类别 | 应用领域 / 技术参数 |
| --- | --- | --- |
| 4 |  TLJ500-36 型提梁机 | TLJ500-36 型提梁机是双刚性支腿提梁机，设备整机高度 42 米，主梁跨度 36 米，额定起重量 500 吨，相较于传统的提梁机更高、更稳、更安全，起升高度可以达到 34 米，其独特的人字形结构让调整整机高度更加便捷，通过增加了支腿节段使设备起升高度达到 40 米以上，能很好地满足不同起升高度的提梁需求。搭载了最新研制的“黑匣子”——远程信息发送、远程设备维护和故障数据记录仪，能第一时间对故障发出警报，还可以对设备的运行状态和故障信息进行实时记录和历史追溯 |
| 5 |  海上风电安装平台 600 吨绕桩海工吊 | 600 吨绕桩海工吊主要由吊臂、A 型架、转台、基座组成，起重能力 600 吨 ×30 米，吊高甲板以上 112 米。采用中心滑环供电，区别于一般绕桩吊机 ±270°回转，可以实现无限全回转，海上作业适应性好，施工效率高。可以满足中国沿海地区 10 兆瓦风力发电机的大部件更换运维 |
| 6 |  SP16 型隧道轮式铺轨车 | SP16 型隧道轮式铺轨车采用双回转支撑连接的轮胎行驶机构，调节偏摆回转支撑改变车轮与水平面的夹角，能够在倾斜及弧形路面行驶，整机在隧道内运行方向及姿态能够自动控制，保持水平运输和起重作业，完全替代了铺设临时轨道“机铺法”的作业方式。铺轨车采用新能源电池供电，施工方式不但绿色环保，降低了施工成本，而且能有效解决传统地铁铺轨施工作业中存在的各种问题，保障施工人员安全，大幅提高隧道内铺轨施工效率 |
| 7 |  地铁轨道板预制自动生产线 | 地铁轨道板预制自动生产线为中铁系统内首次自主研制的具有中国自主知识产权的自动化生产线。该生产线提供了整套地铁轨道板预制生产线整体解决方案和装备，用于地铁轨道板的自动化、智能化生产 |

续表

| 序号 | 产品类别 | 应用领域 / 技术参数 |
|---|---|---|
| 8 |  MGYD400 吨液压顶升门式起重机 | MGYD400 吨液压顶升门式起重机特点为四根伸缩支腿均配备一套独立的液压系统，可以通过支腿的升降实现重物的起升与下降。起重机采用四点激光同步控制技术，通过速度调节、激光反馈位置，实现四点高度同步，综合纠偏精度极高。此外，起重机的主梁可实现 13.62 米至 18.62 米的多跨度组合，起升高度在 6.28 米至 16 米，能适应不同宽度、不同高度的工作环境，其实时运行情况可通过自带的安全监控系统实现远程监控 |
| 9 |  50 吨级双车翻渣机 | 50 吨级双车翻渣机可用于铁路、煤炭、冶金及矿山施工建设等行业敞车散料的翻卸。该设备具备如下优势：①功能强大，每次可翻转两列运渣车，采用双变频电机驱动链轮链条实现翻转动作，最大翻转角度为 160°，最高翻转速度可达到 2 转 / 分钟。②操作便捷，设置了手动和一键自动两种运行模式，采用一键自动模式，实现翻渣机翻转流程动作。③安全可靠，该设备设置了多个传感器检测压车信号，并配备常规制动装置和紧急制动装置双重保障了设备运行安全可控 |
| 10 |  TR45 集装箱正面吊运机 | TR45 集装箱正面吊运机是可用于装卸 20 英尺（1 英尺 =30.48 厘米）、40 英尺集装箱的专用起重设备，具有机动灵活、操作方便、稳定性好、维修性便利、安全性能高等优点，适用中小港口、铁路中转站和公路中转站的集装箱装卸、搬运、堆垛，也可以在大型集装箱码头作为辅助转运设备进行使用 |
| 11 |  移动式砂石料生产线 | 移动式砂石料生产线为川藏铁路建设研发的新设备，包括移动颚式破碎站，移动圆锥式破碎站及移动筛分设备三部分，能根据施工现场需求生产出不同粒径的砂石骨料并实现全套破碎、筛分的砂石料生产工艺 |

制表：（周　龑）

▲ 2020 年 7 月，中铁工业制造的 40 吨集装箱起重机在中铁联集西安站二期投入使用



### ·装配式建筑品部件·

【中铁装配核心产品】中铁装配核心产品包括：装配式墙体材料、装配式装修材料和集成房屋。（孙　源）

【装配式墙体材料】中铁装配公司装配式墙体材料分为两类：无机集料阻燃木塑复合条板和纤维增强水泥挤出成型中空墙板，两种墙体材料均出版了国家图集。

无机集料阻燃木塑复合条板主要应用在 3 层及以下的低层建筑中，其突出优点在于：墙板重量轻，强度高，工人安装方便，安装时不需要任何机械，效率是传统墙体的 3 倍；保温性能好，150 毫米厚墙板的保温性能相当于 500 毫米加气混凝土墙体，可大大减小墙体厚度，增加使用空间；墙板尺寸和平整度非常好，可以直接在工厂进行涂装，实现装饰一体化，减少装修的工作量；特别适合于模块化建筑和集成房屋；由于重量轻，施工方便，运费和人工费上优势明显，因此出口优势明显。

纤维增强水泥挤出成型中空墙板，其燃烧性能为 A 级，相比无机集料阻燃木塑复合条板，其适用范围大大拓宽，可以应用在 100 米以下建筑的外墙、隔墙。同时与传统砌筑墙体相比，其施工速度快，现场湿作业少，平整度高。与目前应用广泛的加气混凝土条板相比，其优势在于：强度高，现场基本没有破损率；墙面平整度好，基本不需要抹灰找平，可以直接刮腻子，减少现场的工作量；吸水率低可以直接用于外墙。（孙　源）

【装配式装修材料】中铁装配研发的装配式装修材料包括：高分子共挤外墙挂板、PVC 发泡内墙挂板、纤维水泥外墙挂板等。其中，纤维水泥外墙挂板为核心产品，该产品引进日本生产线，同时在此基础上进行集中技术攻关，进行改进，生产的装饰板可以实现装饰保温一体化，技术达到国际先进水平。产品可以广泛应用于别墅、高档办公楼，住宅楼等的外墙装饰。（孙　源）

【集成房屋】快速装配式房屋体系是中铁装配核心集成技术，快速装配式房屋体系采用轻钢结构承重，以无机集料阻燃木塑复合条板或纤维增强水泥挤出成型中空墙板作为维护结构，钢筋桁架楼层板或无机集料阻燃木塑复合条板为楼面结构，彩石金属瓦或树脂瓦为屋面结构，同时采用预制快装基础，最大限度提高装配化水平，缩短施工工期。该体系采用的部品部件 90% 以上均为中铁装配自主生产，集成优势明显，已在新农村改造建设、别墅、公寓宿舍、办公楼、工业厂房、市政建设等领域大量应用，市场前景广阔。（孙　源）

【中铁装配装配式建筑部品部件及生产情况】2020 年，中铁装配全年完成装配式钢结构构件 14798.2 吨，装配式墙体材料 598611.7 平方米，装配式外装饰材料 222195.2 平方米，装配式内装饰材料 150096.6 平方米，园林景观材料 134310.8 平方米，装配式集成房屋 6946 平方米。各类装配式建筑部品部件主要应用于新疆和田地区、乌鲁木齐市等地的方舱医院建设以及雄安新区建设者之家一期、二期、三期房建工程等项目建设。（孙　源）

表 6-4　2020 年中铁装配主要装配式建筑品部件

| 序号 | 产品类别 | 应用领域 / 技术参数 |
| --- | --- | --- |
| 1 |  陶粒混凝土轻质隔墙板 | 陶粒混凝土轻质隔墙板是一种政府大力推行的新型环保节能墙体材料。隔墙板外形像空心楼板，但墙板两边有公母榫槽，安装时只需将板材立起，公、母榫涂上少量嵌缝砂浆后对拼装起来即可，安装简单便捷。陶粒混凝土轻质隔墙板应用范围十分广泛，适合在工业用房、商品用房、居民住房以及旧房改造、家庭装修等作为室内隔墙和外墙，完工之后还可粘贴各种瓷砖 / 壁纸等，是完美替代传统墙体的新型墙体材料 |
| 2 | 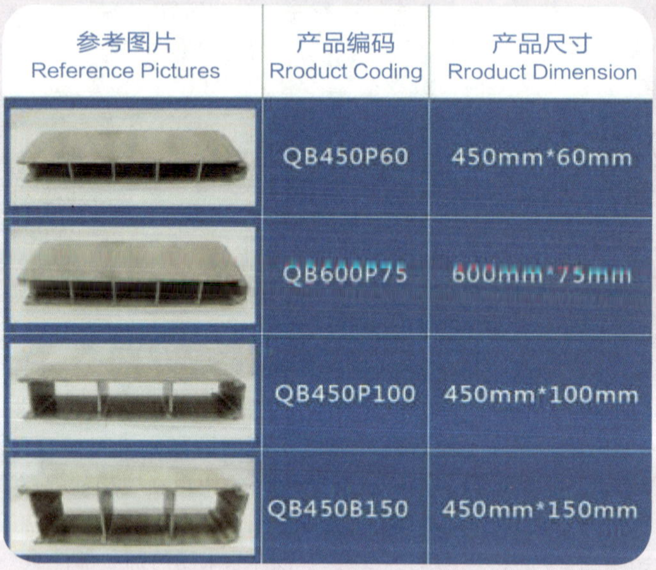 木塑墙板 | 木塑墙板广泛应用于木屋、海景房、活动房屋、建筑物隔断墙、围挡等。保温、隔热性能好，施工速度快，实现墙体免装修，简化施工工艺；周转次数多，拆除后可重复利用；性能稳定、防水、防火、防蛀，使用过程中无翘曲变形；绿色环保，无甲醛释放，不产生建筑垃圾 |
| 3 |  SPC 石塑地板 | SPC 石塑地板主要应用于家居地饰，绿色环保 0 甲醛、超强耐磨、防火阻燃、防水防潮、免胶易安装、易保养。产品有木纹系列、石纹系列、地毯纹系列。产品规格：150 毫米 ×925 毫米 ×4.5 毫米 /183 毫米 ×925 毫米 ×4.5 毫米 |

续表

| 序号 | 产品类别 | 应用领域 / 技术参数 |
|---|---|---|
| 4 |  室内无机板<br>硅酸钙板 | 硅酸钙板主要应用于酒店、会所等室内家居装饰，绿色环保 0 甲醛、超强耐磨、防火阻燃、防水防潮、免胶易安装、易保养、颜色具有多样性。产品有木纹系列、石纹系列。产品规格：600 毫米 ×2400 毫米 /1200 毫米 ×2400 毫米，厚度为 8 毫米 /9 毫米 /10 毫米 |
| 5 |  室内装饰板<br>SPC 墙面板 | SPC 墙面板主要应用于酒店、会所等室内家居装饰，绿色环保 0 甲醛、超强耐磨、防火阻燃、防水防潮、易安装、易保养、颜色具有多样性。产品有木纹系列、石纹系列、实色系列。产品规格：1200 毫米 ×3000 毫米 ×2.7 毫米，另根据客户要求可私人订制 |
| 6 |  超薄轻型高强度经济型真空水泥墙板 | 超薄轻型高强度经济型真空水泥墙板主要应用于卫生间隔断、厨房隔断及吊装时整体房屋等内墙隔墙，该项技术已投入实际生产并广泛应用到在建项目，可使原住宅、厨房、卫生间实际使用面积增加 10% |

制表：韩志军　赵福成

### ·轨道交通电气化器材·

【中铁电气化局砼制品生产】2020年，砼制品生产完成新签合同额1.93亿元，完成产量28641根。主要供货线路：中卫至兰州高速铁路、北京至原平铁路、北京至通辽铁路、黄骅港至大家洼铁路、包头至兰州铁路改造、阜阳三线铁路、集宁至通辽铁路等。（陈 楠）

【中铁电气化局钢结构生产】2020年，钢结构生产完成新签合同额8.7亿元，完成产值3.91亿元，完成产量140463根。主要供货线路：以色列红线地铁、太原地铁2号线、牡丹江至佳木斯高速铁路、朝阳至凌海高速铁路、太原至焦作高速铁路、川南城际铁路、北京至原平铁路、北京至通辽铁路、赣州至深圳高速铁路、郑州至济南高速铁路、黄骅港至大家洼铁路、杭州至绍兴至台州高速铁路、大连地铁5号线、鲁南高速铁路（曲阜至兰考段）、中卫至兰州高速铁路、长沙地铁6号线、弥勒至蒙自铁路、南昌地铁3号线、南沙港铁路、大理至临沧铁路等。（陈 楠）

【中铁电气化局接触线及承力索生产】2020年，接触线及承力索完成新签合同额11.17亿元，完成产值6亿元，完成导线承力索9916吨，完成全年计划的90.1%。主要供货线路：金华至台州铁路、集宁至通辽铁路、杭州至绍兴至台州高速铁路、鲁南高速铁路（曲阜至兰考段）、防城港至东兴铁路、杭州地铁6号线、合肥地铁1号线、洛阳地铁2号线、杭州至绍兴城际铁路、张家界至吉首至怀化高速铁路、兴国至泉州铁路、南京地铁1号线北延、杭州地铁4号线、杭州地铁9号线、福州地铁6号线、中铁一局停车场、佛山地铁2号线。（陈 楠）

【中铁电气化局变压器类生产】2020年，变压器类生产完成新签合同额8亿元，完成产量3542台，完成产值5.01亿元，完成全年计划的100%。主要供货线路：朝阳至凌海高速铁路、潍坊至莱西高速铁路、金华至台州铁路、川南城际铁路、杭州至绍兴至台州高速铁路、弥勒至蒙自铁路、安庆至九江高速铁路、郑州至济南高速铁路、赣州至深圳高速铁路、广通至大理等国内大铁线路，中铁武汉装备（盾构机）、太原地铁2号线、南昌地铁3号线等城市轨道交通线路，以及以色列红线地铁、磨憨至万象铁路等出口线路等。（陈 楠）

【中铁电气化局接触网零部件生产】2020年，接触网零部件生产完成新签合同额18.5亿元，完成工业产值13.5亿元，完成接触网零件1786万套，完成全年计划的100%，产品出厂合格率为100%。主要供货线路：以色列红线地铁、拉萨至林芝铁路、重庆至怀化铁路、赤峰到喀左快速铁路、焦作至柳州铁路、金华至台州铁路、北京至通辽铁路、衢州至宁德铁路、北京至哈尔滨铁路改造、佳木斯至鹤岗铁路、牡丹江至佳木斯高速铁路、太原至焦作高速铁路、敦化至白城客专铁路、邹城电厂、银川至西安铁路、怀化铁路枢纽、

▲高铁电气——保德利铝合金铸造生产线

新港江北铁路、武夷山轻轨、南京地铁、天津地铁4号线、杭州地铁盈中车辆段、南宁地铁5号线、深圳地铁2号线及8号线、成都地铁6号线三期、太原地铁2号线、苏州地铁5号线11-11、芜湖轨道交通1号线、杭临城际铁路、上海地铁14号线、宁奉城际铁路后通段、成都地铁17号线、南昌地铁3号线、杭海城际铁路、厦门地铁3号线、济南地铁R2线、上海地铁10号线、西安地铁5号线、石家庄地铁2号线、杭州地铁8号线等。（陈 楠）

【中铁电气化局声屏障类生产】2020年，声屏障类生产完成新签合同额4.5亿元，完成产值1.97亿元，完成声屏障产量47872平方米，主要供货线路：兰州至乌鲁木齐高速铁路，石家庄至德州铁路，成都至兰州铁路。（陈 楠）

【中铁电气化局服务类产品】2020年，服务类产品完成新签合同额1543万元，完成全年计划的102.87%，实现检测销售收入1021万元，完成全年计划的102.1%。（陈 楠）

**表6-5 中铁电工2020年主要经济技术指标完成情况**

| 主要经济技术指标 | 单位 | 中铁电工合计 | | |
|---|---|---|---|---|
| | | 计划 | 完成 | 完成率/% |
| **产值** | | | | |
| 现行价格 | 万元 | 320000 | 321300 | 100.40 |
| 销售产值 | 万元 | 354200 | 343241 | 96.91 |
| **主要产品产量** | | | | |
| 接触网配件 | 万套 | — | 1782 | — |
| 砼支柱 | 根 | — | 248641 | — |
| 钢结构 | 根 | — | 140463 | — |
| 变压器 | 台 | — | 3542 | — |
| 声屏障 | 平方米 | — | 47872 | — |
| 接触线及承力索 | 吨 | — | 9916 | — |
| 低压开关柜 | 面 | — | 1427 | — |
| **质量** | | | | |
| 铁路和城市轨道交通供电产成品一次交验合格率 | % | 98 | 99.69 | 101.72 |
| 电力变电产成品一次交验合格率 | % | 95 | 96.32 | 101.329 |
| 支柱类产成品一次交验合格率 | % | 98 | 98.77 | 100.79 |
| 声屏障产成品一次交验合格率 | % | 95 | 99.35 | 104.58 |
| 线索类产成品一次交验合格率 | % | 98 | 99.9 | 101.94 |
| 绝缘子产成品一次交验合格率 | % | 94 | 96.3 | 102.45 |
| 单位工程一次交验合格率 | % | 100 | 100 | 100.00 |
| **劳动生产率** | | | | |
| 全员劳动生产率 | 元/人 | — | 2014420 | — |
| **安全** | | | | |
| 千人负伤率 | ‰ | 6 | 0 | — |
| **利润** | | | | |
| 利润总额 | 万元 | — | — | — |
| **设备** | | | | |
| 机械利用率 | % | 90 | 92.13 | 102.40 |
| 主要设备完好率 | % | 90 | 99.17 | 110.20 |

制表：陈 楠

## 生产工艺及技术创新

【中铁工业生产工艺和技术创新】2020 年，中铁工业坚持创新驱动和目标导向，以科研项目为载体，全面开展技术研究。全年共推动省部级科技创新平台 4 个，先后申报并通过中国中铁及以上科技成果鉴定 33 项，其中中国专利奖 6 项，国家科技进步奖 2 项，国家技术发明奖 1 项，省部级科学技术奖 6 项。申请专利 514 件（PCT 专利 7 件，发明专利 190 件），授权专利 346 件（PCT 专利 2 件，发明专利 53 件）。申报并荣获了国家科技进步二等奖 1 项、技术发明二等奖 1 项。

钢结构制造与安装方面，攻克了高强度钢焊接质量控制、精度控制、复杂杆件制造技术等技术难题，推动了 Q500qE 高强度钢在千米跨度公铁两用桥上的应用；完成了“高韧高耐候 Q420qFNH 桥梁钢的开发与应用”课题研究，为黑河大桥制造提供了标准和依据；推进了原材料数字化管理技术研究，建设跨区域、协同共享信息管理平台；“钢粗骨料活性粉末混凝土组合箱梁工厂化制造方法工法”成功通过中国中铁关键技术评审，达到国际先进水平。

道岔方面，在行业内首创胶接轨工序感应加热应用技术，实现了胶接加热自动化控制；国内行业首条表面预处理静电喷涂自动化生产线正式投产；率先在行业内实施所有类型、轨型道岔组装试铺检验，实现产品“零缺陷”出厂；Ⅱ代高锰钢辙叉完成小批量上道验证，下线辙叉平均通过总重逾 2 亿吨，服役寿命较行业其他单位优势显著；国家重点研发计划任务课题、国内首组“新型城市轨道交通 60 千克 / 米钢轨 9 号提速道岔”通过验收；世界首组时速 600 千米高速磁浮道岔顺利通过青岛四方出厂验收并完成现场架设。

工程机械方面，共完成科技成果评审 7 项，其中 4 项被评为“国际先进”以上水平。“架桥机”被国家工信部认定为制造业单项冠军产品，“高铁 1000 吨级箱梁运架搬提成套施工设备”获中国工业大奖表彰奖，“高速铁路桥隧相连过隧箱梁运架装备及其工程应用”获湖北省科技进步奖三等奖，“全液压链齿传动双轮铣槽机、12 立方电铲关键技术研究及应用”获得中国中铁科技进步奖一等奖，“分体式过隧道架桥机”获得中国施工管理协会优秀专利成果。

隧道施工设备方面，中铁工业持续开展工艺基础研究和新产品工艺开发，先后完成了硬岩滚刀刀座热处理工艺研究、厚板焊接层状撕裂预防及控制关键技术、耐磨焊丝全位置堆焊工艺研究；编制了《工艺指导手册》并进行详细宣贯，包含典型案例的简要说明；完成了澳大利亚雪山中铁 783 号 TBM 项目、格鲁吉亚中铁 859 号 TBM 项目等重难点项目的工艺设计；开发了高强度软土刀具钎焊技术、碳化钨颗粒耐磨层熔敷技术等，引入焊接机器人及卧式加工中心，实现了软土刀具及镶齿刀圈的自主制造；针对 2020-03 CTR300S 水利型悬臂掘进机项目研究结构件厚板焊接工艺和大型结构件装配工艺；针对 SSW2020-023 机械化非开挖管道更新研究项目研究竖井掘进机结构件制造工艺；针对 2019-298-1 试验项目研究非标液压侧卸渣车焊接加工工艺；针对 2020-02 快速掘锚成套化施工装备项目、CREC-BM-0002 快速掘锚成套化施工装备项目研究掘锚一体机、锚运破一体机焊接加工工艺，开展工艺标准化工作，针对 DJ3A 三臂凿岩台车制定全套液压装配工艺；针对 45 吨机车制定整套标准化工艺卡，同时梳理编制 12 份通用工艺规范，覆盖专用设备厂内自制工序。（李琭琛　蒋晓强　陈梦逖　陈敬举　栾飞）

【中铁装配生产工业和技术创新】超薄轻型高强度经济型真空水泥墙板：2020 年，“超薄轻型高强度经济型真空水泥墙板”技术取得了较大突破，该技术主要用于卫生间隔断、厨房隔断及吊装时整体房屋等内墙隔墙，将原生产厚度为 75 毫米的真空水泥墙板缩减至厚度为 60 毫米，目前该项技术已投入实际生产并广泛应用到在建项目中，可使原住宅、厨房、卫生间实际使用面积增加 10%。目前，“超薄轻型高强度经济型真空水泥墙板”技术已达到国内真空水泥墙板厚度领先水平。

▲ 2020 年 7 月 22 日，中铁工业自主研发制造的大吨位污水处理成套设备“CRHIC-SED 污水处理设备（7500td）”成功下线

▲ 2020 年 4 月 10 日，世界最大断面矩形盾构机（宽 14.82 米，高 9.446 米）“南湖号”（中铁 798 号）在中铁工业成功下线

SPC墙面板工艺创新成果：通过对配方的优化、模具的改进，在SPC墙面板产品宽度上由1000毫米提升到1200毫米，改善了两边翘曲的情况，最薄可做到2.5毫米，经过批量试机生产此产品可以长期稳定生产，并取得了相关的检测报告，宽度提升到1200毫米后提高了生产效率，厚度做到2.5毫米后降低了产品成本。

硅酸钙内墙装饰板生产工艺改进：内墙装饰板转印工艺底漆为六道油漆两道砂光，面漆为四道油漆和转印。经过对油漆的调配，内墙装饰板转印工艺底漆改为四道油漆一道砂光，面漆为三道油漆和转印，在生产工艺优化之后，不仅降低了原料的成本而且降低了辅材的使用量，减少和优化工序后使用固化机的数量减少，降低了用电功率。

完成水泥墙板减重工艺改进：通过模具改进减少水泥墙板壁厚，由原有每平方米重110公斤降至每平方米85公斤，完成新产品600毫米×75毫米的研发实际进行投产。

（韩志军　赵福成）

【中铁电气化工业生产工艺和技术创新】2020年，中铁电工8项QC成果参加中铁电气化局集团有限公司第19次QC成果发表会，获得二等奖2项、三等奖1项、优秀奖5项；8项成果参加北京市质量协会第七十五次QC小组成果发表会，获得二等奖4项、三等奖4项；3项成果参加中国中铁第40次QC小组成果发表会，获得优秀奖3项，且其中两项成果分别获得最佳发表奖和最佳制作奖单项奖。

接触网零部件成果：完成弹性定位器铜合金表面处理工艺改进，通过增加络合致钝工艺，提高铸造铜合金产品表面防腐能力；改进定位管斜拉线吊线双耳生产工艺，改进结构，工艺由不锈钢板材冷弯成型工艺改为模锻加热弯成型工艺，提高了产品可靠性，并在徐盐铁路等线路已批量供货；改进软横跨单吊线、双耳连板、球形垫块的生产工艺，提高生产效率。

铜铬锆合金线材产品的生产工艺改进：在熔铸、电磁控制、炉体结构、热轧模具、热处理工艺等方面进行提升和优化、提高工装模具的使用寿命、成品率，降低生产成本。将铜铬锆合金绞线的生产工艺，从轧制改为挤压，提高铜铬锆合金绞线的成品率，降低铜铬锆合金绞线的生产成本。

工装模具改进：针对弯轨机分段弯折造成圆弧不平滑问题，进行现场预弯工具的改进研究，研发的设备可实现接触轨现场连续预弯，保证接触面安装平顺性，设备已在芜湖单轨试用；优化接触线挤压机堵头材质，使其寿命由15吨提升至50吨以上。

检测试验方面改进：实施了矩形短试样拉伸试验方法、螺母保证载荷试验方法改进、弯曲试验工装的改进、改进U螺栓试验方法、研制了汇流排单边张开自动测试装置，实现了汇流排单边张开试验的自动化；扩充了金属材料电导率、导电率、接触线平直度、内部缺陷的试验方法，基本满足了接触线测试的全部项点；扩充了螺栓的剪切方法及电缆的电性能试验，提升了试验能力和范围。

（陈　楠）

# CHAPTER 7
# 海外业务

【海外业务】2020年，中国中铁国际业务新签合同额197.91亿美元，完成年度计划178亿美元的111.19%；同比增加19.34亿美元，增长率为10.82%。国际业务完成营业额68.88亿美元，完成年度计划65亿美元的105.97%；同比增加3.16亿美元，增长率为4.81%。截至2020年12月底，境外项目总数为604个，分布在全球87个国家和地区（包含港澳台地区），其中对外承包工程项目591个，境外投资项目13个。股份公司全系统在97个国家和地区设立境外机构338个（子公司111个、分公司159个、代表处68个），其中股份公司注册的境外机构24个。境外机构分布如下：亚洲135个，占比39.94%；非洲126个，占比37.28%；美洲40个，占比11.84%，大洋洲16个，占比4.73%；欧洲21个，占比6.21%。截至2020年12月底，股份公司全系统从事国际业务员工有8927人，其中，国内员工2273人，派往境外工作员工总数为6654人；国内外派劳务10236人，雇佣当地人员54714人。（余　翔）

【深化国际合作】2020年，中国中铁重视开展海外合作，围绕政府高层互访，“一带一路”国际合作高峰论坛、第三方市场合作、各类经贸联委会以及国际博览会等国际合作的重要平台，加强与各国政府、企业的沟通合作，与相关各方形成合力，达成多项共识，不断推进海外项目经营工作。同时，深度对接政府主管部门，积极发掘重大项目信息，主导与参与推动重大项目运作，确保公司先发优势。（余　翔）

【属地化经营】2020年，是中国中铁海外经营体制机制改革元年。根据《中国中铁股份有限公司海外体制机制改革方案》的要求，按照“整体规划、分批设立、试点先行”的原则，公司挂牌设立了孟加拉区域总部、东南亚区域总部、南部非洲区域总部、南太区域总部、南美北部区域总部、西非区域总部、南美南部区域总部。（余　翔）

【境外合规管理】2020年，中国中铁组织召开了境外合规经营工作会议，邀请合规专家对参会人员进行合规培训。修订《中国中铁股份有限公司海外业务合规管理指引》《合规手册》等境外合规制度，编制、宣贯《中国中铁股份有限公司境外业务投标合规管理细则》等4项合规管理细则。组织境外从业人员签订合规承诺书。利用中国中铁海外合规公众号开展合规文化宣贯，累计刊登稿件33篇。（余　翔）

【海外工程】·肖罗克莎尔（含）—克莱比奥（边境）铁路升级采购EPC合同（匈塞铁路项目匈牙利段）·　正线全长约152千米，设计运营速度160千米/时，合同金额为207863.7万美元（不含5%不可预见费），其中中方（中国中铁）约占50%，约为103937万美元（85%为中国进出口银行融资，15%为业主自筹资金）。中铁九局集团匈牙利有限责任公司、中铁电气化局集团（匈牙利）有限公司、RM international.Zrt联合体于2019年5月24日与业主签订合同，合同工期为5年，项目于2020年7月6日开工建设，2020年累计完成产值1869万美元，开累完成产值1869万美元，占合同额103937万美元的1.8%。

·印度尼西亚雅加达—万隆高铁项目（印度尼西亚雅万高铁）·　正线全长142.3千米，设计时速350千米，总投资为60.71亿美元（25%的资金来源为业主印中高铁公司自筹资本金，75%为中国国家开发银行贷款），合同工期为3年。中国中铁承建的EPC项目标段于2017年4月4日签订合同，于2018年6月9日正式开工建设，合同额为13.65亿美元，2020年累计完成产值40812万美元，开累完成产值99285.2万美元，占合同额13.65亿美元的72.7%。

·新建磨丁—万象铁路项目（中老铁路或磨万铁路）·　正线全长414.332千米，设计时速160千米，总概算约55.82亿美元（约374亿元人民币，汇率按照1美元兑换6.7元人民币计算；其中40%的资金来源为业主老中铁路公司自筹资本金，60%为中国进出口银行贷款），建设期5年，特许运营期50年。中国中铁所属中铁二局、中铁五局、中铁八局、中铁国际、中铁建工、中铁武汉电气化局等10家单位承建了该项目的18个合同标段，合同总额为150.6亿元人民币。项目于2015月12月21日签署合同，土建标段于2017年1月1日正式开工建设，2020年累计完成产值26.03亿元人民币，开累完成产值119.26亿元人民币，占合同额150.6亿元人民币的79.2%。

·孟加拉国帕德玛大桥铁路连接线项目·　正线全长168.6千米，设计客运时速120千米，货运时速80千米，于2016年8月8日签署合同，合同额为31.4亿美元（15%的资金来源为孟加拉国政府自筹，85%为中国进出口银行贷款），业主为孟加拉国家铁路局，承包商为中国中铁，合同工期为4.5年。项目于2018年7月3日正式开工建设，2020年累计完成产值58153.96万美元，开累完成产值82888.73万美元，占合同额31.4亿美元的26.4%。

·亚的斯—吉布提铁路运维项目（亚吉铁路运维项目）·　亚吉铁路全长767千米，设计时速为客车120千米、货车80千米，是非洲第一条全线采用中国电气化铁路标准施工的现代电气化铁路。项目运营维护项目合同于2016年7月28日签署，合同金额为3.57亿美元（不含增值税），资金由埃塞俄比亚政府自筹，业主为埃塞俄比亚—吉布提联合铁路公司，运维期限为6年。项目自2018年1月1日正式开始商业运营，中国中铁以EPC模式参与项目设计建设，并承担项目运营维护任务。2020年，累计实现运营收入3573.29万美元，开累实现营业收入 12506.50 万美元，占合同额 17866.44 亿万美元的 70%。

·孟加拉国阿考拉—拉克萨姆增建套轨二线项目· 全长 72 千米，线路设计时速为 120 千米，于 2016 年 6 月 15 日签署合同，合同金额为 4.46 亿美元（3.9% 的资金来源为孟加拉国政府自筹，27.8% 为欧洲投资银行贷款，68.3% 为亚洲开发银行贷款），业主为孟加拉国家铁路局，承包商为中国中铁与外国企业联合体，合同工期为 4 年。项目自 2016 年 11 月 1 日正式开工建设，2020 年累计完成产值 1783 万美元，开累完成产值 8584 万美元，占合同额 11166 万美元（中国中铁部分）的 76.88%。

·孟加拉国多哈扎里—考克斯巴扎尔铁路项目第一标段· 全长 52.4 千米，设计时速为 100 千米，于 2017 年 9 月 16 日签署合同，合同金额约为 3.42 亿美元（资金来源为亚洲开发银行贷款），业主为孟加拉国家铁路局，承包商为中国中铁与外国企业联合体，合同工期为 1092 天。项目自 2018 年 7 月 1 日正式开工建设，2020 年累计完成产值 2554.45 万美元，开累完成产值 5737.45 万美元，占合同额 16761.48 万美元（中国中铁部分）的 34.23%。

·孟加拉国帕德玛多功能大桥项目· 全长约 7.7 千米，主桥由 41 孔跨度为 150 米的钢混结合连续梁组成，桥面下层为单线米轨铁路，上层为双向 4 车道公路，被誉为孟加拉国人民的“梦想之桥”。项目于 2014 年 6 月 2 日签署合同，合同金额为 15.49 亿美元（资金来源为孟加拉国政府自筹），业主为孟加拉国公路运输与桥梁部桥梁局，承包商为中国中铁所属中铁大桥局，合同工期为 1640 天。项目自 2014 年 11 月 26 日正式开工建设，2020 年累计完成产值 2.05 亿美元，开累完成产值 12.75 亿美元，占合同额 15.496 亿美元的 82.28%。

·埃及斋月十日城市郊铁路项目· 全长 73.3 千米，设计时速为 120 千米。项目模式为 EPC+F+O&M，EPC 合同总金额已调整为 12.49 亿美元（其中 12 亿美元为进出口银行优贷 + 部分无息贷款；土建及轨道差额部分 4900 万美元由业主自筹），2016 年 1 月 21 日签署合同，业主为埃及国家隧道局，承包商为中国中铁—中航国际联合体，合同工期为 24 个月。由于部分项目开工前置条款（如业主完成土地移交）未达到，项目开工日期未定，产值完成情况：开累完成产值 16328.7 万美元，占合同额 12.49 亿美元的 13.1%。

·玻利维亚 ESPINO 公路项目· 全长 159.4 千米，于 2015 年 9 月 18 日签署合同，合同金额为 2.53 亿美元（15% 的资金来源为玻利维亚政府自筹，85% 为中国进出口银行贷款），业主为玻利维亚公路管理局，承包商为中国中铁，合同工期为 42 个月。项目自 2017 年 6 月 16 日正式开工建设，2020 年累计完成产值 525.02 万美元，开累完成产值 14125.49 万美元，占合同额 2.53 亿美元的 55.83%。

·以色列特拉维夫轻轨红线系统及轨道设计施工维护项目· 全长约 24 千米，项目于 2018 年 3 月 21 日签署合同，合同额约合 6.62 亿美元，业主为以色列特拉维夫城市公共交通系统有限公司，承包单位为中国中铁所属中铁隧道局集团和中铁电气化局集团联合体，合同工期为 197 周。项目于 2018 年 3 月 22 日正式开工，2020 年累计完成生产产值 15961.44 万美元，开累完成产值 32512.28 万美元，占合同额 71519 万美元（调整后合同价格，含补充协议，不含维护期合同）的 45.46%。

·香港大埔公路（沙田段）道路扩阔及加建隔音屏障工程项目· 本项目为市政工程项目，于 2018 年 7 月 18 日签署合同，承包商是由中国中铁、中铁一局和振华工程（合同份额占比为 42∶40∶18）组成的联合体，业主是香港土木工程拓展署（CEDD），合同工期为 1614 天（54 个月）。项目于 2018 年 7 月 27 日开工，2020 年累计完成产值 2418.19 万美元，开累完成产值 3685.32 万美元，占中国中铁合同额 16444.92 万美元的 22.41%。

（余 翔）

【海外重大项目推进情况】·匈塞铁路项目匈牙利段· 2020 年 4 月 24 日，匈牙利财政部与中国进出口银行签署项目贷款协议，项目推进取得重大突破。5 月 25 日，项目 EPC 合同生效。7 月 6 日，匈塞铁路项目匈牙利段正式开工。7 月 17 日，CRE 联合体完成《实施阶段联合体协议》签署。8 月 5 日，中国中铁下发《中国中铁党委中国中铁关于成立中国中铁股份有限公司匈塞铁路项目经理部的通知》。8 月 17 日，58 名项目经理部及参建单位人员乘坐包机抵达匈牙利布达佩斯。8 月 27 日，项目收到首期预付款。

·马来西亚大马城恢复性综合开发项目· 大马城项目是“一带一路”倡议的重要标志性成果，作为中马两国友谊的示范项目，对于推动“一带一路”沿线国家建设、推动中马双边关系、推动构建人类命运共同体具有重要意义。项目位于马来西亚首都吉隆坡市中心扩张区，占地 486 英亩（约合 197 万平方米），宗地用途为商业和混合用地，使用年限为永久（999 年）。项目区位优势明显、交通便捷通畅、市政配套完善、土地完整性好、地质条件稳定，可开发性强。2020 年，中国中铁积极应对新冠肺炎疫情、马来西亚政治动荡等一系列突发事件对项目推进带来的不利影响，认真开展项目尽职调查和资产评估工作，完善项目可行性研究报告，做好履约延期谈判，优化项目融资方案，确保项目有序推进。2020年9月15日，中国中铁按期完成支付项目股权购买第二笔定金和预付款。

·巴基斯坦 ML-1 铁路项目· 2020 年 8 月 5 日，巴基斯坦国家经济委员会执委会（ECNEC）正式通过 ML-1 项目立项审批，审批概算约68亿美元。8月17日，巴总理伊姆兰・汗召开ML-1铁路项目工作会议，初步确定一期范围5个子项目，总造价27亿美金。11月25日，巴经济事务部（EAD）向中国驻巴使馆经商处提交了项目申贷函。截至年末，正在继续跟进融资谈判工作，编制招标文件，推动巴方尽快启动招标程序。

・菲律宾南北铁路南线项目・ 2020年5月8日，商务部合作司办理了项目入库手续。6月24日，中国中铁联合体入围中国驻菲使馆推荐短名单。截至年末，中国中铁正在稳步完善经营要素，统筹协调内外部资源，积极办理赴菲手续，做好投标准备工作。

・中泰铁路项目・ 2020年5月25日，中泰铁路合作联合委员会第28次会议确定中泰铁路一期线上工程合同主要条款，并就合同文本达成一致。10月28日，中泰双方（泰国国家铁路局与铁总国际和中国中铁设联合体）正式签署中泰铁路一期线上工程合同，合同金额为16亿美元。9月15日，泰国国家铁路局公布中铁十局联营体中标线下3-1标段。截至年末，正在妥善处理其他投标人上诉事宜。

・中缅铁路通道项目・ 2020年1月，在中缅两国领导人见证下，张宗言董事长接收了缅交通与通信部铁路局局长巴敏颁发的“木姐至曼德勒铁路可行性研究报告接受证书”。12月26日，中铁开投中标瑞丽国际陆港新城项目，合作期限为10年，总投资约195亿元。截至年末，正在积极跟进木曼可行性研究第三方审查，木曼环评范围调查报告已全部获批，正根据批复意见进行完善。

・莫桑比克2万套社会住房建设项目・ 中铁四局积极与业主沟通，推动莫方政府与金融机构就融资意向函条款进行商谈。2020年10月19日，莫桑比克经济和财政部公共债务管理司就融资贷款的还款期、宽限期和贷款利率签发意见函。12月3日，一期（10000套）住房工程EPC承包合同（9.68亿美元）在澳门基础设施投资论坛成功签约。

・以色列特拉维夫轻轨绿线和紫线PPP项目・ 2020年4月13日，确定中国中铁在项目SPC层面投资单位及其股比、EPC层面实施单位及其份额、维护层面实施单位及其份额。6月7日，投资主体完成SPC项目公司在以色列的注册。9月14日，中国中铁联合体顺利交标。截至年末，正在持续跟进业主评标结果。

【设立中国铁路工程集团有限公司外事办公室】2020年4月1日，为落实国家部委关于“各中央企业外事工作由集团（总公司）统一领导，由集团（总公司）外事部门综合归口管理”的工作要求，结合公司海外体制机制改革方案，设立中国铁路工程集团有限公司外事办公室，负责公司外事工作制度建设、实施及对外事管理工作的监督和检查。负责统筹、协调重大涉外活动，负责因公证照申办和管理，负责审核、申办因公出国（境）及邀请外国人来华访问事项；负责与国家有关部委和北京市国家安全局等部门以及各驻华使（领）馆的外事业务对接；负责公司境外国家安全相关管理工作以及境外机构和人员非生产性安全管理、境外突发事件应急处置；负责因公出国（境）交通、差旅、住宿等履职待遇、业务支出管理的相关工作；负责外事管理系统信息化建设和维护；负责因公出访报告管理和相关外事信息统计工作。协同公司保密办建立和完善境外业务保密工作体系，配合开展境外舆情管理相关工作。外事办公室与国际事业部实行“一个机构、两块牌子”的管理。（余　翔）

【海外工作视频会议】2020年5月8日，中国中铁召开海外工作视频会议。公司领导及高管出席会议。党委书记、董事长张宗言指出，股份公司经过较长时间的调研论证，提出了以“双优”发展战略、“一体两翼N驱”经营格局为主要内容的海外改革总体方案，各级各单位要深刻领会其核心要义，建立科学高效的市场经营管理体制机制，建立运行有序的施工生产管理体制机制，建立公平合理的经济运行管理体制机制。在加快海外经营管理体制机制改革的同时，要坚持创新驱动，在经营理念、经营思路和经营模式等各方面推进海外工作全方位创新发展。要牢固“三大理念”，努力实现“四个转变”，着力推动“五个提升”。要高度重视海外经营基础建设，从人才队伍、资源配置、薪酬待遇、风险防控等各方面为海外业务发展壮大提供强力支撑。要毫不动摇坚持党对海外工作的统一领导，旗帜鲜明加强党的建设，切实有效提升海外党建水平，以高质量的党建工作为海外事业的壮大发展提供强有力的政治保障。总裁陈云充分肯定了中国中铁“十三五”以来海外发展取得的成绩，并结合公司海外发展面临的形势、存在的差距，提出了海外工作总体要求、改革任务和奋斗目标。要大力实施海外“双优”战略，以深化改革推动质量、效率、动力变革，以深耕市场推动规模、效益、品质提升，努力实现由跨国经营向跨国公司转变，为加快建成具有全球竞争力的世界一流企业而努力奋斗。陈云对深化落实海外体制机制改革、全面推进海外生产经营提出要求，要做到“两个统一”，切实形成改革推进合力；要紧抓“三个重点”，加快搭建“一体两翼N驱”架构；要落实“六个优先”，保障海外优先发展；要聚焦“六个着力”，推动海外优质发展。要加大海外经营力度，切实形成强力经营态势；要加快经营创新步伐，拓展海外市场发展空间；要加强境外项目管理，夯实海外市场发展基础；要做好风险防控工作，保障海外持续稳定发展。会议对参与海外重点项目推动的相关单位进行了奖励，表彰了第一届“中国中

铁海外突出贡献奖”。股份公司国际事业部、中铁国际、中铁十局、中铁隧道局、中铁二院等作了大会交流发言，17家单位作了书面交流。（余 翔）

【海外体制机制改革举措】按照中国中铁海外体制机制改革要求，逐步强化股份公司总部“一体”统筹功能，总部相关部门职责已涵盖海外板块相关管理，逐步形成完整的共同责任链条。国际事业部（国际工程分公司）按照新的职责定位进行了适应性组织改造，机构和人员逐步调整到位，截至2020年末，已经按照新体系运行；分离重组中海外，“两翼”架构搭建完成；划分23个区域市场，完成全球市场布局；按照《中国中铁股份有限公司境外区域总部试点设立总体方案》，统筹指导“两翼”和孟铁项目部编制境外区域总部试点设立实施方案；全面启动境外业务三大平台建设，结合股份公司“信息贯通工程”推进进展，稳步推进信息化管理、合规管理与财务共享三大平台建设；制定国际业务N项制度，具体又细分为“大N”36项制度与“小N”79项制度，其中，“大N”36项制度建设已基本完成，国际事业部内部的“小N”79项制度正在有序推进；优化海外绩效考核评价体系，在全面预算（目标）和业绩考核管理办法中新增国际业务业绩专项考核内容，实现正向激励；推进外事办公室设立工作，落实国家部委关于“各中央企业外事工作由集团（总公司）统一领导，由集团（总公司）外事部门综合归口管理”的工作要求。（余 翔）

## ·统计数据·

表7-1 2020年新签境外业务合同额按板块划分统计表

| 类别 | 承包工程 | 道岔机械产品加工 | 设计咨询 | 外派劳务 | 进出口贸易 | 境外实业 | 境外开矿 | 其他 | 合计 |
|---|---|---|---|---|---|---|---|---|---|
| 金额/万美元 | 1521524 | 25273 | 9528 | 1882 | 234380 | 2755 | 182391 | 1361 | 1979094 |
| 占比/% | 76.87 | 1.28 | 0.48 | 0.10 | 11.84 | 0.14 | 9.22 | 0.07 | 100.00 |
| 增长率/% | 18.59 | −15.78 | −75.58 | −73.64 | 15.57 | 117.44 | 119.46 | −99.02 | 10.82 |

注：“占比”一行，为使合计数为100%，表内个别业务合同额占比数在四舍五入时增/减30.01%。

表7-2 2020年新签境外业务合同额按工程及业务类别划分统计表

| 类别 | 铁路 | 公路 | 市政 | 房建 | 水电 | 港码 | 机场 | 城轨 | 劳务 | 贸易 | 境外办厂 | 境外开矿 | 其他 | 合计 |
|---|---|---|---|---|---|---|---|---|---|---|---|---|---|---|
| 金额/万美元 | 145182 | 294264 | 252257 | 557561 | 185477 | 5163 | 4547 | 111874 | 1882 | 234380 | 2755 | 182391 | 1361 | 1979094 |
| 占比/% | 7.34 | 14.87 | 12.75 | 28.16 | 9.37 | 0.26 | 0.23 | 5.65 | 0.10 | 11.84 | 0.14 | 9.22 | 0.07 | 100.00 |
| 增长率/% | −68.98 | 24.95 | 150.18 | 18.19 | 484.01 | 144.23 | −82.05 | 566.67 | −73.64 | 15.57 | 117.44 | 119.46 | −99.02 | 10.82 |

注：“占比”一行，为使合计数为100%，表内个别业务合同额占比数在四舍五入时增/减30.01%。

表7-3 2020年中国中铁新签境外业务合同额按区域划分统计表

| 类别 | 亚洲 | 非洲 | 拉丁美洲 | 欧洲 | 大洋洲 |
|---|---|---|---|---|---|
| 金额/万美元 | 803019 | 830591 | 206074 | 123436 | 15974 |
| 占比/% | 40.58 | 41.96 | 10.41 | 6.24 | 0.81 |

表7-4 2020年海外业务完成营业额按板块划分统计表

| 类别 | 承包工程 | 道岔和机械产品加工 | 设计咨询 | 外派劳务 | 进出口贸易 | 境外实业 | 境外开矿 | 其他 | 合计 |
|---|---|---|---|---|---|---|---|---|---|
| 金额/万美元 | 440931 | 20194 | 7507 | 93 | 156185 | 701 | 3846 | 59370 | 688827 |
| 占比/% | 64.01 | 2.93 | 1.09 | 0.01 | 22.67 | 0.10 | 0.56 | 8.63 | 100.00 |
| 增长率/% | 1.07 | 12.61 | 65.35 | −13.89 | 2.26 | −44.67 | −84.30 | 199.21 | 4.82 |

注：“占比”一行，为使合计数为100%，表内个别业务合同额占比数在四舍五入时增/减30.01%。

### 表 7-5　2020 年海外业务完成营业额按工程及业务类别划分统计表

| 类别 | 铁路 | 公路 | 市政 | 房建 | 水电 | 港码 | 机场 | 城轨 | 劳务 | 贸易 | 境外办厂 | 境外开矿 | 其他 | 合计 |
|---|---|---|---|---|---|---|---|---|---|---|---|---|---|---|
| 营业 / 万美元 | 158693 | 125211 | 25890 | 69906 | 11257 | 6662 | 3078 | 67935 | 93 | 156185 | 701 | 3846 | 59370 | 688827 |
| 占比 /% | 23.04 | 18.18 | 3.76 | 10.15 | 1.63 | 0.97 | 0.45 | 9.86 | 0.01 | 22.67 | 0.10 | 0.56 | 8.62 | 100.00 |
| 增长率 /% | 19.39 | −10.69 | −29.46 | 0.88 | −48.99 | 11.52 | −3.21 | 40.42 | −13.89 | 2.26 | −44.67 | −84.30 | 199.21 | 4.82 |

### 表 7-6　2020 年中国中铁完成境外业务营业额按区域划分统计表

| 类别 | 亚洲 | 非洲 | 拉美 | 欧洲 | 大洋洲 |
|---|---|---|---|---|---|
| 营业 / 万美元 | 298479 | 312970 | 39697 | 16894 | 20787 |
| 占比 /% | 43.33 | 45.44 | 5.76 | 2.45 | 3.02 |

注：总营业额为 657169 万美元。

### 表 7-7　2020 年中国中铁新签境外业务合同数量按地区划分统计表

| 类别 | 亚洲 | 非洲 | 拉丁美洲 | 欧洲 | 大洋洲 |
|---|---|---|---|---|---|
| 项目数 / 个 | 236 | 242 | 53 | 29 | 22 |

### 表 7-8　2020 年中国中铁境外业务新签合同额、完成营业额与年度计划指标对照表

| 序号 | 单位 | 年度合同计划额 / 万美元 | 已完成合同额 / 万美元 | 合同额完成率 /% | 年度营业计划额 / 万美元 | 已完成营业额 / 万美元 | 营业额完成率 /% |
|---|---|---|---|---|---|---|---|
| 1 | 中铁国际 | 390000 | 395844.98 | 101.50 | 50000 | 19146.64 | 38.29 |
| 2 | 中海外 | 180000 | 188533.67 | 104.74 | 30000 | 12910.10 | 43.03 |
| 3 | 东方国际 | 140000 | 16318.70 | 11.66 | 20000 | 23078.00 | 115.39 |
| 4 | 中铁一局 | 85000 | 124306.23 | 146.24 | 35000 | 35395.00 | 101.13 |
| 5 | 中铁二局 | 40000 | 24577.12 | 61.44 | 20000 | 21038.42 | 105.19 |
| 6 | 中铁三局 | 60000 | 72990.00 | 121.65 | 25000 | 39598.24 | 158.39 |
| 7 | 中铁四局 | 85000 | 111403.10 | 131.06 | 35000 | 44316.83 | 126.62 |
| 8 | 中铁五局 | 60000 | 62189.99 | 103.65 | 35000 | 34832.93 | 99.52 |
| 9 | 中铁六局 | 25000 | 29219.28 | 116.88 | 10000 | 399.57 | 4.00 |
| 10 | 中铁七局 | 85000 | 178197.00 | 209.64 | 50000 | 59618.00 | 119.24 |
| 11 | 中铁八局 | 25000 | 35840.00 | 143.36 | 10000 | 8597.14 | 85.97 |
| 12 | 中铁九局 | 40000 | 67757.40 | 169.39 | 20000 | 30978.00 | 154.89 |
| 13 | 中铁十局 | 85000 | 184264.43 | 216.78 | 45000 | 51095.87 | 113.55 |
| 14 | 中铁大桥局 | 40000 | 84058.22 | 210.15 | 20000 | 35832.43 | 179.16 |
| 15 | 中铁隧道局 | 50000 | 51035.58 | 102.07 | 45000 | 46468.31 | 103.26 |
| 16 | 中铁电气化局 | 40000 | 55175.40 | 137.94 | 7000 | 7563.00 | 108.04 |
| 17 | 中铁武汉电气化局 | 25000 | 1471.38 | 5.89 | 5000 | 5619.12 | 112.38 |
| 18 | 中铁建工 | 60000 | 62734.85 | 104.56 | 35000 | 35311.54 | 100.89 |

续表

| 序号 | 单位 | 年度合同计划额/万美元 | 已完成合同额/万美元 | 合同额完成率/% | 年度营业计划额/万美元 | 已完成营业额/万美元 | 营业额完成率/% |
|---|---|---|---|---|---|---|---|
| 19 | 中铁二院 | 35000 | 12229.27 | 34.94 | 5000 | 6114.15 | 122.28 |
| 20 | 中铁六院 | 600 | 1231.68 | 205.28 | 400 | 408.56 | 102.14 |
| 21 | 中铁设计 | 2500 | 3790.00 | 151.60 | 800 | 55.35 | 6.92 |
| 22 | 中铁大桥院 | 900 | 1182.37 | 131.37 | 300 | 301.69 | 100.56 |
| 23 | 中铁科研院 | 1000 | 911.38 | 91.14 | 600 | 635.91 | 105.99 |
| 24 | 中铁广州局 | 25000 | 27376.43 | 109.51 | 5000 | 4708.41 | 94.17 |
| 25 | 中铁北京局 | 25000 | 55727.72 | 222.91 | 5000 | 6195.19 | 123.90 |
| 26 | 中铁上海局 | 25000 | 11477.00 | 45.91 | 5000 | 5094.00 | 101.88 |
| 27 | 中铁资源 | 130000 | 132146.58 | 101.65 | 112000 | 132146.30 | 117.99 |
| 28 | 中铁工业 | 20000 | 35581.52 | 177.91 | 18000 | 21162.90 | 117.57 |
| 29 | 中铁华铁 | 0 | 22.00 | — | 200 | 205.00 | 102.50 |
| 总计 | | 1780000 | 1979094 | 111.19 | 650000 | 688826.60 | 105.97 |

CHAPTER 8

# 实业投资及金融物贸

## 实业投资

**【全公司实业投资完成情况】**截至2020年12月31日，公司基础设施和矿产资源存量投资项目475个，项目总投资19832亿元，其中权属中国中铁的项目投资（简称“权属投资”）14147亿元，开累完成权属投资6660亿元，完成比例47%，剩余权属投资7487亿元。全年基础设施投资新签合同额4319亿元，为年度计划的95%。

基础设施投资既有项目467个，项目总投资规模19415亿元，其中权属投资规模13969亿元，开累完成权属投资6507亿元，开累回款1731.7亿元，剩余权属投资7462亿元。

矿产资源板块共有投资项目8个，项目计划总投资规模417亿元，中国中铁计划投资规模为177亿元。2020年，矿产资源板块完成投资11.19亿元，其中，华刚铜钴矿投资完成6.38亿元，绿纱铜钴矿2.41亿元，布桑加水电站2.4亿元。截至2020年末，中国中铁开累完成投资153亿元，剩余投资规模24亿元。

（罗元恒　王圣明）

**【战略合作】**加强战略合作，深化政企合作，年内先后与四川省、安徽省、黑龙江省、吉林省、长春市、马鞍山市、潍坊市、重庆武隆区、湖北铁投等9个省、市政府及地方企业签订战略合作协议，为重点项目落地奠定基础。加强与兄弟央企、地方国企和行业龙头企业之间强强联合，共同运作或联合投资项目，年内与兄弟央企中国铁建组成联合体共同运作了武汉市轨道交通12号线工程PPP项目；与广州地铁、港铁公司等行业龙头企业合作投资长沙市轨道交通6号线B部分PPP项目、深圳市轨道交通13号线PPP项目；与南宁高速、重庆高速、四川高速、河南高速、湖北交投、云南交投等地方国企合作承揽了广西上林至横县高速公路BOT项目、重庆市永川至璧山和三环高速公路陈食至油溪段项目、京昆高速公路汉中至广元段（四川境）及广元至绵阳段扩容项目、“河南省高速公路13445工程”第一批切块项目、鄂黄第二过江通道（燕矶长江大桥及接线）项目、云南勐醒至江城至绿春高速公路PPP项目等。

（汪先俊）

**【投资开发及成果】**牢固树立“投资商＋建设商＋运营商”理念，全面加强前期投资策划，加大重点项目前期统筹协调和项目运作指导力度，年内成功推进京雄高速公路（北京段）、京昆高速公路汉中至广元段（四川境）及广元至绵阳段扩容、延吉至长春高速公路大蒲柴河至烟筒山段、延吉至长春高速公路烟筒山至长春段、本溪至集安高速公路桓仁（省界）至集安段、G59呼北高速炉红山（湘鄂界）至慈利段及G5515张南高速桑植至龙山段、山东省潍坊市GBJ-SDL科学实验室、贵州省毕节市纳雍县骔岭矿区生态环境综合治理与修复、南京六合区龙袍新城“四新”建设、上合中央广场基础设施及公共服务开发建设、阳光大道南延线片区综合开发、武汉市轨道交通12号线等百亿元以上的大型项目如期落地。全年新中标项目79个合同额4319亿元，其中，百亿元以上的大型项目15个合同额3025亿元，规模占比70%。

（汪先俊）

**【市场布局】**在巩固公路、城轨、市政等传统优势投资领域基础上，积极开拓铁路、水务、环保等新型投资领域，全年新中标公路项目2241.9亿元，规模占比51.9%；城轨项目271.3亿元，规模占比6.3%；市政项目259.5亿元，规模占比6.0%；水务环保项目523.0亿元，规模占比12.1%；铁路项目228.7亿元，规模占比5.3%；其他类型项目794.7亿元，规模占比18.4%。

（汪先俊）

▲2020年11月17日，四川省人民政府与国务院国资委在成都举行“落实新时代西部大开发战略——四川省与中央企业合作发展座谈会暨项目签约仪式”

【创新商业模式】在政策框架下，围绕片区联动开发、产业新城等，创新投资模式。以鹤山市珠西物流园项目为依托探索产业新城模式，以南京六合区龙袍新城“四新”建设、上合中央广场基础设施及公共服务开发建设等项目研究ABO模式，以瑞丽国际陆港一期项目为依托探索实践口岸小镇商业模式，通过商业创新，积极运作大项目，实现片区滚动开发。和股份公司财务与金融管理部、法律合规部共同推进融资模式创新，通过“联合收购+互投信托”、引入保险资金等模式，进一步缩小资本金出资规模，腾挪财务资源，实现项目表外实施，降低资本金融资成本。（汪先俊）

## ·基础设施投资·

【基础设施投资完成情况】2020年，中国中铁基础设施投资完成1451亿元，为年度计划1600亿元的91%。全年新签项目合同额4319亿元，为年度计划4550亿元的95%。（汪先俊）

【基础设施典型投资项目情况】截至2020年12月31日，中国中铁基础设施投资既有项目467个，项目总投资规模19415亿元，其中权属投资规模13969亿元，开累完成权属投资6507亿元，剩余权属投资7462亿元。

BT项目共178个，项目总投资规模4843亿元，其中权属投资规模2783亿元，开累完成权属投资2017亿元，剩余权属投资765亿元。按实施阶段来看：待建项目48个，项目总投资规模1441亿元，其中权属投资规模445亿元，开累完成权属投资17亿元，剩余权属投资428亿元；在建项目53个，项目总投资规模1001亿元，其中权属投资规模172亿元，开累完成权属投资71亿元，剩余权属投资101亿元；在建在购项目19个，项目总投资规模745亿元，其中权属投资规模620亿元，开累完成权属投资489亿元，剩余权属投资132亿元；建成在购项目58个，项目总投资规模1656亿元，其中权属投资规模1545亿元。

BOT项目共66个，项目总投资规模3728亿元，其中权属投资规模2747亿元，开累完成权属投资1263亿元，剩余权属投资1483亿元。按实施阶段来看：待建项目11个，项目投资规模1150亿元，其中权属投资规模909亿元，开累完成权属投资2亿元，剩余权属投资907亿元；在建项目27个，项目投资规模1814亿元，其中权属投资规模1202亿元，开累完成权属投资629亿元，剩余权属投资573亿元；建成待运营项目2个，项目投资规模127亿元，其中权属投资规模76亿元，开累完成权属投资76亿元。

PPP项目共223个，项目总投资规模10844亿元，其中权属投资规模8440亿元，开累完成权属投资3226亿元，剩余权属投资5214亿元。按实施阶段来看：待建项目46个，项目投资规模2760亿元，其中权属投资规模2080亿元，开累完成权属投资22亿元，剩余权属投资2058亿元；在建项目124个，项目投资规模6923亿元，其中权属投资规模5343亿元，开累完成权属投资2354亿元，剩余权属投资2988亿元；在建运营项目9个，项目投资规模288亿元，其中权属投资规模259亿元，开累完成权属投资163亿元，剩余权属投资96亿元；待运营项目9个，项目投资规模115亿元，其中权属投资规模102亿元，开累完成权属投资91亿元，剩余权属投资11亿元；建成运营项目35个，项目投资规模758亿元，其中权属投资规模656亿元。（罗元恒）

▲2020年12月23日，中国中铁以BOT模式建造的四川省首条双向八车道高速公路——成都天府国际机场高速公路全线试跑成功

表 8-1　中国中铁 2020 年在建及在购基础设施投资项目汇总

| 序号 | 实施单位 | 项目投资规模 / 亿元 | 权属投资规模 / 亿元 | 本年完成权属投资 / 亿元 | 开累完成权属投资 / 亿元 |
|---|---|---|---|---|---|
| | 基础设施项目合计 | 19415 | 13969 | 1451 | 6507 |
| 1 | 中铁一局 | 692 | 459 | 51 | 282 |
| 2 | 中铁二局 | 70 | 9 | — | 2 |
| 3 | 中铁三局 | 423 | 298 | 55 | 168 |
| 4 | 中铁四局 | 1125 | 555 | 49 | 341 |
| 5 | 中铁五局 | 554 | 244 | 28 | 46 |
| 6 | 中铁六局 | 113 | 55 | 4 | 4 |
| 7 | 中铁七局 | 187 | 75 | 17 | 45 |
| 8 | 中铁八局 | 59 | 35 | 4 | 30 |
| 9 | 中铁九局 | 29 | 10 | 3 | 7 |
| 10 | 中铁十局 | 290 | 142 | 39 | 77 |
| 11 | 中铁大桥局 | 488 | 153 | 16 | 124 |
| 12 | 中铁隧道局 | 148 | 113 | 14 | 60 |
| 13 | 中铁电气化局 | 431 | 229 | 44 | 91 |
| 14 | 中铁武汉电化局 | 9 | 2 | 1 | 2 |
| 15 | 中铁建工 | 150 | 45 | 2 | 15 |
| 16 | 中铁广州局 | 59 | 50 | 6 | 27 |
| 17 | 中铁北京局 | 101 | 92 | 1 | 35 |
| 18 | 中铁上海局 | 176 | 99 | 11 | 46 |
| 19 | 中铁二院 | 134 | 45 | 5 | 6 |
| 20 | 中铁设计 | 132 | 29 | — | 10 |
| 21 | 中铁交通 | 1938 | 1646 | 144 | 1058 |
| 22 | 中铁南方 | 1405 | 1194 | 37 | 484 |
| 23 | 中铁投资 | 666 | 520 | 45 | 179 |
| 24 | 中铁开投 | 3046 | 2340 | 262 | 1097 |
| 25 | 中铁文旅 | 395 | 392 | — | — |
| 26 | 中铁城投 | 3127 | 2663 | 311 | 1399 |
| 27 | 中铁上投 | 366 | 195 | 43 | 87 |
| 28 | 广州地铁 11 号线 | 61 | 52 | 11 | 31 |
| 29 | 中铁发展 | 1348 | 912 | 151 | 235 |
| 30 | 中铁北方 | 1048 | 807 | 45 | 352 |
| 31 | 中国铁工投资 | 556 | 487 | 52 | 165 |
| 32 | 中铁世德 | 89 | 20 | — | 2 |

制表：罗元恒

表 8-2　中国中铁 2020 年基础设施投资完成及回款情况

| 项目分类 | 年度投资计划 / 亿元 | 年度完成投资 / 亿元 | 计划完成率 /% |
|---|---|---|---|
| BT | 94 | 97 | 103 |
| BOT | 204 | 233 | 114 |
| PPP | 1302 | 1121 | 86 |
| 合计 | 1600 | 1451 | 91 |

制表：罗元恒

▲ 2020年9月1日，中铁电气化局承建的山西省首条地铁——太原地铁2号线正式进入空载试运行阶段



【京雄高速公路（北京段）政府和社会资本合作（PPP）项目】项目位于北京市境内，北起西南五环路，西跨永定河，经长阳、良乡，终点连接京雄高速河北段，线路全长约27千米，设计速度为100~120千米/小时，双向八车道，桥梁比90%，全线共设置互通式立交5处，估算总投资122.59亿元。项目采用PPP模式实施，特许经营期27年，其中建设期2年、运营期25年。北京市政府授权北京市交通委作为项目业主，通过公开招标引入中国中铁联合体作为社会投资人，与政府出资代表北京市首都公路发展集团有限公司按照51:49比例共同出资组建项目公司。项目公司负责项目的投融资、建设及项目建成后一定期限内的运营维护管理，在特许经营期内通过使用者付费和政府可行性缺口补助收回投资及合理回报。特许经营期满，项目设施无偿移交给北京市交通委或政府指定机构。

（汪先俊）

【炉红山（湘鄂界）至慈利高速公路、桑植至龙山高速公路项目】项目位于湖南省，由G59炉红山（湘鄂界）至慈利高速公路和G5515桑植至龙山高速公路项目两条高速公路组成，全长141.66千米，双向四车道，设计时速100千米，估算总投资261.47亿元。项目采用BOT模式实施，特许经营期34年，其中建设期4年、运营期30年。湖南省政府授权湖南省交通运输厅作为项目业主，通过公开招标引入中国中铁联合体作为社会投资人，与政府出资代表湖南省交通运输厅规划与项目办公室按照51：49比例共同出资组建项目公司。项目公司负责项目投融资、建设及项目建成后一定期限内的运营维护管理，在特许经营期内通过使用者付费收回投资及合理回报。特许经营期满后，项目设施无偿移交给省政府或其指定机构。

（汪先俊）

【京昆高速公路汉中至广元段（四川境）、广元至绵阳段扩容项目】项目位于四川省广元市和绵阳市境内，由京昆高速公路广元至绵阳段、广元至陕西汉中（四川境）段组成，全长193.171千米，估算总投资453.07亿元。项目采用BOT模式实施，特许经营期34年，其中建设期4年、运营期30年。广元市人民政府和绵阳市人民政府授权广元市交通运输局作为项目业主，通过公开招标引入中铁五局与四川高速公路建设开发集团（牵头人）、四川交投建设工程股份有限公司（省属国企）组成的联合体作为社会投资人，由社会投资人出资组建项目公司，其中中铁五局持股25%。项目公司负责项目的投融资、建设和项目建成后运营期内的运营及养护，在特许经营期内通过使用者付费收回投资及合理回报。特许经营期满，项目设施无偿移交给政府或其指定机构。

（汪先俊）

【延吉至长春高速公路大蒲柴河至烟筒山段、延吉至长春高速公路烟筒山至长春段、本溪至集安高速公路桓仁（省界）至集安段PPP项目】项目位于吉林省长春市、吉林市、延吉市、集安市、通化市境内，包括蒲烟高速、烟长高速和桓集高速3个子项目，合计总里程339千米。项目采用PPP模式实施，PPP合作范围估算总投资280.42亿元，特许经营期34年，其中建设期4年、运营期30年。吉林省政府授权省交通运输厅作为项目业主，通过公开招标引入中国中铁联合体作为社会投资人，与政府出资代表吉林省高速集团按照 51：49 比例共同出资组建项目公司。项目公司负责项目投融资、建设及项目建成后一定期限内的运营维护管理，在特许经营期内通过使用者付费和政府可行性缺口补助收回投资及合理回报。特许经营期满，项目设施无偿移交给吉林省高速集团。（汪先俊）

**【鹤山市珠西物流产业新城 PPP 项目】**项目位于广东省江门鹤山市，占地面积 24.58 平方千米，以“产城融合、产教融合”理念整体打造、系统开发，主要建设内容包括城市基础设施建设（片区七通一平）、产业配套建设（包括商铺 9 万平方米、办公 24 万平方米、仓储物流 54 万平方米、堆场等）、公共服务建设（社区服务中心 8.2 万平方米），估算总投资 58.99 亿元。项目采用 PPP 模式实施，特许经营期 30 年，其中建设期 1~3 年、运营期最长 27 年。鹤山市政府授权珠西物流枢纽管委会作为项目业主，通过公开招标引入中国中铁（牵头人）与深圳市盐田港集团组成的联合体作为社会投资人，与政府出资代表按照 9 : 1 比例共同出资组建项目公司，其中，中国中铁合计持股 65%。项目公司负责投融资、建设及建成后一定期限内的招商运营管理，包括项目策划、规划、咨询、设计、融资、建设、招商、运营等一体化服务，在特许经营期内通过使用者付费和可行性缺口补助收回投资及合理回报。特许经营期满，项目设施无偿移交给政府或其指定机构。（汪先俊）

**【南京市六合区龙袍新城“四新”建设项目】**项目位于国家级江北新区东侧，总建设面积约 9.53 平方千米，主要建设内容包括土地一级整理、房屋建筑、公共设施建设、市政设施建设、园林绿化等，估算总投资 280 亿元。项目采用“特许经营＋联合开发”模式实施，南京市政府授权六合区城乡建设局为项目实施机构，通过公开招标方式确定南京六合市政公用集团（简称“公用集团”）为项目特许经营权人，特许经营期 30 年；同时，城乡建设局授权公用集团通过公开招标引入中国中铁联合体作为联合开发合作人，与公用集团共同出资组建项目公司，其中，中国中铁合计持股 34.61%。联合开发合作期 14 年，其中建设期 4 年、运营期 10 年。项目公司负责片区的设计、投融资、建设管理及招商运营等工作，在合作期内通过使用者付费、可用性服务费及运维缺口补助收回投资及合理回报。（汪先俊）

**【中国－上海合作组织地方经贸合作示范区中央广场项目】**项目位于青岛市中国－上海合作组织地方经贸合作示范区核心区中央广场，主要建设内容包括市政基础设施、地上公共建筑、地块地下空间、上合丝路（TOD）大厦、上合中央广场星级酒店商务楼、上合贸易中心等建设，估算总投资 229 亿元。上

▲中铁交通参与建设的广西南横高速公路项目正式开工

合示范区管委会授权上合发展集团负责核心启动区的开发，并以启动区内部分土地和区域外配置土地出让收入返还、房地产开发及运营收入收回投资；同时，上合示范区管委会授权上合发展集团作为项目业主，通过公开招标引入中国中铁联合体作为社会投资人，共同投资建设项目，其中：基础设施及公共建筑部分采用“基金投资 + 施工总承包”模式实施，中国中铁按 30%：40%：30% 分 3 年认购基金份额，上合发展集团于合作期第 6 年、第 7 年，分两次等额回购中国中铁所持份额，年化基金投资回报率预计不低于 6%；地上综合开发项目部分采用“股权投资 +EPC”模式实施，中国中铁与上合发展集团及运营商共同出资组建项目公司，其中，中国中铁持股 32.41%，由上合发展集团于合作期第 15 年末一次性收购中国中铁所持股权。（汪先俊）

## · 房地产开发投资 ·

【房地产开发业务概况及经营模式】中国中铁房地产开发业务包括土地一级开发和房地产二级开发。土地一级开发经营模式是地方政府或其授权的部门及平台公司通过竞争方式委托公司按照规划要求，对一定区域的土地依法实施征收、城市基础设施建设和社会公共设施建设，使区域内的土地达到规定的供应条件，政府或其授权部门通过有偿出让该土地获取土地出让收入，并按约定支付公司的投资及收益。房地产二级开发经营模式是在境内外通过市场竞争的方式获得房地产开发授权，将新建成的商品房等进行出售或出租。中国中铁是国资委认定以房地产开发为主业的 16 家中央企业之一。公司房地产开发业务顺应国家政策导向，坚持新发展理念，面向市场需求，保在建、快去化、降成本、提效益，走多维度融合的“特色地产 +”路线，深入向文旅地产、产业地产、TOD 地产等领域进军，实现由传统的商业地产开发向集多业态、多产业、多功能于一体的综合开发模式转变，打造有中国中铁特色的房地产开发核心竞争力。

（孙玉宝）

【房地产板块总体情况】2020 年全公司房地产板块实现新签合同额 1933.88 亿元（含物业费、租赁等经营性合同额 11.08 亿元），为年度计划 1600 亿元的 120.87%，同比增长 6.8%，其中，房地产二级开发项目销售额 760 亿元，一级及棚改、旧改等类地产项目新签合同额 1163 亿元；完成投资额 730.11 亿元，为年度预算 1082 亿元的 67.48%，同比增长 1.79%，其中，新增项目完成投资 158.51 亿元，既有项目完成投资 571.6 亿元；实现回款 678.38 亿

▲中铁置业贵阳中铁阅山湖项目

元，为年度计划787亿元的86.2%，同比增长16.2%；实现营业收入512.2亿元，为年度计划495亿元的103.47%，同比增长28.18%。

根据中国指数研究院数据，2020年，中国中铁销售额821亿元，排名第53位，与2019年同期持平。

（孙玉宝）

【房地产项目总体情况】2020年，中国中铁境内在开房地产项目总计256个，其中，房地产二级开发项目217个（包括表内项目195个，表外项目22个）、土地一级开发和棚户区改造及城市综合建设类项目39个。

（孙玉宝）

【房地产新增项目】2020年，全公司新增房地产项目22个，新增项目总投资规模1541亿元，其中：二级开发项目（含自营置房）12个，总投资规模355亿元；土地一级开发和棚户区改造及城市综合建设类项目10个，总投资规模1163.3亿元。

（孙玉宝）

【新增土地储备】2020年，全公司新增土地储备面积210.39万平方米，新增储备计容建筑面积516.80万平方米，土地成交总价159.05亿元，挂牌起始价合计155.46亿元，平均溢价率为2.3%，平均楼面价3077元/平方米。

（孙玉宝）

## ·矿产资源开发投资·

【矿产资源开发投资】矿产资源板块在产矿山5座，分别是黑龙江省伊春鹿鸣钼矿，刚果（金）华刚矿业SICOMINES铜钴矿、绿纱铜钴矿、MKM铜钴矿，蒙古国乌兰铅锌矿，主要生产阴极铜金属产品及硫化铜精矿、硫化钼精矿、氢氧化钴精矿、铅精矿、锌精矿矿产品等。

2020年，资源板块全年共实现营业收入129.67亿元、较2019年同期减少5.01%，完成净利润22.70亿元、较2019年同期减少1.86%，实现归母净利润20.99亿元、较2019年同期增长1.45%。

2020年，5座在产矿山通过加强现场管理，提高生产效率，除钼金属外，主要有色金属产品均提前完成年度计划。其中，铜金属总量21.18万吨，同比增加5.35%；钴金属2567吨，较2019年同期基本持平；钼金属7963吨，同比减少48.72%；铅金属1.43万吨，同比减少16.31%；锌金属2.14万吨，同比增加31.47%；银金属43.32吨，同比增加0.07%。同时，绿纱铜钴矿矿山生产系统完善工程已于2020年11月建成完工并试生产，自此绿纱铜钴矿不仅每年增加铜产能1万吨，也将从根本上解决钴生产系统缺位的问题，提高了钴资源利用率并增加钴产品产能。

（王圣明）

表8–3　2020年矿产资源板块项目汇总

| 序号 | 项目名称 | 项目地点 | 项目状态 | 中铁持有项目公司股权比例/% | 中铁投资情况 | | | | |
|---|---|---|---|---|---|---|---|---|---|
| | | | | | 可行性研究投资规模/万元 | 截至2019年末投资累计/万元 | 2020年投资/万元 | 截至2020年投资累计/万元 | 后续剩余投资/万元 |
| 1 | 伊春鹿鸣钼矿 | 黑龙江 | 建成 | 83.00 | 601700 | 602579 | — | 602579 | — |
| 2 | 刚果（金）MKM铜钴矿 | 刚果（金） | 建成 | 80.20 | 119525 | 123524 | — | 123524 | — |
| 3 | 刚果（金）绿纱铜钴矿 | 刚果（金） | 建成 | 72.00 | 213780 | 192069 | 24065 | 216134 | 0 |
| 4 | 刚果国际钴盐厂 | 刚果（金） | 建成 | 51.00 | 29447 | 26505 | — | 26505 | — |
| 5 | 刚果（金）华刚矿业SICOMINES铜钴矿 | 刚果（金） | 二期在建 | 41.72 | 458689 | 211365 | 63765 | 275131 | 183558 |
| 6 | 刚果（金）布桑架水电站 | 刚果（金） | 在建 | 46.70 | 86986 | 40790 | 24028 | 64818 | 22168 |
| 7 | 刚果（金）阳极板加工厂 | 刚果（金） | 建成 | 60.00 | 1257 | 1289 | — | 1289 | — |
| 8 | 蒙古国乌兰铅锌矿—查夫银多金属矿 | 蒙古国 | 建成 | 100.00 | 263186 | 219817 | — | 219817 | — |
| 总计 | | | | | 1774570 | 1417965 | 111858 | 1529797 | 205726 |

制表：王圣明

▲ 2020 年 8 月 23 日，中铁资源中刚建设布桑加水电站首台发电机组定子成功吊装

## 金融信托

【金融业务】中国中铁金融业务遵循围绕主业开展业务的原则，与公司主业形成战略协同作用。主要涉及信托、基金、保理、保险经纪以及融资租赁等业务，构建了以中铁信托有限责任公司、中铁财务有限责任公司、中铁资本有限公司为代表的多层次、广覆盖、差异化的“金融、类金融”机构服务体系。3 家金融企业坚持服务主业价值、满足市场经营需求与企业战略发展有机结合的理念，制定基于提升主业价值最大化的战略实施途径和资源配置方案，以产生协同效应、实现公司整体最大化利益为目标。中铁信托作为公司重要的信托业务平台，在业界享有良好声誉，在中国银行保险监督管理委员会及中国信托业协会的评级保持行业前列。（王 琳）

【资本性开支投资完成情况】2020 年，中国中铁资本性开支完成投资 154.53 亿元，为年度预算 244.39 亿元的 63.23%。其中，房屋建筑物完成投资 57.65 亿元，为年度预算 105.52 亿元的 54.63%；机械生产设备完成投资 72.76 亿元，为年度预算 92.95 亿元的 78.28%；其他固定资产完成投资 19.05 亿元，为年度预算 30.78 亿元的 61.89%；无形资产完成投资 5.07 亿元，为年度预算 15.15 亿元的 33.47%。（张旭升）

【金融工具投资完成总体情况】2020 年，股份公司金融工具投资预算（不含与主业投资项目匹配的金融投资，下同）总额 248.68 亿元，其中存量投资预算 156.73 亿元，增量投资预算 91.95 亿元，2020 年预算完成数为 203.65 亿元，完成率为 81.89%。（李 倩）

【“信托公司信托文化建设研究”课题成功入选《2020 年信托业专题研究报告》】2020 年 11 月 12 日，中铁信托牵头的“信托公司信托文化建设研究”课题荣获专题研究第一名，成功入选《2020 年信托业专题研究报告》。该课题研究创新点主要在于以回答信托文化“是什么”“为什么”“特征特质”“怎么做”四个问题为整体思路，系统性地研究了信托文化建设；全面界定了信托文化的内涵与层次，并融合中华优秀传统文化与历史典故对信托文化的源头进行探索；采用跨金融理论、法学理论与经济发展理论的手法阐释了信托文化特征与特质，以及首次提出开展信托文化建设的五大机制与选树行业代表人物、打造行业代言人等政策建议。（王重明）

## 物资贸易

【物贸企业概况】中国中铁共有二级、三级物贸子企业 21 家，其中二级企业 1 家，为中铁物贸，三级企业 20 家（不含中铁物贸所属子公司），包括中铁一局至十局、中铁大桥局、中铁隧道局、中铁电气化局、中铁武汉电化局、中铁上海局、中铁北京局、中铁国际、中铁资源所属物资公司。两级物贸企业对内承载着物资集中采购供应、参与现场物资管理等功能，对外适度开展

市场经营，并承担部分中国铁路总公司、大型地铁项目等的物资供应、代理服务等业务。（刘鸿鹏）

【物资贸易业务】引导两级物贸企业发挥专业化优势，立足并服务于股份公司主业开展物资贸易，促进物资贸易业务持续健康发展，物贸企业内部集采供应规模不断扩大，经营状况不断好转，经营利润明显提升。物贸企业累计完成内部集采供应约742亿元，外部市场经营约132亿元，累计实现利润约26亿元。加强物贸业务风险管控，发布《中国中铁2020年度物资贸易业务负面清单》，督导各单位严守禁令，严防新增贸易业务风险，2020年各单位未开展融资性贸易等高风险贸易业务，无新增融资性贸易业务风险。督导相关单位加快既有风险处置工作，取得一定进展，年累实现债权回收4.85亿元，物贸风险净债权余额进一步降低。（刘鸿鹏）

【中铁物贸获首届全国供应链管理职业技能竞赛多项大奖】2020年12月20日，由中国工业经济联合会、中国就业培训技术指导中心主办的“物产中大杯”全国供应链管理职业技能竞赛决赛在杭州胜利闭幕，中铁物贸集团有限公司选派的3支代表队从774支队伍中脱颖而出，获得一个团体一等奖和两个团体二等奖，参赛选手王若珊荣获个人赛一等奖，昌越、马静强荣获个人赛二等奖，中铁物贸集团有限公司获得优秀组织奖。（李 萌）

【中铁物贸启动供应链数字化转型工作】2020年12月8日，中铁物贸集团召开供应链数字化转型咨询项目启动会。会议邀请华为专家团队对中铁数字化转型工作进行指导，提供智慧支持。会议阐述了中铁物贸进行数字化转型的背景、意义及目标。会议提出要坚持战略引领，明确目标，把握工作重点；发挥经验优势，结合企业实际，务求管理咨询成果取得实效；坚持目标导向及问题导向，全力做好支持与配合。（刘 磊）

【中铁物贸被授予“2020中国物流杰出企业”和“2020中国物流创新奖”】2020年11月21日，由中国物流与采购联合会、青岛市人民政府联合主办的2020（第十八届）中国物流企业家年会在山东省青岛市举行。会上，中铁物贸被中国物流与采购联合会授予“2020中国物流杰出企业”和“2020中国物流创新奖”两项大奖。“中国物流企业家年会”是中国物流行业规格最高、规模最大的年度盛典。作为中国物流与采购联合会副会长单位和中国中铁唯一指定专业从事物资集中采购和物资贸易的大型企业集团，中铁物贸一直高度重视并积极参与此项工作。应组委会邀请，中铁物贸副总经理昌选在本次大会作了题为《打造智慧生态，推动建筑行业供应链数字化转型》的主旨演讲。

（刘 磊）

▲ 2020 年 11 月 21 日，中铁物贸被中国物流与采购联合会授予"2020 中国物流杰出企业"和"2020 中国物流创新奖"两项大奖

▲ 2020 年 12 月 20 日，中铁物贸获得首届全国供应链管理职业技能竞赛多项大奖

# CHAPTER 9

# 科技创新

【科技创新体系建设】中国中铁研发课题以川藏铁路建造技术、高速铁路建造技术、桥梁修建技术、隧道与地下工程修建技术、四电工程技术、施工装备及工业产品制造技术、房屋建筑技术、节能减排及其他新领域技术、智能制造及信息化技术等领域为重点，结合公司生产经营实际的需要，以滇中引水工程、成达万铁路、青岛地铁、广州地铁、常泰长江大桥、巢马铁路马鞍山公铁两用长江大桥、新疆引额供水二期输水工程、广深港大湾区高速磁悬浮等重难点工程为依托，重点开展贯通式同相供电装置研制、高速铁路无砟轨道—桥梁结构体系服役性能智能评定和性能提升关键技术研究、智能建造关键技术研究、滇中引水工程建造关键技术研究等课题。2020 年，中国中铁共获得国家科技进步奖 6 项、技术发明奖 1 项、中国土木工程詹天佑奖 12 项，获省部级科技进步成果奖 345 项，新增授权专利 4933 项。其中，发明专利 676 项，PCT 等海外专利 47 项，“隧道联络通道用盾构机及其联络通道掘进方法”获第二十一届中国专利奖金奖，“整体式无砟轨道”“具备防抬梁和防落梁功能的双曲面球型减隔震支座”“一种用于盾构机刀盘的可转动辐条”等 3 项专利获中国专利优秀奖；获得省部级工法 909 项。（袁　明　罗静峰）

【7 项成果拟获国家科技进步奖、技术发明奖】2020 年，中铁山桥集团有限公司参与完成的“铁路轨道用高锰钢抗超高应力疲劳和磨损技术及应用”获国家技术发明奖二等奖；天津中铁电气化设计研究院有限公司主持完成的“高速铁路用高强高导接触网导线关键技术及应用”获国家科技进步奖二等奖；盾构及掘进技术国家重点实验室参与完成的“深部复合地层隧（巷）道 TBM 安全高效掘进控制关键技术”获国家科技进步奖二等奖；中铁工程装备集团有限公司参与完成的“轨道交通大型工程机械施工安全关键技术及应用”获国家科技进步奖二等奖；中铁二院工程集团有限公司参与完成的“高速铁路Ⅲ型板式无砟轨道系统技术及应用”获国家科技进步奖二等奖；中铁西北科学研究院有限公司参与完成的“重大工程黄土灾害机理、感知识别及防控关键技术”获国家科技进步奖二等奖；中铁隧道局集团有限公司参与完成的“深水大断面盾构隧道结构 / 功能材料制备与工程应用成套技术”获国家科技进步奖二等奖。

（刘建廷　李永全）

【12 项工程获中国土木工程詹天佑奖】2020 年，中国中铁参建的 12 项工程获第十八届中国土木工程詹天佑奖，占获奖工程总数（30 项）的 40%，系统内共有 22 个单位获奖。

（耿治平）

【博士后工作站建设】2020 年，中国铁路工程集团有限公司博士后科研工作站顺利通过人社部组织的五年评估，王振飞博士顺利出站，韦小泉博士进站。截至 2020 年末，中国中铁系统拥有总部，中铁一局、中铁四局、中铁五局、中铁大桥局，中铁二院、中铁大桥院，中铁山桥、中铁装备，中铁时代建筑设计院 10 家博士后工作站。（黄佳强）

【科技创新平台建设】2020 年，中国中铁新增省部级企业技术中心 9 家，分别为：中铁五局集团贵州工程有限公司、中铁七局集团第四工程有限公司、中铁八局集团建筑工程有限公司、中铁八局集团第七工程有限公司、中铁二局集团建筑有限公司、中铁二局集团装饰装修工程有限公司、中铁大桥局第七工程有限公司、中铁大桥勘测设计院集团有限公司、中铁科学研究院有限公司。新增省部级工程技术研究中心（实验室）13 家，分别为广东省地铁智慧建造工程技术研究中心、河北省铁路铺架与城轨铺装技术创新中心、河北省盾构管片技术创新中心（筹）、安徽省综合汽车试验场智慧实景模拟工程研究中心、安徽省地铁车辆段建造工程研究中心、广东省隧道结构智能监控与维护企业重点实验室、河北省轨道交通电气系统技术创新中心、北斗 + 轨道交通运维技术湖北省工程研究中心、特殊复杂环境下长大桥梁建造技术铁路行业工程研究中心、牵引供电技术铁路行业工程研究中心、广东省路桥综合施工工程技术研究中心、广东省路桥隧设计施工工程技术研究中心、广东省超高层建筑工程技术研究中心。

▲中铁二局承建的珠海无人船基地项目

截至年末，公司共有国家企业技术中心 19 家，省部级企业技术中心 107 家，省部级工程技术研究中心（实验室）36 家。（罗静峰）

▲ 中铁科研院西南院桥梁智慧监控中心

【2020 年科研课题管理、验收】2020 年，股份公司组织有关专家对成员企业承担的股份公司科技研究开发计划并已达到结题验收条件的科研课题进行了结题验收。经评审，共有 152 项课题完成了合同和计划规定的主要研究内容，达到了预期目标，同意通过结题验收。其中，重大专项课题 7 项、重大课题 19 项、重点课题 48 项，引导课题 78 项。（罗静峰）

▲ 2020 年中铁二局技术暨成果交流会

【川藏铁路科研立项】启动川藏铁路第一批科技研究开发课题立项，先期开展设计与装备的科研开发。共立项 16 项课题，包括重大专项课题 1 项，重大课题 2 项，重点课题 13 项。（罗静峰）

【科技成果鉴定与评审】2020 年，共有 375 项科技成果通过了股份公司组织的科技成果评审。股份公司正式下发了《中国中铁关于公布 2020 年度第一批通过股份公司科技成果评审项目的通知》（中国中铁科创〔2020〕354 号），将成果目录印发所属各企业供各相关单位学习和借鉴，进一步促进了新技术的推广和优秀科技成果的转化。（刘建廷　李永全）

【专利与工法管理】2020 年，中国中铁加强知识产权建设和运营管理，下达专利申请计划 1817 项，其中发明专利 849 项；年底获授权专利 4933 项，其中发明专利 676 项，涵盖桥梁、隧道及地下工程、轨道工程、地质路基、房建、四电和工程机械等专业。其中，“隧道联络通道用盾构机及其联络通道掘进方法”获第二十一届中国专利奖金奖，“整体式无砟轨道”“具备防抬梁和防落梁功能的双曲面球型减隔震支座”“一种用于盾构机刀盘的可转动辐条”等 3 项专利获中国专利优秀奖。2020 年，下达工法计划 1022 项，其中省部级工法 490 项。全年获省部级工法 909 项（国家级工法未评选），知识产权和工法的数量与质量得到进一步提升。（黄佳强）

【第一批实用技术创新大赛】2020 年，为充分发挥实用技术对保安全、提质量、降成本、增效益的重要作用，中国中铁制定了《实用技术创新大赛及推广应用管理规定》，组织开展了第一批实用技术创新大赛。经专家审查，成果发布，各单位申报的 81 项实用技术中有 27 项通过发布。（黄佳强）

【川藏新设备试验】开展川藏铁路新设备工地试验。股份公司加强统筹协调，多次组织召开川藏铁路新设备工地试验推进工作会，逐一落实试验工点，倒排试验工期，审核试验方案，严格试验各方责任，组织专家进行中期检查指导，开展现场验收。川藏铁路 10 种新设备均已通过专家评审。（罗静峰）

【中国铁道学会工程分会】中国铁道学会工程分会组织召开了2020年学术年会暨第六届全国桥梁结构健康与安全技术大会、2020年暖通专业学术交流会、2020年线路专业学术交流会，邀请国内知名专家学者进行交流研讨。编辑出版月刊《铁道工程学报》12期，总共发稿217篇。（冯莎莎）

【期刊管理】完成股份公司主办科技期刊《铁道工程学报》的年检、年报工作；督导股份公司主管的《桥梁建设》《世界桥梁》《现代隧道技术》《隧道建设》《路基工程》《铁道标准设计》《铁道勘察》《电气化铁道》《高速铁路技术》9个期刊的主办单位按时完成年检、年报、社会效益评价以及出版、发行工作。（耿治平）

【科技管理信息系统】2020年，完成了“科技项目查重”和“工法关键技术评审”两个全新业务功能模块的开发，对集团公司科技奖业务模块进行了实质性的重大修改，新开发了会评阶段的主副审功能，重新开发了会场评分和投票功能及相应辅助功能，完善、优化、提升了系统性能，并将修改后的通用功能应用到所有的流程业务模块，完成其他近60项业务需求修改工作。科技管理信息系统截至2020年底已录入专利13662条，工法5050条，科技奖励575条，科技成果1368条，科研课题4675条，科管流程项目12406条。（李永全）

【“一中心、三示范”项目入选国家大数据产业示范项目】2020年，中铁工业智能制造信息化“一中心、三示范”项目正式投用（中铁工业智慧云中心，盾构、钢桥梁、道岔智能制造示范工厂），并得到国家认可，作为装备制造行业典范和标杆，入选工信部2020年大数据产业发展试点示范项目。未来，在行业内将通过试点先行、示范引领，总结推广可复制的经验、做法，推进国家大数据产业创新发展。（蒲林茂）

【“超大直径常压刀盘泥水平衡盾构机”获得中国优秀工业设计金奖】2020年11月25日，中铁工业旗下中铁装备“超大直径常压刀盘泥水平衡盾构机”获得中国优秀工业设计金奖，这是中国轨道交通施工装备领域首次荣获该奖项。中铁装备参评的超大直径常压刀盘泥水平衡盾构机“春风号”，产品开挖直径达15.8米，长135米，应用于深圳市春风隧道工程，截至年末，累计掘进突破1000米，是国内在掘进的最大直径盾构机。该设备搭载常压换刀、大粒径渣石分级处理等多项技术，在设备空间布局、降低换刀风险、改善操作环境等方面实现了人、机器、环境的高度协调；具备泥浆快速回收系统，零泄漏、零污染，从源头保障绿色施工。“春风号”的成功应用，为国家重大战略工程实施提供了坚实保障。（蒲林茂）

▲2020年10月16日，深圳地铁11号线车公庙综合交通枢纽工程获得国际隧道与地下空间协会“地下空间创新贡献奖”提名，成为全球3项入围该奖项的唯一中国工程

**表 9-1 中国中铁获 2020 年度国家科学技术进步奖、技术发明奖名单**

| 序号 | 项目名称 | 获奖等级 | 完成单位 |
|---|---|---|---|
| 1 | 铁路轨道用高锰钢抗超高应力疲劳和磨损技术及应用 | 国家技术发明奖二等奖 | 中铁山桥集团有限公司<br>（鹿广清　汤铁兵） |
| 2 | 高速铁路用高强高导接触网导线关键技术及应用 | 国家科学技术进步奖二等奖 | 天津中铁电气化设计研究院有限公司<br>中铁电气化局集团有限公司 |
| 3 | 深部复合地层隧（巷）道 TBM 安全高效掘进控制关键技术 | 国家科学技术进步奖二等奖 | 盾构及掘进技术国家重点实验室 |
| 4 | 轨道交通大型工程机械施工安全关键技术及应用 | 国家科学技术进步奖二等奖 | 中铁工程装备集团有限公司<br>中铁一局集团城市轨道交通工程有限公司 |
| 5 | 高速铁路Ⅲ型板式无砟轨道系统技术及应用 | 国家科学技术进步奖二等奖 | 中铁二院工程集团有限公司 |
| 6 | 重大工程黄土灾害机理、感知识别及防控关键技术 | 国家科学技术进步奖二等奖 | 中铁西北科学研究院有限公司 |
| 7 | 深水大断面盾构隧道结构 / 功能材料制备与工程应用成套技术 | 国家科学技术进步奖二等奖 | 中铁隧道局集团有限公司 |

制表：刘建廷　李永全

**表 9-2 中国中铁获第十八届中国土木工程詹天佑奖情况**

| 序号 | 项目名称 | 获奖单位 |
|---|---|---|
| 1 | 重庆至贵阳铁路扩能改造工程新白沙沱长江大桥及相关工程站前工程 | 中铁大桥局集团有限公司<br>中铁二院工程集团有限责任公司<br>中铁大桥勘测设计院集团有限公司<br>中铁大桥局集团第八工程有限公司<br>中铁大桥局集团第一工程有限公司 |
| 2 | 昆山市江浦路吴淞江大桥整体顶升改造工程 | 中铁一局集团有限公司 |
| 3 | 新建西安至成都铁路西安至江油段 | 中铁二院工程集团有限责任公司<br>中铁五局集团有限公司<br>中铁二局集团有限公司 |
| 4 | 新建宝鸡至兰州铁路客运专线 | 中铁四局集团有限公司<br>中铁二局集团有限公司<br>中铁隧道局集团有限公司<br>中铁三局集团有限公司 |
| 5 | 国道 317 线雀儿山隧道工程 | 中铁一局集团有限公司 |
| 6 | 岳西至武汉高速公路安徽段 | 中铁隧道集团二处有限公司 |
| 7 | 郑州市南四环至郑州南站城郊铁路一期工程 | 中铁七局集团有限公司<br>中铁一局集团有限公司<br>中铁四局集团有限公司 |
| 8 | 重庆轨道交通 10 号线一期（建新东路—王家庄段）工程 | 中国中铁股份有限公司<br>中铁四局集团有限公司<br>中铁电气化局集团有限公司<br>中铁三局集团有限公司<br>中铁八局集团有限公司<br>中铁六局集团有限公司<br>中铁武汉电气化局集团有限公司 |
| 9 | 天津地铁 3 号线工程 | 中铁四局集团有限公司<br>中铁三局集团有限公司<br>中铁隧道局集团有限公司 |
| 10 | 济南轨道交通 1 号线工程 | 中铁十局集团有限公司<br>中铁一局集团有限公司<br>中铁四局集团有限公司 |
| 11 | 上海嘉闵高架路北段工程 | 中铁上海工程局集团有限公司 |
| 12 | 武汉东湖国家自主创新示范区有轨电车试验线工程 | 中铁电气化局集团有限公司<br>中铁宝桥集团有限公司<br>中铁重工有限公司 |

制表：耿治平

▲中铁七局、中铁一局、中铁四局承建的郑州市南四环至郑州南站城郊铁路一期工程获第十八届中国土木工程詹天佑奖

表 9-3　中国中铁获 2020 年度省部级科学技术进步奖、技术发明奖情况

| 序号 | 项目名称 | 获奖等级 | 完成单位 |
|---|---|---|---|
| 1 | 超级电容有轨电车充电轨系统 | 中国施工企业管理协会工程建设技术发明奖一等奖 | 赵全风（中铁高铁电气装备股份有限公司）<br>陈吉刚（广州地铁设计研究院股份有限公司）<br>周　琳（中铁高铁电气装备股份有限公司）<br>岳双萍（中铁高铁电气装备股份有限公司）<br>麻秦凡（中铁高铁电气装备股份有限公司）<br>徐　阳（中铁高铁电气装备股份有限公司） |
| 2 | 一种采用自行式整体膺架法进行现浇梁的施工装置 | 中国施工企业管理协会工程建设技术发明奖二等奖 | 席陆胜（中铁七局集团第三工程有限公司）<br>靳宏路（中铁七局集团第三工程有限公司）<br>张刚永（中铁七局集团第三工程有限公司）<br>张志跃（中铁七局集团第三工程有限公司）<br>潘兴良（中铁七局集团第三工程有限公司）<br>冯创成（中铁七局集团第三工程有限公司） |
| 3 | 黄河库区急流裸岩条件下低桩承台施工关键技术研究 | 中国施工企业管理协会工程建设技术发明奖二等奖 | 陈文尹（中铁四局集团有限公司）<br>侯　飞（中铁四局集团有限公司）<br>石华锋（中铁四局集团有限公司）<br>林先明（中铁四局集团有限公司） |
| 4 | 斜井安全预报警系统研制及应用 | 中国施工企业管理协会工程建设技术发明奖二等奖 | 杨正雄（中铁隧道集团二处有限公司）<br>冯兴龙（中铁隧道集团二处有限公司）<br>朱英会（中铁隧道集团二处有限公司）<br>杨成春（中铁隧道集团二处有限公司）<br>秦　召（中铁隧道集团二处有限公司）<br>闫有春（中铁隧道集团二处有限公司） |
| 5 | 可调自行式全方位水上吊装机新技术 | 中国施工企业管理协会工程建设技术发明奖二等奖 | 卫启阳（中铁广州工程局集团有限公司）<br>曹庆农（中铁广州工程局集团有限公司）<br>曾　晖（中铁广州工程局集团有限公司）<br>李　胜（中铁广州工程局集团有限公司）<br>王晓光（中铁广州工程局集团有限公司）<br>缪晨辉（中铁广州工程局集团有限公司） |
| 6 | 艰险山区高速铁路大风灾害预警关键技术研究 | 中国施工企业管理协会工程建设科学技术进步奖一等奖 | 中铁二院工程集团有限责任公司 |
| 7 | 极端复杂地质隧道新型 TBM 研制及工程关键技术应用 | 中国施工企业管理协会工程建设科学技术进步奖一等奖 | 中铁隧道局集团有限公司<br>盾构及掘进技术国家重点实验室<br>中铁工程装备集团有限公司<br>中铁西南科学研究院有限公司<br>中铁二院工程集团有限责任公司 |

续表

| 序号 | 项目名称 | 获奖等级 | 完成单位 |
|---|---|---|---|
| 8 | 富水砂卵石层矩形顶管机关键技术研究及应用 | 中国施工企业管理协会工程建设科学技术进步奖一等奖 | 中铁工程装备集团有限公司 |
| 9 | 基于围岩扰动效应与荷载演变特征的超大扁平公路隧道施工关键技术研究 | 中国施工企业管理协会工程建设科学技术进步奖一等奖 | 中铁四局集团有限公司 |
| 10 | 复杂地质环境下城市隧道掘进机施工关键技术及工程应用 | 中国施工企业管理协会工程建设科学技术进步奖一等奖 | 中铁五局集团有限公司<br>中铁五局集团电务工程有限责任公司 |
| 11 | 盾构掘进数字仿真及风险防控技术 | 中国施工企业管理协会工程建设科学技术进步奖一等奖 | 盾构及掘进技术国家重点实验室<br>中铁隧道局集团有限公司<br>中铁工程装备集团有限公司<br>中铁十局集团城市轨道交通工程有限公司 |
| 12 | 复杂海域公铁两用双层钢—混结合简支钢桁梁桥建造技术 | 中国施工企业管理协会工程建设科学技术进步奖一等奖 | 中铁大桥局集团有限公司<br>中铁大桥勘测设计院集团有限公司<br>中铁大桥局集团第五工程有限公司<br>中铁大桥局集团第四工程有限公司<br>中铁大桥局集团第六工程有限公司<br>中铁山桥集团有限公司 |
| 13 | 大跨度双层公铁两用系杆拱桥施工技术 | 中国施工企业管理协会工程建设科学技术进步奖一等奖 | 中铁大桥局集团有限公司<br>中铁大桥局集团第五工程有限公司 |
| 14 | 极软极硬地层跨海通道超大直径盾构直接掘进关键技术 | 中国施工企业管理协会工程建设科学技术进步奖一等奖 | 中铁隧道局集团有限公司<br>盾构及掘进技术国家重点实验室<br>中铁隧道股份有限公司 |
| 15 | CRTS Ⅲ型板式无砟轨道快速智能测量设备研制及关键技术 | 中国施工企业管理协会工程建设科学技术进步奖一等奖 | 中铁四局集团有限公司<br>中铁四局集团第五工程有限公司<br>中铁四局集团第一工程有限公司 |
| 16 | 主跨457米世界最大有推力钢箱拱桥建造关键技术研究 | 中国施工企业管理协会工程建设科学技术进步奖一等奖 | 中铁上海工程局集团有限公司<br>中铁上海工程局集团第五工程有限公司 |
| 17 | 维护多年冻土路基热稳定的太阳能制冷新技术 | 中国施工企业管理协会工程建设科学技术进步奖一等奖 | 中铁西北科学研究院有限公司<br>中铁科学研究院有限公司<br>甘肃中铁建设工程有限公司<br>中铁成都科学技术研究院有限公司 |
| 18 | 重载铁路关键设备－新型重载道岔关键技术研究 | 中国施工企业管理协会工程建设科学技术进步奖二等奖 | 中铁宝桥集团有限公司<br>中铁工程设计咨询集团有限公司 |
| 19 | 城市轨道交通胶轮路轨APM核心机电供电系统施工技术研究 | 中国施工企业管理协会工程建设科学技术进步奖二等奖 | 中铁四局集团有限公司<br>中铁四局集团电气化工程有限公司 |
| 20 | 上软下硬富水地层泥水盾构连续切削大吨位独立桥桩基础综合技术 | 中国施工企业管理协会工程建设科学技术进步奖二等奖 | 中铁隧道集团二处有限公司<br>中铁隧道局集团有限公司 |
| 21 | 多源地震干涉法隧道超前地质预报技术研发 | 中国施工企业管理协会工程建设科学技术进步奖二等奖 | 中铁西南科学研究院有限公司<br>中铁科学研究院有限公司<br>中铁隧道股份有限公司 |
| 22 | 沉积漂卵石地层地铁联拱隧道暗挖台车施工技术研究 | 中国施工企业管理协会工程建设科学技术进步奖二等奖 | 中铁七局集团有限公司<br>中铁七局集团西安铁路工程有限公司 |
| 23 | 新建重庆北站站房及相关工程综合施工技术研究 | 中国施工企业管理协会工程建设科学技术进步奖二等奖 | 中铁建工集团有限公司 |
| 24 | 复杂环境浅埋大跨地铁车站暗挖施工关键技术 | 中国施工企业管理协会工程建设科学技术进步奖二等奖 | 中铁二局集团有限公司<br>中铁二局第二工程有限公司 |
| 25 | 山区CRTS Ⅰ型双块式无砟轨道及长枕埋入式道岔关键施工技术 | 中国施工企业管理协会工程建设科学技术进步奖二等奖 | 中铁五局集团有限公司<br>中铁五局集团第五工程有限责任公司<br>中铁五局集团第六工程有限责任公司<br>中铁五局集团机械化工程有限责任公司 |
| 26 | 特大断面软岩隧道群围岩稳定性控制及工法创新关键技术 | 中国施工企业管理协会工程建设科学技术进步奖二等奖 | 中铁隧道集团二处有限公司<br>中铁隧道局集团有限公司 |
| 27 | 西湖景区复杂地质隧道群绿色数字化施工关键技术 | 中国施工企业管理协会工程建设科学技术进步奖二等奖 | 中铁一局集团有限公司<br>中铁一局集团第五工程有限公司 |

续表

| 序号 | 项目名称 | 获奖等级 | 完成单位 |
|---|---|---|---|
| 28 | 三洞并行特长高速铁路隧道施工关键技术 | 中国施工企业管理协会工程建设科学技术进步奖二等奖 | 中铁五局集团有限公司<br>中铁五局集团第五工程有限责任公司<br>中铁五局集团第四工程有限责任公司 |
| 29 | 大跨度钢管混凝土拱桥施工关键技术研究 | 中国施工企业管理协会工程建设科学技术进步奖二等奖 | 中铁八局集团有限公司 |
| 30 | 多孔简支拱形钢桁梁顶推架设施工技术 | 中国施工企业管理协会工程建设科学技术进步奖二等奖 | 中铁大桥局集团第六工程有限公司<br>中铁大桥局集团有限公司 |
| 31 | 下穿复杂地质客运专线框架桥顶进精度控制与施工装置研发 | 中国施工企业管理协会工程建设科学技术进步奖二等奖 | 中铁六局集团有限公司<br>中铁六局集团天津铁路建设有限公司 |
| 32 | F2 赛车场综合施工技术 | 中国施工企业管理协会工程建设科学技术进步奖二等奖 | 中铁四局集团有限公司<br>中铁四局集团第一工程有限公司 |
| 33 | 隧道岩溶及地下水综合超前预报技术 | 中国施工企业管理协会工程建设科学技术进步奖二等奖 | 中铁西南科学研究院有限公司<br>中铁科学研究院有限公司 |
| 34 | 特大断面地铁车站浅埋暗挖施工关键技术 | 中国施工企业管理协会工程建设科学技术进步奖二等奖 | 中铁四局集团有限公司<br>中铁四局集团第四工程有限公司 |
| 35 | 东郭庄车辆段高架桥综合施工关键技术及新工艺研究与应用 | 中国施工企业管理协会工程建设科学技术进步奖二等奖 | 中铁建工集团有限公司<br>中铁建工集团山东有限公司 |
| 36 | 行进过程自动变跨铺轨机技术研究 | 中国施工企业管理协会工程建设科学技术进步奖二等奖 | 中铁上海工程局集团有限公司<br>中铁上海工程局集团华海工程有限公司 |
| 37 | 重载铁路中条山隧道施工关键技术 | 中国施工企业管理协会工程建设科学技术进步奖二等奖 | 中铁隧道集团二处有限公司<br>中铁隧道局集团有限公司 |
| 38 | 复杂地质条件下大跨度连拱隧道施工关键技术研究 | 中国施工企业管理协会工程建设科学技术进步奖二等奖 | 中铁八局集团有限公司<br>中铁八局集团昆明铁路建设有限公司 |
| 39 | 隧道施工通风智能化与信息化技术 | 中国施工企业管理协会工程建设科学技术进步奖二等奖 | 中铁隧道局集团有限公司<br>中铁隧道勘察设计研究院有限公司 |
| 40 | 复杂环境富水砂－岩复合地层半盖挖车站施工综合技术 | 中国施工企业管理协会工程建设科学技术进步奖二等奖 | 中铁隧道集团二处有限公司<br>中铁隧道局集团有限公司 |
| 41 | 既有分体式 900 吨运架设备再造为 900 吨无导梁式运架一体机技术研究 | 中国施工企业管理协会工程建设科学技术进步奖二等奖 | 中铁七局集团有限公司<br>中铁七局集团第三工程有限公司 |
| 42 | 波形钢腹板变截面 PC 组合箱梁桥施工技术研究 | 中国施工企业管理协会工程建设科学技术进步奖二等奖 | 中铁四局集团有限公司 |
| 43 | 红黏土弱膨胀地层大断面隧道施工关键技术 | 中国施工企业管理协会工程建设科学技术进步奖二等奖 | 中铁隧道集团二处有限公司<br>中铁隧道局集团有限公司 |
| 44 | 高地温区富水特长隧道施工关键技术 | 中国施工企业管理协会工程建设科学技术进步奖二等奖 | 中铁二局集团有限公司<br>中铁二局第四工程有限公司 |
| 45 | 大跨径地锚式斜拉桥快速换索与旧索钢丝再利用技术 | 中国施工企业管理协会工程建设科学技术进步奖二等奖 | 中铁大桥局武汉桥梁特种技术有限公司<br>中铁大桥局集团有限公司 |
| 46 | 跨既有城市多层互通立交桥步履式多点同步顶推钢箱梁施工技术研究 | 中国施工企业管理协会工程建设科学技术进步奖二等奖 | 中铁七局集团有限公司<br>中铁七局集团郑州工程有限公司 |
| 47 | 双幅不等跨近距离同步转体刚构桥施工关键技术研究与应用 | 中国施工企业管理协会工程建设科学技术进步奖二等奖 | 中铁建工集团有限公司<br>中铁建工集团山东有限公司 |
| 48 | 具备上盖物业开发的多功能车辆基地建造关键技术 | 中国施工企业管理协会工程建设科学技术进步奖二等奖 | 中铁四局集团有限公司 |
| 49 | 地铁运营线 100 米长轨更换施工关键技术研究与应用 | 中国施工企业管理协会工程建设科学技术进步奖二等奖 | 中铁上海工程局集团有限公司<br>中铁上海工程局集团华海工程有限公司 |
| 50 | 大断面长距离综合管廊矩形顶管建造关键技术研究 | 中国施工企业管理协会工程建设科学技术进步奖二等奖 | 中铁上海工程局集团有限公司<br>中铁上海工程局集团华海工程有限公司 |
| 51 | 福州地铁复杂地层及环境盾构施工综合技术 | 中国施工企业管理协会工程建设科学技术进步奖二等奖 | 中铁一局集团有限公司<br>中铁一局集团城市轨道交通工程有限公司 |
| 52 | 中低速磁浮钢铝复合接触轨供电系统研究 | 中国施工企业管理协会工程建设科学技术进步奖二等奖 | 中铁高铁电气装备股份有限公司 |
| 53 | 城市高架连续刚构桥节段预制拼装绿色施工技术 | 中国施工企业管理协会工程建设科学技术进步奖二等奖 | 中铁二局集团有限公司<br>中铁二局第四工程有限公司 |

续表

| 序号 | 项目名称 | 获奖等级 | 完成单位 |
|---|---|---|---|
| 54 | 斜拉桥钢拱塔双向牵引竖转施工技术 | 中国施工企业管理协会工程建设科学技术进步奖二等奖 | 中铁重工有限公司<br>中铁科工集团有限公司 |
| 55 | 复杂地质环境电缆隧道施工关键技术 | 中国施工企业管理协会工程建设科学技术进步奖二等奖 | 中铁隧道集团二处有限公司 |
| 56 | 城市轨道交通新能源轨道铺设机研制 | 中国施工企业管理协会工程建设科学技术进步奖二等奖 | 中铁一局集团有限公司<br>中铁一局集团新运工程有限公司 |
| 57 | 中低速磁浮供电接触轨施工技术研究 | 中国施工企业管理协会工程建设科学技术进步奖二等奖 | 中铁电气化局集团有限公司 |
| 58 | 大张角Y形墩曲线梁刚构桥施工技术研究 | 中国施工企业管理协会工程建设科学技术进步奖二等奖 | 中铁北京工程局集团有限公司<br>中铁北京工程局集团第二工程有限公司 |
| 59 | 郑州东部地区典型砂层地铁综合施工技术研究 | 中国施工企业管理协会工程建设科学技术进步奖二等奖 | 中铁六局集团有限公司 |
| 60 | 大跨度宽幅组合梁斜拉桥安装施工强迫位移控制技术 | 中国施工企业管理协会工程建设科学技术进步奖二等奖 | 中铁大桥科学研究院有限公司<br>中铁大桥局集团有限公司 |
| 61 | 跨越铁路营业线钢箱梁桥先顶推后转体施工技术研究 | 中国施工企业管理协会工程建设科学技术进步奖二等奖 | 中铁七局集团有限公司<br>中铁七局集团武汉工程有限公司 |
| 62 | 富水砂卵地层盾构综合施工技术研究 | 中国施工企业管理协会工程建设科学技术进步奖二等奖 | 中铁十局集团第三建设有限公司<br>中铁十局集团有限公司 |
| 63 | 路基附属工程机械化高效施工技术 | 中国施工企业管理协会工程建设科学技术进步奖二等奖 | 中铁三局集团第五工程有限公司<br>中铁三局集团有限公司 |
| 64 | 大型高铁站房钢结构施工综合技术研究与应用 | 中国施工企业管理协会工程建设科学技术进步奖二等奖 | 中铁建工集团有限公司<br>中铁建工集团山东有限公司 |
| 65 | 跨多条营业线连续梁支架现浇墩顶转体与悬臂浇筑组合施工技术 | 中国施工企业管理协会工程建设科学技术进步奖二等奖 | 中铁三局集团第五工程有限公司<br>中铁三局集团第二工程有限公司<br>中铁三局集团有限公司 |
| 66 | 楠溪江特大桥关键技术工艺研究 | 中国施工企业管理协会工程建设科学技术进步奖二等奖 | 中铁十局集团有限公司<br>中铁十局集团第五工程有限公司 |
| 67 | 深部矿山装配式组合拱架与智能化支护装备关键技术 | 中国施工企业管理协会工程建设科学技术进步奖一等奖 | 中铁十局集团第一工程有限公司 |
| 68 | 沪通长江大桥钢桁梁柔性拱桥及梁桥建造关键技术研究 | 中国施工企业管理协会工程建设科学技术进步奖一等奖 | 中铁大桥勘测设计院集团有限公司 |
| 69 | 兰渝铁路挤压性围岩隧道修建技术及应用 | 中国施工企业管理协会工程建设科学技术进步奖一等奖 | 中铁西南科学研究院有限公司 |
| 70 | 超大断面马蹄形土压平衡盾构关键技术研究及应用 | 中国铁道学会科学技术奖特等奖 | 中铁工程装备集团有限公司<br>中铁四局集团有限公司 |
| 71 | 艰险山区高速铁路特大跨度混凝土拱桥关键技术及应用 | 中国铁道学会科学技术奖一等奖 | 中铁二院工程集团有限责任公司<br>中铁广州工程局集团有限公司 |
| 72 | 高速铁路接触网雷电防护技术及应用 | 中国铁道学会科学技术奖一等奖 | 天津中铁电气化设计研究院有限公司<br>中铁电气化局集团有限公司<br>中铁第六勘察设计院集团有限公司 |
| 73 | 铁路连续梁墩顶转体技术与应用 | 中国铁道学会科学技术奖一等奖 | 中铁工程设计咨询集团有限公司<br>中铁大桥局集团有限公司<br>中铁三局集团有限公司<br>中铁十局集团有限公司 |
| 74 | 大跨度缆索承重桥梁精细化分析关键技术及平台开发 | 中国铁道学会科学技术奖一等奖 | 中铁大桥勘测设计院集团有限公司 |
| 75 | 大跨度三塔铁路斜拉桥钢箱桁组合梁建造关键技术 | 中国铁道学会科学技术奖一等奖 | 中铁大桥局集团有限公司<br>中铁大桥勘测设计院集团有限公司 |
| 76 | 软土地区跨多条营业线连续梁及无砟轨道综合施工技术 | 中国铁道学会科学技术奖二等奖 | 中铁三局集团有限公司<br>中铁三局集团第二工程有限公司 |
| 77 | 铁路隧道工程施工关键技术与成套装备技术创新 | 中国铁道学会科学技术奖二等奖 | 中铁隧道局集团有限公司<br>中铁隧道勘察设计研究院有限公司 |

科技创新

续表

| 序号 | 项目名称 | 获奖等级 | 完成单位 |
| --- | --- | --- | --- |
| 78 | 富水砂层大断面隧道高压旋喷及综合降水施工成套技术 | 中国铁道学会科学技术奖二等奖 | 中铁隧道局集团有限公司<br>中铁隧道勘察设计研究院有限公司 |
| 79 | 隧道施工通风智能化与信息化技术 | 中国铁道学会科学技术奖二等奖 | 中铁隧道局集团有限公司<br>中铁隧道勘察设计研究院有限公司 |
| 80 | 青岛新机场综合交通中心高铁及地铁站房施工综合技术研究 | 中国铁道学会科学技术奖二等奖 | 中铁建工集团有限公司<br>中铁建工集团山东有限公司 |
| 81 | 山区高速铁路桥梁高墩结构设计技术研究 | 中国铁道学会科学技术奖二等奖 | 中铁二院工程集团有限责任公司 |
| 82 | 艰险山区铁路框架式新型抗滑支挡结构工程技术研究 | 中国铁道学会科学技术奖二等奖 | 中铁二院工程集团有限责任公司 |
| 83 | 缓粘结预应力技术在铁路桥梁中的应用研究 | 中国铁道学会科学技术奖二等奖 | 中铁二院工程集团有限责任公司 |
| 84 | 高速铁路虚拟环境与动力学选线设计平台研究 | 中国铁道学会科学技术奖二等奖 | 中铁二院工程集团有限责任公司 |
| 85 | 浅埋大跨膨胀岩土隧道修建关键技术研究及应用 | 中国铁道学会科学技术奖二等奖 | 中铁二院昆明勘察设计研究院有限责任公司<br>中铁二院工程集团有限责任公司<br>中铁七局集团第三工程有限公司 |
| 86 | 260 吨箱梁运架设备研制与施工技术 | 中国铁道学会科学技术奖二等奖 | 中铁四局集团有限公司<br>中铁科工集团有限公司 |
| 87 | 纵连架桥机拆除多孔桥梁关键技术研究 | 中国铁道学会科学技术奖二等奖 | 中铁八局集团有限公司<br>中铁八局集团第二工程有限公司 |
| 88 | 大吨位独塔单索面混合梁转体斜拉桥设计与施工成套技术研究 | 中国铁道学会科学技术奖二等奖 | 中铁九局集团有限公司<br>中铁九局集团第二工程有限公司 |
| 89 | 新型公铁两用架桥机架设铁路 T 梁综合技术及配套设备研制 | 中国铁道学会科学技术奖二等奖 | 中铁一局集团有限公司<br>中铁一局集团新运工程有限公司<br>中铁工程机械研究设计院有限公司 |
| 90 | 《铁路防雷及接地工程技术规范》成套技术创新及应用 | 中国铁道学会科学技术奖二等奖 | 中铁二院工程集团有限责任公司 |
| 91 | 桥梁拉索智能检测机器人研发及应用 | 中国铁道学会科学技术奖三等奖 | 中铁大桥局集团有限公司<br>中铁大桥科学研究院有限公司 |
| 92 | 钢结构数控加工技术在高速铁路桥梁建设中的关键技术研究 | 中国铁道学会科学技术奖三等奖 | 中铁九局集团有限公司<br>中铁九局集团第四工程有限公司 |
| 93 | 高速铁路三墩曲线梁桥转体施工中的不平衡问题及稳定性研究 | 中国铁道学会科学技术奖三等奖 | 中铁七局集团有限公司<br>中铁七局集团第四工程有限公司 |
| 94 | 一次整体浇筑单箱四室混凝土宽箱梁上跨铁路多点连续顶推施工技术 | 中国铁道学会科学技术奖三等奖 | 中铁七局集团有限公司<br>中铁七局集团西安铁路工程有限公司 |
| 95 | 兰渝铁路黄土地段超大断面不良地质隧道施工技术研究 | 中国铁道学会科学技术奖三等奖 | 中铁十局集团有限公司<br>中铁十局集团西北工程有限公司 |
| 96 | 客运专线湿陷性黄土地层大断面隧道施工关键技术研究 | 中国铁道学会科学技术奖三等奖 | 中铁隧道局集团有限公司<br>中铁隧道勘察设计研究院有限公司<br>中铁隧道集团二处有限公司 |
| 97 | 新建重庆北站站房及相关工程综合施工技术研究 | 中国铁道学会科学技术奖三等奖 | 中铁建工集团有限公司 |
| 98 | 深茂铁路大跨独塔双线斜拉桥施工技术综合应用与开发 | 中国铁道学会科学技术奖三等奖 | 中铁广州工程局集团有限公司 |
| 99 | 同相供电工程成套关键技术研究 | 中国铁道学会科学技术奖三等奖 | 中铁工程设计咨询集团有限公司 |
| 100 | 多孔简支拱形钢桁梁架设施工技术 | 中国铁道学会科学技术奖三等奖 | 中铁大桥局集团第六工程有限公司<br>中铁大桥局集团有限公司 |
| 101 | 西南山区路堑桩墙（板、土钉）组合结构考虑土拱效应的受力模式和设计理论研究 | 中国铁道学会科学技术奖三等奖 | 中铁二院工程集团有限责任公司 |
| 102 | 基于拓展多导体传输理论的电气化铁路牵引网电气参数研究 | 中国铁道学会科学技术奖三等奖 | 中铁二院工程集团有限责任公司 |

续表

| 序号 | 项目名称 | 获奖等级 | 完成单位 |
|---|---|---|---|
| 103 | 多源地震干涉法隧道超前地质预报技术研发 | 中国铁道学会科学技术奖三等奖 | 中铁西南科学研究院有限公司<br>中铁科学研究院有限公司 |
| 104 | 铁路隧道衬砌质量检测技术深化研究 | 中国铁道学会科学技术奖三等奖 | 中铁西南科学研究院有限公司 |
| 105 | 高性能聚合物护壁泥浆研制及工程应用 | 中国铁道学会科学技术奖三等奖 | 中铁四局集团有限公司<br>安徽中铁工程材料科技有限公司 |
| 106 | 淤泥质地层双幅小间距海湾桥关键施工技术 | 中国铁道学会科学技术奖三等奖 | 中铁四局集团有限公司<br>中铁四局集团第二工程有限公司 |
| 107 | 陆路交通立体交叉隧道群关键建造技术 | 中国铁道学会科学技术奖三等奖 | 中铁九局集团有限公司<br>中铁西北科学研究院有限公司 |
| 108 | 特长隧道有害气体自动控制通风系统 | 中国铁道学会科学技术奖三等奖 | 中铁五局集团有限公司<br>中铁五局集团成都工程有限责任公司<br>中铁二院工程集团有限责任公司 |
| 109 | 高原高寒沼泽地区软弱地基水泥搅拌桩施工技术研究与应用 | 中国铁道学会科学技术奖三等奖 | 中铁五局集团有限公司<br>中铁五局集团机械化工程有限责任公司 |
| 110 | 三洞并行特长高速铁路隧道施工关键技术 | 中国铁道学会科学技术奖三等奖 | 中铁五局集团有限公司<br>中铁五局集团第五工程有限责任公司<br>中铁五局集团第四工程有限责任公司 |
| 111 | 隧道底部结构设计和施工综合配套技术研究 | 中国铁道学会科学技术奖三等奖 | 中铁工程设计咨询集团有限公司<br>中铁二院工程集团有限责任公司 |
| 112 | 滨海铁路客站工程综合施工技术 | 中国铁道学会科学技术奖三等奖 | 中铁北京工程局集团有限公司<br>中铁北京工程局集团北京有限公司 |
| 113 | 重载铁路道岔设计理论、关键技术及工程应用 | 中国铁道学会科学技术奖特等奖 | 中铁工程设计咨询集团有限公司<br>中铁宝桥集团有限公司<br>中铁山桥集团有限公司 |
| 114 | 以简统化为核心的高服役性能新型接触网关键技术与装备 | 中国铁道学会科学技术奖特等奖 | 中铁高铁电气装备股份有限公司<br>中铁工程设计咨询集团有限公司<br>中铁电气化局集团有限公司 |
| 115 | 高速铁路 200~400 米级超大跨度混凝土桥关键技术及应用 | 中国铁道学会科学技术奖一等奖 | 中铁二院工程集团有限责任公司 |
| 116 | 弹性支承块式无砟轨道技术与应用 | 中国铁道学会科学技术奖一等奖 | 中铁二院工程集团有限责任公司 |
| 117 | 渝黔铁路白沙沱长江大桥建造关键技术 | 中国铁道学会科学技术奖一等奖 | 中铁二院工程集团有限责任公司<br>中铁大桥局集团有限公司<br>中铁大桥勘测设计院集团有限公司 |
| 118 | 高速铁路四电精品工程细部设计和工艺创新及应用 | 中国铁道学会科学技术奖一等奖 | 中铁电气化局集团有限公司 |
| 119 | 厚层湿陷性黄土隧道地基变形评价及处理新技术 | 中国铁道学会科学技术奖一等奖 | 中铁西北科学研究院有限公司 |
| 120 | 牵引供电广域保护测控成套技术与装备 | 中国铁道学会科学技术奖一等奖 | 中铁二院工程集团有限责任公司<br>中铁工程设计咨询集团有限公司 |
| 121 | 高速列车弓网受流关键技术及装备 | 中国铁道学会科学技术奖一等奖 | 中铁二局集团电务工程有限公司 |
| 122 | 环境敏感区软硬不均地层隧道建造关键技术及应用 | 中国铁道学会科学技术奖一等奖 | 中铁二院工程集团有限责任公司<br>中铁二局集团有限公司 |
| 123 | 高速铁路无砟轨道－桥梁体系经时性能计算理论和可靠性评定 | 中国铁道学会科学技术奖一等奖 | 高速铁路建造技术国家工程实验室<br>中国中铁股份有限公司<br>中铁四局集团有限公司 |
| 124 | 车网耦合下的高次谐波综合治理技术与关键装备 | 中国铁道学会科学技术奖二等奖 | 中铁二院工程集团有限责任公司<br>天津中铁电气化设计研究院有限公司<br>中铁二局集团电务工程有限公司 |
| 125 | 基于 BIM 的京张高铁站隧建造管理关键技术及应用 | 中国铁道学会科学技术奖二等奖 | 中铁五局集团有限公司 |
| 126 | 中国铁路标准接触网设计创新及其工程应用 | 中国铁道学会科学技术奖二等奖 | 中铁二院工程集团有限责任公司 |
| 127 | 铁路隧道施工废水治理综合技术 | 中国铁道学会科学技术奖二等奖 | 中铁二院工程集团有限责任公司 |

续表

| 序号 | 项目名称 | 获奖等级 | 完成单位 |
|---|---|---|---|
| 128 | 特殊体系拱桥建造关键技术与可视化BIM 技术应用研究 | 中国铁道学会科学技术奖二等奖 | 中铁七局集团第二工程有限公司 |
| 129 | 新建有砟铁路铺轨关键施工工艺优化研究及应用 | 中国铁道学会科学技术奖二等奖 | 中铁四局集团有限公司 |
| 130 | 开敞式盾构设施下穿铁路工程关键技术研究及应用 | 中国铁道学会科学技术奖三等奖 | 中铁四局集团第四工程有限公司 |
| 131 | 大跨度缆索承重桥梁精细化分析关键技术及平台开发 | 中国公路学会科学技术奖二等奖 | 中铁大桥勘测设计院集团有限公司 |
| 132 | 恶劣海洋环境下钢桁梁整节段制造及架设技术 | 中国公路学会科学技术奖二等奖 | 中铁大桥局集团有限公司<br>中铁大桥勘测设计院集团有限公司<br>中铁大桥局集团第四工程有限公司<br>中铁大桥局集团第五工程有限公司<br>中铁大桥局集团第六工程有限公司<br>中铁山桥集团有限公司 |
| 133 | 老龄在役文物三铰钢拱桥整体保护式修缮成套技术 | 中国公路学会科学技术奖二等奖 | 中铁大桥局武汉桥梁特种技术有限公司 |
| 134 | 特大断面软岩隧道群围岩稳定性控制及工法创新关键技术 | 中国公路学会科学技术奖三等奖 | 中铁隧道局集团有限公司<br>中铁隧道集团二处有限公司 |
| 135 | 沪通长江大桥整体桁架节段模块化拼装技术 | 中国公路学会科学技术奖三等奖 | 中铁高新工业股份有限公司<br>中铁山桥集团有限公司<br>江苏中铁山桥重工有限公司 |
| 136 | 大吨位独塔单索面混合梁转体斜拉桥设计与施工成套技术研究 | 中国公路学会科学技术奖二等奖 | 中铁九局集团有限公司<br>中铁九局集团第二工程有限公司 |
| 137 | 长寿命高性能钢桥结构体系、设计理论与建造关键技术 | 中国公路学会科学技术奖特等奖 | 中铁宝桥集团有限公司 |
| 138 | 南京长江大桥性能提升关键技术研究 | 中国公路学会科学技术奖特等奖 | 中铁大桥勘测设计院集团有限公司<br>中铁大桥局集团有限公司<br>中铁桥隧技术有限公司 |
| 139 | 虎门二桥建设关键技术研究 | 中国公路学会科学技术奖特等奖 | 中铁大桥科学研究院有限公司 |
| 140 | 舟山至上海跨海大通道战略规划研究 | 中国公路学会科学技术奖一等奖 | 中铁大桥勘测设计院集团有限公司 |
| 141 | 川西高原复杂条件长大公路隧道建设支撑技术及应用 | 中国公路学会科学技术奖一等奖 | 中铁一局集团有限公司 |
| 142 | 富水岩溶及硫化氢地层特长高速公路隧道建设及营运关键技术 | 中国公路学会科学技术奖一等奖 | 中铁二院工程集团有限责任公司 |
| 143 | 强台风环境大跨桥梁抗风关键技术及应用 | 中国公路学会科学技术奖一等奖 | 中铁工程设计咨询集团有限公司 |
| 144 | 大跨径新型中承式提篮系杆拱桥的关键技术研究 | 中国公路学会科学技术奖一等奖 | 中铁广州工程局集团有限公司 |
| 145 | 桥梁结构自适应减隔震控制体系关键技术及其应用 | 中国公路学会科学技术奖一等奖 | 中铁大桥科学研究院有限公司 |
| 146 | 复杂风场环境大跨桥梁安全保障关键技术及工程应用 | 中国公路学会科学技术奖一等奖 | 中铁武汉勘察设计研究院有限公司 |
| 147 | 超大吨位转体桥建造关键技术及应用 | 中国公路学会科学技术奖一等奖 | 中铁工程设计咨询集团有限公司 |
| 148 | 公路隧道围岩爆破损伤评价及断层带施工风险防控技术 | 中国公路学会科学技术奖二等奖 | 中铁隧道局集团有限公司市政工程公司 |
| 149 | 斜拉桥塔间分组集聚式锚固体系关键技术研究 | 中国公路学会科学技术奖二等奖 | 中铁大桥勘测设计院集团有限公司<br>中铁山桥集团有限公司 |
| 150 | 粤北典型跨铁穿山公路建造与运营安全支撑技术研究与应用 | 中国公路学会科学技术奖二等奖 | 中铁四局集团第五工程有限公司<br>中铁隧道集团三处有限公司 |
| 151 | 山区高速立交匝道高墩小半径曲线桥建造关键技术研究 | 中国公路学会科学技术奖三等奖 | 中铁二局第四工程有限公司 |
| 152 | 54 米超宽斜弯连续箱梁桥建造关键技术研发与应用 | 中国公路学会科学技术奖三等奖 | 中铁二院重庆勘察设计研究院有限责任公司 |

续表

| 序号 | 项目名称 | 获奖等级 | 完成单位 |
| --- | --- | --- | --- |
| 153 | 超宽大跨度V形桥墩连续刚构转体桥施工、监测成套关键技术 | 中国公路学会科学技术奖三等奖 | 中铁四局集团有限公司 |
| 154 | 深部复杂地层TBM安全高效掘进控制技术及应用 | 湖北省科技奖特等奖 | 盾构及掘进技术国家重点实验室 |
| 155 | 地震作用下高速铁路轨道－桥梁系统安全防控关键技术及应用 | 湖南省科技奖一等奖 | 中铁二院工程集团有限责任公司<br>高速铁路建造技术国家工程实验室 |
| 156 | 复杂机电产品创新设计方法与工具及其应用 | 四川省科技奖一等奖 | 中铁二院工程集团有限责任公司 |
| 157 | 南宁强透水复杂地层地铁深大基坑设计施工关键技术创新与应用 | 广西壮族自治区科技奖一等奖 | 中铁隧道局集团有限公司 |
| 158 | 膨胀土地区高速铁路路基关键技术研究 | 四川省科技奖一等奖 | 中铁二院工程集团有限责任公司 |
| 159 | 硬岩掘进机自主设计制造关键技术及应用 | 河南省科技奖一等奖 | 中铁工程装备集团有限公司<br>中铁隧道股份有限公司 |
| 160 | 超大断面矩形顶管隧道关键技术研究 | 天津市科技奖二等奖 | 中铁第六勘察设计院集团有限公司<br>中铁隧道局集团有限公司 |
| 161 | 城市敏感复杂环境下小净距隧道建设关键技术 | 四川省科技奖二等奖 | 中铁二局集团第一工程有限公司 |
| 162 | 大型储油库与油气管道周边控制爆破关键技术及应用 | 湖北省科技奖二等奖 | 中铁广州工程局集团有限公司 |
| 163 | 大直径土压平衡盾构穿越湘江及地表复杂建（构）筑物施工关键技术 | 河南省科技奖二等奖 | 中铁隧道股份有限公司<br>中铁隧道局集团有限公司<br>盾构及掘进技术国家重点实验室 |
| 164 | 盾构TBM大数据云平台研制与应用 | 河南省科技奖二等奖 | 盾构及掘进技术国家重点实验室<br>中铁隧道局集团有限公司<br>中铁隧道集团二处有限公司 |
| 165 | 恶劣海洋环境下桥梁基础超大直径钻孔桩施工技术 | 湖北省科技奖二等奖 | 中铁大桥局集团有限公司 |
| 166 | 复杂地质大型地下水封能源洞库修建关键技术 | 江西省科技奖二等奖 | 中铁隧道集团一处有限公司<br>中铁隧道局集团有限公司 |
| 167 | 复杂地质条件下瓦斯突出隧道修建关键技术 | 天津市科技奖二等奖 | 中铁第六勘察设计院集团有限公司<br>中铁隧道局集团有限公司<br>中铁隧道集团一处有限公司 |
| 168 | 复杂地质与周边环境双护盾TBM设备研造与隧道建造关键技术 | 四川省科技奖二等奖 | 中铁二院工程集团有限责任公司<br>中铁隧道局集团有限公司 |
| 169 | 富水软弱地层近接叠交隧道与小净距下穿有压给水管道关键技术研究 | 江苏省科技奖二等奖 | 中铁上海工程局集团有限公司<br>中铁一局集团有限公司 |
| 170 | 富水软弱地层隧道突水涌泥重大地质灾害防控理论与关键技术 | 广西壮族自治区科技奖二等奖 | 中铁五局集团第二工程有限责任公司 |
| 171 | 高磨蚀地层盾构TBM刀具磨损预测关键技术及应用 | 河南省科技奖二等奖 | 盾构及掘进技术国家重点实验室<br>中铁隧道局集团有限公司<br>中铁隧道股份有限公司 |
| 172 | 高磨蚀地质滚刀关键技术及应用 | 河南省科技奖二等奖 | 中铁工程装备集团有限公司 |
| 173 | 高速铁路隧道光爆破岩的岩体结构效应与IECT智能控制技术 | 上海市科技奖二等奖 | 同济大学<br>深圳中铁二局工程有限公司 |
| 174 | 机械化建造装配式大型矩形断面地下工程综合技术 | 河北省科技奖二等奖 | 中铁隧道集团二处有限公司<br>中铁工程装备集团有限公司 |
| 175 | 节能墙材与绿色建筑关键技术 | 辽宁省科技奖二等奖 | 中铁四局集团第五工程有限公司<br>中铁二局第四工程有限公司<br>中铁隧道集团四处有限公司 |
| 176 | 绿色装配式复合结构居住建筑体系关键技术与产业化应用 | 陕西省科技奖二等奖 | 中铁一局集团有限公司 |
| 177 | 内河大流速高位差沉管隧道关键技术 | 广东省科技奖二等奖 | 中铁隧道局集团有限公司<br>中铁隧道集团二处有限公司<br>中铁第六勘察设计院集团有限公司 |

续表

| 序号 | 项目名称 | 获奖等级 | 完成单位 |
|---|---|---|---|
| 178 | 深水大截面沉井施工关键技术 | 湖北省科技奖二等奖 | 中铁大桥局集团有限公司 |
| 179 | 土岩互层掘进机刀盘刀具高效破岩与防损伤优化技术 | 河南省科技奖二等奖 | 盾构及掘进技术国家重点实验室<br>中铁隧道局集团有限公司 |
| 180 | 硬岩地层地铁浅埋下穿文保建筑群及紧贴既有地下结构爆破施工关键技术 | 广西壮族自治区科技奖二等奖 | 中铁四局集团有限公司<br>中铁十局集团第五工程有限公司<br>中铁隧道局集团有限公司<br>中铁隧道集团四处有限公司 |
| 181 | 长距离大埋深隧道小直径盾构机关键技术研究及应用 | 河南省科技奖二等奖 | 中铁工程装备集团有限公司 |
| 182 | “一带一路”亚吉铁路火山渣路基关键技术及应用 | 四川省科技奖三等奖 | 中铁二局集团有限公司<br>中铁二局第六工程有限公司 |
| 183 | 超高速轨道平顺性高精度测控关键技术及工程应用 | 上海市科技奖三等奖 | 中铁一局集团新运工程有限公司 |
| 184 | 城区复杂地下工程施工装备关键技术及应用 | 湖南省科技奖三等奖 | 中铁五局集团第一工程有限责任公司<br>中铁五局集团有限公司 |
| 185 | 大型地下储油洞库群施工关键技术 | 四川省科技奖三等奖 | 中铁二局集团有限公司<br>中铁二局第二工程有限公司<br>中铁隧道局集团有限公司 |
| 186 | 复杂环境城市地下空间高效施工技术与成套装备研制 | 贵州省科技奖二等奖 | 中铁五局集团有限公司<br>长沙理工大学<br>中铁五局集团第一工程有限责任公司 |
| 187 | 富水砂性地层地铁明挖车站及区间盾构穿越既有锚索群施工关键技术 | 安徽省科技奖三等奖 | 中铁四局集团有限公司 |
| 188 | 高海拔多年冻土区公路隧道、路基关键施工技术 | 湖南省科技奖三等奖 | 中铁五局集团第五工程有限责任公司<br>中铁五局集团有限公司 |
| 189 | 高速铁路桥隧相连过隧箱梁运架装备及其工程应用 | 湖北省科技奖三等奖 | 中铁科工集团有限公司<br>中铁工程机械研究设计院有限公司<br>中铁四局集团有限公司 |
| 190 | 基于耐久性的预应力板梁全寿命周期破坏机理及加固关键技术 | 河南省科技奖三等奖 | 中铁七局集团郑州工程有限公司 |
| 191 | 挤压破碎带极高地应力软岩大变形隧道施工关键技术 | 河南省科技奖三等奖 | 中铁隧道股份有限公司<br>中铁隧道局集团有限公司<br>中铁隧道勘察设计研究院有限公司 |
| 192 | 邻近坝区深厚卵石层缆索体系桥梁建造关键技术 | 湖北省科技奖三等奖 | 中铁大桥局集团有限公司 |
| 193 | 绿色生态居住小区建设关键技术 | 辽宁省科技奖三等奖 | 中铁隧道集团四处有限公司 |
| 194 | 全液压履带式自行栈桥 | 河北省科技奖三等奖 | 中铁隧道集团二处有限公司 |
| 195 | 柔性支护结构应用技术深化研究 | 甘肃省科技奖三等奖 | 中铁西北科学研究院有限公司<br>中铁科学研究院有限公司 |
| 196 | 适应城市地铁小转弯半径的双护盾TBM研制及应用 | 河南省科技奖三等奖 | 中铁工程装备集团有限公司 |
| 197 | 大断面瓦斯突出隧道快速修建技术 | 华夏建设科技奖二等奖 | 中铁隧道集团一处有限公司<br>中铁隧道局集团有限公司 |
| 198 | 填海深厚淤泥与后缘强透水抛石棱体中码头与基坑止水关键技术研究及应用 | 华夏建设科技奖二等奖 | 中铁建工集团有限公司 |
| 199 | 复合地层单跨超大断面浅埋暗挖车站拱盖法全断面修建技术 | 华夏建设科技奖二等奖 | 中铁一局集团第二工程有限公司 |
| 200 | 建筑物密集区超大断面城市隧道（群）施工关键技术 | 华夏建设科技奖三等奖 | 中铁三局集团有限公司<br>中铁三局集团桥隧工程有限公司 |
| 201 | 全体外预应力宽幅薄壁箱梁节段预制及架设施工关键技术研究 | 中国公路建设行业协会科技奖三等奖 | 中铁三局集团有限公司<br>中铁三局集团第五工程有限公司 |

制表：刘建廷

**表 9-4　2020 年度中国铁路工程集团有限公司科学技术奖获奖成果**

| 序号 | 项目名称 | 获奖等级 | 完成单位 |
|---|---|---|---|
| 1 | 超大跨度双层公路悬索桥设计施工关键技术 | 中国铁路工程集团有限公司科学技术奖特等奖 | 中铁大桥勘测设计院集团有限公司<br>中铁大桥局集团有限公司 |
| 2 | 大跨度三塔钢箱桁组合梁铁路斜拉桥建造关键技术 | 中国铁路工程集团有限公司科学技术奖特等奖 | 中铁大桥局集团有限公司<br>中铁大桥勘测设计院集团有限公司 |
| 3 | 京张高速铁路新八达岭隧道及长城站施工关键技术研究 | 中国铁路工程集团有限公司科学技术奖特等奖 | 中铁五局集团有限公司<br>中铁工程设计咨询集团有限公司<br>中铁五局集团第四工程有限责任公司 |
| 4 | 超大直径（ϕ15.03 米）气垫式泥水盾构机的研究设计及应用 | 中国铁路工程集团有限公司科学技术奖特等奖 | 中铁高新工业股份有限公司<br>中铁工程装备集团有限公司<br>中铁隧道局集团有限公司<br>中铁工程装备集团技术服务有限公司 |
| 5 | 基于真三维地质实体大比例建模的空间立体选线方法研究 | 中国铁路工程集团有限公司科学技术奖特等奖 | 中铁二院工程集团有限责任公司<br>中南大学<br>石家庄铁道大学 |
| 6 | 极端复杂地质 TBM 法深埋长大隧道装备与施工关键技术及应用 | 中国铁路工程集团有限公司科学技术奖特等奖 | 中铁隧道局集团有限公司<br>盾构及掘进技术国家重点实验室<br>中铁工程装备集团有限公司<br>中铁西南科学研究院有限公司<br>中铁二院工程集团有限责任公司<br>石家庄铁道大学 |
| 7 | 高锰钢辙叉关键集成技术研究与应用 | 中国铁路工程集团有限公司科学技术奖特等奖 | 中铁高新工业股份有限公司<br>中铁宝桥集团有限公司 |
| 8 | 波音 737 完工及交付中心项目综合技术研究 | 中国铁路工程集团有限公司科学技术奖特等奖 | 中铁建工集团有限公司<br>中铁华铁工程设计集团有限公司 |
| 9 | 5 万吨级平转法施工的超宽混凝土斜拉桥关键技术 | 中国铁路工程集团有限公司科学技术奖特等奖 | 中铁工程设计咨询集团有限公司 |
| 10 | 时速 160 千米快速轨道交通架空刚性接触网关键技术与应用 | 中国铁路工程集团有限公司科学技术奖一等奖 | 中铁第六勘察设计院集团有限公司<br>天津中铁电气化设计研究院有限公司<br>中铁华铁工程设计集团有限公司<br>天津凯发电气股份有限公司<br>中铁十二局集团有限公司<br>成都唐源电气股份有限公司 |
| 11 | 伶仃洋海域装配式组合梁桥设计新技术 | 中国铁路工程集团有限公司科学技术奖一等奖 | 中铁大桥勘测设计院集团有限公司<br>武汉理工大学 |
| 12 | 复杂海域桥梁施工风浪监测及测量控制关键技术 | 中国铁路工程集团有限公司科学技术奖一等奖 | 中铁大桥局集团有限公司<br>中铁大桥科学研究院有限公司<br>中铁大桥局集团第五工程有限公司<br>中铁大桥局集团第四工程有限公司<br>中铁大桥局集团第六工程有限公司 |
| 13 | 大跨度斜拉桥结构振动控制关键技术 | 中国铁路工程集团有限公司科学技术奖一等奖 | 中铁大桥勘测设计院集团有限公司 |
| 14 | 明挖综合管廊快速施工关键技术及其装备 | 中国铁路工程集团有限公司科学技术奖一等奖 | 中铁四局集团有限公司<br>中铁四局集团建筑工程有限公司<br>中铁四局集团第四工程有限公司<br>中铁四局集团第一工程有限公司<br>中铁四局集团路桥工程有限公司 |
| 15 | 海洋环境珊瑚礁地质桥梁设计新技术 | 中国铁路工程集团有限公司科学技术奖一等奖 | 中铁大桥勘测设计院集团有限公司<br>中交第二航务工程局有限公司 |
| 16 | 高速铁路路基变形控制关键技术与应用 | 中国铁路工程集团有限公司科学技术奖一等奖 | 中铁二院工程集团有限责任公司<br>西南交通大学<br>中铁八局集团有限公司<br>中铁二院（成都）工程咨询有限责任公司 |

续表

| 序号 | 项目名称 | 获奖等级 | 完成单位 |
| --- | --- | --- | --- |
| 17 | 三峡库区特大跨径钢箱桁架拱桥建造关键技术 | 中国铁路工程集团有限公司科学技术奖一等奖 | 中铁大桥局集团有限公司<br>中铁大桥局第七工程有限公司<br>湖北省交通规划设计院股份有限公司<br>中铁武汉大桥工程咨询监理有限公司 |
| 18 | 高固含量聚羧酸减水剂制备技术 | 中国铁路工程集团有限公司科学技术奖一等奖 | 中铁四局集团有限公司<br>安徽中铁工程材料科技有限公司 |
| 19 | 艰险山区大跨双层公铁钢箱系杆拱桥关键技术 | 中国铁路工程集团有限公司科学技术奖一等奖 | 中铁大桥勘测设计院集团有限公司 |
| 20 | 海南环岛高速铁路设计关键技术研究与应用 | 中国铁路工程集团有限公司科学技术奖一等奖 | 中铁二院工程集团有限责任公司<br>西南交通大学<br>成都信息工程大学<br>中国铁道科学研究院集团有限公司<br>中铁二院（成都）工程咨询有限责任公司 |
| 21 | 复合地层矩形掘进机关键技术研究及应用 | 中国铁路工程集团有限公司科学技术奖一等奖 | 中铁高新工业股份有限公司<br>中铁工程装备集团有限公司 |
| 22 | 极软极硬地层跨海通道超大直径盾构直接掘进关键技术 | 中国铁路工程集团有限公司科学技术奖一等奖 | 中铁隧道局集团有限公司<br>盾构及掘进技术国家重点实验室<br>中铁隧道股份有限公司 |
| 23 | 在役公铁两用钢桁梁桥公路桥功能提升改造关键技术 | 中国铁路工程集团有限公司科学技术奖一等奖 | 中铁大桥局集团有限公司<br>中铁大桥局武汉桥梁特种技术有限公司 |
| 24 | 基于惯导系统及多种传感器组合的轨道检测系统 | 中国铁路工程集团有限公司科学技术奖一等奖 | 中铁二院工程集团有限责任公司<br>四川拓绘科技有限公司 |
| 25 | 大型桥梁结构智能健康监测云平台研究及应用 | 中国铁路工程集团有限公司科学技术奖一等奖 | 中铁大桥勘测设计院集团有限公司<br>中铁桥隧技术有限公司 |
| 26 | 桥梁水平转体建造成套技术研究 | 中国铁路工程集团有限公司科学技术奖一等奖 | 中铁大桥勘测设计院集团有限公司<br>中铁武汉勘察设计研究院有限公司<br>中铁十一局集团第二工程有限公司<br>华中科技大学<br>中建三局集团有限公司 |
| 27 | 智能牵引供电系统 | 中国铁路工程集团有限公司科学技术奖一等奖 | 中国铁路设计集团有限公司<br>西南交通大学<br>京沈铁路客运专线辽宁有限责任公司<br>中国铁路沈阳局集团有限公司<br>中铁工程设计咨询集团有限公司<br>成都交大运达电气有限公司<br>成都交大光芒科技股份有限公司 |
| 28 | 全液压链齿传动双轮铣槽机 | 中国铁路工程集团有限公司科学技术奖一等奖 | 中铁科工集团有限公司<br>中铁工程机械研究设计院有限公司<br>中铁科工集团轨道交通装备有限公司<br>中铁科工集团装备工程有限公司 |
| 29 | 大直径土压平衡盾构机研制及在复杂地层超长距离掘进技术研究 | 中国铁路工程集团有限公司科学技术奖一等奖 | 中铁六局集团有限公司 |
| 30 | 大断面瓦斯隧道修建关键技术及应用 | 中国铁路工程集团有限公司科学技术奖一等奖 | 中铁二院工程集团有限责任公司<br>西南交通大学<br>成贵铁路有限责任公司<br>中铁五局集团第四工程有限责任公司<br>中国矿业大学 |
| 31 | 地下综合交通枢纽环境控制综合技术研究与示范 | 中国铁路工程集团有限公司科学技术奖一等奖 | 中国铁路设计集团有限公司<br>天津城建大学<br>城市轨道交通数字化建设与测评技术国家工程实验室（中国铁设）<br>天津天地源科技发展有限公司<br>天津津贝尔建筑工程试验检测技术有限公司 |

续表

| 序号 | 项目名称 | 获奖等级 | 完成单位 |
| --- | --- | --- | --- |
| 32 | 大型铁路、地铁综合交通枢纽一体化施工技术研究 | 中国铁路工程集团有限公司科学技术奖一等奖 | 中铁建工集团有限公司<br>江苏沪宁钢机股份有限公司 |
| 33 | 悬索桥索夹螺杆轴力检测及张拉控制技术 | 中国铁路工程集团有限公司科学技术奖一等奖 | 中铁大桥局集团有限公司<br>中铁大桥科学研究院有限公司<br>桥梁结构健康与安全国家重点实验室 |
| 34 | 市政桥梁快速化绿色建造关键技术 | 中国铁路工程集团有限公司科学技术奖一等奖 | 中铁大桥勘测设计院集团有限公司 |
| 35 | 艰险山区铁路框架式新型抗滑支挡结构工程技术研究 | 中国铁路工程集团有限公司科学技术奖一等奖 | 中铁二院工程集团有限责任公司<br>西南交通大学<br>成都信息工程大学 |
| 36 | 城市地铁轨道施工关键设备创新研究与应用 | 中国铁路工程集团有限公司科学技术奖一等奖 | 中铁上海工程局集团有限公司<br>中铁上海工程局集团华海工程有限公司 |
| 37 | 单线铁路隧道快速施工技术与成套装备研制关键技术 | 中国铁路工程集团有限公司科学技术奖一等奖 | 中铁隧道局集团有限公司<br>中铁隧道勘察设计研究院有限公司 |
| 38 | 南同蒲铁路黄河特大桥改建技术及应用 | 中国铁路工程集团有限公司科学技术奖一等奖 | 中铁工程设计咨询集团有限公司<br>中铁大桥局武汉桥梁特种技术有限公司<br>中国铁路西安局集团有限公司 |
| 39 | 一种由集装箱拼装集成的腕臂自动式预制平台 | 中国铁路工程集团有限公司科学技术奖一等奖 | 中铁武汉电气化局集团有限公司<br>中铁武汉电气化局集团第一工程有限公司 |
| 40 | 高速铁路 CRTS Ⅲ型板式无砟轨道施工及自密实混凝土研制技术 | 中国铁路工程集团有限公司科学技术奖一等奖 | 中铁十局集团有限公司<br>中铁十局集团第三建设有限公司 |
| 41 | 高速铁路大跨度连续刚构钢管拱桥及无砟轨道综合施工技术研究 | 中国铁路工程集团有限公司科学技术奖一等奖 | 中铁八局集团有限公司<br>中铁八局集团第一工程有限公司 |
| 42 | 大跨度上承式钢管混凝土拱桥关键技术 | 中国铁路工程集团有限公司科学技术奖一等奖 | 中国铁路设计集团有限公司<br>福州大学 |
| 43 | 隧道锚杆台车研制与应用 | 中国铁路工程集团有限公司科学技术奖一等奖 | 中铁隧道局集团有限公司 |
| 44 | 全断面掘进机刀具智能诊断系统 | 中国铁路工程集团有限公司科学技术奖一等奖 | 中铁高新工业股份有限公司<br>中铁工程装备集团有限公司<br>中铁一局集团有限公司 |
| 45 | 办公建筑绿色建造与智慧运维关键技术研究 | 中国铁路工程集团有限公司科学技术奖一等奖 | 中铁上海工程局集团有限公司<br>中铁上海工程局集团建筑工程有限公司 |
| 46 | 多介质絮核加载高密度澄清过滤快速处理隧道施工污水成套技术装备 | 中国铁路工程集团有限公司科学技术奖一等奖 | 中铁环境科技工程有限公司 |
| 47 | 桥梁智能化综合管养平台 | 中国铁路工程集团有限公司科学技术奖一等奖 | 中铁大桥局集团有限公司<br>中铁大桥局武汉桥梁特种技术有限公司 |
| 48 | 适应隧道曲面的地铁施工成套设备研制及配套作业关键技术 | 中国铁路工程集团有限公司科学技术奖一等奖 | 中铁高新工业股份有限公司<br>中铁重工有限公司<br>中铁一局集团新运工程有限公司 |
| 49 | 全断面隧道掘进机自动导向系统开发及应用 | 中国铁路工程集团有限公司科学技术奖一等奖 | 中铁高新工业股份有限公司<br>中铁工程装备集团有限公司<br>中铁工程装备集团技术服务有限公司 |
| 50 | 基于数字化研发平台的高寒地区大型露天矿用 12 立方电铲关键技术研究及应用 | 中国铁路工程集团有限公司科学技术奖一等奖 | 中铁科工集团有限公司<br>中铁工程机械研究设计院有限公司<br>中铁九局集团有限公司<br>中铁科工集团轨道交通装备有限公司 |
| 51 | 富水软土地区地下结构工业化建造设计及施工技术研究 | 中国铁路工程集团有限公司科学技术奖一等奖 | 中国铁路设计集团有限公司 |
| 52 | 城市地铁软岩隧道渣土立式提升系统 | 中国铁路工程集团有限公司科学技术奖一等奖 | 中铁隧道局集团有限公司<br>中铁隧道勘察设计研究院有限公司 |
| 53 | 现代有轨电车轨道施工关键技术 | 中国铁路工程集团有限公司科学技术奖一等奖 | 中铁二局集团有限公司<br>中铁二局集团新运工程有限公司<br>中车戚墅堰机车车辆工艺研究所有限公司<br>广州南方测绘科技股份有限公司<br>湖北晨风轨道装备股份有限公司 |

续表

| 序号 | 项目名称 | 获奖等级 | 完成单位 |
|---|---|---|---|
| 54 | 工程测量外业数据采集及内业数据处理一体化系统 | 中国铁路工程集团有限公司科学技术奖二等奖 | 中铁工程设计咨询集团有限公司 |
| 55 | 智慧项目部建设研究 | 中国铁路工程集团有限公司科学技术奖二等奖 | 中铁四局集团有限公司 |
| 56 | 铁路马蹄形山岭黄土隧道盾构施工技术研究 | 中国铁路工程集团有限公司科学技术奖二等奖 | 中铁四局集团有限公司<br>中铁四局集团第四工程有限公司<br>西南交通大学<br>中国铁路设计集团有限公司 |
| 57 | 大型组合梁钢主梁制造关键技术研究 | 中国铁路工程集团有限公司科学技术奖二等奖 | 中铁宝桥集团有限公司<br>中铁宝桥（扬州）有限公司 |
| 58 | 市域铁路无砟道岔关键技术研究与应用 | 中国铁路工程集团有限公司科学技术奖二等奖 | 中铁高新工业股份有限公司<br>中铁宝桥集团有限公司 |
| 59 | 新型公铁两用架桥机架设铁路 T 梁综合技术及配套设备研制 | 中国铁路工程集团有限公司科学技术奖二等奖 | 中铁一局集团有限公司<br>中铁一局集团新运工程有限公司<br>中铁工程机械研究设计院有限公司 |
| 60 | 复杂地形重载铁路龙门黄河中承式提篮拱桥施工关键技术 | 中国铁路工程集团有限公司科学技术奖二等奖 | 中铁一局集团有限公司<br>中铁一局集团厦门建设工程有限公司 |
| 61 | 城市轨道交通工程数字化设计交付研究 | 中国铁路工程集团有限公司科学技术奖二等奖 | 中国铁路设计集团有限公司 |
| 62 | 大跨度高速铁路钢桁斜拉桥施工关键技术研究 | 中国铁路工程集团有限公司科学技术奖二等奖 | 中铁四局集团有限公司<br>中铁四局集团钢结构建筑有限公司 |
| 63 | 淤泥质地层双幅小间距海湾桥关键施工技术 | 中国铁路工程集团有限公司科学技术奖二等奖 | 中铁四局集团有限公司<br>中铁四局集团第二工程有限公司 |
| 64 | 高裂度地震区重载高墩多跨长联钢桁结合梁桥关键技术 | 中国铁路工程集团有限公司科学技术奖二等奖 | 中铁大桥勘测设计院集团有限公司 |
| 65 | 新建鲁南高铁引入京沪高铁曲阜东站综合施工技术研究 | 中国铁路工程集团有限公司科学技术奖二等奖 | 中铁十局集团有限公司<br>中铁十局集团第八工程有限公司<br>中铁二院工程集团有限责任公司<br>中国铁道科学研究院集团有限公司<br>中南大学 |
| 66 | 多孔简支拱形钢桁梁架设施工技术 | 中国铁路工程集团有限公司科学技术奖二等奖 | 中铁大桥局集团有限公司<br>中铁大桥局集团第六工程有限公司 |
| 67 | 峡谷地区重载铁路上承式钢管混凝土拱桥施工关键技术 | 中国铁路工程集团有限公司科学技术奖二等奖 | 中铁五局集团有限公司<br>中铁五局集团机械化工程有限责任公司 |
| 68 | 大跨度重载铁路公铁两用斜拉桥建造技术 | 中国铁路工程集团有限公司科学技术奖二等奖 | 中铁大桥勘测设计院集团有限公司 |
| 69 | 跨既有高铁多股道大吨位梁转体施工关键技术研究与应用 | 中国铁路工程集团有限公司科学技术奖二等奖 | 中铁七局集团有限公司<br>中铁七局集团郑州工程有限公司 |
| 70 | 成贵铁路菜坝岷江特大桥大跨度钢桁连续梁建造关键技术研究 | 中国铁路工程集团有限公司科学技术奖二等奖 | 中铁二院工程集团有限责任公司<br>中铁大桥局集团有限公司<br>成都市新筑路桥机械股份有限公司 |
| 71 | 动力吸振式低频减振轨道研究及应用 | 中国铁路工程集团有限公司科学技术奖二等奖 | 中铁二院工程集团有限责任公司<br>洛阳双瑞橡塑科技有限公司<br>西南交通大学 |
| 72 | 桥梁全生命周期智能图像识别技术研发及应用 | 中国铁路工程集团有限公司科学技术奖二等奖 | 中铁大桥局集团有限公司<br>中铁大桥科学研究院有限公司<br>桥梁结构健康与安全国家重点实验室 |
| 73 | 穿越砂土液化和软土地层盾构隧道修建关键技术研究 | 中国铁路工程集团有限公司科学技术奖二等奖 | 中铁二院工程集团有限责任公司<br>西南交通大学<br>中交第二公路工程局有限公司 |
| 74 | 复杂环境铁路四线特大桥创新设计与施工关键技术 | 中国铁路工程集团有限公司科学技术奖二等奖 | 中铁十局集团有限公司<br>中铁十局集团第一工程有限公司<br>中国中铁二院工程集团有限责任公司 |

续表

| 序号 | 项目名称 | 获奖等级 | 完成单位 |
|---|---|---|---|
| 75 | 大型高铁站房钢结构施工综合技术研究与应用 | 中国铁路工程集团有限公司科学技术奖二等奖 | 中铁建工集团有限公司<br>中铁建工集团山东有限公司<br>济青高速铁路有限公司 |
| 76 | 铁路跨繁忙航道独塔斜拉桥施工关键技术 | 中国铁路工程集团有限公司科学技术奖二等奖 | 中铁广州工程局集团有限公司 |
| 77 | 强震后高原季节性冻土隧道修建关键技术研究 | 中国铁路工程集团有限公司科学技术奖二等奖 | 中铁二局集团有限公司<br>中铁二局第四工程有限公司<br>西南交通大学 |
| 78 | 上软下硬富水地层泥水盾构连续切削大吨位独立桥桩基础综合技术研究 | 中国铁路工程集团有限公司科学技术奖二等奖 | 中铁隧道局集团有限公司<br>中铁隧道集团二处有限公司 |
| 79 | 隧道掘进机刀具破岩伺服实验台研制及应用 | 中国铁路工程集团有限公司科学技术奖二等奖 | 中铁隧道局集团有限公司<br>盾构及掘进技术国家重点实验室<br>中铁工程装备集团有限公司 |
| 80 | 油电双动力动态检测车技术研究 | 中国铁路工程集团有限公司科学技术奖二等奖 | 中铁电气化局集团有限公司 |
| 81 | 轨道工程运输安全智控平台 | 中国铁路工程集团有限公司科学技术奖二等奖 | 中铁一局集团有限公司<br>中铁一局集团新运工程有限公司<br>陕西力拓智能交通科技有限公司 |
| 82 | 富水圆砾地层上下叠落盾构隧道近距离下穿运营线掘进关键技术 | 中国铁路工程集团有限公司科学技术奖二等奖 | 中铁开发投资集团有限公司<br>中南大学 |
| 83 | 高地温区富水特长隧道施工关键技术 | 中国铁路工程集团有限公司科学技术奖二等奖 | 中铁二局集团有限公司<br>中铁二局第四工程有限公司<br>西南交通大学 |
| 84 | 城市轨道交通再生电能吸收利用方案研究 | 中国铁路工程集团有限公司科学技术奖二等奖 | 天津中铁电气化设计研究院有限公司<br>青岛地铁集团有限公司<br>中车青岛四方车辆研究所有限公司<br>湖南恒信电气有限公司 |
| 85 | 强透水地层暗挖地铁车站机械化建造关键技术研究及应用 | 中国铁路工程集团有限公司科学技术奖二等奖 | 中铁隧道勘测设计院有限公司<br>中铁第六勘察设计院集团有限公司<br>通宇工程有限责任公司 |
| 86 | 大张角 Y 形墩曲线梁刚构桥施工技术研究 | 中国铁路工程集团有限公司科学技术奖二等奖 | 中铁北京工程局集团有限公司<br>中铁北京工程局集团第二工程有限公司 |
| 87 | 新建青岛西高铁站综合施工技术研究 | 中国铁路工程集团有限公司科学技术奖二等奖 | 中铁十局集团有限公司 |
| 88 | 复杂运营条件下现代有轨电车轨道系统成套技术开发及应用 | 中国铁路工程集团有限公司科学技术奖二等奖 | 中铁二院工程集团有限责任公司<br>西南交通大学<br>中铁山桥集团有限公司<br>中铁宝桥集团有限公司 |
| 89 | 城市轨道交通隧道服役性能评估与运维关键技术研究及应用 | 中国铁路工程集团有限公司科学技术奖二等奖 | 中国铁路设计集团有限公司 |
| 90 | 铁路隧道超前地质预报信息平台管理系统开发 | 中国铁路工程集团有限公司科学技术奖二等奖 | 中铁隧道局集团有限公司<br>中铁隧道勘察设计研究院有限公司 |
| 91 | 区域城市桥梁群安全保障与精细管控服务平台关键技术及应用 | 中国铁路工程集团有限公司科学技术奖二等奖 | 中铁科学研究院有限公司<br>中铁西南科学研究院有限公司<br>重庆大学<br>成都市城市道路桥梁监管服务中心 |
| 92 | 蒙华铁路黄土隧道 511 成套化机械设备和工法配合施工组织技术研究 | 中国铁路工程集团有限公司科学技术奖二等奖 | 中铁七局集团有限公司<br>中铁七局集团西安铁路工程有限公司 |
| 93 | 土建及机电新技术在中低速磁浮交通工程中的开发与应用 | 中国铁路工程集团有限公司科学技术奖二等奖 | 中国铁路设计集团有限公司 |
| 94 | 单线铁路特长高地应力岩爆隧道快速施工关键技术 | 中国铁路工程集团有限公司科学技术奖二等奖 | 中铁隧道局集团有限公司<br>中铁隧道集团一处有限公司<br>中铁隧道勘察设计研究院有限公司<br>中铁隧道股份有限公司 |

续表

| 序号 | 项目名称 | 获奖等级 | 完成单位 |
| --- | --- | --- | --- |
| 95 | 轨道交通钢轨焊缝双轨同步电磁感应正火与全断面打磨检测关键设备研制与应用 | 中国铁路工程集团有限公司科学技术奖二等奖 | 中铁上海工程局集团有限公司<br>中铁上海工程局集团华海工程有限公司 |
| 96 | 基于围岩扰动效应与荷载演变特征的超大扁平公路隧道施工关键技术研究 | 中国铁路工程集团有限公司科学技术奖二等奖 | 中铁四局集团有限公司<br>西南交通大学 |
| 97 | 基于“GIS+BIM”的项目建设管控平台研发与应用 | 中国铁路工程集团有限公司科学技术奖二等奖 | 中铁开发投资集团有限公司<br>中铁西南科学研究院有限公司 |
| 98 | CRTS Ⅲ型先张法无砟轨道施工综合技术研究 | 中国铁路工程集团有限公司科学技术奖二等奖 | 中铁九局集团有限公司<br>中铁九局集团第四工程有限公司 |
| 99 | 装配式建筑混凝土结构预制及施工技术研究 | 中国铁路工程集团有限公司科学技术奖二等奖 | 中铁六局集团有限公司<br>中铁六局集团丰桥桥梁有限公司<br>中铁六局集团建筑安装工程有限公司 |
| 100 | 轻型跨座式单轨道岔系统关键技术研发及应用 | 中国铁路工程集团有限公司科学技术奖二等奖 | 中铁工程设计咨询集团有限公司<br>芜湖市轨道交通有限公司<br>芜湖力钧轨道装备有限公司<br>中铁科工集团有限公司<br>北京交通大学 |
| 101 | 高性能水泥基微膨胀充填材料研发与工程应用 | 中国铁路工程集团有限公司科学技术奖二等奖 | 中铁二局集团有限公司<br>中铁二局第四工程有限公司<br>西南交通大学 |
| 102 | 复杂环境下地铁换乘站施工关键技术 | 中国铁路工程集团有限公司科学技术奖二等奖 | 中铁四局集团有限公司<br>中铁四局集团第四工程有限公司 |
| 103 | 铁路（城轨）综合监测检测系统 | 中国铁路工程集团有限公司科学技术奖二等奖 | 中国铁路设计集团有限公司 |
| 104 | 大节段钢箱拱制造关键技术研究 | 中国铁路工程集团有限公司科学技术奖二等奖 | 中铁高新工业股份有限公司<br>中铁宝桥集团有限公司 |
| 105 | 陆路交通立体交叉隧道群关键建造技术研究 | 中国铁路工程集团有限公司科学技术奖二等奖 | 中铁九局集团有限公司<br>中铁西北科学研究院有限公司 |
| 106 | 京张高铁高平顺性轨道精密测控新技术 | 中国铁路工程集团有限公司科学技术奖二等奖 | 中铁工程设计咨询集团有限公司 |
| 107 | 中承式铁路拱桥限位减震技术研究 | 中国铁路工程集团有限公司科学技术奖二等奖 | 中铁二院工程集团有限责任公司<br>中南大学<br>成都济通路桥科技有限公司 |
| 108 | 不同地质条件下土压平衡盾构机再制造与适应性提升技术研究及应用 | 中国铁路工程集团有限公司科学技术奖二等奖 | 中铁三局集团有限公司<br>中铁三局集团第二工程有限公司 |
| 109 | 双曲面高山滑雪造型钢塔V形墩斜拉桥施工关键技术研究 | 中国铁路工程集团有限公司科学技术奖二等奖 | 中铁十局集团有限公司<br>中铁十局集团第八工程有限公司 |
| 110 | FBBR工艺污水处理厂综合建造技术研究 | 中国铁路工程集团有限公司科学技术奖二等奖 | 中铁八局集团有限公司 |
| 111 | 基于BIM的厦门地铁3号线过海通道施工风险集成控制与系统研发 | 中国铁路工程集团有限公司科学技术奖二等奖 | 中铁南方投资集团有限公司<br>厦门大学 |
| 112 | 双线重载铁路大跨度简支钢桁梁无支墩架设关键技术研究 | 中国铁路工程集团有限公司科学技术奖二等奖 | 中铁八局集团有限公司<br>中铁八局集团第一工程有限公司 |
| 113 | 海相地质长大明挖隧道施工技术 | 中国铁路工程集团有限公司科学技术奖二等奖 | 中铁六局集团有限公司<br>中铁六局集团广州工程有限公司<br>西南交通大学 |
| 114 | 内插装配式预制混凝土方桩新型复合基坑围护结构施工技术 | 中国铁路工程集团有限公司科学技术奖二等奖 | 中铁三局集团有限公司<br>中铁三局集团第五工程有限公司 |
| 115 | 重载铁路长大山岭隧道绿色建造关键技术研究与应用 | 中国铁路工程集团有限公司科学技术奖二等奖 | 中铁上海工程局集团有限公司<br>中铁上海工程局集团第一工程有限公司 |
| 116 | 黄土地区缓倾角泥质岩石界面破坏模式及加固措施深化研究 | 中国铁路工程集团有限公司科学技术奖二等奖 | 中国铁路设计集团有限公司 |
| 117 | 160千米/时电气化铁路隧道内刚性悬挂系统零部件 | 中国铁路工程集团有限公司科学技术奖二等奖 | 中铁电气化局集团有限公司<br>中铁高铁电气装备股份有限公司<br>宝鸡保德利电气设备有限责任公司 |

续表

| 序号 | 项目名称 | 获奖等级 | 完成单位 |
|---|---|---|---|
| 118 | CRTS Ⅲ型板式无砟轨道布板及精调系统 | 中国铁路工程集团有限公司科学技术奖二等奖 | 中铁工程设计咨询集团有限公司 |
| 119 | 跨铁路鱼腹梁人字塔斜拉桥转体技术 | 中国铁路工程集团有限公司科学技术奖二等奖 | 中铁大桥勘测设计院集团有限公司 |
| 120 | 串珠状岩溶区大直径超长冲孔灌注桩承载机理及施工工艺研究 | 中国铁路工程集团有限公司科学技术奖二等奖 | 中铁七局集团有限公司<br>中铁七局集团第三工程有限公司 |
| 121 | 上加劲连续钢桁梁架设施工技术 | 中国铁路工程集团有限公司科学技术奖二等奖 | 中铁广州工程局集团有限公司 |
| 122 | 黄土隧道全环加长套拱超前小导管贴壁进出洞施工关键技术研究 | 中国铁路工程集团有限公司科学技术奖二等奖 | 中铁七局集团有限公司<br>中铁七局集团郑州工程有限公司<br>兰州交通大学 |
| 123 | 智慧管廊综合监控系统研究 | 中国铁路工程集团有限公司科学技术奖二等奖 | 中铁四局集团有限公司<br>中铁四局集团电气化工程有限公司 |
| 124 | 高海拔严寒地区长隧道分段防冻融技术 | 中国铁路工程集团有限公司科学技术奖二等奖 | 中铁西南科学研究院有限公司<br>中铁科学研究院有限公司 |
| 125 | 地铁隧道穿越区岩溶处理关键技术研究 | 中国铁路工程集团有限公司科学技术奖二等奖 | 中铁第六勘察设计院集团有限公司 |
| 126 | 基于模拟动画的大型施工装备远程监测系统 | 中国铁路工程集团有限公司科学技术奖二等奖 | 中铁高新工业股份有限公司<br>中铁科工集团有限公司<br>中铁工程机械研究设计院有限公司<br>中铁二局集团有限公司 |
| 127 | 跨高铁 800 米半径 PC 连续箱梁顶推施工关键技术 | 中国铁路工程集团有限公司科学技术奖二等奖 | 中铁三局集团有限公司<br>中铁三局集团广东建设工程有限公司 |
| 128 | 富水软弱地层近接叠交隧道与小净距下穿有压给水管道关键技术研究 | 中国铁路工程集团有限公司科学技术奖二等奖 | 中铁上海工程局集团有限公司<br>苏州市轨道交通集团有限公司 |
| 129 | 跨高速公路刚架系杆拱钢箱连续梁组合桥关键施工技术 | 中国铁路工程集团有限公司科学技术奖二等奖 | 中铁二局集团有限公司<br>中铁二局第五工程有限公司 |
| 130 | 北方寒冷地区混凝土桥梁下部结构装配式关键技术研究 | 中国铁路工程集团有限公司科学技术奖二等奖 | 中铁上海工程局集团有限公司<br>中铁上海工程局集团第四工程有限公司<br>沈阳建筑大学 |
| 131 | 高速铁路 CRTS Ⅲ型板式无砟轨道综合信息管理平台 | 中国铁路工程集团有限公司科学技术奖二等奖 | 中国铁路设计集团有限公司 |
| 132 | 利用 GNSS 进行三等水准测量 | 中国铁路工程集团有限公司科学技术奖二等奖 | 中铁二局集团有限公司<br>中铁二局第四工程有限公司<br>西南石油大学 |
| 133 | 综合管廊全断面智能建造关键技术研究 | 中国铁路工程集团有限公司科学技术奖二等奖 | 中国铁工投资建设集团有限公司<br>中铁上海工程局集团有限公司 |
| 134 | 石济客专对京沪高铁影响的研究 | 中国铁路工程集团有限公司科学技术奖二等奖 | 中国铁路设计集团有限公司 |
| 135 | 铁路场站段健康声环境辨识监测预警技术 | 中国铁路工程集团有限公司科学技术奖二等奖 | 中国铁路设计集团有限公司 |
| 136 | 沿江陡崖地形四柱高墩快速施工技术研究 | 中国铁路工程集团有限公司科学技术奖二等奖 | 中铁五局集团有限公司<br>中铁五局集团第四工程有限责任公司 |
| 137 | 铁路自然灾害及异物侵限监测系统组态软件研究 | 中国铁路工程集团有限公司科学技术奖二等奖 | 中铁电气化局集团有限公司 |
| 138 | 红黏土弱膨胀地层大断面隧道关键技术研究 | 中国铁路工程集团有限公司科学技术奖二等奖 | 中铁隧道局集团有限公司<br>中铁隧道集团二处有限公司 |
| 139 | 突变超大断面高瓦斯隧道施工技术研究 | 中国铁路工程集团有限公司科学技术奖二等奖 | 中铁五局集团有限公司<br>中铁五局集团成都工程有限责任公司 |
| 140 | 铁路隧道衬砌质量检测技术深化研究 | 中国铁路工程集团有限公司科学技术奖二等奖 | 中铁西南科学研究院有限公司<br>成都畅达通检测技术股份有限公司 |
| 141 | 隧道衬砌信息化与机械化高效施工技术 | 中国铁路工程集团有限公司科学技术奖二等奖 | 中铁三局集团有限公司<br>中铁三局集团第五工程有限公司 |

续表

| 序号 | 项目名称 | 获奖等级 | 完成单位 |
|---|---|---|---|
| 142 | 深圳繁华滨海地区富水砂卵石软弱地层地铁综合修建技术 | 中国铁路工程集团有限公司科学技术奖二等奖 | 中铁南方投资集团有限公司<br>中南大学<br>中铁四局集团有限公司 |
| 143 | 高速铁路 CRTS Ⅲ型无砟轨道板矩阵式台座法预制关键技术研究 | 中国铁路工程集团有限公司科学技术奖二等奖 | 中铁四局集团有限公司<br>中铁四局集团第一工程有限公司 |
| 144 | 大型弧形高边坡预裂爆破设计与施工技术 | 中国铁路工程集团有限公司科学技术奖二等奖 | 中铁广州工程局集团有限公司<br>中铁广州工程局集团港航工程有限公司 |

制表：刘建廷　李永全

**表 9-5　中国中铁获 2020 年度省部级工法目录**

| 序号 | 工法名称 | 开发单位 | 认定机构 |
|---|---|---|---|
| 1 | 采用惯导小车 +GNSS 系统测量铁路轨道施工工法 | 中铁一局集团有限公司 | 中国中铁股份有限公司 |
| 2 | 集义隧道小断面超深通风竖井反钻法施工工法 | 中铁一局集团有限公司 | 中国中铁股份有限公司 |
| 3 | 无人机 +BIM 技术快速建立环境模型应用工法 | 中铁一局集团有限公司 | 中国中铁股份有限公司 |
| 4 | 群桩托换预支顶与顶升施工工法 | 中铁一局集团有限公司 | 中国中铁股份有限公司 |
| 5 | 浅埋暗挖地铁车站复杂地层平顶管幕支护施工工法 | 中铁一局集团有限公司 | 中国公路建设行业协会 |
| 6 | 一种斜拉桥 H 形预应力混凝土索塔综合施工工法 | 中铁一局集团有限公司 | 中国公路建设行业协会 |
| 7 | 大悬臂轻型薄壁全体外预应力节段梁短线匹配预制及下行式桥机拼装工法 | 中铁一局集团有限公司 | 中国公路建设行业协会 |
| 8 | 独塔斜拉桥塔梁索同步施工工法 | 中铁一局集团有限公司 | 中国公路建设行业协会 |
| 9 | 基于三维精控测量的节段箱梁预制施工工法 | 中铁一局集团有限公司 | 陕西省住房和城乡建设厅 |
| 10 | 自锚式悬索桥主缆架设施工工法 | 中铁一局集团有限公司 | 陕西省住房和城乡建设厅 |
| 11 | CRTS- Ⅲ型板式无砟轨道底座板混凝土一体成型机施工工法 | 中铁一局集团有限公司 | 陕西省住房和城乡建设厅 |
| 12 | 大悬臂轻型薄壁全体外预应力节段梁短线匹配预制及下行式桥机拼装工法 | 中铁一局集团有限公司 | 陕西省住房和城乡建设厅 |
| 13 | 一种斜拉桥 H 型预应力混凝土索塔综合施工工法 | 中铁一局集团有限公司 | 陕西省住房和城乡建设厅 |
| 14 | 双塔式缆索吊机安装施工工法 | 中铁一局集团有限公司 | 陕西省住房和城乡建设厅 |
| 15 | 独塔斜拉桥塔梁索同步施工工法 | 中铁一局集团有限公司 | 陕西省住房和城乡建设厅 |
| 16 | 自制可收缩提升式脚手架施工变截面空心墩施工工法 | 中铁一局集团有限公司 | 陕西省住房和城乡建设厅 |
| 17 | 浅埋暗挖地铁车站复杂地层平顶管幕支护施工工法 | 中铁一局集团有限公司 | 陕西省住房和城乡建设厅 |
| 18 | 地铁盾构区间预埋滑槽管片 C 型钢支架配管施工工法 | 中铁一局集团有限公司 | 陕西省住房和城乡建设厅 |
| 19 | 城市轨道交通均回流系统施工工法 | 中铁一局集团有限公司 | 陕西省住房和城乡建设厅 |
| 20 | 城市轨道交通接触网连续检测施工工法 | 中铁一局集团有限公司 | 陕西省住房和城乡建设厅 |
| 21 | 铁路 D 便梁轨道平车转移工法 | 中铁二局集团第二工程有限公司 | 四川省住房和城乡建设厅 |
| 22 | 严重大变形隧道近圆形断面双层钢架长锚杆联合支护施工工法 | 中铁二局集团第二工程有限公司 | 四川省住房和城乡建设厅 |
| 23 | 钻孔灌注桩成桩后桩间夹层处理施工工法 | 中铁二局集团第六工程有限公司 | 四川省住房和城乡建设厅 |
| 24 | 现浇简支箱梁底模及贝雷梁整体拆除施工工法 | 中铁二局集团第六工程有限公司 | 四川省住房和城乡建设厅 |
| 25 | 地下四层深基坑盖挖逆作施工工法 | 中铁二局集团第六工程有限公司 | 四川省住房和城乡建设厅 |
| 26 | 大风地区高速铁路路基挡风墙施工工法 | 中铁二局集团第六工程有限公司 | 四川省住房和城乡建设厅 |
| 27 | 大风地区高速铁路桥梁挡风屏施工工法 | 中铁二局集团第六工程有限公司 | 四川省住房和城乡建设厅 |

续表

| 序号 | 工法名称 | 开发单位 | 认定机构 |
|---|---|---|---|
| 28 | 梁上预制箱梁施工工法 | 中铁二局集团第四工程有限公司 | 四川省住房和城乡建设厅 |
| 29 | 大坡度、多角度钢筋混凝土斜屋面结构施工工法 | 中铁二局集团第四工程有限公司 | 四川省住房和城乡建设厅 |
| 30 | 城市地铁深基坑施工既有高架桥保护施工工法 | 中铁二局集团第四工程有限公司 | 四川省住房和城乡建设厅 |
| 31 | 城市轨道交通自动售检票系统防水线槽施工工法 | 中铁二局集团电务工程有限公司 | 四川省住房和城乡建设厅 |
| 32 | 地质疏松条件下抗台风高杆灯安装工法 | 中铁二局集团电务工程有限公司 | 四川省住房和城乡建设厅 |
| 33 | 地铁隧道无轨区段电缆支架定测工法 | 中铁二局集团电务工程有限公司 | 四川省住房和城乡建设厅 |
| 34 | 三轴搅拌桩内设置微型钢管桩基坑支护施工工法 | 中铁二局集团建筑有限公司 | 四川省住房和城乡建设厅 |
| 35 | 城市轨道U形槽板式无砟道床轨道板铺设施工工法 | 中铁二局集团新运工程有限公司 | 四川省住房和城乡建设厅 |
| 36 | 盾构区间孤石地面爆破施工工法 | 中铁二局集团有限公司 | 四川省住房和城乡建设厅 |
| 37 | 单护盾双模式TBM模式转换施工工法 | 中铁二局集团有限公司 | 四川省住房和城乡建设厅 |
| 38 | 过渡节辅助格构立柱定位施工工法 | 中铁二局集团有限公司 | 四川省住房和城乡建设厅 |
| 39 | 基坑围护结构中深埋电缆管线拨移施工工法 | 中铁二局集团有限公司 | 四川省住房和城乡建设厅 |
| 40 | 渠式切割深层搅拌地下水泥土连续墙施工工法 | 中铁二局集团有限公司 | 四川省住房和城乡建设厅 |
| 41 | 公路预制梁装配式钢结构制梁台座施工工法 | 中铁二局集团有限公司 | 四川省住房和城乡建设厅 |
| 42 | 钢板桩射水助沉施工工法 | 中铁二局集团有限公司 | 四川省住房和城乡建设厅 |
| 43 | 城市高架桥下低净空钻孔灌注桩施工工法 | 中铁二局集团有限公司 | 四川省住房和城乡建设厅 |
| 44 | TBM隧道高埋深高渗水区域地下水封堵引流施工工法 | 中铁二局集团有限公司 | 四川省住房和城乡建设厅 |
| 45 | TBM洞内运输施工工法 | 中铁二局集团有限公司 | 四川省住房和城乡建设厅 |
| 46 | 双护盾TBM超前钻孔地质预报及超前地质加固施工工法 | 中铁二局集团有限公司 | 四川省住房和城乡建设厅 |
| 47 | 大型地下储备库水幕质量物探法检测施工工法 | 中铁二局集团有限公司 | 四川省住房和城乡建设厅 |
| 48 | 黄河滩涂区粉细砂层地质长大桩基施工工法 | 中铁二局集团有限公司 | 四川省住房和城乡建设厅 |
| 49 | 高地温隧道综合降温施工工法 | 中铁二局集团有限公司 | 四川省住房和城乡建设厅 |
| 50 | 利用GNSS静态测量技术进行三等水准测量工法 | 中铁二局集团有限公司 | 四川省住房和城乡建设厅 |
| 51 | 公路隧道二次衬砌带模注浆施工工法 | 中铁二局集团有限公司 | 四川省住房和城乡建设厅 |
| 52 | 高地应力偏压软岩大变形隧道施工工法 | 中铁二局集团有限公司 | 四川省住房和城乡建设厅 |
| 53 | 地下连续墙“大”吨位钢筋笼整体制安施工工法 | 中铁二局集团有限公司 | 四川省住房和城乡建设厅 |
| 54 | 无落地式钢结构塔吊基础施工工法 | 中铁二局集团有限公司 | 四川省住房和城乡建设厅 |
| 55 | 隧道洞内控制测量虚拟双导线测量工法 | 中铁二局集团有限公司 | 四川省住房和城乡建设厅 |
| 56 | 大面积可独立拆装式搪瓷钢板安装施工工法 | 中铁二局集团装饰装修工程有限公司 | 四川省住房和城乡建设厅 |
| 57 | 现浇混凝土植草格地面停车位施工工法 | 中铁二局集团装饰装修工程有限公司 | 四川省住房和城乡建设厅 |
| 58 | 新型发泡陶瓷保温轻质墙体施工工法 | 中铁二局集团装饰装修工程有限公司 | 四川省住房和城乡建设厅 |
| 59 | 大型模块式恒温恒湿展柜施工工法 | 中铁二局集团装饰装修工程有限公司 | 四川省住房和城乡建设厅 |
| 60 | 大型承重式多用途活动展墙施工工法 | 中铁二局集团装饰装修工程有限公司 | 四川省住房和城乡建设厅 |
| 61 | 周边建筑物变形监测施工工法 | 中铁二局集团第一工程有限公司 | 贵州省住房和城乡建设厅 |
| 62 | 半开口椭圆球面网壳主桁架制安施工工法 | 中铁二局集团第一工程有限公司 | 四川省住房和城乡建设厅 |
| 63 | 半开口椭圆球面网壳制安施工工法 | 中铁二局集团第一工程有限公司 | 贵州省住房和城乡建设厅 |
| 64 | 温泉水处理循环系统施工工法 | 中铁二局集团第一工程有限公司 | 贵州省住房和城乡建设厅 |
| 65 | 南方地区地源热泵双U形垂直埋管施工工法 | 中铁二局集团第一工程有限公司 | 贵州省住房和城乡建设厅 |
| 66 | 房建工程特殊部位三角托架悬挑外架施工工法 | 中铁二局集团第一工程有限公司 | 贵州省住房和城乡建设厅 |
| 67 | 房建工程剪力墙法兰盘后锚外架施工工法 | 中铁二局集团第一工程有限公司 | 贵州省住房和城乡建设厅 |

续表

| 序号 | 工法名称 | 开发单位 | 认定机构 |
|---|---|---|---|
| 68 | 三维激光扫描隧道断面施工工法 | 中铁二局集团第一工程有限公司 | 贵州省住房和城乡建设厅 |
| 69 | 大变形隧道三台阶快速封闭施工工法 | 中铁二局集团第一工程有限公司 | 贵州省住房和城乡建设厅 |
| 70 | 高墩盖梁轻型三角托架施工工法 | 中铁二局集团第一工程有限公司 | 贵州省住房和城乡建设厅 |
| 71 | 隧道拱部增加塑料排水板预防衬砌脱空施工工法 | 中铁二局集团第一工程有限公司 | 贵州省住房和城乡建设厅 |
| 72 | 生态袋边坡防护施工工法 | 中铁二局集团第一工程有限公司 | 贵州省住房和城乡建设厅 |
| 73 | 隧道工程水沟电缆槽液压凿毛设备凿毛施工工法 | 中铁二局集团第一工程有限公司 | 贵州省住房和城乡建设厅 |
| 74 | 城区地下工程废弃泥浆回收处理利用施工工法 | 中铁二局集团第一工程有限公司 | 贵州省住房和城乡建设厅 |
| 75 | 高温多雨条件下大型车站软基施工质量控制施工工法 | 中铁二局集团第一工程有限公司 | 贵州省住房和城乡建设厅 |
| 76 | 富水软土复杂地质条件下采用支撑墙架设D型便梁加固线路施工工法 | 中铁二局集团第一工程有限公司 | 贵州省住房和城乡建设厅 |
| 77 | 城区复杂环境车行盖板体系转换施工工法 | 中铁二局集团第一工程有限公司 | 贵州省住房和城乡建设厅 |
| 78 | 地铁车站坑中坑组合支撑结构加固开挖工法 | 中铁二局集团第一工程有限公司 | 贵州省住房和城乡建设厅 |
| 79 | 抗拔桩钢筋套笼成桩施工工法 | 中铁二局集团第一工程有限公司 | 贵州省住房和城乡建设厅 |
| 80 | 后插钢筋笼压入混凝土成桩施工工法 | 中铁二局集团第一工程有限公司 | 贵州省住房和城乡建设厅 |
| 81 | 边坡防护预制构件排水孔施工工法 | 中铁二局集团第一工程有限公司 | 贵州省住房和城乡建设厅 |
| 82 | 滇西北高原高寒地区铁路绿色工程植被恢复施工工法 | 中铁二局集团第一工程有限公司 | 贵州省住房和城乡建设厅 |
| 83 | 中洞法施工暗挖地铁车站顶纵梁抱箍法施工工法 | 中铁二局集团有限公司<br>中铁二局集团第二工程有限公司 | 中国公路建设行业协会 |
| 84 | 长距离海底隧道单护盾双模式TBM模式转换施工工法 | 中铁二局集团有限公司 | 中国公路建设行业协会 |
| 85 | 下承式倒三角梳型钢管拱肋节段支架安装工法 | 中铁二局集团有限公司<br>中铁二局集团第二工程有限公司 | 中国公路建设行业协会 |
| 86 | 高速铁路40米简支箱梁预制施工工法 | 中铁二局集团有限公司<br>中铁二局集团新运工程有限公司 | 中国中铁股份有限公司 |
| 87 | 中洞法施工暗挖地铁车站顶纵梁抱箍法施工工法 | 中铁二局集团有限公司<br>中铁二局集团第二工程有限公司 | 中国中铁股份有限公司 |
| 88 | 高地温隧道综合降温施工工法 | 中铁二局集团有限公司<br>中铁二局集团第四工程有限公司 | 中国中铁股份有限公司 |
| 89 | 城市高架轨道声屏障安装操作平台工装施工工法 | 中铁二局集团有限公司<br>中铁二局集团新运工程有限公司 | 中国中铁股份有限公司 |
| 90 | 超高层构件式幕墙小单元钢龙骨施工工法 | 中铁二局集团有限公司<br>中铁二局集团装饰装修工程有限公司 | 中国中铁股份有限公司 |
| 91 | 隧道洞内控制测量虚拟双导线测量工法 | 中铁二局集团有限公司 | 中国中铁股份有限公司 |
| 92 | 天然火山角砾用于铁路底渣施工工法 | 中铁二局集团有限公司<br>中铁二局第六工程有限公司 | 中国中铁股份有限公司 |
| 93 | 超深超厚地连墙两钻一抓施工工法 | 中铁二局集团有限公司 | 中国中铁股份有限公司 |
| 94 | 架桥机拆除上跨繁忙高速公路混凝土连续梁施工工法 | 中铁二局集团有限公司<br>中铁二局第六工程有限公司 | 中国中铁股份有限公司 |
| 95 | 城市轨道U形槽板式无砟道床轨道板铺设施工工法 | 中铁二局集团有限公司<br>中铁二局集团新运工程有限公司 | 中国中铁股份有限公司 |
| 96 | 梁端锚穴封锚施工工法 | 中铁三局集团有限公司 | 国家铁路局 |
| 97 | 基于BIM的H形百米索塔快速施工工法 | 中铁三局集团有限公司 | 国家铁路局 |
| 98 | 膨胀土高路堑边坡加筋土反压施工工法 | 中铁三局集团有限公司 | 国家铁路局 |
| 99 | 64米简支箱梁节段预制拼装施工工法 | 中铁三局集团有限公司 | 国家铁路局 |
| 100 | 邻近既有线水中嵌岩承台施工工法 | 中铁三局集团有限公司 | 国家铁路局 |
| 101 | 可拆拼式大变径衬砌台车施工工法 | 中铁三局集团有限公司 | 国家铁路局 |

续表

| 序号 | 工法名称 | 开发单位 | 认定机构 |
| --- | --- | --- | --- |
| 102 | 高架桥墩顶现浇梁模块支架施工工法 | 中铁三局集团有限公司 | 国家铁路局 |
| 103 | 基于 BIM 技术的高速铁路室内设备安装及配线施工工法 | 中铁三局集团有限公司 | 国家铁路局 |
| 104 | CRTS Ⅲ型轨道板流水机组法智能制造施工工法 | 中铁三局集团有限公司 | 国家铁路局 |
| 105 | 提高细骨料含泥量检测效率和准确度工法 | 中铁三局集团有限公司 | 国家铁路局 |
| 106 | 基于信息化技术的隧道衬砌施工工法 | 中铁三局集团有限公司 | 国家铁路局 |
| 107 | 新型下承式挂篮悬灌施工工法 | 中铁三局集团有限公司 | 国家铁路局 |
| 108 | 路基边坡拱架基槽机械开挖施工工法 | 中铁三局集团有限公司 | 国家铁路局 |
| 109 | 基于精确定位的桥梁下部结构高效施工工法 | 中铁三局集团有限公司<br>中铁三局集团第五工程有限公司 | 中国公路建设行业协会 |
| 110 | 富水砂层软土地层盾构多次近距离穿越河道施工工法 | 中铁三局集团有限公司<br>中铁三局集团桥隧工程有限公司 | 中国公路建设行业协会 |
| 111 | 明挖隧道小净距叠落盾构区间同步施工工法 | 中铁三局集团有限公司<br>中铁三局集团第五工程有限公司 | 中国公路建设行业协会 |
| 112 | 浅埋暗挖隧道分体式组合台车二衬施工工法 | 中铁三局集团有限公司<br>中铁三局集团第五工程有限公司 | 中国公路建设行业协会 |
| 113 | 叠合既有涵洞地铁出入线 U 形槽施工工法 | 中铁三局集团有限公司<br>中铁三局集团第五工程有限公司 | 中国公路建设行业协会 |
| 114 | 狭小空间下出入线与车站出入口并建施工工法 | 中铁三局集团有限公司<br>中铁三局集团第五工程有限公司 | 中国公路建设行业协会 |
| 115 | 基于快速精确定位的铁路声屏障施工工法 | 中铁三局集团有限公司<br>中铁三局集团第五工程有限公司 | 中国公路建设行业协会 |
| 116 | 大跨度倾斜式主辅拱肋钢箱拱桥安装施工工法 | 中铁三局集团有限公司<br>中铁三局集团有限公司运输工程分公司 | 中国公路建设行业协会 |
| 117 | 钢箱梁数字化预制加工施工工法 | 中铁三局集团有限公司<br>中铁三局集团有限公司运输工程分公司 | 中国公路建设行业协会 |
| 118 | 短线法节段梁预制施工工法 | 中铁三局集团广东建设工程有限公司 | 广东省住房和城乡建设厅 |
| 119 | 先后张预应力结合 U 形梁预制施工工法 | 中铁三局集团广东建设工程有限公司 | 广东省住房和城乡建设厅 |
| 120 | 基于型钢模架盾构始发施工工法 | 中铁三局集团广东建设工程有限公司 | 广东省住房和城乡建设厅 |
| 121 | 富水砂层地区降水井快速施工工法 | 中铁三局集团广东建设工程有限公司 | 广东省住房和城乡建设厅 |
| 122 | 盾构长距离穿越全断面干燥砂卵石地层渣土改良施工工法 | 中铁三局集团第二工程有限公司 | 河北省住房和城乡建设厅 |
| 123 | 盾构空推通过风井施工工法 | 中铁三局集团第二工程有限公司 | 河北省住房和城乡建设厅 |
| 124 | 紧邻高层建筑石灰岩地层基坑 $CO_2$ 爆破施工工法 | 中铁三局集团第五工程有限公司 | 山东省住房和城乡建设厅 |
| 125 | 可拆拼式大变径衬砌台车施工工法 | 中铁三局集团有限公司 | 中国中铁股份有限公司 |
| 126 | 浅埋矩形出入口通道快速施工工法 | 中铁三局集团有限公司 | 中国中铁股份有限公司 |
| 127 | 高铁桥梁遮板精准预制整修安装施工工法 | 中铁三局集团有限公司 | 中国中铁股份有限公司 |
| 128 | 湿喷机械手混凝土质量控制施工工法 | 中铁三局集团有限公司 | 中国中铁股份有限公司 |
| 129 | 拼接式螺旋钢桩带浆钻进施工工法 | 中铁三局集团有限公司 | 中国中铁股份有限公司 |
| 130 | 高铁站房营业线施工防护棚施工工法 | 中铁三局集团有限公司 | 中国中铁股份有限公司 |
| 131 | 近海富水砂层大跨度地铁暗挖车站注浆加固施工工法 | 中铁三局集团有限公司 | 中国中铁股份有限公司 |
| 132 | 富水砂层盾构下穿迎泽湖单孔石拱桥施工工法 | 中铁三局集团有限公司 | 中国中铁股份有限公司 |
| 133 | 高架桥墩顶现浇梁模块支架施工工法 | 中铁三局集团有限公司 | 中国中铁股份有限公司 |
| 134 | 富水粉砂地层地下连续墙质量控制施工工法 | 中铁三局集团有限公司 | 中国中铁股份有限公司 |
| 135 | 富水砂层地质条件下盾构始发施工工法 | 中铁三局集团有限公司 | 中国中铁股份有限公司 |
| 136 | 富水易液化砂层盾构近距离下穿既有铁路控制施工工法 | 中铁三局集团有限公司 | 中国中铁股份有限公司 |

续表

| 序号 | 工法名称 | 开发单位 | 认定机构 |
|---|---|---|---|
| 137 | 基于信息化技术的隧道衬砌施工工法 | 中铁三局集团有限公司 | 中国中铁股份有限公司 |
| 138 | CRTS Ⅲ型轨道板流水机组法智能制造施工工法 | 中铁三局集团有限公司 | 中国中铁股份有限公司 |
| 139 | 基于 BIM 技术的高速铁路室内设备安装及配线施工工法 | 中铁三局集团有限公司 | 中国中铁股份有限公司 |
| 140 | 多点交会法竖井联系测量工法 | 中铁四局集团有限公司 | 中国中铁股份有限公司 |
| 141 | 铁路单线高瓦斯特长隧道施工工法 | 中铁四局集团有限公司 | 中国中铁股份有限公司 |
| 142 | 深水大型钢围堰雪橇板下水单拖单绑浮运安装工法 | 中铁四局集团有限公司 | 中国中铁股份有限公司 |
| 143 | 高速铁路路基帮宽泡沫轻质土路基施工工法 | 中铁四局集团有限公司 | 中国中铁股份有限公司 |
| 144 | 高速铁路路基碎石注浆桩施工工法 | 中铁四局集团有限公司 | 中国中铁股份有限公司 |
| 145 | 重载铁路风沙路基施工工法 | 中铁四局集团有限公司 | 中国中铁股份有限公司 |
| 146 | 隧道掌子面开挖线智能定位测量工法 | 中铁四局集团有限公司 | 中国中铁股份有限公司 |
| 147 | CRTS Ⅲ型无砟轨道板关键尺寸快速检测施工工法 | 中铁四局集团有限公司 | 中国中铁股份有限公司 |
| 148 | 邻近营业线单线隧道悬臂掘进机施工工法 | 中铁四局集团有限公司 | 中国中铁股份有限公司 |
| 149 | 跨座式单轨 PC 轨道梁预制施工工法 | 中铁四局集团有限公司 | 中国中铁股份有限公司 |
| 150 | 地铁 T 形换乘节点坑中坑半铺盖施工工法 | 中铁四局集团有限公司 | 中国中铁股份有限公司 |
| 151 | 大跨度空间桁架结构累积滑移及整体异步落架施工工法 | 中铁四局集团有限公司 | 中国中铁股份有限公司 |
| 152 | 波形钢腹板 PC 组合箱梁悬臂浇筑腹板超前安装施工工法 | 中铁四局集团有限公司 | 中国中铁股份有限公司 |
| 153 | 单线并入多线 JQ550 运架设备架设单线箱梁施工工法 | 中铁四局集团有限公司 | 中国中铁股份有限公司 |
| 154 | 胶轮路轨枢轴道岔铺设施工工法 | 中铁四局集团有限公司 | 中国中铁股份有限公司 |
| 155 | 胶轮路轨转盘道岔铺设施工工法 | 中铁四局集团有限公司 | 中国中铁股份有限公司 |
| 156 | 框架柱钢筋笼整体吊装快速定位施工工法 | 中铁四局集团有限公司 | 中国中铁股份有限公司 |
| 157 | 城市地铁风化岩层超大断面隧道半包式竖井转正洞施工工法 | 中铁四局集团有限公司 | 中国中铁股份有限公司 |
| 158 | 地下管廊整体移动式模板支架体系施工工法 | 中铁四局集团有限公司 | 中国中铁股份有限公司 |
| 159 | 地下室外墙无贯穿拉杆模板支设施工工法 | 中铁四局集团有限公司 | 中国中铁股份有限公司 |
| 160 | 透水性混凝土广场施工工法 | 中铁四局集团有限公司 | 中国中铁股份有限公司 |
| 161 | 新型保温现浇混凝土外墙一体化施工工法 | 中铁四局集团有限公司 | 中国中铁股份有限公司 |
| 162 | 超长混凝土结构缓粘结预应力施工工法 | 中铁四局集团有限公司 | 中国中铁股份有限公司 |
| 163 | 智能全站仪协同 BIM 技术工程测量施工工法 | 中铁四局集团有限公司 | 中国中铁股份有限公司 |
| 164 | 新型清水陶土砖幕墙施工工法 | 中铁四局集团有限公司 | 中国中铁股份有限公司 |
| 165 | 高速铁路大断面黄土隧道高上台阶拉中槽开挖工法 | 中铁四局集团有限公司 | 中国中铁股份有限公司 |
| 166 | 干热、大温差地区超大斜面试车场沥青路面施工工法 | 中铁四局集团有限公司 | 中国中铁股份有限公司 |
| 167 | CRTS Ⅲ型板式无砟轨道铺轨前测量机器人测量工法 | 中铁四局集团有限公司 | 中国中铁股份有限公司 |
| 168 | 通航河道钢箱滑道梁安拆施工工法 | 中铁四局集团有限公司 | 中国中铁股份有限公司 |
| 169 | 变截面侧墙无内拉杆单侧斜撑模板体系施工工法 | 中铁四局集团有限公司 | 中国中铁股份有限公司 |
| 170 | 基于复杂环境下深水单层超长钢板桩围堰施工工法 | 中铁四局集团有限公司 | 中国中铁股份有限公司 |
| 171 | 盾构近距离下穿敏感建（构）筑物中盾同步注浆施工工法 | 中铁四局集团有限公司 | 中国中铁股份有限公司 |

续表

| 序号 | 工法名称 | 开发单位 | 认定机构 |
|---|---|---|---|
| 172 | 城镇综合管廊火灾自动报警系统设备安装调试工法 | 中铁四局集团有限公司 | 中国中铁股份有限公司 |
| 173 | 连续钢桁梁斜拉桥快速精确合龙施工工法 | 中铁四局集团有限公司 | 中国中铁股份有限公司 |
| 174 | 城镇综合管廊监控中心系统平台调试工法 | 中铁四局集团有限公司 | 中国中铁股份有限公司 |
| 175 | 大断面山岭隧道马蹄形盾构路堑明洞始发施工工法 | 中铁四局集团有限公司 | 中国中铁股份有限公司 |
| 176 | 大断面马蹄形盾构多曲率管片拼装施工工法 | 中铁四局集团有限公司 | 中国中铁股份有限公司 |
| 177 | 小半径隧道盾构皮带运输机改装施工工法 | 中铁四局集团有限公司 | 中国中铁股份有限公司 |
| 178 | 密实砂卵石地层钢管桩振动锤击快速插打施工工法 | 中铁四局集团有限公司 | 安徽省住房和城乡建设厅 |
| 179 | 深水软岩地层基坑旋挖冲击开挖施工工法 | 中铁四局集团有限公司 | 安徽省住房和城乡建设厅 |
| 180 | 基于复杂环境下深水单层超长钢板桩围堰施工工法 | 中铁四局集团有限公司 | 安徽省住房和城乡建设厅 |
| 181 | 铁路单线高瓦斯特长隧道施工工法 | 中铁四局集团有限公司 | 安徽省住房和城乡建设厅 |
| 182 | 超长混凝土结构缓粘结预应力施工工法 | 中铁四局集团有限公司 | 安徽省住房和城乡建设厅 |
| 183 | 新型保温现浇混凝土外墙一体化施工工法 | 中铁四局集团有限公司 | 安徽省住房和城乡建设厅 |
| 184 | 新型清水陶土砖幕墙施工工法 | 中铁四局集团有限公司 | 安徽省住房和城乡建设厅 |
| 185 | 城市地铁风化岩层超大断面隧道半包式竖井转正洞施工工法 | 中铁四局集团有限公司 | 安徽省住房和城乡建设厅 |
| 186 | 城镇综合管廊环境与设备监控系统安装调试工法 | 中铁四局集团有限公司 | 安徽省住房和城乡建设厅 |
| 187 | 城镇综合管廊安全防范系统设备安装调试工法 | 中铁四局集团有限公司 | 安徽省住房和城乡建设厅 |
| 188 | 高速公路卵石堆积地层隧道施工工法 | 中铁四局集团有限公司 | 安徽省住房和城乡建设厅 |
| 189 | 超宽 V 形刚构箱梁桥转体施工工法 | 中铁四局集团有限公司 | 安徽省住房和城乡建设厅 |
| 190 | 浅埋暗挖大断面黄土隧道下穿建（构）筑物变形控制施工工法 | 中铁四局集团有限公司 | 安徽省住房和城乡建设厅 |
| 191 | 长短线结合简支箱梁节段预制施工工法 | 中铁四局集团有限公司 | 安徽省住房和城乡建设厅 |
| 192 | 高速铁路预制节段简支箱梁胶拼架设施工工法 | 中铁四局集团有限公司 | 安徽省住房和城乡建设厅 |
| 193 | 系杆拱桥吊杆测控一体化施工工法 | 中铁四局集团有限公司 | 安徽省住房和城乡建设厅 |
| 194 | 大断面山岭隧道马蹄形盾构路堑明洞始发施工工法 | 中铁四局集团有限公司 | 安徽省住房和城乡建设厅 |
| 195 | 大断面马蹄形盾构多曲率管片拼装施工工法 | 中铁四局集团有限公司 | 安徽省住房和城乡建设厅 |
| 196 | 盾构机密闭狭小空间内模块式解体施工工法 | 中铁四局集团有限公司 | 安徽省住房和城乡建设厅 |
| 197 | 盾构安全快速穿越临江超深风井施工工法 | 中铁四局集团有限公司 | 安徽省住房和城乡建设厅 |
| 198 | 越江盾构法隧道沼气释放施工工法 | 中铁四局集团有限公司 | 安徽省住房和城乡建设厅 |
| 199 | 宽幅钢箱梁匹配拼装分节段拖拉安装施工工法 | 中铁四局集团有限公司 | 安徽省住房和城乡建设厅 |
| 200 | 砂夹淤泥地层高压旋喷预应力锚杆施工工法 | 中铁四局集团有限公司 | 安徽省住房和城乡建设厅 |
| 201 | 地铁隧道内预制轨道板道床施工工法 | 中铁四局集团有限公司 | 安徽省住房和城乡建设厅 |
| 202 | 运架分离式过隧架桥机特殊工况下架设双线箱梁施工工法 | 中铁四局集团有限公司 | 安徽省住房和城乡建设厅 |
| 203 | 连续钢桁斜拉桥跨中快速精确合龙施工工法 | 中铁四局集团有限公司 | 安徽省住房和城乡建设厅 |
| 204 | 不锈钢复合桥面板无码组拼工法 | 中铁四局集团有限公司 | 安徽省住房和城乡建设厅 |
| 205 | 大跨度空间桁架结构累积滑移及整体异步落架施工工法 | 中铁四局集团有限公司 | 安徽省住房和城乡建设厅 |
| 206 | 干热、大温差地区超大斜面试车场沥青路面施工工法 | 中铁四局集团有限公司 | 中国公路建设行业协会 |
| 207 | 大断面山岭隧道马蹄形盾构路堑端翼墙接收施工工法 | 中铁四局集团有限公司 | 中国公路建设行业协会 |

科技创新

续表

| 序号 | 工法名称 | 开发单位 | 认定机构 |
|---|---|---|---|
| 208 | 高墩大体积连续梁 0 号段反力架预压施工工法 | 中铁五局集团第一工程有限责任公司 | 湖南省住房和城乡建设厅 |
| 209 | 基于 BIM 技术的连续梁 0 号块多孔振捣施工工法 | 中铁五局集团第一工程有限责任公司 | 湖南省住房和城乡建设厅 |
| 210 | 高墩爬模内模体系整体提升工法 | 中铁五局集团第一工程有限责任公司 | 湖南省住房和城乡建设厅 |
| 211 | 高海拔冰积层隧道施工工法 | 中铁五局集团第一工程有限责任公司 | 湖南省住房和城乡建设厅 |
| 212 | 高海拔大变形地段隧道施工工法 | 中铁五局集团第一工程有限责任公司 | 湖南省住房和城乡建设厅 |
| 213 | 水利隧道岩溶地段斜井施工工法 | 中铁五局集团第一工程有限责任公司 | 湖南省住房和城乡建设厅 |
| 214 | 复杂环境条件下 64 米箱 T 梁现浇施工工法 | 中铁五局集团第一工程有限责任公司 | 湖南省住房和城乡建设厅 |
| 215 | 隧道微台阶施工工法 | 中铁五局集团第一工程有限责任公司 | 湖南省住房和城乡建设厅 |
| 216 | 复杂环境下地铁隧道微震控制爆破施工工法 | 中铁五局集团第一工程有限责任公司 | 湖南省住房和城乡建设厅 |
| 217 | 深水江中水下沟槽控制爆破施工工法 | 中铁五局集团第二工程有限责任公司 | 湖南省住房和城乡建设厅 |
| 218 | 深水急流河床内钢结构挡水墙施工工法 | 中铁五局集团第二工程有限责任公司 | 湖南省住房和城乡建设厅 |
| 219 | 超深大跨径取水泵房屋顶支架现浇施工工法 | 中铁五局集团第二工程有限责任公司 | 湖南省住房和城乡建设厅 |
| 220 | 隧道二衬混凝土浇筑液位监视器施工工法 | 中铁五局集团第二工程有限责任公司 | 湖南省住房和城乡建设厅 |
| 221 | 现浇连续梁竖向无粘结预应力筋施工工法 | 中铁五局集团第二工程有限责任公司 | 湖南省住房和城乡建设厅 |
| 222 | 双线下承式钢桁结合梁拼装施工工法 | 中铁五局集团第二工程有限责任公司 | 湖南省住房和城乡建设厅 |
| 223 | 宽幅连续箱梁悬臂灌注多片主桁架挂篮同步移动施工工法 | 中铁五局集团第二工程有限责任公司 | 湖南省住房和城乡建设厅 |
| 224 | 隧道锚杆钻注安一体式台车法施工工法 | 中铁五局集团第五工程有限责任公司 | 湖南省住房和城乡建设厅 |
| [illegible] | [illegible] | 中铁五局集团第五工程有限责任公司 | 湖南省住房和城乡建设厅 |
| 226 | 浅埋偏压特大水工隧洞开挖及预衬砌 + 预应力锚杆支护施工工法 | 中铁五局集团第五工程有限责任公司 | 湖南省住房和城乡建设厅 |
| 227 | 隧道防水板微波电磁焊接施工工法 | 中铁五局集团第五工程有限责任公司 | 湖南省住房和城乡建设厅 |
| 228 | 隧道凿岩台车进行注浆堵水施工工法 | 中铁五局集团第五工程有限责任公司 | 湖南省住房和城乡建设厅 |
| 229 | 上承式钢管混凝土拱桥拱上 π 形刚架预制吊装施工工法 | 中铁五局集团机械化工程有限责任公司 | 湖南省住房和城乡建设厅 |
| 230 | 上承式钢管混凝土主拱内混凝土压注施工工法 | 中铁五局集团机械化工程有限责任公司 | 湖南省住房和城乡建设厅 |
| 231 | 深水峡谷无便道上承式钢管混凝土拱桥施工工法 | 中铁五局集团机械化工程有限责任公司 | 湖南省住房和城乡建设厅 |
| 232 | 上承式钢管混凝土拱桥缆索吊装 – 斜拉扣挂施工工法 | 中铁五局集团机械化工程有限责任公司 | 湖南省住房和城乡建设厅 |
| 233 | 超深基坑连续墙成槽施工工法 | 中铁五局集团电务城通公司 | 湖南省住房和城乡建设厅 |
| 234 | 地铁联络通道全断面硬岩气体爆破开挖施工工法 | 中铁五局集团电务城通公司 | 湖南省住房和城乡建设厅 |
| 235 | 地铁区间盾构法隧道控制管片上浮施工法 | 中铁五局集团有限公司 | 湖南省住房和城乡建设厅 |
| 236 | 地铁盾构机整体式过站施工工法 | 中铁五局集团有限公司 | 湖南省住房和城乡建设厅 |
| 237 | 连续梁 0 号块 BIM 钢筋优化及多孔振捣施工工法 | 中铁五局集团有限公司 | 贵州省住房和城乡建设厅 |
| 238 | 高海拔冰积层隧道施工工法 | 中铁五局集团有限公司 | 贵州省住房和城乡建设厅 |
| 239 | 高海拔大变形地段隧道施工工法 | 中铁五局集团有限公司 | 贵州省住房和城乡建设厅 |
| 240 | 复杂环境下地铁车站深基坑爆破开挖工法 | 中铁五局集团有限公司 | 贵州省住房和城乡建设厅 |
| 241 | 浅埋偏压有水黄土隧道短台阶开挖工法 | 中铁五局集团有限公司 | 贵州省住房和城乡建设厅 |
| 242 | 高墩爬模内模体系整体提升工法 | 中铁五局集团有限公司 | 贵州省住房和城乡建设厅 |
| 243 | 预制梁跨越既有线桥面护栏及接缝施工工法 | 中铁五局集团有限公司 | 贵州省住房和城乡建设厅 |
| 244 | 宽幅连续箱梁悬臂灌注多片主桁架挂篮同步移动施工工法 | 中铁五局集团有限公司 | 贵州省住房和城乡建设厅 |
| 245 | 简支系杆拱自密实钢管混凝土施工工法 | 中铁五局集团有限公司 | 贵州省住房和城乡建设厅 |
| 246 | 三连拱隧道先边后中施工工法 | 中铁五局集团有限公司 | 贵州省住房和城乡建设厅 |

续表

| 序号 | 工法名称 | 开发单位 | 认定机构 |
|---|---|---|---|
| 247 | 基坑开挖下穿混凝土带压水管原地支护施工工法 | 中铁五局集团有限公司 | 贵州省住房和城乡建设厅 |
| 248 | 岩溶碎屑流地层涌泥涌砂隧道开挖施工工法 | 中铁五局集团有限公司 | 贵州省住房和城乡建设厅 |
| 249 | 叠层通道四层开挖三层衬砌施工工法 | 中铁五局集团有限公司 | 贵州省住房和城乡建设厅 |
| 250 | 浅埋软弱围岩隧道钢管对拉预注浆增强岩拱陡坡闸式仰挖工法 | 中铁五局集团有限公司 | 贵州省住房和城乡建设厅 |
| 251 | 隧道长寿命混凝土二衬施工工法 | 中铁五局集团有限公司 | 贵州省住房和城乡建设厅 |
| 252 | 紧邻既有建（构）筑物低净空环境下全荤桩咬合桩施工工法 | 中铁五局集团有限公司 | 贵州省住房和城乡建设厅 |
| 253 | 特大断面水工隧洞浅埋偏压段开挖支护施工工法 | 中铁五局集团有限公司 | 贵州省住房和城乡建设厅 |
| 254 | 超前水平钻孔孔内成像法施工工法 | 中铁五局集团有限公司 | 贵州省住房和城乡建设厅 |
| 255 | 高压气体瞬间破岩法开挖石方施工工法 | 中铁五局集团有限公司 | 贵州省住房和城乡建设厅 |
| 256 | 污水处理厂 MBR 膜系统安装工法 | 中铁五局集团有限公司 | 贵州省住房和城乡建设厅 |
| 257 | RJP 高压旋喷桩软基加固施工工法 | 中铁五局集团有限公司 | 贵州省住房和城乡建设厅 |
| 258 | CCPG500 型铺轨机机组与机车配合铺设 12‰ 以上长大坡度有砟轨道无缝长轨施工工法 | 中铁五局集团有限公司 | 贵州省住房和城乡建设厅 |
| 259 | 轨道调整采用快速测量系统测量工法 | 中铁五局集团有限公司 | 贵州省住房和城乡建设厅 |
| 260 | 利用架桥机与缆索吊配合架设上承式钢拱桥上部梁体施工工法 | 中铁五局集团有限公司 | 贵州省住房和城乡建设厅 |
| 261 | 深基坑降水信息化施工控制工法 | 中铁五局集团有限公司 | 贵州省住房和城乡建设厅 |
| 262 | 低净空 T 梁架设施工工法 | 中铁五局集团有限公司 | 贵州省住房和城乡建设厅 |
| 263 | 高速公路路肩土滑模摊铺施工工法 | 中铁五局集团有限公司 | 贵州省住房和城乡建设厅 |
| 264 | 装配式箱涵施工工法 | 中铁五局集团有限公司 | 贵州省住房和城乡建设厅 |
| 265 | 笼式冲击锤套冲成孔拔除预应力管桩施工工法 | 中铁五局集团有限公司 | 贵州省住房和城乡建设厅 |
| 266 | 暗挖回填后盾构掘进施工工法 | 中铁五局集团有限公司 | 贵州省住房和城乡建设厅 |
| 267 | 双护盾 TBM 城市地铁隧道超小半径曲线段始发施工工法 | 中铁五局集团有限公司 | 贵州省住房和城乡建设厅 |
| 268 | 叠加式防倾覆牛腿盾体下沉施工工法 | 中铁五局集团有限公司 | 贵州省住房和城乡建设厅 |
| 269 | 超深基坑“总体逆作、局部顺做”施工工法 | 中铁五局集团有限公司 | 贵州省住房和城乡建设厅 |
| 270 | 废旧钻孔桩快速拆除施工工法 | 中铁五局集团有限公司 | 贵州省住房和城乡建设厅 |
| 271 | 软岩大断面隧道大型机械化开挖施工工法 | 中铁五局集团有限公司 | 贵州省住房和城乡建设厅 |
| 272 | 自密实堆石混凝土重力坝快速施工工法 | 中铁五局集团有限公司 | 贵州省住房和城乡建设厅 |
| 273 | 高层住宅装配式楼梯施工工法 | 中铁五局集团有限公司 | 贵州省住房和城乡建设厅 |
| 274 | 高层建筑标准层“铝合金模板 + 叠合板”模板体系施工工法 | 中铁五局集团有限公司 | 贵州省住房和城乡建设厅 |
| 275 | 邻近铁路营业线轻型屋面板滑移安装施工工法 | 中铁五局集团有限公司 | 贵州省住房和城乡建设厅 |
| 276 | 小断面隧洞预制底板支护施工工法 | 中铁五局集团有限公司 | 贵州省住房和城乡建设厅 |
| 277 | 楼梯侧面安全防护定型化施工工法 | 中铁五局集团有限公司 | 贵州省住房和城乡建设厅 |
| 278 | 倾斜玻璃幕墙外装饰铝格栅施工工法 | 中铁五局集团有限公司 | 贵州省住房和城乡建设厅 |
| 279 | 超大截面装配式风管安装施工工法 | 中铁五局集团有限公司 | 贵州省住房和城乡建设厅 |
| 280 | 复杂空间机电综合支架预埋槽道安装施工工法 | 中铁五局集团有限公司 | 贵州省住房和城乡建设厅 |
| 281 | 地下高铁车站热泵机房装配式施工工法 | 中铁五局集团有限公司 | 贵州省住房和城乡建设厅 |
| 282 | 复合保温连墙式厚重石材幕墙施工工法 | 中铁五局集团有限公司 | 贵州省住房和城乡建设厅 |
| 283 | 高回填区微型桩施工工法 | 中铁五局集团有限公司 | 贵州省住房和城乡建设厅 |
| 284 | 多跨大吨位钢桁梁桥拼装滑移施工工法 | 中铁五局集团有限公司 | 贵州省住房和城乡建设厅 |
| 285 | 多曲率全弧外廓奇偶层交错退台现浇混凝土悬挑外边梁施工工法 | 中铁五局集团有限公司 | 贵州省住房和城乡建设厅 |

续表

| 序号 | 工法名称 | 开发单位 | 认定机构 |
|---|---|---|---|
| 286 | 多层整体地下室后浇带提前封闭回土施工工法 | 中铁五局集团有限公司 | 贵州省住房和城乡建设厅 |
| 287 | 挤塑板复合混凝土外围护墙施工工法 | 中铁五局集团有限公司 | 贵州省住房和城乡建设厅 |
| 288 | 仿古建筑装饰大木构架后置安装施工工法 | 中铁五局集团有限公司 | 贵州省住房和城乡建设厅 |
| 289 | 有限空间大跨度异形钢结构连廊分段拼装施工工法 | 中铁五局集团有限公司 | 贵州省住房和城乡建设厅 |
| 290 | 上跨地铁结构道路泡沫混凝土换填路基施工工法 | 中铁五局集团有限公司 | 贵州省住房和城乡建设厅 |
| 291 | 二次结构混凝土泵送施工工法 | 中铁五局集团有限公司 | 贵州省住房和城乡建设厅 |
| 292 | 拼装式铝结构幕墙施工工法 | 中铁五局集团有限公司 | 贵州省住房和城乡建设厅 |
| 293 | 锚杆肋柱式槽板竖直挡墙基坑支护预制装配施工工法 | 中铁五局集团有限公司 | 贵州省住房和城乡建设厅 |
| 294 | 长斜陡坡通道内长大扶梯施工工法 | 中铁五局集团有限公司 | 贵州省住房和城乡建设厅 |
| 295 | 上跨营业线多线大跨钢桁梁桥协同安装施工工法 | 中铁五局集团有限公司 | 贵州省住房和城乡建设厅 |
| 296 | 连续梁既有挂篮错位悬浇施工工法 | 中铁五局集团有限公司 | 贵州省住房和城乡建设厅 |
| 297 | 高速铁路隧道锁脚锚管可调角度定位施工工法 | 中铁五局集团有限公司 | 贵州省住房和城乡建设厅 |
| 298 | 钢管柱支架节段模块化安装施工工法 | 中铁五局集团有限公司 | 贵州省住房和城乡建设厅 |
| 299 | 水中嵌岩钢板桩围堰施工工法 | 中铁五局集团有限公司 | 贵州省住房和城乡建设厅 |
| 300 | 曲弦钢桁架桥定点吊装纵向拖拉架设施工工法 | 中铁五局集团有限公司 | 贵州省住房和城乡建设厅 |
| 301 | 框架桥走行式侧墙模架施工工法 | 中铁五局集团有限公司 | 贵州省住房和城乡建设厅 |
| 302 | 隧道超前小导管角度定位施工工法 | 中铁五局集团有限公司 | 贵州省住房和城乡建设厅 |
| 303 | 隧道二衬混凝土拱顶防脱空施工工法 | 中铁五局集团有限公司 | 贵州省住房和城乡建设厅 |
| 304 | 变态碾压混凝土翻模施工工法 | 中铁五局集团有限公司 | 贵州省住房和城乡建设厅 |
| 305 | 变态碾压混凝土大坝施工工法 | 中铁五局集团有限公司 | 贵州省住房和城乡建设厅 |
| 306 | 单箱多室曲线变宽钢箱梁跨河安装施工工法 | 中铁五局集团有限公司 | 贵州省住房和城乡建设厅 |
| 307 | 采用定型钢模一次成型骨架护坡施工工法 | 中铁五局集团有限公司 | 贵州省住房和城乡建设厅 |
| 308 | 隧道防水板滑轨滚压法自动挂设施工工法 | 中铁五局集团有限公司 | 贵州省住房和城乡建设厅 |
| 309 | 墩梁斜交 0 号块支架施工工法 | 中铁五局集团有限公司 | 贵州省住房和城乡建设厅 |
| 310 | 陡倾软岩大变形小间距隧道先行后行弱扰动施工工法 | 中铁五局集团成都工程有限责任公司 | 四川省住房和城乡建设厅 |
| 301 | 预制梁智能喷淋养生施工工法 | 中铁五局集团成都工程有限责任公司 | 四川省住房和城乡建设厅 |
| 302 | 长大隧道隔离风道通风施工工法 | 中铁五局集团成都工程有限责任公司 | 四川省住房和城乡建设厅 |
| 303 | 地铁明挖车站出入口爬坡段侧墙大钢模施工工法 | 中铁五局集团第四工程有限责任公司 | 河南省住房和城乡建设厅 |
| 304 | 改性磷石膏轻质内隔墙板弧形墙安装施工工法 | 中铁五局集团建筑工程有限责任公司<br>贵州省建筑工程质量安全监督总站<br>贵州蓝图新材料股份有限公司 | 贵州省住房和城乡建设厅 |
| 305 | 磷石膏基陶瓷砖胶粘剂镶贴瓷砖施工工法 | 中铁五局集团建筑工程有限责任公司<br>贵州省建筑工程质量安全监督总站<br>贵州蓝图新材料股份有限公司 | 贵州省住房和城乡建设厅 |
| 306 | 装配式箱涵施工工法 | 中铁五局集团机械化工程有限公司 | 中国公路建设行业协会 |
| 307 | 连续梁 0 号块 BIM 钢筋优化及多孔振捣施工工法 | 中铁五局集团有限公司<br>中铁五局集团第一工程有限责任公司 | 中国中铁股份有限公司 |
| 308 | 深水急流河床内钢结构挡水墙施工工法 | 中铁五局集团有限公司<br>中铁五局集团第二工程有限责任公司 | 中国中铁股份有限公司 |
| 309 | 地下暗挖车站内横跨隧道救援通道双层正交框架涵逆筑施工工法 | 中铁五局集团有限公司<br>中铁五局集团第四工程有限责任公司 | 中国中铁股份有限公司 |
| 310 | 景区长大隧道机械化配套快速施工工法 | 中铁五局集团有限公司<br>中铁五局集团第四工程有限责任公司 | 中国中铁股份有限公司 |

续表

| 序号 | 工法名称 | 开发单位 | 认定机构 |
|---|---|---|---|
| 311 | 三臂凿岩台车Ⅳ、Ⅴ级围岩地段微台阶开挖施工工法 | 中铁五局集团有限公司<br>中铁五局集团第四工程有限责任公司 | 中国中铁股份有限公司 |
| 312 | 浅埋软弱围岩隧道钢管对拉预注浆增强岩拱陡坡闸式仰挖工法 | 中铁五局集团有限公司<br>中铁五局集团第四工程有限责任公司 | 中国中铁股份有限公司 |
| 313 | 岩溶碎屑流地层涌泥涌砂隧道开挖施工工法 | 中铁五局集团有限公司<br>中铁五局集团第四工程有限责任公司 | 中国中铁股份有限公司 |
| 314 | 隧道液压凿岩台车配合超前注浆堵水施工工法 | 中铁五局集团有限公司<br>中铁五局集团第五工程有限责任公司 | 中国中铁股份有限公司 |
| 315 | CCPG500 型铺轨机机组与机车配合铺设 12‰以上长大坡度有砟轨道无缝长轨施工工法 | 中铁五局集团有限公司<br>中铁五局集团第六工程有限责任公司 | 中国中铁股份有限公司 |
| 316 | 轨道调整采用快速测量系统测量施工工法 | 中铁五局集团有限公司<br>中铁五局集团第六工程有限责任公司 | 中国中铁股份有限公司 |
| 317 | 利用架桥机与缆索吊配合架设上承式钢拱桥上部梁体施工工法 | 中铁五局集团有限公司<br>中铁五局集团第六工程有限责任公司 | 中国中铁股份有限公司 |
| 318 | 深基坑降水信息化施工控制工法 | 中铁五局集团有限公司<br>中铁五局集团第六工程有限责任公司 | 中国中铁股份有限公司 |
| 319 | 高落差条件下钢管混凝土拱桥管内混凝土压注工法 | 中铁五局集团有限公司<br>中铁五局集团机械化工程有限责任公司 | 中国中铁股份有限公司 |
| 320 | 提篮式钢管混凝土拱桥主拱肋节段快速吊装工法 | 中铁五局集团有限公司<br>中铁五局集团机械化工程有限责任公司 | 中国中铁股份有限公司 |
| 321 | 峡谷地区上承式钢管混凝土拱桥绿色施工工法 | 中铁五局集团有限公司<br>中铁五局集团机械化工程有限责任公司 | 中国中铁股份有限公司 |
| 322 | 超深基坑地下连续墙成槽施工工法 | 中铁五局集团有限公司<br>中铁五局集团电务城通工程有限分公司 | 中国中铁股份有限公司 |
| 323 | 特殊条件下的地铁盾构区间联络通道冻结施工工法 | 中铁五局集团有限公司<br>中铁五局集团电务城通工程有限分公司 | 中国中铁股份有限公司 |
| 324 | 地铁联络通道全断面硬岩气体爆破法开挖施工工法 | 中铁五局集团有限公司<br>中铁五局集团电务城通工程有限分公司 | 中国中铁股份有限公司 |
| 325 | 双护盾 TBM 明、暗挖隧道里长距离空推步进工法 | 中铁五局集团有限公司<br>中铁五局集团电务城通工程有限分公司 | 中国中铁股份有限公司 |
| 326 | 锚杆肋柱式槽板竖直挡墙基坑支护预制装配施工工法 | 中铁五局集团有限公司<br>中铁五局集团建筑工程有限责任公司 | 中国中铁股份有限公司 |
| 327 | 复合保温连墙式厚重石材幕墙施工工法 | 中铁五局集团有限公司<br>中铁五局集团建筑工程有限责任公司 | 中国中铁股份有限公司 |
| 328 | 地下高铁车站热泵机房装配式施工工法 | 中铁五局集团有限公司<br>中铁五局集团建筑工程有限责任公司 | 中国中铁股份有限公司 |
| 329 | 水中嵌岩钢板桩围堰施工工法 | 中铁五局集团有限公司<br>中铁五局集团贵州工程有限公司 | 中国中铁股份有限公司 |
| 330 | 软岩大断面隧道大型机械化开挖施工工法 | 中铁五局集团有限公司<br>中铁五局集团成都工程有限责任公司 | 中国中铁股份有限公司 |
| 331 | 铁路牵引供电系统不间断供电改造施工工法 | 中铁五局集团有限公司 | 中国中铁股份有限公司 |
| 332 | 高墩大体积连续梁 0 号段反力架预压施工工法 | 中铁五局集团第一工程有限责任公司 | 湖南省住房和城乡建设厅 |
| 333 | 基于 BIM 技术的连续梁 0 号块多孔振捣施工工法 | 中铁五局集团第一工程有限责任公司 | 湖南省住房和城乡建设厅 |
| 334 | 高墩爬模内模体系整体提升工法 | 中铁五局集团第一工程有限责任公司 | 湖南省住房和城乡建设厅 |
| 335 | 高海拔冰积层隧道施工工法 | 中铁五局集团第一工程有限责任公司 | 湖南省住房和城乡建设厅 |
| 336 | 高海拔大变形地段隧道施工工法 | 中铁五局集团第一工程有限责任公司 | 湖南省住房和城乡建设厅 |
| 337 | 水利隧道岩溶地段斜井施工工法 | 中铁五局集团第一工程有限责任公司 | 湖南省住房和城乡建设厅 |
| 338 | 复杂环境条件下 64 米箱 T 梁现浇施工工法 | 中铁五局集团第一工程有限责任公司 | 湖南省住房和城乡建设厅 |
| 339 | 隧道微台阶施工工法 | 中铁五局集团第一工程有限责任公司 | 湖南省住房和城乡建设厅 |
| 340 | 复杂环境下地铁隧道微震控制爆破施工工法 | 中铁五局集团第一工程有限责任公司 | 湖南省住房和城乡建设厅 |

续表

| 序号 | 工法名称 | 开发单位 | 认定机构 |
|---|---|---|---|
| 341 | 深水江中水下沟槽控制爆破施工工法 | 中铁五局集团第二工程有限责任公司 | 湖南省住房和城乡建设厅 |
| 342 | 双转体桥中跨钢箱梁合龙施工工法 | 中铁六局集团北京铁路建设公司 | 中国公路建设行业协会 |
| 343 | 全断面暗挖隧道装配式二衬施工工法 | 中铁六局集团北京铁路建设公司 | 中国公路建设行业协会 |
| 344 | 平行紧邻运营地铁车站换乘通道施工工法 | 中铁六局集团北京铁路建设公司 | 中国公路建设行业协会 |
| 345 | 明挖隧道分体式模筑台车施工工法 | 中铁六局集团北京铁路建设公司 | 中国公路建设行业协会 |
| 346 | 明挖地铁装配式车站施工工法 | 中铁六局集团北京铁路建设公司 | 中国公路建设行业协会 |
| 347 | 绿色装配式边坡临时支护施工工法 | 中铁六局集团北京铁路建设公司 | 中国公路建设行业协会 |
| 348 | BIM 技术在高塔斜拉桥施工中的应用施工工法 | 中铁六局集团北京铁路建设公司 | 中国中铁股份有限公司 |
| 349 | 多孔吊杆拱钢箱梁顶推施工工法 | 中铁六局集团北京铁路建设公司 | 中国中铁股份有限公司 |
| 350 | 框构桥下穿高速铁路桥梁段施工工法 | 中铁六局集团北京铁路建设公司 | 中国中铁股份有限公司 |
| 351 | 邻近既有线龙门吊轨道转换施工工法 | 中铁六局集团北京铁路建设公司 | 中国中铁股份有限公司 |
| 352 | 明挖隧道分体式模筑台车施工工法 | 中铁六局集团北京铁路建设公司 | 中国中铁股份有限公司 |
| 353 | 双转体桥中跨钢箱梁合龙施工工法 | 中铁六局集团北京铁路建设公司 | 中国中铁股份有限公司 |
| 354 | 明挖施工悬空线杆快速加固施工工法 | 中铁六局集团北京铁路建设公司 | 中国中铁股份有限公司 |
| 355 | 明挖地铁装配式车站施工工法 | 中铁六局集团北京铁路建设公司 | 中国中铁股份有限公司 |
| 356 | 平行紧邻运营地铁车站换乘通道施工工法 | 中铁六局集团天津铁路建设公司 | 中国中铁股份有限公司 |
| 357 | 全断面暗挖隧道装配式二衬施工工法 | 中铁六局集团北京铁路建设公司 | 中国中铁股份有限公司 |
| 358 | 红黏土路基“三加一”填筑施工工法 | 中铁六局集团有限公司 | 中国公路建设行业协会 |
| 359 | 复杂地形土石方工程量准确计量施工工法 | 中铁六局集团有限公司 | 中国公路建设行业协会 |
| 360 | 钻孔灌注桩超灌虚桩标高精准控制施工工法 | 中铁六局集团有限公司 | 中国公路建设行业协会 |
| 361 | 预制箱梁标准化施工工法 | 中铁六局集团有限公司 | 中国公路建设行业协会 |
| 362 | 全套管全回转钻机钻孔灌注桩施工工法 | 中铁六局集团有限公司 | 中国公路建设行业协会 |
| 363 | 框构箱桥顶升扭转施工工法 | 中铁六局集团呼和浩特铁路建设有限公司 | 内蒙古自治区住房和城乡建设厅 |
| 364 | 偏压隧道进洞施工工法 | 中铁六局集团呼和浩特铁路建设有限公司 | 内蒙古自治区住房和城乡建设厅 |
| 365 | 加筋粉细砂纤维固沙板制备技术与应用 | 中铁六局集团呼和浩特铁路建设有限公司 | 内蒙古自治区住房和城乡建设厅 |
| 366 | 道岔轨排纵横移精准对位施工工法 | 中铁六局集团天津铁路建设公司 | 中国中铁股份有限公司 |
| 367 | 双向使用异型抗移桩施工工法 | 中铁六局集团天津铁路建设公司 | 中国中铁股份有限公司 |
| 368 | 引水隧洞瓦斯逸出燃烧处理及高瓦斯洞段施工工法 | 中铁六局集团天津铁路建设公司 | 中国中铁股份有限公司 |
| 369 | 相邻既有框构桥顶进控制施工工法 | 中铁六局集团天津铁路建设公司 | 天津市住房和城乡建设委员会 |
| 370 | 斜拉转体桥模拟试转施工工法 | 中铁六局集团石家庄铁路建设公司 | 中国中铁股份有限公司 |
| 371 | 全套管全回转钻机钻孔灌注桩施工工法 | 中铁六局集团石家庄铁路建设公司 | 中国公路建设行业协会 |
| 372 | 智能电热丝加热模板养护混凝土施工工法 | 中铁六局集团石家庄铁路建设公司 | 中国公路建设行业协会 |
| 373 | 高速公路多变围岩隧道爆破施工工法 | 中铁六局集团路桥建设有限公司 | 中国公路建设行业协会 |
| 374 | 高速公路隧道口零距离曲线桥梁 T 梁架设施工工法 | 中铁六局集团路桥建设有限公司 | 中国公路建设行业协会 |
| 375 | 跨省道连续钢构箱梁整体横向顶推施工工法 | 中铁六局集团路桥建设有限公司 | 中国公路建设行业协会 |
| 376 | 钻孔灌注桩泥浆循环泥沙分离施工工法 | 中铁六局集团路桥建设有限公司 | 中国公路建设行业协会 |
| 377 | 提升式通航钢栈桥施工工法 | 中铁六局集团路桥建设有限公司 | 中国公路建设行业协会 |
| 378 | 深挖路堑客土喷播施工工法 | 中铁六局集团路桥建设有限公司 | 中国公路建设行业协会 |
| 379 | 提升式通航钢栈桥施工工法 | 中铁六局集团路桥建设有限公司 | 中国中铁股份有限公司 |
| 380 | 三跨下承式钢箱系杆拱桥步履式顶推施工工法 | 中铁六局集团路桥建设有限公司 | 中国中铁股份有限公司 |
| 381 | 盾构超近距离下穿软土层带压燃气管道施工工法 | 中铁六局集团交通工程分公司 | 湖北省住房和城乡建设厅 |
| 382 | 复杂地层下盾构穿越高危风险源施工工法 | 中铁六局集团交通工程分公司 | 湖北省住房和城乡建设厅 |

续表

| 序号 | 工法名称 | 开发单位 | 认定机构 |
|---|---|---|---|
| 383 | 大跨度铁路钢桥悬臂架设施工工法 | 中铁六局集团有限公司<br>中铁六局集团广州工程有限公司 | 中国中铁股份有限公司 |
| 384 | 大跨度铁路钢桥悬臂架设施工工法 | 中铁六局集团有限公司 | 中国铁道工程建设协会 |
| 385 | 复杂水域超大型桥梁支座安装施工工法 | 中铁六局集团有限公司 | 中国铁道工程建设协会 |
| 386 | 长大垂直支护矩形隧道快速衬砌施工工法 | 中铁六局集团有限公司 | 中国铁道工程建设协会 |
| 387 | 铁路站房双曲屋面钛锌板安装施工工法 | 中铁六局集团有限公司<br>中铁六局集团建筑安装工程有限公司 | 中国中铁股份有限公司 |
| 388 | 大跨度多跨连续钢桁梁多点无应力状态合龙施工工法 | 中铁六局集团有限公司<br>中铁六局集团建筑安装工程有限公司 | 中国中铁股份有限公司 |
| 389 | 城市轨道交通牵引供电系统接触网刚柔过渡施工工法 | 中铁六局电务工程公司 | 山西省住房和城乡建设厅 |
| 390 | 新型分体式金属线盒车库顶板电气预埋施工工法 | 中铁七局集团有限公司 | 河南省建筑业协会 |
| 391 | 台阶式变截面爬模施工工法 | 中铁七局集团有限公司 | 河南省建筑业协会 |
| 392 | 预制铁路箱梁压浆施工工法 | 中铁七局集团有限公司 | 河南省建筑业协会 |
| 393 | 隧道二、三台阶快速转换的开挖施工工法 | 中铁七局集团有限公司 | 河南省建筑业协会 |
| 394 | 跨越高速铁路多股道宽幅双侧转体桥中跨合龙段吊架施工工法 | 中铁七局集团有限公司 | 河南省建筑业协会 |
| 395 | 钢波纹管涵施工工法 | 中铁七局集团有限公司 | 河南省建筑业协会 |
| 396 | 杯型水平冻结法端头加固联合钢套筒辅助盾构始发及接收施工方法 | 中铁七局集团有限公司 | 河南省建筑业协会 |
| 397 | 宽幅预应力箱梁支架现浇施工工法 | 中铁七局集团有限公司 | 河南省建筑业协会 |
| 398 | 隧道三台阶三步开挖快速封闭成环施工工法 | 中铁七局集团有限公司 | 河南省建筑业协会 |
| 399 | 邻近铁路大吨位现浇混凝土转体桥箱梁装配式支架体系安拆施工工法 | 中铁七局集团有限公司 | 河南省建筑业协会 |
| 400 | 高寒地区单线隧道中心深埋水沟施工工法 | 中铁七局集团有限公司 | 河南省建筑业协会 |
| 401 | 3 万吨级刚构梁跨越高铁、干线铁路多股道转体施工工法 | 中铁七局集团有限公司 | 河南省建筑业协会 |
| 402 | 弱风化岩层地质下先基坑排水开挖后安装钢板桩围堰施工工法 | 中铁七局集团有限公司 | 河南省建筑业协会 |
| 403 | 既有电气化铁路运营隧道轻型拱架台车接长明洞施工工法 | 中铁七局集团有限公司 | 河南省建筑业协会 |
| 404 | 装配式钢筋混凝土箱涵集约化生产施工工法 | 中铁七局集团有限公司 | 河南省建筑业协会 |
| 405 | 路基智能碾压施工工法 | 中铁七局集团有限公司 | 河南省建筑业协会 |
| 406 | 横跨地铁车站附属结构基坑大直径热力管线保护施工工法 | 中铁七局集团有限公司 | 河南省建筑业协会 |
| 407 | 现浇连续梁轻便式圆弧段钢木混合模板施工工法 | 中铁七局集团有限公司 | 河南省建筑业协会 |
| 408 | 泥炭质土条件下盾构端头加固段止水施工工法 | 中铁七局集团有限公司 | 河南省建筑业协会 |
| 409 | 连续梁边墩梁段外力平衡托架法现浇施工工法 | 中铁七局集团有限公司 | 河南省建筑业协会 |
| 410 | 盾构钢套筒密闭始发及接收施工工法 | 中铁七局集团有限公司 | 河南省建筑业协会 |
| 411 | 天然砂砾石生产常态砂施工工法 | 中铁七局集团有限公司 | 河南省建筑业协会 |
| 412 | 管廊快速简易内滑模倒装法施工工法 | 中铁七局集团有限公司 | 河南省建筑业协会 |
| 413 | 明挖分体框架隧道新型工装与配套设备施工工法 | 中铁七局集团有限公司 | 河南省建筑业协会 |
| 414 | 铁路隧道改扩建穿越上方竖井施工工法 | 中铁七局集团有限公司 | 河南省建筑业协会 |
| 415 | 富水软弱地质地铁车站地下连续墙施工工法 | 中铁七局集团有限公司 | 河南省建筑业协会 |
| 416 | 富水砂卵石地层联络通道无降水注浆加固施工工法 | 中铁七局集团有限公司<br>洛阳市轨道交通集团有限责任公司 | 河南省建筑业协会 |
| 417 | 大断面矩形顶管下穿城市既有桥梁施工工法 | 中铁七局集团有限公司 | 河南省建筑业协会 |

续表

| 序号 | 工法名称 | 开发单位 | 认定机构 |
|---|---|---|---|
| 418 | 地铁盾构下穿铁路桥梁施工工法 | 中铁七局集团有限公司 | 河南省建筑业协会 |
| 419 | 基坑边坡复合式防护结构施工工法 | 中铁七局集团郑州工程有限公司 | 河南省工程建设协会 |
| 420 | 城市轨道交通疏散平台施工工法 | 中铁七局集团有限公司 | 河南省工程建设协会 |
| 421 | 千米级非对称悬浇多跨长联 PC 连续梁劲性骨架合龙施工工法 | 中铁七局集团有限公司 | 河南省工程建设协会 |
| 422 | 架桥机高墩小曲线钢箱梁架设施工工法 | 中铁七局集团有限公司 | 河南省工程建设协会 |
| 423 | 全新预应力整体桥梁膺架（NPW-BF）施工工法 | 中铁七局集团有限公司 | 河南省工程建设协会 |
| 424 | 3 万吨级刚构梁跨越高铁、干线铁路多股道转体施工工法 | 中铁七局集团有限公司 | 河南省工程建设协会 |
| 425 | 跨越高速铁路多股道宽幅双侧转体桥中跨合龙段吊架施工工法 | 中铁七局集团有限公司 | 河南省工程建设协会 |
| 426 | 上跨陇海铁路距接触网极小间距连续刚构桥拆除施工工法 | 中铁七局集团有限公司 | 河南省工程建设协会 |
| 427 | 跨铁路钢箱梁同步性顶推施工工法 | 中铁七局集团有限公司 | 河南省工程建设协会 |
| 428 | 大型非开挖供水管线工程长大管道施工工法 | 中铁七局集团有限公司 | 河南省工程建设协会 |
| 429 | 高速公路空心墩翻模模板连接器加固施工工法 | 中铁七局集团有限公司 | 河南省工程建设协会 |
| 430 | 地下车站主体与附属结构施工缝防渗漏施工工法 | 中铁七局集团有限公司 | 河南省工程建设协会 |
| 431 | 深埋大直径混凝土污水管道快速顶进施工工法 | 中铁七局集团有限公司 | 河南省工程建设协会 |
| 432 | 富水软弱地质地铁车站地下连续墙施工工法 | 中铁七局集团有限公司 | 河南省工程建设协会 |
| 433 | 宽幅公路桥跨既有铁路超大吨位转体施工工法 | 中铁七局集团有限公司 | 河南省工程建设协会 |
| 434 | 超大吨位连续梁转体称重与配重施工工法 | 中铁七局集团有限公司 | 河南省工程建设协会 |
| 435 | 大跨度π型支架整体提升工法 | 中铁七局集团有限公司 | 河南省工程建设协会 |
| 436 | 泥质砂岩隧道开挖掘进机施工工法 | 中铁七局集团有限公司 | 河南省工程建设协会 |
| 437 | 高寒地区单线隧道中心深埋水沟施工工法 | 中铁七局集团郑州工程有限公司 | 河南省工程建设协会 |
| 438 | 明挖分体框架隧道新型工装与配套设备施工工法 | 中铁七局集团郑州工程有限公司 | 河南省工程建设协会 |
| 439 | 极破碎散体状围岩浅埋隧道开挖施工工法 | 中铁七局集团郑州工程有限公司 | 河南省工程建设协会 |
| 440 | HZQDY900 型无导梁式运架一体机箱梁架设施工工法 | 中铁七局集团有限公司 | 中国中铁股份有限公司 |
| 441 | 350 千米时速高铁三墩曲线及大坡度连续梁桥转体施工工法 | 中铁七局集团有限公司 | 中国中铁股份有限公司 |
| 442 | 隧道 511 工装设备配套施工工法 | 中铁七局集团有限公司 | 中国中铁股份有限公司 |
| 443 | 高速铁路营运线插铺 42 号有砟道岔施工工法 | 中铁七局集团有限公司 | 中国中铁股份有限公司 |
| 444 | 矩形抗滑桩机械快速成孔施工工法 | 中铁七局集团有限公司 | 中国中铁股份有限公司 |
| 445 | P60-30 号道岔整体点内拆除施工工法 | 中铁七局集团有限公司 | 中国中铁股份有限公司 |
| 446 | 风积沙路基施工工法 | 中铁七局集团有限公司 | 中国中铁股份有限公司 |
| 447 | 热拌沥青混凝土路面冷接缝施工工法 | 中铁七局集团有限公司 | 中国中铁股份有限公司 |
| 448 | 新型便捷的盾构机台车轨道洞内运输施工工法 | 中铁七局集团有限公司 | 中国中铁股份有限公司 |
| 449 | 盾构空推过中间风井后负环管片无损拆除施工工法 | 中铁七局集团有限公司 | 中国中铁股份有限公司 |
| 450 | 黄河河漫滩钻孔咬合桩硬切法施工工法 | 中铁七局集团有限公司 | 中国中铁股份有限公司 |
| 451 | 黄土隧道全环加长套拱超前小导管贴壁进出洞施工工法 | 中铁七局集团有限公司 | 中国中铁股份有限公司 |
| 452 | 高填方格宾石笼 + 土工格栅防护体系施工工法 | 中铁七局集团有限公司 | 中国中铁股份有限公司 |
| 453 | 饱和软黄土地区新型成井及智能监控降水施工工法 | 中铁七局集团有限公司 | 中国中铁股份有限公司 |
| 454 | 大型露天金属矿陡帮开采施工工法 | 中铁七局集团有限公司 | 中国中铁股份有限公司 |

续表

| 序号 | 工法名称 | 开发单位 | 认定机构 |
|---|---|---|---|
| 455 | 露天金属矿山台阶逐孔爆破施工工法 | 中铁七局集团有限公司 | 中国中铁股份有限公司 |
| 456 | 邻近高铁双线大断面隧道悬臂掘进机施工工法 | 中铁八局集团有限公司 | 四川省住房和城乡建设厅 |
| 457 | 隧道二次衬砌台车新型液压端头模施工工法 | 中铁八局集团有限公司 | 四川省住房和城乡建设厅 |
| 458 | 三轴搅拌桩帷幕止水与灌注桩支护深基坑开挖施工工法 | 中铁八局集团有限公司 | 四川省住房和城乡建设厅 |
| 459 | 污水处理厂沉井不排水冲挖下沉施工工法 | 中铁八局集团有限公司 | 四川省住房和城乡建设厅 |
| 460 | 软土和硬岩复合地层地下连续墙钻铣结合成槽施工工法 | 中铁八局集团有限公司 | 四川省住房和城乡建设厅 |
| 461 | 暗挖隧道盾构机无管片空推调头施工工法 | 中铁八局集团有限公司 | 四川省住房和城乡建设厅 |
| 462 | 急流硬岩裸露区域贝雷梁钢栈桥施工工法 | 中铁八局集团有限公司 | 四川省住房和城乡建设厅 |
| 463 | 跨饮用水干渠大跨度简支钢桁梁顶推架设施工工法 | 中铁八局集团有限公司 | 四川省住房和城乡建设厅 |
| 464 | 大跨高矢钢管拱大节段龙门架竖向整体提升拼装施工工法 | 中铁八局集团有限公司 | 四川省住房和城乡建设厅 |
| 465 | 连续梁边跨现浇段背拉平衡法施工工法 | 中铁八局集团第二工程有限公司 | 四川省住房和城乡建设厅 |
| 466 | 纵连架桥机同步对称拆除上跨既有铁路营业线桥梁施工工法 | 中铁八局集团第二工程有限公司 | 四川省住房和城乡建设厅 |
| 467 | 铁路既有线长大隧道信号改造工程电缆机械化壁挂敷设施工工法 | 中铁八局集团电务工程有限公司 | 四川省住房和城乡建设厅 |
| 468 | 铁路既有变、配电所直流屏不停电改造施工工法 | 中铁八局集团电务工程有限公司 | 四川省住房和城乡建设厅 |
| 469 | 紧邻既有铁路与地铁运营线砂卵石层地下连续墙施工工法 | 中铁八局集团建筑工程有限公司 | 四川省住房和城乡建设厅 |
| 470 | 分体式超长台车现浇大断面暗渠施工工法 | 中铁八局集团建筑工程有限公司 | 四川省住房和城乡建设厅 |
| 471 | 装配式高强度混凝土风电塔筒预制工法 | 中铁八局集团第七工程有限公司 | 四川省住房和城乡建设厅 |
| 472 | 城市地下综合管廊台座法卧式灌注施工工法 | 中铁八局集团第七工程有限公司 | 四川省住房和城乡建设厅 |
| 473 | 邻近高铁双线大断面隧道悬臂掘进机施工工法 | 中铁八局集团第三工程有限公司 | 贵州省住房和城乡建设厅 |
| 474 | 隧道二次衬砌台车新型液压端头模施工工法 | 中铁八局集团第三工程有限公司 | 贵州省住房和城乡建设厅 |
| 475 | 超长悬挑主体框架结构施工工法 | 中铁八局集团第三工程有限公司 | 贵州省住房和城乡建设厅 |
| 476 | 营业线隧道衬砌开裂整治施工工法 | 中铁八局集团第三工程有限公司 | 贵州省住房和城乡建设厅 |
| 477 | 连续箱梁一次性整体浇筑施工工法 | 中铁八局集团第三工程有限公司 | 贵州省住房和城乡建设厅 |
| 478 | 钢框架结构轻质墙板安装工法 | 中铁八局集团昆明铁路建设有限公司 | 云南省住房和城乡建设厅 |
| 479 | 极小净距下穿既有运营地铁区间隧道开挖施工工法 | 中铁八局集团昆明铁路建设有限公司 | 云南省住房和城乡建设厅 |
| 480 | 山区铁路桥梁节段预制拼装施工工法 | 中铁八局集团昆明铁路建设有限公司 | 云南省住房和城乡建设厅 |
| 481 | 深水复杂地质钻孔灌注桩高效成孔施工工法 | 中铁八局集团昆明铁路建设有限公司 | 云南省住房和城乡建设厅 |
| 482 | 跨饮用水干渠大跨度简支钢桁梁顶推架设施工工法 | 中铁八局集团第一工程有限公司 | 重庆市住房和城乡建设委员会 |
| 483 | 三舱大断面地下综合管廊快速施工工法 | 中铁八局集团第七工程有限公司 | 中国中铁股份有限公司 |
| 484 | 铁路既有线长大隧道信号改造工程电缆机械化壁挂敷设施工工法 | 中铁八局集团电务工程有限公司 | 中国中铁股份有限公司 |
| 485 | 连续梁边跨现浇段背拉平衡法施工工法 | 中铁八局集团第二工程有限公司 | 中国中铁股份有限公司 |
| 486 | 装配式高强混凝土风电塔筒预制工法 | 中铁八局集团第七工程有限公司 | 中国中铁股份有限公司 |
| 487 | 后张法简支 T 梁智能化预制工法 | 中铁八局集团第七工程有限公司 | 中国中铁股份有限公司 |
| 488 | 弹性支承块自动流水生产线预制工法 | 中铁八局集团第七工程有限公司 | 中国中铁股份有限公司 |
| 489 | 城市地铁整体道岔道床一次浇筑施工工法 | 中铁八局集团昆明铁路建设有限公司 | 中国中铁股份有限公司 |
| 490 | 电气化铁路隧道两侧加宽锚段衬砌成套施工工法 | 中铁八局集团昆明铁路建设有限公司 | 中国中铁股份有限公司 |

续表

| 序号 | 工法名称 | 开发单位 | 认定机构 |
|---|---|---|---|
| 491 | 铁路既有变、配电所直流屏不停电改造施工工法 | 中铁八局集团电务工程有限公司 | 中国中铁股份有限公司 |
| 492 | 预制节段箱梁渐宽段架梁施工工法 | 中铁八局集团第二工程有限公司 | 中国中铁股份有限公司 |
| 493 | 纵连架桥机同步对称拆除上跨既有铁路营业线桥梁施工工法 | 中铁八局集团第二工程有限公司 | 中国中铁股份有限公司 |
| 494 | 急流硬岩裸露区域贝雷梁钢栈桥施工工法 | 中铁八局集团第一工程有限公司 | 中国中铁股份有限公司 |
| 495 | 大跨高矢钢管拱大节段龙门架竖向整体提升拼装施工工法 | 中铁八局集团第一工程有限公司 | 中国中铁股份有限公司 |
| 496 | 紧邻既有铁路与地铁运营线砂卵石层地下连续墙施工工法 | 中铁八局集团建筑工程有限公司 | 中国中铁股份有限公司 |
| 497 | 高速铁路桥面遮板无垫片预制施工工法 | 中铁八局集团建筑工程有限公司 | 中国中铁股份有限公司 |
| 498 | 下穿既有线框架桥钢筋框架整体吊装平移快速施工工法 | 中铁八局集团建筑工程有限公司 | 中国中铁股份有限公司 |
| 499 | 圆形截面定型竹胶模板施工工法 | 中铁九局集团第四工程有限公司 | 辽宁省住房和城乡建设厅 |
| 500 | 基于 BIM 技术的高铁既有站房综合管线改造施工工法 | 中铁九局集团有限公司 | 辽宁省住房和城乡建设厅 |
| 501 | 基于 BIM 技术的转体斜拉桥空间曲面钢 – 混结构索塔施工工法 | 中铁九局集团有限公司 | 辽宁省住房和城乡建设厅 |
| 502 | 邻近铁路富水狭窄地区转体斜拉桥主墩深基坑支护施工工法 | 中铁九局集团有限公司 | 辽宁省住房和城乡建设厅 |
| 503 | DF40–200 公路架桥机箱梁架设施工工法 | 中铁九局集团有限公司 | 辽宁省住房和城乡建设厅 |
| 504 | 预应力混凝土公路箱梁预制施工工法 | 中铁九局集团有限公司 | 辽宁省住房和城乡建设厅 |
| 505 | 超高韧性混凝土（STC）组合桥面施工工法 | 中铁九局集团有限公司 | 辽宁省住房和城乡建设厅 |
| 506 | 站场下中继间法斜交顶进多节长大框构桥施工工法 | 中铁九局集团有限公司 | 辽宁省住房和城乡建设厅 |
| 507 | 铁路 64 米简支拱跨越电气化营业线平转顶推落梁施工工法 | 中铁九局集团有限公司 | 辽宁省住房和城乡建设厅 |
| 508 | 盾构机导台 + 全环管片拼装风井过站施工工法 | 中铁九局集团第四工程有限公司 | 辽宁省住房和城乡建设厅 |
| 509 | 穿越岩溶区跨孔电阻率 CT 探测施工工法 | 中铁九局集团第四工程有限公司 | 辽宁省住房和城乡建设厅 |
| 510 | 全曲线变截面清水景观条石挡土墙施工工法 | 中铁九局集团第四工程有限公司 | 辽宁省住房和城乡建设厅 |
| 511 | 水下长距离雨污合流管道漂浮式施工工法 | 中铁九局集团第四工程有限公司 | 辽宁省住房和城乡建设厅 |
| 512 | CRTS Ⅲ型无砟轨道板精测精调施工工法 | 中铁九局集团第四工程有限公司 | 辽宁省住房和城乡建设厅 |
| 513 | 跨既有城市道路市政桥梁装配式异型混凝土墩柱快速施工工法 | 中铁九局集团第四工程有限公司 | 辽宁省住房和城乡建设厅 |
| 514 | 地铁大断面暗挖拱盖法施工工法 | 中铁九局集团第六工程有限公司 | 辽宁省住房和城乡建设厅 |
| 515 | 钢栈桥先纵梁后打桩施工工法 | 中铁九局集团第六工程有限公司 | 辽宁省住房和城乡建设厅 |
| 516 | 高原富水软岩隧道排水施工工法 | 中铁九局集团第六工程有限公司 | 辽宁省住房和城乡建设厅 |
| 517 | 上软下硬河床深基坑钢板桩 + 混凝土圈梁组合围堰施工工法 | 中铁九局集团第六工程有限公司 | 辽宁省住房和城乡建设厅 |
| 518 | 铁路道岔整体横纵移施工工法 | 中铁九局集团第六工程有限公司 | 辽宁省住房和城乡建设厅 |
| 519 | 旋挖钻全护筒跟进干成孔灌注桩施工工法 | 中铁九局集团第六工程有限公司 | 辽宁省住房和城乡建设厅 |
| 520 | 大坡度变幅 45 米 T 形梁架设施工工法 | 中铁九局集团第六工程有限公司 | 辽宁省住房和城乡建设厅 |
| 521 | 大坡度钢箱梁步进式多点同步顶推施工工法 | 中铁九局集团第七工程有限公司 | 辽宁省住房和城乡建设厅 |
| 522 | 单线铁路隧道无砟轨道长轨换铺施工工法 | 中铁九局集团第七工程有限公司 | 辽宁省住房和城乡建设厅 |
| 523 | 基于 BIM 技术的高速铁路客运服务信息系统施工工法 | 中铁九局集团电务工程有限公司 | 辽宁省住房和城乡建设厅 |
| 524 | 基于 BIM 技术的牵引变电所主变压器更换安装施工工法 | 中铁九局集团电务工程有限公司 | 辽宁省住房和城乡建设厅 |
| 525 | 孔内夯扩挤密桩施工工法 | 中铁九局集团第七工程有限公司 | 内蒙古自治区建筑业协会 |

续表

| 序号 | 工法名称 | 开发单位 | 认定机构 |
|---|---|---|---|
| 526 | 计算机联锁车站信号改造开通施工工法 | 中铁九局集团电务工程有限公司 | 内蒙古自治区建筑业协会 |
| 527 | 异形弧线自然景观条石挡土墙施工工法 | 中铁九局集团第四工程有限公司 | 四川省住房和城乡建设厅 |
| 528 | 区间风井围护结构闭合工况下先隧道后主体施工工法 | 中铁开发投资集团有限公司<br>中铁九局集团第四工程有限公司 | 云南省住房和城乡建设厅 |
| 529 | 新型纳米无机聚合物透水材料路面施工工法 | 中铁九局集团有限公司 | 中国公路工程建设学会 |
| 530 | 非对称混合梁斜拉桥 GT 型索鞍拉索体系施工工法 | 中铁九局集团有限公司<br>中铁九局集团第二工程有限公司 | 中国公路工程建设学会 |
| 531 | 基于 BIM 技术的超大吨位斜拉桥转体在线监测施工工法 | 中铁九局集团有限公司<br>中铁九局集团第二工程有限公司 | 中国公路工程建设学会 |
| 532 | APF 自粘防水卷材施工工法 | 中铁九局集团有限公司 | 辽宁省住房和城乡建设厅 |
| 533 | 高速铁路后张法预应力混凝土简支箱梁智能制造施工工法 | 中铁九局集团有限公司 | 辽宁省住房和城乡建设厅 |
| 534 | 高速铁路后张法预应力混凝土简支箱梁单双线首孔过渡架设工法 | 中铁九局集团有限公司 | 辽宁省住房和城乡建设厅 |
| 535 | 深层湿法双轴双向水泥搅拌桩施工工法 | 中铁九局集团有限公司 | 辽宁省住房和城乡建设厅 |
| 536 | 在锚索侵入基坑条件下的地连墙施工工法 | 中铁九局集团有限公司 | 辽宁省住房和城乡建设厅 |
| 537 | 泥炭、粉状细砂地层针滤式降水施工工法 | 中铁九局集团有限公司 | 辽宁省住房和城乡建设厅 |
| 538 | 超浅埋隧道长管幕施工工法 | 中铁九局集团有限公司 | 辽宁省住房和城乡建设厅 |
| 539 | 铁路桥梁弹性体伸缩缝施工工法 | 中铁九局集团有限公司 | 辽宁省住房和城乡建设厅 |
| 540 | 高速铁路高架站多联变截面现浇道岔梁群组施工工法 | 中铁九局集团有限公司 | 辽宁省住房和城乡建设厅 |
| 541 | 基于 BIM 技术的超大吨位斜拉桥转体在线监测施工工法 | 中铁九局集团有限公司 | 辽宁省住房和城乡建设厅 |
| 542 | 非对称混合梁斜拉桥 GT 型索鞍拉索体系施工工法 | 中铁九局集团有限公司 | 辽宁省住房和城乡建设厅 |
| 543 | 超宽桥面独塔单索面非对称转体斜拉桥钢混结合梁施工工法 | 中铁九局集团有限公司 | 辽宁省住房和城乡建设厅 |
| 544 | 地铁盾构机空推过密闭空间矿山法隧道施工工法 | 中铁九局集团第四工程有限公司 | 辽宁省住房和城乡建设厅 |
| 545 | 富水砂砾地层洞内更换盾尾刷施工工法 | 中铁九局集团第四工程有限公司 | 辽宁省住房和城乡建设厅 |
| 546 | 富水砂层联络通道 WSS 洞内水平注浆加固施工工法 | 中铁九局集团第四工程有限公司 | 辽宁省住房和城乡建设厅 |
| 547 | 受限空间条件下大型静置塔器倒装施工工法 | 中铁九局集团第四工程有限公司 | 辽宁省住房和城乡建设厅 |
| 548 | 富水地层地铁联络通道冻结法施工工法 | 中铁九局集团第四工程有限公司 | 辽宁省住房和城乡建设厅 |
| 549 | 有限空间条件下单节台车盾构分体始发施工工法 | 中铁九局集团第四工程有限公司 | 辽宁省住房和城乡建设厅 |
| 550 | RTC360 三维扫描仪隧道内轮廓检查及预防二衬混凝土空洞施工工法 | 中铁九局集团第六工程有限公司 | 辽宁省住房和城乡建设厅 |
| 551 | 利用工业废料磷石膏代替砂浆抹灰施工工法 | 中铁九局集团第六工程有限公司 | 辽宁省住房和城乡建设厅 |
| 552 | 大面积薄壁钢桁梁桥面板预制安装施工工法 | 中铁九局集团第六工程有限公司 | 辽宁省住房和城乡建设厅 |
| 553 | 长螺旋成孔灌压混凝土后插钢筋笼施工工法 | 中铁九局集团第六工程有限公司 | 辽宁省住房和城乡建设厅 |
| 554 | 无人机和三维扫描仪土石方测量施工工法 | 中铁九局集团第六工程有限公司 | 辽宁省住房和城乡建设厅 |
| 555 | 隧道套靴法可换式支承块无砟轨道施工工法 | 中铁九局集团第六工程有限公司 | 辽宁省住房和城乡建设厅 |
| 556 | 大跨度非对称转体斜拉桥矩形钢索塔施工工法 | 中铁九局集团第七工程有限公司 | 辽宁省住房和城乡建设厅 |
| 557 | 转体斜拉桥钢箱梁施工工法 | 中铁九局集团第七工程有限公司 | 辽宁省住房和城乡建设厅 |
| 558 | 速拼方圆扣夹具加固模板施工工法 | 中铁九局集团第七工程有限公司 | 辽宁省住房和城乡建设厅 |
| 559 | 复杂地质条件下盾构超小半径超大坡度穿越高层建筑物施工工法 | 中铁九局集团第七工程有限公司 | 辽宁省住房和城乡建设厅 |

续表

| 序号 | 工法名称 | 开发单位 | 认定机构 |
|---|---|---|---|
| 560 | 地面集中式光伏发电项目光伏区子系统安装施工工法 | 中铁九局集团电务工程有限公司 | 辽宁省住房和城乡建设厅 |
| 561 | 车站自动防溜装置安装与调试施工工法 | 中铁九局集团电务工程有限公司 | 辽宁省住房和城乡建设厅 |
| 562 | 既有铁路客运专线18号无交叉线岔安装调整施工工法 | 中铁九局集团电务工程有限公司 | 辽宁省住房和城乡建设厅 |
| 563 | 大跨度钢桁梁悬拼施工工法 | 中铁九局集团第二工程有限公司<br>长吉城际铁路有限责任公司 | 吉林省建筑业协会 |
| 564 | 跨铁路枢纽咽喉区大吨位框构中继间式顶进施工工法 | 中铁九局集团第二工程有限公司<br>沈阳铁路局集团有限公司长春建设工程指挥部 | 吉林省建筑业协会 |
| 565 | 市政斜拉桥带新型索鞍变截面混凝土索塔施工工法 | 中铁九局集团第二工程有限公司<br>长吉城际铁路有限责任公司 | 吉林省建筑业协会 |
| 566 | 基于BIM技术的超大吨位斜拉桥转体在线监测施工工法 | 中铁九局集团有限公司 | 中国中铁股份有限公司 |
| 567 | 高速铁路高架站多联变截面现浇道岔梁群组施工工法 | 中铁九局集团有限公司 | 中国中铁股份有限公司 |
| 568 | 高速铁路后张法预应力混凝土简支箱梁智能制造施工工法 | 中铁九局集团有限公司 | 中国中铁股份有限公司 |
| 569 | RTC360三维扫描仪隧道内轮廓检查及预防二衬混凝土空洞施工工法 | 中铁九局集团有限公司 | 中国中铁股份有限公司 |
| 570 | 隧道套靴法可换式支承块无砟轨道施工工法 | 中铁九局集团有限公司 | 中国中铁股份有限公司 |
| 571 | 基于BIM技术的高速铁路钢筋智能加工施工工法 | 中铁九局集团有限公司 | 中国中铁股份有限公司 |
| 572 | 非对称混合梁斜拉桥GT型索鞍拉索体系施工工法 | 中铁九局集团有限公司 | 中国中铁股份有限公司 |
| 573 | 新型纳米无机聚合物透水材料路面施工工法 | 中铁九局集团有限公司 | 中国中铁股份有限公司 |
| 574 | 圆形截面定型竹胶模板施工工法 | 中铁九局集团第四工程有限公司 | 辽宁省住房和城乡建设厅 |
| 575 | 基于BIM技术的高铁既有站房综合管线改造施工工法 | 中铁九局集团有限公司 | 辽宁省住房和城乡建设厅 |
| 576 | 基于BIM技术的转体斜拉桥空间曲面钢－混结构索塔施工工法 | 中铁九局集团有限公司 | 辽宁省住房和城乡建设厅 |
| 577 | 邻近铁路富水狭窄地区转体斜拉桥主墩深基坑支护施工工法 | 中铁九局集团有限公司 | 辽宁省住房和城乡建设厅 |
| 578 | DF40-200公路架桥机箱梁架设施工工法 | 中铁九局集团有限公司 | 辽宁省住房和城乡建设厅 |
| 579 | 预应力混凝土公路箱梁预制施工工法 | 中铁九局集团有限公司 | 辽宁省住房和城乡建设厅 |
| 580 | 高速铁路正线路基轻质混凝土帮填施工工法 | 中铁十局集团有限公司 | 国家铁路局 |
| 581 | 软土路基包裹式土工格室加筋挡土墙施工工法 | 中铁十局集团青岛工程有限公司 | 国家铁路局 |
| 582 | 高速铁路CRTS Ⅲ型无砟轨道底座板快速施工工法 | 中铁十局集团有限公司<br>中铁十局集团第三建设有限公司 | 国家铁路局 |
| 583 | 跨高速铁路转体梁整体支架侧位拼装顶推施工工法 | 中铁十局集团有限公司 | 国家铁路局 |
| 584 | 铁路墩身混凝土太阳能自动喷淋养护施工工法 | 中铁十局集团有限公司 | 国家铁路局 |
| 585 | 梁面防护墙与遮板一体化施工工法 | 中铁十局集团有限公司 | 国家铁路局 |
| 586 | 深水斜岩（裸岩）环境下旋挖引孔钢板桩围堰施工工法 | 中铁十局集团有限公司 | 国家铁路局 |
| 587 | 高铁箱梁制梁场建设BIM技术建造施工工法 | 中铁十局集团有限公司 | 国家铁路局 |
| 588 | 浮吊法扩建跨运河钢管拱桥装配式施工工法 | 中铁十局集团有限公司 | 中国公路建设行业协会 |
| 589 | 隧道水沟电缆槽整体走行式液压模板台车施工工法 | 中铁十局集团第二工程有限公司 | 河南省建筑业协会 |
| 590 | 中原地区富水粉砂层降水井封堵施工工法 | 中铁十局集团第二工程有限公司 | 河南省建筑业协会 |

续表

| 序号 | 工法名称 | 开发单位 | 认定机构 |
|---|---|---|---|
| 591 | 跨越城市景观水系 V 构式变截面预应力混凝土现浇梁施工工法 | 中铁十局集团有限公司 | 河南省建筑业协会 |
| 592 | 铁路墩身混凝土太阳能自动喷淋养护施工工法 | 中铁十局集团第二工程有限公司 | 河南省工程建设协会 |
| 593 | 跨越城市景观水系 V 构式变截面预应力混凝土现浇梁施工工法 | 中铁十局集团有限公司 | 河南省工程建设协会 |
| 594 | 隧道水沟电缆槽整体走行式液压模板台车施工工法 | 中铁十局集团第二工程有限公司 | 河南省工程建设协会 |
| 595 | 连续梁冬期施工混凝土智能温控养护施工工法 | 中铁十局集团第二工程有限公司 | 河南省工程建设协会 |
| 596 | 钢塑复合加筋土挡墙施工工法 | 中铁十局集团第二工程有限公司 | 河南省建筑业协会 |
| 597 | 小断面盾构机无后导洞分体始发施工工法 | 中铁十局集团第二工程有限公司 | 河南省建筑业协会 |
| 598 | 钢混混合梁桥钢梁安装施工工法 | 中铁大桥局集团有限公司<br>中铁大桥局集团第二工程有限公司 | 中国公路建设行业协会 |
| 599 | 超长大直径钢斜桩施工工法 | 中铁大桥局集团有限公司<br>中铁大桥局集团第四工程有限公司 | 中国公路建设行业协会 |
| 600 | 高墩连续刚构 0 号块装配式高空托架施工工法 | 中铁大桥局集团有限公司<br>中铁大桥局集团第五工程有限公司 | 中国公路建设行业协会 |
| 601 | 恶劣海况大风环境下斜拉桥钢锚梁安装测量工法 | 中铁大桥局集团有限公司<br>中铁大桥局集团第五工程有限公司 | 中国公路建设行业协会 |
| 602 | 深水大落差倾斜裸岩面吊箱围堰施工工法 | 中铁大桥局集团有限公司<br>中铁大桥局集团第七工程有限公司 | 中国公路建设行业协会 |
| 603 | 卵石覆盖层砂岩地质钢板桩围堰施工工法 | 中铁大桥局集团有限公司<br>中铁大桥局集团第七工程有限公司 | 中国公路建设行业协会 |
| 604 | 三跨连续钢桁拱桥拱肋桁片式安装施工工法 | 中铁大桥局集团有限公司<br>中铁大桥局集团第七工程有限公司 | 中国公路建设行业协会 |
| 605 | T 梁间增设钢结构横向联结系安装施工工法 | 中铁大桥局集团有限公司<br>中铁大桥局集团武汉桥梁特种技术有限公司 | 中国公路建设行业协会 |
| 606 | 钢桁梁桥运营状态下主桁共栓托架整体更换施工工法 | 中铁大桥局集团有限公司<br>中铁大桥局集团武汉桥梁特种技术有限公司 | 中国公路建设行业协会 |
| 607 | 既有铁路钢桁梁内防护棚施工工法 | 中铁大桥局集团有限公司<br>中铁大桥局集团武汉桥梁特种技术有限公司 | 中国公路建设行业协会 |
| 608 | 铆钉拆除及热铆施工工法 | 中铁大桥局集团有限公司<br>中铁大桥局集团武汉桥梁特种技术有限公司 | 中国公路建设行业协会 |
| 609 | 既有桥梁钢纤维混凝土桥面铺装改造施工工法 | 中铁大桥局集团有限公司<br>中铁大桥局集团武汉桥梁特种技术有限公司 | 中国公路建设行业协会 |
| 610 | 复杂海域栈桥施工工法 | 中铁大桥局集团有限公司<br>中铁大桥局集团第四工程有限公司 | 中国公路建设行业协会 |
| 611 | 常遇大风环境主塔塔柱施工工法 | 中铁大桥局集团有限公司<br>中铁大桥局集团第四工程有限公司 | 中国公路建设行业协会 |
| 612 | D1100-63 伏超大型塔吊安拆施工工法 | 中铁大桥局集团有限公司<br>中铁大桥局集团第六工程有限公司 | 中国公路建设行业协会 |
| 613 | 复杂海域公铁两用双层钢－混结合钢桁梁施工工法 | 中铁大桥局集团有限公司<br>中铁大桥局集团第五工程有限公司 | 中国公路建设行业协会 |
| 614 | 主塔下横梁异步施工工法 | 中铁大桥局集团有限公司<br>中铁大桥局集团第五工程有限公司 | 中国公路建设行业协会 |
| 615 | 斜拉桥钢桁梁整节段合龙施工工法 | 中铁大桥局集团有限公司<br>中铁大桥局集团第四工程有限公司 | 中国公路建设行业协会 |

科技创新

续表

| 序号 | 工法名称 | 开发单位 | 认定机构 |
|---|---|---|---|
| 616 | 大风环境斜拉桥主塔上横梁施工工法 | 中铁大桥局集团有限公司<br>中铁大桥局集团第五工程有限公司 | 中国公路建设行业协会 |
| 617 | 超厚淤泥软土地质重型预制梁场施工工法 | 中铁大桥局集团第一工程有限公司<br>中铁大桥局集团有限公司 | 中国公路建设行业协会 |
| 618 | 变幅式移动支架施工工法 | 中铁大桥局集团第二工程有限公司<br>中铁大桥局集团有限公司 | 中国公路建设行业协会 |
| 619 | 空心墩钢筋骨架水平整体绑扎、竖向转体对接施工工法 | 中铁大桥局集团第二工程有限公司<br>中铁大桥局集团有限公司 | 中国公路建设行业协会 |
| 620 | 复杂海工环境下行式移动模架安装施工工法 | 中铁大桥局集团第四工程有限公司<br>中铁大桥局集团有限公司 | 中国公路建设行业协会 |
| 621 | 滑道下置高支架顶托公路钢箱梁纵向滑移架设施工工法 | 中铁大桥局集团第四工程有限公司<br>中铁大桥局集团有限公司 | 中国公路建设行业协会 |
| 622 | 公铁合建区域上层连续梁支架逐孔现浇施工工法 | 中铁大桥局集团第四工程有限公司<br>中铁大桥局集团有限公司 | 中国公路建设行业协会 |
| 623 | 大节段变截面墩身部品钢筋施工工法 | 中铁大桥局集团第四工程有限公司<br>中铁大桥局集团有限公司 | 中国公路建设行业协会 |
| 624 | 大吨位钢沉井长距离运输施工工法 | 中铁大桥局集团第四工程有限公司<br>中铁大桥局集团有限公司<br>温州瓯江口大桥有限公司 | 中国公路建设行业协会 |
| 625 | 多幅小曲线半径预制节段梁拼装工法 | 中铁大桥局集团第五工程有限公司<br>中铁大桥局集团有限公司 | 中国公路建设行业协会 |
| 626 | 复杂海域环境下可纵、横移动模架小间距双幅曲线梁施工工法 | 中铁大桥局集团第五工程有限公司<br>中铁大桥局集团有限公司 | 中国公路建设行业协会 |
| 627 | 水上钻孔桩施工泥浆多孔同步循环回收绿色施工工法 | 中铁大桥局集团第五工程有限公司<br>中铁大桥局集团有限公司 | 中国公路建设行业协会 |
| 628 | 主塔施工测量控制工法 | 中铁大桥局集团第五工程有限公司<br>中铁大桥局集团有限公司 | 中国公路建设行业协会 |
| 629 | 下承式钢箱提篮拱桥拱肋提升安装施工工法 | 中铁大桥局集团第六工程有限公司<br>中铁大桥局集团有限公司 | 中国公路建设行业协会 |
| 630 | 空间椭圆形钢塔安装施工工法 | 中铁大桥局集团第六工程有限公司<br>中铁大桥局集团有限公司 | 中国公路建设行业协会 |
| 631 | 单肢钢塔牵引竖转施工工法 | 中铁大桥局集团第七工程有限公司<br>中铁大桥局集团有限公司 | 中国公路建设行业协会 |
| 632 | 自锚式悬索桥空间缆索系统无猫道安装工法 | 中铁大桥局集团第七工程有限公司<br>中铁大桥局集团有限公司 | 中国公路建设行业协会 |
| 633 | 桥梁钢塔陆地化大节段安装施工工法 | 中铁大桥局集团第七工程有限公司<br>中铁大桥局集团有限公司 | 中国公路建设行业协会 |
| 634 | 空间交叉索面斜拉桥拉索安装施工工法 | 中铁大桥局集团第七工程有限公司<br>中铁大桥局集团有限公司 | 中国公路建设行业协会 |
| 635 | 上跨体育场馆悬索结构双层分段式主缆安装工法 | 中铁大桥局集团第七工程有限公司<br>中铁大桥局集团有限公司 | 中国公路建设行业协会 |
| 636 | 拱桥拱上立柱及连接系预拼安装工法 | 中铁大桥局集团第七工程有限公司<br>中铁大桥局集团有限公司 | 中国公路建设行业协会 |
| 637 | 复杂水文风场条件钢桁拱桁片安装工法 | 中铁大桥局集团第七工程有限公司<br>中铁大桥局集团有限公司 | 中国公路建设行业协会 |
| 638 | 通航条件拱桥钢－混凝土结合梁安装工法 | 中铁大桥局集团第七工程有限公司<br>中铁大桥局集团有限公司 | 中国公路建设行业协会 |
| 639 | 斜拉桥钢－混凝土结合梁两节段一循环悬臂施工工法 | 中铁大桥局集团第七工程有限公司<br>中铁大桥局集团有限公司 | 中国公路建设行业协会 |
| 640 | 单跨刚性系杆钢桁拱桥梁拱同步施工工法 | 中铁大桥局集团第七工程有限公司<br>中铁大桥局集团有限公司 | 中国公路建设行业协会 |

续表

| 序号 | 工法名称 | 开发单位 | 认定机构 |
|---|---|---|---|
| 641 | 钢桁梁桥不中断交通状态下桥面板分幅快速架设施工工法 | 中铁大桥局集团武汉桥梁特种技术有限公司<br>中铁大桥局集团有限公司 | 中国公路建设行业协会 |
| 642 | 大跨度预应力混凝土连续梁拆除施工工法 | 中铁大桥局集团武汉桥梁特种技术有限公司<br>中铁大桥局集团有限公司 | 中国公路建设行业协会 |
| 643 | 钢桁梁桥中跨高空提升对接安装施工工法 | 中铁大桥局集团武汉桥梁特种技术有限公司<br>中铁大桥局集团有限公司 | 中国公路建设行业协会 |
| 644 | 大跨重载超宽斜拉桥结合梁施工工法 | 中铁大桥局集团有限公司<br>武汉青山长江大桥建设有限公司 | 中国公路建设行业协会 |
| 645 | 全漂浮体系斜拉桥钢主梁合龙施工工法 | 中铁大桥局集团有限公司<br>武汉青山长江大桥建设有限公司 | 中国公路建设行业协会 |
| 646 | 大跨度悬索桥大吨位缆载吊机安拆施工工法 | 中铁大桥局集团有限公司<br>中铁大桥局集团第一工程有限公司<br>中铁大桥局集团第六工程有限公司 | 中国公路建设行业协会 |
| 647 | 悬索桥索夹螺杆紧固施工工法 | 中铁大桥局集团有限公司<br>中铁大桥局集团第一工程有限公司<br>中铁大桥局集团第六工程有限公司 | 中国公路建设行业协会 |
| 648 | 悬索桥钢桁梁整节段吊装施工工法 | 中铁大桥局集团有限公司<br>中铁大桥局集团第一工程有限公司<br>中铁大桥局集团第六工程有限公司 | 中国公路建设行业协会 |
| 649 | 化学浆护壁成孔及桩底压浆和桩侧压浆钻孔桩施工工法 | 中铁大桥局集团有限公司 | 中国公路建设行业协会 |
| 650 | 大跨度钢梁扣索塔架辅助顶推施工工法 | 中铁大桥局集团有限公司<br>中铁大桥局集团第一工程有限公司 | 中国中铁股份有限公司 |
| 651 | 大型双壁钢围堰与钻孔桩双层作业同步施工工法 | 中铁大桥局集团有限公司<br>中铁大桥局集团第一工程有限公司 | 中国中铁股份有限公司 |
| 652 | 大跨钢管拱大节段垂直提升施工工法 | 中铁大桥局集团有限公司<br>中铁大桥局集团第一工程有限公司 | 中国中铁股份有限公司 |
| 653 | 超厚淤泥软土地质重型预制梁场施工工法 | 中铁大桥局集团有限公司<br>中铁大桥局集团第一工程有限公司 | 中国中铁股份有限公司 |
| 654 | 桥面板湿接缝混凝土冬季施工工法 | 中铁大桥局集团有限公司<br>中铁大桥局集团第一工程有限公司 | 中国中铁股份有限公司 |
| 655 | 变幅式移动支架施工工法 | 中铁大桥局集团有限公司<br>中铁大桥局集团第二工程有限公司 | 中国中铁股份有限公司 |
| 656 | 大体积混凝土单侧悬臂模板施工工法 | 中铁大桥局集团有限公司<br>中铁大桥局集团第二工程有限公司 | 中国中铁股份有限公司 |
| 657 | 钢梁浮托顶推快速施工工法 | 中铁大桥局集团有限公司<br>中铁大桥局集团第二工程有限公司 | 中国中铁股份有限公司 |
| 658 | 超大直径主缆索夹同步分级张拉施工工法 | 中铁大桥局集团有限公司<br>中铁大桥局集团第二工程有限公司 | 中国中铁股份有限公司 |
| 659 | 高墩超宽低高度连续梁移动模架施工工法 | 中铁大桥局集团有限公司<br>中铁大桥局集团第二工程有限公司 | 中国中铁股份有限公司 |
| 660 | 跨座式单轨曲线 PC 轨道梁预制测量定位工法 | 中铁大桥局集团有限公司<br>中铁大桥局集团第二工程有限公司 | 中国中铁股份有限公司 |
| 661 | 空心墩钢筋骨架水平整体绑扎、竖向转体对接施工工法 | 中铁大桥局集团有限公司<br>中铁大桥局集团第二工程有限公司 | 中国中铁股份有限公司 |
| 662 | 公铁两用简支钢桁梁桥双层结合桥面施工工法 | 中铁大桥局集团有限公司<br>中铁大桥局集团第四工程有限公司 | 中国中铁股份有限公司 |
| 663 | 复杂海工环境下行式移动模架安装施工工法 | 中铁大桥局集团有限公司<br>中铁大桥局集团第四工程有限公司 | 中国中铁股份有限公司 |

续表

| 序号 | 工法名称 | 开发单位 | 认定机构 |
|---|---|---|---|
| 664 | 滑道下置高支架顶托公路钢箱梁纵向滑移架设施工工法 | 中铁大桥局集团有限公司<br>中铁大桥局集团第四工程有限公司 | 中国中铁股份有限公司 |
| 665 | 导向架辅助大孔径斜桩插打定位测量工法 | 中铁大桥局集团有限公司<br>中铁大桥局集团第四工程有限公司 | 中国中铁股份有限公司 |
| 666 | 大跨度铁路混凝土斜拉桥施工工法 | 中铁大桥局集团有限公司<br>中铁大桥局集团第四工程有限公司 | 中国中铁股份有限公司 |
| 667 | 大节段变截面墩身部品钢筋施工工法 | 中铁大桥局集团有限公司<br>中铁大桥局集团第四工程有限公司 | 中国中铁股份有限公司 |
| 668 | 大吨位钢沉井长距离运输施工工法 | 中铁大桥局集团有限公司<br>中铁大桥局集团第四工程有限公司 | 中国中铁股份有限公司 |
| 669 | 大跨度移动式现浇支架施工工法 | 中铁大桥局集团有限公司<br>中铁大桥局集团第五工程有限公司 | 中国中铁股份有限公司 |
| 670 | 多幅小曲线半径预制节段梁拼装工法 | 中铁大桥局集团有限公司<br>中铁大桥局集团第五工程有限公司 | 中国中铁股份有限公司 |
| 671 | 复杂地质矩形桩基旋挖分次成孔施工工法 | 中铁大桥局集团有限公司<br>中铁大桥局集团第五工程有限公司 | 中国中铁股份有限公司 |
| 672 | 复杂海域环境下可纵、横移移动模架小间距双幅曲线梁施工工法 | 中铁大桥局集团有限公司<br>中铁大桥局集团第五工程有限公司 | 中国中铁股份有限公司 |
| 673 | 钢管拱预埋节段整节制造及安装施工工法 | 中铁大桥局集团有限公司<br>中铁大桥局集团第五工程有限公司 | 中国中铁股份有限公司 |
| 674 | 拱肋二次横移架设施工工法 | 中铁大桥局集团有限公司<br>中铁大桥局集团第五工程有限公司 | 中国中铁股份有限公司 |
| 675 | 山区复杂地形地质矩形嵌固式基础施工工法 | 中铁大桥局集团有限公司<br>中铁大桥局集团第五工程有限公司 | 中国中铁股份有限公司 |
| 676 | 水上钻孔桩施工泥浆多孔同步循环回收绿色施工工法 | 中铁大桥局集团有限公司<br>中铁大桥局集团第五工程有限公司 | 中国中铁股份有限公司 |
| 677 | 主塔施工测量控制工法 | 中铁大桥局集团有限公司<br>中铁大桥局集团第五工程有限公司 | 中国中铁股份有限公司 |
| 678 | 连续刚构钢管拱桥拱肋整体提升施工工法 | 中铁大桥局集团有限公司<br>中铁大桥局集团第六工程有限公司 | 中国中铁股份有限公司 |
| 679 | 湖库区连续式猫道架设施工工法 | 中铁大桥局集团有限公司<br>中铁大桥局集团第六工程有限公司 | 中国中铁股份有限公司 |
| 680 | 大跨度悬索桥全焊耐候钢梁拼装施工工法 | 中铁大桥局集团有限公司<br>中铁大桥局集团第六工程有限公司 | 中国中铁股份有限公司 |
| 681 | 悬索桥缆载吊机荡移架梁施工工法 | 中铁大桥局集团有限公司<br>中铁大桥局集团第六工程有限公司 | 中国中铁股份有限公司 |
| 682 | 下承式钢箱提篮拱桥提升安装施工工法 | 中铁大桥局集团有限公司<br>中铁大桥局集团第六工程有限公司 | 中国中铁股份有限公司 |
| 683 | 高速铁路大跨度曲弦钢桁梁桥无砟轨道施工工法 | 中铁大桥局集团有限公司<br>中铁大桥局集团第六工程有限公司 | 中国中铁股份有限公司 |
| 684 | 索塔拉索锚固区低回缩环向预应力施工工法 | 中铁大桥局集团有限公司<br>中铁大桥局集团第六工程有限公司 | 中国中铁股份有限公司 |
| 685 | 空间立体椭圆形钢塔安装施工工法 | 中铁大桥局集团有限公司<br>中铁大桥局集团第六工程有限公司 | 中国中铁股份有限公司 |
| 686 | 上承式拱形变高钢桁组合连续梁悬臂拼装施工工法 | 中铁大桥局集团有限公司<br>中铁大桥局集团第六工程有限公司 | 中国中铁股份有限公司 |
| 687 | 悬索桥主缆索股架设双线往复施工工法 | 中铁大桥局集团有限公司<br>中铁大桥局集团第六工程有限公司 | 中国中铁股份有限公司 |
| 688 | 长大桥梁砼防撞护栏施工线型控制工法 | 中铁大桥局集团有限公司<br>中铁大桥局集团第六工程有限公司 | 中国中铁股份有限公司 |
| 689 | 悬索桥主缆缠包带施工工法 | 中铁大桥局集团有限公司<br>中铁大桥局集团第六工程有限公司 | 中国中铁股份有限公司 |

续表

| 序号 | 工法名称 | 开发单位 | 认定机构 |
|---|---|---|---|
| 690 | 单肢钢塔牵引竖转施工工法 | 中铁大桥局集团有限公司<br>中铁大桥局集团第七工程有限公司 | 中国中铁股份有限公司 |
| 691 | 自锚式悬索桥空间缆索系统无猫道安装工法 | 中铁大桥局集团有限公司<br>中铁大桥局集团第七工程有限公司 | 中国中铁股份有限公司 |
| 692 | 桥梁钢塔陆地化大节段安装施工工法 | 中铁大桥局集团有限公司<br>中铁大桥局集团第七工程有限公司 | 中国中铁股份有限公司 |
| 693 | 空间交叉索面斜拉桥拉索安装施工工法 | 中铁大桥局集团有限公司<br>中铁大桥局集团第七工程有限公司 | 中国中铁股份有限公司 |
| 694 | 上跨体育场馆悬索结构多层分段式主缆安装工法 | 中铁大桥局集团有限公司<br>中铁大桥局集团第七工程有限公司 | 中国中铁股份有限公司 |
| 695 | 拱桥拱上立柱及连接系预拼安装工法 | 中铁大桥局集团有限公司<br>中铁大桥局集团第七工程有限公司 | 中国中铁股份有限公司 |
| 696 | 复杂水文风场条件钢桁拱桁片安装工法 | 中铁大桥局集团有限公司<br>中铁大桥局集团第七工程有限公司 | 中国中铁股份有限公司 |
| 697 | 通航条件拱桥钢－混凝土结合梁安装工法 | 中铁大桥局集团有限公司<br>中铁大桥局集团第七工程有限公司 | 中国中铁股份有限公司 |
| 698 | 斜拉桥钢－混凝土结合梁两节段一循环悬臂施工工法 | 中铁大桥局集团有限公司<br>中铁大桥局集团第七工程有限公司 | 中国中铁股份有限公司 |
| 699 | 单跨刚性系杆钢桁拱桥梁拱同步施工工法 | 中铁大桥局集团有限公司<br>中铁大桥局集团第七工程有限公司 | 中国中铁股份有限公司 |
| 700 | 城市地铁岩溶发育地区车站深基坑施工工法 | 中铁大桥局集团有限公司<br>中铁大桥局集团第七工程有限公司 | 中国中铁股份有限公司 |
| 701 | 大跨度预应力混凝土连续梁悬臂浇筑无轨道三角挂篮施工工法 | 中铁大桥局集团有限公司<br>中铁大桥局集团第八工程有限公司 | 中国中铁股份有限公司 |
| 702 | 大粒径卵石覆盖层深水栈桥快速施工工法 | 中铁大桥局集团有限公司<br>中铁大桥局集团第八工程有限公司 | 中国中铁股份有限公司 |
| 703 | 超高性能混凝土施工工法 | 中铁大桥局集团有限公司<br>中铁大桥科学研究院有限公司 | 中国中铁股份有限公司 |
| 704 | 钢桁梁桥不中断交通状态下桥面板分幅快速架设施工工法 | 中铁大桥局集团有限公司<br>中铁大桥局集团武汉桥梁特种技术有限公司 | 中国中铁股份有限公司 |
| 705 | 普通铁路营业线桥梁支座天窗点更换施工工法 | 中铁大桥局集团有限公司<br>中铁大桥局集团武汉桥梁特种技术有限公司 | 中国中铁股份有限公司 |
| 706 | 文物双曲拱修复施工工法 | 中铁大桥局集团有限公司<br>中铁大桥局集团武汉桥梁特种技术有限公司 | 中国中铁股份有限公司 |
| 707 | 钢桁梁整体更换施工工法 | 中铁大桥局集团有限公司<br>中铁大桥局集团武汉桥梁特种技术有限公司 | 中国中铁股份有限公司 |
| 708 | 大跨度预应力混凝土连续梁拆除施工工法 | 中铁大桥局集团有限公司<br>中铁大桥局集团武汉桥梁特种技术有限公司 | 中国中铁股份有限公司 |
| 709 | 既有桥墩增设桩基加固施工工法 | 中铁大桥局集团有限公司<br>中铁大桥局集团武汉桥梁特种技术有限公司 | 中国中铁股份有限公司 |
| 710 | 钢桁梁桥中跨高空提升对接安装施工工法 | 中铁大桥局集团有限公司<br>中铁大桥局集团武汉桥梁特种技术有限公司 | 中国中铁股份有限公司 |
| 711 | 提篮式钢箱系杆拱肋大节段整体吊装施工工法 | 中铁大桥局集团有限公司<br>中铁大桥局集团上海工程有限公司 | 中国中铁股份有限公司 |
| 712 | 多功能复合式真空预压污泥脱水减量施工工法 | 中铁大桥局集团有限公司 | 中国中铁股份有限公司 |

续表

| 序号 | 工法名称 | 开发单位 | 认定机构 |
|---|---|---|---|
| 713 | 间歇性厢式自动板框压滤机污泥固液分离减量施工工法 | 中铁大桥局集团有限公司 | 中国中铁股份有限公司 |
| 714 | 旋挖钻机＋回转钻机接力组合钻孔施工工法 | 中铁大桥局集团有限公司<br>中铁大桥局集团第五工程有限公司 | 中国中铁股份有限公司 |
| 715 | 大堤斜坡面深水矩形承台施工工法 | 中铁大桥局集团有限公司<br>中铁大桥局集团第五工程有限公司 | 中国中铁股份有限公司 |
| 716 | 装配式桥梁墩柱预制拼装施工工法 | 中铁大桥局集团有限公司 | 中国中铁股份有限公司 |
| 717 | 大截面超高混凝土塔施工工法 | 中铁大桥局集团有限公司<br>中铁大桥局集团第四工程有限公司 | 中国中铁股份有限公司 |
| 718 | 大跨度斜拉桥塔梁同步施工工法 | 中铁大桥局集团有限公司<br>中铁大桥局集团第四工程有限公司 | 中国中铁股份有限公司 |
| 719 | 两节间大节段三主桁钢桁梁整体制造、架设施工工法 | 中铁大桥局集团有限公司<br>中铁大桥局集团第四工程有限公司<br>中铁大桥局集团第二工程有限公司 | 中国中铁股份有限公司 |
| 720 | 大跨度斜拉桥三主桁钢桁梁两节间整体合龙施工工法 | 中铁大桥局集团有限公司<br>中铁大桥局集团第四工程有限公司<br>中铁大桥局集团第二工程有限公司 | 中国中铁股份有限公司 |
| 721 | 超长斜拉索挂设施工工法 | 中铁大桥局集团有限公司<br>中铁大桥局集团第四工程有限公司<br>中铁大桥局集团第二工程有限公司 | 中国中铁股份有限公司 |
| 722 | 大跨重载超宽斜拉桥结合梁施工工法 | 中铁大桥局集团有限公司<br>中铁大桥局集团第一工程有限公司 | 中国中铁股份有限公司 |
| 723 | 大跨度悬索桥大吨位缆载吊机安拆施工工法 | 中铁大桥局集团有限公司<br>中铁大桥局集团第一工程有限公司<br>中铁大桥局集团第六工程有限公司 | 中国中铁股份有限公司 |
| 724 | 悬索桥索夹螺杆紧固施工工法 | 中铁大桥局集团有限公司<br>中铁大桥局集团第四工程有限公司<br>中铁大桥局集团第二工程有限公司 | 中国中铁股份有限公司 |
| 725 | 悬索桥钢桁梁整节段吊装施工工法 | 中铁大桥局集团有限公司<br>中铁大桥局集团第一工程有限公司<br>中铁大桥局集团第六工程有限公司 | 中国中铁股份有限公司 |
| 726 | 恶劣海况大风环境下斜拉桥钢锚梁安装测量工法 | 中铁大桥局集团有限公司<br>中铁大桥局集团第五工程有限公司 | 中国中铁股份有限公司 |
| 727 | 深水大落差倾斜裸岩面吊箱围堰施工工法 | 中铁大桥局集团有限公司<br>中铁大桥局集团第七工程有限公司 | 中国中铁股份有限公司 |
| 728 | 三跨连续钢桁拱桥拱肋桁片式安装施工工法 | 中铁大桥局集团有限公司<br>中铁大桥局集团第七工程有限公司 | 中国中铁股份有限公司 |
| 729 | 超长大直径钢斜桩施工工法 | 中铁大桥局集团有限公司<br>中铁大桥局集团第一工程有限公司<br>中铁大桥局集团第六工程有限公司 | 中国中铁股份有限公司 |
| 730 | 铆钉拆除及热铆施工工法 | 中铁大桥局集团有限公司<br>中铁大桥局集团武汉桥梁特种技术有限公司 | 中国中铁股份有限公司 |
| 731 | T梁间增设钢结构横向联结系安装施工工法 | 中铁大桥局集团有限公司<br>中铁大桥局集团武汉桥梁特种技术有限公司 | 中国中铁股份有限公司 |
| 732 | 钢桁梁桥运营状态下主桁共栓托架整体更换施工工法 | 中铁大桥局集团有限公司<br>中铁大桥局集团武汉桥梁特种技术有限公司 | 中国中铁股份有限公司 |
| 733 | 既有铁路钢桁梁内防护棚施工工法 | 中铁大桥局集团有限公司<br>中铁大桥局集团武汉桥梁特种技术有限公司 | 中国中铁股份有限公司 |
| 734 | 既有桥梁钢纤维混凝土桥面铺装改造施工工法 | 中铁大桥局集团有限公司<br>中铁大桥局集团武汉桥梁特种技术有限公司 | 中国中铁股份有限公司 |

续表

| 序号 | 工法名称 | 开发单位 | 认定机构 |
|---|---|---|---|
| 735 | 冲击反循环钻机处理超长超深串珠状溶洞桩施工工法 | 中铁大桥局集团有限公司<br>中铁大桥局集团第五工程有限公司 | 中国中铁股份有限公司 |
| 736 | 巨型钢沉井整体制造出坞浮运施工工法 | 中铁大桥局集团有限公司 | 中国中铁股份有限公司 |
| 737 | 深水巨型钢沉井定位着床施工工法 | 中铁大桥局集团有限公司 | 中国中铁股份有限公司 |
| 738 | 嵌岩超深地下连续墙爆破辅助成槽施工工法 | 中铁隧道局集团有限公司 | 中国爆破行业协会 |
| 739 | 隧道掘进中台车凿岩周边孔聚能爆破施工工法 | 中铁隧道局集团有限公司 | 中国爆破行业协会 |
| 740 | 铁路隧道水平砂泥岩层爆破开挖成型控制施工工法 | 中铁隧道局集团有限公司 | 中国爆破行业协会 |
| 741 | TBM 施工斜井翻碴台侧翻出渣施工工法 | 中铁隧道集团三处有限公司 | 河南省建筑业协会 |
| 742 | 中微风化断层滑坡体快速处治工法 | 中铁隧道集团三处有限公司 | 河南省建筑业协会 |
| 743 | 极浅埋铁路隧道盖挖下穿透水河床施工工法 | 中铁隧道集团三处有限公司 | 河南省建筑业协会 |
| 744 | 浅埋深条件下地表水与溶洞通道综合处理施工工法 | 中铁隧道集团三处有限公司 | 河南省建筑业协会 |
| 745 | 深大竖井“S”形超深孔帷幕注浆施工工法 | 中铁隧道集团三处有限公司 | 河南省建筑业协会 |
| 746 | 城市多层立交桥切割驮运快速拆除施工工法 | 中铁隧道集团三处有限公司 | 河南省建筑业协会 |
| 747 | 隧道掘进中台车凿岩周边孔聚能爆破施工工法 | 中铁隧道局集团有限公司 | 河南省建筑业协会 |
| 748 | 高速铁路钢混结合连续梁环氧结构胶薄层摊铺施工工法 | 中铁隧道局集团有限公司 | 河南省建筑业协会 |
| 749 | 多曲线长距离顶管测量施工工法 | 中铁隧道局集团有限公司 | 河南省建筑业协会 |
| 750 | 基于移动式立面硬岩切槽机施工工法 | 中铁隧道局集团有限公司 | 河南省建筑业协会 |
| 751 | 三舱地下管廊节段整环预制安装施工工法 | 中铁隧道局集团有限公司 | 中国公路建设行业协会 |
| 752 | 大直径常压刀盘泥水盾构泥岩地层施工工法 | 中铁隧道局集团有限公司 | 河南省建筑业协会 |
| 753 | 格构地连墙双十字穿孔钢板接头施工工法 | 中铁隧道局集团有限公司 | 河南省建筑业协会 |
| 754 | 寒区运营隧道波纹板套衬施工工法 | 中铁隧道局集团有限公司 | 河南省建筑业协会 |
| 755 | 超浅覆土盾构掘进施工工法 | 中铁隧道局集团有限公司 | 河南省建筑业协会 |
| 756 | 下穿高速公路超长水平 MJS 桩施工工法 | 中铁隧道局集团有限公司 | 河南省建筑业协会 |
| 757 | 超深地下连续墙单侧玻璃纤维筋及玻璃纤维板施工工法 | 中铁隧道局集团有限公司 | 河南省建筑业协会 |
| 758 | 上软下硬复杂地层矩形顶管顶进工法 | 中铁隧道局集团有限公司 | 河南省建筑业协会 |
| 759 | 狭小场地环境下超大直径泥水盾构模块化组装施工工法 | 中铁隧道局集团有限公司 | 河南省建筑业协会 |
| 760 | 隧道衬砌混凝土带压入模自动布料灌注施工工法 | 中铁隧道局集团有限公司 | 河南省建筑业协会 |
| 761 | 既有结构后补镶嵌超重提升吊点工法 | 中铁隧道局集团有限公司 | 河南省建筑业协会 |
| 762 | 矿山法隧道台阶法帷幕注浆施工工法 | 中铁隧道局集团有限公司 | 河南省建筑业协会 |
| 763 | 水下钻爆法隧道海底泵房施工工法 | 中铁隧道局集团有限公司 | 河南省建筑业协会 |
| 764 | 大块径松散岩堆体隧道安全进出洞施工工法 | 中铁隧道局集团有限公司 | 河南省建筑业协会 |
| 765 | 深埋隧洞 TBM 反坡掘进突涌水防治施工工法 | 中铁隧道局集团有限公司 | 河南省建筑业协会 |
| 766 | 超大直径泥水盾构复合软土浅埋地层始发施工工法 | 中铁隧道局集团有限公司 | 河南省建筑业协会 |
| 767 | 小直径（泥水、土压）双模式盾构施工工法 | 中铁隧道局集团有限公司 | 河南省建筑业协会 |
| 768 | 下部无支撑式轨顶风道施工工法 | 中铁隧道局集团有限公司 | 河南省建筑业协会 |
| 769 | 管线密集交叉路口管线保护施工工法 | 中铁隧道局集团有限公司 | 河南省建筑业协会 |
| 770 | 高原严寒地区隧道保温盲沟施工工法 | 中铁隧道局集团有限公司 | 河南省建筑业协会 |
| 771 | 结合高压旋喷桩止水的地下连续墙套铣接头施工工法 | 中铁电气化局集团有限公司 | 中国中铁股份有限公司 |
| 772 | 异型空间偏载桁架曲面滑移施工工法 | 中铁电气化局集团有限公司 | 中国中铁股份有限公司 |
| 773 | 城市轨道交通直流系统保护调试工法 | 中铁电气化局集团有限公司 | 中国中铁股份有限公司 |

续表

| 序号 | 工法名称 | 开发单位 | 认定机构 |
|---|---|---|---|
| 774 | 城际铁路小断面低净空隧道内接触网腕臂安装施工工法 | 中铁电气化局集团有限公司 | 中国中铁股份有限公司 |
| 775 | 既有线改造V形天窗180分钟承导双线同步更换施工工法 | 中铁电气化局集团有限公司 | 中国中铁股份有限公司 |
| 776 | 高寒湿地电杆基础施工工法 | 中铁电气化局集团有限公司 | 中国中铁股份有限公司 |
| 777 | 牵引变电所二次配线施工工法 | 中铁电气化局集团有限公司 | 中国中铁股份有限公司 |
| 778 | 架空刚性接触网汇流排更换工法 | 中铁电气化局集团有限公司 | 中国中铁股份有限公司 |
| 779 | 大型铁路客站屋盖钢网架整体顶升施工工法 | 中铁电气化局集团有限公司 | 中国中铁股份有限公司 |
| 780 | 大跨度防护棚施工工法 | 中铁电气化局集团有限公司 | 中国中铁股份有限公司 |
| 781 | 电气化铁路10千伏电力电缆局放试验工法 | 中铁电气化局集团有限公司 | 中国中铁股份有限公司 |
| 782 | 电加热道岔融雪系统设备施工与调试工法 | 中铁电气化局集团有限公司 | 中国中铁股份有限公司 |
| 783 | 牵引变电所牵引变压器安装工法 | 中铁电气化局集团有限公司 | 中国中铁股份有限公司 |
| 784 | 基坑支护橡胶气囊施工工法 | 中铁武汉电气化局集团有限公司 | 中国中铁股份有限公司 |
| 785 | 集成化信号机模拟试验箱施工工法 | 中铁武汉电气化局集团有限公司 | 中国中铁股份有限公司 |
| 786 | 彩色强固透水混凝土施工工法 | 中铁建工集团有限公司 | 中国公路行业建设协会 |
| 787 | 伞状单元体大曲率负高斯曲面单层ETFE钢–索膜结构施工技术 | 中铁建工集团有限公司 | 中国中铁股份有限公司 |
| 788 | 逆作法大直径环梁组合活动式模板加固体系施工工法 | 中铁建工集团有限公司 | 中国中铁股份有限公司 |
| 789 | AAC轻质隔墙板砖胎膜施工技术 | 中铁建工集团有限公司 | 中国中铁股份有限公司 |
| 790 | CF蒸压瓷粉加气混凝土自保温砌块薄缝、薄抹灰外墙外保温系统施工技术 | 中铁建工集团有限公司 | 中国中铁股份有限公司 |
| 791 | JC一体化保温板与铝模结合技术 | 中铁建工集团有限公司 | 中国中铁股份有限公司 |
| 792 | 不等跨转体桥配重施工技术 | 中铁建工集团有限公司 | 中国中铁股份有限公司 |
| 793 | 防堵塞塑料垃圾通道系统施工技术 | 中铁建工集团有限公司 | 中国中铁股份有限公司 |
| 794 | 高大框架结构涂料高压真空喷涂施工技术 | 中铁建工集团有限公司 | 中国中铁股份有限公司 |
| 795 | 球铰定位及安装施工技术 | 中铁建工集团有限公司 | 中国中铁股份有限公司 |
| 796 | 石膏泡沫轻质方箱法大跨度空心楼盖结构施工技术 | 中铁建工集团有限公司 | 中国中铁股份有限公司 |
| 797 | 超大地下室耐磨硬化地坪免切缝施工技术 | 中铁建工集团有限公司 | 中国中铁股份有限公司 |
| 798 | 逆作法楼层间物料传递悬臂式电动提升机施工技术 | 中铁建工集团有限公司 | 中国中铁股份有限公司 |
| 799 | 用于逆作法施工咬合式预制周转垫层施工工法 | 中铁建工集团有限公司 | 中国中铁股份有限公司 |
| 800 | 钢框木模板体系下的弧形饰面清水混凝土施工技术 | 中铁建工集团有限公司 | 中国中铁股份有限公司 |
| 801 | 附着式电动施工平台施工技术 | 中铁建工集团有限公司 | 中国中铁股份有限公司 |
| 802 | 轨道行走式升降拆除装置拆除钢结构防护棚施工工法 | 中铁建工集团有限公司 | 中国中铁股份有限公司 |
| 803 | BIM技术辅助环梁节点钢筋安装施工技术 | 中铁建工集团有限公司 | 中国中铁股份有限公司 |
| 804 | 大跨度铝结构采光穹顶施工工法 | 中铁建工集团有限公司 | 青海省住房和城乡建设厅 |
| 805 | 高寒高海拔地区喷涂速凝＆成型非固化屋面防水施工工法 | 中铁建工集团有限公司 | 青海省住房和城乡建设厅 |
| 806 | 高寒高海拔地区铁路预制装配式围墙施工工法 | 中铁建工集团有限公司 | 青海省住房和城乡建设厅 |
| 807 | 金属屋面采光天窗施工工法 | 中铁建工集团有限公司 | 青海省住房和城乡建设厅 |
| 808 | 高温差地区墙面玻化砖铺贴施工工法 | 中铁建工集团有限公司 | 青海省住房和城乡建设厅 |
| 809 | CF蒸压瓷粉加气混凝土自保温砌块薄缝、薄抹灰外墙外保温系统施工工法 | 中铁建工集团有限公司 | 山东省住房和城乡建设厅 |
| 810 | JC一体化保温板与铝模结合技术研究 | 中铁建工集团有限公司 | 山东省住房和城乡建设厅 |
| 811 | 不等跨转体桥配重施工工法 | 中铁建工集团有限公司 | 山东省住房和城乡建设厅 |
| 812 | 转体桥球铰定位及安装施工工法 | 中铁建工集团有限公司 | 山东省住房和城乡建设厅 |

续表

| 序号 | 工法名称 | 开发单位 | 认定机构 |
|---|---|---|---|
| 813 | 大截面梁用高强可调可周转临时钢筋马凳施工工法 | 中铁建工集团有限公司 | 山东省住房和城乡建设厅 |
| 814 | 梁侧全预埋新型承力架 | 中铁建工集团有限公司 | 山东省住房和城乡建设厅 |
| 815 | 格构梁外包铝板大型金属斗拱施工工法 | 中铁建工集团有限公司 | 贵州省住房和城乡建设厅 |
| 816 | 基于FM认证标准的上导向、下承重式机库大门施工工法 | 中铁建工集团有限公司 | 浙江省住房和城乡建设厅 |
| 817 | 超大截面方柱组合可调式卡具加固施工工法 | 中铁建工集团有限公司 | 中国公路行业建设协会 |
| 818 | 轻质模型调整一次垫层成型路缘石快速施工工法 | 中铁建工集团有限公司 | 中国公路行业建设协会 |
| 819 | 地下室底板免剔凿施工缝施工工法 | 中铁建工集团有限公司 | 河北省住房和城乡建设厅 |
| 820 | “开花柱”清水混凝土模板体系施工工法 | 中铁建工集团有限公司 | 河北省住房和城乡建设厅 |
| 821 | 劲性结构纵向钢筋组合式连接施工工法 | 中铁建工集团有限公司 | 河北省住房和城乡建设厅 |
| 822 | 装配式站台吸声墙施工工法 | 中铁建工集团有限公司 | 河北省住房和城乡建设厅 |
| 823 | 大截面弧形清水混凝土梁木模板体系施工工法 | 中铁建工集团有限公司 | 河北省住房和城乡建设厅 |
| 824 | 库区深水隧道管道安装施工工法 | 中铁广州工程局集团有限公司 | 中国中铁股份有限公司 |
| 825 | 大跨独塔双索面斜拉桥钢箱梁架设工法 | 中铁广州工程局集团有限公司 | 中国中铁股份有限公司 |
| 826 | 框架涵顶板非接触式顶进施工工法 | 中铁广州工程局集团有限公司 | 中国中铁股份有限公司 |
| 827 | 隧道二次衬砌软搭接施工工法 | 中铁广州工程局集团有限公司 | 中国中铁股份有限公司 |
| 828 | 单线铁路隧道自行式仰拱栈桥带模板施工工法 | 中铁广州工程局集团有限公司 | 中国中铁股份有限公司 |
| 829 | 隧道悬臂式整体台架微台阶施工工法 | 中铁广州工程局集团有限公司 | 中国中铁股份有限公司 |
| 830 | 双线明挖隧道区间装配式衬砌台车施工工法 | 中铁广州工程局集团有限公司 | 中国中铁股份有限公司 |
| 831 | 预应力混凝土槽型梁顶推施工工法 | 中铁广州工程局集团有限公司 | 中国中铁股份有限公司 |
| 832 | 青藏高原峡谷桥梁不对称与扣缆塔合一型缆索吊机建造工法 | 中铁广州工程局集团有限公司 | 中国中铁股份有限公司 |
| 833 | 中承式钢管混凝土拱桥钢混叠合梁拼装提升施工工法 | 中铁广州工程局集团有限公司 | 中国中铁股份有限公司 |
| 834 | 大跨提篮式钢管混凝土拱桥拱肋安装工法 | 中铁广州工程局集团有限公司 | 中国中铁股份有限公司 |
| 835 | 沿海码头工程断桩修复施工工法 | 中铁广州工程局集团有限公司 | 中国中铁股份有限公司 |
| 836 | 深厚淤泥地层超宽地铁车站降水开挖施工工法 | 中铁广州工程局集团有限公司 | 中国中铁股份有限公司 |
| 837 | 气泡混合轻质土挡墙施工工法 | 中铁广州工程局集团有限公司 | 中国中铁股份有限公司 |
| 838 | 富水砂卵石地层盾构钢套筒接收施工工法 | 中铁广州工程局集团有限公司 | 中国中铁股份有限公司 |
| 839 | 公路钢混组合梁制运架一体化施工工法 | 中铁北京工程局集团有限公司 | 中国公路建设工程协会 |
| 840 | 装配式箱涵预制施工工法 | 中铁北京工程局集团有限公司 | 吉林省建筑业协会 |
| 841 | 特殊地段导洞条基法暗挖车站人工挖孔桩内斜井降水施工工法 | 中铁北京工程局集团有限公司 | 天津市住房和城乡建设委员会 |
| 842 | 超高层塔帽式水平臂塔机高空拆卸施工工法 | 中铁北京工程局集团有限公司 | 深圳建筑业协会 |
| 843 | 激光摊铺机在桥面铺装施工中的应用工法 | 中铁北京工程局集团有限公司 | 云南省住房和城乡建设厅 |
| 844 | 基于BIM技术管道预制加工及安装施工工法 | 中铁北京工程局集团有限公司 | 云南省住房和城乡建设厅 |
| 845 | 大张角异形0号块支架施工工法 | 中铁北京工程局集团有限公司 | 中国中铁股份有限公司 |
| 846 | 二次引线法连续梁大曲率半径多次弯曲波纹管超长束钢绞线穿束施工工法 | 中铁北京工程局集团有限公司 | 中国中铁股份有限公司 |
| 847 | 复合地层盾构小净距侧穿越在建暗挖隧道施工工法 | 中铁北京工程局集团有限公司 | 中国中铁股份有限公司 |
| 848 | 长大坡度小半径曲线隧道盾构施工姿态控制工法 | 中铁北京工程局集团有限公司 | 中国中铁股份有限公司 |
| 849 | 一种适用于软弱围岩的超小净距双洞盾构穿越既有桥梁桩基快速施工工法 | 中铁北京工程局集团有限公司 | 中国中铁股份有限公司 |
| 850 | 富水区域深基坑降水及回灌施工技术研究 | 中铁北京工程局集团有限公司 | 中国中铁股份有限公司 |
| 851 | 高速铁路连续梁悬臂节段拼装施工工法 | 中铁北京工程局集团有限公司 | 中国中铁股份有限公司 |

续表

| 序号 | 工法名称 | 开发单位 | 认定机构 |
|---|---|---|---|
| 852 | 超大分格复杂曲线现浇水泥人造石拼花楼面施工工法 | 中铁北京工程局集团有限公司 | 中国中铁股份有限公司 |
| 853 | 预制装配式现浇混凝土剪力墙结构墙顶同步浇筑施工工法 | 中铁北京工程局集团有限公司 | 中国中铁股份有限公司 |
| 854 | 基于 BIM 技术管道预制加工及安装施工工法 | 中铁北京工程局集团有限公司 | 中国中铁股份有限公司 |
| 855 | 拱形明洞组合移动式弧形钢木模板施工工法 | 中铁北京工程局集团有限公司 | 中国中铁股份有限公司 |
| 856 | 激光摊铺机在桥面铺装施工中的应用工法 | 中铁北京工程局集团有限公司 | 中国中铁股份有限公司 |
| 857 | 公路钢混梁组合制运架一体化施工工法 | 中铁北京工程局集团有限公司 | 中国中铁股份有限公司 |
| 858 | 公路桥梁装配化施工工法 | 中铁上海工程局集团有限公司 | 上海市住房和城乡建设管理委员会 |
| 859 | 高速铁路 CRTS Ⅲ型普通钢筋混凝土轨道板预制工法 | 中铁上海工程局集团有限公司 | 上海市住房和城乡建设管理委员会 |
| 860 | 高速铁路 CRTS Ⅲ型板先张法轨道板安装施工工法 | 中铁上海工程局集团有限公司 | 上海市住房和城乡建设管理委员会 |
| 861 | 水上多跨混凝土拱桥快速拆除工法 | 中铁上海工程局集团有限公司 | 上海市住房和城乡建设管理委员会 |
| 862 | 有轨电车轨道工程施工工法 | 中铁上海工程局集团有限公司 | 上海市住房和城乡建设管理委员会 |
| 863 | 行进过程自动变跨铺轨机应用工法 | 中铁上海工程局集团有限公司 | 上海市住房和城乡建设管理委员会 |
| 864 | 全断面钢轨焊缝打磨机应用工法 | 中铁上海工程局集团有限公司 | 上海市住房和城乡建设管理委员会 |
| 865 | 超大跨度钢箱拱桥拱肋拼装提升及精确合拢施工工法 | 中铁上海工程局集团建筑工程有限公司 | 上海市住房和城乡建设管理委员会 |
| 866 | 受限条件下宽幅钢箱梁节段双向滑移施工工法 | 中铁上海工程局集团建筑工程有限公司 | 上海市住房和城乡建设管理委员会 |
| 867 | 大跨度中承式钢箱拱桥安装施工工法 | 中铁上海工程局集团第五工程有限公司<br>中铁上海工程局集团有限公司 | 广西建筑业联合会 |
| 868 | 长距离机械顶管施工抱死分级脱困施工工法 | 中铁上海工程局集团第五工程有限公司<br>中铁上海工程局集团有限公司 | 广西建筑业联合会 |
| 869 | 基于 BIM 深基坑监测信息化管理的地铁车站换乘段同步施工工法 | 中铁上海工程局集团第五工程有限公司<br>中铁上海工程局集团有限公司 | 广西建筑业联合会 |
| 870 | 富水圆砾层地质条件下中继间封堵施工工法 | 中铁上海工程局集团第五工程有限公司<br>中铁上海工程局集团有限公司 | 广西建筑业联合会 |
| 871 | 顺层偏压地质山岭隧道多工法转换下穿高速公路施工工法 | 中铁上海工程局集团第五工程有限公司<br>中铁上海工程局集团有限公司 | 广西建筑业联合会 |
| 872 | 富水圆砾层超深大直径长距离泥水平衡曲线顶管施工工法 | 中铁上海工程局集团第六工程有限公司 | 云南省住房和城乡建设厅 |
| 873 | 咬合桩始发井及长距离顶管分级脱困施工工法 | 中铁上海工程局集团第六工程有限公司 | 云南省住房和城乡建设厅 |
| 874 | 高速铁路桥梁预制拼装桥墩施工工法 | 中铁上海工程局集团第七工程有限公司 | 陕西省住房和城乡建设厅 |
| 875 | 黄土地层地裂缝暗挖隧道施工工法 | 中铁上海工程局集团第七工程有限公司 | 陕西省住房和城乡建设厅 |
| 876 | 地铁明挖车站防水基面施工工法 | 中铁上海工程局集团有限公司 | 河北省土木建筑学会 |
| 877 | 上跨双线有轨电车宽幅钢梁拼装施工工法 | 中铁上海工程局集团有限公司 | 辽宁省住房和城乡建设厅 |
| 878 | 顺层偏压地质山岭隧道下穿高速公路施工工法 | 中铁上海工程局集团第五工程有限公司 | 贵州省住房和城乡建设厅 |
| 879 | 地铁车站桩墙叠合结构施工工法 | 中铁上海工程局集团第一工程有限公司 | 安徽省住房和城乡建设厅 |
| 880 | 城市轨道交通高架线橡胶弹簧隔振器预制浮置板道床施工工法 | 中铁上海工程局集团第一工程有限公司 | 安徽省住房和城乡建设厅 |
| 881 | 小角度大跨度简支钢桁梁墩顶转体施工工法 | 中铁上海工程局集团第一工程有限公司 | 安徽省住房和城乡建设厅 |
| 882 | 大直径 PHC 预制管桩引孔沉桩施工工法 | 中铁上海工程局集团有限公司<br>中铁上海工程局集团第四工程有限公司 | 中国公路建设行业协会 |

续表

| 序号 | 工法名称 | 开发单位 | 认定机构 |
|---|---|---|---|
| 883 | 空间异形扭转反对称钢主塔安装施工工法 | 中铁上海工程局集团有限公司<br>中铁上海工程局集团第五工程有限公司 | 中国公路建设行业协会 |
| 884 | 空间扭转钢主塔反对称双索面斜拉索安装工法 | 中铁上海工程局集团有限公司<br>中铁上海工程局集团第五工程有限公司 | 中国公路建设行业协会 |
| 885 | 公路桥梁装配化施工工法 | 中铁上海工程局集团有限公司<br>中铁上海工程局集团第一工程有限公司 | 中国中铁股份有限公司 |
| 886 | 高速铁路 CRTS Ⅲ型普通钢筋混凝土轨道板预制工法 | 中铁上海工程局集团有限公司<br>中铁上海工程局集团第一工程有限公司 | 中国中铁股份有限公司 |
| 887 | 高速铁路 CRTS Ⅲ型板式无砟轨道板安装施工工法 | 中铁上海工程局集团有限公司<br>中铁上海工程局集团第一工程有限公司 | 中国中铁股份有限公司 |
| 888 | 地铁车站桩墙叠合结构施工工法 | 中铁上海工程局集团有限公司<br>中铁上海工程局集团第一工程有限公司 | 中国中铁股份有限公司 |
| 889 | 铁路明挖隧道型钢混凝土桩锚支护施工工法 | 中铁上海工程局集团有限公司<br>中铁上海工程局集团第一工程有限公司 | 中国中铁股份有限公司 |
| 890 | 高速铁路 CRTS Ⅲ型先张法轨道板预制工法 | 中铁上海工程局集团有限公司<br>中铁上海工程局集团第一工程有限公司 | 中国中铁股份有限公司 |
| 891 | 大直径 PHC 预制管桩引孔成桩施工工法 | 中铁上海工程局集团有限公司<br>中铁上海工程局集团第四工程有限公司 | 中国中铁股份有限公司 |
| 892 | 顺层偏压地质山岭隧道多工法转换下穿高速公路施工工法 | 中铁上海工程局集团有限公司<br>中铁上海工程局集团第四工程有限公司 | 中国中铁股份有限公司 |
| 893 | 空间扭转钢主塔反对称斜拉桥双索面斜拉索施工工法 | 中铁上海工程局集团有限公司<br>中铁上海工程局集团第五工程有限公司 | 中国中铁股份有限公司 |
| 894 | 大跨度钢箱拱肋分段拼装整体提升施工工法 | 中铁上海工程局集团有限公司<br>中铁上海工程局集团第五工程有限公司 | 中国中铁股份有限公司 |
| 895 | 临江透水性地质大型有推力钢箱拱桥基础施工工法 | 中铁上海工程局集团有限公司<br>中铁上海工程局集团第五工程有限公司 | 中国中铁股份有限公司 |
| 896 | 高速铁路桥梁预制拼装桥墩施工工法 | 中铁上海工程局集团有限公司<br>中铁上海工程局集团第七工程有限公司 | 中国中铁股份有限公司 |
| 897 | 软弱围岩小断面隧洞掘进机施工工法 | 中铁上海工程局集团有限公司<br>中铁上海工程局集团第七工程有限公司 | 中国中铁股份有限公司 |
| 898 | 行进过程自动变跨铺轨机应用工法 | 中铁上海工程局集团有限公司<br>中铁上海工程局集团华海工程有限公司 | 中国中铁股份有限公司 |
| 899 | 全断面钢轨焊缝打磨机应用工法 | 中铁上海工程局集团有限公司<br>中铁上海工程局集团华海工程有限公司 | 中国中铁股份有限公司 |
| 900 | 地铁运营线 100 米长轨更换施工工法 | 中铁上海工程局集团有限公司<br>中铁上海工程局集团华海工程有限公司 | 中国中铁股份有限公司 |
| 901 | 受限条件下宽幅钢箱梁节段双向滑移施工工法 | 中铁上海工程局集团有限公司<br>中铁上海工程局集团建筑工程有限公司 | 中国中铁股份有限公司 |
| 902 | 陡峭山岭地形条件下双向桩基分离式拱座施工工法 | 中铁上海工程局集团有限公司<br>中铁上海工程局集团建筑工程有限公司 | 中国中铁股份有限公司 |
| 903 | 非集管式双 U 形地埋管地源热泵系统施工工法 | 中铁上海工程局集团有限公司<br>中铁上海工程局集团建筑工程有限公司 | 中国中铁股份有限公司 |
| 904 | 深厚杂填土区双向螺旋挤土灌注桩（SDS）施工工法 | 中铁上海工程局集团有限公司<br>中铁上海工程局集团建筑工程有限公司 | 中国中铁股份有限公司 |
| 905 | 受限条件下围护结构与预制管桩逆序施工工法 | 中铁上海工程局集团有限公司<br>中铁上海工程局集团建筑工程有限公司 | 中国中铁股份有限公司 |
| 906 | 新型三维 CM 高强复合地基施工工法 | 中铁上海工程局集团有限公司<br>中铁上海工程局集团建筑工程有限公司 | 中国中铁股份有限公司 |
| 907 | 高压摆喷跟进式布袋扩体抗浮锚杆施工工法 | 中铁上海工程局集团有限公司<br>中铁上海工程局集团建筑工程有限公司 | 中国中铁股份有限公司 |
| 908 | 盾构法联络通道施工工法 | 中铁上海工程局集团有限公司 | 中国中铁股份有限公司 |
| 909 | 节段式沉井自动压沉施工工法 | 中铁市政环境建设有限公司 | 湖北省住房和城乡建设厅 |

制表：黄佳强

**表 9-6　2020 年度中国中铁科技成果鉴定（评审）项目目录**

| 序号 | 成果名称 | 第一完成单位 | 组织鉴定（评审）单位 | 成果评价 | 类别 |
|---|---|---|---|---|---|
| 1 | 管片排列线形反演算法及其在隧道线形管控中的应用 | 中铁一局集团有限公司 | 中国中铁股份有限公司 | 国际领先 | 评审 |
| 2 | 跨座式单轨 PC 轨道梁综合施工技术研究 | 中铁（上海）投资集团有限公司 | 中国中铁股份有限公司 | 国际领先 | 评审 |
| 3 | 超大跨径全焊双层钢桁梁悬索桥施工关键技术研究 | 中铁大桥局集团有限公司 | 中国中铁股份有限公司 | 国际领先 | 评审 |
| 4 | 复杂海域测量控制关键技术 | 中铁大桥局集团有限公司 | 中国中铁股份有限公司 | 国际领先 | 评审 |
| 5 | 复杂海域桥梁施工风浪监测技术 | 中铁大桥局集团有限公司 | 中国中铁股份有限公司 | 国际领先 | 评审 |
| 6 | 高低矮塔箱桁组合梁公铁两用斜拉桥施工技术 | 中铁大桥局集团有限公司 | 中国中铁股份有限公司 | 国际领先 | 评审 |
| 7 | 中承式空腹钢桁砼结合提篮拱桥施工技术 | 中铁大桥局集团有限公司 | 中国中铁股份有限公司 | 国际领先 | 评审 |
| 8 | 悬索桥索夹螺杆轴力检测及张拉控制技术 | 中铁大桥局集团有限公司 | 中国中铁股份有限公司 | 国际领先 | 评审 |
| 9 | 超大跨度双层公路悬索桥设计新技术 | 中铁大桥勘测设计院集团有限公司 | 中国中铁股份有限公司 | 国际领先 | 评审 |
| 10 | 大跨度三塔钢箱－桁组合梁铁路斜拉桥关键技术 | 中铁大桥勘测设计院集团有限公司 | 中国中铁股份有限公司 | 国际领先 | 评审 |
| 11 | 大跨度斜拉桥结构振动控制关键技术 | 中铁大桥勘测设计院集团有限公司 | 中国中铁股份有限公司 | 国际领先 | 评审 |
| 12 | 艰险山区大跨双层公轨钢桁系杆拱桥关键技术 | 中铁大桥勘测设计院集团有限公司 | 中国中铁股份有限公司 | 国际领先 | 评审 |
| 13 | 大型桥梁结构智能健康监测云平台研究及应用 | 中铁大桥勘测设计院集团有限公司 | 中国中铁股份有限公司 | 国际领先 | 评审 |
| 14 | 高速铁路 40 米 /1000 吨级简支箱梁制运架施工技术及关键设备 | 中铁二局集团有限公司 | 中国中铁股份有限公司 | 国际领先 | 评审 |
| 15 | 高速铁路 445 米跨径混凝土拱桥设计关键技术 | 中铁二院工程集团有限责任公司 | 中国中铁股份有限公司 | 国际领先 | 评审 |
| 16 | U 形肋板单元自动组装焊接一体化工艺研究 | 中铁高新工业股份有限公司 | 中国中铁股份有限公司 | 国际领先 | 评审 |
| 17 | 5 万吨级平转法施工的超宽混凝土斜拉桥关键技术 | 中铁工程设计咨询集团有限公司 | 中国中铁股份有限公司 | 国际领先 | 评审 |
| 18 | 大跨桥梁转体新技术及应用 | 中铁工程设计咨询集团有限公司 | 中国中铁股份有限公司 | 国际领先 | 评审 |
| 19 | 明挖综合管廊快速施工关键技术及其装备研究 | 中铁四局集团有限公司 | 中国中铁股份有限公司 | 国际领先 | 评审 |
| 20 | 极端复杂地质 TBM 法深埋长大隧道装备与施工关键技术及应用 | 中铁隧道局集团有限公司 | 中国中铁股份有限公司 | 国际领先 | 评审 |
| 21 | 隧道掘进机刀具破岩伺服实验台研制及应用 | 中铁隧道局集团有限公司 | 中国中铁股份有限公司 | 国际领先 | 评审 |
| 22 | 玉京山隧道穿越巨型复杂溶洞施工关键技术研究 | 中铁五局集团有限公司 | 中国中铁股份有限公司 | 国际领先 | 评审 |
| 23 | 复杂环境地质条件下的长大山岭隧道建造技术研究 | 中铁工程设计咨询集团有限公司 | 中国中铁股份有限公司 | 国际领先 | 评审 |
| 24 | 海南环岛高速铁路设计关键技术研究与应用 | 中铁二院工程集团有限责任公司 | 中国中铁股份有限公司 | 国际领先 | 评审 |
| 25 | 工程测量外业数据采集及内业数据处理一体化系统 | 中铁工程设计咨询集团有限公司 | 中国中铁股份有限公司 | 国际领先 | 评审 |
| 26 | 铁路网络分析软件（铁路图形信息软件） | 中铁工程设计咨询集团有限公司 | 中国中铁股份有限公司 | 国际领先 | 评审 |
| 27 | 桥梁智能化综合管养平台 | 中铁大桥局集团有限公司 | 中国中铁股份有限公司 | 国际领先 | 评审 |
| 28 | 信息化智慧预制梁场技术 | 中铁四局集团有限公司 | 中国中铁股份有限公司 | 国际领先 | 评审 |
| 29 | 智慧项目部建设研究 | 中铁四局集团有限公司 | 中国中铁股份有限公司 | 国际领先 | 评审 |

续表

| 序号 | 成果名称 | 第一完成单位 | 组织鉴定（评审）单位 | 成果评价 | 类别 |
|---|---|---|---|---|---|
| 30 | 城市地下空间工程大数据智能分析与公共服务平台建设及示范应用 | 中铁一局集团有限公司 | 中国中铁股份有限公司 | 国际领先 | 评审 |
| 31 | 管幕—顶进箱涵体系近接下卧运营地铁区间抗隆控制关键技术 | 中铁四局集团有限公司 | 中国中铁股份有限公司 | 国际领先 | 评审 |
| 32 | 深圳繁华滨海地区富水砂卵石软弱地层地铁综合修建技术 | 中铁南方投资集团有限公司 | 中国中铁股份有限公司 | 国际先进 | 评审 |
| 33 | 复杂地质条件下近岸陆上主塔施工技术 | 中铁大桥局集团有限公司 | 中国中铁股份有限公司 | 国际先进 | 评审 |
| 34 | 海上造桥机施工关键技术 | 中铁大桥局集团有限公司 | 中国中铁股份有限公司 | 国际先进 | 评审 |
| 35 | 平潭海峡公铁大桥元洪航道桥钢桁梁整节段制造与架设技术 | 中铁大桥局集团有限公司 | 中国中铁股份有限公司 | 国际先进 | 评审 |
| 36 | 山壑区毗邻化工厂大型嵌岩锚碇基础施工技术 | 中铁大桥局集团有限公司 | 中国中铁股份有限公司 | 国际先进 | 评审 |
| 37 | 深水裸岩设置沉井基础施工技术 | 中铁大桥局集团有限公司 | 中国中铁股份有限公司 | 国际先进 | 评审 |
| 38 | 高塔多跨预应力砼斜拉桥施工关键技术 | 中铁大桥局集团有限公司 | 中国中铁股份有限公司 | 国际先进 | 评审 |
| 39 | 艰险山区钢箱加劲梁悬索桥施工关键技术 | 中铁大桥局集团有限公司 | 中国中铁股份有限公司 | 国际先进 | 评审 |
| 40 | 空间交叉索面独塔斜拉桥快速施工技术 | 中铁大桥局集团有限公司 | 中国中铁股份有限公司 | 国际先进 | 评审 |
| 41 | 三峡库区特大跨径钢箱桁架拱桥建造关键技术 | 中铁大桥局集团有限公司 | 中国中铁股份有限公司 | 国际先进 | 评审 |
| 42 | 四肢空间曲线形高塔与柔性钢混梁组合斜拉桥建造技术 | 中铁大桥局集团有限公司 | 中国中铁股份有限公司 | 国际先进 | 评审 |
| 43 | 斜塔空间主缆自锚式悬索桥成套技术 | 中铁大桥局集团有限公司 | 中国中铁股份有限公司 | 国际先进 | 评审 |
| 44 | 老龄在役文物三铰钢拱桥整体保护式修复技术 | 中铁大桥局集团有限公司 | 中国中铁股份有限公司 | 国际先进 | 评审 |
| 45 | 深水大落差倾斜裸岩面吊箱围堰施工技术 | 中铁大桥局集团有限公司 | 中国中铁股份有限公司 | 国际先进 | 评审 |
| 46 | 大风大浪海况下跨海公铁两用大桥成套测量技术研究及应用 | 中铁大桥勘测设计院集团有限公司 | 中国中铁股份有限公司 | 国际先进 | 评审 |
| 47 | 基于卫星定位参考站系统的多波束水下施工检测技术 | 中铁大桥勘测设计院集团有限公司 | 中国中铁股份有限公司 | 国际先进 | 评审 |
| 48 | 桥梁支撑体系快速更换与改造成套关键技术研究与应用 | 中铁大桥勘测设计院集团有限公司 | 中国中铁股份有限公司 | 国际先进 | 评审 |
| 49 | 桥梁水平转体建造成套技术研究 | 中铁大桥勘测设计院集团有限公司 | 中国中铁股份有限公司 | 国际先进 | 评审 |
| 50 | 大跨度重载铁路公铁两用斜拉桥建造关键技术 | 中铁大桥勘测设计院集团有限公司 | 中国中铁股份有限公司 | 国际先进 | 评审 |
| 51 | 大型跨海桥梁基础波流力研究及应用 | 中铁大桥勘测设计院集团有限公司 | 中国中铁股份有限公司 | 国际先进 | 评审 |
| 52 | 高烈度地震区重载高墩多跨长联钢桁结合梁桥关键技术 | 中铁大桥勘测设计院集团有限公司 | 中国中铁股份有限公司 | 国际先进 | 评审 |
| 53 | 既有混凝土结构桥梁承载能力恢复及功能提升关键技术 | 中铁大桥勘测设计院集团有限公司 | 中国中铁股份有限公司 | 国际先进 | 评审 |
| 54 | 市政桥梁快速化绿色建造关键技术 | 中铁大桥勘测设计院集团有限公司 | 中国中铁股份有限公司 | 国际先进 | 评审 |
| 55 | 城市立交桥节段预制梁施工关键技术研究 | 中铁电气化局集团有限公司 | 中国中铁股份有限公司 | 国际先进 | 评审 |
| 56 | 超高层建筑施工关键技术与施工管理研究 | 中铁二局集团有限公司 | 中国中铁股份有限公司 | 国际先进 | 评审 |
| 57 | 高温、多雨条件下大型铁路站场快速施工与质量控制技术 | 中铁二局集团有限公司 | 中国中铁股份有限公司 | 国际先进 | 评审 |

续表

| 序号 | 成果名称 | 第一完成单位 | 组织鉴定（评审）单位 | 成果评价 | 类别 |
|---|---|---|---|---|---|
| 58 | 滇西北高原高寒地区铁路绿色通道植物防护技术 | 中铁二局集团有限公司 | 中国中铁股份有限公司 | 国际先进 | 评审 |
| 59 | 高性能水泥基微膨胀充填材料研发与工程应用 | 中铁二局集团有限公司 | 中国中铁股份有限公司 | 国际先进 | 评审 |
| 60 | 穿越球状风化火成岩地层修建超大断面高速公路隧道关键施工技术 | 中铁二局集团有限公司 | 中国中铁股份有限公司 | 国际先进 | 评审 |
| 61 | 新建铁路隧道近接高速铁路综合施工技术 | 中铁二局集团有限公司 | 中国中铁股份有限公司 | 国际先进 | 评审 |
| 62 | 玉磨铁路腐蚀环境隧道衬砌混凝土制备与施工技术研究 | 中铁二局集团有限公司 | 中国中铁股份有限公司 | 国际先进 | 评审 |
| 63 | 长距离海底隧道单护盾 TBM/EPB 双模式掘进机综合施工技术研究 | 中铁二局集团有限公司 | 中国中铁股份有限公司 | 国际先进 | 评审 |
| 64 | 海外山地城市低地板车辆轮轨磨耗关键技术研究及标准化 | 中铁二院工程集团有限责任公司 | 中国中铁股份有限公司 | 国际先进 | 评审 |
| 65 | 基于桥梁桩基变形控制的滑坡岩堆区抗滑工程研究与应用 | 中铁二院工程集团有限责任公司 | 中国中铁股份有限公司 | 国际先进 | 评审 |
| 66 | 艰险山区铁路框架式新型抗滑支挡结构工程技术研究 | 中铁二院工程集团有限责任公司 | 中国中铁股份有限公司 | 国际先进 | 评审 |
| 67 | 支撑城镇空间协调发展的市域铁路规划及协同服务机制研究 | 中铁二院工程集团有限责任公司 | 中国中铁股份有限公司 | 国际先进 | 评审 |
| 68 | 成贵铁路菜坝岷江特大桥大跨度钢桁连续梁建造关键技术研究 | 中铁二院工程集团有限责任公司 | 中国中铁股份有限公司 | 国际先进 | 评审 |
| 69 | 城市轨道交通减振道岔关键技术研究与应用 | 中铁高新工业股份有限公司 | 中国中铁股份有限公司 | 国际先进 | 评审 |
| 70 | 出口海外新型复式交分道岔 | 中铁高新工业股份有限公司 | 中国中铁股份有限公司 | 国际先进 | 评审 |
| 71 | 高锰钢辙叉关键集成技术研究与应用 | 中铁高新工业股份有限公司 | 中国中铁股份有限公司 | 国际先进 | 评审 |
| 72 | 广深港高速铁路（香港段）道岔关键技术研究与应用 | 中铁高新工业股份有限公司 | 中国中铁股份有限公司 | 国际先进 | 评审 |
| 73 | 货运重载空轨道岔开发与研制 | 中铁高新工业股份有限公司 | 中国中铁股份有限公司 | 国际先进 | 评审 |
| 74 | 市域铁路无砟道岔关键技术研究与应用 | 中铁高新工业股份有限公司 | 中国中铁股份有限公司 | 国际先进 | 评审 |
| 75 | 大节段钢箱拱制造关键技术研究 | 中铁高新工业股份有限公司 | 中国中铁股份有限公司 | 国际先进 | 评审 |
| 76 | 大跨径悬索桥施工专用设备研制 | 中铁高新工业股份有限公司 | 中国中铁股份有限公司 | 国际先进 | 评审 |
| 77 | 桥隧一体半穿式钢箱梁结构制造技术研究 | 中铁高新工业股份有限公司 | 中国中铁股份有限公司 | 国际先进 | 评审 |
| 78 | 高铁线路混凝土雕刻机的研制 | 中铁高新工业股份有限公司 | 中国中铁股份有限公司 | 国际先进 | 评审 |
| 79 | 超大直径盾构机工地组装关键技术及应用 | 中铁高新工业股份有限公司 | 中国中铁股份有限公司 | 国际先进 | 评审 |
| 80 | 复合地层矩形掘进机关键技术研究及应用 | 中铁高新工业股份有限公司 | 中国中铁股份有限公司 | 国际先进 | 评审 |
| 81 | 高水压大直径全断面破碎岩层泥水盾构机研制 | 中铁高新工业股份有限公司 | 中国中铁股份有限公司 | 国际先进 | 评审 |
| 82 | 土压泥水双模式盾构机关键技术研究及应用 | 中铁高新工业股份有限公司 | 中国中铁股份有限公司 | 国际先进 | 评审 |
| 83 | 岩石隧道掘进机（TBM）智能掘进关键技术及应用 | 中铁高新工业股份有限公司 | 中国中铁股份有限公司 | 国际先进 | 评审 |
| 84 | 大型铁路、地铁综合交通枢纽一体化施工技术研究 | 中铁建工集团有限公司 | 中国中铁股份有限公司 | 国际先进 | 评审 |
| 85 | 随州南站钢桁架索膜结构施工技术研究 | 中铁建工集团有限公司 | 中国中铁股份有限公司 | 国际先进 | 评审 |

续表

| 序号 | 成果名称 | 第一完成单位 | 组织鉴定（评审）单位 | 成果评价 | 类别 |
|---|---|---|---|---|---|
| 86 | 轨道车辆轮对尺寸检测与镟修决策一体化系统 | 中铁科学研究院有限公司 | 中国中铁股份有限公司 | 国际先进 | 评审 |
| 87 | 多年冻土区热棒路基设计计算方法 | 中铁科学研究院有限公司 | 中国中铁股份有限公司 | 国际先进 | 评审 |
| 88 | 沟谷型泥石流监测预警关键技术 | 中铁科学研究院有限公司 | 中国中铁股份有限公司 | 国际先进 | 评审 |
| 89 | 适用于砂岩石窟文化遗产修复加固的偏高岭土基复合胶凝材料研究 | 中铁科学研究院有限公司 | 中国中铁股份有限公司 | 国际先进 | 评审 |
| 90 | 黄土塬区浅埋慢坡段高速铁路大断面隧道修建技术研究 | 中铁科学研究院有限公司 | 中国中铁股份有限公司 | 国际先进 | 评审 |
| 91 | 城市轨道交通工程不良地质体微动勘察新技术研究 | 中铁第六勘察设计院集团有限公司 | 中国中铁股份有限公司 | 国际先进 | 评审 |
| 92 | 时速 160 千米刚性接触网关键技术研究 | 中铁第六勘察设计院集团有限公司 | 中国中铁股份有限公司 | 国际先进 | 评审 |
| 93 | 宽幅公路桥跨既有铁路超大吨位转体施工关键技术 | 中铁七局集团有限公司 | 中国中铁股份有限公司 | 国际先进 | 评审 |
| 94 | 千米级非对称悬浇多跨长联 PC 连续梁桥建造关键技术研究 | 中铁七局集团有限公司 | 中国中铁股份有限公司 | 国际先进 | 评审 |
| 95 | 高速铁路 CRTS Ⅲ型先张轨道板自动化预制技术研究 | 中铁三局集团有限公司 | 中国中铁股份有限公司 | 国际先进 | 评审 |
| 96 | 高速铁路大跨度双塔钢箱桁梁斜拉桥无砟轨道铺设施工技术研究 | 中铁三局集团有限公司 | 中国中铁股份有限公司 | 国际先进 | 评审 |
| 97 | 900 吨箱梁狭小场地快速接力倒运及超低空间驮架技术研究 | 中铁三局集团有限公司 | 中国中铁股份有限公司 | 国际先进 | 评审 |
| 98 | 铁路预应力混凝土矮塔斜拉桥建造技术研究 | 中铁三局集团有限公司 | 中国中铁股份有限公司 | 国际先进 | 评审 |
| 99 | 不同地质条件下土压平衡盾构机再制造与适应性提升技术研究及应用 | 中铁三局集团有限公司 | 中国中铁股份有限公司 | 国际先进 | 评审 |
| 100 | 多截面大跨隧道小角度下穿高速公路隧道施工技术研究 | 中铁三局集团有限公司 | 中国中铁股份有限公司 | 国际先进 | 评审 |
| 101 | 轨道交通钢轨焊缝双轨同步电磁感应正火与全断面打磨检测关键设备研制与应用 | 中铁上海工程局集团有限公司 | 中国中铁股份有限公司 | 国际先进 | 评审 |
| 102 | 城市地铁轨道施工关键设备创新研究与应用 | 中铁上海工程局集团有限公司 | 中国中铁股份有限公司 | 国际先进 | 评审 |
| 103 | 办公建筑绿色建造与智慧运维关键技术研究 | 中铁上海工程局集团有限公司 | 中国中铁股份有限公司 | 国际先进 | 评审 |
| 104 | 北京市区富水暗挖地铁区间极小间距下穿京张高铁盾构隧道关键技术研究 | 中铁上海工程局集团有限公司 | 中国中铁股份有限公司 | 国际先进 | 评审 |
| 105 | 富水软弱地层近接叠交隧道与小净距下穿有压给水管道关键技术研究 | 中铁上海工程局集团有限公司 | 中国中铁股份有限公司 | 国际先进 | 评审 |
| 106 | 3D 打印技术在建筑工程中的装饰性建筑部品应用研究 | 中铁四局集团有限公司 | 中国中铁股份有限公司 | 国际先进 | 评审 |
| 107 | CRTS Ⅲ型无砟轨道板智能制造关键技术研究 | 中铁四局集团有限公司 | 中国中铁股份有限公司 | 国际先进 | 评审 |
| 108 | 具备上盖物业开发的多功能车辆段基地建造关键技术 | 中铁四局集团有限公司 | 中国中铁股份有限公司 | 国际先进 | 评审 |
| 109 | 邻近运营高速铁路路基增建新技术研究 | 中铁四局集团有限公司 | 中国中铁股份有限公司 | 国际先进 | 评审 |
| 110 | 建筑固体废弃物再生填料制备及应用综合技术研究 | 中铁四局集团有限公司 | 中国中铁股份有限公司 | 国际先进 | 评审 |
| 111 | 高固含量聚羧酸减水剂制备技术研究 | 中铁四局集团有限公司 | 中国中铁股份有限公司 | 国际先进 | 评审 |

续表

| 序号 | 成果名称 | 第一完成单位 | 组织鉴定（评审）单位 | 成果评价 | 类别 |
|---|---|---|---|---|---|
| 112 | 铁路T梁85吨运输平车研制及运输技术研究 | 中铁四局集团有限公司 | 中国中铁股份有限公司 | 国际先进 | 评审 |
| 113 | 银西铁路漠谷河2号特大桥施工关键技术研究 | 中铁四局集团有限公司 | 中国中铁股份有限公司 | 国际先进 | 评审 |
| 114 | 地铁隧道内预制轨道板式无砟轨道施工关键技术研究 | 中铁四局集团有限公司 | 中国中铁股份有限公司 | 国际先进 | 评审 |
| 115 | 下穿敏感建构筑物黏质黄土隧道卸荷渐近性变形规律及控制基准研究 | 中铁四局集团有限公司 | 中国中铁股份有限公司 | 国际先进 | 评审 |
| 116 | 极软极硬地层跨海通道超大直径盾构隧道直接掘进关键技术 | 中铁隧道局集团有限公司 | 中国中铁股份有限公司 | 国际先进 | 评审 |
| 117 | 上软下硬富水地层泥水盾构连续切削大吨位独立桥桩基础综合技术研究 | 中铁隧道局集团有限公司 | 中国中铁股份有限公司 | 国际先进 | 评审 |
| 118 | 隧道锚杆台车研制与应用 | 中铁隧道局集团有限公司 | 中国中铁股份有限公司 | 国际先进 | 评审 |
| 119 | 严寒地区高速公路路床水泥土及路侧带状结构物快速施工技术 | 中铁五局集团有限公司 | 中国中铁股份有限公司 | 国际先进 | 评审 |
| 120 | 长大隧道绿色高效施工关键技术及其集成应用研究 | 中铁五局集团有限公司 | 中国中铁股份有限公司 | 国际先进 | 评审 |
| 121 | 京张高速铁路新八达岭隧道及长城站施工关键技术研究 | 中铁五局集团有限公司 | 中国中铁股份有限公司 | 国际先进 | 评审 |
| 122 | 沿海城市建筑密集区地铁车站工程施工关键技术研究 | 中铁一局集团有限公司 | 中国中铁股份有限公司 | 国际先进 | 评审 |
| 123 | 智慧综合管廊绿色建造与运维关键技术 | 中铁一局集团有限公司 | 中国中铁股份有限公司 | 国际先进 | 评审 |
| 124 | 北京卵石土地层盾构连续穿越文物建筑群施工技术 | 中铁一局集团有限公司 | 中国中铁股份有限公司 | 国际先进 | 评审 |
| 125 | 地铁盾构隧道内置式榫插型管片错缝拼装技术研究 | 中铁一局集团有限公司 | 中国中铁股份有限公司 | 国际先进 | 评审 |
| 126 | 泥水盾构穿越海域复杂地层施工技术研究 | 中铁一局集团有限公司 | 中国中铁股份有限公司 | 国际先进 | 评审 |
| 127 | 长江古河道地层及临近基坑建筑群条件下深基坑施工关键技术研究 | 中铁一局集团有限公司 | 中国中铁股份有限公司 | 国际先进 | 评审 |
| 128 | 京张高铁高平顺性轨道精密测控新技术 | 中铁工程设计咨询集团有限公司 | 中国中铁股份有限公司 | 国际先进 | 评审 |
| 129 | 城际（市域）铁路桥梁设计研究与应用 | 中铁工程设计咨询集团有限公司 | 中国中铁股份有限公司 | 国际先进 | 评审 |
| 130 | 河网软土地区城际轨道交通桥梁设计关键技术研究与应用 | 中铁工程设计咨询集团有限公司 | 中国中铁股份有限公司 | 国际先进 | 评审 |
| 131 | 耐候全焊钢－混组合结构加劲梁悬索桥关键技术 | 中铁工程设计咨询集团有限公司 | 中国中铁股份有限公司 | 国际先进 | 评审 |
| 132 | 南同蒲铁路黄河特大桥改建技术及应用 | 中铁工程设计咨询集团有限公司 | 中国中铁股份有限公司 | 国际先进 | 评审 |
| 133 | 东海岛铁路跨海特大桥接触网关键技术研究 | 中铁工程设计咨询集团有限公司 | 中国中铁股份有限公司 | 国际先进 | 评审 |
| 134 | 京张城际铁路新八达岭隧道极限状态设计方法研究 | 中铁工程设计咨询集团有限公司 | 中国中铁股份有限公司 | 国际先进 | 评审 |
| 135 | 复杂海域深水区钢围堰施工技术 | 中铁大桥局集团有限公司 | 中国中铁股份有限公司 | 国际先进 | 评审 |
| 136 | 千米级全漂浮体系斜拉桥施工关键技术 | 中铁大桥局集团有限公司 | 中国中铁股份有限公司 | 国际先进 | 评审 |
| 137 | 在役公铁两用钢桁梁桥公路桥功能提升改造关键技术 | 中铁大桥局集团有限公司 | 中国中铁股份有限公司 | 国际先进 | 评审 |

续表

| 序号 | 成果名称 | 第一完成单位 | 组织鉴定（评审）单位 | 成果评价 | 类别 |
|---|---|---|---|---|---|
| 138 | 伶仃洋海域跨海大桥设计新技术 | 中铁大桥勘测设计院集团有限公司 | 中国中铁股份有限公司 | 国际先进 | 评审 |
| 139 | 千米级主跨公铁两用悬索桥整节段制造技术研究 | 中铁高新工业股份有限公司 | 中国中铁股份有限公司 | 国际先进 | 评审 |
| 140 | 高速铁路桥梁装配式一体化建造关键技术应用研究 | 中铁上海工程局集团有限公司 | 中国中铁股份有限公司 | 国际先进 | 评审 |
| 141 | 高速铁路大跨度连续钢构钢管拱桥及无砟轨道综合施工技术研究 | 中铁八局集团有限公司 | 中国中铁股份有限公司 | 国际先进 | 评审 |
| 142 | 水下特长真空隧道修建关键技术研究 | 中铁第六勘察设计院集团有限公司 | 中国中铁股份有限公司 | 国际先进 | 评审 |
| 143 | 海域全风化岩层盾构刀盘刀箱冷冻法加固及修复关键技术 | 中铁一局集团有限公司 | 中国中铁股份有限公司 | 国际先进 | 评审 |
| 144 | 高速铁路路基变形控制关键技术与应用 | 中铁二院工程集团有限责任公司 | 中国中铁股份有限公司 | 国际先进 | 评审 |
| 145 | 一种由集装箱拼装集成的腕臂自动式预制平台研究 | 中铁武汉电气化局集团有限公司 | 中国中铁股份有限公司 | 国际先进 | 评审 |
| 146 | 桥梁全生命周期智能图像识别技术研发及应用 | 中铁大桥局集团有限公司 | 中国中铁股份有限公司 | 国际先进 | 评审 |
| 147 | 基于模拟动画的大型施工装备远程监测系统 | 中铁高新工业股份有限公司 | 中国中铁股份有限公司 | 国际先进 | 评审 |
| 148 | 基于 BIM 的桥梁转体智能化实时可视监控系统技术研究 | 中铁科学研究院有限公司 | 中国中铁股份有限公司 | 国际先进 | 评审 |
| 149 | 基于感光技术的桥墩沉降全自动观测技术研究 | 中铁四局集团有限公司 | 中国中铁股份有限公司 | 国际先进 | 评审 |
| 150 | 区域城市桥梁群安全保障与精细管控服务平台关键技术及应用 | 中铁科学研究院有限公司 | 中国中铁股份有限公司 | 国际先进 | 评审 |
| 151 | BIM 技术管理体系研究及在典型项目的应用 | 中铁七局集团有限公司 | 中国中铁股份有限公司 | 国际先进 | 评审 |
| 152 | 基于物联网应用的高支模在线监测系统 | 中铁四局集团有限公司 | 中国中铁股份有限公司 | 国际先进 | 评审 |
| 153 | 铁路有砟轨道整道数据自动输出系统及相关设备研发 | 中铁四局集团有限公司 | 中国中铁股份有限公司 | 国际先进 | 评审 |
| 154 | 轨道工程运输安全智控平台 | 中铁一局集团有限公司 | 中国中铁股份有限公司 | 国际先进 | 评审 |
| 155 | 城市轨道交通工程施工阶段 BIM 应用关键技术研究 | 中铁广州建设有限公司 | 中国中铁股份有限公司 | 国际先进 | 评审 |
| 156 | GIS+BIM 数字化项目管控平台 | 中铁科学研究院有限公司 | 中国中铁股份有限公司 | 国际先进 | 评审 |
| 157 | 基于 GIS 的智慧政务大数据互通互融互动关键技术研究 | 中铁第六勘察设计院集团有限公司 | 中国中铁股份有限公司 | 国际先进 | 评审 |
| 158 | BIM 环境下企业级项目管理数据采集与共享技术研究 | 中铁上海工程局集团有限公司 | 中国中铁股份有限公司 | 国际先进 | 评审 |
| 159 | 京雄城际铁路“BIM+”关键技术应用研究 | 中铁上海工程局集团有限公司 | 中国中铁股份有限公司 | 国际先进 | 评审 |
| 160 | 基于云平台的电力牵引供电智能计算系统 | 中铁七局集团有限公司 | 中国中铁股份有限公司 | 国际先进 | 评审 |
| 161 | 基于 BIM 的厦门地铁 3 号线过海通道施工风险集成控制与系统研发 | 中铁南方投资集团有限公司 | 中国中铁股份有限公司 | 国际先进 | 评审 |
| 162 | 全断面隧道掘进机自动导向系统开发及应用 | 中铁高新工业股份有限公司 | 中国中铁股份有限公司 | 国际先进 | 评审 |
| 163 | 基于 NB-IoT 原理的物联网技术在工程设备管理上的应用研究 | 中铁四局集团有限公司 | 中国中铁股份有限公司 | 国际先进 | 评审 |
| 164 | 底板拆分全湿接叠合装配式综合管廊施工关键技术研究 | 中铁四局集团有限公司 | 中国中铁股份有限公司 | 国际先进 | 评审 |

续表

| 序号 | 成果名称 | 第一完成单位 | 组织鉴定（评审）单位 | 成果评价 | 类别 |
|---|---|---|---|---|---|
| 165 | 城市地铁开挖动态智能设计与施工关键技术研究 | 中铁广州建设有限公司 | 中国中铁股份有限公司 | 国内领先 | 评审 |
| 166 | 大型污水处理厂快速建造技术研究 | 中国铁工投资建设集团有限公司 | 中国中铁股份有限公司 | 国内领先 | 评审 |
| 167 | 节段式沉井自动压沉施工技术研究 | 中国铁工投资建设集团有限公司 | 中国中铁股份有限公司 | 国内领先 | 评审 |
| 168 | 永久结构双壁钢围堰取水施工关键技术研究 | 中铁八局集团有限公司 | 中国中铁股份有限公司 | 国内领先 | 评审 |
| 169 | 隧道二次衬砌台车新型液压端头模施工技术研究 | 中铁八局集团有限公司 | 中国中铁股份有限公司 | 国内领先 | 评审 |
| 170 | 全线穿越强－中风化板岩大断面公路隧道围岩大变形控制技术应用研究 | 中铁北京工程局集团有限公司 | 中国中铁股份有限公司 | 国内领先 | 评审 |
| 171 | 重载铁路隧道燕尾段与极高应力区施工关键技术研究 | 中铁北京工程局集团有限公司 | 中国中铁股份有限公司 | 国内领先 | 评审 |
| 172 | 单索面超宽薄壁混凝土梁斜拉桥施工技术 | 中铁大桥局集团有限公司 | 中国中铁股份有限公司 | 国内领先 | 评审 |
| 173 | 跨座式单轨 PC 轨道梁施工技术 | 中铁大桥局集团有限公司 | 中国中铁股份有限公司 | 国内领先 | 评审 |
| 174 | 三峡库区大跨度钢混组合梁斜拉桥建造关键技术 | 中铁大桥局集团有限公司 | 中国中铁股份有限公司 | 国内领先 | 评审 |
| 175 | 邹城市三十米桥铁路立交桥 22400 吨转体施工技术 | 中铁大桥局集团有限公司 | 中国中铁股份有限公司 | 国内领先 | 评审 |
| 176 | 跨铁路鱼腹梁人字塔斜拉桥转体技术 | 中铁大桥勘测设计院集团有限公司 | 中国中铁股份有限公司 | 国内领先 | 评审 |
| 177 | 高精度复原技术在营业线施工中的应用 | 中铁电气化局集团有限公司 | 中国中铁股份有限公司 | 国内领先 | 评审 |
| 178 | 高铁牵引变电所大地网检测技术深化研究 | 中铁电气化局集团有限公司 | 中国中铁股份有限公司 | 国内领先 | 评审 |
| 179 | 基于北斗高精度定位接触网线路及杆位测量技术应用研究 | 中铁电气化局集团有限公司 | 中国中铁股份有限公司 | 国内领先 | 评审 |
| 180 | 基于北斗准确定位电力外电源线路测量技术应用研究 | 中铁电气化局集团有限公司 | 中国中铁股份有限公司 | 国内领先 | 评审 |
| 181 | 油电双动力动态检测车技术研究 | 中铁电气化局集团有限公司 | 中国中铁股份有限公司 | 国内领先 | 评审 |
| 182 | 地铁车站大跨度拱形曲面网壳钢结构屋盖综合施工技术 | 中铁二局集团有限公司 | 中国中铁股份有限公司 | 国内领先 | 评审 |
| 183 | 城市轨道交通高架轨道声屏障施工技术及关键设备 | 中铁二局集团有限公司 | 中国中铁股份有限公司 | 国内领先 | 评审 |
| 184 | 山区高速铁路 CRTS Ⅲ型板式无砟道床施工技术 | 中铁二局集团有限公司 | 中国中铁股份有限公司 | 国内领先 | 评审 |
| 185 | 大跨度下承式多拱肋外倾钢管混凝土拱桥施工技术 | 中铁二局集团有限公司 | 中国中铁股份有限公司 | 国内领先 | 评审 |
| 186 | 跨高速公路刚架系杆拱钢箱连续梁组合桥关键施工技术 | 中铁二局集团有限公司 | 中国中铁股份有限公司 | 国内领先 | 评审 |
| 187 | 超大粒径砂卵石土层中深水基础围堰施工技术 | 中铁二局集团有限公司 | 中国中铁股份有限公司 | 国内领先 | 评审 |
| 188 | 杭州深埋承压水复合地层地铁区间施工关键技术研究 | 中铁二局集团有限公司 | 中国中铁股份有限公司 | 国内领先 | 评审 |
| 189 | 喀斯特地区高水压隧道施工水环境保护与突涌水防治技术 | 中铁二局集团有限公司 | 中国中铁股份有限公司 | 国内领先 | 评审 |
| 190 | 中心城区地铁车站及区间半幅顶板盖挖顺作法综合施工技术 | 中铁二局集团有限公司 | 中国中铁股份有限公司 | 国内领先 | 评审 |
| 191 | 高寒强地震区冰水堆积物分布特征及其工程特性研究 | 中铁二院工程集团有限责任公司 | 中国中铁股份有限公司 | 国内领先 | 评审 |
| 192 | 城市轨道交通用有轨电车道岔无缝化技术研究及应用 | 中铁高新工业股份有限公司 | 中国中铁股份有限公司 | 国内领先 | 评审 |

续表

| 序号 | 成果名称 | 第一完成单位 | 组织鉴定（评审）单位 | 成果评价 | 类别 |
|---|---|---|---|---|---|
| 193 | 超低温F级耐候桥梁钢应用研究 | 中铁高新工业股份有限公司 | 中国中铁股份有限公司 | 国内领先 | 评审 |
| 194 | 大型钢桁梁桥80吨×30米全回转架梁起重机 | 中铁高新工业股份有限公司 | 中国中铁股份有限公司 | 国内领先 | 评审 |
| 195 | 多索面钢锚梁制造技术研究 | 中铁高新工业股份有限公司 | 中国中铁股份有限公司 | 国内领先 | 评审 |
| 196 | 复杂空间曲线钢塔节段制造关键技术研究 | 中铁高新工业股份有限公司 | 中国中铁股份有限公司 | 国内领先 | 评审 |
| 197 | 桥梁超大断面独柱型栓接钢塔工厂制造技术 | 中铁高新工业股份有限公司 | 中国中铁股份有限公司 | 国内领先 | 评审 |
| 198 | 刀圈地质适应性系列化研究 | 中铁高新工业股份有限公司 | 中国中铁股份有限公司 | 国内领先 | 评审 |
| 199 | 全断面隧道掘进机综合评估系统 | 中铁高新工业股份有限公司 | 中国中铁股份有限公司 | 国内领先 | 评审 |
| 200 | 适应隧道曲面的地铁施工成套设备研制及配套作业关键技术 | 中铁高新工业股份有限公司 | 中国中铁股份有限公司 | 国内领先 | 评审 |
| 201 | 2000吨门式起重机出运大型预制沉箱技术研究 | 中铁广州工程局集团有限公司 | 中国中铁股份有限公司 | 国内领先 | 评审 |
| 202 | 铁路跨繁忙航道独塔斜拉桥施工关键技术 | 中铁广州工程局集团有限公司 | 中国中铁股份有限公司 | 国内领先 | 评审 |
| 203 | 模块车运输架设大跨度变截面钢箱梁关键技术研究 | 中铁广州工程局集团有限公司 | 中国中铁股份有限公司 | 国内领先 | 评审 |
| 204 | 上加劲连续钢桁梁架设施工技术 | 中铁广州工程局集团有限公司 | 中国中铁股份有限公司 | 国内领先 | 评审 |
| 205 | 软岩隧道施工关键技术 | 中铁广州工程局集团有限公司 | 中国中铁股份有限公司 | 国内领先 | 评审 |
| 206 | 自流平高性能混凝土在隧道二衬施工中的应用研究 | 中铁国际集团有限公司 | 中国中铁股份有限公司 | 国内领先 | 评审 |
| 207 | 9度抗震设防区高层建筑群隔震技术研究及应用 | 中铁华铁工程设计集团有限公司 | 中国中铁股份有限公司 | 国内领先 | 评审 |
| 208 | 高铁检修基地动车组安全监控智能管理关键技术研究 | 中铁华铁工程设计集团有限公司 | 中国中铁股份有限公司 | 国内领先 | 评审 |
| 209 | 玻璃纤维钢筋骨架地连墙施工技术 | 中铁建工集团有限公司 | 中国中铁股份有限公司 | 国内领先 | 评审 |
| 210 | 超高层建筑综合技术研究与应用 | 中铁建工集团有限公司 | 中国中铁股份有限公司 | 国内领先 | 评审 |
| 211 | 超高地下室外墙贝雷架单侧支模体系施工技术 | 中铁建工集团有限公司 | 中国中铁股份有限公司 | 国内领先 | 评审 |
| 212 | 大跨度钢结构编织筒整体提升施工技术 | 中铁建工集团有限公司 | 中国中铁股份有限公司 | 国内领先 | 评审 |
| 213 | 赣州西站综合施工技术研究 | 中铁建工集团有限公司 | 中国中铁股份有限公司 | 国内领先 | 评审 |
| 214 | 章丘火车站站改施工综合技术研究与应用 | 中铁建工集团有限公司 | 中国中铁股份有限公司 | 国内领先 | 评审 |
| 215 | 单跨140米级非对称复杂线性钢箱梁景观云桥关键建造技术研究 | 中铁九局集团有限公司 | 中国中铁股份有限公司 | 国内领先 | 评审 |
| 216 | 高速铁路引入既有高速铁路车站站场改造施工关键技术研究 | 中铁六局集团有限公司 | 中国中铁股份有限公司 | 国内领先 | 评审 |
| 217 | 地震高发区复杂环境高速公路施工技术研究 | 中铁六局集团有限公司 | 中国中铁股份有限公司 | 国内领先 | 评审 |
| 218 | 地铁隧道穿越岩溶区处理关键技术研究 | 中铁第六勘察设计院集团有限公司 | 中国中铁股份有限公司 | 国内领先 | 评审 |
| 219 | 基于IMS惯导系统轨道检测仪在高速铁路无砟轨道长轨精调中的应用研究 | 中铁七局集团有限公司 | 中国中铁股份有限公司 | 国内领先 | 评审 |
| 220 | 串珠状岩溶区大直径超长冲孔灌注桩承载机理及施工工艺研究 | 中铁七局集团有限公司 | 中国中铁股份有限公司 | 国内领先 | 评审 |
| 221 | 跨既有高铁多股道大吨位梁转体施工关键技术研究与应用 | 中铁七局集团有限公司 | 中国中铁股份有限公司 | 国内领先 | 评审 |

续表

| 序号 | 成果名称 | 第一完成单位 | 组织鉴定（评审）单位 | 成果评价 | 类别 |
|---|---|---|---|---|---|
| 222 | 大型非开挖供水管线工程长大管道施工关键技术研究 | 中铁七局集团有限公司 | 中国中铁股份有限公司 | 国内领先 | 评审 |
| 223 | 封闭环境下水平冻结辅助钢套筒盾构接收、调头及始发施工关键技术研究 | 中铁七局集团有限公司 | 中国中铁股份有限公司 | 国内领先 | 评审 |
| 224 | 地铁多种新型结构道床综合施工技术研究 | 中铁二局集团有限公司 | 中国中铁股份有限公司 | 国内领先 | 评审 |
| 225 | 黄河三角洲冲积平原地区滨海盐碱路基综合施工技术研究 | 中铁三局集团有限公司 | 中国中铁股份有限公司 | 国内领先 | 评审 |
| 226 | 路基高边坡现制水泥纤维结构防护施工技术研究 | 中铁三局集团有限公司 | 中国中铁股份有限公司 | 国内领先 | 评审 |
| 227 | 芜湖北站高架桥梁关键施工技术 | 中铁三局集团有限公司 | 中国中铁股份有限公司 | 国内领先 | 评审 |
| 228 | 先简支后连续跨座式单轨刚构轨道梁施工技术 | 中铁三局集团有限公司 | 中国中铁股份有限公司 | 国内领先 | 评审 |
| 229 | 大厚度湿陷性黄土地层多种复杂地形地铁区间安全快速施工技术 | 中铁三局集团有限公司 | 中国中铁股份有限公司 | 国内领先 | 评审 |
| 230 | 玉磨铁路复杂地质条件下长大隧道施工及环保综合技术研究 | 中铁三局集团有限公司 | 中国中铁股份有限公司 | 国内领先 | 评审 |
| 231 | （129+300+129）米“龙形”双层中承式拱桥下部结构施工关键技术 | 中铁上海工程局集团有限公司 | 中国中铁股份有限公司 | 国内领先 | 评审 |
| 232 | 北方寒冷地区混凝土桥梁下部结构装配式关键技术研究 | 中铁上海工程局集团有限公司 | 中国中铁股份有限公司 | 国内领先 | 评审 |
| 233 | 大跨度有推力钢箱拱桥拱肋建造关键技术研究 | 中铁上海工程局集团有限公司 | 中国中铁股份有限公司 | 国内领先 | 评审 |
| 234 | 地铁车站桩墙叠合结构建造关键技术 | 中铁上海工程局集团有限公司 | 中国中铁股份有限公司 | 国内领先 | 评审 |
| 235 | 新建青岛西高铁站综合施工技术研究 | 中铁十局集团有限公司 | 中国中铁股份有限公司 | 国内领先 | 评审 |
| 236 | 深厚软土地区城际铁路高架桥的绿色节能高效施工关键技术研究 | 中铁十局集团有限公司 | 中国中铁股份有限公司 | 国内领先 | 评审 |
| 237 | 复杂环境铁路四线特大桥创新设计与施工关键技术 | 中铁十局集团有限公司 | 中国中铁股份有限公司 | 国内领先 | 评审 |
| 238 | 上跨繁忙客运专线大跨度钢桁梁侧位拼装、大悬臂横移施工技术研究 | 中铁十局集团有限公司 | 中国中铁股份有限公司 | 国内领先 | 评审 |
| 239 | 高富水砂卵石地层隧道盾构施工关键技术研究 | 中铁十局集团有限公司 | 中国中铁股份有限公司 | 国内领先 | 评审 |
| 240 | 临海淤泥环境下大型地下综合管廊施工技术研究 | 中铁十局集团有限公司 | 中国中铁股份有限公司 | 国内领先 | 评审 |
| 241 | 下穿高架桥高富水砂卵石地层隧道明挖施工技术研究 | 中铁十局集团有限公司 | 中国中铁股份有限公司 | 国内领先 | 评审 |
| 242 | 近距离穿越居民区湿陷性黄土高速铁路路基加固处理施工技术研究 | 中铁四局集团有限公司 | 中国中铁股份有限公司 | 国内领先 | 评审 |
| 243 | 蒙华铁路生态脆弱区工程施工生态保护技术研究 | 中铁四局集团有限公司 | 中国中铁股份有限公司 | 国内领先 | 评审 |
| 244 | V 形深谷库区桥梁基础施工关键技术研究 | 中铁四局集团有限公司 | 中国中铁股份有限公司 | 国内领先 | 评审 |
| 245 | 大跨度高速铁路钢桁斜拉桥施工关键技术研究 | 中铁四局集团有限公司 | 中国中铁股份有限公司 | 国内领先 | 评审 |
| 246 | 复杂地层地铁近接敏感构建筑物施工关键技术研究 | 中铁四局集团有限公司 | 中国中铁股份有限公司 | 国内领先 | 评审 |
| 247 | 穿越古煤矿采空区三车道小净距公路隧道施工关键技术 | 中铁隧道局集团有限公司 | 中国中铁股份有限公司 | 国内领先 | 评审 |

续表

| 序号 | 成果名称 | 第一完成单位 | 组织鉴定（评审）单位 | 成果评价 | 类别 |
|---|---|---|---|---|---|
| 248 | 红黏土弱膨胀地层大断面隧道施工关键技术研究 | 中铁隧道局集团有限公司 | 中国中铁股份有限公司 | 国内领先 | 评审 |
| 249 | 沿江陡崖地形四柱高墩快速施工技术研究 | 中铁五局集团有限公司 | 中国中铁股份有限公司 | 国内领先 | 评审 |
| 250 | 太焦铁路襄垣隧道施工工艺创新与应用研究 | 中铁五局集团有限公司 | 中国中铁股份有限公司 | 国内领先 | 评审 |
| 251 | 北京砂卵石地层盾构隧道施工全过程综合施工控制 | 中铁五局集团有限公司 | 中国中铁股份有限公司 | 国内领先 | 评审 |
| 252 | 复杂环境下超小半径曲线地铁隧道TBM掘进施工关键技术研究 | 中铁五局集团有限公司 | 中国中铁股份有限公司 | 国内领先 | 评审 |
| 253 | 复杂环境下地铁三线换乘车站施工关键技术研究 | 中铁五局集团有限公司 | 中国中铁股份有限公司 | 国内领先 | 评审 |
| 254 | 拉林铁路藏噶隧道冰水堆积体及蚀变花岗岩大变形段施工关键技术研究 | 中铁五局集团有限公司 | 中国中铁股份有限公司 | 国内领先 | 评审 |
| 255 | 地铁轨道施工新型设备及关键技术研究 | 中铁一局集团有限公司 | 中国中铁股份有限公司 | 国内领先 | 评审 |
| 256 | 地铁运维限界及轨道几何状态检测集成设备研制 | 中铁一局集团有限公司 | 中国中铁股份有限公司 | 国内领先 | 评审 |
| 257 | 轨道交通养护工器具智慧防分离管理系统 | 中铁一局集团有限公司 | 中国中铁股份有限公司 | 国内领先 | 评审 |
| 258 | 复杂岩溶地质百米级桩基快速施工关键技术研究 | 中铁一局集团有限公司 | 中国中铁股份有限公司 | 国内领先 | 评审 |
| 259 | 双塔双索面钢结构斜拉桥关键施工技术研究 | 中铁一局集团有限公司 | 中国中铁股份有限公司 | 国内领先 | 评审 |
| 260 | 地铁管片混凝土综合性能提升研究与应用 | 中铁一局集团有限公司 | 中国中铁股份有限公司 | 国内领先 | 评审 |
| 261 | 盾构隧道穿越组合立交桥桩基托换施工技术 | 中铁一局集团有限公司 | 中国中铁股份有限公司 | 国内领先 | 评审 |
| 262 | 复杂环境下大直径大深度电力隧道和竖井开挖及止水施工技术研究 | 中铁一局集团有限公司 | 中国中铁股份有限公司 | 国内领先 | 评审 |
| 263 | 广州地铁大跨度车站半明半盖及富水砂层站台暗挖隧道冷冻法关键施工技术 | 中铁一局集团有限公司 | 中国中铁股份有限公司 | 国内领先 | 评审 |
| 264 | 成都复合地层土压平衡盾构施工控制综合技术研究 | 中铁一局集团有限公司 | 中国中铁股份有限公司 | 国内领先 | 评审 |
| 265 | 复杂环境河道区车站施工关键技术研究 | 中铁一局集团有限公司 | 中国中铁股份有限公司 | 国内领先 | 评审 |
| 266 | 复杂条件下地铁换乘站及新旧车站接口施工关键技术研究 | 中铁一局集团有限公司 | 中国中铁股份有限公司 | 国内领先 | 评审 |
| 267 | 矩形顶管在武汉地铁车站出入口通道中的应用技术研究 | 中铁一局集团有限公司 | 中国中铁股份有限公司 | 国内领先 | 评审 |
| 268 | 微承压水全断面粉砂夹砂质粉土层盾构施工技术研究 | 中铁一局集团有限公司 | 中国中铁股份有限公司 | 国内领先 | 评审 |
| 269 | 地铁轨道小半径曲线安全与加固综合技术 | 中铁工程设计咨询集团有限公司 | 中国中铁股份有限公司 | 国内领先 | 评审 |
| 270 | 时速250千米客运专线12号道岔总图及结构设计研究 | 中铁工程设计咨询集团有限公司 | 中国中铁股份有限公司 | 国内领先 | 评审 |
| 271 | 铁路路基风吹雪防治措施研究 | 中铁工程设计咨询集团有限公司 | 中国中铁股份有限公司 | 国内领先 | 评审 |
| 272 | 强震地区铁路隧道抗震设计成套技术研究 | 中铁工程设计咨询集团有限公司 | 中国中铁股份有限公司 | 国内领先 | 评审 |

续表

| 序号 | 成果名称 | 第一完成单位 | 组织鉴定（评审）单位 | 成果评价 | 类别 |
|---|---|---|---|---|---|
| 273 | 装配式建筑混凝土结构预制及施工技术研究 | 中铁六局集团有限公司 | 中国中铁股份有限公司 | 国内领先 | 评审 |
| 274 | 土压平衡盾构小半径大坡度浅覆土下穿城市湖泊技术研究 | 中铁十局集团有限公司 | 中国中铁股份有限公司 | 国内领先 | 评审 |
| 275 | 铁路预制混凝土梁场智能化生产管理系统 | 中铁高新工业股份有限公司 | 中国中铁股份有限公司 | 国内领先 | 评审 |
| 276 | 大型专业起重设备远程智能监测监控系统技术研究 | 中铁广州工程局集团有限公司 | 中国中铁股份有限公司 | 国内领先 | 评审 |
| 277 | 基于BIM技术的水平转体桥梁跨越多条营业线施工技术研究 | 中铁三局集团有限公司 | 中国中铁股份有限公司 | 国内领先 | 评审 |
| 278 | UWB脉冲信号在高等级水准测量中的技术开发研究 | 中铁四局集团有限公司 | 中国中铁股份有限公司 | 国内领先 | 评审 |
| 279 | “全站通测量管理系统”软件平台开发及升级技术 | 中铁一局集团有限公司 | 中国中铁股份有限公司 | 国内领先 | 评审 |
| 280 | 既有铁路纵断面优化设计软件 | 中铁工程设计咨询集团有限公司 | 中国中铁股份有限公司 | 国内领先 | 评审 |
| 281 | 高速铁路沉降变形观测数据处理与分析预测集成系统 | 中铁工程设计咨询集团有限公司 | 中国中铁股份有限公司 | 国内领先 | 评审 |
| 282 | 隧道衬砌信息化与机械化高效施工技术 | 中铁三局集团有限公司 | 中国中铁股份有限公司 | 国内领先 | 评审 |
| 283 | 基于BIM技术的盾构远程监控系统研究与应用 | 中铁二局集团有限公司 | 中国中铁股份有限公司 | 国内领先 | 评审 |
| 284 | 第三代智能安全帽研制 | 中铁武汉电气化局集团有限公司 | 中国中铁股份有限公司 | 国内先进 | 评审 |
| 285 | 城市桥梁多幅变宽预制节段箱梁拼装综合施工技术研究 | 中铁八局集团有限公司 | 中国中铁股份有限公司 | 国内先进 | 评审 |
| 286 | 邻近电站大坝铁路桥梁深水基础施工技术研究 | 中铁八局集团有限公司 | 中国中铁股份有限公司 | 国内先进 | 评审 |
| 287 | 双线重载铁路大跨度简支钢桁梁无支墩架设关键技术研究 | 中铁八局集团有限公司 | 中国中铁股份有限公司 | 国内先进 | 评审 |
| 288 | 轨道交通高强阻燃型玻璃纤维复合材料和产品的研制及应用 | 中铁八局集团有限公司 | 中国中铁股份有限公司 | 国内先进 | 评审 |
| 289 | 复杂地质条件下城际铁路隧道施工关键技术研究 | 中铁八局集团有限公司 | 中国中铁股份有限公司 | 国内先进 | 评审 |
| 290 | 近海富水复杂地层地铁施工关键技术研究 | 中铁八局集团有限公司 | 中国中铁股份有限公司 | 国内先进 | 评审 |
| 291 | 装配式建筑竖向构件套筒连接后置低温灌浆技术研究 | 中铁北京工程局集团有限公司 | 中国中铁股份有限公司 | 国内先进 | 评审 |
| 292 | 岩溶丘陵地貌土石方高填方施工技术研究 | 中铁北京工程局集团有限公司 | 中国中铁股份有限公司 | 国内先进 | 评审 |
| 293 | 高速公路上跨铁路钢混组合梁施工技术 | 中铁北京工程局集团有限公司 | 中国中铁股份有限公司 | 国内先进 | 评审 |
| 294 | 高速铁路连续梁短线匹配预制拼装施工综合技术 | 中铁北京工程局集团有限公司 | 中国中铁股份有限公司 | 国内先进 | 评审 |
| 295 | 大直径盾构砂卵石地层长距离掘进技术研究 | 中铁北京工程局集团有限公司 | 中国中铁股份有限公司 | 国内先进 | 评审 |
| 296 | 盾构下穿既有地铁隧道施工技术 | 中铁北京工程局集团有限公司 | 中国中铁股份有限公司 | 国内先进 | 评审 |
| 297 | 砂卵地层超近距离暗挖隧道上穿盾构区间隧道的综合施工技术与干涉分析 | 中铁北京工程局集团有限公司 | 中国中铁股份有限公司 | 国内先进 | 评审 |
| 298 | 单跨变截面刚性系杆钢桁拱桥快速施工技术 | 中铁大桥局集团有限公司 | 中国中铁股份有限公司 | 国内先进 | 评审 |
| 299 | 连续刚构钢管拱桥拱肋整体提升施工关键技术 | 中铁大桥局集团有限公司 | 中国中铁股份有限公司 | 国内先进 | 评审 |

续表

| 序号 | 成果名称 | 第一完成单位 | 组织鉴定（评审）单位 | 成果评价 | 类别 |
|---|---|---|---|---|---|
| 300 | 牵引变电所二次电缆布放标准化研究 | 中铁电气化局集团有限公司 | 中国中铁股份有限公司 | 国内先进 | 评审 |
| 301 | EPB 盾构泡沫改良渣土技术研究 | 中铁二局集团有限公司 | 中国中铁股份有限公司 | 国内先进 | 评审 |
| 302 | 南京地铁九华山站—岗子村站盾构区间施工关键技术 | 中铁二局集团有限公司 | 中国中铁股份有限公司 | 国内先进 | 评审 |
| 303 | 公路钢混组合梁快速化施工技术及施工装备研究 | 中铁高新工业股份有限公司 | 中国中铁股份有限公司 | 国内先进 | 评审 |
| 304 | 拱门形钢斜塔斜拉扣挂施工技术 | 中铁高新工业股份有限公司 | 中国中铁股份有限公司 | 国内先进 | 评审 |
| 305 | ZTSP-E30 混凝土湿喷台车 | 中铁高新工业股份有限公司 | 中国中铁股份有限公司 | 国内先进 | 评审 |
| 306 | 盾构法施工喷涌治理技术 | 中铁高新工业股份有限公司 | 中国中铁股份有限公司 | 国内先进 | 评审 |
| 307 | 叠合梁斜拉桥高塔墩菱形索塔施工技术 | 中铁广州工程局集团有限公司 | 中国中铁股份有限公司 | 国内先进 | 评审 |
| 308 | 高原地区铁路钢管拱桥施工测量控制技术研究 | 中铁广州工程局集团有限公司 | 中国中铁股份有限公司 | 国内先进 | 评审 |
| 309 | 青藏高原铁路 48 米节段梁制运架技术及配套设备研究 | 中铁广州工程局集团有限公司 | 中国中铁股份有限公司 | 国内先进 | 评审 |
| 310 | 青藏高原铁路拱桥大直径钢管拱管内超千方砼顶升技术 | 中铁广州工程局集团有限公司 | 中国中铁股份有限公司 | 国内先进 | 评审 |
| 311 | 山区大跨悬索桥超大锚碇及锚固系统施工技术研究 | 中铁广州工程局集团有限公司 | 中国中铁股份有限公司 | 国内先进 | 评审 |
| 312 | 高速铁路隧道洞口破碎围岩高边坡刷施工技术研究 | 中铁广州工程局集团有限公司 | 中国中铁股份有限公司 | 国内先进 | 评审 |
| 313 | 河海相深厚软土地基明挖暗埋隧道施工关键技术研究 | 中铁广州工程局集团有限公司 | 中国中铁股份有限公司 | 国内先进 | 评审 |
| 314 | 上跨既有线富水砂层地铁车站基坑开挖及盾构四线平行掘进关键技术 | 中铁广州工程局集团有限公司 | 中国中铁股份有限公司 | 国内先进 | 评审 |
| 315 | 新型隧道带模注浆材料在磨万铁路隧道中的运用 | 中铁国际集团有限公司 | 中国中铁股份有限公司 | 国内先进 | 评审 |
| 316 | 岩溶强发育地质溶洞物探、建模、处理一体化技术 | 中铁建工集团有限公司 | 中国中铁股份有限公司 | 国内先进 | 评审 |
| 317 | 高层建筑工业数字化建造关键技术研究 | 中铁九局集团有限公司 | 中国中铁股份有限公司 | 国内先进 | 评审 |
| 318 | 单线铁路 64 米箱梁节段预制与拼装设计及施工技术研究 | 中铁九局集团有限公司 | 中国中铁股份有限公司 | 国内先进 | 评审 |
| 319 | 复杂条件下铁路双线大跨度简支钢桁梁桥设计施工关键技术研究 | 中铁九局集团有限公司 | 中国中铁股份有限公司 | 国内先进 | 评审 |
| 320 | 京雄城际铁路简支箱梁智能制造及架设关键技术研究 | 中铁九局集团有限公司 | 中国中铁股份有限公司 | 国内先进 | 评审 |
| 321 | 无支撑条件下大跨度双曲线钢箱梁跨城市高架桥施工技术研究 | 中铁九局集团有限公司 | 中国中铁股份有限公司 | 国内先进 | 评审 |
| 322 | 强风区段接触网施工技术研究 | 中铁九局集团有限公司 | 中国中铁股份有限公司 | 国内先进 | 评审 |
| 323 | 铁道信号预实验模拟装置的研究 | 中铁九局集团有限公司 | 中国中铁股份有限公司 | 国内先进 | 评审 |
| 324 | 基岩突起及球状风化孤石群地层盾构隧道施工关键技术研究 | 中铁九局集团有限公司 | 中国中铁股份有限公司 | 国内先进 | 评审 |
| 325 | 商合杭铁路施工关键控制技术研究 | 中铁六局集团有限公司 | 中国中铁股份有限公司 | 国内先进 | 评审 |
| 326 | 浅埋富水偏压隧道施工关键技术及配套装置研发 | 中铁六局集团有限公司 | 中国中铁股份有限公司 | 国内先进 | 评审 |
| 327 | 隧道浅埋段下穿高速公路施工技术研究 | 中铁六局集团有限公司 | 中国中铁股份有限公司 | 国内先进 | 评审 |
| 328 | 激光 SLAM 和倾斜摄影技术在高铁路基施工中应用的研究 | 中铁七局集团有限公司 | 中国中铁股份有限公司 | 国内先进 | 评审 |

续表

| 序号 | 成果名称 | 第一完成单位 | 组织鉴定（评审）单位 | 成果评价 | 类别 |
|---|---|---|---|---|---|
| 329 | 上跨陇海铁路距接触网极小间距连续刚构桥拆除施工技术研究 | 中铁七局集团有限公司 | 中国中铁股份有限公司 | 国内先进 | 评审 |
| 330 | 饱和软黄土地区地铁降水综合技术研究 | 中铁七局集团有限公司 | 中国中铁股份有限公司 | 国内先进 | 评审 |
| 331 | 高寒地区单线隧道中心深埋水沟施工关键技术研究 | 中铁七局集团有限公司 | 中国中铁股份有限公司 | 国内先进 | 评审 |
| 332 | 高寒地区地铁双区间盾构施工效能优化研究 | 中铁七局集团有限公司 | 中国中铁股份有限公司 | 国内先进 | 评审 |
| 333 | 含水卵石层下穿文物保护区盾构掘进施工技术研究 | 中铁七局集团有限公司 | 中国中铁股份有限公司 | 国内先进 | 评审 |
| 334 | 大跨度多箱室现浇连续梁群综合施工技术研究 | 中铁三局集团有限公司 | 中国中铁股份有限公司 | 国内先进 | 评审 |
| 335 | 曲线段紧邻运营桥梁 7×64 米节段箱梁跨江拼装施工技术研究 | 中铁三局集团有限公司 | 中国中铁股份有限公司 | 国内先进 | 评审 |
| 336 | 双线多跨径连续刚构节段梁预制及架设成套技术施工关键技术 | 中铁三局集团有限公司 | 中国中铁股份有限公司 | 国内先进 | 评审 |
| 337 | 高速铁路“四电”集成工程系统优化技术研究 | 中铁三局集团有限公司 | 中国中铁股份有限公司 | 国内先进 | 评审 |
| 338 | 地震频发区高速铁路隧道口高位岩体裂隙整治及边坡防护施工技术研究 | 中铁三局集团有限公司 | 中国中铁股份有限公司 | 国内先进 | 评审 |
| 339 | 地铁盾构近距离下穿直径 3.8 米 PCCP 给水管施工关键技术研究 | 中铁上海工程局集团有限公司 | 中国中铁股份有限公司 | 国内先进 | 评审 |
| 340 | 新能源纯电动轨道车的研制与应用 | 中铁上海工程局集团有限公司 | 中国中铁股份有限公司 | 国内先进 | 评审 |
| 341 | 蒸压砂加气混凝土墙板装配式安装成套技术 | 中铁十局集团有限公司 | 中国中铁股份有限公司 | 国内先进 | 评审 |
| 342 | 市政施工截断河道的水环境保护技术研究 | 中铁十局集团有限公司 | 中国中铁股份有限公司 | 国内先进 | 评审 |
| 343 | 高桩承台无封底干作业施工技术 | 中铁十局集团有限公司 | 中国中铁股份有限公司 | 国内先进 | 评审 |
| 344 | 双曲面高山滑雪造型钢塔 V 形墩斜拉桥施工关键技术研究 | 中铁十局集团有限公司 | 中国中铁股份有限公司 | 国内先进 | 评审 |
| 345 | 通航深水厚覆泥质松散砂卵石复杂条件高墩大跨桥梁技术研究 | 中铁十局集团有限公司 | 中国中铁股份有限公司 | 国内先进 | 评审 |
| 346 | 下穿繁忙站场富水地层多孔框架桥长距离顶进施工技术 | 中铁十局集团有限公司 | 中国中铁股份有限公司 | 国内先进 | 评审 |
| 347 | 黄土及水平软岩不良地质隧道施工技术研究 | 中铁十局集团有限公司 | 中国中铁股份有限公司 | 国内先进 | 评审 |
| 348 | 采用液压模板系统预制小箱梁成套施工技术研究 | 中铁五局集团有限公司 | 中国中铁股份有限公司 | 国内先进 | 评审 |
| 349 | 深水硬质岩大倾角河床桥梁基础施工技术 | 中铁五局集团有限公司 | 中国中铁股份有限公司 | 国内先进 | 评审 |
| 350 | 城市重交通繁华地段半盖挖地铁车站施工关键技术 | 中铁五局集团有限公司 | 中国中铁股份有限公司 | 国内先进 | 评审 |
| 351 | 地铁施工对邻近既有桥桩稳定性影响分析与控制技术 | 中铁五局集团有限公司 | 中国中铁股份有限公司 | 国内先进 | 评审 |
| 352 | 盖挖半逆作法地铁车站中间钢管混凝土柱施工关键技术 | 中铁五局集团有限公司 | 中国中铁股份有限公司 | 国内先进 | 评审 |
| 353 | 煤与瓦斯突出及自燃煤层隧道施工技术研究 | 中铁五局集团有限公司 | 中国中铁股份有限公司 | 国内先进 | 评审 |
| 354 | 软弱围岩隧道台阶法平行同步快速开挖支护施工技术 | 中铁五局集团有限公司 | 中国中铁股份有限公司 | 国内先进 | 评审 |

续表

| 序号 | 成果名称 | 第一完成单位 | 组织鉴定（评审）单位 | 成果评价 | 类别 |
|---|---|---|---|---|---|
| 355 | 突变超大断面高瓦斯隧道施工技术研究 | 中铁五局集团有限公司 | 中国中铁股份有限公司 | 国内先进 | 评审 |
| 356 | 上跨营业线铁路槽型梁高位预制拖拉就位关键施工技术研究 | 中铁一局集团有限公司 | 中国中铁股份有限公司 | 国内先进 | 评审 |
| 357 | 水下混凝土灌注界面探测器的研制与应用技术 | 中铁一局集团有限公司 | 中国中铁股份有限公司 | 国内先进 | 评审 |
| 358 | 单线铁路黄土隧道快速施工技术 | 中铁一局集团有限公司 | 中国中铁股份有限公司 | 国内先进 | 评审 |
| 359 | 岩溶区富水砂层软弱地质浅埋暗挖隧道小净距下穿机场滑行道施工控制技术 | 中铁一局集团有限公司 | 中国中铁股份有限公司 | 国内先进 | 评审 |
| 360 | 南宁地铁富水圆砾地层下穿既有运营线泥水盾构施工技术 | 中铁一局集团有限公司 | 中国中铁股份有限公司 | 国内先进 | 评审 |
| 361 | 张呼铁路螺杆桩加固处理技术研究 | 中铁工程设计咨询集团有限公司 | 中国中铁股份有限公司 | 国内先进 | 评审 |
| 362 | 岩溶地区上软下硬地层隧道下穿机场滑行道关键技术研究 | 中铁工程设计咨询集团有限公司 | 中国中铁股份有限公司 | 国内先进 | 评审 |
| 363 | 北京轨道交通7号线二期工程机电专业设备安装工程Ⅰ标段BIM技术应用研究 | 中铁一局集团有限公司 | 中国中铁股份有限公司 | 国内先进 | 评审 |
| 364 | 铁路现状OD生成程序 | 中铁工程设计咨询集团有限公司 | 中国中铁股份有限公司 | 国内先进 | 评审 |
| 365 | 多源数据融合构建真实地形模型及施工应用研究 | 中铁二局集团有限公司 | 中国中铁股份有限公司 | 国内先进 | 评审 |
| 366 | 智能京雄信息化综合技术研究 | 中铁北京工程局集团有限公司 | 中国中铁股份有限公司 | 国内先进 | 评审 |
| 367 | BIM+GIS在地铁机电安装工程中的应用技术研究 | 中铁七局集团有限公司 | 中国中铁股份有限公司 | 国内先进 | 评审 |
| 368 | 基于物联网+BIM技术的黄土隧道施工安全预警技术及工程应用研究 | 中铁北京工程局集团有限公司 | 中国中铁股份有限公司 | 国内先进 | 评审 |
| 369 | 地铁管片生产中ERP管理系统与BIM技术融合平台建设 | 中铁一局集团有限公司 | 中国中铁股份有限公司 | 国内先进 | 评审 |
| 370 | 中国中铁智能验收系统 | 中铁物贸集团有限公司 | 中国中铁股份有限公司 | 国内先进 | 评审 |
| 371 | 工程项目大数据平台 | 中铁广州工程局集团有限公司 | 中国中铁股份有限公司 | 国内先进 | 评审 |
| 372 | 基于移动互联技术实现降低建筑工地安全事故发生概率的方法研究 | 中铁七局集团有限公司 | 中国中铁股份有限公司 | 国内先进 | 评审 |
| 373 | 基于大数据与深度学习的盾构机智能掘进系统研究 | 中铁九局集团有限公司 | 中国中铁股份有限公司 | 国内先进 | 评审 |
| 374 | 提高连续梁节段工效综合技术研究 | 中铁三局集团有限公司 | 中国中铁股份有限公司 | 国内先进 | 评审 |
| 375 | 基于BIM技术深化应用的高铁简支拱施工技术 | 中铁三局集团有限公司 | 中国中铁股份有限公司 | 国内先进 | 评审 |
| 376 | “一带一路”亚吉铁路火山渣路基关键技术及应用 | 中铁二局集团有限公司<br>西南交通大学<br>中铁二局第六工程有限公司 | 四川省建筑业协会 | 国际领先 | 评审 |
| 377 | 富水砂性地层地铁明挖车站及区间盾构穿越既有锚索群施工关键技术 | 中铁四局集团有限公司 | 安徽省科学家企业家协会科技成果评价中心 | 国际领先 | 评审 |
| 378 | 地铁轮胎式铺轨车研制与施工技术研究 | 中铁四局集团有限公司<br>中铁科工集团有限公司 | 安徽省科学家企业家协会科技成果评价中心 | 国际领先 | 评审 |
| 379 | 高性能聚合物护壁泥浆研制及工程应用 | 中铁四局集团有限公司<br>安徽中铁工程材料科技有限公司<br>安徽建筑大学<br>安徽天润化学工业股份有限公司 | 安徽省科学家企业家协会科技成果评价中心 | 国际领先 | 评审 |
| 380 | 深水大截面沉井施工关键技术 | 中铁大桥局集团有限公司<br>西南交通大学<br>长江水利委员会长江科学院<br>中铁大桥科学研究院有限公司 | 湖北技术交易所 | 国际领先 | 评审 |

续表

| 序号 | 成果名称 | 第一完成单位 | 组织鉴定（评审）单位 | 成果评价 | 类别 |
|---|---|---|---|---|---|
| 381 | 深水大截面沉井施工关键技术 | 中铁大桥局集团有限公司<br>西南交通大学 | 中国公路学会 | 国际领先 | 评审 |
| 382 | 深水大截面沉井施工关键技术 | 中铁大桥局集团有限公司<br>西南交通大学 | 中国交通运输协会 | 国际领先 | 评审 |
| 383 | 摩洛哥梭形塔钢混组合梁斜拉桥建造技术 | 中铁大桥局集团第六工程有限公司<br>中铁大桥局集团有限公司 | 湖北技术交易所 | 国际领先 | 评审 |
| 384 | 迫龙沟特大桥上部结构不对称双悬臂施工技术 | 中铁大桥局集团第六工程有限公司<br>中铁大桥局集团有限公司 | 湖北技术交易所 | 国际领先 | 评审 |
| 385 | 跨越多条既有线城市桥梁安全快速化建造技术 | 中铁大桥局第七工程有限公司<br>中铁大桥局集团有限公司<br>中铁大桥科学研究院有限公司 | 湖北技术交易所 | 国际领先 | 评审 |
| 386 | 极端复杂地质新型 TBM 研制及工程关键技术应用 | 盾构及掘进技术国家重点实验室<br>中铁隧道局集团有限公司<br>中铁工程装备集团有限公司<br>中铁西南科学研究院有限公司<br>中铁二院工程集团有限公司<br>石家庄铁道大学 | 中国机械工程学会 | 国际领先 | 鉴定 |
| 387 | 160 千米 / 时以下单线铁路隧道成套衬砌装备研制 | 中铁隧道局集团有限公司<br>中铁隧道勘察设计研究院有限公司 | 中国机械工程学会 | 国际领先 | 评审 |
| 388 | 单线铁路特长高地应力岩爆隧道快速施工关键技术 | 中铁隧道集团一处有限公司<br>中铁隧道局集团有限公司<br>中铁隧道股份有限公司<br>中铁隧道勘察设计研究院有限公司<br>福州大学 | 重庆科技成果转化促进会 | 国际领先 | 评审 |
| 389 | 车钩三态试验自动演示教学模具及其演示方法 | 中铁三局集团有限公司<br>中铁三局集团有限公司运输工程分公司 | 中科合创（北京）科技成果评价中心 | 国际领先 | 评审 |
| 390 | 俄罗斯高铁（莫斯科至喀山段）列车技术条件研究 | 中铁二院 | 四川省科学技术信息研究所 | 国际领先 | 评审 |
| 391 | 复杂地质与周边环境双护盾 TBM 设备研造与隧道建造关键技术 | 中铁二院 | 四川省科学技术信息研究所 | 国际领先 | 评审 |
| 392 | 复杂运营条件下现代有轨电车轨道系统成套技术开发及应用 | 中铁二院 | 四川省科学技术信息研究所 | 国际领先 | 评审 |
| 393 | 路基工程新型装配式柔性排水结构技术研究 | 中铁二院 | 四川省科学技术信息研究所 | 国际领先 | 评审 |
| 394 | 复杂艰险山区高速铁路减灾选线及工程设计关键技术 | 中铁二院 | 四川省科学技术信息研究所 | 国际领先 | 评审 |
| 395 | 艰险山区高速铁路特大跨度混凝土拱桥关键技术 | 中铁二院 | 四川省科学技术信息研究所 | 国际领先 | 评审 |
| 396 | 大跨度缆索承重桥梁精细化分析关键技术及平台开发 | 中铁大桥勘测设计院集团有限公司 | 湖北技术交易所 | 国际领先 | 评审 |
| 397 | 隧道岩溶及地下水综合超前地质预报技术 | 中铁西南科学研究院有限公司 | 四川省科学技术信息研究所 | 国际领先 | 评审 |
| 398 | 极端复杂地质隧道新型 TBM 研制及工程关键技术应用 | 盾构及掘进技术国家重点实验室<br>中铁西南科学研究院有限公司 | 中国工程机械学会 | 国际领先 | 评审 |
| 399 | 砂卵石地层矩形盾构顶掘施工技术研究 | 成都建工路桥建设公司<br>中铁西南科学研究院有限公司 | 四川省住房和城乡建设厅 | 国际领先 | 鉴定 |
| 400 | 富水圆砾地层上下叠落盾构隧道近距离下穿运营线掘进关键技术 | 中铁开发投资集团有限公司<br>中铁五局城市轨道交通工程分公司<br>中南大学 | 云南省实用新技术协会 | 国际领先 | 评审 |

续表

| 序号 | 成果名称 | 第一完成单位 | 组织鉴定（评审）单位 | 成果评价 | 类别 |
|---|---|---|---|---|---|
| 401 | 高性能水泥基微膨胀充填材料研发与工程应用 | 中铁二局集团有限公司<br>中铁二局第四工程有限公司<br>西南交通大学 | 四川省科学技术信息研究所 | 国际先进 | 评审 |
| 402 | 轨道交通高强阻燃型玻璃纤维复合材料和产品的研制及应用 | 中铁八局集团有限公司<br>中铁八局集团电务工程有限公司 | 四川智信九鼎科学技术评估有限公司 | 国际先进 | 评审 |
| 403 | 大吨位独塔单索面混合梁转体斜拉桥设计与施工成套技术研究 | 中铁九局集团有限公司<br>中铁九局集团第二工程有限公司<br>中国铁路设计集团有限公司<br>湖南大学 | 吉林省建筑业协会 | 国际先进 | 鉴定 |
| 404 | 单跨 140 米级非对称复杂线形钢箱梁景观云桥关键建造技术研究 | 中铁九局集团第六工程有限公司<br>中铁九局集团有限公司<br>中铁西北科学研究院有限公司<br>龙游县城市发展投资有限公司 | 甘肃省科技发展促进中心 | 国际先进 | 评审 |
| 405 | 公铁两用钢桁梁桥公路桥面板结构功能恢复与提升关键技术 | 中铁大桥局集团武汉桥梁特种技术有限公司<br>中铁桥隧技术有限公司 | 湖北技术交易所 | 国际先进 | 评审 |
| 406 | 老龄在役文物三铰钢拱桥整体保护式修缮成套技术 | 中铁大桥局集团武汉桥梁特种技术有限公司<br>宁波市市政设施中心<br>同济大学<br>重庆大学<br>宁波工程学院 | 中国公路学会 | 国际先进 | 评审 |
| 407 | 武汉青山长江大桥主塔基础施工关键技术 | 中铁大桥局集团有限公司<br>武汉青山长江大桥建设有限公司<br>中铁大桥勘测设计院有限公司<br>湖北省交通规划设计院 | 湖北省公路学会 | 国际先进 | 评审 |
| 408 | 复杂地层双护盾 TBM 设计与施工关键技术研究 | 盾构及掘进技术国家重点实验室<br>中铁隧道局集团有限公司<br>中铁南方投资集团有限公司 | 中国机械工程学会 | 国际先进 | 鉴定 |
| 409 | 极软极硬地层跨海通道超大直径盾构装备与施工关键技术 | 盾构及掘进技术国家重点实验室<br>中铁隧道局集团有限公司 | 中国机械工程学会 | 国际先进 | 鉴定 |
| 410 | 滚刀岩机作用综合实验平台研制及应用 | 盾构及掘进技术国家重点实验室<br>中铁隧道局集团有限公司<br>成都理工大学 | 中国机械工程学会 | 国际先进 | 鉴定 |
| 411 | 复合地层条件下盾构非均匀推进系统设计理论及关键技术 | 湖南科技大学<br>盾构及掘进技术国家重点实验室 | 中国机械工程学会 | 国际先进 | 鉴定 |
| 412 | 城市地铁软岩隧道渣土立式提升系统研究 | 中铁隧道局集团有限公司<br>中铁隧道勘察设计研究院有限公司 | 中国机械工程学会 | 国际先进 | 评审 |
| 413 | 复杂地质环境电缆隧道施工关键技术研究 | 中铁隧道集团二处有限公司<br>华南理工大学<br>深圳市市政工程质量安全监督总站<br>深圳市土地投资开发中心<br>中咨工程管理咨询有限公司 | 河北省建筑业协会 | 国际先进 | 评审 |
| 414 | 重载铁路中条山隧道施工关键技术研究 | 中铁隧道集团二处有限公司<br>中铁隧道勘察设计研究院有限公司<br>浩吉铁路股份有限公司<br>中铁第六勘察设计院集团有限公司<br>中铁科学研究院有限公司 | 河北省建筑业协会 | 国际先进 | 评审 |
| 415 | 上软下硬富水地层泥水盾构连续切削大吨位独立桥桩基础综合技术研究 | 中铁隧道集团二处有限公司<br>华东交通大学<br>广州地铁设计研究院股份有限公司 | 河北省建筑业协会 | 国际先进 | 评审 |

续表

| 序号 | 成果名称 | 第一完成单位 | 组织鉴定（评审）单位 | 成果评价 | 类别 |
|---|---|---|---|---|---|
| 416 | 严寒地区隧道深埋中心水沟排水系统技术研究 | 中铁隧道局集团二处有限公司<br>长安大学 | 河北省建筑业协会 | 国际先进 | 评审 |
| 417 | 复杂环境下富水砂层半盖挖车站施工综合技术 | 中铁隧道局集团二处有限公司<br>中南大学 | 河北省建筑业协会 | 国际先进 | 评审 |
| 418 | 浅覆土条件下小净距平面与立体交叉特大断面隧道群围岩稳定性及施工关键技术研究 | 中铁隧道局集团二处有限公司<br>重庆大学 | 河北省建筑业协会 | 国际先进 | 评审 |
| 419 | 红黏土弱膨胀地层大断面隧道施工关键技术研究 | 中铁隧道局集团二处有限公司<br>西安科技大学<br>中铁第一勘察设计院集团有限公司<br>银西铁路有限公司 | 河北省建筑业协会 | 国际先进 | 评审 |
| 420 | 高速铁路无砟轨道上承式无预应力钢混结合连续梁施工关键技术 | 中铁隧道局集团路桥工程有限公司<br>中铁隧道局集团有限公司<br>同济大学<br>中国铁路设计集团有限公司<br>上海贝英吉工程咨询有限公司 | 天津技术产权交易有限公司 | 国际先进 | 鉴定 |
| 421 | 内置式泵房及联络通道机械顶管法施工工艺 | 无锡地铁集团有限公司<br>宁波大学<br>中铁上海工程局集团有限公司<br>上海隧道工程有限公司 | 江苏省地下空间学会 | 国际先进 | 评审 |
| 422 | 长大隧道绿色高效施工关键技术及其集成应用 | 中铁五局集团有限公司 | 湖南省建筑科学研究院有限责任公司 | 国际先进 | 评审 |
| 423 | 高烈度地震区高墩大跨度波形钢腹板连续刚构桥关键技术研究 | 中铁二院工程集团有限责任公司 | 四川省科学技术信息研究所 | 国际先进 | 评审 |
| 424 | 地勘大数据中心建设与应用研究 | 中铁二院工程集团有限责任公司 | 四川省科学技术信息研究所 | 国际先进 | 评审 |
| 425 | 动力吸振式低频减振轨道研究及应用 | 中铁二院工程集团有限责任公司 | 四川省科学技术信息研究所 | 国际先进 | 评审 |
| 426 | 岩溶地区城市轨道交通复杂地质条件特大断面隧道建造技术研究 | 中铁二院工程集团有限责任公司 | 四川省科学技术信息研究所 | 国际先进 | 评审 |
| 427 | 高烈度地震区典型支挡结构震后服役状态监测与评估关键技术 | 中铁二院工程集团有限责任公司 | 四川省科学技术信息研究所 | 国际先进 | 评审 |
| 428 | 基于动力吸振原理的高墩简支梁桥抗震技术研究 | 中铁二院工程集团有限责任公司 | 四川省科学技术信息研究所 | 国际先进 | 评审 |
| 429 | 高地震烈度复杂山区接触网抗震设计技术研究 | 中铁二院工程集团有限责任公司 | 四川省科学技术信息研究所 | 国际先进 | 评审 |
| 430 | 高速铁路下穿天府国际机场减隔振关键技术研究 | 中铁二院工程集团有限责任公司 | 四川省科学技术信息研究所 | 国际先进 | 评审 |
| 431 | 成都火车北站市政交通配套工程柱下复杂桩基、桩基托换及超深基坑受力分析研究 | 中铁二院工程集团有限责任公司 | 四川省科学技术信息研究所 | 国际先进 | 评审 |
| 432 | 锦城广场 P+R 地下停车场项目三线换乘区域基坑开挖对既有轨道结构保护方案的研究 | 中铁二院工程集团有限责任公司 | 四川省科学技术信息研究所 | 国际先进 | 评审 |
| 433 | 高速铁路下穿天府国际机场减隔振关键技术研究 | 中铁二院工程集团有限责任公司 | 四川省科学技术信息研究所 | 国际先进 | 评审 |
| 434 | 重庆北站下地铁区间隧道桩拱转换结构关键技术研究 | 中铁二院工程集团有限责任公司 | 四川省科学技术信息研究所 | 国际先进 | 评审 |
| 435 | 穿越高速公路、居民聚居区及大型溶洞的隧道综合施工技术研究 | 中铁十五局集团有限公司<br>中铁西南科学研究院有限公司 | 中国铁建股份有限公司 | 国际先进 | 评审 |

续表

| 序号 | 成果名称 | 第一完成单位 | 组织鉴定（评审）单位 | 成果评价 | 类别 |
|---|---|---|---|---|---|
| 436 | 铁路隧道衬砌质量检测技术深化研究 | 中铁西南科学研究院有限公司<br>成都畅达通检测技术股份有限公司 | 四川省科学技术信息研究所 | 国际先进 | 评审 |
| 437 | 陆路交通立体交叉隧道群关键建造技术研究 | 中铁九局集团有限公司<br>中铁西北科学研究院有限公司 | 甘肃省科技发展促进中心 | 国际先进 | 评审 |
| 438 | 凤翔洲景观云桥关键建造技术研究 | 中铁九局集团第六工程有限公司<br>中铁西北科学研究院有限公司<br>龙游县城市发展投资有限公司 | 甘肃省科技发展促进中心 | 国际先进 | 评审 |
| 439 | 基于数字化研发平台的高寒地区大型露天矿用 12 立方电铲关键技术研究及应用 | 中铁科工集团有限公司<br>中铁工程机械研究设计院有限公司<br>中铁科工集团轨道交通装备有限公司 | 湖北省技术交易所 | 国际先进 | 评审 |
| 440 | 基于“GIS+BIM”的项目建设管控平台研发与应用 | 中铁开发投资集团有限公司<br>中铁西南科学研究院有限公司 | 云南省实用新技术协会 | 国际先进 | 评审 |
| 441 | 富水圆砾地层地铁车站超深基坑明挖施工关键技术 | 中铁开发投资集团有限公司<br>中铁四局集团有限公司<br>西南交通学 | 云南省实用新技术协会 | 国际先进 | 评审 |
| 442 | 复杂条件下铁路双线大跨度简支钢桁梁桥设计施工关键技术研究 | 中铁九局集团有限公司<br>中铁九局集团第二工程有限公司<br>中铁二院工程集团有限责任公司<br>宝鸡中铁宝桥天元实业发展有限公司 | 吉林省建筑业协会 | 国内领先 | 鉴定 |
| 443 | 高速铁路钢筋工程智能制造关键技术研究 | 中铁九局集团第二工程有限公司 | 吉林省建筑业协会 | 国内领先 | 鉴定 |
| 444 | 新型纳米无机聚合物透水材料路面施工技术研究 | 中国中铁股份有限公司<br>中铁九局集团有限公司<br>中铁南方投资集团有限公司 | 广东省市政行业协会 | 国内领先 | 鉴定 |
| 445 | 陆路交通立体交叉隧道群关键建造技术研究 | 中铁九局集团有限公司<br>中铁西北科学研究院有限公司 | 甘肃省科技发展促进中心 | 国内领先 | 评审 |
| 446 | 泥水盾构智能操作培训平台研制 | 盾构及掘进技术国家重点实验室<br>中铁隧道局集团有限公司 | 中国机械工程学会 | 国内领先 | 鉴定 |
| 447 | 斜井安全预报警系统研制及应用研究 | 中铁隧道集团二处有限公司<br>中铁隧道局集团有限公司 | 河北省建筑业协会 | 国内领先 | 评审 |
| 448 | 模块车运输架设大跨度变截面钢箱梁关键技术研究 | 中铁广州工程局集团有限公司<br>中铁广州工程局集团深圳工程有限公司 | 广东省建筑业协会 | 国内领先 | 鉴定 |
| 449 | 高速铁路大跨独塔双线斜拉桥施工关键技术 | 中铁广州工程局集团有限公司 | 广东省建筑业协会 | 国内领先 | 鉴定 |
| 450 | 软岩隧道施工关键技术 | 中铁广州工程局集团有限公司 | 广东省建筑业协会 | 国内领先 | 鉴定 |
| 451 | 上加劲连续钢桁梁架设施工技术 | 中铁广州工程局集团有限公司 | 广东省建筑业协会 | 国内领先 | 鉴定 |
| 452 | 青藏高原铁路拱桥大直径钢管拱管内超千方砼顶升技术 | 中铁广州工程局集团有限公司<br>中铁广州工程局集团桥梁工程有限公司 | 广东省建筑业协会 | 国内领先 | 鉴定 |
| 453 | 青藏高原铁路 48 米节段梁制运架技术及配套设备研究 | 中铁广州工程局集团有限公司 | 广东省建筑业协会 | 国内领先 | 鉴定 |
| 454 | 空间扭转钢主塔反对称公路斜拉桥建造关键技术研究 | 中铁上海工程局集团有限公司<br>中铁上海工程局集团第五工程有限公司 | 中国公路建设行业协会 | 国内领先 | 评审 |
| 455 | 城轨交通高速道岔（国产 14 号道岔，侧向通过速度 70 千米 / 时）平面线形技术研究 | 中铁二院工程集团有限责任公司 | 四川省科学技术信息研究所 | 国内领先 | 评审 |
| 456 | 轻质复合屋面板芯材质量检测及加固处理关键技术研究 | 中铁二院工程集团有限责任公司 | 四川省科学技术信息研究所 | 国内领先 | 评审 |

续表

| 序号 | 成果名称 | 第一完成单位 | 组织鉴定（评审）单位 | 成果评价 | 类别 |
|---|---|---|---|---|---|
| 457 | 盾构智能冷风系统 | 中铁工程服务有限公司 | 交铁科技评价中心（成都）有限公司 | 国内领先 | 评审 |
| 458 | 2000 吨门式起重机出运大型预制沉箱技术研究 | 中铁广州工程局集团有限公司<br>中铁广州工程局集团港航工程有限公司 | 广东省建筑业协会 | 国内先进 | 鉴定 |
| 459 | 高原地区铁路钢管拱桥施工测量控制技术研究 | 中铁广州工程局集团有限公司 | 广东省建筑业协会 | 国内先进 | 鉴定 |
| 460 | 大型专业起重设备远程智能监测监控系统开发研究 | 中铁广州工程局集团有限公司<br>中铁广州工程局集团第二工程有限公司 | 广东省建筑业协会 | 国内先进 | 鉴定 |
| 461 | 河海相深厚软土地基明挖暗埋隧道施工关键技术研究 | 中铁广州工程局集团有限公司 | 广东省建筑业协会 | 国内先进 | 鉴定 |
| 462 | 高速铁路隧道洞口破碎围岩高边坡刷施工技术研究 | 中铁广州工程局集团有限公司 | 广东省建筑业协会 | 国内先进 | 鉴定 |
| 463 | 连续梁拱拱肋安装及线性控制技术 | 中铁广州工程局集团有限公司<br>中铁广州工程局集团第三工程有限公司 | 广东省建筑业协会 | 国内先进 | 鉴定 |
| 464 | 山区大跨悬索桥超大锚碇及锚固系统施工技术研究 | 中铁广州工程局集团有限公司<br>中铁广州工程局集团桥梁工程有限公司 | 广东省建筑业协会 | 国内先进 | 鉴定 |
| 465 | 叠合梁斜拉桥高塔墩菱形索塔施工技术 | 中铁广州工程局集团有限公司<br>中铁广州工程局集团桥梁工程有限公司 | 广东省建筑业协会 | 国内先进 | 鉴定 |
| 466 | 叠合梁斜拉桥过渡墩大跨径、大体积盖梁施工技术 | 中铁广州工程局集团有限公司 | 广东省建筑业协会 | 国内先进 | 鉴定 |
| 467 | 佛山地铁跨顺德水道矮塔斜拉桥斜拉索施工关键技术 | 中铁广州工程局集团有限公司 | 广东省建筑业协会 | 国内先进 | 鉴定 |
| 468 | 泉脉发育城区多种复杂条件地铁隧道关键施工技术研究与应用 | 中铁三局集团有限公司<br>中铁三局集团第五工程有限公司 | 中科合创（北京）科技成果评价中心 | 国内先进 | 评审 |
| 469 | 基于粗骨料活性粉末混凝土桥面板的钢–混组合箱梁工厂化制造技术 | 中铁宝桥（扬州）有限公司 | 中国公路建设行业协会 | 国内先进 | 评审 |

制表：黄佳强

**表 9–7　2020 年度中国中铁获授权发明专利目录**

| 序号 | 专利名称 | 专利号 | 权属单位 |
|---|---|---|---|
| 1 | 一种市政道路及其施工方法 | ZL201611035756.5 | 中铁一局集团天津建设工程有限公司 |
| 2 | 用于喷射施工水硬性水泥胶结料的有机速凝剂 | ZL201710635203.1 | 中铁一局集团工业贸易有限公司 |
| 3 | 基于实时定位的施工作业安全防护预警系统及其预警方法 | ZL201711266639.4 | 中铁一局集团有限公司 |
| 4 | 混凝土养护的喷淋管网支撑装置及其自动化养护系统 | ZL201711370235.X | 中铁一局集团有限公司 |
| 5 | 一种挡浆夹清洗机 | ZL201810183487.X | 中铁一局集团有限公司 |
| 6 | 一种整体道床混凝土平整度及排水坡度收面装置 | ZL201810292499.6 | 中铁一局集团有限公司<br>中铁一局集团新运工程有限公司 |
| 7 | 一种盾构机故障监测预警系统及方法 | ZL201810323804.3 | 中铁一局集团有限公司<br>中铁一局集团城市轨道交通工程有限公司 |
| 8 | 一种钢管柱一体化施工调垂方法 | ZL201810752752.1 | 中铁一局集团第二工程有限公司 |
| 9 | 一种用于盾构始发和接收的洞门止水结构施工方法 | ZL201810906474.0 | 中铁一局集团有限公司<br>中铁一局集团城市轨道交通工程有限公司 |
| 10 | 高速铁路安全防护结构及其施工方法 | ZL201810974083.2 | 中铁一局集团天津建设工程有限公司 |

续表

| 序号 | 专利名称 | 专利号 | 权属单位 |
|---|---|---|---|
| 11 | 一种地铁暗挖车站二衬扣拱施工方法 | ZL201811051940.8 | 中铁一局集团第二工程有限公司<br>北京市轨道交通建设管理有限公司 |
| 12 | 一种高瓦斯特长隧道施工通风方法 | ZL201811097079.9 | 中铁一局集团第五工程有限公司 |
| 13 | 一种智能化隧道二衬面喷淋养护台车 | ZL201811161974.2 | 中铁一局集团有限公司<br>中铁一局集团第四工程有限公司 |
| 14 | 隧道内瓷砖砖缝填缝与勾缝施工方法 | ZL201811291332.4 | 中铁一局集团有限公司<br>中铁一局集团第四工程有限公司 |
| 15 | 一种铁路既有线隧道套衬结构及其施工方法 | ZL201811380812.8 | 中铁一局集团有限公司<br>中铁一局集团桥梁工程有限公司 |
| 16 | 一种快装管接头装置及超前小导管施工方法 | ZL201811403248.7 | 中铁一局集团有限公司<br>中铁一局集团第四工程有限公司 |
| 17 | 一种基坑交叉作业环境下的运料操作平台及其施工方法 | ZL201811425011.9 | 中铁一局集团有限公司第三工程分公司<br>中南大学 |
| 18 | 一种现代新型有轨电车槽型轨轨腰除锈机 | ZL201811433407.8 | 中铁一局集团有限公司<br>中铁一局集团新运工程有限公司 |
| 19 | 一种临近营业线狭小空间内盾构机吊出方法 | ZL201811446295.X | 中铁一局集团有限公司<br>中铁一局集团城市轨道交通工程有限公司 |
| 20 | 一种中承式钢管拱钢梁及吊杆的安装方法 | ZL201811494198.8 | 中铁一局集团厦门建设工程有限公司<br>中铁一局集团有限公司 |
| 21 | 一种钢管拱的现场卧拼方法 | ZL201811494241.0 | 中铁一局集团厦门建设工程有限公司<br>中铁一局集团有限公司 |
| 22 | 一种大纵坡条件下盾构半环始发施工方法 | ZL201811579242.5 | 中铁一局集团有限公司<br>中铁一局集团城市轨道交通工程有限公司 |
| 23 | 一种隧道内反向拖运台车的方法 | ZL201811641363.8 | 中铁一局集团有限公司<br>中铁一局集团城市轨道交通工程有限公司 |
| 24 | 一种移动模架造桥机主梁掉头施工方法 | ZL201811653215.8 | 中铁一局集团有限公司<br>中铁一局集团第四工程有限公司 |
| 25 | 一种独塔斜拉桥施工方法 | ZL201910033950.7 | 中铁一局集团有限公司<br>中铁一局集团第四工程有限公司 |
| 26 | 基于步履式三维液压顶推设备的钢箱梁顶推施工方法 | ZL201910033973.8 | 中铁一局集团有限公司<br>中铁一局集团第四工程有限公司 |
| 27 | PLC 多点同步三维液压桥梁顶推系统及顶推方法 | ZL201910033982.7 | 中铁一局集团有限公司<br>中铁一局集团第四工程有限公司 |
| 28 | 一种跨越既有道路的现浇槽形梁三点滑移顶推施工方法 | ZL201910037095.7 | 中铁一局集团有限公司<br>中铁一局集团第二工程有限公司 |
| 29 | 一种地下连续墙用安全带挂设方法 | ZL201910060487.5 | 中铁一局集团有限公司<br>中铁一局集团城市轨道交通工程有限公司 |
| 30 | 一种可调式倒刺形土工格栅土层锚固器及方法 | ZL201910220926.4 | 中铁一局集团有限公司<br>中铁一局集团建筑安装工程有限公司 |
| 31 | 一种地下结构分期施工结构缝防水施工方法 | ZL201910448759.9 | 中铁一局集团有限公司<br>中铁一局集团城市轨道交通工程有限公司 |
| 32 | 一种地下连续墙用的钢导墙及其施工方法 | ZL201910480422.6 | 中铁一局集团天津建设工程有限公司 |
| 33 | 应用于防水基面找平施工中钢筋骨架水泥挂板的施工方法 | ZL201910480553.4 | 中铁一局集团天津建设工程有限公司 |
| 34 | 一种地铁盾构区间穿越既有车站施工方法 | ZL201910490509.1 | 中铁一局集团第二工程有限公司 |
| 35 | 一种地铁暗挖车站初支扣拱施工方法 | ZL201910490510.4 | 中铁一局集团第二工程有限公司 |
| 36 | 一种钢筋笼主筋同心焊接施工方法 | ZL201910517770.6 | 中铁一局集团有限公司<br>中铁一局集团桥梁工程有限公司 |
| 37 | 一种先隧后站明挖法车站施工工法 | ZL201910594722.7 | 中铁一局集团厦门建设工程有限公司<br>中铁一局集团有限公司 |

续表

| 序号 | 专利名称 | 专利号 | 权属单位 |
|---|---|---|---|
| 38 | 一种单线T梁桥用倒装龙门吊的专用底盘及安装方法 | ZL201910956758.5 | 中铁一局集团有限公司<br>中铁一局集团新运工程有限公司 |
| 39 | 一种预防高灵敏度地层条件下盾构法隧道失稳的施工方法 | ZL201911163402.2 | 中铁一局集团有限公司<br>中铁一局集团第四工程有限公司 |
| 40 | 一种盾构机联合冻结加固地层方法 | ZL201911172535.6 | 中铁一局集团有限公司<br>中铁一局集团城市轨道交通工程有限公司 |
| 41 | 一种导洞内大体积顶纵梁的施工方法 | ZL201810207640.8 | 中铁二局集团有限公司 |
| 42 | 一种河道清淤用水利工程装置 | ZL201810216787.3 | 中铁二局集团建筑有限公司 |
| 43 | 利用基于地形改正的重力场模型进行水准高差测量的方法 | ZL201810313492.8 | 中铁二局集团有限公司<br>中铁二局集团第四工程有限公司 |
| 44 | 一种高地温隧道降低环境温度的方法及降温装置 | ZL201810486654.8 | 中铁二局集团有限公司<br>中铁二局集团第四工程有限公司 |
| 45 | 一种钢筋笼制作及安装方法 | ZL201810582321.5 | 中铁二局集团第一工程有限公司 |
| 46 | 一种大变形隧道控变开挖方法 | ZL201810595766.7 | 中铁二局集团第一工程有限公司 |
| 47 | 一种房屋装修用木板切割机 | ZL201810602450.6 | 中铁二局集团装饰装修工程有限公司 |
| 48 | 一种中心城区地铁车站半幅结构顶板盖挖施工方法 | ZL201810654726.5 | 中铁二局集团第一工程有限公司 |
| 49 | 承压水地层隧道下台阶开挖前径向预注浆方法 | ZL201811023476.1 | 中铁二局集团第二工程有限公司 |
| 50 | 一种链条式轨道的安装方法 | ZL201811116212.0 | 中铁二局集团第五工程有限公司<br>中铁二局集团有限公司 |
| 51 | 一种适用于小半径曲线架梁的喂梁方法 | ZL201811149182.3 | 中铁二局集团有限公司<br>中铁二局集团第四工程有限公司 |
| 52 | 一种用于双护盾TBM隧道轨道运输储存的方法 | ZL201811153151.5 | 中铁二局集团有限公司 |
| 53 | 一种地铁无轨区段电缆支架定位方法 | ZL201811457618.5 | 中铁二局集团电务工程有限公司 |
| 54 | 基于已有GNSS控制网的高精度隧道独立控制网建立方法 | ZL201811518513.6 | 中铁二局集团有限公司 |
| 55 | 一种用于钢管桩围堰锁扣的止水材料 | ZL201811557753.7 | 中铁二局集团有限公司<br>中铁二局集团新运工程有限公司 |
| 56 | 一种软弱破碎炭质页岩单线隧道的大变形控制方法 | ZL201910231197.2 | 西南交通大学<br>中铁二局集团第一工程有限公司 |
| 57 | 一种大吨位箱梁正位提梁上桥施工方法及其架设方法 | ZL201910438594.7 | 中铁二局集团有限公司<br>中铁二局集团新运工程有限公司 |
| 58 | 一种建筑结构用新型水平位移激光测量装置和测量方法 | ZL201910667882.X | 中铁二局集团有限公司<br>深圳中铁二局工程有限公司 |
| 59 | 一种位移激光测量器安装用快捷校准机构与方法 | ZL201910667883.4 | 中铁二局集团有限公司<br>深圳中铁二局工程有限公司 |
| 60 | 一种改善高延性混凝土变形能力的方法 | ZL202010484173.0 | 中铁二局集团有限公司<br>东南大学 |
| 61 | 分段滑移屋盖钢桁架的拼装方法 | ZL201611117281.4 | 中铁三局集团建筑安装工程有限公司 |
| 62 | 一种减小链路噪声的方法 | ZL201710504833.5 | 中铁三局集团有限公司<br>中铁三局集团电务工程有限公司 |
| 63 | 防风水平尺 | ZL201711134962.6 | 中铁三局集团有限公司<br>中铁三局集团第二工程有限公司<br>石家庄铁道大学 |
| 64 | 悬浇梁边跨斜拉式支架的施工方法 | ZL201711397916.5 | 中铁三局集团华东建设有限公司<br>中铁三局集团有限公司 |
| 65 | 上跨高铁营运线安全防护棚快速拆除方法 | ZL201810229413.5 | 中铁三局集团有限公司<br>中铁三局集团建筑安装工程有限公司 |
| 66 | 一种斜拉桥倾斜塔柱底部应力控制施工方法 | ZL201810250713.1 | 中铁三局集团有限公司<br>中铁三局集团桥隧工程有限公司 |
| 67 | 一种高速铁路路基接触网立柱基础施工方法 | ZL201810418558.X | 中铁三局集团有限公司<br>中铁三局集团第二工程有限公司 |

续表

| 序号 | 专利名称 | 专利号 | 权属单位 |
|---|---|---|---|
| 68 | 跨座式单轨连续刚构轨道梁梁体架设施工临时轴铰支座 | ZL201810640899.1 | 中铁三局集团华东建设有限公司<br>中铁三局集团有限公司 |
| 69 | 一种路基下穿公路U形支挡结构及其施工方法 | ZL201810800400.9 | 中铁三局集团有限公司<br>中铁三局集团第二工程有限公司 |
| 70 | 下翻梁侵限下盾构平移施工方法 | ZL201810800501.6 | 中铁三局集团有限公司<br>中铁三局集团第二工程有限公司 |
| 71 | 深埋地下连续墙钢筋笼吊筋吊装装置及其施工方法 | ZL201810810799.9 | 中铁三局集团华东建设有限公司<br>中铁三局集团有限公司 |
| 72 | 一种清理轨道板模具承轨壳的清理方法 | ZL201811242913.9 | 中铁三局集团有限公司<br>中铁三局集团桥隧工程有限公司<br>山西高行液压股份有限公司 |
| 73 | 一种模具清理方法 | ZL201811245405.6 | 中铁三局集团有限公司<br>中铁三局集团桥隧工程有限公司<br>山西高行液压股份有限公司 |
| 74 | 一种松散地质桥梁深桩基施工方法 | ZL201811285609.2 | 中铁三局集团有限公司<br>中铁三局集团第三工程有限公司 |
| 75 | 一种桩基钢筋笼焊接节段整体预弯设备 | ZL201811295689.X | 中铁三局集团华东建设有限公司<br>中铁三局集团有限公司 |
| 76 | 一种提高隧道钢拱架连接板拼装精度的加工装置 | ZL201811369199.X | 中铁三局集团有限公司<br>中铁三局集团第五工程有限公司 |
| 77 | 斗轮式轨道除沙车 | ZL201910216620.1 | 石家庄铁道大学<br>中铁三局集团有限公司<br>中铁三局集团有限公司运输工程分公司 |
| 78 | 模具内布置安装预埋件的设备 | ZL201910513259.9 | 中铁三局集团有限公司<br>中铁三局集团桥隧工程有限公司<br>山西高行液压股份有限公司 |
| 79 | 土压平衡盾构带压开舱时开挖面泥膜劣化－透气的修补方法 | ZL201911336204.1 | 河海大学<br>济南轨道交通集团有限公司<br>中铁三局集团第五工程有限公司 |
| 80 | 斜拉桥中跨双边同时合龙施工方法 | ZL201710504113.9 | 中铁四局集团第五工程有限公司<br>中国中铁股份有限公司 |
| 81 | 一种航道钢围堰浮运装置的施工方法 | ZL201810640161.5 | 中铁四局集团第二工程有限公司<br>中铁四局集团有限公司<br>中国中铁股份有限公司 |
| 82 | 一种金属声屏障的制作工艺 | ZL201610662264.2 | 中铁四局集团有限公司 |
| 83 | 一种有砟线路连续卸砟的过程控制方法 | ZL201710026300.0 | 中铁四局集团有限公司 |
| 84 | 一种地下连续墙废弃泥浆的泥水分离方法 | ZL201710264015.2 | 中铁四局集团有限公司 |
| 85 | 一种用于BIM任意坐标转换系转换施工坐标系的方法 | ZL201710273129.3 | 中铁四局集团建筑工程有限公司<br>中铁四局集团有限公司 |
| 86 | 利用DYNAMO实现高铁桥梁快速建模动态修改的方法 | ZL201710375504.5 | 中铁四局集团有限公司<br>中铁四局集团第五工程有限公司 |
| 87 | 一种适用于长距离顶管顶进偏移对顶力函数的计算方法 | ZL201710543765.3 | 中铁四局集团第五工程有限公司 |
| 88 | 一种新型高固相含量废弃泥浆泥水分离材料及其制备方法 | ZL201710677064.9 | 安徽中铁工程材料科技有限公司<br>中铁四局集团有限公司 |
| 89 | 一种防塌型聚合物泥浆粉及其制备方法与用途 | ZL201710677131.7 | 安徽中铁工程材料科技有限公司 |
| 90 | 一种处理盾构机穿越锚索障碍区域锚索的施工工艺 | ZL201710838035.6 | 中铁四局集团第五工程有限公司 |
| 91 | 一种配重施工斜拉桥桥面附属结构的施工方法 | ZL201710899935.1 | 中铁四局集团有限公司<br>中铁四局集团第五工程有限公司 |
| 92 | 一种综合管廊支模一体化液压内模台车的施工方法 | ZL201711140460.4 | 中铁四局集团有限公司<br>中铁四局集团第五工程有限公司 |

续表

| 序号 | 专利名称 | 专利号 | 权属单位 |
| --- | --- | --- | --- |
| 93 | 利用主、辅分层坑道开挖特大断面地铁暗挖车站的施工方法 | ZL201711243658.5 | 中铁四局集团有限公司<br>中铁四局集团第四工程有限公司 |
| 94 | 一种地下室外墙施工方法 | ZL201810085455.6 | 中铁四局集团建筑工程有限公司<br>中铁四局集团有限公司 |
| 95 | 一种深水钻孔嵌岩基础双壁钢围堰精准定位着床方法 | ZL201810298731.7 | 中铁四局集团第二工程有限公司<br>中铁四局集团有限公司 |
| 96 | 一种复杂地层桩基泥浆护壁的施工方法 | ZL201810321318.8 | 中铁四局集团第四工程有限公司 |
| 97 | 一种狭小空间内上跨营业线棚洞T形梁快速施工方法 | ZL201810418092.3 | 中铁四局集团第二工程有限公司<br>中铁四局集团有限公司 |
| 98 | 马蹄形盾构管片结构承载力性能卧式加载试验系统及方法 | ZL201810440898.2 | 西南交通大学<br>蒙西华中铁路股份有限公司<br>中铁四局集团有限公司 |
| 99 | 一种基于马蹄形盾构机的大断面马蹄形土压平衡盾构隧道施工方法 | ZL201810446543.4 | 中铁四局集团有限公司<br>蒙西华中铁路股份有限公司<br>西南交通大学 |
| 100 | 一种高触变性3D打印混凝土及其制备方法 | ZL201810603266.3 | 中铁四局集团有限公司<br>安徽中铁工程材料科技有限公司<br>中南大学 |
| 101 | 一种有轨电车59R2槽型轨6股梳子型道岔施工方法 | ZL201810654433.7 | 中铁四局集团有限公司 |
| 102 | 一种降粘型聚羧酸减水剂的制备方法 | ZL201810814077.0 | 中铁四局集团有限公司<br>安徽中铁工程材料科技有限公司 |
| 103 | 一种在碳化钨–钴复合粉体表面包覆氧化锆的方法 | ZL201810861472.4 | 中铁四局集团第二工程有限公司<br>无锡地铁集团有限公司<br>河海大学 |
| 104 | 一种土压平衡盾构渣土改良用泡沫剂及其制备方法 | ZL201810863877.1 | 中铁四局集团有限公司<br>安徽中铁工程材料科技有限公司 |
| 105 | 地下管廊标准节的铺架方法 | ZL201810897801.0 | 中铁四局集团第四工程有限公司<br>中铁四局集团有限公司 |
| 106 | 一种基于数字图像的隧道三维形貌测量方法 | ZL201810975051.4 | 中国科学技术大学<br>安徽中铁工程技术服务有限责任公司 |
| 107 | 一种用于高速铁路无砟轨道路基支承层摊铺施工的施工方法 | ZL201811076640.5 | 中铁四局集团第一工程有限公司<br>中铁四局集团有限公司 |
| 108 | 一种多室波形钢腹板连续梁桥的挂篮悬臂浇筑施工工法 | ZL201811117931.4 | 中铁四局集团有限公司<br>中铁四局集团市政工程有限公司 |
| 109 | 一种利用动态集中荷载预压节段梁造桥机的方法 | ZL201811201483.6 | 中铁四局集团有限公司 |
| 110 | 一种试车场环道斜面的接缝施工方法 | ZL201811234261.4 | 中铁四局集团第一工程有限公司<br>中铁四局集团有限公司 |
| 111 | 一种环道斜面铺设沥青的施工方法 | ZL201811234262.9 | 中铁四局集团第一工程有限公司<br>中铁四局集团有限公司 |
| 112 | 一种高速铁路隧道下穿铁路长管棚及其应力测试方法 | ZL201811328336.5 | 中铁四局集团有限公司 |
| 113 | 破碎硬质岩隧道的原位扩建超大断面及分部开挖方法 | ZL201811568491.4 | 中铁四局集团有限公司<br>中铁四局集团第五工程有限公司<br>西南交通大学 |
| 114 | 盾构法施工隧道用管片运输小车及其使用方法 | ZL201811602881.9 | 中铁四局集团有限公司 |
| 115 | 一种盾构穿越临江富水砂层二次加固方法 | ZL201910213157.5 | 中铁四局集团有限公司 |
| 116 | 一种控制超深风井加固控制施工方法 | ZL201910213158.X | 中铁四局集团有限公司 |
| 117 | 一种超深地层盾构进出洞加固方法 | ZL201910213162.6 | 中铁四局集团有限公司 |
| 118 | 临江超深风井变形控制施工方法 | ZL201910213172.X | 中铁四局集团有限公司 |
| 119 | 一种富含水粉细砂层盾构始发设计加固方法 | ZL201910213173.4 | 中铁四局集团有限公司 |
| 120 | 一种过江隧道土压传感器布置方法 | ZL201910213174.9 | 中铁四局集团有限公司 |
| 121 | 一种盾构穿越临江风井的方法 | ZL201910213179.1 | 中铁四局集团有限公司 |

续表

| 序号 | 专利名称 | 专利号 | 权属单位 |
|---|---|---|---|
| 122 | 一种潮汐流域沼气释放方法 | ZL201910213806.1 | 中铁四局集团有限公司 |
| 123 | 下承式梁拱组合桥的钢管拱安装方法 | ZL201910461770.9 | 中铁四局集团第二工程有限公司<br>中铁四局集团有限公司 |
| 124 | 一种用于井下盾构机铰接部位变形的修复方法 | ZL201910507563.2 | 中铁四局集团有限公司 |
| 125 | 一种气囊型磁流变弹性体叠层型桥梁支座 | ZL201910629677.4 | 中铁四局集团第五工程有限公司 |
| 126 | 一种可循环使用截面可变的隧道二衬台车 | ZL201910926916.2 | 中铁四局集团有限公司<br>长安大学 |
| 127 | 一种钢筋混凝土构件预制场结构 | ZL201911013331.8 | 中铁四局集团第四工程有限公司<br>中铁四局集团有限公司 |
| 128 | 大面积水下基坑清渣分析方法、分析系统 | ZL201911021136.X | 中铁四局集团有限公司<br>中铁四局集团第三建设有限公司 |
| 129 | 一种隧道施工方法 | ZL201910978712.3 | 中铁五局集团第一工程有限责任公司<br>中铁二院工程集团有限责任公司<br>长沙理工大学 |
| 130 | 一种门式起重机工防倾加固装置 | ZL201710730731.5 | 中铁五局集团第六工程有限责任公司 |
| 131 | 高原高寒沼泽地区软弱地基水泥搅拌桩施工工艺 | ZL201711351110.2 | 中铁五局集团有限公司<br>中铁五局集团机械化工程有限责任公司 |
| 132 | 一种超大跨度隧道开挖支护的施工方法 | ZL201711383906.6 | 中铁五局集团有限公司<br>中铁五局集团第四工程有限责任公司 |
| 133 | 一种三洞小间距隧道的施工方法 | ZL201711462977.5 | 中铁五局集团第四工程有限责任公司 |
| 134 | 一种聚合磷酸铝系列无氯无硫液体无碱速凝剂及其制备方法 | ZL201810015182.8 | 贵州天威建材科技有限责任公司 |
| 135 | 一种用于盾构机转场过站的辅助装置及盾构机转场方法 | ZL201810523097.2 | 中铁五局集团有限公司<br>中铁五局集团有限公司城市轨道交通工程分公司 |
| 136 | 一种隧道测量系统 | ZL201810525080.0 | 中铁五局集团有限公司<br>中铁五局集团第一工程有限责任公司 |
| 137 | 一种隧道可变断面开挖台车 | ZL201811266309.X | 中铁五局集团有限公司<br>中铁五局集团成都工程有限责任公司 |
| 138 | 一种拱形钢结构桁架桥梁架设方法 | ZL201811510876.5 | 中铁五局集团贵州工程有限公司<br>中铁五局集团有限公司 |
| 139 | 一种在水下岩层上成多边形环形槽的施工方法 | ZL201811512503.1 | 中铁五局集团贵州工程有限公司<br>中铁五局集团有限公司 |
| 140 | 一种采用可移动承载装置的大型构件翻身起吊方法 | ZL201910180703.X | 中铁五局集团有限公司<br>中铁五局集团机械化工程有限责任公司 |
| 141 | 一种钢管拱桥拱上钢箱混凝土排架墩及施工方法 | ZL201910180706.3 | 中铁五局集团有限公司<br>中铁五局集团机械化工程有限责任公司 |
| 142 | 一种钢管拱桥主拱肋安装线形的交互式控制方法 | ZL201910676519.4 | 中铁五局集团机械化工程有限责任公司 |
| 143 | 一种拱上 π 形刚架的安装方法 | ZL201910677052.5 | 中铁五局集团机械化工程有限责任公司 |
| 144 | 一种利用拱架安装机进行施工的方法 | ZL201911000335.2 | 中铁五局集团第一工程有限责任公司 |
| 145 | 一种多向操作式拱架安装机 | ZL201911000985.7 | 中铁五局集团第一工程有限责任公司 |
| 146 | 一种稳定夹持拱架安装机 | ZL201911000990.8 | 中铁五局集团第一工程有限责任公司 |
| 147 | 一种湿喷机工作方法 | ZL201911034154.1 | 中铁五局集团第一工程有限责任公司 |
| 148 | 一种基于 BIM 的工程供水系统工作方法 | ZL201911216797.8 | 中铁五局集团第一工程有限责任公司 |
| 149 | 一种钢筋笼分段比对加工方法 | ZL201911415855.X | 中铁五局集团有限公司<br>中铁五局集团机械化工程有限责任公司 |
| 150 | 高海拔地区隧道工程中针对不良地质的施工方法 | ZL202010118548.1 | 中铁五局集团第一工程有限责任公司 |
| 151 | 冰水堆积体的隧道施工方法 | ZL202010125514.5 | 中铁五局集团第一工程有限责任公司 |
| 152 | 一种不良地质隧道软岩大变形的施工方法 | ZL202010422751.8 | 中铁五局集团第一工程有限责任公司 |

续表

| 序号 | 专利名称 | 专利号 | 权属单位 |
|---|---|---|---|
| 153 | 一种盾构机泥浆滤渣系统 | ZL201710676331.0 | 中铁六局集团有限公司<br>中铁六局集团交通工程分公司 |
| 154 | 箱涵四点高程测量系统和方法 | ZL201710975845.6 | 中铁六局集团石家庄铁路建设有限公司<br>中铁六局集团有限公司<br>河北高达电子科技有限公司 |
| 155 | 一种地表沉降及降起实时监控系统及其施工方法 | ZL201810353933.7 | 中铁六局集团有限公司<br>中铁六局集团北京铁路建设有限公司 |
| 156 | 一种桩板上下联合支护结构及施工工艺 | ZL201810497134.7 | 中铁六局集团工程设计院 |
| 157 | 岩质隧道超前小导管进出洞施工工法 | ZL201810723019.7 | 中铁六局集团有限公司<br>中铁六局集团太原铁路建设有限公司 |
| 158 | 地铁站深基坑深层水平位移监测施工工法 | ZL201810737058.2 | 中铁六局集团有限公司<br>中铁六局集团太原铁路建设有限公司 |
| 159 | 近距离上跨铁路既有线门式墩横梁支架拆除施工工法 | ZL201810771520.0 | 中铁六局集团有限公司<br>中铁六局集团太原铁路建设有限公司 |
| 160 | 超深地铁竖井常规机电设备安装施工方法 | ZL201810795276.1 | 中铁六局集团有限公司<br>中铁六局集团建筑安装工程有限公司 |
| 161 | 明挖隧道下穿既有河道施工工法 | ZL201810949244.2 | 中铁六局集团太原铁路建设有限公司<br>中铁六局集团有限公司<br>太原市天鼎恒砼外加剂科技发展有限公司 |
| 162 | 大坡度斜井混凝土运输方法 | ZL201811587841.1 | 中铁六局集团天津铁路建设有限公司<br>中铁六局集团有限公司 |
| 163 | 一种斜拉桥钢板混凝土结合型索塔微调装置 | ZL201910320748.2 | 中铁六局集团石家庄铁路建设有限公司<br>中铁六局集团有限公司 |
| 164 | 高水位浅埋黄土隧道控制沉降收敛施工方法 | ZL201910746516.3 | 中铁六局集团太原铁路建设有限公司<br>中铁六局集团有限公司 |
| 165 | Ⅵ级围岩浅埋暗挖黄土隧道凿除侵限构筑物施工方法 | ZL201910746821.2 | 中铁六局集团太原铁路建设有限公司<br>中铁六局集团有限公司 |
| 166 | 转体桥主墩外包钢板安装施工工法 | ZL201910816639.X | 中铁六局集团太原铁路建设有限公司<br>中铁六局集团有限公司 |
| 167 | 一种磨细石灰石粉抗压强度比快速测定方法 | ZL202010131430.2 | 中铁六局集团交通工程分公司 |
| 168 | 一种滤膜微孔曝气器的制备方法 | ZL201710089014.9 | 益生环保科技股份有限公司<br>中铁七局集团郑州工程有限公司<br>石家庄学院 |
| 169 | 一种埋入式传感器保护装置 | ZL201710176595.X | 中铁七局集团西安铁路工程有限公司 |
| 170 | 一种拉索防护装置 | ZL201710176617.2 | 中铁七局集团西安铁路工程有限公司 |
| 171 | 高墩无支架翻模施工方法 | ZL201810356563.2 | 中铁七局集团第四工程有限公司 |
| 172 | 大体积混凝土的温控方法 | ZL201810367873.4 | 中铁七局集团第四工程有限公司 |
| 173 | 一种现浇混凝土衬砌结构裂缝的预防及控制方法 | ZL201811214787.6 | 长安大学<br>中铁七局集团有限公司 |
| 174 | 一种方便操作的桥梁施工用支撑架装置 | ZL201811573580.8 | 中铁七局集团第三工程有限公司 |
| 175 | 一种城市桥梁施工用的防坠落装置 | ZL201811574960.3 | 中铁七局集团第三工程有限公司 |
| 176 | 一种桥梁施工用的超小间距墩柱施工方法 | ZL201910005353.3 | 中铁七局集团第三工程有限公司 |
| 177 | 黄土隧道贴壁进洞的施工方法 | ZL201910058674.X | 中铁七局集团有限公司<br>中铁七局集团郑州工程有限公司 |
| 178 | 跨既有城市立交钢箱梁顶推施工方法 | ZL201910139956.2 | 中铁七局集团有限公司<br>中铁七局集团郑州工程有限公司 |
| 179 | 组合式液压模板台车浇筑多孔分离式隧道的施工方法 | ZL201910248383.7 | 中铁七局集团有限公司<br>中铁七局集团郑州工程有限公司 |
| 180 | 基于数字化控制的液压爬模施工方法 | ZL201910503186.5 | 中铁七局集团有限公司<br>中铁七局集团第四工程有限公司 |

续表

| 序号 | 专利名称 | 专利号 | 权属单位 |
| --- | --- | --- | --- |
| 181 | 用于桥梁合龙的劲性骨架结构的施工方法 | ZL201910585320.0 | 中铁七局集团有限公司<br>中铁七局集团第四工程有限公司 |
| 182 | 一种多跨连续梁预应力砼桥合拢施工方法 | ZL201910587814.2 | 中铁七局集团有限公司<br>中铁七局集团第四工程有限公司 |
| 183 | 一种钢板桩围堰内支撑与钻孔桩钢护筒安装用施工平台的施工方法 | ZL201910597170.5 | 中铁七局集团有限公司<br>中铁七局集团勘测设计研究院 |
| 184 | 高速公路曲线路基上设置梁场时龙门吊运行监测系统及方法 | ZL201910755695.7 | 中铁七局集团有限公司<br>中铁七局集团第四工程有限公司 |
| 185 | 用于拆除临近铁路侧混凝土现浇梁装配式支架的吊运装置 | ZL201911062138.3 | 中铁七局集团有限公司<br>中铁七局集团郑州工程有限公司 |
| 186 | 一种隧道防水板外侧空洞处理方法及隧道空洞注浆结构 | ZL201911364869.3 | 河南华正工程试验检测有限责任公司 |
| 187 | 用于盾构始发的洞门封堵注浆装置及施工方法 | ZL201810980640.1 | 中南大学<br>中铁八局集团昆明铁路建设有限公司<br>中国中铁股份有限公司 |
| 188 | 城市污水处理厂辅助放空管施工方法 | ZL201710167716.4 | 中铁八局集团第三工程有限公司 |
| 189 | 一种铁路路基地质雷达缺陷图谱分析方法及装置 | ZL201710942558.5 | 中铁八局集团建筑工程有限公司 |
| 190 | 基于海绵城市的降水井综合利用系统及利用方法 | ZL201711240243.2 | 成都同新房地产开发有限公司 |
| 191 | 利用架桥机纵连进行营业线多跨桥梁梁体拆除的方法 | ZL201810305327.8 | 中铁八局集团第二工程有限公司 |
| 192 | 地铁供电系统整流机组更换施工方法 | ZL201910109484.6 | 中铁八局集团电务工程有限公司 |
| 193 | 一种沉井不排水下沉施工系统的施工方法 | ZL201910733113.5 | 中铁八局集团有限公司 |
| 194 | 一种隧道涌水止水方法 | ZL201911305283.X | 中铁九局集团第四工程有限公司<br>中铁（厦门）投资有限公司<br>中铁九局集团有限公司 |
| 195 | 一种基于 BIM 的钢混组合结构索塔的索鞍测量方法 | ZL201810358882.7 | 中铁九局集团第二工程有限公司<br>中铁九局集团有限公司 |
| 196 | 基于测量机器人测量定位斜拉桥梁端索导管的施工方法 | ZL201810961877.5 | 中铁九局集团第二工程有限公司<br>中铁九局集团有限公司 |
| 197 | 基于 Revit 平台的连续梁桥参数化建模方法 | ZL201711067186.2 | 中铁十局集团有限公司 |
| 198 | 一种大断面隧道穿越上硬下软富水地层施工方法 | ZL201711363767.0 | 广西大学<br>中铁十局集团第五工程有限公司 |
| 199 | 一种可扩展的散热型通信柜 | ZL201810482243.1 | 中铁十局集团电务工程有限公司 |
| 200 | 地下停车场消防喷淋系统 | ZL201810483996.4 | 中铁十局集团青岛工程有限公司 |
| 201 | 预制立柱拼装施工方法 | ZL201810819317.6 | 中铁十局集团第五工程有限公司 |
| 202 | 一种用于网线的安装定位分隔结构 | ZL201810924567.6 | 中铁十局集团电务工程有限公司 |
| 203 | 一种利用穿心式千斤顶顶进桥涵的施工方法 | ZL201811596393.1 | 中铁十局集团第一工程有限公司 |
| 204 | 控制地下结构侧墙裂缝的结构及其施工方法 | ZL201910169171.X | 中铁十局集团第五工程有限公司<br>广西大学 |
| 205 | 一种用于管线影响范围内的基坑围护施工方法 | ZL201910360990.2 | 中铁十局集团西北工程有限公司 |
| 206 | 一种暗挖竖井上下料输送系统及其方法 | ZL201910481485.3 | 中铁十局集团城市轨道交通工程有限公司 |
| 207 | 一种应用于水利工程的复合土工膜的保质高效铺设方法 | ZL201910590462.6 | 中铁十局集团第五工程有限公司 |
| 208 | 一种基于动载下的土工膜保护施工方法 | ZL201910591098.5 | 中铁十局集团第五工程有限公司 |
| 209 | 一种驳船的精确定位方法 | ZL201811547578.3 | 中铁广州工程局集团有限公司<br>中铁广州工程局集团桥梁工程有限公司<br>中国铁路青藏集团有限公司<br>中铁二院工程集团有限责任公司 |
| 210 | 一种水厂取水隧道水下管道安装方法 | ZL201811542555.3 | 中铁广州工程局集团有限公司<br>中铁港航局集团第三工程有限公司 |

续表

| 序号 | 专利名称 | 专利号 | 权属单位 |
|---|---|---|---|
| 211 | 一种桥梁预应力多孔锚具安装方法 | ZL201810499769.0 | 中铁北京工程局集团城市轨道交通工程有限公司<br>中铁北京工程局集团有限公司 |
| 212 | 一种不规则加宽拱形断面隧道施工装置及施工方法 | ZL201910255511.0 | 中铁北京工程局集团有限公司<br>中铁北京工程局集团北京有限公司 |
| 213 | 一种监测计安装装置及安装方法 | ZL201911017271.7 | 中铁北京工程局集团城市轨道交通工程有限公司<br>中铁北京工程局集团有限公司 |
| 214 | 桥梁施工信息采集管理方法 | ZL201710029807.1 | 中铁上海工程局集团有限公司<br>中铁上海工程局集团第五工程有限公司 |
| 215 | 地铁工程轨行区交叉施工智能图形化展示及碰撞检测系统 | ZL201710123696.0 | 广州地铁集团有限公司<br>中铁上海工程局集团有限公司<br>陕西力拓智能交通科技有限公司 |
| 216 | 一种地铁车辆段预留立柱检查坑轨道施工方法 | ZL201710590286.7 | 中铁上海工程局集团有限公司<br>中铁上海工程局集团华海工程有限公司 |
| 217 | 一种异形清水柱框的预制拼装方法 | ZL201711473296.9 | 中铁上海工程局集团有限公司<br>中铁上海工程局集团市政环保工程有限公司 |
| 218 | 一种隧道爆破开挖方法 | ZL201810032412.1 | 中铁上海工程局集团有限公司<br>中铁上海工程局集团第一工程有限公司 |
| 219 | 一种内倾式钢箱拱桥主拱肋节段快速测量方法 | ZL201810230775.6 | 中铁上海工程局集团有限公司<br>中铁上海工程局集团第五工程有限公司 |
| 220 | 一种公路桥梁用挡风屏 | ZL201811136296.4 | 中铁上海工程局集团第二工程有限公司 |
| 221 | 一种公路桥梁防撞装置 | ZL201811136302.6 | 中铁上海工程局集团第三工程有限公司 |
| 222 | 一种盾构隧道管片内、外力联合测试装置及制作埋设方法 | ZL201811159427.0 | 宁波大学<br>中铁上海工程局集团有限公司 |
| 223 | 大尺寸混凝土块的贯穿式裂缝的制造方法 | ZL201811219674.5 | 浙江大学宁波理工学院<br>宁波市轨道交通集团有限公司<br>宁波市市政公用工程安全质量监督站<br>中铁上海工程局集团有限公司<br>宏润建设集团股份有限公司<br>浙江铁科建设科技有限公司 |
| 224 | 盾构法联络通道拼装式负环管片整体拆除方法 | ZL201811495545.9 | 中铁上海工程局集团有限公司<br>中铁上海工程局集团城市轨道交通工程分公司 |
| 225 | 一种滩涂软弱地基栈桥及其安装沉降方法 | ZL201810036364.3 | 中铁大桥局集团有限公司<br>中国中铁股份有限公司 |
| 226 | 一种非对称式桥墩及小半径曲线桥 | ZL201810036787.5 | 中铁大桥局集团有限公司<br>中国中铁股份有限公司 |
| 227 | 一种提高全回转架桥机施工效率的方法 | ZL201910662769.2 | 中铁大桥局集团有限公司<br>中国中铁股份有限公司<br>中铁大桥局集团第五工程有限公司 |
| 228 | 基于三维全景和GIS地图的桥隧巡检养护管理系统及方法 | ZL201610969563.0 | 中铁大桥科学研究院有限公司<br>中铁大桥局集团有限公司 |
| 229 | 一种基于GIS的桥梁防撞监测管理系统及监测管理方法 | ZL201710014191.0 | 中铁大桥科学研究院有限公司<br>中铁大桥局集团有限公司 |
| 230 | 一种下承式钢板梁桥及其施工方法 | ZL201710320361.8 | 中铁大桥局集团有限公司 |
| 231 | 一种全封闭地暖保温式混凝土工厂 | ZL201710552421.9 | 中铁大桥局集团第二工程有限公司<br>中铁大桥局集团有限公司 |
| 232 | 一种悬索桥索夹螺杆轴力检测方法 | ZL201710827046.4 | 中铁大桥科学研究院有限公司<br>中铁大桥局集团有限公司 |
| 233 | 一种矩形桩基成孔施工方法 | ZL201710879413.5 | 中铁大桥局集团第五工程有限公司<br>中铁大桥局集团有限公司 |

续表

| 序号 | 专利名称 | 专利号 | 权属单位 |
|---|---|---|---|
| 234 | 一种斜钢管桩清孔及减少沉渣厚度的施工方法 | ZL201710915643.2 | 中铁大桥局集团有限公司 |
| 235 | 一种提高钢管桩桩侧承载力的装置及方法 | ZL201710959737.X | 中铁大桥局集团有限公司 |
| 236 | 一种基于无人机的桥梁健康检测系统及方法 | ZL201711057595.4 | 中铁大桥科学研究院有限公司<br>中铁大桥局集团有限公司 |
| 237 | 一种铁路里程与坐标相互转换的方法 | ZL201711059337.X | 中铁大桥科学研究院有限公司<br>中铁大桥局集团有限公司 |
| 238 | 水下钻孔定位装置和定位方法 | ZL201711407151.9 | 中铁大桥局集团第四工程有限公司<br>中铁大桥局集团有限公司 |
| 239 | 一种吊装投影指示方法及系统 | ZL201711487138.9 | 中铁大桥局集团第七工程有限公司<br>中铁大桥局集团有限公司 |
| 240 | 一种陆地钢板桩围堰下沉的导向系统及辅助下沉方法 | ZL201810023611.6 | 中铁大桥局集团第四工程有限公司<br>中铁大桥局集团有限公司 |
| 241 | 一种斜拉桥拉索智能除湿除冰系统及方法 | ZL201810073182.3 | 中铁大桥科学研究院有限公司<br>中铁大桥局集团有限公司 |
| 242 | 一种钢管桩桩底压浆效果验证方法 | ZL201810127523.0 | 中铁大桥局集团有限公司 |
| 243 | 桥梁翼缘防撞墙修补支架及其安装方法 | ZL201810128334.5 | 中铁大桥局集团第七工程有限公司<br>中铁大桥局集团有限公司 |
| 244 | 一种斜拉桥钢绞线拉索除冰防冰系统及方法 | ZL201810141060.3 | 中铁大桥科学研究院有限公司<br>中铁大桥局集团有限公司 |
| 245 | 一种基于蜂窝式引孔开挖手段的基坑施工方法 | ZL201810188262.3 | 中铁大桥局集团有限公司 |
| 246 | 一种悬索桥长吊索阻尼减振装置 | ZL201810312545.4 | 中铁大桥科学研究院有限公司<br>广东省公路建设有限公司虎门二桥分公司<br>中铁大桥局集团有限公司 |
| 247 | 一种悬索桥中长吊索阻尼减振装置 | ZL201810312591.4 | 中铁大桥科学研究院有限公司<br>广东省公路建设有限公司虎门二桥分公司<br>中铁大桥局集团有限公司 |
| 248 | 一种胶凝材料用量低、易泵送的高强混凝土及其制备方法 | ZL201810366929.4 | 中铁大桥局集团有限公司 |
| 249 | 一种斜拉桥超高桥塔墩锚固结构快速精密定位测量方法 | ZL201810410582.9 | 中铁大桥局集团有限公司 |
| 250 | 桥面车辆荷载识别装置、桥梁及桥梁荷载分布识别方法 | ZL201810475687.2 | 中铁大桥科学研究院有限公司<br>中铁大桥局集团有限公司 |
| 251 | 一种大跨径桥梁主塔偏位激光监测装置及方法 | ZL201810602314.7 | 中铁大桥科学研究院有限公司<br>中铁大桥局集团有限公司 |
| 252 | 一种地下连续墙基础基坑施工方法及基坑挖掘系统 | ZL201810619636.2 | 中铁大桥局集团第六工程有限公司<br>中铁大桥局集团有限公司 |
| 253 | 一种T梁维修加固的吊架平台 | ZL201810749592.5 | 中铁大桥局武汉桥梁特种技术有限公司<br>中铁大桥局集团有限公司 |
| 254 | 一种高耸混凝土结构主筋批量吊装装置及方法 | ZL201810751490.7 | 中铁大桥局集团有限公司 |
| 255 | 一种采用栓、焊、铆组合连接的钢桁架桥节点施工方法 | ZL201810752200.0 | 中铁大桥局集团有限公司 |
| 256 | 一种混凝土支撑墙现浇V形墩施工方法 | ZL201810753338.2 | 中铁大桥局集团第一工程有限公司<br>中铁大桥局集团有限公司 |
| 257 | 一种重型钢锚梁与钢牛腿整体吊装装置及吊装方法 | ZL201810755378.0 | 中铁大桥局集团有限公司 |
| 258 | 一种护筒下沉遇孤石的处理方法 | ZL201810797000.7 | 中铁大桥局集团有限公司 |
| 259 | 一种使用预制混凝土抄垫架设钢桁梁的方法 | ZL201810837067.9 | 中铁大桥局集团有限公司 |
| 260 | 一种智慧型桥面吊机 | ZL201810902785.X | 中铁大桥科学研究院有限公司<br>中铁大桥局集团有限公司 |
| 261 | 一种低回缩锚具的张拉支撑装置及张拉方法 | ZL201810923945.9 | 中铁大桥局集团有限公司 |
| 262 | 用于判断桥梁转动临界平衡的装置、方法及计算方法 | ZL201810936416.2 | 中铁大桥科学研究院有限公司<br>中铁大桥局集团有限公司 |

续表

| 序号 | 专利名称 | 专利号 | 权属单位 |
|---|---|---|---|
| 263 | 钢护筒下沉遇孤石的处理方法、钢护筒结构及钻孔桩 | ZL201810995252.0 | 中铁大桥局集团有限公司 |
| 264 | 杠杆式阻尼装置及装有杠杆式阻尼装置的斜拉桥 | ZL201811044945.8 | 中铁大桥科学研究院有限公司<br>湖北省交通规划设计院股份有限公司<br>中铁大桥局集团有限公司 |
| 265 | 一种可夜用对中杆及其使用方法 | ZL201811210492.1 | 中铁大桥局集团第七工程有限公司 |
| 266 | 一种长导梁式移动模架及其施工方法 | ZL201811210501.7 | 中铁大桥局集团有限公司 |
| 267 | 一种移动模架及其施工方法 | ZL201811211281.X | 中铁大桥局集团有限公司 |
| 268 | 一种钢筋笼吊筋脱离装置、钢筋笼及使用方法 | ZL201811211283.9 | 中铁大桥局集团第七工程有限公司 |
| 269 | 一种用于深长孔钢筋笼下放的装置及方法 | ZL201811211286.2 | 中铁大桥局集团第七工程有限公司 |
| 270 | 一种双曲拱桥拱上填料拆除施工方法 | ZL201811211291.3 | 中铁大桥局武汉桥梁特种技术有限公司<br>中铁大桥局集团有限公司 |
| 271 | 一种快速周转施工用的管柱基础结构及使用方法 | ZL201811216592.5 | 中铁大桥局集团第二工程有限公司<br>中铁大桥局集团有限公司 |
| 272 | 步履式静力水准仪及水准测量方法 | ZL201811222861.9 | 中铁大桥局集团第七工程有限公司 |
| 273 | 连接承台和预制桥梁墩身的湿接缝构件 | ZL201811259632.4 | 中铁大桥局集团有限公司<br>中铁大桥局集团第二工程有限公司 |
| 274 | 一种适用于跨海大桥的预制桥墩 | ZL201811259662.5 | 中铁大桥局集团有限公司 |
| 275 | 一种用于海上钢梁吊装的减振缓冲方法及系统 | ZL201811354238.9 | 中铁大桥科学研究院有限公司<br>中铁大桥局集团有限公司 |
| 276 | 一种用于跨海大桥简支钢梁架设的滑道型减振器 | ZL201811417855.9 | 中铁大桥科学研究院有限公司<br>中铁大桥局集团有限公司 |
| 277 | 一种用于跨海大桥简支钢梁架设的万向轮型减振器 | ZL201811419141.1 | 中铁大桥科学研究院有限公司<br>中铁大桥局集团有限公司 |
| 278 | 一种钢筋混凝土提篮拱桥的卸架方法和装置 | ZL201811462115.7 | 中铁大桥局集团有限公司 |
| 279 | 单丝抗温变围护结构监测装置及围护结构位移测量方法 | ZL201811474595.9 | 中铁大桥局集团第七工程有限公司 |
| 280 | 一种用于预制梁台座提梁孔的底模台座及其使用方法 | ZL201811481141.4 | 中铁大桥局集团第七工程有限公司 |
| 281 | 凹型测量标志组件及安装测量方法 | ZL201811482276.2 | 中铁大桥局集团第七工程有限公司 |
| 282 | 深水钻孔灌注桩护筒环向刚度安全补偿设施及其施工方法 | ZL201811619309.3 | 秭归县交通运输局<br>中铁大桥局集团第七工程有限公司<br>秭归县屈乡交通建设开发有限公司<br>武汉工大研究所有限责任公司<br>武汉轻工大学 |
| 283 | 一种大风环境中大吨位塔吊超大荷载附墙结构 | ZL201811624718.2 | 中铁大桥局集团第五工程有限公司 |
| 284 | 钢锚梁姿态测量装置及其测量、纠偏方法 | ZL201811635824.0 | 中铁大桥局集团有限公司 |
| 285 | 一种悬索桥塔柱底口防漏浆施工方法 | ZL201811639989.5 | 中铁大桥局集团第四工程有限公司 |
| 286 | 一种海上岩面仿生套箱围堰及其施工方法 | ZL201910046301.0 | 中铁大桥局集团第五工程有限公司 |
| 287 | 斜拉索索力传感与温度线形控制补偿装置及施工方法 | ZL201910084312.8 | 中铁大桥局集团第七工程有限公司<br>秭归县交通运输局<br>秭归县屈乡交通建设开发有限公司<br>武汉工大研究所有限责任公司<br>武汉轻工大学 |
| 288 | 一种钢箱拱桥拱脚钢混结合段安装定位支架及对位方法 | ZL201910087069.5 | 中铁大桥局集团有限公司 |
| 289 | 吊索减振方法 | ZL201910182097.5 | 中铁大桥科学研究院有限公司<br>中铁大桥局集团有限公司 |
| 290 | 一种钢桁梁逐孔架设合龙口抗风锁定装置及使用方法 | ZL201910198903.8 | 中铁大桥局集团有限公司 |

续表

| 序号 | 专利名称 | 专利号 | 权属单位 |
|---|---|---|---|
| 291 | 一种海洋环境下的围堰快速隔水引流系统及施工方法 | ZL201910233865.5 | 中铁大桥局集团有限公司<br>中铁大桥局集团第五工程有限公司 |
| 292 | 一种大功率振动锤船用存放架 | ZL201910276723.7 | 中铁大桥局集团有限公司<br>中铁大桥局集团第六工程有限公司 |
| 293 | 一种用于悬索桥索夹螺杆的张拉方法 | ZL201910431076.2 | 中铁大桥科学研究院有限公司<br>中铁大桥局集团有限公司 |
| 294 | 用于固定升降机附墙的装置以及固定升降机附墙的方法 | ZL201910475603.X | 中铁大桥局集团有限公司<br>中铁大桥局集团第四工程有限公司<br>中铁大桥局集团第五工程有限公司<br>中铁大桥局集团第六工程有限公司 |
| 295 | 一种冲击试验测试平台及测试装置和吊装缓冲试验方法 | ZL201910475609.7 | 中铁大桥局集团有限公司<br>中铁大桥科学研究院有限公司<br>中铁大桥局集团第五工程有限公司 |
| 296 | 一种升降机电缆定位装置 | ZL201910475626.0 | 中铁大桥局集团有限公司<br>中铁大桥局集团第四工程有限公司<br>中铁大桥局集团第五工程有限公司<br>中铁大桥局集团第六工程有限公司 |
| 297 | 一种用于整体吊装大型门吊的吊具及其吊装使用方法 | ZL201910473639.3 | 中铁大桥局集团有限公司<br>中铁大桥局集团第六工程有限公司 |
| 298 | 一种在运输设备上安装龙门吊的方法和装置 | ZL201910475784.6 | 中铁大桥局集团有限公司<br>中铁大桥局集团第四工程有限公司<br>中铁大桥局集团第五工程有限公司<br>中铁大桥局集团第六工程有限公司 |
| 299 | 一种用于吊装节段钢梁的吊具 | ZL201910475838.9 | 中铁大桥局集团有限公司<br>中铁大桥局集团第四工程有限公司<br>中铁大桥局集团第五工程有限公司<br>中铁大桥局集团第六工程有限公司 |
| 300 | 一种解决吊装重心偏位的简易装置 | ZL201910661763.3 | 中铁大桥局集团有限公司<br>中铁大桥局集团第五工程有限公司 |
| 301 | 一种钢筋绑扎间距卡距尺 | ZL201910662803.6 | 中铁大桥局集团有限公司<br>中铁大桥局集团第四工程有限公司 |
| 302 | 一种用于旧桥墩帽改造的移动式吊架及施工方法 | ZL201910702256.X | 中铁大桥局集团有限公司 |
| 303 | 一种围堰吊挂系统及方法 | ZL201910802480.6 | 中铁大桥局集团有限公司<br>福建福平铁路有限责任公司 |
| 304 | 一种缆载吊机安装方法 | ZL201910933979.0 | 中铁大桥局集团第六工程有限公司 |
| 305 | 一种用于盾构机推进荷载自适应调节的电液控制系统 | ZL201910819686.X | 盾构及掘进技术国家重点实验室<br>中铁隧道局集团有限公司<br>中铁南方投资集团有限公司 |
| 306 | 一种防止滚刀偏磨的刀座 | ZL201910820512.5 | 盾构及掘进技术国家重点实验室<br>中铁隧道局集团有限公司<br>中铁南方投资集团有限公司 |
| 307 | 可调节钢筋位置的混凝土试件成型模具及成型方法 | ZL201611270931.9 | 中铁隧道局集团有限公司<br>江苏苏博特新材股份有限公司<br>中铁隧道勘察设计研究院有限公司 |
| 308 | 一种全自动隧道锚杆安装设备 | ZL201710201223.8 | 中铁隧道集团有限公司 |
| 309 | 一种海底隧道用注浆材料 | ZL201710305254.8 | 中铁隧道局集团有限公司<br>洛阳理工学院 |
| 310 | 一种便于快速检测滚刀磨损程度的系统 | ZL201710336326.5 | 中铁隧道集团有限公司<br>盾构及掘进技术国家重点实验室 |
| 311 | 地下连续墙工字钢接头加固止水的施工方法 | ZL201710357000.0 | 中铁隧道集团有限公司 |
| 312 | 软硬不均地层盾构隧道施工超前支护方法 | ZL201710357518.4 | 中铁隧道集团有限公司 |
| 313 | 一种软弱破碎围岩地段 TBM 施工装置 | ZL201710379834.1 | 中铁隧道集团有限公司 |

续表

| 序号 | 专利名称 | 专利号 | 权属单位 |
|---|---|---|---|
| 314 | 一种测斜管的埋设方法 | ZL201710588264.7 | 中铁隧道集团有限公司 |
| 315 | 一种泥水盾构机在细颗粒地层中施工的泥浆多级分离方法 | ZL201710668941.6 | 中铁隧道集团二处有限公司 |
| 316 | 利用盾构隧道弃渣生产的水泥彩砖及其制备方法 | ZL201710818598.9 | 中铁隧道局集团有限公司 |
| 317 | 一种提高盾构刀具硬质合金性能的方法及系统 | ZL201711084273.9 | 盾构及掘进技术国家重点实验室<br>武汉大学 |
| 318 | 用于海底盾构隧道的高防水同步注浆浆液 | ZL201711193085.X | 中铁隧道局集团有限公司 |
| 319 | 一种用于矩形隧道薄覆土防背土减阻措施 | ZL201711478106.2 | 中铁隧道集团二处有限公司 |
| 320 | 一种通过无人机搭载全站仪监测施工场地周边位移的方法 | ZL201810002067.7 | 中铁隧道局集团有限公司<br>中铁隧道勘察设计研究院有限公司 |
| 321 | 移动式立面硬岩切槽机及其施工工艺 | ZL201810023676.0 | 中铁隧道局集团有限公司 |
| 322 | 一种地连墙施工中重复使用的防绕流装置及其施工方法 | ZL201810073592.8 | 中铁隧道集团二处有限公司 |
| 323 | 一种对于独柱独桩的桥梁桩基主动托换方法 | ZL201810075194.X | 中铁隧道集团二处有限公司<br>华东交通大学 |
| 324 | 一种曲线桥段桩基托换临时支撑结构与施工方法 | ZL201810075201.6 | 中铁隧道集团二处有限公司<br>华东交通大学 |
| 325 | 一种双线铁路隧道仰拱边墙砼浇筑装置及其使用方法 | ZL201810089720.8 | 中铁隧道集团二处有限公司 |
| 326 | 一种掘进设备刀具在软土环境下的磨损试验及预测方法 | ZL201810106930.3 | 中铁隧道局集团有限公司<br>盾构及掘进技术国家重点实验室 |
| 327 | 滑移式台座预制箱梁的施工方法 | ZL201810128504.X | 中铁隧道局集团建设有限公司<br>福建高速至信建设管理有限公司 |
| 328 | 一种地铁车站半盖挖施工中钢支撑架设的施工方法 | ZL201810170333.7 | 中铁隧道集团二处有限公司 |
| 329 | 一种富水岩浆岩地区深大竖井井筒施工方法 | ZL201810365093.6 | 中铁隧道局集团有限公司<br>中铁隧道勘察设计研究院有限公司 |
| 330 | 可监控运行姿态的复合式管片 | ZL201810385315.0 | 中铁隧道集团二处有限公司 |
| 331 | 一种翻转支架及盾构主驱动的吊装方法 | ZL201810395530.9 | 广州轨道交通建设监理有限公司<br>汕头市苏埃通道建设投资发展有限公司<br>中铁隧道局集团有限公司<br>盾构及掘进技术国家重点实验室 |
| 332 | 一种富水砾砂层三轴搅拌桩施工方法 | ZL201810516561.5 | 中铁隧道集团二处有限公司 |
| 333 | 一种隧道环向保温盲管的预埋管刻槽施工方法 | ZL201810581887.6 | 中铁隧道集团二处有限公司 |
| 334 | 一种高铁预制梁定位系统 | ZL201810608781.0 | 中铁隧道集团二处有限公司 |
| 335 | 一种多功能隧道掘进实验装置 | ZL201810667395.9 | 中铁隧道局集团有限公司<br>盾构及掘进技术国家重点实验室 |
| 336 | 一种多功能隧道掘进实验方法 | ZL201810667427.5 | 中铁隧道局集团有限公司<br>盾构及掘进技术国家重点实验室 |
| 337 | 一种盾构机狭窄空间始发施工方法 | ZL201810667836.5 | 中铁隧道局集团有限公司<br>盾构及掘进技术国家重点实验室 |
| 338 | 一种过江隧道盾构始发施工方法 | ZL201810668353.7 | 中铁隧道局集团有限公司<br>盾构及掘进技术国家重点实验室 |
| 339 | 敞开式 TBM 穿越强岩爆洞段掘进方法 | ZL201810706793.7 | 石家庄铁道大学<br>中铁隧道局集团有限公司<br>盾构及掘进技术国家重点实验室 |
| 340 | 一洞双 TBM 装机方法 | ZL201810745912.X | 中铁隧道局集团有限公司<br>中铁隧道股份有限公司 |
| 341 | 一种锚索切割机的切割施工方法 | ZL201810751853.7 | 中铁隧道集团二处有限公司<br>中铁隧道局集团有限公司 |
| 342 | 顶管机二次破碎装置 | ZL201810844720.4 | 中铁隧道局集团建设有限公司 |

续表

| 序号 | 专利名称 | 专利号 | 权属单位 |
|---|---|---|---|
| 343 | 带模注浆系统 | ZL201810941035.3 | 中铁隧道局集团建设有限公司 |
| 344 | 隧道裂缝加固方法 | ZL201810943010.7 | 中铁隧道局集团建设有限公司 |
| 345 | 一种隧道洞内富水断面设水仓抽排水的方法 | ZL201811194432.5 | 中铁隧道集团二处有限公司 |
| 346 | 一种用于切割隧道前方孤石的激光装置 | ZL201811220782.4 | 中铁隧道局集团有限公司 |
| 347 | 一种使用激光开挖的隧道掘进机 | ZL201811221185.3 | 中铁隧道局集团有限公司 |
| 348 | 一种震动修正的全站仪监测位移方法 | ZL201811295135.X | 中铁隧道局集团有限公司<br>中铁隧道勘察设计研究院有限公司 |
| 349 | 用于吊装张拉千斤顶进行张拉作业的台车 | ZL201811320119.1 | 中铁隧道局集团建设有限公司 |
| 350 | 一种五线并行小间距浅埋大断面隧道群施工方法 | ZL201811393945.9 | 中铁隧道集团二处有限公司<br>重庆大学 |
| 351 | 一种富水软弱地层超深盾构竖井的施工方法 | ZL201811399284.0 | 中铁隧道集团二处有限公司 |
| 352 | 一种泥水盾构机中泥浆泵和增压泵的电气改进控制方法 | ZL201811468834.X | 中铁隧道集团二处有限公司 |
| 353 | 一种模拟盾构机掘进过程中地表隆起沉降的演示方法 | ZL201811470626.3 | 中铁隧道集团二处有限公司 |
| 354 | 一种基于网格投影点云处理技术的隧道变形监测分析方法 | ZL201811529199.1 | 中铁隧道局集团有限公司<br>中铁隧道勘察设计研究院有限公司 |
| 355 | 一种盾构隧道拼装管片环拼装质量的随机检测方法 | ZL201811529256.6 | 中铁隧道局集团有限公司<br>中铁隧道勘察设计研究院有限公司 |
| 356 | 智能化制梁台座 | ZL201811544860.6 | 中铁隧道局集团建设有限公司<br>福建高速至信建设管理有限公司 |
| 357 | 一种用于掘进机料车上下轨道的转运机 | ZL201811609160.0 | 中铁隧道集团二处有限公司<br>中国船舶重工集团公司第 704 研究所 |
| 358 | 封闭空间内富水细砂地层降水加固施工方法 | ZL201811619772.8 | 中铁隧道集团二处有限公司 |
| 359 | 隧道拱顶防空洞报警方法 | ZL201811628152.0 | 中铁隧道局集团建设有限公司 |
| 360 | 隧道侧边墙二衬浇筑及拱顶预制管片转送用模板台车 | ZL201811648064.7 | 中铁隧道局集团有限公司<br>中铁隧道勘察设计研究院有限公司 |
| 361 | 一种隧道拼装式二次衬砌拱部管片顶升装置 | ZL201811649662.6 | 中铁隧道局集团有限公司<br>中铁隧道勘察设计研究院有限公司 |
| 362 | 一种隧道二次衬砌施工新方法 | ZL201811649669.8 | 中铁隧道局集团有限公司<br>中铁隧道勘察设计研究院有限公司 |
| 363 | 隧道拼装式衬砌边墙搭接纵槽缝浇筑端模及装置 | ZL201811649672.X | 中铁隧道局集团有限公司<br>中铁隧道勘察设计研究院有限公司 |
| 364 | 一种盾构管片错缝拼装的施工方法 | ZL201910005098.2 | 中铁隧道集团二处有限公司 |
| 365 | 一种大直径泥水盾构零沉降穿越无砟轨道路基的施工方法 | ZL201910005099.7 | 中铁隧道集团二处有限公司 |
| 366 | 一种泥水盾构降低扰动穿越无基础民房区的施工方法 | ZL201910019280.3 | 中铁隧道集团二处有限公司 |
| 367 | 盾构隧道轨下结构隧底填充与联络通道同时施工的方法 | ZL201910025922.0 | 中铁隧道集团二处有限公司 |
| 368 | 防止淤泥堵塞抽水泵的降水井 | ZL201910035924.8 | 中铁隧道局集团建设有限公司 |
| 369 | 隧道内可更换的盾构机刀盘中心回转接头及维修方法 | ZL201910046397.0 | 中铁隧道局集团有限公司<br>中铁隧道股份有限公司 |
| 370 | 超大直径盾构机刀盘的翻身方法 | ZL201910127597.9 | 中铁隧道局集团有限公司<br>中铁隧道股份有限公司 |
| 371 | 一种具有开仓换刀换气系统的盾构机 | ZL201910135206.8 | 中铁隧道集团二处有限公司 |
| 372 | 一种盾构刀具 | ZL201910151670.6 | 中铁隧道集团二处有限公司 |
| 373 | 全断面岩石掘进机刀盘前面板振动的监测方法 | ZL201910162558.2 | 盾构及掘进技术国家重点实验室<br>大连理工大学 |

续表

| 序号 | 专利名称 | 专利号 | 权属单位 |
| --- | --- | --- | --- |
| 374 | 全断面岩石掘进机支撑油缸连接处振动情况的监测方法 | ZL201910162608.7 | 盾构及掘进技术国家重点实验室<br>大连理工大学 |
| 375 | 用于隧道超前地质探测的瞬变电磁同步可移动式偶极定位装置 | ZL201910171303.2 | 中铁隧道局集团有限公司<br>中铁隧道勘察设计研究院有限公司 |
| 376 | 马蹄形大断面隧道施工方法 | ZL201910235180.4 | 中铁隧道局集团有限公司<br>中铁隧道股份有限公司 |
| 377 | 将隧道内运渣车车厢内的渣土倾卸的整体式翻渣工作台 | ZL201910237948.1 | 中铁隧道股份有限公司 |
| 378 | 一种整体式翻渣工作台液压系统 | ZL201910238382.4 | 中铁隧道股份有限公司 |
| 379 | 一种用于钢梁预顶升的结构安全快速预警方法 | ZL201910245193.X | 中铁隧道局集团有限公司<br>中铁隧道局集团路桥工程有限公司 |
| 380 | 一种用于常压刀具后退的监测防护装置及其使用方法 | ZL201910302269.8 | 盾构及掘进技术国家重点实验室<br>中铁隧道局集团有限公司 |
| 381 | 一种调整滚刀岩机综合实验平台主推力油缸安装位置的方法 | ZL201910314440.7 | 中铁隧道局集团有限公司<br>盾构及掘进技术国家重点实验室 |
| 382 | 一种滚刀实验平台用自适应滚刀装置 | ZL201910314442.6 | 中铁隧道局集团有限公司<br>盾构及掘进技术国家重点实验室 |
| 383 | 一种盾构机刀盘磨损在线测量装置 | ZL201910314467.6 | 中铁隧道局集团有限公司<br>盾构及掘进技术国家重点实验室 |
| 384 | 一种盾构机刀盘磨损在线测量方法 | ZL201910314471.2 | 中铁隧道局集团有限公司<br>盾构及掘进技术国家重点实验室 |
| 385 | 一种具有复合式测力结构的 TBM 实验台 | ZL201910315075.1 | 中铁隧道局集团有限公司<br>盾构及掘进技术国家重点实验室 |
| 386 | 一种滚刀实验平台用自适应滚刀控制方法 | ZL201910315076.6 | 中铁隧道局集团有限公司<br>盾构及掘进技术国家重点实验室 |
| 387 | 一种复合式滚刀三向力测力结构 | ZL201910315087.4 | 中铁隧道局集团有限公司<br>盾构及掘进技术国家重点实验室 |
| 388 | 一种车载式隧道施工用除尘降温设备 | ZL201910374646.9 | 中铁隧道股份有限公司 |
| 389 | 既有地铁车站换乘节点暗挖段托举施工方法 | ZL201910375013.X | 中铁隧道集团二处有限公司 |
| 390 | 用于施工长距离水平钻孔的钻头扶正装置 | ZL201910474893.6 | 中铁隧道集团一处有限公司 |
| 391 | 具有扶正功能的超深水平钻孔设备 | ZL201910474895.5 | 中铁隧道集团一处有限公司 |
| 392 | 一种应用于富水软弱围岩隧道的压力盒的埋设方法 | ZL201910484396.4 | 中铁隧道局集团有限公司<br>中铁隧道勘察设计研究院有限公司 |
| 393 | 一种用于施工超深水平钻孔的钻孔装置 | ZL201910510112.4 | 中铁隧道集团一处有限公司 |
| 394 | 一种机械式盾尾间隙测量装置 | ZL201910524584.5 | 中铁隧道局集团有限公司<br>盾构及掘进技术国家重点实验室 |
| 395 | 一种利用高压水切割隧道前方孤石的装置及方法 | ZL201910536404.5 | 中铁隧道局集团有限公司 |
| 396 | 一种用于切割隧道前方孤石的高压水装置 | ZL201910536883.0 | 中铁隧道局集团有限公司 |
| 397 | 一种隧道自动巡检系统及自动巡检方法 | ZL201910536901.5 | 中铁隧道局集团有限公司<br>中铁隧道勘察设计研究院有限公司 |
| 398 | 一种采用异形刀具的刀盘扩挖方法 | ZL201910541075.3 | 中铁隧道局集团有限公司<br>盾构及掘进技术国家重点实验室<br>中国铁路总公司 |
| 399 | 一种 TBM 平导洞身施工方法 | ZL201910547546.1 | 中铁隧道局集团有限公司<br>盾构及掘进技术国家重点实验室 |
| 400 | 一种线隧道正洞 TBM 掘进段施工方法 | ZL201910547661.9 | 中铁隧道局集团有限公司<br>盾构及掘进技术国家重点实验室 |
| 401 | 一种利用超声波破碎隧道前方孤石的设备 | ZL201910611155.1 | 中铁隧道局集团有限公司<br>盾构及掘进技术国家重点实验室 |
| 402 | 一种用于切割隧道前方孤石的超声波装置 | ZL201910612017.5 | 中铁隧道局集团有限公司<br>盾构及掘进技术国家重点实验室 |

续表

| 序号 | 专利名称 | 专利号 | 权属单位 |
|---|---|---|---|
| 403 | 盾构机顶升和平移过站施工方法及顶升和下降装置 | ZL201910614427.3 | 中铁隧道局集团有限公司 |
| 404 | 用于车站主体结构和管片的柔性连接装置及其施工方法 | ZL201910614429.2 | 中铁隧道局集团有限公司 |
| 405 | 一种用于安装滚刀的刀座结构 | ZL201910618104.1 | 盾构及掘进技术国家重点实验室<br>中铁隧道局集团有限公司 |
| 406 | 泥岩连拱隧道侧导洞先行施工方法 | ZL201910630329.9 | 中铁隧道集团一处有限公司 |
| 407 | 一种滚刀岩机综合实验平台 | ZL201910630771.1 | 中铁隧道局集团有限公司<br>盾构及掘进技术国家重点实验室 |
| 408 | 隧道穿越松散体的洞口段施工方法 | ZL201910657319.4 | 中铁隧道集团二处有限公司 |
| 409 | 一种盾尾紧急密封装置 | ZL201910703848.3 | 中铁隧道局集团有限公司<br>盾构及掘进技术国家重点实验室 |
| 410 | 一种模板台车泵送混凝土浇筑防空洞报警装置 | ZL201910712622.X | 中铁隧道集团三处有限公司 |
| 411 | 一种高频振捣器控制系统 | ZL201910718685.6 | 中铁隧道集团三处有限公司 |
| 412 | 一种泵机远程监控系统 | ZL201910750085.8 | 中铁隧道集团三处有限公司 |
| 413 | 一种弹夹式劈裂棒安装设备 | ZL201910793445.2 | 中铁隧道局集团有限公司<br>中铁隧道局集团有限公司设备分公司 |
| 414 | 一种盾体辅助翻身装置 | ZL201910793512.0 | 中铁隧道局集团有限公司<br>中铁隧道局集团有限公司设备分公司 |
| 415 | 一种钻劈一体装置 | ZL201910793541.7 | 中铁隧道局集团有限公司<br>中铁隧道局集团有限公司设备分公司 |
| 416 | 大直径盾构洞内始发空推装置及方法 | ZL201910797012.4 | 中铁隧道局集团有限公司<br>中铁隧道股份有限公司 |
| 417 | 一种用于极硬岩开挖的先行引导式掘进机刀盘 | ZL201910803633.9 | 盾构及掘进技术国家重点实验室<br>中铁隧道局集团有限公司 |
| 418 | 利用水平定向钻进行长距离隧道的泄水方法 | ZL201910843058.5 | 中铁隧道集团一处有限公司 |
| 419 | 一种用于钢混结合梁薄层环氧结构胶粘接的施工方法 | ZL201910853927.2 | 中铁隧道局集团有限公司<br>中铁隧道局集团路桥工程有限公司 |
| 420 | 一种长大隧道施工通风的布管设计方法和施工方法 | ZL201910859931.X | 中铁隧道局集团有限公司<br>中铁隧道勘察设计研究院有限公司 |
| 421 | 一种钻头止浆钻杆分段后退式注浆方法 | ZL201910916809.1 | 中铁隧道局集团有限公司<br>中铁隧道勘察设计研究院有限公司 |
| 422 | 一种即插型球铰式可量化让压的钢拱架连接构件及使用方法 | ZL201910995638.6 | 中铁隧道局集团有限公司<br>盾构及掘进技术国家重点实验室 |
| 423 | 一种孤石区掘进过程中常压状态下更换滚刀刀具的方法 | ZL201911002332.2 | 中铁隧道局集团有限公司<br>盾构及掘进技术国家重点实验室 |
| 424 | 一种隧道盾构掘进始发端头孤石区盾构机的掘进参数的控制工艺 | ZL201911157972.0 | 中铁隧道局集团有限公司<br>盾构及掘进技术国家重点实验室 |
| 425 | 一种带有伸缩式常压换刀仓的盾构机 | ZL201911238720.0 | 中铁隧道局集团有限公司<br>盾构及掘进技术国家重点实验室 |
| 426 | 管廊保护预应力梁及施工方法 | ZL201911242427.1 | 中铁隧道局集团有限公司 |
| 427 | 一种掘进机进尺测量方法 | ZL201911263973.3 | 中国矿业大学<br>中铁隧道股份有限公司 |
| 428 | 一种顶管隧道的等效抗弯刚度确定方法、装置及设备 | ZL202010041260.9 | 中山大学<br>中铁隧道局集团建设有限公司 |
| 429 | 一种轨道交通维护管理系统 | ZL201610438059.8 | 苏州富欣智能交通控制有限公司 |
| 430 | 一种有轨电车通过路口智能相位控制方法及系统 | ZL201710837633.1 | 苏州富欣智能交通控制有限公司 |
| 431 | 电气设备输入状态实时显示系统及其显示方法 | ZL201710916356.3 | 上海富欣智能交通控制有限公司 |
| 432 | 列车自动驾驶制动方法 | ZL201710917213.4 | 上海富欣智能交通控制有限公司 |
| 433 | 一种列车速度传感器的检测误差修正方法及修正装置 | ZL201810478738.7 | 中铁电气化局集团有限公司 |

续表

| 序号 | 专利名称 | 专利号 | 权属单位 |
|---|---|---|---|
| 434 | 一种便于夹持钢管的硬度检测装置 | ZL201811167024.0 | 中铁宝鸡轨道电气设备检测有限公司 |
| 435 | 一种盾构设备施工出渣监控管理系统及方法 | ZL201811268375.0 | 中铁电气化局集团有限公司 |
| 436 | 杯形基础立杆调整装置 | ZL201811442349.5 | 中铁电气化局集团有限公司<br>中铁电气化局集团第一工程有限公司 |
| 437 | 一种节能变压器 | ZL201811486506.2 | 中铁电气化局集团有限公司 |
| 438 | 一种分隔共箱式自耦变压器 | ZL201811487137.9 | 中铁电气化局集团有限公司 |
| 439 | 一种全控型同相供电系统 | ZL201811487139.8 | 中铁电气化局集团有限公司 |
| 440 | 铁路电缆沟成孔作业装置 | ZL201910708341.7 | 中铁电气化局集团有限公司<br>中铁电气化局集团第一工程有限公司 |
| 441 | 刚性接触网悬挂装置的识别系统和方法 | ZL201910790836.9 | 中铁电气化局集团有限公司 |
| 442 | 基于模块化控制的智能障碍探测车的探测方法 | ZL201910846306.1 | 中铁电气化局集团西安电气化工程有限公司 |
| 443 | 轨道交通通信系统、方法、计算机设备和存储介质 | ZL201910856022.0 | 中铁电气化局集团有限公司 |
| 444 | 道岔控制方法、装置、计算机设备和存储介质 | ZL201910899551.9 | 中铁电气化局集团有限公司 |
| 445 | 电力负荷预测方法、装置、计算机设备及存储介质 | ZL201911255382.1 | 中铁电气化局集团有限公司 |
| 446 | 级联 H 桥逆变器的调制波的补偿方法 | ZL201911259429.1 | 中铁电气化局集团有限公司 |
| 447 | 谐波电流的补偿方法、装置、有源滤波器和存储介质 | ZL201911324400.7 | 中铁电气化局集团有限公司 |
| 448 | 轨交列车进路和道岔控制方法及其控制模块 | ZL202010777961.9 | 上海富欣智能交通控制有限公司 |
| 449 | 车车通信中管理员车辆的确定方法和装置 | ZL202010991724.2 | 上海富欣智能交通控制有限公司 |
| 450 | 行车资源处理方法、装置和电子设备 | ZL202011005171.5 | 上海富欣智能交通控制有限公司 |
| 451 | 一种变电所送电检验装置 | ZL201810113982.3 | 中铁武汉电气化局集团有限公司 |
| 452 | 一种具有冷却系统的 H 形钢柱钻孔机 | ZL201810711621.9 | 中铁武汉电气化局集团科工装备有限公司 |
| 453 | 一种夹具系统及具有该夹具系统的 H 形钢柱钻孔机 | ZL201810711622.3 | 中铁武汉电气化局集团科工装备有限公司 |
| 454 | 一种用于复杂地质条件下坑中坑的施工方法 | ZL201810339248.9 | 中铁建工集团有限公司 |
| 455 | 一种双幅近距离转体桥同步转体智能控制系统 | ZL201810704073.7 | 中铁建工集团山东有限公司<br>中铁建工集团有限公司 |
| 456 | 一种可调式建筑装修脚手架 | ZL201811123780.3 | 中铁建工集团有限公司 |
| 457 | 飞机漆面清洗废水的处理方法 | ZL202010675234.1 | 中铁建工集团有限公司 |
| 458 | 一种市政用多功能管道井施工装置 | ZL201710965227.3 | 银川中铁水务集团有限公司 |
| 459 | 一种用于楼宇设备自控系统的生活再生水利用系统 | ZL201711436992.2 | 银川中铁水务集团有限公司 |
| 460 | 一种建筑工程用楼梯切槽装置 | ZL201810221861.0 | 中国铁工建设有限公司 |
| 461 | 一种用于建筑装修墙面刮扫粉尘的自动化回收设备 | ZL201810460397.0 | 中国铁工建设有限公司 |
| 462 | 一种建筑用砂浆搅拌机 | ZL201810631965.9 | 中国铁工建设有限公司 |
| 463 | 一种半自动变径式直管开孔装置 | ZL201810720830.X | 银川中铁水务集团有限公司 |
| 464 | 一种可自动抹平的墙面砂浆喷涂设备 | ZL201911067782.X | 中国铁工建设有限公司 |
| 465 | 磁浮列车高压电器箱大电流实时检测系统 | ZL201810761705.3 | 中铁磁浮科技（成都）有限公司<br>中铁高新工业股份有限公司 |
| 466 | 数控弯管过程中干涉问题的分类方法及处理方法 | ZL201810761772.5 | 中铁磁浮科技（成都）有限公司<br>中铁高新工业股份有限公司 |
| 467 | 铁路牵引供电臂一体化监控系统 | ZL201610350947.4 | 四川艾德瑞电气有限公司 |
| 468 | 基于 IEC61850 标准 GOOSE、SV 技术的变电站系统故障在线仿真方法 | ZL201610420020.3 | 四川艾德瑞电气有限公司 |
| 469 | 基于 GDOP 分析的 GSM-R 干扰源融合定位方法 | ZL201611158139.4 | 中铁二院工程集团有限责任公司<br>四川瑞云信通科技有限公司 |
| 470 | 基于互联网购票的轨道交通检票方法 | ZL201710033659.0 | 中铁二院工程集团有限责任公司 |
| 471 | 膨胀岩土路堑及低路堤基底最小换填厚度的确定方法 | ZL201710135513.7 | 中铁二院工程集团有限责任公司 |
| 472 | 一种地铁列车停站密闭节能及安全装置 | ZL201710167269.2 | 中铁二院工程集团有限责任公司 |

续表

| 序号 | 专利名称 | 专利号 | 权属单位 |
|---|---|---|---|
| 473 | 一种多线铁路桥梁轨道线形控制方法 | ZL201710229696.9 | 中铁二院工程集团有限责任公司 |
| 474 | 一种基于地震风险评估的桥梁抗震分析方法 | ZL201710729334.6 | 中铁二院贵阳勘察设计研究院有限责任公司 |
| 475 | 一种严寒地区桥梁用低黏度硅油型速度锁定器 | ZL201710730322.5 | 中铁二院工程集团有限责任公司<br>江苏容大减震科技股份有限公司<br>成都亚佳工程新技术开发有限公司 |
| 476 | 基于数据驱动的近断层非平稳地震动模拟方法 | ZL201710736575.3 | 中铁二院工程集团有限责任公司 |
| 477 | 一种近断层地震作用下组合隔震装置的设计方法 | ZL201710775317.6 | 中铁二院工程集团有限责任公司 |
| 478 | 一种铁路结构混凝土防护涂层及其制备方法和使用方法 | ZL201710851947.7 | 中国铁道科学研究院金属及化学研究所<br>北京中铁科新材料技术有限公司<br>中铁二院工程集团有限责任公司<br>中铁第四勘察设计院集团有限公司<br>中国铁路设计集团有限公司 |
| 479 | 一种混凝土发泡剂及其制备方法 | ZL201710957881.X | 广东盛瑞科技股份有限公司<br>四川铁创科技有限公司 |
| 480 | 近断层地震作用下桥梁的抗震评估方法 | ZL201711036373.4 | 中铁二院工程集团有限责任公司 |
| 481 | 一种改善大跨度上承式拱桥拱上结构抗震性能的装置 | ZL201711206300.0 | 中铁二院工程集团有限责任公司<br>中国铁路经济规划研究院 |
| 482 | 近断层人工地震波与规范反应谱匹配的调整方法 | ZL201711341166.X | 中铁二院工程集团有限责任公司 |
| 483 | 膨胀土边坡刚性支挡结构设计中墙背侧向土压力分布计算方法 | ZL201711410353.9 | 中铁二院工程集团有限责任公司 |
| 484 | 一种无砟轨道隧底上拱的控制装置的施工方法 | ZL201810143798.3 | 中铁二院工程集团有限责任公司 |
| 485 | 多片桁钢桁拱拱圈的快速施工方法 | ZL201810246422.5 | 中铁二院工程集团有限责任公司 |
| 486 | 一种上承式多片桁钢桁拱构造 | ZL201810246423.X | 中铁二院工程集团有限责任公司 |
| 487 | 一种铁路钢混结合梁上接触网立柱基础的安装方法 | ZL201810246462.X | 中铁二院工程集团有限责任公司 |
| 488 | 一种钢桁拱的钢混拱圈弦杆的施工方法 | ZL201810247277.2 | 中铁二院工程集团有限责任公司 |
| 489 | 一种钢桁拱的钢混拱圈弦杆构造 | ZL201810247284.2 | 中铁二院工程集团有限责任公司 |
| 490 | 轨道交通无线通信呼叫方法 | ZL201810319181.2 | 四川瑞云信通科技有限公司 |
| 491 | 一种地基隆起作用下路基填土消能系数的测算方法 | ZL201810424776.4 | 中铁二院工程集团有限责任公司 |
| 492 | 一种全预制装配式混凝土货运悬挂式单轨结构的施工方法 | ZL201810492056.1 | 中铁二院工程集团有限责任公司 |
| 493 | 一种人防门密封胶条老化龟裂检测系统及方法 | ZL201810542720.9 | 成都天仁民防科技有限公司<br>中铁二院工程集团有限责任公司 |
| 494 | 一种基于支撑杆的人防门位置状态检测系统及方法 | ZL201810542729.X | 成都天仁民防科技有限公司<br>中铁二院工程集团有限责任公司 |
| 495 | 一种基坑拱形预应力支撑结构和支撑系统 | ZL201810557215.1 | 中铁二院昆明勘察设计研究院有限责任公司 |
| 496 | 一种确定粗颗粒硫酸钠盐渍土溶陷系数的方法 | ZL201810614760.X | 中铁二院成都勘察设计研究院有限责任公司 |
| 497 | 一种大跨度混凝土拱桥拱圈裂缝控制方法及构造 | ZL201810677262.X | 中铁二院工程集团有限责任公司 |
| 498 | 一种既有无砟轨道路基基底再生隐伏岩溶的注浆修复方法 | ZL201810739893.X | 中铁二院工程集团有限责任公司 |
| 499 | 一种紧邻既有无砟轨道路基的岩溶注浆加固方法 | ZL201810741698.0 | 中铁二院工程集团有限责任公司 |
| 500 | 一种路堤下桩间盐渍土溶陷量的测算方法 | ZL201810820880.5 | 中铁二院工程集团有限责任公司 |
| 501 | 一种盐渍土地基盐胀量的测算方法 | ZL201810821221.3 | 中铁二院工程集团有限责任公司 |
| 502 | 一种低路堤基底盐渍土桩基加固后隆起量的确定方法 | ZL201810822280.2 | 中铁二院工程集团有限责任公司 |
| 503 | 一种耐老化三元乙丙橡胶密封材料及其制备方法 | ZL201810914603.0 | 中铁二院工程集团有限责任公司<br>四川大学 |
| 504 | 一种城轨车辆段站场进路自动控制系统 | ZL201810915245.5 | 中铁二院工程集团有限责任公司 |

科技创新

续表

| 序号 | 专利名称 | 专利号 | 权属单位 |
|---|---|---|---|
| 505 | 超强化学反应型高分子自粘橡胶止水带及其制备方法 | ZL201810949216.0 | 河北省同创交通工程配套产品产业技术研究院<br>中铁第一勘察设计院集团有限公司<br>四川铁创科技有限公司 |
| 506 | 基于阶梯截面的拱桥钢管内混凝土应力分布测量系统及方法 | ZL201811011889.8 | 广西大学<br>中国铁路青藏集团有限公司<br>中铁二院工程集团有限责任公司 |
| 507 | 适用于大断面隧道Ⅳ～Ⅴ级围岩的全环开挖方法 | ZL201811051394.8 | 中铁二院工程集团有限责任公司<br>中国铁路总公司<br>武九铁路客运专线湖北有限责任公司<br>中铁二院成都勘察设计研究院有限责任公司<br>西南交通大学 |
| 508 | 一种层状围岩大变形的判定方法 | ZL201811170774.3 | 中铁二院工程集团有限责任公司 |
| 509 | 一种磁悬浮轨道梁最优刚度限值的测试方法 | ZL201811191928.7 | 中铁二院工程集团有限责任公司 |
| 510 | 一种路基帮宽处理方法 | ZL201811261648.9 | 中铁二院成都勘察设计研究院有限责任公司 |
| 511 | 一种低盐盐渍土盐－冻胀力确定方法 | ZL201811333712.X | 中铁二院工程集团有限责任公司 |
| 512 | 一种集中控制联锁命令发送权限的方法 | ZL201811445638.0 | 中国铁道科学研究院集团有限公司通信信号研究所<br>中国铁道科学研究院集团有限公司<br>北京市华铁信息技术开发总公司<br>中铁二院重庆勘察设计研究院有限责任公司<br>北京锐驰国铁智能运输系统工程技术有限公司 |
| 513 | 一种移动状态下的非接触式轨枕识别方法 | ZL201811523566.7 | 四川拓绘科技有限公司 |
| 514 | 承托地铁上盖物业双悬臂结构及其施工方法 | ZL201910222198.0 | 西南交通大学<br>中铁二院工程集团有限责任公司 |
| 515 | 一种室内轨检小车平面与高程结构参数的检测方法 | ZL201910269589.8 | 四川拓绘科技有限公司 |
| 516 | 一种铁路柔性护轨装置的设计方法 | ZL201910277244.7 | 中铁二院工程集团有限责任公司 |
| 517 | 一种山地米轨柔性护轨装置的设计方法 | ZL201910277250.2 | 中铁二院工程集团有限责任公司 |
| 518 | 时速250~350千米无砟轨道粗粒盐渍土路堤结构及构筑方法 | ZL201910412389.3 | 中铁二院工程集团有限责任公司 |
| 519 | 时速300~350千米有砟轨道粗粒盐渍土路堤结构及构筑方法 | ZL201910414857.0 | 中铁二院工程集团有限责任公司 |
| 520 | 时速200~250千米有砟轨道粗粒盐渍土路堤结构及构筑方法 | ZL201910414947.X | 中铁二院工程集团有限责任公司 |
| 521 | 一种环境友好型下行自行式钢栈桥结构施工方法 | ZL201910522066.X | 中国建筑第六工程局有限公司<br>四川铁创科技有限公司<br>武汉武桥交通装备技术有限公司 |
| 522 | 一种钢管拱肋节段空中连接的施工方法 | ZL201910617322.3 | 中铁二院成都勘察设计研究院有限责任公司 |
| 523 | 一种复杂构造条件下连续多次穿煤隧道揭煤防突作业流程 | ZL201910646185.6 | 中铁二院重庆勘察设计研究院有限责任公司 |
| 524 | 综合管廊给排水管道爆管监测方法 | ZL201910650209.5 | 中铁二院工程集团有限责任公司 |
| 525 | 一种基于改进的布尔莎模型的不整平自由设站方法 | ZL201910669602.9 | 四川拓绘科技有限公司 |
| 526 | 一种涡轮式黏滞阻尼器 | ZL201910671088.2 | 西南交通大学<br>中国国家铁路集团有限公司<br>中铁二院工程集团有限责任公司 |
| 527 | 一种三分箱主梁缆索承重桥梁的边跨施工方法 | ZL201910762424.4 | 中铁二院工程集团有限责任公司 |
| 528 | 一种铁道工程用早强型低热水泥及其制备方法 | ZL201910823395.8 | 中国建筑材料科学研究总院有限公司<br>中国铁道科学研究院集团有限公司铁道建筑研究所<br>中铁二院工程集团有限责任公司<br>北京铁锋建筑工程技术有限公司<br>四川铁创科技有限公司 |

续表

| 序号 | 专利名称 | 专利号 | 权属单位 |
|---|---|---|---|
| 529 | 基于 LTE-R 系统的撒砂控制方法及轨道车辆撒砂系统 | ZL201910917427.0 | 成都理工大学<br>四川睿铁科技有限责任公司 |
| 530 | 一种浅埋暗挖地铁车站分离开敞式结构及其施工方法 | ZL201710188769.4 | 中铁第六勘察设计院集团有限公司 |
| 531 | 一种专用回流轨系统正线分段设计方法 | ZL201710544658.2 | 天津中铁电气化设计研究院有限公司 |
| 532 | 一种专用回流轨系统场段分段方法 | ZL201710544698.7 | 天津中铁电气化设计研究院有限公司 |
| 533 | 一种地铁基坑水下混凝土封底方法 | ZL201710934814.6 | 北京市轨道交通建设管理有限公司<br>北京市建设工程安全质量监督总站<br>中交隧道工程局有限公司<br>中铁隆工程集团有限公司<br>中铁隧道勘测设计院有限公司<br>北京正远监理咨询有限公司<br>北京城建勘测设计院有限责任公司 |
| 534 | 一种适用于砂卵石地层的润滑泡沫剂配方 | ZL201810029461.X | 中铁第六勘察设计院集团有限公司 |
| 535 | 路基动力响应测试内部传感器埋置与后期维护方法 | ZL201810617513.5 | 中铁西安勘察设计研究院有限责任公司<br>长安大学 |
| 536 | 贯通式同相牵引供电系统、牵引变电所及其供电控制方法 | ZL201810749874.5 | 中国科学院电工研究所<br>天津中铁电气化设计研究院有限公司<br>天津凯发电气股份有限公司 |
| 537 | 适用于上下叠落地铁区间的 C 型联络通道结构及施工方法 | ZL201810870914.1 | 中铁隆工程集团有限公司<br>中铁第六勘察设计院集团有限公司 |
| 538 | 负载缓蚀剂的介孔二氧化硅超疏水薄膜的制备方法及用途 | ZL201811248969.5 | 浙江大学<br>天津中铁电气化设计研究院有限公司<br>中国中车股份有限公司 |
| 539 | 一种洞内机械成孔咬合桩施工工艺 | ZL201811538313.7 | 中铁十八局集团有限公司<br>中铁十八局集团市政工程有限公司<br>北京市轨道交通建设管理有限公司<br>中铁第六勘察设计院集团有限公司 |
| 540 | 城市轨道交通牵引供电系统及车－网配合参数优化方法 | ZL201910175376.9 | 北京交通大学<br>天津中铁电气化设计研究院有限公司<br>中国中车股份有限公司 |
| 541 | 一种软土地区高速铁路填方路基的施工方法 | ZL201910287409.9 | 中铁第六勘察设计院集团有限公司 |
| 542 | 一种考虑硅钢片截面宽度分级的卷铁心多点接地故障电流计算方法 | ZL201910705317.8 | 西南交通大学<br>天津中铁电气化设计研究院有限公司<br>株洲中车时代电气股份有限公司 |
| 543 | 一种考虑磁通密度不均匀分布的卷铁心涡流损耗评估方法 | ZL201910706056.1 | 西南交通大学<br>天津中铁电气化设计研究院有限公司<br>株洲中车时代电气股份有限公司 |
| 544 | 一种考虑沉管隧道特殊工艺的结构最终沉降量方法 | ZL201910732127.5 | 中铁第六勘察设计院集团有限公司<br>中铁（天津）隧道工程勘察设计有限公司 |
| 545 | 既有铁路运营状态下框构桥顶进工程中轨道施工方法 | ZL201910783309.5 | 中铁第六勘察设计院集团有限公司 |
| 546 | 一种高速铁路利用既有路堤改造方法 | ZL201810254693.5 | 中铁工程设计咨询集团有限公司 |
| 547 | 一种沥青混凝土无砟轨道结构 | ZL201810448613.X | 中国铁道科学研究院集团有限公司铁道建筑研究所<br>中国铁路经济规划研究院有限公司<br>中铁工程设计咨询集团有限公司<br>北京铁科特种工程技术有限公司<br>中国铁道科学研究院集团有限公司<br>中国铁路总公司 |
| 548 | 一种基于钻孔坍塌和诱导劈裂的砂层注浆地表抬升控制方法 | ZL201810670494.2 | 山东科技大学<br>山东大学<br>中铁工程设计咨询集团有限公司<br>青岛市地铁一号线有限公司 |

续表

| 序号 | 专利名称 | 专利号 | 权属单位 |
|---|---|---|---|
| 549 | 一种三维曲面拟合方法 | ZL201910133284.4 | 中铁工程设计咨询集团有限公司 |
| 550 | 一种具备冷丝监督功能的LED点灯系统 | ZL201910859272.X | 中铁工程设计咨询集团有限公司 |
| 551 | 一种用于铁路轨道形变质量检测仪 | ZL201911215751.4 | 北京中铁诚业工程建设监理有限公司 |
| 552 | 一种脚趾形轨道梁及跨座式单轨交通系统 | ZL202010221496.0 | 中铁工程设计咨询集团有限公司 |
| 553 | 一种跨座式单轨凳型枕及跨座式单轨交通系统 | ZL202010221497.5 | 中铁工程设计咨询集团有限公司 |
| 554 | 隧道混凝土衬砌裂缝宽度计算方法及裂缝处理方法 | ZL202010253062.9 | 中铁工程设计咨询集团有限公司 |
| 555 | 高速铁路路基结构设计方法 | ZL202010329656.3 | 中国铁道科学研究院集团有限公司铁道建筑研究所<br>中国铁道科学研究院集团有限公司<br>北京铁科特种工程技术有限公司<br>中国铁路设计集团有限公司<br>中铁工程设计咨询集团有限公司 |
| 556 | 一种可动心轨辙叉长短心轨错动装置 | ZL202010433409.8 | 中铁工程设计咨询集团有限公司 |
| 557 | 一种接触网设备管理方法及系统 | ZL202010571172.X | 中铁工程设计咨询集团有限公司 |
| 558 | 组合衬垫及其自动装贴顶紧机构与焊接工艺 | ZL201710802597.5 | 武汉天高熔接股份有限公司<br>中铁大桥勘测设计院集团有限公司<br>湖北天高桥梁工程有限公司 |
| 559 | 一种主索鞍 | ZL201711059339.9 | 中铁大桥勘测设计院集团有限公司 |
| 560 | 一种基于索长影响矩阵的缆索支承桥梁调索方法 | ZL201711178902.4 | 中铁大桥勘测设计院集团有限公司 |
| 561 | 一种箱涵顶进的后浇带防水结构体系及施工方法 | ZL201711407154.2 | 中铁大桥勘测设计院集团有限公司 |
| 562 | 一种适用于悬索桥加劲梁的架设装置及架设方法 | ZL201810372294.9 | 中铁大桥勘测设计院集团有限公司 |
| 563 | 新型钢砼组合梁混凝土板的内力调整方法 | ZL201810487661.X | 中铁大桥勘测设计院集团有限公司 |
| 564 | 一种斜拉桥索塔钢结构锚固构造 | ZL201810569665.2 | 中铁大桥勘测设计院集团有限公司 |
| 565 | 一种GNSS水准测量方法 | ZL201810668738.3 | 中铁大桥勘测设计院集团有限公司 |
| 566 | 一种桥梁承台的施工方法 | ZL201810708401.0 | 中铁大桥勘测设计院集团有限公司 |
| 567 | 一种钢柱砼根深水基础结构及其施工方法 | ZL201810709496.8 | 中铁大桥勘测设计院集团有限公司 |
| 568 | 一种适用于水上的锚锭结构及悬索桥 | ZL201810720350.3 | 中铁大桥勘测设计院集团有限公司 |
| 569 | 一种曲线桥面的钢桁架梁结构 | ZL201810724929.7 | 中铁大桥勘测设计院集团有限公司 |
| 570 | 一种多斜置式主塔的曲线斜拉桥 | ZL201810737219.8 | 中铁大桥勘测设计院集团有限公司 |
| 571 | 一种GNSS平面控制网已知点兼容性检验的方法 | ZL201810777470.7 | 中铁大桥勘测设计院集团有限公司 |
| 572 | 一种缆索协作体系桥成桥索力确定方法 | ZL201810782148.3 | 中铁大桥勘测设计院集团有限公司 |
| 573 | 一种模块化单元的边柱节点连接装置 | ZL201810812373.7 | 中铁时代建筑设计院有限公司 |
| 574 | 一种模块化单元中间柱节点的卡榫式连接装置 | ZL201810814007.5 | 中铁时代建筑设计院有限公司 |
| 575 | 一种基于轨道集卡车的江海联运集装箱中转系统及方法 | ZL201810902877.8 | 中铁武汉勘察设计研究院有限公司 |
| 576 | 一种基于轨道集卡车的江海联运集装箱运输系统及方法 | ZL201810904035.6 | 中铁武汉勘察设计研究院有限公司 |
| 577 | 一种非对称大挑臂－钢箱组合结构 | ZL201810904521.8 | 中铁大桥勘测设计院集团有限公司 |
| 578 | 一种基于轨道集卡车的集装箱江海联运中转系统及方法 | ZL201810904688.4 | 中铁武汉勘察设计研究院有限公司 |
| 579 | 基于轨道集卡车的江海联运集装箱中转运输系统及方法 | ZL201810904689.9 | 中铁武汉勘察设计研究院有限公司 |
| 580 | 一种基于江海联运的集装箱运输系统及方法 | ZL201810904749.7 | 中铁武汉勘察设计研究院有限公司 |
| 581 | 铁水联运铁路港湾站集装箱货场自动化控制系统及方法 | ZL201810915874.8 | 中铁武汉勘察设计研究院有限公司 |
| 582 | 一种多主梁式钢混组合连续梁 | ZL201810942650.6 | 中铁大桥勘测设计院集团有限公司 |
| 583 | 一种铁路车辆三维定位系统 | ZL201810973414.0 | 中铁武汉勘察设计研究院有限公司 |
| 584 | 一种铁路车辆定位系统 | ZL201810974507.5 | 中铁武汉勘察设计研究院有限公司 |
| 585 | 一种铁路车辆平面定位系统 | ZL201810975301.4 | 中铁武汉勘察设计研究院有限公司 |

续表

| 序号 | 专利名称 | 专利号 | 权属单位 |
|---|---|---|---|
| 586 | 一种运输车辆车号与集装箱箱号关联系统 | ZL201811038124.3 | 中铁武汉勘察设计研究院有限公司 |
| 587 | 一种铁路集装箱货场进路控制方法及系统 | ZL201811044801.2 | 中铁武汉勘察设计研究院有限公司 |
| 588 | 一种轨道动力平车集群的联锁进路控制方法及系统 | ZL201811045441.8 | 中铁武汉勘察设计研究院有限公司 |
| 589 | 一种智能集装箱轨道平车控制系统及轨道平车 | ZL201811159405.4 | 中铁武汉勘察设计研究院有限公司 |
| 590 | 集装箱轨道动力平车的走行系统 | ZL201811160532.6 | 中铁武汉勘察设计研究院有限公司 |
| 591 | 用于联运的集装箱轨道动力平车及运输集装箱的方法 | ZL201811162479.3 | 中铁武汉勘察设计研究院有限公司 |
| 592 | 一种防撞圈节段连接法兰、桥梁防撞圈及加工方法 | ZL201811178158.2 | 中铁大桥勘测设计院集团有限公司 |
| 593 | 一种多主桁钢桁梁结构的悬臂拼装施工方法 | ZL201811187706.8 | 中铁大桥勘测设计院集团有限公司 |
| 594 | 一种曲线梁桥斜腹板预应力钢束的设计方法 | ZL201811362629.5 | 中铁大桥勘测设计院集团有限公司 |
| 595 | 扰流耗能防冲刷沉井及施工方法 | ZL201910016409.5 | 中铁大桥勘测设计院集团有限公司 |
| 596 | 一种桥梁结构浮托架设的施工方法 | ZL201910037149.X | 中铁大桥勘测设计院集团有限公司 |
| 597 | 一种基于单频 GNSS 定位技术监测高铁大桥动态挠度的方法 | ZL201910095261.9 | 中国矿业大学<br>中铁大桥（南京）桥隧诊治有限公司 |
| 598 | 一种具有混合接头构造的钢桁混合梁斜拉桥 | ZL201910211407.1 | 中铁大桥勘测设计院集团有限公司 |
| 599 | 一种现浇大直径基坑支护管桩的施工方法 | ZL201910280576.0 | 中铁时代建筑设计院有限公司 |
| 600 | 一种成桥状态散索鞍位置和锚跨线形的联合确定方法 | ZL201910549941.3 | 中铁大桥勘测设计院集团有限公司 |
| 601 | 一种铁水联运轨道牵引车系统及联运方法 | ZL201910699548.2 | 中铁武汉勘察设计研究院有限公司 |
| 602 | 一种基于拉索振动频谱分析的基频优化方法 | ZL201910778668.1 | 中铁桥隧技术有限公司 |
| 603 | 一种波浪形组合式挡雪墙 | ZL201910652821.6 | 中铁西北科学研究院有限公司<br>中铁一局集团有限公司<br>中铁九局集团第六工程有限公司 |
| 604 | 利用半导体驱动热管制冷维护冻土地基热稳定的方法 | ZL201710640999.X | 中铁西北科学研究院有限公司 |
| 605 | 可进行直线作业的臂架 | ZL201711340042.X | 中铁岩锋成都科技有限公司 |
| 606 | 一种基于原位测试技术的黄土湿陷敏感性评价方法 | ZL201810209175.1 | 中铁西北科学研究院有限公司 |
| 607 | 湿陷性黄土隧道基底液压高频挤密处理方法 | ZL201810705955.5 | 中国铁路总公司<br>中铁西北科学研究院有限公司<br>中铁第一勘察设计院集团有限公司<br>银西铁路有限公司<br>中铁一局集团有限公司 |
| 608 | 一种桥梁转体施工牵引设备控制方法及系统 | ZL201811314831.0 | 中铁西南科学研究院有限公司<br>上海同新机电控制技术有限公司 |
| 609 | 钢筋－钢纤维混凝土盾构管片正截面承载力及配筋测定方法 | ZL202010167116.X | 中铁科学研究院有限公司<br>青岛市地铁一号线有限公司 |
| 610 | 一种桁架节段实时监控测量方法 | ZL201610780154.6 | 江苏中铁山桥重工有限公司<br>中铁大桥局集团有限公司 |
| 611 | 跨坐式关节型道岔梁间导向面或稳定面过渡装置 | ZL201710013226.9 | 中铁宝桥集团有限公司 |
| 612 | 高锰钢辙叉铸造型腔涂料喷涂工艺 | ZL201710232699.8 | 中铁宝桥集团有限公司 |
| 613 | 一种垫板及轨道 | ZL201710445830.9 | 西南交通大学<br>中铁宝桥集团有限公司<br>中铁山桥集团有限公司 |
| 614 | 一种 TBM 刀盘系统破岩性能损耗程度的实时评价方法 | ZL201710937907.4 | 中铁工程装备集团有限公司 |
| 615 | 一种十字焊缝不开过焊孔的焊接方法 | ZL201711079444.9 | 中铁九桥工程有限公司<br>中国铁路上海局集团有限公司<br>中铁宝桥集团有限公司 |

续表

| 序号 | 专利名称 | 专利号 | 权属单位 |
|---|---|---|---|
| 616 | 一种用于桥面更换的钢桥面的制造方法 | ZL201711214616.9 | 江苏中铁山桥重工有限公司 |
| 617 | 一种抗延迟断裂 1040 兆帕级耐候螺栓 | ZL201711215120.3 | 燕山大学<br>中铁山桥集团有限公司 |
| 618 | 一种十字焊缝贴玻璃纤维布的焊接方法 | ZL201711338667.2 | 中铁九桥工程有限公司<br>中国铁路上海局集团有限公司<br>中铁宝桥集团有限公司 |
| 619 | 一种极寒地区用高性能耐候桥梁钢的焊接方法 | ZL201711390387.6 | 中铁山桥集团有限公司<br>中铁高新工业股份有限公司 |
| 620 | 一种耐候钢加劲梁悬索桥主纵梁的焊接方法 | ZL201711390388.0 | 中铁山桥集团有限公司 |
| 621 | 一种耐候全焊钢结构加劲梁悬索桥的焊接制造方法 | ZL201711390389.5 | 中铁山桥集团有限公司 |
| 622 | 一种用于常压换刀刀具的滚刀磨损量测定方法 | ZL201711423079.9 | 中铁工程装备集团有限公司 |
| 623 | 一种基于渣片图像识别获取围岩类别的方法 | ZL201810019670.6 | 中铁工程装备集团有限公司 |
| 624 | 一种带随动支承圈的伸缩式集装箱吊具 | ZL201810123292.6 | 中铁科工集团轨道交通装备有限公司 |
| 625 | 一种无沉没辊热镀锌系统 | ZL201810198162.9 | 中铁锚固装备制造有限公司 |
| 626 | 一种弯扭箱形钢塔节段制造方法 | ZL201810349693.3 | 中铁山桥集团有限公司 |
| 627 | 一种尖轨轨廓测量装置 | ZL201810350961.3 | 中铁山桥集团有限公司 |
| 628 | 一种撕裂刀更换机械手及其控制方法 | ZL201810374264.1 | 中铁工程装备集团有限公司 |
| 629 | 一种 TBM 隧道施工实时预警方法 | ZL201810431552.6 | 中铁工程装备集团有限公司 |
| 630 | 一种用于隧道掘进机主轴承寿命状态定量预估方法 | ZL201810431555.X | 中铁工程装备集团有限公司 |
| 631 | 一种盾构机远程数据采集传输装置及方法 | ZL201810467593.0 | 中铁工程装备集团有限公司 |
| 632 | 一种应用于悬挂式空轨列车系统的可动心道岔结构 | ZL201810482811.8 | 中铁山桥集团有限公司 |
| 633 | 一种螺栓球节点网架房屋钢结构更换杆件及螺栓球的施工方法 | ZL201810494890.4 | 中铁重工有限公司 |
| 634 | 一种 Q500qE 高强度桥梁钢角接头的焊接方法 | ZL201810676255.8 | 中铁宝桥集团有限公司<br>中铁宝桥（扬州）有限公司<br>中铁高新工业股份有限公司 |
| 635 | 一种钢桁梁桥节点板的备料方法 | ZL201810688180.5 | 中铁山桥集团有限公司 |
| 636 | 一种可伸缩回转接头 | ZL201810693290.0 | 中铁工程装备集团有限公司 |
| 637 | 一种多功能铰接密封试验台 | ZL201810700090.3 | 中铁工程装备集团有限公司 |
| 638 | 一种盾构机主机系统 | ZL201810700102.2 | 中铁工程装备集团有限公司 |
| 639 | 一种喷射成形复合材料 TBM 刀圈的生产工艺 | ZL201810781461.5 | 中铁工程装备集团有限公司 |
| 640 | 一种聚晶金刚石潜孔钻头及其制备方法 | ZL201810781462.X | 中铁工程装备集团有限公司 |
| 641 | 一种顶管机用管节摩阻力检测试验台及检测方法 | ZL201810782160.4 | 中铁工程装备集团有限公司 |
| 642 | 一种测量曲线管幕制造精度的测量方法 | ZL201810795411.2 | 中铁工程装备集团有限公司 |
| 643 | 一种曲线管幕机试验装置及其测试方法 | ZL201810795547.3 | 中铁工程装备集团有限公司 |
| 644 | 一种定曲率小口径曲线顶管的导向方法 | ZL201810878141.1 | 华中科技大学<br>中铁工程装备集团有限公司 |
| 645 | 一种降低刀盘结泥饼概率的刀盘结构 | ZL201810947582.2 | 中铁工程装备集团有限公司 |
| 646 | 一种具有防背土装置的矩形盾构机 | ZL201810976322.8 | 浙江中铁工程装备有限公司 |
| 647 | 盾构机的止浆密封装置 | ZL201810976345.9 | 中铁工程服务有限公司 |
| 648 | 一种盾构机运行故障的诊断和处理方法 | ZL201810986242.0 | 中铁工程服务有限公司 |
| 649 | 一种基于激光三维相机的渣片图像分割方法 | ZL201811075132.5 | 中铁工程装备集团有限公司 |
| 650 | 一种适用于高海拔低气压的盾构机或 TBM 优化系统 | ZL201811289649.4 | 中铁工程装备集团有限公司 |
| 651 | 一种盾构机刀盘 | ZL201811338216.3 | 浙江中铁工程装备有限公司 |
| 652 | 一种高性能 TBM 刀盘刮渣板用材料及其制备方法 | ZL201811381592.0 | 中铁工程装备集团隧道设备制造有限公司 |

续表

| 序号 | 专利名称 | 专利号 | 权属单位 |
|---|---|---|---|
| 653 | 降低与均化道岔尖轨淬火后残余应力的振动时效方法 | ZL201811449498.4 | 湖北武铁山桥轨道装备有限公司<br>华东交通大学 |
| 654 | 一种斜拉桥塔柱内衬钢结构制作方法 | ZL201811601804.1 | 江苏中铁山桥重工有限公司 |
| 655 | 一种基于数据挖掘的TBM施工围岩可掘性分级方法 | ZL201811608456.0 | 中铁工程装备集团有限公司 |
| 656 | 一种子母盾构机施工方法 | ZL201910030999.7 | 中铁工程装备集团有限公司 |
| 657 | 盾构机盾壳被固结砂浆包裹处理方法 | ZL201910036086.6 | 中铁工程装备集团技术服务有限公司 |
| 658 | 一种合金钢辙叉不等高长短心轨组件制造方法 | ZL201910089763.0 | 中铁宝桥集团有限公司 |
| 659 | 一种变曲率小口径曲线掘进机的导向方法 | ZL201910090015.4 | 中铁工程装备集团有限公司 |
| 660 | 一种基于网络控制的辅助逆变器系统并网供电方法 | ZL201910091140.7 | 中铁轨道交通装备有限公司<br>中铁高新工业股份有限公司 |
| 661 | 一种基于分片存储和折半索引的数据查询引擎 | ZL201910096153.3 | 中铁工程装备集团有限公司 |
| 662 | 一种适用于断层破碎带的马蹄形半断面盾构机及施工方法 | ZL201910145399.5 | 中铁工程装备集团有限公司 |
| 663 | 一种盾构机施工掘进参数最佳取值范围的获取方法与系统 | ZL201910198655.7 | 中铁高新工业股份有限公司<br>中铁工程服务有限公司<br>西南交通大学 |
| 664 | 一种可拆卸型隧道开采用盾构机刀盘 | ZL201910199993.2 | 中铁电建重型装备制造有限公司 |
| 665 | 一种跨坐式单轨列车供电保护系统 | ZL201910213008.9 | 中铁高新工业股份有限公司<br>中铁轨道交通装备有限公司 |
| 666 | 一种盾构机通用型矿用防爆PLC控制柜及应用 | ZL201910269505.0 | 中铁工程装备集团有限公司 |
| 667 | 一种适用于长大山岭隧道的多模闭式TBM及其施工方法 | ZL201910287514.2 | 中铁工程装备集团有限公司 |
| 668 | 大型地下乏燃料处置库机械化建造方法 | ZL201910343454.1 | 中铁工程装备集团有限公司 |
| 669 | 一种大型地下停车场结构机械化建造方法 | ZL201910446020.4 | 中铁工程装备集团有限公司 |
| 670 | 一种超长道岔尖轨的分步式加工方法 | ZL201910490467.1 | 新铁德奥道岔有限公司 |
| 671 | 一种污水管道清淤装置及施工方法 | ZL201910511236.4 | 中铁工程装备集团有限公司 |
| 672 | 一种隧道建筑安全施工方法 | ZL201910588185.5 | 中铁工程服务有限公司 |
| 673 | 一种围岩隧道支护结构 | ZL201910718942.6 | 中铁工程服务有限公司 |
| 674 | 一种旋转刀座式常压更换刀具系统 | ZL201910790487.0 | 中铁工程装备集团有限公司 |
| 675 | 一种盾构机尾盾密封系统综合预警装置及其工作方法 | ZL201910838297.1 | 中铁工程装备集团有限公司 |
| 676 | 一种隧道相变蓄冷降温系统 | ZL201910867997.3 | 中铁工程服务有限公司 |

制表：黄佳强

# CHAPTER 10

# 行政工作

## 董事会办公室

【年度工作综述】2020 年，董事会办公室积极探索央企控股上市公司公司治理有效途径，不断健全公司中国特色现代企业制度体系，修订了《章程》《股东大会议事规则》等公司治理制度，制定了《控股子公司、参股公司的股东（大）会、董事会、监事会议案审查管理规定（试行）》《董事会提案管理办法》；根据国资委文件精神和人员变动情况及时履行了董事高管变动的法定决策程序和信息披露程序；强化了对子公司公司治理的指导，促进母子公司治理协同；认真做好董事会及其专门委员会日常工作以及与总裁办公会、党委会的衔接沟通，确保公司治理各主体运作规范有序；组织董事参加国资监管、证券监管培训并对董事会决策事项进行实地调研，加强对董事、董事会秘书依法规范履职的咨询与服务支持，确保全年董事高管履职和持股合规；依法合规有效开展信息披露，获得监管机构和境内外投资者好评，公司连续 7 年获得上交所 A 类信息披露年度评价结果；克服疫情影响，畅通多渠道与境内外证券投资者保持沟通交流，积极向资本市场传递公司复工复产和高质量发展的成果；牵头开展并圆满实现公司 MSCI ESG 评级实现两级提升至 BB 级，使公司在受评的建筑与工程公司的 ESG 评级排名从全球第 10 位跃居第 3 位，从最低一级跃居国内央企建筑上市公司最高一级；积极参与国企改革三年行动和上市公司公司治理专项活动，提升公司治理质量；开展全公司分拆上市可行性研究，牵头推进高铁电气分拆上市工作，开展备选科创板上市企业筛选，配合推进并购重组事项并指导所属上市公司业务，推进公司利用资本市场做强做优做大。

（段银华）

【顶层设计及政策研究】组织开展新《证券法》、中央深改委《国有企业改革三年行动方案（2020—2022 年）》、国务院《关于进一步提高上市公司质量的实施意见》以及国资监管证券监管相关会议文件精神的解读分析，组织梳理与加强党对国有企业的领导和建立现代企业制度相关的政策文件、会议精神，研究、分析党的领导融入公司治理的历史脉络和方法路径，编制了《国企改革 1+N 政策文件汇编》，组织参与监管机构公司治理立法顶层设计。应邀对《公司法》、国资委关于《中央企业董事会规范运作办法》《上市公司信息披露管理办法》《投资者关系管理制度》《投资者保护机构业务管理规则》等多项重要法律法规和规范性文件提出立法建议，受邀参加中国证监会组织的股权激励、业绩说明会等业务座谈并提出了立法建议。

（郭　飞）

【董事会试点工作】完成《董事会 2020 年度工作报告》和 4 名外部董事履职报告的撰写并按时报送国务院国资委，公司董事会在国资委 2019 年度考核评价中被评为“良好”；配合完成 2019 年度股份公司高管评价工作和 2020 年度高管个人

▲ 2020 年 8 月 28 日，股份公司召开第四届董事会第四十二次会议（2020 年度第三次定期会议）

绩效合约签署工作。总结公司董事会多年来运作经验，由董事会秘书何文代表公司在北京辖区上市公司培训会上作了题为《规范董事会运作促进公司治理科学有效》的交流分享；全年组织独立董事赴广州地区对董事会决策事项和子公司生产经营情况开展调研，了解公司在粤港澳大湾区的发展状况，检查在粤子企业中铁广州建设有限公司、中铁隧道局集团有限公司的生产经营情况以及广州市轨道交通11号线、中铁隧道局春风隧道交通等项目建设情况并形成调研报告报董事会。（郭　飞）

【制度体系建设】不断优化完善中国特色现代企业公司治理制度体系，结合《证券法》等法律法规修订情况和公司管理实际需要，对《公司章程》中关于董事会对子公司人事任免的决策权、董监高持股变动行为规定、公司经理层和高级管理人员范围以及董事会提名委员会职责等内容进行了修订，同时对《股东大会议事规则》《董事会战略委员会议事规则》等17项制度进行了修订完善，确保公司现行公司治理制度体系与国资监管、证券监管要求及公司治理实际的有效衔接。根据国资委关于加强对参股公司管理的要求和公司年度工作会部署，以公司经营管理中存在的问题为导向组织制定《控股子公司、参股公司股东（大）会、董事会、监事会议案审查管理规定（试行）》，以开展“三会”议案审查、提升股东代表和股权董事监事履职行为规范性为抓手强化对控股子公司、参股公司的管控。根据国企改革三年行动方案“加强董事会建设”的要求，结合国资委对公司董事会评价反馈意见和外部董事建议，制定《董事会提案管理办法》和12类董事会提案格式指引，按照国资监管和证券监管规定对董事会提案进行全链条管控，从董事会决策的源头进行规范，以切实提高董事会运作的规范性和有效性。（梁　韵）

【会议筹备和服务】2020年，集团公司组织召开董事会会议9次，审议通过议案及报告事项17项，对须集团公司履行必要决策程序的重大事项依法合规进行了审议决策。股份公司全年召开董事会会议17次，审议通过议案及报告事项185项，作出决议158项，涉及战略规划、薪酬管理、关联交易与内幕信息管理、授权、内部控制、投资、担保、机构设置、并购重组、定期报告等共28类内容。根据监管要求，分别于3月、6月、8月、12月四次组织股份公司独立董事与年审机构的见面沟通，针对年度审计、中期审计和审阅计划等事项进行沟通，确保公司年度审计和中期审阅如期有效开展。4月29日，股份公司董事长张宗言与非执行董事举行沟通会，就企业管治、内部控制及风险管理、董事会建设、专门委员会作用发挥等事项进行了沟通。（曲秋盈）

【信息披露】全年严格遵守境内外上市规则，进一步畅通优化全公司重大事项传递渠道，在持续做好法定信息披露的同时结合企业发展阶段性成果和市场关注热点进一步加大自愿性信息披露工作，扩大企业正面宣传效果；全年起草并发布公告、通函等357项，其中：A股公告145项，包括临时公告77项（包括4项经营数据公告和18项工程中标公告）、定期报告4项、股东大会会议资料3项和其他备查文件61项；H股公告及通函212项，包括公告（中英文）27项、海外监管公告（中英文）146项、通函（中英文）19项和其他20项。持续加强资本市场舆情的监测与负面舆情的应对解决，为企业赢得良好的资本市场环境和证券监管环境，公司在上海证券交易所开展的信息披露年度评价中再次获得A类评价结果。（李　强）

【定期报告编制与披露】全年合规编制并披露2019年年度报告、2020年第一季度报告、2020年中期报告以及2020年第三季度报告共四期定期报告，完成年度和中期两期《业绩路演模拟问答》、路演推介PPT等推介材料和2020年度业绩宣传片（中英文）的制作。为深入配合每期定期报告的披露工作，组织编写新闻通稿、邀请资深分析师撰写点评文章向主流财经媒体投放，进一步增强公司定期报告披露的效果，积极引导资本市场舆论方向，引导资本市场正面理解公司情况，增加对公司的投资信心。（周　睿）

【投资者关系管理】继续坚持“大投关”“立体投关”理念，全方位多层次提升投资者关系管理工作，在满足疫情防控前提下，以线上为主、线下为辅多渠道与境内外投资者沟通，并定期整理投资者关注问题反馈公司管理层和业务部门，进一步树立公司开放、透明、诚信、负责任的国际化公众公司形象。全年组织现场或电话形式业绩说明会3场，应邀参加76场投资者交流电话会议及现场会议，累计与2127家机构进行了交流；接听投资者热线电话1012次，回复上交所E互动平台投资者问题65个；就公司债转股股份解禁、ESG报告等事项与有关股东、评级机构专题沟通；邀请15家境内外知名投资机构开展了“滇中引水+玉楚高速”主题反向路演活动。建立资本市场周报机制，年内累计编制《资本市场周报》38期，定期汇总整理后及时送达公司管理层、总部各部门及子公司，增强了投资者关系管理内外衔接的桥梁纽带作用。系统总结的公司境内外投资者关系管理方面的经验做法入选上海证券交易所2019年度A+H股上市公司优秀案例集；牵头开展并圆满实现公司MSCI ESG评级实现两级提升至BB级，使公司在受评的建筑与工程公司的ESG评级排名从全球第10位跃居第3位，从最低一级跃居国内央企建筑上市公司最高一级。（张　凡）

【市值管理】积极推进市值管理研究和维护工作，深化资本市场情况及政策研究，密切关注宏观政策、行业政策、证券监管政策以及公司与可比公司的股价和市值变动情况，撰写年度及半年度市值管理报告，提出关于市值管理和提高公司业务管理的意见建议促进企业高质量发展。作为牵头部门启动高铁电气分拆至科创板上市工作，推动完成了上市前的决策审批、申报材料编报、交易所问询等工作。开展分拆上市对股份公司的适用性研究，筛选出初步具备分拆上市的子公司并向公司党委会、董事会汇报。配合推进并购重组事项，协助完成江西院、重庆院的股权转让协议评审及其他收购工作。配合完成中铁装配股权交割；指导中铁工业、中铁装配两家上市公司的公司治理和信息披露工作。（李　强）

【规范子公司董事会运作】多措并举促进母子公司治理的协同，对52家二级子公司董事会运作情况进行摸底调查，为全面贯彻落实国企改革三年行动落实子公司董事会职权等要求奠定基础；组织开展子公司董事董秘专题培训、产权代表公司治理培训，切实提升子公司董事董秘、产权代表业务能力和水平。加强对公司直接持股的控股子公司、参股公司管理，建立并动态更新参控股公司治理台账与会议管理台账，全年组织93次控股子公司和参股公司股东（大）会、董事会、监事会会议的议案审查，加大了对参控股公司日常重大管理事项的管控力度。建立《股份公司董办与子公司董办对接业务清单》，并明确责任分工，提高母子公司董办系统的工作效率。（郭　飞）

【资本市场获奖情况及宣传】重点突出公司2020年发展成就，展示公司为推动社会进步、经济建设以及为资本市场持续健康发展所做出的贡献，为公司申请并赢得多个资本市场奖项。2020年公司获得《新财富》杂志颁发的“最佳IR港股公司”“最佳上市公司”，以及“天马奖－主板最佳董事会”“金紫荆－最具社会责任感上市公司”“第十届价值评选—社会责任奖”等多个奖项，股份公司董事长、党委书记张宗言荣获“金紫荆－资本市场三十周年杰出企业家”，董事会秘书何文荣获“天马奖－主板最佳董秘奖”。向《董事会》杂志投稿，发表董事长、党委书记张宗言署名文章《ESG－大企业全球竞争的新切入点》，协助完成证券时报对股份公司总裁、执行董事陈云的专访，并刊发专访报道《中国中铁：找寻增长新引擎　打造“中国建造”名片》。（张　凡）

## 总裁办公室（信访办公室）

【制度建设】完善规范总裁办公会议规则。统筹修订了《总裁工作规则》《总裁办公会议规则》《经理层专题会议规则》《专题会议规则》等制度，并注重与党委常委会、董事会的有效衔接，进一步规范公司经理层决策制度体系。印发《首办负责制实施规定》等文件，加强总部作风建设，提升服务基层单位的效率和质量。完成部门56项制度的修订工作，制度清理和体系建设工作取得实质性进展。（吴晓婧）

【调研工作】全面完成了“二级企业运行情况”调研报告等各类文稿撰写。陪同领导调研了20余家二级单位，全年撰写材料169篇约70万字，整理修改材料162篇。（王学进）

【办公室主任会议】7月25—26日，中国中铁办公室主任会议在股份公司总部召开。中国中铁总裁陈云、监事会主席张回家出席会议并作重要讲话，总裁办公室主任薛健作工作报告。会议期间，组织开展了信息、档案、督查督办、标准化管理四个模块的业务培训；与会人员以“如何做好新时期办公室工作”为主题进行了交流研讨；总裁办公室就有关工作做了安排。

陈云要求，在企业高质量发展过程中，要进一步发挥好办公室作用。一方面，要融入大局，充分认识办公室工作的地位和作用。要紧密围绕企业中心工作，准确定位、守正创新，加快管理提升和争先创优步伐，精准给力、主动作为，努力做到想在先、谋在先、做在先。另一方面，要勤勉履职，持续提升办公室工作水平。要讲学习、练本领，练就“开口能讲、提笔能写、问策能对、遇事能办”的好本领；要讲实践、重实干，在“学习—实践—提升”的良性循环中创造性地开展工作，有针对性地补短板、提水平；要讲团结、促协作，充分发挥好办公室“联通上下、协调内外、服务四方”的职能作用，为各项工作顺利开展创造条件；要讲作风、

▲中国中铁召开办公室主任会议

做奉献，在作风建设、严格履行中央八项规定精神、打造素质过硬队伍上走在前、作表率。

会议全面总结了近年来办公室系统工作情况，深入剖析了工作中存在的不足和问题，认真分析了办公室工作面临的新形势、新挑战，并对当前和今后一个时期的重点任务进行了安排部署。

会议要求，全公司办公室系统全体干部职工，要紧紧围绕企业改革发展总体要求，认真落实股份公司各项决策部署，狠抓基础管理和基础建设，全面推进“六个一流”建设，在中国中铁建设世界一流企业的奋进征程中，当好服务中心、服务发展的排头兵，当好综合协调、综合保障的排头兵，当好专业高效、专注落实的排头兵，以“三个排头兵”的担当作为践行初心使命，奋力书写办公室系统工作新篇章。

总裁办公室全体人员、二级单位办公室主任参加了会议。

（吴晓婧）

【编制总裁办公室业务工作手册】总裁办公室业务工作手册涉及总裁办公室综合管理、信息调研、行政事务、公文机要、印鉴证照、档案史志、信访维稳等7大类34个工作细目。《手册》明确了工作依据、工作流程及工作标准，是办公室标准化建设的业务指南。（甘军）

【公务活动】统筹安排领导公务活动，注意精减各类公务安排，累计陪同领导出差405天，协调服务领导参加公务活动176次，完成各类接待活动40余次。（林兴武）

【督察督办】正式上线督办信息化平台系统，并坚持“一月一检视，一季一小结，半年一通报”，全年发布督办工作通知7期，专项督办函1期，总裁办公会督办通知单28项。核实督办了7期国务院“互联网+督查”平台留言工作。（甘军）

【信息工作】编印了《（2018—2019）优秀信息汇编》，举办了2020年度信息工作培训班，编发《中国中铁简报》105期。上报国资委信息235篇，根据国资委信息采用通报，全年累计被采用145篇次（动态信息126篇次，综合信息19篇次），被国务院国资委推荐上报中办、国办81篇次，被采用44篇次，其中11篇得到中央领导同志批示；全年累计得分1461分，创历史新高，在中央企业信息工作排名第12位，较2019年提升1个位次，实现了信息工作总分与排名双提升。（赵智财）

【会议管理】严格会议管控是落实中央八项规定精神和国资委巡视反馈意见整改的重要举措。2020年，总裁办公室切实履行会议管理职责，坚持以问题为导向，从制度建设、计划控制、严肃会风会纪等方面对各类会议进行全面管控，逐步建立了以计划管控为核心的会议管理机制，不断解决会议数量多、参会范围广、会风会纪差等突出问题。2020年计划召开会议79个，其中一类会议9个、二类会议19个、三类会议51个。全年召开计划内会议51个，其中一类会议9个、二类会议9个、三类会议33个，计划执行率65%。因疫情等原因，部分计划内会议取消或调整会议主题。2020年召开计划外会议31个，其中二类会议3个、三类会议28个；所有计划外会议均履行了公司领导审批程序。计划外会议主要是部署安排疫情防控、复工复产和企业当时的重点工作，包括落实国资委相关工作、疫情防控和复工复产、企业改革与并购重组、百日大干动员和总结、生产经营和科技信息等会议。认真组织落实会议精神，全年对115项各类会议决定事项进行督办，其中工作会67项、经济运行分析会24项、季度例会24项，所有督办事项均按要求办结。（甘军）

【对外联络】逐步构建起公司对外公共关系基本架构。与总部各部门、在京二级单位联动协作，梳理与相关国家部委、国资委、建筑类中央企业的公共关系网络，通过加强公司对外、对上的沟通联络，及时捕捉市场动向、积极反映企业诉求。争取国家部委、国家主管部门的政策支持，从而进一步提升企业影响力，更好地推动企业高质量发展。对总部活动计划、主题和措施进行梳理，形成了2020年度公司重要节日、重大活动计划。（甘军）

【文书管理】根据国资委巡视发展问题整改要求，严格控制总部正式发文数量，对发文数量实行动态监控，2020年总部印发行政正式文件953件（剔除请示报告类等公文），占年度行政发文计划的94.4%。重点跟踪上级重要来文落实情况和所属单位请示类来文处理情况，请示类来文节点处理无滞留。扎实做好公文印鉴管理工作，2020全年共处理各类收文4479件、发文2720件，办理机要通信124次，办理证照借用54人次，审批用印2547人次，监刻印章84枚，外出用印16人次，开具介绍信83件。（钟芳林）

【服务保障】切实推进值班工作管理规定，严肃值班纪律，确保联络通畅，完成了总部元旦、春节、清明、五一、端午、国庆、中秋节值班带班安排工作。会同安全质量环保监督部，在全国“两会”期间实行防疫及安全生产24小时值班。进一步规范了公务用车配备和日常管理，编写了《公务用车管理工作指南》，强化制度宣贯和执行力度；总部车队加强制度学习，规范车辆和司机管理，公司被评为2019年度丰台区交通安全先进单位。（甘军）

【档案信息化建设】完成了档案系统与OA系统的集成项目，档案查借阅系统（档案中心）在办公协作平台正式上线，促进了总部档案信息资源的开发利用工作；启动总部传统档案数字化工作，为建立数字档案室做好准备；配合中铁信科开展信息贯通工程工作，梳理档案系统与其他系统的贯通工作方案；组织总裁办公室前往中铁置业调研档案管理及档案信息化建设工作；下发《关于加强中国中铁电子档案管理系统建设有关要求的通知》，积极推进全公司档案信息化建设工作深入开展。（周 慧）

【档案宣传】结合国家档案局全年档案宣传工作要点要求，开展档案宣传工作：成功组织开展6月9日“国际档案日”系列宣传活动，制作并在总部展出定点扶贫工作相关档案资料海报，海报登录中国中铁公众号和学习强国号，引起了广泛关注；组织各单位观看由中国人民大学和中国知网主办的《档案大讲堂》系列公益讲座直播视频以及国家档案局举办的《中国传染病防控70年》线上专题讲座；在全系统内组织参加国家档案局的征文活动，各单位积极参与，踊跃投稿。（周 慧）

▲“国际档案日”定点扶贫工作宣传海报

【组织参与国家档案局的各项竞赛和活动】积极采用分协作组学习的方式，组织学习国家档案局下发的《习近平关于档案工作、历史学习与研究、文化遗产保护重要论述摘编》；根据国家档案局组织的经济科技档案工作创新案例的评选工作要求，共收集到各单位上报的27个案例，对案例进行评审、筛选、修改，选取了中铁大桥局等5个单位上报的优秀案例，汇总上报国家档案局，参加最终的评选；组织各单位积极参加国家档案局组织的建党100周年档案系统微视频征集展播活动。（周 慧）

【完善志鉴工作体系】制定、修订了《中国铁路工程集团有限公司史志工作管理规定》《中国中铁股份有限公司年鉴工作细则》《中国中铁股份有限公司大事记编报工作实施细则》，建立健全史志工作制度体系，促进史志工作管理水平的提高。（王 琳）

【编辑出版发行《中国中铁年鉴（2020）》】《中国中铁年鉴（2020）》编辑工作从2020年3月启动，制定下发了组稿工作通知、年鉴框架及编写分工、所属单位篇目编写模板的通知。《中国中铁年鉴（2020）》由中国经济出版社出版，本卷首次采用四色全彩印刷，全书收集资料450万字，图片900余幅，编辑成书158万字，刊用图片358幅，在书前刊载专题彩色图片139幅。年鉴设篇目16个，分目104个，条目1175个，图表103幅，文章9篇。本卷除常规条目外，结合企业2019年重点工作，增设了热词解释，践行“三个转变”重要指示，坚决打赢精准脱贫攻坚战，企业高质量发展等分目，结合企业重点工作，根据正文内容，选用了大量企业改革发展过程中的经典图片，全书图文并茂较好地展示了中国中铁及所属企业2019年生产经营、改革发展、科学技术创新、企业管理、党群工作等方面取得的新成果和新经验。（王 琳）

【志鉴获奖】《中国中铁年鉴（2019）》获得第七届全国地方志优秀成果（年鉴类）二等奖。这是《中国中铁年鉴》首次参与中国地方志指导小组组织的年鉴类评审。（王 琳）

【配合各部委、各行业协会完成年鉴史志资料的供稿工作】2020年，在编辑《中国中铁年鉴（2020）》的同时，还向《中国国有资产监督管理年鉴》《中国建设年鉴》《中国建筑业年鉴》提供中国中铁改革发展、重点工程、技术攻关、生产经营情况等资料近4万字。（王 琳）

【志鉴利用】2020年时逢总部机关机构改革，有关部门通过借阅《中国铁路工程总公司志》《中国铁路工程总公司年鉴》《中国铁路工程集团有限公司年鉴》《中国铁路志人物志》等史志资料，查找相关单位或部门的历史沿革、人员构成等资料。2020年向全国57家省市图书馆及高校图书馆捐赠2019卷、2020卷年鉴117册，不断提升年鉴的使用利用率和中国中铁的社会美誉度及影响力。（王 琳）

【《国资年鉴》征订工作】按照国资委办公厅有关《中国国有资产监督管理年鉴》征订通知的要求，2020年在中国中铁系统征订国资年鉴47册。（王 琳）

【信访维稳】信访工作突出把握政策，注重工作技巧，全年接待群众来访74批次，办理群众来信230封，信访督办事项6件，与2019年同期相比，信访总量下降了24%。圆满完成“两会”和十九届五中全会期间信访维稳工作任务。对原中铁四局短合工信访、中铁三局退休职工拆迁安置问题、中铁四局万寿路16号院信访等特殊较大信访案件制定了专项跟踪机制。国资委授予中国中铁信访办、中铁一局信访办等2个单位“中央企业信访工作先进集体”称号；授予中国中铁3名同志“中央企业优秀信访工作者”荣誉称号。（高奥璇）

【支部建设】坚决落实机关党委关于新冠肺炎疫情防控工作的有关部署，制定并严格执行《总裁办党支部疫情防控“十要”》等防疫制度。坚持“两学一做”常态化要求，深入学习贯彻《习近平谈治国理政》(第三卷)和党的十九届五中全会精神，坚持“读原著、悟原理”。深入贯彻落实总部作风建设年活动要求，聚焦解决突出问题，制定了总裁办公室“一活动五结合”行动方案，紧密围绕部门制定的十项重点工作，全面推进部门业务建设。从严从实从细落实“三会一课”制度，共完成党支部党员大会5次，支部委员会会议12次，党课1次，主题党日活动1次，召开党支部组织生活会1次，股份公司总裁以普通党员的身份参加会议并讲话。（高奥璇）

## 规划发展部

【“十四五”规划编制工作和“十三五”规划评估工作】自编制工作启动以来，按照“十四五”规划编制工作《总体方案》和《实施方案》，在认真组织规划调研访谈的基础上，深刻领会党中央国务院、国资委和股份公司领导“3”级指示精神，成立了“3”层工作机构，抓好形势研判、矛盾剖析、战略构想、规划设计和配套措施等“5”个环节，坚持重策划、善统筹、细把关、精推敲、强服务“15”字方针，建立了沟通协调、督导推进、上下联动和分工协作等“4”项机制，做好制定编制工作手册、及时共享工作成果、定期编发工作简报等“3”项服务，全力推进总体规划、专项规划和子企业规划同步展开，确保规划编制工作高质量开展。高度重视对“十三五”规划的全面评估。坚持全面总结过去五年工作和全面会诊“十三五”规划执行的工作态度，制定了《“十三五”规划评估工作方案》和《2020年度“十三五”规划执行工作重点》，组织起草了《“十三五”规划评估报告》，全面梳理总结“十三五”期间股份公司取得的成绩，找出存在的不足和问题，探寻启示，为下一步“十四五”规划的编制提供全面科学的参考依据。（王德志）

【强化企业战略规划管理的措施】2020年10月16日，发布《中国中铁股份有限公司战略合作框架协议管理规定》，明确了战略合作框架协议管理工作的职责和分工，协议的内容和要件；规范了协议签订、履行、变更和终止的相关流程。（韩毅）

【战略合作协议】2020年1月，中国中铁与潍坊市人民政府签订战略合作协议。

2020年3月18日，中国中铁与中国政企合作投资基金股份有限公司签订战略合作协议。

2020年3月19日，中国中铁与中国南方航空集团有限公司签订战略合作协议。

2020年5月，中国中铁与北京交通大学签订战略合作协议。

2020年5月，中国中铁与马鞍山市人民政府签订战略合作协议。

2020年6月，中国中铁与黑龙江省人民政府签订战略合作协议。

2020年6月，中国中铁与长春市人民政府签订战略合作协议。

2020年6月，中国中铁与湖北省铁路建设投资集团有限责任公司签订战略合作协议。

2020年6月3日，中国中铁与北京大兴区人民政府签订战略合作协议。

2020年6月30日，中国中铁与中国外文局签订战略合作协议。

2020年7月17日，中国中铁与中国节能环保集团有限公司签订战略合作协议。

2020年7月28日，中国中铁与中国第一汽车集团有限公司签订战略合作协议。

2020年7月28日，中国中铁与保定市人民政府签订战略合作协议。

2020年7月28日，中国中铁与广西壮族自治区人民政府签订战略合作协议。

2020年8月，中国中铁与吉林省人民政府签订战略合作协议。

2020年8月，中国中铁与重庆市武隆区人民政府签订战略合作协议。

2020年8月27日，中国中铁与国家石油天然气管网集团有限公司签订战略合作协议。

2020年9月，中国中铁与安徽省人民政府签订战略合作协议。

2020年9月15日，中国中铁与山东省港口集团有限公司签订战略合作协议。

2020年9月24日，中国中铁与中国冶金地质总局签订战略合作协议。

2020年10月13日，中国中铁与中国人寿保险（集团）公司签订战略合作协议。

2020年11月，中国中铁与四川省人民政府签订战略合作协议。

2020年11月16日，中国中铁与南昌市人民政府签订战略合作协议。（王德志）

【压减工作及“处僵治困”工作】压减工作：按照国资委常态化压减工作的部署，组织召开了股份公司“一对一”压减会议。制定了《中国中铁关于下达2020—2021年压减计划的通知》。截至2020年12月底，累计完成压减法人企业399户，比例达36.9%，其中本年度完成压减法人企业68户，压减工作得到了国资委的充分肯定，并在国企改革媒体通气会上进行了经验介绍。“处僵治困”工作：按照《“治亏与压减”专项工作方案》的安排，以2020年股份公司开展“亏损治理年”活动为契机，全面总结企业治亏和“处僵治困”工作，建立起“月统计季通报”制度；实地专题调研中铁五局、中铁上海局北方公司、中铁四局路桥公司等多家二级或三级困难企业，督促推进亏损企业治理。截至年末，全公司172户亏损企业中123户实现了减亏扭亏目标，扭亏完成率达到71.5%；全年实现减亏总额46.29亿元，减亏比例达74.7%。（杜伟　杨启昉）

行政工作

【“三供一业”分离移交工作】2020年全公司认真落实国资委“三供一业”分离移交工作总体部署和要求，按照“早移交早主动、晚移交就被动”的工作思路，积极推进维修改造、资产划转、管理职能移交等各项工作，集团公司共下拨资金498727万元，占申报资金的80.13%。截至2020年末，全部清算报告已提交国资委，“三供一业”分离移交工作全部完成。（法中奎）

【医疗机构改革】中国中铁系统共有53个医疗机构纳入改革范围，分布在全国14个省33个市，其中有36个医院，17个卫生所、社区卫生服务站。截至2020年末，53家医疗机构中23家机构实施关闭撤销；11家医疗机构改为对内卫生所，全部完成决策程序和医疗资质变更手续；14家医疗机构完成资源整合，分别与央企合作方合资成立3家医院管理公司，并由央企合作方实施控股；2家医疗机构已基本完成重组改制（国有控股权退出），医疗机构改革主体任务全部完成。（法中奎）

【职教机构改革】中国中铁系统共有11家职教机构，分布在全国8个省11个市。2019年3月，中国中铁根据《关于国有企业办教育医疗机构深化改革的指导意见》（国资发改革〔2017〕134号）等文件精神，制定了《中国中铁职业教育机构深化改革方案》，按照整合资源集中管理等4种改革方式将11家教育机构纳入改革。2019年9月，中铁国资、中国中铁各相关二级企业及职教机构负责人等三方签订了职教院校管理移交协议，由中铁国资对9家职教机构集中管理，另有2家职教机构撤销回归主业。截至2020年末，中国中铁职教机构改革主体任务全部完成。（法中奎）

【国有企业退休人员社会化管理工作】中国中铁共有退休人员242935人，其中党员49204人，分布在全国30个省份，归属328个地级市、区（县）。截至2020年12月，中国中铁已累计实行社会化管理的退休人员236694人，其中党员46800人；目前仍由企业管理的退休人员6241人，党员2404人，按照国资委要求，高质量完成了2020年度任务目标。（翟 磊）

【厂办大集体改革工作】根据国资委《关于中国铁路工程总公司厂办大集体改革总体方案的批复》（国资分配〔2015〕832号），中国中铁共有厂办大集体企业104户，大集体职工总数20440人，其中在职职工10627人，退休职工9813人，具体分布在吉林、辽宁、陕西等10多个省份。为加快改革进程，通过采取一系列强力措施，截至2020年末，应安置在职职工10627人，实际安置10521人，安置率99%，严格按照国资委目标要求，完成了在职职工安置任务。（法中奎）

【管理创新及实验室活动】组织召开管理实验室活动总结大会，全面总结管理实验室活动经验，表彰优秀制度、先进单位及个人，持续推进管理实验室工作；制定出台《中国中铁管理实验室工作管理办法》，建立管理实验室工作长效机制，完善企业管理制度体系，提升企业管理体系和管理能力；组织开展股份公司2020年度管理创新成果评审工作，共有85项成果获奖，其中，一等奖30项、二等奖32项、三等奖23项。推荐10项成果申报第二十七届全国企业管理现代化管理创新成果，其中获一等奖1项、二等奖9项。组

▲2020年5月19日，国药中铁（安徽）医疗健康产业有限公司成立

织开展股份公司2021年度管理创新课题立项工作，对167项课题准予立项。（杨启昉）

## 财务与金融管理部（北京财务共享服务中心）

【财务制度建设】2020年，修订《中国中铁股份有限公司办公用房管理办法》，增加了办公用房管理的制度依据、明确了办公用房管理的基本原则、调整了按公用房层级管理范围和管理权限；印发《中国中铁金融企业高质量发展暨提升服务主业能力的指导意见》，指导三家金融企业制定自身的《金融服务主业工作方案》，强化财务金融对投资经营的支撑保障作用；制定《中国中铁金融板块企业“金融、类金融”禁止性规定（2020版）》，提升各级管理人员处理“金融、类金融”业务的遵纪守法意识；制定《进一步强化中铁信托风险防范和完善管理的指导意见》《中国中铁基金业务管理规定》《中国中铁关于做好铁路施工单价承包和EPC项目工程保险工作的通知》等，推动各金融业务及业态稳步发展；修订《中国中铁股份有限公司资金与资金集中管理办法》（中国中铁财金〔2020〕377号）、《中国中铁股份有限公司授信与债务融资管理办法》（中国中铁财金〔2020〕351号）、《中国中铁股份有限公司担保管理办法》（中国中铁财金〔2020〕350号）、《中国中铁股份有限公司供应链金融业务管理办法》（中国中铁财金〔2020〕355号）、《中国中铁股份有限公司公司债券募集资金管理办法》（中国中铁财金〔2020〕376号）。（董晓）

【“巡视反馈意见”整改】贯彻落实国资委党委巡视发现“做大”理念根深蒂固，过分强调规模业绩考核导向，大而不强、“臃肿虚胖”问题的整改要求。在2020年的全面预算中体现，囊括了“科技研发、发展质量、营业收入和资产盈利能力、劳动生产率和资产运行效率、费用管控、风险防范”的指标预算（目标值），全面对接、对应了国资委考核“两利（利润总额、净利润）、三率（营业收入利润率、资产负债率、研发费用投入强度）”的要求。根据国资委颁布的《经营业绩考核办法》，组织修订并发布《中国中铁全面预算（目标）和业绩考核管理办法》。

贯彻落实国资委党委巡视发现去库存不力、“两金”居高不下、结算风险高、不确定性大等问题的整改要求。在2020年元旦、春节前组织开展了“提升两金周转率、确保正向现金流”的专项行动。进一步严格执行《中国中铁清收清欠管理办法》，逐季收集、审核、批复各单位双清工作方案，坚持“常专结合”的双清工作机制。在二级企业（单位）的《全面预算（目标）和业绩考核管理办法》中，将“两金”和“资产负债率”继续施行专项考核，施行考核扣分、降档。制定发布《中国中铁清收清欠专项奖惩管理办法》。坚持明确年度重点单位、重点项目，开展督导检查，保持尺度不松、力度不减。

贯彻落实国资委关于全面预算（目标）管理的巡视整改工作要求，完成2020年度预算方案并上报国资委、批复下达二级单位预算目标，根据国资委预算批复，调整上报经济效益预算目标；修订发布《全面预算（目标）管理和业绩考核办法》，结合国资委年度业绩考核目标完成年度中期预算调整工作。按月统计分析公司和二级单位预算执行情况，及时了解预算执行进度，在相关会议上进行通报警示。按照国资委2021年度预算工作要求，组织制定下发公司2021年度预算编制原则，向国资委报送公司2021年度预算预报表；结合国资委预算目标要求、公司发展战略及管理实际需要，拟定公司2021年度预算方案和各二级单位预算分解方案，已经党委常委会、总裁办公会审议通过，并上报国资委。

贯彻落实国资委关于金融业务的巡视整改工作要求，制定金融板块企业高质量发展的指导意见，指导金融业务更好地服务股份公司主业发展；下发金融板块企业“金融、类金融”禁止性规定，严守风险底线。重点指导并推进信托业务风险整改相关工作，第一时间向中铁信托转发国资委《关于加强中央企业所属信托公司风险防范和完善管理的通知》并提出管理要求，同时制定下发《中国中铁关于进一步强化中铁信托风险防范和完善管理的指导意见》（中国中铁财务函〔2020〕96号），推进对信托业务检查发现问题的整改落实工作，并向国资委专项报告整改落实情况。（董晓）

【财务资源配置】以“财务中的经营与经营中的财务”为基本理念，积极促进公司“长期与短期、风险与创新、科研与市场、规模与效益、质量与效率、投入与产出”协调、并行不悖地发展；以“顺应外部环境、支持展业和新的商业模式、提高市场占有率和发展质量、提升投入产出效率”为出发点和归宿，提高资本配置对经营的支持。为加强经营要素建设，根据经营需要做好资本金配置的财务工作，支持部分困难企业消除市场准入门槛对经营的影响，做强海外业务板块，实施对中铁投资、中铁二局、中铁广州局、中海外、中铁文旅的增资。按照中国中铁做强三级工程公司的战略部署，配合三级工程公司建设，对部分三级工程公司按照公司章程应提请股份公司决策的增资事项及时提请公司决策，提升三级工程公司发展能力。对参股公司中国铁路设计集团有限公司未分配利润转增资本事项，为其下步的资本运作和上市奠定基础。

继续坚持保障发展、顺应市场、满足履约、效率优先四项基本原则，坚持不为不符合决策程序的经济行为、不为违反“五不准”规定的投资项目、不为违反《政府投资条例》的项目配置财务资源，按照“贡‘现（经营性现金净流量）’、贡‘收

行政工作

（营业收入）'、贡 '效（利润）'" 的方法进行融资预算等财务资源的配置，促进营销硕果、科学生产组织转化为优质产品；促进优质产品为公司带来与财务资源"投入"相匹配的营业收入、经营性现金净流量、利润的"产出"。（董 晓）

【经营业绩考核管理】按照国资委和公司业绩考核管理要求，做好国资委对公司、内部二级单位业绩考核及制度修订工作。结合2019年度财务决算数据，梳理科技创新成果资料，协助争取业绩考核加分奖励，完成向国资委报送2019年度业绩考核目标完成情况报告，获得2019年度业绩考核A级（连续7年考核A级）；向国资委报送2020年度上半年经营业绩考核目标执行情况报告，考核预评估为A级。组织开展二级单位2019年度业绩考核评价工作，考虑内部重组、消化问题资产等多方面因素，合理认定有关单位的申报调整事项，经会议决策后公布了考核结果。根据中央企业负责人会议精神，贯彻落实国资委突出"两利三率"考核要求，结合公司区域营销、重组并入等改革发展实际，修订发布《全面预算（目标）管理和业绩考核办法》。（张旭升）

【财务决算】创新财务决算方式，将决算集中现场会审改为线上会审，实行线上传递审计资料、线上沟通审核，确保24小时无障碍沟通。按照会计准则、上交所、联交所规定，正常开展年度财务决算各项既定工作，保证了决算、审计质量和进度。2019年度决算如期在上交所和香港联交所披露，获得上交所信息披露A级评价，中国铁路工程集团有限公司2019年度财务决算报告受到财政部的通报表扬。所属各单位按照年初工作要求和任务目标，统筹推进疫情防控，以大干一百天活动为契机，积极复工复产，努力按照时序进度统筹各项指标的完成进度，按时保质地完成一季度、半年度、三季度决算工作。（樊 伟）

【权益性融资】积极推动各种方式的权益性融资，全年完成权益融资476亿元。积极开展120亿元权益类ABN/ABS（平均成本约3.73%）；股份公司本部发行永续债券合计240亿元，其中可续期公司债200亿元，永续中票40亿元；积极组织协调所属中铁一局、中铁二局等单位发行永续类债券合计106亿元；积极推动中铁工开展永续保险债券计划，2020年提取永续保债10亿元。上述合计降低公司资产负债率约3.9个百分点，为完成国资委资产管控任务做出了积极贡献。（文少兵）

【资金集中管理】2020年，中国中铁继续加强银行账户审批和授权，通过结算业务集中等方式，有效推进资金集中各项工作。利用中铁财务平台，推进成员单位通过公司结算系统线上支付，通过全级次集中结算业务的开展，实现了以流量促增量，有效提升了公司整体资金集中管理水平。完善现金管理系统，与已挂牌财务共享中心单位的G6资金系统进行对接，继续贯彻执行《中国中铁关于大额资金支付监测有关事宜的通知》，要求已上财务共享服务的单位，所有资金支付必须通过财务共享服务线上支付流程对外支付。

截至2020年末，中国中铁通过中铁财务集中资金1400.73亿元，总体资金集中度约81%，全集团日均吸收存款达914.97亿元。通过铁工（香港）财资管理有限公司对境外资金进行资金归集。截至2020年末，铁工（香港）财资累计归集境外资金折合人民币8.7亿元，研究海外资金支付通道及资金集中方案，开展跨境人民币资金集中运营管理业务，解决孟加拉国帕德玛大桥项目、中铁二院埃及斋月十日城市郊铁路项目等跨境付款问题。根据市场化原则不定期调整内部存、贷款利率政策，激发成员单位资金集中的积极性。（文少兵）

【金融资源管理】加强金融投资管理，要求股份公司所属非金融企业法人原则上不得从事与主业无关的金融投资。经股份公司履行决策程序后，批准股份公司以购买私募债券的形式认购2亿元央企信用保障基金。（李 倩）

【投资项目融资方案管理】建立PPP投资项目出资台账，适时更新股份公司PPP项目出资进展情况；在投资项目评审环节，坚持投融资方案一同评审一同决策，并做好评审意见记录，严控超越财务承受能力的投资计划；合理弥补投资项目"两平衡缺口"。截至年末，BOT、PPP项目出资缺口大多为"两平衡"原则实施前投资项目产生所致。财务与金融管理部根据实际情况，对实施中存在缺口的项目逐年匹配相应的融资预算，保障投资顺利开展。（李 娟）

【担保管理】2020年，中国中铁严格按照国资委、《公司章程》及相关法律、法规、企业管理办法等有关规定，合规开展对外担保业务，内部决策程序和信息披露符合证券监管机构和《公司章程》规定。公司对外担保严格按照"同股同权、同股同责"原则，避免公司超股权比例承担担保义务，保证公司担保业务安全。

截至2020年末，公司对外担保有效余额为189.62亿元，较2019年末减少12.88亿元，公司担保金额得到了有效控制，担保风险可控。加强担保预算与日常业务管理、提高担保管理人员专业水平，从源头上做好风险管控。着力推进企业担保预算精细化管理，合理确定年度担保预算，促使担保管控灵活可行、规范操作。紧抓担保过程管理，实现担保管理精细化，降低或避免担保风险。高度重视告慰函、行政担保等管理，以适应新形势下出现的各类担保、类担保，杜绝提供具有担保性质的类担保函现象，确保公司担保合法、合规、透明、可查。（文少兵）

【生产经营】全力推进基础设施投资项目“两平衡”。强化“两平衡”原则的宣贯。“两平衡”政策是指对基础设施投资项目需要满足资产负债率平衡和资本金出资平衡，具体实施是：投资项目要做施工利润，“表内SPV公司”资产负债率高出75%的部分，通过相应投资项目的“施工利润”形成的净资产来抵销投资所增加的负债，实现资产负债率的平衡；同时对投资项目SPV公司的资本金出资，利用资金集中平台（中铁财务）进行专项资金集中，通过施工利润形成的现金回流弥补所支付的资本金，实现项目资本金的平衡。认真落实公司本部PPP项目的资本金专项归集，提高资本金使用效率。强化PPP项目投资规模管控，以75%资产负债率管控目标、净资产投资空间等为基础，定期测算并向决策层报告PPP项目投资能力，把PPP项目投资规模控制在国资委192号文规定的范围内。

（李　倩）

【产权管理】严格按照国资委产权管理工作思路，高标准、严要求，以产权登记为基础性工作的抓手，持续加强企业产权管理。充分利用国资委产权管理综合信息系统督促所属各级企业对产权变动事项按规定登记，明确权属关系；借助数字信息化技术手段，定期核查产权登记数据，通过多方信息比对，完善产权登记信息；配合国资委开展年度中央企业产权数据核对，组织全集团公司开展产权数据自查，并落实整改。

2020年，完成产权登记共计675项，与2019年基本持平。联合中介机构共同开发了机器人流程自动化技术（RPA），利用数字化、智能化手段提升产权管理效率和水平。机器人数据核查系统于2020年1月正式启用。每季度末，信息化人员通过机器人核查系统将产权系统数据与企查查、天眼查进行比对，生成核查报告，并将报告发至所属各二级、三级单位数据核查信箱。各单位根据核查结果，在收到电邮的10个工作日内完成产权系统数据更新。

资产评估方面。资产评估报告备案审核工作是完善评估管理工作的重要环节，是保证资产评估结果客观、公允的重要手段，是发现国有资产价值、防止国有资产流失的重要方式。集团公司及所属企业根据评估管理规定有章可循、有据可依地开展国有资产评估及备案管理工作，认真执行各项制度文件，强化评估备案的日常管理。2020年，公司先后通过增资扩股和股权收购完成了对重庆市交通规划勘察设计院有限公司和江西省水利规划设计院两家地方企业的并购。为能精确评估标的公司的交易价值，防止因估价过低导致竞标失败，估价过高破坏股东价值，并购评估工作组提前布局，参与尽调和审计环节，在价值判断中较好地平衡了独立价值评估、协同价值评估、价值驱动等因素，为决策提供了重要参考。2020年共完成57项资产评估备案项目，评估对象账面净资产226.62亿元，净资产评估值302.65亿元，评估增值76.03亿元，增值率33.55%。上述项目均由集团机构库内选取评估机构进行评估，严格履行评估公示、专家评审之后再行备案的程序，确保国有资产的保值增值。根据经济行为分类，2020年所实施评估备案项目全部为国务院国资委授权中央企业集团备案的项目，无上报国务院国资委国有备案项目，符合国资监管规定。

国有资产交易方面。积极响应国家号召，持续加大力度处置低效、无效资产，与上交所、北交所等国资委公布的产权交易平台紧密合作，保证国有资产转让保值增值。各二级单位按季度上报《挂牌及进场交易项目情况统计表》。重点关注进场交易项目的决策文件、评估价值、挂牌价格、成交价格、受让方、成交时间等内容，保证国有资产转让严格按照国资委要求实施，避免国有资产流失。2020年，累计完成产权交易11宗。具体情况如下：国有股权转让6宗，挂牌价值合计105.47亿元，成交价105.47亿元。其中，2宗转让是“股权＋债权”模式实施，债权金额合计36.14亿元；资产转让5宗，挂牌价2975.7万元，成交价3037.7万元，增值率2.08%。场内交易项目严格按照资产评估价值执行，确保国有资产保值增值。

（尹翔飞）

【金融和类金融业务风险防范】重点指导并推进信托业务风险整改相关工作。针对国资委下发的《关于加强中央企业所属信托公司风险防范和完善管理的通知》，转发并指导中铁信托学习通知要求，专项下发《中国中铁关于进一步强化中铁信托风险防范和完善管理的指导意见》（中国中铁财务函〔2020〕96号）。针对2019年国资委信托检查发现的信托投资问题和中铁信托风险项目情况，下发《中国铁路工程集团有限公司关于加强金融业务管控的通知》（中铁程财函〔2020〕18号）、《中国中铁关于落实信托投资业务整改工作的通知》、《中国中铁关于进一步推动中铁信托落实整改要求有关事宜的通知》，指导相关单位做好信托投资业务的整改工作，组织股份公司各相关部门审核中铁信托整改材料并反馈后续整改建议，推进对信托业务检查发现问题的整改落实工作，并向国资委报送了《中国铁路工程集团有限公司关于信托产品投资专项检查整改情况的报告》（中铁程财函〔2020〕43号）、中国铁路工程集团有限公司关于贯彻落实《关于加强中央企业所属信托公司风险防范和完善管理的通知》情况的报告（中铁程财函〔2020〕85号）。

组织对融资租赁、典当、参股金融股权等金融业务的风险自查和整改工作。先后下发《中国中铁关于加强中铁二局典当公司风险事件整改和处置的通知》《中国中铁关于开展基金业务清理排查工作的通知》《中国中铁关于做好融资租赁业务自查工作的通知》等通知，组织系统内相关单位对相关金融业务进行了风险自查和整改工作，按照国资委要求报送了《关于中国铁路工程集团有限公司融资租赁业务自查情况的报告》（中铁程财函〔2020〕62号）、《关于中国铁路工程集团有限公司参股金融类企业情况的报告》（中铁程财函〔2020〕80号）。

按照国资委要求，针对新冠肺炎疫情对金融业务的影响进行了摸底调查，向国资委报送了《中国铁路工程集团有限公司关于新冠疫情对中国中铁金融业务影响情况的报告》（中铁程财函〔2020〕39号）。

利用报表、报告数据进行金融风险预警和防范。利用《"两平衡"专项资金归集动态表》《委期保值业务季报》《中央企业金融业务报告》《保险集中管理报表》等定期报表，准确获取相关业务的落实情况，并及时发现问题，对已出现的问题进行预警，并督办风险化解等工作。（李　倩）

【税务管理】下发《中国中铁税务档案管理细则》明确税务档案内容、类型、保管方式、期限等相关要求，制定《中国中铁股份有限公司国际业务财税管理规定》对规范开展国际业务明确各项财税管理要求。牵头组织12家包含各主要业态的二级单位共同参编税务管理手册，编写形成合规分册、风险分册、规划分册，使税务管理工作走向规范化、标准化、流程化，建立健全企业税务管理体系，有效防范和管控税务风险，精准科学做好税务规划。启动税务管理信息化咨询招标工作，进行全行业全税种全流程的税务管理信息化方案的梳理和设计，借助先进手段提升管理效率和管理深度。按时完成年度企业所得税汇算清缴及同期资料中本地文档准备工作，组织各单位对年度税务管理工作进行总结分析，梳理问题、风险，总结经验并提出管理建议和应对方案，进一步提升税务管理水平。综合年度汇算清缴、抗击疫情税收政策、重点税收新政以及海南自贸区税收优惠政策、专票电子化等，组织各单位开展税务培训，同时坚持每月将当期税收新政进行解读，按期编辑并发布财税政策电子专刊，提升整体税务团队政策理论水平。根据八部委《关于应对新冠肺炎疫情进一步帮扶服务业小微企业和个体工商户缓解房屋租金压力的指导意见》要求，印发相关通知明确减免范围、原则等，将该项政策有效落实到位。（魏勇明）

【财务监察】牵头履行财务监督职责，根据问题和风险情况直接对二级单位（含直属机构）开展财务监察工作，对三级及以下单位进行抽样财务监察。开展财务不相容岗位相分离抽样监察，对直属机构进行财务监察，对出纳业务开展"飞行检查"。组织完成资金业务大检查，聘请事务所对二级单位2019年以来资金业务进行全面排查向国资委报送排查报告。分批组织完成全公司境内外资产质量调查。对照国资委巡视反馈意见牵头做好财务方面问题整改，对照公司纪委工作建议函，组织落实并报告进展。配合完成办事处、履职待遇相关业务检查。牵头组织"利益输送、设租寻租"两个问题专项整治。根据制度对所属单位之间已逾期、无争议内部债权债务按季度进行清算，维护内部诚信、防范债务风险，研究完善《中国中铁内部主要经济关系规范》，理顺经济利益分配关系和明确净资产配置原则等。下发《中国中铁关于整治易（多）发违规财务事项若干措施的通知》，就备用金、业务报销、资产管理等方面提出严格要求。梳理、清理公司现行有效财务制度并分发各单位，宣传、督导落实。根据境外腐败专项整治工作，制定了《中国中铁境外财务资金监管规定》和《中国中铁境外机构派出财务人员管理规定》。（闫　刚）

【共享中心建设】2020年，按照既定的顶层设计方案、路线图、时间表，完成总部及直属机构共享上线与总部共享中心的设立，除4家正进行个性开发和刚完成收购的单位外，共享系统已实现全机构、全业态覆盖；截至年末，财务共享平台上共有2.8万个核算单元，系统用户数达43.5万人，客商数量92.5万户，全年业务量超1800万笔，"共享—资金系统"联动支付量超1.6万亿元；研发微信推送待办任务提醒、实现了增值税发票网上申报与办理、加强了RPA应用自动开票场景、银行指令自动支付等功能运用；启动了中国中铁智能财务报表平台建设工作，相关工作正稳步推进；推进了规范财务主数据建设，为系统集成奠定基础，确保纳入财务主数据管理的业务信息数出同源；实现各信息系统间的数据获取和交互，配合信息贯通工程，促进提高协同管控能力；总部已实现资金分析智能化展示，各下属单位逐步推进有关工作，通过智能分析银行收付款短信及财务公司账户短信收支提醒，达到定时监测资金余额、流量、分布等功效。（董　晓）

【经济运行预警】为及时发现、掌握二级单位经济运行中重要问题、隐患和主要矛盾，指导、督促二级单位提高防范和化解重大风险的能力，切实做好"风险降减"整改落实工作，推动企业实现高质量发展，公司制定了《中国中铁二级单位经济运行预警管理办法》，明确了预警的信息来源和预警触发条件，规范了预警管理流程，建立了"从上到下"的预警体系、报告流程和跟踪整改机制。2020年全年以财务快报为基础，已经发布了六期经济预警分析报告，填补了中国中铁经济预警的常态化管理空白。（樊　伟）

【总会计师培训暨财务工作会议】为加强总会计师能力建设，全面总结2020年财务工作，研究制定"十四五"时期财务发展定位与改革新思路，部署2021年财务工作，推动财务管理转型升级，2020年11月16日至19日在北京召开2020年度总会计师培训暨财务工作会议。中国中铁总裁、党委副书记陈云出席会议并讲话，中国中铁党委常委、总会计师孙璀作2020年度财务工作报告，中国中铁董事会秘书、财务与金融管理部部长何文作2020年度经济运行情况通报；会议布置了2020年度财务决算和2021年度全面预算等有关工作；各二级单位总会计师、财务部负责人，共计116人参加会议。（董 晓）

【双清及民企清欠】促进双清工作“常专结合”。坚持将双清工作作为财务管理工作的主线，以分类盘活处置去存量、源头策划与协同管控压增量、建立健全长效机制控总量为基本思路，以“两金”净额增幅低于营业收入增幅、应收账款周转率及存货周转率稳步提升、非正常类“两金”净额逐年压降为目标，坚持统筹兼顾、分工协作、分类管控、成本效益、常专结合、对标为基本原则，建立完善双清工作专项考核奖惩机制，明确督办重点单位和重点项目，提出具体工作责任和要求，全面深化“两金”压控工作。稳步推进民企清欠工作。贯彻落实国资委有关工作部署要求，要求各单位从加强业务源头管理、规范合作方管理、严格合同管理、加强工作督导问责等方面，扎实做好民企清欠工作，巩固民企清欠工作成果。（张旭升）

【建筑财税论文及案例获奖】中国中铁在2020年建筑财税大会上，获奖优秀论文90篇（其中，特等奖3篇、一等奖25篇、二等奖27篇、三等奖35篇），占总获奖论文数的40%；获奖典型案例45项（其中，最佳案例5项、优秀案例40项），占总获奖案例数的38%。同时，股份公司荣获2020年度建筑财税优秀论文、典型案例“优秀组织单位”奖。（魏勇明）

## 人力资源部（党委干部部）

【制度建设】进一步规范选人用人制度，健全完善领导人员考核、年轻干部选拔培养的工作机制。健全领导人员日常管理和考核监督机制，研究制定《中国中铁股份有限公司二级企业领导人员改任非领导职务管理办法》《中国中铁股份有限公司二级企业领导班子和领导人员综合考核评价办法》；积极探索领导人员公开招聘，研究制定《中国中铁股份有限公司领导人员公开招聘管理办法》，对工作程序、管理要求进行明确。构建优秀年轻干部培养选拔机制，出台《关于大力培养选拔使用优秀年轻干部的实施意见》，明确了总体目标、实施路径和保障措施。（张晓明）

【集团公司及股份公司领导班子建设情况】配合国资委党委完成了对公司党委书记、董事长人选的推荐考察及对公司主要领导的调整宣布工作，顺利实现主要领导调整的平稳过渡。（谢延庆）

【所属单位领导班子建设】坚持政治标准第一标准，始终把新时期“好干部”标准和国有企业领导人员“20字”要求贯穿干部选拔、任用、考核工作的全过程，大力选拔任用忠诚干净担当的干部。突出政治标准选拔任用干部。在选人用人过程中，坚持“四个注重”和“三个一票否决”标准，即注重德才兼备、工作业绩、现实表现和群众公认，对廉洁从业出现问题、安全质量发生事故、企业经营造成亏损的，坚决实行“一票否决”，进一步提升干部选拔任用公信度和满意度。严格执行选人用人程序。认真落实《中央企业领导人员管理规定》，坚持“两个不得”“三个不上会”“凡提四必”“五个不准”要求，防止“带病提拔”，不断匡正选人用人风气，认真落实执行考察预告、民主推荐、集体研究、任前公示等要求，持续规范开展选人用人工作。严把“五关”、考准考实。坚持全方位、多角度、近距离考察识别干部，综合运用年度考核、任期考核、专项考察、日常履职考察、党委巡视巡察等各种途径，深入考察拟提拔干部的政治关、品行关、作风关、能力关、廉洁关，科学分析研判干部，确保选拔的领导人员政治素质和专业能力过硬。2020年，提拔二级企业和总部部门负责人180名，其中正职47名，副职153名；正职交流58人次，副职交流106人次。认真贯彻落实习近平总书记关于年轻干部培养的指示精神，立足企业长远发展，加大优秀年轻干部选拔任用力度，全年共提拔“75后”领导人员71人（其中，“80后”12人），45岁以下领导人员占比从2019年末的6.02%提高到15.5%，领导班子的活力明显提升。（谢延庆）

【领导人员培训】坚持把思想政治建设放在各级领导班子建设的首要位置，教育引导各级领导干部旗帜鲜明讲政治，坚决做到用习近平新时代中国特色社会主义思想武装头脑、指导实践、推动工作，增强“四个意识”、坚定“四个自信”，做到“两个维护”，增强搞好国有企业的信心和决心。持续开展领导人员“补钙、筑基、提能”“三维一体”培训，在中国井冈山干部学院、中国浦东干部学院、中国大连高级经理学院举办领导人员培训班3期，培训公司党委管理二级企业领导班子成员及总部部门负责人154名。通过领导干部“三维一体”培训，为领导人员补足理想信念之钙、筑牢政治理论之基、提升经营管理之能。加强优秀年轻干部党性教育。2020年10月，举办了中国中铁首期中青年干部培训班，组织57名“有发展潜力的40岁以下正处职干部”进行为期60天培训。通过系统培训，进一步坚定年轻干部的马克思主义理论信仰，增强党性意识、纪律意识、规矩意识，促进年轻干部守初心、担使命。在确保课程质量和效果的同时，多次开展跟班考察，密切关注干部在研讨交流中的综合表现，为今后选人用人提供参考依据，同时为下一步建设基于胜任力模型的员工培训管理信息系统提供有益经验。（张晓明）

【职业经理人制度建设】在坚持党管干部的基础上，积极探索以市场化选聘、任期制和契约化管理为主要形式的二级企业职业经理人培育和管理机制。中国中铁到新兴际华、中国国药等央企开展职业经理人制度建设专题调研，学习先进做法和经验。组织各职能部门和二级企业代表，结合中国中铁发展实际，起草印发《中国中铁股份有限公司职业经理人市场化选聘契约化管理办法（试行）》。在中铁九局、中铁国际、中铁信科、中铁装配等4家企业进行职业经理人试点，通过市场化选聘的方式，聘用6名职业经理人，为进一步加大职业经理人队伍建设积累了宝贵经验。（谢延庆）

【人才工作会议】2020年12月23日，中国中铁在京召开人才队伍建设工作会议，会议深入学习贯彻习近平总书记关于人才工作的重要论述和全国组织工作会议、国资委中央企业人才工作会议精神，规划部署当前和今后一个时期的企业人才工作。中国中铁党委书记、董事长陈云出席会议并作重要讲话，党委副书记、总裁陈文健主持会议。股份公司领导及高管、公司总部各部门负责人、所属单位党政主要领导及人力资源部门（干部部门）负责人参加了会议。陈云在讲话中对2019年人才工作会以来的工作成果表示肯定，强调明确了加强人才队伍建设的五个“必须坚持”，并就抓好当前和今后一个时期人才工作提出三方面要求：一是要紧扣新时代新形势新任务，在培养年轻干部队伍上下功夫；二是要坚持人才强企战略引领，在加强六支人才队伍建设上下功夫；三是要抓住干部作风建设不放松，在创造高质量发展业绩上下功夫。陈文健在总结讲话中就做好人才工作提出要求：一是全公司上下要迅速传达贯彻落实好会议精神；二是各级单位要扎实做好人才规划工作；三是要突出问题导向，落实具体措施。同时，要继续统筹抓好党的十九届五中全会精神学习、生产经营、疫情防控、安全稳定等重点工作，圆满完成“十三五”各项收官工作，为企业2021年工作及“十四五”长远发展打好基础。（张晓明）

【高层次专家技术人才队伍建设】2020年，申报詹天佑铁道科学技术奖共计20人，中铁高新工业股份有限公司叶蕾、中铁二院工程集团有限责任公司曾永平、中铁四局集团有限公司黄海3人获得詹天佑铁道科学技术奖—青年奖。根据国务院《国家百千万人才工程实施方案》规定，中铁高新工业股份有限公司王杜娟入选2020年国家百千万人才工程，授予“有突出贡献中青年专家”称号。年内24人成功入选2020年享受政府特殊津贴名单。按时发放137名享受国务院政府特殊津贴专

▲中国中铁召开人才队伍建设工作会议

家的津贴，划拨津贴款 95.28 万元。按照《交通运输部办公厅关于组织开展 2020 年度交通运输青年科技英才推荐工作的通知》要求，推荐了 2 名交通运输青年科技英才。按照《关于开展 2020 年创新人才推进计划推荐工作的通知》，推荐了科技创新领军人才 2 名，重点领域创新团队 1 个。中铁二院工程集团有限责任公司曾永平入选第五批国家"万人计划"名单，按照《国家高层次人才特殊支持计划管理办法》培养支持。中铁二院工程集团有限责任公司徐浩以复杂运营条件下客货共线大跨钢桥上无砟轨道关键技术研究入选"第五届铁路青年人才托举工程"，按照《中国科协青年人才托举工程管理办法》培养支持。（韩明哲）

【1 人获百千万人才工程国家级人选】
王杜娟　中铁高新工业股份有限公司

【3 人获詹天佑铁道科学技术奖】
叶　蕾　中铁高新工业股份有限公司
曾永平　中铁二院工程集团有限责任公司
黄　海　中铁四局集团有限公司

【1 人获第五批国家万人计划】
曾永平　中铁二院工程集团有限责任公司

【专业技术职务任职资格评审】抓实人才评价工作，研发职称评审系统网评功能，全面优化完善各功能节点，极大提高了职称评审工作的效率和质量。2020 年，评审通过正高级工程师 343 人、高级工程师 3626 人，正高级经济师 85 人、高级经济师 626 人，正高级会计师 52 人、高级会计师 225 人。（韩明哲）

【总部机关人员管理】截至 2020 年末，中国中铁总部共有职能部门 20 个，正式人员 218 人。学历结构：博士研究生 6 人，硕士研究生 45 人，大学本科 164 人，大专 3 人。专业技术职务：正高级技术职务 24 人，高级技术职务 161 人，中级技术职务 26 人，初级及无技术职务 7 人。年龄结构：40 岁及以下 109 人，41~45 岁 33 人，46~50 岁 34 人，51~55 岁 30 人，56 岁及以上 12 人。2020 年，以持续深化总部改革、加强员工素质提升为主线，中国中铁总部员工队伍建设进一步增强。深入落实总部"去机关化"改革要求。积极推进总部机构改革，开展好改革后人员配置和就位工作，统筹做好人员思想摸底、考察、选拔和聘任等。持续优化总部员工管理工作机制。立足企业发展需要，新修订制度进一步突出干部年轻化、业绩和基层经历导向，干部层级管理更加清晰明确，提升总部运行效率，激发干部员工干事动力。规范做好总部干部员工缺员补充工作。根据工作需要，做好总部部门处长及以上干部的考察、选拔、聘任等工作，严格规范选拔任用程序，深入考察、掌握干部群众意见，确保选好人、用好人。全年共选拔部门正职 14 人，部门副职 9 人，处长 23 人，提拔到二级企业任职 7 人。公开透明做好工程监管中心公开招聘工作，引入外部咨询机构，实现第三方出题、阅卷，确保招聘引进过程公平公正；增加心理测评、职业性格分析等招聘评价考察手段，不断提高招聘效率和质量。全面加大轮岗交流工作力度。结合总部机构改革工作，同步开展了总部干部轮岗、交流，4 名部门负责人交流到直属指挥部和二级企业任职；9 名部门负责人跨部门交流；6 名部门负责人改任外派专职董监事及非领导职务；人力资源部、党委组织部等部门处长全部进行了轮岗。全方位加强挂职锻炼。以促进员工多岗位锻炼、快速成长为目标，积极推动总部员工、所属企业的横向 + 纵向轮岗交流、借调、挂职锻炼，同步实现总部人才队伍的良性循环流动。2020 年，选派 4 名总部员工到基层项目部挂职锻炼，选拔 61 名基层优秀干部到总部业务部门挂职锻炼。（左文雄）

【干部档案管理】加强干部档案管理工作，组织完成所属 42 家企业干部人事档案的专项审核检查验收，针对发现问题提出整改要求，并跟踪督查落实；同时组织召开 5 次干部人事档案交流研讨会，开展档案知识培训、网络知识竞赛、学习研讨、实地交流等多种活动。有力促进全系统档案管理水平提升。（殷　实）

【中国中铁深化三项制度改革】起草《中国中铁三项制度改革评估考核方案》，认真学习研究国资委关于三项制度改革评估方案，结合股份公司实际，拟订对二级企业三项制度改革评估考核方案，督导二级企业找准三项制度改革重点方向，明晰重点任务，推动三项制度改革往实里走、往深处做，切实建立健全市场化经营机制。（左文雄）

【员工总量管理】按照《中国中铁员工总量调控管理办法》规定，根据各单位 2020 年经济指标预算和年度人才引进计划，考虑企业营业规模持续扩张，在建项目增多的实际，在保障安全生产和职工队伍稳定的前提下，结合员工队伍结构调整，人才成长周期性和梯队建设规划等因素，编制下达了 2020 年股份公司员工总量调控计划，2020 年员工总量控制目标为 299477 人，较 2019 年末实际 300477 人，减少 1000 人。（韩明哲）

【技能人才队伍建设】联合中国就业培训技术指导中心，2020 年 8 月和 9 月先后在秦皇岛和北京组织举办 2020 年全国行业职业技能竞赛——中国中铁股份有限公司第三届职业技能竞赛焊工技能大赛和建筑信息模型技术员技能大赛。两个工种的大赛均为国家级二类大赛，26 家单位的 160 名优秀选手参加决赛，6 名优秀选手获得"全国技术能手"称号，有效发挥了"以赛促训、技能交流、人才选拔、表彰激励"的作用。举办四电、电工、工程测量、盾构机司机、隧道工、工程试验、焊工及BIM等专业高技能人才培训班，对系统内479名高技能人才进行培训。组织开展了92班次6122人的施工现场专业人员培训，为5593名培训合格人员发放证书。

（王 鋆）

【劳动用工管理】完善并印发《中国中铁股份有限公司关于进一步加强劳动合同管理的指导意见》，以健全合同管理为核心、岗位管理为基础的市场化用工机制为中心，强化劳动合同管理基础，加强劳动合同订立、履行、变更、续签、解除、终止全过程管理，严格劳动合同履行考核，畅通员工退出渠道，完善劳动合同管理风险控制，提高劳动合同履行保障能力，督促各级公司切实发挥劳动合同管理在劳动用工市场化、契约化中的重要作用。

（王 鋆）

【高管绩效考核和薪酬管理】依规做好公司高管人员薪酬管理。组织完成公司高管2019年度绩效考核和2020年度绩效合约签订工作，编制提交高管能力素质评价和绩效合约报告，得到公司董事会的高度认可。拟订公司领导及高管2019年度薪酬兑现方案，2019年度公司主要领导薪酬83.17万元，其他领导及高管平均薪酬72.73万元；公司建立了以经济效益为中心，以业绩考核为导向，薪酬与业绩贡献相挂钩的二级企业负责人薪酬决定机制。构建了水平适当、结构合理、管理规范、监督有效的管理体系，充分调动企业负责人积极性，为企业持续健康发展起到了积极的动力和保障作用。

（左文雄）

【企业年金管理】梳理优化企业年金缴费的计算流程及公式，编写书面工作说明；移交国际事业部企业年金的日常工作由其自行管理，独立对建信养老开展年金业务；简化与建信养老业务往来表格数量，避免重复填写同样内容；优化年金领取测算表格项目及样式，解决原有表格内容难懂、无法直接打印、字体过小识别费力的问题；对因对上一年度个人收入的信息掌握不完善导致的部分新调入高管及以上领导人员年金缴费偏少的情况，精确计算差额部分并进行了补扣补缴；针对二级企业在新一年度年金企业缴费部分计提比例审批的工作实际，优化比例测算及批复事项。优化在系统内调动员工的年金转移工作，变前台账户跨单位转移为后台资金多账户自动合并计算，达到领取条件时资金自动集中至最后所在单位年金账户，减少了日常业务量，增加了资金利用率。

（段 鹏）

【履行社保代办机构职责】编制《社保代办财务网报操作手册》，将涉及"北京市社会保险基金财务管理系统""北京社会保险管理信息系统"的网上编报财务报表、会计报表的操作流程书面化；开放社保转移资金到账明细查询权限，定期从网上银行下载更新社保收入户资金明细账目，转换为文本格式供各单位经办人员查阅。贯彻养老保险收支两条线要求，2020年从北京市获得差额款2.66亿元；调整在京单位社保待遇，为在京单位2.27万名退休人

▲2020年9月23日，由中国中铁举办的第三届职业技能竞赛暨第二届中国中铁"卓越杯"BIM大赛技能赛

员月增加养老金3516.33万元。出具社保缴费证明78份次，涉及3000余人次，满足企业生产经营需要。完成1.1万人领取社保待遇人员资格认证，确保养老金按时足额发放，保障参保人员权益，维护企业和社会稳定。（段　鹏）

## 法律合规部

【贯彻落实法治建设第一责任职责要求】公司党委常委会、总裁办公会及董事会和董事会战略委员会专门听取公司法治建设工作报告，对全公司法治建设重点任务做出系统部署和安排。召开2020年法治工作会议，全面总结“十三五”法治建设成绩，提出“十四五”法治建设总体要求，明确主要工作措施。积极贯彻落实国资委中央企业法治建设第一责任人职责的要求，完善制度，压实责任，强化考核，领导干部带头学法、遵法、守法、用法，严格践行“决策先问法，违法违规不决策”，依法治企“关键少数”的引领示范作用得以较好的发挥。全公司法治意识显著增强，法治理念逐步深入人心，尊崇法治、讲法治、讲程序的氛围进一步浓郁，办事依法、遇事找法、解决问题用法、化解矛盾靠法的自觉进一步提高。在国资委开展的法治央企建设验收评价中位列第10（99家央企参评），1名法律顾问获“国资委优秀法律顾问”称号（99家企业中评选10名），10名法律顾问获法律事务先进工作者（99家企业选出280名），获奖总人数位居央企前茅。（余　爽）

【法律合规审核】贯彻落实“决策先问法，违法违规不决策”“未经法律合规审核议题不上会”原则和工作要求，法律合规系统依法严格把关，认真审慎审核，全年全系统出具各类法审意见书28.75万余份，公司党委常委会、董事会、总裁办公会议案审核率及规章制度、经济合同、重要决策法律审核率均为100%，提出审核意见537万余条，被采纳490万余条，采纳率达91%。一些投资项目经法律合规审核后，因存在重大或系统性法律合规风险，未上会或上会后未予通过，较好地从源头上把住法律合规风险关。对于不存在实质性法律障碍的事项和项目，更加注重提出建设性的专业意见和建议，提示需要关注和注意的风险防控关键节点、关键环节，法律合规审核的适用性、针对性、指导性显著增强。（余　爽）

【法律合规管理进一步嵌入企业中心工作】积极参与企业重大经济活动，企业法律合规机构全程参与资本运作、并购重组、投融资、清收清欠、保险管理等重大经济活动248次，重点参与了股份公司收购江西水利规划设计院、重庆交通勘察设计院、宏创项目等，组织法律人员尽职调查，起草重要法律文书，参与谈判和交易架构的设计，为项目的顺利实施提供法律保障。认真履行合同综合管理职责，修订完善股份公司《合同管理办法》《工程项目合同管理办法》，加强合同专用章管理，在深入调研、研究的基础上，正式发布境内业务各类合同示范文本39个，发布中英文双语版海外业务合同范本12个，制定中英文合同条款库1个，较好地从源头上防控法律风险。严格法人授权管理，制定境内和海外业务两个专项授权管理办法，进一步规范授权办理流程，从严审核授权事项的合法合规性。（余　爽）

【开展案件压减创效】全系统共处理各类法律纠纷案件5792件，涉案标的额290.57亿元，避免和挽回损失31.12亿元。其中2020年新发案件3536件，涉案标的额117.06亿元，相比2019年，新发案件件数下降8.04%，标的额上升3.92%，扣除东方国际、中铁资源2起新发重大涉外案件涉及标的额20.99亿元后，案件标的额下降14.71%。2020年办结案件4038件，涉及标的额143.55亿元，相比2019年，办结案件件数提高16.17%，标的额提高33.90%。2020年末未结案件1754件，涉及标的额147.02亿元，相比2019年，未结案件件数减少21.52%，标的额减少14.37%。全年处理内部纠纷30件，涉及标的额17.95亿元，已结案27件，涉及标的额17.38亿元，依法理顺内部单位之间的经济关系，降低法律诉讼发案率，维护了股份公司整体利益和形象。2020年9月1日，国资委政策法规局在股份公司召开建筑央企案件管理“压存控增、提质创效”专项工作启动会上，股份公司作了经验交流发言，受到充分肯定。（余　爽）

【规章制度清理】结合总部机构改革部门职能调整，组织总部各部门对现行有效的737份规章制度和规范性文件进行梳理，科学划分制度层级，创新设立制度标签，研究制定规章制度通用模板，进一步提升公司规章制度体系的完整性、科学性和规范性。进一步发挥公司章程在公司制度体系中的基础性地位，规范全资及控股子公司的法人治理结构，共制定、修订二级公司章程49件，审核参股公司章程18件。（余　爽）

【企业信用信息和商标字号管理与保护】根据企业信息变更情况，法律合规管理机构及时进行公司工商登记、备案和公司年度企业信用信息公示，确保企业真实的经营信息与公示的信息相一致。起草发布《工商事务管理办法》《信用信息管理规定》，进一步规范全公司工商事务、信用信息管理。开展商标字号违法违规使用情况调研，布置专项保护活动，依法处置境内外市场主体违法冒用、挂靠“中铁”字号和虚假宣传违法行为，依法维护中国中铁商标和品牌权益。年内成功申请注册商标30件。（余　爽）

【依法合规防控疫情】新冠肺炎疫情暴发后，印发《关于在防控新型冠状病毒感染肺炎疫情期间切实依法维护企业合法权益的通知》，收集发布4期《应对新冠肺炎疫情支持性政策文件汇编》，收录911份政策文件。整理劳动用工领域30个疑难问题，发布《疫情防控复工复产劳动用工依法合规治理手册》。编写《新型冠状病毒感染肺炎疫情期间中国中铁法律合规工作操作指引》。组织开展法律合规系统保驾护航“百日大干”活动，全系统共评审经营项目12531个，涉及金额3.55万亿元，指定1247名法律顾问联系9212个工程项目，解决实际问题1.36万个，涉及金额1.32万亿元。（余 爽）

【参与国家立法和行业课题研究】根据国资委改革办和法规局指派，分别参与党领导下的现代企业制度建设和内控风险法律合规“四位一体”协同发展研究，已顺利结题。发挥专家组优势，组织开展投资项目运营风险防控、供应链金融法律合规风险、基础设施不动产投资基金法律问题、企业商标字号保护等14项重点课题研究。对《铁路法》《证券法》《建筑法》等法律法规的修订、制定，向有关立法机关提供立法建议5份，积极反映中国中铁声音、行业诉求。（余 爽）

【法律合规管理体系建设】持续推进总法律顾问制度建设，全公司设总法律顾问的二级单位有37家，37家二级单位和224家重要三级子公司设立了独立的法律合规管理机构。全公司共有专职法律顾问1081人，专兼职法律顾问合计1686人，大部分毕业于国内外重点法学院校、通过国家法律职业资格考试；积极推行公司律师制度，29家二级公司的165名法律顾问已取得公司律师执业资格证书。队伍整体上呈现高学历、年轻化、专业化的特点。在2020年区域总部（投资公司）、三级工程公司机构改革中，在机构和人员编制极度紧张的情况下，依然保留了法律合规管理机构及人员编制。研发的中国中铁法律合规信息化系统顺利通过验收，该系统能够极大提升法律合规管理效率和质量。推进合规管理延伸至工程项目，实施项目法律合规专员制度，截至年末，全系统已设立项目法律合规专员4037名，合规风险防线关口前移。在中铁一局肇庆项目部召开了项目法律合规管理现场会，18家工程局就本单位项目法律合规工作进行了现场交流，进一步促进了项目合规管理的推广。加强海外法律合规管理体系建设，制定《海外业务授权管理办法》，组织开展海外法律合规信息平台建设，督导有关二级单位积极应对多边开发银行制裁解禁工作，中铁五局已成功取得世行解禁通知，其他有关单位应对制裁工作有序开展。发布境外业务第三方合规管理实施细则，防范因第三方违规导致的我方违规。（余 爽）

【法律合规队伍建设】先后组织4期法律合规培训，邀请最高院法官、中国社科院、清华大学等国内法学权威机关、院校的资深专家学者，对《民法典》《民事诉讼法》等知识进行系统讲解，三期参培总人数748人。与北京外国语大学合作，面向系统内海外业务法律合规人员举办为期1个月的全脱产法律英语培训班，来自海外业务及合规管理一线的共51名专业人员参加了培训，课程安排丰富、紧凑，使大家在短时间内系统地学习了解海外合规体系、实用法律英语、国际工程业务法律文件写作实务等。（余 爽）

【2020年法治工作会】2020年9月23日，中国中铁2020年法治工作会在京召开。国务院国资委政策法规局副局长衣学东，中国中铁党委副书记、总裁陈云，党委常委、副总裁、总法律顾问于腾群出席会议。会议由股份公司副总裁任鸿鹏主持。衣学东对中国中铁长期以来取得的法治建设工作成绩予以高度的肯定，

▲中国中铁召开2020年法治工作会

指出中国中铁法治建设顶层推动坚强有力、风险管控扎实有效、专业队伍管理有方、支撑改革更加有为，对下一步工作提出了“五个突破”的要求。陈云指出，法治兴则企业兴，法治强则企业强，依法治企是企业治理的主导原则，法治建设是企业治理体系和治理能力现代化的根本保障和必由之路。在新时期，要从以下四个方面进一步提高对法治建设的认识：第一，加强法治建设是贯彻落实党中央依法治国基本方略的根本要求；第二，加强法治建设是确保企业长期健康发展的根本保障；第三，加强法治建设是防范化解重大风险的根本依靠；第四，加强法治建设是顺利实施海外业务的根本支撑。在“十四五”时期公司法治建设过程中，要重点把握好五个方面的工作：一是要进一步加强党对法治建设工作的领导；二是要正确处理好改革发展与法治建设的关系；三是要进一步提升法律合规风险防范能力和效果；四是要进一步提升服务企业高质量发展的能力与水平；五是要进一步提升法律合规人才队伍建设质量。于腾群作了《对标世界一流　加快比学赶超为促进公司法律合规管理体系和管理能力现代化而努力奋斗》的工作报告，全面回顾了“十三五”时期股份公司法治建设工作，分析了新形势下法治建设工作面临的机遇与挑战，提出了“十四五”时期法治建设工作的总体要求，对“十四五”时期的主要工作任务和措施做出了部署和安排。会议对股份公司“七五”普法先进单位和个人进行了表彰，中铁一局、中铁七局、中铁大桥局和中铁南方投资公司四家单位从合规管理、项目法律合规专员建设、法治宣传教育和投资项目法律合规审核等方面进行了交流发言。本次会议采取“现场＋视频方式”进行，累计2700余人参加会议。股份公司领导，总部各部门负责人、总部全体合规联络员在主会场，各二级公司、三级公司主要负责人、分管领导、总法律顾问、法律合规工作人员等在各自单位视频分会场参加了会议。（余　爽）

## 审计部（监事会办公室）

【审计工作概况】2020年，中国中铁健全审计体制机制，规范审计工作领导小组运行，强化重点领域审计监督，提升审计工作质量，促进审计成果运用，严格落实责任追究工作要求，抓实警示教育工作，充分发挥内部审计在“促管理、控风险、强监督”等方面的作用。各级审计机构共完成审计项目3376项（含境外审计120项），为年度审计计划的114%，审计覆盖子企业821户。全年审计发现问题16713个，共提出整改建议13397条，被采纳13301条。通过加大审计发现问题的整改督导等措施，各单位已整改问题10027个，优化完善业务流程1319项，制定、修订完善制度472项，审计移交问题线索203条。根据审计发现问题线索，给予经济处罚1246人次，给予党纪处分30人次，给予政务处分256人次，组织处理254人次，移送司法机关涉案人员2人次。（于艳芹）

【审计管理体制机制建设】调整公司总部审计机构职能。根据公司总部部门机构编制和部门职能调整安排，审计部更名为审计部（监事会办公室），承担内部审计、投资评价、违规经营投资责任追究、监事会办公室业务等四个方面14项职能，内设监事会业务处、经济责任和财务收支审计处、工程项目和投资审计评价处、违规经营投资追责处4个处室，定员17人。启动总部审计管理改革。为贯彻落实国资委和审计署要求，公司结合企业实际，研究制定了《审计管理改革方案》，启动总部审计管理改革。根据改革方案，拟成立由股份公司审计部在业务上集中统一管理的3个区域审计中心和1个境外审计中心，构建“1+3+1”总部审计管理机构，形成审计部主“管”，审计中心主“审”的一体化审计管理体制。（于艳芹）

【规范审计工作领导小组运行】2020年，公司规范审计工作领导小组运行，累计召开审计工作领导小组会议3次，审议公司2020年度审计工作计划、《中国中铁审计管理改革方案（草案）》、审计报告等重大议题，实现了对内部审计工作的顶层设计、统筹协调和督促落实。（于艳芹）

【投资项目审计】落实重大投资项目过程必审、竣工必审的工作要求，抓住投资决策程序、投融资管理等9个关键环节，以各投资公司审计为重点，通过经济责任审计、投资项目专项审计、投资项目过程经济评价和后评价，全面提升重大投资项目审计覆盖面，持续做好投资项目审计，推动防范和化解投资风险。2020年，公司审计投资类二级公司8家，占投资类二级公司的72.7%，全年审计覆盖重点投资项目78项，占比74.3%。（于艳芹）

【境外审计项目】面对新冠肺炎疫情蔓延给境外审计工作带来的重大挑战，公司及时调整审计思路，创新审计组织方式，通过报送审计、远程审计、线上审计等方式，加大境外审计力度，积极推动帕德玛大桥、雅万高铁、华刚矿业、绿砂、MKM铜钴矿等境外审计任务顺利实施。全年实施境外审计120项，其中境外重点经营投资项目12项，占公司16项重点经营投资项目的75%。满足了境外项目和资产“3年轮审一遍”要求。（于艳芹）

【任中审计监督】贯彻落实“两办”新发布的经济责任审计规定，加强对领导干部的履职评价和权力约束。2020年，审计部将任期达到已满一年，单位近三年未接受过审计的二级单位主要负责人，列入了任中经济责任审计范围，涉及6个单位，8名领导人员，满足了五年内轮审一次的要求。（于艳芹）

行政工作

【开展亏损治理审计】实施中铁二局成都地铁8号线等4项亏损项目审计及2个亏损企业审计。同时，统一审核、部署所属企业2020年亏损治理审计计划，督导所属施工板块二级企业至少完成1项亏损企业审计和1项亏损项目审计。（于艳芹）

【严格落实责任追究工作要求】完善责任追究组织体系，2020年股份公司对领导小组组成人员进行了调整，统一"违规经营投资责任追究工作领导小组"与"审计工作领导小组"人员构成。在审计部设立违规经营投资追责处，定员4人，明确处室职责和具体岗位职责。完善责任追究制度体系，修订了《违规经营投资责任追究实施办法》，拟定报告工作管理、线索移交、追究程序、责任认定、损失认定、责任追究等6项细则，进一步细化责任追究工作的操作规范。加大责任追责力度。加强与纪检部门、干部管理部门联动，全面落实《违规经营投资责任追究实施办法》要求，加大审计发现问题查处力度，增强审计工作的震慑力和威慑力。（于艳芹）

【召开审计警示教育大会】2020年4月20日，召开全公司范围内的审计警示教育大会，全公司共有50087位管理人员参会。会议从违规事实、追责问责结果、管理问题反思三个方面通报了审计案例30个。会后，审计部督导所属二级单位召开了本单位审计警示教育大会，推动了审计警示教育工作向基层延伸。通过全员警示教育，以案明纪、以案示警、以案促改，加强了审计成果应用。（于艳芹）

【审计制度建设】在股份公司层面完成30项规章制度的制定、修订工作，其中，修订完善《审计工作管理办法》等审计规章管理制度20项；制定《违规经营投资责任追究实施办法》等追责工作管理制度7项，修订《监事会经费管理规定》等监事会业务管理制度3项。完善了审计部制度框架建设。（于艳芹）

【审计团队建设】持续健全内部审计机构，充实审计力量。在调整充实审计队伍的基础上，通过有效培训和激励，不断提升审计队伍的素质和能力，审计团队的人员数量、知识结构和业务能力不断得到改善。公司审计部获得"全国内部审计先进集体"称号，所属单位6个审计部门和3名审计人员，分别获得"全国内部审计先进集体"和"全国内部审计先进工作者"称号，获奖数量在中央企业中名列前茅。（于艳芹）

【扎实开展企审共建活动】按照审计机关的要求，认真做好民营企业清欠专项审计调查等20余个审计项目的迎审配合工作；通过主题党日活动等形式，持续加强与企业审计八局和审计署特派办的沟通交流；通过承担中国内部审计协会《经济责任审计准则》修订任务等形式，加强与中国内部审计协会、审计署时代经济出版社等组织沟通联系，努力为企业发展和内部审计工作有效开展创造良好的外部环境。（于艳芹）

【监事会工作概况】2020年，公司监事会根据《公司法》《证券法》《上市公司监事会工作指引》《中国中铁股份有限公司章程》赋予的职责，以客观公正、求真务实的态度，主动作为，全面履行了监事会各项工作职能，充分发挥了监事会的作用。（卢国政）

【召开监事会会议】第四届监事会共计召开监事会会议7次，会议的召集、召开程序均符合《公司章程》及《监事会议事规则》规定。会议坚持一事一议、监事逐一发表独立意见、一事一决、决议公告的程序，对公司依法运作情况、财务状况、内部控制和董事、高管履职情况进行监督并发表独立意见。（卢国政）

【信息披露】监事会以把好信息披露关口作为维护股东权益的重要抓手，做好法定披露和自愿性信息披露，监督财务信息真实、准确、完整，及时披露。2020年监事会审议通过的财务决算报告等9项定期报告，以及利润分配方案等6项财务管理类信息均已按要求进行了信息披露。（卢国政）

【开展调研检查】2020年，监事会组成调研检查组，对公司"两金"状况及压控工作开展了专项调研检查。检查组对公司财务与金融管理部及普华永道进行了咨询，了解了公司"两金"的总体情况；深入二级企业开展实地监督检查，先后前往广州、郑州、北京等地，对中铁隧道局、中铁七局、中铁置业、中铁建工开展"两金"调研检查，对公司"两金"情况进行核实。对部分单位的子公司和项目经理部进行了延伸调研检查。（卢国政）

【监事会体系建设】为查找二级企业监事会体系建设运行中存在的问题，2020年，监事会通过实地查看、查验资料、听取汇报、座谈交流、个别访谈、书面调查等方式，对中铁隧道局等19家单位开展了监事会体系建设检查，分析了二级企业监事会建设存在的问题，提出了加强监事队伍建设、提升监督质量、提高履职效率和形成监督合力等建议。（卢国政）

【监事业务培训】2020年10月至11月，监事会协助北京上市公司协会在郑州组织了走进中铁装备考察交流和培训活动，北京辖区40余家上市公司监事会主席、董事会秘书、证券事务代表及相关人员参加了本次活动。活动期间，监事会人员参加了北京上市公司协会组织的新《证券法》的培训讲座，学习了新《证券法》对于上市公司及董事高管合规经营及风险管理的最新要求。（卢国政）

【编报企业年报】2020年，公司总部各部门和所属各单位，努力克服疫情带来的不利影响，认真落实审计署《工作报告》编报要求，压实工作责任，强化沟通联系，组织所属80家单位，按期高质量完成了2019年度《工作报告》编报任务，得到了审计署和国资委的高度认可。

（卢国政）

## 经营开发部

【制度体系建设】2020年，中国中铁在制度体系建设中以问题为导向，聚焦薄弱和关键环节，进一步完善经营开发管理制度体系。为促进企业加快转型升级和提质增效，推进企业高质量发展，制定《中国中铁关于加快推进经营工作高质量发展的若干意见》；贯彻落实公司区域经营战略，建立健全区域经营工作规范化、科学化、标准化管理体制和运行机制，制定《中国中铁股份有限公司区域总部经营管理规定》；加强和规范公司资质使用与管理，制定《中国中铁有限公司资质使用管理规定》；为满足经营开发需要和市场变化，适时对既有管理制度进行了完善修订，修订《中国中铁股份有限公司区域经营工作管理规定》《中国中铁股份有限公司立体经营工作管理规定》《中国中铁股份有限公司承揽国内施工项目投标（合同）评审管理规定》《中国中铁股份有限公司作为主体承揽国内施工项目投标（合同）评审实施细则》。对经营要素管理、经营项目管理等工作草拟完善相关制度。（徐林尧）

【区域经营建设情况】持续优化区域总部布局，出台《中国中铁股份有限公司区域总部经营工作管理规定》等顶层制度，各单位相应优化区域指挥部布局，相关制度逐步健全，经营基础管理稳步推进。加强所属二级单位班子副职深入一线经营开发力度。按照《中国中铁党委关于进一步明确二级企业领导班子成员分工调整的通知》《关于加强区域经营人员薪酬管理的通知》等要求，二级单位班子副职专职任区域指挥长、驻地办公、薪酬属地发放等重点要求得到了有效落实。各二级单位主体主责经营局面加快形成，区域指挥部对项目主导权显著提高。各单位按照区域指挥“六给两要”权责要求，强化在投标组织、决策以及在市场开发统筹、经营资源调配、任务分配建议等市场经营开发主导权和话语权。部分重点工作机制由建立向优化转变。一线经营人员经营考核兑现机制、人才培养流动机制、经营成果核实认定和评价机制、市场政策分析研判和模式创新工作机制等不断优化完善。区域经营能力显著提升。各工程局在新签合同市场集中度、属地新签合同额及大项目占比等方面不断提高。

（徐林尧）

【立体经营体系建设】2020年，中国中铁召开经营工作会和区域总部座谈会，会议明确了各区域总部的自身经营职能定位，对发挥在“高、大、难、新”等高端项目牵头引领作用及在区域市场统筹协调作用的路径方法更加清晰，立体经营格局逐步完善。紧跟国家政策导向和发展战略，抢抓“新基建”、长江大保护、新型城镇化等市场机遇，紧密融入京津冀、粤港澳大湾区等区域发展战略，依托技术管理和产业链优势，多种承揽模式分进合击，相继承揽了三峡新能源山东牟平BDB6号一期（300MW）海上风电项目

▲中国中铁与吉林省交通运输厅举行吉林省高速公路PPP项目签约仪式

EPC 总承包、玉龙喀什河河道治理及两岸生态修复工程、东莞市东江下游片区水污染综合治理工程等一大批新领域项目。区域总部着力高端经营、大型总承包项目以及投融资项目，调动其他各二级单位的积极性，优势互补，分工合作，全年中标单体规模在 100 亿元以上的项目达到 22.5 个。积极适应国家政策、市场需求变化，依托中国中铁品牌影响和全产业链优势，积极采取合作经营、合资经营、产业链立体经营等多种模式，积极开拓水利水电、管道工程、生态环保、片区综合开发和土地资源综合利用等新兴领域市场，相继承揽了廊坊临空经济区 29 个街村回迁安置项目（永清片区、广阳片区）设计施工总承包项目、保定市主城区城中村连片开发 ABO 项目等一批项目。（徐林尧）

【经营模式创新】加大以 EPC 等新模式突破新兴市场力度。抢抓国家加大水利工程投资力度契机，探索中铁水利院与其他施工、设计企业联合，精心策划优势互补，向地方政府、建设单位推荐以 EPC 工程总承包模式等解决方案，共同推进新兴领域合作。探索与铁路勘察设计企业联合经营，发挥设计企业先导优势和施工企业专业技术优势，以 PPP+EPC 或其他模式，探索铁路站点开发、市区沿线土地开发等符合国家政策引导的业务。通过政企合资设立公司，提前介入前期规划及报批工作，锁定优势项目资源，以“小资金”撬动“大项目”。运用代建管理和施工总承包优势，为地方政府、建设单位优选建设管理方案，成功中标容东片区 B1、B2、C、D1、D2、E 组团安置房及配套设施项目等项目，代建管理订单近 10 亿元。（王永胜）

【经营成果调研和统计执法检查】2020 年 9 月至 12 月，经营开发部组成调研检查小组，分组、分批对 30 余家二级单位进行专项检查，重点对各单位的新签合同额真实性、经营能力建设、经营要素建设、经营成果转化、企业营业额和统计基础管理等方面内容进行调研检查。

（徐林尧）

【经营工作会】2020 年 3 月 13 日，中国中铁召开 2020 年经营工作暨区域经营建设视频会，会议贯彻落实党中央、国务院和国资委关于经济稳增长与防控疫情的统一部署，以及企业年度工作会议精神，总结 2019 年经营工作，分析 2020 年市场形势，进一步优化经营管理体系，持续深化区域经营、立体经营和专业化经营，深度聚焦“新基建”市场，不断拓展经营领域，切实发挥经营工作先导作用，以高质量经营拉动企业高质量发展。

公司党委书记、董事长张宗言结合疫情防控深入分析了 2020 年企业经营工作所面临主客观形势，提出了总体要求和主要奋斗目标。总体要求是：深入贯彻党的十九届四中全会、中央经济工作会议、中央企业负责人会议和公司年度工作会议精神，落实中央、国资委和公司关于应对疫情的决策部署，坚持疫情防控与生产经营两不误，坚持稳中求进工作总基调，坚持新发展理念，坚持经营工作先导地位，以市场经营管理体系现代化、竞争能力上台阶为主线，以深化区域经营与立体经营为抓手，以创新经营领域与商业模式为途径，聚焦经营高质量发展，做到承包经营与投资经营两手抓，国内经营与海外经营两个市场共同发力，化危为机、担当作为，为把中国中铁尽快建设成为世界一流企业提供强大引擎，努力为促进经济平稳发展多做贡献。主要奋斗目标是：完善经营体系、推动经营创新、提升经营质量、稳定经营增长。张宗言要求，要围绕“稳定经营增长”目标，推动“十六个能力”上台阶，即推动项目信息的跟踪能力、市场博弈的筹谋能力、深入沟通的亲和能力、商业模式的创新能力、金融财务的支撑能力、较低成本的竞争能力、开疆拓土的引领能力、超大项目的获取能力、统揽全局的调度能力、确保质量的创效能力、适应发展的生产能力、以我为主的建管能力、善始善终的运营能力、经营要素的配套能力、严密到位的风控能力、坚强有力的政治保障能力上台阶。

陈云总裁在讲话中充分肯定了 2019 年企业经营工作取得的显著成绩，并就 2020 年经营工作提出了五个方面要求：一是加压奋进，确保完成年度经营目标；二是精准施策，强力推进市场经营工作；三是完善体系，着力提升经营工作效能；四是加快创新，有效拓展企业发展空间；五是强化支撑，不断提高可持续发展能力。陈云强调，做好经营工作要努力做到“八个始终坚持”，即始终坚持以践行国家战略统领经营工作；始终坚持“战略引领、市场导向、高目标追求”的经营方针；始终坚持以经营能力建设涵养经营水平、提升经营质量；始终坚持以商业模式创新引领经营提质增效；始终坚持产业链协同，充分发挥设计咨询的龙头作用、高端装备的支撑作用和投融资的金融支持作用；始终坚持以深化改革激发经营活力；始终坚持“以现场保市场”的经营理念；始终坚持依法合规的经营准则。

中铁中南区域总部、中铁西部区域总部、中铁十局、中铁建工、中铁上海局、中铁大桥院、中铁信托、中铁一局华南地区指挥部、中铁三局华东区域指挥部、中铁四局长三角区域指挥部等 10 家单位作了大会交流发言，29 家单位作了书面交流。（徐林尧）

【统计工作】修订《生产经营计划统计管理办法》，指导所属各单位开展统计工作，《生产经营计划统计管理办法》要求各单位建立统计第一管理者责任制，指定统计负责人和专职统计人员，为统一指标口径，避免数出多门，要求各单位统计归口管理部门牵头负责对外报送统计资料，对统计指标按部门职责进行分工，确保生产经营统计资料的完整性；定期对生产经营完成情况进行统计并对外发布统计分析资料，及时为企业提供统计咨询服务；组织了统计执法检查，对所属单位统计的基础工作、统计报表、统计分析进行检查督促，有力地促进数据质量的提高。（朱公梅）

【资质审批管理】2020年，中国中铁对《中国中铁股份有限公司资质使用管理规定》进行了修订，并按要求遵循“合法、规范、可控”的原则，加强公司资质审批管理，审批授权使用公司资质投标17项，对19个投标项目投标前备案。（刘 燃）

【经营要素建设管理】为加强公司经营要素建设，提高企业市场竞争力，切实维护企业的品牌和信誉，促进中国中铁股份有限公司经营工作的高质量发展，修编《中国中铁股份有限公司经营要素建设管理规定》初稿。（刘 燃）

【经营管理人员业务培训】2020年8月16日至8月28日、10月25日至11月6日，中国中铁经营开发部组织举办了中国中铁第八期、第九期经营开发高级管理人员培训班，培训各二级公司经营部门负责人、区域经营指挥部、区域分支经营、所属子（分）公司分管经营工作负责人248人，第八期培训班邀请刘宝龙副总裁亲临现场授课、第九期培训班刘宝龙副总裁到现场与学员代表开展座谈，取得了良好培训效果。（张 阳）

【营销管理信息化建设】2020年，结合“信息贯通工程”有关要求，加强中铁营销管理系统升级完善和业务贯通融合，通过信息升级助推管理升级。根据公司关于中铁营销管理系统延伸推广工作要求和二级单位不同业态及需求，分类制定推广方案，完成了中国铁工投资、中铁发展、中铁北方、中铁工业、中铁物贸、中铁财务、中铁资本、中铁信托、中铁资源等单位的上线运行，覆盖44家二级单位。深化经营业务信息化管理，持续完善营销管理系统功能升级和拓展，细化各业务数据统计分析。配合和推进“信息贯通工程”。积极与贯通工作组就调研需求、系统评估和一体化工作平台等方面进行梳理分析，全面做好对接、配合、开发和融合工作。（徐林尧）

## 投资管理部

【制度建设】优化顶层设计和管理方式，健全投资管理体系。制定出台《中国中铁股份有限公司境内基础设施项目投资管理办法》《中国中铁股份有限公司基础设施投资项目运营管理规定》《中国中铁股份有限公司基础设施投资项目标段划分实施规定》，进一步规范投资行为，提升预期管理能力，防范投资风险，提高投资收益，实现投资闭环管理，促进企业高质量发展。（王小桃）

【业务队伍建设】打造总部学习型团队，收集整理疫情期间有关投资政策文件，定期监测国家相关部委新出台的管理制度和下发通知，从实操层面对《北京通州区与河北省三河、大厂、香河三县市协同发展规划》《私募股权投资基金备案须知》《土地储备项目预算管理办法（试行）》《关于做好基础设施领域不动产投资信托基金（REITs）试点项目申报工作的通知》《企业会计准则解释第14号》等政策研究和解读，研判基础设施投资、房地产投资和国家金融监管政策环境变化。举办投资业务培训班，总部相关部门及各二级单位投资分管领导、投资部长、投资业务骨干等200余人参加培训，由系统内部专家和外聘专家针对投资项目运作、模式创新、建设管理、运营管理、风险管控、政策解读等方面进行系统授课，对投资业务人员尽快掌握投融资市场新政策，转变投资理念、提高投资管理水平、增强风险防范意识奠定坚实的基础。（汪先俊）

【投资业务报告分析体系建设】优化顶层设计和管理方式，健全投资报告分析体系。深入分析和研究新冠肺炎疫情对投资板块的影响，完成《新冠肺炎疫情对房地产业务板块的影响以及应对措施》《新冠疫情对基础设施业务板块的影响以及应对措施》《中国中铁疫情期间PPP业务有关情况的报告》等报告。（汪先俊）

【轨道交通运营模式专项调研】开展轨道运营专题调研工作，7月至8月，由中国中铁和北京交通大学组成课题组，对公司所属城轨项目运营现状进行系统梳理，重点分析了中国中铁发展运营业务的背景和意义；对标国内外同类先进企业发展情况，研究分析了中国中铁轨道交通运营业务的组织形式、实现路径和项目运行模式，并对下一步如何发展轨道运营业务提出了初步建议，为中国中铁其他类型项目运营提供有益借鉴。（王小桃）

【投资运营体系建设】截至2020年末，中国中铁基础设施投资进入运营阶段的表内PPP项目共计29个、BOT项目7个、TOT项目1个，共计确认总资产491.44亿元，行业范围涉足高速、城轨、铁路、管廊、市政、公路、水务、环保等多个运营领域。研究出台了《中国中铁股份有限公司投资项目运营管理规定》，基础设施投资管理平台中建设了运营信息化管理模块，根据企业未来战略布局，针对不同领域运营现状，起草了运营模式选定原则，为运营业务尽快发展成为企业转型的依托和新的利润增长点奠定基础。（王小桃）

【基础设施投资项目合同评审】认真落实总裁办公会和董事会的决议内容，全年共组织评审合同89份，签署合同78份。（罗元恒）

【基础设施投资项目重点项目监督】加强PPP项目开工管理，坚持开工报告审批制度，贯彻落实“五不开工”原则，全年共收到开工请示15份，批复6份，1个股份公司不参股二级单位自行审核，对8个不满足开工条件的项目暂不批复，要求有关单位进一步抓好开工前准备，尽早达到开工条件。2020年上半年加强在建项目复工复产情况的监管。至2020年5月底全公司境内存量基础设施投资在建项目和运营项目均已复工复产，复工复产率100%。3月，对18个停工缓建项目纳入股份公司重点督导范围，每月督导。截至2020年末10个项目取得较大进展，其余项目也在积极推进中。（罗元恒）

【基础设施投资项目督导与检查】加强基层设施投资项目检查督导，采取“四不两直”方式，对18家单位22个项目进行了检查并开展现场交流，对基础设施投资项目建设管理、安全生产、风险控制等方面提出了对策和建议。（罗元恒）

【加强项目过程管控】持续加强对房地产项目的过程监控，及时指导存在偏差项目并制定纠偏措施。对房地产销售额、回款额等关键指标每月按单位按项目开展持续督导。每月按单位按项目梳理全公司房地产存货情况，督促相关单位按照“一项一策”去化方案开展存货去化工作。加大对问题项目督促整改力度，对审计署、国资委、股份公司党委巡视和审计发现的问题需有关二级单位持续整改的事项进行持续督导；加强运营阶段管理，转变“重施工轻运营”的陈旧思想，认真抓好运营方案筹划、运营品牌培育、标准化管理等方面工作。（孙玉宝）

【加强重点项目监管】进一步加强重点项目监管，对列入重点项目过程监管清单的重点房地产项目进行动态管理，并定期对重点项目清单进行更新。要求重点项目管理单位及时上报项目管理月度报告和重大事项变动报告，对照可行性研究报告梳理各项目进度、经济指标、风险管理等方面情况，对发生偏离的事项进行重点分析并及时提出纠偏措施。不定期对重点项目重要节点开展专项情况报送，对推进不力的重点项目，约谈相关二级单位主要领导、分管领导和项目公司主要负责人。（孙玉宝）

【加大房地产存货去化力度】对房地产存货去化提出明确要求，明确了“以销定产”“质量提升”“分包到户”“拉近准绳”等4项去化原则，对加快房地产存货去化有关工作提出了具体要求；细化房地产存货目标和建立去化台账，按照“一项目一目标”原则，明确每个项目房地产存货的年度目标和月度目标，建立房地产存货去化台账，定期跟踪去化进度；按照项目不同开发阶段，对项目按在开发项目实施了分类管理，分别提出了去化要求和去化措施；对重难点项目实施精准去化，对筛选出的16个重点项目每月进行存货去化情况跟踪。（孙玉宝）

【加强信息管理交流应用】房地产板块信息管理系统加强了与其他有关管理系统数据交互，主动参与信息贯通工程；基本实现了对项目清单式管理，对每一个项目从决策拿地到策划定位、规划设计、前期报建到工程建设管理、营销管理再到售后服务直至清算退出全过程进行实时、动态监管。（孙玉宝）

【项目开发取得显著成效】中铁建工青岛即墨项目，实现年内拿地并开盘销售，销售额超过27亿元；中铁建工北京诺德春风和院项目以40.66亿元的销售额成绩获得北京丰台区销量冠军；中铁置业贵阳云著项目和清镇云湾项目成为当地房地产市场标杆项目，云湾项目获2020年国际墨尔本设计大赛金奖，是2020年建筑类唯一获该奖项的中国项目。（孙玉宝）

## 生产管理部（采购管理中心、战备办公室）

【制度建设】优化完善管理制度。完成采购管理、物资设备管理、物资贸易业务管理、劳务（专业）分包采购管理及农民工管理等28项相关制度的梳理和修订工作，其中废除制度2项，修订制度22项。修订后的制度进一步优化了采购管理运行机制、精简了采购工作流程、明确了采购监管要求，在保证依法合规的基础上，提高了制度的科学性和可执行性以及采购管理的工作效率。（段永理）

【防疫物资应急采购】发挥采购体系优势，保障防疫物资供应。2020年初疫情暴发后，第一时间启动中国中铁防疫紧急采购，动员中国中铁海内外采购体系，在口罩最为紧张的2月、3月，累计购进口罩5000多万只、消毒液250万升、医用酒精44.6万升；其中，从以色列、乌兹别克斯坦、南非等国家紧急购入口罩405万只，防疫物资的采购能力及库存总体上满足了全面复工复产需求。（段永理）

【集中采购】扎实推进两级集采，提升后台管控能力。全年物资、设备集中采购额3197亿元，两级集中采购率达到96%。各单位在鲁班商城完成办公用品、计算机软硬件累计采购金额1.55亿元，同比增长16.5%；在商旅平台完成商旅服务集中采购金额总计1.13亿元。（段永理）

【物资集中采购供应】在持续做好钢轨、道岔、石化产品战略采购供应的基础上，启动锚具、声屏障、配电箱等物资战略采购供应，深入推进钢材、水泥等主要物资区域性集中采购供应，加大辅助材料鲁班商城采购力度，并不断优化定价机制，加强融入监管，提高物资集中采购供应水平。全年股份公司层面开展的战略采购、区域集中采购、大型和直管项目集中采购供应金额373亿元，累计为各单位节约采购成本约12.61亿元。其中，石化产品战略采购供应规模达到87万吨，同比增

长 5.5%，供应金额 47.3 亿元，相较市场价格累计节约成本 2 亿元以上。（段永理）

【两级招标采购管理】全公司累计开展招标采购 8551 次，招标采购总金额 2124 亿元，其中鲁班平台招标 1913 亿元，公共交易平台招标 95.6 亿元，电子招标率达到 94.3%。（段永理）

【商旅集中采购管理】督导各单位积极应用商旅平台开展商旅服务集中采购，已绑定 TMC 开通支付权限、具备正式运行商旅平台的单位总计 843 家（包含独立法人单位及有独立核算要求的指挥部、项目部等），平台注册用户 12.7 万人。全年各单位在中铁商旅平台采购金额总计 1.13 亿元。（段永理）

【供应商管理】加强供应商管理，持续优化采购渠道。全年共发布 8 批《限制交易供应商名单》，对 257 家供应商进行限制交易。通过大数据分析对在鲁班平台的 55 家供应商进行了供应商预警处理，持续加强采购风险预控。（段永理）

【物资管理】全公司共采购物资 3267 亿元，同比增长 6.6%；全年共消耗各类物资 3260 亿元，同比增长 9.1%；2020 年末物资库存为 154.5 亿元，与 2019 年同期基本持平。（段永理）

【采购业务监管】在全公司范围内开展工程分包暨物资设备采购供应管理问题自查自纠活动，各单位通过自查自纠发现问题共计 2133 例，均已进行了整改。利用项目物资管理系统开展采购价格核查，全年累计核查采购价格异常数据 277 项，核实存在问题 119 项，并以问题为导向督导各单位持续加强问题整改，规范采购行为。（段永理）

【劳务管理】12 月 3 日，股份公司组织召开了 2020 年度根治欠薪冬季专项行动视频会议。股份公司党委书记、董事长陈云强调：一要把握政策，深刻领会做好农民工工资支付保障工作的重要意义；二要压实责任，充分认识做好农民工工资支付保障工作刻不容缓；三要注重沟通，提高农民工工资支付保障工作的应急处突能力；四要建立长效机制，全力以赴确保农民工工资支付“两清零”的行动目标。会议共连线 4890 个分会场，有 43 个二级单位、405 个三级单位、4917 个项目部参会，参会人员总计 28407 人。（李 根）

【信息系统】推进中国中铁采购电子商务平台二期建设工作，已完成招标采购、竞争性谈判、询价采购功能研发工作，并启动试点应用工作，平台二期系统采用面向用户的新应用模式、微服务技术架构及混合云部署模式，在保障应用安全、数据安全的基础上，极大地提高了系统的易用性、稳定性，为股份公司采购全流程数字化、智能化管控，全面提升采购质量和效率提供有力支撑，更好地满足股份公司及各单位使用需求。截至 2020 年末，鲁班平台供应商档案库累计有各类供应商约 13.3 万家；全年各单位累计完成物资设备上网采购 2930 亿元，上网采购率达到 96.6%。组织开展中国中铁劳务管理信息系统的研发及推广应用工作，截至 2020 年末，已完成一期开发并在部分单位投入正式运行。通过系统应用，解决分包企业注册、准入、评价管理，劳务人员实名制、劳务人员考勤、劳务人员工资管理，以及满足地方监管需要等主要问题。（段永理）

【闲置施工设备内部调剂】全年审批大型设备租赁报告 396 台（套）、合同金额 45.6 亿元，共调剂使用内部单位闲置盾构（含 TBM）、搬提运架设备等大型设备共计 74 台（套），合同金额约 6.34 亿元。通过内部调剂，提高了自有设备利用效率，盘活了企业闲置资产。（姚道雄）

【机车车辆驾驶人员考试】协助中铁国资衡水铁路电气化学校举办了 2 次铁路车辆驾驶员换证取证培训，累计培训 918 人次；举行了 2 次机车车辆驾驶员理论考试，累计参加考试 848 人次，通过 383 人次，通过率 45.17%；审核完成了各单位 113 名机车驾驶员和 657 名自轮运转车辆驾驶员实作考试报名工作；指导各单位 4000 多名驾驶员和 14 家单位进行网上换证工作；完成了自轮运转车辆驾驶人员资格考试实作考点建设基础工作。（姚道雄）

## 安全质量环保监督部（应急管理办公室）

【安全质量环保工作综述】围绕学习贯彻习近平总书记关于安全生产重要论述，认真贯彻落实党中央、国务院关于新冠肺炎疫情防控的决策部署，按照 4 月 10 日、7 月 31 日全国安全生产电视电话会议和应急管理部、国资委等上级部委系列工作要求，坚持生命至上、安全第一，树牢安全发展理念，强化红线意识和底线思维，始终把员工的生命安全和身体健康放在第一位，把疫情防控作为最重要的工作来抓，继续推动“管”“监”系统责任落实，策划实施安全生产专项整治三年行动，部署新时期安全生产“2468”管理要点，持续强化安全生产管控，全面加强和规范安全生产教育培训，严格落实安全生产述职机制，促进自控体系有效运行。通过全公司共同努力，连续八年杜绝了重大及以上生产安全事故，确保了安全生产状况保持稳定。工程质量创优、环保和职业健康工作取得较好成效。（任乐春）

【疫情防控】2020 年初新冠肺炎疫情暴发后，中国中铁党委、中国中铁遵照党中央、国务院决策部署，落实国资委、应急管理部等部委及属地政府工作要求，迅速作出总体安排，逐级成立疫情工作领导小组，公司七次召开会议专题研究部

行政工作

署，对境内外疫情防控、复工复产进行系统安排，全公司在较短时间内就形成疫情防控、复工复产两兼顾的良好局面。全面部署，切实落实疫情防控各项措施。新冠肺炎疫情发生后，公司认真贯彻落实党中央、国务院决策部署和国资委工作要求，成立了应对疫情工作领导组，主要领导任组长，六次召开领导小组会议和一次专题视频会议，安全质量环保监督部（简称“安质环保监督部”）先后下发了《关于进一步做好疫情防控工作的紧急通知》《关于吸取教训坚决整治查处疫情防控措施落实不力行为的通知》《新型冠状病毒肺炎预防手册》等文件、电报和手册，督促各单位加强疫情防控组织领导，进一步强化责任担当，坚决落实各项防控措施，确保员工生命安全和身体健康。在北京、新疆等地区出现突发疫情后，安质环保监督部连续下发4份电报进行专门部署，要求各单位在持续抓好生产经营工作的同时，常态化做好突发疫情防控工作。截至年末，中国中铁所属企业境内职工累计确诊病例50例全部治愈出院，未发生聚集性传染事件。科学组织，有序开展复工复产工作。安质环保监督部下发了《关于贯彻落实党中央决策部署切实做好生产恢复疫情防控工作要求的通知》等文件，要求各单位加强生产恢复和疫情防控组织领导，主动与地方政府沟通，有序组织复工，并加强生产恢复前后的疫情防控源头防范和日常管控工作。2月5日，公司主要领导组织召开专题视频会议，全面部署安排疫情防控和生产恢复工作，做到“两手抓、两不误”，努力保持企业生产经营活动平稳有序。安质环保监督部下发了《关于应用疫情防控信息化系统的补充通知》，对系统应用提出了具体要求，充分发挥信息化手段，促进疫情防控工作系统化、流程化、规范化，助力企业和项目在复工复产阶段的疫情防控工作。明确要求，规范复工复产疫情防控工作要点。安质环保监督部编制下发了《工程项目复工复产应对新冠肺炎疫情方案指引》，明确了项目复工复产疫情防控应坚持的原则、应重点抓的七项主要工作内容和流程，编制了应急预案流程图，指导工程项目部在抓好复工复产的同时，坚持把疫情防控工作放在首位，保障和服务生产恢复；制定下发了《复工复产疫情防控“二十不准”》，简洁直观地明晰了复工复产阶段疫情防控具体要求，要求各单位和项目逐条对照分析，明确责任人，狠抓贯彻执行，确保复工复产期间疫情防控各项措施落实到位。（任乐春）

【部署2020年安全质量环保重点工作】为深入贯彻《中共中央　国务院关于推进安全生产领域改革发展的意见》，推动综合治理、党政同责、岗岗有责、齐抓共管的安全生产责任落实，在2018年、2019年一号文件基础上，安质环保监督部研究下发了2020年一号文件《关于进一步落实安全生产“管”“监”责任暨构建风险和隐患双重预防长效

▲《中国中铁50作业岗位员工安全卡控手册》

机制的通知》，持续推进“管”“监”系统责任落实，构建风险分级管控和隐患排查治理双重预防机制。下发《2020年安全生产、工程质量、环境保护和职业健康监督管理工作要点》，明确了全年工作思路和工作目标，提出了12项工作要求。在公司“两会”期间，公司主要领导与19家施工单位签订了《安全质量责任书》，将安全生产、工程质量、环境保护责任指标分解压实。各单位按照工作部署，进一步细化工作目标，明确工作内容，各项工作有序推进。（任乐春）

【安全生产专项整治三年行动】为认真贯彻落实习近平总书记关于安全生产重要论述，特别是“从根本上消除事故隐患”的重要指示和4月10日全国安全生产电视电话会议精神、《全国安全生产专项整治三年行动计划》要求，结合企业实际，研究制定了《中国中铁股份有限公司安全生产专项整治三年行动计划实施方案》，部署全公司自2020年4月至2022年12月分四个阶段开展三年行动，包括宣传贯彻习近平总书记关于安全生产重要论述、落实企业安全生产主体责任2个专题，工程项目施工、非煤矿山、工业制造3个重点领域专项整治和7个其他领域专项整治（简称“‘2+3+7’整治行动”）。安质环保监督部编辑下发了《习近平总书记关于安全生产重要论述摘编》和《安全生产专项整治三年行动计划汇编手册》，便于基层单位和项目学习贯彻落实。安质环保监督部将分阶段组织对重点企业和项目进行督导，确保三年行动取得实效。（任乐春）

【部署新时期安全生产“2468”管理要点】为落实《安全生产法》“三个必须”要求和安全生产专项整治三年行动计划要求，结合企业和项目近年来在工作实践与开展管理实验室活动中取得的安全生产管理成果，安委会办公室系统分析了企业安全生产管理体系、制度、管控活动、工作流程和工作标准，提出了新时期落实企业主体责任的“2468”管理要点（落实“两个”责任、推进“四化”建设、健全“六大”体系、强化“八个”到位），以期推动成员企业以此为纲领，不断完善安全生产体制机制，持续加强执行能力建设，不断夯实基础工作，提升企业新时期本质安全水平，促进全公司“体系健全、运行有效、管理规范、风险受控”的安全生产态势不断得到巩固。“2468”管理要点经2020年6月22日第十八次党委常委（扩大）会议审议通过，党政工团联合行文发布。“2468”管理要点结合企业实际，紧扣安全生产方针等政策要求及三年行动计划要求，必将对全公司今后一个时期安全生产工作水平提升起到巨大推动作用。安质环保监督部编制了“2468”管理要点“100题”问答手册和宣传海报，便于各层级宣贯落实。（任乐春）

【开展安全生产大检查和集中整治】按照公司《开展安全生产集中整治工作实施方案》部署，2020年1月在全公司范围内开展了岁末年初保稳定安全生产专项检查，3月2日安质环保监督部将整治活动总结材料报送了上级部委。按照国资委建筑施工央企交叉检查安排，由公司安全总监任组长，6月中旬组织国资委检查五组对中国交建10个项目进行了检查，并向国资委科创局提交了检查报告；组织公司有关单位和项目迎接中国通用牵头对中国中铁进行的交叉检查，检查组对受检项目高度肯定。7月，安质环保监督部组织分层级开展了防洪防汛安全生产专项检查，确保了汛期安全生产。（任乐春）

▲滇中引水工程大理1段施工6标隧洞洞口绿色生态文化展示

【制度建设】修订发布《安全质量责任事故追究办法》和《因质量安全、环境保护与职业健康事件被限制市场准入责任追究办法》，增强了责任追究的可操作性。按照总部规章制度清理实施方案要求，修订发布了《职业安全健康监督管理规定》《工程质量监督管理规定》《总部安全生产责任制》等12项规章制度。下发了《中国中铁防范惯性事故强化技术与管理交底刚性要求（修订版）》，针对引发13类惯性事故、72例具体事故发生的相似性直接原因和事故发生后暴露出的各种管理漏洞趋同性，制定出直接有效的管理防范措施。下发了《关于所属单位各层级机关改革发展过程中规范安全生产专职机构设置的紧急通知》，要求各单位进一步规范安全生产专职机构设置。（任乐春）

【强化安全质量环保管控】结合管控工作重点，先后下发《关于全面规范深化、巩固加强质量安全环保与应急管理工作的通知》《关于进一步明确企业主要负责人安全生产责任的通知》《关于进一步明确项目经理安全质量责任的通知》《关于贯彻落实住房和城乡建设部要求推行安全生产承诺制的通知》《关于对标中国国家铁路集团“三查五防”专项治理深入开展安全生产活动的通知》等系列文件电报。研究出台《中国中铁50作业岗位员工安全卡控手册》，重点选择50个专业和通用岗位需要的条目，整理、归纳出300个安全卡控要点，采用文字与漫画相结合、汉字“顺口溜”方式对50岗位作业安全卡控要点进行了清晰的表述，可督促一线“掌子面”相关岗位作业人员和管理人员提高合规意识，坚持合规操作。（任乐春）

【安全质量教育培训】组织开展中国中铁安全生产责任“落实年”活动，推动将教育培训模式由线下集中转变为线上云端教育，充分利用安全教育“云平台”，将安全质量法律法规、作业岗位应知应会、事故案例警示、新冠肺炎疫情防护措施等通过“云平台”进行发布。组织各单位按照《关于推进安全教育培训云平台全面应用，强化安全教育培训信息化应用考核的通知》要求，全面推广应用安全教育培训微课堂，采用现场会议、视频会议等方式开展安全教育培训云平台信息录入、应用培训等工作，推动了企业员工安全素质不断提升。2020年9月25日，安质环保监督部组织对全公司在施盾构设备管理人员、盾构施工项目经理和盾构机司机等共计2613人进行了盾构机安全技术及盾构线性控制培训视频授课，进一步提升了盾构施工质量安全水平。11月30日至12月4日，安质环保监督部组织工程局和区域总部新任分管领导、工程综合（专业）三级公司主要负责人、局指指挥长、股份公司总包部项目经理等共153人参加了第二期安全生产高级人员培训班，邀请行业专家、政府领导讲解国内外先进企业安全管理、法律法规政策、管理能力提升等内容，并组织了观摩与研讨，增强二级、三级公司安全生产负责人安全生产管理意识，提高安全管控水平，促进全公司安全生产工作稳中有进、稳中向好、稳中趋优。部门还组织了注册安全工程师继续教育、“三类人员”继续教育培训班。（任乐春）

【安全信息化建设】为推动安全生产先进技术、智能化装备、系统在危险工序和环节的广泛应用，提升现代信息技术与安全生产融合度，加快成果转化和推广应用，安质环保监督部下发了《中国中铁关于推广应用轨道工程运输安全智控平台及智能安全帽的通知》，在轨道工程推广应用安全智控平台，在施工规模大、组织难度大、技术难度高、安全风险高的隧道与地下工程、营业线及工程线作业、桥梁施工、房屋建筑等项目，大力推广应用智能安全帽。（任乐春）

【环保节能】2020年，中国中铁持续强化节能减排管理体系建设，开展节能减排标准化工地、绿色施工科技示范工程建设，推进生态环境及节能减排科技创新，企业创建省部级及以上绿色样板工地185项，绿色低碳管理业绩突出，企业绿色施工水平明显提高；万元营业收入综合能耗（可比价）0.051吨标煤/万元，单位产值$CO_2$排放量与万元营业收入综合能耗实现同步下降，能源利用效率明显提高，完成“十三五”节能减排工作目标；评审企业级绿色低碳技术76项，推荐10项国家级绿色技术，环保节能减排技术成果显著，节能低碳技术研发应用水平明显提高；发挥基建领军企业专业优势，积极参与中建协、中施企协绿色施工规范及评价标准的研究及编制工作，扩大了企业影响力。（任乐春）

【环境保护和职业健康风险】中国中铁深入贯彻习近平总书记生态文明思想，以“生态优先、绿色发展”为导向，通过对在建工程、作业场所环境因素的识别和评估，确定重点控制的环境因素，编制项目环境管理工作计划，加强生产过程中生态环境污染风险源及污染物排放控制，企业工程建设项目环保风险可控；围绕“科学规划、技术支撑、保护生态、安全可靠”的总体要求，高起点、高标准、高质量做好川藏铁路规划设计中的生态环境保护工作，开展了川藏铁路生态敏感区铁路建设隧道清洁施工和施工废水污染防治技术体系研究等多项科研工作，以环保节能科技创新为支撑，确保川藏铁路绿色源头设计；公司认真贯彻《职业病防治法》，坚持以人为本的原则，采取落实建设项目职业病危害预评价、办理工伤保险、全员职业健康教育培训、职业危害因素告知、完善健康体检档案、配备合格劳动保护用品、加强过程监督检查等措施，狠抓一线职业健康管理工作。（任乐春）

## 科技创新部（技术中心、专家办公室）

【工作综述】2020 年，科技创新部确定工作思路，按“强化统筹、压实责任、引领方向、抓住重点、有里有面”的 20 字方针开展各项工作。规范工作机制，建立了月度例会、季度通报、跟踪检查、专项督导、排名约谈等制度。以股份公司研发中心为依托，发挥股份公司专家智力作用，推动设计、施工、装备的一体化融合，强化股份公司的方向引领作用。按照主、辅模式，对国家有关部委、省市科技创新的各项业务进行全面分工，构建股份公司牵头、各单位协调分工、全覆盖的科技创新经营体系。压实责任，将年度科技创新目标、任务全面分解落实到各二级企业或责任主体，初步建立了科技创新责任体系。科技奖励再攀高峰。（罗静峰）

【科技奖励】2020 年，中国中铁拟获国家科技进步奖 6 项，技术发明奖 1 项。2020 年股份公司主持的中国铁道学会科学技术奖获奖 40 项，其中特等奖 1 项，一等奖 5 项。

（李永全）

【工法专利管理】获授权专利 3028 项，其中发明专利 411 项，PCT 等海外专利 5 项。获省部级工法 783

▲中铁上海局研发中心科技成果展厅

项，股份公司拟获 104 项公路工程建设部级工法。推荐 204 项工法申报铁路建设行业部级工法，数量较上届增长 100%。18 项专利已报至国家知识产权局申报中国专利奖，数量较 2019 年增长了 125%。（黄佳强）

【体系平台建设】科创系统的经营体系和责任体系初步成形，统筹引领作用初步显现，彻底扭转了长期以来所属各单位科技创新野蛮生长和无序发展状态。发布《中国中铁股份有限公司博士后工作站管理办法》《中国中铁股份有限公司实用技术大赛管理办法》等。新增 9 个省级企业技术中心、13 个省级研发中心（实验室）。（罗静峰）

【优化科研立项】按照“适度聚焦、重在实效”的指导方针，大幅压缩重点课题数量，适当压减重大课题数量，加大了单个课题经费支持力度。加强了对重大专项课题的管理，组织召开智能建造关键技术研究等 4 个重大专项课题首次会议。（罗静峰）

【实用技术攻关】首次开展实用技术科研立项指南编制和铁路典型创新技术、新技术工程示范点、实用技术推广应用目录的征集工作，组织中国中铁第一届实用技术创新大赛。（黄佳强）

## 行政管理部（基建办公室、离退休人员管理部、保卫部）

【工作综述】紧密围绕企业改革发展中心任务，高效推进各项工作，做到了“六坚持、六统一”，即始终坚持传承与创新相统一、始终坚持理念和制度相统一、始终坚持管理和服务相统一、始终坚持综合与专业相统一、始终坚持后台和窗口相统一、始终坚持内务与外联相统一。协同推进精心精细、统筹抓好总部行政管理事务，用心用情、推动离退休人员管理工作创新发展，严防严控、认真抓好企业内部治安保卫工作，抓细抓小、加强总部物业服务监督管理，尽心尽力、抓实抓好总部后勤保障，较好地履行了各项职能职责。（韩东　刘建锁　谢洋斌）

【基建办公室】新增基建办公室，设基建办公室主任 1 人（兼职），与行政管理部合署，行政管理部加挂基建办公室牌子。基建办公室主要职能是：①负责总部范围内基本建设总体规划、年度计划编制工作；②负责总部新建、扩建和改建工程项目的申报、立项、招标、审批手续办理、建设管理、竣工决算等工作；③代表股份公司总部履行业主职能；④负责指导所属单位做好在京自有土地开发利用工作；⑤协调在京单位依据相关规定向国管局申报集资建房的相关事宜；⑥负责组织协调在京单位与国管局、北京市有关区、委办局以及股份公司总部有关部门的沟通洽商和审核审批工作。（谢洋斌　谭坤朋）

【行政事务管理】认真梳理部门制度规定，对部门 16 项制度规定进行了规范和修订，优化工作流程；加强部门经费预算的全过程管控，推进了管理标准、制度、流程的优化和落实细化总部办公用品、家具等资产购置、保管、发放、组固等日

▲ 2020 年 9 月 22 日，中国中铁总部参加第三届北京国际旅游登山节

常管理标准，对总部近5年非网络类固定资产进行了全方位盘点；全年办公用品的网络集中采购率达100%；认真做好办公楼相关设备设施的维护保养及大楼的美化绿化亮化工作，较好地保障了办公楼高效使用；根据总部机构改革、部门调整和人员变化情况，抓好总部办公室调整、工位搬迁、电话网络安装及办公设备设施配置；加强了总部电话号码使用、分配和信息更新管理。全年调整及协助搬迁办公室60余间，及时抓好办公用房装修改造，较好保障了总部员工及相关机构日常办公正常有序。同时，积极主动完成了国资委党委巡视及审计等重大任务的保障服务，加大与属地政府部门、友邻单位的协调沟通，主动做好各项社会事务，不断深化企地共建工作。（任宝生　刘　刚　王馈华）

【离退休人员管理与服务】截至2020年末，全公司共有离休干部965人，离退休人员24.3万人。先后开展总部老领导、老同志、老专家座谈会和迎新春走访慰问、春秋游、体检等活动；按时为老同志发放“五项补贴”和慰问金；通过电话、微信等形式，及时将上级部门有关疫情防控要求传达给老同志；总部117名离退休党员自愿为疫情防控捐款4.3万元；强化“两项建设”，7月评选表彰10名离退休优秀党员、6名优秀离退休党支部工作者、1个优秀离退休党支部；组织全公司离退休干部收看“学好用好民法典”“弘扬伟大抗疫精神，做好疫情防控工作”网上专题报告会；以纪念抗日战争胜利暨世界反法西斯战争胜利75周年为契机，慰问了118名老战士；组织开展“中国人民志愿军抗美援朝出国作战70周年”纪念章发放活动，共计发放纪念章1171枚。有序推进总部退休人员社会化管理移交，截至年末，总部离休人员14人，退休人员251人；退休人员已完成社会化管理移交233人，移交完成率92.8%；完成人事档案数字化加工242人，完成社保关系转移245人，完成党组织关系转接194人。年初，总部离退休干部党总支获得中组部“全国离退休干部先进集体”称号。

（刘建锁　杨云峰）

【企业内部治安保卫工作】以“平安企业”建设为目标，扎实推进全公司内部治安保卫建设。严格落实北京市防控要求，不折不扣落实总部疫情防控规定，对总部大楼实行封闭式管理；强化业务培训，提高安保队伍素质；加强检查巡查，消除安全隐患，坚持落实“日例行巡查、周重点检查、月专项检查、季综合检查”制度，定期联合对办公楼施工改造、重点区域、外来人员和C座外租单位进行巡查检查；2020年11月9日，总部组织了“关注消防、生命至上”消防演练活动，提升了总部员工的安全意识和逃生自救能力。突出工作重点，高标准高质量抓好了承办国资委重要会议、公司职代会、工作会等重大节日、重大活动期间安保任务。加强对所属企业的宏观指导，11月，举办了中国中铁第六届保卫人员培训班，公司所属单位保卫部门工作人员共117人参加了培训和座谈活动。全年共完成了44次上级领导莅临、外宾来访以及大型活动的安保任务，妥善处置了31起527人次闹访、群体性上访秩序的维护，总部顺利实现了年度“三零”目标（重大恶性案件零发生、群死群伤治安灾害事故零发生、影响恶劣群体性事件零发生）。（夏玉民　王馈华）

【物业管理】持续深化总部办公楼物业“会务保障零差错、设备运行零故障、楼层服务零投诉、安全保卫零事故”和“管理精细化、流程标准化、服务特色化、操作规范化”“四零四化”服务品牌建设，修订实施了《总部办公楼物业管理与服务考核细则》《总部会议室管理细则》等制度，进一步推动物业服务品质高质量发展。重点监督并抓好重要会议和重大活动的会议服务、贵宾服务、会场布置、秩序维护和会议设备设施维护等任务。截至年末，物业管理处共开展入室保洁105490房次，会议室开水服务1771次，清运垃圾7124袋，更换绿植1482盆，工程维修1683单次。共完成会议服务1771次，其中重要会议238次，贵宾接待39次，服务人数31176人次。针对物业管理进行了服务满意度问卷调查和管理服务考核，员工满意度达99.96%，考核结果均为优秀；组织召开了年度物业工作总结表彰会议，表彰了1个优秀团队和10名优秀个人。

（任宝生　夏玉民　刘　刚　王馈华）

【后勤保障服务】全力以赴抓好服务及福利保障工作，认真做好中铁六局万寿路2号项目、中铁建工青年路姚家园甲110号土地及前辛庄地块项目、中铁电气化局金家村1号院东院土地项目和中铁四局万寿路西街16号院危改项目督促协调工作；修订了《总部公租房承租管理规定》，为总部162名人员发放租房补贴，累计向丰台区争取了26套人才公租房；先后组织开展了“京投岚山”限竞房、“金璟阳光苑”共有产权房的需求调查和申请报名工作；协调解决所属在京单位办公用房紧张问题，牵头完成了华熙LIVE1号写字楼租赁、装修及管理相关协调工作。积极对接北京市教委，协调解决员工子女入学问题，共报名协调名额11人；高度重视员工生活工作保障，认真抓好总部员工供暖费、劳保用品、工装定制、生日慰问、公园年票、节日慰问、图书电影卡等发放管理，组织在职和离退休人员健康体检；发挥总部医务室作用，适时组织开展了健康科普和常见病义诊活动；指导和保障总部各类协会开展了丰富多彩的文体活动，总部员工登山代表队获得北京国际旅游登山节团体赛冠军，较好展示了总部形象，进一步深化总部“家文化”建设。（刘　刚　谭坤朋　王馈华）

【部门建设】围绕中心、服务大局，积极落实公司关于总部建设和机构改革的工作部署与安排，部门内设行政管理处、离退休人员管理处、机关党建处和保卫处4个处室，每个处设处长1人、职员1人；2020年7月，为进一步加强股份公司对在京存量土地的统筹管理能力，积极解决企业职工住房问题，部门新增基建办公室职能，主要负责总部范围内基建及协调指导所属单位做好在京自有土地开发等相关工作，部门职能建设得到了纵深发展；至此，行政管理部（基建办公室、离退休人员管理部、保卫部）人员编制由原来的11人增至13人。部门各项业务开展过程中，坚持“七位一体”合署办公的工作格局，秉承“后勤不后”和“勤俭办事、勤恳办事、勤巧办事”的理念，把组织推进总部作风建设、加强总部党建和文化建设、对标世界一流学习活动、落实部门重点任务等结合起来，着力提高政治能力、调查研究能力、应急处突能力、群众工作能力及抓落实能力。针对部门“事多、事繁、事杂”的现状，积极倡导一专多能、精干高效、团结协作的理念，拓展员工知识结构和岗位综合技能，不断增强员工的纪律意识、廉洁意识、责任意识。行政管理部被公司党委授予“抗击疫情先进集体”称号。（韩　东）

## 国际事业部

【海外重大项目经营推动成效显著】截至2020年末，中国中铁在全球105个国家和地区（含港澳台）共追踪项目824个。按照分类推进原则，多个重大项目取得阶段性进展。匈塞铁路匈牙利段EPC合同生效，项目启动实施；巴基斯坦ML1铁路融资方案正在加紧推进，招标工作即将启动；马来西亚大马城项目完成恢复性开发总体方案，正在推动土地交割事宜；菲律宾南北铁路南线实现公司主责投标地位；中缅铁路木曼段环评可行性研究完成提交，曼皎段可行性研究MOU具备签署条件；以色列特拉维夫轻轨绿线和紫线PPP项目完成交标。（余　翔）

【“一带一路”重点项目实施】截至2020年末，公司境外在建项目总数604个，分布于全球87个国家和地区，其中对外承包工程项目591个，涉及合同总额417亿美元；境外投资项目13个，计划投资总额约23亿美元。按照分级分类管理要求，重大在建项目19个，涉及合同总额183.27亿美元，占全部合同额的41.84%。其中，中老铁路项目实现老挝新都（万象）和古都（琅勃拉邦）之间的铺轨贯通，印尼雅万高铁项目线下工程大部分已完工，剩余隧道进入收尾阶段；匈塞铁路匈牙利段项目正式开工，正在开展全线设计和产品认证工作；孟加拉国帕德玛多功能大桥项目钢梁成功实现合龙；孟加拉国帕德玛大桥铁路连接线项目轨枕厂正式大规模投产，轨道工程施工全面启动。（余　翔）

【提升海外在建项目管理水平】坚持境外在建项目进度、成本、安全、质量、环保、履约、合规管理、法律诉讼、负面舆情等全要素管理，及时发现排查化解风险，确保境外在建项目顺利实施。持续强化安全质量和环境保护管理，建立健全内部质量保证体系，确保工程质量管理全过程有序可控。境外生态环境保护与能源节约工作坚持绿色发展，坚持节约优先、保护优先、文明优先，坚持依法依规管理。督促境外项目实行信息化管控手段，促进项目管理数据纵向贯通、横向集成，达到高效管理与决策目的，全面提升公司境外项目管理水平。（余　翔）

【外事管理】2020年4月，成立集团公司外事办公室，积极履行管理职能，服务水平不断提升，修订并印发《外事管理办法》《因公证照管理办法》等制度文件。同时，持续强化因公出国（境）团组监管，落实涉外安全工作要求，密切跟踪形势，抓好培训，严格审批，全面提高境外安全保障和应对风险能力。12月举办境外非生产性安全管理及应急处置培训班，切实提高各单位境外非生产性安全管理水平及处置突发事件的能力。（余　翔）

【海外人才队伍建设】2020年，按照海外体制机制改革要求，国际事业部切实做好境外直属区域总部的人才引进和培养工作，加大行业内高端引领人才、复合型人才、专家人才的引进力度，严格人才引进程序，提升人才引进质量，组织评选了第一届“中国中铁海外突出贡献奖”，与人力资源部共同做好做国际化人才培养工作。（余　翔）

## 大企业合作事业部

【年度工作综述】2020年，大企业合作事业部在股份公司党委和股份公司的正确领导下，立足大企业市场开发，全年共中标项目707个，实现新签合同额1160.2亿元，年度承揽首次突破千亿元大关，为年度下达计划650亿元的1.8倍，较2019年增加309亿元、增长36%，实现了“首年三百、次年八百、三年破千”的跨越发展。（卫　强）

【战略合作】2020年，大企业合作事业部推动股份公司与南航集团、国家管网、中国节能、中国一汽、中国冶金地质总局、中国人寿签署了战略合作协议。截至年末，共推动股份公司与54家企业进行了对接拜访，与28家大型企业签订了战略合作协议。（卫　强）

【经营体系建设情况】按照“股份公司高端经营、二级公司主体经营、三级公司滚动经营”的管理体制，以区域经营、立体经营为基础，根据市场特点，整合内部资源，发挥各自优势，组织制定并实施了《大企业市场经营责任划分方案》，方案明确了二级公司市场主体经营责任和主责经营市场，理顺了管理关系，初步建立了股份公司“一张网”经营体系，进一步健全了经营

体系，形成了高端引领、多级互动，协同配合、分进合击的经营新格局。（卫 强）

【市场开发情况】坚持以市场为导向，在巩固传统市场的同时，做好新兴市场的统筹谋划和顶层设计，加强了长江大保护、油气管网、海上风电等新兴市场经营要素建设，提升新市场作战能力，为市场经营提供了多维空间和不竭动力，形成了一批集中落地的优质市场，全年共承揽长江大保护项目155亿元，市场占比22%，海上风电90亿元，市场占比30%，矿山剥离工程75亿元，国家管网成立以来首个项目11亿元。（卫 强）

【重点项目承揽情况】2020年，中标中国长江三峡集团新能源山东牟平BDB6号一期（300MW）海上风电项目EPC总承包46亿元、长乐外海海上风电场A区项目风机基础施工及安装工程13亿元、九江市中心城区水环境综合治理二期项目18亿元，中标中国有色矿业集团云南弥玉高速公路项目第二合同段十八工区施工24亿元，中标广东省能源集团粤电阳江沙扒海上风电项目海上建筑安装工程B标及海上升压站采购及安装20.2亿元，中标北京首都创业集团宿迁市中心城市西南片区水环境综合整治PPP项目25.3亿元，中标国家石油天然气管网集团中俄东线天然气管道工程（永清—上海）长江盾构穿越工程隧道施工11.28亿元，中标中国中车无锡至江阴城际轨道交通工程土建施工一标段12.7亿元，中标陕西环保产业集团商洛市全域污水处理PPP项目16亿元，山东公用控股有限公司济宁市农村生活污水治理项目33.6亿元。（卫 强）

【项目监管情况】牵头组织督导项目26次，发出预警20批次，召开项目督导会、工作例会12次，公司新疆、西部、东部、北部、西藏五大区域重点项目共完成产值129.15亿元，完成投资158.72亿元，占已批复项目投资253.28亿元的62.7%。（卫 强）

中国中铁一局

CHAPTER 11

# 党群工作

## 党委（保密）办公室

【服务党委推进重点工作】印发《关于建立贯彻落实习近平总书记重要指示批示工作机制的通知》《关于推动各单位深入贯彻落实习近平总书记重要指示批示的督查办法》，持续完善《党中央决策部署和习近平总书记重要指示批示工作台账》管理，组织贯彻落实习近平总书记对京张高铁、京雄城际、中老铁路、雅万高铁等重要指示批示的落实。服务党委扎实推进国资委巡视整改，除需要长期坚持整改的7条，416条整改措施已完成407条，整改率达到99.5%。印发《中国中铁党委进一步发挥党委领导作用的若干意见》和《中国中铁股份有限公司党委常委会议事规则》，全年协助党委召开党委常委会32次，前置研究重大事项131个。牵头组织了“化公为私”专项整治、作风建设年活动。（侯　素）

【服务党委履行主体责任】完善体制机制，印发了《中国中铁党委落实全面从严治党“两个责任”的实施意见》《中国中铁党风廉政建设责任制》。落实中央八项规定精神、反对“四风”，开展了贯彻落实中央八项规定精神自查自纠和“打麻将”专项整治，向国资委报告了贯彻落实中央八项规定精神、全面从严治党主体责任情况报告。起草了国资委调研党的十九大以来党委落实主体责任情况报告。（侯　素）

【以文辅政】组织重要会议文稿，起草了领导在国资委党委巡视公司党委情况反馈会、年度“两会”、疫情防控工作和复工复产工作视频会、总部机构改革工作会、党风廉政建设和反腐败工作会、经营工作暨区域经营建设会、经济活动分析会、中老铁路廉洁之路建设座谈会、川藏铁路建设动员会和人才队伍建设工作会议等会议上的讲话。组织重大活动文稿，起草或配合起草了领导班子年度述职报告、党委年度工作总结和工作设想、贯彻落实习近平总书记国企党建会重要讲话精神情况汇报、巡视整改专题民主生活会对照检查材料、中央巡视组赴国资委调研会上的发言、对标世界一流企业管理提升行动启动会上的经验交流发言等文稿。全年累计起草各类文稿70余万字。（侯　素）

【服务推动重点事项落实】协助领导开展境外出访、拜会地方领导、与大型重点企业开展商务活动，参加中央、国资委等重要会议，赴定点扶贫地区及所属单位开展调研等重大活动。配合完成国资委党建工作责任制考核，修订了《党委办公会议规定》《党委党内规范性文件联席会议以及审查和备案制度》《请示报告事项清单》。对中央企业负责人年中视频会及公司2020年系列会议精神、经济运行情况分析会以及党委办公会等会议精神进行了分解督办，会同总裁办公室上线试运行了督查督办管理系统。全年完成党委发文144个，机要渠道接收文件675件（1209份），其中，中办文件59件（578份）；国办文件6件（21份）；国资委普通密码传输网接收文件606件，传真4件，上报文件43件；接收机要内参资料554份。部门收文2503件、发文通知100件，党委用印259人次。组织全公司征订《中国共产党党内法规选编》10303册，金额126.6万元；征订2021年《中办通讯》7366份，党支部覆盖率75.8%。（侯　素）

【信息调研】协助党委书记做好各类调研的调研提纲、数据统计、报告起草等工作。完成探索党的领导和公司治理有机统一的调研情况报告。汇总公司领导和高管2019年度调研报告，印发《关于统筹做好2020年度调研检查工作的通知》，开展了年度调研工作。完成2018—2019年

▲2020年10月25日，党委办公室党支部和党委组织部党支部组织全体党员前往中铁装配房山生产基地联合开展“团结协作、服务基层、增强党性”主题党日活动

度中国中铁优秀信息汇编，举办了年度信息工作培训班。加强党委信息调研工作，坚持月度发布信息调研要点机制，《中国中铁“金耳朵”特色产业扶贫助力金米村脱贫得到习近平总书记充分肯定》被国资委《每日要情》刊用。（侯　素）

【国安保密】完善工作制度，制定、修订《国家安全人民防线建设工作规定（试行）》《保密工作管理办法》《保密委员会工作规则》《计算机信息系统安全保密规定》《保密工作评价考核规定》5项制度。落实保密工作责任制，筹备召开年度保密工作会、保密委员会会议和保密业务培训班，编制《保密工作知识手册》和《保密制度汇编》，梳理了保密对标管理35项整改措施，实施了月度督办机制。提高保密防范能力，在总部机关上线试运行商业秘密防护系统，建成了涉密视频会议室、机要阅文室，改造了机要保密室和保密制文室，完成了互联网入口检测和重点信息系统风险评估。（侯　素）

【部门建设】以政治建设为统领，把深入学习领会党的政治理论作为担当履职的基础，坚持把持续学习习近平新时代中国特色社会主义思想摆在首位，全年为部门党员收集推送个人自学政治理论和党中央决策部署材料108篇，组织全体党员集中学习了《习近平谈治国理政》第三卷、统筹疫情防控和复工复产、关于中央办公厅工作、党的十九届五中全会等一系列最新重要讲话，进一步提高了全体党员政治领悟力、政治判断力、政治执行力。认真落实总部作风建设年工作部署，结合《国资委党委第五巡视组巡视反馈意见的整改落实方案》《关于进一步加强总部建设的实施意见》《总部劳动纪律管理暂行规定》等开展“对照检查”，11名党员“对照”排查出5个方面66项问题，坚持个人改和部门改相结合，经梳理后形成18个共性问题，制定立行立改措施18项。（侯　素）

## 党委组织部

【党组织和党员队伍状况】截至2020年末，中国中铁共有党的基层委员会11669个，其中局级党委50个，处级党委437个，其他党委120个。有党工委844个，党总支499个，党支部9719个，其中生产一线党支部7859个，多经党支部22个，离退休党支部213个，机关党支部1524个，其他党支部101个。

全公司共有党员132009名，其中预备党员4196名，占党员总数3.18%；女党员20910名，占党员总数15.84%。党员队伍年龄结构：35岁及以下党员45657名，占党员总数34.59%；36~45岁党员40055名，占党员总数30.34%；46~60岁党员40489名，占党员总数30.67%。文化结构：研究生文化程度8493名，占党员总数6.43%；大专以上文化程度100084名，占党员总数75.82%；中专及高中文化程度17298名，占党员总数13.1%；初中及以下6134名，占党员总数4.65%。职业结构：在职党员124529名，占党员总数94.33%；离退休党员7353名，占党员总数5.57%；在职党员中工人党员11052名，占党员总数8.37%；企

▲2020年12月8日，中国中铁领导调研检查中铁一局玉磨铁路铺架项目党建工作

党群工作

▲ 2020 年 11 月 3 日，深圳地铁 14 号线联合党支部成立暨“盾构攻坚党旗红 全线保通争先锋”党建主题活动在 14 号线昂鹅车辆段举行

业管理人员党员 61268 名，占党员总数 46.41%；各类专业技术人员党员 52116 名，占党员总数 39.48%。

（刘　卫）

【加强思想政治建设】政治建设是党的根本性建设。2020 年，中国中铁坚持以习近平新时代中国特色社会主义思想为指导，深入学习贯彻党的十九大和十九届二中、三中、四中、五中全会精神，引导全公司各级党组织和广大党员干部不断增强“四个意识”，坚定“四个自信”，做到“两个维护”，着力抓好各级领导干部的学习教育工作，进一步强化思想政治建设，围绕新时代党的建设总要求和新时代党的组织路线，扎实推进基本组织基本队伍基本制度“三基建设”，不断加强各级领导班子思想政治建设、基层党组织建设和党员队伍建设，为企业高质量发展提供了坚强的组织保证。在认真开展“不忘初心、牢记使命”主题教育的基础上，按照公司党委安排部署，转发了国资委党委组织部《关于认真贯彻落实关于巩固深化“不忘初心、牢记使命”主题教育成果的意见》，研究制定了巩固深化具体工作方案，明确了主要任务和工作内容，细化分解到相关党群部门倒逼责任落实。推动“第一议题”制度、查摆问题清单制度、党章学习教育制度等有效落实，构建“不忘初心、牢记使命”长效机制。3 月 10 日，印发了《关于认真学习贯彻〈中国共产党国有企业基层组织工作条例（试行）〉的通知》，督促所属二级单位对照《中国共产党国有企业基层组织工作条例（试行）》9 章 41 条内容，逐条逐项对标对表，重点做到“五看”，即看党组织设置是否规范、看党的领导融入公司治理是否到位、看领导体制是否符合规定、看组织生活是否有效开展、看党务力量保障是否到位。通过全面自查，所属 45 家二级单位共查摆问题 471 项，列出专项整改时间表和路线图，制定整改措施，全面加强整改，推动《中国共产党国有企业基层组织工作条例（试行）》精神在全公司各级党组织落地生根。

（刘　卫）

【落实全国国有企业党建工作会议重点工作任务】贯彻落实全国国有企业党建工作会议重点工作任务，是推进全面从严治党落实落地的有力抓手。2020 年 1 月 10 日，公司党委在总部机关召开 2019 年度党委书记抓基层党建工作述职评议会议，中铁一局、中铁二局、中铁三局、中铁五局、中铁七局、中铁八局、中铁九局、中铁十局、中铁隧道局、中铁建工、中铁北京局等 11 家单位党委书记进行现场述职，30 家二级单位党委书记进行书面述职。坚持做好国资委巡视整改的“后半篇文章”，针对巡视整改涉及党委组织部的 10 条问题，研究制定了 18 项整改落实措施，督促中铁四局、中铁北京局、中铁置业 3 个二级单位扎实完成了专项整改工作。结合国资委关于加强党组织深化整改要求，下发了《关于进一步加强和规范党的基层组织建设的通知》，要求所属各级党组织举一反三，针对巡视反馈的党建工作基础薄弱、党组织换届制度执行不力等 6 个方面问题，开展拉网式自查自纠。党委组织部对所属单位查摆出来的 6 个方面 696 项问题整改落实情况进行跟踪督促，统筹帮助解决基层党组织建设中存在的薄弱问题。6 月 4 日，牵头党群部门精心准备迎检材料，配合国资委党建工作责任制考核评价第十考评组，对公司党委 2019 年度党建工作进行考评，6 月 10 日，到中铁北京局总部延伸考评；2019 年度股份公司党建工作责任制考核，经国资委考核结果为优秀，将国资委党委党建考核反馈的 4 个方面问题细化分解到党群各部门，督促逐一制定整改措施，明确整改时限，确保整改到位。结合疫情防控实际和为基层减负的要求，采取了线上考评的方式完成了 2019 年度所属二级单位党建工作责任制考核，其中优秀单位 11 家，良好单位 15 家，一般单位 26 家。印发了《关于建立股份公司领导班子成员 2020 年党建工作联系点的通知》，制定了分工方案，公司 7 名领导班子成员均建立了基层联系点，协调领导以普通党员身份到联系点参加组织生活，检查指导工作，听取基层党员的意见建议。

（刘　卫）

【积极开展疫情防控】2020 年初，面对突如其来的新冠肺炎疫情，党委组织部按照国资委和公司党委要求，动员各级党组织、广大党员充分发挥战斗堡垒和先锋模范作用，积极开展疫情防控工作。先后起草印发了《中国中铁党委关于加强党的领导为打赢疫情防控阻击战提供坚强政治保证的通知》《中国中铁党委关于动员各级党组织党员在疫情防控和复工复产工作中充分发挥作用的通知》等文件，动员各级党组织、广大党员在疫情防控和复工复产工作中坚定信心，扛起责任，精准施策，切实把各项工作抓细、抓实、抓落地，为坚决打赢疫情防控和复工复产做出贡献。积极响应党中央和国资委党委号召，印发了《关于划拨党费用于支持新冠肺炎疫情防控工作的通知》，从留存党费中先后分两批共计划拨 444 万元，专款专用支持所属各单位开展疫情防控工作，并对中铁大桥局、中铁武汉电化局、中铁大桥院、中铁科工等驻鄂单位给予重点倾斜，用于购买疫情防控物资和补助慰问疫情防控一线人员。积极组织全公司广大党员自愿捐款支持新冠肺炎疫情防控，广大党员积极踊跃参与，共有 108225 名党员合计捐款 1574.42 万元。此外，全公司还有 8501 名党员自发通过各种渠道向湖北捐款 389.22 万元。组织推动开展疫情防控一线发展党员工作，疫情期间全公司抗疫一线人员提出入党申请 18 人，抗疫一线火线入党 6 人，其中医护人员 2 人。（刘 卫）

【召开巡视整改专题民主生活会】按照国务院国资委党委第五巡视组《关于巡视中国铁路工程集团有限公司党委的反馈意见》要求，2020 年 3 月 23 日，公司党委召开了巡视整改专题民主生活会。国资委党委巡视办督导处处长孙亮、党建局组织处处长毛溪泉等领导到会指导。公司党委高度重视，坚持“把功夫下在会前”，结合巡视反馈问题和意见，共向 43 家所属二级企业党委征集到 213 条意见和建议，并于会前反馈给班子成员和高管对照检查。会议通报了国资委党委巡视反馈意见的整改进展情况，针对巡视反馈的 4 个方面 13 项突出问题，公司党委进行了全面梳理分析，按照目标、任务、措施、责任和考核“五落实”原则，逐条逐句细化分解为 134 个具体问题。按照具体问题立行立改、重点问题专项整治、长期推进工作持续深化、深层次问题整章建制的原则，研究制定了 416 条整改措施并建立了整改工作台账，确保问题无一放过、线索无一落空、意见逐项落实。专题民主生活会以“深入学习贯彻习近平总书记关于巡视工作的重要指示精神，增强‘四个意识’，坚定‘四个自信’，做到‘两个维护’，聚焦巡视反馈意见，扎实做好巡视整改各项工作，推动解决影响和制约企业改革发展的体制机制等深层次问题，不断提升党的建设质量和企业发展质量”为主题，领导班子及成员深入检视问题，认真剖析原因，扎实制定整改措施，取得了较好成效。（刘 卫）

【培养选树先进典型】召开中国中铁党委庆祝中国共产党成立 99 周年暨“两优一先”表彰大会，集中表彰了 151 名优秀共产党员、65 名优秀党务工作者、93 个先进基层党组织。中铁大桥局党委荣获“中央企业先进基层党组织”“中央企业抗击新冠肺炎疫情先进集体”称号，中铁建工集团北京分公司雄安站房党支部被国资委党委授予“第二批基层示范党支部”。中铁四局中心医院内三科主任、副主任医师张浩荣获“全国抗击新冠肺炎疫情先进个人”称号，中铁三局中心医院普外科护士长智彩霞荣获“中央企业抗击新冠肺炎疫情先进个人”称号。2020 年 9 月 29 日，《人民日报》以“大柱山隧道的顶梁柱”为题，长篇报道了中国中铁一局大柱山隧道基层党建典型经验，充分展示了基层党组织在工程项目建设中设置“红旗责任区”“党员先锋岗”，危急困难时刻发挥党员先锋模范作用的感人事迹。10 月 22 日，在国资委党委召开的中央企业党群（组织）处长培训班上，中国中铁在会上作了《推动全面从严治党向基层延伸，努力把基层项目党组织打造成坚强战斗堡垒》的交流发言。公司党委突出企业特色，结合基层党建工作实际，积极探索推行向外协队伍委派党群工作协理员制度，建立联系农民工队伍的桥梁和纽带，做到了党群工作协理员“派得进、立得住、受欢迎、起作用”，使外协队伍和农民工兄弟有了“连心桥”“主心骨”，基层党组织有了向心力、感召力，基层党建思想政治工作和群众工作得到进一步增强，有力促进了企业和谐稳定发展。（刘 卫）

【加强“三基建设”】按照“四同步、四对接”要求，结合企业实际理顺隶属关系，积极与总部相关部门沟通联系，推动实现党的组织与行政机构同步下达，同时组建，同步发挥作用。指导中铁五局、中铁七局、中铁九局、中铁建工、中铁上海局、中铁二院、中铁置业等单位党委完成换届选举工作，切实做到“应换尽换”。贯彻落实“三懂三会三过硬”要求，按照素质能力与履行岗位职责相匹配、与党组织职责作用相适应的原则，把优秀党员选拔到基层党组织书记岗位，大力加强教育培训和素质提升，发挥好“领头雁”作用。股份公司党委研究制定了加强项目党组织书记培训的指导意见，党委组织部联合集团公司党校采取送校上门的方式，分 6 个片区举办了 6 期中国中铁 2020 年基层党组织书记示范培训班，培训基层党组织书记共计 635 人。2020 年 10 月 19 日至 22 日，在中铁文旅国际生态城组织举办全公司组工干部培训研讨班，股份公司所属各二级、三级单位组工干部共计 128 人参加培训研讨。督促所属单位按照年度培训计划，认真开展党务干部和基层党组织书记培训，构建股份公司示范培训、二级单位重点培训、三级单位全面培训、基层党组织兜底培训的工作格局。全年各二级单位共举办基层党组织书记和党务干部培训班 71 期培训 4599 人次，党员教育培训工作取得明显实效。坚持把整章建制作为工作的着力点，进

党群工作

一步完善党建工作制度体系，为基层党建工作提供基本遵循和制度保障。先后制定了《中国中铁党委领导班子成员党建工作联系点实施办法》《中国中铁党组织工作经费管理暂行办法》《中国中铁党支部建设晋位升级管理办法》《中国中铁党组织换届选举工作实施细则》，修订了《中国中铁党委全委会工作规则》《中国中铁工程项目部党群工作协理员管理规定》《关于进一步加强和改进新形势下项目党建工作的指导意见》《关于进一步加强境外单位党建工作的指导意见》等文件，做到一手抓制度规范，一手抓贯彻执行，确保基层党建工作有章可循、有规可依。聚焦强基层打基础，推进支部建设标准化、规范化，建立了"量化考评、分类定级、动态管理、晋位升级"党支部创优晋级管理机制，按照"未达标党支部、合格党支部、优秀党支部、示范党支部"四个等级开展党支部建设晋位升级工作，促进了党的领导、党的工作、党的组织作用充分发挥。结合企业实际，研究制定了基层党支部工作标准化手册，印发到9000多个基层党支部，推动基层党支部工作更规范、管理更科学、履责更到位。（刘　卫）

【加强基层党建重点工作及党员队伍建设】结合国资委和公司党委的安排部署，下发了《中国中铁党委2020年组织工作要点》，将全年组织工作细化为5个方面20项任务，并提出具体安排和明确要求，谋划好组织工作的顶层设计。指导中铁广州建设公司、珠三角城际工程建设指挥部、中铁装配、匈塞铁路项目、中铁信科、中铁世德以及相关区域总部等建立健全党组织设置，指导中国铁工投资完成党组织和纪检组织更名事宜，扎实推进新成立单位党建工作要求"进章程"。截至年末，新组建的6家单位全部完成了"党建入章"工作。持续推进整顿软弱涣散基层党组织工作，围绕基层党支部应建未建、不按期换届、班子配备不齐、组织生活制度不健全、落实不规范，组织活动与生产经营结合不紧密、"两张皮"等典型问题，制定针对性的整改措施，督促开展专项整顿，初步解决了基层党组织建设中存在的突出问题，有关情况及时向国资委党委进行了上报。组织召开混改企业党建工作座谈会。召集中铁装配等5家二级单位组织部门负责人就混改企业党建工作进行研讨，对国资委《关于中央企业加强混改企业党建工作的有关事项的通知》，提出具体修改意见建议，并及时报国资委党建局。认真做好党建理论课题研究，按照国资委党委国企党建专委会党建课题选题安排，组织各单位共研究完成61项党建课题，经过评选向国资委推荐7项，其中，重点课题2项、自选课题5项。中铁五局京张高铁项目党建创新成果，获得2020年度中国中铁企业管理现代化创新优秀成果一等奖。坚持将抓好组织重点工作落实与党委巡视整改紧密结合、一体推进，利用股份公司对所属部分单位巡视契机，委托参与巡视的两位二级单位组织部门负责人在开展常规巡视的同时，兼顾对被巡视单位党建基础工作进行检查并形成专项报告，及时督促补齐党建工作短板，受到了公司领导的充分肯定。认真做好党员发展工作，根据"控制总量、优化结构、提高质量、发挥作用"的新要求，严格程序，严肃纪律，狠抓工作落实，有领导、有计划、积极慎重地做好发展党员工作。2020年，共发展新党员3935人，其中高知群体52人，占1%；产业工人212人，占新发展党员人数的5%；女党员557人，占14%。强化党员日常管理。及时转接党员组织关系，有针对性做好离退休党员党组织关系移交地方、兼并重组企业党员党组织关系整建制转接工作。建立健全党内关怀帮扶机制，认真做好慰问老党员和生活困难党员工作。按照国资委党委《关于做好2020年元旦春节期间走访慰问生活困难党员和老党员有关工作的通知》要求，两节期间，公司党委深入开展慰问老党员和生活困难党员工作，拨付慰问金273.8万元，慰问中华人民共和国成立前入党的老党员203人，慰问优秀党员、优秀党务工作者48人，慰问生活困难党员3169人，慰问困难群众281人；各二级企业使用党费慰问金509.2万元，帮助解决生产生活困难619个，听取工作意见建议508条。持续深入开展党员教育培训工作。转发《中央企业贯彻落实〈2019—2023年全国党员教育培训工作规划〉举措清单》，所属各级党组织有计划有步骤推进党员教育培训工作，做到送教下工地、到项目。下发了《2020年党员教育培训计划》，对全公司党员教育培训工作进行了安排部署。认真开展"党课开讲啦"活动，组织

▲10月17日，中铁七局召开项目党建工作现场会

开展优秀党课评选活动，共计表彰优秀党课45个，优秀组织单位5个，特别荣誉奖项10个，并择优通过国资委党委向中组部推荐3个优秀党课。举办中国中铁入党积极分子示范培训班，130名入党积极分子参加了教育培训。按照国资委党建工作局专题座谈会精神，先后分两批召开了所属二级单位组织部长座谈会，学习传达了国资委专题座谈会和姚焕局长讲话精神，对摸排非党员高知群体工作提出要求。积极推动“智慧党建信息化平台”建设，探索运用信息化手段开展党建工作，协调中铁信科、中铁六院共同研发建设中国中铁智慧党建平台；开通运营“中铁组工”微信公众号，截至年末，编发各单位优秀党建工作成果和党组织特色做法文章130多篇，增强了党建工作针对性、吸引力和实效性。开展党统业务工作培训。12月15日至16日，在总部机关举办中国中铁2020年党内统计工作培训班，对全公司2020年党内统计年报工作进行安排部署。先后分2批对所属二级单位上报的党组织和党员信息进行审核，指导所属各单位分批到股份公司总部开展党组织和党员信息录入工作。（刘　卫）

【中央企业先进基层集体】（3个）

中铁大桥局党委获“中央企业先进基层党组织”称号

中铁大桥局党委获“中央企业抗击新冠肺炎疫情先进集体”称号

中铁建工集团北京分公司雄安站房党支部被国资委党委授予第二批基层示范党支部

【全国抗击新冠肺炎疫情先进个人】（1人）

张　浩　中铁四局中心医院内三科主任、副主任医师

【中央企业抗击新冠肺炎疫情先进个人】（1人）

智彩霞　中铁三局中心医院普外科护士长

▲中铁黑龙滩项目党建共建服务中心

【中国中铁优秀共产党员】（151个）

马兆里　中铁投资天津指挥部党工委书记、常务副指挥长

康　林　中铁南方福州指挥部副指挥长、安全总监兼福州地铁6号线2标、滨海快线1标项目经理

廖光坚　中铁交通安全生产总监兼安质环保监督部部长

李　慧　中铁开投行政办公室（党委办公室）科长

孙明英　中铁城投西安地铁工程指挥部指挥长

张艳文　中铁上投杭海城际铁路工程项目部党工委书记、项目经理

冯慧君　中铁发展青岛市地铁8号线项目总部党工委书记、副经理、安全总监

赵志华　中铁北方呼和浩特市轨道交通1号线一期工程建设指挥部建设管理部副部长

郝　铎　中铁一局新运路桥公司鲁南项目部架梁队队长

魏珍珍　中铁一局物贸公司生产管理部副部长、项目总工

孔　涛　中铁一局三公司梧州综合管廊项目经理

秦光荣　中铁一局铁建公司安装分公司经理

韩　胜　中铁一局广州分公司南玉铁路站前工程第8标段项目经理

李先平　中铁一局海外事业部哥伦比亚Mar2公路项目安全总监

白芝勇　中铁一局五公司精密测绘公司工匠技师

成　波　中铁二局一公司西安地铁5号线二期D5-GC-TJ2标项目经理

戴红斌　中铁二局二公司荔城百花涌片区污水处理提质增效项目经理

岳　涛　中铁二局五公司汉巴南铁路5标项目经理

张俊平　中铁二局六公司杭州地铁6号线一期SG6-17标项目经理

雷　超　中铁二局新运公司磨万铁路工程指挥部党支部书记

杨志贵　中铁二局第二医院内科主任

冯继军　中铁三局线桥公司焊轨分公司副经理

李腾云　中铁三局副总经济师兼经营开发部部长

邓　飞　中铁三局四公司党委副书记、总经理

申雪松　中铁三局贵南项目部党工委书记、项目经理

刘晓栋　中铁三局印尼雅万高铁指挥部党工委书记、常务副指挥长

薛　富　中铁三局运输分公司第二运输段机车检修中心技术

室主任
刘宏斌 中铁三局中心医院副院长兼内科一病区主任
智彩霞 中铁三局中心医院外科二病区护士长
翟宇航 中铁三局勘测设计分公司线桥设计所副所长
石 斌 中铁三局中心医院院长
潘小明 中铁三局建安公司武汉地铁青菱停车场项目总工程师
范远锋 中铁四局一公司副总经济师兼经营开发部部长
王 充 中铁四局四公司台州制梁场项目经理
李玉龙 中铁四局北方区域指挥部副指挥长兼管控组组长
吴尔斌 中铁四局市政分公司景德镇棚户区改造项目部党支部书记
刘 平 中铁四局投资运营公司景德镇市管廊 PPP 项目公司总经理
胡 伟 中铁四局管理研究院信息化研究室主任
张 浩 中铁四局中心医院内三科主任
凌素花 中铁四局中心医院外二科护士长
李 亮 中铁四局机电公司项目经理
杨 帆 中铁四局五公司九江水环境治理项目部常务副经理
胡从文 中铁五局一公司副总经济师兼西察项目经理
陈运波 中铁五局二公司新建金甬铁路项目经理
李 波 中铁五局五公司副总经济师兼大瑞铁路项目经理
张本刚 中铁五局六公司武汉地铁 5 号线项目部领工员
谢启明 中铁五局电务城通公司京广铁路项目架子队技术负责人
向 捷 中铁五局投资事业部科长
陈海林 中铁五局二公司医院门诊部主任
刘 丹 中铁六局呼和浩特铁建公司党委副书记、总经理
米万富 中铁六局天津铁建公司总工程师、副总经理
郝天坤 中铁六局建筑安装分公司副总经理
周文冠 中铁六局西南指挥部常务副指挥长
薛志钢 中铁六局石家庄铁建公司冀南新区项目部总工程师
张志军 中铁七局三公司深圳妈湾跨海通道项目经理
王光辉 中铁七局海外公司埃塞俄比亚地区党总支书记兼埃塞俄比亚 56 公里公路项目党支部书记
郑艳红 中铁七局电务公司新建京张铁路 10 标项目部电力作业队队长
刘占雷 中铁七局郑州南站地铁项目经理
黄晓杰 中铁七局河南分公司总经理
左镇源 中铁七局四公司副总工程师、崇左棚户区改造项目经理
吕恩玉 中铁七局武汉公司武汉地铁 5 号线 8 标项目部安全总监
郑腾飞 中铁七局武汉公司武汉武九北综合管廊第二项目部工会主席
张列东 中铁八局一公司重庆至黔江铁路站前 13 标项目部二工区项目经理
罗 宁 中铁八局二公司宜彝高速 2 标项目部项目总工
王启龙 中铁八局三公司贵州宝能新能源汽车产业园项目经理
刘凌龙 中铁八局建筑公司黑龙滩（星月山湖）项目副经理
李小东 中铁八局磨万铁路第Ⅲ标项目部安全总监兼安质部部长
陈海军 中铁九局华中指挥部常务副指挥长
李 锴 中铁九局六公司党委书记、执行董事
冯晓平 中铁九局财务部副部长
杨延昭 中铁九局二公司党委副书记、总经理
赵 宇 中铁十局大临铁路项目经理
蔡红涛 中铁十局五公司昆明五华区厂口产业园一期工程项目经理
满孝锋 中铁十局西北公司济莱高铁二工区项目经理
张勇杰 中铁十局青岛公司潍莱高铁项目部党工委书记
陈礼松 中铁十局拉美分公司市场营销部部长
孟 莎 中铁大桥局党校（管理研究院）调研员
王吉连 中铁大桥局七公司党委书记、执行董事
何秋恩 中铁大桥局长三角片区指挥部常务副指挥长、党工委副书记
刘爱林 中铁大桥局商合杭铁路芜湖桥项目部总工程师
陈 明 中铁大桥局连镇铁路项目部常务副经理
刘 斌 中铁隧道局一处测量队测量工程师
廖品富 中铁隧道局建设公司重庆市政二公司项目经理兼重庆 10 号线项目经理
张雅鲲 中铁隧道局路桥工程公司营销部长兼营销技术中心主任
刘永胜 中铁隧道勘察设计研究院总工程师
张红耀 中铁隧道局设备分公司副总工程师兼监理中心经理
陈 冬 中铁隧道局二处崇礼铁路一标项目部工会主席
涂青聚 中铁电气化局西安电化公司武汉分公司副经理、武汉地铁 8 号线二三期供电工程项目经理
王广冬 中铁电气化局北京电气化公司第一项目分公司总工程师
唐庆涛 中铁电气化局一公司金台铁路四电系统集成项目经理
刘志国 中铁电气化局北京地铁 17 号线 20 标项目经理

张如卿　中铁电气化局上海电气化工程分公司第一项目分公司党总支书记、南昌市轨道交通 3 号线工程 PPP 项目部党工委书记
闫玉平　中铁武汉电气化局连镇项目部副经理
任海峰　中铁武汉电气化局机电分公司第四项目管理部副经理
涂传鹏　中铁武汉电气化局北京分公司市场开发中心经理
强　鹏　中铁建工上海分公司副总经理
王海波　中铁建工西南分公司自贡东站站房及配套工程项目总工
路海勇　中铁建工北方公司中老昆万铁路新建玉溪至磨憨铁路站房及生产生活房屋等相关工程 YMZF1B 项目经理
张翠山　中铁建工东非公司坦桑尼亚分公司党总支书记、常务副经理
孙如幂　中铁广州局副总经济师、经营开发中心总经理
鲍灵辉　中铁广州局三公司副总经理
詹义生　中铁广州局港航公司总经理助理兼广州港南沙港区近洋码头项目经理
郭鸿强　中铁北京局六公司总工程师兼双洮高速公路二工区项目经理
梁　迪　中铁北京局中心试验室主任
李国成　中铁北京局五公司新建金甬铁路站前工程项目部三分部工区队长
孙述灿　中铁上海局总经理助理兼任华南区域经营总部总经理
侯宇飞　中铁上海局京雄城际铁路项目部副经理兼总工程师
钱传运　中铁上海局华东区域经营总部副总经理
吴　琦　中国铁工建设银川水务公司总经理
徐松苗　中国铁工建设泰安环境治理公司党委书记、总经理
梁学庆　中铁国际川铁国际公司第二事业部尼日利亚项目经理
胡彦鑫　中海外西非区域公司综合部部员
赵晓平　中铁东方国际副总工程师兼项目管理中心常务副主任
曾昱仟　中铁二院成都勘察设计研究院有限责任公司经营计划部副部长
江亚非　中铁二院土木建筑设计研究三院孟加拉国多考项目经理
朱　勇　中铁二院土木建筑设计研究一院副总工程师
吴树伟　中铁六院国际事业部部长
毕经东　中铁六院隧道设计分公司副总工程师
王振文　中铁设计太原设计院铁道分院副院长
李德悦　中铁设计航测遥感研究院勘测三队行政队长
曾祥福　中铁设计地质路基勘察设计院高级工程师
王洪雨　中铁设计线路站场设计研究院副总工程师
谭本兴　中铁大桥院勘察院院长助理
刘科峰　中铁大桥院第一设计院主任工程师
孙彦芳　中铁华铁工业设计院副总工程师
严金秀　中铁科研院副总经理、国际隧道与地下空间协会（ITA）主席
丁建芳　中铁科研院西南院地质所党支部书记
于亚洲　中铁置业沈阳公司党委副书记、总经理
杜思明　中铁置业河北雄安公司党委书记、执行董事
宋　志　中铁文旅贵州旅游文化公司党群工作部部员
刘　青　中铁工业九桥公司桥梁分公司铆焊一班电焊高级技师
田恒勇　中铁工业科工集团轨道交通装备公司党委副书记、纪委书记、监事
许　贺　中铁工业山桥集团营销中心西部区域营销主管
贺敬轩　中铁工业钢构公司副总工程师
苏君龙　中铁工业人力资源部（党委干部部）一级职员
舒伟浩　中铁工业重工公司党委副书记、总经理；援建火神山医院、雷神山医院项目部临时党支部书记、党员突击队队长
李　桐　中铁工业科工集团轨道交通装备公司党委副书记、执行董事、总经理；援建火神山医院项目经理
张　波　中铁工业重工公司起重机分厂铆焊综合班班长；援建火神山医院、雷神山医院项目部党员突击队队员
郭有劲　中铁资源廊坊物探勘察公司总经理、党委副书记
房灵国　中铁物贸鲁班公司党委副书记、总经理
王云飞　中铁信托房地产信托部总经理
吴　昊　中铁财务公司金融市场部总经理
刘丽惠　中铁资本财务管理部副总经理
张　伟　中铁世德综合管理部副部长
苏永东　中铁国资郑州铁路技师学院院长
王兆雨　中国中铁党校办公室主管
王　坤　中国中铁孟加拉国帕德玛大桥铁路连接线项目部党工委副书记兼副总经理（主持工作）
阳　雪　中国中铁印尼雅万高铁项目经理部工程管理部部长
高兴泽　中国中铁双洮公路项目总经理部项目总经理
田　华　中国中铁财务与金融管理部综合处处长
吴　茵　中国中铁法律合规部法治建设处处长

【中国中铁优秀党务工作者】（65 个）

刘新文　中铁一局四公司党委书记、执行董事
王　亮　中铁一局二公司大连地铁五号线 04 标项目党支部书记
吴　超　中铁一局厦门公司党委工作部部长
韦庆利　中铁二局房地产公司党群工作部部长
马　亮　中铁二局深圳公司党委书记
焦　云　中铁二局三公司陕西旬凤高速公路土建第 4、第 5 合同段项目部党支部书记
余承宏　中铁三局五公司党委书记、执行董事
付夏英杰　中铁三局四公司北京地铁 12 号线项目部党支部书记
黄晓明　中铁四局电气化公司党委书记
徐智强　中铁四局五公司沈阳地铁 2 号线南延线一标项目部党支部书记
杨铁明　中铁四局城轨分公司苏州地铁 V-TS-02 标项目部党支部书记
申长春　中铁五局张吉怀铁路项目部党工委书记
陈　怡　中铁五局路桥公司南沙区排水管网维修项目部党工委书记
任　梅　中铁五局贵州公司党委工作部副部长
贾友文　中铁五局四公司京张项目部党工委书记
井国彬　中铁六局党委干部部（人力资源部）部长
魏小良　中铁六局路桥公司玉楚项目部党支部书记
闫武平　中铁七局本部机关党委书记
孙少甫　中铁七局四公司党委工作部部长
王中海　中铁七局西安公司京张高铁十标项目部党支部书记
段述敏　中铁八局桥梁公司机关党总支书记
王智明　中铁八局纪委综合室科长
柳金海　中铁九局党委组织部副部长
李丽文　中铁九局四公司昆明地铁项目部党支部书记
赵华伟　中铁十局二公司党委书记
刘占锋　中铁十局电务公司电气化第一项目部党支部书记
赵进文　中铁大桥局四公司党委书记、中铁大桥局福平铁路 FPZQ-3 标项目部党工委书记
张　浩　中铁大桥局二公司党委副书记、纪委书记
马文建　中铁大桥局一公司武汉青山长江大桥项目部党支部书记
朱文君　中铁隧道局隧道股份公司汕头苏埃通道工程项目部党支部书记
张志强　中铁隧道局二处党委工作部（企业文化部）部长
罗　华　中铁隧道局市政工程公司杭州至富阳城际铁路工程 2 标项目部党支部书记
刘远略　中铁电气化局以色列特拉维夫轻轨红线系统及轨道联营体项目部党工委书记
戴　喆　中铁电气化局党委巡察办副主任
李　桩　中铁电气化局北京地铁 12 号线 01 标项目部党支部书记
周志强　中铁武汉电气化局玉磨铁路站后一标项目部党工委书记
刘　宜　中铁武汉电气化局一公司电气化分公司第三项目部党支部书记
安振山　中铁建工山东公司党委书记、执行董事
张　群　中铁建工北京分公司党委副书记、工会主席
衣艳敏　中铁建工广州分公司白云站综合交通枢纽项目部党支部书记
黄立庆　中铁广州局党委（董监事会）办公室主任
郑　洪　中铁广州局市政环保公司太原西北二环高速 ZH08 标项目部党支部书记
程会娥　中铁北京局一公司渭南宏帆人和府项目部党支部副书记（主持工作）
刘英华　中铁北京局城轨公司党委办公室（党委组织部）主任
尹朝援　中铁上海局市政环保公司党委书记、执行董事
李安蓉　中铁上海局城轨分公司上海轨道交通 15 号线 21 标项目部党支部书记
齐毓楠　中国铁工建设呼和浩特轨道交通 1 号线一期工程 08 标项目部党支部书记
曹　妍　中铁国际党群工作部宣传科一级职员
石琪琪　中海外摩洛哥分公司党支部组织委员
唐　艳　中铁二院测绘工程设计研究院党群部部长
陈福贵　中铁二院地下铁道设计研究院线网规划设计分院党支部书记
胡学钧　中铁六院通信信号勘测设计院党委书记、执行董事
赵匡胤　中铁设计党委宣传部（企业文化处）副部长（副处长）
查京屏　中铁大桥院武汉勘察设计研究院党委书记
张翠祥　中铁华铁城市轨道交通监理公司武汉片区党支部书记
龙秒锋　中铁科研院党委办公室科长
朱建明　中铁置业北京中铁第一太平物业服务公司海南分公司党支部书记、总经理
苏叶茂　中铁工业工服公司党委书记、执行董事
冯培培　中铁工业装备集团党委工作部组织科科长
赵建生　中铁工业宝桥集团钢结构车间党支部书记
郝国强　中铁资源商贸分公司党委书记
佟　明　中铁国资纪委综合室主任
孙长希　中国中铁新疆区域工程建

设指挥部纪工委书记

孙化文　中国中铁双洮公路项目总经理部党工委副书记、纪工委书记、工会工委主任

王国卿　中国中铁党委宣传部（企业文化部）副部长

【中国中铁先进基层党组织】（93 个）

中铁投资石家庄地铁 2 号线工程建设指挥部党工委

中铁南方珠三角指挥部党工委

中铁交通南宁地区地铁 4 号线党支部

中铁开投贵阳轨道交通 3 号线一期工程指挥部党工委

中铁城投成都分公司党工委

中铁上投杭州地铁 7 号线工程施工总承包项目部党工委

中铁发展山西静兴高速公路项目部党工委

中铁北方大连地铁五号线有限公司党委

中铁一局建筑安装公司党委

中铁一局城轨公司佛山地铁 3203 标项目部党支部

中铁一局电务公司郑州地铁信号项目部党支部

中铁一局五公司绍兴 329 国道改造项目部党支部

中铁二局四公司党委

中铁二局电务公司党委

中铁二局建筑公司新疆区域工程项目部党支部

中铁二局中老指挥部本部党支部

中铁三局五公司党委

中铁三局建安公司党委

中铁三局贵南客专贵州段工程项目部党工委

中铁三局银西铁路甘宁段 ZHSD 联合体项目部党支部

中铁三局新建京张铁路六标项目部党工委

中铁三局中心医院党委

中铁四局二公司云南宁永高速公路项目部党支部

中铁四局三公司北京地铁 19 号线 09 标项目部党支部

中铁四局路桥公司双洮项目部党支部

中铁四局建筑公司福州地铁 6 号线横港车辆段项目部党支部

中铁四局一公司崇礼铁路三标项目部党支部

中铁五局四公司银西铁路 YXZQ-1 标项目部党工委

中铁五局机械化公司长沙盼盼路项目部党工委

中铁五局建筑公司京张八达岭长城站站房项目部党支部

中铁五局成都公司西安地铁 6 号线 TJSG-12 标项目部党工委

中铁六局北京铁建公司党委

中铁六局太原铁建公司党委

中铁六局交通工程分公司武汉轨道交通 16 号线项目部党支部

中铁六局北京铁建公司京张铁路线路项目部党支部

中铁七局武汉工程有限公司党委

中铁七局五公司安六铁路站房项目党支部

中铁七局机关第一党支部

中铁八局现代物流公司党委

中铁八局电务公司供电一项目部党支部

中铁八局昆明公司昆明枢纽第三项目部党支部

中铁九局大连分公司党委

中铁九局路桥分公司苏北梁板厂党支部

中铁十局成昆铁路峨眉至米易段项目部党工委

中铁十局三建公司金砂西路西延线工程项目部党支部

中铁十局四公司宁明县棚户区改造项目部党支部

中铁大桥局六公司党委

中铁大桥局九公司党委

中铁大桥局孟加拉国帕德玛大桥项目部党工委

中铁大桥局六公司新建京张铁路五标项目部党支部

中铁隧道局隧道股份公司春风隧道工程项目部党支部

中铁隧道局格库铁路新疆 S6 标项目部党工委

中铁隧道局三处广州国际创新城金光东隧道工程项目部党支部

中铁电气化局城铁公司党委

中铁电气化局三公司信号分公司党委

中铁电气化局京沪高铁维管公司济南维管段泰安联合党支部

中铁电气化局电气化公司第一项目分公司第一党支部

中铁武汉电气化局一公司通信分公司武汉项目部党支部

中铁武汉电气化局蒙华铁路 MHSD-1 标项目部党工委

中铁建工北京分公司党委

中铁建工山东公司党委

中铁建工丰台站改建工程项目部党支部

中铁建工北京分公司新建京张铁路清河站站房工程项目部党支部

中铁广州局桥梁公司党委

中铁广州局深圳公司兰池佳苑、秦汉小学项目部联合党支部

中铁北京局一公司党委

中铁北京局北京公司长春物流港项目部党支部

中铁上海局一公司党委

中铁上海局广州沥滘污水处理厂（EPC）项目部党支部

中国铁工建设市政环境公司泰城水生态环境治理工程 PPP 项目党支部

中铁国际南美分公司党委

中铁二院昆明勘察设计研究院工程设计一处党支部

中铁二院土木建筑设计研究二院桥梁处党支部

中铁六院电气化设计院分公司党委

中铁设计济南设计院第一党支部

中铁设计线路站场设计研究院党委

中铁大桥院第二设计院党总支

中铁大桥院机关第三党支部

中铁华铁苏州设计院党工委

中铁科研院西北院文保中心党支部

中铁置业贵州有限公司党委

中铁文旅四川生态城投资有限公司党委

中铁工业装备集团有限公司党委

中铁工业山桥集团辙叉分公司党总支

中铁工业宝桥集团机械车间党支部

中铁工业重工公司援建火神山医院、雷神山医院项目部临时党支部

党群工作

中铁工业科工集团火神山医院项目部临时党支部
中铁资源中刚工程建设股份有限公司党工委
中铁物贸（北京）有限公司党委
中铁信托财务稽核及营销党支部
中铁国资武汉铁路桥梁职业学院党委
中铁广州轨道交通七号线二期项目部党支部
中国中铁党委办公室（保密办）党支部 （刘 卫）

## 党委宣传部

【抓好思想理论武装】制定《党委理论学习中心组学习规则》，在公司党委中心组重点学习内容安排和宣传思想文化工作要点中，明确了落实“第一议题”的有关要求。全年共组织公司党委中心组集体学习研讨7次，及时学习习近平总书记最新讲话精神和上级重要部署。特别是党的十九届四中、五中全会召开后，第一时间组织党委中心组专题学习，起草下发学习通知，在全公司迅速掀起学习热潮。2020年11月25日在总部举行党的十九届五中全会精神宣讲报告会暨“党课开讲啦”活动，陈云书记作专题宣讲报告，全公司49500余人以视频方式参加报告会。同时，加强对各单位中心组学习的督导，年初通报了上年度全公司的学习情况，各单位共组织党委中心组学习近300次。 （李 巍）

【贯彻“三个转变”重要指示精神】2020年5月10日，第四个中国品牌日之际，中国中铁与国资委宣传局联合举办“三个转变”与高质量发展研讨会暨第二届中国品牌战略发展论坛，创造了公司贯彻习近平总书记重要指示的“五个首次”：首次在总部与上级主管部门联合举办相关活动；首次全面总结公司落实“三个转变”重要指示成果，撰写工作纪实《永恒的追求》；首次在总部布置“三个转变”成果展览；首次制作发布相关专题片；首次成立专门研究机构——“三个转变”研究院。活动得到上级领导和参会各央企的广泛赞誉。 （李 巍）

【宣传贯彻习近平总书记对中国中铁作出的重要指示批示精神】梳理习近平总书记对中国中铁承建的乌兹别克斯坦卡姆奇克隧道、中老铁路、小相岭隧道、京雄城际铁路、雄安新区“千年秀林”、京张高铁、陕西柞水金米村扶贫援建项目、湖南汝城“半条被子”故事发生地扶贫工作等作出的一系列重要指示批示精神，通过展板、微信、学习强国号、报纸等进行了大力宣传。撰写《牢记总书记嘱托 奋力推动企业高质量发展》经验材料，在国资委《宣传工作》第22期上刊发。 （李 巍）

【政策理论研究】组织开展的《“十四五”时期我国建设制造强国的政策建议研究》，获评中国管理科学研究院学术年会优秀论文一等奖；《践行“三个转变”打造全新中国中铁》，获评2020全国国企管理创新成果一等奖；《新时代驱动中国制造业高质量发展的“四项变革”》，获评2020中国企业改革发展优秀成果一等奖；《大型建筑集团加强海外传播能力建设研究》获中央企业政研会优秀课题一等奖、中国中铁企业管理现代化创新优秀成果一等奖；指导中铁二院、集团公司党校开展的相关课题分别获中央企业政研会优秀课题二等奖、三等奖。（李 巍）

【落实意识形态工作责任制】每半年总结一次全公司意识形态工作，经公司党委常委会审议通过后，报送国资委。把意识形态管理与党建工作责任制考核相结合，与职工思想教育相结合，与落实党风廉政建设责任制相结合，加强对各单位的检查。全年共对29家单位意识形态工作进行了检查指导。 （李 巍）

【形势任务教育】工作会期间，通过三期专题微信和报纸的8版专刊及时详细解读会议精神。疫情防控期间，通过企业各级新媒体及时推送防控知识，对中央精神、公司部署、防疫行动、复工复产动态进行及时宣传。推出了重要评论“钟铁轩”，持续深入解读公司重要安排部署。 （李 巍）

【打造“九位一体”融媒体宣传阵地】构建了微信公众号、学习强国号、抖音、微博、头条号、官方网站、海外社交、报纸、杂志“九位一体”的融媒体宣传矩阵。网络媒体突出时效性、生动性，以文字、视频、海报、漫画等多种形式，“活色生香”地宣传推介中国中铁。全

▲2020年11月27日至12月3日，中国中铁举办领导干部学习贯彻党的十九届五中全会精神集中轮训班

年共发布信息3000余条，为2019年的9.3倍；总阅读量超过8000万人次，为2019年的11.5倍。其中，学习强国号每日推送5篇，11篇刊登在学习强国首页推荐栏，56篇被国资委平台刊发；微信发布信息650条；微博被国资小新转发率超60%；抖音最高单条阅读量超1440万人次；网站发布信息600多条。报纸突出公司大事件报道和专题报道，共发行41期，刊稿2265篇。杂志突出党建理论研究和基层党建工作经验交流，共刊稿170余篇。《中国中铁》报和《中铁党建》均被中施企协评为精品报刊。（李 巍）

【八大主题宣传】2020年，全公司在中央媒体播发新闻数量和质量均创新纪录。全公司对外报道超31.1万篇，中央媒体7415篇，是2019年的2倍。其中，5月至6月连续两次在《人民日报》头版头条刊发小相岭隧道、雄安站等重点项目建设情况；7月，在《新华每日电讯》头版刊发整版报道，宣传大柱山隧道。学习强国首页推荐《习总书记点赞中国中铁青年党员》一文阅读量达855万，点赞超23万。一是开展抗疫复工主题宣传。《新闻联播》播出40余次公司复工复产报道，超过2019年全年播发数量。其他中央媒体也多次报道公司抗疫复工贡献。在《中国经济周刊》的“两会”特刊刊发《在战“疫”复工中彰显中铁担当》，作为全国“两会”资料发放到参会代表委员手中。举办中国中铁职工抗疫复工书画摄影展，编辑专题画册，制作专题片。开展全公司抗击疫情先进评选表彰，并推荐1人获得“全国抗击疫情先进个人”；中铁大桥局党委获得“中央企业抗击新冠肺炎疫情先进集体”和“中央企业先进基层党组织”；3人获得“中央企业抗击新冠肺炎疫情先进个人”。二是开展脱贫攻坚主题宣传。习近平总书记先后到中国中铁帮扶的陕西柞水县、湖南汝城县调研脱贫攻坚情况。4月20日，习近平总书记在柞水县实地考察产业扶贫成果，点赞中国中铁一局投资援建的木耳产业是“小木耳，大产业”。9月16日，习近平总书记在汝城县调研脱贫攻坚情况，参观“半条被子的温暖”专题陈列馆时，在中国中铁捐赠棉被的展柜前，读出了捐赠棉被上写的“半条被子，温暖民心。践行承诺，鱼水情深”。党委宣传部以习近平总书记视察两地扶贫工作和公司捐建云南会泽幼儿园交付等为契机，组织中央媒体对公司脱贫攻坚贡献进行集中宣传。10月17日国家扶贫日期间，中国中铁党委副书记王士奇接受国资委“对话新国企·大道康庄”节目专访；组织中央媒体开展“重走总书记点赞的扶贫路”集中采访报道。制作了《共筑小康路——中国中铁决战脱贫攻坚工作纪实》一书，总结全公司扶贫工作成果。参与央视纪录片《寻路乡村中国》制作，深入讲述公司扶贫故事。三是开展“一带一路”建设主题宣传。制定了《关于加强海外宣传工作指导意见》，围绕雅万高铁、中老铁路等重点项目推进情况，在当地媒体进行了大量报道。中国中铁副总裁任鸿鹏在中国日报社“新时代大讲堂”发表英文演讲：中国中铁助力全球抗疫。承办第二届“一带一路”百国印记短视频大赛，公司两项作品分别获得“一带一路”最美共建者和优秀剪辑奖。外交部发言人赵立坚在例行记者会上为大赛点赞。四是开展高质量发展主题宣传。在微信公众号和报纸上先后开设了“奋进2020”“践行‘三个转变’”“大干100天”等专栏，宣传各单位在高质量发展等方面好的经验做法。五是开展科技创新主题宣传。组织中央媒体围绕盾构核心部件国产化、苏沪通大桥建成通车等公司在大国重器方面的贡献进行集中采访，推出一系列重量级报道，对公司获得的科技创新奖项进行了及时宣传。六是开展改革发展主题宣传。围绕“提升治理能力”“管理实验室”“对标世界一流”等企业改革发展重点任务在报纸和微信公众号上开设专题、专栏，刊发相关稿件数十篇。七是开展百日攻坚主题宣传。在报纸和微信公众号上开展“决战四季度、决胜保目标”专题宣传，及时宣传各单位掀起生产经营攻坚热潮，全力冲刺年度目标任务所取得的重要成果。八是开展重点项目主题宣传。组织中央媒体对石家庄地铁2号线、吉林双洮高速公路、唐山花海、冬奥会“三场一村”、丰台站、中老铁路等重点项目进行了集中报道，编辑制作《智慧京张》《千里浩吉》等专题书籍，引起较好反响。（李 巍）

【海外宣传】常态化运营4个海外社交媒体，共发帖文1015篇，阅读总量超2580万次。与中国、印度尼西亚知名智库联合完成基础设施行业在印度尼西亚国别投资风险与机遇研究；举办“印度尼西亚优化投资促进政策网络研讨会”。主动联系印度尼西亚主流媒体，对雅万高铁等项目开展近30次报道活动，联合制作13期“我与雅万高铁”的访谈节目。积极在印度尼西亚履行社会责任，并发布印度尼西亚国别社会责任报告。与印度尼西亚Fasindo传媒合作，引进《中国城轨》纪录片在印度尼西亚播放，覆盖印度尼西亚家庭用户超过500万人。（李 巍）

【企业文化提升】开展了企业文化体系提升工作，调研46家单位，面对面访谈1030人，线上问卷调研27.7万人。截至2020年末已形成企业文化理念系统建议方案，发布了中国中铁“开路先锋”企业文化理念体系，编制了《中国中铁“开路先锋”企业文化建设实施纲要》，启动了企业展示大厅重新装修工作。（李 巍）

【企业品牌形象塑造】《光明日报》头版和央视《经济半小时》对中国中铁的盾构品牌进行了报道，国资委网站刊发了《中国中铁：践行“三个转变”打造卓越品牌》专题文章。同时，对公司社会责任报告进行改版，积极对接国际ESG标准，增设

品牌建设专题，通过展示履行社会责任的重要成果，塑造良好形象。（李 巍）

【精神文明建设】制定《关于深化新时代文明单位创建工作的指导意见》。认真组织新一届全国文明单位评选申报工作，经过深入挖掘、选树，共3家单位获得第六届全国文明单位，受表彰数量在央企名列前茅。（李 巍）

【先进典型宣传】通过2期微信公众号专题和4个报纸专版对15位全国劳模进行了重点宣传；组织央视《人物·故事》栏目对大国工匠梁西军进行专访；编发3期微信公众号抗美援朝专题，宣传中国中铁参与抗美援朝作战的英模人物，中铁四局组织抗美援朝老照片巡展。对抗击疫情先进典型、扶贫干部、京张高铁建设者代表、全国首届"盾构工匠"等先进人物事迹进行了专题宣传。（李 巍）

【统战工作】及时传达学习全国统战部长会议精神。推进"党外代表人士建言献策工作室"建设，全公司已建立11个。对在职的正处职（级）及以上党外领导干部进行摸底统计，全公司共有56人，为落实上级"把更多优秀党外分子吸收到党内"的要求奠定了基础。（李 巍）

【舆情管控和应对】制定了舆情工作管理规定，优化工作机制、明确处置程序，压紧压实工作责任。进一步加强舆情日常监测工作，总部共分析研判舆情预警信息1391条。妥善应对处置了一系列较大的舆情事件。（李 巍）

## 党委巡视办公室

【配合做好国资委党委巡视整改落实的督导推动工作】2019年10月11日至12月10日，国资委党委第五巡视组对中国中铁党委进行了巡视，并于2020年1月2日反馈了巡视意见。公司党委把巡视整改作为重大政治任务，坚决扛起巡视整改主体责任，深入学习贯彻落实国资委党委郝鹏书记、驻委纪检监察组陈超英组长重要讲话精神和工作要求，把全方位推进国资委巡视整改作为重中之重，组织对照国资委党委巡视反馈意见中指出的五大类13项问题，逐项逐条进行梳理，细化责任分工，分解整改具体事项134个，制定具体整改措施416条，积极克服疫情影响，采取每周总结、平推督导等措施，实施"整改+"拓展广度深度，持续不断推动集中整改，从严从实抓好后续整改工作，确保各项整改措施落实到位。截至2020年末，国资委巡视反馈的134个问题已整改完成132个，有2个问题涉及的部分整改措施尚未完成，问题整改完成率98.5%；制定的416条整改措施完成407条，除7条涉及长期整改的措施正在持续推进之外，未完成整改的措施2条，阶段性措施整改完成率99.5%；通过整改挽回经济损失5.04亿元，建立完善制度132项，为企业高质量发展提供了有力支撑。通过认真落实国资委党委巡视问题整改，公司党委牢牢把握自身担负的职责使命，坚持从政治上找根源、看问题，强化巡视政治性、权威性、震慑性、实效性，聚焦企业改革发展党建重难点问题整改动真碰硬，突破了一批过去一直想解决而没能解决的重难点问题，进一步放大巡视整改效应，全方位提升了企业治理效能，充分发挥了巡视监督保障执行、促进完善发展作用。

党委巡视办认真落实公司党委巡视整改领导小组工作要求，积极会同党委办公室担负落实督促协调责任，对国资委巡视整改推进情况进行定期督促和持续跟进，推动按期完成集中性整改任务。按照公司领导要求，组织对总部21个部门整改落实情况开展平推检查并形成专题报告，对措施不准不细不深、时限过紧过松等问题及时纠正，督促推动巡视整改事项加快落实完成。坚持每周对各主责部门整改措施推进情况进行收集梳理汇总，及时向公司领导反馈、报告整改完成情况，对进展不快、措施不实的部门进行督查督办，并在总部季度反腐败工作协调会上，通报各部门巡视整改推进情况。加强与国资委党委巡视办的沟通，积极配合党委组织部，协助组织筹备召开公司党委整改专题民主生活会。及时梳理汇总国资委巡视反馈意见整改落实进展情况，按要求先后三次向国资委巡视办报送整改情况专题报告。牵头组织做好配合国资委巡视整改专项调研各项工作，2020年11月5日，国资委党委巡视工作领导小组成员、巡视办主任贾春曲带队到公司开展整改情况进行专题调研，高度评价并充分肯定公司党委巡视整改取得的积极成效。（谭风华）

【国资委党委巡视工作专项检查反馈意见整改落实情况】按照公司党委有关落实国资委党委巡视反馈意见整改工作的统一部署和要求，克服新冠肺炎疫情的影响，集中主要精力，认真抓好国资委党委巡视工作专项检查反馈意见整改落实工作。针对国资委党委专项巡视工作检查指出的4个主要方面问题，经认真研究进一步细化为17个具体问题，提出了22项整改措施，围绕进一步提升公司党委巡视工作制度化、规范化水平这一重点工作目标，全力以赴抓好巡视专项检查整改工作。在认真对标中央、国资委党委巡视工作新精神、新要求基础之上，先后修订、制定11项巡视工作有关制度办法，进一步健全完善公司党委巡视制度体系。研究修订巡视监督检查要点内容，完善公司党委巡视监督检查内容体系。会同公司纪委、党委干部部及党委组织部共同研究，建立纪委和组织干部部门承担巡视整改日常监督责任的工作机制；进一步规范完善巡视整改验收工作流程和工作台账，强化整改主体责任，完善整改情况报告制度，健全整改公开机制。制定《2020年境外巡视调研工作方案》，积极研究探索开展海外机构及海外项目巡视工作的方法和途径。加强前期调研，探索研究形成《中国中铁党委巡视信息化建设总体方案》，以信息化助推巡视工作规范化、高效化。一系列举措确保巡视专项检查问题整改取得积极实效，整改方案确定的22项整改措施，全部按期按要求完成，整改完成率达到了100%。（谭风华）

【建立“1+14”巡视工作制度体系】紧扣国资委党委巡视工作专项检查反馈问题，加强体制机制建设，深化标本兼治，不断健全完善巡视巡察相关制度，形成了以《中国中铁党委巡视工作办法》为基本制度，14个文件制度及工作流程为配套的“1+14”巡视工作制度体系。2020年5月28日，调整了中国中铁党委巡视工作领导小组组成人员名单。修订印发《中国中铁党委巡视工作领导小组工作规则》《中国中铁党委巡视工作领导小组办公室工作规则》《中国中铁党委巡视组工作规则》《中国中铁党委关于二级企业党委开展巡察工作的指导意见（试行）》《被巡视党组织配合公司党委巡视组开展巡视工作的规定》《中国中铁党委巡视工作流程》《中国中铁党委巡视问题整改和验收工作规则》《中国中铁党委巡视组作风纪律情况“后评估”办法（试行）》《中国中铁党委巡视报告问题底稿管理办法（试行）》；修订完善《新一轮巡视工作要点指引》，明确了“4个重点方面”“18项重点内容”“90个检查要点”，为巡视组正确把握政治与业务的关系，提高发现问题的能力水平提供了有力指导；编制了《中国中铁党委巡视工作流程》《中国中铁党委巡视档案管理制度》。（谭风华）

【2020年第一批巡视工作动员部署会】8月17日，中国中铁党委召开2020年第一批巡视工作动员部署会。股份公司党委书记、董事长、巡视工作领导小组组长张宗言出席会议并讲话强调，要以习近平新时代中国特色社会主义思想为指导，深入学习贯彻习近平总书记关于巡视工作的重要论述和中央有关巡视工作要求，以及国资委党委巡视工作会暨第一轮巡视动员部署会精神，总结工作，分析问题，部署2020年第一批巡视工作，推进全面从严治党纵深发展，为企业高质量发展提供坚强政治保证。股份公司党委副书记、总裁、巡视工作领导小组副组长陈云主持会议并作总结。股份公司党委常委、党委副书记、巡视工作领导小组副组长王士奇，股份公司党委常委、纪委书记、巡视工作领导小组副组长张建强出席了会议。公司党委2020年第一轮巡视安排5个巡视组，对中铁一局、中铁二局、中铁七局、中铁九局、中铁电气化局、中铁武汉电气化局、中铁国际、中铁设计、中铁工业、中铁信托等10家单位党委开展常规巡视。授权王喜军、范经华、裴清宁、李辉、李晓声等5名同志分别担任公司党委2020年第一轮巡视的5个巡视组组长。会议采取视频会议形式举行。公司党委巡视工作领导小组成员，总部各部门正职及以上人员在主会场，公司党委2020年第一批巡视的各巡视组全体成员，党委巡视办全体人员在中国中铁党校分会场，2020年第一批被巡视的10家单位领导班子成员，以及本部等有关部门负责人在被巡视单位分会场参加会议。（谭风华）

【在委管企业贯彻落实巡视工作《指导意见》及实施办法推进会议上作经验交流发言】2020年7月24日，在《关于中央部委、中央国家机关部门党组（党委）开展巡视工作的指导意见（试行）》（以下简称《指导意见》）出台一周年之际，为深入学习贯彻习近平总书记关于巡视工作的重要论述，贯彻落实中央纪委四次全会、全国巡视工作会议精神，总结工作、交流经验，进一步推动《指导意见》及实施办法在委管企业落实落地，促进委管企业巡视巡察工作高质量发展，国资委党委巡视办组织召开了委管企业贯彻落实巡视工作《指导意见》及实施办法视频会议。会议通报委管企业贯彻落实《指导意见》及实施办法总体情况，6家委管企业进行交流发言，国资委党委巡视办主要负责同志作总结讲话。中国中铁是6家交流发言单位之一，党委巡视办主任常玉伟代表公司党委作了《把握精神实质，抓好贯彻落实，提升新时代巡视巡察工作质量水平》的发言，发言稿作为经验交流材料后被《国资委巡视工作》2020年第2期（总第37期）刊发。（谭风华）

【参加中央企业中管金融企业巡视重要骨干人员培训班情况】经股份公司领导批准同意，党委巡视办副主任谭风华、中铁五局纪委书记赵昕、中铁一局纪委办主任郭向辉、中铁五局纪委办主任姜永中等4人，于2020年8月30日至9月4日参加了在中国石化昌平会议中心举办的“中央企业中管金融企业巡视重要骨干人员培训班”。本次培训由中央巡视办会同国务院国资委巡视办牵头主办，是一次巡视工作的国家级培训。中巡办的主要领导和巡视工作顶级专家亲自授课指导。49家中管企业、15家中管金融企业、48家委管企业的巡视办主任、副主任、专职巡视组组长、副组长，以及个别二级单位纪委书记，共451人参加了培训。

8月30日，召开了委管企业巡视办主任调研座谈会，会议由中央巡视办主任王鸿津同志主持，中央巡视办副主任夏立忠，国务院国资委巡视办贾春曲、张一虹、袁正秋参会。9月4日，贾春曲同志主持大会交流并进行了培训总结。结业大会交流中，12个学员组分别安排一名学员代表进行大会发言，其中中铁五局纪委书记赵昕代表第十学员组上台作了学习体会发言。

（谭风华）

【公司党委2020年第一批巡视情况】按照公司党委巡视工作的统一部署，

2020年8月25日至11月5日，公司党委派出5个巡视组，采取“一托二”方式，对10家二级单位党委开展了常规巡视，同步组织开展了选人用人、内部巡察等专项检查。一是精心组织策划，做好巡视准备。①在巡视工作组织方面，做到高标准选拔巡视人员，5个巡视组的45名同志都是来自总部机关、各单位的业务骨干，首次选调二级企业党委巡察办主任参加巡视工作，配备工经系统专职人员，加强巡视力量。②8月18日至22日，在石家庄中铁党校组织培训，特邀国资委党委巡视办副主任袁正秋就贯彻落实党中央、国资委党委有关巡视工作的新部署新要求，进一步做好新时期巡视巡察工作专题辅导。公司党委巡视工作领导小组成员、纪委副书记苑宝印就“准确把握巡视主要内容、重点环节、工作要点”作了专题辅导；巡视办主任常玉伟就“中国中铁党委新一轮巡视工作要点指引”，高级经理荣健结合“公司党委巡视工作制度、规则、流程”作了专题辅导；人力资源部副部长李敏就二级企业领导人员履职待遇、业务支出管理、收入分配等方面的相关政策规定作专题辅导；公司党委组织部副部长黄建忠，结合党建工作考核考评，就二级企业党委如何有效落实党建工作主体责任作专题辅导；纪委执纪监督室主任魏心柏结合国资委党委对2020年巡视工作提出的新要求，就二级企业纪委如何有效落实监督责任作专题辅导。③修订完善《新一轮巡视工作要点指引》，明确了“4个重点方面”“18项重点内容”“90个检查要点”，为巡视组正确把握政治与业务的关系，提高发现问题的能力水平提供指导。在问题交底上，首次组织召开总部17个职能部门参加的巡视交底工作协调会，明确巡视交底清单145项具体内容，共向各巡视组提供各类交底资料1093份，安排党委巡视办、纪委、党委干部部、党委组织部为巡视组进行专题辅导，组织9个职能部门进行现场一对一交底，为巡视组发现问题备足“弹药”。二是围绕“四个落实”，精准发现问题。各巡视组坚持政治巡视职能定位。围绕“四个落实”，紧扣被巡视单位党委职能责任，紧扣领导班子和“关键少数”，紧扣主要矛盾，精准发现问题，客观真实地反映了被巡视单位的实际情况。本批巡视共发现问题529个，形成问题底稿421个，重点突出问题266个。巡视期间共收到群众来信来电365件次（纪检内203件次、纪检外162件次），受理反映领导干部涉嫌违规违纪的问题线索214件，合计涉及197人。其中反映被巡视党组织及领导班子成员的问题线索26件，涉及18人；反映被巡视单位三级企业主要领导人员的问题线索57件，涉及46人；反映被巡视单位其他人员的问题线索131件，涉及133人。三是加强统筹指导，确保正确方向。党委巡视办注重与各巡视组保持日常工作沟通，通过电话、微信、周报，及时掌握各组工作动态，统筹协调，指导督导解决实际问题；结合巡视实际情况，及时印发《关于进一步规范巡视工作的几点建议》，协调巡视工作领导小组成员到巡视组进行现场督导，约谈配合不到位的被巡视单位主要领导，确保巡视工作有序推进，保持监督的正确方向。各巡视组临时党支部加强政治理论学习，举办主题党日活动，统一思想，凝心聚力，认真执行巡视工作任务。四是创新巡视方式，确保监督质效。①做到融合贯通，形成监督合力。股份公司党委把开展选人用人、干部作风建设年、内部巡察、四个专项整治等专项检查纳入本批巡视工作之中，体现出政治巡视更有针对性，监督覆盖面更广泛。②坚持边巡边改，确保有效震慑。巡视过程中发现违反中央八项规定精神和“四风”问题以及损害群众利益的问题，及时移交，立行立改。巡视期间，共移交《立行立改通知单》188份，被巡视单位采取“一协调三推进四结合”工作机制，积极破障除弊，补短板强管理，截至2020年末已整改完成179个，完成率95.2%；督促6家被巡视单位党委召开警示教育大会，通报企业内部87个违规违纪典型问题，发挥了巡视震慑作用。

巡视期间，公司党委巡视办组织召开了中期汇报会，纪委书记张建强同志听取各巡视组阶段情况汇报，对巡视工作有针对性地给予指导、提出要求；11月初，党委巡视办与各巡视组逐一会商，对巡视报告严格把关；11月19日，巡视工作领导小组召开会议，分别听取各巡视组巡视情况汇报，公司党委书记就本批巡视普遍存在的4个方面突出问题，提出8条共性整改要求，对10家被巡视单位存在的50项典型突出问题逐一点评，见人见事见问题，提出具体整改要求，领导小组其他成员对巡视发现的问题也进行点评，对重点人、重点事、重点问题提出明确意见，为下一步抓好巡视反馈和整改落实奠定了基础。

（谭风华）

**【国资委党委巡视办贾春曲主任率队到中国中铁开展专题调研】** 2020年11月5日，国资委党委巡视工作领导小组成员、巡视工作领导小组办公室主任贾春曲主任带队，国资委党委巡视办副主任袁正秋、督导处处长孙亮、信息处陈涛、督导处李向益一行5人，到公司总部，就落实国资党委巡视整改和开展内部巡视工作情况进行了专题调研。通过听汇报、与员工座谈、检查资料等方式，深入了解公司党委落实国资委党委巡视整改的实际情况，对巡视整改在推动企业改革发展和党建工作方面发挥的作用、取得的成效给予了充分肯定，并对下一步抓好巡视整改和本级巡视工作提出了意见建议。

（谭风华）

**【各巡视组组长研讨会及联络员座谈会】** 2020年11月20日上午和下午在公司总部，分别组织召开了各巡视组组长研讨会和联络员座谈会，会议由巡视办主任常玉伟主持。在

各巡视组组长研讨会上，各巡视组组长、副组长依次发言，畅谈体会认识、分享经验做法、商讨存在问题、提出意见建议，为推进公司党委巡视工作高质量发展出谋划策。在各巡视组联络员座谈会上，除了5位联络员之外，重点座谈交流巡视存在的问题和不足，提出工作改进意见和建议。

在两个会议上，与会人员从不同侧面、不同角度反映，本批巡视采取了许多好做法，与以往相比要求更严、标准更高、节奏更快、工作更重。本次巡视坚持了周报制度，巡视工作领导小组全程了解巡视工作动态。巡视进驻前认真做好了集中培训和问题交底等工作，过程中张建强书记、苑宝印书记及巡视办全程做好统筹协调、指导督导、服务保障工作，及时印发了《关于进一步规范巡视工作的几点建议》，到成都、西安、沈阳开展现场督导，对个别被巡视单位领导进行约谈或谈话，听取了中期汇报，开展了组办会商，首次在领导小组会上听取巡视情况报告，并且采取逐一听取汇报的方式，主要领导就巡视发现的典型问题“点人点事”进行点评、提出要求。巡视全过程运行比较规范，管控比较得力，成效比较明显。（谭风华）

【境外巡视巡察工作座谈会】2020年12月28日在公司总部，组织召开了境外巡视巡察工作座谈会。会议由巡视办主任常玉伟主持。中铁一局、中铁七局、中铁大桥局、中铁建工、中铁国际党委巡视办负责人，中铁七局海外公司党委副书记、纪委书记，中海外纪委综合部、东方国际综合部、国际事业部综合管理部负责人及公司党委巡视办全体人员，共12人参会。会议交流体会认识、总结经验做法、分析存在问题、提出意见建议，为积极探索开展对境外企业党组织巡视巡察的方法和途径，有力推动公司党委新一轮巡视巡察高质量全覆盖出谋划策。（谭风华）

【巡视整改】2020年，第一批10家被巡视单位针对巡视反馈问题，制定整改措施1044项，完成867项，完成率为83.1%；挽回各类经济损失8192.2万元；建立完善各类制度机制365项，其中新制定制度212项，修订完善149项；10家二级企业党委共问责各级党组织20个，问责各级责任人526人次，其中给予党政纪处分237人次，给予诫勉谈话177人次，组织处理644人次。（谭风华）

【二级企业党委开展巡察工作情况】按照《中国中铁党委关于二级企业党委开展巡察工作的指导意见（试行）》要求，有效推进巡视巡察上下联动机制，2020年全公司所属二级企业共组织完成对215家企业的巡察工作，已累计完成对984家三级企业的巡察，完成新一轮巡察全覆盖任务的90.8%。共发现问题2221个，其中落实党的路线方针政策及党中央重大决策部署情况问题672个，落实全面从严治党战略部署情况问题729个，落实新时代党的组织路线情况问题560个，落实巡视审计等监督发现问题和主题教育整改情况问题261个。巡察谈话5068人次。巡察发现领导干部问题线索75件，涉及107人。（谭风华）

## 纪委

【制度建设】公司纪委全面推进制度建设。紧密结合企业实际，制定修订了《中国中铁纪检组织对职能部门履行监督管理职责进行再监督的实施办法》《中国中铁总部管理人员违规干预和插手企业重要事项记录报告有关规定（试行）》《中国中铁二级企业纪委主要负责人述职述廉暨履职履责考核评价实施办法（试行）》《中国中铁股份有限公司管理人员涉嫌职务违法和职务犯罪问题的处置规定》《关于进一步加强监督执纪问责强化企业境外廉洁风险防控的指导意见》《关于进一步加强监督执纪问责强化工程项目廉洁风险防控工作的实施意见》《中国中铁纪检组织企业政治生态分析与报告实施办法（试行）》《关于加强纪检组织政治建设的指导意见》《关于加强和改进全公司纪检组织建设的指导意见》《中国中铁股份有限公司二级企业纪委书记、副书记提名考察任用实施办法》《中国中铁股份有限公司纪委关于进一步规范综合管理工作的规定》《中国中铁股份有限公司纪委“走读式”谈话安全管理办法（试行）》《中国中铁股份有限公司案件审理工作实施办法》《中国中铁股份有限公司纪检人才库建设管理办法》等14项制度，并严格贯彻落实，为进一步深化纪检监察体制改革提供了制度保障。（吕立良）

【政治监督】公司纪委坚持监督首责，强化政治监督。监督推动疫情防控常态化，督促做好“六稳”工作、落实“六保”任务。公司纪委坚决贯彻党中央决策部署和习近平总书记重要指示批示，多次召开纪委书记办公会、专题会研究部署监督工作，专题听取境外项目疫情防控工作汇报，视频连线境外项目现场，督促落实“内防反弹、外防输入”要求。各级纪检组织开展监督检查180余次，处置疫情防控问题线索5件，公司纪委严格审核把关，既坚决惩治“不作为、乱作为”，又防止简单化“惩办”态度。监督推动企业定点扶贫工作慎终如始，为坚决打赢脱贫攻坚战贡献力量。2020年6月，公司纪委到定点扶贫县进行现场调研，与公司扶贫干部以及当地政府官员进行座谈交流，监督推动总书记提出的“四个不摘”要求落实落地；9月，与审计部等部门组成联合督导检查组，对扶贫资金审批使用等进行专项检查，针对发现的问题，督促整改落实，确保规范扶贫、廉洁扶贫。监督推动中老铁路廉洁之路建设，服务“一带一路”倡议。公司纪委多次听取参建单位关于中老铁路廉洁建设情况汇报，督促各单位纪检组织切实发挥监督作用，打造廉洁示范工

▲ 2020 年 12 月 8 日，中铁装备"六廉"工作室正式揭牌

程。按照公司党委统一安排，组织召开了中老铁路廉洁建设现场推进会，对各参建单位提出要求并进行现场监督检查，推动习近平总书记重要指示精神落到实处。监督推动贯彻新发展理念，促进企业高质量发展。公司纪委专题研究纪检组织加强科技创新监督工作，听取了有关部门关于科研项目攻关、科研经费使用等方面工作汇报，督促落实主体责任；先后到中铁装备等 5 家单位开展专题调研，推进"科改示范行动"，力争在"卡脖子"领域尽早取得突破；督促落实国企改革三年行动方案，在重塑组织治理体系、完善经营管理体系、重点领域改革等方面取得突破。（吕立良）

【监督推动国资委党委巡视反馈问题整改】公司纪委协助党委认真抓好国资委党委巡视反馈问题整改，对照国资委党委巡视反馈意见指出的 5 大类 13 项工作，监督推动各系统制定具体整改措施 416 条。截至 2020 年 12 月底，416 条整改措施已完成 407 条，正在整改 2 条，另有 7 条为长期整改项。2020 年 11 月 5 日，国资委巡视办领导到公司调研检查巡视整改情况，给予了高度认可。（吕立良）

【"四个专项整治"工作】公司纪委扎实推动"四个专项整治"取得实效。利益输送问题专项整治共梳理出违反资产评估管理相关规定，"应评未评""应备不备"等 2 类 5 项风险点；设租寻租问题专项整治共梳理出违反决策程序、违规招标采购等 4 类 6 项风险点；化公为私问题专项整治共组织 56435 人填报，有 32 名干部的特定关系人所办企业与本企业存在业务往来情况。针对发现问题坚持立行立改，问责 86 人次，挽回经济损失 5400 万元。境外腐败问题专项整治组织对 2017 年以来违规经营投资问题线索进行了集中梳理，建立了《公司境外违规经营投资问题线索台账》。针对发现的问题，制定各类整改措施 60 余条，累计挽回经济损失或降低风险 2.38 亿元，完善管理制度 39 项，追责问责 101 人。（吕立良）

【开展作风建设年活动】公司纪委突出"关键少数"，深入开展作风建设年活动。不断巩固拓展落实中央八项规定精神成果。督促推动有关职能部门进一步规范领导人员履职待遇和业务支出行为，修订了总部履职待遇和业务支出管理办法，对公司总部和所属企业进行了专项检查并督促整改。深入开展落实中央八项规定精神情况自查自纠和违规"打麻将"问题专项整治，65118 名党员干部签订了抵制违规"打麻将"承诺书；全年共查处违反中央八项规定精神问题线索 58 件，给予党政纪处分 77 人。大力纠治形式主义、官僚主义。结合企业实际，协助党委制定了进一步做好解决形式主义突出问题为基层减负的 24 项措施、提出了关于进一步加强总部建设的实施意见、进一步优化了总部职能部门设置；根据监督执纪发现问题，督促有关职能部门修订了会议管理办法、开展了制度文件清理，进一步减少文件"存量"，转变会风、文风；坚持抓典型、严问责，查处形式主义、官僚主义问题线索 3 件，问责 3 人次。坚决反对浪费厉行节约。督促有关职能部门制定印发全面推进厉行节约反对浪费文件，向全体员工发出"坚决制止餐饮浪费、切实培养节约习惯"倡议书，教育引领广大党员领导干部发挥带头示范作用，深入贯彻落实习近平总书记关于坚决制止餐饮浪费行为、切实培养节约习惯重要指示，努力营造反对浪费、厉行节约浓厚氛围。（吕立良）

【纪检监察体制改革】公司纪委深入推进纪检监察体制改革。按照"做实基层"要求，扎实推动基层单位纪检监察体制改革，公司纪委对各单位纪检监察体制改革方案逐个把关，提出指导意见，监督推动基层纪检组织改革任务落实落地。积极探索与地方纪委监委协调配合机制，在信息共享、纪法衔接、共同构建惩防体系等方面取得阶段性进展。（吕立良）

【纪检队伍建设情况】不断加强纪检组织建设。配齐配强纪检干部，提名考察二级企业纪委书记 15 人、副书记 7 人，在全公司范围内择优 48 名年轻干部纳入纪检干部综合人才库。持续加强内部监督，查处违规违纪纪检干部 7 人，均给予党政纪处分。通过选派业务骨干参加驻委纪检监察组、公司党委举办的培训班，以及自办纪检业务培训班等方式培训纪检干部 5300 人次，各级纪检组织监督执纪问责能力不断提升。（吕立良）

【其他工作】监督推动亏损项目专项治理取得阶段性成果。围绕落实国资委党委提出的“两个力争”工作目标，在全公司范围内开展了亏损项目专项治理，特别是聚焦亏损项目背后的履职不力、违规违纪甚至违法犯罪问题，开展“一案双查”。先后对20名党员领导干部给予党政纪处分或组织处理，其中公司党委管理干部13人，初步挽回直接经济损失3000余万元。深入开展追逃追赃工作情况排查。排查发现存在外逃、失联情况，或违规取得外国国籍、境外永久居留权资格、境外长期居留许可等情况人员6人，推动各单位进一步提高政治站位，依规依纪妥善处置，加强对关键岗位的监督，进一步健全完善追逃防逃体制机制。（吕立良）

## 工会

【组织机构】中国铁路工程集团有限公司工会隶属中华全国铁路总工会和国务院国资委党建工作局领导，下属52个工会（工会工委）组织，集团公司工会总部设：综合部（体协）、权益保障女工部。（陈立莎）

【年度工作综述】2020年，中国中铁工会工作总体思路：以习近平新时代中国特色社会主义思想为指导，深入学习贯彻党的十九大、十九届四中全会、中国工会十七大精神，认真落实上级工会和公司党委工作部署，紧扣中心、聚焦主业，着力加强思想政治工作，着力深化建功立业活动，着力维护职工合法权益，着力做实员工关爱工程，着力深化工会改革创新，不断完善工会制度体系，进一步提升工会组织的服务力吸引力凝聚力影响力，团结带领广大职工为推进企业高质量发展做出新的更大贡献。2020年，全公司各级工会认真贯彻党中央、上级工会和公司党委工作部署，紧紧围绕企业中心任务，积极参与疫情防控，工会责任担当充分彰显；全力助推复工达产，职工主力军作用充分发挥；大力弘扬劳模精神，典型宣传选树成果丰硕；助力高质量发展，职工队伍素质不断提高；扎实做好维权工作，企业劳动关系更加和谐；加强普惠关爱服务，职工幸福指数不断提升；深化女职工工作，半边天作用充分发挥；加强工会改革创新，服务职工水平不断提高等八个方面积极进取、主动作为，取得了丰硕的成绩。（马欢）

【企业民主管理】召开三届一次职代会。2020年1月11日至12日，中国中铁三届一次职代会在公司总部机关召开。公司领导及高管同240余名职工代表以及公司所属成员企业党政工主要领导参加会议。会议按既定程序听取党委书记讲话，审议通过行政工作报告，以及提案处理和征集情况报告、《集体合同》履行情况报告。采用无记名投票方式对职工董监事进行民主测评。陈云总裁和刘建媛主席分别代表公司方、职工方签订了2020年《集体合同》。

加强日常民主管理。按照“全面改革年”总体部署，工会认真履行公司“三重一大”决策机制和内控流程中的民主程序，先后参与了100余项涉及职工权益政策制度的制定和评审，提出工会和职工群众的意见和主张。积极参与中铁装配、中铁水利院、中铁长江院等单位的企业并购和重组工作，引导相关单位规范民主程序，维护职工合法权利，确保并购重组工作顺利实施。参与制定《高质量发展检测指标体系》《混合所有制改革操作流程》中的职工权益指标流程。召开职代会团长联席会会议，审议并表决通过中国中铁《关于申报实行特殊工时制申报内容调整情况的议案》等涉及职工切身利益重大事项，参加领导人员履职业务支出情况专项督导检查，有效维护了职工知情权表达权监督权。（王瑶）

【组织建设】2020年1月12日，召开中国中铁工会三届十二次全委（扩大）会议暨三届八次经审委会议。会议听取了公司领导讲话，刘建媛主席作了工作报告，会议审议了经审工作报告，替补了工会委员。

2020年3月召开中国中铁工会三届十三次全委会，审议同意王喜军同志因改任专职董事监事不再担任中国中铁工会第三届委员会副主席、常委、委员；同意贾惠平同志替补为中国中铁工会第三届委员会委员。

2020年9月修订下发《中国中铁股份有限公司所属各单位工会组织新建、换届工作规定》，指导24家单位完成工会组建、换届改选和班子调整补充工作，15家单位缺员的工会主席配备到位，完成4家重组单位工会组织关系转接工作。

加强工会干部业务理论学习，开展党的十九届五中全会和全国劳模表彰大会精神学习宣贯活动，2020年11月，选送10人参加2020年度全国铁路基层工会主席任职培训班。2020年12月，参加中华全国铁路总工会2020年全国铁路工会组织民管工作“三有”创新成果发布活动，中铁六局工会报送的《企业民主管理阳光运行机制》，获得全国铁路工会组织民管工作最佳“三有”创新成果。

以“双争”活动为载体，深化职工之家建设，全公司共获得全国模范职工之家9个、模范职工小家6个、优秀工会工作者11个，全路模范职工之家4个、模范职工小家7个、优秀工会工作者8个。（王瑶）

【劳动竞赛】2020年，坚持围绕中心、服务发展，广泛开展建功立业活动，充分发挥职工主力军作用，助推企业复工达产。全年开展了“保目标、保平安、保质量、保工期、保效益，树形象”的“五保一树”主题实践活动。5月18日，召开中国中铁“抗疫情、保增长，大干100天”劳动竞赛动员视频会，组织3个调研组两次深入重点工程调研督导，全力助推企业复工达产高产；9月25日，在股份公司总部召开百日大干总结暨项目管理提升会议，启动了“决战四季度、决胜保目标”专项劳动竞赛，全面掀起生产经营攻坚热潮；围绕重点工程建设，持续推动了玉磨铁路、广州地铁、成都地铁、西安地铁和雄安新区等重点项目劳动竞赛，有力促进了年度各项目标任务的完成。联合云南省总工会对2019年度玉磨铁路劳动竞赛进行了考核评比，评选表彰了“建功玉磨铁路”劳动竞赛优胜单位和十大模范。组织开展了川藏铁路规划建设劳动竞赛评选推荐工作。《重点工程劳动竞赛的探索与实践》获得中国中铁企业管理现代化创新成果奖。（郑 黎 唐海军）

【权益维护】三届一次职代会审议通过并签订《中国中铁股份有限公司2020年集体合同》，2020年11月中下旬股份公司工会与人力资源部、财务金融管理部、法律合规部联合对中铁一局二公司等16家三级公司开展了2020年度《集体合同》履行及帮扶解困工作情况调研检查。针对调研和检查中发现的问题，各单位及时整改落实，保障了员工合法权益，并将考核结果运用到企业业绩考核、优秀企业评比、“好班子”评比、经济责任审计、党建责任制考核中，增强了合同刚性约束。（王 瑶）

【职工之家建设】2020年，落实习近平总书记“人民对美好生活的向往，就是我们的奋斗目标”的指示精神，继续全面开展项目部“幸福之家十个一工程”，抓好以“工地文化、工地生活、工地卫生”为基础的“三工”建设，并将其纳入工程项目标准化建设体系，落实“幸福之家”建设资金，不断改善一线员工生产生活条件。（王 瑶）

【精准帮扶工作】下发《全面决胜困难职工帮扶解困攻坚战的通知》，明确脱困解困目标任务。各单位按照“七个精准”“五个一批”要求，为困难企业通过重组、资金和任务支持等方式创造发展条件，为困难企业协调生产任务近百亿元，为特困企业下拨专项补助资金1000多万元，推动这些单位的困难职工群体系统性脱困解困；安排455名有一定劳动能力的困难职工，通过转岗培训、提供岗位等方式获得稳定收入，改善家庭经济状况，推动困难家庭摆脱贫困状态；深入推进“精准帮困专项基金”兜底救助工作，在逐级帮扶基础上，对385人次的特重困职工按季拨付基金201万元，为他们恢复和维系正常生活提供了坚实保障。2018年至2020年，全公司3年累计投入“三不让”等困难职工帮扶解困资金5409万元，实现脱困解困3995户（脱困2975户，解困1020户），累计供养人口同步脱困解困11993人，在档困难职工100%按当地最低保障线1.5倍的标准实现了脱困或解困。经三级公司主力帮扶、二级公司统筹帮扶、股份公司兜底帮扶，各类困难职工经济状况明显好转，自我发展能力不断增强，全公司困难职工帮扶解困攻坚战取得全面胜利。（王 瑶）

【普惠服务体系建设】不断深化“三让三不让”关爱员工工程，持续加大“三工”建设和幸福之家建设资金支持力度，一线员工生产生活条件得到显著改善；各级工会积极组织动员职工群众，全面落实群防群治要求，及时设立疫情防控专项资金，广泛开展境内外员工疫情防控物资调配、专项慰问、心理疏导、志愿服务、专家讲座和“云上战‘疫’”答题活动，先后投入疫情防控资金6249万元，为7.8万名员工免费办理新冠肺炎保险，为近8万名境内外员工提供线上线下心理关爱服务，为打赢疫情防控全民战争做出了积极贡献；不断完善五级保障体系，开展“五险一金”拖欠情况专项治理，落实督办制度，2020年6月完成社会保险费和住房公积金历史拖欠清理。推进符合条件的单位普遍建立企业年金和补充医疗保险，为8.5万人次的员工及家属提供重疾、意外、新冠住院津贴、出行保险额度累计达68.2亿元（为74人申请理赔款112.4万元），通过中铁惠园App建立“互联网+”员工普惠服务体系，切实提升了员工生活保障水平；扎实开展夏送清凉、“两节”送温暖、金秋助学和暑期汛期员工慰问、海外员工慰问活动，先后筹集发放“两节”送温暖资金2.22亿元，走访慰问职民工33万人次，发放助学款668万元，资助职民工子女2259人次，开展各类全员线上普惠活动14次，让广大员工切身感受到了组织的温暖和企业的关心。（王 瑶）

【健康关爱服务】及时引导员工克服对突发疫情的恐慌，缓解心理压力，2020年2月14日，下发《关于进一步做好疫情防控中员工心理健康服务的通知》，充分发挥内部EAP三支队伍的心理援助作用，加强疫情期间员工心理关爱服务；通过职工之声公众号和中铁惠园App，发布系列心理学知识；联合浙江大学心理咨询所在中铁惠园App开通员工防疫心理咨询AI机器人；联合中国EAP在线开通了心灵关爱24小时电话热线和12小时网上咨询热线；先后邀请3位心理专家开展疫情前负面情绪调节方法及快速摆脱疫情焦虑等在线心理辅导讲座；征集制作并在中铁惠园App发布“防控疫情，守护心灵”心理微课125个，通过线上线下共为员工提供心理关爱服务6万余人次，有效缓解了员工疫情期间的心理压力。继续举办2期健康委员培训班，不断提升健康委员的专业素养和能力水平。10月，在广州召开员工健康关爱计划现场交流及调研座谈会，对EAP工作开展3年多来的成绩和经验进行研讨总结，对下一步开展工作作出了安排部署。（章 静）

【生产宣传】积极参与疫情防控，及时下发“众志成城、战胜疫情”倡议书，通过网上平台及时发布疫情防控相关政策和知识，开展“云上战‘疫’”科普知识答题活动。围绕推动企业本质安全，修订下发群众

安全生产监督工作规定和实施细则。组织开展安全生产月、安全卫士百日竞赛、安全微课制作比赛、安全知识有奖答题等系列活动，先后征集安全微课97个，近12万人次参加在线安全知识答题。2020年全公司共获得全国“安康杯”竞赛9个优胜集体、21个优胜班组、6名优秀个人。会同有关部门举办第三届职业技能竞赛电焊工项目决赛和第二届“卓越杯”BIM大赛。深化劳模创新工作室建设，制定下发劳模创新工作室实施细则和联盟管理办法，成立5个创新工作室联盟。11月4日至5日，在中铁二院召开中国中铁城市轨道交通劳模（专家型职工）创新工作室联盟2020年第一次会议。全年获得13个省部级以上劳模创新工作室，张海波、李友坤创新工作室获得全国示范性劳模创新工作室；有1项创新成果申报参评第二十二届中国专利奖。全年有6名职工获得省级工匠称号，9名职工获得全国首届“盾构工匠”称号。

（郑黎　唐海军）

【劳模管理】规范劳模管理与服务，制定下发《劳动模范管理暂行规定》，进一步明确了劳模管理职责、评选要求、奖励标准、有关待遇等条款，提高了劳模管理规范化和制度化水平。大力弘扬劳模精神，评选表彰京张高铁、中老铁路建设先进典型，授予57名先进个人“中国中铁劳模”称号；2020年8月11日，配合云南省总工会在大瑞铁路大柱山隧道建设项目召开表彰大会，隆重表彰大柱山隧道建设先进典型。加大劳模宣传力度，开展“建功新征程”劳模主题宣传月活动，在《中国中铁》报开辟劳模故事有奖征文专栏，先后在学习强国、《中国中铁》报、微信公众号推出100多名劳模事迹；拍摄制作15名全国劳模宣传片，编辑创作劳模漫画展板和《身边的榜样》劳模事迹汇编。12月23日，在公司总部召开全国劳模等先进典型表彰会和座谈会。2020年，全公司共获15名全国劳模、48名省部级劳模、207个省级先进集体、186名省级先进个人，其中，全国劳模人数位居建筑央企第1位。公司劳模典型选树工作在全国铁路劳动竞赛现场会上作经验交流。

（郑黎　唐海军）

【女职工管理】组织召开了女工委三届五次全委会暨女工委专业组会议，研究部署了年度重点工作，增替补了公司女工委委员，进行了女工工作交流。组织召开北京地区先进女职工座谈会，围绕女职工如何提升自身素质、发挥作用、建功立业等问题进行深入交流、分析对策。组织开展庆祝“三八”节系列活动，开展了“抗疫中的我和我们”女职工抖音作品征集和点赞活动。先后有1300多名女职工，以抗疫前线、抗疫妙招、抗疫才艺、抗疫娱乐等为题材制作抖音作品6300多个，总点赞数达到210万次。组织参加第六届书香铁路、第八届全国“书香三八”读书活动，以及《书香铁路·爱上阅读》线上共读活动，编辑出版《战“疫”印记》，记录了中国中铁女职工在疫情面前成长成熟的心路历程，收录优秀作品112篇。在第八届全国“书香三八”读书活动中，有73个作品获奖，6家单位获优秀组织奖，中国中铁工会获得特别组织奖。在《书香铁路·爱上阅读》线上共读活动，有近1万人参与活动，刘建媛主席在活动中做了《阅读成就更好的自己》读书分享，2人获得优秀心得作品奖，77人获优秀学员奖。先后推出了36期中国中铁“最美逆行人——女职工在行动”防疫事迹展播，大力宣传疫情防控一线巾帼典型的先进事迹和最美逆行者感人故事，展示了中铁巾帼防疫风采。注重家风家教建设，评选表彰了第二届“十大最美家庭”，开展了“书香书写·传承好家风”女职工主题活动，促进了家庭文明建设。大力培养选树女职工典型，荣获全国文明家庭、全国五好家庭、全国最美家庭、全国家庭工作先进集体和个人各一个。评选表彰了146个先进集体和个人，推荐申报并获得省部级以上先进集体26个、先进个人51个、先进家庭11个（其中，国家级先进集体5个、先进个人11个），并在《人民铁道》《中国中铁》报、微信公众号等平台进行了集中宣传。

（章静）

▲2020年11月5日，中国中铁城市轨道交通劳模（专家型职工）创新工作室联盟揭牌

▲中铁二局郭平劳模创新工作室

【职工文体】2020年，开展“众志成城·抗击疫情”书法、漫画、摄影、文学作品征集活动，对优秀作品进行表彰并会同党委宣传部举办优秀作品展。大力实施职工素质提升工程，更新职工电子书屋，申请全国总工会为10个劳模创新工作室、5个便利型职工阅读站点配备图书，组织职工参加世界读书日活动、公路法律知识竞赛。丰富职工文化生活，组织开展了“中铁物贸杯”网络桥牌赛、“百日大干”书法比赛、北京片区乒乓球比赛等活动。联合广东省总工会开展了粤港澳大湾区中铁杯书画摄影大赛，组队参加首届中国职工桥牌锦标赛、铁路全民健身摄影视频作品评选等活动，丰富职工生活，提升了职工幸福感获得感。有8个职工文化作品在全国、全路比赛中获奖，有2人获得全国铁路“才艺之星”称号。

（赵家兴　唐海军）

【智慧工会建设】扩能升级智慧工会平台，优化改版中铁惠园App首页，加强与第三方机构合作，加大普惠服务项目开发力度，丰富线上服务内容，让更多会员享受更加多样化的普惠服务。引进心理咨询、网上商城、有声微刊、消费扶贫、在线朗读、清华学堂等服务资源，拓展平台服务功能。开展线上送清凉、好惠购会员福利月、“双十一”积分免费兑换等各类线上普惠活动十余次，累计投入200余万元，中国中铁智慧工会平台荣获“全国‘互联网+’工会普惠服务企业十佳平台”。（马　欢）

【财务和经费审查】2020年，规范工会财务管理，加强工会财务经审工作，认真组织做好财务预决算编制，开展基层工会经费使用管理情况自查和专项检查，做好工会经费统计工作，促进工会财务规范管理。中国中铁工会获2019年全国总工会财务先进单位，在中华全国铁路总工会竞赛考核中获得2019年度财务竞赛评比特等奖、2019年度经审工作规范化建设考核一等奖；中铁广州局工会、中铁二院工会、中铁置业工会、中铁信托工会、中铁城投工会、中铁股份机关工会在中华全国铁路总工会竞赛考核中荣获2019年度基层工会财务工作先进单位。（刘光华）

【15人荣获全国劳动模范】

马海民　中铁一局集团有限公司
梁西军　中铁一局集团城市轨道交通工程有限公司西安地铁指挥部
邓召益　中铁二局第一工程有限公司地铁项目部
徐　州　中铁二局六公司中老铁路项目部
裴维勇　中铁四局集团第二工程有限公司机械管理分公司
孙福洋　中铁六局京张项目部
李永山　中铁八局集团昆明铁路建设有限公司
王吉连　中铁大桥局第七工程有限公司
孙振川　中铁隧道局盾构及掘进技术国家重点实验室
高宗余　中铁大桥勘测设计院集团有限公司
胡正伟　中铁电气化局集团第一工程有限公司一分公司
姚振宁　中铁武汉电气化局集团有限公司运营管理分公司成昆铁路扩能改造米攀段项目部接触网作业一队
徐子龙　中国铁路工程集团有限公司中铁国际集团中国电信菲律宾通信网络一期外线施工工程项目部
郑宗溪　中铁二院工程集团有限责任公司拉萨至林芝铁路配合施工项目部
王中美　中铁九桥工程有限公司

【4个集体荣获省部级模范集体】

**北京市模范集体**

中铁设计智能京张项目组

**天津市模范集体**

中铁六局集团天津铁路建设有限公司道桥项目部

中铁第六勘察设计院集团有限公司电气化设计院分公司接触网设计所

中铁第六勘察设计院集团有限公司电化院接触网设计所

【18个集体荣获省部级五一劳动奖状】

**云南省五一劳动奖状**

中铁一局集团有限公司
中铁八局集团玉磨铁路项目经理部
中铁八局集团桥梁工程有限责任公司
中铁上海工程局集团玉磨铁路项目经理部
中铁二院工程集团有限公司

**江苏省五一劳动奖状**

中铁三局华东公司
中铁大桥局连镇铁路项目经理部
中铁大桥局集团有限公司连镇铁路项目经理部一分部
中铁大桥局四公司连镇铁路项目经理部一分部

**广东省五一劳动奖状**

中铁三局广州市轨道交通11号线三分部华景路站工区
中国铁路工会中铁广州工程局集团有限公司委员会
中铁广州工程局集团深圳工程有限公司广州市轨道交通11号线六分部
中铁山桥集团有限公司虎门二桥G4-2标项目经理部
广州市轨道交通13号线二期第七项目经理部二工区

**湖北省五一劳动奖状**

中铁武汉电气化局集团第一工程有限公司
中铁科工集团有限公司
中铁科工集团有限公司机械研究设计院

**重庆市五一劳动奖状**

中铁二院重庆公司

【48人荣获省部级劳动模范】

**北京市劳动模范**

郝天坤　中铁六局建安公司副总经理
刘奉良　中铁六局北京公司延崇项

目部项目经理

黄帅军　中铁六局交通分公司武汉地铁项目工区经理

黄　红　中铁电气化局三公司信号分公司副总工

李育冰　中铁电气化局电气化公司研发中心经理

吴亚东　中铁建工集团雄安站指挥部总工程师

王　亮　中铁建工集团山东公司信联天地项目经理

梁　迪　中铁北京工程局集团有限公司试验室主任

吕　刚　中铁设计城交院总结构师

**天津市劳动模范**

游志杰　中铁一局天津公司机械化施工分公司盾构司机

鄢全成　中铁六局天津公司路政项目部项目经理

胡正伟　中铁电气化局集团第一工程有限公司一分公司

李海洋　中铁六院城建院区域技术负责人

刘　鹏　中铁六院隧道院第三分院副分院长

**内蒙古自治区劳动模范**

李群平　中铁一局集团第四工程有限公司

张　剑　中铁一局城轨公司

**甘肃省劳动模范**

苟引劳　中铁一局市政环保公司银川第一再生水厂配套进场污水管网工程项目

**贵州省劳动模范**

周　斌　中铁二局第一工程有限公司贵州省工伤职业康复医院

陆　昱　中铁二局装修公司贵阳项目经理部

李　吉　中铁五局电务城通公司盾构事业部

董志红　中铁五局经营开发部

倪　派　中铁五局四公司京张铁路项目部

曾伯川　中铁八局三公司

任海波　中铁电气化局西安电化公司

汤振山　中铁开发投资集团有限公司瓮开高速公路项目

**四川省劳动模范**

李学友　中铁二局四公司

张东升　中铁八局建筑公司副总工程师、银隆项目部

杨　俊　中铁八局电务公司

彭　舸　中铁八局建筑公司

何娘者　中铁二院土建二院

金　琰　中铁城市发展投资集团有限公司

**云南省劳动模范**

韩方瑾　中铁一局集团有限公司大瑞铁路工程项目经理部

余德帅　中铁八局昆明公司昆倘项目部

吴丽君　中铁八局一公司大瑞项目部

赵　宇　中铁十局集团有限公司大临铁路项目部

徐鹏祖　中铁隧道局集团有限公司滇中引水工程大理Ⅰ段施工3标项目

马旭国　中铁建工集团北方工程有限公司昆明地铁线网控制工程项目

王占军　中铁上海工程局集团第六工程有限公司

刘庆丰　中铁开发投资集团有限公司

**广东省劳动模范**

董子龙　中铁隧道局集团有限公司

姚红伟　中铁隧道局市政工程有限公司

**江西省劳动模范**

夏立高　中铁大桥局九江船舶分公司

秦云峰　中铁隧道局二处南昌地铁4号线2标二工区项目部

刘　青　中铁工业九桥公司

**上海市劳动模范**

侯宇飞　中铁上海局三公司

**宁夏回族自治区劳动模范**

姜贺彬　中铁三局集团电务工程有限公司银西铁路甘宁段ZHSD联合体项目部项目

李　斌　银川中铁水务集团有限公司

**全国交通运输系统劳动模范**

刘小辉　重庆市交通规划勘察设计院

**【65个集体荣获省级工人先锋号】**

**云南省工人先锋号**

中铁一局大瑞铁路大柱山隧道出口工区

中铁一局集团玉磨铁路铺架制梁项目经理部钉联队机械班

中铁二局五公司滇中引水项目

中铁二局集团新运公司玉磨铁路项目经理部梁场

中铁三局集团玉磨铁路项目经理部2号拌和站

中铁五局集团玉磨铁路项目经理部架子五队

中铁八局集团第一工程有限公司磨丁至万象铁路第Ⅲ标段项目部

中铁八局三公司景洪市普文至勐旺公路改建工程项目部

中铁八局昆明公司昆明地铁4号线项目部

中铁八局昆明公司空港时代中心项目部

中铁八局集团建筑工程有限公司成贵站房项目部

中铁八局集团建筑工程有限公司文山高中建设项目部

中铁八局集团有限公司大瑞铁路工程项目经理部

中铁隧道局集团有限公司丽香铁路2标项目部三工区

中铁隧道局集团有限公司滇中引水工程大理Ⅰ段施工3标项目经理部

中铁武汉电气化局集团玉磨铁路项目经理部工程部

中铁二院工程集团测绘院玉磨铁路工程项目经理部

中铁二院大瑞铁路配合施工项目部

**河南省工人先锋号**

中铁四局城轨分公司郑州地铁6号线01标项目经理部

中铁七局郑州公司郑州南站地铁项目部

中铁隧道股份有限公司武汉市轨道交通5号线土建工程第四标段项目经理部

中铁隧道局集团有限公司珠海板樟山新增隧道

中铁工程装备集团有限公司设备公司钳工车间

党群工作

**江苏省工人先锋号**

中铁二局五公司苏锡常项目

中铁二局五公司苏州 312 国道项目

中铁三局南京地铁一号线北延 DIN-TA01 标项目部

中铁四局二公司苏锡常南部高速公路经理部

中铁四局建筑公司无锡地铁新梅车辆段项目经理部

中铁八局集团建筑工程有限公司徐盐站房项目部

中铁十局四公司宁合项目部

中铁大桥局连镇铁路项目经理部安质部

中铁大桥局二公司连镇铁路项目经理部二分部主桥猫道班组

中铁大桥局二公司连镇铁路项目经理部二分部主桥施工班组

中铁大桥局二公司连镇铁路项目经理部二分部引桥移动模架班组

中铁大桥局四公司连镇铁路项目经理部一分部钢梁架设作业班组

中铁大桥局四公司连镇铁路项目经理部一分部主缆架设作业班组

中铁大桥局四公司连镇铁路项目经理部一分部主桥作业班组

中铁大桥局集团有限公司连镇铁路项目经理部一分部钢梁架设作业班组

中铁大桥局集团有限公司连镇铁路项目经理部一分部主缆架设作业班组

中铁大桥局集团有限公司连镇铁路项目经理部一分部主桥作业班组

中铁大桥局沪通长江大桥项目部中心试验室

中铁隧道局集团有限公司和燕路过江通道 A4 标项目部

中铁山桥集团有限公司浦仪公路西段 B2 标

**湖北省工人先锋号**

中铁大桥局城铁分公司电化事业部

中铁大桥局七公司江汉七桥项目部

中铁大桥局七公司江汉七桥项目部工程部

中铁隧道局集团有限公司张吉怀铁路 4 标项目工程部

中铁重工有限公司华中分公司武汉光谷大道南延线工程项目部

中铁科工集团轨道交通装备有限公司生产制造中心

**安徽省工人先锋号**

中铁四局一公司庐江轨道板场

中铁四局四公司模架中心

中铁四局四公司昌景黄铁路经理部

中铁北京工程局集团有限公司阜阳西站站前广场等基础设施建设工程项目部

**陕西省工人先锋号**

中铁七局三公司运架分公司

**山西省工人先锋号**

中铁四局四公司太焦铁路经理部

中铁六局集团建筑安装工程有限公司钢结构分公司

中铁六局集团太原铁建公司朔山项目部

中铁隧道局集团有限公司中铁隧道股份有限公司太焦铁路 TJXQ-1 标项目经理部

**四川省工人先锋号**

中铁二局新运公司成昆铁路西昌制梁场女子吊装班组

中铁二院轨道交通工经项目组

**贵州省工人先锋号**

中铁四局工程建设公司贵阳地铁 3 号线项目部

**辽宁省工人先锋号**

中铁九局集团有限公司路桥分公司预制梁台座法试验班

**福建省工人先锋号**

中铁六局集团有限公司新建福厦铁路 9 标项目经理部

**重庆市工人先锋号**

中铁二局五公司重庆东环项目

中铁八局集团第一工程有限公司昌景黄项目部

**【58 人荣获省部级五一劳动奖章】**

**云南省五一劳动奖章**

陈志强　中铁一局集团有限公司

刘昕华　中铁一局集团有限公司

叶树银　中铁一局集团有限公司

王炳岩　中铁四局集团玉磨铁路项目经理部四分部

梁　勇　中铁六局集团玉磨铁路项目经理部

朱贞平　中铁八局昆明公司

符　静　中铁八局昆明公司

王开贤　中铁八局昆明公司

郭　伟　中铁八局集团建筑工程有限公司成贵站房项目部

邓　坤　中铁八局电务公司

何兴国　中铁八局集团有限公司大瑞铁路项目部

霍　雷　中铁十局集团玉磨铁路项目经理部

周坤朋　中铁隧道局集团玉磨铁路项目经理部

闫红江　中铁隧道局集团建设有限公司丽香铁路 2 标项目部

范圣明　中铁二院工程集团有限公司

**安徽省五一劳动奖章**

刘玉波　中铁四局一公司庐江轨道板场

闵令怀　中铁四局一公司庐江轨道板场

王　永　中铁四局二公司

张　浩　中铁四局中心医院

聂建明　中铁六局集团有限公司商合杭铁路站前十六标项目经理部

郑兴飞　中铁电气化局

**浙江省五一劳动奖章**

何自平　中铁四局二公司杭海城际铁路经理部

**山西省五一劳动奖章**

曹　广　中铁一局集团有限公司

石建彬　中铁三局集团有限公司

刘啸天　中铁四局建筑公司太原车辆段

梁小伟　中铁六局集团太原铁路建设有限公司党委书记、执行董事

**河南省五一劳动奖章**

张静思　中铁四局一公司郑州南站项目

石铁臣　中铁七局西安公司

柴利强　中铁七局电务公司

孙锋辉　中铁七局电务公司

刘永昌　中铁七局郑州公司

陈彦龙　中铁大桥局集团有限公司

鄢春艳　中铁隧道股份有限公司

郭海军　中铁隧道股份有限公司

罗　勇　中铁隧道集团二处有限公司

卢佳威　中铁隧道集团二处有限

公司
张　涛　中铁隧道集团三处有限公司
石富明　中铁隧道局集团有限公司设备分公司
杜志刚　中铁隧道局测量试验分公司
王安永　中铁工程装备集团有限公司
王义光　中铁工程装备集团有限公司

**辽宁省五一劳动奖章**

刘宏洋　中铁九局集团第四工程有限公司

**湖北省五一劳动奖章**

高　兴　中铁武汉电气化局北京分公司牡佳项目二分部电力变电自建架子队队长
邹向农　中铁武汉勘察设计研究院有限公司
施　成　中铁科工集团有限公司
汪芳进　中铁大桥局安九铁路鳊鱼洲长江大桥项目部
付昌斌　中铁大桥局四公司湛江调顺跨海大桥项目部
蒲豫东　中铁武汉电气化局运营管理分公司米攀项目部接触网作业二队工班长

**江苏省五一劳动奖章**

费晓春　中铁四局二公司
姚计猛　中铁十局四公司
汤忠国　中铁大桥局
胡　铭　中铁大桥局二公司连镇铁路项目部二分部
牟　翔　中铁大桥局四公司连镇铁路项目部一分部

**广西壮族自治区五一劳动奖章**

劳冰峰　中铁隧道局集团建设有限公司南宁轨道交通4号线2标10工区
任　涛　中铁广州工程局集团深圳工程有限公司

**吉林省五一劳动奖章**

苏桂杰　中国中铁股份有限公司双洮高速公路项目四工区

**内蒙古自治区五一劳动奖章**

吴少晨　中铁电气化局集团有限公司

**重庆市五一劳动奖章**

狄会杰　中铁隧道集团一处有限公司

**【15个集体荣获火车头奖杯】**

中铁一局集团有限公司克塔铁路项目经理部
中铁一局集团有限公司郑阜铁路河南段项目部
中铁一局集团有限公司商合杭铁路河南段工程指挥部
中铁二局新运公司郑济项目部
中铁五局集团有限公司磨万铁路第Ⅰ标项目经理部
中铁七局广大铁路项目部
中铁七局新建京张铁路十标项目部
中铁八局集团建筑工程有限公司
中铁八局涪秀二线铁路工程项目经理部
中铁九局集团第六工程有限公司朝叶二标段项目经理部
中铁十局集团有限公司青连铁路站房项目经理部
中铁隧道局集团大瑞铁路工程项目经理部
中铁电气化局集团蒙华MHSD–3标段项目经理部
中铁建工集团新建京张铁路清河站站房工程项目经理部
中国中铁印尼雅万高铁项目经理部一分部中铁三局六公司工区

**【69人荣获火车头奖章】**

李夏初　中国中铁股份有限公司
薛欣程　中铁一局集团有限公司成贵铁路项目经理部
黄燕宝　中铁一局集团铁路建设有限公司项目
叶颜伟　中铁二局五公司重庆东环线项目
朱小刚　中铁二局集团新运公司梅汕项目部
曾凡炳　中铁二局中老铁路指挥部
汪杭州　中铁三局集团第六工程有限公司
张九俊　中铁三局集团桥隧公司项目
王亮明　中铁三局线桥工程有限公司
申海东　中铁三局集团有限公司项目
冯继军　中铁三局集团线桥工程有限公司焊轨分公司
孙凤喜　中铁三局郑济铁路先期开工段项目部
樊立志　中铁三局集团有限公司鲁南高铁QHTJ–1标项目经理部
赵　锋　中铁四局集团第一工程有限公司雅万高铁项目经理部二分部三工区
夏　峰　中铁四局二公司绍兴区域经理部
张菲菲　中铁四局路桥公司牡佳铁路项目部
王希勇　中铁四局集团有限公司连镇铁路3标
王　永　中铁四局集团牡佳客专一标项目经理部
周家文　中铁四局集团有限公司张呼项目经理部
祝朋飞　中铁五局集团第一工程有限责任公司沈阳工程指挥部
朱胥仁　中铁五局一公司拉林铁路指挥部
邹　磊　中铁五局集团第六工程有限责任公司安六铁路项目部
申长春　中铁五局集团公司张吉怀铁路项目经理部
宋贵明　中铁五局及图案成兰铁路工程茂县指挥部项目
李　波　中铁五局集团大瑞铁路工程项目经理部
赵　刚　中铁六局集团北京铁建公司唐车试验线工程项目部
王足刚　中铁六局集团丰桥桥梁有限公司
郭启龙　中铁六局集团新建崇礼铁路太子城站站房及相关工程项目经理部
赵　芳　中铁六局集团北京铁路建设有限公司代建京张铁路站前工程二分部
王光辉　中铁七局集团有限公司埃塞俄比亚地区党总支书记兼埃塞俄比亚56公里项目部
吴志宾　中铁八局集团有限公司磨万铁路第Ⅲ标项目经理部第二分部
闵光辉　中铁八局集团重庆铁路枢纽东环线项目经理部

何兴龙　中铁八局磨万铁路第Ⅲ标项目经理部一分部
李　凯　中铁九局集团第二工程有限公司成昆项目经理部
杨浩康　中铁十局集团第三建设有限公司拉林铁路项目部
刘　伟　中铁十局集团第三建设有限公司郑阜铁路2标项目
曹道宏　中铁大桥局沪通长江大桥项目部
叶　飞　中铁大桥局长三角片区指挥部
肖世波　中铁大桥局福平铁路3标项目部
何　泉　中铁隧道集团一处有限公司重庆铁路枢纽东环线项目二分部
朱长乐　中铁电气化局集团北京建筑工程有限责任公司徐盐站房2标
潘义红　中铁电气化局集团有限公司城铁公司机械装备分公司
孙春晖　中铁电气化局集团京张四电系统集成工程指挥部项目
陈敬飞　中铁电气化局集团有限公司巴基斯坦拉合尔轨道交通橙线工程项目部
范彦斌　中铁电气化局集团徐盐四电项目部项目
尚永峰　中铁武汉电气化局梅汕客专项目部
宋长峰　中铁武汉电气化局集团第一工程有限公司项目
张　建　中铁武汉电气化局集团有限公司蒙华铁路MHSD-1标段项目经理部
邹海涛　中铁建工集团华北分公司星火枢纽房建工程项目部
张利平　中铁建工集团丰台站改建工程指挥部
夏　天　中铁广州工程局磨万铁路第Ⅱ标项目经理部
许广林　中铁广州工程局港航公司雄安新区南拒马河防洪治理工程（容城段）项目部
梁　迪　中铁北京工程局集团有限公司
刘中心　中铁上海工程局集团有限公司
李国华　中铁上海工程局集团建筑工程有限公司郑万铁路梅溪河特大桥项目部
王　诗　中铁二院土建一院
陈建国　中铁二院磨万铁路项目部
王志军　中铁二院集团有限公司贵南铁路项目部
冯小学　中铁工程设计咨询集团有限公司
程　远　中铁工程设计咨询集团有限公司线站院
沙军强　中铁工业宝桥集团（扬州）公司
牛建强　中铁工业装备集团隧道设备公司专用设备院采矿分院
王伟东　中铁置业集团上海有限公司南通指挥部
王　燕　中铁信托有限责任公司
曹　勇　中铁开发投资集团有限公司
张新风　中铁城市发展投资集团有限公司
吴凤霞　中铁物贸集团武汉有限公司
石江波　中国中铁双洮公路项目总经理部
刘　磊　中铁国资兰州铁路技师学院

## 【8个集体荣获建功玉磨铁路优胜单位】

中铁一局集团玉磨铁路铺架制梁项目经理部
中铁二局集团二公司玉磨铁路项目经理部
中铁三局集团玉磨铁路经理项目部
中铁四局集团玉磨铁路项目经理部一分部
中铁五局集团玉磨铁路项目经理部
中铁六局集团玉磨铁路项目经理部
中铁十局集团玉磨铁路项目经理部
中铁二院工程集团玉磨铁路景洪段配合施工项目部

## 【10人荣获建功玉磨铁路十大模范】

魏宝平　中铁一局集团玉磨铁路铺架制梁项目制梁场
潘福平　中铁二局集团二公司玉磨铁路项目经理部
罗　敏　中铁三局集团玉磨铁路经理项目部
周继红　中铁四局集团玉磨铁路项目经理部一分部
冯建强　中铁五局集团玉磨铁路项目经理部
邓明春　中铁八局集团昆明公司玉磨项目部
王庆建　中铁隧道局集团玉磨铁路项目经理部
戚仕涛　中铁电气化局集团玉磨铁路临电运管中心
刘　凯　中铁上海工程局集团玉磨铁路项目经理部
杨　前　中铁科研院玉磨铁路第三方检测项目部

## 【12个集体荣获省部级劳模和工匠人才创新工作室】

### 火车头劳模和工匠人才创新工作室

中铁一局城市轨道交通工程有限公司梁西军劳模创新工作室
中铁二院张海波劳模创新工作室

### 广东省劳模和工匠人才创新工作室

中铁六局集团广州工程有限公司巩天才创新工作室
中铁隧道集团三处有限公司李友坤劳模创新工作室

### 2020年陕西省示范性劳模和工匠人才创新工作室

中铁七局三公司张志军劳模创新工作室

### 2020年河南省示范性劳模和工匠人才创新工作室

中铁七局三公司张志军劳模创新工作室
中铁工程装备集团有限公司王锴劳模（技能人才）创新工作室

### 湖北省职工（劳模、工匠）创新工作室

中铁武汉电气化局一公司刘勇劳模创新工作室

### 湖北省技能大师工作室

中铁大桥局六公司刘琴梅劳模（专家）创新工作室

### 贵州省劳模和工匠人才创新工作室

中铁广州工程局集团桥梁工程有限公司贺清华创新工作室

中国中铁云南省滇中引水工程大楚段项目指挥部工程管理部何晓勇创新工作室

四川省“十佳”劳模创新工作室

中铁二局郭平劳模工作室

【1个集体荣获厂务公开民主管理示范单位】

中铁六局集团有限公司

【4个集体荣获厂务公开民主管理先进单位】

中铁一局集团有限公司

中铁二局第四工程有限公司

中铁六局集团太原铁路建设有限公司

中铁十局集团电务工程有限公司

【第二届全国文明家庭】

中铁四局一公司陈祥炎家庭

【第十二届全国五好家庭】

中铁二局建筑公司陈自会家庭

【2020年全国最美家庭】

中铁三局三公司周国云家庭

【全国家庭工作先进集体】

中铁四局工会女职工委员会荣获“全国家庭工作先进集体”

【全国家庭工作先进个人】

武　宁　中铁一局集团有限公司

【9个集体荣获2018—2019年度全国“安康杯”竞赛优胜单位】

中铁四局集团四公司

中铁四局集团南京分公司

中铁六局集团有限公司

中铁大桥局集团特种公司

中铁大桥局武汉桥梁特种技术有限公司

中铁隧道集团一处有限公司

中铁武汉电气化局集团有限公司

中铁建工集团北方工程有限公司

中铁二院工程集团有限责任公司

【3个集体荣获2018—2019年度全国“安康杯”竞赛优秀组织单位】

中铁六局集团丰桥桥梁有限公司

中铁电气化局集团有限公司城铁公司

中铁北京工程局集团城市轨道交通工程有限公司

【21个集体荣获2018—2019年度全国“安康杯”竞赛优胜班组】

中铁一局集团洛阳市轨道交通1号线红山车辆段01标段01工区

中铁三局线桥公司JQ900B架梁班组

中铁四局四公司海口美兰机场排水项目部

中铁四局五公司九江水环境治理项目两河分部

中铁四局电气化公司北京分公司

中铁四局电气化公司合肥轨道4、5号机电安装及装修总承包11标项目部

中铁四局景德镇国信滨江苑项目部

中铁五局集团贵州工程有限责任公司钢结构分公司扎佐加工车间

中铁六局集团有限公司新建城际铁路联络线一期工程站前2标项目经理部

中铁八局集团第一工程有限公司重庆轨道交通四号线二期项目部

中铁八局集团建筑工程有限公司商丘中州新城棚改项目部

中铁十局集团建筑工程有限公司第一项目部

中铁大桥局赤壁长江大桥项目部4号主塔墩班组

中铁隧道集团一处重庆轨道交通4号线二期土建6标项目经理部

中铁隧道局集团有限公司京沈客专京冀段十三标项目部

中铁隧道局集团有限公司郑州地铁4号线07标项目部

中铁电气化局集团有限公司京沪高铁维管公司蚌埠维管段徐州东网电工区

中铁武汉电气化局上海电气公司连镇项目部接触网作业队第一班组

中铁建工集团有限公司北京分公司京雄城际铁路雄安站房二标项目部

中铁二院土建一院隧道所

银川中铁水务集团有限公司设备维修中心

【6人荣获2018—2019年度全国“安康杯”竞赛“优秀个人”】

汪在良　中铁二局电务公司安质部副部长

王　山　中铁四局电气化公司合肥轨道交通4、5号线11标项目

卢治仁　中铁四局集团有限公司城市轨道交通工程分公司副总经理

任在栋　中铁四局集团有限公司南京分公司总经理

林　红　中铁大桥局工会副主席

刘亚伟　中铁电气化局集团有限公司建筑公司

【16个集体荣获省部级先进女职工集体】

上海市五一巾帼文明岗

中铁上海局财务共享中心成本收入科

江西省五一巾帼标兵岗

中铁九桥工程有限公司桥梁施工研究所

陕西省五一巾帼标兵岗

中铁一局电务公司信号女子班组

中铁宝桥集团有限公司财务部

中铁宝桥集团宝工公司职工医院

河南省五一巾帼标兵岗

中铁七局四公司工程经济管理部

中铁七局五公司经营开发中心商务部

中铁隧道局三处深中通道项目部办公室

中铁隧道局路桥公司西安地铁9号线3标工经部

四川省五一巾帼标兵岗

中铁八局四公司职工培训中心

安徽省五一巾帼标兵岗

中铁四局物资公司电子商务服务部

十佳四川省五一巾帼标兵岗

中铁二局新运公司成昆铁路西昌制梁场女子装吊工班

中铁二院轨道交通工经项目组

北京市三八红旗集体

中铁六局集团电务工程有限公司太原通号项目部女工预配班

陕西省总工会先进女职工集体

中铁宝桥集团有限公司财务部

广东省先进女职工集体

中铁隧道局工会女工委

【15 人荣获省部级女职工先进个人】

北京市三八红旗奖章

常媛媛　中铁电气化局智能交通公司科研所

安徽省三八红旗手

赵建华　中铁四局七分公司

谭昊文　中铁四局城轨分公司

江西省三八红旗手

刘　青　中铁九桥工程有限公司

四川省三八红旗手标兵

李可意　中铁二院地铁院

陕西省五一巾帼标兵

武　宁　中铁一局集团有限公司

吴美丽　中铁一局四公司

河南省五一巾帼标兵

张娟娟　中铁七局电务公司南宁地铁 4 号线装修工程

王红艳　中铁隧道局一处重庆轨道交通四号线项目部

赵　茜　中铁工程装备集团有限公司

贵州省五一巾帼标兵

杨应顺　中铁五局贵州公司磨万铁路项目

马小卓　中铁电气化局集团有限公司西安电化公司

四川省五一巾帼标兵

万晓燕　中铁科研院西南院

赵艳芳　中铁城投成都轨道指挥部

安徽省五一巾帼标兵

赵建华　中铁四局七分公司

【9 个集体荣获全国模范职工之家】

中铁二局工程有限公司工会委员会

中铁四局集团第四工程有限公司工会委员会

中铁八局集团第七工程有限公司工会委员会

中铁隧道局集团有限公司工会委员会

中铁隧道局集团路桥工程有限公司工会委员会

中铁武汉电气化局集团有限公司工会委员会

中铁二院工程集团有限责任公司工会委员会

中铁大桥勘测设计院集团有限公司第二设计院工会委员会

中铁信托有限责任公司工会委员会

【6 个集体荣获全国模范职工小家】

中铁四局集团第五工程有限公司盾构分公司工会

中铁十局集团电务工程有限公司电信工程分公司工会

中铁大桥勘测设计院集团有限公司桥隧技术有限公司工会

中铁宝桥集团有限公司钢结构车间工会

中铁工程装备集团有限公司工会

中铁工程机械研究设计院有限公司智能信息化院工会

【12 人荣获全国优秀工会工作者】

李　峰　中铁一局集团铁路建设有限公司党委委员、工会主席

陈　艳　中铁二局集团电务工程有限公司工会副主席

黄　勇　中铁八局集团有限公司工会综合部部长

姜吉春　中铁十局集团电务工程有限公司工会副主席

史林山　中铁大桥局集团有限公司工会副主席

王刚生　中铁隧道局集团有限公司工会生产宣教部部长

张永超　中铁隧道集团一处有限公司工会副主席

李燕琴　中铁广州工程局集团有限公司工会副主席、女工委主任

翟松泉　中铁二院重庆勘察设计研究院有限责任公司党委委员、纪委书记、监事、工会主席

方　巍　中铁工程设计咨询集团有限公司纪委委员、工会办公室主任

张　科　中铁工程机械研究设计院有限公司工会综合部部长

王　闽　中铁文化旅游投资集团有限公司党委委员、副总经理、工会主席

【9 个集体省部级模范职工之家】

四川省模范职工之家

中铁二局电务公司工会

中铁八局城通公司工会

安徽省模范职工之家

中铁四局二公司

山西省模范职工之家

中铁六局集团太原铁建公司朔山项目部工会

天津市模范职工之家

中铁第六勘察设计院集团有限公司

全路模范职工之家

中国铁路工会中国中铁股份有限公司机关委员会

中国铁路工会中铁二局第五工程有限公司委员会

中国铁路工会中铁九局集团有限公司委员会

中国铁路工会中铁广州工程局集团有限公司委员会

【8 个集体荣获省部级模范职工小家】

全路模范职工小家

中国铁路工会中铁北京工程局集团第一工程有限公司委员会

中国铁路工会川铁国际公司老挝磨万铁路委员会

中国铁路工会中铁六院集团公司城建院委员会第二设计分院分会

中国铁路工会中铁宝桥（扬州）有限公司委员会

中国铁路工会中铁开发投资集团有限公司机关委员会

中国铁路工会石家庄地铁 2 号线工程建设指挥部委员会

中国铁路工会成都中铁天圃房地产有限公司委员会

四川省模范职工小家

中铁二院建设公司工程设计处分工会

【8 人荣获全路优秀工会工作者】

郑　黎　中国中铁股份有限公司

王　力　中铁一局集团有限公司

关世东　中铁四局集团有限公司

李素文　中铁六局集团有限公司

程湘波　中铁隧道局大瑞铁路项目部

章胜华　中铁上海局集团有限公司

蔡中祥　中铁二院集团有限公司

韩凤岩　中铁交通投资集团有限公司

（马　欢）

## 团委

【团组织和团员队伍状况】截至2020年末，全公司有35岁及以下青年14万余人，其中团员青年6万余人。有下级组织6432个，其中，团委405个，团工委276个，团总支122个，团支部5629个。2019—2020年，全公司有16个集体获评“全国青年安全生产示范岗”称号，10个集体获评“全国青年文明号”称号；1名青年被授予第24届“中国青年五四奖章”，2名青年被授予“全国向上向善好青年”称号，9名青年被授予“全国青年岗位能手”称号。

（谈　阳）

【青年思想教育】抓思想教育，理想信念更加坚定。以庆祝建党99周年、五四运动101周年等活动为契机，各级团组织通过现场学习、宣贯座谈、网络团课等方式，持续深入学习党的十九大及十九届历次全会、团的十八大及历次全会精神、习近平总书记“五四寄语”、在抗击新冠肺炎疫情表彰大会上的讲话等系列重要讲话精神，引导全体团员青年明大理、识大势、知大任、养大德，切实提高了团员青年政治学习热情和理论素养。组织中铁置业等单位50名青年赴团中央参加“弘扬女排精神　做新时代奋斗者”青春分享会，现场感悟“女排精神”。中铁一局团委承办团陕西省委“学习寄语精神，展现青春担当”中国（陕西）青年五四奖章获奖者事迹分享会首场省级示范活动；中铁四局、中铁七局团委引导广大团员青年开展在线学习教育；中铁隧道局团委深入挖掘忠诚担当精神，梳理完善“青年画像”。

抓形势分析，目标任务更加明晰。各级团组织贯彻公司年度系列重要会议精神，加强形势任务宣传，开展线上线下答题活动，引导青年准确把握企业发展形势任务和重点目标，进一步提高政治站位，明确工作方向。组织召开团委三届七次全委（扩大）会议，以“不忘跟党初心　肩负光荣使命　为建设具有全球竞争力的世界一流企业贡献青春力量”为题报告全年工作，重点围绕开展好“千元节支、万元创效”青年岗位建功达标竞赛等内容对2020年总体工作做了安排部署，8家单位现场交流经验，12家单位书面交流。中铁六局、中铁十局团委围绕“三个报告”、重点关注“四个讲清楚”，让团员青年近距离感受企业改革发展成就，引导青年正确认识企业面临的机遇与挑战，提升青年对企业的忠诚度和认同感；中铁一局、中铁二局、中铁四局、中铁五局、中铁建工团委围绕庆祝建局70周年、献礼公司党代会等主题，开展“峥嵘七十载、青春向未来”文化作品征集、“岁月如歌”抖音讲历史、“致敬奋斗的青春”短视频大赛及“喜迎党代会　建功新时代”青年网络诵读比赛等活动。

抓调查研究，底情实情更加透彻。结合企业改革发展现状，通过面谈和电话采访68名青年骨干，形成了《青年骨干对企业改革发展相关问题思想观念的调研报告》。结合机构改革等情况，公司团委围绕企业基本情况、本部机构设置、团组织基本情况、工作亮点及特色、当前存在的问题以及工作建议等内容启动了书面调研，对各二级单位团青工作现状进行了系统掌握。通过实地观摩、一对一沟通、区域座谈等方式，深入成都、武汉、深圳、广州等地区开展了交流座谈，所属二、三级团组织及项目团支部围绕协助党委做好青年人才选树和培养、做好基层团组织有形化及标准化建设、在融入中心上开拓创新等课题，深入交流分享，探索新形势下团青工作新思路、新方法。中铁五局团委围绕“如何让员工更好地体现自我价值”主题，将线上调研和线下座谈相结合，开展员工价值体现调研。中铁大桥院团委针对青年思想活跃、压力较大的实际，开展“与领导面对面”“吐槽大会”等活动，有效解决内心困惑和实际困难。

抓舆论引导，团青活力更加突出。发扬“党有号召、团有行动”优良传统，号召广大青年主动承担疫情防控专门医院建设、基础保障等急难险重任务，主动协助做好舆论引导工作，一批青年典型事迹得到共青团中央及青春央企微信公众号转发。截至2020年末，中国中铁青年微信阅读量和粉丝关注数量达到134270人，较2019年累计增加6175人；总阅读量达到1169221次，综合影响力持续稳步提升。各级团组织在网上共青团建设中持续发力，逐步拓展运用抖音、快手等新媒体平台，搭建更加立体丰富的网上交流园地。中铁九局团委联合开展党群、技术、管理系统微课大赛，为青年职工搭建人才培养的微视频库，目前已超400部。中铁北京局团委围绕推进企业文化的有形化宣传，利用“和宝”“小北”“京京”公仔形象，制作了青年喜爱的文创用品。

（谈　阳）

【服务企业中心工作】坚持焦点不散，一心一意助发展。结合企业改革发展实际，公司团委围绕重点工程、重大项目建设、重大科技攻关、疫情防控、大干一百天、决战四季度等急难险重任务，持续深入开展“青年文明号”创建、争当“青年岗位能手”和“青年突击队”活动，推动“号手岗队”成为团员青年追求职业理想、岗位建功立业、践行核心价值观的鲜明旗帜。组织全体青年员工重点推进“千元节支、万元创效”青年岗位建功达标竞赛，努力践行习近平总书记关于厉行节约、反对浪费的重要指示精神，引导广大青年争做节约创效的践行者。中铁广州局基层项目通过开垦“开心农场”、加强内部管理、狠抓“创新创效”活动助推节支创效，为企业节约日常开支及用工成本近20%。结合“抗疫情、保增长，大干100天”以及“决战四季度，决胜保目标”专项劳动竞赛活动，引导广大青年在“五保一促”等工作中发挥中流砥柱作用，促进企业规模效益大幅提升。

坚持标准不变，双管齐下促攻坚。锚定青年“双创”工作目标不放松，联合科创部及中铁信科全力推进“智汇未来·双创”共享云平台的应用，促进企业内部技术创新和管理创新成果共享机制建设和探索。各级团组织以劳模创新工作室、技能大师工作室、青创先锋工作室为依托，围绕技术革新、安全质量管理、前沿科技和核心技术领域，开展“五小”攻关、青年QC小组、合理化建议征集等活动。推荐中铁工业2个项目参加第三届中央企业熠星创新创意大赛。中铁大桥局团委持续发挥好青年双创工作优势，加强技术创新攻关。桥科院青年创新项目“桥梁智能建造平台研发及工程应用”在湖北省青年创新创业大赛总决赛中获得银奖。

坚持干劲不减，三支队伍战疫情。在新冠肺炎疫情发生之际，迅速部署，立即行动，以“青年文明号、青年安全质量监督岗、青年突击队”三支队伍为载体，就地转为防控疫情青年突击队，3万余名青年、1880余支青年突击队积极参与疫情防控、医院设施建设和复工达产工作。组织召开全委（扩大）视频会议，全票通过了《关于划拨团费支持疫情防控工作的决议》，划拨30万元专项团费用于支持在武汉地区单位疫情防控工作，各级团组织累计拨付专项团费616692元，31300余名团员青年通过中国青年基金会等渠道捐款达286万余元，物资总额208.9万元，共计慰问帮扶困难青年和职工群众5900余人。各级团组织共推出《爱的奇迹》《青春战“疫”》MV等原创音乐10余首、《中国中铁青年战“疫”进行时》《中铁人战“疫”观察报告》等推文3140余篇等，各级新媒体矩阵相关宣传内容阅读量超过100万人次，大力唱响了“同心抗疫·共克时艰”的主旋律。

坚持责任不松，多措并举保安全。围绕“安全月”“质量月”持续开展青年安全质量监督岗创建活动，在团员青年中营造“重质量、保安全”的文化氛围。全公司共有16个青年集体获评2019年度“全国青年安全生产示范岗”。紧密围绕股份公司安全质量工作要求及“2468”安全生产管理要点，聚焦安全质量管控，通过演讲比赛、知识竞赛、交底大赛、誓师仪式、歌曲创作等多种形式不断掀起青年踊跃“保安全、抓质量”的热潮。中铁四局、中铁大桥局团委在全局范围内开展“2468”管理要点网络竞答活动及班组级安全技术交底比赛，创新研发练习、PK、竞赛和排行榜四大模块相结合的竞赛模式，促进全局广大青年牢固树立红线意识，准确掌握新时期安全生产知识精髓；中铁九局团委集中对全局“青年安全质量监督岗”在“隐患排查系统”上线情况进行了集中排查；中铁一局团委承接了陕西省国有企业团干部培训班百人代表团对基层项目青年安全生产示范岗创建工作的现场观摩。

（谈　阳）

▲2020年10月17日，中国中铁团委携手湖南省郴州市桂东县共同发起线上线下相结合的“乡村梦想教室”启动仪式

【服务青年成长成才】打好青年学技练功“攻坚战”。在山海关和北京分别成功举办了2020年全国行业技能大赛——第三届职业技能竞赛　中国中铁第十九届青年职业技能竞赛焊工及BIM大赛技能赛；组织青年积极参加各类BIM技术应用大赛，获国家级BIM大赛奖项100余项，其中一等奖20余项。以服务保障六项举措为抓手，联合人力资源部扎实开展好2020年度新入职大中专毕业生接收工作，结合实际修订了《中国中铁股份有限公司青年导师带徒工作实施细则》，签订导师带徒协议13000余份，基本实现新入职员工师徒结对全覆盖。组织中铁工业、中铁物贸青年积极备战第十六届“振兴杯”全国青年技能大赛计算机网络管理员竞赛。中铁八局团委深入推进基层“青年讲堂”活动，在提升青年业务技能水平上展现作为；中铁大桥局团委开展“名师出高徒”主题巡讲，进一步探索、推广“双导师带徒”活动中的亮点做法。

打好青年志智双扶“歼灭战”。立足扶贫先扶志、扶贫必扶智，联合团桂东县委，以中国中铁定点扶贫援建的7个“乡村梦想教室”为依托，组织所属各级团组织，联袂打造“梦想课堂”，通过现场实时教学、远程视频筑梦、志愿团队服务、实地参观学习等运营方式，让贫困地区的孩子拓宽视野、点燃梦想，引导他们从小树立正确的世界观、人生观、价值观。以“点亮微心愿　情暖童心梦”为主题，启动了第二季“五彩梦想”接力计划，为110余名留守儿童兑现了“微心愿”，启动了第三季圆梦行动，帮助7所学校的孩子分别达成集体心愿。通过腾讯“99公益日”活动，运用公募平台募集善款58.9万余元，为助力打赢脱贫攻坚战再献“微力量”。中铁大桥局、中铁建工、中铁工业团委分别组织连线了三期“梦想课堂”，进一步丰富和拓展“五彩梦想”形式及内涵，体现了中国中铁青年在打赢脱贫攻坚战中的责任与担当。

打好青年典型引路“接续战”。以纪念五四运动101周年为契机，深入开展了“两红两优”评选表彰，加大青年典型选树力度，全年命名表彰包含“青年文明号”和“优秀团干部”在内的先进集体386个、先进个人987名。持续加强和团中央、中央企业团工委等上级部门沟通联系，开展青年典型评选表彰活动，全年共获得团中央等国家级荣誉38项，其中，中铁二局青年徐州获第24届“中国青年五四奖章”，两名青年获2020年“全国向上向善好青年”称号，9名青年获评“全国青年岗位能手”（中铁一局郝铎为“全国青年岗位能手标兵”），10个青年集体获评“全国青年文明号”。顺利完成了中国中铁第九届十大杰出青年评选，10名青年获“中国中铁第九届十大杰出青年”称号，20名青年获“青年岗位能手标兵”称号。各级团组织以“奋斗的青春最美丽”“青春励志会”等内容为主题，特别是以郝铎、徐州、张浩等青年典型代表为重点，积极开展青年典型宣传工作，讲好青年故事，激励广大青年学习先进、争当先进。

打好青年权益保障“阵地战”。推进“幸福之家”志愿者工作体系建设，持续推进“志愿中国”网络注册，逐步扩大青年志愿者队伍规模，推荐3个项目申报2020年度首都“5个100”活动，中铁四局“蒲公英帮困助学项目”及中铁建工“牵手关爱　七彩假期——建设工地‘小候鸟’驿站志愿服务项目”获得第五届中国青年志愿服务项目大赛银奖，中铁置业京西嘉苑志愿服务社区获2019年度首都“5个100”活动“优秀志愿服务社区”称号。集中开展“优秀海外青年家访”活动，走访慰问了中铁电气化局、中铁建工、中铁北京局的10名海外青年的家庭，帮助海外青年家属解决日常生活困难，各级团组织结合单位实际，纷纷开展了各具特色的青年家访活动，共计慰问青年200余人。服务基层青年解决婚恋问题，分片区利用团属资源，加强企业内部及属地联系，开展线上、线下单身青年联谊活动100余场次，为广大青年搭建“幸福鹊桥”。（谈　阳）

【组织建设】抓两头、带中间，建强基层组织。着力打造最强团支部，充分发挥示范引领作用，以智慧团建系统数据信息更新为载体，常态化整顿排查软弱涣散团组织，推动基层组织全面进步、全面过硬。中铁电气化局团委围绕“做实基层，做强支部”主题，积极开展“最强团支部”评选活动，全面检验了基层团支部创新成果，激发了基层团组织活力。加强对所属企业团组织按期换届工作的督导落实，指导4家单位成立了团（工）委，批复4家单位调整团委委员、13家单位配齐配强专兼职团干部，指导3家单位召开了团代会，按期做好换届选举，积极配合党委做好党建工作责任制考核评价。持续推行“一支部一品牌”工作，全面推广“团支书人选公推直选”，引导支部结合实际明确工作重点。中铁三局团委在实践中摸索出了一套具有自身特色的“团干部竞聘”工作法并全面推广，做到组织规范、制度规范。

优选配、严管理，建设过硬队伍。落实党建带团建工作要求，始终把对团干部的培养、选拔、考核、转岗工作作为公司组织建设工作的重要任务来抓。严把入口关，拓宽选拔范围，有计划地把管理和技术岗位业绩突出、热爱团青工作的青年选拔到团干部岗位上；狠抓“锻炼关”，建立目标管理责任制和年度考核制度，给团干部交任务、压担子，安排到党务、行政、技术、生产一线等岗位交叉锻炼；把好“输出关”，稳步推进做好团干部转岗工作，全年二级单位团委负责人转岗11人，确保了团干部队伍的合理流动。持续从严加强团干部教育培训及素能提升，在北京组织举办2020年度团干部素能提升培训班，培训二、三级企业团干部130人次。推荐4名同志参加团中央举办的团干部培训班，有1名同志全过程参加青马工程培训班并获评“优秀学员”。

促整合、强阵地，提升保障水平。结合实际修订了《中国中铁股份有限公司青年安全质量监督岗活动实施细则》《中国中铁股份有限公司青年导师带徒工作实施细则》《中国中铁股份有限公司共青团信息工作实施细则》，确保基层共青团工作的有效开展。积极配合做好公司党群工作“十四五”规划编制，及时启动青年“十四五”发展纲要的编制工作，为“十四五”期间青年人才的培养和青年工作的开展指明方向。中铁九局团委制定了“共青团系统请示报告和内业标准清单”，通过内业标准化进一步明确了团建内业标准。中铁电气化局团委持续开展“一支部一品牌”活动，优化基层工作资源，集中优势力量打造特色团支部。

重交流、树品牌，拓展对外联系。积极承办上级交办工作。加强与团中央、中央企业团工委及全国铁道团委等上级和行业组织沟通联络，承办了多项具有影响力的重要活动。配合中央企业团工委组织筹备了全国青联第十三届全委会中央企业代表团会议；作为组长单位，承接中央企业团工委组织的定向帮扶行动，组建青年志愿服务团队，积极解决北京儿童医院附近困难病人家属留宿问题；作为上一届副主任成员单位，出席了全国铁路行业团指委换届大会，圆满完成履职任务。作为牵头单位，圆满完成团中央交付的国有企业团员先进性标准制定工作，团中央采纳成果予以印发。应全国青联部署，协助完成了2019年度全国青联委员（法律界别）履职考核工作；出席了全国青联界别秘书长工作会议并作了线上交流发言；中铁一局郝铎、中铁大桥局藕长洪、中铁发展唐刚等三名青年当选第十三届全国青联委员；深入对接双一流院校团组织，以山东大学为试点，启动企校青年联合会创建工作，全面助力企业人才建设、企校科研合作；集团团委书记作为央企青年代表参加了新当选的全国青联委员履职培训和行动学习活动。（谈 阳）

## 机关党委（机关工会）

【工作综述】2020年，机关党委在公司党委的领导下，坚持以习近平新时代中国特色社会主义思想为指导，深入学习贯彻落实党的十九大、十九届五中全会精神，紧扣新时代发展主题和全面从严治党要求，认真做好“围绕中心、建设队伍、服务员工”中心任务，全力抓好总部党的建设和总部建设，并取得明显成效。（韩 东 刘建锁）

【深入学习贯彻落实习近平新时代中国特色社会主义思想和党的十九届五中全会精神】深入学习贯彻《习近平谈治国理政》第三卷，组织广大党员员工认真学习领会习近平总书记在中共中央政治局第二十次集体学习上的重要讲话精神，制定下发了《学习方案》，将《习近平谈治国理政》第三卷作为“三会一课”、主题党日的重要内容，实现全员全覆盖。率先党的十九届五中全会精神学习宣贯工作，制定下发《关于学习贯彻党的十九届五中全会精神的通知》，为总部全体党员员工购买发放《党的十九届五中全会〈建议〉学习辅导百问》。组织总部全体党员员工参加了中国中铁学习贯彻党的十九届五中全会精神宣讲报告会，认真聆听公司党委书记、董事长陈云宣讲报告，设计制作党的十九届五中全会精神宣传展板，利用员工餐厅电子屏编发学习党的十九届五中全会精神相关信息。会同法律合规部深入开展《民法典》学习贯彻落实工作，下发《关于认真学习贯彻落实〈中华人民共和国民法典〉的通知》，为总部党员员工购买《民法典》读本。（常金盛 郭凌云）

【总部党建工作科学化】召开总部党的工作会议，明确了2020年工作总的指导思想和工作任务，下发了《2020年总部党的工作要点》，对2020年总部党的建设和反腐倡廉工作做出部署。大力推进学习型党组织建设，表彰“学习强国”先进个人30名；持续开展“强素质、作表率”全员读书活动，为总部党员员工发放各类学习资料4000余册；购买发放了《中国共产党基层组织选举工作条例》《中国共产党国有企业基层组织工作条例（试行）》《中办通讯》，修订完善了《党支部工作手册》《党员学习工作笔记》；在全公司各级单位本部党组织中，率先创建了总部党建智慧平台，进一步规范提升了党支部党建基础工作水平。严格规范党员发展工作，认真做好入党积极分子培训，年内发展和转正党员5名，转接总部和公司所属直属单位党员组织关系400余人次，其中退休党员社会化移交转接党组织关系196人次。持续做好离退休党组织建设，撤销了离退休人员党总支，成立了总部离退休人员党支部。总部离退休干部党总支获中组部“全国离退休干部先进集体”称号。（常金盛 郭凌云）

【总部党的组织建设】结合总部机

▲2020年6月29日，中国中铁总部机关党委隆重召开庆祝中国共产党成立99周年暨“两优一先”表彰大会

构改革和人员变化，撤销党支部9个、成立党支部6个，调整完善党支部7个，总部现有23个党支部全部配齐配强了支部班子。制定下发了《组织生活会和民主评议党员方案》，原24个党支部全部召开了组织生活会，22位党支部书记本人或委托他人进行了述职，281名党员参加了对党支部工作的测评，266名党员参加了民主评议。召开了庆祝建党99周年暨“两优一先”表彰大会，表彰优秀共产党员标兵10名、优秀党支部工作者10名、先进党支部7个，表彰离退休人员优秀共产党员10名、优秀党支部工作者6名、先进党支部1个。制定下发了《党支部建设活动经费使用方案》，按每名党员800元的标准，向总部22个党支部下拨党建活动经费共计26.84万元。严格做好党费收缴工作，截至2020年11月收缴党费68.7717万元，使用支出党费163.2447万元，存续党费482.778万元。组织40余名党员代表前往中国人民革命军事博物馆，参观“纪念中国人民志愿军抗美援朝出国作战70周年主题展览”；指导总部各党支部前往红色教育基地和爱国主义阵地开展爱党爱国红色主题教育24次。制发各类文件27项，编发《机关党建》38期，在《中国中铁简报》《中国中铁》报发表各类信息30余篇。

（常金盛　郭凌云）

【总部党风廉洁建设】为总部党员发放《鉴戒》教育读本，开展党员干部违规打麻将问题专项整治，153名处长及以上人员签订《党员干部抵制违规打麻将问题承诺书》；开展贯彻落实中央八项规定精神自查自纠工作，总部22个党支部全部填报了《贯彻落实中央八项规定精神自查自纠工作统计表》，153名处长及以上人员填写《贯彻落实中央八项规定精神个人自查自纠工作登记表》；开展化公为私问题专项整治工作，总部22个党支部全部上报了《化公为私问题专项整治自查自纠情况汇总表》，224名处长及以上人员和关键岗位人员填写上报了《化公为私问题专项整治自查自纠情况表》；开展“抓整改、树新风、强本领、促发展”作风建设年活动，制定下发了《总部作风建设年活动实施方案》，并配套开展“亮身份、明职责、转作风、创佳绩”主题实践活动；举行了首次新任职领导人员宣誓仪式，共计53名新任职领导人员参加了宣誓仪式。深入贯彻落实习近平总书记对坚决制止餐饮浪费行为、切实培养节约习惯作出的重要指示精神，向总部全体员工发出“坚决制止餐饮浪费、切实培养节约习惯”倡议书，通过电子显示屏标语、张贴宣传画、摆放提示牌等方式，大力开展勤俭节约宣传教育活动。

（常金盛　郭凌云）

【总部建设】制定下发了《关于充分发挥党建引领作用、为打赢疫情防控阻击战和全面复工复产提供坚强政治保证的通知》，为总部在职员工免费投保了新冠肺炎疫情保险；开展了“彰显本色献爱心、众志成城战疫情”爱心捐款活动，总部党员和员工共计捐款174868元。推选出新一届机关工会委员和机关工会主席人选；结合总部机构改革和人员变化，撤销工会支会9个，成立工会支会6个，调整完善工会支会7个，总部22个工会支会全部配齐了支会主席。结合“三八”妇女节，选树表彰先进女职工10名；结合“五四”青年节，评选表彰青年岗位能手、优秀专兼职团干部13名，青年文明号、优秀团支部2个。规范总部员工兴趣协会小组建设，开展健步走、篮球、乒乓球、羽毛球等文体活动。总部员工登山代表队获得北京国际旅游登山节团体赛冠军。重大节日走访慰问困难职工、党员10余人次。（常金盛　郭凌云）

牢

# CHAPTER 12

# 人物

## 新闻人物

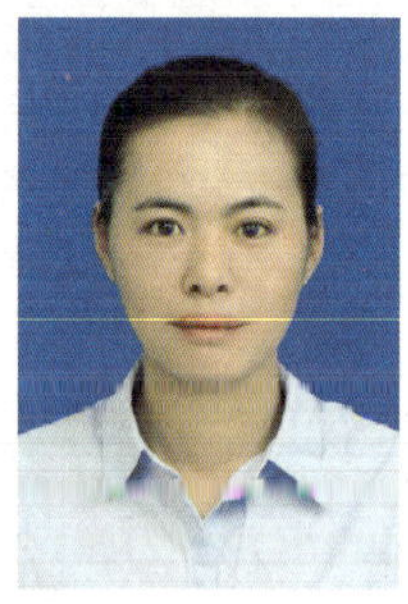

【王中美·全国劳动模范、国务院政府特殊津贴获得者】王中美，女，汉族，中共党员，1981年10月出生，湖北省黄梅县人，毕业于武汉铁路桥梁技工学校桥梁专业，中铁工业旗下中铁九桥工匠技师。

自2001年参加工作以来，一直在生产一线从事特大型桥梁的焊接技术攻关及电焊作业工作，先后参与了武汉天兴洲长江大桥、孟加拉国帕德玛大桥等40多座世界一流桥梁的焊接和前期焊接试验任务，为中国桥梁战线首支“女子电焊突击队”——中铁九桥女子电焊突击队的领头人。她主动攻坚克难，参与建设的重点工程获得国家优质工程奖、中国建设工程鲁班奖、全国优秀焊接工程奖等奖项，并获得了27项技术攻关、17项创新成果。在“一带一路”重点项目帕德玛大桥建设中，制定海上接桩横位自动化焊接专项工艺，填补国内空白；将厚度16~28毫米钢板的熔透焊接，由传统的开双面坡口焊接工法，改为开单面坡口焊接工法，有效控制杆件变形，工效提高50%，被命名为“王中美焊接工法”；在沪苏通长江大桥新钢种焊接中，攻克Q500qE钢材在钢桥上首次采用的焊接技术难关，解决重达1800吨的大型全焊整节段桁梁焊接难题，为推动中国铁路桥梁新钢种从Q370qE到Q420qE再到Q500qE的三大跨越做出重要贡献。通过“导师带徒”等方式，依托“王中美劳模创新工作室”为平台，带领工友相继开展30多项材质实验和焊接攻关任务，开展面向一线员工的技能培训、考试等活动3600多人次，培养出高级技师6人、技师11人、高级工45人。2020年3月，主动提出建立“习近平新时代中国特色社会主义思想王中美学习小组”，发挥典型引领作用，开展学习、研讨等活动。

2017年当选为党的十九大代表，2018年当选为中国工会十七大代表，先后获得全国五一劳动奖章、全国三八红旗手、中国青年五四奖章、中央企业青年岗位能手、中央企业优秀共产党员等多项荣誉，2019年入选庆祝中华人民共和国成立70周年“功勋工匠”名录，2020年获得“全国劳动模范”称号，2020年12月获批享受国务院政府特殊津贴。

（熊红梅）

【严金秀·最美铁道科技工作者、十大女性人物】严金秀，女，汉族，中共党员，1964年9月出生，四川三台人，研究生，研究员。自1984年7月参加工作，先后在铁科院西南研究所、铁科院西南分院、中铁西南科学研究院有限公司、中铁科学研究院有限公司工作，现任中国中铁隧道专家，中铁科学研究院有限公司副总经理，国际隧道协会主席，享受国务院政府特殊津贴专家。2000年被评为铁道部科技拔尖人才，2002年获第五届詹天佑铁道科学技术人才奖，2008年获火车头奖章，2012年获得“中国经济女性年度创业人物”称号，2017年被授予“全国三八红旗手”称号，2018年被评为年度时代女性榜样，2019年入选《中国妇女报》“2019十大女性人物”，2020年被评为“最美铁道科技工作者”“成都最美科技工作者”。

长期从事隧道和地下工程技术研究，在长大山岭隧道、海底隧道设计和施工，隧道风险管理、硬岩单层衬砌、钢纤维混凝土管片、防排水技术，国内外隧道工程技术现状及发展方向等方面进行了深入研究，先后完成20余项结合重大隧道工程的科研项目，在国内外发表论文20余篇，研究成果获省部级特等奖1项、一等奖2项、二等奖3项、三等奖1项。主持完成的“野三关隧道风险评估和控制的研究”，是中国铁路第一个隧道风险管理研究项目，开创了中国铁路隧道工程风险评估的先河；主持完成的“青岛胶州湾隧道防排水系统、防排水结构及其施工质量控制研究”，对提高胶州湾隧道防排水系统性能和质量发挥了重要作用。近年来，根据本专业国内外技术发展最新动态，提出并培育了硬岩隧道防水型单层衬砌和钢纤维混凝土管片两个创新点，科研成果在青岛地铁获得应用；担任中国工程院院刊*Engineering*隧道专题执行主编，参与国际第一部专门针对地下工程的FIDIC合同条件编制工作，担任《FIDIC地下工程合同条件》2019年第一版顾问和审阅人，担任交通运输部《公路隧道设计规范》英文版主审；在近30个国家发表近40篇主旨报告和大会报告，多次主持国际学术交流会议，积极宣传中国和中国中铁隧道技术成就，进一步提升了中国和中国中铁在国际隧道界的影响力和话语权。

（冯　环）

【吴亚东·2020年度新时代铁路榜样】吴亚东，女，汉族，中共党员，1976年8月出生，北京市人，大学本科，高级工程师。现任中铁建工集团北京分公司副总工程师兼技术中心主任，为中铁建工专家库专家。

自1996年7月参加工作以来，始终扎根一线从事技术管理工作，先后担任中铁建工多个项目部总工程师、中铁建工集团北京分公司技术部部长、雄安工程建设指挥部总工程师等职务。任项目总工程师期间，先后参建北京铁路局文化宫、中水电对外办公楼等多个精品工程；担任北京分公司技术部部长期间，曾负责京沪高铁站、兰州西站、哈尔滨站、敦煌机场等重点工程技术方案、科技创新和工程创优工作，参与建设的多个项目获得中国建设工程鲁班奖；担任京雄城际雄安站指挥部总工程师期间，切实强化科技驱动，领军技术攻关，深入研究大体量超长大体积混凝土“跳仓法”工艺，突破规范最大分仓尺寸限制，有效加快了工程建设进度；加大超大截面复杂造型清水混凝土成套施工技术研究力度，发明了钢筋顶弯机、新型清水模板体系等，完美呈现了“开花柱”设计效果；积极探索并在铁路客站站台首次应用装配式结构，发明了装配式站台吸声墙，有力推动了中国铁路客站降噪技术研究进展；组织巨型钢骨柱施工及78米跨度钢结构屋盖整体提升，助力雄安站获得中国钢结构金奖年度杰出工程大奖。近年来获得省级工法2项、发明及实用新型专利7项、股份公司及铁道学会等科技进步奖12项以及其他科技奖共30项；曾获得2020年第八届中国民生发展论坛暨第十四届中国国际公益慈善论坛暨2020中国大健康论坛“2020最美全面小康建设者”“2019年度北京市劳动模范”“2020年度新时代铁路榜样”“中铁建工集团第一届技术比武十大技术能手”“北京分公司岗位标兵”等称号。（吕　森）

【白芝勇·十四运会和残特奥会宣传推广大使】白芝勇，男，汉族，中共党员，1978年8月出生，四川省巴中市人，本科。中铁一局第五工程有限公司高级工程师、副经理、精测队测量工高级技师，陕西省建设工会副主席（兼职）。

白芝勇同志自1999年参加工作以来，先后参加了秦岭特长隧道、乌鞘岭特长隧道等多个国家重点工程项目的外业测量及内业处理，全部一次性验收通过，全部获得优质工程。参加的中铁一局第五工程有限公司精测队QC小组在“提高CP Ⅲ平面控制网测量效率”项目中取得显著成绩，被命名全国优秀管理小组。

多年来，白芝勇敢想敢干、勇于创新，先后完成15项国家专利及31个项目攻关。参加工作20多年来，热爱学习，勤勉敬业，严谨精细，锐意创新，成为专家型青年技能人才的楷模。多次在中国中铁、陕西省、国务院国资委举办的测量工技能大赛中获奖，获得“陕西省杰出能工巧匠”“陕西省技术状元”“陕西省劳动模范”“全国技术能手”“全国青年岗位能手标兵”“全国劳动模范”“全国最美青工”“十大最美职工”等称号，并享受国务院政府特殊津贴。2017年，荣膺首届“央企楷模”称号，并当选党的十九大代表。2018年当选全国岗位学雷锋标兵。2019年获得“中国质量工匠”称号，入选庆祝中华人民共和国成立70周年功勋工匠名录。2020年当选十四运会和残特奥会宣传推广大使。（舒明磊）

## 科技人物

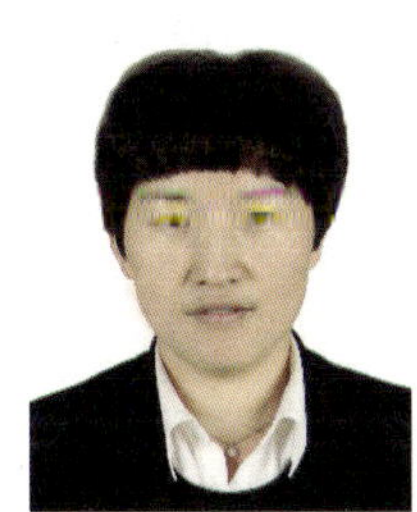

【王杜娟·百千万人才工程国家级人选】王杜娟，女，汉族，教授级高级工程师，第十三届全国人大代表，享受国务院政府特殊津贴，河南省学术技术带头人。历任中铁隧道集团隧道设备制造公司工程师，中铁隧道装备制造公司设计研究总院院长，中铁工程装备集团总工程师，现任中铁工程装备集团副总经理。

作为中国盾构国产化研究的开拓者及产业化发展的重要参与者，长期致力于盾构国产化研究、开发、制造事业，在盾构国产化研制方面做了大量卓有成效的工作，取得了突出成绩。作为主要完成人参与3项国家“863”计划、2项“973”计划、1项国家重点研发计划、1项国家重点研究项目工程、3项河南省重大科技专项项目的研究工作，获河南省科技进步奖一等奖1项、二等奖2项，国家科技进步奖二等奖1项，中国施工企业管理协会科技创新成果奖一等奖2项，中国中铁科技进步奖特等奖3项、一等奖5项，并取得发明专利28项，发表论文10篇、著作2部，主持了国内首个掘进机行业国家标准编制工作。与团队相继创新研制出国内首台具有完全自主知识产权的复合式土压平衡盾构机、首台敞开式岩石隧道掘进机、世界最大断面矩形顶管机、世界首台大断面马蹄形盾构机、世界最小岩石隧道掘进机、国内首台最大直径泥水平衡盾构机、国内最大直径敞开式硬岩掘进机、世界首台高压水力耦合破岩TBM、千米级全断面竖井钻机等重大装备。

个人先后被河南省政府授予“河南省学术技术带头人”、中华全国铁路总工会授予“火车头奖章”“全国铁路先进女职工”称号、中华全国总工会授予“全国五一巾帼标兵”称号、“全国三八红旗手”等。2018年，当选第十三届全国人民代表大会代表，被中央宣传部、科技部、中国科协评为“最美科技工作者”，被国务院国资委授予第三届“央企楷模”称号。2020年，被评为“出彩河南人”2019感动中原十大年度人物，入选“国家百千万人才工程”。（张　俊）

【叶蕾·詹天佑铁道科学技术奖】叶蕾，男，汉族，中共党员，1985年1月出生，浙江金华人，硕士，高级工程师。自2006年7月参加工作，现任中铁工程装

备集团设计研究总院副院长。

长期从事盾构设计研发工作，主持、参与国内首台大直径土压平衡盾构、国内首台隧道联络通道用盾构机等重大装备500余台套，应用于全球40多个国家和地区；带领团队开展技术调研和攻关，先后完成了超大直径泥水盾构、大直径复合式土压平衡盾构、双模、三模盾构，国内最大直径硬岩TBM、世界首台马蹄形盾构机、世界最大断面矩形盾构机等数百台隧道设备的设计研发任务。推动建立起超大直径盾构、护盾式TBM、小微盾构、异形盾构、竖井掘进机等十余种新型产品体系。参与完成“全断面隧道掘进机术语和商业规格”等10项国家标准的编制，主持国家重点研发计划“网络协同”专项“远程智能运维平台系统集成”、郑州市重大专项“基于国际标准的 ϕ6.67 米新型复合式土压平衡盾构研制”等重点科研项目，攻克主动铰接、可变开口刀盘、超大直径整机集成、常压换刀等30多项关键技术，获得河南省机械工业科学技术奖一等奖1项，中国铁路工程总公司科技进步奖特等奖3项、一等奖1项，中国交通运输协会科技进步奖二等奖1项，中国施工企业管理协会科技创新成果奖二等奖1项，获得专利40余项，以第一作者发表论文4篇。

先后获得“中国中铁青年岗位能手”“河南青年五四奖章”“全国青年岗位能手”等荣誉，2020年被授予詹天佑铁道科学技术奖—青年奖。

（张　俊）

**【曾永平·国家“万人计划”青年拔尖人才】**曾永平，男，汉族，中共党员，1982年2月出生，湖南邵阳人，工学博士。现任中铁二院科学技术研究院副总工程师，正高级工程师，2020年入选国家“万人计划”青年拔尖人才、获第十五届詹天佑铁道科学技术奖—青年奖，2019年入选四川省“天府万人计划”天府科技精英，2018年获成都市首届“百佳职工创客明星”，担任河海大学兼职教授，四川省轨道交通标准化技术委员会委员、土木学会结构专委会委员，重庆市轨道交通建设专家委员会专家等学术兼职。

自2007年1月参加工作以来，一直从事桥梁工程设计与科研工作，先后主持国家重点专项、高铁联合基金子项、四川省重点研发专项、中国铁路总公司重大课题、中国中铁重大课题等10项重大科技攻关，在艰险山区铁路高墩大跨桥梁、近断层铁路桥梁抗震、川藏铁路峡谷江河风特性、艰险山区铁路大风灾害预警防控、悬挂式单轨交通等方面取得了突破，填补了规范空白，获得了5项达到国际领先水平的创新成果，支撑了川藏铁路、拉林铁路、郑万铁路、中老铁路等中国西南部及“一带一路”沿线重大铁路工程建设。担任设计负责人，主持了渝利铁路韩家沱长江大桥、郑万高铁梅溪河大桥等重大工程设计，实现了世界铁路斜拉桥的最大跨度由254米至432米的飞跃等重大突破。先后获国家科技进步奖二等奖1项，省部级科技奖特等奖1项、一等奖5项、二等奖6项，中国铁路工程总公司科技奖10项，省优秀设计奖一等奖3项；授权发明专利22项、实用新型100余项，软件著作权6项，发表学术论文50余篇。

（毛学锋）

**【黄海·詹天佑铁道科学技术奖—青年奖】**黄海，男，汉族，中共党员，1981年1月出生，湖南怀化人，博士，正高级工程师。自2002年7月参加工作，先后在广梅汕铁路有限公司、安徽中铁工程材料科技有限公司工作，现任安徽中铁工程材料科技有限公司总工程师。

先后主持完成了多种建筑材料的研发，涉及高铁专用乳化沥青、水泥乳化沥青砂浆、混凝土外加剂、黏度改性材料、无机保温板材等领域。先后参与了国家标准《水泥抗海水侵蚀试验方法》、行业标准《预制混凝土用外加剂》等多项标准的编制工作。他以精湛的学识解决了新型工程材料在现场施工运用过程中出现的诸多技术难题，求实创新开展科技攻关取得了丰硕的科技成果，参与和主持的项目先后获得国家科技进步奖二等奖1项，湖南省科技进步奖一等奖1项，安徽省科技进步奖三等奖2项奖，中国铁道学会铁道科技奖一等奖1项、二等奖3项、三等奖1项，中国中铁科学技术奖特等奖1项、一等奖4项；获国家授权发明专利31项和实用新型专利15项；获得中国专利奖1项、安徽省专利金奖和银奖各1项、入库国家铁路局和交通运输部专利各3项、安徽省专利优秀奖2项；获得安徽省省级工法2项。2019年被认定为“安徽省战略性新兴产业技术领军人才”，2020年被授予詹天佑铁道科学技术奖—青年奖。

（周清军）

**【朱颖·最美铁道科技工作者】**朱颖，男，汉族，中共党员，1963年6月出生，上海市人，现任中国中铁股份有限公司首席大师，教授级高级工程师，全国工程勘察设计大师、博士生导师，2020年获最美铁道科技工作者。1984年7月获西南交通大学铁道工程专业学士学位，2007年6月获西南交通大学道路与铁道工程专业硕士学位，长期致力于铁路勘察设计的理论研究和工程实践。朱颖先后主持了20余项山区长大干线铁路勘察设计工作，为中国铁路建设做出重要贡献：在“选线与总

体设计、无砟轨道技术、高速铁路精密测量”等方面取得开创性成果。创建复杂艰险山区铁路减灾选线的理论体系和总体设计方法，系统建立复杂艰险山区铁路减灾选线的理论体系并成功运用于多个工程项目，效益显著；研发高速铁路无砟轨道关键技术，发明具有完全自主知识产权的CRTS Ⅲ型板式无砟轨道，攻克成区段铺设无砟轨道技术难题，填补国内技术空白；建立高速铁路精密测量技术体系，构建“三网合一”的高速铁路精密工程测量体系和标准，发明轨道基础变形监测与调控技术，攻克轨道平顺性诊断与保持技术难题。先后获国家科技进步奖一等奖1项、二等奖1项，国家技术发明奖二等奖1项，全国优秀工程勘察设计银奖1项、铜奖2项；省部级科技进步奖19项、优秀工程设计奖17项；取得发明专利13项；出版学术专著10部、论文集4部。（毛学锋）

【王圣涛·国务院政府特殊津贴获得者】王圣涛，男，汉族，中共党员，1973年4月出生，安徽寿县人，工学学士。现任中铁四局集团有限公司副总工程师，教授级高级工程师，中国中铁专家、中国爆破协会专家，国家铁路局专家，中施企协专家，安徽省安全质量管理专家，中国公路建设协会科技创新英才，国家一级建造师，江西省五一劳动奖状获得者，2020年获得国务院政府特殊津贴。1991年9月至1995年7月为淮南矿业学院采矿工程专业学生；1995年7月至1998年10月为铁四局五处七段大连经理部见习生、助理工程师；1998年10月至1999年7月任铁四局五处大连经理部施工室主任；1999年7月至2001年7月任铁四局五公司丹本经理部工程部长、总工程师；2001年7月至2003年4月任中铁四局五公司深圳地铁经理部副经理；2003年4月至2005年10月任中铁四局五公司深圳地铁项目常务副经理、经理；2005年10月至2012年10月任中铁四局五公司副总经理（先后兼任深圳地铁项目经理、武广客专二标项目经理、沪昆客专江西段项目经理）；2012年10月至2020年末，任中铁四局副总工程师。在担任武广客专湖南段二标指挥长期间主持的《复杂条件下浏阳河隧道施工关键技术及风险管理研究》获得湖南省科技进步奖一等奖，浏阳河隧道获中国土木工程詹天佑奖。自2012年11月以来，王圣涛负责中铁四局隧道和地下工程施工技术和科研管理工作，作为学科带头人，主持开展了《下穿文保建筑物及紧贴既有地下构筑物地铁施工关键技术》《特大断面地铁车站浅埋暗挖施工关键技术研究》《浅埋软弱地层大断面小间距双排矩形通道下穿城市道路顶管施工技术》《城区富水软弱地层高铁大断面隧道施工关键技术》《明挖地下综合管廊施工关键技术与装备》等重大课题研究，取得了省部级奖项7项、协会级奖项5项、股份公司级奖项7项，在国际国内核心期刊发表论文23篇，拥有专利41项，专著2部。（周云飞）

【夏真荣·国务院政府特殊津贴获得者】夏真荣，男，汉族，1968年3月出生，贵州省纳雍县人，工程硕士。现任中铁五局集团有限公司科技部（技术中心）部长（主任），教授级高级工程师，贵州省优秀科技工作者，中国中铁专家，2020年获得国务院政府特殊津贴。

自1988年毕业后一直在中铁五局从事科技开发和科技管理工作，先后任副科长、科长、副总工程师、总工程师、技术中心主任，从助理工程师成长为教授级高级工程师、中铁五局一级专家，除主持中铁五局科技管理业务，制定科技发展规划、计划并组织实施外，先后主持了引洱入宾工程小断面长距离独头隧洞施工通风、宝成铁路增建二线工程石方控制爆破、青藏铁路科研攻关、武广客运专线铁路施工技术攻关、沪昆高铁壁板坡隧道施工技术研究、京张铁路新八达岭隧道及长城站施工关键技术研究等重大科技项目，获中国铁路工程总公司科学技术奖特等奖2项，一等奖、二等奖多项，获省部级及行业协会科技进步奖多项，主编了《铁路站场工程施工质量验收标准》，国家级工法5项。（颜桢炜）

【杨仲杰·国务院政府特殊津贴获得者】杨仲杰，男，汉族，中共党员，1965年8月出生，安徽黄山人，大学本科。现任中铁四局集团有限公司副总工程师，教授级高级工程师，中国中铁专家，2020年获得国务院政府特殊津贴。自1987年7月毕业后一直在中铁四局工作，先后在阜九铁路项目、沪杭高速公路项目、内昆铁路项目、北京地铁等项目工作，2007年至今任中铁四局副总工程师，负责地下工程的施工技术及科研创新工作，中铁四局第二届、第三届、第四届一级专家，为中铁四局隧道及地下工程专业技术带头人。在京沈客专朝阳隧道拱盖法、宝兰客专黄土隧道大变形、织毕铁路二衬变形处理、青岛地铁微震爆破、北京地铁PBA工法实践、黔张常铁路机械化配套、基坑自动化监测系统、盾构穿越高铁桥群等重大技术难题解决上做出了巨大贡献。主持了多项重大科研课题，近年来比较有代表性的有蒙华铁路马蹄形盾构、青岛地铁穿越文保建筑物微震爆破、深大基坑自动监测等。在

蒙华铁路白城隧道施工中，首次提出采用马蹄形盾构的施工方案，总结形成了山岭隧道盾构始发、接收，盾构刀盘设计，分渣器辅助破土，管片配筋，土体改良，二次注浆，盾构推进参数控制等成套关键技术，获中国铁路工程总公司科学技术奖特等奖。创造研发了硬岩地层地铁隧道下穿人保建筑群钻爆法施工综合减震、紧贴既有构筑物分区组合爆破等施工技术，形成了一系列发明专利，获中国爆破行业协会科技进步奖一等奖、中国铁路工程总公司科学技术奖一等奖、安徽省科学技术奖二等奖。开发了深基坑变形自动监测设备、研发出数据处理系统，首次实现了基坑周边地表沉降、桩顶位移、围护结构倾斜变形等项目监测数据自动采集、传输、分析处理、预警等，实现了基坑监控量测的自动化，获中国铁路工程总公司科学技术一等奖。（张　伟）

**【雷继洲·全国五一劳动奖章】** 国务院政府特殊津贴获得者雷继洲，男，汉族，中共党员，1973年5月出生，山西大同人，大专，高级技师。自2007年参加工作，先后在中铁六局铺架分公司第二项目部、经租中心、中铁六局丰桥公司经租中心、沧州北分公司工作，现任中国中铁六局丰桥桥梁有限公司沧州北分公司作业队队长。先后获得中国中铁股份有限公司劳动模范、“十大新型农民工”、“中国中铁优秀工匠”、“北京市劳动模范”、“全国五一劳动奖”等荣誉，并于2020年入选国家高技能人才库，获得国务院政府特殊津贴。

自2007年开始从事铁路架梁工作，先后参与了中国第一条客运专线——京津城际客专、京沪高铁、兰新高铁、邯黄铁路、石济客专、郑济高铁等多项国家重点工程。从最初的担任提梁机司机到电工再到机电维修队队长，长期的施工实践，使他积累了丰富的操作维修工作经验，熟练地掌握了900A架桥机、900T运梁车、450T提梁机、DJ180架桥机、胶轮运梁车、铁路运梁车的工作流程和操作规程。通过不断提高自身素质和操作维修水平，提供性能优良、功能完善的铺架机械设备，保证了施工质量和施工安全，多次受到各级领导的表彰和好评。2015年成立“雷继洲劳模创新工作室”，并于2019年被认定为中铁六局集团公司级创新工作室、技能大师工作室。工作中雷继洲不断摸索创新，不忘科研创作，获得《架桥机控制电路及控制装置》《多布料机控制装置及布料机》等多项国家发明、实用新型专利奖项，有效解决了项目施工过程中遇到的急难险重问题，带动了公司技能、技术创新成果的推广和转化。（连惠飞）

**【陈永和·国务院政府特殊津贴获得者】** 陈永和，男，汉族，中共党员，1965年7月出生，甘肃静宁人，现任中铁七局海外公司刚果（金）卢本巴西地区设备部部长，特级技师，中铁七局海外工人技术性的带头人。

在非洲17年，负责保养的机械设备达2800余台，修复设备450余台，小发明、小创造250多项，为企业节约资金达300多万元。其间，他所带出的中国徒弟有13人担任了地区设备主管，有25人担任了项目机械设备维修组组长，带出当地的徒弟150余人。同时个人自掏腰包近4万元资助非洲徒弟们，被当地人亲切地称为“陈爸爸”。2011年被授予中铁七局海外公司安全生产先进个人，2013年被授予中铁七局海外公司安全生产先进工作者、中国中铁十大感动人物、河南省总工会劳动模范、国务院国资委中央企业劳动模范，2014年被授予中铁七局集团优秀共产党员，2016年被授予首届中国中铁道德模范、中共河南省委全省优秀共产党员、国务院国资委党委中央企业优秀共产党员。2018年1月获得中华人民共和国国家知识产权局授权的乙炔发生装置专利；2018年3月获得中华人民共和国国家知识产权局授权的无内胎型轮胎注液装置专利。2020年12月，获得国务院政府特殊津贴。（别　磊）

**【裴安斌·国务院政府特殊津贴获得者】** 裴安斌，男，汉族，中共党员，1967年2月出生，四川省江油人，中铁八局七公司路桥装备项目部特级技师、裴安斌劳模（工匠）创新工作室负责人。裴安斌于1988年参加工作，通过多年的努力工作、学习，获得中铁八局集团公司电工技能大赛第一名、桥梁公司岗位技术能手、中铁八局集团公司劳动模范、中华全国铁路总工会火车头奖章等荣誉。2012年7月，创建了“裴安斌金牌职工学习工作室”，2016年9月被中铁八局集团命名为“裴安斌劳模创新工作室”。通过工作室平台，立足弘扬劳模精神，围绕施工生产，开展科技攻关、科技创新和人才培养。30余年的工作生涯中，他致力于在节能环保型地铁管片智能生产关键技术研究及应用、混凝土搅拌站设备、大型起重机设备远程信息化管理平台研究、弹性支撑块鞋套组装生产线研究、T梁液压滑动模型研究等关键技术研究及应用方面进行技术创新和设备研发，解决了多项技术难题，获得发明专利1项、实用新型专利5项、四川省优秀QC成果奖1项、中国铁路工程总公司科学技术奖一等奖1项、中国中铁股份公司QC成果奖1项。

裴安斌为成都、南宁等地铁建设设计安装自动化生产线，完成T梁液压模型设计与制造、安装调试，为企业创造产值3000余万元。2020年获评“成都工匠”，获得国务院政府特殊津贴。（丁 浩）

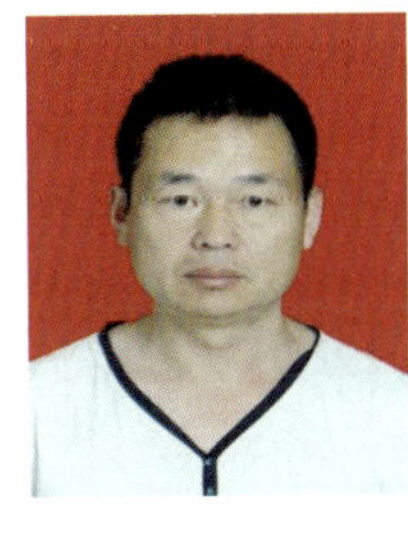

【付志伦·国务院政府特殊津贴获得者】付志伦，男，汉族，1974年2月出生，四川安岳人，工程测量工特级技师。自1992年8月参加工作以来，先后任中铁隧道集团一处有限公司测量员，测量主管。现任职中铁隧道集团一处有限公司工程管理部精测员。

先后参与了中铁隧道局金昌井巷工程、小浪底导流洞、宁台温、杭金衢、黄延铁路、宛平公路、郑石高速、二公司岑兴高速等项目工程测量。参与完成《基于智能全站仪导线自动测量与电算一体化技术的适用性研发》《隧道超欠挖管理对控制工程成本的分析研究》；参与完成的《一种快速查询地下水封式洞库容量的简易方法》获国家知识产权局发明专利，《地下水封洞库的库容量测量方法》获国家知识产权局发明专利，《一种基于电子水准仪条码尺的照明装置》获得三项国家专利；参与完成的《南广铁路NGZQ-8标飞鹰隧道无砟轨道精调测量》获河南省优秀测绘地理信息工程（成果）奖一等奖。

先后获得2011年河南省产业（系统）职工技能竞赛第三届测量工技术比赛第1名、2014年重庆市第三届职业技能大赛二等奖，河南省技术标兵、河南省五一劳动奖章、中国中铁股份有限公司青年岗位能手、重庆市十大青年职业标兵、中国中铁股份有限公司优秀工匠等荣誉，2020年获得国务院政府特殊津贴。（周颖琳）

【郭卫社·国务院政府特殊津贴获得者】郭卫社，男，汉族，中共党员，1971年3月出生，陕西乾县人，硕士，教授级高级工程师。现任中铁隧道局集团有限公司科技设计与信息化部部长，中国铁道学会轨道交通分会委员、中国施工企业管理协会绿色建造专家委员会专家、中国施工企业管理协会科技专家、中国土木工程学会隧道及地下工程分会理事、中国中铁专家、中铁隧道局一级专家、《隧道建设》期刊编委、审稿专家、广东省建设工程协会专家，中南大学校外硕士研究生导师。

郭卫社长期从事隧道与地下工程技术研发与管理工作，先后主持或参与了南昆铁路，广州地铁2号线越秀公园—三元里盾构区间，湖南长沙南湖路湘江隧道项目，广州地铁三号线厦滘至大石区间，5号线小北站，台山核电1号、2号机组海底取水隧洞项目，乐昌至广州高速土建10标等施工项目的建设工作。针对复杂环境隧道建造技术难题开展科技攻关，主持了中国第一条跨海盾构隧道重点研究项目——台山核电复合地层越海大直径盾构技术研究，填补了中国在这一技术领域的空白，成果达到国际先进水平；主持或主要参与了“高水压高智能大直径盾构关键技术开发与应用”“超深埋高智能超大直径盾构关键技术”“超大跨蚝壳型暗挖地下洞库建造与服役期安全保障关键技术研究”等多个科研项目研发，成果均达到国际先进及以上水平。

先后获省部级科技进步奖8项、发明专利9项，以第一作者在核心期刊发表《盾构渣土无害化处理、资源化利用现状与展望》等10余篇论文、出版《盾构施工主要问题与案例分析》《越海盾构施工技术》等2部论著，2017年5月在人民交通出版社隧道与地下工程大讲堂发布了《盾构隧道施工关键技术与工程案例系列讲座》（12讲），2020年起享受国务院政府特殊津贴。（韩 丹）

【张明·国务院政府特殊津贴获得者】张明，男，汉族，中共党员，1966年3月出生，重庆永川人，全国劳动模范，大学专科学历，特级技师。自1987年12月参加工作，先后在铁道部建厂工程局、中铁建厂工程局第三建筑工程、中铁建厂工程局贵阳工程指挥部、中铁建工集团西南分公司、中铁建工集团拉萨分公司那曲物流中心工程指挥部、中铁建工集团拉萨分公司安装公司、中铁建工集团西北分公司安装部、中铁建工集团西北分公司工作，现任中铁建工集团西北分公司兰州生物制品研究所项目工会主席。

长期从事工程技术工作，先后获得“电焊解冻”“淤泥吊装桶”“钢筋保护板”“施工工地梁预埋套管”“钢筋间距定位卡”“多功能工地货架”“金属屋面固定卡”“平台固定卡”“施工工地预埋套管”等9项国家级实用新型专利和百余项小发明，其中“自装式淤泥吊装桶”巧妙地通过淤泥对吊装桶产生的压力而实现自动装淤，工作效率比人工清淤快出76倍，更是杜绝了清淤工作中的伤亡事故。参建的贵阳火车站项目、贵州省电视大楼项目、昆明火车站项目、拉萨火车站项目均先后获得中国建设工程鲁班奖，参建的那曲物流中心项目获中国土木工程詹天佑奖。

先后获得“中国中铁十大专家型工人”“全国劳动模范”“北京市劳动模范”“首都最美劳动者”“中国中铁道德模范”等称号，2020年获得国务院政府特殊津贴。（吕 森）

人物

【谢毅·国务院政府特殊津贴获得者】谢毅，男，汉族，中共党员，1975年9月出生，四川达州人，大学本科学历，教授级高级工程师。现任中铁二院工程集团有限责任公司总工程师，中国工程建设标准化协会理事兼铁路分会副会长，四川科技青年联合会副主席，四川省学术和技术带头人，中国中铁专家，2015年获詹天佑铁道科学技术奖—青年奖，2020年获得国务院政府特殊津贴。

自1997年7月毕业后一直在中铁二院工作，长期从事铁路规划、勘察设计和科研工作，先后担任渝昆高铁、西渝高铁、成渝中线高铁、磨万铁路、伊朗德伊高铁、孟加拉国帕德玛大桥铁路连接线等10余个重大铁路项目主管总工程师；在高速铁路综合选线、复杂艰险山区铁路建设、更高速度高速铁路技术和中国铁路国际化等方面积极创新，填补了国内长大坡道高速铁路建设成套技术空白，建立了时速400公里级高速铁路技术、标准体系，推动了中国铁路标准、中国铁路技术和中国铁路装备"走出去"，多项设计和科研成果达到国际或国内领先水平。先后获得国家级奖项3项、省部级奖项6项；发表论文22篇，编著学术专著5部、行业规范2部；获国家专利33项。（周燕其）

【蒋良文·国务院政府特殊津贴获得者】蒋良文，男，汉族，中共党员，1965年8月出生，四川仁寿人，1999年毕业于成都理工大学，博士，教授级高级工程师，四川省工程勘察设计大师，四川省学术和技术带头人，四川省有突出贡献优秀专家，四川省劳动模范，西藏工匠，火车头奖章获得者，现任中铁二院集团副总工程师，中国地球物理学会中铁二院院士专家工作站负责人，博士后工作站导师，西南交通大学兼职教授，2020年获得国务院政府特殊津贴。

长期致力于铁路勘察设计的理论研究和工程实践，主持了渝利、武广、云桂、湘桂等20余条长大铁路干线地质勘察工作，在复杂地质艰险山区铁路工程"空天地"综合勘察技术、高速铁路复杂岩溶勘察与灾害防治等方面，特别是西南艰险山区铁路工程复杂岩溶地质综合勘察技术与岩溶灾害评估与防治等方面有较深造诣，取得多项重大成果，并在渝昆、川藏等多条（高速）铁路勘察中推广应用，取得显著社会、经济、环境效益；推动了中国复杂艰险山区铁路地质勘察技术进步，从工程地质角度解决了地质复杂艰险山区能否修建（高速）铁路和怎样开展高铁勘察设计的问题，为中国西南地区（高速）铁路建设做出了突出贡献。先后获全国行业优秀勘察设计奖一等奖2项、二等奖6项，省部级科技奖一等奖4项、二等奖1项，省部级优秀勘察设计奖一等奖20余项、二等奖10余项；发表论文100余篇（SCI/EI 20篇），主编或合作专著6部，主（参）编行（企）规范5部；获发明专利2项、实用新型14项、著作权1项。（周燕其）

【徐银光·国务院政府特殊津贴获得者】徐银光，男，汉族，中共党员，1965年3月出生，浙江省宁波市鄞州区人，硕士，教授级高级工程师。现任中铁二院工程集团有限责任公司副总工程师，兼中铁二院科研院（产业中心）党总支书记、副院长（副主任）。

自1988年4月参加工作，一直在中铁二院工程集团有限责任公司工作，长期从事铁路、新型轨道交通勘察设计、科研和产业化工作。主持和参与动车段（所）、机务段（所）、地铁车辆段（所）等上百项工程勘察设计项目，项目工程投资累计达300亿元以上。其中，主持和组织实施国内第一座跨座式轻轨重庆大堰村车辆段、深圳地铁3号线国内第一座双层横岗车辆段和第一座全地下中心公园停车场、国内最大上盖综合物业的杭州地铁七堡车辆段、国内第一条按商业运营功能设计的中低速磁浮示范线——南车株机公司中低速磁浮试验线、全国首条齿轨铁路——都江堰至四姑娘山齿轨旅游交通项目及成都动车段等的研究、设计工作。积极推进科研对工程设计的支撑，组织开展山地（齿轨）轨道交通、单轨及中低速磁浮小型化、内嵌磁浮、成渝中线CR450、川藏铁路、600千米/时高速磁浮、低真空超高速磁浮工程应用核心技术相关数十项科研项目、课题的研究。推进"中铁轨道交通高科技产业园"的建设，产业园已集聚上百家高科技企业，实现年税收4亿元。

先后获得全国优秀工程勘察设计银奖1项、铜奖2项，省部级科技进步奖及优秀工程勘察设计奖17项，获专利40余项（其中发明专利5项）、发表论文30余篇。先后被评为四川省新长征突击手、铁路工程总公司青年科技拔尖人才、四川省优秀青年科技创新奖、铁道部科技拔尖人才、四川省劳模创新工作室负责人、成都市有突出贡献的优秀专家、中国中铁专家、四川省学术和技术带头人、四川省工程勘察设计大师，2020年获得国务院政府特殊津贴。（姚小军）

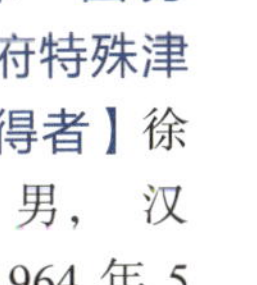

【孟庆文·国务院政府特殊津贴获得者】孟庆文，男，汉族，中共党员，1967年2月出生，山东省临沂市人，工学博士。现任中铁第六勘察设计院集团有限公司副总工程师，教授级高级工程师，注册岩土工程师，中国中铁专家，2020年获得国务院政府特殊津贴。1989年7月毕业后在铁三院工作，2015年4月至今在中铁六院工作。擅长铁路和轨道交通工程的地质选线，勘察、岩土工程分析评价和地质灾害处理等技术。任地质专业主管总工程师，先后主持完成了天津地铁1号线、2号线、3号线，京津城际铁路，天津站交通枢纽，太中银铁路，津秦客运专线，长昆（湖南段）客运专线，京沈阳客运专线，蒙华铁路煤运通道（北段），渝昆铁路（待功段）等项目的勘察工作。在京津城际铁路勘察中，研究了区域地面沉降发生、发展规律和特点，论证了地面沉降对高速铁路无砟轨道的影响和处理对策。在天津站交通枢纽勘察中，分析了浅层地下水对超大、超深、不规则基坑的影响，解决了盖挖逆做法地下水控制分析等难题。针对太中银铁路存在的煤矿采空区、滑坡、湿陷性黄土、膨胀性岩土、风沙等比较突出的地质问题，详细查明了不良地质和特殊岩土的分布及其特征，提出了相应的处理方案。对长昆（湖南段）客运专线工程，提出了绕避采空区和岩溶区采用“高桥短隧”的地质选线方案；采用钻探、物探管波和跨孔地震CT相结合综合勘探方法，详细查明了岩溶发育特征。主持完成的项目获得十余项国家级和省部级奖励，其中《京津城际铁路工程地质勘察》获全国优秀勘察设计银奖。主编《地面沉降与高速铁路》一书；编写了《高速铁路地基土液化及稳定性研究》等十余篇科技论文。获得多项发明专利。参与了多项地方及行业标准的编写和审查。（孟庆文）

【邓运清·国务院政府特殊津贴获得者】邓运清，女，汉族，中共党员，1965年9月出生，河北省三河人，工学学士。现任中铁工程设计咨询集团有限公司桥梁院教授级高级工程师，先后获“铁路青年科技拔尖人才”“詹天佑铁道科学技术奖—青年奖”“中国中铁专家”等荣誉，2020年获国务院政府特殊津贴。兼任中国铁道学会桥隧委员会委员和中国铁道学会标准化专业技术委员会委员。

自1987年7月毕业后一直在中铁设计（原铁道专业设计院）工作。作为设计负责人主持多项移动支架拼架法预应力混凝土简支箱梁设计，并将该技术应用于标准设计加以推广。主持先张法预应力混凝土梁设计及制造工艺研究，提出合理的先张梁设计计算方法及生产工艺，填补了中国铁路折线配筋先张梁的空白，并成功应用于青藏铁路耐久型梁。主持秦沈客运专线整孔箱梁设计和高速铁路整孔箱梁数十项设计、科研试验工作，在中国首次实现了大吨位整孔简支箱梁的预制、运输和架设，填补了国内空白。作为技术负责人主持首都新机场线简支箱梁、郑焦城际40米整孔箱梁、川藏铁路常用跨度简支梁桥应用技术研究及通用参考图设计等工作，为推动常用跨度桥梁技术进步做出贡献。

先后获省部级以上科学技术奖10余项，其中获国家科学技术进步奖二等奖1项，中国铁道学会科学技术奖特等奖1项；获全国工程建设优秀标准设计金奖1项、铜奖2项；全国工程勘察设计行业国庆60周年“作用显著标准设计项目”大奖1项。主持编写技术标准3项，以第二作者出版专著1部《中国铁路预制梁》，在国家学术期刊上发表论文18篇，获发明专利8项、实用新型专利12项。（李　楠）

【徐伟·国务院政府特殊津贴获得者】徐伟，男，汉族，1964年5月出生，四川新津人，大学本科。现任中铁大桥勘测设计院集团有限公司副总工程师，教授级高级工程师，2016年获钢结构协会“钢结构杰出人才奖”，2017年获“湖北省政府专项津贴”，2018年获“中国中铁专家”称号，2019年获“中国中铁科技创新优秀人才”，2020年获得国务院政府特殊津贴。徐伟同志从事桥梁设计和研究工作20多年，作风踏实，锐意创新，主持和参与了几十座桥梁特别是钢结构桥梁的设计，是中国高速铁路首批设计建设的跨越长江和黄河的大桥——武汉天兴洲长江大桥、济南黄河大桥、郑州黄河公铁两用大桥等大桥的钢结构设计总负责人，是世界上最大跨度拱桥的桥跨结构设计总负责人。先后发表论文22篇，共获得省部级技术奖励10余项，发明专利30余项。（刘　慧）

人物

【万田保·国务院政府特殊津贴获得者】万田保，男，汉族，中共党员，1966年10月出生，江西鹰潭人，硕士研究生学历。现任中铁大桥勘测设计院集团有限公司副总工程师，教授级高级工程师，2018年入选“中国中铁专家”，2019年入选“湖北省有突出贡献中青年专家”；2020年获国务院政府特殊津贴。

万田保工作30余年来，长期

从事大跨度桥梁的设计工作，特别是大跨度索承重桥的设计，作为分管总工程师或项目负责人负责多座大型斜拉桥和悬索桥的设计，作为桥梁结构分项负责人参与原铁道部科技司主持，原铁道部工管中心牵头负责的“大跨度钢桥无砟轨道应用关键技术研究”，作为桥梁分课题组主要参加人员参加琼州海峡跨海工程公铁两用桥梁方案研究。在大跨度悬索桥设计、三塔悬索桥设计、大跨度铁路斜拉桥设计中实施了多项设计创新。主持了合福铁路铜陵长江大桥设计、深圳—茂名铁路虎门公铁两用大桥工程可行性研究、泰州长江公路大桥三塔悬索桥设计、福州琅岐闽江大桥设计、重庆寸滩大桥设计、海南洋浦大桥设计、贵州西溪大桥设计，作为骨干人员参加了汕头海湾大桥和西陵长江大桥设计。先后获得省部级以上技术奖励6项，其中，国家科技进步奖二等奖1项，铁道部科技进步奖一等奖2项，发表论文30余篇。

（刘　慧）

【张立超·国务院政府特殊津贴获得者】张立超，男，汉族，中共党员，1962年10月出生，黄冈蕲春人，研究生学历，教授级高级工程师。现任中铁大桥勘测设计院集团有限公司高级专家，1997年获湖北省“突出贡献中青年专家”；1997年被授予铁道部及中国铁路工程总公司“青年科技拔尖人才”；2013年获全国五一劳动奖章；2012—2013年度中国中铁“两优一先”安全生产先进个人；2014年获“全国建筑企业科技创新先进个人”“‘十二五’全国建筑企业优秀总工程师”称号；2015年获得全国建筑企业科技创新先进个人；2016年获“‘十二五’全国建筑企业优秀总工程师”称号；获得2015年、2016年茅以升科技奖建造师奖；2018年8月获“中国中铁专家”称号。2020年获得国务院政府特殊津贴。

张立超同志从事桥梁建设工作37年，先后参与或主持了天津大虹桥、郑州黄河公路大桥、宁波大桥、新洲沙河大桥等项目，主持了武汉长江二桥、宜万铁路宜昌长江大桥、港珠澳大桥、平潭海峡大桥等大型工程的技术管理工作。参与科研课题获得省部级、国家级科技进步奖3项，建立企业工艺标准体系17项，个人获得省部级、国家级荣誉10余项。撰写《预应力混凝土连续梁的加固设计与施工监测》论文获得2005年全国交通科技成果创新奖一等奖。

（刘　慧）

【李苍松·国务院政府特殊津贴获得者】李苍松，男，汉族，中共党员，1971年8月出生，重庆巴南人，博士，教授级高级工程师。现任中铁西南科学研究院有限公司副总工程师、中国地质学会工程地质专委会委员、中国物理学会铁道分会委员、中国铁道学会标准化（地质勘察）专委会委员、中国地球物理学会勘探地球物理委员会委员、国际环境与工程地质学会（IAEG）中国国家小组会员。茅以升铁道工程师获得者、四川省学术和技术带头人后备人选、四川省有突出贡献的优秀专家、中国中铁专家、中铁科学研究院有限公司一级专家、中国施工企业管理协会科技专家、享受国务院政府特殊津贴专家、硕士研究生导师。

自1997年7月毕业后，一直在中铁西南院工作，长期从事隧道工程地质、环境水文地质及工程物探技术等研究工作，在隧道施工期地质超前预报、岩溶及地下水作用机制研究方面有较深的造诣，提出基于水化动力学和分形理论的岩溶隧道综合地质预报技术，在国内首次提出利用TBM刀具切割岩石所激发信号的HSP法地质预报技术。主持或主要参加完成省部级以上重点科研项目10余项。其中，主持国家自然基金面上项目1项，主要参加完成国家自然科学基金委联合研究基金项目1项、国家863项目1项，主持横向科研课题及隧道施工地质超前预报生产项目多项。研究成果获省部级科学技术奖特等奖2项、一等奖2项、二等奖8项，获国家发明专利2项、实用新型专利2项、软件著作权1项。公开发表学术论文近100篇（第一作者40余篇，EI收录3篇、SCI收录2篇），出版《岩溶及地下水超前预报技术》《岩溶隧道地下水化学动力学及分形特征》等第一作者专著3部（英文版1部），参与编写专著5部。

（张　博）

【吴剑·享受国务院政府特殊津贴专家】吴剑，男，汉族，中共党员，1979年8月出生，湖南常德人，硕士研究生，教授级高级工程师。现任中铁西南科学研究院有限公司总工程师，中国中铁股份有限公司专家、四川省学术和技术带头人、四川省铁道学会副理事长、中国土木工程学会隧道及地下工程分会理事、隧道全生命周期管理与防灾减灾论坛学术委员会副主任委员。茅以升铁道科技奖获得者、享受国务院政府特殊津贴专家、硕士研究生导师。

自2004年7月毕业后，一直在中铁西南院工作，长期从事隧道及地下工程科学研究工作，在高速铁路隧道空气动力学、特殊地质和环境条件下隧道设计施工和维修整治技术等方面具有较深的造诣。曾主持或主要参加40余项国家级、省部级科研项目，参加了中国第一次高速铁路隧道气动效应的系统研究和现场试验，自主研发了具有整体国际先进、部分国际领先水平的高速铁路隧道气动效应计算软件，提出了不同时速高速铁路隧道净空面积及设计参数，成果纳入了行业标准《高速铁路设计规范》《城际铁路设计规范》中；主持了50余条铁路、公路隧道的病害整治设计和咨询工作；研究提出了寒区隧道、高压富水隧道、高地应力软岩大变形隧道的设计施工关键技术。研究成果在隧道设计、施工和运维中得到了广泛应用，取得了优秀的经济、社会和环境效益。累计获中国铁道学会科学技术奖一等奖3项、二等奖1项、三等奖3项，中国公路学会科学技术奖一等奖1项，四川省科技进步奖三等奖3项，成都市科技进步奖二等奖1项，中国中铁和中国铁建科学技术奖一等奖4项、二等奖8项；获发明专利7项、计算机软件著作权6项、实用新型专利20余项；发表论文30余篇。（张 博）

**【李林·国务院政府特殊津贴获得者】**李林，男，汉族，中共党员，1964年6月出生，四川遂宁人，研究生，教授级高级工程师。现任中铁科学研究院有限公司总经理，中国工程爆破行业专家库专家、中国中铁专家、中国爆破行业协会副理事长、中国铁道学会铁道工程分会爆破专业委员会副主任委员、中国地质灾害研究会防治工程专业委员会第二届委员会副主任委员、中国土木工程学会隧道及地下工程分会常务理事和盾构及掘进技术国家重点实验室副理事长。享受国务院政府特殊津贴专家、硕士研究生导师。自1986年7月参加工作，先后在中铁二局连云港指挥部、杭州指挥部、广州指挥部、中铁二局科学技术研究所、中铁二局集团技术开发总公司、中铁二局集团成都岩土有限公司、中铁西南科学研究院有限公司工作。

长期从事隧道工程技术研究工作，先后主持、参与完成了“新线建设关键技术研究——城市区岩石路堑与浅埋隧道安全控爆技术研究”“铁路检测监测及维护技术深化研究——铁路隧道衬砌质量检测技术深化研究”等20余项科技攻关课题，完成的《预应力锚索坡面防护技术》获省部级科技成果奖一等奖，完成的《铁路隧道衬砌质量检测技术深化研究》获中国铁路工程总公司科技进步奖二等奖和中国铁道学会科学技术奖三等奖。个人获得国家发明专利1项，实用新型专利4项，软件著作权3项，铁道部南昆线科技成果奖1项，中国铁道学会、中国交通运输协会等各协会及中国铁路工程总公司科学技术奖4项。其间，在中文核心期刊发表了《隧道超欠挖检测信息系统设计与实现》等多篇论文，指导硕士研究生4名。（徐辰丁）

**【谭顺辉·国务院政府特殊津贴获得者】**谭顺辉，男，汉族，中共党员，1969年9月出生，广西阳朔人，正高级工程师，国家一级建造师。自1991年7月参加工作，先后在原铁道部隧道工程局一处、中铁隧道局、中铁装备工作，历任中铁隧道装备制造有限公司副总经理、总经济师，中铁工程装备集团有限公司总经理、党委书记、董事长，现任中铁高新工业股份有限公司党委委员、副总经理。

长期从事中国隧道施工装备的研发、应用、管理，先后主持或参与国家“973计划”1项，国家重点研发计划1项；省市科技项目2项；中国中铁重大项目6项，重点课题2项；中铁工业重大项目4项，在硬岩盾构、小直径土压盾构、超大直径泥水盾构、超大断面矩形顶管机、马蹄形盾构机、联络通道盾构机、大直径岩石掘进机等首台套重大装备研制方面取得了重大技术突破，在实践过程中积累了丰富的设计研发、施工技术及管理经验，为盾构及TBM等设备的技术创新、科研开发做出了突出贡献。先后获得授权专利24项，其中，国内发明专利10项、国际发明专利2项；获科技进步奖12项，其中，河南省一等奖2项，中国中铁特等奖2项、一等奖4项、二等奖2项，中施协一等奖1项；发表国内外核心期刊学术论文9篇，专著3部。2019年3月当选为中国工程机械工业协会掘进机械分会新任轮值会长。先后获“全国建筑企业优秀项目经理”“河南省学术技术带头人”“中国中铁专家”“河南年度经济人物”“智汇郑州1125创新领军人才”“中原产业创新领军人才”等称号，2020年获得国务院政府特殊津贴。（蒲林茂）

**【王江卡·国务院政府特殊津贴获得者】**王江卡，男，中共党员，1975年5月出生，湖南涟源人，硕士，教授级高级工程师，国家一级注册建造师，中国中铁专家，江苏省科技专家，中国施工企业管理协会科技专家，韬奋基金会“一带一路”科技文化专项基金名誉主任、首席科学家，享受国务院政府特殊津贴。历任中铁一局集团城轨公司副总经理、总经理、执行董事（兼智能科技分公司、上海分公司总经理），无锡中铁城轨装备有限公司董事、股东代表，中国中铁广州地铁13号线总包部项目经理，中国中铁广州轨道交通指挥部副指挥长，中铁（广州）投资发展有限公司副总经理，现任中铁（广州）投资发展有限公司副总经理（主持工作）。

长期从事城市轨道交通工程盾构施工及企业管理，《GB/T 34651—

2017 全断面隧道掘进机土压平衡盾构》获 2020 年中国标准创新贡献奖，《轨道交通大型工程机械施工安全关键技术及应用》获国家科技进步奖二等奖；获中施企协科技进步奖一等奖 1 项，中国建筑学会科技进步奖 2 项，中国建筑业协会管理创新奖 1 项，陕西省科技进步奖 2 项，中国中铁科学技术奖 6 项；国家级发明专利 13 项，国家级实用新型专利 11 项；著有《岩石掘进机（TBM）施工关键技术》《盾构施工关键技术》《盾构设计与施工》《中国盾构》《中国隧道》《中国桥梁》《中国高铁》《中国地铁》《盾构与掘进关键技术》《盾构驾驶与施工》《TBM 驾驶与施工》等学术著作，发表论文 10 余篇，参与国家标准 2 项。

先后获得国优金奖突出贡献者、陕西省建筑业优秀企业家、江苏省科技企业家、广东省优秀项目经理、无锡市百名科技之星、无锡市优秀企业家，无锡市劳动模范、无锡锡山区创新争先科技人物、中国铁路工程总公司优秀项目经理、中国中铁第四届十大杰出青年等荣誉。

（李承良）

## 模范人物

【张浩·全国抗击新冠肺炎疫情先进个人】张浩，男，汉族，中共党员，1970 年 8 月出生，上海市松江人，医学学士，副主任医师。现任中铁四局集团中心医院医务部部长兼医务科科长。自 1997 年 7 月毕业后一直在中心医院工作，始终坚守救死扶伤的医者仁心，视病人为亲人，尽自己最大的努力减少病人苦痛，先后诊治患者近万人。2003 年 2 月至 2005 年 1 月，参加青藏铁路医疗队，挑战“生命禁区”，参与建设工地医院，组织巡回医疗，服务青藏铁路建设者和当地藏区牧民，并积极参与青藏线抗击“非典”和鼠疫等传染类疾病，确保了管段内高原病零死亡、“非典”疫情零发生、鼠疫疫情零传播，被当地藏民誉为“生命守护神”。

2020 年初，新冠肺炎疫情暴发，作为一名党员和医务工作者，张浩第一时间随安徽省第七批（合肥市第四批）援鄂抗疫医疗队一道火速奔赴抗疫一线，进驻武汉市中心医院后湖院区，与所在组组员接管了 2 个病区，承担起 80 张床位的救治任务。作为医疗组第五组组长及安徽第七批援鄂医疗队里年纪最大的医生，张浩既上一线病区救治病患，同时在二线随时接诊、问诊、指导一线工作，带领 7 名队员圆满完成援鄂抗疫任务。先后获得“安徽好人”“安徽省新冠肺炎疫情防控工作先进个人”“安徽卫健委优秀共产党员”“中国中铁优秀共产党员”“中国中铁疫情防控工作先进个人标兵”等称号。2020 年 6 月，获得安徽省五一劳动奖章；2020 年 9 月，张浩被授予“全国抗击新冠肺炎疫情先进个人”称号。

（高鹏程）

【智彩霞·中央企业抗击新冠肺炎疫情先进个人】智彩霞，女，汉族，中共党员，1984 年 3 月出生，山西省阳曲县人。现任中铁三局集团中心医院外二科护士长。2020 年初，新冠肺炎疫情暴发后，智彩霞响应医院党委号召积极请战。2 月 9 日随山西省第四批援鄂医疗队出征武汉，先后接管硚口区武体方舱和蔡甸区袁家台医院。2 月 11 日进入硚口区武体方舱医院，作为护理组组长，她承受着体力超负荷和精神高度紧张的双重压力，为患者带去温暖和希望。在舱内，她为患者治疗、护理，同时也为患者进行心理安慰，鼓励他们树立战胜疾病的信心。在工作中不断完善制度流程、严格执行标准，体现了山西医护人员的担当。在短短的一个多月内有效遏制了疫情蔓延的势头，取得了武汉保卫战、湖北保卫战的决定性胜利。同时，其所在的第四批医疗队创造了“山西经验”，真正做到了“四个零”：舱内患者零死亡、零返院、零投诉、医务人员零感染。创造了“四个最”：休舱最早、治愈率最高、坚守时间最长、获得山西省唯一“全国卫生健康系统新冠肺炎疫情防控工作先进集体”的称号。智彩霞先后获得“中国中铁抗击疫情先进个人标兵”“中央企业抗击新冠肺炎疫情先进个人”等称号。

（张志红）

【舒伟浩·中央企业抗击新冠肺炎疫情先进个人】舒伟浩，男，汉族，中共党员，1968 年 12 月出生，湖北省咸宁市崇阳县人，工学学士。现任中铁重工有限公司党委副书记、总经理，高级经济师，2018 年 4 月被授予“中国中铁经营工作先进个人”称号，2020 年 6 月被授予“中国中铁抗击疫情先进个人”称号，2020 年 10 月被国资委授予“中央企业抗击新冠肺炎疫情先进个人”称号。自 1991 年参加工作以来，他先后历任中铁重工总经理、中铁科工副总经理。2020 年 1 月，中铁重工从中铁科工分立，成为中铁工业直属管理的子公司，他被委任为中铁重工党委副书记、总经理。他长期奔赴在市场经营和生产工作一线，致力于建造集设计、制造、安装、维修于一体的工程机械科技型企业，不仅主持参建了中铁西安中心 CBD 高层房屋钢结构、青岛世界博览城大型展馆、华中首条现代有轨电车铺设工程、国内首例 SPMT 模块车运输变截面大吨位钢箱梁架设等大型项目，而且积极贯彻执行“走出去”战略，推动铺轨机、TJ165 型架桥机等机械

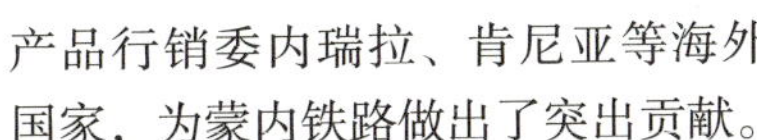

产品行销委内瑞拉、肯尼亚等海外国家，为蒙内铁路做出了突出贡献。

在新冠肺炎疫情防控阻击战中，他临危受命，担任突击队长和临时党支部书记，第一时间组织人员和物资设备连夜赶赴施工一线。作为武汉火神山医院、雷神山医院、方舱医院援建队伍负责人，他带领突击队与时间赛跑、与疫情竞速，始终坚守在抗疫一线，靠前指挥，统筹部署人员调配、物资协调、施工计划、工序穿插等工作，经过35天艰苦鏖战，完成14个援建任务，累计焊接安装钢结构460吨，为武汉打赢疫情防控阻击战做出了突出贡献。他带领的突击队成为抗“疫”援建一线“流动”的战斗堡垒，被人民日报、光明日报等十几家媒体报道先进事迹。（黄小平）

【沈超·中央企业抗击新冠肺炎疫情先进个人】沈超，男，汉族，中共党员，1979年5月出生，河北省邢台市南和县人，工学学士。现任中国中铁股份有限公司印尼代表处商务中心主任，高级工程师。2010年，被中国海外工程有限责任公司南非卡拉盖迪锰矿项目授予“工程功勋”称号；2011年，获得中国中铁股份有限公司“安全生产先进个人”称号；2014年，获得中国海外工程有限责任公司“优秀共产党员”；2019年，获得雅万高铁联合体管委会“雅万高铁建设先进个人”；2020年，获得“中央企业抗击新冠肺炎疫情先进个人”称号。

2020年，暴发新冠肺炎疫情后，沈超结合项目实际，制定防疫工作总体思路，实现一个目标，紧抓二级防控，严控三道防线，坚决落实十项措施。同时，不断细化疫情防控方案，细分经理部防疫职责，明确经理部消杀工作人员操作步骤，制定发热人员送医应急预案，编写经理部新冠防疫手册，督促项目人员签订防疫承诺书，管理印尼员工集中住宿，严把防疫三道防线，监督经理部落实十项措施，做细做实防疫工作，为中铁雅万项目营造安全施工工作环境。3月12日，中国中铁雅万高铁5号隧道实现顺利贯通，受到中印尼两国的高度关注，众多媒体对此进行广泛报道。围绕雅万高铁建设和区域经营开发两个中心任务，坚持“以现场拓市场，以现场赢市场”的工作思路，严抓雅万高铁现场管理，借助雅万高铁平台，不断创新经营开发模式、开拓新兴业务领域，培育新的市场竞争优势；通过建立上下游产业战略合作关系，补齐机构当前设计咨询、资金筹措等短板；充分利用雅万高铁实施过程中树立的良好的企业声誉和形象，以及与印尼国企部、海洋事务统筹部、交通部、国家铁路公司、中国驻印尼大使馆和经商处等建立的坚实互信，积极拓展经营渠道，多方收集并重点追踪有价值的项目信息，加强与印尼Wika建筑公司、Yodya咨询公司、Nindya Karya建筑公司、HK建筑公司等当地企业密切合作，积极推动项目落地，努力实现滚动经营和可持续发展。（沈超）

【梁西军·全国劳动模范】梁西军，男，汉族，中共党员，1979年9月出生，陕西蓝田县人，大学本科。现任中铁一局集团城轨公司副总经理，教授级高级工程师，西安轨道交通专家，2020年被授予“全国劳动模范”称号。2003年7月自西安建筑科技大学毕业到中铁一局工作，先后担任西安地铁项目部的工程师、工程部部长、总工程师、项目负责人等职务。

梁西军长期从事地铁工程技术工作，先后主持、参与“西安地铁四号线火车站站下穿国铁站场工程”“大连地铁5号线4标大直径盾构穿海工程”“青岛8号线过海地铁隧道工程”“厦门地铁3号线过海隧道工程”等多项股份公司特等风险项目，项目先后获得“全国建筑业创新技术应用示范工程”“AAA级安全文明标准化工地”“国家优质工程奖”等荣誉30多项；完成“西安地铁二号线关键技术研究”“西安地铁地下工程关键技术的工艺工法研究”“饱和软黄土地层浅埋地铁暗挖车站下穿西安火车站施工关键技术”等18项科技攻关课题及“劳模创新工作室的探索与实践”“TIQ绩效考核法的探索与实践”等4项管理创新成果，并分别荣获中国铁路工程总公司科技奖、中施企协科学技术奖、中国建筑业协会管理创新奖等奖项20余项。个人获得省部级工法1项，发明专利13项，先后发表论文5篇，其中国外期刊论文1篇，作为主要参编人先后参与陕西省工程建设标准《城市轨道交通工程建设安全风险管理规范》（DBJ 61/136—2017）和《城市轨道交通工程质量验收统一标准》的编制（编制中）。先后获得“陕西省优秀建造师”“全国优秀项目经理”“全国五一劳动奖章”“陕西青年五四奖章”等荣誉。2020年被授予“全国劳动模范”称号。（舒明磊）

【马海民·全国劳模、国务院政府特殊津贴专家】马海民，男，汉族，中共党员，1962年11月出生，陕西韩城人，博士研究生学历。现任中铁一局党委书记、董事长，教授级高级工程师，长安大学特聘教授。2020年被授予“全国劳动模范”称号、获得国务院政府特殊津贴，2017年被授予“陕西省劳动模范”称号，曾获得全国优秀企业家、全国优秀施工企业家、陕西省优秀

人物

企业家、西安市高层次人才、茅以升科学技术奖、全国建筑业设备管理创新“领军人物”、全国优秀建造师、中华全国铁路总工会火车头奖章、中国铁路工程建设协会优秀项目经理、中国铁路工程总公司劳动模范、中国铁路工程总公司优秀企业家等荣誉。

在企业主要领导岗位上，率领中铁一局全体员工团结奋斗、锐意进取，近年来公司先后承建了京沪高铁、郑西、武广、哈大、京石、沪杭、西宝、兰新、西平、郑西、甘青客专等一批高等级重点工程项目，建成了大批优质工程，获得国家、省部级等各种表彰奖励数百项。为国家铁路建设事业和经济社会发展做出了巨大贡献，为中铁一局跨越式发展做出了突出贡献。

（舒明磊）

【徐州·全国劳动模范】徐州，男，汉族，中共党员，1983年1月出生，四川射洪人，高级工程师。现任中铁二局第六工程有限公司副总经理。自2005年7月参加工作以来，先后在京津城际铁路、广珠城际铁路、埃塞俄比亚亚吉铁路、中老磨万铁路等国家重点工程和“一带一路”典范工程建设一线从事技术管理工作。

2012年，他带领团队经过对东非第一条电气化铁路——亚吉铁路方圆100多公里的徒步取样和上千次的配比试验，先后攻克“火山细角砾掺拌黏土用于路基填筑”和“天然火山角砾用于铁路底渣施工”难题，将“火山灰”变废为宝，不仅解决了填料匮乏的难题，为工程建设节约了2000多万元的巨额成本，还为埃塞俄比亚当地解决填料问题提供了“中国智慧”和“中国方案”。

2017年5月，徐州投身中老铁路建设。他带领团队创下中老铁路全线第一个桥梁桩基成桩、第一个桥梁墩台成型的好成绩，12天建成钢筋加工厂、20天建成中老铁路展示馆和安全体验馆、1个月打造出重点工程楠科内河特大桥和万象北站两个标准化施工示范段共计2.7千米，月产值最高达到8015万元，再次刷新了铁路建设速度。

2018年7月，老挝阿速坡省水电站发生溃坝，6000余人受灾。徐州第一时间组织抢险救援队，奔赴灾区，仅用45天时间架起一座永久桥梁打通了灾区重建的唯一通道，展现了中国担当。项目部被授予老挝最高荣誉：老挝国家发展勋章和总理嘉奖令。

2019年4月，老挝人民革命党总书记、国家主席本扬·沃拉吉带领高访团到中老铁路参观，徐州所在的二工区承担了此次任务，本扬·沃拉吉对中老铁路参建的各位同志给予高度赞扬，并祝愿中老铁路取得圆满成果，如期建成。

徐州是中国走出海外的工程建设者的杰出代表，曾获四川省五四青年奖章、四川省劳动模范、中央企业优秀共产党员、全国职工职业道德建设标兵、全国五一劳动奖章、全国十大最美职工等荣誉，2018年当选中国工会十七大代表和全总第十七届执委，2020年被授予“全国劳动模范”称号。

（龚梓谦）

【邓召益·全国劳动模范】邓召益，男，汉族，中共党员，1969年10月出生，贵州晴隆人，初中学历，高级技师。自1988年3月在中铁二局一处一队工作，先后参与了南昆铁路、西康铁路、秦沈客运专线、青藏铁路等国家重点工程建设，通过自学机械设备修理和小改小革，为企业节省成本千万元。他坚持“一名党员就是一面旗帜”，克服青藏高原施工时呼吸困难、头痛、腹泻等高原反应，为物资运输保驾护航，坚守到工程竣工。他视安全如天，32年如一日，无怨无悔奋战在巡检、维护第一线，保障项目各种设备、电力装置的正常运转。他毫无保留地把技术和经验传授给工友们，共同提高技术水平。先后获得“全国五一劳动奖章”“中国中铁劳动模范”等荣誉。2020年获“全国劳动模范”称号。

（何姝瑶）

【裴维勇·全国劳动模范】裴维勇，男，汉族，中共党员，1965年出生，安徽省阜阳人。中铁四局集团第二工程有限公司机械管理分公司高级技师和“裴维勇劳模创新工作室”带头人。

先后参建京九铁路、武广铁路、成贵铁路、玉磨铁路、涪秀铁路、牡佳铁路等国家重点工程和“一带一路”基础工程，作为“一带一路”基础工程和企业高技能人才，裴维勇多次临危受命，展示了一名“工匠”勇挑重担、勇于担当的精神风采。他以不甘平庸的钻劲，成为行走在祖国大江山川间的高铁建设“工匠”。2017年3月，中铁四局二公司命名的“裴维勇劳模创新工作室”挂牌成立。作为带头人，裴维勇带领工作室成员围绕施工重难点项目，开展了一系列创新创效工作。他以身体力行的责任感，带领创新工作室成员围绕“急难险重”工程，攻克了20余项技术难题，推广先进操作法10余项，荣获2项国家实用新型专利。

工作35年来，裴维勇钻研技术，

求真务实，逐步成长为我国高铁建设领域的高技能人才。他忠于职守，精于技能，多次被评为“先进工作者”“优秀党员”“十大标兵”。近年来，他分别被安徽省、江苏省、苏州市授予“十大能工巧匠”“企业首席技师”“高技能突出人才”；2019年9月，被国资委授予“中央企业劳动模范”；2020年11月，裴维勇被授予“全国劳动模范”荣誉称号。

（班　丽）

【孙福洋·全国劳动模范】

孙福洋，男，汉族，中共党员，1978年8月出生，辽宁省海城市人，本科，教授级高级工程师。自2001年8月参加工作，先后在中铁六局北京公司五环路二期西黄村地道桥项目部、沙蔚铁路西崔段项目部、墨左铁路工程项目部、贵溪电厂专用线工程项目部、铜九铁路工程项目部、中铁六局工程管理部、中铁六局天津重点工程指挥部、中铁六局京张高铁工程项目部工作，现任中铁六局京张高铁工程项目部总工程师。

从业20年来，孙福洋先后参建了京沪高铁天津西站、津秦高铁天津站、津保高铁、京张高铁等工程。先后主持了京沪高铁天津西站工程技术研究和实践，研究了超长高架桥无砟轨道无缝线路建造技术，完成现代化交通枢纽客站规划建造“大型车站过渡”技术的研发，获得了国家科技进步奖特等奖。在京张高铁建设中，他带领团队进行了五大专业八十余项工法工艺总结和创新，获得了30余项工法、专利，为“精品工程智能京张”的建设做出了突出贡献，填补了国内在既有线施工管控方面的空白。

先后获得国家科技进步奖特等奖、国家优质工程银奖、北京市长城杯优质工程金奖、火车头奖章、京张铁路两站开通突出贡献奖、“中铁六局十大感动人物”等称号。2020年被评为全国劳动模范。

（连惠飞）

【李永山·全国劳动模范】

李永山，男，汉族，中共党员，1975年3月出生，云南省南华县人，大学本科，高级工程师。现任中铁八局昆明公司副总经理、滇中引水工程楚雄1标项目经理，2009—2011年连续三年获“哈尔滨市建设工程质量管理先进个人”，2010年获“中国中铁股份公司优秀青年项目总工”，2014年获“沈阳市建设工程安全管理先进个人”，2015年获“中国中铁股份公司优秀共产党员”，同年获“四川省国资委系统优秀共产党员”，2017年获“云南省第二十二届劳动模范”，2020年获得“全国劳动模范”称号。

1994年7月参加工作以来，始终扎根项目建设一线，他负责的哈尔滨地铁、沈阳地铁、贵阳铁路枢纽等多个项目取得了经济效益和社会效益双丰收，近年来，先后参与了中老铁路、滇中引水等多个重点项目，他负责的中国铁路昆明局桃花村物流基地改扩建工程项目，不仅工期提前，还创造了良好的经济效益。工作27年来，他带领项目建设团队创新施工方法、改进施工工艺，先后完成了“提高预埋螺栓的合格率”“通过使用冲击式压路机提高回填土的压实效果”“大坡度斜井轨道结构及铺设方法”“配合比优化”等多项课题研究，为公司类似施工积累了宝贵经验，也为公司高质量发展储备了大量技术管理复合型人才，针对不同项目，他因地制宜，创新项目管理模式，有效提升了施工效率，为项目创造了实实在在的效益。

（张　毅）

【王吉连·全国劳动模范】

王吉连，男，58岁，中共党员，教授级高工。现任中铁大桥局七公司党委书记、执行董事。先后获得了湖北省劳动模范、湖北省优秀项目经理，全国铁路火车头奖章、中国中铁劳动模范、优秀项目经理。中国建设工程鲁班奖、中国土木工程詹天佑奖的项目经理、湖北省科技进步奖、中施协会科技一等奖、两项国家发明专利的组织者；公司获全国文明单位、全国安康杯优胜单位、全国高新技术企业等荣誉。2020年被授予“全国劳动模范”称号。

2020年初，面对突如其来的新冠肺炎疫情，他组织带领7支突击队近千人，调集施工机械，通宵鏖战调运国博防疫物资；完成火神山医院病房加固、电缆铺设、安装调试医疗设备；承建长航、新华、梨园医院等“方舱医院”病房改造，新增床位1300个；承建“汉口北方舱医院”，提供床位2000张。他主持和参与了武汉长江二桥、武汉晴川桥、合武高铁、汉宜铁路等10余座特大型桥梁和市政工程建设。近10年来，在他的努力奋斗下将一个举步维艰的亏损企业带成中国中铁工程公司20强。

（袁　烜）

【孙振川·全国劳动模范】

孙振川，男，中共党员，1972年1月出生，硕士，石家庄铁道大学毕业，教授级高级工程师，国务院政府特殊津贴专家，住建部绿色施工专家委员会委员、中国科协九大代表、中国爆破行业专家库专家、河南省建筑业优秀总工程师，河南省学术技术带头人，中铁隧道局集团有限公司副总工程师。

主持修建了中国首座大断面海底隧道——厦门翔安隧道，积极攻克了陆域全强风化地段大断面浅埋暗挖施工、浅滩段透水砂层施工、海底风化深槽施工三大技术难关，解决多个“世界性难题”，创造了“海底奇迹”，被交通运输部确定为全国三大样板工程之一。承担的“跨江越海大断面暗挖隧道修建关键技术与应用”获国家科技进步奖二等奖。主持研制了盾构TBM工程大数据云平台，初步实现了盾构TBM智能化设计与智慧掘进，截至2020年末，已接入包括以色列、马来西亚等国内外盾构TBM施工线路200多条，预测风险1500多次，纠正不当施工行为800余次，创造经济效益约2.54亿元，极大提高了行业智能化水平；创新研发了具有自主知识产权的新型盾构与新型TBM等高端装备，为高原铁路艰险复杂长大隧道建设提供了技术支撑。

先后获国家科技进步奖二等奖1项、省部级科技进步奖20余项，省部级工法10项，发明专利26项，发表论文20余篇，被授予“厦门市突出贡献个人”“厦门市五一劳动奖章”“福建省劳动模范”“全国劳动模范”等荣誉。（陈玥）

【胡正伟·全国劳动模范】胡正伟，男，汉族，中共党员，1986年10月出生，河南商丘人，大学专科学历。自2005年5月参加工作，先后在浙赣电气化改造工程项目、昆广达速扩能改造工程项目、大丽铁路提速改造工程项目、集包增建二线工程项目、京广铁路改造工程项目等多项国家级重点铁路工程工作。现任中铁电气化局集团第一工程有限公司一分公司第一党支部书记，团遵联络线改造工程信号专业负责人。

长期从事工程技术工作，历任见习信号工、副工长、工长、副队长、队长、专业副经理、专业经理。在昆广铁路建设中，参与研制的铁路信号机柜整体移动工具，提高工效30%，节约成本9.9万元，获得北京市第72次QC小组发表会三等奖。在新建北京机动车段工程施工中，参与研制的电缆间内“井”字形支架，节省成本21.9万元，获得北京市第61次QC小组发表会优秀奖。2018年，加入巨晓林国家级技能大师工作分室研发组，研发的《便携式铁路信号通用模拟盘》获实用新型专利证书（ZL 2017 2 0832944.4），创新成果获北京市一等奖、全国成果发表优胜奖等奖项。在公司开展“抗疫情、保增长”活动期间，带领党员突击队前往京哈线三平站改造工程进行施工作业，40天工期，27天完成，打破了信号联锁设备安装试验施工瓶颈，工期提前了32.5%，成功完成了北京绿色物流配送体系一级节点的建设任务。2020年获得“天津市劳动模范”“全国劳动模范”等称号。（王威）

【姚振宁·全国劳动模范】姚振宁，男，汉族，中共党员，1981年7月出生，河北馆陶人。现任中铁武汉电气化局运营管理分公司接触网作业队队长。自2003年参加工作以来，他先后参与株六线、兰武项目、京沪改造、广深四线、大包线、贵阳枢纽改造、米攀铁路、皖赣铁路、京沪高铁以及成绵乐客运专线、大瑞铁路以及玉磨铁路等国家重点铁路的施工建设。2011年研制出AF肩架速安法的肩架托架，不仅降低了施工难度和施工安全隐患，还使安装肩架效率提高了4倍。2013年制作出临时三轮轻便架线车，解决了机械不足造成的承力索架设和附加线架设严重滞后的问题。2016年制定了“等高法”辅助绳连接倒锚法，接触网技术更加精细，使列车动力和人员安全更有保障。2016年总结出“挂路”上杆法等一系列施工技艺，极大地降低了施工难度，提高了施工安全系数和工作效率。2019年创造性地将五线仪固定在加工平台旁边，利用五线仪的红外线投影来做基准线，提高了装配精准度。2019年在隧道施工中采用扣件式脚手架管拼装加工成可移动式的桁架式拱形架，改善了隧道内作业施工单位相互干扰、作业效率低的情况。

先后获得“四川省五一劳动奖章”“湖北五一劳动奖章”“中国中铁技术能手”“中国中铁优秀党员”“中央企业技术能手”“湖北省劳动模范”“全国劳动模范”称号。（邵梦颖）

【郑宗溪·全国劳动模范】郑宗溪，男，汉族，中共党员，1975年10月出生，江西省上饶人，教授级高级工程师。在中铁二院从事隧道工程设计工作20余年，曾任中铁二院川藏铁路拉林段项目经理，现任中铁二院川藏铁路勘察设计总指挥部副指挥长、纪工委书记。

1998年西南交通大学毕业后入职中铁二院，先后担任达成线扩能改造工程、襄渝铁路安康至重庆段增建二线、拉林铁路等长大干线的隧道设计负责人，先后牵头或参与完成了20余项国家重点项目的设计工作和10余项科研项目，所参加主持的项目获省部级及以上优秀设计奖30余项。其中，非煤瓦斯综合防治系统研究成果，获四川省工程勘察设计“四优”一等奖、第十四届全国优秀工程勘察设计银奖。襄渝铁路安康至重庆段增建二线新大巴山隧道岩溶水害治理成果，获2010年度中国中铁优秀工程设计一等奖、第十届中国土木工程詹天佑奖。获授权专利20余项，发明专利5项，其技术水平达到同期国际领先、国际先进或国内领先水平。

担任川藏铁路副总体兼隧道专业设计负责人期间，他带领设计团队就隧道工程建设中将遇到的硬岩强岩爆、软岩大变形、高地温、高位岩崩、富水冰积层等世界性工程难题开展科技攻关。担任中铁二院川藏铁路拉林段项目经理期间，带领配合施工团队积极主动地解决施工现场的技术问题，为项目建设顺利推进创造了良好条件。因参与川藏铁路规划建设的突出业绩，被喻为“新天路上的筑梦人”。

2015年获火车头奖章，2016年获“全国向上向善好青年”称号，2018年获“全国五一劳动奖章”，2018年当选“四川省学术和技术带头人后备人选”，2019年获“茅以升铁道工程师”称号，2019年荣获“中国中铁典型人物”称号，2020年获“全国劳动模范”称号。

（曹世超）

【高宗余·全国劳动模范】高宗余，男，汉族，1964年1月出生，江苏南京人，无党派人士，工学博士。现任中铁大桥勘测设计院集团有限公司总工程师，教授级高级工程师，2002年获得国务院政府特殊津贴，2006年入选百千万人才工程国家级人选，2011年被授予“全国工程勘察设计大师”称号。参加工作30年来，高宗余一直从事桥梁工程设计和研究工作，先后主持了武汉天兴洲（施工图阶段）、南京大胜关、黄冈、安庆、铜陵、沪通等一系列铁路（公铁两用）长江大桥设计技术工作，同时，持续开展了钢桁梁桥新结构、新材料研究，实现了中国大跨度铁路钢桥的技术升级，在多塔缆索承重桥梁、高速铁路大跨度桥梁新结构、跨海大桥设计方面取得突出成绩，先后获国家科技进步奖5项，其中，一等奖一项（排名第1位）、二等奖4项，全国工程设计金奖1项，省部级科技进步奖10余项。获得发明专利10余项，发表论文30余篇。

（刘　慧）

【徐子龙·全国劳动模范】徐子龙，男，汉族，中共党员，1980年2月出生，河南郑州人，本科学历，助理翻译，2003年7月参加工作。2014年，徐子龙同志被派往中铁国际尼日利亚公司工作，常驻海外已有16年。2008年，在他的带领下尼日利亚公司先后中标了科吉体育场、阿洛玛公路、依切克公路、依古梅公路等项目，并于2009年至2016年共中标21个项目，合同额约2亿美元。2017年，徐子龙调回中铁国际本部，他迅速转变工作思路，适应新的工作环境，与同事密切配合，积极参与“一带一路”沿线国家的研究和了解，并参与了多个项目的投标工作，如马尔代夫五桥项目和乌克兰光伏项目等。2018年5月，徐子龙同志被紧急派往乌克兰光伏项目部工作，这是中铁国际在海外接手的第一个光伏项目。面对着管理人员少，工序烦琐，施工条件艰苦等诸多困难，他克服困难，安全优质高效地完成了项目。他扭转了项目预亏的局面，并创造了多项第一的好成绩，徐子龙同志本人也被业主授予特别贡献奖。

徐子龙同志先后获得“中铁国际优秀员工”“中国中铁优秀团干部”、中国中铁“两优一先”安全生产先进个人、2019年度“中央企业劳动模范”和2020年度“全国劳动模范”等称号。

（梅晓茜）

# CHAPTER 13

# 所属单位

## 中铁一局集团有限公司

【简况】中铁一局集团有限公司（简称“中铁一局”）是中国中铁股份有限公司的全资子公司，主要负责铁路、城市轨道、公路、市政、房建等领域项目施工，为大型综合性建筑施工企业。具有铁路、公路、市政公用、建筑工程施工总承包4项特级资质；子公司中铁一局建安公司和中铁一局二公司分别具有建筑和公路工程施工总承包特级资质；具有铁路铺轨架梁、桥梁、隧道、公路路基、路面、环保工程专业承包一级资质等。企业驻地陕西省西安市。

中铁一局前身为原铁道部西北铁路干线工程局，1950年5月始建于甘肃天水，后迁至甘肃兰州、新疆乌鲁木齐，1970年由乌鲁木齐迁至西安，2000年改制为中铁一局集团有限公司。截至2020年末，中铁一局下辖19个实体子（分）公司及海外事业部、投融资事业部、大企业事业部、社会服务事业部。拥有在册员工24496人，其中，管理干部10579人，工人8669人；各类专业技术人员14976人、技能人才7174人；拥有高级及以上职称2208人，其中，正高级工程师117人、正高级经济师10人、高级工程师1662人、高级经济师183人、高级会计师113人，享受国家级政府津贴5人；技术工人8455人。

截至2020年末，中铁一局资产总额559.32亿元，其中流动资产412.63亿元，非流动资产146.69亿元。非流动资产中的固定资产净值48.01亿元。共计保有各类型号机械设备9061台（套），设备资产原值624188.2万元，净值239909.77万元，机械总功率1040543.82千瓦，技术装备率10.08万元/人，人均动力装备率43.72千瓦/人，主要施工机械实有完好率为90.97%，利用率86.98%。在公路、铁路、城市轨道交通、市政建设、建筑施工、深水桥梁、大跨度桥梁、水利水电等施工领域，先后配置了如盾构机、900T提运架、顶管机、管棚钻机、铺轨机、混凝土湿喷机、全电脑凿岩台车、双轮铣槽机、电气化接触网作业车、铁路机车车辆等大型专用设备，机械化施工程度不断提升，实现设备技术和施工技术的相辅相成，为施工生产提供了有力保障。2020年，实现新签合同额2001亿元，企业营业额1002.96亿元。

中铁一局始终坚持“百年大计，质量为本”的方针，累计获得中国建设工程鲁班奖23项、中国土木工程詹天佑奖23项，国家优质工程奖85项（其中，国家优质工程金质奖9项）。坚持科技兴企战略，共获得国家级科技奖19项、省部级科技奖388项。此外，中铁一局先后获得新中国成立70周年“功勋企业”、全国守合同重信用企业、中国施工管理优秀企业、全国企业文化建设优秀单位等上百项国家级荣誉。

中铁一局1998年通过了ISO 9002标准质量体系认证，2003年通过了质量、环境和职业健康安全管理“三位一体”化认证，2010年12月，通过了新加坡SGS国际认证机构对企业质量管理体系运行的外部认证审核，2011年12月通过了北京SGS国际认证机构的环境和职业健康安全管理体系运行外部认证审核，2016年通过了新加坡建筑局（GGBS）的绿色优雅建筑商认证。近年来，在保持企业管理体系持续有效运行的基础上，结合企业发展实际，开展了系列管理活动，推进提质增效工作，企业管理水平和产品质量持续提升，抵御风险能力进一步增强。（谭洪波）

【主要指标】中铁一局2020年完成营业收入820.96亿元，较2019年的738.53亿元增加82.43亿元。实现净利润11.98亿元，较2019年的10.98亿元增加1亿元。资产总额559.32亿元，较2019年末增长0.85%。净资产收益率10.5%，较2019年提升0.48个百分点。总资产报酬率2.91%，较2019年的2.8%增加0.11个百分点。国有资本保值增值率111.29%，较2019年的110.71%增加0.58个百分点。

2020年，企业经营活动产生的现金净流入23.09亿元，较2019年26.39亿元减少3.3亿元，下降12.5%。受业主资金持续收紧影响，虽然规模增长带动的经营性净现金流入有所增加，但是经营性净现金流出规模增速更快。导致经营性现金净流入量较2019年同期减少，企业盈余现金保障倍数1.93倍，较2019年下降了0.47倍。（张浩杰）

表13–1　2019—2020年中铁一局集团有限公司主要经济指标

| 项目 | 2019年 | 2020年 | 增长率/% |
|---|---|---|---|
| 资产总额/亿元 | 554.59 | 559.32 | 0.85 |
| 所有者权益/亿元 | 112.10 | 116.27 | 3.72 |
| 营业收入/亿元 | 738.53 | 820.96 | 11.16 |
| 利润总额/亿元 | 12.88 | 13.94 | 8.23 |
| 净利润/亿元 | 10.98 | 11.98 | 9.11 |
| 归属于母公司所有者的净利润/亿元 | 10.51 | 11.76 | 11.89 |
| 技术开发投入/亿元 | 12.52 | 17.97 | 43.53 |
| 利税总额/亿元 | 24.43 | 28.58 | 16.99 |

续表

| 项目 | 2019 年 | 2020 年 | 增长率 /% |
| --- | --- | --- | --- |
| 应交税金总额 / 亿元 | 15.50 | 16.57 | 6.90 |
| 全员劳动生产率 / [ 万元 / ( 人 · 年 )] | 29.16 | 29.96 | 2.74 |
| 净资产收益率 /% | 10.02 | 10.50 | 增加 0.48 个百分点 |
| 总资产报酬率 /% | 2.80 | 2.91 | 增加 0.11 个百分点 |
| 国有资本保值增值率 /% | 110.71 | 111.29 | 增加 0.58 个百分点 |

制表：张浩杰

【改革发展】2020 年，为进一步加大市场开发力度，积极抢占中央企业、地方国有企业、实力较强的民营企业的基建投资建设市场，充分对接股份公司大企业市场开发事业部，发挥公司基建领域“一站式”综合服务优势，成立了“中铁一局大企业市场开发事业部”；为进一步完善公司投资管理运行机制，激发新的发展动力，在投融资管理部的基础上重组成立了投融资事业部，充分发挥事业部制在响应速度、资源调配、沟通决策方面高效、灵活的优势，自主经营，自负盈亏，打造全新的投资驱动模式。

2020 年，修订完善了《子（分）公司负责人薪酬管理办法》，适度拉开负责人收入差距，使薪酬分配与企业业绩和个人贡献进一步紧密挂钩，提升子（分）公司负责人积极性和创造性，为提高企业整体效益奠定基础；同时根据股份公司区域化经营要求，起草完成了中铁一局《地区指挥部、投融资事业部、大企业事业部薪酬管理办法》，为进一步调动地区指挥部员工的积极性，提升中铁一局各地区的经营业绩和施工监管水平提供机制支撑；持续推进薪酬体系改革，探索薪酬分配新模式，落实创新驱动发展理念，逐步推动科技型企业股权和分红激励模式。（李颖飞　刘德利）

【重大项目】重大决策方面，2020 年，认真贯彻股份公司各项决策部署，进一步建立健全党委会把关定向、董事会科学决策、经理层高效执行、监事会有力监督的决策程序和运行机制，以改革发展和生产经营为中心，一手抓疫情防控、一手抓复工达产，不断深化改革、创新经营理念、加强现场管控、强化风险防控，圆满完成了各项工作任务，主要经济指标再创新高，企业实现了持续健康发展。

重大项目方面，中铁一局参建的赤喀客专，太焦铁路，银西客专，沪通铁路，潍莱高铁，乐清湾铁路，格库铁路，安六铁路，大临铁路，阿富准铁路，涪秀二线，合安高铁，新白广城际，水蚌铁路，黄大铁路，西安地铁 5 号线、9 号线、6 号线一期，沈阳地铁 10 号线，北京地铁 16 号线，石家庄地铁 2 号线，呼和浩特市地铁 2 号线，太原地铁 2 号线，青岛地铁 1 号线、8 号线等项目按期实现开通；参建的郑万高铁 8 标、沪通铁路 6 标、郑州市政控制性（地下交通）工程 11 标、上海地铁 14 号线通号与接触网系统安装工程、大连地铁 5 号线 4 标等项目实行标准化施工，精细化管理，树立了企业良好形象；参与建设的深圳沙河东综合管廊、平潭高铁中心站综合交通枢纽及高铁中心站站前城市综合体工程、杭州市艮山路提升改造暨地下综合管廊工程 I 标、香港大埔公路、白河县白郧汉江大桥等公路、市政项目，重视管理创新、突出技术攻关，赢得各方好评。

重大科研开发方面，主持的工信部 2020 年大数据产业发展试点示范项目“城市地下空间工程大数据智能分析与公共服务平台试点示范应用”，中国博士后科学基金第 67 批面上资助项目“基于多源数据的施工安全知识传递效率提升研究”，中国中铁“铁路有砟轨道智能铺轨关键技术及成套装备研发”“多功能泥水平衡盾构机的研制及施工关键技术研究”“富水地区浅埋暗挖隧道超大体积冻结关键技术研究”3 项重大专项（重点）科研课题等研究任务，均进展顺利，取得阶段性成果。中铁一局自主研发的郑万高铁（湖北段）复杂地质条件下隧道机械化施工关键技术、大瑞铁路大柱山复杂地质不良环境条件下隧道施工技术和铁路隧道二衬混凝土施工质量

▲中铁一局承建的郑万高铁 8 标甘家山隧道顺利贯通

所属单位

▲中铁一局孟加拉国项目施工形象

管理的重点、难点和急需解决的问题，确定管理创新课题，组织课题研究。全年共完成35项课题研究工作，组织开展了管理创新成果奖评选工作，共评选出了中铁一局集团公司级管理创新成果奖21项；其中，一等奖7项、二等奖8项、三等奖6项。在此基础上，择优推荐参评中国中铁和各级协会管理创新成果奖，其中，获得中国企业联合会（国家级）管理创新成果二等奖1项；陕西省企业联合会（省部级）管理创新成果一等奖1项、二等奖3项、三等奖4项；中国中铁成果奖二等奖2项。（杨 倩 李颖飞）

现场控制研究等，形成了多项研究成果。（党 强 苟耀辉 杨 倩）

【走向海外】2020年，中铁一局中标境外项目14个，实现新签合同额89.8亿元。在建重点项目有：哥伦比亚公路项目、孟加拉国帕德玛大桥铁路连接线项目、新加坡地铁T302项目、新加坡地铁T250A项目、新加坡南北高速（隧道）N108标段项目、香港大埔公路（沙田段）扩阔及加建隔音屏障工程。2020年8月，中铁一局开展海外业务管理体制机制改革，将原来的生产经营一体化改成了更适应当前实际的“揽干分工”的管理体制。以区域化经营为主导，形成南太、南亚、拉美、非洲、东南亚、港澳六大区域总部，辐射二十多个国家和地区，注册境外国别子分公司20个。香港水务项目获得第26届公德地盘奖及杰出环境管理奖；香港大浦公路项目获得2020创意工程安全奖；中铁一局被授予“中国对外承包工程商会信用等级评价AAA企业”称号。（杨 萌）

【重大创新】技术创新方面，2020年修订了《中铁一局集团有限公司技术创新工作管理办法》和《中铁一局集团有限公司博士后工作管理办法》，制定了《中铁一局集团有限公司科技创新激励管理办法》《中铁一局集团有限公司科技创新平台管理办法》。组织中铁一局新运公司、中铁一局厦门公司成功通过省级企业技术中心认定，中铁一局城轨公司通过江苏省博士后创新实践基地认定，中铁一局天津公司被评定为天津市专利试点单位。引进博士后1名，聘任外部科技专家16名。完成中铁一局级科技成果评审、验收56项；组织通过中国中铁级科技成果评审32项；获省部级以上科学技术奖20项；完成专利申报164项，取得发明专利授权41项，实用新型专利授权178项；新增省部级工法21项；主编参编行业标准、地方标准4项；在省部级以上学术刊物上发表论文299篇。

管理创新方面，紧密围绕企业

【工程创优】2020年，中铁一局获得国家级优质工程奖18项（其中，中国建设工程鲁班奖3项、中国土木工程詹天佑奖4项、国家优质工程奖11项）、省部级优质工程40项、市级优质工程6项、中国中铁杯优质工程26项；获得国家级安全标准化诚信工地2项、省部级文明工地24项、地市级安全文明工地4项、股份公司安全标准工地17项。（张 锋）

【企业文化】按照中铁一局企业文化建设规划，加大了中铁一局核心理念与股份公司五大理念的融合力度，夯实了五大基础，切实抓好理念系统、项目文化建设、对外宣传、舆情应对等多项基础性工作，为提

▲中铁一局参建的武汉市轨道交通8号线一期工程获得中国建设工程鲁班奖（国家优质工程）

升企业形象提供强大文化支撑。特别是以庆祝建局七十周年为契机，开展了一系列的文化活动，评选出“经典工程”“重大科技成果”各20项和20名“最美奋斗者”、编印大型画册《筑梦路上》、制作完成四集大型文献纪录片《筑路报国 铁血忠诚》、编撰完成大型文集《筑梦路上》、成功举办建局七十周年庆祝表彰大会、举办中铁一局第四届摄影大赛、微电影大赛暨书画摄影展，庆祝建局70年的文化活动以简朴庄严的形式表达了企业和员工的报国情，奋进志，使中铁一局的文化活动在理念建设的引领下迈上一个崭新的台阶。（杨 坤）

【党建工作】发挥政治工作优势，实现了疫情防控和生产经营统筹推进。中铁一局党委始终把疫情防控作为重要的政治任务，全面领导和扎实做好疫情防控各项工作。扎实开展“抗疫情、保增长，大干100天”等专项劳动竞赛活动，持续掀起生产经营大干高潮。企业新签合同额首破两千亿元，营业额首破一千亿元，主要经济指标再创历史新高。强化政治理论学习，筑牢了干事创业的思想根基。中铁一局党委全年开展中心组集中学习6次；各级领导干部在省部级刊物发表理论文章50余篇。先后举办各类政工干部、党员教育培训班81期，轮训5268人次。落实管党治党责任，夯实了企业党建工作基础。中铁一局党委扎实推进主题教育常态化，形成了调查研究、定点帮扶、选树典型等多项长效机制。先后研究成立党组织11个；指导6家单位筹备召开党代会；发展党员269名。积极开展“五亮五比五创”“高扬党旗”等主题活动和“党员之家”创建活动。

坚持正确选人用人导向，强化了领导干部队伍建设。修订、印发了《中铁一局领导人员管理办法》《中铁一局职业经理人市场化选聘契约化管理办法（试行）》《中铁一局大力培养选拔使用优秀年轻干部的实施方案》。持续开展“四好班子”创建活动，第10次获得股份公司“四好领导班子”称号；对6家单位开展任期考核和日常履职考察；组织干部考察44次，研究干部255人次。先后开展了干部作风建设年，领导人员经商办企业、亲属任职回避情况梳理和领导人员家属问卷调查等工作。加强宣传文化工作，厚植了企业发展新优势。坚持把意识形态工作作为党建思想政治工作、企业改革发展的重要内容，纳入了党建工作责任制。举行了庄重而简朴的庆祝建局七十周年系列活动。持续做好重大典型宣传工作，推进工程项目文化建设示范点活动和企业道德讲堂建设，企业员工精神风貌和社会美誉度进一步提升。纵深推进党风廉政建设，营造了企业良好政治生态。印发了《中铁一局党委落实全面从严治党“两个责任”实施办法》，层层传递从严治党责任，有序推进纪检监察体制改革。开展“四个专项整治”，持续传递从严信号；受理信访举报81件，摸排问题线索82件，立案审查18件，给予党纪处分17人次、政纪处分34人次。成立项目亏损专项治理工作组，梳理出29个亏损项目并列入挂牌督办项目清单。主动接受、支持配合股份公司党委第一巡视组巡视监督，认真做好巡视发现问题整改的“后半篇文章”。依靠群众工作优势，加强了幸福企业建设。中铁一局党委积极支持工会、共青团组织独立自主、创造性地开展工作；在典型选树方面成绩显著，2名同志获得“全国劳动模范”称号，5位同志获得“省部级劳动模范”称号；共有22个青年集体和51名青年个人分别受到了中国中铁团委、共青团陕西省委、共青团中央等不同层级的表彰。中铁一局新运公司郝铎先后被授予“全国向上向善好青年”“全国青年岗位能手标兵”“第19届陕西青年五四奖章”等称号。

（齐国庆 张 伟）

【信息化建设】2020年，在疫情暴发期间利用视频会议和企业云盘等信息化办公手段助力企业疫情防控

▲中铁一局举办“抗疫情、保增长，大干100天”劳动竞赛

和复工复产；完成修订《中铁一局集团有限公司信息化工作管理办法》和《计算机设备采购管理办法》；组织召开年度信息化工作会，下发BIM技术应用和信息化建设要求；按照股份公司“信息贯通工程”的总体安排，成立信息贯通工程领导小组和工作组，参与股份公司调研和组织中铁一局集团内部调研，编写调研报告；升级优化“施工技术管理平台”和企业云盘系统，完成“施工现场远程技术专家支持系统”和“管片排列线形反演算法系统”的建设；组织举办BIM专项技能培训和取证培训班，在2020年全国行业职业技能竞赛暨第二届中国中铁“卓越杯”BIM大赛技能赛取得较好成绩（个人赛3名选手进入前20名，团体赛第四名）；设计优化业务审批流程100余项；全年为217场各类视频会议提供技术支持；完成门户网站IPv6及网站代码改造。采购扩容云计算平台和桌面云平台，采购部署防毒墙和涵盖全集团公司的终端防护系统，在网络安全周期间开展多种形式的网络安全宣传。

（李增平）

【履行社会责任】2020年，中铁一局积极参与各类抢险救援工作，履行央企社会责任，得到了地方政府、西安铁路局、乌鲁木齐铁路局、南昌铁路局、青藏铁路公司等业主单位的认可和嘉奖。1月19日，因新疆维吾尔自治区南部发生地震，造成南疆线五间房至西格尔区间线路发生变形，中铁一局组织抢险人员50人，经过43小时抢通线路。7月8日，因连续降雨造成富春江水暴涨，中铁一局组织70余人，参加保卫杭州市富阳区江滨西大道的行动，经过24小时用14万只沙袋将江滨西大道堤岸抬高了50厘米，阻挡了江水倒灌，保证了富阳区居民安全。8月16日，嘉陵江发水冲毁S212公路导致宝成线中断行车，中铁一局组织抢险人员110人、机械设备6台，经过73小时抢险，确保了线路畅通。

中铁一局帮助柞水县金米村智能木耳大棚等项目建成投产，习近平总书记点赞“小木耳，大产业”，山西保德、陕西周至等对口扶贫成效显著。2020年通过工会组织购买消费扶贫产品1150万元，工会与柞水县签订500万元农产品采购意向合同。中铁一局连续3年获评“陕西助力脱贫攻坚优秀企业”。

（苟耀辉 张 钰）

【领导人员】

马海民　党委书记、董事长
朱卫东　党委副书记、总经理
郭秀春　副董事长
王　力　工会主席、副总经理
汤　勇　副总经理
罗田郎　副总经理
王新年　党委副书记
王文吉　党委副书记、纪委书记
鲁和友　副总经理
杨育林　总会计师
孔凡强　副总经理
尚武孝　副总经理
郗宜君　副总经理
张　林　副总经理

（杨雪瑶）

## 中铁二局集团有限公司

【简况】中铁二局集团有限公司（简称“中铁二局”）的前身是成立于1950年6月12日的西南铁路工程局，是邓小平、贺龙等老一辈革命家亲手缔造并授予“开路先锋”大旗的新中国第一家铁路施工企业，是第一家建立现代企业制度和股票上市的铁路施工企业，也是中国中铁核心成员企业。2015年11月，中国中铁股份有限公司与中铁二局股份有限公司开展了资产置换及发行股份购买资产的重大资产重组事项，设立中铁二局工程有限公司，整体承接中铁二局股份有限公司名下的全部资产、负债、业务、人员及相关证照、资质及业务许可、权证、业绩、荣誉及资格。2018年3月29日，根据中国中铁股份有限公司《关于中铁二局工程有限公司更名有关事宜的批复》的批准，并经国家工商行政管理总局核准，原“中铁二局工程有限公司”于2018年9月28日正式更名为“中铁二局集团有限公司”。

中铁二局始终秉承“干一项工程，树一座丰碑”的理念，转战南北，东进西移，从修建新中国第一条铁路成渝铁路开始，先后参加宝成、成昆、南昆、京九、青藏、京广、京津、京沪、哈大、京福、兰渝、贵广、西成、杭黄、成蒲、成雅、郑济、贵南、京唐、广汕、昌景黄、金甬等300多条重点铁路建设，累计修建里程16000余千米，为中国铁路建设做出了重要贡献。参建200多条高速公路、40余项水利水电、20多个机场港口、数千项市政以及国内大部分城市轨道交通等工程，足迹遍布中国大陆及海外50多个国家和地区。

经过几代二局人的奋勇开拓，中铁二局已从单一的铁路施工劲旅，发展成为拥有各类人才近2万人，子公司26家，总资产950亿元，年综合生产能力1000亿元以上，拥有铁路、公路、房建、市政4个施工总承包特级资质，集工程施工、基础设施建设管理、房地产开发、国际业务、勘察设计咨询、仓储物流、商业物业等业务于一体的大型现代产业集团。先后获得国家及省部级科技进步奖93项、国家及省部级工法414项，授权国家专利661件。获得国家级优质工程奖147项，其中中国建设工程鲁班奖32项、国家优质工程奖50项、中国土木工程詹天佑奖23项、全国市政金杯示范工程奖14项、中国建筑工程装饰奖22项、中国安装工程优质奖1项、中国钢结构金奖2项、全国优秀焊接工程奖3项；获得省部级优质工程奖476项。获得全国抗震救灾英雄集体、全国五一劳动奖状、全国优秀施工企业、中国工程建设诚信典型企业等荣誉，被中国企业联合会评为全国20家“最具影响力企业”之一。

截至2020年末，中铁二局共有设备6603台，固定资产原值42.6亿

▲ 2020 年，中铁二局成立七十周年庆祝大会

元，净值 15.37 亿元，设备新度系数 0.36，设备完好率 88.14%，利用率 85.44%，机械设备总功率 69.52 万千瓦，其中，海外设备 757 台（套），原值 4.98 亿元，净值 2.36 亿元，总功率 11.05 万千瓦，2020 年中铁二局共新投入施工生产设备原值 3.54 亿元。（周治宏）

【主要指标】

表 13-2　2019—2020 年中铁二局集团有限公司主要经济指标

| 项目 | 2019 年 | 2020 年 | 增长率 /% |
|---|---|---|---|
| 资产总额 / 亿元 | 934.85 | 942.15 | 0.78 |
| 所有者权益 / 亿元 | 91.03 | 171.92 | 88.86 |
| 营业收入 / 亿元 | 640.72 | 732.58 | 14.34 |
| 利润总额 / 亿元 | −16.89 | 1.74 | −110.30 |
| 净利润 / 亿元 | −17.09 | 1.38 | −108.07 |
| 归属于母公司所有者的净利润 / 亿元 | −16.52 | −0.21 | −98.73 |
| 技术开发投入 / 亿元 | 10.98 | 14.90 | 35.70 |
| 利税总额 / 亿元 | 0.06 | 11.50 | 19116.67 |
| 应交税金总额 / 亿元 | 17.03 | 10.21 | −40.05 |
| 净资产收益率 /% | −17.28 | 1.05 | 增加 18.33 个百分点 |
| 总资产报酬率 /% | −0.66 | 1.20 | 增加 1.86 个百分点 |
| 国有资本保值增值率 /% | 89.44 | 82.85 | 减少 6.59 个百分点 |

制表：邓增谷

【重大项目】中铁二局开工建设的沪苏湖铁路、西成铁路、渝昆铁路等项目实现高起点开局、高标准推进；涪秀铁路黄草二线隧道、贵南铁路永康隧道、郑万铁路香树湾隧道、巫山大宁河拱桥、文泰高速南浦溪特大桥等一大批重难点工程兑现节点工期；成兰铁路高原高寒特殊环境软岩大变形、重庆铁路枢纽东环线鸡公咀隧道和芭蕉沟双层隧道、玉磨铁路耐腐蚀混凝土、重庆铁路枢纽东环线明月峡长江大桥主塔和钢桁梁悬拼施工、广汕铁路博罗东江矮塔斜拉桥深水基础施工等关键技术取得突破；涪秀铁路、银西铁路、焦柳铁路、水曹铁路、文泰、天府机场高速公路，成都地铁 8 号线、杭州地铁 7 号线、北京地铁 16 号线等重难点工程项目按期优质开通；深圳市龙华新区现代有轨电车示范线工程 BOT 项目及同步实施工程、湖南省永顺至吉首高速公路石家寨互通立交桥等 20 项工程获得国家级优质工程奖，充分彰显了企业实力，进一步巩固提升了企业形象。（邱　林）

【走向海外】中铁二局紧跟股份公司海外“双优”发展战略，积极融入“一体两翼N驱”经营新格局，加快落实公司海外体制机制改革举措，将国际部由职能部门调整为事业部，将国际事业部办公地点搬迁至北京，实行“国际事业部+海外分公司”的管理模式。按照“国际事业部主营、子（分）公司主建”的思路，重构中铁二局海外生产经营管理体系，推行海外营销生产一体化管理。海外经营布局不断完善。按照股份公司海外体系布局建设，完善中铁二局区域经营布局，在原有埃塞俄比亚、沙特阿拉伯、老挝、哈萨克斯坦4家海外分公司基础上，新成立尼泊尔分公司，负责南亚区域的市场开发和项目监管；新成立泰国和越南国别营销中心完善东南亚区域经营网络；新成立尼日利亚营销中心完善非洲区域经营网络。海外市场持续优化。依托海外旗舰平台，全年共追踪项目26个，参与资格预审4个项目，投（议）标13个项目，成功签约尼泊尔坎昌普尔—卡玛拉公路项目等新项目7项，累计完成新签合同额23862.19万美元，同比上年增加10871万美元。受新冠肺炎疫情影响，2020年中铁二局海外工程项目的实施受到不同程度的冲击。通过严格实施疫情防控措施，实现了“零感染”目标，中铁二局各海外项目的安全质量、成本管理、工期管理总体情况处于可控状态。全年完成营业额共计2.1亿美元，占股份公司下达2亿美元年营业额计划的105%。（陈 靖）

【重大创新】优化生产经营体系。“8+1”区域经营布局成效显现；经营开发加倍激励和目标考核推行；深入实施一标一奖和中标质量考核等激励机制；加强区域生产营销一体化建设，夯实片区滚动发展基础；深入优化工程项目管控体系，建立健全工程项目管控架构，调整项目前后台管理职能、权限，有效释放项目管理效能；优化投资管理体系，以投资部为主、相关部门和区域指挥部参与的投资业务全生命周期管控体系逐步形成。深化分配制度改革。突出本部薪酬分配业绩导向，子公司薪酬分配充分赋权，项目员工激励模式更加多元；建立全方位、多维度全员业绩考核评价体系；实施职业项目经理制度和青年人才扶持计划，有效营造了干事创业的浓厚氛围。组织架构更趋精简高效。两级本部机构改革顺利完成，机构人员更加精干；推进工程项目组织机构改革，沪苏湖、渝昆高铁推行“局指挥部”成本管理模式，西成铁路甘青隧道、广湛铁路站前十标等项目推行“代局指”模式，中铁二局深圳公司、中铁二局四公司实施群项目管理模式，管理机构和人员实现压减。企业瘦身减负顺利推进。完成7户法人企业压减、6户法人企业管理层级压缩；中心医院平稳改革，退休人员社会化管理顺利移交，三供一业分离按期移交，剥离企业办社会职能顺利收官。

（李晓桔）

【工程创优】2020年中铁二局获国家级优质工程奖20项，其中，中国土木工程詹天佑奖2项、国家优质工程奖9项、中国建筑工程装饰奖7项、中国钢结构金奖1项、中国安装工程优质奖1项；省（部）级优质工程奖54项；国家级优秀QC小组15个，国家级质量信得过班组8个；国家级安标工地1个，省（部）级安标工地35个。技术创新不断强化，国家授权专利214项，获省（部）级科技进步奖8项，省（部）级工法65项；新增四川省企业技

▲ 2020年12月22日，中铁二局承建的浙江文泰高速正式通车

术中心2家。创效创誉收效良好，2020年下半年铁路信用评价稳步提升，水利建设市场主体信用评价实现“AAA级”最高信用评价目标，全年收到建设单位褒扬类函件492份，同比上年增加220份。（邱　林）

【企业文化】中铁二局注重通过宣传新的制度体系引领全体员工“以业绩为导向”，彰显“以奋斗者为本”的管理理念，累计刊发改革进行时、作风建设、辉煌新时代等各类评论30多篇、刊播各单位改革动态文稿110多篇，统一制作海报展板40多幅，营造了浓厚的改革奋斗氛围；开展建局70周年纪念活动，中铁二局党委统一设计制作了中铁二局成立70周年标识、宣传展板、主题海报等成套宣传品，在公司各类报刊、网站新媒体开辟专栏，从2020年4月29日起，持续开展专题宣传。6月6日，中铁二局党委书记带领40余名干部职工，在漫水湾成昆铁路烈士陵园深切缅怀革命先烈，号召全体员工秉承先烈遗志，走好中铁二局新时代的长征路。6月12日，中铁二局在成都召开庆祝中铁二局成立70周年庆祝大会，大会观看了“奋进70年、辉煌新时代”专题片，发布了中铁二局70年十件大事、70年典范工程与获奖工程、《口述历史》文集，中铁二局所属各单位干部员工、社会各界82万余人次以视频直播形式同步收看了庆祝大会；中铁二局党委持续推进精神文明创建工作，中铁二局四公司获评四川省文明单位，中铁二局陈列馆获评四川省金牛区爱国主义教育基地；持续推进项目文化建设，赴成昆项目开展劳模事迹巡讲、赴雄安开展文化项目行等活动，赴重点项目开展形象策划和宣传成本管控调研，推动先锋文化建设走深走实。（魏　潘）

【党建工作】以习近平新时代中国特色社会主义思想为指导，全面贯彻党的十九大及十九届历次全会精神，坚持党的领导不动摇，加强党的建设不松懈，充分发挥“把方向、管大局、保落实”领导作用。研究制定贯彻落实习近平总书记重要指示批示6个工作机制、1个督查办法和5个总台账；将学习习近平总书记最新指示批示作为党委常委会会议、中心组学习的第一议题，全年开展集中学习22次；深入贯彻党的十九届五中全会精神，引导党员干部自觉增强“四个意识”、坚定“四个自信”、做到“两个维护”。全面落实《关于加强公司基层党的基本组织基本队伍基本制度建设的实施意见》，新成立单位均同步设置党组织，培训基层党务干部48期、党组织书记690人次，完善基本制度32个。严格落实意识形态工作责任制，开展形势任务教育和员工思想建设，凝聚全员奋进力量；开展建局70周年系列纪念活动，企业文化进一步升华；聚焦企业重点热点亮点工作，整合宣传资源，全年累计对外报道16382篇次，中铁二局党委获得四川省国企“宣传思想文化工作表现突出集体”称号。修订“四好领导班子”创建方案，激发班子活力；加强干部交流，对26家单位领导班子进行了调整；从严管理领导干部，对38家单位230名领导班子成员进行了考察（巡察）；建立中层干部考核评价体系，从德能勤绩廉5个方面进行全方位、立体式评价；党风廉政建设纵深推进。深入开展“干部作风建设年”活动，常态化开展违规打麻将专项整治，从严落实中央八项规定精神，两次修订中铁二局的实施细则；扎实开展“四个专项整治”，处理副处职以上领导干部5名，约谈问题突出单位党政纪领导2次；配合完成中国中铁党委巡视，分两批完成对8家单位的内部巡察；一体推进“三不腐”，处置各类问题线索157件，立案45件，党政纪处分138人次，运用“四种形态”处理251人次；拍摄《迷失鲁朗小镇》警示教育片，警示效果良好。幸福企业建设有声有色。深入开展关爱员工普惠服务，全年投入“三不让”资金1412万元；加大职工疫情防护和帮扶救助力度，投入资金529万元；实施海外职工“连心工程”及“六个一”特色慰问，慰问关怀海外职工家属550余人；开展“以奋斗者为本”劳模事迹巡讲、青年职工联谊交友等活动，丰富员工精神文化生活；开展“抗疫情、保增长，大干100天”“决战四季度、决胜保目标”劳动竞赛、青年技能大赛等建功立业活动。全年获省部级及以上奖项232项，2名员工被评为全国劳动模范。（刘姿颖）

【信息化建设】围绕信息化体系建设、基础设施建设、信息系统研发、技术创新、贯通工程、网信安全、运维服务等方面开展业务工作。依托信息化项目建设，补充、完善了中铁二局信息化标准、规范，修订了信息化制度；持续推进信息化基础设施建设，完成了企业专网提速优化、IPv6网络改造及SD-WAN一期网络建设；研发推广了经营要素管理信息系统、员工考评系统，部署云视频会议系统，在项目部全面推广应用了劳务实名制系统，在公司两级本部、项目部推广应用了考勤管理系统，在机关食堂推广了食堂管理系统；持续推进信息系统集成，完成了16个业务系统集成，进行了数据的融合创新应用，形成了8个一类数据专题和17个二类数据专题；持续优化网络信息安全体系，完成公司OA系统等保测评，采用多种方式开展网信安全宣贯，对网络安全事件进行了调查、处理和通报；按照制度完成信息化系统运维，保障了信息化系统的稳定、高效、安全运行。（石雪岗）

【履行社会责任】中铁二局参与各类抢险救灾37次，收到各级地方政府、铁路局及有关单位抢险救援感谢信39份；选派驻村干部深入四川通江、凉山等地开展扶贫工作，通过产业扶贫、消费扶贫、就业扶贫，助推帮扶地区巩固脱贫成果，为脱贫攻坚取得决定性成就贡献了企业力量。（李晓桔）

【领导人员】

汪海旺　党委副书记（主持党委工作）、董事长、法定代表人（3月任）
　　　　党委书记、董事长、法定代表人（5月任）

邓元发　党委书记、董事长、法定代表人（3月免）

张　威　党委副书记、副总经理（主持经理层工作）（3月任）
　　　　党委副书记、总经理（6月任）

王广钟　党委副书记、总经理（3月免）

张文杰　党委副书记、工会主席（7月任）

方国建　党委副书记（5月免）

汪国明　党委副书记、纪委书记（5月免）

张文杰　党委常委、工会主席（7月免）

刘长城　党委常务、纪委书记（5月任）

刘剑斌　党委常委、副总经理

陈道圆　党委常委、副总经理

胡志勇　党委常委、副总经理

林　原　副总经理

崔江利　副总经理

刘恒书　总会计师

张　兵　副总经理

王声扬　副总经理

李　峰　副总经理（12月任）

赵　飞　总工程师（12月任）

张次民　业务经理

蒋光全　业务经理

王　勇　业务经理

方国建　业务经理（5月任）

（夏　腾）

## 中铁三局集团有限公司

【简况】中铁三局集团有限公司（简称“中铁三局”）的前身是铁道部第三工程局，成立于1952年4月1日。2000年11月28日改制为有限公司。2007年9月，中国铁路工程总公司收购中铁三局职工持股会股权，中铁三局变为中国铁路工程总公司的全资子公司。同年12月，伴随着中国铁路工程总公司发起设立中国中铁股份有限公司并在沪、港两地整体上市，中铁三局成为中国中铁股份有限公司的全资子公司。截至2020年末，中铁三局拥有施工、设计、勘察、咨询、行政许可资质共计120项（中铁三局及其子公司共拥有施工类资质108项，勘察设计等12项）。施工总承包资质44项，包括特级资质6项、施工总承包一级资质19项、施工总承包二级、三级资质19项；专业承包资质64项；专业承包一级资质43项、专业承包二级、三级资质21项、特种作业专业承包资质1项（不分等级）；勘察、设计资质9项，其中，行业甲级6项；工程勘察专业（岩土工程、工程测量）乙级1项；建筑装饰工程设计专项甲级1项；轻钢设计专项乙级资质1项；其他行政许可2项：铁路货物运输许可和爆破作业二级许可。

中铁三局下设实体子公司15家，分公司2家。按企业类别统计，综合类施工企业9家，专业类施工企业4家；投资公司1家；物资公司1家；勘测设计分公司1家；其他非施工企业1家。2020年顺利通过了三体系四标准再认证审核及《职业健康安全管理体系》2020版转版审核，获得了新版认证证书。

建局六十多年来，中铁三局共完成100余条新线、复线铁路的修建和技术改造工程，完成的铁路里程总长度超过13000千米，其中高铁8000多千米。先后承建了620多项国家重点工程和国外工程，参与建设的铁路总里程占全国铁路总里程的十分之一。先后派出3万多人次支援、参与20余个国家和地区工程建设或劳务输出。近年来，参加了青藏、京沪、哈大、沪昆、西成、成兰、京沈、济青、玉磨、商合杭、京张、太焦、银西、赣深等国家重点工程建设，铁路信用评价名列前茅，稳居“A”类。创出了“三局铺架、三局运输、三局地铁、三局建筑、三局高铁和三局党建”等企业品牌。在铁路运输领域，实现年货运量连续8年达一亿吨以上；高铁铺轨创造了中国标准无缝线路焊轨，实现长轨焊接16万个焊点“零缺陷”纪录；施工技术涵盖城轨建设全专业，动车调试能力为全国仅有的两家企业之一。2020年通过各级鉴定评审的科技成果25项，通过各级鉴定评审的科技成果达300余项；2020年获得股份公司及以上的科技进步奖25项，截至年末，获得各类科技奖370项；新增授权专利166件。累计获得省部级及以上优质工程总计555项，其中省部级优质工程奖，中国建设工程鲁班奖21项，国家优质工程奖39项。连续30多年被山西省及太原市工商行政管理局评为“守合同重信用”单位；连续20多年获“全国守合同重信用企业”称号。2008年获中华全国总工会全国五一劳动奖状。2013年以来连续多年获得“山西省骨干建筑业企业”称号。2015年获“全国工程建设质量管理小组活动优秀企业”称号；2016年获“全国建筑业先进企业”及“中国中铁‘十二五’十大科技创新型企业”称号。2017年获“全国企业文化建设标杆单位”“全国质量管理小组活动优秀企业”“全国文明单位”称号。2018年获“全国改革开放四十年企业文化建设优秀单位”称号。2019年被中国文化管理协会评为“新中国成立70周年企业宣传思想文化先锋70强”，2020年获“献礼中国共产党百年华诞·企业宣传思想文化创新典范”称号。

（徐建军　尚　丽）

【职工队伍】截至2020年末，中铁三局在册员工总数21343人，其中，在岗员工20336人，非在岗员工1007人；干部14785人，技术干部13274人，占比89.8%；工人6558人，技术工人4869人，占比74.2%。员工总数较2019年末减少770人。中铁三局员工年龄结构：35岁及以下10911人，36~40岁2407人，41~45岁2037人，46~50岁

2892 人，51~55 岁 2418 人，56 岁及以上 678 人。学历结构：博士 2 人，硕士 248 人，本科 9053 人，专科 4429 人，中专及以下 7611 人。职称结构：正高级 105 人，副高级 1546 人，中级 4639 人，助理级 4294 人，员级 1144 人。能级结构：特级技师 19 个，高级技师 602 人，技师 914 人，高级工 1762 人，中级工 1117 人，初级工 302 人。

（吕安萍）

▲ 2020 年 9 月 5 日，中铁三局线桥公司 WZ500 型长钢轨铺轨机开始京沈客专北京段首条 500 米钢轨铺设

【主要技术设备】截至 2020 年末，中铁三局保有机械运输设备 5890 台（套），机械原值 542522.13 万元，机械净值 223907.49 万元，功率 1203930.6 千瓦，动力装备率 54.52 千瓦/人，技术装备率 10.14 万元/人，机械设备完好率 89.01%，机械设备利用率 88.86%，年施工生产能力 600 亿元。保有土石方机械、动力机械、起重机械等十大类机械，机械类别齐全，在铁路、公路、市政、铁路运输等领域保有较强机械化综合施工能力。其中，大型设备有 450 吨以上混凝土箱梁提运架设备 17 台（套）；盾构机组 26 台（套），三臂凿岩台车 11 台（套），轨道板（枕）生产线 4 台（套）、铺轨机 12 台，电气化放线车、作业车 19 台，沥青拌和站 4 台、铁路运输机车 112 辆。

（董 箐）

【主要指标】2020 年末，中铁三局资产总额为 374.37 亿元，较 2019 年 392.17 亿元减少 17.8 亿元，降幅 4.54%；年末所有者权益 98.47 亿元，较 2019 年 95.54 亿元增加 2.93 亿元，增幅 3.07%。2020 年中铁三局营业收入为 632.01 亿元，完成股份公司预算指标 612.71 亿元的 103.15%，较 2019 年增长 18.92%。实际净利润 12.15 亿元，较 2019 年 9.69 亿元增长 25.39%，完成年度预算 12.12 亿元的 100.25%。技术开发投入总额为 18.07 亿元，较 2019 年 12.25 亿元增加 5.82 亿元，同比增长 47.51%。利税总额为 25.4 亿元，同比增加 41.5%，应交税金 8.51 亿元，较 2019 年 8.38 亿元增加 0.13 亿元，同比增加 1.55%。全民劳动生产率为 29.86，较 2019 年增加 2.86。净资产收益率为 9.34%，总资产报酬率为 3.4%，国有资本保值增值率为 109.49%。

（李 帆）

**表 13-3 2019—2020 年中铁三局集团有限公司主要经济指标**

| 项目 | 2019 年 | 2020 年 | 增长率 /% |
|---|---|---|---|
| 资产总额 / 亿元 | 392.17 | 374.37 | 4.54 |
| 所有者权益 / 亿元 | 95.54 | 98.47 | 3.07 |
| 营业收入 / 亿元 | 531.46 | 632.01 | 18.92 |
| 利润总额 / 亿元 | 10.44 | 15.29 | 46.43 |
| 净利润 / 亿元 | 9.69 | 12.15 | 25.39 |
| 归属于母公司所有者的净利润 / 亿元 | 9.69 | 12.15 | 25.39 |
| 技术开发投入 / 亿元 | 12.25 | 18.07 | 47.51 |
| 利税总额 / 亿元 | 17.95 | 25.40 | 41.50 |
| 应交税金总额 / 亿元 | 8.38 | 8.51 | 1.55 |
| 全员劳动生产率 /［万元 /（人 · 年）］ | 27.00 | 29.86 | 10.59 |
| 净资产收益率 /% | 9.00 | 9.34 | 增加 0.34 个百分点 |
| 总资产报酬率 /% | 3.00 | 3.40 | 增加 0.40 个百分点 |
| 国有资本保值增值率 /% | 109.00 | 109.49 | 增加 0.49 个百分点 |

制表：李 帆

所属单位

【改革发展】通过修订《领导人员管理办法》《领导人员退出领导岗位实施办法》，制定《关于大力培养选拔使用优秀年轻干部的实施方案》，深化领导人员队伍建设；通过印发《中铁三局集团有限公司区域指挥部薪酬管理办法》《中铁三局集团有限公司区域指挥部绩效考核办法（试行）》，强化区域指挥部营销业绩挂钩机制；通过印发《中铁三局集团有限公司本部员工薪酬管理办法》，健全中铁三局本部员工薪酬制度体系；通过出台《关于设立艰苦边远地区津贴、高原津贴的通知》，进一步完善中铁三局集团公司津贴制度。出台《工资总额管理办法》，进一步健全工资决定机制和增长机制。通过印发《中铁三局集团有限公司负责人履职待遇、业务支出管理办法》等3个办法，进一步规范了中铁三局集团履职待遇、业务支出管理。

（吕安萍）

【机构改革】按照精干高效原则，推动机构改革工作。根据股份公司二级企业机关机构定员工作的总体部署，印发了《关于公布集团公司本部机构设置和定员编制的通知》；推动三级企业机关机构改革，印发了《关于公布三级企业机关机构定员标准的通知》。2020年，完成了中铁三局集团公司和各子分公司两级企业机关机构改革工作，改革后中铁三局本部职能部门减少3个，总定员减少97人，8家子分公司机关定员减少10%以上，子分公司机关整体定员减少8.5%。（吕安萍）

【经营开发】截至2020年12月31日，中铁三局完成新签合同额1851亿元，完成年度计划目标1850亿元的100.1%，同比上年增长33.7%。成立中铁三局集团有限公司长江经济带、黄河经济带、粤港澳大湾区市场推进领导小组，加强区域经营体系建设。

坚持承揽质量与经营规模并重，年内铁路市场中标杭衢建衢段、阿阿铁路、石衡沧港、沪苏湖、南玉、汕汕铁路汕头站改、广湛、川藏电务等大中型项目。参与股份公司云南蒙江绿高速、天水市政、新疆国道577、湖南呼北高速、宜昌翻坝铁路等一批大项目的编标工作，取得了良好的效果。修订《中铁三局集团有限公司经营管理办法》《中铁三局集团有限公司经营工作考核办法》，编制了《关于加强创新经营方式的指导意见》《城市经营大数据平台建设实施细则》《关于进一步加强营销策划的指导意见》《关于加强经营调度管理的实施意见》《进一步落实经营城市战略强化区域经营建设的实施意见》《经营要素管理细则》等系列经营业务建设工作制度。

（王红梅）

【重大项目】2020年，中铁三局完成营业额689.21亿元，完成施工产值636.03亿元，完成股份公司年度营业额目标600亿元的114.87%。2020年开通（交付）项目94个，其中，铁路项目23个、公路项目8个、城轨项目24个、市政项目11个、房建项目17个、水利项目10个。

（张玉荣）

【对外投资与经营】2020年，中铁三局投资新签合同额203.2亿元，获得施工任务134.08亿元。包括：2020年9月14日中标营口疏港铁路PPP项目45.7亿元、2020年6月23日中标晋城市丹河新城金村新区安置房项目17.68亿元、2020年11月9日中标银川经济技术开发区高端产业综合配套区项目86.49亿元、2020年12月29日中标益阳市龙岭工业园园区综合开发项目40.6亿元等项目。（李伟）

【走向海外】中铁三局积极响应股份公司2020年5月提出的以"双优"发展战略、"一体两翼N驱"的海外改革总体方案，加强了与中铁国际、中海外两家平台公司以及股份公司境外区域总部的沟通协作，同时加快在东南亚、中东和中西亚国别市场的经营布局，并根据具体追踪项目推进的实际情况，在对所在国行业法律法规充分调研的基础上，决定成立中铁三局菲律宾分公司、中铁三局沙特阿拉伯分公司、中铁三局亚美尼亚办事处、中铁三局伊拉克办事处等境外机构，其中菲律宾、沙特阿拉伯已完成了境内外全部的注册手续，为重点追踪项目投标和履约提供了必要前提和保障。

2020年境外新冠肺炎疫情暴发以来，严格贯彻落实国资委和股份公司对于境外疫情防控的有关要求与措施，通过持续更新和维护中铁海康管理系统，不断加强对境外员工健康情况的监管，有效地防止了境外项目中方员工突发性或聚集性疫情的出现。同时严肃外事纪律，加强对出入境人员管理，认真严格执行出境人员和回国人员的报备制度，将境外人员统计工作覆盖到系统外的分包商等各类人员。并通过全面梳理职工与所在国、第三国人员接触情况，特别重点抓好了外派劳务人员、外籍人员的疫情防控工作，实时掌握着人员流动情况，认真落实每日出境入境人员日报工作，有效防止了海外人员回国和复工返岗造成疫情输入与扩散。

2020年中铁三局境外新签合同额为72990万美元，完成了股份公司年初下达的60000万美元新签合同额年度任务的121.65%。境外在建项目共计15个。（徐建军）

【重大创新】中铁三局坚持围绕生产搞创新，搞好创新助生产，充分运用大数据、物联网、人工智能促进技术研发，积极抢占技术新高地。积极开展生产管理信息化、智能化建设，中铁三局生产管理指挥中心系统正式上线运行，进一步提升了全局生产集中管控能力。大力开展"微创新"活动，把互联网和现代信息技术嫁接到"五小"活动中，以"小创新"体现"大效能"。积极推动从三局建造向三局"智"造转变，成功承办"中国中铁智能建造现场推进会暨2020年度股份公司总工程师工作会"，三局轨枕智能建造技术获得广泛认可。坚持产学研结合，与9家重点高校进行科研攻关合作，新成立专业研发中心2个，新增省级行业工法19项，新增授权专利166件，牵头国铁集团重点课题“高速铁路双块式无砟轨道智能化枕场有关标准研究”，轨枕智能建造技术等11项科技成果达到国内外领先水平。获得股份公司及以上的科技进步奖18项，“基于协同平台的太焦高铁桥梁施工BIM技术创新与应用”获得BIM大赛金奖。全年技术应用转化成果41项，4项铁路典型技术在国铁集团范围推广，1项申报新技术示范工程被推荐至国铁集团观摩。管理实验室活动持续推进，9家单位获股份先进表彰，“线桥公司以提高质量和效率为目标的轨枕自动化生产管理”获全国企业管理现代化创新成果。全面质量管理获省部级QC成果47项，国家级成果19项，科技创新成果丰硕。（韩 磊 尚 丽）

【企业年金】截至2020年末，中铁三局有14家单位企业年金上线运营，覆盖职工8926名。（徐建军）

【工程创优】2020年，中铁三局获得省部级以上优质工程奖总计60项，其中，获得国家优质工程奖9项，分别为武汉市轨道交通6号线一期工程、广州市轨道交通14号线一期工程、南宁市沙井—南站立交工程、济齐黄河公路大桥、霍永高速公路西段（隰县至永和关）工程、黄陵至铜川高速公路、石家庄市城市轨道交通1号线、西安市地铁4号线工程、新建杭州至长沙铁路客运专线杭州南站站房工程及相关工程；获得中国建设工程鲁班奖2项，分别为南宁市轨道交通3号线一期工程（科园大道—平乐大道）、长春市轨道交通北湖线一期工程；获得省部级优质工程40项，其中，中国中铁杯19项。（董云鹏）

【企业文化】2020年，中铁三局在中央、省部级以上媒体刊发稿件450余篇；在央视《新闻联播》《朝闻天下》《新闻30分》《新闻直播间》等栏目播报新闻76条；科技研发中心“欢庆双节”灯光秀，在《新闻联播》片尾播出，展现了中铁三局建筑的风采；连续六年开展道德模范评选，9人当选道德模范；6个道德讲堂获股份公司“示范讲堂”称号。围绕《中国中铁“十三五”企业文化建设规划》要求，系统宣贯中国中铁五大核心理念，融合中铁三局“品质担当，知行合一；尚优至善，永争第一”的企业信条，持续加强企业知行文化体系建设。持续推广落实《中铁三局集团公司VIS视觉识别系统手册》，完成了晋城市政工程项目、天水市三阳川隧道及引线PPP工程项目、石衡沧港及济莱高铁项目文化建设策划。制作完成中铁三局企业宣传片，印制了《中铁三局画册》（2020版）。参与中国企业文化管理协会与光明网共同发起的“新时代党建与企业文化共建项目”活动，展播了公司抗击疫情、复工复产、改革发展取得的阶段性成绩。2020年，中铁三局被中国文化管理协会评为“献礼中国共产党百年华诞·企业宣传思想文化创新典范单位”；报送的《企业宣传片》获“第七届最美企业之声”企业文艺作品金奖；中铁三局总经理李新远被授予“2020年度企业文化杰出人物”称号。（徐建军）

【党建工作】2020年，中铁三局党委全面落实新时代党的建设总要求，以党的政治建设为统领，推动全面从严治党和党的建设为完成各项目标任务发挥坚强的引领保障作用。坚持党对企业的领导地位不动摇，充分发挥把方向、管大局、保落实的领导作用。牢牢抓住深入学习贯彻习近平新时代中国特色社会主义思想这个根本任务，全年开展中心组学习8次。制定并实施《中铁三局党委落实全面从严治党“两个责任”实施意见》等一系列措施办法，重新修订完善《党委（常委）会议事规则》等规章制度，组织召开党委常委会6次，研究讨论企业党建工作议题57项，前置研究企业经营管理事项96项，进一步压实企业党委管党治党责任；在坚决打赢疫情防控战的同时，持续推进党建与生产经营双向融合。铁路信用评价连续9个评价期稳居A类前列；6家单位获评“山西省骨干建筑业企业”；继续保持“全国文明单位”和山西省“文明标兵单位”称号。中铁三局党委充分发挥党组织的政治优势、组织优势和“四个作用”，有力推进党组织工作系统化、规范化和标准化。组织完成党委书记抓基层党建述职评议考核，40余家单位书记进行了现场和书面述职；开展党建工作责任制情况自查自评，持续深入规范和整顿软弱涣散基层党组织；研究制定《关于进一步加强和改进新形势下项目党建工作实施意见》，进一步规范了项目党组织的设置。举办了基层党组织书记培训班，对70余名基层党组织书记和组工干部进行了集中培训；组织召开2020年项目党建工作现场会，进一步树立了功在一线的工作导向；重新修订了领导班子成员基层党建联系点工作制度，全力确保从严治党在生产经营一线落地生根。6个先进基层党组织、11名优秀共产党员、2名优秀党务工作者受到股份公司党委表彰。严格落实党风廉政建设责任制要求，扎实推进纪检监察体制改革，撤销集团公司监察部，成立纪委综合室、执纪审查室和执纪监督室；认真开展四个专项整治，组织领导干部及关键岗位人员开展了自查自纠。对兴泉、盐通等7个项目开展了亏损项目违规违纪与履职不力问题专项治理；紧紧抓住领导干部这个关键少数，各级纪委书记与同级班子成员沟通谈话712人次，开展各类廉洁警示教育活动456场，签订党风廉政建设责任书749份；严肃执纪问责，受理信访举报76件，给予26人党政纪处分。以“干部作风建设年”为契机，聚焦干部能力素质建设，起草修订《中铁三局领导人员管理办法》等制度，干部管理制度不断完善；调整干部134人次，各单位领导班子结构得到进一步优化。持续开展“四好班子”创建活动，12家单位获评中铁三局集团“四好班子”称号；举办各类培训班431期，培训员工3.46万余人次。接收高校毕业生1259人，招聘急需紧缺人才21名，充实壮大了技术人员队伍。不断创新人才培养机制和优化人才成长环境，领导人员选拔重点向有项目管理经历、一级建造师资质的优秀年轻干部倾斜，有效激发了年轻干部干事创业热情和创新创造活力。强化企业民主管理，所属单位均按照平等协商原则签订履行了《2020年集体合同》；做实青年工程，设置青年安质岗257个，成立青年突击队187支。2名同志获中华全国铁路总工会火车头奖章；1人获山西省五一劳动奖章；2名青年职工获“全国青年岗位能手”；7个集体获“山西省青年文明号”。（谷伊飞　赵增茂　杨文　段旭　刘斌）

【信息化建设】着力打造智慧无人工厂的科技引领智能施工潮流，结合实际情况，开展了“南漳智能制枕厂”“黄黄智能轨枕厂”“深圳智能板厂”的智慧改造，并按照轨枕板生产线全工序智能化的建设目标，紧扣科技创新，倾力打造集约化的钢筋加工、轨枕生产、轨枕缓存三大车间，将传统工艺每班30余人减至每班8人，降低了人力成本，通过轨枕板预制全过程智能化控制，提高了产品质量的稳定性，实现了双块式轨枕、轨道板预制的跨越式发展，基本达到国内领先水平，取得了相关技术专利和知识产权。部署实施智能印章风险防控系统，为中铁三局集团公司和下属单位的管章、盖章业务提供科学、安全、规范、便捷的服务，降低印章管理使用风险，提高盖章效率，减少管理成本。结合股份公司信息化贯通任务清单和集团公司实际信息化情况，积极打造一体化信息化管控平台，初步将现有的10多套信息化管理系统进行了资源整合，实现单点登录、统一内网门户入口等，初步实现一个管控平台。（冯栋梁）

【履行社会责任】2020年初，为抗击新冠肺炎疫情，及早复工复产，中铁三局快决策、早部署，各级组织密切配合，积极做好节后职民工返岗防疫工作，确保了职民工的健康安全，维护了企业平安稳定。中铁三局运输分公司2700余名员工奋战在3600千米铁路线，为全面打赢疫情防控阻击战提供了能源保障。中铁三局累计捐款114.4万元，为打赢疫情防控阻击战传递爱心和力量。在疫情防控工作中，涌现出以智彩霞、刘宏斌、张婷等同志为代表的“最美逆行者”，智彩霞同志被评为“中央企业抗击新冠肺炎疫情先进个人”。

▲2020年7月16日，中国中铁党委书记陈云接受了保德县县长韩斌、猫窝村党支部书记韩爱国向中国中铁股份有限公司赠送的锦旗

2020年，中铁三局修订完善《“三不让”帮扶救助实施办法》，制定了《困难职工帮扶解困实施方案》，加大了扶贫帮困力度，成功带领334户困难职工脱困解困，完成了股份公司脱困解困目标。筹集发放“两节”送温暖资金2257.8万元，走访慰问各类人员6万余人次；坚持开展“夏送清凉”活动，慰问职民工34万余人次，发放防暑降温物品折合人民币2323.4万元；坚持开展“金秋助学”活动，资助困难职工子女609人，发放助学金210.1万元；坚持开展“三工”建设，累计投入资金1000余万元。做实精准帮扶工作，筹措资金14.6万元用于湖北重点地区消费扶贫工作。

在股份公司的领导下，对口帮扶山西省忻州市保德县韩家川乡猫窝村的脱贫攻坚工作，开建了猫窝村机制木炭加工厂，猫窝村获得保德县“脱贫红旗村”称号，猫窝村党支部获得保德县“红旗党支部”称号。

在山西省委的领导下，对口帮扶山西省忻州市神池县太平庄乡板井村、邵家窊村的脱贫攻坚工作，全年捐赠扶贫资金30万元，引进政府和社会资金59万元，完成了板井村饮用水蓄水池工程、邵家窊村泄洪渠工程等民生工程；全年助销、购买定点对口帮扶地区的农副产品85.65万元，累计慰问贫困户860户次、2204人次。中铁三局获得“山西省干部驻村帮扶工作模范单位”称号，扶贫队员张珺同志获得“忻州市干部驻村帮工作模范工作队员”称号。（徐建军）

【节能环保】中铁三局积极响应国家发改委等部委开展“节能宣传周和低碳日”活动的号召，围绕“绿水青山、节能增效、绿色低碳、全面小康”的活动主题，结合企业生产业务，组织开展了形式多样的活动，使全体员工进一步增强了能源忧患意识、节约意识、环保意识和责任意识。（韩 磊）

【领导人员】
郝 刚 党委书记、董事长、法定代表人
李新远 党委副书记、总经理、董事
于天生 党委副书记、董事（9月免，调离）
贺 庆 党委副书记、纪委书记、监事、监事会主席
常乃超 副总经理
张俊兵 副总经理、总工程师（12月退休）
杨向歌 总会计师（7月免，调离）
何 军 总会计师（12月任）
马文亮 工会主席、副总经理（3月免，调离）
张振兴 副总经理（3月免，调离）
黄 林 副总经理
张 威 副总经理（3月免，调离）
李建光 副总经理
李 彪 副总经理
张民栓 副总经理（7月任）
陈 勇 副总经理（7月任）
岳志军 副总经理（7月任）
杨建滨 副总经理（7月任）
赵三宝 副总经理（7月任）
（徐建军）

## 中铁四局集团有限公司

【简况】中铁四局集团有限公司（简称“中铁四局”）诞生于抗美援朝时期，前身是1950年11月成立的中国人民志愿军铁道工程总队。这支钢铁队伍在战火纷飞的朝鲜战场上，以血肉之躯铸造起了一条“打不垮，炸不断”的钢铁运输线，为夺取战争胜利谱写了光辉篇章。1953年，铁道工程总队顺利完成任务凯旋。此后，经过铁道部西北铁路工程局和华北铁路工程局两部分10余次较大规模的分立、组合的机构演变，于1966年正式更名为“铁道部第四工程局”，随后，为响应党中央号召，积极参与“三线铁路建设”，局机关从北京市迁址到云南省富源县。1970年，铁四局机关迁址武汉市，与铁道部第四设计院合并，组建新建制的“铁道部第四铁路工程局”。1977年，局、院分离，恢复原局院建制，局总部从武汉迁址到合肥市。1984年，铁道部第四工程局更名为“铁道部第四工程公司”。1985年，复更名“铁道部第四工程局”。2000年6月，铁四局正式脱离铁道部，转企改制为“中铁四局集团有限公司”。

中铁四局是具有综合施工能力的大型建筑企业，是中国中铁股份有限公司的“标杆”成员企业。截至2020年末，中铁四局年生产能力在1000亿元以上、年经营能力在2000亿元以上，是股份公司首家新签合同额超两千亿元、营业收入超千亿元的二级单位。

截至2020年末，中铁四局拥有24个实体性子分公司、5个直属单位、3个事业部制单位，以及10个国内区域指挥部和一大批国内外经营机构、工程指挥部（项目经理部）。中铁四局总部设有21个行政、党群职能部门。

中铁四局持有铁路、公路、房屋建筑、市政公用工程4项施工总承包特级资质和铁道、公路、建筑、市政、测绘5项行业甲级资质，是全国建筑行业为数不多、安徽省首家“四特五甲”施工企业。此外，中铁四局还在众多领域拥有总承包及专业承包资质90多项，并具有国外承包工程资质和对外经营权。全局业务范围涵盖建筑安装业绝大部分领域，以及新材料研发生产、工程设计与监理、物流贸易与服务业、房地产、基础设施BT和PPP等投资项目。目前，业务分布在全国近30个省、自治区、直辖市，以及安哥拉、埃塞俄比亚、蒙古国、印度尼西亚、巴拿马、斯里兰卡、孟加拉国、哥斯达黎加、莫桑比克等近20个国家。（徐立林）

【主要指标】2020年，中铁四局实现营业收入1010.13亿元，同比增长10%，完成预算目标920亿元的109.8%；实现净利润18.37亿元，同比增长10.73%，完成预算目标18.1亿元的101.49%；管理费用率1.71%，较年度预算目标降低0.06个百分点；人均营业收入432万元，完成预算目标368万元的117.39%；人均净利润7.9万元，完成预算目标7.24万元的109.12%。资产总额为877.66亿元，所有者权益总额为161.44亿元。通过两次专项清欠活动收回应收账款520亿元；全年实现经营性净现金流36.5亿元，年末货币资金存量达203.7亿元；资金集中度83.21%，银行综合授信超700亿元，资金管理收益3.36亿元。所属一公司、二公司、四公司、五公司营业收入突破100亿元，一公司、二公司、四公司、八公司、电气化公司、建筑公司实现净利润超1亿元。（尹 亮）



表13-4 2019—2020年中铁四局集团有限公司主要经济指标

| 项目 | 2019年 | 2020年 | 增长率/% |
|---|---|---|---|
| 资产总额/亿元 | 694.88 | 877.66 | 26.30 |
| 所有者权益/亿元 | 144.84 | 161.44 | 11.46 |
| 营业收入/亿元 | 918.29 | 1010.13 | 10.00 |
| 利润总额/亿元 | 19.67 | 22.40 | 13.88 |
| 净利润/亿元 | 16.59 | 18.37 | 10.73 |

续表

| 项目 | 2019 年 | 2020 年 | 增长率 /% |
|---|---|---|---|
| 归属母公司净利润 / 亿元 | 16.70 | 18.25 | 9.28 |
| 科技支出 / 亿元 | 14.80 | 17.55 | 18.58 |
| 本年应交税费总额 / 亿元 | 18.49 | 21.53 | 16.44 |
| 全员劳动生产率 /［万元 /（人·年）］ | 42.18 | 46.43 | 10.08 |
| 净资产收益率 /% | 12.06 | 11.99 | 减少 0.07 个百分点 |
| 总资产报酬率 /% | 3.24 | 3.13 | 减少 0.11 个百分点 |
| 国有资产保值增值率 /% | 113.23 | 112.89 | 减少 0.34 个百分点 |

制表：尹 亮

【职工队伍】截至 2020 年末，中铁四局在册员工 23367 人，其中，管理人员 17841 人；管理人员中各类专业技术人员 16429 人，其中，高级职称 1943 人（含教授级高工 105 人）、中级职称 5875 人；各类技能人员 5526 人，其中，工匠技师 2 人、特级技师 56 人、高级技师 569 人、技师 986 人。拥有局级以上各类专家 106 人（3 人享受国务院政府特殊津贴）、一级注册建造师 1743 人。（徐立林）

【改革发展与管理】中铁四局将 2020 年确立为“管理提升年”，聚焦聚力抓改革、强管理，扎实开展对标世界一流管理提升行动，促进企业治理能力的不断提升。加大改革任务推进力度。进行两级总部改革，精简两级总部部门 70 个，压减人员 855 人；组建试验检测与测量分公司、3 个事业部制单位，调整财务共享组织架构及业务运营模式，推进重庆分公司与西安分公司，以及北京西城分公司与房建处的合并重组；进一步剥离企业办社会职能，基本完成退休人员社会化管理移交任务，完成存续医院改革，按期关闭和注销 3 家厂办大集体企业。持续优化前后台关系。将“为基层减负”列为“管理提升”的重点课题，选择 7 家单位 7 个项目试点实施了 15 大类 59 项具体措施的减负工作方案；在股份公司系统率先启动“信息贯通工程”，出台总部文件会议和下基层检查压减计划；强力推进局、子分公司两级制度体系建设，聚焦前后台责权利关系，对全局制度体系进行系统性顶层设计，构建了一套集制度与罚则、流程与说明及权责手册于一体的新型制度体系，局层面制度由原来的 761 项减至 353 项，压减幅度 53.6%。创新推动选人用人制度改革。在经营人才、职业项目经理序列大胆实施“业绩说话、自动升降”的制度安排，全年共计任命正处级职业项目经理 4 人、副处级职业项目经理 46 人；坚持“分配向绩优者倾斜，导向高质量发展”原则，重塑对子分公司的考核指标体系，平衡总量与人均贡献率，对完工未结算和在建项目的账面利润予以打折核算，挤压水分和虚胖，导向实绩和实效；对总部全员推行“以岗定薪、按绩取酬”考核机制，重新构建了管理、专家、工勤三类岗位序列，加密岗位层级设置，实施全员季度业绩考核和年度能力素质双评价，总部员工分配的科学性明显提高。（徐立林）

【经营管理】2020 年，中铁四局完成新签合同额 2096 亿元，同比增长 27%，完成预算目标 2070 亿元的 101.3%。优化经营布局和经营资源。调整 10 大区域指挥部辖区范围和加密经营网络，针对战略性业务和大项目成立局级经营工作组，新设立的 6 个区域经营中心承揽总额超百亿元，7 个区域指挥部、7 家子分公司新签合同额超百亿元，其中，华东区域突破 400 亿元、安徽属地及西南区域突破 200 亿元，中铁四局二公司、中铁四局四公司突破 200 亿元，中铁四局一公司、中铁四局三公司、中铁四局五公司、中铁四局建筑公司、中铁四局市政公司突破 100 亿元。全年中标 10 亿元以上的项目 51 个、中标额 1016 亿元，占国内合同总额的 53%，大标数量明显增多。2020 年国内国外经营同步增长。国内承包经营全年完成新签合同额 1575 亿元，同比增长 20%。投资经营本着合规谨慎原则，坚守风险底线，自主投资 169 亿元；以少量资金跟投股份公司项目及股份公司投资项目分劈超 200 亿元；投资业务全年为局贡献新签合同额超 400 亿元。海外新签合同额达 11.79 亿美元，同比增长 44%，合同额 9.7 亿美元莫桑比克 10000 套住房项目顺利签订商务合同。各专业市场占有额大幅提高。铁路市场严格投标评审优选项目，承揽任务超 200 亿元；市政市场突破 600 亿元；房建市场规模占全局新签合同额的五分之一，突破 400 亿元；公路市场承揽超 300 亿元且同比增长超三倍。机场场道工程承揽近 30 亿元。新开拓了地铁运营维保业务。年内中标超 50 亿元的大体量公路项目、超 16 米大直径盾构、涉长江航道桥梁等 20 项战略性业务。（徐立林）

【科技进步与开发】2020 年，中铁四局新获批“安徽省综合汽车试验场智慧实景模拟工程研究中心”“安徽省地铁车辆段建造工程研究中心”专业创新平台 2 个；获准立项股份公司级科研课题 19 项，其中牵头重大专项课题 1 项、独立承担重大课题 1 项、参与重大专项课题 1 项，重点及以下课题16项，科研课题的质量和数量以及科研经费为历年之冠，特别是中铁四局材料公司承担的重大课题，为中铁四局首次独立获得该级别立项；全年共获得省部级工法59项，首次获云南及四川省级工法；获得国家授权专利342项，其中，发明48项、实用新型286项、外观设计8项，中铁四局二公司申请的1项德国实用新型专利成功授权，为中铁四局获得的首件国际专利；共完成标准发布6项，其中，行业标准2项、地方标准2项、团体标准1项、企业标准1项；共获得股份公司绿色施工科技示范工程9项，股份公司节能低碳技术1项，中铁四局建筑公司蔡厝车辆段和中铁四局一公司绍兴G329快速路顺利通过中施企协工程建设项目绿色建造施工水平中期评价；共获省政府科技奖3项，中国铁道科技奖6项，中国公路科技奖2项，中施企协科技奖8项，岩石力学与工程学会科技奖1项，股份公司科技奖10项，交通运输协会科技奖1项。（徐立林）

【成本管理】坚定盈利创效价值取向，首次开展“项目创效功臣”“十岗百佳标兵”评选，138名项目关键岗位人员受到表彰，大力营造了“创效光荣、亏损可耻”的氛围。加大成本管控力度，在全局范围内开展项目盈利能力提升行动，对30个项目开展专项成本督查活动，重拳整治临建费用、管理费用两项费用超标顽症，全年治理亏损项目减亏10.45亿元，现场经费占营业收入平均比重同比上年减少0.31个百分点，临时驻地费用占合同费用比重同比上年减少0.53个百分点。推进物资战略采购新模式，与30家地区领军品牌钢厂和16家水泥集团签署战略合作协议，开累钢材战略采购40.33万吨，平均降本率达4.06%；水泥战略采购年累供应量80.86万吨，平均降本率6.25%；锚具战略采购361万孔，平均降本率11.21%。推进“已完工未结算”工程款确权，全年二次经营收入127.28亿元，变更索赔率达14.5%，张呼铁路、阜阳北站枢纽等项目末次清算效果良好。（徐立林）

【工程施工】2020年，中铁四局树立“一切工作到项目”理念，全面实施“子分公司领导班子到项目驻点、总工程师下项目和项目管理策划”三项基本制度，牢牢把子分公司领导责任绑定在终端。对重点项目实施分级管理，发挥两级专家组、管控组作用，组建杭州地铁、湖杭铁路、京台高速等10余个现场工作组，强化全过程生产组织与进度管理。全年完成企业营业额1130亿元，同比增长11%，占股份公司下达调整计划900亿元的125.6%，继续位列股份公司系统内第1名。全年完成施工产值1087亿元，建成桥梁241千米、隧道56千米、盾构区间82千米、房屋444万平方米，完成土石方1亿立方米，完成的产值和主要实物工程量均创历史新高；商合杭铁路、太焦铁路、合安铁路、新台高速公司、莱泰高速公路等一批项目建成通车或开通运营，玉磨铁路、南沿江铁路、雅万高铁、嘉兴站改、南京南部新城、无锡TOD等重点工程项目建设进程不断加速；所属中铁四局二公司实现营业额突破150亿元，中铁四局四公司、中铁四局五公司超过130亿元，中铁四局一公司超过120亿元，包揽股份公司三级公司前四名。（徐立林）

【安全质量环保】中铁四局始终保持对安全质量的高压态势，发布“技术管理十大红线规定”，对项目技术管理行为边界进行重申与警示，启动安全生产专项整治三年行动，扎实开展“大排查、大整治”活动，出台“监”“管”分离责任矩阵，新实施了安全生产约谈和提职干部安全生产专项谈话制度，促进了中铁四局安质环保稳定可控。（徐立林）

【企业文化建设】围绕企业年度目标、发展思路和工作重点，深入推进企业文化建设、项目文化建设和精神文明创建，以建局70周年为契机，举行了“中国人民志愿军铁道工程总队入朝70周年暨第十届企业文化节”，创作了歌舞剧《奋斗之路》，编撰了《奋斗》书籍，筑牢企业精神之魂；广泛开展疫情防控、复工复产、“领导干部作风建设年”、“管理提升年”等形势任务教育，统一了员工思想，凝聚了员工力量；深入开展全国劳模裴维勇等典型学习宣传，在全局形成了学先进、当先进的良好风气；加强精神文明创建，中铁四局二公司获“全国文明单位”称号，中铁四局一公司陈祥炎家庭获“全国文明家庭”称号，中铁四局和中铁四局五公司通过“全国文明单位”复审；在中央主流媒体“亮相”1440余次。（徐立林）

【幸福企业建设及履行社会责任】2020年，中铁四局推动幸福企业建设从提升硬件向改进软件转变，大力实施员工关爱工程，开展“三不让”“四季送关怀”“缘分天空”等活动，全年投入相关资金2亿元左右。在疫情汛情的大战大考和脱贫攻坚的决战决胜中，全面展现央企的责任担当，参与了武汉客厅等5座“方舱医院”以及江西九江版“小汤山”医院抢建任务，3名医护人员赴汉战“疫”，张浩获得“全国抗击新冠肺炎疫情先进个人”称号，8个集体和11名员工获“中国中铁抗击新冠肺炎疫情先进”称号；组织3000多人次参与抢险救灾，捐赠防汛物资50余吨；打好产业脱贫、教育扶贫、消费扶贫等组合拳，定点帮扶的朱岗村、汪李村提前脱贫出列，中铁四局获安徽省脱贫攻坚先进集体，为全面建成小康社会贡献了四局力量。中铁佰和佰乐养老项目，先后获评“安徽省示范智慧养老机构”“长三角健康养老基地”称号。（徐立林）

【品牌效益】2020年，中铁四局共获中国建设工程鲁班奖3项、中国土木工程詹天佑奖5项、国家优质工程奖8项、国家环保示范工程1项；累计28次位列铁路信用评价A类。中铁四局二公司高级技师裴维勇被授予

所属单位

"全国劳动模范"称号，中铁四局副总工程师王圣涛、杨仲杰获国务院政府特殊津贴，中铁四局技术管理部部长陈平获茅以升铁道工程师奖，中铁四局工程材料公司总工程师黄海获第十五届詹天佑铁道科学技术奖—青年奖，3人入选"安徽好人榜"，向全社会展示了四局员工锐意进取、朝气勃发的时代风貌。（徐立林）

【教育培训】2020年，中铁四局以提高岗位胜任能力为核心，着重开展关键岗位管理人员规范化培训、专业技术培训；以满足企业营销生产需要为立足点，组织开展执业资格考前培训、岗位资格取证培训工作。全年累计举办培训班87期，培训约8154人次。同时，大力开展培训资源建设和远程学习管理平台建设，积极开展线上学习培训和混合式学习培训，不断丰富培训内容和培训方式，为企业发展做好人才储备。中铁四局企业大学获得"中国示范性企业大学""中国企业示范培训基地"等行业大奖。（徐立林）

【领导人员】

李新生　党委书记、董事长
刘　勃　党委副书记、总经理
袁　敏　党委副书记
万　明　党委副书记、纪委书记
汪志成　副总经理
李朋谦　工会主席、副总经理
耿　锦　副总经理
魏成富　总会计师
王传越　副总经理
孙长希　副总经理
朱晓勇　副总经理
杨　辉　副总经理
梁　超　副总经理、总工程师
姜　喆　副总经理
许耀亮　副总经理
张庭华　业务经理
龚建一　高管
赵春斌　高管　（孙丹丹）

## 中铁五局集团有限公司

【简况】中铁五局集团有限公司（简称"中铁五局"）是中国中铁股份有限公司主力成员企业，始建于1950年，原为铁道部第五工程局，2000年从铁道部分离，改制为中铁五局集团有限公司。中铁五局注册地在贵州省贵阳市，在贵州省贵阳市和湖南省长沙市分别设立总部办公中心。下辖18个子分公司、8个区域指挥部、32个经营性分公司、13个中国境外经营机构。公司注册资本金56.15亿元人民币，总资产521亿元人民币，在册员工2.1万人，机械设备8680台（套），年施工生产能力700亿元人民币以上。公司主要从事建筑工程投资、设计、施工及运营管理，经营范围涵盖房地产开发、酒店经营、机械制造、物资贸易等业务。拥有中国铁路、建筑、公路、市政工程等施工总承包特级资质6项；水利、市政、公路、机电工程等施工总承包一级资质17项，其他施工总承包资质14项；机场、桥梁、隧道、路基、公路路面、铁路铺架、混凝土预拌等各类专业施工承包资质61项；铁道行业甲（Ⅱ）级、建筑、公路、市政行业等甲级设计资质6项。享有外经、外贸权及对外援助成套项目总承包资格，是中国对外承包工程商会会员单位，市场遍及28个国家和地区。公司先后参加中国境内120多条铁路干线，200多条公路干线，以及各地城市轨道、水利水电、市政公用、房屋建筑、机场码头、地下管廊等领域的建设，是中国基础设施建设的重要力量。特别是"十二五"以来，中铁五局累计承建中国境内高速铁路1000余千米，在中国"八纵八横"骨干铁路网建设中发挥主力军作用。施工技术实力雄厚，设有中国国家级企业技术中心和国家级应急救援队，掌握铁路、公路、城市轨道、市政公用、水利水电等土建工程关键前沿技术，特别是在长大复杂隧道、高大桥梁、超高建筑施工领域处于世界领先水平，并在磁悬浮、地下管廊、输油管道、城市水务、生态环保等领域积累了丰富的施工经验。近年来，承建的京张高铁八达岭长城地下车站、川藏铁路拉林段桑珠岭隧道、大理洱海水环境治理、贵阳新庄污水处理厂、株机磁悬浮试运线、中缅输油管道等工程最具行业代表性。中铁五局先后获得中国建设工程鲁班奖、国家优质工程奖、全国用户满意工程等国家级奖项70项；获得中国土木工程詹天佑奖9项；国家专利397件；省部级以上工法171项；主持和参与编制中国国家及行业标准17项。公司秉承"勇于跨越、追求卓越"的企业精神，践行"敦本务实，行稳致远"的实文化理念，长期致力于企业品牌建设，以管理科学、技术精湛、装备优良、回馈社会享誉业界，是国务院表彰的全国14家先进企业和单位之一，先后获得中国建筑行业百强企业、全国优秀施工企业、中国建筑业科技进步与技术创新先进企业、全国五一劳动奖状、全国文明单位、全国劳动关系和谐企业等国家级殊荣。2020年共有8项目成果获得国家级、国铁集团级、股份公司级、湖南省级管理创新成果奖，中铁五局建筑公司《施工企业以BIM技术应用为核心的项目管理能力提升》和中铁五局机械化公司《"一带一路"倡议下建筑企业海外工程施工法律风险防控》获得国家级二等奖，其中后者同时获得湖南省一等奖；中铁五局四公司《施工企业交规化安全管控体系建设》、中铁五局贵州公司《构建以激发员工活力的"多样化"绩效考核》获得国铁集团一等奖；中铁五局五公司《以"一对一"等劳务分包管理提升项目管控》、中铁五局六公司《构建以钢轨焊接为核心的"专业化"管理》获得国铁集团二等奖；中铁五局机械化公司《建筑施工企业工程项目经济责任目标管理体系构建》获得股份公司二等奖；中铁五局二公司《PPP+EPC施工项目全过程创效管理》获得国铁集团三等奖。

（沙雨萱　程锐　熊君　师强）

【主要技术设备】截至2020年末，中铁五局共有机械设备8215台

（套），设备原值43.27亿元，设备净值14.23亿元。其中，200万元以上大型设备205台（套）。自有设备总功率93.52万千瓦，装备生产率49.95，设备新度系数0.33。2020年，机械设备集中采购率98%，累计采购设备335台，价值1.12亿元。审核报废机电设备326台，原值1.92亿元。（程　锐）

【人才建设】2020年，中铁五局共引进各类人才1081人，其中，高校毕业生901人、社会人才120人、技能人才60人。高校毕业生中硕士研究生15人，本科生854人，专科生32人；工程类专业686人，“双一流”高校毕业生166人。新增正高级职称27人，其中，正高级工程师20人、正高级经济师5人、正高级会计师2人；新增高级职称353人，其中，高级工程师292人、高级经济师36人、高级会计师14人；新增工程师556人。截至年末，中铁五局拥有正高级职称99人，高级职称2092人，中级职称4708人，初级职称4809人。各类专家98人（125个专家称号），其中享受国务院政府特殊津贴3人、省级政府特殊津贴2人、贵州省省管专家1人、詹天佑铁道科学技术奖—青年奖1人、茅以升铁道工程师奖3人、股份公司专家2人，局级专家83人，其中，一级专家10人、二级专家29人、三级专家44人。（熊　君）

【主要指标】2020年中铁五局资产总额496.82亿元。货币资金68.24亿元，固定资产原值68.85亿元，其中累计折旧44.65亿元，固定资产净值24.20亿元。营业收入601.39亿元，其中主营业务收入597.23亿元，营业利润6.45亿元，利润总额6.57亿元。（沈世祥）

**表13-5　2019—2020年中铁五局集团有限公司主要经济指标**

| 项目 | 2019年 | 2020年 | 增长率/% |
|---|---|---|---|
| 资产总额/亿元 | 493.00 | 496.82 | 0.77 |
| 所有者权益/亿元 | 106.77 | 103.35 | -3.20 |
| 营业收入/亿元 | 479.26 | 601.39 | 25.48 |
| 利润总额/亿元 | 6.24 | 6.57 | 5.29 |
| 净利润/亿元 | 5.46 | 6.11 | 11.90 |
| 归属于母公司所有者的净利润/亿元 | 5.45 | 6.10 | 11.93 |
| 技术开发投入/亿元 | 9.66 | 11.07 | 14.60 |
| 利税总额/亿元 | 14.47 | 19.75 | 36.49 |
| 应交税金总额/亿元 | 8.86 | 13.61 | 53.61 |
| 全员劳动生产率/[万元/(人·年)] | 27.46 | 29.07 | 5.86 |
| 净资产收益率/% | 5.26 | 5.82 | 增加0.56个百分点 |
| 总资产报酬率/% | 2.21 | 2.42 | 增加0.21个百分点 |
| 国有资本保值增值率/% | 105.49 | 105.65 | 增加0.16个百分点 |

制表：沈世祥

【改革发展】2020年，中铁五局下发机构文件171份。其中，新成立中铁五局项目部2个，新成立子分公司代局履行职责的项目经理部153个。成立中铁五局河北雄安分公司、河源分公司、长春建设工程有限责任公司。对中铁五局机关进行机构改革，其中，由中铁五局人力资源部（党委干部部）承担全局执证人员经营要素建设职责；将中铁五局党委宣传部的政工系列职称评审职能移交至人力资源部（党委干部部）；将公司办公室的中铁五局官方网站管理职能移交至党委宣传部；将公司办公室的机关员工体检组织职能移交至党委组织部（机关党委）；长沙天麟建材贸易有限公司从湖南长沙搬迁至浙江杭州大江东，名称变更为天麟（杭州）建材有限责任公司，注册资本金10059万元。（熊　君　师　强）

【重大项目】2020年，中铁五局全年完成企业营业额711亿元（其中，施工产值681.4亿元，附营产值29.6亿元），完成股份公司年度计划590亿元的120%。截至年底，在建项目共计503个。按工程专业类别划分：铁路工程44个、地铁工程57个、市政工程119个、公路工程83个、房建工程132个、水利水电工程42个、机场码头3个、其他工程23个。合同造价共计2826.8亿元，其中，铁路工程523.5亿元，占比18.5%；路外工程2303.8亿元，占比81.5%。剩余在建工程1761.8亿元，其中，铁路项目163.7亿元，占比9.3%；公路工程533.3亿元，占比30.3%；地铁工程169.3亿元，占比9.6%；市政工程359亿元，占比20.4%；房建工程343.2亿元，占比19.5%；水利水电工程123.8亿元，占比7%；其他类别工程40.4亿元，占比2.3%。中铁五局在建隧道共260座，设计长度733千米，年完成隧道成洞145千米（不含斜井、横洞等辅助导坑），剩余317千米（占比43%）。在建桥梁977座，分别在铁路、公路、城轨、市政、水利五个主要领域。施工任务总长为413千米，年累完成114千米，开累完成243千米，剩余施工长度170千米。全年完成土石方10991万立方米、桥梁114千米、隧道145千米、铺轨659千米、房屋建筑386万平方米。重点项目进展顺利，格库铁路、安六铁路、广州枢纽、衢宁铁路、太焦铁路、银西铁路、大临铁路、宁德汽车基地铁路专用线等多项工程完成交验或开通运营。

（曾力锋）

【工程创优】全年共获得国家级优质工程奖19项（其中，中国建设工程鲁班奖1项、国家优质工程金质奖1项、国家优质工程奖9项、全国实施用户满意工程奖8项、中国安装之星奖1项），获得除中国中铁杯外的省部级质量奖20项（其中，草原杯1项、江河源杯1项、湖南省优质工程3项、世纪杯1项、铁路优质工程2项、河南省工程建设优质工程奖2项、山城杯2项、长安杯4项、李春奖2项、竣工长城杯银质奖1项、竣工长城杯金质奖1项）；全国建设工程施工安全生产标准化工地（简称“安标工地”，原AAA工地）3项，获得除股份公司安标工地外的省部级安标工地11项；国家级QC小组成果17项，班组成果6项，省部级QC小组成果90项，班组成果15项；中铁五局获得“2020年贵州省推进全面质量管理优秀企业”称号。

（谈李茜）

【企业文化】中铁五局坚持以习近平新时代中国特色社会主义思想为引领，深入贯彻党的十九大和十九届二中、三中、四中、五中全会精神，建立完善第一议题制度，坚持把学习贯彻习近平总书记重要讲话和重要指示批示精神作为第一议题，修订《中铁五局党委理论学习中心组学习规则》，中铁五局党委组织理论学习中心组学习6次，完成中央企业党建政研会2020年度立项课题《聚力“勇强当”活动　彰显新活力党建——增强中央企业基层党组织政治功能和组织力的实践和思考》，全年共在《中铁党建》《学习与探索》《企业文明》等刊物上发表理论文章30余篇。全面落实意识形态工作责任制，认真开展形势任务教育，加强舆情管控工作，制定《中铁五局不良信用信息管理办法》《中铁五局突发事件舆情应对实施细则》《中铁五局舆情管理办法》。修订《中铁五局新闻宣传报道工作考核奖励办法》，制定《中铁五局海外宣传工作实施方案》，聚焦疫情防控和复工复产、重点工程节点、重大事件、典型选树，推动“三重一外”新闻宣传再上台阶，人民日报、新华社、中央电视台等各大中央级媒体宣传报道五局610余次；《铁道开发》报策划“众志成城　坚决打赢新冠肺炎疫情防控阻击战”和中铁五局第五次党代会专刊，全年共编辑《铁道开发》报50期，《中铁五局资讯》推送资讯338篇，被《国资小新》《学习强国》《中国中铁》等采用168条。拓展新媒体建设，注册中铁五局新华社新华号、中央电视台“央视频”、今日头条等账号。开展意识形态、文化建设、先进典型选树调研，撰写调研报告，制定中铁五局“十四五”发展规划企业文化建设专项规划。开展“我和我的祖国”征文、“建设领军企业杯”摄影大赛、中铁五局职工摄影比赛等文艺创作活动，制作《敦本务实树品牌　行稳致远筑华章》企业形象片和《使命》中铁五局第五党代会宣传片，推出一批融时代性、思想性、艺术性和企业性为一体的文化产品，中铁五局通过文明单位复查，继续保留全国文明单位荣誉，并获“2020年度贵州省文联系统先进集体”称号。

（谭文峰）

▲中铁五局承建的深圳地铁6号线民乐停车场

▲中铁五局洱海环湖截污双廊污水处理厂

【党建工作】中铁五局坚决贯彻落实党中央决策部署和中国中铁党委的要求，充分发挥各级党组织、领导干部和广大党员在新冠肺炎疫情防控及复工复产工作中的引领作用，制定《关于在疫情防控复工复产期间深化开展“勇担当·强作为·当先锋”党建专题活动的通知》，推动各级领导干部、广大党员在疫情防控和复工复产中当先锋打头阵。组织全体党员支持新冠肺炎疫情防控捐款114.7665万元，下拨基层党组织疫情防控专项经费70.2万元，共有7个集体、8名个人在抗击疫情斗争中受到中国中铁党委表彰。2020年6月11日，在中铁五局湖杭铁路项目召开庆祝建党99周年暨“勇担当·强作为·当先锋”党建活动现场推进会，3家单位就活动与疫情防控和复工复产融合情况进行经验交流，会上，表彰中铁五局81名优秀共产党员、37名优秀党务工作者、28个先进基层党组织。优化基层党组织建设，调整174个基层党支部，选配124名专职党支部书记，指导4个子公司党委、85个支部换届选举。认真贯彻落实中央和上级党委工作部署要求，组织贯彻《中国共产党国有企业基层组织工作条例（试行）》，查摆8个方面问题并认真整改落实；印发《贯彻落实〈中央企业贯彻落实2019—2023年全国党员教育培训工作规划举措清单〉的实施意见》，对19项重点任务38项具体工作进行责任分工。加强基层党组织书记培训，举办31期基层党组织书记培训班，751名基层党组织书记和党务干部接受培训。推进基层党支部和党建活动规范化标准化建设，制定《中铁五局党支部标准化工作指导手册》《“勇担当·强作为·当先锋”党建专题活动指导手册》。抓实整改落实工作任务，推动主题教育整改方案和九个专项整治共290项整改措施落实，以102项长期坚持的整改措施为基础，制定工作方案，推进“不忘初心、牢记使命”制度在企业落实落地；加强对国资委巡视中国中铁反馈问题的整改落实，制定整改措施，明确整改任务，加强督促落实；对中铁五局党委2019年第二批巡察工作和2020年第三批巡察发现问题，督促被巡视单位进行整改落实，实事求是进行验收。坚持落实发展党员工作要求，把政治标准放在首位，全年发展新党员210人。指导推进离退休职工党员社会化管理工作，按要求基本完成离退休党员组织关系转接工作。开展“党课开讲啦”活动，1个党课受到股份公司表彰，中铁五局党委组织部获得贵州省微党课比赛优秀组织奖，3个微党课受到贵州省国资委表彰。加强扶贫工作，制订2020年精准扶贫工作计划，中铁五局主要领导深入扶贫点调研指导，在资金和产业上给予贵州省丹寨县台辰村、榕江县平江镇滚仲村帮扶，推动两个扶贫点顺利脱贫。落实党建工作责任制，做好中国中铁党委对五局党建责任制考核各项材料上报工作，组织对16个子分公司开展党建责任制考核，召开党委书记抓基层党建述职评议会议，5家单位党委书记现场述职，11家单位党委书记书面述职，中铁五局二公司、建筑公司考核为“优秀”，10个单位评为“良好”，4个单位评为“一般”。加强党建课题研究，《国有施工企业以打造基层坚强战斗堡垒为目标的“1+X+N”项目党建》获中国中铁2020年度企业管理现代化创新优秀成果奖一等奖，《以高质量党建引领企业高质量发展》获中国中铁2020年度企业管理现代化创新优秀成果奖三等奖。（唐亚国）

【信息化建设】组织开展中铁五局网络安全周活动，进一步强化网络安全和信息化应用。对OA协同办公平台、网络视频会议系统、机房动环监控系统进行升级改造；对企业门户网站进行改版升级、完成IPv6改造及微信公众号的建设；对财务共享云平台进行扩容升级；加强工程项目成本管理信息系统、营销管理系统、工程信息管理系统、物资管理信息系统、物贸企业ERP系统、施工分包招标平台、电子档案系统、企业财务共享平台、中国中铁财务信息平台、人力资源管理系统、安全质量隐患排查治理系统、电子商务采购系统等平台的应用，完成企业专网4M提速至10M的优化工作；配合股份公司和中国联通，完成WOC和20M云联网专线的沟通、设计、测试和验收工作。健全和完善网络安全和信息化管理制度，重新编写信息化方面的管理办法与科室职责，重新制定《中铁五局网站管理规定》；邀请有资质的网络安全测评公司对中铁五局机关的网络和应用系统进行网络安全测评，对测评过程中发现的网络安全漏洞进行修复和整改。完善信息化基础架构。坚持以IT基础架构为企业信息化战略目标服务为原则，紧密结合业务应用需求，整合业务流程，不断优化和完善企业信息化基础架构。利用国家应急救援中心平台建立可视化远程视频监控中心，中心设置大屏监控室和数据存储设备，搭建可视化远程监控系统，对部分重难点和高风险施工项目进行全程实时监控。强化信息化安全防护，升级和优化SonicWAL SM9200防火墙、监控和网络管理软件、Symantec协同防护杀毒软件等安全软件，确保信息化高可靠性、高安全性、易管理和易维护性；采用Dell KACE管理应用方案与OpenManage Essentials增强服务管理相结合，实现硬件设备的安全控制；应用由Quest公司提供支持的备份和恢复一体机DELL DL4000，实现智能、快速地保护数据和应用程序。加强信息化调研与培训工作，对中铁五局软件资产和应用系统进行详细排查摸底，配合广联达调研信息贯通工程，完成股份公司信息贯通调研资料的上报工作。（伍设初）

【履行社会责任】中铁五局积极履行社会责任，参加抢险救援。2020年3月10日，京广线马田墟至栖凤渡站下行区间发生线路塌方，中铁五局迅速响应，组织救援抢险。

所属单位

5月22日，中铁五局参加广深铁路广州工务段下元车间新塘工区抢险救援。6月13日，中铁五局参加沪昆上行线那玉至关寨间大竹林隧道衬砌开裂、掉块水害应急抢险工作。6月24日，中铁五局参与沪昆线下行线那玉至新窑区间接触网断线、支柱断杆应急抢险工作。6月24日，南同蒲线太谷站遇大风灾害，中铁五局立即启动铁路抢险应急预案，赶往现场进行抢险。7月15日，受吉安县境内连续暴雨影响，导致吉衡铁路石坑站至泰和站间右侧堑坡山体发生溜坍，中铁五局迅速组织参加抢险救援。7月20日至12月8日，中铁五局几内亚科纳克里市政道路项目对Dixinn区北滨海大道进行雨季后道路维修工作。11月24日，中铁五局几内亚科纳克里市政道路项目与几内亚国家水和森林局签订打井协议。由项目部出资在国家水和森林局院内打井用于项目施工用水，项目完工后水井和设备将赠送给几内亚国家水和森林局。12月20日，中铁五局几内亚科纳克里市政道路项目对几内亚大使馆出口损毁道路进行维修，长为246米沥青道路重建。中铁五局指导制订2020年精准扶贫工作计划，在党委常委会上进行研究部署，积极参与地方扶贫工作，组织中铁五局18个单位1592名职工在一天半时间募集善款20余万元，全部给贵州省扶贫基金账户。6月23日，中铁五局党委书记、董事长徐中义深入贵州省榕江县平江镇滚仲村，就产业帮扶工作开展调研。9月11日，贵州公司党委到丹寨县台辰村开展“点亮微心愿，我是圆梦人”爱心捐赠活动，同时慰问村里的孤儿和贫困户等特殊家庭。

（唐亚国　曾力锋　沙雨萱）

【领导人员】

徐中义　党委书记、董事长
刘晓辉　党委副书记、总经理
陈广森　党委副书记、工会主席
赵　昕　纪委书记
陈佐林　副总经理
刘少林　副总经理
陈　彬　副总经理、总工程师
张连生　副总经理
田　波　副总经理
张　宇　副总经理
卢　平　副总经理
周海辉　总会计师、董事会秘书（6月免，调离）
曹良华　副总经理（9月免，调离）
梁承欢　副总经理
刘　勇　业务经理
陈德斌　业务经理
黄　武　业务经理

（熊　君）

## 中铁六局集团有限公司

【基本概况】中铁六局集团有限公司（简称“中铁六局”）是依据国资委、原铁道部和中国铁路工程总公司有关企业重组规划和部署，由原属北京铁路局的北京铁建集团、太原铁建集团，原属呼和浩特铁路局的呼和铁建集团和原属中国铁路工程总公司的丰台桥梁工厂四家企业重组，于2004年1月6日正式挂牌成立，为中国中铁股份有限公司的全资子公司，注册所在地为北京市海淀区，注册资本金22亿元。中铁六局总部位于北京市海淀区万寿路2号，公司下设北京铁建公司、太原铁建公司、呼和浩特铁建公司、天津铁建公司、石家庄铁建公司、电务公司、丰桥公司、建安公司、路桥公司、广州公司、置业公司、信达公司、物贸公司、云南双百公司14个子公司，交通、海外、设计院3个分公司。拥有铁路工程、建筑工程、公路工程施工总承包特级资质，多领域施工总承包、专业承包一级资质，以及工程勘察设计等资质共计87项，具有国家（CMA）计量认证资质、爆破作业单位许可证书、公路工程试验检测综合乙级资质和对外承包工程资格证书。截至2020年末，中铁六局共有员工13914人（正式员工12758人，市场化聘用1156人），干部与技术干部比例为1.01∶1（7945/7839），工人与技术工人比例为1.1∶1（4813/4514）。资产总额219.86亿元（包括固定资产净值15.16亿元、流动资产179.97亿元、其他资产24.73亿元）。保有各类施工设备7260台（套），设备原值228321.49万元，设备净值87680.42万元，设备总功率40万千瓦，新度系数0.38；人均动力装备率28.6千瓦、技术装备率6.29万元；主要设备的完好率97.3%、利用率88.6%。年度施工生产能力达到360亿元，机械化施工程度高，设备施工能力覆盖了高速铁路、既有线、公路、地铁、市政、房建等施工领域。保有大型施工机械137台，包括可以适应多种衬砌直径、多种地质的地铁盾构机、铁路大直径盾构机、高速铁路1000吨级和900吨级提运架设备、公路（含公铁两用）架桥机、铁路T梁架桥机、电气化接触网作业编组、铁路大机养护设备、移动式焊轨机、多功能钻机、湿喷台车等具有竞争实力的设备，专业化施工设备涵盖了桥梁、隧道、线路、公路、机械化铺轨、无砟轨道板生产等专业类别。

中铁六局自成立以来，先后获得中国建设工程鲁班奖、中国土木工程詹天佑奖、国家优质工程奖、全国用户满意工程奖等国家级优质工程及优质专项工程奖69项，省部级优质工程奖229项；获国家和省部级科技进步奖126项，国家和省部级工法680项，专利858项；参与或主编了铁路通信、信号、电力、电力牵引供电工程施工安全技术规程等30余项行业标准；承建的北京西站无站台柱雨棚改造工程等14项工程被载入“中国企业新纪录”名册。通过了质量、环境、职业健康安全管理体系认证。多次获得全国优秀施工企业、全国工程建设质量管理优秀企业、中国优秀诚信企业、全国建筑业诚信企业、中国公路建设行业先进企业、全国用户满意企业、AAA级信用等级单位、质量AAA级单位、守合同重信用企业、纳税信用A级企业等荣誉。

（裴涛　张华　齐明　郑志敏　王锋　刘小辉　徐涛）

【主要指标】截至年末，中铁六局资产总额219.86亿元，较2019年末增长1.58%；所有者权益51.13亿元，较2019年末降低0.66%。实现营业收入301.67亿元，同比下降11.93%。各子行业中，增长较快的是基建建设板块中的房建、市政板块。铁路板块营业收入较2019年有所降低。实现利润总额1.72亿元，同比下降1.15%；归属于母公司所有者的净利润1.51亿元，同比增长10.22%。技术开发投入8.06亿元，同比增长42.91%；利税总额5.36亿元，同比增长20.99%；应交税金总额4.53亿元，同比增长27.25%；全员劳动生产率26.44万元/（人·年），同比增长2.56%；净资产收益率2.95%，与2019年相比增长0.32个百分点；总资产报酬率1.08%，与2019年相比增长0.02个百分点。国有资本保值增值率102.70%，与2019年相比增长0.11个百分点。（齐　明）

**表13-6　2019—2020年中铁六局集团有限公司主要经济指标**

| 项目 | 2019年 | 2020年 | 增长率/% |
|---|---|---|---|
| 资产总额/亿元 | 216.44 | 219.86 | 1.58 |
| 所有者权益/亿元 | 51.47 | 51.13 | –0.66 |
| 营业收入/亿元 | 342.53 | 301.67 | –11.93 |
| 利润总额/亿元 | 1.74 | 1.72 | –1.15 |
| 净利润/亿元 | 1.36 | 1.51 | 11.03 |
| 归属于母公司所有者的净利润/亿元 | 1.37 | 1.51 | 10.22 |
| 技术开发投入/亿元 | 5.64 | 8.06 | 42.91 |
| 利税总额/亿元 | 4.43 | 5.36 | 20.99 |
| 应交税金总额/亿元 | 3.56 | 4.53 | 27.25 |
| 全员劳动生产率/［万元/（人·年）］ | 25.78 | 26.44 | 2.56 |
| 净资产收益率/% | 2.63 | 2.95 | 增加0.32个百分点 |
| 总资产报酬率/% | 1.06 | 1.08 | 增加0.02个百分点 |
| 国有资本保值增值率/% | 102.59 | 102.70 | 增加0.11个百分点 |

制表：齐　明

【改革发展】产权管理。2020年10月，股份公司以增加资本公积的形式向中铁六局增资186万元（现金增加资本公积）。

机构改革。优化机构和职能，推动本部机构改革工作。根据《中国中铁关于公布二级企业机关机构定员标准的通知》精神，编制了《中铁六局集团有限公司机关机构改革实施方案》，下发了《关于公布中铁六局集团有限公司本部机构设置及定员标准的通知》，到2020年6月底机关本部机构整合、职能调整优化到位，机构改革完成。精简机构和人员，推动三级公司本部机构改革工作。根据《中国中铁关于加强三级工程公司建设的指导意见》《中铁六局深化三项制度改革行动方案》，编制下发了《中铁六局子分公司本部机构改革实施方案》。改革前，17家子分公司本部机构数量共计256个（其中，职能部门212个，附属机构44个），改革完成后，本部机构数量共计202个（其中，职能部门193个，社管后勤机构7个，其他机构2个），本部机构数量减少54个（其中，职能部门减少19个，附属机构减少35个），压减约21%。改革前，各单位本部列支人员总计2193人；改革完成后，本部定员总计1939人，人员减少254人（其中，职能部门减少44人，附属机构减少180人，工勤人员减少30人），减少约12%。

（贾东江　齐　明　王召辉）

【重大项目】重大决策。整合调整土地、房产业务。为优化中铁六局管理资源配置，进一步盘活土地房产，有效规避管理风险，对企业土地房产业务进行了调研，制定了整合调整方案，通过有关会议审议后，组织实施。中铁六局置业公司与土房办、中铁国资六局资产管理中心、北京地区建房指挥部以“一套人马、四块牌子”的形式合署办公。中铁六局置业公司定位为集全局范围内上市、非上市土地、房产管理，现有项目销售及开发、北京地区土地开发、其他地区土地开发策划指导服务于一体的单位；履行原办公室、土房办、中铁国资六局资产管理中心关于土地房产管理职能，履行在售及在建项目的经营管理职能，履行北京地区土地开发职能，履行对全局其他地区土地开发的策划指导和管理服务职能。深化检验检测机构改革。山西华诚工程检测有限公司（简称“华诚公司”）出资人由中铁六局太原铁建公司变更为中铁六局，华诚公司作为中铁六局三级法人公司，更名为“华冠天诚检测认证有限公司”。华诚公司作为局属法人检测机构，为工程公司提供检测服务。中铁六局检测中心机构与华诚公司以“一套人马、两块牌子”方式运行，履行检验检测管理职能。扎实推进三级工程公司建设。在2020年初系列会上，中铁六局作

所属单位

出“扎实推进三级工程公司建设，进而做强项目管理，筑牢企业高质量发展根基”重要部署。中铁六局党委、中铁六局先后召开了思路研讨会、党委会，在深入总结分析项目管理和三级工程公司建设的成败得失的基础上，经过科学研判、审慎分析，确定了“围绕项目管理这一核心，强化前台管控，规范后台管理”的指导思想，统领三级工程公司建设方案的编制工作。拟定了三级工程公司建设框架思路和核心发展指标体系。经过调研，全面系统真实地掌握了工程公司的生产经营实际情况和发展态势。结合调研结果，完善总体方案，充分论证了各工程公司的核心指标目标，经两次党委会、总经理办公会审议决策，最终形成了《加强三级工程公司建设总体方案》，确定了各工程公司到2023年底营业收入及相关核心发展指标目标，并于6月28日召开了加强三级工程公司建设大会。

市场开发。2020年，中铁六局新签合同总额865.8亿元，与2019年同比增加57亿元，增幅7.05%。其中，铁路项目合计194.25亿元，占新签合同总额的22.44%；公路项目合计46.94亿元，占新签合同总额的5.42%；市政项目合计133.37亿元，占新签合同总额的15.4%；房建项目合计175.21亿元，占新签合同总额的20.24%；水利电力项目合计0.65亿元，占新签合同总额的0.08%；城轨项目合计52.15亿元，占新签合同总额的6.02%；工业项目合计4.27亿元，占新签合同总额的0.49%；基础设施投资业务合计167.2亿元，占新签合同总额的19.31%；海外项目合计19.7亿元，占新签合同总额的2.28%；其他板块合计72.05亿元，占新签合同总额的8.32%。中标的主要工程项目有：新建天津至北京大兴国际机场铁路施工总价承包JXTL-ZQ3标段，新签合同额14.74亿元；滨海快线（福州至长乐机场城际铁路工程）第一标段（车站、区间工程、车辆段、停车场及基地工程），新签合同额15.21亿元；G2003太原绕城高速公路义望至凌井店段（太原西北二环）ZH10、ZH11、ZH12标段，新签合同额52.96亿元；岑溪（粤桂界）至大新公路（横县至南宁段）项目，新签合同额17.3亿元；新泉州东站站前广场及市政配套工程总承包（EPC），新签合同额30.28亿元；新建石衡沧港城际铁路衡黄段工程站前施工总价承包招标SHCGZQ-1项目，新签合同额32.68亿元；长春市城市轨道交通5号线一期工程七工区，新签合同额11.3亿元；新建梅州至龙川铁路站前工程施工总价承包招标MLSG-3标段，新签合同额20.88亿元；乐山至西昌高速公路（乐山至马边段）项目SG3标段，新签合同额10.69亿元；新建宣城至绩溪高速铁路站前工程XJZQ-1标，新签合同额19.39亿元；G59呼北高速炉红山（湘鄂界）至慈利段、G5515张南高速桑植至龙山段PPP项目包社会资本方招标项目，新签合同额16.8亿元；云南省勐醒至江城至绿春高速公路PPP项目社会资本采购，新签合同额22.14亿元；合肥市轨道交通4号线南延线及6号线一期土建施工总承包-4标段，新签合同额17.81亿元。

重大项目。2020年中铁六局企业营业额计划365亿元，全年营业额完成366.09亿元，完成企业年度计划的100.3%，同比上年增加20.73亿元，增长6%。全年竣工或完工项目127项。全年完成主要实物工作量：土石方7911万立方米；桥梁82千米，预制梁3611孔，架梁2629孔；隧道成洞36千米，贯通隧道25座；地铁盾构成洞45千米；铺轨189千米；公路107千米，路面117万平方米；房建195万平方米。全年营业线施工和邻近营业线施工共计33842次，其中Ⅰ级23次、Ⅱ级69次，正点完成率100%。全年开通项目共计96项，其中铁路项目43项，公路项目14项，市政项目30项，地铁项目9项，参建的商合杭铁路、衢宁铁路、京通电化、连镇铁路、绥延高速公路、成都天府机场高速、长沙地铁5号线、太原地铁2号线、西安地铁6号线、西安地铁9号线、杭州地铁7号线等一大批重点项目实现如期开通。

对外投资与经营。2020年1月23日，中铁六局与中建三局集团有限公司、湖北省宏泰基础建设投资有限公司组建的联合体中标汉口滨江国际商务区综合管廊工程PPP项目，中铁六局获得4.5亿元投资项目新签合同额，该项目建设期3年，运营期22年。7月31日，中铁六局与湖北省交通投资集团有限公司、中南勘察设计院集团有限公司等单位组成的联合体中标利川至咸丰高速公路项目，中铁六局获得约18.88亿元投资项目新签合同额，湖北交投在项目交工验收满4年、满5年分两次按40%、60%回购全部股权。

（李亮　张楠　王义龙　于立荣）

【走向海外】2020年，中铁六局加快境外市场布局，不断创新海外经营体系，以越南、柬埔寨、泰国、津巴布韦、几内亚、巴基斯坦等6个境外机构为基础，划分成立东南亚、西非、南非三大区域，实现了从单一国别经营向区域经营的转变。深化与中铁国际、中海外、东方国际、巴基斯坦ML-1项目筹备组、中铁二院、中铁设计等兄弟单位，以及丝路基金、中国对外承包商会、相关国别政府部门、大使馆、经商处等方面的合作关系，重点强化了日常联络和项目合作，中铁六局境外业务网络覆盖了越南、柬埔寨、泰国、俄罗斯、巴基斯坦等20个国别。2020年，成功中标越南前进轮胎厂项目、刚果（金）SICOMINES铜钴矿项目和越南胡志明市城市综合体项目，并同步推进巴基斯坦ML-1铁路项目、菲律宾NX铁路项目、几内亚西芒杜矿区铁路等项目。

（赵京）

【重大创新】科技管理。加强中铁六局技术创新体系建设，改进科技管理方法，完善过程控制，强化系统

职责，通过召开科技系统工作会对科技工作进行安排部署，确定科研工作努力方向，推动科技工作进一步向为生产经营服务方向转变。强化研发机构和人员的引领作用。充分发挥专业带头人在科研立项、过程指导、成果提炼、规范编写等方面的指导作用。加强对科研课题的过程检查。发现并了解科技研发过程中存在的问题，及时帮助课题组解决各种困难。加强成果推广和技术交流。充分利用企业网站及其他媒介进行宣传和交流。为广大技术人员搭建了一个很好的技术交流平台，推动了科研成果向现实生产力的转化。

技术创新。2020年，中铁六局结合重点工程项目，确定立项课题33项、工法开发104项、专利开发82项，涉及十大专业技术领域和企业管理领域。全年中铁六局共计完成课题研究24项，其中9项通过股份公司的成果评审，其成果质量得到了股份公司专家的一致好评。11项科技成果获得股份公司级以上科技进步奖。全年获得省部级及股份公司工法48项；专利授权163项，其中，发明专利14项，实用新型专利148项。承建的新建崇礼铁路太子城站站房及相关工程TZCSG标段被评为住房和城乡建设部科学技术计划项目——绿色施工科技示范工程。“BIM技术在高速铁路桥梁中的应用研究”获得内蒙古自治区科技进步三等奖。中铁六局交通分公司完成的“郑州东部地区典型砂层地铁综合施工技术研究”，中铁六局天津公司完成的“下穿复杂地质客运专线框架桥顶进精度控制与施工装置研发”获得中国施工企业管理协会工程建设科学技术二等奖。

攻关研究课题。2020年，中铁六局结合延崇高速工程、金仁桐高速公路工程、北京地铁13号线工程、武汉地铁工程以及一大批既有站场线路改造等重点工程项目，经技术中心专家评定，共确定立项课题33项、工法开发104项、专利开发82项，内容广泛，涉及高速铁路、高速公路、市政工程、房建工程、四电工程、轨道交通工程等十大专业技术领域和企业管理领域。这些科研项目的开展，对进一步提高业务系统管理效率，确保工程的顺利实施起到了很好的引领和推动作用。

技术咨询与服务。2020年中铁六局试验检测工作以提升检测技术能力和系统管理水平为重点，以服务为导向，紧密围绕施工生产，注重发挥体系作用，标准化管理持续推进，切实加强项目试验室标准化建设，着力打造试验检测管理新思路。检测资质得到有效维护，检测能力满足施工生产和投标的需要，为企业承揽任务、施工生产试验控制提供有力保障。

（胡云飞　刘小辉　霍志刚）

【工程创优】2020年，中铁六局获得国家级优质工程奖5项，其中，太古供热项目（古交兴能电厂至太原供热主管线及中继能源站工程）获得国家优质工程金质奖；成都地铁7号线土建工程第10标段川师车辆段与综合基地工程等4项获得国家优质工程奖；延崇高速公路（北京段）工程第五合同段等3项工程获得国家优质工程专项奖；郑州5号线土建07标等10项获得省部级优质工程奖项；唐山市中心城区环线（二环路）工程施工B-18标段等12项获得中国中铁杯优质工程奖项；共计获得安标工地9项，其中，省部级3项，中国中铁安标工地6项；共计获得国家级“优秀质量管理小组”称号15个，省部级“优秀质量管理小组”称号33个。（王　峰）

【企业文化】坚持以中国中铁“五大理念”为统领，大力弘扬和践行“锐意进取、敢为人先”的创新文化、“恪尽职守、担当作为”的责任文化、“纪律严明、政令畅通”的执行文化、“沉潜笃实、脚踏实地”的实干文化、战无不胜的攻坚文化、风清气正的和谐文化，筹划构建新时代企业文化理念系统。加强对工程项目文化建设工作的指导，先后对中铁六局天津公司、中铁六局太原公司、中铁六局西北二环工程指挥部、中铁六局丰台站改指挥部等项目视觉形象建设工作进行了指导。中铁六局2个工程项目被评为2019年度中国中铁基层文化建设示范点。编辑制作了新员工入职培训企业文化课程，为2020年新入职员工开展企业文化建设培训打下基础；完成了中铁六局成立以来所获得的企业文化建设荣誉情况的梳理统计、近年来关于“科技创新、质量创优、品牌建设”三个方面所需图片及文字资料的收集整理报送，以及水利信用评价申报所需精神文明建设、企业文化建设、履行社会责任方面相关图片资料收集填报。为让企业文化产品更好地服务于生产经营工作，提升企业专业品牌优势，结合中铁六局自身实际，启动了企业专业画册和专业宣传片的策划制作。结合对抗击新型冠状病毒肺炎疫情工作精神的宣传教育引导，设计制作了抗击疫情宣传海报、宣传展板，与安质环保部共同编发了《中铁六局新型冠状病毒防控知识手册》，组织开展了“防控抗击新型冠状病毒肺炎疫情”主题文艺作品征集活动。举办了“抗疫情、保增长、促发展”暨迎国庆成果展览，通过四个专题，对抗疫、复工等工作成效进行了全方面的展示。大力宣传全国劳动模范孙福洋、北京市抗疫先进个人赵清等先进典型人物事迹，积极弘扬他们脚踏实地、开拓创新、锐意进取、无私奉献的精神。开展了疫情防控和复工复产先进集体、先进个人评选工作，对10个“抗击疫情先进集体”和20名“抗击疫情先进个人”进行了表彰；经中铁六局推荐，中铁六局交通分公司武汉地铁16号线项目部等5个单位被授予中国中铁“抗击疫情先进集体”，王家亮等6名同志被授予中国中铁“抗击疫情先进个人”。加强优秀道德讲堂的评选，中铁六局5个工程项目道德讲堂被评为2019年度中国中铁示范道德讲堂。开展了“文明健康　有你有我”主题宣传活动，设计制作了主题宣传标语、主题内容电子屏画面、主题宣传海报，组织各单位利用各类宣传平台，广泛进行宣传展示，形成了全局上下人人关注、人人参与文明健康行动的良好氛围。开展了“制止餐饮浪费 践行光盘行动”活动，大力宣传习近平总书记对制止餐饮浪费行为作出重要指示，开辟了“厉行节约”宣传专栏，设计了主题海报，让“厉行节约、反对浪费”蔚然成风。大力宣传《北京市文明行为促进条例》精神，积极推动《北京市文明行为促进条例》进项目、进工地、进班组、进岗位、进头脑。精心组织首都文明单位（标兵）推荐申报工作，中铁六局（本部）被授予“首都文明单位标兵”称号，这是中铁六局连续三次荣获此项殊荣；中铁六局建安公司、中铁六局交通分公司被授予“首都文明单位”。

（王兵华）

【党建工作】中铁六局党委坚决贯彻落实党中央、国务院、国资委、股份公司一系列重大决策部署，建立了“1+5”统筹推进疫情防控和复工复产工作机制与“6+1”管理提升工作机制，扎实推进各项重点任务，切实把党的政治优势、组织优势、密切联系群众优势转化为疫情防控和复工复产的强大政治优势，为保持企业生产经营平稳运行提供了坚强政治保证。加强政治建设，做到“两个维护”。中铁六局全面落实“第一议题”制度，深入学习贯彻习近平新时代中国特色社会主义思想、党中央重大决策部署、党的十九大和十九届二中、三中、四中、五中全会精神，严格落实学习贯彻习近平总书记重要指示批示工作机制，深刻领会习近平最新重要讲话、关于本行业重要指示批示精神。积极引导党员干部在武装头脑、指导实践、推动工作上下功夫、见实效。研究确立了“1618”总体思路、企业高质量发展目标、工程公司建设、“十四五”时期“168”总体战略等一系列重大举措。制定出台《关于深入贯彻落实习近平总书记重要指示批示的督查办法》，建立以文辅政落实机制、督导落实通报机制、逐级情况报告机制等若干“保落实”工作机制；建立《集中督察督办工作台账》，构建完善了从工作部署、执行落实、监督检查到考核激励的闭环管理体系，推动企业各项重点任务及时得到落实落地。强化党的领导，谋划企业发展战略。完善领导制度体系，制定了发挥党委领导作用的实施办法、党委常委会议事规则、落实全面从严治党“两个责任”实施办法等制度，建立了党委（常委）会议事范围清单、全面从严治党“两个责任”清单，不断健全完善发挥党委领导作用的体制机制。健全公司治理机制，坚持两个“一以贯之”，把加强党的领导和完善公司治理统一起来，协调运转党委会、董事会、监事会、经理层。加强战略谋划，在“1618”总体思路的基础上，总结提炼了企业的比较优势，提出了涵盖核心业务定位、核心竞争力要素、发展规模和质量、品牌信誉、员工福祉等为表征的企业高质量发展奋斗目标，确立了“十四五”时期“168”总体战略。编制完成了“十四五”规划初稿，基本形成了“十四五”规划基本框架，进一步明确了企业高质量发展的方向、路径和目标。发挥党委统揽全局、协调各方的领导作用，强化疫情防控工作的统一调度。在打赢疫情防控阻击战中，组织武汉项目支援火神山、方舱医院建设，组织在京单位选派志愿者下沉社区助力疫情防控，彰显了央企的责任担当，涌现出的一大批先进集体和个人受到北京市国资委、股份公司的表彰。抓班子带队伍，完善选人用人机制。坚持落实党管干部原则，严格执行干部选拔任用制度，坚持国有企业领导人员“20字”标准，大力弘扬“讲政治、尚德品、重实绩、敢担当、守清廉”的用人标准和导向。全年调整配备各级领导干部289人次，通过“赛场相马”公开招聘选拔领导干部113人次。其中，新提拔“80后”领导人员44人，占总提拔人数的61%，“80后”由46人增至82人。认真落实加强三级工程公司建设要求，调整优化工程公司领导班子职数，补齐配强三级工程公司领导班子，共选拔4名40岁以下领导人员担任领导班子正职，公开选拔26名40岁以下领导人员担任领导班子副职。认真落实加强区域经营建设和“六给两要”要求，全面梳理了区域指挥部领导人员队伍，选派2名三级公司总经理担任区域指挥长，对28个领导岗位开展了社会招聘，补充了区域经营领导人员，区域指挥部领导人员由年初35人增至52人。对38家单位领导班子和235名领导人员开展了年度考核评价，实现考核

▲国务院国资委新闻中心到中铁六局调研新闻宣传和舆论引导工作

全覆盖。2020年中铁六局共有注册一级建造师830人，注册造价工程师133人，注册安全工程师347人。全年举办优秀年轻干部、项目经理、项目总工、市场开发、投融资、工经业务、基层党支部书记等各类培训班31期，共培训2192余人次。大力推进“‘80’‘90’工程”，实施年轻干部专项培养“跨越计划”，选拔60名优秀年轻干部在人大商学院举办为期3个月研修班。坚持分层分类施策，强化六支人才队伍建设，补齐人才短板，实施“十年期”人才培养规划及差异化接收高校毕业生，加强专业技术人才职业生涯规划。响应党中央、国务院“稳就业”工作部署，全面强化“稳就业”举措，通过校园招聘共接收2020届高校毕业生905人。结合工程项目复工达产需要，开展就业扶贫工作，直接使用劳务人员45900人，其中“三区三州”贫困地区劳务人员410人，有效缓解了贫困地区就业问题。深化“三基建设”，提升基层党建质量。严格落实《中国共产党国有企业基层组织工作条例（试行）》，在中铁六局上下组织开展学习贯彻条例活动，督导各单位对照该条例9章41条内容，对标对表开展自查，累计查摆问题162条，制定整改措施200项，基本完成整改任务。对照国资委党委有关通知指出的五个方面突出问题，指导各单位持续深入整顿软弱涣散的基层党组织，制定《加强基层党组织建设专项自查自纠问题整改清单》，自上而下开展了拉网式自查整改工作。组织召开中铁六局“三基建设”现场会，部署安排党建重点任务，全面深化党的基本组织、基本队伍、基本制度建设。编制发布了《“三基建设”规范化指导手册》，为基层党建工作提供有益的指导和范例，推动基层党建质量持续提升。组织编制《领导班子成员抓党建工作“一岗双责”指导书》，建立领导班子成员党建工作联系点制度，促进各级领导班子成员自觉践行群众路线，深入基层开展调研，指导基层党建工作，切实解决职工群众广泛关注的实际问题。组织对所属37个单位进行党建责任制考核和述职评议，考核结果与薪酬挂钩，营造了抓党建、强党建、促发展的浓厚氛围。加强宣传思想工作，深入推进企业文化建设。持续推进习近平新时代中国特色社会主义思想的学习宣传贯彻，认真学习贯彻《中国中铁党委理论学习中心组学习规则》《关于建立贯彻落实习近平总书记重要指示批示工作机制的通知》精神，坚持把学习传达习近平总书记最新重要讲话和重要指示批示精神，作为党委（党工委）理论学习中心组学习和党委会“第一议题”。坚持把“学习强国”学习平台作为新形势下强化理论武装和思想教育的一大利器，作为推动习近平新时代中国特色社会主义思想学习宣传贯彻不断深入的重要平台。深入学习宣贯党的十九届五中全会精神，中铁六局各级党组织充分利用各类资源全方位、全角度宣传解读全会精神。深入学习《中共中央关于制定国民经济和社会发展第十四个五年规划和2035年远景目标的建议》《中国共产党第十九届中央委员会第五次全体会议公报》等重要文件，厘清“十四五”时期企业发展的总体思路，结合企业自身实际编制并实施好中铁六局“十四五”战略规划。切实加强中铁六局两级党委中心组理论学习，修订完善了《中铁六局集团有限公司党委理论学习中心组学习管理办法》，积极做好基层党委（党工委）中心组学习的指导工作，及时传达党中央、国资委、股份公司领导讲话及重要文件精神。全面抓好意识形态工作责任制落实，严格落实“五纳入”“六同步”制度，形成了明责、履责、督责、问责的责任落实机制。中铁六局党委会坚持把意识形态工作作为两级党委中心组学习的重要内容，在疫情防控期间，引导广大员工不传谣、不信谣，坚决抵制和批驳错误思潮和观点，牢牢掌握意识形态的领导权、管理权和话语权。压实“两个责任”，纵深推进党风廉政建设。健全完善全面从严治党责任清单和党风廉政建设责任制实施细则，推动部署党风廉政建设工作常态化。加强纪检体制改革，进一步规范中铁六局本部机关纪检机构和人员岗位设置，按照“一企一策”原则，分类制定了三级公司纪检体制改革方案并督导推进。组织召开党风廉政建设和反腐败工作暨审计警示教育大会，组织开展“干部作风建设年”活动，扎实推进解决“机关化”问题，深入开展落实中央八项规定精神自查自纠和领导干部违规打麻将专项治理，促进干部作风更加务实高效。组织开展“4+3”专项治理，集中整治境外腐败、利益输送、化公为私、设租寻租等专项问题，开展领导人员亲属违规经商办企业、违规配备使用公务用车、纪律处分执行不规范三项再清理再整治。严肃执纪问责，开展问题线索交叉核查，加大三级公司问题线索督办力度。整合监督资源，形成监督合力，加大亏损项目专项治理力度，对衢宁项目开展专项审计监督，对11家三级公司14个亏损项目开展专项治理。加强群团工作，充分发挥党的群众工作优势。坚持党建带群建，推动群团组织团结动员职工群众，围绕企业改革发展和生产经营建功立业。先后开展了“立足岗位做贡献、重点工程当先锋”劳动竞赛、“五保一树”主题实践活动、“抗疫情、保增长，大干100天”和“决战四季度，决胜保目标”专项劳动竞赛，有效推动了各项工程建设。深入开展“安康杯”竞赛，群众安全生产监督、全员安全教育培训等群众性保安全工作扎实推进，中铁六局连续第八次荣获全国“安康杯”竞赛优胜单位。加强民主管理工作，规范完成集体合同平等协商和签订，组织开展两次集体合同履行情况检查，积极推动集体合同履行兑现，保障职工群众利益。在北京市总工会关于集团型职代会建设专题调研检查中，得到了市总权益保障部领导的高度评价。中铁六局被评为“全国厂务公开民主管理示范单位”，并在全国表彰大会上进行了经验交流。扎实推进普惠关爱行动，全年累计筹措并投入“三不让”帮扶资金898.8万元，开展“两节”送温暖、金秋助学、大病救助和工地慰问活动，累计救助困难职工693人次，救助患病职工141人次，资助困难职工子女37人次。扎实开展劳模先进评选工作，全面落实青年志愿者、青年创新创效等活动，涌现出一大批爱岗敬业的先进典范。17名同志荣获中国中铁和省级劳动模范、五一劳动奖章、火车头奖章；孙福洋同志荣获全国劳动模范，传承了企业宝贵精神财富。（陈 勇）

【信息化建设】2020年，中铁六局本部视频会议系统进行了高清系统升级和LED大屏建设，较好地满足了当前新型视频会议的应用需求。经过前期的IPv6方案论证和技术试验，对关键网络设备及接入专线完成了IPv6升级改造，采用了IPv4—IPv6翻译技术，初步实现了下一代互联网的接入工作，提供了IPv6网络下的中铁六局门户网站的访问可达服务。试点采用桌面虚拟化技术，在维护、管理、安全等诸多方面上对比传统方式都有很大提升，并降低了整体的采购成本，为后续全面普及工作打下基础。BIM软硬件设备配备及平台建设初具规模，累计投入金额突破2000万元，投入资金主要用于软硬件设备购置、技术人员培训、外包服务和项目BIM试点应用等方面。2020年，中铁六局累计开展BIM应用项目37个，参加各类社会BIM大赛40余次，共获得“龙图杯”“优路杯”“海河杯”等各类BIM奖项27项。（邵 军）

【履行社会责任】社会捐赠。2020年10月12日，中铁六局向河北省石家庄铁道大学教育基金会捐款10万元。

救援抢险。2020年5月29日呼和浩特铁路局京包线K521+870～K522+000大风吹起彩钢大棚、防护栅栏进入线路清理抢险，中铁六局呼和浩特铁建公司投入人员35人，大型机械13台，历时4小时参与抢险；2020年6月24日太原铁路局南同蒲线太谷站接触网应急抢险，中铁六局电务公司投入人员7人，大型机械4台，历时5小时9分钟参与抢险救援；2020年6月9日至6月12日广州铁路局京广铁路K2078+710左侧山体滑坡抢险，中铁六局广州公司投入人员69人，大型机械4台，历时76小时参与抢险；2020年8月24日至8月26日太原铁路局大秦铁路涿鹿段发生货车脱轨事故，中铁六局太原公司、北京公司、电务公司投入人员300人，历时54小时参与大秦铁路抢修施工。

防疫抗疫。中铁六局武汉地铁项目部积极响应“疫情就是命令”的号召，先后参与武汉“火神山”医院、武汉国际会展中心方舱医院、武汉客厅方舱医院、武汉谌家矶方舱医院援建。

（王义龙 齐 明 王兵华）

【领导人员】

|  |  |
|---|---|
| 韦 国 | 党委书记、董事长、法定代表人 |
| 王 波 | 党委副书记、总经理（9月任） |
| 韩凤凯 | 党委常委、纪委书记（1月任） |
| 王朝义 | 副总经理 |
| 王东旭 | 副总经理、总工程师（5月任） |
| 熊守富 | 副总经理 |
| 柳百明 | 总会计师、总法律顾问（1月任） |
| 李永青 | 副总经理 |
| 马祥春 | 副总经理 |
| 高荣峰 | 副总经理 |
| 杜 胜 | 副总经理（6月任） |
| 占有志 | 副总经理（8月任） |
| 肖于太 | 党委副书记、总经理（8月免） |
| 赵剑发 | 总工程师、副总经理（2月免） |
| 王新华 | 总会计师（1月免） |

（雷 辉）

## 中铁七局集团有限公司

【简况】中铁七局集团有限公司（简称“中铁七局”）是具有综合施工能力的大型建筑企业，同时也是中国中铁旗下骨干成员企业，总部设在河南省郑州市。

2003年12月25日，按照铁路主辅分离的改革部署，中铁七局由原郑州铁路建设集团有限公司、武汉铁路建设集团有限公司、洛阳铁路工程有限公司、襄樊铁路工程有限公司、安康铁路工程有限公司、中铁一局集团第三工程有限公司6家单位重组成立；2014年8月，按照中国中铁股份有限公司深化企业改革总体安排，原中铁电气化局西安铁路工程公司整体并入中铁七局。经过十余年发展，中铁七局逐步成长为覆盖铁路、公路、市政、城市轨道、房建及房地产开发、物资贸易、勘察设计等业务，足迹遍布全国各地、海外近20个国家的大型综合性施工企业；拥有铁路工程、建筑工程、公路工程三项施工总承包特级资质，市政、桥梁、路基、隧道等多个专业一级施工资质及境外工程承包经营权，所属中铁七局三公司拥有一项公路特级资质。

截至2020年末，企业注册资本金26亿元，资产总额282.33亿元，其中，流动资产227.9亿元，占资产总额的80.7%，非流动资产54.4亿元，占资产总额的19.3%；企业年营销额1000亿元以上、营业收入500亿元以上。下辖12个全资子公司、3个分公司、1个国家级技术中心，主要分布在河南、湖北、陕西、辽宁等地区；在册职工人数为16235人，其中，各类管理及专业技术人员11045人，占在册职工人数的68%。技能人员5190人，占在册职工人数的32%。现有各类专业技术人员10305人，其中，正高级职称66人，高级职称1532人，中级职称4117人，享受国务院政府特殊津贴3人。拥有大型成套设备8304台（套），资产原值39.63亿元，施工技术及装备实力居行业领先地位。

多年来，中铁七局遵循“积极开发、稳步推进、精耕细作、协调统一”的管理方针，全方位参与市场竞争，持续推动项目管理升级和企业管理全面升级。先后参与了郑州至西安高速铁路、北京至广州高速铁路、郑州至徐州高速铁路、山西中南部通道、青海至西藏铁路、兰州至重庆铁路、贵阳至广州高速铁路、海南西环铁路、巴中至达州铁路、广通至大理铁路、娄底至邵阳铁路、呼和浩特至准格尔至鄂尔多斯铁路、昆明铁路枢纽工程、武汉至九江高速铁路、郑州至万州高速铁路、浩勒报吉至吉安铁路、武汉至十堰高速铁路、南京至西安铁路二线、阳平关至安康铁路二线、郑州至焦作城际铁路、太原至焦作高速铁路、郑州至济南高速铁路、敦化至白河高速铁路、中卫至兰州高速铁路、重庆至黔江高速铁路、菏泽至兰考高速铁路、广州至湛江高速铁路等多条高速铁路、重载铁路、重要铁路建设，完成了一大批高速公路、地铁、市政、房建、通信、电力等重点工程施工，实施了郑州航空港、韶关曲江大道、巩义骨干路网、国道107线新乡境改建工程、武威雷台景区文化旅游综合体、江南中心绿道武九线综合管廊、新乡市平原城乡一体化示范区平原医院、德化红旗坊·文旅产业园和焦作中铁太行生态城等投融资项目，多次被评为“铁路、公路、隧道、桥梁建筑业100家最大经营规模企业”“全国优秀施工企业”“全国最佳施工企业”“全国守合同重信用企业”“全国铁路安全生产先进单位”。获得中国建设工程鲁班奖、中国土木工程詹天佑奖和国家优质工程奖65项、省部级优质工程奖197项，先后获得全国五一劳动奖状、河南省省长质量奖、全国工程建设质量管理优秀企业、全国铁路信用评价A级施工企业等荣誉。拥有国家专利授权535项、国家级工法8项、主参编国家行业标准和规范7项，省部级以上科技成果151项。

（赵龙海）

**【主要指标】**2020年，中铁七局实现营业收入503.69亿元，同比增加36.92亿元，增幅7.91%，完成预算目标值480亿元的104.9%；实现利润总额12.43亿元，实现净利润10.12亿元，同比增加4.99亿元，增幅97.27%，完成预算目标值9.6亿元的105.2%。

2020年，中铁七局经营活动产生的现金流量净额15亿元，完成预算目标值9.6亿元的156.25%，连续8年经营活动现金净流量10亿元以上；盈余现金保障倍数为1.5倍，盈利能力指标良好；现金流动负债比率7.5%，保持良好的偿债能力。

2020年末，中铁七局资产总额282.33亿元，负债总额217.3亿元，所有者权益总额57.77亿元，资产负债率76.9%，比年初下降2.1个百分点，控制在预算管控目标值77.7%以内。应收账款周转率9次，较预算目标值8.6次高0.4次；总资产周转率1.8次，较预算目标值1.7次高0.1次；“两金”余额为99.5亿元，较预算管控目标值107.2亿元减少7.7亿元；有息负债总量为20.2亿元，较预算管控目标值28亿元减少7.8亿元。

（贾雪锋）

表13-7　2019—2020年中铁七局集团有限公司主要经济指标

| 项目 | 2019年 | 2020年 | 增长率/% |
|---|---|---|---|
| 资产总额/亿元 | 275.84 | 282.33 | 2.35 |
| 所有者权益/亿元 | 57.77 | 65.08 | 12.65 |
| 营业收入/亿元 | 466.77 | 503.69 | 7.91 |
| 利润总额/亿元 | 6.30 | 12.43 | 97.30 |
| 净利润/亿元 | 5.13 | 10.12 | 97.27 |
| 归属于母公司所有者的净利润/亿元 | 4.99 | 10.01 | 100.60 |
| 技术开发投入/亿元 | 8.24 | 9.55 | 15.90 |
| 利税总额/亿元 | 9.99 | 16.76 | 67.77 |
| 应交税金总额/亿元 | 4.77 | 6.54 | 37.11 |
| 净资产收益/% | 9.03 | 16.48 | 增加7.45个百分点 |
| 总资产报酬/% | 2.70 | 4.78 | 增加2.08个百分点 |
| 国有资本保值增值率/% | 109.38 | 116.70 | 增加7.32个百分点 |

制表：贾雪锋

**【改革发展】**为全面贯彻落实中国中铁优化二级企业机关人力资源配置、提升管理效能要求，开展机构改革。改革后，中铁七局机关总定员200人，含公司领导班子及专属三总师副职27人。职能部门20个，其中党群部门7个，定员32人；行政部门13个，定员141人。董事会（监事会）办公室撤销，其中，董事会业务并入党委办公室，党委办公室更名为“党委办公室（保密办公室、董事会办公室）”。监事会业务并入审计部，审计部更名为“审计部（监事会办公室）”。工程管理部更名为“工程管理中心”，将设备部整体、工程经济部劳务管理职能、工程技术中心技术管理职能并入工程管理中心。物资部更名为“物资管理部”。工程技术中心（总工办）分设为科技管理部（总工办）、信息化管理部。成立综合事务管理中心（机关党委），将离退休管理、机关党委及办公室行政管理相关职能纳入综合事务管理中心统一管理。撤销海外部，组建国际事业部。为规范投资项目管理，进一步理顺中铁七局集团公司与三级公司、项目公司之间的管理关系，完善投资项目管理机制，11 月 6 日成立中铁七局集团有限公司投资分公司。

2020 年，中铁七局完成营业额 516 亿元，超额完成中国中铁计划 490 亿元的 5%；完成新签合同额 1186 亿元，超额完成中国中铁计划 1180 亿元的 0.5%。出台《中铁七局领导人员管理办法》《中铁七局领导人员日常履职情况考察管理办法》《中铁七局党委关于大力培养选拔使用优秀年轻干部的实施方案》等 15 项制度，进一步健全了选拔任用、培训教育、考核评价、监督管理以及对选人用人进行全过程监督和责任追究的完整制度链条，为严格规范领导人员选拔任用管理，提升选人用人工作质量提供了制度保证。全年共提拔任用领导人员 63 人，其中，中铁七局本部部门正职级 23 人，副职级 40 人，“80 后”24 人，占比 38.1%；24 名领导人员改任为非领导职务；中铁七局本部及直属机构、三级公司领导人员之间平级调整交流 115 人次；遴选出第一、第二层级优秀年轻干部各 100 名；在中铁七局内部开展党群、纪检和财务系统公开招聘，面向社会开展设计院院长、总工程师公开招聘；完成中铁七局一公司、中铁七局郑州公司领导班子成员日常履职情况考察结果反馈工作，根据考察结果对 2 家单位主要领导进行了交流调整，对考评得分较低的 3 名领导班子副职进行了提醒谈话，同时督促相关单位对照反馈报告逐一分析原因、落实责任、限期整改，促使领导班子履职能力不断提升；对 22 名三级公司、直属项目（指挥）部班子正职进行了离任审计；对 2 名负有安全责任的领导人员延长了试用期。严格按照《领导班子和领导人员考核评价暂行办法》，对所属子（分）公司、直属派出机构领导班子和领导人员进行了年度考核，对 4 名年度考核得分较低、群众认可度不高、工作成效不好的领导人员进行了提醒谈话。对 2 名三级公司班子正职进行了岗位调整，对 1 名三级公司班子副职予以撤职处理。中铁七局三公司、中铁七局武汉公司、中铁七局海外公司被授予 2019 年度中铁七局“四好班子”称号。

出台《项目负责人薪酬分配指导意见》，编制《工程项目模拟股权激励机制操作指引》，建立信誉与效益并重的项目负责人期薪制，运用模拟股权激励、超额利润奖励、岗位分红承包经营兑现等分配方式，全方位调动项目负责人积极性；出台《规范工资总额管理的实施意见》，优化薪酬资源配置，着重强化工程项目薪酬管理，统筹考虑项目一线员工薪酬分配与项目人均效益和人均效率之间的关系，将项目效益效率压力传递到项目员工，营造比业绩、比贡献、比效率的正向激励氛围；深化薪酬分配“放管服”力度，赋予项目部部分薪酬分配自主权，实现三级公司在管住总量关、管住考核关、管住风险关的同时，放开项目一线员工绩效工资发放权限，在总额范围内自主分配，让项目负责人有更多的分配自主权，不断提升薪酬分配的效率，实现项目员工收入能增能减。

（孟　妍　郭明凯　王二卫　朱　敏）

【重大项目】2020 年，中铁七局召开董事会会议 3 次，审议各类议案 51 项，形成决议 50 项。决策事项中，涉及财务类 6 项、投资类 10 项、机构设置类 4 项、制度管理类 21 项、人事任免类 9 项。对其中 26 项决议事项履行了上报股东审批或备案程序。作出决议中，已执行完毕或基本执行完毕且执行情况良好的决议 46 项，为总决议数量的 92%，其中，44 项决议执行综合符合度为“优秀”，2 项决议执行综合符合度为“符合”；正在实施的决议 3 项，为总决议数量的 6%；中止执行的决议 1 项，为总决议数量的 2%。年度决议事项整体执行情况良好。全年召开监事会会议 3 次，其中定期会议 2 次，对公司财务预决算、利润分配、重大投融资、内控风险管理、薪酬考核及涉及职工切身利益等重要事项进行审议。全年共审议决议和讨论决定重大事项 35 项，作出决议 35 项，涉及财务类 6 项、投资类 9 项、机构设置类 4 项、制度管理类 14 项、人事任免类 2 项。形成会议纪要 3 份。2020 年，中铁七局监事会成员全年列席董事会会议 3 次。

2020 年，中铁七局参建的新建太原至焦作河南段站前工程 TJSG–Ⅱ标、西安铁路枢纽西安站改扩建工程新丰至窑村间扩能工程 XZCS–4 标、新建甘肃电投常乐发电有限责任公司铁路专用线Ⅰ标、双辽至洮南高速公路建设项目 ST01 合同段 GQ05 工区、G214 线昌都至邦达机场公路新改造工程昌都至加卡段第四合同段、国道 318 线拉萨至日喀则机场段公路新改建工程第四标段、日照（岚山）至菏泽公路枣庄至菏泽段第四合同段、花都至东莞高速公路项目第四批土建工程施工 SG09 标、花都至东莞高速公路（第五批）SG13 合同段、裕溪路一二标（钟油坊路—影香亭路）工程、郑州轨道 4 号线土建 08 标、石家庄地铁 2 号线 03 标段、石家庄市城市轨道交通 2 号线一期常规设备安装及装饰装修工程 09 标段、太原市轨道交通 2 号线一期工程土建施工 SGTJ–210 标段、西安市地铁五号线一期工程（和平村—纺织城火车站）土建施工项目 D5TJSG–12 标等国内 127 个项目按期开通或完工。

截至 2020 年末，中铁七局现有国内在建项目 232 个，合同造价共计 1396 亿元，其中铁路项目 28 个，路外项目 204 个，重点项目有：郑济铁路Ⅷ标，中兰铁路 5 标，中兰铁路 7 标，敦白铁路 1 标，新港江北铁路 3 标，渝黔铁路 8 标，广湛

铁路8标，菏兰铁路河南段Ⅰ标，郑州地铁7号线工程，大连地铁5号线7标，成都地铁13号线一期车辆段，北京地铁12号线、16号线、19号线工程，杭州地铁3号线工程，南京地铁7号线2标，贵阳市轨道交通3号线一期11标，西安地铁6号线、8号线工程，广州轨道交通13号线二期，重庆轨道交通4号线二期工程第4标段、8标段，长春市城市轨道交通5号线一期工程，深圳妈湾跨海通道工程2标，杭州市环城北路—天目山路提升改造工程，广州市黄埔开放大道工程，江南中心绿道武九线综合管廊工程，武威雷台景区文化旅游综合体项目，濮新高速公路宁沈段Ⅵ标，长春至双阳公路项目，本溪至集安高速公路桓仁（省界）至集安段PPP项目，云南省勐醒至江城至绿春高速公路土建4标，国道107线新乡境改建工程，定西至临洮高速公路2标、3标，G8012弥勒至楚雄高速公路玉溪至楚雄段4标、8标工程，宜宾至彝良高速公路（四川境）第5标段，郑东新区科学谷数字小镇建设项目，云南省滇中引水工程楚雄段至红河段引入社会资本建设项目楚雄段施工9标，云南省滇中引水工程大理Ⅰ段至楚雄段项目大理Ⅱ段施工5标等。

▲中铁七局承建的郑东新区科学谷数字小镇项目24小时不间断施工

▲2020年5月28日，中铁七局塞拉利昂弗马高速公路项目正在进行沥青摊铺作业

海外在建项目51个，分布在坦桑尼亚、赞比亚、刚果（金）、埃塞俄比亚、塞内加尔、塞拉利昂、乌干达、博茨瓦纳、纳米比亚、玻利维亚等10个国家，全年完成产值59618万美元，完工项目8个。在建重点项目有：埃塞俄比亚莫乔—哈瓦撒公路项目、塞拉利昂弗马高速公路项目、刚果（金）铜钴矿D坑剥离工程、塞内加尔方久尼大桥项目、埃塞俄比亚83.4千米道路项目、纳米比亚机场高速公路项目、刚果（金）庞比铜钴矿剥离项目等。

2020年，中铁七局中标德化红旗坊·文旅产业园PPP项目、沿黄高速公路武陟至济源段YHSG-1标、云南省勐醒至江城至绿春高速公路（沿边高速东段）、武汉市轨道交通12号线工程PPP项目、延吉至长春高速公路烟筒山至长春段、本溪至集安高速公路桓仁（省界）至集安段PPP项目5个投融资项目，新签合同额84.3亿元，占国内基建新签合同额的8%。截至年末，中铁七局共有投融资项目25个，总投资规模达494.2亿元。2020年，中铁七局科技开发计划课题共148项，其中新立课题36项，结转课题112项。“大型引水工程大直径倒虹吸压力钢管制造施工关键技术研究”被列为中国中铁重大专项课题，是中铁七局首次参与中国中铁重大专项课题研究。“妈湾跨海通道填海段淤泥地层深大基坑施工综合技术研究”和“妈湾跨海通道基于点云技术的近海淤泥质复合地层安全管控关键技术研究”2项课题被列为2020年度中国中铁重点课题。中铁七局共获得中国中铁250万元科研经费支持。

（马丰红　黄　鹏　商　泉　赵红燕　王彦霞　武进广）

【走向海外】2020年，为落实中国中铁海外“双优”发展战略，切实融入“一体两翼N驱”经营新格局中，构建中铁七局海外立体经营机制，巩固优势加快海外业务发展，经研究，撤销海外部，组建国际事业部，海外部人员及相关职能整体划入国际事业部。国际事业部作为经营实

所属单位

▲ 2020 年 12 月 21 日，中铁七局塞拉利昂总统比奥参加中国援塞拉利昂外交培训学院项目开工典礼

体，实行单独考核、财务独立核算，是中铁七局海外业务归口管理部门，履行战略管控、政策制定、经营管理、组织协调、风险管控等职能。国际事业部机构组建、整章建制和境外三个区域总部的设立，形成更加符合公司国际化经营要求的发展体系、管理体系、运营体系和考核评价体系，市场布局和业务结构更趋合理。全年签订海外工程项目合同 89 项，合同金额 17.8 亿美元。2020 年中标的援塞拉利昂外交培训学院项目，是中铁七局承建的第三个对外援助项目。注重境外投融资项目开发，积极运作上游项目，赞比亚既有铁路改造项目、赞比亚特许经营权项下卢奇高速公路项目均在持续谈判推动。中铁七局集团有限公司毛里求斯分公司、中铁七局集团有限公司几内亚分公司及中铁七局与中铁九局联合成立的刚果（金）卢阿拉巴建设简易股份有限公司获得商务部颁发的《企业境外机构证书》。（刘思恩　赵红燕）

【重大创新】2020 年，中铁七局向中企联申报了《铁路施工企业与供应商“合作共赢”的物资集中采购管理》优秀企业管理创新成果，获得国家级成果奖二等奖；向中国中铁推荐了 4 项优秀企业管理创新成果，均获中国中铁管理创新奖，其中，《施工企业以 BIM 为载体的信息化平台融合管理》获中国中铁一等奖，《施工企业以市场化和人性化为本质的模拟股权分配机制建设》《铁路工程站后多专业施工生产调度指挥平台的建设与管理》《施工企业以防控“五大风险”为核心的物资集中采购管理》获中国中铁二等奖。组织开

▲中铁七局承建的西安市地铁 4 号线工程获 2020—2021 年度国家优质工程奖

展2020年度企业管理现代化创新成果评选，共收到申报成果31项，涵盖工程经济、经营开发、工程技术、安全质量、人力资源、信息技术、物资设备、境内外项目管理等企业生产经营管理要求，与经营生产管理活动紧密结合，为全局提供了可借鉴的经验与做法。经评审，施工企业基于“共创共享”理念的项目模拟股权激励机制建设等18项成果获得表彰，其中，一等奖3项、二等奖6项、三等奖9项。

2020年，中铁七局完成省部级科技成果评审17项，其中，4项达到国际先进、5项达到国内领先、8项达到国内先进。获省部级科学技术奖14项，其中“新型管幕工法修建超浅埋地铁车站关键技术”成果获辽宁省科学技术奖二等奖；“浅埋大跨膨胀岩土隧道修建关键技术研究及应用”“特殊体系拱桥建造关键技术与可视化BIM技术应用研究”获中国铁道学会科学技术奖二等奖；“高速铁路三墩曲线梁桥转体施工中的不平衡问题及稳定性研究”“一次整体浇筑单箱四室混凝土宽箱梁上跨铁路多点连续顶推施工技术”获中国铁道学会科学技术奖三等奖；“跨既有高铁多股道大吨位梁转体施工关键技术研究与应用”等4项成果获中国铁路工程总公司科学技术奖二等奖；“一种采用自行式整体膺架法进行现浇梁的施工装置”获中国施工企业管理协会技术发明奖二等奖，也是中铁七局的第1项技术发明奖；“沉积漂卵石地层地铁联拱隧道暗挖台车施工技术研究”等4项成果获中国施工企业管理协会科学技术奖二等奖。（邹栋佳　武进广）

【工程创优】2020年，中铁七局创国家级、省部级优质工程45项，获国家级安全生产标准化学习交流项目2项，省级安全文明标准化工地22项，中国中铁安标工地10项，中国中铁绿色施工科技示范工程10项。其中，南宁市轨道交通3号线一期工程获中国建设工程鲁班奖；郑州市南四环至郑州南站城郊铁路一期工程获第十八届中国土木工程詹天佑奖；武汉市轨道交通6号线一期工程获国家优质工程金奖，石家庄市城市轨道交通1号线、西安市地铁4号线工程等5项工程获国家优质工程奖；禹州市颍川路跨颍河大桥及道路建设项目工程为中铁七局获得的首个中国钢结构金奖；京张铁路动车所等2个项目获全国焊接优质工程奖；西宁市群众艺术中心、哈尔滨轨道交通2号线一期土建工程12标项目获国家级安全生产标准化学习交流项目；郑州市轨道交通5号线工程等16项工程获省部级优质工程奖；甜永高速（环县段）建设项目TY12合同段、江南中心绿道武九综合管廊工程PPP项目等22个项目获省部级及以上安全生产标准化工地；新建蒙西至华中地区铁路煤运通道MHTJ-14标段等18项工程获中国中铁杯优质工程；埃塞俄比亚Modjo-Meki（56千米）高速公路项目、苏州轨道交通5号线工程V-TS-21标等10个项目获中国中铁安标工地；新建北京至张家口铁路JZSG-10标、甜永公路项目等10个项目获中国中铁绿色施工科技示范工程。（吴晓波）

【企业文化】2020年，中铁七局党委在原有企业网站、报纸、微信、微博、微视的基础上，开通企业官方抖音和今日头条账号，进一步建立健全了企业融媒体平台，聚焦企业重大举措、重要工程、亮点事件和先进人物等，多角度全方位开展内部宣传。自新冠肺炎疫情以来，及时开辟“央企担当”“疫线故事”“疫线咨询”等版块，积极宣传企业疫情防控的重大决策、先进事迹和疫情防控知识；紧密围绕“防疫”“复工”主旋律，刊发了一系列文章，持续鼓舞士气，凝聚人心，较好地发挥了宣传工作“助力器”作用。持续开展“媒企联动——走进中铁七局”活动，参与建设武汉方舱医院、武汉同济医院光谷院区、西安公共卫生中心，受到人民日报、新华社、中央人民广播电台、中央电视台、工人日报等国家主流媒体和国家政府网站的广泛关注与报道；中铁七局党委书记、董事长王珂平参加河南省新冠肺炎疫情防控专题第21场新闻发布会，就疫情防控、人员组织、材料供应等问题回答记者提问，分享中铁七局防疫和项目建设两不误的经验；人民日报社主管《中国城市报》整版刊发《聚力“四力”抓党建　引领发展高质量》；《消费日报》半版刊登《防疫复工两不误、开足马力搞建设，中铁七局按下发展“快进键”》；围绕郑济铁路、太焦铁路疫情防控和复工复产，中央电视台先后两次进行现场直播报道，既拉开了全国报道国有企业复工复产新闻的序幕，也实现了企业承担央视主流媒体现场新闻报道的零的突破；新华社《新华每日电讯》、新华社《经济参考报》、中央人民广播电台、《光明日报》、“学习强国”学习平台、河南卫视等国家（省部）级媒体多次集中反映企业复工达产状况。全年，中铁七局累计完成各类外部宣传12775篇次，其中，中央主流媒体刊播新闻249篇次，比2019年增长了198%。（岳　琦）

【党建工作】2020年，中铁七局共有党委14个，党总支52个，党支部443个，党员7148名。深入贯彻党的十九大，十九届二中、三中、四中、五中全会和全国国有企业党建工作会精神，聚焦“党建高质量引领发展高质量”总体思路，突出“树雄心、补短板、强引领、新跨越”工作主线，围绕企业中心工作，全面强化“三基建设”，持续巩固“不忘初心、牢记使命”主题教育成果，深入推进党建工作与生产经营深度融合。基层党组织积极参与武汉多个“方舱医院”建设，开通了首班“定制复工包机”，党委书记、董事长王珂平应邀参加河南省疫情防控专题第21场新闻发布会并介绍经验，中铁七局党委获河南省抗击新冠肺炎疫情先进集体。广大共产党员在百日大干、决战四季度等“大考”中勇于担当，主动作为，

所属单位

缔造了日完成产值2亿元峰值纪录。积极响应党中央扶贫号召，投入130余万元采购贫困地区群众农副产品，为全面建成小康社会贡献了央企力量。新成立8个三级单位党工委，全年发展党员171名，顺利完成中铁七局党委换届；召开项目工作党建现场会、机关本部党建工作座谈会、党委书记抓基层党建述职会，对34家党组织实行全覆盖考核。管理实验室12项党建创新课题完成破题，1篇党建工作调研文章获中国中铁党建理论研究课题优秀成果二等奖。48个集体和120名个人受到中铁七局及以上党内表彰，中铁七局党委获河南省国资委先进基层党组织，2019年党建考核进入中国中铁优秀行列。一线党员、群安员、青安岗发现处置各类安全质量隐患19000余个。坚持每季度电话回访核查，每半年下发通报，不断推进活动走深做实。施工一线党员群众保安全作用有效发挥，涌现出了共产党员姜春平在云南玉楚高速公路隧道塌方前挺身而出、冷静处置，避免重大人员伤亡和重大资产损失的先进典型。建立参与地方政治生活工作机制，明确责任区域，3人进入市级人大、政协和青联，4人进入区（县）级人大、政协；各级党组织坚持"走出去、请进来、携起手"，和地方党组织开展党建共建联建活动95次。两级领导班子召开党员领导干部民主生活会和巡视（巡察）整改专题民主生活会，班子成员严格落实双重组织生活会、党课、党建联系点等制度。研究制定加强"三基建设"等12项党建基础制度，举办三级公司党委书记培训班，组织264名项目党支部书记完成全员取证培训。

2020年，中铁七局党委纪委精准监督执纪问责，党风廉政建设和反腐败工作取得重大成果，落实"第一议题"机制，配合上级巡视、内部巡察16家单位。制定反腐败协调机制等制度，召开廉洁从业现场会、警示教育大会，开展澄清正名；制定《习近平总书记重要指示批示监督台账》等，及时监督、确保实效。盯住关键少数，定期开展谈话。开展整治违规打麻将、公务用车、发放奖金津补贴问题等；开展中央八项规定精神自查自纠、作风建设年活动，着力减轻基层负担，压减两级报表报告。加强会风会纪监督，制定作风评价办法，通报得分和排名，促进作风转变。针对违规发放奖金和津补贴、违规选人用人等问题，实行"一案双查"。制定纪委学习制度等，举办纪检干部培训班，完成纪委委员换届，实行纪检干部引进和晋升报备，严把入口关。开展纪检系统评先表彰，公开招聘纪检干部。（刘　磊　舒吉林）

【信息化建设】2020年，中铁七局企业级BIM+项目管理系统的推进工作得到了有效开展，《BIM技术在中兰客专施工中的精细化应用》获中国中铁第二届"卓越杯"BIM技术应用大赛成果银奖、第二届"联盟杯"铁路工程BIM应用大赛二等奖以及第五届中国建设工程BIM大赛二等奖等多项荣誉；《施工企业以BIM为载体的信息化平台融合管理》获2020年度中国中铁企业管理现代化创新优秀成果奖一等奖；《BIM技术在石家庄地铁2号线塔谈站的机电应用》获第二届"联盟杯"铁路工程BIM应用大赛三等奖。在现有的信息化基础上建设了云视频会议系统、无纸化会议系统以及生产调度指挥中心等多个信息化系统，有效应对疫情防控等环境下复杂的施工条件。积极响应中国中铁信息贯通工程各项文件要求，加快对基础系统的数据治理和数据迁移，并加强对所属三级单位信息管理员的培训，为各业务信息系统之间的研发和数据对接工作提供了有力的保障。（齐国璞）

【履行社会责任】2020年，中铁七局万元营业收入综合能耗（可比价）为0.0391吨标煤/万元，同期相比下降3.2178%，完成中国中铁下降3.2%的年度考核目标，资源利用率进一步提高，全年无环境责任事故和节能减排违规违纪事件。共有10个项目获"中国中铁绿色施工科技示范工程"，1个项目获"河南省建筑业绿色施工示范工程"，1项技术获"中国中铁2020年度重点节能低碳技术"。11个项目通过省级协会2020年度绿色施工示范工程和新技术应用示范工程立项。

中铁七局多次在新冠肺炎疫情、火灾、山体滑坡、暴雨、洪灾等突发事件中参与抢险救援，履行社会责任。新冠肺炎疫情期间，中铁七局积极参与武汉国际会展中心"方舱医院"隔离病房、西安市公共卫生中心项目建设；向刚果（金）国家大工程局、乌干达地区警察局等机构捐赠口罩、消毒液、洗手液、喷雾器等抗疫物资及面粉、食用油、食物、饮用水等生活物资。6月9日，广东省韶关地区因连日强降雨，造成G106沿线大面积山体滑坡，导致多处泥石流洪涝灾害，塌方尤为严重，中铁七局三公司韶关曲江大道项目迅速启动抗洪救灾应急预案，组织30余人、3辆装载机、2辆自卸车投入抢险救灾。6月28日，重庆市武隆区连降暴雨，芋荷村发生泥石流，中铁七局三公司重庆至黔江铁路站前8标项目部组织抢险救援队员20余人，1台装载机、1辆自卸车、2台挖掘机配合地方政府展开河道疏通和路面修复。2020年6月以来，湖北省武汉市经历了24年来最为漫长的梅雨期，平均降雨总量居历史第三位，受长江上游来水和下游顶托影响，武汉开发区（汉南区）长江、通顺河水位暴涨，并在短时间内迅速突破设防水位、警戒水位，中铁七局四公司汉南项目部积极参与长江支流通顺河安乐潭大堤抗洪行动，组建50人的防洪抢险突击队，调配6辆运输车辆，携带3000只编织袋、5顶帐篷及雨鞋、雨衣、救生衣、铁锹等防汛物资，装填沙袋2000余袋，沿堤岸线插置了100面警示旗帜，突击队员实行"两班倒"，进行24小时不间断安全巡查。8月，中铁七局四公司汉南项目部被武汉开发区（汉南区）防汛抗旱指挥部评为“2020年防汛守堤”活动中表现突出单位。8月3日，陕西省宝鸡市西北部地区遭遇短时大暴雨，造成西安局铁路集团公司管内保中线神裕河至火烧寨间K110+790肖家安1号隧道进口发生流泥漫道灾害，掩埋线路40余米，中铁七局路桥公司组织155名抢险人员，8台挖掘机参与抢险，历时38小时33分钟全力抢修，于8月5日8时35分消除险情。8月21日，云南省昭通市境内受强降雨影响，一块重约225吨的方形巨石从距离内六线2号中桥200米外、距轨顶高约270米处滚落，造成内六线深溪坪2号中桥K204+900处两片24米T形梁被砸断、轨道严重变形、有近200根桥枕受损无法再使用，内六线被迫全线中断，中铁七局四公司水富港项目部组织105人，携带氧割设备，调配3台挖掘机、3辆吊车、1台压路机及2台土石方运输车等机械车辆，火速赶往距离项目驻地95千米的事故现场抢险，历经近110个小时的连续奋战，线路抢修工作顺利完成。8月中下旬，受长江、嘉陵江上游四川盆地暴雨影响，洪水泛滥，重庆市江北区的红江村遭受洪水淹没情况严重，大量淤泥垃圾在居民楼、沿街商铺里堆积，8月25日至30日，中铁七局武汉公司重庆轨道交通4号线项目部及时伸出援助之手承担清淤工作，共投入290名清淤人员、1台挖机、5台装载机、8台自卸车，1台洒水车参与救援。9月2日，受持续强降雨影响，云南省昭通市延津县石门村附近，内六线铁路K241+075豆沙关1号隧道出口处山顶崩塌巨石冲破半山腰防护网，砸在林家渡横江4号大桥上，造成大桥第一跨两侧T形梁翼缘板严重受损，内六铁路全线中断行车，中铁七局四公司水富港项目部在接到协助抢险支援电话后，组织70余人组成抢险突击队奔赴抢险。9月8日，云南省昭通市境内，内六线K206+400三龙滩2号中桥第2孔左侧的32米T形梁被冲破抗滑桩和钢丝防护网的35吨重滚石撞击，梁体受损出现裂缝，危及行车安全，中铁七局四公司水富港项目部立刻召集50余人及相关物资火速驰援，历经36小时抢险，顺利完成梁体修复任务。10月21日，中铁七局郑州公司中央商务区项目部积极参加了以人文和居住环境大提升为主题的“绿城使者——小红象·社区行”志愿服务行动。

（刘亮　商泉　慎秉恒）

【领导人员】

王珂平　党委书记、董事长

张建国　党委副书记、总经理、董事（1月免）

师建军　党委副书记、总经理、董事（1月任）

何继中　党委副书记、董事

董炬洪　副总经理、总工程师、董事（5月免）

王　恺　总会计师

卢家友　副总经理

范中兵　纪委书记、监事

赵红新　副总经理

何　江　副总经理、董事

郭建群　副总经理、董事

黄树金　副总经理

袁壮丽　副总经理

曹洪超　总经理助理

董炬洪　业务经理（5月任）

杜翔斌　副巡视员

[illegible]　副巡视员、董事（[illegible]月退休）

赵德义　中国中铁专职外部董事（1月任）

郭民龙　中国中铁专职外部董事

黄江刚　监事会主席、中国中铁专职外外部监事

李国柱　职工监事

钟克生　职工监事

（郭明凯）

## 中铁八局集团有限公司

【简况】中铁八局集团有限公司（简称“中铁八局”）总部位于四川省成都市，是集建筑施工、工程勘察设计、投资及管理、工业设备制造、房地产开发、仓储物流、混凝土制品等业务于一体的国有特大型企业集团，注册资本59亿元。中铁八局持有建筑业企业资质116项，含铁路、公路、建筑总承包特级资质3项；水利水电工程施工总承包、市政公用工程施工总承包、桥梁工程专业承包、隧道工程专业承包等一级资质55项。中铁八局下辖9个全资子公司、3个分公司（含勘察设计研究院）、7个区域指挥部、1个国家级技术中心。现有员工近1.1万人，其中，一级建造师900余人，教授级高级工程师、高级经济师60余人，拥有高级、中级专业技术及管理人员近7000人。中铁八局保有各类施工设备6000余台（套），年施工能力650亿元以上。在高速铁路、城市轨道交通、长大隧道、高等级公路、高层建筑、新型桥梁、深水基础、水利水电等方面居行业领先地位。中铁八局是高铁建设的领军企业。主建中国第一条高铁遂渝线无砟轨道综合试验段，参与创立中国高铁建设标准体系，主编或参编了多项高速铁路建设技术标准规范。主要技术成果“遂渝线无砟轨道关键技术及应用研究”获得国家科技进步奖一等奖，完成了中国高铁“引进技术—中国制造—中国创造”的跨越式发展，形成了自主知识产权。

（雷成寰）

【主要指标】2020年，中铁八局新签合同额、营业额、营业收入、经营性现金流等四项指标再创新高。全年完成新签合同额1030.03亿元，为股份公司年中调整计划1020亿元的100.98%，同比增长39.53%，完成率在中国中铁18个工程局中排名第6位；完成营业收入374.81亿元，为股份公司年度计划368亿元的101.85%，同比增长16.99%；实现经营性净现金流25.39亿元，连续四年完成股份公司下达的奋斗或挑战目标。

（马春芝　王涛）

表 13-8　2019—2020 年中铁八局集团有限公司主要经济指标

| 项目 | 2019 年 | 2020 年 | 增长率 /% |
|---|---|---|---|
| 资产总额 / 亿元 | 362.12 | 346.08 | -4.43 |
| 所有者权益 / 亿元 | 82.80 | 85.43 | 3.18 |
| 营业收入 / 亿元 | 320.37 | 374.81 | 16.99 |
| 利润总额 / 亿元 | 6.77 | 10.22 | 50.96 |
| 净利润 / 亿元 | 5.56 | 8.41 | 51.26 |
| 归属于母公司所有者的净利润 / 亿元 | 5.58 | 8.42 | 50.90 |
| 技术开发投入 / 亿元 | 3.03 | 4.09 | 34.98 |
| 利税总额 / 亿元 | 15.40 | 18.53 | 20.32 |
| 应交税金总额 / 亿元 | 8.63 | 8.31 | -3.71 |
| 全员劳动生产率 /［万元 /（人·年）］ | 0 | — | — |
| 净资产收益率 /% | 6.96 | 10.00 | 增加 3.04 个百分点 |
| 总资产报酬率 /% | 2.27 | 3.02 | 增加 0.75 个百分点 |
| 国有资本保值增值率 /% | 107.26 | 110.26 | 增加 3 个百分点 |

制表：王　涛

【职工队伍】截至 2020 年 12 月 31 日，中铁八局共有员工 10409 人，其中，干部 6644 人，占员工总数的 63.83%；工人 3765 人，占员工总数的 36.17%。学历结构：博士研究生 1 人，硕士研究生 119 人，占干部总数的 1.81%；大学本科 4901 人，占干部总数的 73.77%；大学专科 1199 人，占干部总数的 18.05%；中专 286 人，占干部总数的 4.3%；高中及以下 138 人，占干部总数的 2.08%。年龄结构：30 岁及以下 2321 人，占干部总数 34.9%；31~35 岁 1198 人，占干部总数的 18.03%；36~40 岁 708 人，占干部总数的 10.66%；41~45 岁 621 人，占干部总数的 9.35%；46~50 岁 810 人，占干部总数的 12.19%；51~55 岁 567 人（其中女性 131 人），占干部总数的 8.53%；56 岁及以上 419 人，占干部总数的 6.31%。执业结构：截至 2020 年末，拥有一级注册建筑师 5 人，一级注册结构工程师 3 人，注册土木工程师（岩土）3 人，一级注册建造师 704 人，注册造价工程师 95 人，注册监理工程师 8 人，注册安全工程师 115 人，注册公用设备工程师 4 人，注册质量工程师 5 人，注册咨询工程师 4 人，注册测绘师 4 人，注册会计师 4 人，企业法律顾问 26 人。（徐　江）

【主要技术设备】截至年末，中铁八局施工设备保有量 4598 台（套），设备原值 21.5515 亿元，设备净值 7.3471 亿元，新度系数 0.34。2020 年，发生机械事故 0 件。计划大修 10 台，完成 6 台，大修金额 350 万元。特种设备定检计划 77 台，完成 75 台，其他 2 台未使用，在用设备定检完成率 100%。（樊春刚）

【工程施工】2020 年，中铁八局在建项目总计 321 个，含新开工项目 80 个，完工项目 69 个。其中，铁路项目 61 个，路外项目 260 个。路外项目含海外工程在建项目 15 个（市政项目 12 个、房建 2 个、水利水电 1 个）、公路项目 33 个、房建项目 99 个、市政项目 84 个、轨道交通项目 38 个、水利水电项目 6 个。

2020 年，中铁八局参与建设的渝怀铁路涪秀二线鱼嘴站商品物流基地、渝怀铁路涪秀二线、广州新白广城际轨道交通、重庆珞璜铁路专用线的 4 个项目如期开通。按照信用评价冲 A 级目标的总体要求，中铁八局修订了《中铁八局铁路工程项目信用评价考核办法》和《中铁八局参与股份公司投资建设项目和总承包施工项目内部项目信用评价考核办法》，使信用评价工作做到“奖罚对等”原则、压实主体责任。（林海波）

【改革发展】中铁八局拥有各类建筑业企业资质 118 项，拥有一级建造师 885 人（不含双专业或多专业，按人数统计），2020 年中铁八局在四川省 100 强企业中排第 21 位。

2020 年 4 月实施业务整合，优化配置中铁八局一公司、二公司、原桥梁公司、城通公司部分施工业务及相应资源，将原中铁八局桥梁公司更名为“中铁八局七公司”，构建其“综合施工为主、制品专业为辅”的业务架构，补齐中铁八局一公司、二公司铁路桥梁预制生产的业务短板，增强中铁八局城通公司地铁管片生产的规模发展配套能力。2020 年 12 月对 2 家四级公司实施管理整合，将中铁八局城通公司管理的昆明兴铁公司整体移交中铁八局七公司，进一步提高资源配置效率。深化企业压减工作，促进瘦身健体提质增效。2020 年中铁八局注销 3 户法人企业及 11 户分公司。（张　桀）

【经营指标】2020 年，中铁八局完成新签合同额 1030.03 亿元，为股份公司下达年中调整计划 1020 亿元的 100.98%。较 2019 年同期 738.24 亿元增加 291.79 亿元，增幅为39.53%。其中，完成国内建筑工程新签合同额940.73亿元，较2019年同期651.54亿元增加289.19亿元，增幅44.39%；完成海外业务新签合同额35840万美元，较2019年同期26879万美元增加8961万美元，增幅33.34%；完成房地产业务新签合同额16.98亿元，较2019年同期30.28亿元减少13.3亿元，减幅43.92%；完成工业、勘察设计、物资贸易和其他经营共计47.24亿元，较2019年同期37.88亿元增加9.36亿元，增幅24.71%。（马春芝）

【科技创新】2020年，中铁八局共完成局级科技成果29项，通过省部级科技成果评审及鉴定10项，其中2项达到国际先进水平、2项达到国内领先水平、6项达到国内先进水平；获得省部级科技进步奖7项，其中获中国铁道学会科技进步奖二等奖1项、中国施工企业管理协会科技进步奖二等奖2项、中国铁路工程集团公司科技进步奖一等奖2项、二等奖2项；申请国家专利受理147项，其中发明专利受理46项；获国家专利授权115项，其中发明专利授权7项，截至年末累计获得国家专利授权463项，其中发明专利92项；获得软件著作权9项，累计获得软件著作权54项；主参编国家行业标准规范2项，累计主参编国家行业标准规范47项；获得中国施工企业管理协会工程建设行业互联网发展最佳实践案例2项、优秀实践案例1项。

2020年，中铁八局获股份公司以上的省部级科技进步奖7项，其中《纵连架桥机拆除多孔桥梁关键技术研究》获中国铁道学会科技进步奖二等奖；《大跨度钢管混凝土拱桥施工关键技术研究》《复杂地质条件下大跨度连拱隧道施工关键技术研究》获中国施工企业管理协会科技创新成果奖二等奖；《高速铁路大跨度连续刚构钢管拱桥及无砟轨道综合施工技术研究》《高速铁路路基变形控制关键技术与应用》获中国铁路工程集团有限公司科技进步奖一等奖，《双线重载铁路大跨度简支钢桁梁无支墩架设关键技术研究》《FBBR工艺污水处理厂综合建造技术研究》获中国铁路工程集团有限公司科技进步奖二等奖。（赵代强）

【工程创优】2020年，中铁八局获国家级优质工程奖4项，其中中铁八局城通公司参建南宁市轨道交通3号线一期施工总承包02标土建15工区获得中国建设工程鲁班奖；中铁八局建筑公司参建贵州国际旅游体育休闲度假中心白晶谷3组团一期酒店（安纳塔拉酒店）获得国家优质工程奖；中铁八局二公司参建新建拉萨至日喀则铁路获得中国土木工程詹天佑奖；中铁八局电务公司成都地铁7号线信号系统安装工程获得中国安装之星。全年共获省部级优质工程奖20项。中铁八局参与建设的成都市成华区致力路下穿隧道，中铁瑞景汇项目，广佛江快速通道江门段（五邑路至三江）主辅道工程，成都地铁5号线一期、二期工程高升桥站土建工程，大理市洱海环湖截污工程—大理镇片区获全国用户满意工程5项。获省市级安全标准工地16个，股份公司级安全标准工地10个。中铁八局二公司、中铁八局三公司、中铁八局房开公司获全国用户满意企业3家，中铁八局获中央在川企业安全生产工作先进单位，企业品牌影响力持续提升。（胡芬蓉）

【党建工作】2020年，中铁八局党委以习近平新时代中国特色社会主义思想为指导，贯彻落实党的十九大，十九届二中、三中、四中、五中全会和中央经济工作会，中纪委五次全会，中国中铁系列会议精神，紧密围绕企业改革发展中心大局，全力推进提升本系统基础工作质量，攻坚克难，统筹兼顾，积极作为，主动担当，各项工作有序推进。全年收集上报各类政工信息、调研报告156条（篇），其中，7条政工信息、1篇调研报告被股份公司《中国中铁简报》采用，2条政工信息被股份公司推荐上报国务院国资委，5条政工信息被四川省国资委采用，2条政工信息由四川省国资委报送四川省委、国务院国资委并予以采用，年度政工信息工作排名股份公司46家子分公司前列。

组织工作　截至2020年12月31日，中铁八局共有党员4451名，党组织362个，其中，党委13个、党总支21个、党支部328个。2020

所属单位

▲由中铁八局负责施工的汕揭高速北环大道高架桥

▲2020年2月，中铁八局驰援贵州省将军山医院建设

▲中铁八局开展以“不忘初心、牢记使命”主题教育志愿服务为主题的走访帮扶志愿活动

年，中铁八局按照股份公司党委、四川省国资委党委有关要求，对补缴党费使用管理情况进行了自审并上报。经统计，2020年中铁八局党委共计收缴党费4212188.07元。除按规定上缴上级党组织1381843元外，重点用于帮扶慰问生活困难党员及老党员、拨付一定数额的党建活动经费、开展党员教育等方面，累计支出1932855.18元，截至年末党费专用账户累计结存党费10647721.55元。

新闻宣传工作　围绕“聚焦基础基层基本队伍，突出效果效率效益导向”工作主题，结合新冠肺炎疫情防控、生产一线复工复产和专项劳动竞赛活动，2020年，中铁八局网站刊发新闻1347条，编发《工程之声》报23期，推送微信881条，发布抖音95条，制作各类展板76块，制作电视片6条，编纂印刷《中铁八局年鉴（2020）》，启动《中铁八局年鉴（2021）》编撰工作。持续加强与各新闻媒体的沟通与联系，建起立体宣传网络。2020年共在中央级媒体刊稿743条（其中中央级主流媒体374条），地市级及以上媒体刊稿2800余条。制定下发了《关于做好2020年春节期间新闻宣传和舆论引导工作的通知》，进一步深化网络舆情监督值班制度，成功处置了13起舆情事件，有效维护了企业形象。

全年，中铁八局共组织党委中心组理论学习6次，充分运用微信公众号平台、“学习强国”平台、“云听”平台等载体，有效提升自学效率；利用举办“巴炬大讲堂”契机，邀请3名专家对中央精神和政策法规进行学习传达；制定了学习宣贯党的十九届五中全会精神实施方案，掀起了学习贯彻十九届五中全会精神，凝聚奋进力量的热潮；紧密围绕企业生产经营中心工作，不断加强调查研究，提高课题研究质量，形成了系列政研成果。截至年末，中铁八局在《中国中铁党建》《学习与探索》《四川国资》《企业文明》等刊物累计发表调研文章38篇。

（王　良　蒋昌丽　雷成富）

【纪检监察工作】2020年，强化政治监督、抓实抓细日常监督、深化再监督，推动各级党组织逐级签订党风廉政建设责任书389份；监督推进脱贫攻坚、防疫与复工复产、防洪防汛、“四个专项整治”、“廉洁之路”建设，坚决做到“两个维护”；加强对选人用人、推优评先的监督力度，规范党风廉政建设回复，对57名个人和6个集体亮了“红灯”；推动巡视巡察反馈问题整改320项，挽回直接经济损失251.84万元，问责26人次；对8个重点亏损项目开展排查，挽回直接经济损失约2000万元；研究制定职能部门向纪检组织移交问题线索管理办法，移交问题线索60条。推进作风建设，开展各类监督检查156次，发送廉洁信息3.14万余条，对关键场所开展明察暗访713次；查处违反中央八项规定精神问题2起，处理2人；2156名干部签订了抵制违规“打麻将”承诺书。一体推进“三不”建设，立案审查38件，结案36件，给予党纪政纪处分56人次，深化运用“四种形态”处理153人次；协助制定修订完善制度办法39项；通报内部典型案例13件（115件次）；系统梳理2019年来巡察、审计发现问题及执纪审查涉及的12个系统的146个典型问题及案例，分发相关系统开展警示教育；组织开展系列警教活动944场次，覆盖2.28万余人次。推进纪检监察体制改革，中铁八局纪委与党委巡察办实现分设，设立机关纪委，监督指导12家三级企业完成纪检监察改革；主动到重庆市纪监委沟通，实现了与所属企业驻在地纪监委建立沟通衔接工作机制全覆盖；督促各级党组织在271个党支部班子成员中选配纪检委员；全年集中教育培训纪检干部140人余次。

（石　实）

【工会工作】2020年，中铁八局共计投入“三工”建设资金7600余万元，实现了一线职工体面劳动、舒心工作、全面发展，筹集“送温暖”资金312万元，慰问了困难职工、劳模先进、老干部、离退休人员和一线职民工；筹集“送清凉”资金299万元，确保一线员工平安度夏。金秋时节，全局共计资助132名困难职工子女，发放助学金52万元；下拨“冬季项目送温暖”慰问金51万元，为高原寒冷地区项目职工添置保暖御寒物品。表彰了14个女职工先进集体（组织）、20名先进女职工工作者和10名“三八红旗手”，连续4年获得全国“书香三八”读书活动优秀组织奖及四川省“玫瑰书香”活动优秀组织奖；深入推进双争活动，中铁八局七公司工会获评全国模范职工之家，1名个人获评全国优秀工会工作者，1名同志获评四川省优秀工会工作者；表彰了一批中铁八局模范职工之家、模范职工小家、优秀工会工作者和工会积极分子。

2020年，中铁八局工会共计发表工会信息201条（省部级以上媒体83条）、新闻稿件296条（省部级以上媒体75条），发表调研文章6篇（省部级以上媒体2篇）。2020年，中铁八局共有52名个人获得股份公司劳模及以上先进表彰，52个集体获得股份公司及以上先进表彰。其中，1人获得全国劳动模范、6人获得省级劳动模范、4人获全国五一劳动奖章、2个集体获全国工人先锋号。（张兴才）

【共青团工作】截至年末，中铁八局团委下辖9个团委，2个团工委，164个团支部。中铁八局共有青年团员4151人，其中团员1171人；中铁八局共有团干部521人，其中专职团干部11人。

中铁八局二公司设备管理中心获四川省“青年文明号”；中铁八局城通公司彝族盾构机维保班班长倮伍克的子获中国中铁第九届“十大杰出青年”称号；中铁八局12个集体分别获股份公司“青年文明号”“五四红旗团委”“五四红旗团支部”“优秀青年安全监督岗”称号；30名个人分别获股份公司“优秀团干部”“优秀团员”“优秀青年志愿者”“优秀青安岗员”称号。全面积极参与防疫复工工作，在中铁八局共组建“防疫复工”青年突击队82支，青年志愿者团队102个，参与项目复工防疫和地方政府防疫工作。（郑彧）

【履行社会责任】2020年1月24日，贵州省启动突发公共卫生事件一级响应，按照贵州省委、省政府工作安排部署，贵阳市需参照武汉火神山、雷神山医院模式，在最短时间内建成贵阳市公共卫生救治中心（将军山医院）。中铁八局三公司积极履行社会责任，在项目建设过程中，施工人员采取“白加黑”、“5+2”、“两班倒”、24小时不停歇的工作模式，克服交通管制、物资紧张、人员不足等重重困难，充分发扬不怕苦、不怕累的战斗精神，高质量、高标准、高效率完成了将军山医院建设任务。（雷成宸）

【领导人员】

刘胜尧　党委书记、董事长
吴家兴　党委副书记、总经理
钟　俊　党委副书记、纪委书记
郭相武　副总经理、总工程师
董冲锋　副总经理、总法律顾问、董事会秘书，西北指挥部指挥长
左兴明　副总经理、工会主席
陈守忠　副总经理、总经济师
东北指挥部指挥长
喻修正　副总经理
栾宏源　副总经理，华东指挥部指挥长
张　峰　副总经理，华北指挥部、华中指挥部指挥长
方开信　总会计师（8月任）
张俊峰　业务经理（9月任），华南指挥部指挥长
副总经理（9月免）
李　俊　党委副书记、副总经理（8月调离）
王国明　副总经理、总会计师（5月调离）（徐江）

## 中铁九局集团有限公司

【简况】中铁九局集团有限公司（简称“中铁九局”）是一家集工程设计、施工、科研、投资和海外工程于一体的多功能、大型中央建筑企业，是中国中铁股份有限公司的全资子公司，年施工能力500亿元以上。按照国务院部署，由原沈阳铁路局所属的沈阳铁路工程建设集团有限公司、锦州工程（集团）有限责任公司和吉林建设工程集团有限公司三家施工企业重组而成，于2003年12月26日正式挂牌成立。

中铁九局总部位于沈阳，下设6家全资子公司、3家分公司。此外，在马来西亚、沙特阿拉伯、刚果（金）、匈牙利、白俄罗斯、厄瓜多尔、委内瑞拉、玻利维亚和巴拿马等15个国家设立了21个境外机构。现有员工9078人，其中，各类管理人员5650人，占在册职工人数的62.2%；作业人员3428人，占在册职工人数的37.8%。现有各类专业技术人员5602人，其中，正高级职称32人、副高级职称1000余人、中级职称2000余人、中级以下职称2500余人；取得国家各类执（职）业资格证书的有1200余人。

中铁九局拥有铁路工程、公路工程、建筑工程、市政公用工程四项施工总承包特级资质，是东北地区唯一“四特级”建筑施工企业。同时还拥有机电工程施工总承包一级资质；桥梁工程、隧道工程、钢结构工程、公路路基工程、公路路面工程和铁路铺轨架梁工程专业承包一级资质等20余项。拥有各类设备7282台（套），资产原值25亿元以上，总功率52万千瓦，其中，国内保有大型专用施工设备108台（套），拥有13台地铁盾构机及后配套，多套客专箱梁制运架等设备；境外保有大型施工机械1491台（套），主要集中在矿山剥离、公路施工等基建领域。

中铁九局承建的工程项目分布在全国31个省、自治区、直辖市。同时，公司积极“走出去”，广泛参与“一带一路”建设，先后在24个国家和地区开展基础设施建设。截至2020年末，中铁九局共获得中国建设工程鲁班奖8项，中国土木工程詹天佑奖3项，国家优质工程7项，省部级优质工程奖126项（包含省级优质工程奖28项，“中国中铁杯”优质工程奖98项）。主编国家行业标准2项、参编5项。获国家和省部级科技进步奖69项、国家级工法10项、省部级工法239项（含

股份公司18项）。有效发明及实用型专利176项（其中发明专利24项）。

（马惠艳　贾维强　张艳　焦自香　高鑫磊　张军美）

【主要指标】2020年，中铁九局全年完成新签合同额757.74亿元，同比增长61.5%，完成股份公司指标750亿元的101.03%，创中铁九局历史新高；完成营业收入195.48亿元，同比增长15.77%，完成股份公司指标194亿元的100.76%。此外，经营性现金流连续六年保持正向，"两金"期末余额96.45亿元，控制在股份公司99.5亿元预算指标范围内。

（孙化东）

【改革发展】深入推进"双百行动"综合改革，稳步实施市场化机制创新和全面加强党的建设等工作，进一步释放了发展活力。打响组织能力提升攻坚战，深入开展"价值型"总部建设，突出抓好总部"去机关化"和"放管服"，实现总部后台管控与服务能力明显提升。深入落实"五给五有"总体规划，打好三级公司建设攻坚战，2020年向三级公司增资和拨付所属共计11.23亿元，调整补强领导人员53名。中铁九局二公司历史性搬迁至四川成都，中铁九局四公司、中铁九局六公司、中铁九局大连分公司营业额均超过40亿元。狠抓"瘦身健体"，两级总部累计压减233人，初步实现了管理机构的精干高效。首次召开中铁九局分包企业管理大会，坚持共生共赢理念，一大批优秀分包企业加速培育。深化激励约束机制建设，首次开展中铁九局总部绩效考评，优秀员工绩效工资最高的超过了同岗员工的30%，起到了激励先进、鞭策后进的作用。深入落实国资委、股份公司关于退休人员社会化管理及厂办大集体改革有关要求，完成全部退休人员社会化移交，累计移交退休人员7912人。基本完成厂办大集体改革，完成集体企业工商核准注销9户，完成集体企业改制9户；完成集体职工安置2017人，实现职工安置率98.1%。

（王连军）

【重大项目】2020年，中铁九局共召开董事会会议4次，均为现场会议，共形成决议69项，审议听取专题报告13项。其中决议涉及内容为：企业战略管理、企业经营管理、行政工作报告、财务预决算、利润分配、人事任免、PPP项目投资、资产购置、机构设置、基本管理制度、人力资源管理、薪酬管理、内控与风险管理、董事会管理等方面内容。

深入实施经营优先战略，持续推进区域经营、协同经营、立体经营和高端经营，深耕区域市场，创新经营模式，区域经营结构和综合能力实现有效提升。在传统优势区域，中标了沈丹客运专线本溪枢纽、丹东站工程TJ-4标段、沈阳地铁四号线一期工程土建施工第十六合同段及第十七合同段、哈尔滨机场第二通道迎宾路高架工程（省道老机场路改造）一期等工程；在传统市场方面，成功中标了合肥市轨道交通4号线、5号线工程机电系统（风、水、电）安装及装修总承包项目8标及13标、新建济南至郑州铁路（聊城段）三电迁改JZQG标段施工总价承包项目、新建汉中至巴中至南充铁路南充至巴中段等项目；积极配合股份公司各投资平台，成功中标了甘其毛都至海流图段高速公路、岑溪—大新公路横县至南宁段、炉红山至慈利高速公路2标段、云南勐绿高速公路项目11标、G577线精河至伊宁县公路工程5标、延吉至长春高速公路大蒲柴河至烟筒山段DYSJ02标段、西安市地铁10

▲2020年6月18日，中铁九局与鸡西市人民政府"云"签订战略合作协议

号线一期工程施工总承包项目3标段5工区、临沧职业学院工程等重点项目。在创新经营模式方面，成功运作了自主经营投资的新建潍坊至烟台铁路站前工程WYTLSG-5标段项目，通过深化政企合作成功中标黑龙江省鸡西市系列工程。

认真落实习近平总书记在京雄城际项目连线讲话精神，勇当开路先锋，参与建设的新建北京至雄安城际铁路站前工程JXSG-7标段工程和雄安站枢纽片区市政道路、综合管廊、排水管网系统（一期）工程涉铁部分如期完工。陕西省清涧至子长高速公路工程土建8标、昆明地铁4号线10标工程和青岛地铁1号线北段通车运营。深入落实主体责任，加大后台管控力度，苏州市轨道交通6号线工程土建施工项目（第二批）园区段VI-TS-12标盾构区间顺利贯通，宜宾至威信高速公路工程Ⅳ标段、哈尔滨机场第二通道迎宾路高架工程（省道老机场路改造）一期、沈阳中德园基础及公共设施建设PPP项目和刚果（金）矿建等项目快速推进。

（王　帅　于阔海）

【走向海外】2020年，中铁九局坚决贯彻“两稳、两争、两保”要求，实现海外新签合同额6.78亿美元，完成营业额3.1亿美元。中铁九局参与建设的“一带一路”项目匈塞铁路（匈牙利段）项目正式开工。近年来，中铁九局在亚洲、欧洲、美洲、非洲形成了以马来西亚、沙特、刚果（金）为“三点”、以俄罗斯、白俄罗斯、塞尔维亚、匈牙利为“一线”和以巴拿马、委内瑞拉、厄瓜多尔、秘鲁、玻利维亚为“一面”的“三点、一线、一面”海外市场布局，市场滚动发展、外经业务创新拓展有序推进中。连续8年被中国对外承包商会评定为企业信用等级AA级，进一步巩固了外经优势和品牌信誉。2020年，中铁九局加快海外体制机制改革步伐，从机构设置、制度建设、平台互动等层面进行了重新架构，为海外高质量发展和转型升级奠定了坚实基础。

（孙媛媛）

【重大创新】认真落实国家创新驱动发展战略，大力推动企业科技创新，积极推进科技成果转化，全年共获得技术发明与科技进步奖9项，省部级工法49项（含股份公司8项）。加强知识产权建设，加快海外知识产权布局，全年共获得专利授权89项（其中海外专利5项）。获得辽宁省第一届专利奖1项，吉林省专利优秀奖1项。围绕建筑工业化、数字化、智能化升级为主题，以股份公司科技创新指南为指引，在铁路、公路、市政等主专业深度挖掘，在轨道智能制造、高速铁路、高桥墩、装配式结构施工等建造技术方面取得新成就，继续保持国内先进水平。轨道板智能制造研发中心代表中铁九局申报股份公司实用技术成果创新大赛和国资委举办的中央企业熠星创新创意大赛，提升了企业知名度。

（张军美）

【工程创优】大力弘扬品质取胜和本质安全理念，2020年，中铁九局共获得各类工程奖项53项，其中南宁地铁项目获得中国建设工程鲁班奖，石家庄市城市轨道交通1号线工程、西安市地铁4号线工程获得国家优质工程奖，四平市东丰路上跨铁路立交桥等7项工程获得国家优秀焊接工程奖。强化施工技术引领，昆山路高架桥转体施工创3项国内之最，轨道板智能制造技术持续保持国内领先水平。高度重视项目创誉，股份公司内部信用评价获得A类第2名，铁路信用评价再次进入A类、为A类第9名，公路信用评价连续多年保持A类，企业市场信誉不断提升。充分把握政策契机，全年取得企业资质19项，并在通信、智能和环保等领域取得新突破。

（高鑫磊）

【企业文化】结合中铁九局实际，提炼形成了“争先、务实、创新、共赢、致远”核心价值观，持续做好宣传推广，引导广大员工学习践行，构建企业核心价值体系。深入贯彻落实习近平总书记关于勤俭节约的重要指示精神，深入落实股份公司“勤俭办企业十不准”和中铁九局“三反对三提倡”要求，大兴“勤俭节约”之风、坚决杜绝铺张浪费，有效减少了非生产性支出。全面推行企业理念、视觉和行为识别系统等标准，重点抓好中国中铁标识等核心内容应用，抓好中国中铁企业理念学习宣传。以学习党和国家重要会议精神、业务知识、先进典型事迹、道德模范等内容为重点，加强道德讲堂建设，5家讲堂获“2019年度中国中铁示范道德讲堂”称号；利用企业自有媒体做好先进典型选

▲中铁九局承建的石家庄市城市轨道交通1号线获国家优质工程奖

树和宣传，营造争先争胜氛围。

（吴　楠）

【党建工作】坚持以习近平新时代中国特色社会主义思想为指导，深入学习贯彻落实党的十九大精神和习近平总书记重要指示批示，不断巩固和拓展“不忘初心、牢记使命”主题教育成果，以高质量党建引领企业高质量发展。贯彻两个“一以贯之”，中铁九局党委常委会前置研究生产经营重大问题 73 项，“把方向、管大局、保落实”有效发挥。严格落实党管干部、党管人才的政治责任和国有企业领导人员“20 字”标准，完善落实选人用人和干部考核管理机制，努力建设忠诚干净担当的干部队伍。全面落实党要管党、全面从严治党要求、中央八项规定精神和中铁九局“32 条”具体规定，持续开展违规打麻将问题、领导干部违规插手干预重要事项、化公为私问题等专项整治工作，召开警示教育大会，对违规违纪典型问题进行通报，有力维护了风清气正的发展环境。按照“四同步、四对接”要求，以“三基建设”为抓手，完善基层党组织设置，扎实推进“三支队伍”建设，持续开展“提质增效党旗红、共产党员当先锋”党内主题实践活动，进一步提升了党建工作质量。坚持企业发展成果更多惠及职工群众，投入 2600 余万元，为职工办了“十件实事”，职工工作环境和生活质量不断提高，归属感和幸福感进一步增强。

（张　超）

【信息化建设】建立中铁九局调度信息指挥中心平台，加强对重点项目的施工监控和线上监管，完善工期预警机制。高标准运行财务共享中心，统一审批流程、统一审批权限、统一审核标准，将以前的线下业务审批模式整合到共享平台，推动会计处理实现标准化和自动化。同时，进一步加强了资金集中管理，有效防范了企业风险。企业大学积极创新培训方式，有力提升了员工素质，网络直播课堂的影响力不断增强。2020 年，共组织、推动各公司培养 BIM 技术人员 240 余人次，在深圳地铁、苏州地铁、宜威高速等 10 个重点项目中开展 BIM 技术应用。全年获得各类 BIM 奖励共 11 项。《基于 BIM 的数字化加工与安装在超大吨位转体斜拉桥中的应用研究》获得中国交通运输协会科学技术奖三等奖。在第二届中国中铁“卓越杯”BIM 大赛技能赛中，中铁九局获得团体第二名，参赛的 4 名选手均进入股份公司 20 强；在中华人民共和国第一届职业技能大赛中，中铁九局选手代表辽宁省参赛，获得建筑信息建模项目优胜奖。

（陈　旭　马仲举）

【履行社会责任】作为驻地央企，中铁九局践行基建国家队、振兴主力军的政治责任，在辽宁影响力迅速提升，中铁九局主要领导高票当选辽宁省人大代表。高度重视施工过程中的节能环保工作，采取多项措施降低企业能源消费，提高绿色建造水平。2020 年，中铁九局万元营业收入综合能耗（可比价）为 0.0432 吨标煤 / 万元，较 2019 年降低 3.57%，全年共创建中国中铁绿色施工科技示范工程 4 项，申报中国施工企业管理协会工程建设项目绿色建造（施工）水平评价项目 2 项，《单线铁路箱梁节段预制与拼装技术》等 4 项成果获评中国中铁节能低碳技术。2020 年，中铁九局向有关单位及地方防疫机构捐赠防疫物资并积极投入疫情防控工作，共捐款 51 万余元，捐赠口罩近 26 万只，医用手套 1 万双，84 消毒液 80 升、消毒酒精 20 升，自发成立疫情防控党员先锋队，积极投入地方疫情防控工作。参与四川凉山州西昌市经久乡马教村森林火灾、K7384 次列车行至锦州至承德线朝阳西站至大平房站间脱轨事故、山西省太原古交市河口镇六家河镇突发的森林火灾、成都市暴雨、内江市洪水、延吉水害、哈尔滨暴雪等抢险工作，保障了铁路大动脉畅通和人民生命财产安全。

（刘　洋）

【领导人员】

| | |
|---|---|
| 赵中华 | 党委书记、董事长 |
| 赵金祥 | 党委副书记、总经理 |
| 周文明 | 副总经理 |
| 刘海东 | 总工程师 |
| 王贺彩 | 总会计师、总法律顾问 |
| 刘长城 | 副总经理（5 月免，调离） |
| 彭　齐 | 副总经理 |
| 金　耀 | 副总经理 |
| 王学军 | 副总经理 |
| 王学东 | 党委副书记、工会主席 |
| 王志山 | 副总经理 |
| 邵国强 | 副总经理（5 月免，调离） |
| 沙首伟 | 党委常委、纪委书记（7 月任） |

（张　艳）

## 中铁十局集团有限公司

【简况】中铁十局集团有限公司（简称“中铁十局”）是以工程施工总承包为主的跨国跨行业经营的特大型企业集团，是中国中铁旗下骨干成员单位。2003 年 12 月 26 日，根据国资委、原铁道部《关于将铁道部第二第三勘察设计院等 22 户企业划转中国铁路工程总公司有关问题的批复》（国资改革函〔2003〕373 号）以及中国铁路工程总公司《关于筹备成立中铁十局集团有限公司的通知》（中铁程劳〔2003〕385 号），在原济南铁路工程（集团）有限责任公司、中铁三局集团第三工程有限公司、中铁四局集团第三工程有限公司基础上重组成立，总部设在山东省济南市。

中铁十局下设 21 家子、分公司，主要分布在济南、南京、郑州、西安、合肥、广州、天津、青岛、苏州等经济发达城市，以及拉美、东非、南亚等地区。主要子企业有中铁十局一公司、中铁十局二公司、中铁十局三建公司、中铁十局四公司、中铁十局五公司、中铁十局七公司、中铁十局八公司、中铁十局青岛公司、中铁十局城轨公司、中铁十局建筑公司、中铁十局电务公司、中铁十局投资公司、中铁十局物贸公司、中铁十局三公司、中铁十局康养公司、中铁十局物业公司、中铁十局拉美公司、中铁十局非洲公司、中铁十局亚太公司、中铁十局设计院、中铁十局运管公司。

中铁十局拥有各类资质81项，包括总承包资质39项，专业承包资质42项。其中，铁路工程、市政工程、建筑工程（2项）、公路工程（2项）共计6项工程总承包特级资质；铁路行业、市政行业、建筑行业（2项）、公路行业（2项）共计6项甲级工程设计资质。水利水电工程总承包一级，桥梁、隧道、铁路铺轨架梁、环保、钢结构、铁路电气化、路基、路面工程等专业承包一级，拥有对外承包工程资格证书和对外援助成套项目A级资质。

中铁十局承建的项目，先后获得中国建设工程鲁班奖（国家优质工程）、中国土木工程詹天佑奖、国家优质工程奖等国家级优质工程奖30项，"泰山杯""扬子杯""龙江杯""黄山杯"等省部级优质工程奖202项。获得国家级工法13项，省部级工法237项，专利授权699项。中铁十局通过了"质量管理体系""环境管理体系""职业健康安全管理体系"认证，先后被授予"全国优秀施工企业""全国优秀诚信企业""全国精神文明建设工作先进单位""全国公路行业优秀施工企业""全国质量效益型先进施工企业""重合同守信用企业""全国科技进步与技术创新先进企业""山东省企业文化建设十佳单位""山东省劳动关系和谐企业""富民兴鲁劳动奖状"等称号，连续多年保持山东省"最佳信贷诚信企业"称号。

中铁十局注册资本金38.36亿元，资产总额351亿元，年施工能力600亿元以上。截至2020年末，职工总数14730人，中级职称及以上专业技术人员5722人，高级专业技术人员1557人，其中，正高级职称78人、副高级职称1479人、一级建造师1162人、享受国务院政府特殊津贴3人。保有各类自有设备5854台（套），设备原值23.72亿元，设备净值9.36亿元，总功率53.47万千瓦。技术装备率6.61万元/人；动力装备率37.76千瓦/人。综合完好率93.3%、利用率89.09%。

（刘连波　邵礼斌　方正山　王成林）

【主要指标】2020年中铁十局实现归属于母公司所有者的净利润8.54亿元，同比增长4.91%；经营现金净流量29.55亿元，连续两年持续高位；资产负债率由年初的79.69%下降至77.37%。（李　哲）

**表13–9　2019—2020年中铁十局集团有限公司主要经济指标**

| 项目 | 2019年 | 2020年 | 增长率/% |
|---|---|---|---|
| 资产总额/亿元 | 327.30 | 350.86 | 7.20 |
| 所有者权益/亿元 | 67.61 | 79.41 | 17.45 |
| 营业收入/亿元 | 464.00 | 540.00 | 16.38 |
| 利润总额/亿元 | 8.73 | 10.27 | 17.64 |
| 净利润/亿元 | 8.37 | 8.73 | 4.30 |
| 归属于母公司所有者的净利润/亿元 | 8.14 | 8.54 | 4.91 |
| 技术开发投入/亿元 | 7.97 | 13.11 | 64.49 |
| 利税总额/亿元 | 24.59 | 27.43 | 11.55 |
| 应交税金总额/亿元 | 15.86 | 17.16 | 8.20 |
| 全员劳动生产率/［万元/（人·年）］ | 38.28 | 31.98 | −16.46 |
| 净资产收益率/% | 13.20 | 11.88 | 减少1.32个百分点 |
| 总资产报酬率/% | 3.72 | 2.57 | 减少1.15个百分点 |
| 国有资本保值增值率/% | 112.50 | 105.62 | 减少6.88个百分点 |

制表：李　哲

【改革发展】纵深推进企业改革。推进"总部去机关化"，压缩定员定编，两级公司总部分别减员22%和15.4%，总部实行大部制、大科室办公，职能部门内设部（科）室压减率32%，三级公司本部职能部门数量压减率25%，全解重聘一般管理人员，建立总部一般员工岗位退出机制，加速队伍年轻化进程；健全薪酬及考核体系，加强营销考核和三级公司考核，合理下达预算目标，调动管理积极性，完善总部绩效考核体系，扩大量化考核部门范围，将专项考核工作完成情况与各部门业绩挂钩；完成退休人员社会化管理工作和"三供一业"分离移交工作。

加强三级公司建设。11家工程公司推行总部"大部制"改革，按照"公司总部管总、专业化分公司主建、项目部主战"的建设思路，构建"公司总部+区域项目部/片区项目管理中心+专业化模块"生产组织管控模式；加强专业化建设，打造隧道、桥梁、盾构、轨道、路面、四电及大型站房等模块专业化施工，坚持设备配置专业化，形成

▲中铁十局召开三级工程公司建设推进现场会

骨干专业板块；优化生产组织模式，推行“工程项目部＋专业化模块”的生产组织模式，组建38个区域项目经理部、44个片区项目管理中心和37个专业化分公司，推广区域财务、区域工经管理模式。

推进业务系统建设。各业务系统出台建设方案，明确系统建设的目标、原则以及具体路径，保证工作有章可循；对业务系统进行适应性改造，着重处理好业务系统上下衔接、职能互补问题，明确了不同层级的职能定位，总部业务部门主要发挥战略引领、政策研究、风险防控、服务保障、考核激励职能，三级公司业务部门主要面向施工一线，合理解决有限授权和兜底保障问题，工程项目业务部门重在抓好执行落实；推动清单化管理，明确权力清单、责任清单、红线清单。

积极有序推进国内经营。健全经营体制机制，理顺总部、区域总部及分部、三级公司及项目管理中心之间“管理关系、经营关系、经济关系”；完善经营体系，成立8个区域分部、44个项目管理中心、两个编标中心；拓展经营领域，积极开发康养、运维、物业等新业态，及天津长春城轨、长江大保护环保、片区开发、新基建等新市场；加强经营要素建设，获评全国水利建设市场AAA级信用企业，取得机场场道二级资质，一级注册建造师转入人员较2019年增加107人。

（刘连波）

【重大项目】2020年，中铁十局完成施工产值608亿元，完成年度计划550亿元的110.55%，同比2019年增长20%；在建项目362个，其中，铁路工程52个、公路工程54个、市政工程118个、城轨工程36个、房建工程57个、海外工程38个、水利工程7个。完成铁路架梁3119孔，正线铺轨118千米，站线铺轨35千米，隧道32千米，营业线施工折合完成210千米；公路工程完成架梁10323片，隧道15千米，路面280万平方米；水电工程隧洞及支洞完成12千米；城轨工程完成盾构15千米，车站15座；房建工程折合完成316万平方米。

重点工程：新建兴国至泉州铁路宁化至泉州段站前工程施工总价承包XQNQ-3标段、潍坊至莱西铁路工程WLTLSG-5标工程、大理至临沧铁路站前工程DLZQ-4标段、新建鲁南高速铁路菏泽至曲阜段QHTJ-4标、赣州至深圳铁路塘厦（不含）至深圳北（不含）段GSSG-10标段、城际铁路联络线一期工程站前5标、邹平铁路专用线工程2标、济南至莱芜高速铁路工程站前工程施工JLZQTJ-1标、龙岩至龙川铁路龙岩至武平段站前工程LLZQ-1标段、鲁南高速铁路菏泽至兰考TJ-1标段；陕西省旬邑至凤翔高速公路TJ-1标、新泰至台儿庄公路新台段XTGS-2标段、濮新高速公路；济南轨道交通R2线土建五标、北京市轨道交通17号线工程土建施工第02合同段、青岛地铁8号线土建6标、杭州地铁7号线土建工程四工区、广州轨道交通13号线二期工程——石牌南站冼村站、广州地铁7号线二期、贵阳轨道交通3号线一期土建13标、苏州市轨道交通S1线13标、杭州机场轨道快线土建施工SGJC-6标段、成都地铁13号线一期工程土建8工区；公主岭市地下综合管廊PPP项目、春申湖路项目、瑞安市丁山二期围垦区市政道路及附属配套PPP项目；

▲2020年7月9日，中铁十局承建的大临铁路红豆山隧道顺利贯通

▲中铁十局承建的新建云桂铁路云南段站前四标幸福隧道工程荣获国家优质工程奖

淄博站客运设施改造工程；云南省滇中引水工程大理Ⅰ段至楚雄段引入社会资本建设项目楚雄段施工6标工程、云南省滇中引水工程红河段施工1标2标。

新开工项目：新建济南枢纽胶济铁路至济青高铁联络线工程、郑州至济南铁路山东段1标、池州至黄山高速铁路站前工程HCZQ-2标；长春地铁5号线。（花　蓉）

【走向海外】2020年，中铁十局新中标海外施工项目31个，签订贸易类项目39个，累计实现新签合同额18.4亿美元；在建境外施工项目61个，分布在委内瑞拉、秘鲁、肯尼亚、泰国、斯里兰卡、东帝汶、乌干达等国家，范围涉及铁路、公路、房建、港口、采矿等领域，累计完成年营业额5.1亿美元。

中铁十局加强外经系统建设，推动海外业务转型升级。完善市场布局，延伸经营触角，进一步完善国外市场布局，着力培养新的业务增长点；坚持共建共享，推进属地化发展，外经公司和国别项目管理公司管理层的属地化员工比例显著上升；拓展新兴市场领域，推动海外业务转型升级，成功中标了肯尼亚南迪山供水与环境卫生项目、肯尼亚博美特—隆基萨—穆洛特供水与卫生项目，为海外业务的转型升级奠定了良好的基础；全力开发投融资项目，切实提升公司的竞争力和投融资项目的运作能力，为企业的长期发展布局；加强能力建设，提升人才素质，切实提升外经系统的领导能力建设、业务人员素质、总体管理和协调能力。（李凯华）

【重大创新】2020年，中铁十局申报科研立项申请12项，10项科研项目被列入股份公司科技开发计划；其中“智能制造关键技术研究”“滇中引水工程建造关键技术研究”等两项课题被列为股份公司年度科技开发计划的重大专项课题，“既有悬索桥危桥整体加固设计与施工技术研究”列为重点课题，7项科研项目列为股份公司引导课题。新增58项局级科技开发计划，其中，B类项目33项；完成局级科技成果评审41项，股份公司科技成果评价15项；济南轨道交通1号线入选第十八届中国土木工程詹天佑奖；获得省部级以上科技奖21项；新增企业级工法85项，获得省部级工法43项；全年获专利授权183项，其中，发明专利11项。（张海霞）

【工程创优】2020年，中铁十局获国家级优质工程奖6项，获省部级优质工程奖21项。

石济客专黄河公铁两用桥获中国建设工程鲁班奖，深圳市城市轨道交通9号线工程、武汉市轨道交通6号线一期工程获国家优质工程金质奖，石家庄城市轨道交通1号线、济南轨道交通1号线工程、新建云桂铁路云南段站前四标幸福隧道工程获国家优质工程。大连地铁1号线（大连市地铁一期工程205标段）工程、大连地铁2号线（大连市地铁一期工程201标段）工程获辽宁省建设工程世纪杯；济南轨道交通1号线工程获山东省建筑质量泰山杯；濮阳市示范区市政工程建设（1包）PPP项目振兴路（绿城路—澶州大街）获河南省市政工程金杯奖；呼和浩特市轨道交通一号线一期工程获草原杯；金寨县城

所属单位

区水利和防洪提升一期项目（新江路道路拓宽工程）获黄山杯；中新天津生态城彩环路（彩嘉路—汉北路）道路排水工程施工获天津市市政公路工程金奖。徐盐铁路Ⅶ标建湖特大桥、郑州至周口至阜阳铁路安徽段站前二标临阜特大桥、呼和浩特市轨道交通1号线一期工程土建1标、新建连云港至盐城铁路线站前工程Ⅴ标黄沙港特大桥、新建济南至青岛高速铁路站前二标济南特大桥、徐盐铁路Ⅶ标盐城特大桥、合肥市上海路（裕溪路—锦绣大道）工程施工（一标段）上海路跨南淝河大桥、新建宁启铁路南通至启东段Ⅱ标通启高速特大桥工程、成都地铁7号线土建9标、新建鲁南高速铁路临沂至曲阜段LQTJ-4标段高上1号特大桥、济南综合保税区章锦片区五村整合安置项目（一期）、榆中县政府家属院片区西关新村一二区棚户区改造项目建投御景院一标段工程、新建济南至青岛高速铁路胶州北站相关工程ZH-1标段（四电工程）、双辽至洮南高速公路建设项目获中国中铁杯优质工程。

（邵礼斌）

【企业文化】扎实开展文明单位创建活动，所属中铁十局一公司、中铁十局四公司通过全国文明单位2020年测评、复查，继续保持“全国文明单位”称号，中铁十局三建公司首次评为全国文明单位。全局省级文明单位数量升至11个，其中，中铁十局三建公司等9家单位继续保持省级文明单位称号，中铁十局二公司、中铁十局五公司首次评为省级文明单位。印发《关于深化新时代文明单位创建工作的意见》。中铁十局当选山东省直工委文明单位第十八协作区秘书长单位。

弘扬中国中铁文化理念和中铁十局特色文化。加强对中国中铁企业精神、企业愿景等“五大理念”的宣传贯彻，加强对中铁十局七种文化特别是争先文化的宣传推广，借着中国中铁重构企业文化的契机，推进山东齐鲁文化与局企业文化融合，实现对干部员工思想和行为的引导塑造。认真思考谋划“十四五”企业文化建设战略规划。

抓好企业形象宣传。“十局印象”工程方面，指导重点工程做好项目形象宣传策划，新泰至台儿庄马兰屯二标等4个项目部获得“中国中铁2019年度基层文化建设示范点”称号；“十局品牌”工程方面，完成企业展厅讲解员的培训工作，收集反映企业相关领域建设业绩的图片资料，制作完成展示企业建设业绩的PPT作品83个；“十局记忆”工程方面，线上充分利用百度网盘免费空间和功能，线下购置企业数据存储系统，组建影像资源库，推动实现影像资源在线检索、实时分享、永久存档等管理功能，再现企业发展历程和辉煌业绩。（范凡　李卿）

【党建工作】坚持全面系统、联系实际、及时跟进学习贯彻习近平新时代中国特色社会主义思想，执行“第一议题”制度，建立工作机制，确保了重要指示批示不折不扣落实。把学习宣传党的十九届五中全会精神与谋划企业“十四五”发展规划相结合，为企业明确中长期发展目标指明了方向。层层压实党建责任，两级总部、工程项目、海外党建不断加强。编发《工程项目党建工作指导手册》，落实党内生活制度，基层党建工作标准化水平持续提升。各级组织广泛开展“岗区队旗”创建活动，推动党建工作与生产经营更加融合。

严抓“两个责任”落实，定期召开党风廉政建设领导小组会议，严格落实“五项沟通约谈”、背靠背“画像”、廉洁档案、签字背书、廉洁承诺等制度，有效加强对“关键少数”的监督。印发《关于进一步健全再监督工作保障机制实施意见》，建立健全8项保障机制。扎实开展四个“专项整治”，及时妥善从严处理有关问题。聚焦总部、工程项目和境外项目，全方位加强廉洁风险防控，构建了工作清单和责任矩阵。深入开展“干部作风建设年”活动，贯彻落实中央八项规定精神自查自纠工作。集中开展党员干部违规打麻将问题专项整治，进一步建立完善长效教育机制和监督机制。深入开展理想信念和党性党风党纪教育，通过“一月一案例”“云上话廉”“纪检云课堂”等活动，召开典型案例、审计发现问题警示教育大会等，推动廉洁教育常态化、警示教育靶向化；加大对信访问题的线索处置、调查核实和查办问责力度，共处置问题线索88件，其中立案34件，给予党政纪处分69人次，企业政治生态持续好转。

2020年，中铁十局对4家单位党委开展常规巡察，发现重点问题66个，移交立行立改问题99项；将巡察成果转化为企业治理效能，制定184条整改措施；抓好前两批10家单位反馈问题整改，完善各类规章制度157项，给予党政纪处分、组织处理共计97人次，挽回各类经济损失87.8万元；对6家已被巡察单位党委及所属项目党组织进行巡察回访，梳理下发10个方面31类共性问题；修订完善了9项巡察工作制度办法，编制了《巡察工作手册》，巡察工作水平进一步提升。通过开展党委巡察，为推动企业高质量发展提供了坚强政治保障。

（杨春雷　刘保磊）

【信息化建设】推进网络远程办公，提升企业信息化水平。远程办公网络快速接入，对VPN设备和WOC专线互联设备进行升级，保障视频会议和各信息系统的使用；通过主数据平台梳理组织机构和人员信息通过内外网发布各类网络应用，使用VPN接入内网，获取与企业专网相同的访问权限。深化OA系统办公应用，扩大OA系统的覆盖范围，实现OA用户的全员上线和全级次互信，现有16套OA平台，覆盖人员账号10860个。推进无纸化办公，梳理公文、事务流程和业务表单920个，基本覆盖各类业务流程；通过客户端和企业微信及时处理OA办公流程，实现所有流程线上审批。

使用视频会议进行沟通。通过多种途径、多种方式召开视频会议，全年共召开视频会议116次，股份公司视频会议71次，局级视频会议45次，参会单位总计2286家次，参会人员总计约4.59万人次。建立覆盖项目部视频会议系统，实现两级公司视频会议实时转发，将云视频会议与OA系统、企业微信数据打通，实现覆盖全局视频会议体系。建立文档云实现资料共享。通过部署企业文档云，建立部门资料共享和个人工作资料存储平台，为外网职工提供标准化、可移动、不中断的内网工作环境。实现资料的远程调用、工作备份、移动端查看等功能。

加快完成IPv6改造，开展信息贯通调研。通过双栈方式接入互联网专线，研究和开展本企业门户网站代码、内部链接、存储地址的IPv6改造，推进网站发布容器、中间件等启用IPv6配置，完成了对门户网站的IPv6代码改造。

全面推进信息贯通工作，开展调研工作，梳理应用现状，通过问卷调查方式和项目部实地访谈方式进行摸底，最大范围收集业务信息系统的使用情况和对业务系统的整合需求。健全业务信息系统台账，为业务信息系统科学建设、规范数据采集和系统集成融合做准备。规范软件系统建设、开发、应用和推广工作，促进数据互通和资源共享，减少重复开发和推广无序现象，规范软件推广程序，促进数据互通资源共享，数据融合共享。（张海霞）

【履行社会责任】2020年，中铁十局一手抓疫情防控，一手抓生产经营工作，积极宣传贯彻党中央和上级关于新冠肺炎疫情防控工作部署与相关政策，明确防疫职责，做好疫情防控。2020年，支出“防疫专项资金”420万元，购买防疫物资35.83万件，实现中铁十局职工零感染。在组织“新型冠状病毒肺炎”疫情防控爱心捐助活动中，团员青年积极参与、献出爱心，共捐款29.1万元。中铁十局秘鲁项目和中远海运港口秘鲁钱凯公司向秘鲁当地4000个低收入家庭捐赠价值6.3万美元的生活物资，助力抗击新冠肺炎疫情。

坚决打赢帮扶解困攻坚战，共支出“三不让”资金262.64万元，帮扶救助困难职工700多人次，在册困难职工全部脱困解困。筹集资金146.62万元购买中国中铁定点扶贫县和疫情重点地区农产品。参与由山东团省委组织的“希望小屋”公益活动和济南团市委组织的湘西扶贫计划，共计捐款11.4万元。

组织抢险救灾。4月23日至27日，中铁十局增援山东省青岛市小珠山火灾救援行动。6月6日至7日，参与鹰厦铁路大洲至上游区间部分地段山体滑坡抢险救援工作。6月8日，参与广东省深圳市石岩街道水田新村山体滑坡救援抢险。7月1日至17日，参与地方洪涝灾害抢险工作。8月31日，紧急驰援成昆铁路泥石流灾害抢险工作。

（韩志勇　范　凡　冯华俊）

【领导人员】

| | |
|---|---|
| 杨兰松 | 党委书记、董事长（5月免） |
| 李学民 | 总经理（5月免） |
| | 党委副书记（主持党委工作）、副董事长（主持董事会工作）（5月任、7月免） |
| | 党委书记、董事长（7月任） |
| 李海峰 | 党委副书记 |
| | 副总经理（主持经理层工作）（5月任、7月免），董事（5月任） |
| | 总经理（7月任） |
| 陈　伟 | 党委副书记、纪委书记、监事会主席 |
| 于科善 | 工会主席 |
| | 党委常委、副总经理（7月免） |
| | 党委副书记（7月任） |
| 陈国清 | 党委常委、副总经理（3月免） |
| 郭建封 | 党委常委、总会计师、董事（11月免） |
| 陆乃银 | 党委常委、总会计师、董事（12月任） |
| 董文德 | 党委委员、副总经理、董事 |
| 杜强泽 | 党委委员、副总经理（3月免） |
| 高　峰 | 党委委员、副总经理 |
| | 党委常委（8月任） |
| 李仲峰 | 副总经理（8月免） |
| | 党委常委（8月任、9月免） |
| 杨玉泉 | 党委委员、副总经理 |
| 周建明 | 副总经理 |
| 徐为民 | 总经理助理（7月免） |
| | 副总经理（7月任） |
| 魏广造 | 副总经理（7月任） |
| 戚乐方 | 副总经理（8月任） |
| 崔　军 | 党委委员、副巡视员（11月免） |
| 王爱平 | 党委委员、副巡视员 |

（方正山）

## 中铁大桥局集团有限公司

【简况】中铁大桥局集团有限公司（简称“中铁大桥局”）是中国中铁股份有限公司的全资子公司，位于武汉市汉阳区四新大道6号，是中国唯一集桥梁科学研究、工程设计、土建施工、装备研发于一体的承包商兼投资商，具备在各种江、河、湖、海及恶劣地质、水文等环境下修建各类型桥梁的能力。中铁大桥局具有铁路、公路、市政公用工程施工总承包特级资质，桥梁工程、隧道工程、港口与海岸工程、铁路铺轨架梁工程、公路路基工程专业承包一级、房屋建筑工程施工总承包一级及特种工程专业承包资质，公路路面工程、石油海洋工程、消防设施工程专业承包二级资质，铁道行业甲（Ⅱ）级、公路行业甲级、市政行业甲级设计资质，测绘甲级资质。

1950年经中央人民政府指示，铁道部开始武汉长江大桥的筹建工作，1953年4月成立“铁道部新建铁路总局武汉大桥工程局”；1958年3月，改称“铁道部大桥工程局”；

1970年8月，铁道部与交通部合并后，改称“交通部大桥工程局”；1975年3月，铁道部与交通部分设，其仍属铁道部，名称恢复为“铁道部大桥工程局”。此前及此后，单位名称还有“革命委员会”“桥梁与基础工程公司”等短期变更，但隶属关系及内部机构均无实质性变化。2000年10月，与铁道部脱钩，更名为“中铁大桥工程局”，属中国铁路工程总公司领导。2001年4月26日，改制为“中铁大桥局集团有限公司”。2004年10月28日，经国务院国资委批准，中铁大桥局股份有限公司依法成立。中铁大桥局股份有限公司是由中铁大桥局集团有限公司、武汉钢铁（集团）公司、中铁隧道局集团有限公司、中铁山桥集团有限公司、铁道科学研究院共同发起，以中铁大桥局集团有限公司桥梁建设等土建施工资产改制重组设立的股份有限公司。2015年2月10日，中铁大桥局集团有限公司按照法定程序吸收合并中铁大桥局股份有限公司，中铁大桥局股份有限公司正式注销。

2020年，中铁大桥局下设子公司23家（其中，备案类2家）、分公司27家（其中，备案类20家），直属项目部81个、授权项目部538个，片区指挥部9个。职工期末人数为12969人。其中，在岗职工12360人，非在岗职工609人；干部人数9434人，工人3535人；正高级职称219人，副高级职称1930人；特级技师21人，高级技师504人，技师660人。中铁大桥局资产总额439.01亿元，较2019年增长4.18%。自有机械设备13969台（套），总原值49.87亿元，净值20.43亿元，总功率60.91万千瓦。技术装备率16.7万元/人，动力装备率49.8千瓦/人，主要设备完好率89%，利用率83%，机械化施工程度高。

截至2020年末，中铁大桥局先后获国家科学技术奖33项，国际乔治·里查德森大奖7项、新中国成立60周年“百项经典暨精品工程”10项、中国建设工程鲁班奖40项、中国土木工程詹天佑奖31项、拥有国内外专利1025项。从20世纪50年代援建越南河内铁路桥梁开始至今，先后在缅甸、孟加拉国、印尼、南非、坦桑尼亚、安哥拉、摩洛哥等20多个国家和地区建设了一大批精品工程；入选美国《工程新闻纪录》（ENR）评选的世界最大225家国际承包商，跻身“国际十大桥梁承包商”。（李涵宁）

【主要指标】2020年完成新签合同额1063.3亿元，较2019年增加621.2亿元，增长140.5%；企业营业额456亿元，较2019年增加49.9亿元，增长12.3%。实现利润总额5.77亿元，净利润5.01亿元，企业综合毛利润率达7.2%。

2020年中铁大桥局聚焦高质量发展主线，认真贯彻中国中铁和中铁大桥局集团公司系列会议精神，积极落实市场营销各项部署安排，坚持桥梁专业化发展方向，拓展“桥梁+”市场，优化区域经营体系，强化经营要素建设，新签合同额首次跨越千亿元级台阶，实现历史性突破。坚持强基固本，桥梁主业优势持续增强，坚持“没有吨位就没有地位”的理念，全力克服疫情影响，顺利中标常泰过江通道、燕矶长江大桥、川藏铁路大渡河特大桥、滨州乐安黄河公路大桥、巢马铁路马鞍山长江公铁两用大桥、黄茅海跨海通道等特大型桥梁工程，持续巩固专业市场优势和行业引领地位。

保重点项目，精心组织、精心策划。中铁大桥局不断强化经营工作“统筹、协调、指导、服务”职能，通过加强项目策划，坚持标前联动，深化合作共赢，确保经营成果落地。继续坚持对每一项重点项目实行筹备组经营模式，明确责任分工、落实跟踪单位和跟踪负责人，对项目各个环节进行周密策划，超前谋划，发挥“四位一体”优势，主动配合业主单位和设计单位做好施工组织设计、大临方案设计和概算编制等工作，解决业主切实问题和施工技术难题，确保重点项目中标。积极落实“桥梁+”战略，多元发展格局逐步形成。依托桥梁核心技术、建桥装备优势，铁路、公路、市政、城轨、水利、房建等多元业务不断横向拓展，桥梁科研、设计、物贸、管养、传媒等多元领域不断纵向延伸，持续构建“桥梁+”发展格局，市场竞争力稳步提升，业务链有效提升，规模短板逐步补齐，特别是成立了新能源工程指挥部，通过干好在建项目积极拓展海上风电市场，新签海上风电项目超过100亿元，占新签合同总额的10.2%，发展势头强劲有力。拓展属地海外市场，在抓实抓细疫情防控各项工作的同时，认真落实股份公司海外“双优”发展理念，推行“1+3”海外营销布局，依托在建项目，扎根港澳马来、南亚、东南亚、非洲四大区域，全年中标4个项目，新签合同额55.8亿元，海外市场经营稳步向好，连续4年超额完成海外年度经营目标。企业资质得到丰富完善，固底板、补短板，对资质申报整体规划、统一安排、精准激励，制定了资质建设五年规划和资质、特级资质管理奖励办法，夯实经营基础，统筹要素建设，全年新取得各级各类资质46项，其中获得公路养护工程施工从业资质2项，实现集团公司该类资质“零的突破”，为集团公司拓展公路维管、养护工程奠定了坚实基础，资质提升成果显著。

财务指标情况：2020年，资产总额439.01亿元，较2019年增长4.18%；所有者权益86.96亿元，较2019年增长3.14%；营业收入400.54亿元，较2019年增长1.71%；利润总额5.77亿元，较2019年下降44.31%；净利润5.01亿元，较2019年下降36.74%；归属于母公司所有者的净利润4.57亿元，较2019年下降30.65%；技术开发投入7.87亿元，较2019年增长25.72%；利税总额16.23亿元，较2019年下降19.37%；应交税金总额10亿元，较2019年增长15.47%；全员劳动生产率308.11万元/（人·年），较

2019年增长0.98%；净资产收益率5.85%，较2019年减少3.85个百分点；总资产报酬率1.78%，较2019年减少1.23个百分点；国有资本保值增值率105.58%，较2019年减少3.2个百分点。

资质情况：具有铁路、公路、市政公用工程施工总承包特级资质；建筑工程、电力工程、冶金工程、机电工程施工总承包二级资质；桥梁工程、隧道工程、公路路基工程、港口与海岸工程、铁路铺轨架梁工程、环保工程、地基基础工程、起重设备安装工程、电子与智能化工程、消防设施工程、防水防腐保温工程、建筑装修装饰工程、建筑机电安装工程、建筑幕墙工程、古建筑工程、城市及道路照明工程专业承包一级以及特种工程专业承包不分等级；公路路面工程、海洋石油工程、输变电工程、钢结构工程专业承包二级；铁路行业甲（Ⅱ）级、公路行业甲级、市政行业甲级设计资质及测绘甲级。（潘成兵）

**表13–10　2019—2020年中铁大桥局集团有限公司主要经济指标**

| 项目 | 2019年 | 2020年 | 增长率/% |
|---|---|---|---|
| 资产总额/亿元 | 421.40 | 439.01 | 4.18 |
| 所有者权益/亿元 | 84.31 | 86.96 | 3.14 |
| 营业收入/亿元 | 393.81 | 400.54 | 1.71 |
| 利润总额/亿元 | 10.36 | 5.77 | –44.31 |
| 净利润/亿元 | 7.92 | 5.01 | –36.74 |
| 归属于母公司所有者的净利润/亿元 | 6.59 | 4.57 | –30.65 |
| 技术开发投入/亿元 | 6.26 | 7.87 | 25.72 |
| 利税总额/亿元 | 20.13 | 16.23 | –19.37 |
| 应交税金总额/亿元 | 8.66 | 10.00 | 15.47 |
| 全员劳动生产率/［万元/（人·年）］ | 305.11 | 308.11 | 0.98 |
| 净资产收益率/% | 9.70 | 5.85 | 减少3.85个百分点 |
| 总资产报酬率/% | 3.01 | 1.78 | 减少1.23个百分点 |
| 国有资本保值增值率/% | 108.78 | 105.58 | 减少3.20个百分点 |

制表：潘成兵

【改革发展】持续推进企业内部改革改制工作。优化国家重点实验室运行管理，制定并实施《关于优化和完善国家重点实验室运行管理的方案》。为满足市场经营需要，设立中铁大桥局集团有限公司东莞分公司（工商注册时间：2020年7月13日）、中铁大桥局集团有限公司滨州分公司（工商注册时间：2020年7月31日）。做好中央企业“两非”剥离专项治理工作、深化改革重点工作任务落实情况自查工作和医疗机构深化改革完成情况自查工作，统筹推进机关机构改革、“三供一业”移交、退休人员社会化管理、“三项制度”改革、推进企业治理体系和治理能力现代化。稳妥推进“总部去机关化”，通过机关机构改革，中铁大桥局机关定员减少38%，部门个数减少10%。

全面完成“治亏与压减”任务。武汉万佳房地产开发有限公司减亏32万元，实现扭亏为盈；注销武汉城桥置业有限公司（注销日期：2020年8月25日），完成中国中铁下达的“治亏与压减”任务。

加强战略研究。制定并发布中铁大桥局集团公司《关于加强工程公司建设的实施意见》《高质量发展示范企业实施方案》，明晰工程公司发展方向和实现路径。印发“桥梁+”发展战略实施纲要，强化了“桥梁+”发展战略对中铁大桥局业务发展的指导作用。研究并推动公司海上风电业务发展。

组织各类专家和高技能人才推荐申报。新增湖北省有突出贡献中青年专家1人、享受湖北省政府专项津贴人员1人、茅以升科学技术奖桥梁青年奖获得者1人、中国中铁专家2人；湖北工匠1人、湖北省技术能手1人、湖北省大师工作室1个。突出推优树模凝聚正能量，荣获全国劳动模范1人、江苏省劳动模范1人、省部级五一劳动奖章10人，省级五一劳动奖章2个、工人先锋号11个。

强化干部考核监督，突出业绩导向，推动负责项目或片区生产经营的副职绩效年薪与主要负责人同期标准脱钩。统筹实行工效联动、专项奖励，对考取执业资格证书人员发放一次性奖励66.9万元。

（李　倩）

【重大项目】2020年，中铁大桥局新开工项目153项，其中，铁路工程7项，非铁路工程146项；年度在建工程累计315项，其中，铁路工程27项，非铁路工程288项，分布在全国26个省、自治区、直辖市；年内有74项工程完工或收尾。

重点工程：新建沪通铁路沪通

长江大桥HTQ-2标、新建商合杭铁路芜湖长江公铁大桥及相关工程、新建铁路大理至瑞丽线澜沧江特大桥、广州市轨道交通14号线一期（施工5标）土建工程、溧阳至宁德国家高速公路浙江省淳安段、云南香丽高速公路虎跳峡金沙江特大桥、新建连云港至镇江铁路五峰山特大桥工程连镇大桥施工-2标、潮汕环线高速第2标、郑西高速尧栾段YLTJ-6、平潭海峡公铁两用大桥、武汉四环青山长江大桥、湖北保康至神农架高速公路3标、深圳外环高速公路深圳段工程第五合同段、保康至神农架高速公路第三标段施工完成。新建安庆至九江铁路（湖北段）AJZQ-3标4号墩塔柱完成35节，5号墩塔柱完成39节。钢梁架设完成20节段，剩余43节。湖北省赤壁长江公路大桥钢梁架设86节间，剩余35节间。武汉市江汉七桥工程PPP项目钢梁架设全部完成。宁波舟山港主通道（鱼山石化疏港公路）公路工程第DSSG05标墩身架设全部完成，箱梁架设剩余18榀，湿接缝及体系转换施工剩余9联。新建中卫至兰州铁路（甘肃段）工程ZLKZ-ZQSG2标段完成钻孔桩5792根、承台539个、墩身539个、连续梁8联、简支箱梁预制488孔、简支箱梁架设486孔。新建和田至若羌铁路施工S3标段全线路基、桥涵主体工程全部完工。常泰长江大桥（跨江段）主体工程施工项目CT-A2标段6号墩沉井井壁混凝土浇筑完成，6号墩沉井底口中心标高下沉至-58.03米。新建张家界至吉首至怀化铁路站前工程ZJHZQ-5标主体结构全部完成。深圳至中山跨江通道主体工程施工S07标40米箱梁预制全部施工完成。40米箱梁架设504片，余132片。广东湛江调顺跨海大桥PPP项目组合梁架设完成44节段，余9个节段；斜拉索挂设72根，余16根；箱梁预制全部完成，架设868片，余40片。新建铁路丽香铁路站前工程LXZQ-3标主缆架设完成，钢桁梁架设完成。孟加拉国帕德玛大桥主桥钢梁合龙，铁路纵梁架设328个节间，剩余98个节间；主桥公路桥面板预制完成3043块，剩余26块；公路边护栏预制完成7076块，剩余4660块；公路桥面板架设1384块，剩余1533块；引桥现浇铁路桥面板完成13跨，剩余1跨；引桥公路桥面板完成46跨，剩余37跨。

2020年全年中标岑溪（粤桂界）至大新公路（横县至南宁段）BOT项目、沪通铁路张家港站客运枢纽配套设施PPP项目、鄂黄第二过江通道（燕矶长江大桥及接线）EHTZ-1标项目、新建潍坊至烟台铁路站前工程项目、延吉至长春高速公路大蒲柴河至烟筒山段、烟筒山至长春段项目、卢氏至洛南（豫陕省界）高速公路LLYSSG-1标段等项目。完成新签合同额103亿元，占中铁大桥局集团新签合同额比例10%。全年中铁大桥局既有25个基础设施投资项目，总投资537亿元，项目全周期需出资62亿元，年度完成出资5.4亿元，年累完成比例9%。

（李涵宁）

【走向海外】中铁大桥局认真落实中国中铁海外“双优”发展战略，坚持在熟悉的海外区域站稳做透、锚定深耕，坚持差异化发展思路，围绕“桥梁+”发展战略，依托在建项目建好根据地，以属地化持续推进海外经营从“走出去”向“走进去”转变。扎实推进海外区域营销。深入贯彻落实中铁大桥局“海外经营管理工作指导意见”，不断理顺、完善海外区域营销体制机制，继续完善“1+3”区域营销布局，以在建项目为依托，扎根目标市场紧盯重点项目，稳步推进项目落实落地，逐步做实做深区域营销。成功中标加纳十所县区医院项目、澳门氹仔伟龙马路公共房屋建造工程—斜坡整治设计连建造工程、马来西亚鲁巴桥项目和加纳政府6000套经济适用房项目，签订了坦桑尼亚姆特瓦拉新增港口项目和孟加拉国帕德玛大桥变更索赔协议。巩固拓展大企业营销。通过加强与大企业间的密切联系与合作，构建良好合作关系，共同拓展海外市场。创新海外营销模式。探索独立或联合窗口公司运作投融资和政府框架类项目。在充分做好风险防控的同时，做大海外规模，确保项目实施的效益，逐步实现单一营销向多元营销转变。截至2020年12月底，实现海外中标合同金额55.79亿元，完成营业额24.14亿元人民币。

（张 伟）

【重大创新】开展技术创新。2项中国铁路总公司科研课题完成研究工作并顺利通过结题验收；7项中国中铁科技开发计划课题通过结题验收；组织开展验收中铁大桥局科研项目/课题32项。承担国家重点研发计划课题1项、国家自然科学基金项目2项、重庆市科技计划项目1项、武汉市科技计划项目1项，中国中铁科技开发计划课题3项，新立项中铁大桥局科研项目/课题58项。获授权专利277项，其中，发明专利81项、实用新型专利193项、外观设计专利1项、国际专利2项。获得第一届湖北省专利银奖1项、中国施工企业管理协会工程建设行业优秀专利奖1项。获科技奖励57项，其中，湖北省科学技术奖3项，中国铁道学会科技进步奖5项，中国公路学会科技进步奖5项，中国施工企业管理协会科技进步奖5项，中国交通运输协会科技进步奖2项，中国公路建设行业协会科学技术奖8项，中国钢结构协会科学技术奖2项，中国华夏建设科学技术奖1项，国家铁路局铁路重大科技创新成果9项，中国铁路工程集团有限公司科学技术奖11项，国际桥梁协会杰出结构工程奖1项，国际桥梁大会超级工程奖、铁路桥奖、乔治·理查德森奖、古斯塔夫斯·林德撒尔奖各1项，中国土木工程詹天佑奖1项。

开展管理创新。中铁大桥局获2020年度中国中铁管理创新成果奖一等奖2项、二等奖1项、三等奖1项；8家单位获“中国中铁管理实验室活动先进单位”称号，8人获“中

国中铁管理实验室活动先进个人”称号，4项制度获“中国中铁管理实验室优秀管理制度”称号。（舒海华）

【工程创优】抚顺市临江路东延工程获2019年度“辽宁省市政金杯示范工程”；S26公路入城段（G15嘉闵高架路）新建工程获2019年度上海市建设工程“白玉兰”奖（市优质工程）；芜湖长江公路二桥获2020—2021年度（第一批）李春奖（公路交通优质工程奖）；广州市轨道交通14号线一期工程获2020—2021年度国家优质工程金质奖；新万福路桥梁一标段：新建万福大桥工程、武西高速公路桃花峪黄河大桥、农业路快速通道工程（雄鹰东路—金源东街）获2020—2021年度国家优质工程奖。

太原市迎宾路桥工程、湖北香溪长江公路大桥工程、延庆至崇礼高速公路河北段GQ3标、公安长江公铁两用特大桥获2020年度优秀焊接工程一等奖；杨泗港长江大桥（国博大道立交—八坦立交）工程、潼关黄河特大桥、华为松山湖终端项目二期（2号地铁）之桥梁2-1工程、蒙西华中铁路洞庭湖特大桥、新建汉十铁路崔家营汉江特大桥获2020年度优秀焊接工程奖。

五爱街—南二环互通立交桥工程施工一标段、平潭综合实验区环岛公路（金井湾大桥及接线工程一期）A9合同段、芜湖长江公路二桥主桥A-1标、福清兴化湾海上风电场一期（样机试验风场）项目风机基础与风机安装及35千伏海缆敷设工程、白石桥工程施工、摩洛哥拉巴特绕城高速公路布里格里格河谷斜拉桥项目、重庆寸滩长江大桥、广州大道系统工程—广州大桥扩宽工程、S26公路入城段（G15嘉闵高架路）新建工程S26R-2标、重庆至贵阳铁路扩能改造工程新白沙沱长江特大桥获2019年度中国中铁杯优质工程。（黄希麟）

【企业文化】2020年，中铁大桥局认真贯彻落实中铁大桥局“十三五”企业文化建设规划，在危机中育先机，于变局中开新局，聚焦文化体系建设和落地扎根两大目标，夯实基层文化建设传统阵地，创新性开展特色鲜明的文化实践活动，获“‘十三五’中国企业文化建设先进单位”“献礼中国共产党百年华诞·企业文化实践创新典范单位”称号。围绕公司生产经营中心工作，以重点工程项目、机关大楼电视屏、网络、新媒体等为文化宣传推广阵地，大力宣贯“桥梁里程碑精神”“六大举措”“三像文化”“荣辱观”“质量、安全、环保”等文化理念，推动文化价值观、管理理念入脑入心。以服务基层为工作重点，加强对新成立的片区指挥部、常泰长江大桥、燕矶长江大桥、川藏铁路等新开工项目驻地规划建设的塑形标准化指导和协助。推进武汉杨泗港长江大桥、青山长江大桥、京张高铁官厅水库特大桥等项目的“五个一”工程书籍编排。筹划沪苏通长江公铁大桥、五峰山长江大桥、平潭海峡大桥等项目“五个一”工程笔会召开。中铁大桥局本部及中铁大桥局七公司先后获评全国文明单位，12家单位获评省部级文明单位。武汉桥梁传媒有限公司被评为湖北省十大最具成长性文化企业。完成桥梁博物馆室内展陈项目升级改造建设和室外桥梁主题公园的建设工作，新增沉浸式影院、“我与大桥留影”互动装置等，桥梁博物馆获评全国铁路科普教育基地。总结公司各单位先进做法，梳理总结“十三五”期间援疆援藏工作典型事例，完成了浩吉铁路、京张铁路建设纪实材料及“国资委中央企业优秀故事”征文等稿件的收集、编写和报送工作。

深化融媒体“策—采—编—发”一体化运作格局，提高新闻生产效率和新媒体专业化运营水平。与中央电视台合作拍摄《缅甸丁茵桥》《建桥重器》和中铁大桥局扶贫工作专题片，全年在中央级媒体刊发/播报新闻报道1917条，其中，中央电视台403条（《新闻联播》18条）。“中铁大桥局”抖音官方号粉丝量已突破27万人，为中国中铁系统内粉丝量最多的官方抖音号。制作的《中国桥·世界梦》《中国企业架起孟加拉国“梦想之桥”》在中国中铁“‘三个转变’与高质量发展研讨会暨第三届中国品牌战略发展论坛”、中国国际服务贸易交易会上展映。短片《远方的家》获2019讲好中国故事创意传播大赛湖北分赛区一等奖；《梦想与梦想之桥》获得第二届“一带一路”百国印记短视频大赛“‘一带一路’最美共建者”奖项。（孙晨）

▲武汉杨泗港长江大桥

▲湖北香溪长江公路大桥

【党建工作】坚持以习近平新时代中国特色社会主义思想为指导，贯彻党的十九大和十九届二中、三中、四中、五中全会精神，坚持党要管党、从严治党，坚持贯彻落实新发展理念，坚持稳中求进工作总基调，统筹推进疫情防控和改革发展稳定工作。始终坚持落实两个“一以贯之”要求，修订党委常委会议事规则，建立集团公司领导班子成员及高管党建工作联系点制度，持续开展软弱涣散党组织整顿，创新开展党员教育和基层党务工作培训，组织学习《习近平谈治国理政》第三卷，抓“三会一课”质量提升，广泛开展了“支部主题党日”和党员领导干部讲党课活动，推进基层党组织全面进步、全面过硬。持续深化党建工作标准化和信息化建设，启动运行“大桥红”2.0版和“党费通”，把党建工作“融入”“内嵌”业务工作中，并以此作为“两个全面”考核评选的重要标准，把服务保障专项劳动竞赛现实成效纳入党建责任制考核体系，推进“双向融入、双向促进”。各级党组织紧密围绕疫情防控、复工复产、防汛救灾、企业改革发展、技术管理创新等工作，广泛开展创先争优活动，让党旗在各条战线高高飘扬。中铁大桥局党委获评“中央企业先进基层党组织”，连续两年在中国中铁党建工作责任制考核评价中获优秀等级。

强化形势任务教育。以凤凰山讲坛、“书记讲党课”、报纸、网站、微信等形式，紧密围绕《习近平谈治国理政》第三卷、党的十九届五中全会精神、中国统筹疫情防控和社会经济发展、决胜决战脱贫攻坚、“十四五”规划编制、反对浪费厉行节约行动、“大干100天”劳动竞赛、“干部作风建设年”活动、“质量月”活动等主题，把形势讲清、把任务讲足、把措施讲实。修订印发了《中铁大桥局党委理论学习中心组学习规则》，下发“一学一报”情况通报10期，精选132篇优秀成果汇编形成《学习贯彻习近平新时代中国特色社会主义思想理论研讨会论文集》，表彰了2019年“学习强国”学习平台学习先进个人。开展中铁大桥局2020年员工思想状况问卷调查活动，形成了员工思想状况调查报告。制定印发了《中铁大桥局集团有限公司网站管理规定》《中铁大桥局集团有限公司舆情管理工作实施细则》等制度，充分利用自主研发的网络舆情监控系统，及时、合理应对不利于国家和企业发展的不良杂音。 （孙 晨）

【信息化建设】中铁大桥局编制了《中铁大桥局集团有限公司远程办公指南》，搭建云会议系统，并保障各信息系统稳定运行，助力各项业务正常开展。信息化和工业化融合体系建设取得阶段性成果，2020年顺利通过两化融合管理体系评定。进一步提升“大桥云”服务广度和深度，按照等保三级防护要求进行“大桥云”网络安全体系建设，加大日常安全运维、巡检和重大节日保障等工作的力度，新增云桌面服务，开展全公司业务全面上云工作。加强网络安全建设，开展中铁大桥局企业专网和IPv6改造工作，举办中铁大桥局2020年网络安全攻防竞赛。召开2020年度网络安全和信息化工作暨信息贯通工程宣贯会，表彰网络安全和信息化工作先进单位与先进个人。企业基础数据统一编码标准体系研究进一步深化，形成《中铁大桥局基础数据统一编码标准》，搭建企业基础数据统一编码平台。企业级BIM平台研发推进顺利，目前已完成项目级管理平台的研发工作，并在新建川藏铁路雅安至林芝段CZSCZQ–1标、常泰长江大桥、巢马城际、渝黔铁路站前9标等6个子分公司、20个项目推广使用，系统部分子模块已经在外部市场进行应用。 （宋 军）

【履行社会责任】抗击疫情。中铁大桥局提出了“预防为主、防治结合，统一领导、分级负责，科学规范、积极应对，联防联控、全员参与”的总体原则，从“人防、物防、医防、技防、心防”五方面入手，做实做细。建立防疫物资的需求和采购台账，发挥专业优势和公司采购优势，对接合格供应商，加大防疫物资的采购储备；发动社会资源，想方设法联系解决口罩、消毒液、防护服、酒精等防疫物资，同时发动海外项目加大境外采购力度，支援国内机构防疫。编发《中铁大桥局新型冠状病毒肺炎防控工作指南及应急预案》《中铁大桥局预防新型冠状病毒肺炎手册》和《中铁大桥局复工前后预防新冠肺炎消毒防疫指导意见》，指导各单位科学正确防疫抗疫。推出《大桥人战“疫”十二时辰》《复工复产》等系列专题报道。抗疫事迹被中央电视台、新华社等40余家国内主流媒体和60余家海外媒体报道。向湖北省红十字会捐赠1000万元，倡议中铁大桥局干部职工自愿捐款445万余元，用于湖北省疫情防控工作；积极响应政府号召，驰援武汉市火神山、雷神山医院建设，3家定点医院床位增加改建和汉口北方舱医院建设，共投入人力5000人次，各类物资近920万元；主动联系附近定点医院，提供大桥宾馆52间客房，为一线医务人员提供休息环境。中铁大桥局被国务院国资委授予“中央企业抗击新冠肺炎疫情先进集体”称号。

扶贫帮困。2020年全公司在档困难职工家庭全部脱困解困，实现脱困解困率100%。参加湖北省总工会“职工爱心消费扶贫、助推全面迈入小康”活动，全年，工会共组织购买农产品31.47万元。

防汛救灾。在武汉、赤壁、九江、南京、杭州、拉萨等地发挥专业优势第一时间部署和开展防汛守堤工作，成立防汛抗洪党员突击队，参与三班倒24小时全天候不间断巡堤和值守，实行“拉网式，全方位”巡查，积极协助地方政府完成救援任务，确保项目现场堤防安全、人员安全、工程安全和周边民房不受威胁，在关键时刻彰显了国企的社

会担当。

关爱职工。完成产业工人4本培训教材、100个微课、100个视频、4000道题库的初步编写，组织武汉桥梁职业学院专家团队开展“送教上门”32次，培训职工2100多人次。为4名困难省部级劳模争取到省级困难补助80800元；公司工会本级“两节”期间慰问省部级以上劳模56人，发放慰问金额8.7万元；选派6名劳模和4名优秀职工参加湖北省总组织的疗休养活动。持续开展“‘两节’送温暖、夏送清凉、金秋助学、受灾送慰问”系列帮扶关爱活动，两级工会共筹集资金1366.95万元，惠及职工、农民工43240人次。截至年末共建成77个幸福驿站并投入使用，2020年共进行心理测试1535人次，开展团辅35场次，个辅570人次，其中，内训师授课30场次，受益职工5000余人次。组织“爱心母婴室”和托管班建设，解决女职工后顾之忧，2家“爱心母婴室”获“湖北省总工会示范爱心母婴室”称号。（孙　晨）

【领导人员】

文武松　党委书记、董事长、法定代表人（5月任）

李晓峰　党委副书记、总经理、董事（5月任）

黄支全　党委副书记、董事

汪小平　党委副书记、纪委书记、监事

李　宁　党委常委、总会计师（6月任）

刘杰文　党委常委、副总经理

肖佳鹏　党委常委、工会主席、副总经理、职工董事

李富仓　副总经理

蔡登山　副总经理

罗　兵　副总经理

张红心　副总经理

刘建华　副总经理

毛伟琦　总工程师（12月任）

（杨迎冬）

## 中铁隧道局集团有限公司

【简况】中铁隧道局集团有限公司（简称“中铁隧道局”）是中国中铁股份有限公司的骨干成员企业，前身为1978年10月经国务院批准成立的铁道部隧道工程局。

中铁隧道局年隧道施工能力超过500千米，累计建设各类隧道9600余千米、约占全国隧道总长的10%。截至2020年末，中国共建设穿江越洋工程156项，中铁隧道局承建70项，居同类企业之首。创造了6穿长江黄河，10穿黄海、东海、南海，14穿珠江的水下隧道施工纪录。参建了中国42座城市的地铁建设。拥有TBM、盾构施工设备130台，是国内保有数量最多、门类最齐全的同类施工企业。

中铁隧道局具有铁路、公路、市政施工总承包特级资质，铁道、公路、市政行业甲级设计资质，甲级测绘资质，获得了中国建筑业协会、中国水利工程协会AAA级信用评价。公司注册资本29.98亿元，在建项目315个。现有员工总数14633人，拥有专业技术人员8167人。自成立以来，共培育出中国工程院院士1名、全国工程勘察设计大师1名、全国劳动模范5名、国家级有突出贡献专家1名、国家百千万人才工程1名、享受国务院政府特殊津贴25名等模范先进人物。

中铁隧道局在海外9个国家拥有14个在建项目。其中，全长19.2千米的乌兹别克斯坦安帕铁路卡姆奇克隧道项目提前100天建成；以色列特拉维夫红线轻轨项目是中资企业承建的首条发达国家高端市场的轻轨项目；格鲁吉亚KK公路项目，采用直径14.86米的单护盾TBM，在全球TBM施工领域位列第一。

迄今共有790余项科研成果通过鉴定、评审或验收，其中，国家科技进步奖15项（含特等奖1项、一等奖3项、二等奖8项），省部级科技进步奖390余项；拥有国家级工法27项，获得知识产权500余项；累计获中国建设工程鲁班奖22项，中国土木工程詹天佑奖40项，国家优质工程奖58项，全国市政金杯奖11项，国际项目管理银奖1项。

拥有盾构及掘进技术国家重点实验室、国家级企业技术中心、博士后科研工作站、广东省重点实验室。中国土木工程学会隧道及地下工程分会挂设在企业。经中国工程机械工业协会、中国工程机械学会授权成立“全断面隧道掘进机状态监测与评估中心”。（王育飞）

【主要指标】2020年，中铁隧道局实现新签合同额1068亿元，首次突破千亿元大关；实现营业收入460.47亿元，完成年度预算505亿元的91.18%；实现净利润4.38亿元，完成年度预算4.05亿元的108.11%；实现经营性净现金流14.12亿元，完成年度奋斗目标；年末有息负债15.83亿元，控制在预算目标20亿元范围内，资产负债率81.27%，较2019年下降4.5个百分点。年末“两金”规模183.69亿元，较预算目标184.5亿元下降0.81亿元。利用高新技术企业、研发加计扣除等税收优惠政策，实现所得税税率14.67%，控制在预算目标20%范围内。（赵　旭）

表13-11　2019—2020年中铁隧道局集团有限公司主要经济指标

| 项目 | 2019年 | 2020年 | 增长率/% |
|---|---|---|---|
| 资产总额/亿元 | 423.38 | 399.69 | –5.60 |
| 所有者权益/亿元 | 60.23 | 74.85 | 24.27 |
| 营业收入/亿元 | 439.34 | 460.47 | 4.81 |
| 利润总额/亿元 | 3.80 | 5.13 | 35.00 |

所属单位

续表

| 项目 | 2019 年 | 2020 年 | 增长率 /% |
|---|---|---|---|
| 净利润 / 亿元 | 3.05 | 4.38 | 43.61 |
| 归属于母公司所有者的净利润 / 亿元 | 2.88 | 4.23 | 46.88 |
| 技术开发投入 / 亿元 | 12.70 | 11.25 | -11.42 |
| 利税总额 / 亿元 | 12.95 | 15.16 | 17.07 |
| 应交税金总额 / 亿元 | 6.74 | 13.63 | 102.23 |
| 全员劳动生产率 /［万元 /（人·年）］ | 34.42 | 35.34 | 2.67 |
| 净资产收益率 /% | 5.10 | 6.48 | 增加 1.38 个百分点 |
| 总资产报酬率 /% | 1.47 | 1.57 | 增加 0.10 个百分点 |
| 国有资本保值增值率 /% | 106.11 | 107.28 | 增加 1.17 个百分点 |

制表：赵 旭

【改革发展】2020 年，中铁隧道局调整片区指挥部管理地域及部分营销分公司隶属关系和管理关系，成立国内营销管理委员会及工作机构，重新明确华北、雄安、华西指挥部机构编制；深化总部机关改革，落实集团公司管“揽”职能，压减总部机关部门数量与总定员。成立投资发展事业部，打造投资业务运行管理平台并发布运行管理办法。实体运行管理实验室，将测量总队并入工程试验公司，成立综合事务管理中心；深化三级公司改革，落实工程公司管“干”关键职能，以本部机关总定员、领导班子职数、部门数量等关键指标为抓手，推动三级公司本部机构改革落实落地；统筹推进对标世界一流、国企改革三年行动、高质量发展和三级工程公司建设工作，制定中铁隧道局对标世界一流实施行动方案，形成 12 个方面 202 项具体对标任务，对应成立对标提升行动领导小组和 22 个专项工作组。实施中铁隧道局深化改革三年行动，识别梳理 4 个改革领域、23 个改革方向、156 项改革任务，成立深化改革三年行动领导小组及 10 个专项改革组。（蒋永强）

【重大项目】全力打好疫情防控阻击战，参与了武汉、天津、贵阳等防疫基础设施建设；年内共承建工程项目 375 个，其中，铁路项目 33 个、公路项目 52 个、市政项目 151 个、轨道交通项目 86 个、水电项目 15 个、房建项目 21 个、其他项目 17 个。参与建设的郑万铁路 3 标小三峡隧道、郑万铁路 9 标向家湾隧道、张吉怀高速铁路 1 标吉首隧道、张吉怀高速铁路 4 标永顺隧道、银西铁路上阁村隧道等多个重难点项目隧道顺利贯通；参建的以深圳轨道交通 14 号线、南通轨道交通 2 号线一期 4 标、天津地铁 4 号线 12 标、珠三角水资源 B3 标、贵阳地铁 3 号线 7 标、嘉兴环线等 35 个盾构项目始发掘进；参建的石长铁路联络线，浙江乐清湾港区铁路支线 6 标，广州外绕铁路 2 标，赤喀客专 2 标，衢宁铁路 2 标、4 标等 32 个项目正式开通运营。（孙祥惠）

【走向海外】2020 年，中铁隧道局海外市场全年新签合同额 20.48 亿元人民币，合同外增加 14.27 亿元人民币，合计 34.75 亿元人民币，为股份公司年度计划 5 亿美元的 102%。中标卡塔尔管线隧道施工分包项目，合同金额 1.61 亿元人民币；中标秘鲁伊卡—纳斯卡省公路管理服务及维护项目，合同金额 2.08 亿元人民币；中标秘鲁万卡韦利卡大区 8 号路第一段道路管理及升级改造项目，合同金额 2.7 亿元人民币；中标秘鲁万卡韦利卡大区 7 号路第一段道路管理及升级改造项目，合同金额 3.86 亿元人民币；中标以色列特拉维夫轻轨绿线 G4-8 段桥梁车站设计施工项目，合同金额 1.6 亿元人民币；中标秘鲁帕斯科大区 9 号路道路管理及升级改造项目，合同金额 2.35 亿元人民币；中标秘鲁万卡韦利卡 7 号路第二段道路管理及升级改造项目，合同金额 3.4 亿元人民币；中标秘鲁阿班卡伊新建城市快速路工程建设项目，合同金额 1.69

▲ 2020 年 6 月 18 日，世界最大矩形顶管隧道“南湖号”顶管机顺利始发

亿元人民币；中标澳门完善新口岸区污水截流管设计连建造承包工程，合同金额 1.15 亿元人民币。全年完成施工营业额 21.4 亿元人民币，为股份公司年度计划 4.5 亿美元的 100.2%。全年境外中方人员 766 人（员工 171 人、劳务 485 人、分包商 110 人），均无新冠肺炎感染情况发生，策划组织三次包机，共计向境外项目部输出 457 人。

（李发强 刘虹阳）

【重大创新】2020 年，中铁隧道局共获科技进步奖 52 项，其中，国家科技进步奖二等奖 1 项，省级政府最高奖 3 项、二等奖 12 项；中国专利优秀奖 1 项。新获得国家发明专利 37 项，实用新型专利 22 项，软件著作权 9 项，省部级工法 44 项。中铁隧道局新签科研项目 25 项，新获国家及省部级政府科研课题 36 项，共获得外部科研经费支持 3216 万元。承办"穿江越海超大断面盾构隧道建造技术高端论坛"及国际国内大型学术会议。2020 年 3 月，隧道结构智能监控与维护广东省重点实验室成功获批建设；盾构及掘进技术国家重点实验室在科技部五年一度的评估中获评优秀类实验室，为河南省唯一优秀实验室。（高 攀）

【工程创优】2020 年，中铁隧道局承建的南宁地铁 3 号线工程获得中国建设工程鲁班奖；建设的武汉市轨道交通 6 号线一期工程获得国家优质工程金质奖，广州市轨道交通 14 号线一期工程、深圳市城市轨道交通 9 号线工程、湄洲湾至重庆高速公路莆田段岐山隧道、广东省龙川至怀集公路（龙川至连平段）、黄陵至铜川高速公路、石家庄市城市轨道交通 1 号线、郑州市轨道交通 1 号线二期工程、西安市地铁 4 号线工程、新建铁路宝鸡至兰州客运专线古城岭隧道、广州市城市轨道交通 13 号线首期工程、乌兹别克斯坦安革连至琶布铁路卡姆奇克隧道工程等 11 项工程获得国家优质工程奖；参建的岳武高速公路、宝兰客专和天津地铁 3 号线等 3 项工程获中国土木工程詹天佑奖。

2020 年，中铁隧道局承建（参建）的京沈客专京冀段 13 标获中建协 2020 年度建设工程项目施工安全生产标准化工地。苏州市轨道交通 5 号线工程土建施工项目 V-TS-08 标、常州市轨道交通 2 号线一期工程土建施工 05 标（三角场站）、南通市轨道交通 1 号线一期工程土建施工 03 标主体土建工程获江苏省建筑施工标准化星级工地。宁波市轨道交通 3 号线一期土建工程 TJ3103 标获浙江省建筑施工安全生产标化管理优良工地。宁波市轨道交通 3 号线一期土建工程 TJ3103 标获浙江省安全文明施工标准化工地。郑州市轨道交通 4 号线工程正线风水电安装及装修工程施工 01 标获河南省建筑施工工程标准化示范工地。合肥市轨道交通 4 号线土建施工总承包 6 标获安徽省建筑安全生产标准化示范工地。重庆轨道交通 5 号线 5106 标获重庆轨道交通建设工程安全文明标准化工地。深圳至中山跨江通道工程、大（埔）丰（顺）（五）华高速公路、珠海市鹤州至高栏港高速公路荣获广东省交通厅公路水运工程省级"平安工地"。如意坊放射线系统工程（一期）获广东省房屋市政工程安全生产文明施工示范工地。南昌轨道交通 4 号线 02 合同段二工区等 10 个项目获得中国中铁 2020 年度安全标准工地。

（巩建军）

【企业文化】2020 年，中铁隧道局获 2020 年中国文化管理协会"献礼中国共产党百年华诞·企业宣传思想文化创新典范单位"，中铁隧道局官方微信号获得第七届"最美企业之声·最美传播之声"金奖。中铁隧道局传媒分公司实体运营，创作了《武汉，我们一起向光而行！》《谢谢》《梦想之上 波涛之下》等 10 部影视文化作品；开发了"水晶诗酒茶套装、大盾构山水卷轴画、爱'拼'才会赢拼装式盾构模型"等系列文创产品，制作了"隧有大情怀 道生小温暖"企业系列宣传画册。

（秦清海）

【党建工作】中铁隧道局党委认真贯

▲中铁隧道局参建的广州市城市轨道交通 13 号线

▲汕头海湾隧道工程项目 15.01 米超大直径盾构刀盘下井

首期工程获国家优质工程奖

彻落实党中央、国资委党委、股份公司党委的决策部署，以“忠诚担当”精神做好疫情防控工作，成立了疫情防控领导小组和海外疫情防控专班，第一时间从国外采购医用防护物资支援抗疫，参与“雷神山”方舱医院建设，对外捐赠防疫物资51.87万元，组织党员捐款81万元。创新落实习近平总书记重要指示批示精神，建立并执行“第一议题”制度，先后学习习近平总书记对川藏铁路建设、疫情防控等重要指示批示100余篇。开展了“《习近平谈治国理政》第三卷读书会”，牢记习近平总书记“忠诚担当”的嘱托，鼓舞和鞭策广大干部员工奋勇拼搏。加强年轻干部培养，建立了优秀年轻干部人才库，开展川藏铁路青年挂职锻炼，对27个单位开展了干部日常履职考核考察。组织开展了内部巡察回头看和系列专项整治，发现4大类13个方面133个问题，正在有序推进整改。严格按照要求推进“四个专项整治”，部署开展了“合规经营、合规管理大排查大整治活动”，推进了企业政治生态的持续好转。年内投入资金1324万元，慰问一线员工、困难职工5万余人，中铁隧道局建档立卡182户困难职工全部实现脱困解困。（包荣明）

【信息化建设】全面推进“信息贯通”工程，数据集成平台一期建设任务基本完成。对珠三角水资源B3标等项目进行信息贯通调研，成立了以总经理为组长的中铁隧道局集团信息贯通领导小组及工作组，确定了以经营、生产、安全、盾构大数据、视频监控等八大板块为主题的数据集成范围和工作重点。（李岩）

【履行社会责任】2020年，中铁隧道局共计参加各类洪涝灾害抢险救援18起，投入设备285台（套），抢险人员1370人。其中，市政、地铁排涝抢险9起，抽水48000立方米，装填沙袋32000个。山体滑坡道路抢通5起，清运土石方7800立方米，抢通公路36千米。铁路既有线抢通1起，清运土石方5500立方米。堤坝加固3起，装填沙袋47000个，处理管涌点21个；水上救援1起，转移群众26人，抢救财产80余万元；火灾救援1起，抢救财产20余万元。隧道关门坍塌1起，营救被困人员4人。（巩建军）

【领导人员】

| | |
|---|---|
| 于保林 | 党委书记、董事长、法定代表人 |
| 曹　彬 | 党委副书记、总经理、董事 |
| 罗　琼 | 党委副书记、董事 |
| 薛　峰 | 党委副书记、纪委书记、监事会主席 |
| 范国文 | 工会主席、副总经理、职工董事 |
| 洪开荣 | 总工程师、董事 |
| 高　伟 | 副总经理、董事 |
| 赵玉良 | 副总经理、董事 |
| 韩静玉 | 副总经理 |
| 李少利 | 副总经理 |
| 李献林 | 总会计师、总法律顾问、董事 |
| 南晓宇 | 副总经理 |
| 赵全民 | 副总经理 |
| 易国良 | 副总经理 |
| 张学军 | 副总经理 |

（牛帅）

## 中铁电气化局集团有限公司

【简况】中铁电气化局集团有限公司（简称“中铁电气化局”）成立于1958年，是工程建设、勘察设计、科研开发、工业制造、试验检测、工程监理、物贸物流、运营维管、房地产开发、投融资“十位一体”的大型企业集团，是中国中铁股份有限公司成员企业，总部设在北京。

截至2020年末，中铁电气化局主要管辖单位53家。拥有施工资质59项，其中，总承包资质26项，含特级资质2项，一级资质8项，二级、三级资质16项；专业承包资质33项，含专业一级资质18项，二级、三级资质15项；拥有铁道行业甲Ⅱ级、建筑行业甲级、铁道行业（电气化）专业甲级、建筑行业（建筑工程）专业甲级设计资质；拥有承装一级、承修一级、承试二级等电力设施许可12项；拥有测绘乙级资质；拥有铁路运输许可证，铁路货物运输资质；拥有安防工程企业设计施工维护能力证书一级资质。

中铁电气化局承建了国内70%以上的电气化铁路、60%以上的高速铁路和70%以上的城市轨道交通工程。拥有世界最大的铁路电气化和城市轨道交通接触网器材生产基地，截至2020年末，中铁电气化局拥有机械设备类固定资产4245台（套），设备原值184461.2万元，设备净值58414.79万元，总功率401484.24千瓦，技术装备率4.97万元/人，动力装备率33.97千瓦/人，装备生产率79.59万元，设备新度系数31.67。设备完好率96%，设备利用率120%。其中，大型设备盾构机8台（套），电气化轨行设备438台（套）。机械化施工程度87%，年施工生产能力为357.8亿元。

中铁电气化局拥有省级企业技术中心、省级工程技术研究中心和国家级技能大师工作室，作为铁道行业标准和国家“牵引供电系统”标准化组长单位，完成股份公司级工法13项，完成中铁电气化局集团公司级工法41项；获得行业标准28项，翻译国际标准7项。中国铁道学会电气化委员会设在公司本部，出版发行的《电气化铁道》是国家一级学术期刊和国内唯一的电气化铁道专业期刊。2020年，新增授权专利80项，其中，发明专利9项，欧洲发明专利1项——《架空刚性接触网稳定补偿装置》；获得河北省轨道交通电气系统技术创新中心、国家铁路局牵引供电技术铁路行业工程研究中心2项科研平台。

中铁电气化局先后获得多项中国建设工程鲁班奖、中国土木工程詹天佑奖、国家优质工程金质奖和国家科技进步奖，获得全国五一劳动奖状、全国文明单位、全国优秀企业、全国质量管理先进单位和火车头奖等荣誉。截至2020年末，中铁电气化局共获国家级优质工程奖124项，国家级安全标准化工地奖9项，省部级优质工程奖323项。形成“四部标准化管理手册+智慧党建平台”成果，获得中央企业党建思想政治工作研究会2020年度优秀课题研究成果一等奖。

截至年末，中铁电气化局员工总人数12055人，其中，管理人员、专业技术人员8524人，工人3531人，分别占职工总数的70.7%和29.3%。中级及以上专业技术职务人员4520人，其中正高级职称41人，高级技术职称1452人，中级技术职称3027人。员工的年龄结构：35岁及以下4763人，占39.5%；36~45岁3172人，占26.3%；46~55岁3147人，占26.1%；56岁及以上973人，占8.1%。员工的文化结构：大专以上9107人，占75.5%；中专及高中2125人，占17.6%；高中以下823人，占6.8%。（陈聪　韩建　崔波　孙震红　王桢　刘啸辰）

【主要指标】2020年完成新签合同额903.33亿元，比2019年增加194.33亿元，同比增长27.41%；完成营业收入442.18亿元，比2019年增加43.07亿元，同比增长10.79%；实现净利润14.16亿元，比2019年增加3.56亿元，同比增长33.58%。（郑旭东　陈海南）

**表13–12　2019—2020年中铁电气化局集团有限公司主要经济指标**

| 项目 | 2019年 | 2020年 | 增长率/% |
|---|---|---|---|
| 资产总额/亿元 | 394.07 | 456.85 | 15.93 |
| 所有者权益/亿元 | 83.65 | 101.38 | 21.20 |
| 营业收入/亿元 | 399.11 | 442.18 | 10.79 |
| 利润总额/亿元 | 13.01 | 16.91 | 29.98 |
| 净利润/亿元 | 10.60 | 14.16 | 33.58 |
| 归属于母公司所有者的净利润/亿元 | 10.52 | 14.10 | 34.03 |
| 技术开发投入/亿元 | 9.60 | 12.55 | 30.73 |
| 利税总额/亿元 | 23.31 | 25.25 | 8.32 |
| 应交税金总额/亿元 | 13.33 | 11.24 | –15.68 |
| 全员劳动生产率/[万元/(人·年)] | 28.32 | 26.91 | –4.98 |
| 净资产收益率/% | 13.96 | 16.74 | 增加2.78个百分点 |
| 总资产报酬率/% | 3.51 | 4.10 | 增加0.59个百分点 |
| 国有资本保值增值率/% | 114.95 | 117.83 | 增加2.88个百分点 |

制表：郑旭东　陈海南

【改革发展】中铁电气化局根据《中国中铁关于公布二级企业机关机构定员标准的通知》，出台了《中铁电气化局集团有限公司本部带薪离岗管理办法》《中铁电气化局集团有限公司本部内部待岗管理办法》《中铁电气化局集团有限公司本部内部退养管理办法》配套管理办法及规范本部退休人员统筹外费用的相关政策，进一步明确了离岗人员的薪酬待遇和退休人员统筹外费用。通过机构改革，中铁电气化局本部定员减至187人，部门由22个整合为20个；设置1个社管后勤机构，5个独立核算中心；实施企业内部重组；完成电气化公司吸收合并顺达分公司，撤销顺达公司；完成电信中心与智能交通公司合并重组，成立智慧交通分公司，代管电信中心、中铁电化（西安）通号设备有限公司。优化调整中铁电气化局集团公司及所属单位内设机构，设立郑州经营部，设立铁路工程公司土建试验室，设立《电气化铁道》编辑部（中国铁道学会电气化委员会秘书处），中国铁道学会电气化委员会秘书处与《电气化铁道》编辑部合署办公。撤销雄安新区办事处等办事处机构。研究、下发工程指挥（项目）机构令90多个。对满足撤销条件的5个工程指挥部下达项目部撤销令。（韩建　孙震红）

【重大项目】中铁电气化局党委印发了《进一步发挥党委领导作用的实施意见》，修订议事规则，履行前置程序，编制“操作指引”，推动党的领导组织化、制度化、规范化。全年召开党委常委会22次，研究决策党建工作事项87项，对投资、预算、资本运作、改革管理等83个企业重大经营管理事项进行了前置研究讨论；召开总经理办公会16次、研究议题93项。

2020年，中铁电气化局参与建设的大、中、小工程项目306项，其中已开通工程82项，在建工程224项，其中，铁路工程99项、城市轨道交通工程122项、市政工程22项、公路工程6项、工民建房建工程18项、水利水电工程1项、维管工程38项。建成开通电气化铁路1720千米，完成接触线架设4006千米、变电所亭112座、变配电所173座、光电缆敷设23615千米、铁路房建48.5万平方米、隧道盾构2527折合洞米、桥梁4123折合延长米、铺轨5千米、铺设道岔6组；开通城市轨道交通733千米，完成车站370座、接触网1178千米、变电所

199座、隧道盾构3300折合洞米、铺轨112千米、铺设道岔97组；完成工民建房建19.8万平方米、市政隧道盾构1388折合洞米、桥梁1098折合延长米，水利水电隧道盾构1203折合洞米。2020年，中铁电气化局完成施工产值357.8亿元，为股份公司下达年度施工产值计划334.3亿元的107%。

（赵茂楠　吴新春）

【走向海外】2020年，中铁电气化局海外业务完成新签合同额34.77亿元（折合50081万美元），是股份公司下达计划4亿美元的125.2%。全年，开展投标和追踪项目60个，涉及12个国家和地区，主要分布在中东欧、东南亚（含港澳地区）、中亚、中东地区。截至年末，完成投标项目24个、资审项目12个，正在投标的项目8个，评标阶段项目20个。此外，中标并已签约项目数量达43个。在港澳地区和以色列，中标并签约了香港地铁供电改造工程（C2318-19E）；完成了以色列特拉维夫轻轨绿线和紫线PPP项目投标；为以色列海法至拿撒勒轻轨PPP项目投标奠定了坚实基础。海外项目完成施工产值8.1亿元，是股份公司下达计划7000万美元的167.9%。（马永福）

【重大创新】中铁电气化局结合体系运行的有效性和标准与业务活动的相融性，通过了质量、环境、职业健康安全管理体系三体系认证、第二次监督审核及职业健康安全管理体系认证旧版标准转换审核［《职业健康安全管理体系要求》（OHSAS 18001：2007/GB/T 28001—2011）向新版标准《职业健康安全管理体系要求及使用指南》（GB/T 45001—2020/ISO 45001：2018）转换］。同步进行卓越质量管理试点认证的监督审核，经认证中心审核通过，中铁电气化局继续保持卓越质量管理体系（AAA级）认证注册资格。企业现代化管理创新成果获第二十七届全国铁道企业管理创新成果奖一等奖1项、二等奖2项。根据《中国中铁对标世界一流管理提升行动实施方案》的部署和要求，结合贯彻落实中央关于国企改革三年行动方案决策部署及中铁电气化局全面贯彻落实“三个《意见》”的工作方案要求，完成了《对标世界一流管理提升行动方案》（含工作清单），依据近年来三体系审核发现的系统性问题、“‘十四五’规划”战略诊断报告、近阶段中铁电气化局主要领导在系列会议讲话中对各业务系统提出的要求和需要改进提升的问题，确定工作清单中49项对标问题。围绕管理三化聚焦应用、聚焦标准化，按照两条主线推进，中铁电气化局组织召开5次推进会，对标准化组织机构、标准化岗位、标准化业务进行了全面的梳理，梳理出标准化组织机构1291个，为各层级的标准化组织机构、标准化组织机构下的标准化岗位建设完成打下坚实的基础。（韩　建）

【工程创优】中铁电气化局在质量管理方面，交验工程质量达到了国家、行业质量验收标准，符合设计文件和有关技术规范要求。工程施工质量验收合格率达到100%，单位工程一次验收合格率100%，客运专线主体工程质量零缺陷。未发生工程质量事故。2020年，中铁电气化局获国家优质工程奖8项（金奖1项）、第十七届中国土木工程詹天佑奖2项；中国建设工程鲁班奖2项、安装之星1项；中国中铁杯优质工程奖16项、地方省部级优质工程奖25项；地方市级优质工程奖8项。安全标准工地建设方面，创建局级安全标准工地41个，7个项目获得股份公司“安全标准工地”称号，1个项目获得国家级安全标准化工地，8个项目获得2020年地方省部级“安全标准工地”称号。生态环境保护与节能减排方面，10个项目被授予“中国中铁2020年度绿色施工科技示范工程”称号，1项技术被列为“中国中铁2020年度节能低碳技术”纳入股份公司节能低碳技术目录。

（王　楠）

【企业文化】中铁电气化局参加“第三届中央企业优秀故事征集展示活动”，报送《巩固深化主题教育成果推进“抗疫情、保增长”工作纪实》《林云志：将创新“做到极致”》等品牌案例，展示了企业实力和国之脊梁形象。梳理企业文化建设成果，并在中外企业文化2020杭州峰会上获“‘十三五’中国企业文化建设典范组织”称号。首次通过线上线下相结合的方式参加2020年中国国际服务贸易交易会，代表中国中铁在服贸会上现场布展，8项智能建造成果在建筑及相关工程服务领域亮相，其中，北斗定位人机安全位预警系统获评服贸会科技创新示范案例，运维巡检机器人作为实物现场展示互动。中央电视台、北京电视台等媒体进行了跟踪报道。

围绕开展质量提升行动要求，制定《全面加强企业品牌文化建设实施方案》。制作反映施工综合竞争能力的《打造智能建造“四电”工程新标杆》智能建造专题宣传片。制作《深化数字化转型，助推高质量发展——“一把手谈企业数字化转型”》新闻片，展示中铁电气化局推动信息技术与业务管理的深度融合的实践成果。参加施工企业管理协会组织的施工企业文化交流大会，《电气化铁路》报获评精品报刊，《中国中铁助力北京新发地抗疫》等作品获得抗疫情短视频大赛二等奖。协助工人日报举办第二届“最班组”全国短视频大赛。组织各单位参赛，中铁电气化局12家单位共上报作品23部，获得最佳组织奖1个、二等奖1个、三等奖2个、优秀奖3个、最具网络人气奖3个，共计10个。

（张林强）

【党建工作】中铁电气化局加强思想政治建设，制定了《贯彻落实习近平总书记重要指示批示工作机制》，配套出台了督查办法，建立了工作台账；落实“第一议题”机制，在党委常委会、中心组学习会上集中学习了57个习近平总书记重要指示、论述和讲话精神；深入学习贯彻

的十九届五中全会精神，明确11项具体学习举措，组织开展了领导人员集中学习培训，推动习近平新时代中国特色社会主义思想在企业落地生根。

突出对抗击疫情和复工达产工作的领导，明确了“加强党的领导为打赢疫情防控阻击战提供坚强政治保证”的6项重点举措，在全集团深入开展了“抗疫情、保增长”主题活动；所属单位党委发挥党建引领作用推动抗疫情保增长的经验做法在《国资工作交流》刊登。

坚持党管干部原则，修订、制定了《领导人员管理制度》《改任企业非领导职务人员管理制度》《优秀年轻干部培养选拔实施办法》等11项制度办法；全年共选拔任用集团公司中层正职18人、中层副职12人；干部交流85人次，改任非领导职务64人。深化两级班子建设，中铁电气化局领导班子获中国中铁2019年度“四好班子”称号。坚持党管人才，全年举办培训班3442期，培训52778人次，队伍整体素质不断提升；5人分别获得首届詹天佑铁道电气化专项成就奖、贡献奖和青年奖，5人分别被评为中国中铁专家、科技创新优秀人才、优秀工匠和特级技师。

加强基层党建工作，认真落实《中国共产党国有企业基层组织工作条例（试行）》要求，修订、制定了《关于加强“三基建设”的实施细则》《关于进一步加强和改进项目党建工作实施办法》等文件。对42个“拔高”设置的党委和党总支进行了调整；整顿软弱涣散党组织，738个基层党组织排查并整改问题93项；持续开展党支部“达标晋级”工作，考核命名“五星级”党支部47个，该做法被股份公司党委全面推广。推进基层单位党政“一肩挑”试点工作；在党校对党组织书记、党委委员、党务干部、发展对象进行了集中培训。在市国资委系统2020年全面从严治党工作会议上，中铁电气化局“三基建设”经验进行了交流发言。推进党建质量进阶管理体系建设，形成了“四部标准化管理手册＋智慧党建平台”成果。

推进党风廉政建设和反腐败工作，制定了《党委落实全面从严治党“两个责任”实施办法》，修订了《党风廉政建设责任制》。召开全集团范围警示教育大会，开展领导人员“画像”评价和企业政治生态分；深入开展了“抓整改、树新风、强本领、促发展”“干部作风建设年”活动，组织2952名党员干部进行了贯彻落实中央八项规定精神自查自纠，开展了党员干部违规打麻将问题专项整治和“四个专项整治”。严肃执纪问责，精准运用“四种形态”，其中运用第一种形态1784人次，处置违规违纪违法人员50人次。

加强正面宣传引导，全年在中央级新闻媒体发稿634篇，在省部级新闻媒体发稿2658篇，“中铁电气化”微信公众号全年发稿1786篇，总阅读量超过500万，关注人数超过2.7万人，抗击疫情长篇通讯在《探索与交流》《国企》杂志刊发，践行“三个转变”的经验在人民日报客户端、国企网等媒体刊载，拉林铁路等重点工程项目新闻报道6次在《人民日报》上刊发，2次在中央电视台《新闻联播》播出。开展了“PPP项目宣传思想工作”专题调研，形成“六统一、六聚焦”工作思路。《新时代国企党建考核评价激励体系的探索与实践》入选国资委《国企》杂志首届国有企业党的建设论坛最佳论文。

坚持党建带群建，全年投入“三工建设”资金5800万元，发放“送温暖”和重点工程慰问金766万元，落实“三不让”专项资金117万元。深入开展“爱企立功”竞赛、群众性创新创效、“安康杯”竞赛、“大干100天”“决战四季度”专项劳动竞赛等活动，中铁电气化局被评为全国“安康杯”竞赛优胜单位、股份公司“抗疫情、保增长，大干100天”专项劳动竞赛优胜单位。广泛开展“青马工程”“六比两争”“团干部上讲台”“一支部一品牌”等活动，充分发挥了青年生力军和突击队作用。2020年，中铁电气化局1名职工获“全国劳模”称号、4名职工获省部级劳模称号，共青团系统14名个人和3个集体获省部级以上荣誉。（赵茂楠）

【信息化建设】中铁电气化局按照业务和技术两条主线，“聚焦标准化、聚焦应用”，全面推进管理三化标准化体系建设，截至2020年12月31日，管理三化平台内已有包括29个集团各部门（中心）、23个子分公司、学校、10个局指挥部、8个区域指挥部、8个安全稽查队，28750个应用岗位、4067个标准化岗位、44000多个人员账号的组织岗位数据，动态进行数据维护、数据治理。建设完成新的管理三化平台、App移动应用以及三化文库系统，“交互展示、业务配置、数据编码，资料存储”的“3+311”平台；建设完成中铁电气化局自有产权的业务配置平台。为中铁电气化局基于管理三化平台按需定制开发了智慧党建、施工业态、隐患排查、投票表决、科研管理、QC成果管理、合同管理、办公室综合管理、会议管理等系统，按照业务需求上线了7000余个表单，所有业务按照流程正常实时运转。（区嘉亮）

【履行社会责任】2020年，中铁电气化局共有志愿者服务队92支；开展志愿者活动293次；投入志愿者服务1990人，为社会困难群众和公司困难职工提供救助，积极投身抢险救灾，践行央企责任。全年参与各类抢险救灾60余次，投入抢险救灾人数4242人次，投入设备210多台（套），投入资金200万元，发挥了国有企业的社会责任。（肖凯聪）

【领导人员】

李爱敏 党委书记、董事长（1月任）

徐勇烈 党委副书记、总经理（8月任）

周　绩 党委副书记、纪委书记（7月免）

陈光建　纪委书记（7 月任）
刘德海　副总经理
赵印军　副总经理、总工程师
宋连持　副总经理、工会主席
陈建明　副总经理
李争科　副总经理
郭俊亮　总会计师（6 月任）
陈伟锋　副总经理（7 月任）
李　磊　副总经理（7 月任）
解德元　总经济师（7 月任）
池洪军　党委副书记（2 月免）
刘保顺　副总经理、总经济师（6 月免）
沈九江　副总经理（11 月免）
毛明华　副总经理（5 月免）
牛光辉　总会计师、总法律顾问（6 月免）
张永康　副总经理（7 月免）
邹领权　总经理助理　　　（孙震红）

## 中铁武汉电气化局集团有限公司

【简况】中铁武汉电气化局集团有限公司（简称“中铁武汉电化局”），于 2014 年 8 月 18 日在湖北省武汉市工商行政管理局注册成立，由中铁电气化局集团第二工程有限公司整体及中铁一局集团电务工程有限公司、中铁二局集团电务工程有限公司、中铁三局集团电务工程有限公司、中铁四局集团电气化工程有限公司、中铁五局集团电务城通工程有限公司部分人员和项目重组成立，中铁六局至十局集团电务公司分别以 3000.06 万元现金形式向中铁武汉电化局增资入股，注册资本为 9 亿元。中铁武汉电化局下设第一工程有限公司、上海电气、物贸、科工装备、设计院、中铁新基建 6 个子公司和北京、机电、城市建设、运营管理、城铁 5 个分公司。主要从事铁路电气化、电力、通信、信号和城市轨道交通、公路交通、机电设备、输变电、楼宇智能化、工业与民用建筑等工程建设，是集科研开发、设计咨询、工程施工、运营维护、产品制造和商务开发于一体的“四电”系统集成商和工程总承包商。拥有“6 总 14 专”共 20 项建筑企业资质，工程设计专项（建筑幕墙、建筑装饰、消防设施）乙级资质及电力承装（修、试）资质，涵盖铁路工程、铁路电气化工程、电务工程、通信、输变电、机电、房建、市政、钢结构、电力设施承装承试、建筑幕墙、建筑装饰装修等设计施工领域。

中铁武汉电化局现有员工 4577 人，专业技术干部 2612 人，占员工总数的 57.07%，其中具有正高级专业技术资格的 20 人，高级专业技术资格的 449 人，中级专业技术资格的 728 人，初级专业技术资格的 1017 人；工程类专业干部 1909 人，占员工总数的 41.71%，其中正高级 16 人，高级 343 人，中级 581 人，初级 661 人；工人 1965 人，其中，技术工人 1723 人，技术工人中初级工 49 人，中级工 183 人，高级工 717 人，技师 499 人，高级技师 275 人，特级技师 3 人。

截至 2020 年末，中铁武汉电化局实收资本 9.03 亿元，全部为股份公司投资。资产总额 71.45 亿元，其中流动资产 65.63 亿元、非流动资产 5.82 亿元。现有机械设备 1275 台，总功率 7.53 万千瓦，总原值 2.65 亿元，净值 0.76 亿元。其中，铁路电气化施工机械 92 台，原值 1.41 亿元，净值 0.45 亿元。设备平均新度系数 0.31，人均动力装备率 16.43 千瓦 / 人，技术装备率 1.65 万元 / 人，设备完好率 95.8%，利用率 89.3%。

2020 年，中铁武汉电化局完成企业营业额 125 亿元，在建工程项目 232 个，其中铁路工程项目 148 个，轨道交通项目 46 个，市政项目 16 个，其他项目 22 个，安全优质开通了新建连云港至镇江铁路站后“四电”及相关工程、新建潍坊至莱西铁路“四电”系统集成及相关工程、新建福州至平潭铁路“四电”及相关工程、成昆铁路米易至攀枝花段扩能改造工程站后四电系统集成工程等铁路项目以及青岛地铁 8 号线、西安地铁 9 号线、成都地铁 8 号线、杭州地铁 1 号线等地铁项目共 58 个，开通铁路 958 正线公里（高铁 519 正线公里，普铁 439 正线公里），建成地铁 305 正线公里、市政工程 90 千米、公路 43 千米。

（丁芊　杨成　沈齐波　张博宇　任美燕）

【主要指标】截至 2020 年末，中铁武汉电化局完成营业收入 117.76 亿元，完成年度预算的 100.33%；实现净利润 2.17 亿元，较 2019 年增长 121.43%；资产负债率 71.37%，与年度预算相比下降 7.99%；经营性净现金流 2.70 亿元，现金盈余保障倍数 1.24；实现经济增加值（EVA）4.01 亿元，完成年度预算的 123.01%。　（沈齐波）

**表 13–13　2019—2020 年中铁武汉电气化局集团有限公司主要经济指标**

| 项目 | 2019 年 | 2020 年 | 增长率 /% |
|---|---|---|---|
| 资产总额 / 亿元 | 60.81 | 71.45 | 17.50 |
| 所有者权益 / 亿元 | 11.51 | 20.46 | 77.76 |
| 营业收入 / 亿元 | 102.05 | 117.76 | 15.39 |
| 利润总额 / 亿元 | 1.15 | 2.54 | 120.87 |
| 净利润 / 亿元 | 0.98 | 2.17 | 121.43 |
| 归属于母公司所有者的净利润 / 亿元 | 0.98 | 2.17 | 121.43 |
| 技术开发投入 / 亿元 | 3.25 | 4.01 | 23.38 |
| 利税总额 / 亿元 | [illegible] | [illegible] | [illegible] |

续表

| 项目 | 2019 年 | 2020 年 | 增长率 /% |
|---|---|---|---|
| 应交税金总额 / 亿元 | 2.59 | 2.29 | -11.58 |
| 净资产收益率 /% | 8.73 | 13.58 | 增加 4.85 个百分点 |
| 总资产报酬率 /% | 2.09 | 3.28 | 增加 1.19 个百分点 |
| 国有资本保值增值率 /% | 109.54 | 177.69 | 增长 68.15 个百分点 |

制表：沈齐波

【改革发展】大力推进改革发展，顺利完成了中铁武汉电化局总部和三级公司本部机构改革，进一步精简优化办事流程，推动各系统规章制度升级换版，“1234 项目管理法”在基层落地生根，各类创新活动蓬勃开展，新领域经营多点突破，宏观成本管理与微观成本管理并重，财务管理创造价值的功能有力彰显。在一系列改革管理措施推动下，全年实现营业收入 117.76 亿元，净利润 2.17 亿元，货币资金存量 36.73 亿元，资产负债率降至 71.22%，均为历史最高水平。城轨版图不断扩大，又添天津、南通、哈尔滨、金华、嘉兴 5 个新城市；中标青岛地铁风水电委外维保 3 个项目，实现了地铁维管新突破；中标云南勐绿高速公路 PPP 机电项目，填补了中铁武汉电化局在高速公路机电市场上的业绩空白。（张　强）

【重大项目】2020 年实现新签合同额 126.7 亿元，其中铁路项目 55.83 亿元，占比 44.06%；非铁路项目 70.87 亿元，占比 55.94%。

在铁路项目方面，参与投标大中型铁路“四电”项目 24 项，中标 8 项，先后独立中标新建铁路磨丁至万象线万象至万象南工程、新建黄冈至黄梅铁路“四电”及相关工程“强电集成”标、新建大理至瑞丽铁路四电及相关工程施工总价承包 DRSD-1 标段（强电集成）、新建张家界至吉首至怀化铁路“四电”及相关工程施工总价承包 ZJHSD-1（强电集成）、成昆铁路峨眉至米易段扩能工程房建及“四电”工程 EMSD-2 标等项目。在非铁路项目方面，轨道交通项目全年新签合同额 35.83 亿元。2020 年，中铁武汉电化局在哈尔滨、北京、南通、杭州、绍兴、嘉兴、天津、金华、绍兴、青岛等城市中标地铁项目，新开拓嘉兴、天津、金华、南通、哈尔滨等城市。其他项目全年新签合同额 30.28 亿元。新开发天津、郑州、山东等新的区域市场。独立自主完成投资类项目，中标天水市乡村振兴南北两山片区基础设施 PPP 项目、云南省勐醒至江城至绿春高速公路 PPP 项目。中标新建菏泽至兰考铁路河南段站后工程、台儿庄区城市建设项目工程总承包（EPC）、新建集宁经大同至原平铁路集宁至大同段乌兰察布市境内“三电”及管线迁改工程、鼎湖区粤港澳大湾区新型高铁物流综合开发区项目、怡心湖一二号地块开发建设项目一号地块安装工程、克拉玛依区城市道路照明节能（合同能源管理项目）、新建广州大田铁路物流基地（广州铁路集装箱中心站）站后工程等多项路外工程项目。

中铁武汉电化局与新乡市政府开展战略合作，在打造政企合作的生态圈、“新基建”领域的创新基地、政企融合共赢三个方面达成了一致意见，成立了中铁新基建（河南）建设有限公司，并确定了参与平原示范区建设“三进三给”的合作原则，即中铁武汉电化局进企业、进法人、进资质，政府方面给项目、给优惠、给政策，促进了中铁武汉电化局拓宽经营领域，快速占领市场，实现滚动发展。

（张小山　刘　方　丁　芊）

【走向海外】2020 年，中铁武汉电化局坚持“海外双优”发展战略，通过改革重组，成立了国际事业部，下设北非、中东、南亚、中亚、港澳、老缅泰 6 个境外国别（地区）中心，进一步加快企业海外布局，提速海外业务发展。面对新冠肺炎疫情的全球蔓延，始终坚持疫情防控与经营生产“两手抓、两手硬”，在境外疫情防控方面，通过压实责任、多措并举，有效确保境外人员“零感染、零死亡”；在经营工作方面，成功中标磨万铁路万象至

▲中铁武汉电化局建设的中老铁路研和车站电气化接触网架设导线

所属单位

万象南站后“四电”工程项目，实现中老铁路和老挝市场的滚动经营；在施工生产方面，磨万铁路项目全年完成3.89亿元产值，占总产值的42.9%，顺利完成全年生产任务计划。（韩　颖）

【重大创新】2020年，中铁武汉电化局《提升电气化铁路关键部件生产效能的智能化产线建设》获第二十六届全国企业管理现代化创新成果二等奖。围绕“四电+”发展战略开展科技创新工作，2020年有1项课题通过股份公司结题验收，2项成果通过股份公司科技成果评审，获得中国铁路工程集团有限公司科学技术奖一等奖1项。通过中铁武汉电化局集团公司评审科技成果10项，获得发明专利授权3项，获得实用新型专利授权25项。在高铁“四电”施工领域，坚持瞄准世界高铁技术的前沿，实施前瞻性基础研究和引领性创新战略，“一种由集装箱拼装集成的腕臂自动式预制平台”和“第三代智能安全帽”已完成研制并在多个项目投入使用。同时，围绕新基建，推动灯联网技术研发与推广，打造出具有自主知识产权的“中铁智联网”云平台和“智慧路灯”系统。中铁武汉电化局加大对外科研合作力度，积极推进企校合作，促进人工智能、物联网、智能建造、试验检测、BIM等方面的科研成果研究及转化。（吴荣超）

【工程创优】全年获得国家级优质工程5项，省部级优质工程3项，地市级优质工程4项，股份公司优质工程、安标工地、绿色施工科技示范工程6项。其中，参建的武汉市轨道交通6号线一期工程获得国家优质工程金质奖；参建的中国铁塔海南省分公司2015年西环高铁公众通信网络覆盖基础设施工程、深圳市龙华新区现代有轨电车示范线工程BOT项目及同步实施工程、郑州至西安客运专线引入西安枢纽新建客运北环线西安动车段工程3个项目获国家优质工程奖；合肥地铁2号线获2019—2020年度国家安装之星奖。（张　卿）

【企业文化】2020年，中铁武汉电化局在中央级媒体刊发稿件57条，在地方媒体刊发稿件225条，在人民铁道报刊发稿件55条，在各大主流媒体网站刊发近2000条，在《中国中铁》报及中国中铁新媒体刊稿97篇次，为历年来最高。被中国文化管理协会授予“新时代党建企业文化示范单位”称号，并首次被评为“湖北省文明单位”。（贺玉琴）

【党建工作】党建工作方面：2020年，中铁武汉电化局党委在总结党建工作经验的基础上，形成了以开展“双心行动，幸福企业”、夯实“三基”、打造党建“四化平台”为主要内容的“234”党建工作新格局。引导全集团各级党组织和广大党员干部充分发挥战斗堡垒和先锋模范作用，全力以赴做好疫情防控工作；组建党员突击队，参加武汉国际会展中心、武汉客厅和长江新城等方舱医院及湖北省妇幼保健光谷院区、黄石小汤山医院建设，1679名党员累计捐款捐物23.6万余元；中铁武汉电化局一公司等6家单位被评为中国中铁“抗击疫情先进集体”，程宝林等8人被评为中国中铁“抗击疫情先进个人”，朱万富被评为湖北省“抗击疫情先进个人”。严格落实领导干部双重组织生活、谈心谈话、民主评议党员、主题党日和党员领导干部讲党课制度，积极开展“党课开讲啦”活动。结合“抓整改、树新风、强本领、促发展”“干部作风建设年”活动的相关要求，组织各三级单位召开干部作风建设年专题民主生活会。出台《中铁武汉电化局集团有限公司党组织工作经费管理办法》《中铁武汉电化局党委关于进一步加强和改进项目党建工作的实施意见》等9项规范性管理文件。强化“三基建设”，截至年末，中铁武汉电化局共有党组织278个，党员2013名，入党申请人610名，其中入党积极分子301名，2020年发展党员70名，办理预备党员转正63名，培养和确定发展对象78名。共有专职党群工作人员202人，其中专职党组织书记99人。开办党组织书记、党员发展对象、党内统计培训班，培训200人次。大力推行“党建+”模式，开展“双心行动，幸福企业”党建品牌创建，在连镇铁路、中老铁路下磨段和磨万段等重点工程开展“重点工程党旗红”“红旗项目部”等主题实践活动；结合建党99周年实际，组织开展主题党日、慰问党员、先进评比表彰系列活动；召开中铁武汉电化局党委七一表彰大会，现场表彰“十佳基层党组织”“十佳共产党员标兵”“十佳党务工作者”。

党风廉政建设方面：始终坚持将政治监督摆在首位，第一时间研究部署疫情防控监督工作，强化各单位疫情防控责任，督导落实疫情防控措施，对疫情防控期间的表彰、突击提拔和发放补助情况进行监督检查，积极推进疫情期间复工复产工作，在确保防控机制、防控物资、人员排查到位的前提下，有力推动疫情防控和复工复产取得胜利。协助党委认真抓好巡视反馈问题整改，推动各部门发挥职能作用，落实主体责任，对照股份公司巡视组移交反馈的37个问题分类建立台账，制定《巡视问题整改分工手册》，细化整改措施99条。坚持以党建工作责任制为抓手，修订完善《党风廉政建设责任制实施细则》等10项制度；召开党风廉政建设和反腐败工作会2次，全面部署公司党风廉政建设工作；研究讨论党风廉政建设重大事项12个，督促党委主要领导做到“四个亲自”，听取纪委汇报8次，廉洁谈话23人次；严格“一案双查”，全年问责3件，问责5人，强化了全面从严治党主体责任。进一步深化党内监督工作，针对三级公司党内监督专项检查情况，提交党委会议审议《2019年党内监督工作落实情况监督检查报告》，并向党群部门下达《检查整改建议书》3份。认真把好干部提拔廉政回复关，

对干部任用廉洁评定和“评先评优”廉洁一票否决严格把关，全年出具《干部廉洁回复意见》19份。认真抓好职能部门履职“再监督”，印发《对公司职能部门2020年度开展业务监督检查事项工作提示》及《再监督工作补充通知》，对6个职能部门6项重点监督事项进行过程监督，提出监督建议2项。坚持“六位一体”新动能，创建中老铁路廉洁建设示范线，承办了股份公司中老铁路党风廉政建设现场推进会，受到各方一致好评。

巡察工作方面：强化巡视巡察制度建设，创新建立了巡视整改“一调度五联动”工作机制、巡视巡察问题整改和跟踪督办“双清单”制度，进一步提升巡视巡察工作制度化、规范化水平，持续构建巡视巡察长效机制。强化巡视发现问题整改，整改期间共制定整改措施207项，建立健全各类规章制度45项，追责问责51人次。强化巡察干部队伍建设，从“提素质、严管理、勇担当”着手，不断选优配强巡察干部队伍，强化精准监督。以《中铁武汉电化局党委巡察工作简报》《巡视巡察工作实用手册》《巡视巡察专题学习资料》为载体，持续优化信息交流、学习提升平台，教育引导巡察干部忠诚忠实、干净干事、担当担责，不断提高队伍发现问题的能力和水平。

▲中国中铁党委书记陈云在中老铁路现场为武汉电化局党员先锋队授旗

群团工作方面：全年中铁武汉电化局获得国家级荣誉3项，其中集体奖2个，全国劳模1名；获省部级荣誉16项。在岗职工平均收入12.4万元，较2019年增长8.9%，提高了员工的获得感。为高海拔地区和海外地区项目部投入“三工”建设经费270余万元；开展“夏送清凉”“冬送温暖”慰问，发放100余万元慰问物资；对12名参加抗美援朝老战士及家属进行了走访慰问；举办了首届“武汉电化杯”健美操比赛；开展了“奋斗创造幸福”演讲比赛；关注长期分居问题，在工地开展“相聚七夕，未来可期”活动；组织单身员工参加交友联谊活动，丰富员工业余生活，提升了员工的幸福感。组织全集团850名女职工进行健康检查，投入11.7万元为女职工购买重大疾病保险；支出大病救助资金30.25万元；在档困难职工家庭全部实现脱困解困，脱困解困率达到100%；通过对员工的关心，提升了员工的安全感。

（费龙　张艳　刘文洁　邵梦颖）

【信息化建设】推进企业信息化建设，实现信息技术与企业管理深度融合。推进统一身份认证平台的部署和应用，对企业已有的运营管理信息系统、生产经营管理信息系统，实现企业管理信息系统等进行升级维护，筛选并淘汰技术落后、业务量过低的系统，重视资源价值分析的精细度和标准化程度，借助高效业务协同增强企业资源配置能力。将建模思想引入工程管理，助力实现施工管理精细化。将计算机网络技术、物联网技术、BIM技术、机器学习技术等应用到工程管理中，挖掘每项新技术在工程施工全生命周期各个阶段的应用潜力，通过传感器、设计参数、测量参数、统计数据等灵活应用于企业资源优化配置平台的数据化、可视化管理，实现企业级BIM项目平台化管理、企业工程调度信息管理，开展多专业、多业务间的数据共享和协同，实现“四电”专业的信息集成与共享。建立完善的企业综合知识学习平台，支撑智慧企业建设。强化企业知识管理，建立铁路“四电”相关知识的资源库，拓宽和丰富知识库内容，不断更新学习资源，完善知识库，实现知识的共享，加强对各个岗位员工的培养，激发广大员工的学习热情，同时对5G、智慧园区、大数据服务中心等新兴的技术及领域积极加强知识储备和知识普及，为企业转型助力，建立健全基于企业战略需求、基于业绩目标、基于个人发展需求的企业学习培训体系。

（李逸群）

【履行社会责任】在新冠肺炎疫情暴发时期，中铁武汉电化局积极履行央企社会责任，向湖北省红十字会捐赠人民币500万元，用于抗击疫情。组织“抗疫突击队”先后参与9家方舱医院建设，完成近2000张病床的6000个灯具、插座、开关安装以及电线敷设、送电调试等任务。投入大量人员、车辆加强通信线路巡检，有力保障了湖北省13932个通信站点和14081座铁塔的正常运行，全力为湖北省战“疫”提供支

撑。购买爱心消费扶贫产品 48.5 万元，助力精准扶贫。（邵梦颖）

【领导人员】

豆保信　党委书记、董事长
毛明华　党委副书记、总经理
吴国琦　党委副书记、工会主席、副总经理
马海军　副总经理、总工程师
付宏平　总会计师
张万全　副总经理
刘　刚　副总经理
张立志　副总经理（杨　成）

## 中铁建工集团有限公司

【简况】中铁建工集团有限公司（简称“中铁建工”）是中国中铁股份有限公司的全资子公司。前身是 1953 年成立的铁道部建厂公司和铁道部工厂设计事务所，1965 年整编为铁道部第五设计院，1998 年更名为“中铁建厂工程局”，2002 年改制并更名为“中铁建工集团有限公司”。中铁建工总部位于北京市丰台区南四环西路 128 号。

中铁建工具有建筑、铁路、公路 3 项施工总承包特级资质，5 项工程设计甲级资质，3 项房地产开发一级资质，2 项物业服务企业一级资质，市政公用工程等 19 项施工一级资质。中铁建工立足于房建工程总承包、基础设施总承包、房地产、设计四大业务板块，统筹协调路内、路外、海外三大市场，形成了投资、设计、施工、安装装饰、物业管理一体化的全产业链发展优势。中铁建工下辖 10 家分公司、7 家子公司，7 大区域总部、6 个直属项目指挥部、1 个建筑研究院、1 个资产管理中心等 15 个直属机构，业务范围遍及全国 31 个省、自治区、直辖市和亚洲、非洲、大洋洲等 29 个国家和地区。

截至 2020 年末，中铁建工共有职工 11978 名，其中在岗职工 11763 名，占职工总数的 98.21%；非在岗职工 215 名，占职工总数的 1.79%。干部 11292 名，占职工总数的 94.27%，工人 686 名，占职工总数的 5.73%。中铁建工共有各类专业技术人员 11073 名。其中，高级专业技术职务 1177 名，中级专业技术职务 2973 名，分别占技术人员总数的 10.63% 和 26.85%。专业技术人员中，工程技术人员 9067 名，占技术人员总数的 81.88%；会计人员 1111 名，占技术人员总数的 10.03%；经济人员 612 名，占技术人员总数的 5.53%；政工人员 219 名，占技术人员总数的 1.98%。

2020 年，中铁建工资产总额 1043.38 亿元，较 2019 年增加 78.02 亿元，增长 8.08%。流动资产 862.90 亿元，较 2019 年增加 54.67 亿元，增长 6.76%。非流动资产 180.48 亿元，较 2019 年增加 23.35 亿元，增长 14.86%，其中，长期股权投资 17.91 亿元，较 2019 年增加 8.48 亿元，增长 89.93%；递延所得税资产 15.59 亿元，较 2019 年增加 5.62 亿元，增长 56.37%；投资性房地产 67.37 亿元，较 2019 年增加 0.53 亿元，增长 0.79%；固定资产净额 19.61 亿元，较 2019 年减少 0.65 亿元，降低 3.22%。

截至 2020 年末，中铁建工自有机械设备台数 2807 台（套），设备原值 68866 万元，设备净值 30153 万元，功率 93058 千瓦，技术装备率 2.2，动力装备率 6.73，装备生产率 205.90，设备新度系数 0.44，主要设备完好率 85.63%，主要设备利用率 85.20%。

中铁建工先后获得了一系列重大荣誉。在工程创优方面，共获得优质工程 880 项，其中：国家级奖项 208 项，具体包括中国建设工程鲁班奖 45 项、鲁班奖参建奖 33 项、国家优质工程奖 38 项、国优参建奖 4 项、中国土木工程詹天佑奖 12 项、詹天佑住宅小区奖 4 项、全国用户满意工程 30 项；省部级奖 672 项。在科技攻关方面，共获得省部级以上科技进步奖 162 项，发明专利 38 项，省部级以上施工工法 183 项。在安全生产方面，共获得省部级及以上安全文明标准化工地 508 项，其中国家级奖项 30 项、省部级奖项 478 项。在党群工作方面，共获全国文明单位（中铁建工连续四届获评“全国文明单位”，所属中铁建工山东公司通过第六届“全国文明单位”评选）、中宣部“全国百优项目”称号 1 项、全国五一劳动奖状 3 个、“全国工人先锋号”2 个、中央企业先进集体 3 个、全国劳动模范 1 名、全国五一劳动奖章 9 人、共青团国家级奖项 3 个、央企团工委奖项 3 个等荣誉。

（马艳春　王坤宇　刘振宇　黄富民　李玉琴）

【主要指标】2020 年，中铁建工完成新签合同额 2007.5 亿元，同比增长 33%，完成股份公司年度新签合同额调整计划的 97%；完成企业营业额 749.5 亿元，同比增长 25%，完成股份公司年度企业营业额计划的 121%。实现营业收入 707.84 亿元，同比增长 18.91%；实现利润总额 1.6 亿元，同比降低 92.75%；实现净利润 1.44 亿元，同比降低 91.6%，其中归属于母公司所有者的净利润 1.89 亿元，同比降低 89.07%；年末所有者权益 191.42 亿元，同比降低 2.14%。净资产收益率 0.74%，总资产报酬率 0.33%，国有资本保值增值率 100.95%（未考虑消化历史遗留亏损）。（肖艳敏　刘振宇）

表 13–14　2019—2020 年中铁建工集团有限公司主要经济指标

| 项目 | 2019 年 | 2020 年 | 增长率 /% |
| --- | --- | --- | --- |
| 资产总额 / 亿元 | 965.36 | 1043.38 | 8.08 |
| 所有者权益 / 亿元 | 195.60 | 191.42 | −2.14 |

续表

| 项目 | 2019 年 | 2020 年 | 增长率 /% |
|---|---|---|---|
| 营业收入 / 亿元 | 595.28 | 707.84 | 18.91 |
| 利润总额 / 亿元 | 22.07 | 1.60 | -92.75 |
| 净利润 / 亿元 | 17.14 | 1.44 | -91.60 |
| 归属于母公司所有者的净利润 / 亿元 | 17.29 | 1.89 | -89.07 |
| 技术开发投入 / 亿元 | 9.00 | 23.07 | 156.33 |
| 利税总额 / 亿元 | 34.83 | 19.81 | -43.12 |
| 应交税金总额 / 亿元 | 20.12 | 24.20 | 20.28 |
| 全员劳动生产率 /［万元 /（人·年）］ | 47.64 | 37.30 | -21.70 |
| 净资产收益率 /% | 9.11 | 0.74 | 减少 8.37 个百分点 |
| 总资产报酬率 /% | 2.56 | 0.33 | 减少 2.23 个百分点 |
| 国有资本保值增值率 /% | 110.23 | 100.95 | 减少 9.28 个百分点 |

制表：刘振宇

【改革发展】中铁建工优化组织架构，全面启动二级子分公司机关机构改革，瘦身健体成效显著。全面贯彻股份公司三级工程公司建设工作会议精神，召开工程公司建设推进会，制定《工程公司建设实施方案》，明确了支柱型、品质型、专业型三类工程公司的发展定位和建设目标，精准施策，推动工程公司的全面发展和整体提升。进一步整合强化装饰设计资源，成立了装饰设计研究院，铁路站房装饰设计和精品工程建设再上新台阶。不断优化产业结构、完善市场布局，积极推进长沙规划设计院并购重组工作，取得阶段性成果。按照股份公司“双优”“一体两翼 N 驱”战略布局，深度对接中铁国际、中海外两家平台公司，形成海外体制机制改革实施方案。科学谋划“十四五”战略规划，引入优质咨询服务机构，已形成“十四五”战略核心思路。持续深化国有资产监管，强化对产权登记、资产评估和产权交易相关程序管控监督，全年完成产权登记业务 43 项，对所属各单位产权登记工作开展核查，并就发现的问题督促其及时整改，对参股经营投资情况进行梳理整改，对所属各子分公司所拥有的房产和土地有计划、有组织、有重点地推进权属规范工作，为国有资产保值增值提供坚实保障。

加强领导班子和干部队伍建设，中铁建工领导班子连续 11 年被评为股份公司“四好班子”。全年累计向股份公司输送领导人员 12 名。严格按照程序和原则选拔使用干部，突出政治标准，坚持业绩导向，全年提拔使用中层干部 47 名。加大干部交流调整力度，对 148 名干部进行交流使用，对中铁建工总部 12 个部门正职岗位和 24 家单位 38 个主要领导岗位进行了调整。统筹开展中层副职后备干部推荐，共计 78 名优秀干部脱颖而出，建立起了条件比较成熟的“菁英”人才库，进一步丰富了企业干部人才储备。加大人才引进工作力度，不断提升人才引进质量，通过开展企校结对共建的“十个一工程”，加强与目标院校和优秀大学生之间的沟通交流。规范员工内部调动审批程序，畅通内部人才流动渠道，促进员工在中铁建工内部合理流动。深化职称制度改革，全面规范职称评审和聘任管理。健全完善专家考核机制，做好专家梯队建设。

加强薪酬规范化管理，强化中铁建工工资总额管理。做好负责人薪酬管理与规范工作，严格落实所属单位负责人基薪动态调整机制和绩效薪金延期兑现制度，强化风险管理和激励约束机制。开展薪酬评价体系优化，持续加强薪酬体系建设。加快推进全员绩效考核，细化考核指标，强化结果应用，通过考核结果实现员工薪酬能增能减。

（刘振宇　王坤宇）

▲中铁建工参建的雄安站

【重大项目】中铁建工严格落实投资项目准入条件，仔细甄别项目质量，提高投资业务决策质量，全年研究审议21项房地产和基础设施投资类议案，其中通过20项，否决1项。持续优化经营体制机制，铁路站房领域保持领跑优势，承接了北京通州枢纽、杭州西站、广州白云站、合肥西站、成都科创中心等标志性工程。积极创新投资模式和投资经营理念，借力房地产开发的专业优势，加强合作，积极跟进成熟区域的站场综合体TOD模式、地铁上盖物业开发、棚户区改造、片区开发、一二级联动、城市更新等项目，实现“房地产开发+基础设施投资”的有机融合。其中，青岛城阳总部基地项目，通过深化政企合作，实现了驻地企业开发式搬迁；以代建模式中标雄安容东片区代建项目、投资建设运营一号营地建设者之家，为中铁建工进一步开拓雄安市场创造条件；以广州白云站上盖物业开发项目为引擎，增加铁路站房项目竞标优势；加强与股份公司内部投资集团合作，通过少量参股投资，共同推进中钢邢机、大兴黄村集体租赁住房、重庆中铁总部基地、保定棚改ABO、青岛上合基础设施及综合开发等投资项目。通过股权换施工模式服务支持经营工作，2020年初按投资协议约定向济南章丘中惠基础设施投资管理中心（有限合伙）出资10亿元，为山东大学龙山校区相关工程承揽奠定了基础，同时为章丘棚改项目顺利实施提供了资金保障；10月，按照合作协议实缴北投基金第二期首次出资6000万元，同月成功承揽了北京城市副中心图书馆项目，合同额11.8亿元。其他基础设施投资项目累计出资1.03亿元（鲁南高铁项目5875万元、玉楚公路项目2402万元、银川丝路明珠塔项目2000万元，贵州三号线PPP项目478.28万元），支持企业顺利实施相关项目。全年中标潍坊高铁新片区综合开发PPP项目、云南勐醒公路PPP项目、新疆G577项目和保定市主城区城中村连片开发ABO项目，通过认缴出资5.2亿元，获取施工任务近百亿元。

（曹　慧　赵晓娜　振　宇　贾宏瑾）

【走向海外】中铁建工积极践行“一带一路”倡议，积极跟进“一带一路”沿线重点项目，持续巩固海外已有区域市场，形成东非、北非、东北非、西非、中亚、南太平洋、东南亚7个海外区域市场，承揽了道路、港口、桥梁、工业、市政、供水、机场、道路、桥梁等基建项目，在坦桑尼亚、巴布亚新几内亚已发

▲中铁建工承建的波音737MAX飞机完工及交付中心定制厂房及配套设施建设项目工程

展成为当地最大的房建外资承包商。2020年，注册成立中铁建工集团有限公司赞比亚分公司，中标赞比亚供水项目。全年新签海外项目合同额约6.27亿美元，完成股份公司年度计划的104.6%；海外工程完成营业额约3.98亿美元，完成股份公司年度计划的113.7%。2020年，中铁建工海外在施投资工程5项，总投资3.87亿美元，累计完成投资2.49亿美元。2020年，中铁建工海外在施工程92项，1000万美元以上重大工程46项，5000万美元以上重大工程15项，1亿美元以上重大工程4项，在建工程合同总额约25.7亿美元，未完成合同总额约6.45亿美元；在施工程分布在坦桑尼亚、阿尔及利亚、巴布亚新几内亚、哈萨克斯坦、乌干达、肯尼亚、卢旺达、南苏丹、加纳等国家和地区。

（姬　婧）

【重大创新】2020年，中铁建工管理创新工作持续加强，共征集管理创新课题157项，审定中铁建工级重点管理创新课题70项；全年收集管理创新成果53项，其中重点课题形成的管理创新成果45项；获得股份公司级成果一等奖、二等奖、三等奖各1项。修订发布《中铁建工集团有限公司企业管理现代化创新成果管理规定》，优化管理创新成果评审方案，增设了专家评审组，进一步提升创新成果评审的科学性、系统性、全面性。

中铁建工围绕高铁站房、超高层建筑、深大基坑、复杂钢结构、装配式建筑等领域前沿技术开展科研创新。承担中国中铁2020年科技研究开发计划重大课题2项——“高铁站房工程装配式建筑设计与施工技术研究”“下沉式双层地铁车辆段大型站场装配化施工技术研究”，重点课题1项——“丝路明珠塔超高超大幕墙PTFE膜结构施工技术研究”。2020年，中铁建工积极开展产学研合作研究，联合中国科技大学、西南交大、华南理工、四川大学、湖南大学、山东建筑大学、中科院电子所、中设集团等进行课题研发，包括“南极中山站微爆技术研究”“体育场半开放式空间环境及扩声扬声器设备的声学模拟实验技术研究”“大跨度低空间盖挖顺作深基坑地铁车站技术研究”“岩溶强发育复杂地质条件下超大超深基坑施工关键技术进行研究”“高原医院建造综合施工技术研究”“基于人工智能的超高层建筑智慧施工大脑平台研发”“建研院办公区智慧化改造智慧楼宇空间智能运维管理平台研究”“中铁诺德昆明草海项目智慧社区关键技术研究”“500米以上超高层建筑结构技术研究”“新型装配式建筑结构体系及关键技术研究”“大型复杂结构施工力学分析及数值分析方法研究”“200米以上大跨度建筑结构关键技术研究”“高原地区大跨网架太阳辐射温度场效应及施工精度控制技术研究”“浅埋大截面矩形顶管施工技术研究”。

2020年，中铁建工获发明专利4项，实用新型专利83项，获省部级工法48项。年内组织参加BIM技术等比赛，获奖74项，在工信部举办的“优路杯”全国BIM技术大赛中，中铁建工在工业与民用建筑施工组、公共基础设施施工组中共获8项金奖；“新建北京至雄安新区城际铁路雄安站站房及相关工程施工BIM一体化应用”“青岛信息与金融产业示范区基于BIM的施工全过程数字化管理”获中国建筑业协会第四届建设工程BIM大赛BIM技术综合一类成果，“丰台站钢结构全生命周期管理与建造应用”获中国建筑业协会第四届建设工程BIM单项组一类成果；“基于BIM技术的中国电科科技创新园智能建造全过程关键技术研发与应用”获第二届“共创杯”智能建造技术创新大赛抗击新冠肺炎疫情特殊贡献奖、综合创新组一等奖，“雄安新区大型安置房及配套设施项目智慧建造与BIM关键技术创新应用”“双层车场铁路站房—丰台站施工BIM综合应用”获第二届“共创杯”智能建造技术创新大赛施工组一等奖；“双层车场铁路站房—丰台站施工BIM综合应用”“北京2022年冬奥会滑雪场馆中心BIM+GIS施工技术应用与智慧建造”获2020年第九届“龙图杯”全国BIM大赛施工组一等奖；“基于BIM集成管理平台的数字化建造技术在成都轨道研发中心的应用”获2020年第一届中施企协BIM大赛建筑工程专项应用类一类成果；“丰台站钢结构全生命周期管理与建造应用”获2020北京市工程建设BIM应用成果大赛单项一类成果。哈尔滨站改造工程（站房、雨棚部分）工程通过住建部组织的专家验收，被授予“住房和城乡建设部绿色施工科技示范工程”称号。

（马艳春　赵晓娜）

【工程创优】2020年，中铁建工获国家级优质工程19项：波音737MAX飞机完工及交付中心定制厂房及配套设施建设项目工程、新建济南至

所属单位

青岛高速铁路工程站房及相关工程施工总价承包 JQGTZFSG-6 标潍坊北站工程、广州周大福金融中心工程（参建奖）获中国建设工程鲁班奖，铁道第三勘察设计院集团有限公司研发基地（一期工程）、西安市地铁 4 号线工程、新建杭州至长沙铁路客运专线工程浙江段杭州南站站房及相关工程、石家庄轨道交通 1 号线工程、新乡万达广场工程获国家优质工程奖，成都地铁 1 号线三期首期工程机电安装与装修工程机电 C 标工程、鹤壁万达广场工程获中国安装工程优质奖，新建京张铁路清河站站房、雨棚及相关工程获中国钢结构金奖工程年度杰出工程大奖，新建南昌至赣州铁路客运专线站房和生产生活用房及配套工程 CGFJ-5 标、新建大同至张家口高速铁路站房和生产生活房屋及配套工程 DZZF-2 标段获中国钢结构金奖，新建京张铁路清河站站房、雨棚及相关工程获全国优秀焊接工程，长海云府工程、大连香格里拉项目二期工程、贵州茅台多功能会议中心工程获全国用户满意工程。新建大同至张家口高速铁路站房和生产生活房屋及配套工程 DZZF-2 标段获“筑砼杯”第五届全国装饰混凝土大赛建筑类银奖及最具人气奖。全年共获国家级 QC 小组 19 项，获全国建设工程项目施工安全生产标准化学习交流项目 5 项，获中国安全产业建筑行业安全生产标准化项目 1 项。参与建设的工程获省部级优质工程奖 56 项，获省部级 QC 小组 136 项，获省部级安全文明工地奖 46 项。（李玉琳）

【企业文化】中铁建工深入推进企业文化建设，积极推进《建工人的故事》编写工作，内聚人心外树形象。积极开展文明单位创建，持续深化精神文明建设，认真组织新一届全国文明单位和首都文明单位评选申报工作，经过深入挖掘、选树，中铁建工顺利通过第六届“全国文明单位”复查，连续四届获评“全国文明单位”，所属中铁建工山东公司通过第六届“全国文明单位”评选，首次获评“全国文明单位”。中铁建工（总部机关）等 6 家单位获首都精神文明单位，受表彰数量为历史新高，在股份公司名列第一。全面参与南通西站、大同南站观摩会的筹备布展工作，制定《中铁建工集团现场观摩会宣传指南》，着力打造建工标准、展示建工形象。筹办多场文化活动，助力企业生产经营。做好雄安站形象竞位传播策划实施工作。以雄安站竣工为契机，全面加强中铁建工“铁路站房建设王牌军”形象宣传。圆满完成国铁集团京雄城际铁路开通仪式的承办工作，组织“新闻媒体一线行”大型集中采访活动，在人民日报、新华社、中央电视台等 11 家中央级媒体刊发 / 播报新闻报道 20 次。积极组织筹办雄安建设者之家一号营地开园仪式暨“传承鲁班文化、弘扬工匠精神”文化活动、雄安“十月突破”动员大会暨“E 军突起、五星闪耀”主题实践活动，搭建了与地方政府及甲方的沟通交流平台，拓宽了展现企业品牌形象的途径。（李子锐）

【党建工作】中铁建工党委认真贯彻落实中央精神和国资委党委、中国中铁党委的各项部署，不断推动全面从严治党向纵深发展，有力促进党的建设和企业发展深度融合，雄安站项目党支部被国务院国资委党委评为“中央企业基层示范党支部”。开展“达标创好争先”活动，全面落实党建工作责任。建立基层党建工作常态化巡回督导检查机制，实现对所属单位基层党建工作考评全覆盖。加强党的组织建设，强化党组织政治功能和组织力。高质量组织中铁建工第五次党代会换届工作。修订《关于加强境外项目党建工作的实施意见》，着力破解境外党建工作薄弱的难题。认真学习宣贯《中国共产党国有企业基层组织工作条例（试行）》。创新制定《项目党支部“三会一课”、主题党日活动参考内容清单》《落实“抓党建从生产经营需要出发，抓生产经营从党建工作入手”项目参考工作清单》，细化项目党组织参与决策、融入中心的工作抓手。加强党建研究工作，2020 年向国务院国资委国有企业党建研究专委会、北京市国资委国企党建研究会申报课题 22 项。严格落实“第一议题”，制定《党委理论学习中心组学习规则》，2020 年共组织中铁建工党委中心组集体学习研讨 7 次，及时学习习近平总书记最新讲话精神和上级重要部署。强化思想政治教育，深入学习宣贯党的十九届五中全会精神。积极配合股份公司，做好股份公司主要领导到冬奥会“三场一村”项目讲党课的前期筹备工作和后期宣传工作。坚守意识形态阵地，严格落实意识形态工作责任制。

中铁建工加强政治监督，组织开展疫情防控和复工复产专项监督检查，监督“双战双胜利”“大干 100 天”等主题实践活动开展与落实。监督推进境外腐败、利益输送、设租寻租、化公为私四个专项整治。针对项目招标投标、印章管理、亏损项目治理等事项开展“再监督”。受理处置问题线索 36 件，给予党政纪处分 21 人次，通报、诫勉和组织处理 111 人次。落实纪检监察体制改革要求，完善中铁建工纪委内设机构职能。统筹组织国资委党委巡视反馈深化整改工作。完成 2019 年第二批巡察整改验收工作。

积极发挥工会组织优势，做好疫情防控和救助帮扶工作，在工会经费中设立防控工作专项资金，共拨付 275 万元。深化劳动竞赛活动，全力以赴打好疫情防控阻击战和生产经营攻坚战，组织开展“双战双胜利”“抗疫情、保增长，大干 100 天”“决战四季度、决胜保目标”“抓安全、促生产、送清凉、聚人心”等主题活动。持续开展“夏送清凉、关爱员工”活动，调研慰问 100 个重点、偏远、困难项目，投入“送清凉”资金 400 余万元。年内中铁建工共拨付专项经费 84 万元，发放日常慰问金 39.3 万元，筹集“两节”

送温暖资金400万元，走访慰问民工3万余人次。完善团组织建设，组织召开中铁建工第四次团代会及四届一次全委会。组织开展“千元节支、万元创效”青年岗位建功达标竞赛活动。举办第十八届“建工杯”篮球赛。（徐 灿 李子锐 贾 冀 罗 杰 彭 雪 伊琳娜）

【信息化建设】推广云计算平台应用，逐步将中铁建工总部和二级单位的信息系统迁移至云平台运行；推进信息贯通工程，对中铁建工在用的30套信息系统展开调研，包括系统应用现状、存在问题、系统集成需求及建议等方面，完成调研报告，配合股份公司信息贯通工程调研工作组对中铁建工总部和中铁建工所属华北分公司开展调研；推进大数据系统开发与应用，建设数据仓库，实现17个业务部门的日常管理数据在大数据系统中采集、汇总；开展企业管理软件开发应用，推广分包企业管理系统、劳务实名制系统和法律合规系统等，BIM+GIS钢结构全生命周期软件系统开发完成，上线运行；加强网络安全管理，完成国庆、国家服贸会、进博会期间网络安全防护工作；建设完成股份公司和中铁建工双活数据中心和多云管理系统；做好疫情期间远程网络办公工作，提供远程VPN接入、推广OA移动应用和视频会议系统等。（赵晓娜）

【履行社会责任】在抗击新冠肺炎疫情期间，中铁建工第一时间自上而下成立了应对疫情工作领导小组，抓实抓细各项防控措施，深入开展“双战双胜利”主题实践活动，火速支援地方防疫设施建设，参与医疗援助、捐资捐物和社区志愿服务活动450余次，全公司党员自愿捐款109万元，在大战大考中彰显了央企担当。组织开展“同舟共济、青春偕进——关爱因疫致困青少年捐款”及“99公益日”募捐活动，运用公募平台募集善款7.2万余元。在做好自身疫情防控积极推动复工复产的情况下，紧急驰援贵州将军山医院建设、济南马山医院建设、雄安发热门诊改造；组织卫生所抗疫卫生队，守护京城南大门；党员志愿者自愿下沉新发地；抗疫一线海外员工坚守海外，主动筹备物资支援国内抗疫，为打赢疫情防控攻坚战贡献力量。扎实推进精准帮扶工作，全年实现解困脱困16户，脱困解困率100%。7月30日，中铁建工再度开办“建设工地小候鸟驿站爱心暑托班”，这是中铁建工连续5年为农民工子女提供暑期关爱服务“小候鸟志愿服务”，先后有约360名来自各地的农民工子女参与其中，项目获评中宣部全国百优项目。组织参加“好书伴成长”——为新疆和田地区中小学生捐赠图书志愿服务活动，共计捐赠图书2600余本。面对自然灾害，中铁建工建设者勇敢逆行，积极配合地方政府部门主动参与抗洪抢险工作，在汛期抗洪防汛中，建设者们奔赴山东、江西、安徽等地抗洪一线，全力守护当地人民群众生命财产安全。在3月21日山西榆社县森林火灾救援和4月25日青岛小珠山火灾抢险中，中铁建工累计派出救援人员6500余人次配合当地消防部门圆满完成救火任务。（李子锐 高 平 彭 雪）

【领导人员】

| | |
|---|---|
| 张建喜 | 党委书记、董事长 |
| 毕彦春 | 党委副书记、总经理、副董事长（3月免，调离） |
| 王玉生 | 党委副书记、总经理［5月任副总经理（主持经理层工作），7月任党委副书记、总经理］ |
| 邓银国 | 党委副书记、工会主席（6月任工会主席） |
| 陈文志 | 纪委书记（12月免党委副书记，仍任纪委书记） |
| 郭俊亮 | 总会计师（6月免，调离） |
| 杨 煜 | 总工程师 |
| 黄振庭 | 副总经理 |
| 张学军 | 副总经理（5月免，调离） |
| 孟庆军 | 副总经理 |
| 杨智艳 | 副总经理（5月免，调离） |
| 贾国明 | 副总经理、总经济师 |
| 王建营 | 副总经理（5月免，调离） |
| 何晔庭 | 副总经理（6月任） |
| 严 峰 | 副总经理（6月任） |
| 侯国树 | 副总经理（6月任） |
| 王 坚 | 副总经理（6月任） |
| 单 云 | 副总经理（9月任） |
| 卢卫平 | 副巡视员 |
| 周志立 | 业务经理 |

（王坤宇）

▲中铁建工驰援贵州省新型冠状病毒肺炎疫情防控定点集中收治医院——将军山医院建设

所属单位

## 中铁广州工程局集团有限公司

【简况】中铁广州工程局集团有限公司（简称“中铁广州局”）原单位组建于1988年，1992年10月注册为全民所有制企业，名称为“广东中海工程建设总局”。1999年，划归三九企业集团，后并入华润集团。2008年11月，整体划归中国铁路工程总公司管理。2009年4月，改制并更名为“中铁港航工程局有限公司”。2010年3月，资产整体注入中国中铁股份有限公司，注册地广东省广州市，注册资本金3.8994亿元。2010年11月，中国中铁股份有限公司对中铁港航工程局有限公司进行重组，公司注册资本金增至8亿元。2011年1月，设立企业集团，中铁港航工程局有限公司作为集团母公司名称变更为“中铁港航局集团有限公司”。2012年11月，注册资本金增至11.872亿元。2013年8月，注册资本金增至12.3701亿元。2016年11月，按照中国中铁战略部署，重组新设中铁广州工程局有限公司，注册资本金为13亿元，将中铁港航局以及中铁建投下属企业深圳中铁观澜投资有限公司整合重组并入中铁广州工程局。2017年3月10日，设立企业集团，中铁广州工程局有限公司作为母公司名称变更为“中铁广州工程局集团有限公司”，因生产经营需要，2017年进行企业内部重组，将中铁港航局旗下11个子公司和1个参股公司重组并入中铁广州局。中国中铁分别于2017年10月16日、12月29日增加注册资本金1.3亿元、8.7亿元，截至2020年末，中铁广州局注册资本金为23亿元。下设11个全资子公司，9个经营区域指挥部、5个工程指挥部。中铁广州局现有在建项目261个，业务范围辐射全国28个省、自治区、直辖市，并在老挝、马来西亚、几内亚比绍、安提瓜和巴布达等国家开展项目建设。

中铁广州局及所属子公司拥有各类建筑资质73项，其中施工总承包资质28项、专业承包资质45项。中铁广州局集团本部具有铁路、港航、建筑、公路工程总承包特级，市政工程总承包一级，矿山、水利水电和机电工程总承包三级资质，桥梁、隧道、地基工程专业承包一级资质，铁路电务、铁路电气化三级资质，爆破作业一级资质，铁道行业甲（Ⅱ）级工程、水运行业、建筑和公路行业甲级设计等17种类别的资质；2020年新增建筑机电安装工程专业承包三级、河湖整治工程专业承包三级、环保工程专业承包三级资质。

截至2020末，资产总额208.49亿元，其中固定资产净值11.89亿元、流动资产162.999亿元、其他资产28.799亿元。拥有员工5659人，在岗员工5319人，其中研究生以上学历73人、本科学历3282人、专科学历1117人，大专以上学历占员工总数的75.83%；各类管理人才4720人，占员工总数的83.41%，各类专业技术人才4509人，占员工总数的79.68%，其中高级职称624人（正高级工程师30人）、中级职称1349人、初级职称1825人，分别占专业技术人才的13.84%、29.92%、40.48%；各类技能人才939人，其中高级技师115人、技师144人、高级工258人，高技能人才占工人总数的55.06%。拥有固定资产1435台（套）（不含测量、实验仪器及小车），固定资产原值17.69亿元，净值8.99亿元，总功率191430.29千瓦，人均技术装备率15.88万元/人，动力装备率33.83千瓦/人，新度系数0.51，自有设备完好率92.99%，自有设备利用率91.75%。

“十三五”期间，获国家级优质工程奖项16项，其中中国建设工程鲁班奖4项，国家优质工程奖11项，李春奖（公路交通优质工程奖）1项；获省部级优质工程奖项26项，中国中铁杯优质工程34项；获省部级及国家行业协会科技奖8项，省部级工法26项、科技成果鉴定18项。（骆希干　海鹰飞　熊喜佳　杜中超　缪晨辉）

【机构演变】2020年，中铁广州局新设3个子公司和2个分公司，分别为：烟台牟平区广工建设有限公司、西咸新区粤铁建筑工程有限公司、广西中铁广通工程有限公司，中铁广州工程局集团有限公司湛江分公司、中铁广州工程局集团有限公司天门分公司；撤销海外部，成立国际事业部；剥离技术管理中心设计职能，整合集团设计资源成立设计事业部；董监办不再合署办公，监事会办公室业务并入审计部；调整检测公司运营管理模式；完成置业公司工商注销。（骆希干）

【主要指标】截至2020年末，中铁广州局资产总额208.49亿元，较2019年增长32.27亿元，增幅18.31%；营业收入242.78亿元，较2019年增长38.64%；利润总额1.11亿元，较2019年增长326.92%；技术开发投入2.14亿元，较2019年增长35.44%；净资产收益率3.3%，较2019年增长1.31个百分点；总资产报酬率较2019年增长0.25个百分点。年末汇集内部存款24.39亿元，较2019年末增加12.72亿元，增幅109%。（熊喜佳）

表13-15　2019-2020年中铁广州工程局集团有限公司主要经济指标

| 项目 | 2019年 | 2020年 | 增长率/% |
|---|---|---|---|
| 资产总额/亿元 | 176.22 | 208.49 | 18.31 |
| 所有者权益/亿元 | 20.77 | 36.75 | 76.94 |
| 营业收入/亿元 | 175.11 | 242.78 | 38.64 |

续表

| 项目 | 2019 年 | 2020 年 | 增长率 /% |
|---|---|---|---|
| 利润总额 / 亿元 | 0.26 | 1.11 | 326.92 |
| 净利润 / 亿元 | 0.41 | 0.95 | 131.71 |
| 归属于母公司所有者的净利润 / 亿元 | 0.27 | 0.88 | 225.93 |
| 技术开发投入 / 亿元 | 1.58 | 2.14 | 35.44 |
| 利税总额 / 亿元 | 2.20 | 3.67 | 66.82 |
| 应交税金总额 / 亿元 | 1.79 | 2.72 | 51.96 |
| 全员劳动生产率 / [ 万元 / ( 人 · 年 )] | 305.54 | 418.15 | 36.86 |
| 净资产收益率 /% | 1.99 | 3.30 | 增加 1.31 个百分点 |
| 总资产报酬率 /% | 0.24 | 0.49 | 增加 0.25 个百分点 |
| 国有资本保值增值率 /% | 101.62 | 176.94 | 增加 75.32 个百分点 |

制表：熊喜佳

【改革发展】2020 年，中铁广州局全力“提质提速，狠抓落实”，在深化改革 16 条、“一体两翼”、港航振兴、“一企一策”、“三梯队”、社会事业管理体制改革、生产经营一体化等关键环节取得重大进展，营销规模实现跨越式增长，基本实现了向中等规模企业的跃升；发布“1+5”发展规划，确立“广通天下、州连百川”的企业愿景；利用管理实验室活动平台，系统性开展管理流程再造和标准化体系建设工作，完成 22 个业务模块流程再造，减少流程节点 85 个，优化形成 164 项审批、备案事项清单，在用制度 440 项、流程 198 个，有效助力管理效率提升和为基层减负；制定《加强三级工程公司建设实施方案》，明确落实“五给”55 项重点工作，提出实现“五有”19 项具体要求，确定三级公司建设“时间表”和“路线图”；倡导以“业绩论英雄、结果论成败”价值导向，大力推进薪酬分配制度改革，修订中铁广州局集团本部和三级公司绩效考核管理办法，改革区域指挥部负责人薪酬考核机制，对关键指标实行总量与结构双控，所属公司（项目）班子成员薪酬、职务与考核评价结构紧密挂钩，实行“帽子”和“票子”双控。对中铁广州局上市房产和中铁国资所属非上市房产进行集中管理，全面完成分离移交任务补助资金清算工

▲ 2020 年 11 月 19 日，中铁广州局承建的陕西西咸青年创业园项目竣工验收

作。一批优质项目的建设，在中央电视台、新华社、人民日报等重要媒体集中报道。（向小亚）

【重大项目】2020年，中铁广州局完成产值301.6亿元，占股份公司下达计划指标200亿元的151%，其中铁路项目完成66.2亿元，占全年完成产值的22%；公路项目完成56.95亿元，占全年完成产值的19%；市政项目完成78.86亿元，占全年完成产值的26%；城轨项目完成36.44亿元，占全年完成产值的12%；房建项目完成47.92亿元，占全年完成产值的16%；其他水工项目完成15.27亿元，占全年完成产值的5%。全年新开工项目73个，完工项目47个，全年施工项目261个，其中，铁路项目21个，公路项目29个，市政项目102个，城轨项目25个，房建项目54个，其他水工项目30个。全年实现开通的铁路项目2个：新建盐城至南通铁路站前工程、新建银西铁路甘宁段站房工程。

基础设施投资项目9个，新签投资规模113.94亿元。其中，自主投资项目1个：烟台牟平区部分市政基础设施及县乡道路提升PPP项目，投资额15.08亿元；参股投资项目8个：G2003太原绕城高速公路义望至凌井店段（太原西北二环）PPP项目、国道109新线高速公路（西六环路—市界段）政府和社会资本合作（PPP）项目、上林至横县高速公路BOT项目、炉红山至慈利高速公路项目、延吉至长春高速公路项目、保定城中村连片开发ABO项目、鹤山市珠西物流产业新城PPP项目、京雄高速公路项目，投资额98.86亿元。（刘贤 王霞）

【经营开发】坚持以市场营销为龙头，着力扩大经营规模，推进市场领域创新与经营结构调整，立足城市经营，深化区域经营，充分发挥品牌优势、区位优势和投资撬动能力，通过加强与系统内外优势单位联合，不断突破壁垒，逐步渗透拓展，实现“优势+”的经营效应，坚持有所为、有所不为，宁选优、不选大，始终把中标质量放在首位。坚持定期召开经营通报会，推行营销“复盘”，研究对手、市场和变化，推动施工业态、专业结构和产业链不断优化，在新基建、水利水电、医疗康养等领域取得新突破。

2020年，完成新签合同总额为529.9亿元，同比增长25.9%。铁路市场全年完成新签合同额为51.2亿元。非铁路市场全年完成新签合同额为478.7亿元，占年度计划的90.4%；自主经营占比为76.7%，较2019年提升15.1个百分点，实现了从依靠股份公司投资平台向自主承揽的根本性转变；全年通过EPC及“EPC+”等模式中标了一批标志性和示范性的项目，合计145.6亿元；以投资撬动施工份额合计152.76亿元；经中铁广州局集团成本测算确认的26个中标项目全部盈利，平均利润率9.75%，利润空间较高的房建、市政板块占比62.7%；全年经评审战略性放弃投标45项。（殷正武）

【走向海外】中铁广州局在原海外部的基础上设立国际事业部，并根据参建马来西亚地铁两期施工项目的经营基础，成立马来西亚工程指挥部，形成“中铁广州局集团公司国际事业部+马来西亚工程指挥部”的海外经营模式，负责该国别及东南亚区域市场开发工作。截至2020年末，中铁广州局完成新签海外工程27376万美元，营业额7424万美元，在建海外项目共4个，分别为：老挝磨万铁路Ⅱ标、马来西亚MRT2期工程、安提瓜与巴布达圣约翰港改扩建项目、援几内亚比绍板丁渔业码头项目，整体情况良好，安全质量可控。（谭礼忠）

【重大创新】2020年，新开科研课题47项，其中重大课题2项，重点课题13项，引导课题32项，涵盖铁路、公路、港航、市政等领域，其中广汕高铁大跨度斜拉桥混凝土节段预制拼装关键技术及智能化研究立项股份公司重点课题，获经费支持80万元，6项课题立项股份公司引导课题，完成科技成果结题27项。委托广东省建筑业协会及股份公司进行科技成果鉴定18项，其中8项达到国内领先水平，10项达到国内先进水平；获省部级及国家行业协会科技奖8项；获广东省省级工法

▲中铁广州局参建的中石化（香港）洋浦成品油保税库项目配套码头工程获2020—2021年度国家优质工程奖

8项、贵州省省级工法2项、铁道部工法1项、中国中铁股份有限公司工法15项；申报发明专利26项、实用新型专利20项、授权发明专利2项、实用新型专利13项；参与国铁集团《川藏铁路拱桥施工暂行规定》《川藏铁路桥梁施工质量验收标准》2项标准编制，按计划完成任务目标；主持编制爆破行业《水下爆破施工组织设计规范》标准，参与编制《水下爆破工程技术设计规范》标准，2项团体标准于2020年12月由中国爆破行业协会批准发布；择优向股份公司推荐4项管理创新课题，其中《施工企业基于深化改革、强化管理促进企业本质发展的创新与实践》获股份公司管理创新成果二等奖。（缪晨辉　骆希干）

▲ 2020年6月9日，中铁广州局召开党建主题实践活动暨“抗疫情、保增长，大干100天”专项劳动竞赛推进会

【工程创优】2020年，中铁广州局参与建设的南宁地铁3号线工程获中国建设工程鲁班奖；广州市轨道交通14号线一期工程获国家优质工程金奖；西安地铁4号线TJSG-18标和试验段2标工程、深圳市龙华新区现代有轨电车示范线工程、中石化（香港）洋浦成品油保税库项目配套码头工程、石家庄市城市轨道交通1号线工程获国家优质工程奖；蒙华铁路MHTJ-30标段大围山隧道工程、新建武汉至十堰铁路孝感至十堰段站前工程9标岘山三号隧道工程、西安北至机场城际轨道项目北客站工程、南宁市轨道交通3号线一期工程施工总承包02标土建工程、华阳南路一环互通立交及菊花湾大桥工程、中石化（香港）洋浦成品油保税库项目配套码头工程、中石化（香港）洋浦成品油保税库项目配套码头工程获中国中铁杯优质工程奖；广西崇左至靖西高速公路工程获李春奖（公路交通优质工程奖）。共有9项工程获省部级质量奖，分别为西安地铁4号线TJSG-18标、试验段2标项目获陕西省长安杯奖，深圳市龙华新区现代有轨电车示范线工程获2020年度广东省建设工程优质奖，广州地铁14号线获广东省市政金奖，南宁地铁3号线获广西建设工程“真武阁杯”奖，佛山市顺德区华阳南路一环互通立交及菊花湾大桥工程获广东省建设工程优质结构奖，沈阳中德园基础及公共设施建设项目开发25号路排水、道路工程获辽宁省建设工程优质结构奖，南宁地铁4号线、南宁地铁5号线获广西建设工程优质结构奖，呼和浩特地铁1号线获“草原杯”工程质量奖等。（郭　品）

【企业文化】“说广州局的好话，办广州局的好事，为广州局而自豪”的大局文化已经化为干部职工自觉行动，“盈利光荣，亏损可耻”“干最好，争第一”全面深入人心。中铁广州局集团上下以“一切工作到支部，一切要求到项目”为鲜明导向，持续践行“广通天下、州连百川”助推企业改革发展，把“再造一个广州局”推向新的高度。两级党委宣传部门积极引导基层项目实践《关于进一步加强基层文化建设的指导意见（试行）》，通过基层文化建设，把企业的核心价值理念融入基层组织的物质文化、制度文化和精神文化中，通过员工的广泛参与和不断实践，全方位、深入地影响广大员工，提升基层组织的建设和管理水平；精心做好中铁广州局项目“五个一”工程，参与重要工程项目建设的感人故事，被广东电视台热点节目《大咖有约》、《南粤影响力》、《广州力量》、《新山海经》、“学习强国”广东平台收录，充分展现中铁广州局重点项目建设风采和文化形象，全面提升企业品牌形象；同时，积极投入中国中铁工程项目文化建设示范点的创建和中铁广州局集团公司新文化手册的更新编印工作，为企业塑形、文化建设工作夯实基础。（郭爱华）

【党建工作】深入学习贯彻习近平新时代中国特色社会主义思想，将习近平总书记最新讲话指示批示、《习近平谈治国理政》、党的十九大及十九届系列全会精神作为“第一议题”认真研究学习和贯彻落实，切实做到“两个维护”。坚持党建引领，赋能企业发展组织力。深入落实“一切工作到支部，一切要求到项目”，正确处理“项目党建四大关系”，形成简洁明了的《工程项目重要事项管理权限导引》，明确施工管理和党建工作7个系统36个具体事项由“哪级组织、哪些会议、哪些人”决策，提高项目管理的效率和效益。坚持梯队建设，赋能企业发展核心力。加强后备干部“三梯队”建设，全年共有18名后备干部走上了集团公司中层副职及以上领导岗位。畅通干部“下”的渠道，多名业绩不明显、履职不到位的中层干部降职、免职。先后多次选送干部参加广东省委举办的厅局、县处级专题研讨班，提高领导干部的

所属单位

政治站位和政治格局。在中国井冈山干部管理学院举办第三期“不忘初心、牢记使命”干部培训班，实现副处级以上干部轮训全覆盖。坚持从严治党，赋能企业发展保障力。开展打麻将专项整治、贯彻中央八项规定精神自查自纠、“四个专项整治”“干部作风建设年”活动，党员领导干部作风得到切实提升；对照国资委党委巡视反馈意见自查整改、推进解决形式主义突出问题为基层减负；召开2次党风廉政建设和反腐败推进会、审计警示教育大会，对违纪违规典型问题通报曝光。完成对4个子公司和4个指挥部的现场巡察，全力协调督促问题整改和成果运用。坚持依靠方针，赋能企业发展凝聚力。从年初“南粤杯”到年中“抗疫情、保增长，大干100天”再到“决战四季度”，全体职工“大干快上”的劲头经年不减。中铁广州局及所属子公司全部规范召开第一次团代会，进一步焕发青年活力。中铁广州局工会获广东省五一劳动奖状；中铁广州局港航公司许广林、中铁广州局三公司夏天获中华全国铁路总工会火车头奖章；中铁广州局深圳公司广州地铁11号线项目部获“2019年度全国青年安全生产示范岗”。（张小青）

【信息化建设】中铁广州局应用态势感知系统部署和EDR安全终端防护产品，在大屏可视化基础上呈现全集团内外网安全情况监控，从终端根本上杜绝勒索病毒的内部传播和潜在感染风险，实现365天×24小时边界防护和网络安全保障，全年未发生影响中铁广州局信息泄露和外网攻击导致的网络瘫痪事件，实现全年度网络信息安全“0”事故目标；工程项目管理大数据平台顺利通过股份公司科研计划课题结题验收，经中国中铁2020年度科技成果评审会专家组评审，达到“国内先进”；中铁广州局智慧工地试点项目增加至9个，对全部试点项目开展现场实地调研，进一步明确集团、项目部两级平台的建设方案，在新冠肺炎疫情影响的大环境下，加强视频会议系统的建设及推广应用，2020年应用视频会议系统承担各类大中小型会议98余次。（李毅）

【履行社会责任】2020年，中铁广州局积极参与抗击疫情医疗物资捐赠，向广州市南沙区政府捐赠1000套医护一级防护服和价值35万元的防护物资，向肇庆市高新区人民医院捐建隔离病房5间，组织京雄高速等项目200名员工参加河北正定新冠肺炎疫情抗疫援建；组织开展“一对一”爱心结对助学帮扶活动，筹集爱心助学款43.5万元，采取“以购代捐”“以买代帮”等方式开展消费扶贫专项行动，帮助汝城及湖北地区销售滞销农产品近300万元，承建技能培训基地开展技能专项扶贫，助力湖南汝城县实现高质量脱贫摘帽；组织参与防台、防汛等抢险救援，葛洲坝枢纽工程项目洪涝抢险、荆州市公共卫生中心项目支援荆州排涝防灾、广茂铁路项目两次参与应急抢险、江苏南沿江城际铁路项目帮助村民扑灭火灾、景德镇沿江西路项目帮助周边受灾地区清理路障、重建生活区；组织开展“助力高考”“地铁知识进校园”“警企联建”等企地共建活动，以实际行动履行央企在抗击疫情、脱贫攻坚、应急救援中的社会责任和使命担当。（郭爱华）

【领导人员】

| | |
|---|---|
| 唐　云 | 党委书记、董事长 |
| 赵　斌 | 党委副书记、总经理、董事 |
| 田家勇 | 党委副书记、工会主席、副总经理、职工董事 |
| 娄靓涛 | 党委副书记、纪委书记、监事会主席 |
| 王宏利 | 党委常委、副总经理、总会计师、总法律顾问、董事（8月停职） |
| 谢季军 | 党委常委、副总经理、董事 |
| 柯松林 | 党委常委、副总经理、总工程师 |
| 孙志斌 | 党委常委、副总经理、董事 |
| 李尚琰 | 副总经理 |
| 兰国友 | 副总经理 |
| 韩永刚 | 副总经理（9月免，调离） |
| 郭清华 | 总会计师（12月任） |

（海鹰飞）

## 中铁北京工程局集团有限公司

【简况】中铁北京工程局集团有限公司（简称“中铁北京局”）是中国中铁股份有限公司的全资子公司，总部位于北京市门头沟区。公司成立于1987年，成立之时名称为“中国航空港建设总公司”。1998年12月，整体移交地方并入三九企业集团。2008年1月4日，随三九企业集团整体并入中国华润总公司。2009年11月，经国资委批准整体划入中国铁路工程总公司。2010年10月，中铁一局一公司、中铁三局一公司、中铁建工北京公司整建制并入，11月29日，改制更名为“中国航空港建设有限公司”，12月28日，正式进入中国中铁股份有限公司。2011年1月31日，更名为“中国中铁航空港建设集团有限公司”，同年4月1日，启动子分公司重组，成立中铁航空港集团第二工程有限公司、北京机场工程分公司、深圳分公司、北京第五、第六、第七、第八分公司和辽宁工程有限公司。2012年，组建新中铁航空港集团三公司、中铁航空港集团重庆第四分公司和中铁航空港集团杭州分公司等三个新公司。2015年6月，企业内部再次进行重组整合，将深圳分公司与第二公司的业务、资产和人员进行整体合并，成立中铁航空港第二工程有限公司；将第八分公司与机场分公司业务、资产和人员进行整体合并，成立中铁航空港机场工程分公司；将第五分公司、第六分公司、第七分公司业务、资产和人员进行整体合并，成立中铁航空港北京建筑工程分公司，新设物贸公司。2016年，成立了华中、西北、华南、华东、东北、华北、西南7个区域指挥部。2017年3月，更名为“中铁北京工程局集团有限公司”，6月，成立雄安新区投资建设指挥部，10月，中铁天丰建筑工程有限公司重组至中铁北京局，12月，成立国际分公司。2018年8月，下属北京颐和监理公司重组至中铁华铁设计集团。2020年9月，成立晋鲁豫区域指挥部。截至年末，中铁北京局下设9个区域指挥部，辖12个子分公司和16个直管项目部，拥有总承包特级资质3项、总承包一级资质2项、专业承包一级资质3项、设计资质4项、公路工程试验检测综合乙级资质和测绘乙级资质。企业注册资本32亿元，总资产240.23亿元，其中固定资产净值8.67亿元、流动资产178.01亿元。拥有各类施工机械设备1587台（套），设备原值10.37亿元，净值5.82亿元，设备新度系数为56.19%，技术装备率为7.07万元/人，设备总功率16.59万千瓦，动力装备率为20.13千瓦/人，主要施工机械完好率达94.72%。截至2020年底，在册员工8277人，其中管理及专业技术人员6760人，占比81.7%，技能人员1517人，占比18.3%，非在岗员工557人，员工在岗率93.3%。

（蒋清怡　张秀娟　周　海　李　鹏）

【主要指标】截至2020年末，中铁北京局资产总额240.23亿元，决算反映所有者权益53.50亿元；全年完成营业收入285.63亿元，同比增长10.18%；实现净利润0.39亿元，同比增长39.28%；经营性现金流持续保持净流入。全年技术开发投入5.41亿元，同比增长70.66%；实现利税总额6.27亿元，应交税金总额5.76亿元，全员劳动生产率23.01万元/（人·年）；实现净资产收益率0.77%，总资产报酬率0.82%，国有资本保值增值率100.87%，实现国有资本保值增值。（张　鹤）

表13-16　2019—2020年中铁北京工程局集团有限公司主要经济指标

| 项目 | 2019年 | 2020年 | 增长率/% |
| --- | --- | --- | --- |
| 资产总额/亿元 | 237.67 | 240.23 | 1.08 |
| 所有者权益/亿元 | 46.50 | 53.50 | 15.05 |
| 营业收入/亿元 | 259.24 | 285.63 | 10.18 |
| 利润总额/亿元 | 0.35 | 0.51 | 45.71 |
| 净利润/亿元 | 0.28 | 0.39 | 39.28 |
| 归属于母公司所有者的净利润/亿元 | 0.28 | 0.39 | 39.28 |
| 技术开发投入/亿元 | 3.17 | 5.41 | 70.66 |
| 利税总额/亿元 | 5.49 | 6.27 | 14.21 |
| 应交税金总额/亿元 | 5.14 | 5.76 | 12.06 |
| 全员劳动生产率/［万元/（人·年）］ | 23.17 | 23.01 | -0.69 |
| 净资产收益率/% | 0.60 | 0.77 | 增加0.17个百分点 |
| 总资产报酬率/% | 0.67 | 0.82 | 增加0.15个百分点 |
| 国有资本保值增值率/% | 100.69 | 100.87 | 增加0.18个百分点 |

制表：张秀娟

【改革发展】2020年，中铁北京局新设西安航天新区发展有限公司，注销了北京中航恒远物业管理有限公司，优化了企业战略布局。向所属天丰公司增资3亿元，北京公司增资2.39亿元，增强了企业经营实力，推动企业高质量发展。

2020年，中铁北京局修订了《区域指挥部薪酬管理办法》《子分公司和直管项目部负责人薪酬管理办法》，适度提高了负责人基本薪酬，调整了绩效薪酬确定方式，进一步完善了与考核评价结果紧密挂钩、与承担风险和责任相匹配的薪酬机制，强化精准激励。制定了《关于开展“人才替补计划”的指导意见》，围绕满足企业高质量发展这一核心目标，以“选才—育才—用才—留才”为主线，以后备人才培育培养为重点，明确各管理层级、各业务系统在人才培养中的责任，畅通人才职业发展通道，激发人才创新创造活力，打造“人人育替补、人人有替补、人人是替补”的人才梯队格局，加快建设一支“横向有阶梯、纵向有目标”的高素质后备人才队伍。修订了《领导人员管理办法》，优化了领导人员选拔任用条件，取消试用期，实行领导人员任职承诺制度，注重全方位考核；调整了改任非领导职务薪酬标准，加强对改任非领导职务人员的考核评价；进一步加大年轻干部选用力度，推动干部年轻化。修订了《员工任用管理办法》，优化了员工任用条件，突出进入中铁北京局集团公司两级机关员工的基层工作经历要求，进一步规范了任用基本程序，健全员工交流与退出机制，实现员工能上能下、能进能出。

中铁北京局充分发挥“内外脑”作用，克服疫情的不利影响，通过线上线下方式完成了“十四五”规划编制调研访谈、调查问卷、资料收集等工作，共访谈各级领导37人次。截至年末，企业“十四五”规划报告初稿已编制完成。按照股份公司要求，组织中铁北京局本部、子分公司和中铁北京局长治中心统筹推进退休人员社会化管理和厂办大集体改革工作。开展“两项改革”专项督导检查，召开大集体改革专题会，审议大集体改革费用报告，先后召开了两次工作协调推进会，就相关问题进行研究，就大集体职工安置方案进行评审。

（付媗昌　周海　蒋清怡）

【重大项目】2020年，中铁北京局完成施工产值304.3亿元，同比增长11.6%，施工产值首次迈上300亿元台阶。参建的京雄城际铁路、连镇铁路、银西高铁、合安高铁、盐通高铁、郑州地铁4号线、深圳地铁6号线、深圳地铁10号线、长沙地铁5号线、昆明地铁4号线、西安地铁5号线、石家庄地铁2号线、成都地铁9号线、济南地铁R2线、汕湛高速公路、双洮高速公路、成都天府机场高速公路、资潼高速公路等18个项目按期开通运营，22个保完工项目进度满足要求，35个进度预警项目中28个恢复至A级正常状态，实现了项目过程管控目标。

全年完成新签合同额671.82亿元，同比增长6.33%，首次突破600亿元，其中国内基建板块631.31亿元，海外业务板块36.94亿元，房地产板块3.57亿元。共承揽岑溪（粤桂界）至大新公路（横县至南宁段）BOT项目、保定市主城区城中村连片开发ABO项目（一标段）、金华市金义新区金东新城区核心区片区综合开发项目、京雄高速公路（北京段）政府和社会资本合作（PPP）项目等共计10个投资项目，合同总额约201亿元，出资总额约5.13亿元。　（杜芳　牛乐　林小燕）

【走向海外】中铁北京局认真贯彻股份公司各项决策部署，积极响应“一带一路”倡议，以“抗疫情保生产，守合规创品牌”为海外市场板块拓展战略中心工作，在中国中铁“一体两翼N驱”海外战略布局中发挥重要驱动力，年度任务指标超额完成，企业海外三年发展目标顺利实现。全年完成新签合同额5.57亿美元，占年度计划2.5亿美元的222.91%，同比增长2.32亿美元；三年累计完成新签合同额78.93亿元人民币，超额完成年均新签合同额20亿元人民币既定目标；全年完成营业收入5.91亿元人民币，占年计划3.45亿元人民币的171.30%，同比增长2.16亿元人民币。全年重点参与了柬埔寨金边机场飞行区、安哥拉姆班扎机场、马尔代夫FMD机场等项目经营投标，援巴基斯坦瓜达尔新国际机场、尼日利亚安南布拉洲机场等在建项目高效履约，企业海外机场建设品牌影响力持续扩大。同时，充分把握中国中铁海外改革契机，借力高端外经平台，与

▲中铁北京局参建的马尔代夫Velana（维拉纳）国际机场项目

两大平台公司进一步加强了沟通交流，并在海外布局、协同合作、业务交流等方面取得实质性进展。截至年末，中铁北京局共有5个在建海外项目，分别为：孟加拉国帕德玛大桥铁路连接线项目，马尔代夫维拉纳国际机场改扩建项目，赞比亚恩多拉机场项目，援巴基斯坦瓜达尔新国际机场工程项目和尼日利亚安南布拉洲机场航站楼项目。

（孙毅峰）

【重大创新】为深入贯彻国资委、股份公司"2020年提质增效专项行动"决策部署，中铁北京局制定了《2020年提质增效专项行动方案》，结合公司"两会"精神，确定了6个方面62项重点工作。为深入践行"三个转变"精神，全面提升企业科技创新、管理创新能力，制定了《关于践行"三个转变"推动企业创新发展的实施方案》，明确了18个方面58项主要任务。为贯彻落实国资委和股份公司关于加强企业管理体系和管理能力建设，全面开展对标提升行动的要求，制定了《对标世界一流管理提升行动实施方案》，确定了13个对标领域、51项重点任务、77项对标活动。根据高质量发展方案要求，编制发布了2020年高质量发展监测指标。以任务清单和管理实验室为抓手，针对突出难题，对标行业标杆企业，各系统部门横向对接，本部和经营生产一线纵向沟通交流，"两上两下"充分听取意见建议，制定了年度重点工作任务清单，梳理出62项重点工作和常规性、非常规性管理手段，配套制定、修订规章制度38项，明确了各系统的对标方向和对象，为大力改善和解决企业现阶段问题做好了顶层设计，全面开展管理实验室活动的总结及评优评先工作，编制报送工作总结、经验交流材料，推荐了优秀管理制度、制度评审专家、先进单位和先进个人等资料。在股份公司召开的管理实验室活动总结大会上，中铁北京局所属一公司、天丰公司分别获股份公司综合、专业三级工程公司20强；3家三级单位和4个项目部被评为先进单位，8人被评为先进个人，4项制度被评为优秀管理制度。中铁北京局健全管理实验室长效机制，制定了管理实验室工作实施细则；积极推进制度的检验完善和企业管理创新工作，出台了15项重点管理制度；建立了中铁北京局集团公司评审专家库，召开了首次创新成果专家评审会，共评选出中铁北京局集团公司级创新成果奖7项，其中2项成果分别获股份公司二等奖、三等奖；建立创新课题名称借鉴模板，健全管理创新工作台账；组织赴中铁北京局天丰公司贵阳项目召开创新课题现场推进会，指导项目做好成果的提炼总结。

2020年，中铁北京局认真贯彻落实国家创新驱动发展战略，全面推进股份公司科技创新驱动发展的决定，提升科技创新能力，探索符合中铁北京局特色的科技创新驱动模式，促进企业提质增效和转型升级。2020年，科研立项67个，计划开发专利44项，工法46项，新增标准编制4项。组织对45项课题进行结题验收，其中，32项通过验收，24项科技成果通过专家评审，9项科技成果通过股份公司或外部机构评审，组织评审中铁北京局集团公司级工法50项。公司重大及重点科研课题由副总工程师、专家担任课题组组长，深入现场对科技管理和重点课题开展检查指导与技术帮扶工作。2020年，获得省部级工法19项，授权专利54项，其中，授权发明专利3项，获得股份级及以上科学技术奖3项，参编标准2项，已颁布2项。

（蒋清怡　满超群）

【工程创优】2020年，中铁北京局在建工程质量合格率达100%，全年未发生工程质量事故。西安地铁4号线工程、石家庄城市轨道交通1号线工程入选2020—2021年度国家优质工程奖；秦皇半岛三区二期B工程、长春中铁城A2地块二期、济水上苑一期一区工程、成都地铁3号线二期、三期工程土建6标被评为全国市场信用满意AA级用户满意工程，获省部级、股份公司级优质工程和安标工地23项。凯里气膜运动馆项目QC小组、合肥5号线6标QC小组、黔进QC小组、逸心QC小组、跨越QC小组获得全国优秀质量管理小组奖，获省部级QC小组成果奖41项。

（刘政美）

【企业文化】2020年，中铁北京局持续加强“和文化”建设，印发了《关于巩固“企业文化建设年”活动成果，进一步加强“和文化”建设的通知》，总结回顾“企业文化建设年”活动开展情况及取得实效，并对持续加强“和文化”建设进行安排部署。修订了《项目文化建设现场策划交底书模板》，对理念、行为、视觉三大识别系统进行升级完善，对展板模板及施工现场主要标识图例进行再明确，全面规范项目文化建设标准。更新发布了企业宣传片，对企业展厅进行更新升级，搭建了对外彰显品牌形象、对内宣传企业精神的文化桥梁。持续开展道德讲堂活动，先后在合肥片区、西安片区、成都片区及太原片区开展了“道德讲堂之工匠精神讲堂”，大力弘扬工匠精神，号召员工积极投身施工大干，深化了“和文化”理念践行的舆论基础。开展庆祝“建企十周年”活动，策划开展了以“十年砥砺谱华章、扬帆启航新时代”为主题的“四个一”系列庆祝活动——编印了一本宣传画册、制作了一部视频片《启航》、评选了十大精品工程和十大科技创新成果、开展了一次聚力教育展示活动，进一步增强了员工集体荣誉感和责任感。

（钟小良）

【党建工作】2020年，面对新冠肺炎

▲中铁北京局参建的盐通铁路开通运营

疫情严重冲击和复杂多变的市场形势，中铁北京局党委坚持以习近平新时代中国特色社会主义思想为指导，认真贯彻党中央和股份公司党委各项决策部署，全面推进企业党建各项工作，为企业改革发展提供坚强的政治保证。抓好政治思想建设。坚持把关定向，加强了党的领导，召开党委常委会15次，审议党建及重大事项84项；加强理论学习，党委理论学习中心组学习研讨6次。抓好干部队伍建设。落实国企领导人员“20字”标准，配齐配强各单位领导班子；深化人才队伍建设，引进应届毕业生355人、成熟人才116名。抓好“三基建设”。健全基本组织，落实“四同步、四对接”，优化基层党组织和机构设置；建强基本队伍，全年发展党员134名，培训组工干部76人；落实基本制度，对所属各单位开展党建工作责任制考核、党委书记抓基层党建工作述职评议。抓好宣传文化工作，加大宣传报道力度，在中央及省部级媒体刊稿近2000篇，其中央视新闻报道23次；深化企业文化建设，持续加强“和文化”建设。抓好党风廉政建设，落实主体责任，建设廉洁项目，强化监督工作，严肃执纪问责，营造良好政治生态。抓好群团组织工作，助力复工复产，创建“幸福之家”，推动幸福企业建设。（张京京）

▲中铁北京局举办领导干部能力素质提升培训班

【信息化建设】2020年，将9项信息化制度精简整合为《网络信息安全管理细则》《信息化工作管理细则》，优化了信息化管理制度，提升了管理可操作性。推进业务审批流程信息化，对协同工作平台进行3次升级，系统稳定性和快捷性有了较大提升。全年累计提供视频会议服务170次，对现有保利通视频会议系统MCU进行升级，升级后支持96路并发及移动端接入，各三级公司应用视频会议系统自行组织召开的会议数量和质量稳步提高，应用进一步深化。新增无纸化会议系统，实现了文件传输网络化，文件显示电子化，文件编辑智能化，文件输入输出可控化，提高了会议效率，节约了会议成本。加强互联网的安全管理和流量控制管理，对互联网、局域网和专线进行全面优化，保障公司数据中心信息化设备及各类系统的安全稳定持续运行。启动公司“信息贯通”工程，制定了通改废清单，明确了业务节点及分工，应用统一身份管理平台，维护人员6000余人。完成IPv6网络改造，实现门户网站双栈访问，完成灾备体系升级扩容。广泛开展BIM工作，全年取得股份公司考核加分奖项5项。积极做好信息化各类设备资产管理，严格执行采购、登记、报废制度规定，实现信息化资产账物相符。（常　宁）

【履行社会责任】2020年初，为打赢疫情防控阻击战，中铁北京局紧急援建了海口市应急改造预备定点医院。入夏后，南方地区出现持续强降雨天气，所属各单位全力以赴驰援地方防汛救灾，履行央企社会责任和担当。中铁北京局一公司新疆地区项目、贵南高铁项目、云南普洱地区等项目积极参与当地脱贫攻坚，过程中大力宣传报道，营造打赢脱贫攻坚战、全面建成小康社会的浓厚氛围。全年多次向中国中铁对口扶贫的山西保德县、湖南汝城县、湖南桂东县采购价值共计26.55万元的农产品，直接采购和帮销湖北省因疫情滞销的农产品共计8.66万元，彰显了央企的社会责任。（申　阳　朱丽娟）

【领导人员】

丁荣富　党委书记、董事长（9月免）

所属单位

程志强　党委书记、董事长（9月任）
刘少魏　党委副书记、总经理、董事（3月免）
张卫红　党委常委、副总经理、董事，主持经理层工作（3月任）
　　　　党委副书记、总经理、董事（6月任）
张宝强　党委副书记、副总经理、工会主席
张超生　党委常委、副总经理、董事（9月免）
胡守正　党委常委、副总经理、总工程师（2月免）
耿午阳　党委常委、副总经理
王新忠　党委常委、副总经理、董事
马立强　副总经理
李　茂　总会计师、董事（9月免）
陈全亮　党委副书记、纪委书记
于庆涛　副总经理（7月任）
王　朋　副总经理（7月任）
张　涛　副总经理（7月任）
许志忠　副总经理（12月任）
徐林峰　总会计师、董事（12月任）
张文格　总工程师（12月任）
李慧成　监事（12月免）
薛　林　监事会主席
闫国铭　董事（7月任）

（周　海）

## 中铁上海工程局集团有限公司

【简况】中铁上海工程局集团有限公司（简称"中铁上海局"）成立于2010年12月30日，是中国中铁股份有限公司所属全资成员企业，居上海市百强企业前列，是由原中国中铁股份有限公司上海分公司、中铁三局华海公司、中铁四局六公司和市政分公司、中铁九局一公司整体重组而成的综合性建筑企业，总部位于上海市宝山区。公司注册资本23亿元，企业总资产251.61亿元，净资产43.50亿元（不含少数股东权益），企业综合授信308亿元。拥有施工设备3263台（套），设备原值19.15亿元、净值10.27亿元，设备新度系数53.61%，技术装备率12.76万元/人，动力装备率32.65千瓦/人，其中自有900吨搬提运架设备35台、盾构机17台；主要施工设备完好率达86.72%，利用率达82.28%。

主营业务范围包括高速铁路、城轨交通、市政房建、水务环保、建筑安装、投资业务和海外业务等。现有各类资质80余项，其中，拥有铁路、建筑、公路、市政工程施工总承包特级资质4项；隧道、桥梁、公路路基、机电安装、钢结构等一级资质30项，甲级设计资质4项。资质的等级和类别涵盖企业主营业务，具备参与各类建筑领域施工的能力。业务范围涵盖建筑安装业绝大部分领域，以及工程设计与监理、服务业、房地产和BT、BOT、PPP等投资项目。截至2020年末，在建项目331个，遍布全国31个省、自治区、直辖市，以及马来西亚、匈牙利等国家。全公司年新签合同额1000亿元以上，年生产能力500亿元以上。经过十年的发展，已初步形成了主业和专业互为补充的综合工程局，并致力于经营以建设工程为主的投融资业务。

中铁上海局下辖11个全资子公司和1个分公司，其中，一公司（南京）、三公司（合肥）、四公司（天津）、五公司（南宁）、六公司（昆明）和七公司（西安）等6家子企业为综合工程公司；市政环保公司、华海公司、建筑公司、城轨分公司、物贸公司、华南市政建设公司等6家子企业均为专业化公司，华南市政建设公司本部位于广州，其余5家专业化子企业本部设在上海。中铁上海局总部共设15个职能部门、5个附属机构、9个区域经营总部（含马来西亚代表处）和8个直管项目部。公司共有正式员工8587人，其中，干部6613人，工人1974人；男职工7474人，女职工1113人；博士5人，硕士153人，本科5226人；高级职称721人，中级职称2034人，初级职称2425人，高级技师123人，技师167人（不含干部身份取得高级技师、技师资格人员）；享受国务院政府特殊津贴专家7名。

2020年，中铁上海局全年完成新签合同额1000.95亿元，同比增长42%，占股份公司下达目标840亿元的119%；完成营业额411.38亿元，占股份公司下达目标300亿元的137%。实现净利润8.28亿元，同比增长24%，实现经营性现金净流量8.87亿元；圆满完成股份公司下达77.28%资产负债率目标。企业安全质量形势稳定，连续十年实现安全年；企业品牌信誉不断增强，上半年铁路信用评价进入A类；获中国土木工程詹天佑奖1项，中国建设工程鲁班奖1项，国家优质工程奖4项，中国钢结构金奖1项，全国优秀焊接工程4项；获省部级工法44项，取得国际专利11项，申请及授权量居股份公司前列；在上海市百强企业居第44位，获评上海市用户满意企业。

（陈　昕　张　潇　焦云飞　杜　斌）

【主要指标】中铁上海局资产总额251.61亿元，负债总额208.11亿元，所有者权益43.50亿元，较2020年初37.91亿元增加5.59亿元，其中资本公积减少2.58亿元，由2020年初9.83亿元减少到7.25亿元。2020年全年完成营业收入410.58亿元，实现归属于母公司所有者的净利润2.42亿元，净资产收益率5.93%；年末货币资金存量43.29亿元，经营性净现金流8.84亿元。

2020年完成营业收入410.58亿元，比2019年同期增长26.22%；利润总额2.80亿元，比2019年同期增长14.75%；报表净利润2.42亿元，比2019年同期增长10%；总资产报酬率1.28%，比2019年同期1.12%增加了0.16个百分点；净资产收益率5.93%，比2019年同期5.49%增加了0.44个百分点；国有资本保值增值率106.13%，比2019年同期106.07%增加0.06个百分点。

（焦云飞）

**表 13–17　2019—2020 年中铁上海工程局集团有限公司主要经济指标**

| 项目 | 2019 年 | 2020 年 | 增长率 /% |
|---|---|---|---|
| 资产总额 / 亿元 | 220.74 | 251.61 | 13.98 |
| 所有者权益 / 亿元 | 37.91 | 43.50 | 14.75 |
| 营业收入 / 亿元 | 325.30 | 410.58 | 26.22 |
| 利润总额 / 亿元 | 2.44 | 2.80 | 14.75 |
| 净利润 / 亿元 | 2.20 | 2.42 | 10.00 |
| 归属于母公司所有者的净利润 / 亿元 | 2.15 | 2.42 | 12.56 |
| 技术开发投入 / 亿元 | 10.32 | 8.18 | –20.74 |
| 利税总额 / 亿元 | 3.41 | 3.53 | 3.52 |
| 应交税金总额 / 亿元 | 0.34 | 0.79 | 132.35 |
| 全员劳动生产率 /［万元 /（人・年）］ | 25.90 | 29.56 | 14.13 |
| 净资产收益率 /% | 5.49 | 5.93 | 增加 0.44 百分点 |
| 总资产报酬率 /% | 1.12 | 1.28 | 增加 0.16 百分点 |
| 国有资本保值增值率 /% | 106.07 | 106.13 | 增加 0.06 百分点 |

制表：焦云飞

【改革发展】领导班子建设方面。印发《领导人员管理办法》《领导人员选拔任用廉洁从业结论性评价办法》《领导人员选拔任用纪实工作实施办法》，严格执行选人用人程序，全年提拔干部 54 人，调整 219 人次，试用期满继续任职 35 人，调出 17 人，改任非领导职务 7 人，降职 4 人。健全完善体现企业特点的领导人员综合考核评价体系，坚持定量考核和定性评价相结合，对考核评价不理想的领导人员及时进行谈话提醒，对中铁上海局中层正职连续两年排名末位的、中层副职连续两年排名后两位的，调整岗位或降职使用；对三级公司班子正职考核评价连续两年排名后三位的、副职连续两年排名末位且工作业绩不突出的，经研判确属不胜任或不适宜担任现职的，进行岗位调整或降职处理。结合企业实际，按照“一企一策”的标准，要求 11 家子分公司分别制定《三年建设方案》，签订“三年发展目标责任状”，以此明确目标、压实责任。中铁上海局获得股份公司 2019 年度“四好班子”荣誉称号。

人事制度改革方面。修订《“四好领导班子”考核评比办法》，将政治标准放在突出位置，对子分公司参评中铁上海局集团公司“四好领导班子”的考评、否决条件、方法步骤、评比要求等内容进行修订完善，促进创建和考评工作更加科学、民主、公开、透明。制定《机关机构改革方案》，严格按照“大部制”管理、落实“一站式”服务的机构改革要求，将面向基层的综合管理、施工生产、施工技术、物资机械、成本劳务、党群工作等业务模块全部重新优化组合。出台《中铁上海局集团公司机关及相关机构员工公开竞聘上岗实施方案》《机关普通管理人员管理办法》，对两级机关部门副职及以下管理人员实行任期制分级管理；制定《子分公司机关机构改革指导意见》，根据营业额设置定员参照表，大幅缩减子分公司机关定员。

薪酬管理方面。修订《中铁上海局机关员工薪酬与考核管理办法》，提高浮动工资比例，为加大对机关员工的考核力度。将原《区域营销总经理生产营销一体化薪酬管理办法》和《非分管区域领导班子副职薪酬管理办法》合并，制定《领导班子副职薪酬管理办法》，将分管区域营销班子副职收入与区域营销额挂钩，分管系统班子副职考核与本系统重点指标完成情况相挂钩，量化考核指标，夯实集团公司班子副职的主体责任。在调查分析 11 家子分公司典型岗位收入情况基础上，出台了《子分公司薪酬指导意见》，统一子分公司相同岗位的固定工资标准。

加大各类人才引进力度。积极探索“产学研一体”新模式，通过组建现代学徒制定单班、建立就业实训基地、推行校企人员“互兼互聘”等多种形式，进一步深化与西南交通大学、安徽建筑大学等多所高等院校的校企合作关系。同时，创新设立“启航奖”，对传统土木工程类院校及“双一流”院校主专业学生和高层次人才提供签约奖励，实现签约学生“安家费”全覆盖，将待遇留人落到实处。2020 年，秋季招聘工作覆盖全国 19 个省区市、130 余所高等院校，共招聘 2021 届高校毕业生 1689 人。其中，土木工程类主专业占比 86.3%，“双一流”院校 254 人，尤其在西南交通大学招录 115 人，人数为历年之最；在武汉大学、中南大学、东北大学等老牌“985”院校也实现了零的突破。

推进高层次人才培养工作。年内完成了中铁上海局集团公司首届 23 名工程技术专家考核，并根据考核结果及时兑现待遇；评审出 31 名第二届工程技术专家和 31 名第一届工程经济专家；中铁上海局闫子才、黄新、唐俊获评中国中铁专家，专家队伍建设取得了新的成绩。

（王峰光　张　潇）

【重大项目】市场开发。2020年，中铁上海局共中标253项工程，完成新签合同额1000.95亿元，完成股份公司营销指标840亿元的119.16%，完成2020年中铁上海局营销指标930亿元的107.63%。通过制定区域经营机构业绩考核办法，树立了以贡献论英雄的政策导向。明确了三级公司配合经营区域布局和专业分工，形成了中铁上海局集团公司、区域经营总部、三级公司上下一体的立体经营格局。新设了东部区域经营总部和11个地区经营部，优化了经营网点布局。牢固树立经营工作“五个坚持”底线，对重点项目采取标前踏勘、成本测算等措施，新中标项目质量有效提升。年内成功中标潍烟铁路、徐州地铁等一批优质项目。

深化企业改革。扎实开展三级公司建设。通过一对一座谈逐个“把脉问诊”，签订了三年发展目标责任状，发布了三级公司建设实施方案，对中铁上海局北方公司、市政环保公司、城轨公司进行了优化组合。围绕“总部机关化”问题，调整优化了两级机关机构设置和部门职能。中铁上海局集团公司机关本部部门由22个减少到15个，总定员由233人减少到174人；三级公司机关部门设置调整为9个，11家三级公司机关共压减定员140人。深化“三项制度”改革，推行部门副职及以下人员竞聘上岗，制定了机关员工末位淘汰制度。建立了领导人员职务任免、薪酬分配与企业效益、个人贡献相挂钩的市场化机制。围绕“按劳取薪、按绩取酬”的分配原则，突出关键指标考核，基本实现收入能增能减。围绕“成本一体化考核、人员一体化流动、物资机械一体化调配、协作队伍一体化使用”目标，推行区域项目一体化管理试点，中铁上海局三公司山东烟台区域项目管理试点取得实效，市政环保公司区域项目管理全面推开。在杭温项目试点扁平化管理模式，成本管控、管理责任得到压实。探索实施劳务班组承包，中铁上海局华海公司通过推行班组承包降低分包成本约15%。

加强项目管控。实施了区域管控模式，为进一步强化全局工程项目生产管理工作，确保工程安全质量、生产进度、施工技术、物资设备等管理工作全面受控，成立了8个区域管控组，对铁路、地铁和其他高风险项目管控频次达到1次/月，年内发现并处置生产、劳务、安全等方面问题7532条。

信息贯通工程。2020年，中铁上海局信息贯通工程优质高效地达成了基础数据治理工作初始目标，并实现了总部基地SSL VPN远程接入内网、无线网络认证以及OA、财务共享、企业电子邮箱、企业微信、云会议、桌面云等网络接入或应用“统一认证、应用授权”和“一次登录、应用畅行”的目标。

（张　超　王辉光　张　潇　杜　斌　杨　波）

【走向海外】中铁上海局稳妥推进海外市场，聚焦“两大平台”。坚持“借船出海”原则，积极与中铁国际和中海外两大平台机构对接，主动沟通、全力配合，提供资源、深度服务。在巩固现有马来西亚市场基础上，努力在政局稳定、经济发展潜力大、适宜持续经营的国家开拓市场。同时，统筹推进海外项目疫情防控和施工生产工作，深刻认识海外疫情防控的复杂性和严峻性，科学有序组织海外项目施工生产，未发生海外聚集性疫情，确保安全质量、工期进度、成本效益可控。年内先后中标了马来西亚吉隆坡捷运二期地下工程C标段机电及装饰装修工程，匈塞铁路项目匈牙利段项目、香港元朗净水设施第一阶段主体工程等项目，新签合同额2.2亿美元左右，海外营销呈现了较好的发展态势。（俞　敏）

【重大创新】科技创新。2020年，中铁上海局共召开2次科研、工法立项会议，开展科研开发项目22项，参编规范11项，工法开发项目24项，科研经费拨付435万元。股份公司科研立项11项，完成股份公司科技成果评审14项。获省部级以上科技奖13项，其中江苏省科学技术奖1项，股份公司科学技术奖7项，其他社会力量奖5项，评选出企业级科技进步奖15项。2020年，下达两批工法开发计划，共24项，形成企业级工法16项；获得省部级工法51项。共申请发明专利77项，实用新型专利109项；发明专利授权10项，实用新型专利授权108项，国际专利授权11项。中铁上海局深入开展节能减排工作，推进绿色施工模式，获股份公司绿色施工科技示范工程9项，中施协绿色施工水平评价三星项目一个、二星项目2个；获“中国中铁重点节能低碳技术”4项。积极开展BIM技术应用实践，已有87个项目不同程度应用BIM技术，有151人获得国家部委颁发的BIM证书，并有28个项目获得33项不同层级的BIM奖项（其中1项国际奖）。

管理创新。组织申报省部级及以上企业管理现代化创新成果奖项。在2020年度股份公司企业管理现代化创新成果评选工作中，中铁上海局申报的《大型建筑央企直管项目扁平化管理模式创建》获得股份公司创新成果奖一等奖1项；《建筑施工企业以施行内部职业资格认证为核心的人才培养体系》《铁路项目砂石料采购供应体系的探索与实践》2项课题成果获得股份公司创新成果奖二等奖。

“万众创新”组织评选工作。坚持以解决企业发展中遇到的重难点问题为导向，以切实提高创新成果质量为目标，起草下发了《关于开展集团公司2020年度“万众创新”课题立项工作的通知》，组织各归口管理部门对课题的选题、创新点提炼、申报选型等进行了指导，对已在技术中心进行科技立项的成果进行了重复性排查，并与历年获奖的创新成果、科技成果进行了比对，精简了实用性、创新性不足的课题32项，最终确定并公布立项课题77

▲中铁上海局承建的深圳地铁 6 号线工程轨道及接触轨总承包工程获 2020 年度强化全面焊接质量管理创建优秀焊接工程活动优秀奖

项；吸收业务系统评审专家 36 人，建立完善中铁上海局集团公司“万众创新”成果业务系统评审专家库；起草下发了《关于组织开展中铁上海局集团公司2020年度“万众创新”成果评选工作的通知》，共征集各类成果 68 项。（郭　乐　王峰光）

【工程创优】2020 年，中铁上海局积极贯彻“红线”意识，牢固树立“零事故”理念，加强安全质量管理体系基础建设，突出问题管理，大力实施安全发展战略，开展安全生产各项管理工作。全年安全生产有序可控，无安全生产事故，获得省部级安标工地 11 项，股份公司级 8 项。2020 年全年，中铁上海局在建工程质量合格率达 100%，共获得国家优质工程奖 4 项、中国建设工程鲁班奖 1 项，国家优质工程奖分别为柳州官塘大桥、武汉地铁 6 号线、石家庄地铁 1 号线和西安地铁 4 号线（其中参建的武汉地铁 6 号线获得国家优质工程金质奖），中国建设工程鲁班奖为参建的南宁市轨道交通 3 号线一期工程（科园大道—平乐大道）；获得省部级优质工程 30 项。勤劳的螺丝钉 QC 小组、郑万铁路梅溪河特大桥项目部 QC 小组等 11 个 QC 小组获得国家级优秀质量管理小组奖；获得省部级 QC 成果奖 28 项。2020 年全年获得省部级环保奖项 12 项。（肖宏刚）

【企业文化】坚持用习近平新时代中国特色社会主义思想武装头脑，广泛开展“三爱”系列教育，充分运用“一微一报一网”平台，牢牢把握意识形态主动权，进一步巩固全体员工共同奋斗的思想基础。举办中国人民志愿军铁道工程总队入朝 70 周年纪念大会，传承弘扬伟大的抗美援朝精神。围绕庆祝建局十周年，创作了主题歌曲《远航》，拍摄了宣传片《大道如虹》，编辑出版了纪实书籍《十年·风华》等，有力展现了十年发展成就。加强对外宣传力度，在地市级以上媒体刊稿 3603 篇，提升了企业知名度。坚持员工思想动态分析制度，运用“四五六”现场思想政治工作法，及时解惑释疑、化解矛盾；加强舆情监测防范，全年未发生舆情事件，维护了企业品牌形象。（张笑铭）

【党建工作】建立贯彻落实习近平总书记重要指示批示工作机制和学习第一议题机制，通过党委常委会、党委中心组学习共计 13 次开展了集中学习研讨，增强“四个意识”，坚定“四个自信”，做到“两个维护”。健全党对企业领导的运行机制，认真落实“三重一大”决策，修订了《党委常委会议事规则》，召开党委常委会议 15 次，前置研究重大经营管理事项 147 项，确保了企业改革发展的正确方向。建立健全基层党组织，选优配强党组织书记和领导班子，创新推行党建工作与生产经营深度融合工作机制，党组织的引领保障、战斗堡垒作用得到显著增强。成功召开了中铁上海局集团公司第二次党代会，确立了“加快建成中国中铁先进企业集团”的奋斗目标，规划了未来五年企业发展迈向更高层次的宏伟蓝图。

创新制定了党建工作与生产经营深度融合“一办法、两意见”，探

▲ 2020 年 12 月 11 日，中铁上海局七公司举办第三届青年技能大赛

索出具有中铁上海局党建特色的深度融合工作机制；聚焦项目管理水平提升，充分发挥项目党组织纠偏堵漏作用，广泛推行“党建+”工作模式，加快党建工作与生产经营互融共进。坚持将深度融合与“三基”建设一体推进，指导6家三级公司党委按期换届，通过实施党建工作责任制考核、党组织书记述职评议等，压实党建工作责任；通过建立党建工作联系点，开展“党课开讲啦”活动，举办党群干部、入党积极分子业务培训示范班，搭建党员干部能力素质提升平台；成功举办了“党旗飘扬南沿江　携手共建大动脉”“党建联建促发展　建功淮海当先锋”等主题鲜明的党建联建活动，促进了施工生产，扩大了企业影响力。中铁上海局党委连续两年在股份公司党建工作责任制考核中获评“优秀”。

制定了全面从严治党“两个责任”实施办法，通过开列“两个责任”清单、签订党风廉政建设责任书、落实主体责任定期报告制度，压紧夯实管党治党责任。召开审计警示教育大会暨党风廉政建设和反腐败工作推进会，分批次组织观看《叩问初心》警示教育片，深入开展“知规矩、知敬畏、知底线”警示教育活动，筑牢拒腐防变思想防线。扎实开展“干部作风建设年”活动，从严开展违规打麻将专项整治、违反中央八项规定精神自查自纠、化公为私专项整治，巩固“四风”整治成果。强化监督执纪问责，将重点向项目一线纵深推进，综合运用纪委再监督、审计监督等手段，先后对18个亏损项目开展物资设备专项整治、违规违纪和履职不力问题检查，全年给予党政纪处分62人次，组织处理36人次，推动企业风气持续向好。（张笑铭　刘　琼）

【信息化建设】2020年，中铁上海局新总部基地信息化建设全面完成，于9月4日实现整体验收。总部基地已成为企业的信息化中枢，形成了大规模的数据中心、完善的计算机网络、先进的业务服务云和用户桌面云、可靠的分布式会议、便利的智能语音电话等信息化资源，提高了支撑企业创新发展的能力，并具备了承担股份公司华东区域数据中心的能力。

中铁上海局总部基地拥有的主要信息化资源有：数据中心面积710平方米，可提供137个全高业务机柜；互联网线路2条，出口带宽合计500Mb；服务器92台、存储设备10套；业务云可提供CPU1232核、内存5.9TB、共享存储105TB，具有150个虚拟服务器使用授权；桌面云可提供最多500人同时使用。推广应用了各类业务信息系统，归并统计28套，其中本地化部署并提供服务15套。全年各信息系统运行正常，未发生影响业务应用的情况，保障了企业各项业务工作的正常开展。

中铁上海局视频会议系统覆盖11个下属子分公司、8个区域经营总部和8个直管铁路项目经理部，合计125个视频分会场，并自2月开始广泛应用了云会议系统。全年召开各类视频会议147次，所有视频会议连通率100%，会议效果良好，在避免人员聚集、防止疫情传播的同时，为保障企业正常的生产经营管理，发挥了重要作用。

桌面云系统达到安全、稳定、健康运行状态，并在总部基地所有入驻单位全面普及应用，实际交付桌面云用户终端Windows系统已超出500个用户的设计目标，日均活动用户达到200个，基本满足了入驻单位的办公需求。

启用了企业微信应用，目前已具有30000人的使用能力，实际有超过4000人在用，并接入了OA、财务共享、企业管理智能化平台等应用，满足了企业移动办公的需求。

中铁上海局总部基地各入驻单位共同组建了信息化统一运维组，通过持续培训和日常工作实践，统一运维组技术能力有了较大提升，初步承担起了总部基地信息化基础设施在应用层的运维工作，较好地保障了总部基地信息技术支持与服务，在一定程度上破解了信息化运维需求与人力资源严重不足的矛盾。（韩少波　杨　波　刘丁丁）

【履行社会责任】2020年，中铁上海局工会组织通过各种载体宣传疫情防控的政策措施和科学知识，引导职工遵守相关规定，提高健康素养。利用工会微信公众号，对各单位疫情防控举措、抗疫事迹进行广泛宣传，提升职工战“疫”信心。第一时间设立疫情防控专项资金，累计投入127.2万元，购买配备防疫物资，对防疫一线职工和确诊职工及家属进行慰问。为职工提供力所能及的服务，各级工会通过聘请理发师上门服务等，帮助职工解决疫情期间遇到的难题。加强疫情期间职工心理疏导工作，组织制作心理调节微课，5期微课被股份公司工会采用。发动职工创作“抗疫中的我和我们”文艺作品，其中12部作品获上级工会表彰。

开展系列惠民行动，中铁上海局各级工会筹措冬送温暖资金478.93万元、夏送清凉慰问资金482.86万元，对一线职民工进行了慰问。开展传统节日慰问活动，全年采购发放职工慰问品523.06万元。落实“三不让”承诺，全年共支付“三不让”资金153.57万元，其中大病救助61.09万元、金秋助学27.51万元、日常慰问64.97万元。实施困难职工精准帮扶，全年为18名精准帮扶对象发放帮扶款31万元。积极履行央企责任，采购贫困地区农产品76.2万元。加强项目“职工小家”建设策划，对10个新开工项目开展了前期管理策划。关注职工心理健康，制定下发工程项目部“心灵驿站”创建工作指导意见，规范创建标准。

加强女职工工作，开展了纪念“三八”国际妇女节系列活动，评比表彰了年度女职工先进集体、个人。组织女职工开展贯彻集团公司“三会”精神答题、“书香浦江”女职工读书活动，3篇作品入选股份公司工会文集。获上海市总工会专项补贴，建成中铁上海局集团公司总部基地“母婴关爱室”，为孕期、哺乳期女职工提供温馨驿站。

（谢传甲）

【领导人员】

闫子才 党委书记、董事长（5月任）

张 超 党委副书记、总经理（5月任）

章胜华 党委副书记、工会主席（7月任）

李 宁 总会计师、总法律顾问（6月免，调离）

古继洪 总会计师、总法律顾问（6月任）

李 亮 副总经理

田利锋 纪委书记（6月任）

徐江洪 业务经理

张庆远 副总经理

卢志良 副总经理（2月任）

张立新 副总经理

李 杨 业务经理（1月任）

黄 新 副总经理、总工程师

高 亮 副总经理（6月任）

郑康海 副总经理（9月任）

孙述灿 副总经理（9月任）

张利军 副总经理（9月任）

（张 潇）

## 中铁国际集团有限公司

【简况】中铁国际集团有限公司（简称“中铁国际”）是中国中铁为实施“大海外”战略、加快“走出去”步伐而设立的海外平台公司，于2013年11月由原中铁国际经济合作有限公司、中国中铁委内瑞拉分公司、东方国际分公司、老挝分公司4家单位重组设立。2020年4月，按照股份公司海外体制机制改革，积极构建“一体两翼N驱”的海外发展新格局，中国中铁将中国海外工程有限责任公司从中铁国际分离。

中铁国际下辖建筑、投资、房地产、国际贸易和能源电力等领域53家子分公司、代表处，业务遍及亚洲、非洲、欧洲、南太、拉美五大区域，在37个国家和地区设有经营及办事机构。

中铁国际拥有5个一级资质证书，分别为建筑工程施工总承包一级、铁路工程施工总承包一级、市政公用工程施工总承包一级、钢结构工程专业承包一级、建筑装饰装修工程专业承包一级。

中铁国际职工总数为665人，包括各类专业技术人员587人，无技术工人。其中，具有正高级专业技术职称人员7人，高中级专业技术职称人员394人。

截至2020年末，中铁国际资产总额为68.19亿元，其中流动资产44.94亿元，占资产总额的65.90%，非流动资产23.26亿元，占资产总额的34.10%。（成 程 孟 昕 王世雄）

【主要指标】中铁国际2020年末资产总额为68.19亿元，较2019年87.32亿元下降了21.91%；负债总额为43.73亿元，较2019年53.34亿元下降了18.02%；资产负债率为64.19%，较2019年61.08%上升3.11个百分点；净资产总额24.46亿元，较2019年的33.98亿元下降28.02%。中铁国际2020年度实现营业收入36.96亿元，较2019年的56.34亿元下降34.40%；实现归属于母公司所有者的净利润1.25亿元，较2019年的1.15亿元上升8.70%。

（王世雄）

表 13–18 2019—2020 年中铁国际集团有限公司主要经济指标

| 项目 | 2019年 | 2020年 | 增长率/% |
|---|---|---|---|
| 资产总额/亿元 | 87.32 | 68.19 | –21.91 |
| 所有者权益/亿元 | 33.98 | 24.46 | –28.02 |
| 营业收入/亿元 | 56.34 | 36.96 | –34.40 |
| 利润总额/亿元 | 1.56 | 2.01 | 28.85 |
| 净利润/亿元 | 1.17 | 1.13 | –3.42 |
| 归属于母公司所有者的净利润/亿元 | 1.15 | 1.25 | 8.70 |
| 技术开发投入/亿元 | 0.04 | 0.01 | –88.86 |
| 利税总额/亿元 | 0.46 | 0.32 | –30.43 |
| 应交税金总额/亿元 | 0.33 | 1.41 | 327.27 |
| 净资产收益率/% | 3.60 | 4.84 | 增加1.24个百分点 |
| 总资产报酬率/% | 2.17 | 2.81 | 增加0.64个百分点 |
| 国有资本保值增值率/% | 103.90 | 71.98 | 减少31.92个百分点 |

制表：王世雄

【改革发展】开展中铁国际战略规划工作。全面总结“十三五”期间的发展成绩和存在的问题，研究内部发展环境，分析中国中铁海外体制机制改革方案和实施细则对国际化发展的影响，在定性定量分析的基础上，剖析深层原因和本质约束，形成《中铁国际集团有限公司发展回顾暨战略诊断》。统筹谋划“十四五”规划，中铁国际深入贯彻落实股份公司“海外双优”战略，全面推进海外体制机制改革，打造“一体两翼N驱”发展新格局。截至2020年末已基本完成《中铁国际集团有限公司重大战略课题研究》和

所属单位

▲ 2020 年中国中铁东南亚区域总部揭牌

《中铁国际集团有限公司“十四五”规划方案》初稿。

“双百行动”综合改革工作。中铁国际紧密围绕“五突破一加强”要求，全面稳步推进“双百行动”改革。通过设立战略委员会、薪酬与考核委员会、审计与风险管理委员会进一步加强中铁国际董事会建设，健全法人治理结构。在完善市场化经营机制方面，出台《中铁国际集团有限公司深化三项制度改革实施方案》和《中铁国际集团有限公司职业经理人市场化选聘契约化管理办法》。在健全激励约束机制方面，结合企业实际完善了以工资效益联动机制、效率对标调节机制、工资水平调控机制为主要内容的工资总额决定机制。加强对所属单位工资总额的管理，制定了《中铁国际所属单位工资总额管理办法》，完善激励约束机制，将压力向下传导，有效落实收入能增能减的政策要求。积极稳妥推进股权多元化和混合所有制改革，在“双百行动”开始之初，中铁国际选定了印尼公司和闽贸公司作为“双百行动”混合所有制改革试点，中铁国际按照国资委关于混改工作“三应、三宜、三不”的总体原则，认真研究两家试点混改工作存在的问题，认为混改条件暂不成熟，经请示股份公司规划发展部及国资委相关部门同意后，已取消两家试点单位的混合所有制改革任务。在解决历史遗留问题方面，2020 年 4 月，解决完成中海外“三供一业”等历史遗留问题。紧密围绕海外经营生产中心任务，实现党的领导和公司治理有机统一，为企业国际化经营提供坚强政治保证和强大精神动力，同时坚持分类指导，抓典型、树品牌，形成有国际特色的境外党建“工法”。

推进中铁国际本部机关机构改革，调整修订部门职能。秉承“小总部、大海外”和精干高效原则，确保职能部门与股份公司既有各部门业务对接顺畅，为支撑“十四五”期间中铁国际高质量发展的经营需要，将原来 10 个部室调整合并为 11 个职能部门和 2 个事业中心。同时结合本部职能定位和管理实际，按照科学合理、精干高效的原则，对中铁国际本部部门职责进行修订。

（成 程）

【重大项目】2020 年，中铁国际完成新签合同 96 项，新签合同额 363.91 亿元（53.93 亿美元），完成年度计划 274 亿元的 132.81%。其中，海外新签合同总额为 39.59 亿美元，占中铁国际新签合同总额的 73.41%。中铁国际在非洲区域完成新签合同额 1.86 亿美元，南太平洋区域完成新签合同额 0.82 亿美元，亚洲周边区域完成新签合同额 19.31 亿美元，欧洲区域完成新签合同额 9.67 亿美元，南美区域完成新签合同额 7.93 亿美元。1 月 13 日，中铁国际与伊拉克巴比伦省政府签署了伊拉克 1 万套政府保障房项目合同，合同金额 2.94 亿美元；11 月 4 日，中铁国际与玻利维亚矿业公司签署了玻利维亚锌冶炼厂项目补充合同，合同金额 2.33 亿美元；11 月 17 日，中铁国际与香港特别行政区房屋署签

署了香港元朗净水设施第一阶段主体工程合同，合同金额5.11亿美元；12月24日，中铁国际与智利佳和伟业签署了智利赛罗拉顿矿山配套基建工程合同，合同金额1.98亿美元。

（徐木青）

【走向海外】开展海外体制机制改革，推进区域总部建设。以中国中铁海外体制机制改革为契机，推进中铁国际境外区域总部建设，按照股份公司统一部署，发挥平台公司“两翼”商务引领作用，构建“大区+国别+项目”经营管理体系，实现海外经营点线面立体推进，截至年末已成立9个区域总部筹备组。同时，根据市场开发需要，先后申请设立中铁国际集团有限公司阿布扎比分公司、中铁国际集团有限公司澳门分公司、中铁国际集团有限公司智利分公司。

中铁国际积极践行“走出去”战略，12月1日至2日，中铁国际董事长毕彦春一行在澳门出席第11届国际基础设施投资与建设高峰论坛，大力加强“中国中铁”与“中铁国际”品牌宣传和高端营销力度。

2020年9月25日至26日，中铁国际总经理郭炜一行赴上海参加中国对外承包工程商会主办的“新基建、新生态、新机遇——共筑面向未来的智能世界”圆桌论坛。中铁国际总经理郭炜在论坛上作了题为“新基建、新机遇、合作共赢求发展”的主旨发言。

海外项目进展情况：中老铁路磨丁至万象线Ⅱ标段，线路长68.885千米，合同额27亿元。年内，现场施工有序推进，关键节点工期可控，工程总体进度满足2021年12月通车要求。中缅铁路通道项目（木姐—曼德勒段），线路全长约410千米，设计时速为160千米。在中国中铁中缅铁路通道项目工作小组的领导下，中铁国际成立了前方工作小组并按照中国中铁相关要求和工作分工，负责牵头项目商务工作。巴基斯坦ML1铁路升级改造项目，线路全长约1872千米。巴基斯坦经济委员会执委会（ECNEC）已审批通过ML1铁路项目PC1立项文件，项目进入招标准备阶段，中铁国际已牵头成立项目投标工作组，将根据中国中铁相关要求积极开展各项工作。印度尼西亚雅加达钻石塔房地产项目，投资金额1.3亿美元，2020年，项目完成审批手续，正有序建设。

（成　程　徐木青　赵东麒）

【重大创新】2020年，中铁国际完成两项股份公司科技开发计划引导课题，并获得中国中铁科学技术成果评审证书，其中《自流平高性能混凝土在隧道中应用研究》达到国内领先水平，《新型隧道带模注浆材料在磨万铁路隧道中的运用》达到国内先进水平。科研课题《结构化市场开发探索实践》《企业境外合规体系搭建及实务操作研究》列入股份公司科技开发计划引导课题。2020年8月，中铁国际实用新型专利“一种定向注浆袖阀管结构”获得授权。

2020年11月，中铁国际《“一带一路”背景国际项目投融资创新模式研究》获得中国中铁企业管理现代化创新成果二等奖；2020年12月，中国中铁首单建设期PPP项目资产支持计划中铁国际南京空港枢纽市政道路PPP项目成功发行，发行规模28.6亿元，期限为6年。

2020年12月，实用新型专利“一种喷射混凝土漏斗式振动送料装置”获得授权。中铁国际组织开展2020年度优秀科技项目征集评选工作，中铁国际川铁公司《自流平高性能混凝土在隧道中应用研究》《新型隧道带模注浆材料在磨万铁路隧道中的运用》获得2020年度中铁国际优秀科技项目奖一等奖。

（王林琳　赵东麒）

【工程创优】2020年，中铁国际获省部级工程奖和安全奖各1项。承建的安哥拉SOYO I联合循环电站建筑安装工程获得中国电力建设企业协会颁发的“2020年度中国电力优质工程”；香港大埔公路（沙田段）扩阔及加建隔音屏障工程获得香港发展局颁发的“2020创意工程安全奖”。

（李慧琴）

【企业文化】中铁国际服务保障企业中心工作，大力宣传党的理论路线方针政策，为企业改革发展汇聚正能量。坚持党建带工建、带团建，持续推进职工关爱体系建设，开展“大手牵小手”“送鼓励、送温暖、送帮扶”“十家海外员工家庭走访”等活动，做好因洪灾和疫情影响导致家庭困难员工的帮扶慰问工作。依托境外项目讲好中国中铁故事，传递中铁国际好声音。以中老铁路项目翻译阿玲为主人公拍摄《零距离》短视频，获得第二届“一带一路”百国印记短视频大赛优秀剪辑奖，成为股份公司系统仅有的两家获奖单位之一；海外员工用葡萄牙语在安哥拉《国家报》发表的文章《中国人在做什么》，正面介绍中资企业为安哥拉国家抗疫所做出的贡献，获得国资委主办的“国企好新闻”国际传播类三等奖。大力宣传报道全国劳动模范徐子龙先进事迹，在职工中产生一定反响。中铁国际主要负责人走入境外职工家中，为境外职工家属送上组织的关怀和慰问。

（谢萌萌）

【党建工作】2020年，中铁国际党委切实落实管党治党和全面从严治党责任，统筹抓好疫情防控、复工复产和企业经营生产管理重点工作。认真执行“三重一大”决策制度，通过党委理论中心组学习，融会贯通到企业“十四五”发展规划中。坚持党的领导与完善公司治理有机统一。坚持对企业重大资产处置、重大项目决策、重要投资事项等严格把关。实现公司董事会办公室与党委办公室合署办公。完善管党治党和全面从严治党“两个责任”制度体系和工作清单，推进党建工作责任制考核，抓好所属单位党组织书记抓基层党建述职评议。进一步建立健全领导干部全过程管理工作机制。对领导班子和领导班子成员

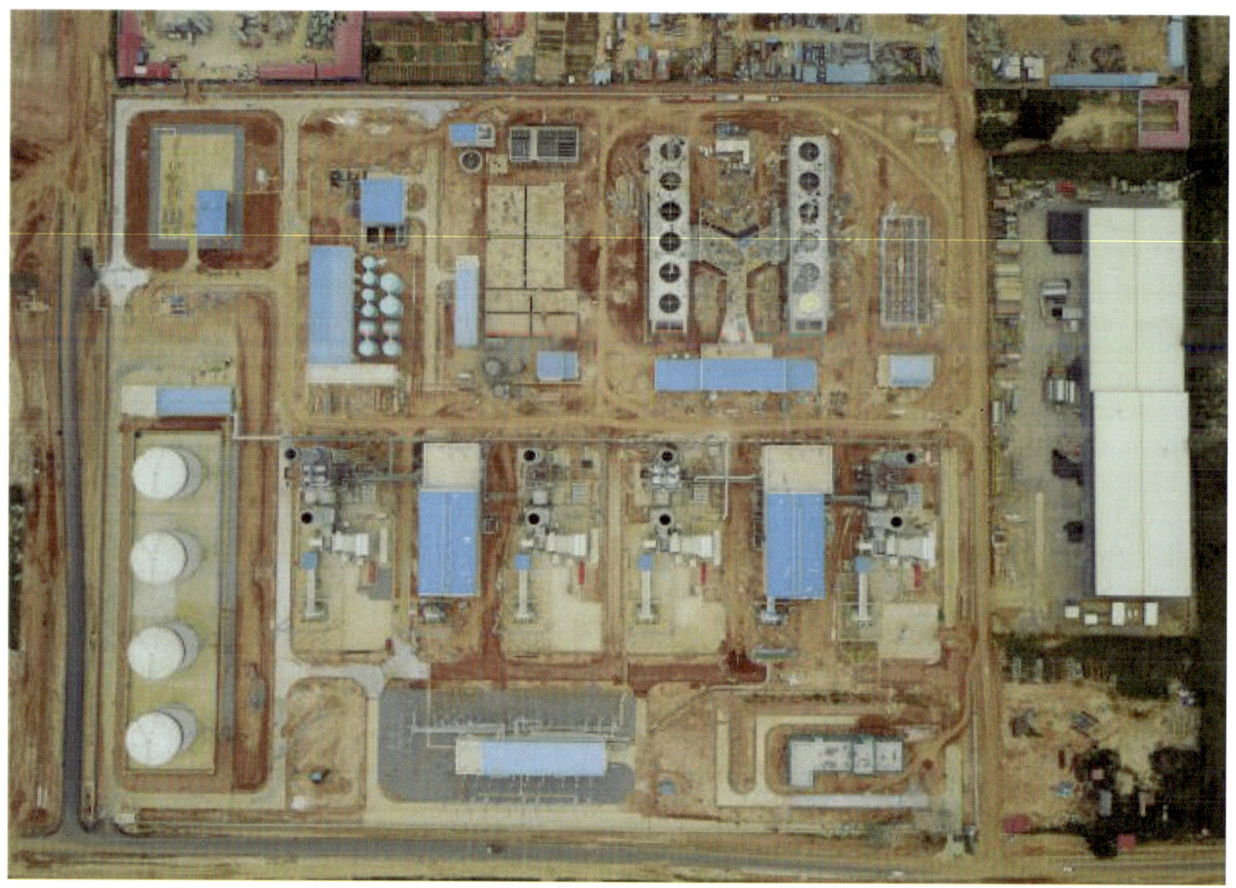

▲中铁国际承建的安哥拉 SOYO 电站项目

开展年度考核工作，继续深化"四好领导班子"创建。严格落实全面从严治党"两个责任"，严格落实党委主体责任，压实管党治党"一岗双责"。总结中老铁路"廉洁之路"建设经验，持续加强境外工程项目廉洁风险防控。进一步强化作风建设，深入开展"作风建设年"活动，持续推动"四个专项整治"工作。稳步推进纪检体制改革，全力做好巡视整改配合工作，一体推进"三不腐"建设。（谢萌萌　陈建锋）

【信息化建设】2020 年，中铁国际完成了华熙办公楼信息化建设，提高了中铁国际总部数据中心核心节点服务能力，为全球业务提供硬件环境支撑；深化了主数据管理平台应用，推广统一身份平台建设，实现全公司组织人员主数据的标准化和实时更新；利用企业微信、云视频等技术手段，进一步推广了云办公；完成了档案管理信息系统建设。（田　源）

【履行社会责任】在国内疫情形势越发严峻的时期，中铁国际第一时间从南非包机，抢运回国 208 万件、总重达 30 吨的抗疫医疗物资，为中国中铁在内的多家中央企业打赢疫情防控阻击战提供了有力支援；各境外单位和海外员工迅速行动，想尽办法筹集医疗防疫物资，寄回 10 万只口罩和大量护目镜等防护用品，解决了境内员工和广大家属的燃眉之急，并向武汉等疫情严重地区捐款捐物；4 月 1 日，中铁国际团委组织动员团员青年，以"中铁国际团委"名义向"中国青少年发展基金会"捐赠抗疫善款 11710 元。境外单位积极履行中资企业社会责任，中铁国际孟加拉代表处应中国驻孟使馆和孟加拉中资企业协会倡议共计捐款 5200 元；南太公司采购了 12 箱（2880 只）N95 防护口罩，空运发至武汉紧急援助疫区武汉大学人民医院使用；博茨瓦纳公司员工参与当地中资企业捐赠活动，总计捐款 6000 普拉，印尼公司向帕石塔项目当地各参与方以及项目合作方 HKI 捐赠 4000 只口罩，折合人民币 1.8 万元；摩洛哥公司以中资企业协会的名义捐助给湖北慈善总会 2000 副护目镜，折合人民币 1.8 万元；巴基斯坦 ML1 铁路项目筹备组向巴基斯坦铁道部捐赠一次性口罩 4800 只，84 消毒液 50 千克，计 1.6 万元。4 月 23 日，中老指挥部捐赠老挝 20 万只医用口罩（共计 80 万元）移交老挝政府。9 月 9 日，中铁国际团委组织开展"9·9 公益日"募捐活动，向中国志愿服务基金会捐赠 5579.15 元，帮助贫困地区儿童实现 185 个五彩梦想，助力脱贫攻坚战。

（谢萌萌　王　憨）

【领导人员】

毕彦春　党委副书记（主持党委工作）、副董事长（主持董事会工作）、法人代表（3 月任）

党委书记、董事长、法人代表（12 月任）

郭　炜　党委副书记、副总经理人选，主持经理层工作（3月任）
　　　　党委副书记、总经理（6月任）
赵艳杰　纪委书记（3月任）
王子建　副总经理
吴继邦　党委副书记、副总经理、工会主席（3月任）
　　　　党委副书记、副总经理（6月任）
方晓乾　副总经理（6月任）
梁恩广　副总经理（6月任）
黄功华　总会计师（8月任）
王应良　总工程师（12月任）
黄　宏　副总经理（不参与领导班子分工）（3月改任）
郭　毅　业务经理（3月改任）
王立杰　业务经理（5月改任）
李亚铭　总经理助理
李述宝　安全生产总监
孙晶晶　董事会秘书
甘百先　党委书记、董事长、法人代表（3月免，调离）
宋国栋　总会计师、总法律顾问（3月免，调离）
吴东正　副总经理（3月免，调离）
白　蕊　副总经理（1月退休）
王紫光　巡视员（6月退休）
赵超英　副巡视员（11月退休）

（孟　昕）

## 中铁东方国际集团有限公司

【简况】中铁东方国际集团有限公司（简称“东方国际”）是中国中铁股份有限公司为实施国际化经营战略在境外设立的二级子公司。东方国际成立于2016年9月13日（完成注册手续），注册资本金5亿林吉特，注册地马来西亚吉隆坡。东方国际设立后，中铁国际集团有限公司应将所持有的中国铁路工程（马来西亚）有限公司100%股权向中铁东方国际集团有限公司转让，中铁马来公司作为东方国际子公司管理，代管中国铁路工程总公司新加坡分公司。主要从事境外基础设施开发投融资业务和境外城市综合体投融资开发业务，具备为业主提供“一站式”综合服务的能力，在城市基础设施、地产开发等领域具有强大的核心竞争实力。

东方国际主营业务为境外基建建设和境外综合开发，先后承揽了印尼苏门答腊煤炭运输项目、马来西亚沙巴铁路升级改造项目、马来西亚吉隆坡MRT一期项目、马来西亚吉隆坡雅益轩地产开发项目、马来西亚吉隆坡MRT二期项目、马来西亚南部铁路项目及马来西亚吉隆坡安邦贾兰尼帕房建项目等多个重大项目。正在积极推进马来西亚大马城项目。

截至年末，东方国际在册员工149人，其他人员139人（含本地员工69人），其中，工程技术人员120人，经济人员12人，会计人员9人，政工11人。

截至2020年12月底，东方国际共保有机械设备210台（套），较2019年增加12台（套），总功率13346.7千瓦，人均动力装备率65.7千瓦/人，施工机械设备固定资产原值9952.17万林吉特，净值5447.81万林吉特，技术装备率26.8万林吉特/人。设备管理方面能够认真执行项目所在国、中国及股份公司有关法律法规及相关规定，持续健全完善适应海外市场发展要求的设备管理体制，对机械设备实行综合管理，实现企业经济效益最大化服务，达到资产保值增值。在全年施工过程中，大中型设备运行状况稳定，保养状况良好，机械设备综合完好率91.3%以上，无设备责任事故发生。

全年东方国际未发生任何安全生产责任事故，实现“零事故、零伤亡”年度安全质量目标；未发生任何员工感染新冠肺炎事件，全年实现“零感染”目标。

（肖　燕　丛　颖　闫文静）

【主要指标】截至2020年12月31日，东方国际资产总额29.81亿元，相比2019年资产总额21.64亿元增长37.75%；所有者权益0.7亿元，相比2019年0.31亿元增长125.81%；2020年发生营业收入18.54亿元，相比2019年19.84亿元下降6.55%；利润总额0.46亿元，相比2019年利润总额0.42亿元上升9.52%；净利润为0.4亿元，相比2019年净利润0.32亿元增长25%；归属于母公司所有者的净利润0.37亿元，相比2019年发生额0.37亿元持平；利税总额0.46亿元，相比2019年0.45亿元增长2.22%；应交税金总额0.9亿元，相比2019年0.69亿元增长30.43%；全员劳动生产率38.05万元/（人·年），相比2019年50.3万元/（人·年）下降24.35%；净资产收益率78.85%，较2019年632.24%减少553.39个百分点；总资产报酬率增加0.22个百分点，由4.11%上升到4.33%；国有资本保值增值率较2019年度的0上升到230.11%。（潘薛亮）

表13-19　2019-2020年中铁东方国际集团有限公司主要经济指标

| 项目 | 2019年 | 2020年 | 增长率/% |
|---|---|---|---|
| 资产总额/亿元 | 21.64 | 29.81 | 37.75 |
| 所有者权益/亿元 | 0.31 | 0.70 | 125.81 |
| 营业收入/亿元 | 19.84 | 18.54 | -6.55 |
| 利润总额/亿元 | 0.42 | 0.46 | 9.52 |
| 净利润/亿元 | 0.32 | 0.40 | 25.00 |

所属单位

续表

| 项目 | 2019 年 | 2020 年 | 增长率 /% |
|---|---|---|---|
| 归属于母公司所有者的净利润 / 亿元 | 0.37 | 0.37 | 0 |
| 技术开发投入 / 亿元 | 0 | 0 | 0 |
| 利税总额 / 亿元 | 0.45 | 0.46 | 2.22 |
| 应交税金总额 / 亿元 | 0.69 | 0.90 | 30.43 |
| 全员劳动生产率 /［万元 /（人・年）］ | 50.30 | 38.05 | –24.35 |
| 净资产收益率 /% | 632.24 | 78.85 | 减少 553.39 个百分点 |
| 总资产报酬率 /% | 4.11 | 4.33 | 增加 0.22 个百分点 |
| 国有资本保值增值率 /% | 0 | 230.11 | 增加 230.11 个百分点 |

制表：潘薛亮

【改革发展】2020 年，为进一步落实股份公司《海外体制机制改革方案》，贯彻股份公司海外经营会议精神，积极推动"一体两翼 N 驱"的海外发展格局，聚焦进一步提升企业治理能力和国际市场竞争力，系统推进公司深化体制机制改革实施工作，东方国际制定并实施了《中铁东方国际集团有限公司深化体制改革方案》。2020 年 10 月，东方国际完成"三项制度"改革第一阶段工作。经过"三项制度"改革第一阶段的工作，东方国际完成机构整合、定岗定编、全员竞聘上岗、系统内分流、富余人员安置工作。截至年末，东方国际现有领导班子成员 8 人，2020 年度调入 4 人、提拔 1 人、调出 2 人、改非 1 人。公司竞聘上岗共计 128 人、系统内调转 37 人、协商解除劳动关系 26 人。

（陈宇宏 丛 颖）

【重大项目】截至 2020 年 12 月底，东方国际在建项目 12 个，主要分布在马来西亚吉隆坡和东马，在建项目合同额共计 15.9 亿美元，剩余未完成合同额 6.5 亿美元。其中，重大项目 3 个，分别为吉隆坡新捷运工程二期地下 C 标段，合同额 3.75 亿美元，已完成合同额 2.84 亿美元，剩余未完成合同额 0.91 亿美元；金马士至新山双轨电气化铁路项目，合同额 6.75 亿美元，已完成合同额 2.64亿美元，剩余未完成合同额 4.11 亿美元；吉隆坡安邦贾兰尼帕房建项目，合同额 1.55 亿美元，已完成合同额 0.46 亿美元，剩余未完成合同额 1.09 亿美元。重大项目合同额共计 12.05 亿美元，占在建项目合同额约 75.79%。重大项目剩余未完成合同额共计 6.11 亿美元，占在建项目剩余未完合同额约 94%。重大项目累计完成合同额共计 5.94 亿美元，占完成总合同额的 37.36%。

2020 年，东方国际完成新签合同额 11.4 亿元人民币，成功中标碧桂园滨湖城货量区一期桩基工程、东海岸铁路六分部二工点桩基项目、TRX 车站地连墙切割及二次衬砌（TU5）和完成大马城项目股权投资。重点项目大马城项目各项工作稳步推进。

以吉隆坡地铁 MRT 二期项目为依托，开展科学技术研究工作，完成《吉隆坡地铁深基坑中英（马）标准比较及设计施工关键技术研究》科研课题报告初稿；完成"地铁车站永临一体化围护结构设计方法""半盖挖法的一体化车站结构施工方法""一种预应力锚索张拉纠偏装置"等 3 项专利申报，均获得批复；发表城市地铁监测、盾构机顶升技术研究、英标体系下地连墙设计和施工工艺、BIM 技术应用等科技论文 9 篇，其中 6 篇中文论文被国内省部级期刊《现代隧道技术》《地下空间与工程学报》《建筑学研究前沿》《智能城市》等收录，3 篇英文论文被国际隧协 2020 年年会专刊收录。

（刘 李 王 丹 李 倩 徐朝坤）

【走向海外】对外投资情况：2020 年计划投资 15506 万美元，截至 2020 年 12 月底年累计完成股权投资 13193 万美元，占该年度投资计划的 85.09%；开累完成股权投资 14981 万美元，占项目总投资计划的 19.24%。

区域市场经营情况：为落实股份公司境外区域总部划分方案和相关制度办法，充分发挥东方国际区域总部统领统筹、商务引领作用，东方国际全面启动区域总部制度建设，梳理区域内各系统、各单位跟踪项目信息、在建项目信息和资产情况，拟定区域市场建设方案、区域总部管理细则、国别市场准入机制及分工方案等纲领性、制度性文件。筹备文莱、柬埔寨国别机构设立事宜，完成国别调查，国别实体机构设立专题会及注册准备工作，为国别实体机构决策打下前期基础；积极搭建公共关系网络，与当地政府、合作企业、银行机构、咨询公司积极沟通，实现项目储备。深耕马来西亚市场完善经营布局。成功缔造"中铁东方""中铁马来"两级营销品牌，坚持东方国际"统筹引领、高端经营"，中铁马来公司"扎根属地，坚守马来"，实现两级公司既有所区分、各有侧重，又上下联动、协同配合的经营新局面。

现汇类竞标项目进展情况：2020 年东方国际在马来西亚境内完成有效项目投标 10 余项，范围涵盖公路、桥梁、房建、市政、水利和港口等，成功中标了碧桂园滨湖城货量区一期桩基工程项目、东海岸铁路六部分二工点桩基工程项目、TRX 车站地连墙切割及二次衬砌工

程等现汇项目。（王 丹）

【重大创新】深化BIM技术在马来西亚城市轨道交通项目的推广和应用工作。结合海外项目实施先进性、创新性要求，在东方国际项目施工生产中全面推广BIM新技术，发挥BIM技术在设计审核、机电碰撞检查、管线优化、工程量计算、建筑装修及三维可视化交底等方面的优势，提升项目运用信息化手段解决问题的能力。（徐朝坤）

【企业文化】利用微信公众号平台、内部工作平台、Facebook、推特官方公众号等宣传平台，宣传东方国际经营管理工作重大事项、重要项目动态，以及在建工程和典型人物事迹，全面展示东方国际发展历程中的闪光点，大力宣传企业文化活动和精神文明建设成果，使宣传报道工作发挥弘扬先进、鼓舞士气、激发干劲的作用。同时，东方国际行政党群中心指定专人编辑发布舆论舆情日报，及时收集和处理马来西亚政治、疫情有关舆情信息，在全公司范围内进行共享，引导职工更进一步关注和了解所在国政治形势和市场环境。东方国际在员工思想政治教育的开展上，秉持海外党建"五不公开"的原则，在保证党内政治生活规定动作不走样的前提下，积极开展以爱国主义为主线的员工思想政治教育宣传活动。以企业党组织、群团组织为依托，组织开展观看爱国主义电影、教育片、专题片活动，大力弘扬爱国主义精神，铭记党的历史；在国庆、党庆、农历新年等重大节日组织员工开展慰问关爱、精神文化建设等活动，激发员工的爱国、爱企情怀。（付 锋）

【党建工作】面对全球新冠肺炎疫情的强势冲击以及国际政治经济环境复杂多变的严峻形势，东方国际党委坚持以习近平新时代中国特色社会主义思想为指导，深入学习贯彻党的十九大和十九届四中、五中全会精神，紧紧围绕公司年度重点工作和目标任务，在统筹推进疫情防控和生产经营中把准定位、服务大局，团结带领广大党员干部群众凝心聚力、奋迎挑战、砥砺前行，为企业持续健康稳定发展提供了坚强保证。在"三项制度改革"竞聘上岗工作中，管理干部及关键岗位人员笔试、口试均进行了党务知识测试，以测试成绩、民意调查等方式，选拔出13名政治素质高、组织观念强、业务技能过硬的优秀党员担任基层党委及党支部班子成员，为强化基层党组织政治功能、有效发挥战斗堡垒作用提供了队伍支撑。对改革方案的制定坚持深思细研，把方向管大局，严格执行"三重一大"民主决策和职代会民主监督程序，认真落实重要干部任免党风廉政考察和任职前谈话，确保干部队伍建设质量。编辑发布《廉洁从业教育学习专刊》6期，在东方国际范围内开展"党纪知识小课堂"分享活动20期。通过以学促廉的方式，增强全体党员干部的党性修养和廉政意识。（付 锋）

【信息化建设】2020年，东方国际进一步探索和推进科技与信息化建设工作，发布了2020年东方国际信息化工作要点，调研公司信息系统建设使用情况；与系统内单位合作，完成了东方国际软件与网络建设方案初稿编制；与广联达合作，上线协同办公平台软件系统，实现内部审批事项流程化，提高了协同办公效率。在软件知识产权保护方面，完成东方国际及各子分公司AutoCAD软件使用情况调查和统计，下发《关于规范使用AutoCAD绘图软件的通知》等文件，规范公司员工AutoCAD软件安装及使用；开展信息系统情况调查，软件资产信息调查和统计；积极加强对外交流合作，3月，参加股份公司国际业务统一管理平台软件立项专家组评审视频会议，并提交专家组成员评审意见；4月，参加股份公司中铁海康系统维护及各层级管理员设置视频培训会议；5月，东方国际组织业务研讨及案例分析培训*BIM Management Training*，开展全员研讨和交流；7月至11月，参加股份公司第二期BIM应用技术网络培训及后续课程培训，公司参与培训人员一次性通过中国图学会BIM一级考试。（徐朝坤）

【履行社会责任】新冠肺炎疫情暴发后，东方国际各级群团组织严格按照国资委、股份公司、大使馆和马来西亚政府疫情防控有关规定，主动担当尽责，积极参与疫情防控。克服一切困难，畅通国内国外双向防疫物资采购渠道，保障公司日常防疫物资供应，尽最大努力援助国内及驻在地有关机构抗疫，落实专人对接驻在国使领馆和中资企业协会，在疫情期间提供各类支援帮助。先后向国内红十字会、沙巴州政府、中国驻马大使馆捐赠医用口罩、防护服、电子体温枪、医用酒精等防疫物资累计费用19.8万元，划拨3万元采购湖北贫困地区的茶叶，为助力打赢疫情防控阻击战和脱贫攻坚战履行央企责任。在支援疫情防控捐款活动中，东方国际111名党员群众自愿捐款，金额总计20966元。（付 锋）

【领导人员】

| | |
|---|---|
| 陈之功 | 党委书记、董事长、法人代表 |
| 史 渊 | 党委副书记、总经理、董事 |
| 何 文 | 董事 |
| 陈文鑫 | 董事 |
| 张睿开 | 董事 |
| 孙 航 | 党委委员、副总经理 |
| 陈海鹏 | 党委委员、副总经理（6月任） |
| 汪 洋 | 党委委员、纪委书记（8月任） |
| 汪佑平 | 党委委员、副总经理、工会主席（8月任） |
| 宋上明 | 总工程师（12月任） |
| 刘小勇 | 总会计师、董事（12月任） |

（丛 颖）

所属单位

## 中国海外工程有限责任公司

【简况】中国海外工程有限责任公司（简称“中海外”）是中国中铁股份有限公司的全资子公司，作为中国中铁专业商务平台，在海外“一体两翼N驱”发展格局中肩负着“两翼”带飞重要使命。拥有建筑工程、铁路工程、市政公用工程施工总承包一级资质，公路路面工程、建筑装修装饰工程专业承包一级资质，业务范围涵盖国际工程承包、境外实业投资、国际贸易、劳务输出等多个领域。中海外于1987年10月在北京成立，是最早代表国家走出国门的四家外经企业之一，1991年10月更名为“中国海外工程总公司”，先后隶属国家外经贸部、国资委；2003年12月经国资委批准，与中国中铁进行战略重组，成为其全资子公司；2006年整体改制，更名为“中国海外工程有限责任公司”；2015年4月，重组并入中铁国际集团有限公司，成为其全资子公司；2020年8月，应中国中铁海外业务改革重组需要，从中铁国际集团有限公司分离，再次成为中国中铁全资子公司。中海外现有区域公司8个、直属国别公司1个，所属子分公司22家，遍布非洲、亚洲、大洋洲、欧洲、南美洲。2020年，中国中铁海外体制机制改革后，授权中海外代管区域总部9个，国别市场88个，其中南美北、南太、西非3个区域总部已于2020年12月31日正式成立。中海外现有员工269人（含内退人员13人），在岗员工256人，其中国内员工90人，国外员工166人（含经商处2人）；具有正高级专业技术职称人员4人，高中级专业技术职称人员165人。截至2020年末，中海外资产总额为21.53亿元，其中固定资产净值1.19亿元，占资产总额的5.53%，流动资产16.15亿元，占资产总额的75.01%，其他资产4.19亿元，占资产总额的19.46%。

历经30余年的发展，中海外在全球陆续承建大型、中型项目逾千个，涵盖交通市政、房屋建筑、机场港口、农田水利、能源电力、矿产资源等领域，累计合同额141.45亿美元，营业额87.71亿美元，进出口贸易额10亿美元，派出各类劳务人员5万余人次。20世纪90年代以来，中海外连年入选美国《工程新闻记录》（ENR）全球最大225家国际工程承包商行列，在国际工程承包市场中树立了良好的企业信誉和知名度，在非洲、南部太平洋和东南亚等区域市场上，“COVEC”已发展成为著名的国际工程承包商品牌，先后获得“全国建筑业企业工程总承包先进企业”、中国对外承包工程企业市场开拓奖、项目管理体系建设优胜奖等荣誉，曾获评“对外承包工程行业AAA级信用企业”“对外劳务合作行业AAA级信用企业”“中国机电产品进出口商会AAA级信用企业”“全国模范劳动关系和谐企业”等称号。2019年7月，中海外承揽的尼泊尔巴瑞巴贝引水隧道工程荣获美国《工程新闻纪录》（ENR）第七届“全球最佳工程项目”水资源类优秀奖的殊荣，填补了中国中铁在该奖项上的空白。

（景瑞琪）

【主要指标】中海外2020年末资产总额为21.53亿元，较2019年的25.02亿元下降13.95%；负债总额为10.73亿元，较2019年的22.59亿元下降52.51%；资产负债率为49.85%，较2019年的90.31%下降40.46个百分点；净资产总额10.80亿元，较2019年的2.42亿元增长346.28%。中海外2020年度实现营业收入7.57亿元，较2019年的14.93亿元下降49.3%；实现归属于母公司所有者的净利润0.05亿元。

（逯 佳）

表13-20　2019—2020年中国海外工程有限责任公司主要经济指标

| 项目 | 2019年 | 2020年 | 增长率/% |
|---|---|---|---|
| 资产总额/亿元 | 25.02 | 21.53 | -13.95 |
| 所有者权益/亿元 | 2.42 | 10.80 | 346.28 |
| 营业收入/亿元 | 14.93 | 7.57 | -49.30 |
| 利润总额/亿元 | 0.25 | 0.07 | -72.00 |
| 净利润/亿元 | 0.21 | 0.04 | -80.95 |
| 归属于母公司所有者的净利润/亿元 | 0.18 | 0.05 | -72.22 |
| 技术开发投入/亿元 | 0 | 0 | — |
| 利税总额/亿元 | 0.19 | 0.24 | 26.32 |
| 应交税金总额/亿元 | 0 | 0.17 | — |
| 全员劳动生产率/[万元/(人·年)] | 8.02 | 6.30 | -21.45 |
| 净资产收益率/% | 8.46 | 0.68 | 减少7.78个百分点 |
| 总资产报酬率/% | 2.20 | 0.30 | 减少1.90个百分点 |
| 国有资本保值增值率/% | 107.10 | 104.76 | 减少2.34个百分点 |

制表：逯 佳

【改革发展】改革重组后，中海外积极落实股份公司海外体制机制改革各项要求，制定“秉承两翼带飞，构建三足鼎立，聚合优势资源，驱动创新发展”发展战略和“崇尚价值创造，铸造优质品格”发展愿景。加快推动和完善公司法人治理结构建设，建立健全公司董事会、监事会和经理层。完成中海外总部和境外机构的组织架构设立，将总部部门由原来16个缩减为12个，人员编制控制在100人以内。在境外设立中海外南美北、南太、西非、东非、中非、中西亚、中东欧和西南欧8个区域公司和尼泊尔国别公司。受股份公司委托，制定中国中铁南美北部区域总部、南太区域总部和西非区域总部的设立实施方案，并于2020年12月31日揭牌。落实国资委和股份公司各项改革要求，组织编制中海外“十四五”规划，制定中海外深化改革三年行动方案，开展对标世界一流管理提升行动，开展北京富晨海经贸集运有限责任公司治亏和马里纺织公司关停工作，完成职业经理人试点方案起草工作，完成国企退休人员社会化管理年度工作。（高　翔　周恒言）

【重大项目】2020年，中海外新签对外工程承包项目10个，新签合同额18.85亿美元，其中，中非区域新签合同额9.47亿美元，中西亚区域新签合同额6.14亿美元，西非区域新签合同额1.59亿美元，尼泊尔新签合同额1.33亿美元，其他区域及业务新签合同额0.32亿美元。5月29日，中海外与尼泊尔公路局（亚行分部）签署了尼泊尔坎昌普尔—卡玛拉公路项目合同，合同金额1.33亿美元；12月23日，中海外中标马里桑塔黑—卡伊公路项目，合同金额1.5亿美元；12月25日，中海外与AOXHIA公司签署了刚果（金）坦噶尼喀安菲尔水电站项目商务合同，合同金额9.40亿美元；12月25日，中海外与土耳其楚库罗瓦市政府签署了土耳其阿达纳省楚库罗瓦市政城区改造项目商务合同，合同金额6.14亿美元。（刘　妍）

【走向海外】2020年，中海外克服疫情影响，完成产值1.29亿美元，完成股份公司下达年度产值计划2.52亿美元的51%。全年实现初交项目8个，分布在5个国别，初交项目合同额2.3亿美元；实现终交项目3个，分布在2个国别，终交合同额2.1亿美元；实现新开工项目8个，分布在5个国别，开工合同额2.56亿美元。由中海外承建的尼泊尔巴瑞巴贝引水隧道工程，于2020年9月3日提前正式获得业主颁发的竣工移交证书。这是在海外新冠肺炎疫情全面暴发期间，中央企业兑现“扎根海外市场，防疫生产两手抓、两不误”承诺的最佳诠释。该项目于2015年6月4日开工，2019年4月16日实现TBM隧道贯通，在TBM掘进领域屡破纪录，达到平均月进度716米、最高月进度1202米的骄人成绩，达到同类型TBM的国际领先水平。（吴　珣）

【重大创新】2020年12月，中海外组织开展2020年度优秀科技项目和优秀科技论文征集评选工作，并向股份公司申报了《改变混凝土综合性的新型材料》一等奖的实用技术成果。（吴　珣）

【工程创优】2020年7月，中海外承揽的尼泊尔巴瑞巴贝引水隧道工程项目部被授予“中国中铁管理实验室活动先进单位”称号。（周恒言）

【企业文化】2020年，是中海外改革重组元年，通过聚焦文化塑造，提出了“崇尚价值创造、铸造优质品格”的企业愿景。围绕新中海外的发展，开展了“中海外大发展，我要怎么办”大讨论活动，并以此为主题举办了征文比赛和青年演讲比赛，举办业务培训讲座7期，进一步推动中国中铁文化和中海外独有的“海文化”落地扎根。组织开展劳动竞赛，大力选树先进，营造良好企业发展氛围。中海外尼泊尔公司总经理王玉水获得中国中铁第一

▲ 2020年12月30日，中海外举办“党的十九届五中全会精神”知识竞赛

所属单位

届海外突出贡献奖、中国中铁第九届“十大杰出青年”称号，中海外摩洛哥公司石琪琪获“中国中铁先进女职工”称号。（孙 静）

【党建工作】2020年，中海外党委深入学习贯彻习近平新时代中国特色社会主义思想和党的十九大、十九届五中全会精神，团结带领全体员工坚决贯彻落实股份公司战略部署，紧密围绕企业改革重组和生产经营中心任务，聚焦重点难点，突出抓好关键工作，实现了中海外改革重组快速平稳健康推进。坚持党委会第一议题制度和党委理论中心组学习，在企业微信平台设立“五中全会”“学习园地”专栏，认真学习习近平总书记重要指示批示和讲话精神；举办学习贯彻党的十九届五中全会精神的知识竞赛，以实际行动检验学习成果。严格履行“三重一大”决策制度和党委会前置程序，年内研究议案101项，修订补充完善企业规章制度42个；坚持党管干部原则，严守选人用人规程，年内选拔任用干部59人，引进干部11人，稳妥推进区域公司及总部机关人员竞聘工作。坚持“三基建设”，夯实党建基础。修订完善党内规章制度15项，结合企业改革重组及人员调整完成基层党支部改选，研究成立区域党（工）委方案；坚持落实“两个责任”。深入开展作风建设年活动，全面提升干部队伍作风；开展四个专项整治工作，严格落实中央八项规定精神，积极开展多种形式的廉洁警示教育，组建多通道违纪举报平台，驰而不息纠正“四风”，切实提升员工廉洁自律意识。（孙 静）

【信息化建设】2020年，中海外面对股份公司的赋责赋能，围绕新的企业愿景和发展战略，深入调研全公司信息化现状及需求，结合股份公司信息贯通工程安排部署，统筹规划信息化建设顶层设计，为后续信息化建设的全面展开提供了指导原则和遵循。年内，中海外专门部署了财务报表系统，完成了数据迁移工作，对企业门户网站进行了IPv6改造，对视频会议室、网络专线进行了专项改造，开发了会议室预约等系统应用，有效提升了企业信息化水平，促进了各项管理工作的高效开展。（金 路）

【履行社会责任】2020年初，突如其来的新冠肺炎疫情在武汉暴发，中海外多家境外机构带头捐赠医疗物资，紧急援助武汉大学人民医院等单位，支援中国抗击疫情；随着新冠肺炎疫情的全球肆虐，中海外所属境外机构将援助重点转向当地，为当地卫生部门捐款捐物，用于当地政府及民众抗击疫情。中海外总部积极响应国家号召，为中小企业减免租金近两百万元，彰显了央企应有的社会责任。其中，中海外西非公司联合8家在马中资企业为马里方舱医院捐赠400张床位；中海外西南欧公司安排专人配合使馆逐一联络200余名因疫情滞留在摩洛哥的华人旅客，登记信息，做好安抚，为使馆安排包机回国赢得宝贵时间；中海外—中铁一局东帝汶联营体公司积极协助中国驻当地使馆，组织包机进行防疫物资运送，全力解决援东物资运输困难问题。（景瑞琪）

【领导人员】

甘百先　党委书记、董事长、法定代表人

李　红　党委副书记、董事、总经理

邵　刚　党委副书记、董事、工会主席

宋国栋　党委委员、董事、总会计师、总法律顾问

张振兴　党委委员、副总经理

吴东正　党委委员、副总经理、总工程师

杨德佳　党委委员、纪委书记

胡　波　副总经理

王宏铭　副总经理　（张晓燕）

## 中铁二院工程集团有限责任公司

【简况】中铁二院工程集团有限责任公司（简称“中铁二院”）成立于1952年，是新中国成立后第一批组建的国家级设计院，历经7次搬家和8次更名，于2007年1月重组改制更名为“中铁二院工程集团有限责任公司”，总部坐落于世界第一张纸币交子制造地——成都通锦路3号，隶属中国中铁股份有限公司，是国内最大型综合性勘察设计企业之一，曾2次获得国家科技进步奖最高奖，3次获全球FIDIC杰出工程项目奖。

中铁二院是国内首批获得“工程设计综合资质甲级”的企业之一，拥有城乡规划编制甲级资质，也是铁路系统内第一家拥有国家发改委授予的铁路和城市轨道交通投资立项评估双资质的单位，是公路系统外第一家获建设部颁发的具有公路勘察设计“四甲”资质证书的企业。

中铁二院现有员工6000人，拥有全国工程勘察设计大师5人，省级工程勘察设计大师17人，“新世纪百千万人才工程”国家级人选1人，国家有突出贡献中青年专家1人，享受国务院政府特殊津贴专家43人，各类省部级专家人才210余人，拥有高级职称及以上人员3000余人，持各类注册执业资格人员1500余人。先后获国家科技进步奖32项，国家级勘察设计金银奖16项，全球FIDIC杰出工程项目奖3项，省部级科技和创优奖1100余项。公司秉承“创新创效，优质发展”的企业宗旨，先后获得全国五一劳动奖状、全国工人先锋号、中央企业先进集体、中国工程设计企业60强等荣誉，被授予“中国AAA级信用企业”“全国守合同重信用单位”称号，连续11年获得“成都百强企业”称号，多次获“成都市税收贡献30强总部企业”“成都市纳税百强企业”称号。

中铁二院下设21个全资子公司，3个控股子公司，21个生产院，32个国内经营机构，5个区域指挥部，

14个境外经营机构，设有数字轨道交通技术研究与应用国家地方联合工程研究中心、四川省艰险山区轨道交通安全风险防控工程研究中心、中国中铁BIM技术应用研究中心、中国中铁磁悬浮交通工程研究中心、中国中铁“一带一路”互联互通研究中心、中国中铁齿轨交通工程研究中心、国际教育培训中心、全国职工教育培训示范基地。业务范围涵盖规划、勘察设计、咨询、监理、产品产业化、工程总承包等基本建设全过程服务，涉及铁路、城市轨道交通、公路、市政、港口码头、民航机场、生态环境等多个领域。设立经济运量、运输组织、城市规划、线路、轨道、路基、桥涵、隧道、站场、机务、车辆、机械、建筑、结构、暖通、电力、牵引供变电、接触网、通信、信号、信息、环保、给水排水、工经、地质、测绘共26个专业。（毛海蓉）

【主要指标】2020年，中铁二院资产总额为99.8亿元，较2019年73.49亿元增加26.31亿元，增长35.8%；其中流动资产增加5.91亿元，主要是货币资金增加6.56亿元，应收账款减少0.23亿元，预付款项增加0.11亿元，应收款项融资增加0.21亿元，其他应收款增加0.62亿元，存货减少0.43亿元，合同资产减少0.56亿元，一年内到期的非流动资产增加0.19亿元，其他流动资产减少0.59亿元。非流动资产增加20.40亿元，主要是长期股权投资增加0.69亿元，其他权益工具投资增加0.85亿元，投资性房地产减少0.12亿元，固定资产减少0.15亿元，在建工程增加1.29亿元，使用权资产减少0.05亿元，递延所得税资产增加0.28亿元，其他非流动资产增加17.59亿元。

中铁二院负债总额85.04亿元，较上年42.77亿元增加42.27亿元，增长98.83%；其中流动负债增加38.56亿元，主要是短期借款减少6.5亿元，应付票据减少1.78亿元，应付账款增加2.23亿元，合同负债增加1.96亿元，应付职工薪酬增加1.91亿元，应交税费减少0.94亿元，其他应付款增加45.25亿元，一年内到期的非流动负债减少3.56亿元。非流动负债增加3.69亿元，主要是长期借款增加3.50亿元，长期应付款增加0.20亿元，长期应付职工薪酬减少0.05亿元，递延所得税负债增加0.04亿元。

中铁二院所有者权益总额14.76亿元，较上年30.71亿元减少15.95亿元，下降51.94%。

2020年，中铁二院完成新签合同额290.77亿元，较2019年增长25.32%，营业收入99.58亿元，全年实现利润总额-12.2亿元，净利润-13.34亿元。截至2020年末，总资产99.8亿元，净资产14.76亿元。（龚洋　赵玥）

**表13-21　2019-2020年中铁二院工程集团有限责任公司主要经济指标**

| 项目 | 2019年 | 2020年 | 增长率/% |
| --- | --- | --- | --- |
| 资产总额/亿元 | 73.49 | 99.80 | 35.80 |
| 所有者权益/亿元 | 30.71 | 14.76 | -51.94 |
| 营业收入/亿元 | 91.74 | 99.58 | 8.55 |
| 利润总额/亿元 | 0.59 | -12.20 | -2167.80 |
| 净利润/亿元 | 0.49 | -13.34 | -2822.45 |
| 技术开发投入/亿元 | 4.60 | 4.40 | -4.35 |
| 利税总额/亿元 | 3.56 | -9.91 | -378.37 |
| 应交税金总额/亿元 | 8.66 | 5.31 | -38.68 |
| 净资产收益率/% | 1.52 | -58.66 | 减少60.18个百分点 |
| 总资产报酬率/% | 2.41 | -12.18 | 减少14.59个百分点 |
| 国有资本保值增值率/% | 104.47 | 58.06 | 减少46.41个百分点 |

制表：龚洋

所属单位

【改革发展】完善人才引进管理机制。修订完善人才引进管理办法，加强人力资源配置，优化人才选拔方式，提高人才引进标准，加强人才引进质量管控，促进企业员工队伍结构不断优化。加强员工考核管理。修订完善员工绩效考核办法和劳动合同期满考核管理办法，构建更为科学合理的考核评价体系，增强考核的科学性和有效性，强化考核结果应用，将考核结果作为人员转岗、解除或终止劳动合同的重要依据。健全工资效益联动机制。为贯彻落实深化收入分配制度改革有关精神，健全与劳动力市场基本适应、与企业经济效益和劳动生产率挂钩的工资决定和正常增长机制，按照“效益决定、效率调整、水平调控”的原则，修订工资总额管理办法，将工资总额重点向经济效益好、完成指标优的单位倾斜，持续增强企业活力和动力。加大薪酬分配精准激励力度。在岗位绩效工资制度的基础上，对在经营生产、科技进步、管理创新等方面做出贡献的集体和个人设置专项奖励，并结合企业改革发展需要对原专项奖进行优化调整，通过整合优化奖项设置、压减奖励额度、缩小奖励人员范围，实现精准激励。以总部机关机构改革为抓手，重塑“区域化、立体化”的经营生产一体化业务格局，建立健全配套管理体系和制度。通过综合改革，中铁二院总部机关部门由22个减至16个，人员由314名减至207名；整合经营生产指挥体系，撤销原计经部、生管部、成本部、投融资部4个业务主管部门，设立经营计划部统筹全局；划分了覆盖全国的6大经营区域，设立区域机构统筹区域内生产经营资源，为实现经营工作区域化、立体化和生产经营一体化打下了坚实基础；整合部分专业、压减技术管理层级，进一步完善技术管理体系；建立责任成本管理体系，把成本管控责任层层压实；优化业绩考核和收入分配制度，强化了激励约束的有效性、针对性。（罗泽辉）

【重大科研开发】围绕川藏铁路建设与运营过程的重难点问题及实际需求，2020年共开展川藏铁路科研课题216项，总投入达3.45亿元，其中主持四川省重大专项“川藏铁路重大工程风险识别与对策研究”，获得财政经费支持500万元；主持中国工程院战略咨询项目“川藏铁路建设与地方城镇规划协同发展研究”，获得支持经费200万元。完成国铁集团《川藏铁路勘察设计暂行规定》报批稿的编制，待正式发布。

为攻克更高速度铁路轮轨关系及动力学关键技术，确定“时速400千米+”高速铁路工程主要设计参数，解决成渝中线高铁勘察设计工作遇到的与速度相关的关键技术瓶颈问题，规划了“时速400千米+高速铁路设计关键技术研究”重大专项，结合已有研究成果梳理出11项研究内容，以确保课题成果及时服务于工程项目。联合铁科院完成《成渝中线高速铁路设计暂行规定》建议稿的编制。（袁志刚）

【走向海外】2020年，中铁二院海外业务完成新签合同额约合8.45亿元，实现收款13.44亿元。积极参与现汇投标项目，有序开展秘鲁瓦努科—乌卡亚利桥梁拆除重建施工图设计、巴基斯坦ML-1项目PMC资审等多个项目的投标工作。依托既有项目服务开展二次经营，埃及斋月十日城项目二期工程MOU、三期工程MOU顺利签约，特别是受到高度关注的中缅铁路通道曼德勒至皎漂铁路可行性研究MOU顺利签署。持续拓展援外成套和培训项目，获取援利比里亚杜博曼大道立交桥、尼泊尔铁路规划与建设技术海外培训班等多个项目。积极申报重大项目国际产能补贴，成功获批中老铁路项目补贴资金4125万元。大力推进资质建设，获得国家国际发展合作署批复的“对外援助项目可行性研究单位（工程类）资格”；获得进入秘鲁市场的供应商资质、施工资质、交通工程环评资质和道路工程、港口工程最高级（D）设计咨询资质。（孟美辰）

▲2020年9月27日，中铁二院担任勘察设计总承包任务的成都轨道交通18号线首开段正式开通初期运营

【科技创新】持续完善“两级四层”创新体系建设，加大科研投入，实施开发项目668项；结合公司综合改革，制定《中铁二院科技开发项目管理和考核暂行办法》。编制形成了《中铁二院科技创新平台建设与运行实施细则》，组织申报“四川省新型轨道交通工程技术研究中心”并获得批复。

2020年，中铁二院下达科学技术研究计划433项，其中，公司控新开项目126项，计划经费26097万元（含产值及科研经费，下同）。其中，中国铁路总公司及国家部委项目68项，计划经费7667万元；中国中铁股份有限公司项目13项，计划经费1242万元；中铁二院项目352项，计划经费17188万元。新增四川省科技厅、国家铁路局、国铁集团、中国工程院、中国中铁、中国铁道学会等外部来源项目71项，获取经费支持1822万元。2020年，中铁二院完成科研项目71项，其中，中国铁路总公司1项，中国中铁股份有限公司7项。下达标准化编制计划145项，其中，标准87项，标准设计132项，新开项目标准设计74项，经费投入9142万元。编制2020年《现行有效常用规范目录》及2020年《现行有效标准设计图纸目录》，下发各生产院。2020年，中铁二院下达业务建设及其他计划共计183项，计划经费投入9006万元。

构建中铁二院科技专家库。为更好地发挥科技专家在科技管理过程中的作用，建立中铁二院集团公司科技专家库，并组织开展专家入库工作，目前已完成入库专家472人。（袁志刚）

【工程创优】2020年，中铁二院获得国际隧道与地下空间协会（ITA）隧道工程奖1项，省部级优秀工程勘察设计奖39项。其中，中铁二院主持设计的“成贵高铁玉京山隧道跨越巨型溶厅暗河工程”获隧道行业奥斯卡奖——国际隧道与地下空间协会（ITA）隧道工程奖。（王昱）

【企业文化】不断优化顶层设计，首次提出了中铁二院集团公司宣传文化工作“1234”理论体系，即树立一个“人人宣传、全院宣传”的大宣传理念，坚持“对内聚人心、对外展形象”的两个宣传维度；紧扣“服务好企业员工、服务好生产经营、服务好品牌形象”的三个服务工作目标；提升“脚力、眼力、脑力、笔力”四种宣传能力。有效构建中铁二院集团公司闭环的宣传文化工作的顶层设计。不断加大宣传力度，着力提升企业知名度和市场影响力。树立大宣传理念，创新宣传方式、释放宣传活力，全年央级媒体报道500篇，央视报道50次，报道总量是2019年的3倍，基本做到了“中铁二院天天见”；中老铁路、成昆铁路等“三重一外”事件首次在《焦点访谈》、《人民日报》头版头条等顶级媒体平台亮相；官微点击量首次突破两万次，粉丝数首次突破1.6万人，累计阅读量近24万次，为历年最高纪录；由新闻宣传直接或间接带动的项目合同订单突破亿元。探索理论研究在企业文化建设上的引领作用，思想政治工作汇聚新动力。高质量配合完成股份公司企业文化重构专题调研、完成中铁二院成立历史调研、四川省国资委社会责任调研，并积极参与四川省国资委组织的社会责任专题培训等企业文化建设活动，作为全省唯一一家中央企业成功获评全省民族团结进步模范集体，首次被省国资委评为国有企业宣传思想文化工作表现突出集体。优化丰富企业文化内涵，着力提升企业品牌软实力。全面升级了企业文化展示载体，更新并完善了企业文化宣讲PPT、员工手册等，融入了新时期的企业价值观；完成了《中铁二院综合介绍》宣传册，梳理收集中铁二院建院以来各领域、各优势专业的成就；不断优化更新企业形象展厅实物资料和讲解内容，确保企业形象展示平台与企业发展与时俱进。认真落实社会责任，主动参与成渝、宝成铁路等社会抢险救灾工作，持续做好对巴中和泸定等3个对口贫困村的扶贫扶智工作，受到了社会各界的广泛赞誉和认可，巴中扶贫工作案例被四川省国资委作为优秀扶贫案例推报国务院国资委，公司及驻村干部获“四川省十大好人”等称号。加强选树先进典型，弘扬企业新风，全年共对257个先进集体和个人进行专题宣传报道；全年获评“全国劳模”“全国工人先锋号”等省部级以上表彰79项，共有46个先进集体、95名先进个人获各级表彰，企业形象和社会知名度有效提升。统筹中铁二院道德讲堂、企业文化宣讲等各类企业文化品牌活动，着力打造企业文化一盘棋格局。面向新员工、基层单位开展企业文化宣讲，各基层单位组织开展“诚信敬业道德讲堂”50余场次。（毛海蓉）

【党建工作】2020年，中铁二院党委充分发挥国有企业党的领导优势，改革发展与生产经营各项工作取得了令人鼓舞的阶段性成果。2020年底，召开了中铁二院第四次党代会，选举产生了新一届党委领导班子，进一步凝聚人心、鼓舞士气。认真贯彻习近平总书记重要指示批示精神，扎实推进川藏铁路、成渝中线、中老铁路等国家重点工程勘察设计任务，并围绕国家重点项目组织开展科技开发项目668项。在抗疫情保增长、重大项目建设、改革攻坚等关键时期，充分发挥党组织领导作用，夺取了防控阻击战和生产经营战“两战赢”，4个集体和5名党员先进代表获得股份公司抗疫先进表彰。积极推进和践行“党建+”理念，各基层党组织围绕理念创新、机制创新、方式创新，形成了31项党建工作品牌成果。开展“党课开讲啦”活动有声有色，一个党课代表作品获股份公司优秀党课三等奖。党建研究契合企业发展实际，关于混合所有制企业的党建研究成果获股份公司党建理论研究课题优秀成果二等奖。坚持党管干部原则，全年共提拔任用中层干部24名，交流中层干部10名；积极选拔推荐各类国家、省部级专家，获评16人。深入开展“干部作风建设年”活动，贯彻“小机关、大服务”理念，干部队伍精神面貌焕然一新，勤俭办企、成本控制意识显著增强，队伍纪律意识、规矩意识明显提升。党委宣传文化工作屡创佳绩，中老铁路、成昆铁路等“三重一外”事件首次在《焦点访谈》、《人民日报》头版头条等顶级媒体平台亮相。官微点击量突破两万，粉丝数突破1.6万人，累计阅读量近24万次，新媒体刊稿量位列股份公司勘察设计板块第一。持续深化全面从严治党，建立健全拒腐防变制度体系，落实“两个责任”工作成效显著，“三不腐”得到一体推进，纠治“四风”成效持续巩固，内部巡察工作稳步推进，纪检体制改革不断深化，监督执纪工作的政治效果和纪律效果突出。认真总结中老铁路廉洁建设工作的经验做法，并积极将其建设成果总结运用到川藏铁路等项目，聚焦工作重点提升监督质效。坚持党建带工建、党建带团建，充分发挥群团组织联系群众的桥梁纽带作用。全年共20个集体、54名个人获省部级以上表彰，其中1人获全国劳动模范、1人获全国优秀工会干部、1人获四川省劳模、8人获火车头奖章，充分发挥了先进模范“选/树”的导向引领作用。（郑馥璇）

【信息化建设】信息化基础设施建设：升级扩容数据中心存储设备，实现了存储设备的国产化产品替代，存储可用总容量增加至310TB，为企业信息管理平台、办公OA、广讯通等重要应用系统运行提供更为稳定、可靠的数据存储资源；升级改造无线网络设备，更新升级了中铁二院集团公司无线网络核心控制器和总部大楼1~13楼无线网络AP设备，提升了无线网络连接网速和无线网络接收信号强度；部署完成互联网出口设备，在互联网链路出口部署了上网行为管理、反向代理设备、防火墙等硬件设备，加强了互联网安全防护的能力，为中铁二院集团公司对外发布的重要应用系统提供安全、稳定访问；升级扩容VPN远程接入系统，提高了用户授权连接数。

信息系统研发与应用：基于企业微信，加强移动办公建设，将适合移动化的业务发布上线；全面开展协同设计平台建设筹备工作，对院内、院外12家单位进行了应用场景调研并启动了系统研发工作，计划到2021年6月底在大铁板块试点运行，2021年底在大铁板块全面运行；有序推进各项管理信息系统建设的运行优化升级工作，重点对包括安全生产监督管理系统、人力资源管理、勘察设计项目生产管理、校园招聘等10多个信息系统进行建设和业务优化、流程升级工作；推进数据治理体系规划建设，引入杭州数澜科技启动数据咨询工作，开展以数据应用场景驱动的包括数据现状、业务痛点、数据应用场景、价值意义为主的调研工作。

信息系统运营维护：全年配合召开视频会议341场，完成会议设备开关机调试及会议保障319场，企业形象展示厅接待保障158场，网络及应用系统维护工作5430项，桌面维护任务4604项，及时排查并处理各类网络、应用及视频会议系统故障，使中铁二院集团公司网络系统正常运行率平均保持在99.8%以上，应用系统的正常运行率平均保持在99.6%以上。

信息系统软件开发管理：制定发布《中铁二院集团公司软件加密锁借用管理规定》。2020年，确定立项开发软件项目为28项，开发总费用为3630.3万元；购买软件202项，总费用3524.004万元；对14个软件开发项目进行了验收测试及成果评审，组织对12家单位的70项软件进行了进度及成果质量检查；就11项超过20万元的软件组织召开了专家评估会，共引进软件147项，费用总额为2286.84万元；完成了中铁二院集团公司软件评优工作，评选出一等奖8项、二等奖7项、三等奖3项。组织完成了15项软件股份公司评优申报，12项软件中勘协评优申报，12项软件四川省勘协评优申报。（洪晓燕）

【履行社会责任】2020年，中铁二院继续帮扶甘孜州泸定县加郡乡庄子村和巴中市恩阳区下八庙镇岳王村、万寿村。帮扶建档立卡贫困户101户359人，其中，庄子村42户153人，岳王村44户157人，万寿村15户49人。派出驻村干部4名，计列扶贫资金47万元，通过基础建设帮扶、产业帮扶、就业和技术帮扶、保障帮扶、爱心帮扶和“支部+党建主题教育”等活动的开展，助力两县（区）三村脱贫成果的进一步巩固。

面对突如其来的新冠肺炎疫情，中铁二院在做好自身疫情防控、复工复产的同时，多方筹措资金支援贫困村，想方设法为贫困村捐赠口罩、消毒酒精等防疫物资。驻村干部走村入户向村民宣讲防疫知识，积极协助扶贫村开展防疫工作，为确保3个定点扶贫村“零感染”做出了积极努力。

中铁二院捐资75.5万元援建的泸定县庄子村通村道路拓宽改造工程和通往村民活动中心的跨河桥，2020年5月成功竣工交付使用。先后两次组织专家组送技术到泸定，对泸定县交通局和各乡镇领导、有关工程技术人员开展规划、地质勘察、挡墙设计、边坡处理、灾害防治等方面的专业知识培训，有力提高了当地有关人员的能力和水平。邀请成都职业技术学院3位电商、物流专业教授，赴恩阳区开展电商物流技能人才培训，通过电商概念介绍、引入电商成功案例、剖析网红经济特点、分析未来物流趋势，结合恩阳区产业发展优势及特点，为帮扶村量身定制运用互联网技术加快农特产品销售方案。

深入开展金秋助学活动，对岳王村、万寿村和庄子村共101户贫

困家庭学生继续开展“金秋助学”活动，共投入帮扶资金16.1万元。开展“两节”慰问关爱活动，由公司领导带队，分别到庄子村和岳王村、万寿村开展慰问关爱活动，为贫困村民送去了价值6万余元的棉被、毛毯、大米、菜油等慰问品。在中铁二院第七个扶贫日暨“以购代捐”活动当天，广大职工积极到现场认领留守儿童“微心愿”，点亮了留守儿童对美好生活向往的一盏盏明灯。结合巴中恩阳和甘孜泸定均是革命老区和红色革命根据地的特点，把“党建主题教育+扶贫”活动有效结合，公司所属部分党支部继续把帮扶村党支部作为党日活动开展的阵地之一，与帮扶村党支部结对共建，在疫情情况下，通过视频等方式加强与帮扶村党支部的联系，进一步增进公司基层党员对扶贫成效的了解，同时也进一步提升了当地村民脱贫奔康的信心和决心。（张　璞）

【领导人员】

张　敏　党委书记、董事长（1月调入，任党委副书记（主持党委工作）、副董事长（主持董事会工作）；5月任党委书记、董事长）

扈　森　党委副书记、董事、总经理（1月任党委副书记、总经理）

王　刚　党委副书记、副总经理、职工董事、工会主席

王书龙　党委常委、纪委书记、监事会主席（12月不再担任党委副书记，任党委常委）

周海辉　党委常委、总会计师（6月调入）

陆建华　党委常委、董事、副总经理（12月任党委常委）

张雪才　党委常委、副总经理、总法律顾问（12月任党委常委）

秦小林　党委常委、副总经理（12月任党委常委）

魏德勇　党委常委、副总经理（12月任党委常委）

陈国栋　副总经理（7月任）

梁春祥　监事、副总经理（7月任副总经理）

杜建军　副总经理（7月任）

胡平方　副总经理（8月任）

谢　毅　总工程师（12月任）

李生权　副巡视员

张文健　副巡视员

许佑顶　原党委常委、董事、副总经理、总工程师（9月改任业务经理）

胡光涛　原党委常委、董事、副总经理、总会计师（9月免）

闵卫鲸　原党委常委、董事、副总经理（3月调离）

（王彩霞）

## 中铁第六勘察设计院集团有限公司

【简况】中铁第六勘察设计院集团有限公司（简称“中铁六院”）成立于2014年8月26日，现注册地为天津自贸试验区（空港经济区）中环西路36号，隶属中国中铁股份有限公司，是一家具有工程设计综合甲级资质的大型综合性、国际化企业集团，主要业务涵盖勘察、设计、科研、咨询、监理、项目管理、工程总承包等领域。中铁六院自2016年被天津市认定为国家高新技术企业、2020年被认定为“天津市瞪羚企业”，设有“院士专家工作站”“中国中铁智慧城市研发中心”“天津市轨道交通供电系统技术工程中心”“天津市企业技术中心”“天津市隧道设计及安全评估企业重点实验室”等科技创新平台，由中国中铁批准成立的“中国中铁地下空间研发中心”也在积极筹建。中铁六院下设天津电化院、天津隧道院、中铁通号院、中铁西安院、中铁合肥院、路安咨询公司、天津检测公司和天津审图公司等8家子公司；电化分公司、隧道分公司、广西分公司、广东分公司、淮北分公司等5家分公司；线站院、桥梁院、城建院、机环院、工经院、勘察院、测绘院、国际部、总包部等9家直属生产单位；北部、南部、东部、西部、中部片区指挥部和滨海分院等6家驻外机构。2020年，中铁六院持续优化机构设置和管理模式，将“天津市帅达科技有限公司”更名为“中铁帅达（天津）科技有限公司”；将“工程总承包管理部”调整为“工程总承包事业部”，并与“路安咨询公司”合署办公；调整“智慧城市研发中心办公室”“BIM中心”的管理模式，与“信息中心”合署办公；将“粤东分公司”调整为“广东分公司”。同时，还通过了决策程序决定将“天津中铁电气化设计研究院有限公司”更名为“中铁电气化勘测设计研究院有限公司”；将“中铁（天津）隧道工程勘察设计有限公司”更名为“中铁隧道勘测设计院有限公司”。2020年，中铁六院全年累计获得国家级科技进步奖1项、QC小组成果奖6项；获得省部级科技进步奖7项、技术发明（专利）奖3项、优秀勘察设计奖62项、优秀工程咨询成果奖3项、QC小组成果奖14项和中国中铁科技进步奖4项、QC小组成果奖5项；取得国内发明专利11项、实用新型专利87项、计算机软件著作权29项和海外实用新型专利1项；承担、参与了外部科研课题27项、内部立项重大重点课题24项、五小类课题9项。特别是，由中铁六院主持完成的“高速铁路用高强高导接触网导线关键技术及应用”获得2020年度国家科技进步奖二等奖。

2020年，中铁六院完成新签合同额82.66亿元，实现营业收入27.84亿元，实现净利润2.07亿元。截至年末，资产总额19.83亿元，其中，流动资产15.29亿元，非流动资产4.54亿元；非流动资产中固定资产净值1.44亿元；净资产收益率22.40%，资产负债率49.82%，应上缴款完成率100%。

（贾光兴　辛振省　边少勇）

所属单位

【职工队伍】中铁六院共有职工1911人，其中，中铁六院集团本部842人、各子分公司1069人，职工年龄结构较为合理（30岁及以下人员341人、31岁至35岁人员450人、36岁至40岁人员505人、41岁至45岁人员223人、46岁至50岁人员162人、51岁至55岁人员141人、56岁及以上人员89人，具备正高级专业技术职务148人，高级专业技术职务921人，中级专业技术职务539人，初级专业技术职务201人；技能人才56人，其中，高级工6人、高级技师4人、技师13人、普通工人33人。中铁六院拥有"新世纪百千万人才工程"国家级人选1人，国家有突出贡献中青年专家1人，享受国务院政府特殊津贴人员6人，省部级工程勘察设计大师3人、有突出贡献中青年专家4人、青年科技拔尖人才3人，詹天佑铁道科学技术奖中成就奖2人、贡献奖1人、青年奖5人，茅以升铁道工程师奖8人，中国中铁专家8人；拥有各类注册执业资格人员476人，其中，注册造价工程师36人、一级注册建筑师13人、二级注册建筑师6人、一级注册结构工程师41人、注册电气工程师24人、注册公用设备工程师31人、注册土木工程师46人、注册监理工程师99人、注册咨询工程师78人、注册测绘工程师23人、一级注册建造师64人、二级注册结构工程师1人、注册城乡规划师7人、二级注册建造师7人。（陈小英）

【主要指标】截至2020年12月31日，中铁六院累计完成新签合同额82.66亿元，完成股份公司下达的年计划指标的114.81%，较2019年同期50.12亿元增长64.92%；实现营业收入27.84亿元，较2019年同期的25.65亿元增长8.54%；实现净利润2.07亿元，较2019年同期的0.67亿元增长208.96%；应交税金总额1.29亿元，较2019年同期0.76亿元增长69.74%；实现利税总额3.36亿元，较2019年同期1.41亿元增长138.30%；技术开发投入0.97亿元，较2019年同期0.8亿元增长21.25%；全员劳动生产率64.77万元/（人·年），较2019年同期49.48万元/（人·年）增长30.90%；净资产收益率22.4%，较2019年同期7.89%增长14.51个百分点；总资产报酬率12.88%，较2019年同期5.07%增长7.81个百分点；国有资本保值增值率124.34%，较2019年同期107.92%增长16.42个百分点。2020年末，资产总额19.83亿元，较2019年同期16.07亿元增长23.40%；所有者权益总额9.95亿元，较2019年同期8.50亿元增长17.06%。2020年，企业货币资金存量增幅较大，合同负债等优质资产也有所增加，"两金"较2019年略有增长，资产质量缓步提升，经营性现金净流量转正，生产经营资金紧张局面得到缓解，财务风险较2019年有所降低。但是，资产负债率较2019年增幅较大，需要在以后的生产经营过程中采取有力措施，进一步改善资金紧张局面，降低资产负债率，提高资产质量。（贾光兴）

表13-22　2019—2020年中铁第六勘察设计集团有限公司主要经济指标

| 项目 | 2019年 | 2020年 | 增长率/% |
| --- | --- | --- | --- |
| 资产总额/亿元 | 16.07 | 19.83 | 23.40 |
| 所有者权益/亿元 | 8.50 | 9.95 | 17.06 |
| 营业收入/亿元 | 25.65 | 27.84 | 8.54 |
| 利润总额/亿元 | 0.82 | 2.27 | 176.83 |
| 净利润/亿元 | 0.67 | 2.07 | 208.96 |
| 归属于母公司所有者的净利润/亿元 | 0.67 | 2.07 | 208.96 |
| 技术开发投入/亿元 | 0.80 | 0.97 | 21.25 |
| 利税总额/亿元 | 1.41 | 3.36 | 138.30 |
| 应交税金总额/亿元 | 0.76 | 1.29 | 69.74 |
| 全员劳动生产率/[万元/（人·年）] | 49.48 | 64.77 | 30.90 |
| 净资产收益率/% | 7.89 | 22.40 | 增加14.51个百分点 |
| 总资产报酬率/% | 5.07 | 12.88 | 增加7.81个百分点 |
| 国有资本保值增值率/% | 107.92 | 124.34 | 增加16.42个百分点 |

制表：贾光兴

【改革发展】2020年，中铁六院大力推进剥离企业办社会职能和解决历史遗留问题，完成了中铁六院隧道分公司洛阳基地家属区"三供一业"分离移交工作及企业退休人员社会化管理工作。同时，为打造更强发展引擎、促进设计专业协作、推动企业内涵发展、加快文化深度融合，稳健推进中铁六院本部基地建设，截至年末，项目审批、土地购置、规划许可、勘察设计、项目招标、施工许可等工作均按期完成，并于2020年12月16日举行了"中铁六院本部基地奠基仪式"。

持续推进"三项制度改革"，发

布了《薪酬管理制度》《本部薪酬管理办法》《本部岗位管理办法》《全员绩效考核管理制度》等18项薪酬、岗位和绩效管理办法，建立了多序列、多层级的岗位发展渠道和科学的岗位调整机制，畅通了员工职业发展通道，实现了员工岗位能上、能下的管理目标。建立了与岗位、能力、绩效和贡献相挂钩的宽带薪酬制度，形成了“重能力、重业绩、重贡献”的收入分配激励体系，实现了员工收入能升、能降的管理目标。确立了以战略为引领、目标为牵引、业绩为导向的全员绩效考核管理制度，充分发挥了绩效考核激励、约束和引导作用。2020年，中铁六院关于薪酬考核系列文件的发布实施，标志着“三项制度改革”工作取得了阶段性、关键性的成果，对进一步激发企业活力和发展动力，增强企业核心竞争力，都具有十分重要的现实意义。（李宗文　陈水英）

▲ 2020年12月16日，中铁六院集团总部基地奠基仪式

【重大项目】充分利用承担全国铁路专用线前期规划研究的有利条件，重点布局铁路专用线、既有线改造等市场领域，密切关注物流枢纽市场，采取持之以恒、行之有效的经营策略，并逐步涉足铁路站房的设计市场。全年承揽了改建铁路北黑线（龙镇至黑河段）升级改造、榆林象道物流有限公司铁路专用线扩能EPC以及京唐铁路燕郊站、石港铁路泊头西站、渝昆铁路会泽站、西十铁路商洛西站站房等重点铁路项目，取得了铁路市场开发的新业绩。主动适应城轨市场的新变化、新形势，特别是疫情过后城轨市场的新动向，积极拓展经营思路，先后承揽了重庆轨道交通4号线西延段联合总体总承包、天津地铁2号线延伸空港经济区工程勘察设计总承包、重庆轨道交通7号线等5条线路总体设计咨询和审查、北京轨道交通28号线（原CBD线）扩建、长江三角洲都市圈轨道交通项目南京至马鞍山城际铁路工可（南京段）设计总体总包、重庆轨道19号线预可研等重点城轨项目。依托中国中铁各区域指挥部经营平台，积极融入中国中铁区域经营、立体经营体系中，承揽了新疆G577精伊线和G577特昭线经营性公路PPP、广东中铁西江国际未来科技城PPP设计监理、湖南高速G5515张南高速桑植至龙山段PPP、广东江门鹤山市珠西产业新城PPP、金华市金义新区金东新城区核心区片区开发、中国—上海合作组织地方经贸合作示范区中央广场等重点投资项目，充分发挥设计院产业链前端优势和“双综甲”资质的有利条件，在工程总承包领域精准发力，先后承揽了宁正矿区铁路专用线工程EPC、鹤壁经济技术开发区电子智能信息产业园设计采购及施工总承包、福州水东清控未来生态谷及配套工程设计采购施工（EPC）总承包等重点项目。（于孟彪）

【走向海外】截至2020年12月31日，中铁六院共新签香港地铁（荃湾线、观塘线、港岛线）供电系统改造、中泰铁路一期电力、电气化施工图设计等经营项目，完成新签合同额3373万美元，完成营业额408万美元。在新签项目中，香港地铁（荃湾线、观塘线、港岛线）供电系统改造工程是中铁六院重组以来获得的金额最大境外单项合同。截至年末，中铁六院已在哈萨克斯坦、巴基斯坦、以色列、印尼、纽埃等国家或地区拥有数个直管生产项目。（刘　毅）

【重大创新】2020年，中铁六院持续增强自主创新能力，不断提升企业核心竞争力，全年累计投入科研经费9796万元，为生产经营工作提供了高水平的科学技术支撑。全年重大创新成果包括：在“高速铁路用高强高导接触网导线关键技术及应用”方面，通过对高强高导接触线与配套零部件的关键技术研究，建立了中国独立自主知识产权的适应时速350~400千米的接触网张力平台体系，为中国高速铁路建设及“走出去”打下基础，该项研究成果获得2020年度国家科技进步奖一等奖；在“超长深埋海底隧道建设关键技术及应用”方面，攻克了复杂建设条件下海底隧道的线形、结构、防水、抗震、掘进、通风、防灾等技术难题，形成了超长深埋海底隧道建设成套关键技术，填补了国际上超长深埋海底隧道建设技术的空白，该项目获得了2020年度天津市科学技术奖一等奖；在“高速铁路接触网雷电防护技术及应用”方面，提出了雷击风险评估方法，研发了专用防护装置，编制了国家标准《轨道交通　直接架空接触网雷电防护导则》及铁路标准《高速铁路

所属单位

牵引供电系统雷电防护技术导则》，该技术对雷电防护科学化、规范化起到促进作用，填补了国际上雷电防护标准的空白，提升了中国轨道交通设计领域的国际地位，获得了2020年度中国铁道学会科学技术奖一等奖；在“沉管隧道的可调可拆可重复利用的鼻托导向装置及方法”方面，通过提升管节整体对接精度，指导沉管隧道国家标准相关技术指标的确定，规范了国内沉管隧道建设，形成核心竞争力，获得了中国施工企业管理协会2020年建设工程优秀专利奖与2020年天津市专利优秀奖；在“城市轨道交通接触网用带串联间隙避雷器”方面，大幅降低城市轨道交通接触网的雷击故障概率，提高供电系统可靠性，获得了2020年天津市专利优秀奖。

（辛振省）

【工程创优】2020年，中铁六院参建的农业路快速通道工程（雄鹰东路—金源东街）、西安市地铁4号线、厦门市轨道交通1号线一期、乌兹别克斯坦安革连至琶布铁路卡姆奇克隧道等项目获得国家优质工程奖，参与的“提高城轨地下线路纵断面最低点反算效率”“信号设备室电缆成端工艺提升方案”“降低钙质结核富集地层对地铁盾构施工的影响”“提高供电计算数据分析效率”“解决企业生产管理难题，提升工作效率”“提高技术标书编制效率”等项目入选中国勘察设计协会2020年工程勘察设计质量管理小组活动成果。同时，中铁六院参建的“大秦重载铁路”“京沪高速铁路”“京津城际铁路”“京九铁路”等项目入选了全国勘察设计行业庆祝新中国成立70周年系列推举活动成果。

（杨合红　辛振省）

【企业文化】中铁六院党委切实加强企业文化建设，推动了企业文化融合，进一步规范了企业标识使用，特别是加强了对新成立单位标识使用的指导；加强对“五大认同”的宣贯，提升了员工对企业文化的认同感。以重组成立六周年为契机，提出“六心合一”理念，即“不忘成立初心、坚定发展信心、树牢担当决心、秉持感恩之心、常怀敬畏之心、永葆忠诚之心”，进一步增强了企业团队凝聚力和向心力。通过组织各项文化活动，增强了员工的参与感、获得感、幸福感。利用电化、隧道、通信信号等专业特色优势和品牌影响力，以专业品牌建设带动和促进集团品牌提升，增强了企业品牌建设合力；拓宽宣传渠道，在股份公司及行业媒体平台刊登多篇报道，加大中铁六院品牌的宣传推介力度，提高了企业品牌知名度与影响力。同时，积极开展以社会主义核心价值观为引领的精神文明创建，疫情期间发动基层一线员工参加当地社区志愿者活动，为疫情防控工作贡献力量，开展文明单位创建与申报工作，获得“2018—2020年度天津市文明单位”提名。

（蒋　敏）

【党建工作】党委工作。通过召开党风廉政建设和反腐败工作推进会加强对落实党风廉政建设主体责任的安排部署和宣传教育，落实各级领导人员党风廉政建设谈话制度和党委书记季度工作报告制度，把执行情况作为各类评先评优的依据；实行领导干部提拔签字背书程序，严格执行“凡提四必”要求，坚持领导干部提拔任用监督程序，对领导干部提拔初始酝酿过程进行监督，参与企业重要人事安排的初始酝酿，出具了相应的“党风廉政意见”材料；坚持开展“两个责任”落实情况监督考核，对班子成员落实双重组织生活会情况、参加支部会议情况等进行监督，在职代会上对班子成员落实党风廉政建设责任制情况和廉洁从业情况进行了民主测评。对所属各单位党风廉政建设责任制落实情况进行专门考核，推动党风廉政建设切实落到实处；为保证国资委党委第五巡视组巡视反馈意见的各项整改落实工作有序推进，中铁六院党委结合实际共制定整改措施75条，已完成32条；修订《中铁六院党委巡察工作办法》《中铁六院党委关于开展巡察工作的实施意见（试行）》等10项办法，并对9家单位开展了巡察“回头看”暨党建责任制考核工作，以问题的发现及整改为企业改革发展提供了坚强保证；开展《境外腐败、利益输送、设租寻租和化公为私问题专项整治总体工作方案》四项专项整治工作，成立了专项整治工作领导小组，制定印发了专项整治工作方案；印发了《中铁六院党委关于进一步做好解决形式主义突出问题为基层减负的通知》《关于开展企业领导人员亲属和其他特定关系人所办企业与本企业业务往来专项整治的工作方案》《商办企业行为的规定（试行）》，结合“抓整改、树新风、强本领、促发展”“干部作风建设年”活动，加强了各级领导干部廉洁从业教育，推动企业政治生态进一步净化。

纪委工作。2020年，中铁六院纪委建立了落实习近平总书记重要指示批示的监督工作台账，修订了《关于深入贯彻落实习近平总书记重要指示批示的督查办法》，加强了疫情防控监督和扶贫项目的监督，对疫情防控和扶贫项目资金使用等情况开展检查；督促各级党组织认真落实《新形势下党内政治生活若干准则》以及中铁六院党委制定的具体措施文件，推动党员领导干部以身作则、率先垂范，严肃党内政治生活。参与选人用人进行全过程监督，认真回复考察人选党风廉政情况，全年两级纪委共参与了70余名干部选任的相关工作；认真落实纪委书记对同级领导班子成员“画像”评价制度，两级纪委书记共开展“画像”工作53人次；认真开展企业政治生态分析与报告工作，深入分析企业政治生态建设情况，协助党委共同加强政治生态建设。2020年，两级纪委共受理信访举报13件（重复举报3件），列为问题线索10件（其中，进行谈话函询4件、初步核实6件，目前已结9件、在办1件），在10件问题线索中，纪委

自办5件，所属单位纪委办理5件，并且精准运用“四种形态”，全年运用“第一种形态”处理6人次。同时，组织召开警示教育大会，通报审计及巡视巡察、案件审查典型案例，教育引导广大党员干部引以为戒、警钟长鸣；深入推进纪检体制改革，印发了《关于推进所属单位纪检监察体制改革方案》《关于推进所属各单位纪检监察体制改革的指导意见》，纪检工作基本队伍、基本组织、基本制度得到进一步加强；认真梳理了党风廉政建设和反腐败工作制度，修订完善了管理人员违规插手干预企业重要事项记录规定、纪检信访举报和案件检查工作等10项制度，废止了纪检组织监督招标工作等办法3项，推动相关部门修订了督察督办工作实施与考核等文件3项；以智慧党建平台为载体，组织开展了2020年纪检工作网络培训班，增强了基层纪检干部业务能力和履职本领。

工会工作。2020年，中铁六院2人获得“天津市劳动模范”称号，1个集体获得“天津市模范集体”称号，中铁六院工会被评为“2017—2019年度天津市模范职工之家”，中铁六院城建院二分院被评为“全国铁路模范职工之家”。全年共成立了13个创新工作室，1个创新工作室获“天津市示范性劳模和工匠人才创新工作室”称号，1人获天津港保税区“保税工匠”，1人获“创新之星”，1个项目获职工科技创新成果奖，1人获“中国中铁先进女职工”称号，1个集体获“中国中铁先进女职工集体”称号，1项职工代表提案获中国中铁三届一次职代会优秀提案，1人获中国中铁劳动竞赛评比工作优秀组织者奖，2人获“劳动竞赛先进个人”，3人获中国中铁“防控疫情，守护心灵”主题微课征集活动三等奖，1人获中国中铁“众志成城·抗击疫情”优秀作品三等奖，2人作品入选中国中铁《抗疫印记》。同时，中铁六院工会还获得中国中铁“抗疫中的我和我们”抖音优秀组织单位荣誉，1个“爱心妈咪屋”获全国总工会职工书屋赠书及“便利阅读点”挂牌。

共青团工作。中铁六院团委下辖7个团委，34个团支部。2020年，调任潘兆伟同志为团委书记，增补刘胖利同志为团委委员。在青年思想引领方面，组织开展了学习习近平总书记重要讲话精神、“国庆与中秋，青年有话说”“告白六院”“为六院庆生”等主题线上学习交流活动，“弘扬伟大抗战精神　勇担企业发展重任”西安区域主题团日活动。在服务企业中心方面，组织开展了安全生产主题教育、“百日大干，建功争先”青年突击队竞赛、“千元节支、万元创效”青年建功达标竞赛，“守护六院、战‘疫’有我”青年志愿服务活动。在服务青年成长成才方面，组织开展了新员工线上主题团课、“导师带徒”活动，联合工会开展“迎国庆　共团圆我为祖国放声歌”国庆中秋两节慰问暨青年员工歌颂祖国歌咏比赛。在加强团组织建设方面，开展了基层团组织管理提升专项行动，建立基层组织信息管理台账，进行了团干部线上培训，实现集团75名团干部全覆盖。全年制作22版电子橱窗，滚动播放团中央“青年大学习”主题团课，加强“中铁六院青年”公众号建设，编辑发布微信宣传消息75条，累计阅读浏览量12840次。2020年，中铁六院机关团委获中国中铁五四红旗团，路安团支部等3个团支部获中国中铁五四红旗团支部，13人获中国中铁优秀团干部和优秀团员，2个基层项目获“中国中铁青年文明号”，5人获中国中铁青年岗位能手，2个项目被评为中国中铁青年安全监督岗，4人获中国中铁青年安全监督岗岗员。

（蒋　敏　潘兆伟　何海运　张　倩）

【信息化建设】2020年，中铁六院编写下发了《信息化工作要点》《档案工作要点》，组织召开了“中铁六院网络安全与信息化工作会议”，为网络安全和信息化建设工作指明了方向；部署了堡垒机（安全运维审计系统）、准入系统等网络基础设施，完成了联通外网专线的提速改造任务，通过了外网站、OA等4个系统的等保二级测评并获得公安部颁发的测评报告，建立了病毒主动防御及安全督查机制，完成了服务器日志收集平台的开发与部署，网络运行安全稳定无故障。面对新冠肺炎疫情，积极运用信息化手段深入挖掘远程办公的网络资源与服务能力，完成了视频会议系统由10方扩容至20方的改造工作，实现了移动端接入功能，保障了疫情防控与复工复产工作的有序开展。依托内外部信息化技术力量，完成了“中铁六院合同信息管理平台”验收工作和“智慧党建系统底层架构重构与核心功能设计”建设工作，配合中国中铁“信息贯通工程”工作的推进，并先后承接了“中国中铁机构职能管理系统”“中国中铁审计信息管理系统（一期）”等项目的开发与建设工作，累计完成新签合同额406.75万元。（朱德敏）

【履行社会责任】中铁六院严格按照天津市委的统一部署，与天津市委党校组成联合帮扶组，对宝坻区朝霞街道艾杨各庄村和北艾各庄村进行结对帮扶，帮扶时间三年。2020年春节前夕，实地走访慰问了9户帮扶贫困户和3名驻村干部，按照帮扶困难村三年工作规划和帮扶工作实际需要，组织开展了“天津市宝坻区朝霞街道艾杨各庄村和北艾各庄村2020年结对帮扶项目”，全年共计投入帮扶资金21.20万元。2020年，是开展结对帮扶工作的收官之年，中铁六院、天津市委党校联合帮扶组严格对标对表帮扶任务总体规划，科学制定年度帮扶规划，有效整合帮扶资源，形成工作合力，取得工作实效，圆满完成了精准帮扶任务。三年来，中铁六院累计投入扶贫资金120余万元，精准帮扶困难村2个，实施帮扶项目30余项，帮助带动1087户村民实现共同致富。同时，按照《宝坻区新一轮结对帮扶困难村“三美四全五均等”

工作任务台账》73 项考核指标要求，两个困难村基层组织建设全面提升、“六化六有”全面实现，已达到“三美四全五均等”目标要求，各项帮扶工作提前高标准、高质量完成，并成功跨进了党建示范村、文明先进村行列。（蔺广鑫）

【天津中铁电气化设计研究院有限公司】天津中铁电气化设计研究院有限公司（简称“天津电化院”）创建于 1955 年 8 月，现注册地为天津自贸试验区（空港经济区）中环西路 36 号 125 室，党委书记、执行董事李熙光，党委副书记、总经理赵兴华。天津电化院共有职工 330 余人，主要业务涵盖工程设计咨询、工程建设管理咨询服务、工程总承包、技术产业化、运维管理服务及智能化智慧化业务等领域，是一家集设计、咨询、工程承包和产品产业化于一体的综合性设计咨询企业，被天津市认定为国家高新技术企业。天津电化院经过近 70 年的技术积累和专业发展，先后创造了“电气化铁路 7 项专业第一”“城市轨道交通 11 项专业第一”的辉煌业绩，并且努力打造在电气化专业领域“国内领先，国际一流”、其他专业领域“有竞争力、有影响力”的设计咨询领军企业。2020 年，累计完成新签合同额 8.09 亿元，实现营业收入 4.49 亿元，净利润 8600 万元。（刘胜利）

【中铁（天津）隧道工程勘察设计有限公司】中铁（天津）隧道工程勘察设计有限公司（简称“天津隧道院”）创建于 1978 年 11 月，现注册地为天津市红桥区河北大街 1 号，党委副书记、总经理贺维国。天津隧道院共有职工 92 人，主要业务涵盖铁路隧道、公路隧道、市政公用（道路、城市隧道、轨道交通）、岩土与地下空间等领域，是一家集设计、咨询和施工图审查于一体的设计咨询企业。天津隧道院致力于隧道专业领域的品牌建设，在水下隧道、山岭隧道、市政隧道、超大跨度地下工程、城市轨道交通等方面颇有建树，是目前国内掌握明挖法、矿山法、盾构法、沉管法、明挖围堰法等隧道及地下工程技术最全面的设计单位之一。2020 年，累计完成新签合同额 2.97 亿元，实现营业收入 1.46 亿元，净利润 2198 万元。（虎 婕）

【中铁通信信号勘测设计院有限公司】中铁通信信号勘测设计院有限公司（简称“中铁通号院”）创建于 1983 年 4 月，现注册地为北京市丰台区科兴路 7 号 610 室，党委书记、执行董事胡学钧，党委副书记、总经理王玉。中铁通号院共有职工 220 余人，主要业务涵盖工程设计咨询、工程项目管理服务、工程总承包、技术产业化及智能化、信息化业务等领域，是一家集设计咨询、信息化、产品产业化、工程总承包于一体的综合性设计咨询企业，被北京市认定为国家高新技术企业。中铁通号院经过 38 年的技术沉淀和专业发展，严格执行“技术先进、质量一流、精益求精、顾客满意”的质量方针，先后取得了“铁路通信信号设计技术 10 项第一”“城市轨道交通 9 项专业首次”的骄人成绩。中铁通号院始终坚守“勇于跨越、追求卓越”的企业精神，“诚信包容、攻坚共享”的经营理念，“至诚至信、精益求精”的服务理念，“和谐共处、共赢共进”的合作理念，秉承“安全专业、快捷灵活”的企业行为准则，努力打造通号专业领域的“中铁通号”品牌。2020 年，累计完成新签合同额 6.25 亿元，实现营业收入 2.68 亿元，净利润 2500 万元。（朱一方）

【中铁西安勘察设计研究院有限责任公司】中铁西安勘察设计研究院有限责任公司（简称“中铁西安院”）创建于 1958 年 9 月，现注册地为西安市友谊东路 30 号，党委书记、执行董事党北沈，党委副书记、总经理袁旭东。中铁西安院共有职工 207 人，具有铁道行业甲（Ⅱ）级、市政行业专业甲级、建筑行业甲级、工程勘察专业类甲级、测绘乙级、铁路工程施工总承包三级等工程资质，设有线路、站场、桥梁、隧道、地质、路基、通信、信号、机车、车辆、建筑、结构、给排水、暖通、环保、电力、电气化、造价及测量等近 20 个专业，是一家多专业、综合性的勘察设计企业，被陕西省认定为国家高新技术企业。中铁西安院在铁路长大干线、城市轨道交通、市政桥梁工程设计、房屋建筑设计、企业厂矿铁路专用线设计、工程总承包等领域具备一定的综合实力，并且能够承担相关工程领域的技术咨询服务、工程地质勘察监理及工程施工监理等市场业务。2020 年，累计完成新签合同额 6.98 亿元，实现营业收入 3.42 亿元，净利润 3610 万元。（刘 寒）

【中铁合肥建筑市政工程设计研究院有限公司】中铁合肥建筑市政工程设计研究院有限公司（简称“中铁合肥院”）创建于 1955 年 10 月，现注册地为合肥市濉溪东路 8 号，党委书记、执行董事王智忠，党委副书记、总经理霍建军。中铁合肥院共有职工 117 人，具有城乡规划、建筑工程、市政行业（道路、桥梁、给水、排水、轨道交通工程）、风景园林、房建监理、市政监理、审图等十余项甲级资质，主要业务涵盖建筑设计、市政设计、铁路和公路隧道设计和规划设计等领域，是 1984 年国家建设部首批认证的甲级资质设计院。近年来，中铁合肥院实施“立足主业、多元发展”和“立足安徽、走向全国”发展战略，已经从单一的民用建筑设计专业院发展成为集建筑、市政、轨道、监理、审图五大业务板块于一体的综合性设计企业。2020 年，累计完成新签合同额 3.4 亿元，实现营业收入 1.65 亿元，净利润 1824 万元。（王晓琳）

【天津路安工程咨询有限公司】天津路安工程咨询有限公司（简称“路安咨询公司”）创建于 1999 年 5 月，现注册地为天津市河东区江都路 33

号，党委书记、执行董事郑继刚，党委副书记、总经理孙彰林。路安咨询公司共有职工 87 人，2017 年 6 月提升为中铁六院所属子公司，主要业务涵盖铁路工程、地铁、轻轨工程、机电安装工程、房屋建筑工程、电力工程、通信工程、公路工程和市政公用工程项目的管理咨询、工程监理、工程采购咨询、造价咨询、技术开发和技术咨询服务等领域，是一家集监理、咨询于一体的工程咨询企业。2020 年，累计完成新签合同额 3.60 亿元，实现营业收入 2.1 亿元，净利润 1550 万元。（吴　鹏）

【中铁第六勘察设计院集团（天津）检测试验技术有限公司】中铁第六勘察设计院集团（天津）检测试验技术有限公司（简称“天津检测公司”）成立于 2017 年 7 月 21 日，现注册地为天津自贸试验区（空港经济区）中环西路 36 号 306 室，执行董事陈彬彬，总经理李彦军。天津检测公司主要业务涵盖铁路、城市轨道交通、建筑工程等领域内的地基基础工程、主体结构工程、隧道工程与城市地下工程、工程监测、工程测量等检验检测领域。2020 年，天津检测公司积极开展资质认证扩项工作，目前已经具备 66 项检验检测参数许可，整体经济运行良好。（孙中科）

【中铁六院集团（天津）工程设计审查咨询有限公司】中铁六院集团（天津）工程设计审查咨询有限公司（简称“天津审图公司”）成立于 2017 年 6 月 27 日，现注册地为天津自贸试验区（空港经济区）中环西路 36 号 114 室，执行董事徐福东，总经理张存，监事任玉谨，总工程师张美琴。天津审图公司具有市政基础设施（轨道交通）一类施工图审查资质，主要从事市政基础设施轨道交通施工图审查工作，是具有独立法人资格的经济实体。截至 2020 年 12 月 31 日，在建项目 16 个，累计合同总额 2100 余万元；2020 年累计完成新签合同额 40 万元，实现营业收入 178 万元，净利润 54 万元。（李长虹）

【领导人员】

姜春林　党委书记、董事长、法定代表人

张先锋　党委副书记、总经理、董事

郭宏军　党委常委、总会计师、总法律顾问

韩鲁斌　党委常委、董事、副总经理，兼任北部片区指挥部指挥长

李永龙　党委常委、董事、副总经理，兼任中部片区指挥部指挥长

王飞孟　党委常委、纪委书记

杜道龙　党委常委、副总经理，兼任南部片区指挥部指挥长

范建国　党委常委、董事、副总经理、总工程师

胡　海　副总经理

赵晋友　副总经理，兼任西部片区指挥部指挥长

（陈水英）

## 中铁工程设计咨询集团有限公司

【简况】中铁工程设计咨询集团有限公司（简称“中铁设计”）始建于 1953 年 2 月，前身是铁道部专业设计院，2004 年 7 月 1 日改制重组，注册为现名。2017 年，完成了员工持股及同步混合所有制改革工作，注册资本为 73081.8286 万元，是集工程规划、勘察、设计、咨询、总承包、监理、产品和科研开发于一体的特大型综合勘察设计咨询企业，是北京市科学技术委员会认定的高新技术企业和北京市设计创新中心，是国家火炬计划重点高新技术企业。

中铁设计持有国家颁发的工程勘察综合资质甲级、工程设计综合资质甲级等 12 项资质，取得了 ISO 9001 质量管理体系、ISO 14001 环境管理体系和 ISO 45001 职业健康安全管理体系认证证书，主要服务领域包括铁路、城市轨道交通、公路、市政道路、房屋建筑、产品及技术研发等。公司在铁路标准设计、航测遥感、客运专线桥梁、高速铁路道岔、城市轨道交通轨道系统、跨座式单轨交通系统等方面一直保持领先的技术优势。

中铁设计总部位于北京，在北京设有 13 个专业分公司，在济南、郑州、太原设有 3 个综合分公司，拥有从事工程监理、岩土工程、工程检测、工程咨询、建筑规划、智慧交通等业务的 7 个全资子公司和 3 个控股子公司。截至年末，共有职工 2834 人，其中勘察大师 1 人，设计大师 1 人，正高级工程师 124 人，享受国务院政府津贴人员、省部级专家和拔尖人才等 99 人，取得国家各类注册执业资格 896 人。中铁设计资产总额 52.58 亿元，包括固定资产净值 4.96 亿元、流动资产 44.4 亿元、其他资产 3.22 亿元，机械运输设备总量 2.04 亿元、净值 0.57 亿元、设备完好率 100%、利用率 100%。

（陈佳宁　刘　昕　孙程芳）

【主要指标】中铁设计 2020 年末资产总额 52.58 亿元，较 2019 年增加 10.32 亿元，增幅 25.31%，资产总额增加主要由于公司业务规模扩大，应收、预付等经营性资产增加所致。所有者权益 24.81 亿元，较 2019 年增加 2.98 亿元，增幅 13.65%，增加主要为生产经营积累。实现营业收入 53.42 亿元，较 2019 年同期增加 8.96 亿元，增幅 20.15%；实现利润总额 7.04 亿元，较 2019 年增加 0.9 亿元，增幅 14.66%；实现归属于母公司所有者的净利润 6.01 亿元，较 2019 年增加 0.7 亿元，增幅 13.18%，主营业务的稳步发展是本年营业收入和利润增长的主要动力。2020 年技术开发投入 1.74 亿元，与 2019 年增长 6.75%。利税总额 9.06 亿元，较 2019 年增加了 0.8 亿元，增幅 9.69%。2020 年度应交税金总额 2.19 亿元，较 2019 年增加 0.35 亿元，增幅 19.02%。全员劳动生产率 45.89 万元 /（人·年），较 2019 年增加了 6.38 万元 /（人·年），增幅 16.15%。净资产收益率 25.77%，较 2019 年减少了 0.1 个百分点，总资产报酬率 14.96%，较 2019 年增加了 0.7 个百分点，国有资产保值增值率 127.72%，较 2019 年增加了 0.08 个百分点。（刘　昕）

所属单位

表 13-23　2019—2020 年中铁工程设计咨询集团有限公司主要经济指标

| 项目 | 2019 年 | 2020 年 | 增长率 /% |
|---|---|---|---|
| 资产总额 / 亿元 | 41.96 | 52.58 | 25.31 |
| 所有者权益 / 亿元 | 21.83 | 24.81 | 13.65 |
| 营业收入 / 亿元 | 44.46 | 53.42 | 20.15 |
| 利润总额 / 亿元 | 6.14 | 7.04 | 14.66 |
| 净利润 / 亿元 | 5.31 | 6.01 | 13.18 |
| 归属于母公司所有者的净利润 / 亿元 | 5.31 | 6.01 | 13.18 |
| 技术开发投入 / 亿元 | 1.63 | 1.74 | 6.75 |
| 利税总额 / 亿元 | 8.26 | 9.06 | 9.69 |
| 应交税金总额 / 亿元 | 1.84 | 2.19 | 19.02 |
| 全员劳动生产率 /［万元 /（人・年）］ | 39.51 | 45.89 | 16.15 |
| 净资产收益率 /% | 25.87 | 25.77 | 减少 0.10 个百分点 |
| 总资产报酬率 /% | 14.26 | 14.96 | 增加 0.70 个百分点 |
| 国有资本保值增值率 /% | 127.64 | 127.72 | 增加 0.08 个百分点 |

制表：刘　昕

【改革发展】按照三年整体调整的原则，中铁设计对考核认定人员梳理、各单位人员评选，经员工持股领导小组会议、持有人会议，顺利完成了 2020 年员工持股总体调整方案及流转工作，确定 2020 年员工持股计划持股员工 690 名，员工参与公司治理规范有效，员工持股管理水平不断提升，有效地发挥了员工持股的活力和约束激励作用。2020 年，按照股份公司要求完成中铁设计职能管理部门、事业部和后勤机构设置及定员编制改革。（孙程芳　陈佳宁）

【重大项目】铁路方面：太焦铁路、广清铁路、新白广铁路、郑州南站至新郑机场铁路2020年底实现开通；太锡铁路太崇段、梅龙铁路、宜昌至郑万联络线引入宜昌枢纽工程、广清北延、铁伊、成达万先开工段实现了开工建设的目标；按项目推进要求完成了成达万、襄常铁路荆宜段、鄂上、深惠、隆叙、德商、张家口旅游等铁路项目初步设计及修改，并开展了鄂上、太锡铁路崇锡段、深惠铁路部分工点等施工图。另外，2020 年中标了宜昌至涪陵铁路宜昌至五峰段、伊宁至阿克苏铁路等国铁项目的勘察设计，以及深惠、粤东城际、德商铁路、聊邯长铁路、张家口旅游等项目的前期及勘察设计工作。

轨道交通方面：中标天津地铁 10 号线延伸线可研、勘察设计总承包，桂林 1 号线可研、总体总包及部分工点勘察设计，宜昌地铁 2 号线可研，以及北京地铁 22 号线工点、轨道系统设计工作等。房山线北延 2020 年底顺利开通；太原地铁 1 号线、长春轻轨 3 号线东延线、芜湖地铁 1 号线、2 号线等总体总包项目继续开展施工图工作；继续开展潍坊地铁 1 号线一期、2 号线工程、深圳市地铁 10 号线南延、东延工程可研工作。（刘　彪）

【走向海外】中铁设计贯彻落实股份公司海外体制机制改革要求，融入股份公司“一体两翼 N 驱”海外发展新阵型，落实股份公司总体统筹、平台公司商务引领、二级子公司协同共进的发展战略。借助国际事业部、中铁国际、中海外、东方国际等股份公司外经平台，对重点国别区域总部进行追踪，同时加强与股份公司各工程局及系统外外经企业如电建国际、北方国际等公司的合作。2020 年由中铁设计承担 PMC 的巴基斯坦第一条轨道交通线奎拉合尔橙线项目正式开通运营，标志着巴基斯坦进入地铁时代。截至年末，参与的重点项目有：菲律宾 NX 项目、巴基斯坦 ML-1 铁路项目、埃及货运铁路项目、土耳其楚库罗旧城改造项目、土耳其班德尔马至奥斯曼内利铁路项目、马来西亚大马城一期地块 TOD 概念设计项目、几内亚西芒杜矿区铁路项目。（张金超）

【重大创新】院士专家工作站成功引进 3 位院士、6 名专家进站，指导重大科研报奖、技术难题解疑，作用发挥有力提升。全年主持或参与各类标准编制 25 项，主持编制住建部行业标准《悬挂式单轨交通技术标准》1 项，国家铁路局标准《铁路工程摄影测量规范》等 6 项。“基于 BIM 技术的铁路协同设计体系”入选第七届世界互联网大会“年度世界互联网 50 项领先世界互联网科技产品”，成果发布于《世界互联网领先科技成果手册》。全年获国家级、省部级奖项 124 项，其中科学技术奖 15 项。全年申请各类专利 109 项，其中海外 PCT 专利 1 项，发明专利 68 项，获得授权专利 51 项，其中发明专利 8 项。（朱　红）

【工程创优】2020 年，中铁设计获得国家级、省部级（包括股份公司）

以上各类科技成果奖项185项，其中科学技术奖15项，国家铁路局重大科技创新成果入库9项；国家钢结构金奖1项，国家优质工程1项，优秀工程勘察奖设计奖53项，优秀工程标准设计奖6项，优秀工程计算机软件奖1项，优秀BIM技术应用12项，优秀工程咨询成果奖30项，优秀工程奖4项，优秀测绘工程奖1项；QC成果奖52项。获得授权专利51项（其中发明8项）。

（董 薇）

【企业文化】中铁设计党委制定宣传方案，按照“横向对标先进企业、纵向对标历史最好、定点对标大干目标”原则，多项关键技术经济指标稳步提升，宣传氛围浓厚，助力作用明显。围绕全年生产经营目标，结合大干目标，加大宣传措施落实。下发了加强宣传工作通知，完善了管理制度，保证了宣传工作的针对性和时效性。指导各基层单位开展应急宣传教育，提高员工应急宣传能力。积极开展精神文明建设创建活动，结合实际制订创建计划，中铁设计领导到德商铁路、成达万铁路和宝德扶贫项目等一线项目部送温暖活动，加大对先进典型宣传力度。面对新时代的新要求，围绕高质量发展主题，不断创新勘察设计文化，丰富内容，完善体系，形成特色鲜明的勘察设计企业文化，成为中国中铁企业文化的重要内容。

（赵匡胤）

【党建工作】建立学习贯彻习近平总书记重要讲话和重要指示批示精神作为党委会、党委理论中心组重要研讨的“第一议题”机制。坚定不移地将学习习近平新时代中国特色社会主义思想，党的十九大和十九届二中、三中、四中、五中全会精神作为各级党员的首要政治任务，领导班子发挥领学促学示范作用，各级党组织多形式掀起学习热潮。修订《党委常委会议事规则》，制定党委前置研究讨论重大经营管理事项清单。强化党建引领，党建考核覆盖全部子分公司。党建与企业中心工作不断融合。修订《党支部星级评定办法》，在重点项目成立临时党支部，开展“红旗项目部”“三基建设”示范党支部、“党课开讲啦”等特色活动。强化党委领导和把关作用，制定了《中铁设计集团2019—2020人力资源发展规划》，发布了《关于调整中铁工程设计咨询集团有限公司党委人才工作领导小组的通知》，进一步明确党管人才的工作原则。坚持从严治党，一体推进不敢腐、不能腐、不想腐，提升治理效能。定期对党风廉政建设和反腐败工作进行研究部署，与所属单位签订《党风廉政建设责任书》，把政治监督摆在首位，强化日常监督。持之以恒纠治“四风”，落实纪检监察体制改革，加强廉洁警示教育，打造忠诚干净担当的纪检队伍。强化品牌建设。企业党的建设坚持用新思想武装头脑，用新思路破解企业面临的发展难题，增强“四个意识”，坚定“四个自信”，做到“两个维护”。在加强抗疫保产宣传的同时，指导重点项目开展好专项宣传，以成达万铁路等项目和城轨项目宣传为重点，打造中铁设计党建宣传品牌建设，切实增强了执行力穿透力。“强总部、强管控、强职能”的工作体系基本形成，构建了严抓落实的强大合力。积极开展以“混合党建”为重点的党建课题研究，深入基层广泛调研，形成党建课题论文多篇。中铁设计党委《奋斗有为担使命 抗疫保产映初心》在国资委《国企党建》抗疫专刊杂志刊载，《学习与探索》杂志同时刊载，收到很好的宣传效应。

（赵匡胤 刘 佳 朱 红 党艺欣）

【信息化建设】2020年，中铁设计积极推进管理信息化建设与管理，对管理信息化一期建设项目进行了清理和优化，一期管理信息系统项目实现了系统之间的信息贯通和资源共享，并全面上线运行；由股份公司主导开发的营销系统正式投入运行。在网络基础设施及网络安全建设等方面取得了明显进步。首次开展了信息化建设专项规划，完成了“十四五”信息化规划的编制初稿。2020年，中铁设计搭建了研发管理服务器，在统一的研发环境中开展研发工作。在协同设计方面，整理协同管理需求，明确研发目标，完成了流程权限等功能模块的研发。在BIM应用方面，完成了在多源数据融合分析平台上的数据处理、数据存储、数据显示、Web端发布等研发工作。

（董 薇 张 弛）

【履行社会责任】2020年，中铁设计积极主动承担社会责任，彰显奉献精神。疫情防控科学得当，统一指挥、全面部署。迅速成立疫情防控领导小组，建立疫情防控应急机制。领导班子成员带头值班站岗，各部门、各单位负责人迅速落位，全面

▲ 2020年12月30日，复兴号行驶在京张高铁崇礼铁路上

压实自身防控责任。全面落实安全生产责任制，持续开展员工安全生产教育培训、“安全生产月”等活动，围绕公司各业务板块和重点生产项目，强化对安全生产的程序控制，加强对项目现场安全稽查检查，全年共进行安全稽查检查412次，涉及外业项目228个，督促整改安全隐患1198项，确保生产安全持续稳定可控。“七一”期间，继续积极参加北京市委组织部、市慈善基金会在全市范围内组织开展的“共产党员献爱心”捐献活动，中铁设计在京地区所属党组织共有771名共产党员、46名入党积极分子、19名职工群众参加捐献活动，捐款共计90757元，全部送交至北京市慈善基金会；积极响应党中央的号召，迅速组织广大共产党员为疫情防控工作进行自愿捐款，中铁设计共1811名党员参加捐款，共筹得捐款270150元，用实际行动支持疫情防控斗争。深化学习脱贫攻坚精神，深入扎实推进扶贫工作。中铁设计工会主动与存在农产品滞销情况的定点扶贫县对接联系，购买贫困县滞销农产品，以购代捐，帮助打造贫困地区特色品牌。积极参与中国中铁援建的保德县韩家川至王家岭扶贫公路工程项目建设，精细组织勘察设计，总包项目部提前进场准备，克服严重疫情影响，做到了年初签约开展可研前期工作、4月现场开工的高效工作业绩，同时也彰显了中国中铁作为对口帮扶企业的社会责任担当。参与公益事业。中铁设计为新疆和田地区中小学生捐赠国语图书一千余本；为因疫致困的青年积极捐款；为腾讯公益“五彩梦想”伸出援手；积极组织志愿活动，给农民工子弟学校捐赠万余元的物资。响应股份公司号召，连续多年开展“地球站”公益工程，倡导勤俭节约、扶贫济困、低碳环保的公益理念，号召职工捐赠家庭和个人闲置物品，经分类整理、修缮消毒等措施后，全部用于捐赠贫困地区。（刘佳 朱红）

【领导人员】

李寿兵　党委书记、董事长（9月免）

王洪宇　党委副书记、副董事长、总经理（12月免，9月免总经理）、党委书记、董事长（12月任）

安国勇　副总经理（主持工作）、董事（9月任、12月免）党委副书记、总经理、董事（12月任）

郭宏军　党委委员、总会计师总法律顾问、董事（9月免）

辛　兵　党委委员、副总经理、董事

陈红念　副巡视员（6月免）

吴俊诚　党委副书记、工会主席、职工董事（10月免党委副书记、工会主席）

王飞孟　党委副书记、纪委书记（12月免）

周　坤　党委委员、副总经理

石　山　党委委员、副总经理

郑晓辉　党委委员、副总经理

何建文　党委委员、副总经理（6月免）

蒋伟平　副巡视员

巫伟军　副总经理、总工程师（4月任）

张亚旭　党委委员、总会计师（9月任）、总法律顾问（12月任）

（田觅　张煜鲲）

## 中铁大桥勘测设计院集团有限公司

【简况】中铁大桥勘测设计院集团有限公司（简称“中铁大桥院”），始建于1950年8月。2003年，完成公司制改造，成立中铁大桥勘测设计院有限公司；2010年，中铁大桥勘测设计院有限公司升格为正局级单位，由中国中铁股份有限公司直接管理；2011年，成立中铁大桥勘测设计院集团，公司更名为“中铁大桥勘测设计院集团有限公司”。注册地址为湖北省武汉市汉阳区汉阳大道34号，注册资本14833.71万元人民币。

中铁大桥院是国内唯一一家以桥为主、多元发展的勘测设计集团，持有国家颁发的工程勘察（综合类）、工程测量、铁道行业（桥梁工程）设计、公路行业（特大桥梁、公路）设计、市政行业（道路工程、桥梁工程、城市隧道工程、轨道交通工程）设计、铁路行业甲（Ⅰ）级设计、工程咨询、工程造价咨询、市政公用工程监理、公路工程监理、铁路工程（铁路桥梁工程）监理、工程总承包、建筑行业（建筑工程）设计、城乡规划编制等甲级资格证书。主要承担规划测量与工程测量，岩土工程及工程地质勘察，铁路和公路桥梁规划和设计，铁道工程、公路工程、市政（道路、桥梁、隧道、轨道交通）设计，建筑设计，城乡规划编制以及上述各项相应配套工程的勘测、设计、咨询及工程监理，桥梁、隧道的试验、检测、监测、加固改造等，并持有ISO 9001质量管理体系、ISO 14001环境管理体系、ISO 45001职业健康安全管理体系标准认证证书。

中铁大桥院下设6家子公司、7家分公司。子公司为中铁武汉大桥工程咨询监理有限公司、中铁桥隧技术有限公司、中铁城市规划设计研究院有限公司、中铁时代建筑设计院有限公司、中铁武汉勘察设计院有限公司、芜湖市建筑工程施工图设计文件审查中心有限公司；分公司为华东分公司、郑州分公司、成都分公司、安徽分公司、重庆分公司、武汉分公司、加纳分公司。

截至2020年末，中铁大桥院职工总数1172人，专业技术人才1093人，其中教授级高级工程师131人，高级工程师490人，工程师250人。高级技工12人，技师25人。先后培养了3名中国工程院院士、7名全国工程勘察设计大师。获23项国家科技进步奖、19项国际桥梁大奖、200余项省部级以上奖励，包揽了新中国成立70周年“百项经典暨精品工程”中全部7项桥梁工程；取得有效授权专利319

项，其中发明专利144项；实用新型专利175项，并取得计算机软件著作权97项。2008年以来一直被认定为国家高新技术企业，2020年继续保有“全国文明单位”称号。

（粟 晓）

【主要指标】中铁大桥院全年完成新签合同额39.79亿元，同比增长45.06%，近3年年均增长率为30.4%；实现营业收入18.37亿元，同比增长15.1%，近3年年均增长率为19.1%。全年实现净利润1.87亿元，同比增长28.08%，近3年年均增长率为44.95%；经营性净现金流5.87亿元，近3年年均增长率为37.61%。截至2020年末，公司资产总额34.09亿元，较2019年增长19.11%，近3年年均增长率为15.42%。所有者权益总额7.97亿元，较2019年增长15.34%，近3年年均增长率为10.14%；国有资本保值增值率为115.95%。

（李东运）

**表13-24 2019—2020年中铁大桥勘测设计院集团有限公司主要经济指标**

| 项目 | 2019年 | 2020年 | 增长率/% |
|---|---|---|---|
| 资产总额/亿元 | 28.62 | 34.09 | 19.11 |
| 所有者权益/亿元 | 6.91 | 7.97 | 15.34 |
| 营业收入/亿元 | 15.96 | 18.37 | 15.10 |
| 利润总额/亿元 | 1.70 | 2.14 | 25.88 |
| 净利润/亿元 | 1.46 | 1.87 | 28.08 |
| 归属于母公司所有者的净利润/亿元 | 1.43 | 1.83 | 27.97 |
| 技术开发投入/亿元 | 0.89 | 1.08 | 21.35 |
| 利税总额/亿元 | 2.49 | 3.17 | 27.31 |
| 应交税金总额/亿元 | 1.38 | 1.64 | 18.84 |
| 净资产收益率/% | 21.66 | 25.13 | 增加3.47个百分点 |
| 总资产报酬率/% | 5.39 | 5.96 | 增加0.57个百分点 |
| 国有资本保值增值率/% | 113.39 | 115.95 | 增加2.56个百分点 |

制表：李东运

【改革发展】中铁大桥院继续坚持“以桥为主 多元竞进”的总体战略，以桥梁为主，综合集成各业务板块，实现整体竞争实力的大幅提升。继续牢固树立人才是企业第一资源的人才工作理念，坚持党管人才的原则，严格把关人才“选、育、用、留”，完善人力资源结构，健全人才培养机制，逐步打造总量规模适度、资源特色显著、专业优势突出、专业结构合理、资源分布均衡、各类人才全面发展的人力资源格局。2020年，中铁大桥院1人获“全国勘察设计工程大师”称号，3人获“国务院特殊津贴专家”；1人获“中国中铁特级专家”，2人获“中国中铁专家”；1人获省级“有突出贡献中青年专家”，1人获“黄鹤英才专家”，1人获“知音人才”称号。

2020年，中铁大桥院入选“科改示范行动”，坚持问题导向、目标导向、结果导向，不断深化体制机制改革，推动企业治理体系和治理能力现代化。

市场化选人用人机制方面，完善了领导人员考核评价体系，明确考核评价的主要方式、工作程序、结果认定和奖惩措施，严格落实领导人员退出、免职、降职制度；完善了核心科研骨干人员退休返聘机制，支持退休核心科研骨干人员特别是老专家进一步发挥在企业发展和科技进步中的服务和推动作用；建立以合同管理为核心、岗位管理为基础的市场化用工体系，实施有利于吸引和留住人才的激励政策。

市场化激励约束机制方面，健全工资总额与经济效益同向联动机制，完善与财务预算和业绩考核目标挂钩的工资总额管理办法，促进各单位转变发展方式，不断提高发展质量和效益；健全“强激励、硬约束”的企业薪酬分配体系，出台实施《年薪制人员薪酬管理办法》，强化“业绩升，薪酬升；业绩降，薪酬降”“该高则高、该低则低”的差异化负责人薪酬决定机制，吸引和保留企业发展所需的关键人才。

区域经营体制机制方面，成立五个区域经营指挥部，明确了区域经营指挥部的机构设置和管理职能，从制度层面确立了区域经营的地位，建立由计划经营部统筹经营、五大区域经营指挥部主体经营、各有关单位协同经营的经营管理体系，形成了各负其责、协同一体、优势互补的立体经营格局；建立了重点项目跟踪信息库，项目信息跟踪量大幅增加，项目开发介入点逐步前移，并逐步完善经营信息共享和动态管理机制。

海外经营体制机制方面，完成海外事业部机构改革，整体剥离中铁大桥院集团公司机关管理，实行独立核算，进一步明确海外事业部的定位与权责，充实海外人才力量，厘清海外生产经营思路，提高海外经营开发和生产管理效率，促进海外业务合规、有序、高效开展；进一步完善海外经营网络，在成熟地区设立境外机构，成立了加纳分公司，深入推进市场滚动发展，逐步建立自主开发和策划运作项目的能力，从单纯的设计分包业务，逐步向咨询监理、项目管理等领域拓展，市场影响力持续增强。（栗 晓）

【走向海外】积极贯彻落实股份公司防疫政策，全力抗击疫情，成立了境外防疫专班和工作小组，颁布了境外突发事件应急预案、境外新冠肺炎疫情应急预案和境外非生产性安全管理办法，对境外风险防控和应急处置作出了全面细致的规定，为境外疫情科学防控、快速响应提供了坚实保障；落实中央境外防疫工作“稳住人心、稳在当地”总要求，组织慰问境外员工及家属，及时疏解负面情绪，做好员工政治思想工作，解决具体困难和后顾之忧，发起关爱活动，为海外员工家庭持续送上温暖。

2020年，参与跟踪和投标项目共计30余项，分布在欧洲、亚洲、非洲、南美等地区，其中加纳滨海大道工程、阿克拉普夸西立交桥、马达加斯加铁路、科特迪瓦电影产业城、澳门松山步行隧道、澳门西湾大桥轻轨改造咨询审核等项目顺利签约，实现海外新签合同额1180.88万美元，完成股份公司下达任务（900万美元）的131.2%；实现产值（应收款）301.69万美元，完成股份公司下达任务（300万美元）的100.6%。

重点在建项目孟中友谊八桥在科学防疫的同时紧抓生产，全年完成产值约20%，疫情期间取得的成果赢得了商务部合作局的好评。中铁大桥院承担了帕德玛连接线项目无砟轨道桥梁沉降评估任务，独立研发填补中铁大桥院空白的铁路工程沉降软件SatAss，并获得软件著作权。孟加拉国帕德玛大桥设计团队顶着工期紧、任务重的生产压力，面对国际监理团队精雕细刻、极尽严苛的设计要求，不忘初心、砥砺奋进，严格按照英国标准（BS5400）组织设计生产，不断探索和改进与国际监理沟通艺术，在满足国际标准和各方要求的前提下，尽最大努力使设计方案贴合工程实际，最大化地便利施工。

依托股份公司海外改革指引和科改行动计划，完成海外事业部整体剥离机关管理改革，稳步推进境外机构布局，完成加纳分公司注册和筹建工作，已正式投入运营；完成澳门分公司筹备工作，完成孟加拉市场设立办事处的可行性调研工作。（盛常芳）

【重大创新】中铁大桥院在公铁两用大桥、高速铁路大跨度桥梁、多塔缆索承重桥梁、组合桥梁、桥梁深水基础设计方面继续保持领先优势地位，同时结合川藏铁路、重大越江跨海通道桥梁工程设计工作，重点做好超大跨度铁路桥梁、高寒山区大跨度铁路桥梁、跨海大桥深水基础等关键领域核心技术的研发工作，并积极在新材料、新结构、新工艺等新技术领域开展了一系列卓有成效的研究。

2020年，新承担省部级科研项目1项，中国中铁科研项目10项，自立科研项目34项；15项科研课题完成结题。19项成果通过中国中铁科技成果评审，其中8项成果达到国际领先水平，10项成果达到国际先进水平，1项达到国内领先水平。新申请专利159项，获得专利授权94项，其中授权发明专利44项，授权实用新型专利50项。由中铁大桥院主编的铁路行业标准《铁路桥梁用结构钢》（TB/T 3556—2020）于2020年1月3日发布，主编的铁路行业标准《铁路斜拉桥设计规范》（TB 10095—2020）于2020年12月3日发布。中铁大桥院于2020年获批“湖北省企业技术中心”，中铁大桥院“特殊复杂环境下长大桥梁建造技术铁路行业工程研究中心”于2020年获批国家铁路局研发中心。（梅大鹏）

【工程创优】2020年，中铁大桥院获得各类科技奖励48项，其中“南京长江大桥性能提升关键技术研究”获中国公路学会特等奖，“大跨度三塔铁路斜拉桥钢箱桁组合梁建造关键技术”等3项技术获得铁道学会一等奖，“大跨度缆索承重桥梁精细化分析关键技术及平台开发”等3项技术获得湖北省科技进步奖二等奖、三等奖，“重庆至贵阳铁路扩能改造工程新白沙沱长江大桥及相关工程站前工程”获中国土木工程詹天佑奖，获国家优质工程金奖1项，国家优质工程奖3项，获全国优秀咨询成果奖1项，湖北省优秀咨询成果奖1项。（梅大鹏）

【企业文化】中铁大桥院践行央企使命，展现央企担当，利用多种媒介报道宣传疫情防控先进典型，对弘扬企业正能量起到积极的舆论引导作用。通过内外网推送和制作疫情防控宣传展板，进一步提高员工的卫生安全意识。围绕中铁大桥院重大项目节点、“科改示范行动”、“建院70周年”、“大干100天”、“决战四季度”劳动竞赛相继推出了高质量工作稿件，被新华社、中央电视台等媒体刊载宣传，企业影响力进一步提高。

修订并完善《企业文化手册》，使广大员工更加深入了解企业文化内涵，凝心聚力，鼓舞斗志。积极筹备建院70周年活动，制作百项重点工程精美画册，推出“赓续传承”纪录文集。邀请公司5位领导专家讲述桥梁先贤的故事，并制作访谈纪录片，努力打造“中国桥梁建设”新名片。

精神文明创建方面，常抓思想教育，夯实工作基础，始终以争创国家级文明单位作为奋斗目标，上下联动，全员参与。将文明建设作为促进企业改革发展、生产经营的有效载体常抓不懈。继续按照文明创建的整体部署，根据全国文明单位及湖北省文明单位的测评体系，认真制订工作计划。积极收集整理完善精神文明创建材料，顺利通过检查组复查验收，蝉联“全国文明单位”和“湖北省文明单位”。（吴 楠）

【党建工作】中铁大桥院党委坚持以习近平新时代中国特色社会主义思想为指导，教育引导党员干部认真学习党的十九大及历次全会精神，扎实开展“三严三实”“两学一做”“不忘初心、牢记使命”主题教育，获得一批宝贵经验并在股份公司交流。在井冈山、武汉大学、延安等地举办培训班，推动理论武装入脑入心。修订完善公司“三重一大”决策制度，党委会、党委办公会等会议制度，严格执行党委会“前置程序”要求，促进党建工作与现代企业治理有机结合。建立健全“两个责任”制度体系，完成中铁大桥院本级纪检监察体制改革，全面系统做好巡视、巡察、审计等方面工作。认真履行扶贫攻坚政治责任，连续三年在湖北省直单位定点扶贫考核中被评为“优秀”等级。

中铁大桥院党委与所属各单位党委签署2020年度党建工作责任书，推进组织体系全覆盖，做好党内换届选举，整治软弱涣散基层党组织。通过党课、主题党日活动、专题报告会等形式，引导党员干部树立坚定的政治理想。抓好民主生活会、支部组织生活会和民主评议党员等工作，营造良好政治生态。集中表彰“两优一先”和示范党组织，引导和激励党员干部及党组织发挥先锋模范和战斗堡垒作用。将党员发展、管理情况纳入党建责任制考核内容，规范发展党员工作程序及档案管理。组织200余名党员在武汉及芜湖两地参加培训班，将现场观摩结合其中，促进知行并进。完善《党组织工作手册》，制定《党组织工作经费管理办法》《境外党建工作实施办法》等，推动基层党组织建设标准化、规范化。政研文章和优秀党课获股份公司党建理论研究优秀成果和“党课开讲了”二等奖、三等奖。深入扶贫一线开展党建活动，发挥项目党建引领作用。开展“我是党员我带头、我持党旗我争先”主题活动，引领党员干部创先争优。开展“山河无恙、感恩有你”“白衣执甲、匠心为民、决胜脱贫攻坚”主题活动，致敬医务工作者，推动健康扶贫、医疗扶贫。

坚持党管干部原则，2020年，提任中层管理干部14人，提任一般管理岗位干部35人，进一步强化干部梯队建设。全年评聘高级以上职称人员140人，招录应届毕业生61人。持续推动人才培养和队伍建设，7人跻身全国、中国中铁及湖北省高端人才专家队伍，高素质专业化的人才队伍建设持续推进。不断健全干部选拔任用监督管理体系，修订《领导人员管理办法》，确保干部选拔任用工作客观公正。开展“干部作风建设年”活动，紧密围绕干部能力素质、党风廉政和反腐败工作等方面进行问题查摆和整改，进一步强化干部作风建设。

坚持推进全面从严治党，召开党委会、党风廉政建设和反腐败工作会，研究部署推进全面从严治党的工作思路和目标任务。中铁大桥院与所属单位签订党风廉政建设责任书，督促各单位落实责任。开展落实中央八项规定精神自查自纠工作，着力防范和整治违反中央八项规定精神、违反履职待遇要求等问题。支持纪委推进“三转”、进行监督执纪问责。突出政治监督，严格日常监督，开展专项监督。做好“再监督”工作，推动问题整改到位。组织党风廉政建设“宣教月”系列活动，推动干部职工进一步增强法纪意识。开展海外廉洁建设专题讲座和新员工入职廉洁教育。设立“桥苑清风”公众号，推动常态化廉洁教育。对中铁大桥院监理公司、中铁大桥院武汉院、中铁大桥院建筑院纪委书记进行交流任职，新选任纪委书记1名，督促所属单位纪委履职尽责。把巡视巡察整改列为党建责任制考核评价内容，推动做好巡察整改“后半篇”文章。对一院、三院、武汉院进行内部巡察，坚持政治监督定位，细化巡察方案，严格巡察流程，严守工作纪律，发挥巡察利剑作用。（刘 慧）

【信息化建设】2020年，中铁大桥院各类信息化设施、信息系统、网络信息安全、图文打印等各方面均正常平稳运行；特别是在疫情期间，信息化为企业复工复产、远程办公做出突出贡献，有力保证了中铁大桥院集团公司生产经营各项工作的顺利进行；2020年在直属生产单位、部分子公司范围内上线运行了项目管理系统并全面推广使用，初步实现了对设计生产全过程的流程化、规范化管理；BIM方面重点在桥梁BIM软件研发方面取得突破，已初步实现了LOD200精度钢桁梁模型快速建模以及与3D Bridge有限元模型互联互通相关功能的开发，在此工作的基础上，正在进行包含其他类型构件的LOD200精度全桥BIM模型的快速建模功能开发。（喻 祥）

【履行社会责任】中铁大桥院全面贯彻落实党中央脱贫攻坚决策部署，严格按照湖北省委、省政府各项工作要求，坚决落实决战脱贫攻坚目标任务，加强工作对接，指导扶贫工作队，做好协调保障工作，倾力帮办实事，全力推动陶家河村脱贫攻坚工作取得新的成效。积极筹措资金，2020年以来，参与“千企帮千村”、精准扶贫工程以及各类帮扶慰问，共投入资金26万元。持续推动产业扶贫。加大猕猴桃、茶叶产业基地建设，制定了《中铁大桥院猕猴桃园日常管理工作流程》，提升管理水平，升级优化产业品种，建立配套加工设备，打造“新型绿色种植+休闲度假”产业链条，支持消费扶贫。积极开拓销售渠道，积极发动公司员工自购，助力农副产品宣传推广等形式提高茶叶、家禽等农产品销量，全年消费农产品15万余元。

成立“桥苑春风”职工心理咨询委员会，加强疫后职工人文关怀，持续开展“两节”慰问、金秋助学、“送清凉、送关爱”等活动，为沌口、汉阳两个院区的职工书屋增添新书、新建篮球场、健身设施等，全方位关心关爱职工。疫情期间，团委牵头党政工组织一起慰问职工的医务工作者家属，“六一”期间组织各团组织为小朋友送祝福，暖人心、聚合力。积极履行社会责任，开展义务植树、精准扶贫等青年志愿活动，增强团员青年奉献企业、奉献社会的责任感。中铁大桥院集团多个青年集体及个人获“武汉市优秀共青团员”和“中国中铁青年岗位能手”等称号。（刘　慧）

【领导人员】

秦顺全　董事长

刘自明　党委书记

田道明　总经理

高宗余　总工程师

庄　勇　副总经理

黄燕庆　副总经理

周传斌　副总经理

张　强　副总经理

夏永强　总会计师、总法律顾问

陈德柱　副总经理

杨书华　党委副书记、纪委书记、工会主席、监事会主席

（粟　晓）

## 中铁华铁工程设计集团有限公司

【简况】中铁华铁工程设计集团有限公司（简称“中铁华铁”）是中国中铁股份有限公司的全资子公司，总部位于北京。2016年4月28日，由中铁工程设计院有限公司和华铁工程咨询有限责任公司重组成立。中铁华铁拥有近70年的历史渊源，其前身是1953年成立的铁道部设计总院工厂设计事务所。

中铁华铁作为高新技术企业、北京市设计领军企业、高速铁路建造技术国家工程实验室理事单位，拥有工程勘察综合甲级、建筑行业（建筑工程）设计甲级、机械行业（交通运输设备制造业工程）设计甲级、市政行业（轨道交通工程）设计甲级、工程监理综合资质、工程造价咨询甲级、工程咨询资信评价甲级等资质，以及工程设计、城乡规划编制等相关专业乙级资质。中铁华铁是集勘察设计、EPC总承包、监理咨询、设备集成、岩土工程等于一体的综合性设计咨询企业，业务涵盖了建筑、铁路、机械、城市轨道交通、市政、公路等多个工程领域。1997年通过了质量管理体系认证，2005年通过了环境、职业健康安全管理体系认证。

中铁华铁下设13个单位，分别为：工业设计院（民用设计院）、北京设计院（造价咨询院）、轨道交通设计院、勘察设计院、上海设计院、苏州设计院、深圳设计院、铁路工程监理公司、城市轨道交通监理公司、上海华铁（上海分公司）、广州分公司、北京颐和工程监理有限责任公司（海南分公司）、北京华铁燕丰物业管理有限公司。截至2020年末，中铁华铁职工总数2031人，各类专业技术人员1452人，其中享受国务院政府特殊津贴1人，教授级高级职称28人，高级职称人员431人，中级职称人员737人。各类国家注册人员790人，省部级注册人员1155人。

公司先后获得国家科技进步奖7项，国家级优秀工程设计8项，中国建设工程鲁班奖12项，国家优质工程奖32项，中国土木工程詹天佑大奖16项，全国市政金杯示范工程奖8项，国家专利105项（现有效84项），国家优秀标准设计奖5项，国家优秀工程咨询成果奖8项，各类省部级奖项百余项。（李　洋）

【主要指标】2020年，中铁华铁资产总额11.24亿元，同比增长9.23%；全年完成营业收入10.21亿元，同比增长4.29%；技术开发投入0.39亿元，同比增长11.43%。经营性净现金流明显改善，确保实现了正向经营性净现金流，同时连续五年保持了零带息负债，资产负债率控制在压降预算指标范围以内。（李　韵）

表13–25　2019—2020年中铁华铁集团有限公司主要经济指标

| 项目 | 2019年 | 2020年 | 增长率/% |
|---|---|---|---|
| 资产总额/亿元 | 10.29 | 11.24 | 9.23 |
| 营业收入/亿元 | 9.79 | 10.21 | 4.29 |
| 净利润/亿元 | 0.82 | 0.87 | 6.10 |
| 归属于母公司所有者的净利润/亿元 | 0.82 | 0.87 | 6.10 |
| 国有资本保值增值率/% | 100.84 | 109.25 | 增加8.41个百分点 |

制表：王　颖　李　韵

【改革发展】中铁华铁积极推进公司本部大部制机构改革，本部部门实体数量压缩至13个，减少了18.75%，推进所属单位领导班子改任非领导职务，进行了机关和所属单位干部交流，大力推进干部队伍年轻化建设；持续开展治亏压减、提质增效活动，2020年对所属亏损单位制定了“一企一策”的治理方案，并完成了总体治理目标，对非主业企业制订了剥离计划，并启动北京燕丰饭店有限公司的剥离工作；“三供一业”分离移交、退休人员社会化等改革工作基本完成；积极开展管理创新活动，《总承包模式下车辆段设备集成项目风险管理》获股份公司2020年度企业管理现代化创新成果评选三等奖，获得股份公司“管理实验室活动先进单位”称号2个、先进项目部1个、先进个人4个、优秀管理制度2个。（金爱珺）

【重大项目】中铁华铁积极转变企业经营模式，在巩固勘察设计咨询业

务持续发展的基础上，以专业技术为先导，大力拓展以设计为主体的工程总承包业务。2020 年，承揽了黄山云海旅游基础设施——黄山汤口温泉小镇 EPC 总承包项目，合同额 12.76 亿元；河北乐亭乐盛家园工程总承包项目，合同额 15.90 亿元；佛山轨道交通工程质量安全监督管理政府采购服务项目，合同额 0.85 亿元；深圳市福田区水围市场及其周边改造提升工程代建项目，合同额 0.44 亿元。进一步拓展了 EPC 业务，开拓了项目代建、政府采购等新业务板块，为中铁华铁发展做出了贡献。（李 冰）

【走向海外】中铁华铁积极参与“一带一路”倡议，先后与中国中车、中国机械进出口（集团）、中铁哈萨克斯坦有限公司阿克纠宾分公司、中刚布桑加水电股份有限公司、绿纱矿业股份有限公司、中国极地研究中心等公司进行深化合作、互利共赢、抱团出海，通过集成优势资源，努力提升综合服务能力，加速中铁华铁设计集团走向国际市场。2020 年，中铁华铁承揽了商务部对外援助成套项目——缅甸滚弄大桥监理项目，并在此项目中承担项目管理任务。其他在建海外项目进展情况良好，柬埔寨暹粒吴哥国际机场工程施工监理项目、刚果（金）卢阿拉巴河布桑加水电站监理项目处于施工阶段；巴基斯坦拉合尔轨道交通橙线监理项目、安哥拉铁路维修设备供货、安装调试、培训及服务项目已顺利完工。（李 冰）

【重大创新】2020 年，中铁华铁科技研发投入 3881 万元。全年开展各类科研项目 23 项，其中，中国中铁重点科研项目 1 项（主持），中铁华铁设计集团 22 项。通过中国中铁科技成果评审 2 项。新增实用新型专利授权 19 项。2020 年，中铁华铁获省部级优秀工程设计奖 3 项，国家优质工程奖 4 项（金质奖 1 项），中国土木工程詹天佑大奖 4 项；获中国中铁级科学技术奖 2 项，获优秀 QC 小组成果奖 5 项（国家级 2 项，省部级 3 项）。（刘颖颖）

【工程创优】中铁华铁设计的“苏州柯利达装饰股份有限公司研发楼”“苏地 2016-WG-12 号地块项目（当代 · MOMA）”“中房颐园”分别获江苏省住房和城乡建设厅优秀勘察设计三等奖；承担设计的“铁科院武清铁路专用设备配件厂房工程（年产 93 万件、355759 套、8.5 万件）”、承担监理的“武汉市轨道交通 6 号线一期第二十二标段土建工程”“新建铁路西安至成都客运专线西安至江油段‘四电’系统集成工程”等工程获得中国施工企业管理协会评定的 2020—2021 年度国家优质工程奖，其中承担监理的“武汉市轨道交通 6 号线一期第二十二标段土建工程”获得中国施工企业管理协会评定的 2020—2021 年度国家优质工程金奖。（刘颖颖）

【企业文化】在北京冬奥会倒计时 500 天之际，策划制作了《中铁华铁设计集团“黑科技”助力冬奥》专题报道，对中铁华铁设计的冬奥国家冰雪科研训练基地项目进行了深入系统宣传，吸引了新华社、学习强国、新浪、网易、微博、抖音等媒体平台关注，新华社新闻上线当日，点击量突破 100 万次；针对中铁华铁获得钢结构金奖、公司顺利完成第 36 次南极科考任务等重大事件进行专题策划报道，进一步扩大企业知名度。面对突如其来的新冠肺炎疫情，迅速收集抗击疫情复工复产各类信息，深入开展疫情防控复工复产宣传引导，挖掘素材，塑造典型。中铁华铁新媒体平台先后推出股份公司、中铁华铁集团公司系列会议精神宣贯专题 5 期，企业抗击疫情重点项目复工复产专题系列报道 17 期“抗疫情、保增长，大干 100 天”专题系列报道 23 期，以及南极勘察、安全生产月等系列快报，全年新媒体平台共发布消息 93 篇，累计点击量 12 万次；树立抗击疫情先进典型 4 人。完成了中铁华铁集团公司官网改版升级，优化版块设置，更新数据内容，与时俱进宣传企业形象。中铁华铁官网共收到投稿 179 篇，发布 116 篇。（王振禄）

【党建工作】中铁华铁党委紧密围绕中心工作，一方面巩固“把方向、管大局、保落实”根本任务，逐层逐级推进党的领导作用有效发挥；另一方面巩固“一盘棋、两手抓、促融入”根本要求，不断推进党的建设与生产经营工作的深度融合，为公司实现新发展、扬帆新时代提供坚强保证。2020 年，中铁华铁党委共开展 4 次中心组学习活动，领导干部撰写学习体会文章 150 余篇。各级党组织讲授党课 23 次，制作相关宣传展板 2 期 20 余张。调整优化了 3 个基层党组织，各级党群组织建设进一步完善。深入贯彻习近平总书记“把党建设得更加坚强有力”的讲话精神，按照新时代党的建设总要求、股份公司党委关于加强党的建设的重要工作部署，注重在党的建设质量上下功夫，持续完善和强化党的建设。持续强化政治建设，坚持把党的政治建设摆在首位，履行管党治党主体责任，在企业党的建设、思想政治、企业文化、工会和共青团以及意识形态、党风廉政建设和反腐败工作等方面切实发挥政治引领作用，指导开展相关工作，收到良好成效。公司党委和各级党组织通过专题党课、中心组学习、专题研讨、主题党日等方式，对《中共中央关于加强党的政治建设的意见》《中国共产党重大事项请示报告条例》《关于新形势下党内政治生活的若干准则》《中共中央政治局关于加强和维护党中央集中统一领导的若干规定》等党内法规进行反复巩固学习。制定印发了《贯彻落实中国共产党重大事项请示报告条例的具体措施》文件。为进一步强化纪检组织政治建设，转发学习了股份公司党委《关于印发〈关于加强纪检组织政治建设的指导意见〉的通知》。完成了党委第五批巡察工作，实现了所属三级单位巡察

全覆盖。（李　洋）

【信息化建设】2020年，为充分保障各类业务系统的应用，中铁华铁完成了网络带宽扩容提速，在原有视频会议的基础上，首次搭建起了公司全方位的网络视频会议系统，完成了公司本部与8家所属单位互联的视频会议系统，确保了公司"两会"在疫情期间通过视频方式按时召开，同时将股份公司的会议精神和公司的各类信息通过视频会议的方式及时传达到各分公司。2020年，参加及举办视频会议共64场次，参加人数近3000人。极大地节约了成本和时间。部署完成中铁疫情防控信息系统，财务共享系统全面上线，业务逐步覆盖所有子分公司；OA办公系统、斯维尔、PKPM等网络版软件完成升级。积极组织参加PKPM钢结构装配式培训、BIM技术应用培训，首次参加2020年全国行业职业技能竞赛——第二届中国中铁"卓越杯"BIM大赛，实现公司成绩零突破。推进BIM技术在房建项目三维设计审查、三维综合管线施工、工程量计算、VR应用等方面全面应用，实现全专业三维施工图设计。公司新版网站于9月1日正式上线。继续深化和细化OA流程管控，持续完善网络基础设施，提升中铁华铁设计集团网络与信息安全管控能力。（张　晶）

【履行社会责任】中铁华铁结合企业实际积极履行社会责任，体现央企担当。组织贵州铜仁牙溪村的扶贫项目设计工作并积极为万山区贫困山民"捐旧衣、送温暖"、联合爱心助学志愿者协会开展"向山区小学书籍募捐"，帮助困难地区儿童。各级工会以"五一"国际劳动节为契机，开展与中国中铁对口贫困县的消费扶贫，消费扶贫金额达68万元。新冠肺炎疫情发生以来，中铁华铁广大党员积极响应党中央号召，自愿捐款支持新冠肺炎疫情防控工作，全公司自愿捐款73190元，用于支持新冠肺炎疫情防控工作。2020年"两节"期间，中铁华铁各级工会组织共慰问相对困难职工18名，慰问一线员工2125人，发放物品和各类慰问金62.3万元；2020年慰问生病住院员工13人，合计费用4.2万元。（王振禄）

【领导人员】

| | |
|---|---|
| 彭晓华 | 党委书记、董事长 |
| 何建文 | 党委副书记、总经理 |
| 孙继伟 | 副总经理 |
| 于晓东 | 副总经理 |
| 张作义 | 纪委书记 |
| 仝宝敏 | 副总经理 |
| 徐洪球 | 副总经理、总工程师 |
| 高海宏 | 副总经理、工会主席 |
| 门天民 | 总会计师 |

（吴志梅）

## 中铁科学研究院有限公司

【简况】中铁科学研究院有限公司（简称"中铁科研院"）是中国中铁旗下综合性科研企业，致力于铁路、公路、轨道交通、市政等国家基础设施建设的科研、设计、监理、检测、施工和配套产品研发。在隧道及地下工程、滑坡与高边坡、冻土与盐湖、黄土与地基基础、沙漠与环境工程地质、裂土（膨胀土）、环保与环评、工程地质与灾害防治、文物保护及建筑物纠偏、岩土工程检测、桥梁及结构工程等专业领域做出了突出贡献。中国中铁对中铁科研院的发展定位为：引领中国中铁乃至建筑行业科技进步和技术升级，建设成为中国中铁科技研究、科技研发、科技创新的领军企业。

中铁科研院源于1959年，1961年铁道部在成都、兰州分别成立的铁道部隧道科学技术研究所和铁科院西北研究所。中铁西南院前身是铁道部隧道科学技术研究所，为攻克修建成昆铁路、川藏铁路面临的复杂隧道和山区泥石流难题而建立；中铁西北院前身是铁科院西北研究所，为攻克修建青藏铁路面临的高海拔冻土、黄土以及滑坡灾害难题而建立。1992年，两院分别更名为"铁道部科学研究院西南分院"和"铁道部科学研究院西北分院"。2000年，顺应国家科技体制改革，"两院"双双进入中国铁路工程总公司，由事业单位转制为企业，分别更名为"中铁西南科学研究院"和"中铁西北科学研究院"。2005年，改制为国有独资公司，分别更名为"中铁西南科学研究院有限公司"（简称"中铁西南院"）、"中铁西北科学研究院有限公司"（简称"中铁西北院"）。2014年8月，按照中国中铁全面深化改革的总体部署，中铁西南院、中铁西北院合并重组，成立中铁科学研究院有限公司，注册资本金6亿元，注册地成都。

中铁科研院下属中铁西南科学研究院有限公司、中铁西北科学研究院有限公司、中铁岩锋成都科技有限公司、四川铁科建设监理有限公司、甘肃铁科建设工程咨询有限公司、中铁成都科学技术研究院有限公司6家全资子公司和设计院、工程公司、成都分公司、深圳分公司4家分公司。拥有一批包括国家级专家、省部级专家、青年科技拔尖人才在内的高素质科技人员队伍，其中享受国务院政府特殊津贴人员30人，国家级突出贡献专家1人，"百千万人才"国家级人选1人，省部级专家21人，股份公司专家26人，教授级高工56人，博士、硕士研究生导师28人。现有资质包括工程设计铁道行业甲Ⅱ级、建筑工程乙级、市政行业（道路、桥梁、给水、排水专业）乙级等。资产总额17.39亿元，其中，固定资产净值2.82亿元、流动资产11.03亿元、其他资产3.54亿元。

中铁科研院在各专业领域累计取得各类科技成果529项，自2014年重组成立以来，取得科技成果107项，其中达到国际先进及以上水平的成果73项（国际领先19项，国际先进54项）。取得包括国家自然科学奖、技术发明奖、科技进步奖在内的国家与省部级科技成果奖等495项（含国家许可的社会力量设奖），其中国家级科技奖项36项。

取得国家发明专利、实用新型专利、软件著作权 467 项（含外观设计专利）；主持或参编国家、部委和行业规范（标准）89 项，主编、参编、翻译著作 74 部。已建成 1 个博士后科研工作站、1 个国家级企业技术中心、5 个省级重点实验室和 1 个工信部重点实验室分中心。主编的《现代隧道技术》在 2020 年交通运输工程学科 151 种期刊影响力指数排名中名列第 13 位。（徐文杰）

【主要指标】2020 年，中铁科研院全年新签合同额 40.61 亿元，同比增长 37%，为中国中铁下达年度指标的 104.12%；实现营业收入 17.93 亿元，同比增长 13.91%，为中国中铁下达年度指标的 101.28%；实现净利润 0.55 亿元，为中国中铁下达年度指标的 101.21%；实现经济增加值（EVA）7555 万元，为中国中铁下达年度指标的 114.47%；全年经营性现金净流入 7710 万元，为中国中铁下达年度指标的 142.8%；总资产周转率 1.04 次，为中国中铁下达指标的 101.23%；资产负债率 50.35%，较年初下降 2 个百分点；年末有息负债 0.8 亿元，控制在股份公司下达指标 2 亿元以内。中铁科研院加大科技投入，2020 年研发投入 9320 万元，较 2019 年投入 8133 万元增长 14.59%，为中国中铁下达年度指标的 105.91%。（杨日知）

**表 13-26　2019—2020 年中铁科学研究院有限公司主要经济指标**

| 项目 | 2019 年 | 2020 年 | 增长率 /% |
|---|---|---|---|
| 资产总额 / 亿元 | 16.99 | 17.39 | 2.35 |
| 所有者权益 / 亿元 | 8.10 | 8.64 | 6.67 |
| 营业收入 / 亿元 | 15.74 | 17.93 | 13.91 |
| 利润总额 / 亿元 | 0.62 | 0.70 | 12.90 |
| 净利润 / 亿元 | 0.55 | 0.55 | 0 |
| 归属于母公司所有者的净利润 / 亿元 | 0.50 | 0.50 | 0 |
| 技术开发投入 / 亿元 | 0.81 | 0.93 | 14.81 |
| 利税总额 / 亿元 | 1.33 | 1.72 | 29.32 |
| 应交税金总额 / 亿元 | 0.94 | 1.17 | 24.47 |
| 全员劳动生产率 /［万元 /（人・年）］ | 158.70 | 175.75 | 10.74 |
| 净资产收益率 /% | 7.02 | 6.53 | 下降 0.49 个百分点 |
| 总资产报酬率 /% | 4.63 | 4.62 | 下降 0.01 个百分点 |
| 国有资本保值增值率 /% | 107.24 | 106.12 | 下降 1.12 个百分点 |

制表：杨日知

【职工队伍】截至 2020 年 12 月 31 日，中铁科研院共有职工 1058 人，其中干部 1019 人，工人 39 人，具体构成如下。①经营管理人员构成。经营管理人员 468 人，其中党群工作者 67 人，占比 14.3%。从学历结构来看，研究生及以上学历 169 人，占比 34.5%；大学本科学历 283 人，占比 60.5%；大学专科及以下学历 16 人，占比 5%。从年龄结构来看，35 岁以下的干部 183 人，占比 39.1%；35 岁至 41 岁的干部 124 人，占比 26.5%；41 岁以上的干部 161 人，占比 34.4%。②专业技术人员构成。专业技术人员 1015 人，其中在管理岗位工作 464 人，具有职业资格 200 人。从学历结构来看，研究生及以上学历 379 人，占比 37.3%；大学本科学历 581 人，占比 57.2%；大学专科及以下学历 55 人，占比 5.5%。从年龄结构来看，35 岁以下的干部 460 人，占比 45.3%；35 岁至 41 岁的干部 255 人，占比 25.1%；41 岁以上的干部 300 人，占干部总人数的 29.6%。③工人构成。其中技师 10 人，高级工 6 人，中级工 14 人，初级工 6 人。从学历结构来看，本科学历 3 人，大专及高等职业学校 13 人，高中及以下 23 人。从年龄结构来看，35 岁及以下 2 人，36 岁及以上 37 人。④ 2020 年组织教育培训工作。按照中铁科研院培训计划，结合业务发展需求，中铁科研院加大了人才培养和职工教育培训力度，不断满足生产经营、技术创新和企业管理的需要。培训采用集中培训、网络培训和送外培训等方式，先后组织了领导人员及优秀年轻干部、毕业生入职、市场开发、生产管理、党群业务等培训班，中铁科研院两级本部举办培训班 119 次，参培人员达 5802 人次，有效提高了干部员工业务技能和专业水平。同时，不断加强师资建设，督促领导人员上讲台，评聘内部培训师 33 人，两级领导人员上讲台 71 人次，公司主要领导先后在领导人员及优秀年轻干部等培训班上授课。2020 年，职工教育培训投入费用共计 186.68 万元。⑤机构改革：公司本部职能部门设置 16 个，其中党群部门 7 个，行政部门 9 个；定员 76 人，其中党群部门 23 人，行政部门 53 人。（胡　平）

【改革发展】2020 年，中铁科研院完成两级本部机构改革和人员调整，两级本部定员减少 8%；印发《中铁科学研究院有限公司机关部门及员工绩效考核办法》《中铁科学研究院有限公司机关中层管理人员和所

所属单位

属单位负责人关于受党纪政纪处分薪酬扣减实施细则》《中铁科学研究院有限公司所属单位负责人履职待遇、业务支出管理办法》《中铁科学研究院有限公司本部人员履职待遇、业务支出管理办法》《中铁科学研究院有限公司科技型企业股权和分红激励实施细则》等制度，进一步规范公司机关员工薪酬分配秩序，充分调动员工工作积极性，各子（分）公司逐步建立了以绩效为导向的激励约束机制，确保实现企业战略目标。2020 年，按照相关制度确定的考核周期和工作程序，认真开展本单位员工绩效考核工作，确保了全员业绩考核工作全覆盖；持续深入开展管理实验室活动，多个单位和个人获得中国中铁管理实验室活动表彰，多项制度入选中国中铁优秀管理制度汇编；启动了对标世界一流管理提升行动，印发《中铁科研院对标提升行动方案》；完成中铁科研院“十四五”发展战略规划编制工作，形成了总体规划和专项规划；严格按照中国中铁总体部署要求，完成“三供一业”分离移交、退休人员社会化管理工作，注销了所属甘肃兴科物业管理有限公司。

（胡 平 何晓晶 徐文杰）

【重大项目】中铁科研院与中移建设四川公司签订战略合作协议，围绕“新基建”领域，在包括 5G 基站建设、城际高速铁路和城市轨道交通、大数据中心、人工智能、工业互联网等业务开展充分合作。

2020 年，中铁科研院在研重大科研项目 28 项，其中新立项 12 项，已结题验收 9 项。研重大科研项目分别为“红层地区典型地质灾害失稳机制与新型防治方法技术研究”“基于相变蓄冷板的高地温隧道降温机制及设计方法研究”“缓倾层状软弱围岩高速铁路隧道底部变形机制及防控技术研究”“川藏铁路艰险山区超长深埋隧道地质预报关键技术研究”“川西隧道钻爆法施工设备全电化作业模式及关键技术研究”“智慧管廊运维任务逻辑与安全响应机制研究”“基于地层与土体参数变异性的深厚非均匀填土场地沉降特性研究”“铁路风沙灾害监测设备及预警系统”“宁夏高速铁路荒漠化防治与生态修复技术研究”“内蒙古特殊环境公路灾变机理及综合防控成套技术研究”“四川境内砂岩石窟风化病害评估与保护技术研究”“甘肃省典型石窟岩体力学特性及开裂加固关键技术研究”“深水环境下岩土文物劣化机制及保护关键技术研究”“川藏铁路隧道结构设计方法研究”“川藏铁路典型地质灾害及灾害链致灾机制与早期识别及评估技术研究”“川藏铁路折多山、色季拉山隧道设计与施工关键技术研究”“滇中引水工程建造关键技术研究”“川藏铁路灾害防治技术研究”。

（谷 婷 徐文杰）

【走向海外】坚持海外防疫与生产经营“两手抓、两手硬、两促进”，在切实保障海外人员健康安全的基础上，迎难而上大力开展国际化经营工作，有序推进海外项目复工复产，全力推动海外事业实现更高质量发展。2020 年，加强海外区域化经营，不断做深现有市场，在马来西亚承揽了槟城海底隧道连接线 4 座明洞

▲ 2020 年 11 月 2 日，技术人员在新建湖州至杭州西至杭黄高铁连接线项目进行静载（3000 吨）试验

隧道优化成暗挖隧道的设计工作，在老挝签订了中老铁路Ⅱ标隧道监测与地质预报项目补充合同；不断加大海外新市场拓展力度，先后在格鲁吉亚、泰国、印度尼西亚、阿联酋等国别市场实现突破，在格鲁吉亚承揽了设计、地质预报、监控量测等业务，在泰国承揽了中泰铁路工程管理咨询业务，在印度尼西亚、阿联酋分别承揽了印尼坑口电站边坡滑坡治理工程设计项目、阿联酋阿提哈德铁路隧道优化咨询项目等；高度重视海外疫情防控工作，严格落实国家及中国中铁关于海外疫情防控的系列部署，有力有序推进海外复工复产，形成了内外联动的海外疫情防控和项目管理体系，有效保障了海外人员健康安全以及海外项目有序实施。（冯　环）

【重大创新】充分发挥在隧道及地下工程、地质灾害工程领域的研究优势，成功申报股份公司川藏铁路科研项目3项，其中主持1项、参与2项，配合铁科院、川藏公司等成功申报了国铁集团川藏铁路科研项目3项；获得外部科研项目39项，较2019年同期增长了85.7%；主持或参与川藏铁路、滇中引水等重大工程科技攻关项目7项。中铁科研院技术中心通过四川省企业技术中心认定；文保实验室与敦煌研究院合作获批甘肃敦煌文物保护研究中心，并联系故宫博物院、复旦大学、西北大学、兰州大学等单位专家，成立了实验室学术委员会；桥梁运营安全工程技术研究中心获批成都市市级工程技术研究中心；岩土文物保护工程实验室有序运行，滑坡实验室已基本完成室内装修工作；工业互联网安全技术试验与测评实验室完成了系统内多家单位的安全评估工作；何发亮专家工作室、廖小平专家工作室和特殊岩土技术专家工作室各项研发工作持续开展。重点实施的智能节电设备在旬凤高速得到推广应用，WDES轮对镟修决策系统行业资质认证工作持续推进，运营隧道病害整治装备成功研制，铁路隧道空气动力学等科技成果在川藏铁路设计中获得应用，岩土文物保护技术成果在麦积山石窟、龙山皇姑洞石窟、吐峪沟石窟等重点文物保护中得到应用，岩锋湿喷机系列产品、HSP及适应TBM或盾构掘进的地质预报技术科技成果在广汕铁路、汉巴南城际铁路、滇中引水工程等工程中得到应用。2020年，通过科技成果转化形成的专有技术或产品实现营业收入1.2亿元。

（谷　婷　徐辰丁）

【工程创优】中铁科研院2020年在研科研项目200项，其中新立科研项目65项，通过结题验收科研项目57项，通过评审（鉴定）的科技成果19项，全部达到国际先进及以上水平；获得科技成果奖励22项，其中国家级1项，省部级9项；获得中国工程咨询协会全国优秀工程咨询成果奖三等奖1项；获得2020年全国铁道行业优秀质量管理小组1项，2020年度中国中铁股份有限公司优秀质量管理小组5项；获得授权专利72项（含软件著作权），其中发明专利7项，主持或参编技术标准44项。

中铁科研院所属四川铁科监理

▲中铁科研院甘肃铁科参建的宝兰客专古城岭隧道工程入选国家优质工程奖

所属单位

的新建铁路西安至成都客运专线西安至江油段“四电”系统集成工程、新建云桂铁路云南段站前四标幸福隧道工程，甘肃铁科监理的新建铁路宝鸡至兰州客运专线古城岭隧道获“2020—2021年度第一批国家优质工程”；中铁西南院承建的雅安至泸沽高速公路及四川铁科监理的云桂铁路、新建拉萨至日喀则铁路、成都地铁二号线工程获第十七届中国土木工程詹天佑奖。

（谷 婷 何国东 伍海艳）

【企业文化】中铁科研院持续深入推进“专·家”文化建设，编制了“隧道女神”严金秀典型宣传方案，持续加强对专家型人才、表彰的各类先进的宣传报道，大力宣传严金秀副总经理获“最美铁道科技工作者”和成都市十大“最美科技工作者”荣誉，先后有《科技日报》、人民网、新华网、中国新闻网、《中国中铁报》等10多家新闻媒体进行了宣传报道；疫情期间重点宣传了一批先进典型员工，前后共宣传报道先进集体9个，先进个人12名，部分典型事迹在《科技日报》、新华网、央广网等媒体刊发，大力营造尊重专家的浓厚氛围，引导干部员工积极践行“专·家”文化。大力开展诚信敬业道德讲堂活动，公司机关2020年共开展了6次活动，邀请公司海外和国内抗疫先进典型、中青年员工分享个人事迹，引导干部员工积极践行“专·家”文化。

（王 伟）

【党建工作】中铁科研院党委坚持以习近平新时代中国特色社会主义思想为指导，全面贯彻落实党的十九大，十九届二中、三中、四中、五中全会和中央经济工作会议，全国国有企业党建工作会议精神，深入贯彻落实新时代党的建设总要求和国有企业基层党组织工作条例，深入开展“党建巩固深化年”专项行动，紧紧围绕企业改革发展大局和生产经营科研管理工作，根据中央决策部署、国资委党委及股份公司党委工作要求和企业内外部形势，统筹打好疫情防控阻击战和复工复产攻坚战，广泛开展“大干100天”“决战四季度”劳动竞赛，始终高举发展大旗，全面加强党的领导，全力扩大市场份额，持续推进改革创新，优化基础管理体系，专题研究部署公司“十四五”规划编制并积极宣讲做好“十四五”规划对企业发展的重大意义，持续推进党的政治建设、党的组织建设、干部队伍建设、党的思想建设、全面从严治党、公司治理现代化、企业和谐稳定发展等“七项重点工作”再上新台阶，切实履行全面从严治党和把方向、管大局、保落实职责，坚持党要管党、从严治党，以务实有效的党建思想政治工作，全力以赴为企业生产经营稳定运行保驾护航，全年企业主要指标逆势上扬，各项事业百花齐放，确保了习近平总书记重要指示批示和党中央决策部署落实落地，实现了企业改革发展与党的建设同频共振、互促共进，为企业稳定发展和“量”“质”齐升提供坚强保证。

（胡典佑）

【信息化建设】持续推进公司信息化和网络安全建设。修订了中铁科研院信息化管理办法，进一步优化和精简管理流程；完成了数据中心机房建设，并于年底投入使用；深化OA移动办公应用，与企业微信融合，实现了业务流程线上审批等移动办公功能；新建公司营销管理系统；开展公司SSL VPN建设和企业正版软件建设，保障了企业网络安全；加强“工业互联网安全技术试验与测评实验室”中铁分中心建设，重点开展了中国中铁范围内网络安全测评工作。

（徐辰丁）

【履行社会责任】中铁科研院积极参加抢险救援，先后参与了怀阳高速公路K34边坡滑坡、甘肃庆阳市镇原县滨河市场后崖山体滑坡、儿绵高速抗洪抢险、四川燃气涡轮研究院厂区边坡地质灾害、陇南市武都区地质灾害治理等防汛救灾工作。坚决打赢脱贫攻坚战，为正宁县月南村送去10辆电动环卫车，组织员工采购当地农副产品，助力脱贫攻坚；助力广西毛南族群众脱贫致富，帮助当地修建了出行便道。持续关爱映秀幼儿园，“六一”期间走进中国中铁捐建的映秀幼儿园，与孩子们互动，为小朋友们送上节日礼物，共同度过了一个欢乐的儿童节。

2020年，中铁科研院能源消费总量0.2872万吨标煤，营业收入（现价）168136万元，营业收入（可比价）142980万元，增加值（现价）39965万元，增加值（可比价）33985万元，万元营业收入综合能耗（现价）0.0171吨标煤/万元，万元营业收入综合能耗（可比价）0.0201吨标煤/万元，万元增加值综合能耗（现价）0.0719吨标煤/万元，万元增加值综合能耗（可比价）0.0845吨标煤/万元。顺利完成全年每万元营业收入综合能耗（可比价）降低3.2%的目标。

（王 伟 何国东）

【领导人员】

| | |
|---|---|
| 徐敦美 | 党委书记、董事长 |
| 李 林 | 党委副书记、总经理、董事 |
| 陈思贵 | 党委副书记、纪委书记 |
| 严金秀 | 中国中铁隧道专家，党委委员、副总经理、董事 |
| 李同杰 | 党委委员、总会计师、董事 |
| 王国昌 | 党委委员、副总经理、董事 |
| 王引生 | 党委委员、副总经理、董事会秘书、总法律顾问 |
| 高红兵 | 党委委员、副总经理、总工程师 |
| 蔡 伟 | 业务经理 |
| 马惠民 | 业务经理 |

（胡 平）

## 中铁长江交通设计集团有限公司

【简况】中铁长江交通设计集团有限公司（简称“中铁长江院”）成

立于1984年10月，是集公路、水运、市政、建筑等规划咨询、勘察设计、检测养护及工程总承包于一体的综合型设计咨询企业。主要从事公路、桥梁、隧道、交通工程、水运港口、航道、通航建筑工程、市政公用交通及建筑工程的勘察设计、项目管理、工程总承包及其相关的综合规划研究咨询服务等业务，具有工程勘察综合甲级资质，公路行业、水运行业、市政行业（道路）设计甲级资质、工程咨询甲级资信等资质。下辖3个全资子公司和2个参股子公司。拥有职工近600人，其中高级及以上职称人员209人（正高级70人），博士、硕士共208人，专业技术人员占90%以上。

成立30多年来，中铁长江院始终以科技为先导，在公路、桥梁、隧道、水运、市政、建筑等专业的设计与理论研究、岩土工程勘察与应用、检测加固等领域具有雄厚的技术实力，尤其在地形地质复杂、生态环境脆弱、桥梁隧道密集的山区高速公路、特大桥梁、特长隧道以及大水位差的山区航道、港口勘察设计方面积累了丰富的实践经验。先后完成3000余千米高速公路，200余座特大桥（其中长江大桥8座），数十座特长隧道（其中10千米以上3座）的勘察设计工作；完成中新（重庆）战略性互联互通示范项目交通物流发展战略规划及全市、各区县综合交通运输相关规划编制工作，以及公路隧道单层衬砌结构关键技术研究、内河大水位差码头结构技术研究等数百项科研和咨询工作。近10年来，先后获得国家级、省部级优秀工程勘察、设计、咨询、科技奖170余项。建立了一套完整的企业管理标准和质量保证体系，2000年取得国家认证机构颁发的ISO 9001认证证书，连续通过审核认证。中铁长江院先后获得“重庆市文明单位”“全国交通运输行业文明单位”称号，获得国家工商总局（现国家市场监督管理总局，下同）国家级守合同重信用单位，获得交通运输部“公路建设领域（设计）守信典型企业”称号。

（赵 勤　黄昌顿）

【主要指标】中铁长江交通设计集团有限公司2020年实现营业收入5.46亿元，实现净利润0.24亿元。

（施晓凤）

**表13-27　2019—2020年中铁长江交通设计集团有限公司主要经济指标**

| 项目 | 2019年 | 2020年 | 增长率/% |
|---|---|---|---|
| 资产总额/亿元 | 13.79 | 27.85 | 101.96 |
| 所有者权益/亿元 | 5.94 | 19.89 | 234.85 |
| 营业收入/亿元 | 4.99 | 5.46 | 9.42 |
| 利润总额/亿元 | 0.32 | 0.30 | –6.25 |
| 净利润/亿元 | 0.23 | 0.24 | 4.35 |
| 归属于母公司所有者的净利润/亿元 | 0.23 | 0.24 | 4.35 |
| 技术开发投入/亿元 | 0.07 | 0.15 | 114.29 |
| 利税总额/亿元 | 0.51 | 0.73 | 43.14 |
| 应交税金总额/亿元 | 0.72 | 0.47 | –34.72 |
| 全员劳动生产率/［万元/（人·年）］ | 43.58 | 57.89 | 32.84 |
| 净资产收益率/% | 4.18 | 3.89 | 减少0.29个百分点 |
| 总资产报酬率/% | 1.70 | 1.69 | 减少0.01个百分点 |
| 国有资本保值增值率/% | 122.79 | 104.07 | 减少18.72个百分点 |

制表：施晓凤

【改革发展】2020年9月17日，中国中铁股份有限公司与重庆市交通局签署增资协议，中国中铁股份有限公司占重庆市交通设计院注册资本的66%的股权，成为重庆市交通规划勘察设计院有限公司控股股东。2020年11月，经国家市场监督管理总局最终审批核准，企业名称由“重庆市交通规划勘察设计院有限公司”变更为“中铁长江交通设计集团有限公司”。2020年12月24日，公司领取了新营业执照，企业改制重组工作如期实现。（黄昌顿）

【重大项目】2020年，中铁长江院设计开展的公司内重大生产项目65项，其中规划咨询类项目9项、公路行业类项目50项、水运行业类项目6项。

完成的《成渝地区双城经济圈基础设施建设行动方案（2020—2022年）》《重庆市交通强国建设试点实施方案（2021—2025年）》已经重庆市政府正式印发，《重庆市综合立体交通网规划纲要（2021—2035年）》《重庆市综合交通运输“十四五”发展规划》《重庆水运史、水运工程建设实录》已完成征求意见等待报批，《重庆市航道网规划》《重庆市长江上游航运中心总体规划》启动编制工作。

银昆高速公路高新区至荣昌（川渝界）段属于成渝高速公路的一段，是西南地区最早修建的高速公路，1994年全线通车，为双向4车道，设计速度60~80千米/时标准。由于既有高速公路修建年代久，标准低，交通量大，为加快实施国家级成渝城市群战略，打造"成渝双城经济圈"，实施国家高速公路网主干线扩能升级，拟对成渝高速公路进行加宽升级改造。本次改造重庆境内全长102.027千米，按照双向八车道，设计速度提高为80~100千米/时标准进行工程可行性研究。项目需攻克多座枢纽立交加宽、大断面隧道、高铁交叉影响等多个难题。

安康至来风国家高速公路重庆奉节至巫山（渝鄂界）段在三峡著名景点白帝城上游跨越长江，环境敏感，环保景观要求高，项目地形地质环境十分复杂，特大型构造物众多，路线全长48.385千米，桥隧比例高达88%，创造了西部4车道高速公路每千米造价之最，平均每千米造价为2.98亿元；创造了重庆市高速公路特大型构造物集中、技术复杂多个第一。控制性工程有白帝城长江大桥（主跨916米悬索桥）、大溪河大桥（主跨650米钢混组合斜拉桥）、龙骨坡特长隧道12354米、奉节东枢纽互通。

渝湘高速公路复线起于重庆内环快速路，经巴南区、南川区、武隆区、彭水县，与彭水至酉阳高速公路直连，形成渝湘高速公路复线，其中巴南至彭水段建设里程全长157.858千米，分别采用设计速度为100千米/时和80千米/时标准设计，起点至武隆段为双向6车道，其余路段为双向4车道，总投资估算423.006亿元，平均每千米造价2.68亿元。桥梁115座，隧道33座，互通式立交13座。4次跨越乌江的渝湘复线高速公路地质条件复杂，地形条件恶劣，超高墩多跨连续刚构桥将刷新多项纪录。

水运EPC总承包项目，在建项目3个，全年累计完成产值约22989万元。重庆港主城港区果园作业区重大件码头是九龙坡大件码头的环保搬迁项目，是ABB公司最重变压器（800吨）对外运输通道，是三峡库区30米大水位差、大件起重能力最大（1000吨）、直立框架墩式EPC总承包项目，是市级水运重点项目。项目成功建成了重庆市水运第一个智慧工地；重庆港主城港区果园作业区集装箱堆场扩能工程，是果园作业区为进一步拓展集装箱铁水联运功能的需要，满足外贸集装箱运输需要设置外贸集装箱查验场地需求而建设的集装箱堆场项目；项目总投资5.8亿元。

峡库区重庆重要支流航道黛溪河、鳊鱼溪航道整治利用工程位于风景秀丽的奉节、巫山，是三峡蓄水后延伸和改善的主要支流航道，是重庆首个采用EPC总承包模式的航道项目。项目建成后对促进腹地社会经济发展具有重要意义。

中铁长江院参与的省部级科研在研项目11项，新立项目12项，新立标准编制项目6项，编制完成了《高速公路装配式预应力混凝土T梁性能改进研究及通用图编制》《营运高速公路施工管理规范》等7项标准。（秦　鸿）

【重大创新】2020年，中铁长江院科研及标准项目成功立项18项（其中标准6项），在研项目57项（其中标准28项），完成验收结题项目5项（其中标准2项）。获得专利3项，其中发明专利1项，实用新型专利1项，外观设计专利1项。全年组织完成科技创新奖项申报13项，已公布获奖9项。其中，《安康至来凤国家高速公路奉节至巫山（渝鄂界）段勘察设计BIM综合应用》分别获得中国公路学会2020年度交通BIM工程创新奖二等奖、中国勘察设计协会第十一届"创新杯"建筑信息模型（BIM）应用大赛三等奖；《太洪长江大桥基于BIM的数字化设计和建造》分别获得重庆市勘察设计协会第五届建筑信息模型（BIM）应用竞赛一等奖、中国公路学会2020年度交通BIM工程创新奖二等奖、Bentley2020年BIM全球基础设施年度光辉大奖赛桥梁组冠军；《大水位差码头船用岸电系统关键技术研究》获得中国水运建设行业协会科学技术成果奖三等奖；《干线道路节点多元信息采集装备研发及应用》获得重庆市交通科学技术奖二等奖。（唐热情）

【工程创优】2020年，克服疫情影响，强化质量和进度管理，全年项目勘察设计质量总体良好，产品合格率100%、后期服务满意率大于90%，责任事故率为0，公路、水运行业信用评价继续获得重庆市AA最高等级。全年组织完成勘察设计奖申报31项，已公布获奖25项。其中，《重庆南川至贵州道真高速公路（重庆段）》《重庆驸马长江大桥》《重庆梁平至忠县高速公路礼让隧道》分别获得中国公路勘察设计协会公路交通优秀设计奖二等奖，《渠江重庆段航道整治工程可行性研究》项目获得中国水运建设行业协会水运交通优秀咨询成果奖二等奖，《重庆南川至贵州道真高速公路（重庆段）》获得重庆市勘察设计协会优秀工程设计奖一等奖，《重庆港主城港区佛耳岩作业区二期工程》《重庆海螺水泥有限责任公司专用码头工程》分别获得重庆市勘察设计协会优秀工程设计奖二等奖，《成渝高速公路复线（重庆境）》《重庆三环高速公路南川至涪陵青草背长江大桥》《重庆港龙头作业一期工程》分别获得重庆市优质工程（设计）奖；《巫溪至开州高速公路项目可行性研究报告》《渝湘高速扩能（巴南至彭水段）项目可行性研究报告》分别获得重庆市优秀工程咨询成果奖一等奖，《铜梁至安岳高速公路（重庆段）项目可行性研究报告》《重庆市高速公路网规划（2019—2035年）》分别获得重庆市优秀工程咨询成果奖二等奖。（唐热情）

【党建工作】充分发挥党的领导作用，深入学习贯彻习近平新时代中

国特色社会主义思想和党的十九届五中全会精神，统筹疫情防控和经营生产“两手抓，两手都要硬”。严格落实意识形态工作责任制，加强思想引领，广泛凝聚共识，切实把党的主张转化为广大党员投身疫情防控和复工复产的具体行动。建立健全党委参与企业重大决策机制，压紧压实党建责任，建立班子成员党支部工作联系点。以发挥党组织战斗堡垒作用和党员先锋模范作用为重点，推进党支部标准化建设，圆满完成11个党支部换届选举工作。坚持把政治规矩和政治纪律挺在前面，确保领导班子品行好、作风实、勇作为，从严干部人才队伍管理，扎实开展党建述职评议，推进党建考核与业绩考核有效对接。深入推进党风廉政建设和反腐败工作，推动全面从严治党向纵深发展。全面推进作风建设，党员干部服务意识有效提升。（李洪英）

【信息化建设】完成清产核资经营数据的综合利用，成功导入现有项目管理系统，对现有项目核算架构进行优化，新增了经营与生产管理急需的部分流程，完成在用项目管理系统验收工作。部署100T容量的企业网盘采购，对数据加密产品进行广泛的市场调研和选型测试，做好了采购部署的技术准备。完成上海同岩曙光隧道设计软件、上海同航桥梁智绘设计软件（混凝土模块）、MIDAS系列软件（Civil、Soilworks、GTS、CDN）、Bentley全系列软件、科盟交通工程设计软件等生产专业软件的采购部署。按照中国中铁股份有限公司信息化中心的指示要求，完成网络业务专线及3个视频会议室建设，顺利推进OA协同办公系统、IP地址规范改造、统一身份认证平台接入等信息贯通工程各项任务。推进建设公司水土科研基地弱电系统，同时对中铁长江院本部网络安全设施进行了补充建设。推动企业GIS+X“一张图”平台建设，在建设方案、原型开发所需IT资源等方面提供技术支持。（唐热情）

【领导人员】

钟　芸　党委委员、董事长、法定代表人（4月免）
　　　　党委书记、董事长、法定代表人（4月任）

罗立翔　党委书记、总经理、董事（4月免）
　　　　党委副书记、总经理、董事（4月任）

阎　勇　党委委员、监事会主席（4月任）

徐生明　副总经理、工会主席（4月免）
　　　　党委委员、副总经理、工会主席、董事（4月任，12月任董事）

蒋江松　党委委员、副总经理、董事（12月任董事）

廖　勇　党委委员、副总经理

刘小辉　党委委员、副总经理、总工程师

徐　新　党委委员、总经济师、董事（12月免董事）

（刘家敏）

## 中铁水利水电规划设计集团有限公司

【简况】中铁水利水电规划设计集团有限公司（简称“中铁水利设计”），是全国水利行业甲级勘测设计单位、国家高新技术企业、中国水利水电勘测设计行业“AAA+”信用等级单位，持有国家颁发的各类甲级资质资信10项，包括水利行业设计甲级、电力行业水力发电（含抽水蓄能、潮汐）设计甲级、工程勘察综合类甲级、工程测绘甲级、工程咨询甲级、工程造价咨询甲级、水土保持方案四星级、水土保持监测四星级、水文水资源调查评价甲级、建设项目水资源论证甲级。各类乙级资质4项，包括建筑行业（建筑工程）乙级，市政行业（给水工程、排水工程、道路工程）乙级，地质灾害治理工程勘察乙级、地质灾害治理工程设计乙级，土地规划乙级、土地整治乙级。拥有中国中铁水利水电技术研发中心、中国中铁水利水电工程造价中心、江西省水工结构工程技术研究中心等研发平台。业务范围涵盖水利、水电、市政、建筑、岩土、水生态、环境保护等领域的规划、设计、勘察、咨询、工程总承包等。公司驻地为江西省南昌市青山湖区北京东路1038号。

中铁水利设计前身是成立于1958年8月的江西省水利电力勘测设计院，此后经历几番归属更迭，于1981年经过合并成立江西省水利规划设计院，2015年更名为“江西省水利规划设计研究院”，2020年完成转企改制进入中国中铁股份有限公司，2021年更名为“中铁水利水电规划设计集团有限公司”。

中铁水利设计下辖4家子公司，分别为江西武大扬帆科技有限公司、江西省建洪水利咨询有限公司、江西省赣鄱岩土建设公司及江西润泽工程咨询公司。

截至2020年末，公司共有员工528人。其中，研究生及以上学历159人、本科学历296人、专科学历45人，大专及以上学历占员工总数的95%。专业技术人才462人，占员工总数的88%。其中，高级职称169人（含教授级高级工程师21人）、中级职称109人、初级职称105人，分别占专业技术人才的37%、24%、23%。具有各类执业资格共计234人，公司现有省级高层次人才6人。

中铁水利设计于1997年开始致力于质量管理体系贯标认证工作，2001年通过质量管理体系认证，2014年获得质量、环境、职业健康安全三标一体化管理体系认证证书。

参与完成了2000多项国内外规划、勘测、设计和总承包项目，足迹遍及国内10余个省、市和非洲、东南亚近20个国家，建成了以峡江水利枢纽为代表的一批精品工程，先后获得国家科技进步奖一等奖、全国优秀水利水电工程勘测设计金质奖、国家优质工程金质奖、中国

所属单位

建设工程鲁班奖、中国土木工程詹天佑奖、中国水利工程优质（大禹）奖等省部级以上各类奖项200余项及“全国工程勘察先进单位”“全国工人先锋号”等省部级以上荣誉200余项（次）；拥有实用新型专利40项，软件著作权34项，形成了一批具有自主知识产权的优势技术和创新技术。（付典龙 吴海鹏 张 冬）

【主要指标】中铁水利设计2020年实现营业收入6.75亿元；2020年末资产总额21亿元、负债总额7.64亿元、所有者权益总额13.36亿元，资产负债率36.38%；全年实现利润总额0.38亿元，实现净利润0.34亿元。（刘 斌）

表 13-28 2019—2020年中铁水利水电规划设计集团有限公司主要经济指标

| 项目 | 2019年 | 2020年 | 增长率/% |
| --- | --- | --- | --- |
| 资产总额/亿元 | 15.89 | 21.00 | 32.16 |
| 所有者权益/亿元 | 13.10 | 13.36 | 1.98 |
| 营业收入/亿元 | 4.29 | 6.75 | 57.34 |
| 利润总额/亿元 | 0.52 | 0.38 | -26.92 |
| 净利润/亿元 | 0.49 | 0.34 | -30.61 |
| 归属于母公司所有者的净利润/亿元 | 0.48 | 0.31 | -35.42 |
| 技术开发投入/亿元 | 0.20 | 0.25 | 25.00 |
| 利税总额/亿元 | — | — | — |
| 应交税金总额/亿元 | 0.50 | 0.60 | 20.00 |
| 全员劳动生产率/[万元/(人·年)] | 44.60 | 45.95 | 3.03 |
| 净资产收益率/% | 3.76 | 2.59 | 减少1.17个百分点 |
| 总资产报酬率/% | 3.28 | 2.04 | 减少1.24个百分点 |
| 国有资本保值增值率/% | 132.72 | 101.97 | 减少23.17个百分点 |

制表：刘 斌

【改革发展】2020年7月，中铁水利设计前身江西省水利规划设计研究院完成全民所有制改革，改制为有限责任公司，更名为“江西省水利规划设计研究院有限公司”，2020年9月，江西省水利厅公开转让江西省水利规划设计研究院有限公司65%的股权，无偿划转35%的股权至江西省水利投资集团有限公司，中国中铁股份有限公司成功受让其65%的股权。2020年9月28日，中国中铁股份有限公司与江西省水利厅签署股权转让协议。（付典龙）

【重大项目】中铁水利设计通过前期策划和方案论证，2020年成功中标赣江抚河下游尾闾综合整治工程。该项目总投资170亿元，在赣江抚河

▲赣江抚河下游尾闾综合整治工程设计图

下游建设兴建6座拦河闸，构筑赣抚尾闾“四纵三横”区域水系构架，提升区域防洪排涝能力，改善水上通航条件，美化城区生态环境。

中铁水利设计承揽的峡江水利枢纽工程，总投资100亿元，位于江西省赣江中游，是一座以防洪、发电、航运为主，兼具灌溉等综合利用功能的大（1）型水利枢纽工程，该项目获得中国水利工程优质（大禹）奖、中国建设工程鲁班奖、全国优秀设计金质奖。（黄瑞霆）

【走向海外】中铁水利设计积极开拓国际市场，践行“一带一路”倡议，与非洲、东南亚国家和地区建立了友好合作关系，国际合作领域涉及埃塞俄比亚等19个国家，承担了20余项工程的规划、设计和咨询业务，为客户提供国际一流的工程技术服务。2020年，新签埃塞俄比亚KURAZ灌溉工程勘察设计项目，在全球疫情暴发高峰期，“疫”往前行开展项目前期工作，同步开展印度尼西亚ANGGOCI水电站、肯尼亚茶叶公司水电站等项目设计咨询工作。

（胡荣金）

【重大创新】中铁水利设计坚持推进科技创新，完善科研管理制度，积极构建科技创新平台，组建了省级工程技术研究中心——江西省水工结构工程技术研究中心。建立了以高校、科研院所为技术依托，产学研紧密结合的科技创新体系，取得了一批具有较高使用价值的科技成果，为企业发展做出了积极贡献。

公司自成立以来，共开展自主研发项目127项，承担了国家、省部级及水利厅等上级科技课题项目74项，其中国家重点研发计划子课题1项，水利部公益性专项1项、水利部鄱阳湖水资源水生态环境研究中心开放基金项目1项、厅级重大科技项目13项。

在研发创新工作中形成了多项核心成果，获得实用新型专利40项、软件著作权34项，主编或参编地方、团体标准10余项，编著专著7本，发表学术论文2000余篇。开展的《大孔口水闸关键技术研究》项目，探索并解决大跨度低水头大孔口水闸主要技术问题，完善大孔口水闸在江西省水利工程的应用及推广；《堆石混凝土在水利枢纽工程中的应用研究》项目，研究探索出堆石混凝土技术的结构稳定、综合造价低、工艺简单、水化温升低、施工速度快、工期短、易于现场质量控制等诸多优势，并成功应用到浯溪口水利枢纽工程中；结合峡江水利枢纽工程开展的《基于过鱼效果评价的鱼道优化设计方法研究》，总结出适用于赣江流域鱼类生活习性及行为特点的鱼道关键技术成果，为国内同类型的鱼道建设及运行提供了有力的理论和技术支撑。（张 冬）

【工程创优】中铁水利设计重视工程创优和技术创新工作，不断强化品牌创建意识，加强工程技术成果总结。先后获得国家科技进步奖一等奖、国家优秀工程设计金质奖、全国优秀水利水电工程勘测设计金质奖、国家优质工程金奖、中国建设工程鲁班奖、中国土木工程詹天佑奖、大禹奖等各类奖项，其中，中华人民共和国水力资源普查成果（江西省部分）获国家科技进步奖一等奖；江西省赣抚联圩红旗大型电排站获国家优秀工程设计金质奖；江西省峡江水利枢纽工程获全国优秀水利水电工程勘测设计奖金奖、中国水利优质（大禹）工程奖、中国建设工程鲁班奖（国家优质工程）；南昌市红谷隧道工程获中国土木工程詹天佑奖、国家优质工程金质奖。（张 冬）

【企业文化】开展以“家”为中心的单位文化建设，提炼了“传承、创新、高效、和谐”的单位精神和“精英职工、精品工程、精彩水院”的发展愿景，以及“规划江河、设计未来”的宣传口号。以创建文明单位为抓手，在中铁水利设计持续开展创先争优活动，先后获“全国工程勘察先进单位”“全国厂务公开民主管理先进单位”“全国水利水电勘测设计行业‘AAA级信用等级企业’”“全国工人先锋号”“全国优秀水利企业”“全国水利系统先进集体”“全国水利系统勘测设计先进集体”“全国水利系统抗洪抢险先进集体”“全国水利系统文化建设先进集体”“江西省五一劳动奖状”“全国水利文明单位”“江西省文明单位”等称号，获得第二届、第三届中国青年志愿服务大赛金奖。2020年，中铁水利设计被江西省水利厅评为防御2020年鄱阳湖流域超历史大洪水先进集体及抗击新冠肺炎疫情先进集体；副总工程师胡永林在应对自然灾害突发事件工作中表现突出，江西省人民政府给予通报嘉奖；徐俊在宣传战线成绩突出，获省水利厅2020年度新闻宣传工作先进个人，实现了物质文明与精神文明双丰收。

（刘春秀）

【党建工作】2020年，中铁水利设计在岗党员220余名，设11个党支部。中铁水利设计党委成立以来，先后组织开展了“三讲”教育、保持共产党员先进性教育、深入学习实践科学发展观教育，以及创先争优、党的群众路线教育实践、“三严三实”专题、“两学一做”学习、“不忘初心、牢记使命”等主题教育。中铁水利设计团委获“江西省五四红旗团委”、测绘分院工会组获“全国模范职工小家”、水工三组获“全国工人先锋号”、下属江西武大物帆科技有限公司连续多年获“江西省青年文明号”，并在水利厅开展的年度考核中连续多年考核结果为优秀。

（刘春秀）

【信息化建设】以BIM+GIS为抓手，完成工程项目建设管理运营平台建设。BIM+GIS产品实现了对水利工程空间溯源能力和可视化管理能力，依托工程建设管理平台，实现了景德镇水利枢纽工程施工进度模拟及工程施工过程的信息化管理；完成了一批水库、堤防的倾斜摄影、三维实景建模和精修工作。BIM成果获赣鄱水利科技奖等6项奖励，同时参与了中国水利水电勘测设计协会BIM标准的编制。结合“信息化+业务”技术应用平台研发，提升数字化工程能力。与江西省气象服务中心、中国移动通信集团等部门协作，首套5G水文气象综合监测站在南昌市幸福水库测试成功。2020年汛期，研发的“防汛专家会诊平台”多次获得省部级领导的高度评价和防汛专家的认可；上线运行水利枢纽鱼道视觉识别系统，提升了水利枢纽对鱼类生态资源影响的评估能力，对赣江及相关地区的经济、生态与环境产生广泛而深远的影响，未来将依托专业化、信息化，继续推进生态保护，完善自动化过鱼设施控制、自动清洗等功能，全面提高水利工程生态建设自动化、信息化管理水平。 （梁思思）

【履行社会责任】2020年7月，江西省鄱阳湖流域发生洪涝灾害，中铁水利设计坚决贯彻习近平总书记关于防汛救灾工作的一系列重要指示精神，深入落实党中央、国务院、水利部、江西省委省政府决策部署，广大干部职工团结一心，奋力拼搏，夺取防汛抗洪抢险救灾斗争的重大胜利，最大限度地减轻了灾害损失。公司获得江西省水利厅颁发的“防御2020年鄱阳湖流域超历史大洪水先进集体”称号，胡永林、张建华、许韵木、黄兰波、陈辉、黄明新等6位同志获得“先进个人”称号。4月15日，莲花县沿背村党总支书记兼村主任苏根林携驻村扶贫干部到访公司，送上锦旗，对公司长期以来给予的支持和帮助表示感谢；2020年4月23日，在第25个世界读书日到来之际，公司以捐赠书籍、旧书换新书以及现场乐捐领书的形式，举办了“书香生活　有你有我”公益活动，活动将收到的捐款和书籍用于院文明帮建村——赣州市南康区上垅村爱心书屋的建设；9月，公司向余干县枫林村捐赠150万元帮助该村脱贫及灾后重建。

（刘春秀）

【领导人员】

江　凌　党委书记
邹军贤　院长
陈家湖　党委委员、工会主席
柯劲松　党委委员、副院长
郑澍明　党委委员、纪委书记
张建华　党委委员、副院长
丁维馨　党委委员、副院长
梁必焕　党委委员、副院长

（晁海鹏）

## 中铁高新工业股份有限公司

【简况】中铁高新工业股份有限公司（简称“中铁工业”）是中国中铁股份有限公司旗下的A股上市公司（600528.SH），业务范围涵盖隧道掘进设备、铁路道岔、钢桥梁、铁路施工机械、桥梁施工机械、新型轨道交通车辆、高端环保装备的研发设计、生产制造、技术服务和项目投资等，主营业务的市场占有率和综合实力位居世界前列。

中铁工业前身是1894年成立的山海关造桥厂，距2020年已有126年的历史。中国中铁为深入贯彻党中央、国务院深化国企改革战略，践行习近平总书记“三个转变”重要指示，推动产业聚集和转型升级，重组整合旗下中铁山桥、中铁宝桥、中铁科工和中铁装备，通过与中铁二局开展资产置换，成立了中铁工业，并于2017年3月在上海证券交易所更名上市。

中铁工业业务范围涵盖隧道施工装备设计与制造、道岔设计与制造、钢梁钢结构制造与安装、工程机械产品设计与制造以及新型轨道交通装备制造、环境保护等领域，主营业务的市场占有率和综合实力位居国内第一乃至世界第一。截至2020年末，拥有住建部施工资质68项，其中总承包19项，专业承包49项；其他资质5项。

中铁工业是“中国品牌日”的发源地，也是“三个转变”的诞生地。2014年5月10日，习近平总书记视察了中铁工业成员企业中铁装备，提出了“推动中国制造向中国创造转变、中国速度向中国质量转变、中国产品向中国品牌转变”的重要指示，为中国的工业发展指明了新方向。

中铁工业下设子公司11家，分别为中铁山桥、中铁宝桥、中铁科工、中铁装备、中铁九桥、中铁工服、中铁环境、中铁钢构、中铁重工9家全资子公司和中铁轨道、合肥公司2家控股子公司。全公司共有职工12592人，其中干部6454人，工人6138人。按照学历层次划分，博士研究生10人，硕士研究生888人，本科4583人，专科2338人，中专及以下4773人。干部中技术干部5823人，占干部总数的90%，其中正高级职称98人，副高级职称955人，中级职称1939人，初级职称1922人；拥有国家突出贡献中青年专家2人，享受国务院政府津贴专家15人，茅以升科学技术奖获得者11人，詹天佑科学技术奖获得者5人，中国铁路工程总公司突出贡献中青年专家5人，中国铁路工程总公司青年科技拔尖人才16人，中国中铁专家10人。工人中技术工人4342人，占工人总数的71%，其中高级技师203人，技师507人，高级工1928人，中级工1013人，初级工691人。

中铁工业作为国家认定“企业技术中心”“国家高新技术企业”“院士工作站”“博士后科研工作站”，多次获得国家科技进步奖一等奖、中国土木工程詹天佑奖、中国建设工程鲁班奖、国家优质工程金质奖、国家质量提名奖、中国好设计金奖、中国工业大奖等国内重量级奖项，以及菲迪克工程优质奖、古斯塔夫斯·林德恩斯奖、乔治·理查德森奖等国际大奖。 （蒲林茂　梁　康）

【主要指标】2020年，中铁工业实现营业收入242.92亿元，同比增长18.07%，完成年度预算236亿元的102.92%；完成归属于母公司所有者的净利润18.26亿元，同比增长12.23%，完成年度预算17.96亿元的101.67%。 （康　桂）

表 13-29　2019—2020 年中铁高新工业股份有限公司主要经济指标

| 项目 | 2019 年 | 2020 年 | 增长率 /% |
| --- | --- | --- | --- |
| 资产总额 / 亿元 | 388.84 | 441.90 | 13.65 |
| 所有者权益 / 亿元 | 188.94 | 218.89 | 15.85 |
| 营业收入 / 亿元 | 205.75 | 242.92 | 18.07 |
| 利润总额 / 亿元 | 18.63 | 20.31 | 9.02 |
| 净利润 / 亿元 | 16.36 | 18.25 | 11.55 |
| 归属于母公司所有者的净利润 / 亿元 | 16.27 | 18.26 | 12.23 |
| 技术开发投入 / 亿元 | 10.20 | 12.28 | 20.39 |
| 利税总额 / 亿元 | 20.05 | 21.83 | 8.88 |
| 应交税金总额 / 亿元 | 6.89 | 8.88 | 28.88 |
| 全员劳动生产率 / [ 万元 / ( 人 · 年 )] | 35.84 | 38.68 | 7.92 |
| 净资产收益率 /% | 9.37 | 8.95 | 减少 0.42 个百分点 |
| 总资产报酬率 /% | 5.21 | 4.95 | 减少 0.26 个百分点 |
| 国有资本保值增值率 /% | 110.36 | 110.35 | 减少 0.01 个百分点 |

制表：康 拴

【改革发展】2020 年，中铁工业高效推动机构改革，两级机关压缩职能部室至 15 个，压缩定员至 150 人。因势而变整合资源，重组了中铁磁浮，合资设立了合肥公司。深入推进管理实验室活动，3 项管理创新课题获中国中铁优秀成果奖一等奖。加大压减治亏力度，完成 6 家亏损企业治理。持续推进厂办大集体改革，注销集体企业 4 家，完成人员安置 521 人。顺利推进“三供一业”分离移交和退休人员社会化管理，完成比例高于中央企业和股份公司平均水平。全面深化干部人事制度改革，围绕干部选拔任用、考核评价、管理监督和优秀年轻干部等方面，制定和修订干部人事管理制度共计 10 项。坚持问题导向，大力开展优秀年轻干部培养选拔，制定了优秀年轻干部培养选拔实施方案，对 35 周岁以下优秀年轻干部启动“跨越计划”，大胆选用优秀年轻干部，全年提拔使用“80 后”干部 5 人。开展收入分配试点改革，积极稳妥试点推进科技型企业股权和分红激励，中铁装备设备公司作为股份公司唯一一家试点单位，2020 年正式实施科技型企业岗位分红激励。

（蒲林茂　侯 冰　黄亚开）

【重大项目】2020 年，面对新冠肺炎疫情的影响，中铁工业积极统筹所属单位优势营销资源，发挥一体化营销优势，中标滇中引水 8.04 亿元的压力钢管项目，中标澳氹四桥、加拿大桥、墨西哥玛雅铁路重载扣件等境外项目；中铁装备将掘进设备推广到能源、磷矿、金矿等领域，取得意大利双模盾构、格鲁吉亚 15 米 TBM 及澳大利亚雪山刀具配件等海外新领域的订单；中铁环境先后中标成都郫都区临时应急污水处理、郴州市生活垃圾填埋场等项目，有效推进了公司环保业务落地；中铁钢构产品首次走出国门，进入刚果（金）和老挝。

（张飞羽）

【走向海外】中铁工业积极借助中国中铁海外优势平台，通过借船出海、造船出海、远程营销等多种方式，努力克服疫情对海外营销工作的影响，超额完成全年度新签合同额指标。在属地化经营上，中铁工业在老挝成立了中铁工业老挝重工有限公司，承揽中老铁路站房模板项目，在印度尼西亚、泰国筹建道岔组装厂，实施属地化生产经营。在重大海外经营项目上，旗下中铁山桥作为唯一一家中国制造商制造的瑞典首都斯德哥尔摩 Slussen 大桥（金桥）通车，旗下中铁宝桥中标安哥拉、几内亚、菲律宾、泰国等多个国家道岔及组件项目，旗下中铁装备取得意大利切法卢铁路项目 1 台

▲ 2020 年 9 月，中铁工业研制出世界首组时速 600 千米高速磁浮道岔

所属单位

9.98米双模盾构、新加坡穿岛线9台6.67米土压盾构、格鲁吉亚Kobi公路隧道项目15米硬岩TBM等订单，旗下中铁科工为雅万高铁项目提供了全线的运架设备。 （采 博）

【重大创新】坚持创新驱动和目标导向，以科研项目为载体，全面开展技术研究。全年共推动省部级科技创新平台1个，先后申报并通过中国中铁及以上科技成果鉴定33项，其中，中国专利奖6项，国家科技进步奖2项，国家技术发明奖1项，省部级科学技术奖6项。申请专利514件（PCT专利7件，发明专利190件），授权专利346件（PCT专利2件，发明专利53件）。申报并获得了国家科技进步奖二等奖1项、技术发明奖二等奖1项。在重点研发项目上，攻克了三模式盾构机关键技术，成功研制了中国首台集泥水、土压、TBM模式于一身的三模盾构机；全计算机三臂凿岩台车、高原三臂凿岩台车、高原双臂湿喷台车等新产品相继通过验收，为川藏铁路极端装备研制奠定了坚实基础；成功研制出世界首台超小转弯半径TBM、世界最大断面矩形盾构、最大直径硬岩掘进机、世界首组时速600千米高速磁浮道岔等产品；攻克了高强度钢焊接质量控制、精度控制、复杂杆件制造等技术难题，推动了Q500qE高强度钢在千米跨度公铁两用桥上的应用；跨座式、悬挂式和磁浮式三种新制式轨道交通车辆完成组装制造，动态试验工作有序推进。 （李瑞雨）

【工程创优】2020年，中铁工业参建的港珠澳大桥钢桥梁获得全国优秀焊接工程特等奖，参建的泰州长江公路大桥等6项工程获得中国土木工程詹天佑奖，参建的石门特大桥等4个项目获得中国钢结构金奖，参建的京雄城际铁路、平潭海峡公铁大桥、“火神山”“雷神山”医院等项目获得2020年央企十大超级工程。 （邱守慈）

【企业文化】2020年，中铁工业以打造软实力为目标培育企业文化体系，编制了《中铁工业项目文化管理手册》，持续推动公司视觉、理念识别系统落实落地；开展了“中铁工业

▲中铁工业参建的青海海黄大桥荣获2020年度优秀焊接工程

企业文化理念征集活动”，从廉洁、质量等16个方面征集文化与发展理念357条，采用了38条优秀提案作品。通过选树先进典型，弘扬党员先锋示范引领作用，旗下中铁九桥王中美同志出席了全国劳动模范和先进工作者表彰大会并荣获“全国劳动模范”称号；中铁重工舒伟浩、中铁装备孙颖悟分获国资委和河南省“抗疫先进个人”称号；中铁宝桥顺利实现全国文明单位“六连冠”，创造了从2005年到2020年连续15年保持全国文明单位的佳绩。以加强和谐企业建设为依托，为企业发展凝聚强大合力，坚持党对群团工作的领导，职工群众的主力军作用和团员青年的生力军作用得到有效发挥。组织开展了钢结构制造“挖潜增效　岗位建功”主题劳动竞赛、“抗疫情、保增长，大干100天”专项劳动竞赛、“决战四季度，决胜保目标”专项劳动竞赛。（寇嘉伦）

【党建工作】中铁工业党委坚持以政治建设为统领，第一时间组织学习宣贯党的十九届五中全会精神，实现全员全覆盖。以“三基建设”为重点，持续完善党建制度体系，开展了基层党组织书记示范培训班。坚持“两融两促”，推动基层党组织和党员作用有效发挥，4名优秀职工在抗疫一线“火线入党”。注重宣传文化建设，全年亮相中央主流媒体166次。持之以恒狠抓作风，“干部作风建设年”取得实效。扎实开展“四个专项整治”工作，“六紧盯六抓实”经验在股份公司系统交流。总结提炼“守正创新、六廉兴企”廉洁文化，建立了12个“线上＋线下”“六廉”工作室。配合做好股份公司党委巡视和整改工作，启动并完成对4家企业的现场巡察。（金　帅）

【信息化建设】大力推进智能制造信息化建设，完成了“一中心、三示范”项目的建设；中铁工业管理决策分析系统、中铁工业数据池正式投入使用；中铁工业智能制造信息化“一中心、三示范”项目入选工信部2020年大数据产业发展试点示范项目；“全断面隧道掘进装备行业互联网平台”入选工信部2020年制造业与互联网融合发展试点示范项目；“工业互联网平台＋典型场景试点示范项目（盾构工程施工服务工业互联网平台）”入选工信部2020年工业互联网试点示范项目；中标工信部2020年融合应用软件项目——高端ERP（企业资源管理计划），并获得国拨专项资金；中铁工业“一中心、三示范”智能工厂案例，获得了2019年度中国智能制造最佳实践奖，并在e-works“第十七届中国智能制造岁末盘点”发布；“中铁设备管理云平台”获湖北省第七届全省职工技术创新成果一等奖。（李瑞雨）

【履行社会责任】在新冠肺炎疫情防控方面，中铁工业迅速投身疫情防控第一线。旗下中铁重工作为中国中铁第一支医院援建队伍，参与了火神山医院、雷神山医院和武汉新华产业园方舱医院等合计14所新冠肺炎定点救治医院援建工作。中铁科工承担了火神山医院全部维保工作，历经七天七夜，完成全部维保作业。中铁刚构紧急为西安市公共卫生中心供应500套装配式集成房屋。中铁装备2小时集结14名技术骨干，紧急驰援河南省疫情防控期间新建的最大产能的口罩生产线，经过200个小时鏖战，提前3天完成40条口罩生产线组装任务。中铁工业党委发动党员捐款，全公司4800名党员同志自愿捐款75.9万元支持国家疫情防控工作；中铁装备从海外购置183万元防疫物资支援武汉抗击疫情前线；中铁山桥、中铁科工主动为中小民营企业减免房租。

在脱贫攻坚工作中，中铁工业所属各企业结合实际，精准发力，通过吸纳就业、发展特色产业等共建方式，帮助贫困户实现增收，携手贫困地区人民群众走上全面小康之路。中铁宝桥与陕西省扶风县政府、陕西凯华金属结构有限公司合作共建“中铁宝桥配套产品配件生产加工基地”项目，通过产业扶贫，助力建档立卡贫困户逐步脱贫致富。中铁工服等单位开展志愿服务，以爱心捐赠、义拍等方式为四川省凉山州昭觉县所属小学、宝鸡市陈仓区凤阁岭镇毛家庄小学、中心小学等累计捐赠衣物、书籍、文具等1000余件，筹集善款6.5万余元。公司两级工会采购贫困地区农产品200余万元用于慰问职工。中铁山桥先后从湖北武汉、湖南桂东、秦皇岛市青龙县等受疫情影响严重的地区采购农副产品180余万元，有力地促进了抗疫助农复工达产。

（寇嘉伦）

【领导人员】

易铁军　党委书记、董事长

李建斌　党委副书记、总经理、董事
黄振宇　党委副书记、副董事长（11月改任股份公司业务总监）
唐智奋　党委委员、副总经理、总工程师
魏云祥　党委委员、纪委书记、工会主席（1月改任股份公司专职董监事）
陈立峰　党委委员、纪委书记（1月任）
谭顺辉　党委委员、副总经理（5月任）
余　赞　党委委员、副总经理、董事会秘书
刘　娟　党委委员、总会计师、总法律顾问
曹登敬　党委委员、副总经理
王建喜　党委委员、副总经理

（黄亚开）

## 中铁装配式建筑股份有限公司

【简况】中铁装配式建筑股份有限公司（简称"中铁装配"）成立于2006年8月31日，前身是民营、上市企业——北京恒通创新赛木科技股份有限公司（简称"恒通科技"）。根据中国中铁股份有限公司关于"加快发展装配式建筑，培育新产业新动能，促进实现中国中铁'国内领先、世界一流的特大型综合产业集团'战略目标"的工作部署，中国中铁与恒通科技经友好协商，在重组收购、企业规划等方面事宜达成共识，于2020年7月15日完成了对恒通科技控制权股权的收购。2020年8月18日，更名为"中铁装配式建筑股份有限公司"。2020年8月20日，公司证券简称由"恒通科技"变更为"中铁装配"，中铁装配所属各子分公司同时进行了名称变更。

中铁装配（股票代码：300374）注册资本24591万元，集技术咨询、产品研发、建筑设计、智能制造、装配施工、一体装修、信息管理于一体，是中国中铁旗下唯一的高科技创新型装配式建筑业务平台，拥有100余项国家专利技术，90%以上专利转化为生产力。具有住房和城乡建设部批准的建筑工程施工总承包、钢结构工程专业承包、市政公用工程施工总承包等资质，拥有各类装配式工厂生产设备560台（套），辅助机械77台（套）。中铁装配核心产品为装配式墙体材料、装配式装修材料、装配式结构材料以及集成房屋等。产品在新农村改造建设、别墅、公寓宿舍、办公楼、工业厂房、旅游用房、应急用房、市政建设等领域得到了广泛应用，已经成为装配式建筑的标杆企业。

中铁装配是国内大型装配式建筑部品部件供应商和集成商，住建部认定的第一批装配式建筑产业基地，住房和城乡建设部建筑节能新材料产业化示范基地、住建部及科技部低碳住宅产业化科技示范基地、北京市高新技术企业和循环经济试点单位，下辖5个子公司，5个装配式工厂，1个设计研发中心。截至2020年末，中铁装配员工总数为535人，其中，具备博士学历1人，硕士学历16人，本科学历99人，大专学历115人，中专及以下学历304人；有正高级职称3人，副高级职称17人，中级职称37人，助理级职称33人。近年来，公司先后获得"低碳环保推广标杆企业""两化融合试点单位""北京市智能制造标杆企业""北京市高新技术企业""北京市企业技术中心""中关村高新技术企业""全国工人先锋号""北京市工人先锋号""北京市诚信创建企业"等称号。

按照工业4.0标准，中铁装配引进行业顶尖技术设备，打造全国最大的装配式建筑部品部件智能云制造工厂，具备新型墙体材料年产能400多万平方米，配套部品部件200多万平方米。公司始终致力于装配式建筑的部品部件及集成技术的研究和产业化，中铁装配目前已经在北京窦店、新疆乌苏、新疆吐鲁番、新疆喀什、江苏宿迁建成了五大生产基地。（孙　源　杨　征　盛秀梅　张　牧　张东梅）

【主要指标】2020年末，中铁装配资产总额为32.26亿元，所有者权益为15.35亿元，营业收入为9.91亿元，利润总额为0.16亿元，净利润为0.14亿元，归属于母公司所有者的净利润为0.14亿元，技术开发投入为0.21亿元，利税总额为0.51亿元，应交税金总额为0.39亿元，全员劳动生产率为33.50万元/（人·年），净资产收益率为0.91%，总资产报酬率为1.95%，国有资本保值增值率为103.70%。（王壮军）

表13-30　2019—2020年中铁装配式建筑股份有限公司主要经济指标

| 项目 | 2019年 | 2020年 | 增长率/% |
|---|---|---|---|
| 资产总额/亿元 | 29.15 | 32.26 | 10.67 |
| 所有者权益/亿元 | 15.32 | 15.35 | 0.20 |
| 营业收入/亿元 | 9.54 | 9.91 | 3.88 |
| 利润总额/亿元 | 0.83 | 0.16 | -80.72 |
| 净利润/亿元 | 0.67 | 0.14 | -79.10 |
| 归属于母公司所有者的净利润/亿元 | 0.67 | 0.14 | -79.10 |
| 技术开发投入/亿元 | 0.20 | 0.21 | 5.00 |
| 利税总额/亿元 | 1.12 | 0.51 | -54.46 |

续表

| 项目 | 2019 年 | 2020 年 | 增长率 /% |
|---|---|---|---|
| 应交税金总额 / 亿元 | 0.49 | 0.39 | -20.41 |
| 全员劳动生产率 / [ 万元 / ( 人 · 年 )] | 40.97 | 33.50 | -18.23 |
| 净资产收益率 /% | 4.37 | 0.91 | -3.46 |
| 总资产报酬率 /% | 3.92 | 1.95 | -1.97 |
| 国有资本保值增值率 /% | — | 103.70 | — |

制表：王壮军

【改革发展】2020 年，中铁装配根据装配式建筑的市场趋势、产业结构等特性对公司人才梯队建设的整体布局进行了调整。初步制定了“一控、二优、三引进”即“严格控制员工总量，优先企业内部的人员调配、优先培养具有行业领域优势的人才，引进一线生产需求的技能型人才、引进企业管理需求的技术型人才、引进对外经营需求的复合型人才”的人才培养计划，为公司高质量发展提供了人才保障。

深入推进混合所有制改革。积极开展“减压”工作，2020 年完成了对所属北京恒通赛木木塑制品有限公司、吐鲁番盛隆投资有限公司、北京恒通创新整体房屋组装有限公司第二分公司等 3 家公司的工商注销。按照科学合理、精干高效的原则，结合中铁装配本部职能定位和管理实际，对机关部门实施了机构改革，完成了对各部门机构、职能的调整。（孙　源）

【重大项目】2020 年，中铁装配积极构建新发展格局，坚持扩大内部需求、扩大对外开放原则，开创装配式建筑市场新局面，分别完成雄安新区“建设者之家”、洋河新区居民安置点建设、大兴河畔人家等重大项目的承建任务。2020 年 7 月重组至 2020 年底，中铁装配新签合同额共完成 4.92 亿元。（李盼红）

【重大创新】针对装配式市场需求，自主研发的“超薄轻型高强度经济型真空水泥墙板”技术取得了较大突破，将原生产厚度为 75 毫米的真空水泥墙板缩减至 60 毫米，目前该项技术已投入实际生产并广泛应用到在建项目中，“超薄轻型高强度经济型真空水泥墙板”技术达到了国内真空水泥墙板厚度领先水平。（盛秀梅）

【企业文化】作为实行混合所有制改革的首年，中铁装配注重加强企业形象品牌宣传。设计制作了中铁装配企业宣传 PPT、企业宣传册、企业宣传片，完善品牌和业务的线上线下宣传资料。维护和更新“中铁装配自媒体矩阵”，2020 年维护运行自媒体平台包括微信公众号、今日头条、微博、抖音等总计 13 个，全年合计发文 / 视频 672 篇（个），累计阅读量达到 29.32 万次，积极拓展外部媒体宣传渠道，与中国日报网、北京电视台等 12 家外部媒体建立良好合作；完成了 2020 年中国住博会的参展，进一步增加了企业知名度，提高了行业影响力。（张贺义　郑　芬）

【党建工作】为实现股份公司提出的“蹚新路、树样板”要求，中铁装配党委始终坚持党的领导，加强党的建设，着力使党组织两个核心作用融入现代企业制度，保证混合制企业改革发展的正确方向。

落实党建进章程。中铁装配完成重组后，把党的建设写入公司章

▲中铁装配式建筑股份有限公司江苏宿迁“智能云工厂”

所属单位

程，进一步明确党组织在企业法人治理结构中的法定地位，明确党组织在决策、执行、监督各环节的权责和工作方式，使党组织发挥作用组织化、制度化、具体化，确保依法依规抓好混合所有制企业党的建设。

强化顶层设计。紧密围绕企业战略定位和发展方向，在厘清“三会”关系、企业组织架构设置调整、重要规章制度制定修改、优化人力资源配置、“十四五”规划制定等方面取得阶段性成果。根据“精干高效、对标先进、满足需要”的原则，完成了本部内设机构与人员配置工作；优化市场布局和组织架构，撤销了北京恒通赛木木塑制品有限公司等3个机构；组织起草了《中铁装配党委会议室规则》《中铁装配党委理论中心组学习规则》等规章制度和管理办法。

积极探索融入途径。坚持两个“一以贯之”，推动党建工作与生产经营深度融合，同频共振。参与重大问题决策，把握企业发展方向。实行党组织与董事会磋商沟通制度，在事关企业发展战略、机构设置、重要人员选聘、员工薪酬等重大问题事先共同商议后作出决策。加强班子建设，营造良好创业环境。中铁装配党委结合实际，加强新一届领导班子和经营管理者队伍的思想政治建设与经营能力建设，认真研究解决企业生产经营管理中的重大事项，切实担负起引领企业改革发展的重任；同时加强对企业选人用人原则、标准、程序以及人事制度改革方法的指导，把党管人才与市场机制有机结合起来。

加强政治理论学习。巩固“不忘初心、牢记使命”主题教育成果，建立“不忘初心、牢记使命”长效机制；把学习贯彻习近平总书记最新重要讲话、关于本行业本企业重要指示批示作为公司党委会、理论学习中心组“第一议题”；把习近平新时代中国特色社会主义思想，《习近平谈治国理政》，党的十九大和十九届二中、三中、四中、五中全会精神，党章党纪党规，党中央、国资委和上级党委的工作部署、重要文件和相关会议精神作为党工委中心组理论学习、“三会一课”等党建活动的重点内容。（张贺义）

【信息化建设】快速搭建装配式建筑全产业链服务平台，成立设计研发中心，设计研发中心下设“一院四室”，其中BIM及信息化研究室主要负责搭建BIM全产业链信息化服务平台，整合设计、生产、施工和运维全生命周期的数据资源。

根据中国中铁关于信息化工作对接工作要求，2020年完成了OA办公系统建设，实现与中国中铁线上公文对接以及中铁装配日常业务线上办公。积极开展信息贯通工程，编制中铁装配“十四五”信息化发展规划与中铁装配信息化中短期总体规划。（高德扬 李 敏）

▲中铁装配35天时间完成9000套用于方舱医院和防控隔离区的装配式隔离用房，助力新疆抗“疫”

【履行社会责任】2020年，中铁装配积极投身疫情防控及复工复产。2月中旬，中铁装配北京、江苏“智能云工厂”用6天时间生产制造、组装完成500个“装配式集装箱房疫情检测岗”，投放到多个小区和村镇出入口，成为疫情防控的有力装备。3月1日，北京电视台以《携手战“疫”，北京科技成果助力武汉》为题进行宣传报道，称中铁装配在新冠肺炎疫情防控期间，主动发挥在装配式建筑领域的技术优势，贡献了“装配式技术力量”。7月下旬，中铁装配响应新疆维吾尔自治区乌鲁木齐市号召，积极投身新疆维吾尔自治区方舱医院建设，用35天时间完成了9000套用于方舱医院和防控隔离区的装配式隔离用房，为确保新疆地区打赢疫情防控攻坚战贡献了“中铁力量”。疫情期间，中铁装配开展“心系疫区，奉献爱心”捐款捐物活动，共组织捐款4.27万元，捐赠防护服150套、口罩5000只，用于支援防疫一线。

（张贺义　郑 芬）

【领导人员】

孙宝良　党委书记、总经理（7月任）
孙志强　董事长
王秋艳　副董事长
苏晓堃　副总经理（11月任）
李　宏　总会计师（12月任）
王玉莲　副总经理
汤荣伟　总工程师
沈顺强　副总经理
谭黎明　董事会秘书　（张 牧）

## 中铁置业集团有限公司

【简况】中铁置业集团有限公司（简称“中铁置业”）是中国中铁股份有限公司为完善产业布局、做强做优做大房地产业务而成立的全资子公司，是中国中铁房地产板块业务的核心企业。中铁置业注册资本金65亿元，具有房地产开发、物业服务管理两个一级资质，业态涵盖复合地产、旅游地产、住宅地产、养老地产、工业地产、商业地产以及土地一级开发，并通过了质量、环境、职业健康安全管理体系认证。经营范围包括房地产开发与经营、策划、咨询；建筑材料销售；机械设备租赁；投资管理；物业管理及相关服务；技术咨询；招标代理；信息咨询等。总部位于北京市丰台区汽车博物馆南路3号院北京中铁大厦A座。

中铁置业依托中国中铁央企品牌和实力，充分发挥产业链协同、城市综合开发、资金融通、生态环境治理等核心优势，实施全国性开发战略，致力于打造"国内一流城市综合开发运营商"，重点布局京津冀、粤港澳大湾区、长三角、成渝经济圈以及九大中心城市，积极参与雄安新区建设，累计在全国30多个城市开发住宅、旧改棚改、会展、文旅以及代建项目100余个，产品和服务涵盖会展、城市综合开发、住宅、民生工程、代建代开发、文旅康养等领域。截至2020年末，中铁置业共有员工2631人（包括物业公司员工989人），其中干部1393人，占员工总数的53%，技术干部1238人，占员工总数的47%。2020年，公司以600亿元的品牌价值，位居"中国房地产企业品牌价值TOP100"第26位。

中铁置业本着"信任源自责任"和"优势互补、共同发展"的理念，在发展自我的同时，造福社会大众，促进城市发展。开发的青岛中铁世博城、贵阳中铁阅山湖、北京诺德阅墅、长春中铁城等大型项目，在促进地方经济发展、提升城市形象、改善居民生活、增加劳动就业等方面发挥了积极作用。仅青岛中铁世博城项目，解决就业岗位1万余个，拉动地方GDP年新增100亿元以上。

中铁置业先后获得绿建成就企业奖、"中国房地产名企"、"中央企业先进集体"、"中央企业企业文化示范单位"、"全国模范职工之家"、"全国工人先锋号"等荣誉；投资项目屡次获得省部级建筑工程奖、国家精瑞科学技术奖、联合国人居环境示范奖等荣誉。（白俊华）

【主要指标】2020年，中铁置业实现资产总额1306.7亿元，较2019年1264亿元增长了3.4%；所有者权益年末总额为92.2亿元，较2019年末的131.9亿元减少了30.1%，主要是由于济南中铁城项目因存货减值计提25亿元资产减值准备、厦门同安项目因存货减值计提6亿元资产减值准备、济南中铁城项目19亿元永续债由权益调整为债务造成；实现营业收入204.6亿元，较2019年的174.2亿元增长了17.5%；实现利润总额 -9.5亿元，较2019年的14.6亿元减少了165.1%；实现净利润 -17.2亿元，较2019年的10.9亿元减少了257.8%；实现归属于母公司所有者的净利润 -7.9亿元，较2019年的9.5亿元减少了183.2%，三个利润指标的大幅降低主要是由于2020年济南中铁城项目和厦门同安项目因存货减值合计共计提31亿元资产减值准备造成；实现利税总额15.1亿元，较2019年的35.2亿元减少了57.1%，主要是2020年中铁置业集团公司确认亏损，净利润较2019年同比减少257.8%所致；实现应交税金总额21.9亿元，较2019年的27.7亿元减少了20.9%；实现全员劳动生产率40.5万元/（人·年），较2019年的113.4万元/（人·年）减少了64.3%，主要是由于2020年亏损造成的；实现净资产收益率 -15.2%，较2019年的8.0%减少了23.2个百分点；实现总资产报酬率 -0.2%，较2019年的1.8%减少了2个百分点；实现国有资本保值增值率90.6%，较2019年的111.6%减少了21个百分点，三个比率负增长都是由于中铁置业集团公司2020年亏损造成的。（王瑞喜）

表13-31　2019—2020年中铁置业集团有限公司主要经济指标

| 项目 | 2019年 | 2020年 | 增长率/% |
|---|---|---|---|
| 资产总额/亿元 | 1264.00 | 1306.70 | 3.40 |
| 所有者权益/亿元 | 131.90 | 92.20 | -30.10 |
| 营业收入/亿元 | 174.20 | 204.60 | 17.50 |
| 利润总额/亿元 | 14.60 | -9.50 | -165.10 |
| 净利润/亿元 | 10.90 | -17.20 | -257.80 |
| 归属于母公司所有者的净利润/亿元 | 9.50 | -7.90 | -183.20 |
| 技术开发投入/亿元 | 0 | 0 | 0 |
| 利税总额/亿元 | 35.20 | 15.10 | -57.10 |
| 应交税金总额/亿元 | 27.70 | 21.90 | -20.90 |
| 全员劳动生产率/[万元/（人·年）] | 113.40 | 40.50 | -64.30 |
| 净资产收益率/% | 8.00 | -15.20 | 减少23.20个百分点 |
| 总资产报酬率/% | 1.80 | -0.20 | 减少2.00个百分点 |
| 国有资本保值增值率/% | 111.60 | 90.60 | 减少21.00个百分点 |

制表：王瑞喜

所属单位

【改革发展】中铁置业坚持战略引领，勇于自我变革，坚定不移地向改革要动力、要活力、要效益。谋划“十四五”发展规划。在深入分析宏观环境和行业发展形势基础上，系统总结和评估“十三五”规划落地成效，锚定“一流城市综合开发运营商”定位，广泛开展专题调研和课题攻关，编制“十四五”发展战略（草案），明晰企业高质量发展的路线图和时间表。推进组织机构改革。以“战略导向、效率优先、管控有效”为原则，重新定岗定编，整合部门职能，厘清权责边界，推进部门事业部改革，公司机关部门由20个精简至15个，定员由193人精简至150人；将经营质效不佳的三亚、济南、成都3家单位分别划归深圳、山东和贵州区域管控，努力实现以优带劣，均衡发展；修订完善《中铁置业三级管控实施方案》，明确了集团、区域、项目定位，初步构建了以“八大区域公司、六大专业公司、二大事业部”为主体的发展架构。发挥绩效考核正向引导作用。修订绩效考核办法，优化经营业绩考核体系，突出经营业绩与工资效益挂钩，加大对回款、营收、利润指标的考核权重，动态增设专项考核指标，年内4家效益较好单位工资总额和效益实现同步增长，5家效益不佳单位工资总额持续压降，更好地发挥了绩效考核“指挥棒”效用；优化项目跟投管理办法，实施项目全周期考核。

（白俊华）

【重大项目】2020年，中铁置业在二级土地开发方面，共获取贵阳清镇项目（部分）、菏泽高新区中华西路二期、南通崇川区R20032号地块，昆山陆家镇绿地大道北侧地块、无锡梁溪区安置房项目、成都青白江项目一期等6个二级开发项目，新增土地面积59.49万平方米，计容

▲中铁·青岛世界博览城夜景

面积 140.93 万平方米，新增土地权益投资额 47.94 亿元。在综合开发方面，共获取雄安新区容东片区 E 组团及雄东片区 A 单元 2 个代建项目，中标金华金义新区金东新城片区开发项目及保定主城区城中村连片开发 ABO 项目，实现新签合同额 254.5 亿元。（刘　瑜）

【重大创新】2020 年，中铁置业以转型升级为驱动，持续推进企业管理提升与创新。扎实推进产品研发。明确了设计研发中心在设计供方选用、评价，标准化建设及科技创新统筹、设计优化及成本控制等方面的主体责任；印发了《关于规范投资项目前期开发费用的通知》，规范了立项、预算、付款等审批权限和流程，明确了投资项目前期开发费用责任；针对规划、建筑方案、景观、室内精装四个专业，建立了《设计战略供方资源库》，由原来 60 家设计供方优化至 24 家，明确了设计费指标标准，规范了设计供方管理；研发了公寓、商铺产品线，制定了售楼处精装标准模块，丰富了标准化成果。修订《中铁置业集团有限公司企业管理现代化创新成果管理规定》，建立管理创新长效机制及奖惩机制，进一步激发管理创新活力，推动企业管理水平不断提升。优化组织资源配置，中铁置业对标标杆企业经验，按照人均在建开发面积 0.8 万 ~1.2 万平方米、人均销售额 3500 万 ~5000 万元，以及“60+12N+18X”/“45+15N”计算模型，科学测算区域公司、专业公司、事业部（中心）定编定员的合理配置情况，进一步提升管理效能。（高　昕）

【工程创优】2020 年，中铁置业开发的亳州市元参路（西一环—魏武大道）道路排水工程获得“中国中铁杯”优质工程奖，亳州中铁诺德雍景台项目获得“安徽省工程质量示范小区”称号，贵阳中铁逸都国际 G 组团一期 1~2 号楼获得 2020 年度“贵州省建筑工程优质质量结构工程”，贵阳中国中铁阅山湖 C 组团一期一标段 C1 栋及 C11 栋获得 2020 年度“贵州省建筑工程优质质量结构工程”称号，贵阳中铁阅山湖云著综合体一期二标段获得 2020 年度“贵州省安全文明施工样板工地”称号，贵阳中铁阅山湖 D 组团二期一标段获 2020 年度“贵州省安全文明施工样板工地”称号，贵阳中铁阅山湖 D 组团二期三标段获 2020 年度“贵州省安全文明施工样板工地”称号，贵阳中铁阅山湖 D 组团二期一标段 D–11 栋、D–12 栋、D–121 地库（部分）及 D–125 社区商业获 2020 年度“贵州省安全文明施工样板工地”称号。（沈振武）

【企业文化】2020 年，中铁置业大力传承中国中铁优秀文化基因，积极弘扬“创新、奋斗、务实、担当、执行、业绩、爱企、合规”八种文化，持续宣贯中铁置业特色文化理念，铸魂育人、塑形创誉、助推发展。认真研究制定中铁置业“十四五”企业文化规划，明确了“十四五”中铁置业企业文化建设总体思路、战略目标、遵循原则和主要任务。结合中国中铁文化重构和中铁置业发展实际，重点做好了文化理念体系的梳理、研究、重构工作，提出奋斗为本、担当有为的企业信条，丰富创新了企业文化理念体系。强化文化引领，举办企业文化讲座，开展部门（系统）理念上墙活动，设计制作企业宣传册、宣传片，推进企业展厅建设，丰富活跃员工文体活动，多途径促进员工文化认知认同。加强品牌推广工作，抓好企业标识规范应用，加强企业官网运维工作，深化与相关协会组织及媒体联系，多途径宣传企业品牌。2020 年，中铁置业品牌价值，以 600 亿元位居“中国房地产企业品牌价值 TOP100”第 26 位。（杨　成）

【党建工作】中铁置业党委坚持融入中心、服务大局，切实将党组织的政治优势转化为推动企业实现高质量发展的治理优势。强化政治引领，制定贯彻落实习近平总书记重要指示批示 6 项工作机制，建立完善工作台账，把习近平总书记重要指示批示作为历次党委常委会和中心组学习的第一议题，确保“房住不炒”、疫情防控和制止餐饮浪费等重要指示批示在企业落实落地。坚持用习近平新时代中国特色社会主义思想武装头脑，先后组织 6 次理论中心组学习，班子成员形成 11 篇书面发言材料和 9 篇高质量调研报告。深化巩固“不忘初心、牢记使命”主题教育成果，完成突出问题专项整治整改 404 项，持续推进 217

项，健全完善重点领域规章制度 65 项。落实“把方向、管大局、保落实”作用，确立未来五年“12345”战略思路和“双千亿”目标任务，组织制定“十四五”发展战略规划初稿，健全完善党委会、董事会、经理层等各治理主体的议事机制，制定三级管控方案，专题研究治亏、“两金”压降、招评标、防范化解风险等重点工作，强化督查督办，确保了企业重大决策部署的贯彻落实。全年召开党委常委会 22 次，研究议题 231 项，前置研究经营管理事项 63 项，督办落实各项重点工作 78 项。坚持党管干部原则，完成本部“去机关”化改革，将经营业绩不佳的三亚、济南、成都 3 家单位分别划归深圳、山东和贵州公司管理，年内选拔领导人员 9 人，调整交流 45 人次，改任非领导职务 10 人，7 人被免去集团公司三总师副职职务，对 13 名中层干部给予免职降职。扎实推进“三基建设”，出台完善 4 项党建工作制度，指导 3 家单位按期换届，举办党的十九届四中全会精神轮训和党员片区教育培训班，深入整改基层党建工作中存在的 52 项突出问题，创新开展“大学习、大讨论、大提高”“两抢一保争先锋，决战决胜做表率”主题活动，实施党建工作联系点制度对基层党建帮扶指导，切实推动党建工作责任制落地见效。牢牢把握意识形态主动权，大力加强形势任务教育和舆论引导，外媒发稿较 2019 年增长 50% 以上，中央主流媒体发稿较 2019 年增长一倍，中铁置业品牌价提升至“中国房地产企业品牌价值排行榜”第 26 位。认真落实两个责任，扎实开展四个专项整治，深入开展落实中央八项规定自查自纠和“干部作风建设年”活动，制定力戒形式主义为基层减负的 25 条措施，修订完善巡察工作制度 10 项，对所属 8 家单位开展巡察“回头看”，深入查找 7 个方面 134 个问题，分片区设立四个派驻纪检组，对 12 家单位纪委书记进行交流调整，全年给予党纪政纪处分 45 人次，给予组织处理 51 人次，形成了强力震慑。深化民主管理，提升集体合同履行满意度，积极推进幸福之家建设，大力开展“百日大干”“决战四季度”劳动竞赛以及“女职工在行动”“青年岗位建功”等活动，大力实施员工关爱工程，员工幸福感、获得感、安全感进一步提升。“置业小学堂”获得“全国工会爱心托管班”称号，“全国职工书屋”在中铁置业集团本部揭牌。 （袁小敏）

【信息化建设】中铁置业以信息化赋能企业高质量发展，扎实做好信息化顶层规划、基础设施、系统开发集成、网络安全和运维保障等重点工作。围绕地产业务发展需要，结合行业数字化发展趋势，积极开展信息化顶层设计，初步完成中铁置业集团公司信息化“十四五”专项规划（2021—2025 年）的编制工作，编制了中铁置业信息化架构模型，在顶层设计和规划指导下，推动中铁置业信息化工作数据融合，提升企业治理水平和决策水平。按照股份公司推进 IPv6 应用要求，完成中铁置业 8 套业务系统 IPv6 网络访问上线，部署了 13 台服务器系统，提升了业务系统的快速部署和上线应用效率，新增堡垒机、日志审计、防火墙等网络安全设备，确保业务系统安全平稳运行。部署完成物联网印章系统，实现公章线上流转审批应用；部署财务共享航信、财务共享交易受理、财务共享数据库、财务 online 平台和成本系统上线。成立“信息贯通”工程领导小组和工作专班，制定中铁置业自建系统“通、改、废”清单和信息贯通工程实施方案，扎实推进业务数据治理和信息资源整合，有效提高公司管理智能化、自动化和管控数字化水平。 （余雷）

【履行社会责任】2020 年，中铁置业积极履行企业社会责任，营造和谐氛围，凝聚企业合力，增进民生福祉。统筹推进疫情防控和复工复产，做好防疫物资采购、调配，开展员工心理关爱工程，全公司在疫情面前不乱阵脚、科学应对，实现了平稳健康发展。积极参与民生工程，新承担了雄安新区单体量最大的容东片区 E 组团安置房建设、雄东片区 A 单元安置房建设和顺义棚改项目建设。努力建造精品工程，为客户提供高品质的产品和服务，贵阳中铁逸都等 5 项工程获得省部级及以上安全质量表彰。积极投身扶贫助困，采购扶贫地区农产品 55.9 万元，所属贵州公司连续 8 年到贵阳市修文县六广镇德政小学支教、助学，所属上海投资公司亳州项目连续 7 年参加驻地希望工程“圆梦大学”爱心助学活动。积极参加志愿服务，建立 34 支青年志愿服务队，在文明建设、公益环保、植树造林、孝老爱幼等方面积极担当作为。所属上海投资公司滕州项目青年服务队被山东省文明办等五部门评为“三下乡”社会实践活动优秀服务队。 （杨成）

【领导人员】

郑勇　党委书记、董事长（5 月免）<br>
杨智艳　党委书记、董事长（5 月任党委副书记、副董事长，7 月任党委书记、董事长）<br>
朱洁　党委副书记、总经理（5 月免）<br>
王建营　党委副书记、总经理（5 月任）<br>
张春胜　党委副书记、工会主席（12 月任党委副书记，免副总经理）<br>
朱长清　副总经理、总工程师<br>
王凤君　纪委书记<br>
孙宝良　财务总监（6 月免）<br>
牛光辉　总会计师（6 月任）<br>
陈荣国　副总经理<br>
刘喆宁　副总经理 （刘少钦）

## 中铁文化旅游投资集团有限公司

【简况】中铁文化旅游投资集团有限公司（简称“中铁文旅”）是中国中铁股份有限公司全资子公司，

是中国中铁旗下唯一一家文旅产业融合一体化发展的综合性城市运营平台。2010 年 12 月，中铁文旅以中铁国际生态城项目为起点开始创业，2016 年 3 月，根据中国中铁整体战略部署，中铁文旅重组整合为集团企业，公司注册地在贵州省双龙航空港经济区，注册资本金为 15 亿元。

中铁文旅业务涵盖土地一级整理、二级房地产开发以及文化旅游、康复养生、体育运动、酒店运营、教育培训、矿山修复治理等众多产业投资和运营。截至2020年末，设有中铁贵州旅游文化发展有限公司、中铁四川生态城投资有限公司、中铁五局集团成都发展投资有限责任公司、中铁五局集团郫县投资发展有限责任公司、济南中铁诺德文旅置业有限公司、中铁文旅集团生态环保投资有限公司（具体以工商核准为准）共 6 家子公司，并代管中国中铁股份有限公司贵州生态城分公司、中国中铁股份有限公司四川仁寿分公司。主导开发了贵阳中铁国际生态城、眉山中铁黑龙滩国际生态城、成都“国宾上城”、郫县“天府逸城”、成都中铁春台文化旅游度假中心、济南中铁诺德生态城、纳雍矿山地质灾害综合治理等项目。其中，贵阳中铁国际生态城先后获得“住建部首个授牌健康养生养老设施规划建设国家标准示范项目”、第十六届精瑞人居奖、“2019 年中国最佳文旅地产项目”等系列荣誉，成功举办两届市州级旅游发展大会、两届国家级木球赛事，并作为经典案例被纳入首本全国高校房地产专业案例教材；眉山黑龙滩国际生态城纳入四川省百大重点项目，获得眉山市最高奖项东坡文旅奖。

截至年末，中铁文旅总资产为 207.4 亿元，其中流动资产为 146.5 亿元，非流动资产为 60.9 亿元，资产周转率为 0.56，资产负债率为 80.26%。共有在册员工 446 人，中层及以上管理人员 46 人，占 10.3%；研究生及以上学历 66 人，大学本科学历 289 人，大专及以上学历人员占 88.6%；正高级职称 8 人，高级职称 77 人，中级职称 163 人，中级及以上职称人员占 55.6%。

（周昱凤）

【主要指标】2020 年，中铁文旅实现营业收入 106.97 亿元，实现净利润 18.26 亿元，实现归属母公司净利润 14.2 亿元，经营性净现金流为 17.56 亿元；年末“两金”余额 83.97 亿元，有息负债 40.34 亿元，资金集中度为 84%；人均创收 2674.29 万元，人均创利 456.43 万元。（孙 娜）

**表 13–32　2019—2020 年中铁文化旅游投资集团有限公司主要经济指标**

| 项目 | 2019 年 | 2020 年 | 增长率 /% |
|---|---|---|---|
| 资产总额 / 亿元 | 174.30 | 207.40 | 18.99 |
| 所有者权益 / 亿元 | 35.50 | 40.90 | 15.21 |
| 营业收入 / 亿元 | 85.20 | 106.97 | 25.55 |
| 利润总额 / 亿元 | 17.40 | 18.96 | 8.97 |
| 净利润 / 亿元 | 16.20 | 18.26 | 12.72 |
| 归属于母公司所有者的净利润 / 亿元 | 14.40 | 14.20 | -1.39 |
| 技术开发投入 / 亿元 | — | — | — |
| 利税总额 / 亿元 | 18.50 | 19.70 | 6.49 |
| 应交税金总额 / 亿元 | 1.20 | 2.03 | 69.17 |
| 净资产收益率 /% | 57.90 | 47.79 | 减少 10.11 个百分点 |
| 总资产报酬率 /% | 12.00 | 9.57 | 减少 2.43 个百分点 |
| 国有资本保值增值率 /% | 131.00 | 117.00 | 减少 14 个百分点 |

制表：孙 娜

【改革发展】中铁文旅深化以业绩为导向的刚性考核原则，深入推进目标管理机制。推行实施以“人均创效、人均创利”为主的目标倒逼管理机制，把人均产值、人均利润两项指标作为控制底线，与企业生产经营各项工作紧密结合。根据股份公司对中铁文旅的新定位和所赋予的发展使命目标，以及对总部的新职能定位，通过两次对总部机构进行改革调整，构建了更加适应新形势、新任务、新需要的组织架构和管理模式。通过减少管理层级、优化管理环节、科学分解业务职能、合理赋能授权职能部门，有效调动职能部门主观能动性。试点实施项目跟投工作，将员工与企业风险、收益有效关联起来，员工积极性得以充分调动，实现了员工共享企业改革发展成果，构建了更为科学合理、更加接轨市场、更具竞争力的薪酬与奖惩机制。

（郭 伟　余 刚）

【重大项目】2020 年，中铁文旅以市场经营为突破口，大力推进经营机制变革和经营队伍调整，积极落实集团公司主导经营、三级公司辅助经营职责，纳雍生态治理修复项目的签约落地，推动了公司经营能力和经营格局明显提升，全年完成新签合同额 499 亿元，完成预算指标 122%，超额完成 490 亿元的奋斗目标。（王国飞）

【工程创优】2020 年，贵州国际旅游休闲度假中心白晶谷 3 组团一期酒店（安纳塔拉酒店）获 2020—2021 年度第一批国家优质工程奖；贵州国际旅游体育休闲度假中心悦龙国际城—悦龙东郡一组团（二期）、贵州国际旅游体育休闲度假中心悦龙国际城—悦龙东郡一组团（三期）获 2020 年贵州省建筑工程优质质量结构工程奖；贵州国际旅游体育休闲度假中心悦龙国际城二组团 2 标段（六期）、贵州国际旅游体育休闲度假中心悦龙国际城—悦龙东郡一组团（二期）、贵州国际旅游体育休闲度假中心悦龙国际城—悦龙东郡一组团（三期）、贵州国际旅游体育休闲度假中心太阳谷 30 组团 A 区、贵州国际旅游体育休闲度假中心太阳谷 30 组团 B 区项目荣获 2020 年贵州省安全文明施工样板工地；四川黑龙滩国际生态旅游度假区基础设施项目生态大道（老环湖西路—和谐大道建设工程）获 2020 年度河北省建设工程"安济杯"奖；中铁四川生态城投资有限公司获"一种临时性简易污水过滤池""一种水生植物的悬浮养殖箱""一种应用于大型超深跌水井的消能结构""一种雨水调蓄净化系统""一种雨水隔离调蓄系统""一种雨污水分流隧道""一种自然式驳岸生态净化系统"7 项实用新型专利。（廖竞颖）

【党建工作】中铁文旅党委贯彻落实全面从严治党要求，切实履行党风廉政建设主体责任，党委书记作为主体责任第一责任人，做到"四个亲自"，全面部署，有效推进。2020 年 4 月 3 日，中铁文旅党委组织召开了 2020 年党风廉政建设和反腐败工作会，安排部署 2020 年党风廉政建设重点工作任务。8 月 31 日，中铁文旅党委召开党风廉政建设和反腐败工作推进会，持续跟进，确保任务落实。中铁文旅党委组织开展"干部作风建设年"活动，组织开展违规"打麻将"问题专项整治、"四个专项整治"，组织开展贯彻落实中央八项规定精神自查自纠；稳步推进纪检监察体制改革，加强纪检组织建设，以"去机关化"改革为契机，着力强化机关干部作风建设。

在中铁文旅党委的统一部署下，中铁文旅纪委履行"两个责任"监督职责，强化政治监督，重点围绕贯彻落实党中央决策部署和习近平总书记重要指示批示情况、贯彻落实党中央对疫情防控的总体要求落实情况，贯彻落实中央八项规定情况，以及严肃党的政治纪律和党内政治生活等方面情况开展监督工作。一体推进"不敢腐、不能腐、不想腐"体制机制建设，保持高压态势，紧盯关键少数、重点领域、重要岗位人员，强化廉洁从业警示教育，对职能部门履行监督情况进行"再监督"。2020 年，中铁文旅两级纪检组织开展廉洁教育活动 16 场次，累计 722 人次参加；两级纪检组织向同级职能部门提出工作建议 61 条；中铁文旅纪委书记参与企业重要人事安排初始酝酿 17 人次，回复党风廉政意见 4 人次，任前廉政谈话 13 人次；中铁文旅纪委受理信访举报 1 件，自办处置问题线索 1 件，自办初核了结 1 件，自办立案结案 1 件，给予党政纪处分 1 人，组织处理 2 人次，配合股份公司纪委派驻纪检组开展问题线索初步核实 2 件。（何焱　沈宇鸿）

【信息化建设】积极推进信息贯通工程及相关信息化建设，对现有员工的身份认证完成统一身份管理，部分系统已启用，并开展培训保证员工能正常使用；积极推进 IPv6 升级，对现有设备进行更换，目前所有设备已具备支持 IPv6 协议功能；中铁文旅结合企业发展实际需求，对网络进行整体部署，对防火墙策略进行升级，确保网络安全。（王诚）

【履行社会责任】中铁文旅积极响应股份公司工会号召，充分发挥组织优势，根据股份公司工会消费扶贫文件精神，因疫情影响，通过购买和消费来自贫困地区滞销农副产品的方式，向贫困地区献爱心。截至年末，中铁文旅合计购买湖北疫区产品 7 万余元。结对帮扶开阳县、锦屏县、仁寿县的下属乡镇，利用中铁惠园、生态城内大型超市的销售平台，助力优质农产品出山。同时，还向项目所在村组、村民开展了爱心义诊、就业帮扶、贫困助学等活动，累计投入近 19 万元。（董英豪）

【领导人员】

| | |
|---|---|
| 穆亦龙 | 党委副书记（主持党委工作）、副董事长（主持董事会工作）（5 月任）<br>党委书记、董事长（7 月任） |
| 申凌云 | 副总经理（主持经理层工作）（5 月任）<br>党委副书记、总经理（7 月任） |
| 王　阔 | 副总经理、工会主席 |
| 吴　杨 | 副总经理 |
| 刘大春 | 纪委书记（7 月任） |
| 曹少卫 | 总工程师（12 月任） |

（周昱凤）

## 中铁资源集团有限公司

【简况】中铁资源集团有限公司（简称"中铁资源"）是中国中铁股份有限公司从事矿产资源开发的全资子公司，注册资本 54.27 亿元人民币，总部设在北京。

2007 年 1 月 18 日，经中国铁路工程总公司第一届董事会第二次会议研究，决定设立"中国铁路工程总公司资源开发分公司"，主要负责国际、国内资源项目的开发工作。中国中铁股份有限公司成立后，分公司于 2007 年 9 月 19 日更名为"中国中铁股份有限公司资源开发分公司"。2008 年 5 月 12 日，经中国中铁股份有限公司第一届董事会第九

次会议审议通过，在资源开发分公司的基础上改制组建成立“中铁资源有限公司”，作为股份公司的资源开发专业化子公司。2009年4月28日，中国中铁股份有限公司第一届董事会第十九次会议决议：中铁资源有限公司更名为“中铁资源集团有限公司”。

历经十余年发展，中铁资源已成长为集矿山开发、商贸物流、矿山建设服务于一体的国际化企业集团。海外市场主要分布在刚果（金）、蒙古等国家，国内市场主要分布在黑龙江省、内蒙古自治区、青海省等地。

公司主要经营范围涉及贵金属、有色金属、黑色金属、非金属等资源开采、加工和销售；国内外自然资源开发的技术研究和咨询、地质勘探及设计；进出口贸易；施工总承包；项目投资等领域。主要资源品种为铜、钴、钼、铅、锌、银等有色金属。截至2020年末，保有铜金属量828.91万吨、钴金属量64.17万吨、钼金属量65.67万吨、铅金属量34.43万吨、锌金属量67.49万吨、银金属量1821.46吨。

中铁资源拥有实际经营业务的企业13家，其中全资公司6家，控股公司6家，参股公司1家；境内企业7家，境外企业6家。核心矿山5座，分别是刚果（金）华刚、绿纱、MKM铜钴矿，蒙古国乌兰铅锌矿，黑龙江伊春鹿鸣钼矿。铜金属产能17.2万吨/年（其中华刚矿业一期12.5万吨/年、MKM矿业2.2万吨/年、绿纱矿业2.5万吨/年），钴金属产能0.49万吨/年，钼金属产能1.15万吨/年，铅锌金属产能3.2万吨/年，硫酸产能29万吨/年。

截至2020年末，中铁资源总部设置15个部门（不含财务共享中心），现员104人。全公司共有中方员工1142人，其中管理和专业技术人员767人，技能人员375人；硕士及以上学历134人，本科学历612人；正高级职称10人，高级职称221人，中级职称296人。外方员工3450人。 （宋名功　刘晨辰）

【主要指标】2020年，中铁资源实现营业收入129.67亿元；实现净利润22.70亿元，在股份公司系统内企业排第3位，连续3年保持较高盈利水平；实现经营性净现金流21.56亿元，超出股份公司确保目标4.06亿元；有息负债余额85.39亿元，较年初减少4.48亿元，低于股份公司管控目标1.61亿元；资产负债率65.71%，较年初降低6.46个百分点，低于股份公司管控目标20.95个百分点。截至2020年末，资产总额215.90亿元，其中固定资产净值36.09亿元，流动资产59.86亿元，其他资产119.95亿元。 （宋名功）

**表 13-33　2019—2020年中铁资源集团有限公司主要经济指标**

| 项目 | 2019年 | 2020年 | 增长率/% |
| --- | --- | --- | --- |
| 资产总额/亿元 | 205.96 | 215.90 | 4.83 |
| 所有者权益/亿元 | 57.32 | 74.03 | 29.15 |
| 营业收入/亿元 | 136.51 | 129.67 | –5.01 |
| 利润总额/亿元 | 26.31 | 25.64 | –2.55 |
| 净利润/亿元 | 23.13 | 22.70 | –1.86 |
| 归属于母公司所有者的净利润/亿元 | 20.69 | 21.00 | 1.50 |
| 技术开发投入/亿元 | 0.90 | 0.39 | –56.67 |
| 利税总额/亿元 | 38.11 | 35.25 | –7.50 |
| 应交税金总额/亿元 | 11.80 | 9.61 | –18.56 |
| 净资产收益率/% | 49.90 | 34.57 | 减少15.33个百分点 |
| 总资产报酬率/% | 15.18 | 13.71 | 减少1.47个百分点 |
| 国有资本保值增值率/% | 174.05 | 132.01 | 减少42.04个百分点 |

制表：张玲玲

【矿山生产】2020年，中铁资源科学组织实施年度生产计划，强化过程管控，注重管理实效，主要产品产量、质量双双提升，生产成本稳步下降。金属总产量再创历史新高，达到25.83万吨，同比增长2.43%，其中铜金属量21.21万吨，锌金属量2.14万吨，铅金属量1.43万吨，钴金属量2566吨，钼金属量7963吨，银金属量43吨。华刚矿业连续五年稳产高产，新鑫公司乌兰矿首次实现全面达产，MKM矿业连续八年完成年度目标，绿纱矿业阴极铜产量首次突破3万吨。主要产品质量总体好于2019年，阴极铜产品A级占比达到99.81%，较2019年提高5.55个百分点。生产成本稳步下降，阴极铜成本较预算下降3.7%，铅金属成本较预算下降3.4%，锌金属成本较预算下降10.7%。 （宋名功）

【项目建设】中铁资源克服疫情影响，紧盯时间节点，加强物资保障，抢抓工程进度，各重点项目建设扎实推进。华刚矿业二期项目工程设计、招标采购工作有序开展，选矿

所属单位

▲中铁资源华刚矿业二期配套项目——布桑加水电站大坝施工

系列、焙烧系统、冶炼工程等建设稳步推进。布桑加水电站大坝累计升高突破90米，发电厂房进入装修阶段，移民搬迁、500千伏输电线路迁改工程完工。绿纱矿业“填平补齐”项目沉钴系统进入带料调试阶段，磨矿系统实现联动试车，尾矿库和浸渣库投入使用。新鑫公司乌兰矿825米中段深部开拓工程主、副斜坡道掘进顺利施工，充填系统建设采购招标、施工图设计等工作有序启动。中刚基建“一揽子”项目稳步实施，截至2020年末，31个项目中完工20个、在建10个、未开工1个，完工项目中通过最终验收13个、通过临时验收6个、待验收1个。（宋名功）

【改革管理】深入推进总部“去机关化”改革，总部机构设置由20个缩减至15个（不含财务共享中心），定编岗位由150人缩减至120人，部门职责更加明确，机构和人员更加精干。加强财务与业务融合，成立财务共享中心，业财共享平台上线运行，财务管理水平得到进一步提升。积极推动企业压减和亏损企业治理，全年完成股份公司下达的2家压减任务，其余4家按计划取得积极进展；完成5家亏损企业治理，亏损额较2019年减少66.64%，实现了亏损面、亏损额同比各下降50%的目标任务。深入落实国企改革三年行动方案，确定了五大领域的20个改革方向、107项重点任务，建立工作台账，定期督办工作进展情况。落实剥离国有企业办社会职能，29名退休人员顺利移交社会化管理。（宋名功）

【荣誉奖励】2020年，中铁资源所属新鑫公司被授予蒙古国“百强企业”及蒙古国东方省“优秀纳税企业”称号。（宋名功）

【企业文化】中铁资源围绕抗疫情、保生产，加强职工关怀关爱，深入开展各类劳动竞赛，大力弘扬正能量，企业文化建设有声有色。高度重视员工的身心健康，全力做好新冠肺炎疫苗接种，累计组织中铁资源及协作方人员接种新冠肺炎疫苗超过1400人，其中境外员工覆盖率超过70%，构筑起安全免疫屏障；有序组织驻外员工回国轮换，开展境外员工和家属走访慰问，为境内8家单位下拨防疫专项经费20万元、为23名员工办理“病毒无情中铁有爱”专项《新冠安康住院津贴》。积极开展“两节送温暖”“夏送清凉”“金秋助学”等活动，累计筹集资金156万元，走访慰问职工1418人次，资助职工子女161人。大力营造干事创业的良好氛围，组织年度先进集体（班组）、先进工作（生产）者、抗疫工作先进个人评选工作，深入开展“抗疫情、保增长，大干100天”“决战四季度，决胜保目标”等专项劳动竞赛，树立典型，表彰先进，弘扬正能量。加强对外宣传工作，围绕矿山生产经营管理，加大重点矿山、重点典型、重要业绩和海外项目等“三重一外”报道力度，全年累计在中央主流媒体发表21篇次、地方和行业媒体发表67篇次，海外媒体发表56篇次，提升了企业形象。（宋名功）

【党建工作】截至2020年末，中铁资源党委会由6名委员组成，其中党委书记1名、副书记1名；下设6个党委，5个党工委，3个独立党支部，42个基层党支部，共有党员520人。建立“第一议题”学习制度，把学习贯彻习近平总书记最新重要讲话、重要指示批示精神作为党委会“第一议题”，建立日常管理台账，做到定期督办、跟踪问效。加强基层党组织建设，华刚矿业党工委“海外党建经验”获得首届国有企业党的建设论坛“三基建设”最佳案例，中刚建设党工委获得“中国中铁先进基层党组织”称号。严格落实党委会“前置程序”要求，全年49项涉及企业改革、遗留问题处置、重大融资安排等方面的议题均履行了党委前置程序，发挥了党委把关定向作用。深入推进全面从严治党，干部作风建设年、“四个专项整治”、审计发现问题警示教育、巡察问题整改取得实效，营造了风清气正的政治生态。（宋名功）

【信息化建设】加强中心机房管理，对OA办公、生产信息管理、法人治理支持等主要业务系统进行虚拟化平台部署，基本实现了一主一备，系统稳定性和安全性大幅提升；实施IPv6改造，部署WEB防火墙，网络安全不断提高。推广应用云视频会议系统，全年累计召开视频会议180余次，有效降低了会议成本。优化完善办公系统，根据业务需要新建了电子票据、财务印章、营销业务、公务用车等审批流程，进一步提高了办公效率。部署电子文档管理系统，与OA办公系统无缝对接，实现OA流转文件批量归档；完成所属单位与中铁资源集团电子文档管理系统的贯通工程，实现总部对各单位档案的专线查询，大幅提升了电子档案管理效能。（宋名功）

【履行社会责任】积极推进属地化管理，中刚建设累计为当地解决就业岗位3000余个；新鑫公司全年新招聘蒙古员工52人，在蒙古东方省境内累计采购物资和服务超过93亿蒙图，属地化采购率达到77%。积极帮助当地居民改善生活环境，中刚建设实施布桑加水电站库区移民新村建设，无偿新建学校、诊所等公共设施，为村民提供专项补偿资金近300万美元。积极加强生态环境保护，新鑫公司为矿区所在地周边水源加设围栏进行保护，全年在环保方面累计投入资金160余万元；华刚矿业发起保护环境及保护野生动物的倡议，促进员工提升生态保护意识。积极参与抗疫救灾，新鑫公司为当地抗击新冠肺炎疫情募捐善款2.61万元（折合蒙图约1020万图），并组织50余人、6辆机械设备参与当地的草原火灾扑救。“三八”“六一”等国际节日期间，各驻外单位广泛开展中外女职工联谊、慰问当地学校及儿童福利机构等活动，不断增进双方友谊。（宋名功）

【领导人员】

赵占虎　党委书记、董事长（9月免）

蒲青松　党委书记、董事长［5月不再担任副董事长，任副总经理（主持经理层工作），7月任党委副书记、总经理，9月任党委副书记（主持党委工作）、副董事长（主持董事会工作），12月任党委书记、董事长］

张瑞刚　党委副书记、总经理［9月不再担任纪委书记、工会主席、监事会主席，任党委副书记、副总经理（主持经理层工作），12月任党委副书记、总经理］

罗晓春　党委委员、副总经理

王含渊　党委委员、总工程师（11月免）

陈元海　党委委员、总会计师

钟长汀　党委委员、总地质师

彭小林　党委委员、副总经理

（刘晨辰）

## 中铁信托有限责任公司

【简况】中铁信托有限责任公司（简称“中铁信托”），原名为“衡平信托有限责任公司”，是经中国银行保险监督管理委员会批准，以金融信托为主营业务的非银行金融机构，注册资本50亿元，2020年资产总额198.27亿元，驻地四川省成都市。2002年12月，由原成都工商信托投资有限责任公司和成都金通信托投资公司合并新设立衡平信托。2005年10月，中国铁路工程总公司和其下属的中铁二局集团有限公司收购衡平信托72.39%的股权。2007年7月，按照中国银保监会《信托公司管理办法》换发了新的金融许可证，成为全国首批换发金融许可证的信托公司之一。2008年12月，经批准，正式更名为“中铁信托有限责任公司”。

中铁信托业务范围涵盖资金信托、动产信托、不动产信托、有价证券信托、投资基金、证券承销、投资银行业务等；办理居间、咨询、资信调查等业务；以存放同业、拆放同业、贷款、租赁、投资方式运用固有财产；以固有财产为他人提供担保，从事同业拆借以及法律法规规定或中国银保监会批准的其他业务。2008年9月，中国银保监会核准中铁信托特定目的的信托受托机构资格；2009年11月，经四川银保监局批准，中铁信托获得以固有资产从事股权投资的创新业务资格；2012年12月，经中国银行间市场交易商协会批准，中铁信托获得银行间市场交易商协会会员资格；2016年8月，中铁信托获得银登中心信贷资产收益权转让相关业务资格。

中铁信托控股子公司——宝盈基金管理有限公司成立于2001年5月18日，注册资本1亿元，注册地深圳。宝盈基金主要经营业务包括发起设立证券投资基金、基金管理、特定客户资产管理以及证监会批准的其他业务。

截至2020年12月31日，中铁信托在岗员工共454人，其中中铁信托本部283人、宝盈基金171人；本部硕士及以上136人，占48.06%；宝盈基金硕士及以上106人，占61.99%；评聘有116名中级、25名高级专业技术职称人员以及56名项目经理。

中铁信托被共青团中央、国务院国资委授予“全国青年文明号”称号，被中华全国总工会授予“全国模范职工之家”称号，被四川银保监局评为“金融扶贫先进单位”，赢得最佳绿色金融奖、普惠金融服务公众社会责任奖、“四川企业社会责任十强”、“四川省杰出品牌企业”等荣誉。在行业内，凭借雄厚的综合实力和服务实体经济的杰出贡献，连续5年获得《证券时报》主办的“中国优秀信托公司”，连续4年获得《上海证券报》主办的“诚信托·卓越公司”等奖项；以稳健的信托产品、贴心的专属服务，获得“最佳理财服务品牌”“2020年度影响力品牌”等称号。在系统内，以特色的党建成效、优异的经营业绩、科学的精细管理，连续8年被评为中国中铁“四好班子”，多次被评为“经营工作先进单位”，2020年被授予“中国中铁管理实验室活动先进单位”称号。（钱思澈）

【主要指标】截至2020年12月31日，中铁信托资产管理总规模为4018亿元，其中中铁信托本部3260亿元、宝盈基金758亿元。按合并口径，中铁信托全年实现营业收入21.64亿元，完成预算目标的127.29%；净利润11.34亿元，完成年度预算任务的112.38%。企业资产总额198.27亿元，净资产106.39亿元，净资产收益率11.12%。

（石光瑞）

**表13–34　2019—2020年中铁信托有限责任公司主要经济指标**

| 项目 | 2019年 | 2020年 | 增长率/% |
|---|---|---|---|
| 资产总额/亿元 | 187.80 | 198.27 | 5.58 |
| 所有者权益/亿元 | 97.57 | 106.39 | 9.04 |
| 营业收入/亿元 | 18.16 | 21.64 | 19.16 |
| 利润总额/亿元 | 13.60 | 14.95 | 9.93 |
| 净利润/亿元 | 10.32 | 11.34 | 9.88 |
| 归属于母公司所有者的净利润/亿元 | 10.18 | 11.03 | 8.35 |
| 技术开发投入/亿元 | 0.03 | 0.03 | 0 |
| 利税总额/亿元 | 14.62 | 16.42 | 12.31 |
| 全员劳动生产率/［万元/（人·年）］ | 347.56 | 555.26 | 59.76 |
| 应交税金总额/亿元 | 10.21 | 12.75 | 24.88 |
| 净资产收益率/% | 10.94 | 11.12 | 增加0.18个百分点 |
| 总资产报酬率/% | 7.40 | 7.80 | 增加0.40个百分点 |
| 国有资本保值增值率/% | 111.43 | 111.57 | 增加0.14个百分点 |

制表：石光瑞

【改革发展】深入推进“总部制、大部制”改革，组建上海业务总部、财富管理总部，下设了32个分部，划小部门核算单元和职能单元。制定《关于大力培养选拔使用优秀年轻干部的方案》，明晰职级晋升路径，使优秀年轻干部能够脱颖而出，全年晋升20名具有较大潜力的部门总经理助理和高级经理、经理，新培养10名信托项目经理，对9名高级经理改任为部门总经理助理，给予专业技术型人才发展机会。

制定《岗位薪酬管理办法》，规范员工职级的评定与调整，进一步明晰考核晋升规划与路径；制定《部门绩效考核办法》《员工绩效考核实施办法》《绩效薪酬管理办法》，优化绩效薪酬激励机制，鼓励业务部门开展创新业务，进一步健全预算引领机制，建立KPI考核规则，实施定性与定量相结合的综合考核考评，强化延期支付等约束政策。进一步完善绩效合约管理制度。对市场化、契约化管理模式人员，挂钩业绩观察期绩效考核结果，优胜劣汰；通过探索实施“协议工资制”，绩效目标更加明晰，薪酬激励更具针对性。

加强对控股子公司的薪酬管理。根据行业、市场的最新变化情况，拟定了薪酬总额、高管人员薪酬等相关管控的指导意见，下发控股单位，督促其履行相关规定和程序后贯彻落实。（钱思激）

【重大项目】中铁信托中标并牵头完成中国信托业协会重点课题《信托公司信托文化建设》，该项目获得2020年度中国信托业协会专题研究课题评审第一名。承担中国中铁股份有限公司2020年度科技研究开发计划A类课题《建筑央企供应链金融的探索与研究》。参与中国信托业协会组织的《中国信托业2018年社会责任报告》的编写工作。同时，出版专著《中国信托业转型升级创新研究》，并在《财经科学》《中国金融》《当代金融家》《征信》《财富博览》《上海证券报》和《银行保险报》等期刊和报纸发表论文20余篇。

（曾百海）

【重大创新】优化《岗位薪酬管理办法》，规范员工职级的评定调整、明晰考核晋升规划路径，加强“经理级”职级和优秀年轻干部选拔，畅通了员工职业发展通道，储备了一批年轻优秀专业人才。优化了绩效薪酬激励机制，强化以业绩为导向、按贡献取酬，对专职从事新兴业务的团队按成本中心管理、对新兴业务收入给予考核加成，既鼓励了符合转型升级需要的业务和人员，又激发了全员干事创业激情；对新引进市场化业务人才实行契约化管理，签订《绩效合约》，明确业绩目标、薪酬约定以及劝退调整条件，并按季度跟踪考核。根据行业特点，按照权责对等原则，强化了延期支付等约束政策，风控至上、稳健经营的理念和导向更加深入人心。全面强化预算引领机制，科学分配、及时通报、分析指导、定期考核，支持鼓励业务部门开展监管和公司鼓励的创新业务，充分发挥预算管理“指挥棒”的作用。根据公司转型升级的需要，加强重点业务人才的引进，在标品投资、现金管理、资产证券化、股权投资、财富管理等重点业务领域引进补充成熟人才33名。优化信托项目经理的资格评审、管理、考核及退出机制，新选拔培养了10名项目经理。加强职业发展"双通道"建设，强化职称评审及职业资格管理；实施素质提升工程，开设"中铁信托学堂"，持续开展干部管理能力提升班、网络学院等各类培训，督促全员参加从业资格考试和后续学历教育。

发挥内部审计的监督、控制、评价、服务职能作用，推动内审结果运用闭环管理，全年审计提出主要问题、意见及建议等46个，修订相关制度4个，有力地促进内控管理体系日益完善，提升各条线工作质量。加强综合管理，纪律管理促进员工履职行为规范，督查督办管理确保重要工作落地见效，增强分管领导的指导性和督促性，提高部门工作的统筹性和时效性，改进工作作风，整合会议审批程序，制定会务与接待工作标准化手册，优化公务车申用、财务报销流程，减少业务中间环节上传流程等。

组建5个创新业务工作小组，加强组织领导，锚定创新业务。证券部积极开展MOM和现金管理业务创新，上海、北京业务总部开展长租房服务信托。全年实施项目股权投资、PE投资、资产证券化等创新类业务项目29个，实现新签合同收入1.58亿元，占新签合同总收入的6.19%，实现了标品信托、服务信托、家族信托"从0到1"的突破，新的利润增长极正逐渐显现。建立"总对总"的沟通协调机制，推动合作模式理论和实践创新。2020年产融结合业务实施规模总计148亿元，促进实业单位新增房建施工工程、带动施工产值、压降"两金"、盘活存量资产，并协助股份公司改善报表结构，降低资产负债率。服务地方经济，进一步拓展了江浙赣黔豫陕等省所辖地市区县城投企业，既服务地方经济发展，又形成公司新的利润增长点。截至2020年末，新成立主动管理类基础产业信托项目34个，总规模92亿元，较2019年末增长53%。（钱思澈）

【企业文化】中铁信托坚持党建文化引领，中铁文化融汇，信托文化承继，把建设内涵丰富、品格高尚、取向鲜明的企业文化作为提高经营管理水平、增强企业凝聚力、打造市场竞争力的重要举措。大力倡导"三优企业""四好团队""五德员工"为主流价值的企业文化，大力塑造"允执其中、守信如铁"的企业品牌形象，大力宣传和表彰先进典型，构建具有深度内涵的文化识别、理念识别、行为识别、视觉识别、综合文化为核心的企业文化五大系统，形成企业的精神支柱和动力。制作富有指导性的《企业文化手册》《员工手册》《员工福利清单》等7本系列丛书，规范员工行为，企业文化建设日益制度化、规范化和科学化。

制定信托文化建设五年规划，开展信托文化教育年活动，与四川大学共建金融知识普及基地，开展"金融知识进万家"活动14次；在微信公众号设置"信托文化"专栏，大力宣传信托使命文化、宗旨文化、责任文化、底线文化和品质文化，营造良好的信托文化普及教育氛围。牵头完成中国信托业协会2020年度的重点课题《信托公司信托文化建设》并获得行业专题研究第一名，先后在《金融时报》等权威期刊上发表10余篇文章，出版《中国信托业转型升级创新研究》专著。

举办品牌发布会，推广品牌建设最新成果，制定《"十四五"品牌建设规划方案》，建立定期官网更新工作机制等。完成成都本部及各网点，北上渝异地部门及财富中心办公导视系统品牌制作和更新，并先后打造出品牌建设系统手册、企业宣传片、宣传画册、吉祥物"小铁"等品牌成果，通过制定5个品牌使用指引，规范日常行政、多媒体及会务办公系统品牌运用，不断增强全员品牌理念认同、价值认同和行为认同。以开展建企40周年活动为契机，固化多种宣传载体和方式，举办多元化财富客服活动，不断提升客户黏性，增强品牌聚合力；联系人民网等国家级权威媒体，融合四川新闻网等地方媒体，报送各类信息77篇，推送高质量文章18篇，做优微信公众号自媒体，发布信息370篇，粉丝超过10万人，已成为行业影响力前列的自媒体。"允执其中、守信如铁"的品牌被全新塑造，品牌知名度和影响力不断提升。

（钱思澈）

【党建工作】中铁信托党委认真落实管党治党责任和全面从严治党要求，企业党建做到"规定动作不走样、结合实际有特色"，中铁信托获得了"全国模范职工小家"，连续8年被评为中国中铁"四好班子"。加强政治建设，深入学习贯彻党的十九大、十九届五中全会精神、习近平新时代中国特色社会主义思想，巩固深化主题教育成果，建立第一议题学习和督办机制，完成股份公司党委巡视迎检，增强全员政治领悟力、政治判断力和政治执行力。统筹推进疫情防控和复工复产，在全员零感染情况下，在股份公司"大干100天"专项劳动竞赛中获得第1名，获得优胜单位。大力加强"三基建设"，制定党群纪定编定岗方案，创新开展"三亮一做"和"两岗两队"，形成"示范支部带头+月初发指引+月末提醒+季度检查"的工作机制，党建工作体现特色与实效，多项做法刊载于人民网和《中铁党建》。

压实"两个责任"。制定年度工作要点，对中铁信托部门及所属企业落实党风廉政建设责任制情况开展检查考核并通报，对13个基层党组织书记开展了落实党风廉政主体责任述职考核，建立廉洁合规警示教育常态化机制，分别组织与所属企业、各部门、合作企业等签订党风廉政建设责任书、廉洁合规承诺书和廉洁共建协议书。持续推进两级纪检监察体制改革，单设两级纪委综合室，配备专兼职纪检员。推进"四个专项整治"和重要节假日

“四风”监督检查，对班子成员背靠背“画像”，常态开展日常廉洁谈话和任前廉洁审查，围绕中心开展“干部作风建设年”活动和“再监督”工作。推进“三不腐”体制机制。强化“不敢腐”的震慑，全年运用第一种形态19人次、第四种形态1人次。扎牢“不能腐”的笼子，完善配套制度12项，修订廉洁风险防控大纲，编印从业人员禁止性规定。增强“不想腐”的自觉，定期组织开展廉政宣传月、党纪党规知识竞赛和警示教育现场会，坚持在党委会和中心组开展“党纪教育一刻钟”。主动接受巡视政治体检，召开巡视发现典型问题警示教育大会和巡视整改专题民主生活会，对巡视移交问题，做到即知即改、立行立改、快查快办。

（陈世韬　张　路）

【信息化建设】2020年，中铁信托从营销驱动、业务驱动、管理驱动3个方面入手，通过先进信息技术的应用和信息系统建设，使公司整体信息化水平不断提高。在营销驱动方面，中铁信托App二期项目顺利上线，实现了7×24小时线上预约、远程双录、电子签约等金融科技的运用目标，使公司迈出了信息化转型升级的关键一步，公司App在AI双录方面达到行业先进水平；在二期基础上启动了三期建设，不断迭代更新以满足公司业务发展的需要；在业务驱动方面，创新业务系统建设不断完善，标品信托业务系统估值核算、注册登记等随着业务推进同步落地，家族信托业务系统建设配合业务落地同步开展；在管理驱动方面，管理信息化不断提高，配合营销管理优化调整，对CRM、TA等核心业务系统进行了完善。统计数据平台一期顺利上线运行，实现了统计数据的集中存管，完成了行业EAST4.0中64张表、1500余个字段的成功填报。（余　冀）

【履行社会责任】积极响应党中央和国务院的号召，统筹疫情防控与经营发展“两手抓、两手硬、两促进”，制定15项疫情防控管理措施，开展全员核酸检测，体现人文关怀，运用信息技术手段实施远程办公与客户维护，加强扎口管理与疫情监控监测，做好防疫知识宣传与纪律监督，常态化疫情防控物质、技术、人员、制度保障到位，开展专项劳动竞赛加快复工达产，掀起“大干一百天”和“决战四季度”专项劳动竞赛高潮。中铁信托经受住了大战大考，提高了应对突发疫情事件能力，广大员工也展现出顽强拼搏、敢于斗争的精神风貌，获得“中国中铁抗击疫情先进集体”称号，2名员工获得“抗击疫情先进个人”称号。

中铁信托积极响应《四川省银行业支持帮扶全省88个贫困县行动计划（2015—2020年）》号召，制定了《中铁信托对口叙永县精准扶贫实施方案》，成立了精准扶贫领导小组，与泸州市叙永县人民政府签订了《金融扶贫开发合作协议》。2020年2月，叙永县正式退出贫困县序列，顺利实现脱贫摘帽目标。2020年8月，为贯彻落实习近平总书记提出的“扶贫必扶智，绝不能让贫困家庭的孩子输在起跑线上，坚决阻止贫困代际传递”等扶贫方略，中铁信托精准扶贫工作组深入泸州市叙永县枧槽苗族乡九龙村开展教育结对帮扶工作，带去9.2万元的专项爱心基金对5户建档立卡的困难家庭实施“一对一”精准教育扶贫，用点滴爱心点燃困难家庭的希望，彰显了企业的责任与担当。2017年成立的四川省首单环保类慈善信托明德1号继续发挥积极作用，2020年当年，已确定资助生态环保类慈善项目10个，批准金额共103万元，地域遍及四川等九个省或直辖市，涉及动植物保护、水资源生态保护等领域。中铁信托与慈善组织、爱心企业和文化教育机构通力合作，陆续筹备发起设立国内首单博物馆慈善信托“弘文一号”，国内首单弘扬三国文化的慈善信托“明道一号”、支持高校开展信托研究的“致远系列”等多只公益慈善信托，支持优秀传统文化的教育传播、精准扶贫和信托文化研究，慈善信托形成品牌方阵，赢得社会广泛赞誉，充分展示央企的责任担当。

（钱思澈）

【领导人员】

马永红　党委书记、董事长

陈　赤　党委副书记、总经理

解义才　党委副书记、副总经理（拟任）、工会主席

魏红霞　党委委员、纪委书记

王　兴　党委委员、副总经理

舒军华　党委委员、副总经理、董事会秘书

李正斌　党委委员、总会计师

严　震　党委委员、副总经理、总法律顾问

丁　宁　监事长

王云飞　副总经理（3月任）

（巩路遥）

## 中铁财务有限责任公司

【简况】中铁财务有限责任公司（简称“中铁财务”）于2013年7月4日由银监会批准筹建（银监复〔2013〕330号），2014年2月27日取得开业批复（京银监复〔2014〕98号），3月16日正式开业运营。2018年注册资本金增至90亿元，其中：中国铁路工程集团有限公司出资4.5亿元，占比5%；中国中铁股份有限公司出资85.5亿元，占比95%。截至2020年12月31日，中铁财务资产总额849.80亿元，较2019年增幅7.69%。2020年，中铁财务绩效考评保持A级，超额完成全年各项经济预算指标。中铁财务2个集体和3名课题参与者获得股份公司管理实验室表彰，中铁财务财税论文获2020年全国建筑业财税管理优秀论文和典型案例特等奖1项，一等奖3项。中铁财务党建理论创新迈上新高度，党建理论文章在国资委官网党建专栏、中国网、半月谈等重量级党刊发表，一项党建课题获财务公司协会2020年度优秀案

例、中国中铁党委优秀课题二等奖；两项党课获得股份公司优秀党课三等奖。中铁财务现有员工72人，其中研究生以上学历32人，占员工总数的44%；中级职称以上人员39人，占员工总数的54%；具有海外留学经历人员15人，占员工总数的21%。

（厉 洁　高晓伟）

【主要指标】2020年，中铁财务坚持专注资金集中，不断增强服务能力，提高信贷业务规模。2020年，中铁财务实现营业收入16.56亿元，同比增长16.54%，完成年度预算的113.42%；净利润6.78亿元，完成年度预算的104.31%；2020年12月31日资产总额849.80亿元，较年初增长7.69%；所有者权益118.02亿元，较年初增长3.34%。

2020年，中铁财务经营规模进一步增长，全年为30家成员企业发放流动资金贷款86笔，金额合计315.92亿元，同比增幅42.78%。以联合保理、资产收购新业务促成出表资产金额29.93亿元。办理票据承兑31.05亿元，办理票据贴现总金额0.72亿元，开出各类保函金额49.08亿元。截至2020年12月31日，中铁财务流动资金贷款余额293.22亿元，贴现余额0.65亿元，保理余额6.44亿元，融资租赁余额3.15亿元，承兑汇票余额19.93亿元，保函67.07亿元。

（楚国军）

表13-35　2019—2020年中铁财务有限责任公司主要经济指标

| 项目 | 2019年 | 2020年 | 增长率/% |
|---|---|---|---|
| 资产总额/亿元 | 789.11 | 849.80 | 7.69 |
| 所有者权益/亿元 | 114.21 | 118.02 | 3.34 |
| 营业收入/亿元 | 14.21 | 16.56 | 16.54 |
| 利润总额/亿元 | 10.88 | 8.83 | -18.84 |
| 净利润/亿元 | 8.26 | 6.78 | -17.92 |
| 归属于母公司所有者的净利润/亿元 | 8.26 | 6.78 | -17.92 |
| 技术开发投入/亿元 | 0.04 | 0.01 | -75.00 |
| 利税总额/亿元 | 11.23 | 9.53 | -15.14 |
| 应交税金总额/亿元 | 2.86 | 2.83 | -1.05 |
| 全员劳动生产率/[万元/(人·年)] | 1891.15 | 1295.21 | -31.51 |
| 净资产收益率/% | 7.45 | 5.84 | 减少1.61个百分点 |
| 总资产报酬率/% | 1.48 | 1.08 | 减少0.40个百分点 |
| 国有资本保值增值率/% | 107.67 | 105.93 | 减少1.74个百分点 |

制表：楚国军

【改革发展】2020年，中铁财务提早谋划、有序推进“十四五”规划编制专项工作，为“十四五”开局指引航向。通过开展高质量发展行动、管理实验室活动等，推进中铁财务各项工作不断迈向新台阶。中铁财务“四级联动”党建机制更加稳固，“党建+”模式成效明显，着力推进区域经营、重点业务、创新金融产品、优化系统建设。区域经营工作取得重大进展，领导带队与股份公司各区域总部签订战略合作协议，为参与中国中铁区域经营、强化经营业绩提供合作支撑，经营体制机制不断完善。依据《商业银行股权管理暂行办法》和相关监管要求，将关于股东管理的监管要求、股东权利义务等写入章程，在章程中载明股东应遵守法律法规和监管规定、主要股东出资义务、对未经监管批准股东限制行使部分权利、对股东损害公司利益行为惩戒等方面条款，进一步提升公司治理规范性。修订《反洗钱工作管理办法》《法律纠纷案件管理办法》等制度，适应监管机构对财务公司反洗钱工作的新要求，进一步加强风险与法治体系建设。

（吴松涛）

【信贷业务】2020年，中铁财务为40家成员企业办理综合授信1320亿元，于12月23日自营信贷业务规模达到年度峰值325.34亿元，较2019年峰值268.64亿元上涨21.11%。2020年，总计开展各项自营信贷业务128笔，总金额322.43亿元，截至年底，自营信贷业务余额303.45亿元，并保持零不良贷款率，未发生信用风险事件。全年共开展61笔委托贷款，年末余额为85.67亿元，为成员单位间的资金融通提供平台服务。积极加强保函宣传，努力扩大中铁财务金融信用的使用范围，使中铁财务保函认可度大幅提升，办理各类保函231笔，合计金额49.08亿元，其中外部保函140笔36.63亿元，占保函总额的74.63%。

（郑亚菲）

【资金业务】2020年，中铁财务流动性总体维持在较高水平，相较往年资金面整体宽松。在头寸管理方面，一方面采用规模与比例管理，建立合理的资产负债结构，进一步完善

所属单位

资产配置，在利率下行背景下努力提升资金收益；另一方面不断加强流动性管理，注重监管指标日常监测，对每日头寸变化进行密切跟踪，通过流动性压力测试，大额用款台账等措施严控流动性风险，保证日常对外支付结算资金，同时持续关注资金市场情况，提升中铁财务主动负债管理能力。（韩超）

【投资业务】中铁财务在保证总体流动性安全的前提下，坚持“稳健投资，价值投资”理念，合规审慎地开展有价证券投资业务。在对年度宏观经济及投资市场分析的基础上，制定《有价证券投资配置方案》，严格按照止盈止损原则和风险控制要求，丰富投资产品，做好投前调研、投中监控和投后管理，在保证安全性、流动性的同时提高投资收益。截至年底，开展货币市场基金投资收益6175万元，年化收益率达2.16%。国债逆回购配置取得逆回购利息收入2187万元，年化收益率算术平均值达3.3%。（刘佳）

【产业链金融】积极推进融资租赁业务，中铁财务主动与成员企业对接，根据项目实际情况和客户需求，为多家成员企业设计了融资租赁方案；协调供货商与申请人进行三方沟通，达成一致后共同签署三方买卖转让协议。2020年，成功签署融资租赁合同、三方协议各1份，放款4笔，金额合计1.3亿元。截至年底，融资租赁余额达3.15亿元。（郑亚菲）

【票据业务】办理电子银承合同1061份，出票2281张，金额达31.05亿元，收取承兑手续费155.27万元，收取保证金1.95亿元；办理电子银承贴现28张，金额共计7202.5万元。（郑亚菲）

【外汇业务】2020年，中铁财务外汇年末吸存规模3.3亿美元，较2019年同期增长33.40%，全年交易总量36亿美元、受理业务851笔。按照国家外汇管理局2019年7号文《跨国公司跨境资金集中运营管理规定》等法律法规，新增备案成员企业12家，共计48家境内外成员企业（境内32家，境外16家）参与备案，集中外债额度362亿美元、对外放款额度54亿美元。铁工（香港）财资管理有限公司（简称“香港财资中心”）2020年末境外外汇吸存规模1.04亿美元，单年交易总量4.12亿美元、受理业务169笔，分别较2019年增长200%和307%，并完成渣打银行和中银香港多币种主子账户资金池的搭建工作，可在境外为成员单位提供资金归集、实名收付汇业务服务。中铁财务与香港财资中心作为中国中铁全球资金管理体系的“一体两翼”，互联互通，开展跨境资金调剂业务，其中境外放款1.09亿美元，外债引入0.16亿美元，实现了境内境外资金池的双向流通。（刘洋）

【资金集中】2020年，中铁财务坚持以G6存贷业务转移为手段拓展客户，年内新拓展客户3764个，占开业以来客户总数11895个的31.64%，较2019年末增长46.29%，累计开立各类账户27564个，为提升资金集中规模打下坚实基础。客户数量的持续提升促进了资金集中规模及结算业务规模的扩大，中铁财务日均吸存441.9亿（本外币，下同），较2019年增长62.38%；时点吸存730.41亿，较2019年增长8.47%；年度发生结算指令430万笔，较2019年增长62.45%；年度结算交易金额达8.02万亿，较2019年增长25.12%。（张妍）

【业务创新】2020年，中铁财务联合保理和长期资产收购业务在原有基础上进行创新突破，针对基层项目进行现场调研和资产筛查，积极推动联合保理类业务的落地，全年办理联合保理类业务9笔，总资产34.37亿元，累计资产突破百亿元大关，累计为成员单位资产出表89.11亿元，有效助力中国中铁落实供给侧结构性改革。按照中铁财务区域经营工作统筹安排，中铁财务一方面牵头落实与八家区域总部战略合作协议签订，对重点产品及研究成果系统推介，对接金融服务需求，进一步巩固合作基础，加深合作空间；另一方面进一步拓展投资项目的财务顾问业务，完成中铁开投“湖北鄂州燕花路道路工程、花马湖西侧产业园区”项目出表融资方案，持续跟进中铁城投洛南至卢氏高速公路PPP项目，牵头实施中铁一局肇庆国道二期PPP资产证券化等业务，通过不断整合产业资源和金融资源，深化产融结合，促进区域协同发展，为成员企业提供个性化金融服务。此外，中铁财务高度重视理论创新，将理论创新与业务创新相结合，金融市场部、结算业务部、信贷业务部组织开展了系列创新课题，并获多项荣誉。（郑亚菲　张妍　李雨纯）

【风险管理和内部控制】2020年，中铁财务遵循全面、审慎、有效、独立的原则，坚持问题导向，严格落实全面风险管理和内部控制要求，持续提升风险管理的能力和水平。夯实制度体系建设，定期开展制度梳理，对中铁财务制度管理情况进行评估和通报。制定《业务连续性管理办法》，提升中铁财务业务连续性管理能力。积极开展新业务风险政策研究，确保中铁财务新业务开展风险可控。完善风险管理员机制，开展首次风险（合规）管理员考核评价，进一步发挥风险（合规）管理员效能。中铁财务落实股份公司审计重点工作，开展审计警示教育，关注境外业务风险，推进审计信息系统建设。坚持“监管、风险、问题、价值”导向，开展日常业务稽核、信贷业务审计、财务管理审计及内控评价，强化问题整改监督，促进内部控制及风险管理体系不断完善，充分发挥了风险管理第三道防线作用。（罗志　靖永亮）

【人力资源管理】积极推动“人才强企”战略，不断完善人才队伍管理体制机制。以制度建设为抓手，制定修订《领导人员管理办法》《干部人事档案管理办法》《领导人员配偶、子女及其配偶经商办企业规定》等制度；以能力建设为核心，突出政治素质，举办专兼职党群干部培训班，依托国资委培训平台，组织全体员工开展网上专题培训，全年组织开展各类内外部培训300余人次，切实提升了员工综合素质。以强化管理为重点，组织开展新入职员工试用期考核，对特定范围和关键岗位人员因私出国（境）证件进行统一管理，努力打造一支“讲规矩、守纪律、有激情、在状态”的干部人才队伍。（高晓伟）

【信息化建设】2020年，中铁财务积极推动金融科技与业务发展深度融合，信息系统性能和安全性有效提升，为业务发展和创新提供有力保障。核心业务系统新增存放同业、同业授信、自营保理等功能，全面实现业务线上化运营，资金管理、支付和监控能力显著增强。移动应用及银行账户领导收支提醒、统一监管报送等系统上线运行，有力保障了股份公司资金安全和中铁财务监管数据报送工作开展。科技创新与自主研发能力不断提升，先后完成业务系统性能优化、凭证自动打印、小助手升级等研发工作，提升了成员单位用户工作效率。完成数据库和存储系统升级，满足未来五年业务所需的数据读写和存储需求，业务处理和故障恢复能力进一步提升，年末业务高峰单日支付指令突破14.5万笔。信息系统等级保护测评及加固工作取得良好效果，核心业务系统完成复测和加固，协同办公系统通过信息系统等级保护二级测评。（王晓晋）

【企业文化建设】2020年，中铁财务以习近平新时代中国特色社会主义思想为指导系统开展企业文化建设工作，坚持稳中求进、守正创新、融会贯通，围绕中心，服务大局，营造良好公司氛围，提振全员干事创业精气神，为推动中铁财务高质量发展提供了强大的思想支撑和文化引领，并通过深化宣传教育，压实主体责任，确保了意识形态稳定。中铁财务内外宣传发力，多媒体协同发声，品牌影响力进一步增强，中铁财务通讯员再获财协优秀通讯员和《中国中铁报》年度优秀通讯员称号。（付 荟）

【党建工作】2020年，中铁财务党委认真落实新时代党的建设总要求，坚持党的全面领导，打造“小机构、大党建、强实效”工作格局，推进党建“四级联动”工作机制，着力讲政治，强化创新理论武装；强保障，打好疫情防控和经营管理双线战；重引航，强化党委把方向管大局保落实；带队伍，聚合人才优势；夯基础，增强“三基建设”；强作风，推进全面从严治党向纵深发展；重和谐，发挥群团组织作用，以“党建+”新模式推进党建工作与经营管理深度融合，以一流党建促进中铁财务高质量发展。（于 泉）

【领导人员】

林 鑫　党委书记、董事长
王建军　党委副书记、总经理
杨凯利　党委副书记、纪委书记、副总经理、总会计师
肖 尧　副总经理、工会主席、董事会秘书
陶立新　副总经理、总法律顾问

（历 洁）

## 中铁资本有限公司

【简况】中铁资本有限公司（简称“中铁资本”）成立于2016年8月，注册资本金20亿元，总部设在北京，是中国中铁的全资子公司，涵盖产业基金、资产证券化、融资租赁、保险经纪、商业保理、供应链金融、国际投融资、创新创投等八大业务板块。截至2020年12月31日，中铁资本下辖控股公司4家，分别是中铁金控融资租赁有限公司、中铁汇达保险经纪有限公司、中国中铁香港投资有限公司和中铁商业保理有限公司；参股公司12家，分别是中铁建信（北京）投资基金管理有限公司、中铁平安投资有限公司、中铁聚信资产管理有限公司、中铁民通（北京）投资有限公司、中铁光大股权投资基金管理（上海）有限公司、中铁融城资本管理有限公司、宁夏金融资产管理有限公司、中铁融信（天津）投资管理有限公司、天津闳实股权投资基金管理有限公司、中铁创新（天津）投资管理有限公司、恒邦财产保险股份有限公司、国改双百发展基金管理有限公司。中铁资本在岗职工202人，其中公司本部55人，区域营销中心16人，中铁金控38人，中铁汇达48人，中铁保理28人，中铁香港17人。

中铁资本将努力打造中国中铁金融资源整合平台、综合金融服务平台、产融结合协同平台、创新孵化发展平台、境外资本运营平台，致力于为中国中铁主业和社会各界提供全方位金融服务，鼎力构筑连接金融市场与工程承包、地产开发、设计咨询、装备制造等产业融合发展的纽带和桥梁。2020年，中铁资本实现新签合同额17.03亿元，完成股份公司下达预算指标11亿元的155%。（李双双）

【主要指标】2020年中铁资本实现营业收入10.34亿元，资产总额125.80亿元，利润总额3.86亿元，净利润3.09亿元。（姜雨晨）

表13-36　2019—2020年中铁资本有限公司主要经济指标

| 项目 | 2019年 | 2020年 | 增长率/% |
|---|---|---|---|
| 资产总额/亿元 | 109.20 | 125.80 | 15.20 |
| 所有者权益/亿元 | 47.14 | 47.14 | 0 |

所属单位

续表

| 项目 | 2019 年 | 2020 年 | 增长率 /% |
| --- | --- | --- | --- |
| 营业收入 / 亿元 | 8.45 | 10.34 | 22.37 |
| 利润总额 / 亿元 | 2.78 | 3.86 | 38.85 |
| 净利润 / 亿元 | 1.89 | 3.09 | 63.49 |
| 归属于母公司所有者的净利润 / 亿元 | 1.12 | 2.02 | 80.36 |
| 利税总额 / 亿元 | 3.15 | 4.15 | 31.75 |
| 应交税金总额 / 亿元 | 1.44 | 3.16 | 119.44 |
| 全员劳动生产率 / [ 万元 / ( 人 · 年 )] | 350.34 | 473.42 | 35.13 |
| 净资产收益率 /% | 4.53 | 6.55 | 增加 2.02 个百分点 |
| 总资产报酬率 /% | 4.83 | 5.18 | 增加 0.35 个百分点 |
| 国有资本保值增值率 /% | 104.00 | 102.46 | 减少 1.54 个百分点 |

制表人：姜雨晨

【产业基金】2020 年，中铁资本产业基金业务全年经营跟踪项目 26 个，项目总投资 1051 亿元，包括基础设施 PPP、棚户区改造、房地产、片区 ABO 开发等多种项目类型。全年中标项目 18 个，中标项目总投资 1959 亿元，预计产业基金规模 239 亿元。产业基金业务以政企基金、央企合作基金为主要资金来源，加快已签署基金合同项目放款工作，创新产业基金模式，引入线上募集工具，全方位发力，截至 2020 年 12 月末，产业基金放款项目 27 个，放款金额 54.19 亿元。

2020 年，产业基金业务大力推动保险资金的对接力度，广泛接触各类保险资产管理机构十余家，基本覆盖了行业主流的资管机构，并选取行业头部机构国寿投资控股有限公司实质推动资金渠道落地。

（李路通）

▲中铁资本工鑫 3 期资产支持专项计划成功发行

【证券化业务】2020年，中铁资本围绕主业"降两金，降负债，盘活存量资产及低成本融资"打造设计并发行系列资产证券化和永续债产品，成功为主业募集资金340亿元。为中国中铁完成国资委"资产负债率""两金"压降任务做出了重要贡献，有效地发挥了金融服务平台和资产管理平台的作用，其中代理模式应收账款ABS产品作为拳头产品，全年募集资金141亿元，为主业压降"两金"236亿元，解决了工程局单体资产分散度不足、单笔资产过大等难题，成为压降"两金"的有力工具。此外，中铁资本作为财务顾问抓住上半年的低利率窗口期，为中国中铁发行权益融资证券化产品，成功募集资金120亿元，降低中国中铁合并报表层面资产负债率0.83%，四季度作为财务顾问组织中铁一局等7家工程局发行永续类产品78.5亿，降低中国中铁合并报表层面资产负债率0.52%，发行利率屡创市场新低。（郭牧涵）

【融资业务】中铁资本所属中铁金控融资租赁有限公司是2015年8月在天津东疆保税区注册成立的外商融资租赁公司。公司坚持立足主业、以融促产，充分发挥融资租赁在节税创效、盘活存量资产和降低流动性风险等方面的优势，围绕中铁内部成员单位和产业链上下游企业的中长期资产融资需求提供特色金融服务。公司基于直接租赁、售后回租、经营租赁三大基础业务模式，不断优化业务结构，持续产品服务创新，开拓了厂商租赁、项目租赁、转租赁等多种业务模式，在新购设备资金保障、项目资金保障、流动资金保障等重点领域的关键时期和关键环节，为主业单位提供直接资金支持。先后服务了中国中铁系统内20多家二级单位，租赁物包括89台盾构机以及搬梁机、架桥机、船舶等各类基建设备，遍布国内24个省份及东帝汶、南非、孟加拉国等国家。通过租赁业务累计为股份公司节税创效超1亿元。

2020年，中铁金控获得首届"西湖论坛杯"租赁企业管理奖、全球租赁业竞争力论坛最佳产融结合案例奖、天津市租赁行业协会"2020中国租赁年会年度优秀企业"、2020年"中国中铁管理实验室活动先进单位"等奖项。全年实现新签合同额7.64亿元，完成奋斗目标的107.6%。实现营业收入6.32亿元，完成预算指标的107.1%，同比增长19%。实现净利润1.28亿元，完成预算指标的116%，同比增长32%。（杨斌）

【保险经纪业务】中铁资本所属中铁汇达保险经纪有限公司经纪业务涉及国内外铁路、公路、地铁、市政、房建、物流、装备、车辆等资产类型，产品覆盖建筑工程一切险及附加第三者责任险、建筑施工人员团体意外险、出国人员团体意外伤害险、企业财产险、机器设备损失险、船舶险、货运险、车险等传统的主流险种，以及首台套保险、诉讼保全保险、保险保函、保证保险等新型保险业务。公司机关设有党群工作部（人力资源部）、综合管理部（董监办、法律合规部）、财务管理部3个后台部门，经营开发部、索赔管理部、风险管理部和技术管理部4个中台部门，以及国际业务部（再保险部）1个前台部门，同时在北京、上海、广州、成都和西安设有5个服务中心，履行展业及保险期内服务等前台业务职能。

2020年，中铁汇达实现确认投保项目共1139笔，合同额6693.84亿元，签单保费9.42亿元。新签合同额13150.19万元，保险安排创效2.16亿元，保险索赔创效2.24亿元，协助索赔案件当年结案率达75.25%。全年完成了广汕铁路、太原西北二环、天津地铁4号线等重大项目投保；积极开展外部合作，推动业主干涉项目的保险安排，在中化工程集团安庆项目、盘兴铁路等项目上都达到了合作共赢、突破市场的目的。中铁汇达参与的保险项目全年累计报案2786笔，累计结案2104笔。其中，直接参与重大赔案超过80笔，主要为中铁一局鲁南高铁火灾案件、中铁隧道局温州S1台风案件、中铁国际秘鲁工程险赔案、孟加拉国帕德玛连接线暴雨赔案等提供了保险索赔服务。此外，中铁汇达继续拓展海外业务，新冠肺炎疫情期间为中国中铁海外员工设计专属疫情保险方案，包括出国人员意外伤害、新冠肺炎死亡免费保障等，涉及出国员工达6000余人次，全年为内部单位累计授信1.25亿美元，并完成中铁国际包考—维可可公路升级改造项目、埃及斋月十月城项目的保险安排。同时，积极与国际化保险公司、经纪公司建立合作关系，深化与国际SOS、先锋安保公司等非保险类机构在海外人员安全与医疗、海外项目安保方面的合作。（陈浩）

【保理业务】2020年，中铁资本所属中铁商业保理有限公司累计完成业务合同签约2680余份，实现业务投放43.17亿元，新签合同额2.96亿元，已与32家二级单位、92家三级单位完成E信开户，累计实现E信开具31.35亿元，E信融资22.56亿元。依托保理核心业务系统和中铁供应链金融平台两大系统平台运营，确保在疫情期间业务实现"无接触投放"，系统客户承载量大幅攀升，实现了传统保理系统、基于电子信用凭证的反向保理系统、ABS管理系统之间的无缝对接，真正实现了资产端、资金端、风控体系的有机结合。截至年末，两大业务系统的信息安全保障不断提升，通过建立网络信息化安全管理体系，加大网络安全等保、应用安全等保建设等工作，确保了资产、资金数据安全保护，实现业务整合的金融数据信息化支撑体系。（刘炜）

【境外综合金融业务】中铁资本所属中国中铁香港投资有限公司经过两年发展，已形成了有效的海外事业联动机制以及成熟的合作方案。对于境外投资项目，由中铁香港完成

所属单位

项目开发以及跟踪研判，后续根据各海外项目的具体情况，由业务人员结合内部各机构的资金、供应链以及专业服务优势，通过有效的节税结构设计出最优化的境外项目投融资方案以及境内外资金融通方案，最终由各业务单位在方案内提供具体的金融产品；对于各单位在各自业务范围内单独承揽的国际项目，则由各单位牵头，中铁香港协助进行境外资金支持。截至年末，中铁香港在境外基金、跨境并购、发行债券等方面取得进展，香港地区业务实体逐步落地，各业务单位在境外服务、产品等方面不断创新和积累经验，中铁资本的境外综合金融服务在资金募投两端的实力持续提升，服务范围正不断扩大，可以预见在国际业务部的高速发展下，将有效助力中国中铁海外事业的腾飞。

（吴业强）

【境外投融资业务】2020 年，面对新冠肺炎疫情的全球流行，中铁资本逆势提前布局、顺势积极作为，完成了境内境外多单业务投放。提供 1.4 亿美元资金支持东方国际，帮助股份公司大马城项目履约，为股份公司和东方国际提供投融资方案建议；向中国铁工投资的山东济宁污水项目投资 2.1 亿元人民币的等值美元，协助工程局单位解决项目资本金问题，推动实现主业发展，同时借项目经验形成标准产品，为今后同类业务的广泛开展奠定基础；完成 COIN 并购项目立项，成为中国中铁近年来第一单获得立项批复的境外并购项目；持续跟踪境外投融资项目 10 余个；拓展权益类融资渠道，推动筹备“环球新基建投资基金”、“一带一路”发展与创新基金、“山东基础设施建设基金”等境外基金，与境外投资人签署了“一揽子”合作协议，获得了投资人参与投资的合作意向。

（吴业强）

【创新创投】2020 年，中铁资本统筹推进企业管理和创新创投业务。启动“十四五”规划编制工作，实现管理实验室工作常态化开展，初步搭建公司内控体系，厘清部门职责，科学调整机构编制，圆满完成退休人员社会化管理移交，持续推动天津闵实和中铁融城注销相关工作。完成“双百基金”投资 5.6 亿元，积极参与“双百基金”投资管理工作；探索推动与中航产投、陕西投资集团合作发起设立基金。

（马海洋）

【风险管理与合规管理】紧密围绕改革发展中心任务，深化风险防控机制建设，强化合规管理体系建设，推进法治文化建设。中铁资本深化风险防控机制建设，充分发挥组织优势，加强业务实质风险管控，建立业务风险管控标准化体系，突出重点领域，坚持分类管控，由事后风险应对向事前风险防控转变。公司强化合规管理体系建设，构建了合规综合管理部门总体牵头、专项管理部门分工协作、参与管理部门各司其职的“三位一体”合规管理模式，人人合规、事事合规、时时合规深入人心。推进法治文化建设，以法治思维和法治手段处理应对经营管理活动，法律职能向项目前端延伸，支持企业高质量发展。中铁资本全面风险防控各项措施高效有力，合规经营管理水平持续提升，依法治企能力显著增强。

（汪 莹）

【协同经营】2020 年，中铁资本强化经营意识、优化营销体系、完善营销布局、提升营销能力，着力构建经营工作新格局。起草并发布《中铁资本公司区域经营管理办法》。推进中铁资本区域营销中心建设工作，搭建了“资本公司统筹经营，营销中心区域经营，业务单位主体经营”的经营工作新格局，确定设立华东、华南、西南、华北、华中五个营销中心。指导推进区域中心营销工作，建立了日报、周报等信息报送机制，对营销工作及重点项目推进工作进行督导。对重点客户开展高端经营，加强同重点业务单位的联系，共同探讨双方合作领域，推进双方合作业务。2020 年，中铁资本先后与中铁一局、中铁华铁、中铁城投等单位签订了战略合作协议，加深合作，实现共赢。加强经营信息共享及重点业务督导工作，为公司领导及相关部门提供信息支持。同时，建立了公司经营工作例会制度，每月定期召开经营工作例会，通报各单位经营指标完成情况，对公司每项业务进行逐项分析研究，制定有针对性的方案，推进业务实施。

（周文博）

▲阿联酋阿治曼轻轨项目中方联合体合作协议签约仪式

【人才队伍建设】2020年，中铁资本严格落实管理要求，不断强化领导人员队伍建设，通过深化干部制度建设、认真落实公司《领导人员管理办法》及强化对所属公司选人用人的监管，有效提高了公司选人用人业务水平，全年共调整配备各级领导干部59人次，其中提拔13人，调入2人，岗位调整及兼职调整44人次，使干部队伍始终充满生机与活力。关注年轻干部培养，根据股份公司人才队伍建设实施意见，围绕公司发展战略和经营需要，制定了《关于大力培养选拔优秀年轻干部落实方案》《关于加强国际化人才队伍建设的实施方案》《关于优秀年轻干部挂职交流暂行办法》，着力在精准实施人才计划、提升人才发展平台、储备优秀后备人才、建设高素质人才队伍等方面下功夫，建立一支与业务发展相适应的数量充足、结构合理、素质优良的人才队伍。坚持稳中求新，有序推进人才队伍建设工作，以企业发展战略为导向，积极做好人才引进工作，根据股份公司实施"5100"人才工程的要求，引进的人才以"双一流"高校毕业生、硕士研究生及以上学历为主，进一步充实了公司人才队伍；推进本部人员职级考核晋升工作，完成了本部9名员工的职级晋升，实现人尽其才、各尽其能的培养激励机制。坚持效益和效率优先原则、持续加强薪酬体系建设，制定了《中铁资本有限公司子公司负责人副职绩效考核管理办法》，进一步科学考核子公司负责人副职绩效；制定了《中铁资本有限公司区域营销中心员工薪酬绩效管理办法》，规范区域营销中心人员薪酬、绩效管理；结合公司本部薪酬绩效管理体系的运行情况和公司管理实际，修订了《中铁资本有限公司本部薪酬管理办法》《中铁资本有限公司本部员工绩效考核办法》，对现有的薪酬、绩效制度进行调整完善。围绕"三项制度"改革要求，继续加强制度管理，健全完善现有的制度管理体系。制定、完善了相关制度12项，进一步促进人力资源管理工作规范化和标准化。

（贾汉麒）

【企业文化】中铁资本积极创建企业文化品牌，设计制作新版宣传手册，发布企业文化核心理念，完善公司宣传片、网站，设立企业展厅等文化集中展示区域，着力搭建对外宣传推介的载体，全方位打造一流资本控股集团的品牌形象。把握正确舆论导向，努力提高舆论传播力、影响力，全年在中央、省部级媒体刊发稿件80余篇，在地方和股份公司媒体平台刊发稿件60余篇，发布重大业务动态和经营成果信息400余篇。其中，《中铁资本：以高质量党建引领企业高质量发展》于中宣部学习强国平台刊发，进一步巩固壮大主流思想舆论。不断丰富幸福企业内涵，坚持集体合同平等协商机制，健全员工补充医疗保险等制度，开展"爱企如家、爱岗敬业、勤俭节约、反对浪费"光盘行动等活动，维护职工权益。加强群团组织建设，实现两级工会、共青团全覆盖，组织开展"抗疫情、保增长，大干100天"等劳动竞赛，获得股份公司"专项劳动竞赛优胜单位"称号；多措并举开展先进典型选树工作，组织策划评先选优、青年岗位能手等活动，发挥党的助手和后备军作用，推动企业和谐健康发展。

（王文彦）

【党建工作】强化政治引领。深入学习习近平新时代中国特色社会主义思想，全面贯彻党的十九大及十九届二中、三中、四中、五中全会精神，认真落实"第一议题"制度，严格履行"三重一大"决策程序，明确党委前置研究事项清单，厘清党委、董事会、经理层等各治理主体的权责边界，推动党的领导融入公司治理。

深化三基建设。加强基本组织建设，按照"前台创效、中台支撑、后台保障"的思路，重新划分本部3个支部，调整优化具备条件的所属3家单位成立党委，夯实党建工作基础。加强基本队伍建设，严肃党内政治生活，认真履行"三会一课"、民主评议党员、主题党日等制度；加强党员队伍建设，完成党员发展及转正7人，培养16名入党积极分子，进一步壮大党员队伍；开展庆祝建党99周年系列活动，举办党建工作实务培训，不断提升党建工作质量。加强基本制度建设。全年完善党内制度36项，印发了组织工作、支部建设、廉洁从业、保密业务等标准化工作指南，全面推进党建工作标准化管理。

优化干部队伍建设。加强党管干部原则，落实三项制度改革要求，规范干部选拔任用程序，加强两级领导班子建设，完善"四好班子"创建工作。健全完善制度体系，高质量选拔充实年轻干部队伍，全年调整配备各级领导干部59人次，研究生以上学历占61.7%。

细化党风廉政建设。认真落实党委全面从严治党主体责任和纪委监督责任，推动"以问题线索处置为主"向"监督首位"转变，持续推进正风肃纪。建立健全党风廉政建设制度体系，及时部署"四个专项整治"工作，积极推进纪检监察体制改革，精准运用监督执纪"四种形态"，一体化构建不敢腐、不能腐、不想腐体制机制，不断加强自身建设，进一步营造风清气正的良好氛围。

（王文彦）

【履行社会责任】积极践行央企社会责任，主动将工作融入脱贫攻坚大局中，广泛号召职工群众参与消费扶贫，累计消费扶贫21万元，用实际行动帮助贫困地区人民脱贫增收。自新冠肺炎疫情发生以来，中铁资本党委坚决贯彻党中央、国务院国资委及股份公司应对新冠肺炎疫情工作的决策部署，第一时间成立领导小组，采取科学有效的防控措施，在做好疫情防控工作的前提下，有序推动企业复工复产，做到疫情防控与生产经营"两手抓、两不误"，超额完成年度各项目标；严格执行属地政策，多次组织员工有序开展

所属单位

核酸检测和疫苗接种工作，全力以赴战疫情、保生产，确保了员工安全和企业稳定。 （王文彦）

【领导人员】

方文胜　党委书记、董事长（5月任）
王国明　党委副书记、总经理（7月任）
彭德宏　党委副书记、纪委书记、监事会主席、总法律顾问
汪　涛　党委委员、副总经理、工会主席
梅家周　党委委员、副总经理
秦永虎　党委委员、副总经理
何　川　党委委员、总会计师（9月任） （贾汉麒）

## 中铁投资集团有限公司（中国中铁京津冀区域总部）

【简况】中铁投资集团有限公司（简称“中铁投资”）成立于2014年8月，注册资本金50亿元，是中国中铁区域高端总承包经营平台、服务中国中铁成员企业的投融资平台、确保相关项目投资安全及顺利运营的管理平台，与中国中铁京津冀区域总部（简称“京津冀区域总部”）“一套机构，两块牌子”运作，代表中国中铁在北京、天津、河北三省（直辖市）和雄安新区范围内开展高端总承包经营和投融资业务。

中铁投资正式员工193人（含外派专职董监事2人），助勤员工27人，管理人员及专业技术人员共计220人。现有管理人员中，博士4人、硕士52人、本科152人、专科及以下12人，本科及以上学历占95%；正高级职称18人、高级职称91人、中级职称75人、初级职称33人，中级及以上职称占83%；35岁及以下79人、36~40岁36人、41~45岁32人、46~50岁35人、51~55岁22人、56岁及以上16人，45岁及以下占67%。

中铁投资在北京、天津、河北设有省（直辖市）级区域经营指挥部，按照中国中铁企业发展战略，立足于地铁、城市轨道交通、高铁投资建设运营，积极开拓交通、市政基础设施开发、房地产开发、城市运营等领域，依托中国中铁央企品牌和实力，大力加强与政府、金融机构、社会各界的合作，形成了较强的投融资、建设、运营管理等核心优势，经营业绩逐年攀升，截至年末累计投资及新签合同额超过4346亿元。

成立六年多来，中铁投资先后投资建设了石家庄地铁1号线、石家庄地铁2号线、呼和浩特地铁1号线、郑州地铁1号线、长沙地铁5号线、青岛地铁1号线、青岛地铁2号线、大连地铁5号线、郑州空港城、长春新区东北亚物流港、吉林公主岭地下综合管廊、沈阳市四环快速路、京新高速公路、天津地铁4号线、京西109国道、京雄高速公路等30余个重大项目。投资建设的郑州地铁2号线获国家优质工程奖1项，青岛地铁1号线土建一标和呼和浩特市城市轨道交通1号线一期工程两个项目获“股份公司2018年节能减排标准化工地”；累计获得中国建设工程鲁班奖6项，国家优质工程奖9项，省部级以上优质工程奖27项。 （法明杰　王文燕）

【主要指标】由于中铁投资2020年涉及中国中铁内部机构重组，为保持2020年与2019年数据一致性，2019年主要经济指标为剔除重组单位影响后的数据。2020年，中铁投资管理口径资产总额116.13亿元，较2019年96.24亿元增加20.67%。所有者权益41.36亿元，较2019年29.98亿元增加37.96%。实现营业收入34.58亿元，完成股份公司预算33.34亿元的103.72%，较2019年19.9亿元增加73.77%。主要构成为中铁投资口径12.48亿元，占整体收入的36.19%。主要由石家庄地铁贡献10.78亿元，中铁投资悦诚公司贡献0.97亿元，中铁投资建设分公司口径22.10亿元，占整体收入的63.91%。主要由天津地铁4号线贡献11.45亿元，国道109总包贡献10.61亿元。实现归母净利润1.94亿元，完成股份公司奋斗目标1.45亿元的133.79%，较2019年-0.13亿元增长2.07亿元。主要构成为中铁投资口径实现0.42亿元，占整体归母净利润的21.58%，中铁投资建设分公司口径实现1.35亿元，占整体归母净利润的75.42%，存贷差调增利润0.17亿元。

（雷晓林）

表13-37　2019—2020年中铁投资集团有限公司主要经济指标

| 项目 | 2019年 | 2020年 | 增长率/% |
|---|---|---|---|
| 资产总额/亿元 | 96.24 | 116.13 | 20.67 |
| 所有者权益/亿元 | 29.98 | 41.36 | 37.96 |
| 营业收入/亿元 | 19.90 | 34.58 | 73.77 |
| 利润总额/亿元 | 0.22 | 2.09 | 850.00 |
| 净利润/亿元 | -0.49 | 1.94 | 2.43 |
| 归属于母公司所有者的净利润/亿元 | -0.13 | 1.94 | 2.07 |
| 技术开发投入/亿元 | 0 | 0 | 0 |
| 利税总额/亿元 | 0.65 | 2.85 | 338.46 |
| 应交税费总额/亿元 | 0.43 | 0.76 | 76.74 |

续表

| 项目 | 2019 年 | 2020 年 | 增长率 /% |
|---|---|---|---|
| 全员劳动生产率 /［万元 /（人·年）］ | 47.57 | 87.67 | 84.30 |
| 净资产收益率 /% | –1.64 | 4.69 | 增加 6.33 个百分点 |
| 总资产报酬率 /% | 0.29 | 1.13 | 增加 0.84 个百分点 |
| 国有资本保值增值率 /% | 102.61 | 101.52 | 减少 1.09 个百分点 |

制表：雷晓林

【改革发展】2020 年 6 月，根据《中国中铁关于区域总部（投资公司）机构编制及定员标准》，中铁投资机构改革工作于 6 月 30 日全面完成。改革后，中铁投资总部设职能管理部门 10 个，经营分支机构 3 个。新成立城市综合体开发事业部、新型基建事业部、运营事业部，另有财务共享中心。年内中铁投资新成立 1 个项目公司、2 个总包部、3 个筹备组。修订《中国中铁京津冀区域总部（中铁投资集团有限公司）员工管理办法》等 7 项管理制度。

（王文燕）

【重大项目】2020 年，中铁投资参建的重大项目有 4 个，分别是：国道 109 新线高速公路（西六环路—市界段）政府和社会资本合作（PPP）项目、京雄高速公路（北京段）政府和社会资本合作（PPP）项目、天津地铁 4 号线 PPP 项目和石家庄市城市轨道交通 2 号线一期土建及相关工程投资建设项目。其中，石家庄市城市轨道交通 2 号线一期土建及相关工程投资建设项目于 8 月 26 日按期实现开通运营，实现了由单线运营转向网络运营，对石家庄市轨道交通具有重大意义。

天津地铁 4 号线 PPP 项目克服新冠肺炎疫情影响，于 3 月 31 日实现开工建设，全线土建 8 个标段已有 7 个标段共 13 个站点（12 个车站及 1 个出入段线）围护结构开工，全线共完成 SMW 工法桩 343 组，三轴止水帷幕 587 组，钻孔灌注桩 915 根，地下连续墙 628 幅，土方开挖 10 万立方米，主体结构 2000 立方米。国道 109 新线高速公路（西六环路—市界段）政府和社会资本合作（PPP）项目克服新冠肺炎疫情影响，于 5 月 17 日实现开工建设，全线桥梁共计 15 座，其中军庄互通立交桥、陈家庄大桥、下苇甸大桥、安家庄特大桥转体桥、雁翅立交桥匝道、军响特大桥、斋堂特大桥、东胡林特大桥等 8 座桥已全面开工建设；全线隧道共计 10 座，其中谷山村隧道、下苇甸隧道、黄台隧道斜井、安家庄隧道、饮马鞍隧道、黄岩沟 1 号隧道、塔岭沟隧道 7 座已开始洞身施工；黄台隧道进口、黄岩沟 1 号隧道进口、黄岩沟 2 号隧道出口、青白口隧道、西胡林隧道进口 5 座隧道正在进行洞门施工。京雄高速公路（北京段）政府和社会资本合作（PPP）项目自 12 月 8 日中标后，全力督导各参建单位跑步进场，积极推进各项前期工作，项目首开工程第四段高架桥 K21+400 处于 12 月 25 日实现开工，桩基钻孔累计完成 127 根 /5715 米。

（陆记霞）

【重大创新】中铁投资通过多渠道、多途径积极开展专利、工法工作，截至年底获得实用新型专利 11 项，分别是“一种基于 BIM 的超长深基坑施工数据监测装置”“河道防冲结构”“河道防渗结构”“河道蓄水区河底防冲结构”“膨润土防水毯辅助铺设装置”“边坡防护结构”“一种防管道堵塞智能灌溉系统”“一种路沿石灌封辅助装置”“一种播种机用封土压实装置”“一种绿化树木移栽支架”“一种球墨铸铁管的紧固装置”，申请实用新型专利“一种地铁车站基坑除尘装置”1 项。

（陆记霞）

【工程创优】中铁投资投资（参建）的石家庄城市轨道交通 1 号线工程获得国家优质工程奖。（周有江）

【党建及文化建设】中铁投资党委突出政治引领，坚持用党中央精神定向领航，把习近平总书记关于疫情

▲ 2020 年 1 月 17 日，天津地铁 4 号线北段工程开工动员

所属单位

▲石家庄市轨道交通 2 号线一期工程开通运营仪式

防控、国资国企改革、京津冀协同发展的重要论述，以及视察京张高铁、京雄城际、冬奥筹办等重要指示批示，贯彻于疫情防控阻击战、复工复产主动战和改革发展攻坚战的全过程，以实际行动彰显了央企的顶梁柱作用。

中铁投资党委突出干部队伍建设，在推动改革发展中提升治企兴企能力。先后出台《中层管理人员管理办法》《中层管理人员改任非领导职务管理办法》《大力培养选拔使用优秀年轻干部工作的实施方案》，坚持实践导向，将项目公司、总包部作为干部培养基地，选派一大批机关干部深入生产经营一线，在承担急难险重任务中快速成长，锻炼提升，同时拓宽选人视野，引进紧缺急用人才，为企业发展提供人才保障。

落实党建章程要求，将党委“把方向、管大局、保落实”，董事会“定战略、决大事、控风险”，经理层“谋经营、抓落实、强管理”的职责有机结合，及时修订党委会、董事会议事规则，明确党委研究重大经营管理事项前置清单，规范党内规范性文件和企业规章制度梳理，初步重构了覆盖两个层级的“三重一大”决策体系和经营管理运行体系。

中铁投资党委突出全面从严治党，在推进管党治党中营造干事创业氛围。落实“四对标”“四同步”要求，推动党建与生产经营深度融合，落实纪检组织改革要求，深入开展了国资委巡视整改、落实中央八项规定精神自查自纠、“四个专项整治”以及干部作风专项巡察，健全“大监督”运行机制，一体推进“三不腐”建设，坚持严管与厚爱相结合，放大监督震慑效果，增强了干部职工的依法合规意识。

中铁投资党委突出战略管控，在谋划“十四五”发展中绘就美好蓝图。统筹推进对标一流管理提升、国企改革三年行动和“十四五”规划编制工作，认真研究股份公司对投资板块的新定位，深刻领会新要求，找准自身的历史方位，初步完成了“十四五”规划编制工作。

党的政治建设全面加强。中铁投资党委紧紧围绕企业中心工作，坚持把好方向、出好思路、抓好保障、带好队伍，一以贯之，扎实工作，充分发挥了党组织的领导核心和政治核心作用，引领企业持续健康发展。突出党的政治思想建设，坚持深入学习贯彻习近平新时代中国特色社会主义思想，把学习党的创新理论，习近平总书记重要指示批示精神和治国理政新思想、新理念作为党委会“第一议题”，不断增强“四个意识”，坚定“四个自信”，切实做到“两个维护”。突出现代国有企业治理，修订完善了以中铁投资章程、党委会、董事会议事规则为纲领的规章制度，健全了覆盖项目层级的“三重一大”决策制度，提高了项目公司股东会、董事会决策议案审核质量，规范了党内规范性文件管理。突出全面从严治党，狠抓“两个责任”落实，成立了巡察办公室，建立了党委巡察、党风廉政建设和反腐败工作机制，及时开展了贯彻中央八项规定精神自查自纠、“干部作风建设”专项巡察、“四个专项整治”以及审计发现问题警示教育等活动，驰而不息纠治“四风”，营造了良好的干事创业氛围。突出宣传文化工作，围绕复工复产、重点项目建设和企业党建，在中央电视台、光明日报等主流媒体讲述企业故事，传播企业声音 20 余次，进一步提升了企业品牌形象。突出幸福企业建设，围绕重点项目开展了“抗疫情、保增长，大干 100 天”“决战四季度、决胜保目标”劳动竞赛，持续开展“冬送温暖、夏送清凉、四季送关爱”活动，推动集体租赁住房建设迈出实质步伐，增强了企业的凝聚力。

企业深化改革活力强劲。中铁投资持续推进创新发展，在巩固传统基建市场份额的基础上，大胆运用“PPP+ 土地开发”“EPC+ 股权投资”等多种创新商业模式，积极抢占地下空间开发、生态修复、水务环保、产业园区等基础设施新领域，创造了 53 项知识产权，成功晋级北京市高新技术企业。中铁投资持续推进品质建造，投资建设了一批国家重点项目，获得 6 项中国建设工程鲁班奖，27 项省部级以上优质工程奖。中铁投资持续推进治理能力建设，搭建了涵盖法人治理、投资经营、财务融资、建设管理、运营管理、人力资源、风险防控以及党的建设等内容的 170 余项管理制度，成立了事业部和财务共享中心，初步构建了企业管理体系的“四梁八柱”，保障了企业持续健康发展。中铁投资持续推进党的建设，健全完善“三重一大”决策制度，认真履行重大经营事项前置程序，认真开展“两学一做”“不忘初心、牢记使命”主题教育，强化“三基建设”，强化“三不腐”一体推进，强化保密工作责任制落实，时刻牢记党的依靠宗旨，推进民主管理，完善企业年金、补充医疗保险制度，积极实施北京市工作居住证办理和租赁住房建设，初步形成了员工收入与企业经济效益同步增长的共建共享机制。

干部人才队伍建设成效明显。中铁投资持续推进干部人才队伍建设，大力选用优秀年轻干部。要实施党委统一领导、干部部门主抓，业务系统协同推进、上下联动齐抓共管的年轻干部管理体系，为年轻干部成长搭建科学合理的“必经台阶”，拆除过细过密的“隐性台阶”，激励优秀年轻干部建功立业，助其拾级而上，脱颖而出。把选人用人作为关系企业发展的关键性、根本性问题来抓，通过内部选拔与外部引进相结合，初步形成了研究生以上学历占三分之一，高级职称人员超过一半，40 岁以下青年人才达到 60%，相对合理的人才队伍结构，为企业发展提供了人才保障。突出干部人才队伍建设，扎实开展“干部作风建设年”活动，实施人才强企工程，选拔大批干部到基层去锤炼，全年共调整领导干部 160 余人次，培训各类人员 1100 人次，引进项目管理、房地产开发等紧缺人才 6 名，提升了干部人才队伍的整体合力

夯实“三基建设”。围绕“党建创新拓展年”主题，持续落实基层组织、人员全覆盖，及时补充缺员情况，推进基层组织标准化建设，将年度工作任务压实到支部，培育党建特色品牌。完善中铁投资集团公司党费收缴、述职评议、表彰奖励、党群共建等制度，着重推动落地实施。

党风廉政建设纵深推进。中铁投资党委、纪委认真落实全面从严治党“两个责任”，按照党风廉政建设责任制要求，年初对党风廉政建设和反腐败工作进行了通盘谋划。召开了 2020 年党风廉政建设和反腐败工作暨审计警示教育会议、党风廉政建设和反腐败工作领导小组会议，中铁投资主要领导、纪委书记分别对党风廉政建设工作做出部署。召开纪委全委会 2 次、纪委办公会 5 次，对党风廉政建设重要事项及时研究、重要任务及时安排。深化对同级班子监督，纪委书记每季度与班子成员进行沟通谈话，全年累计 28 人次，年底对 7 名领导班子成员进行了“画像”，推动了“一岗双责”落实。与各部门负责人、各单位主要领导开展廉政谈话 43 人次，起草了公司政治生态分析报告。加强对选人用人监督，参与重要人事安排初始酝酿，严把廉洁意见回复关。完善了 58 名副处级以上领导人员廉洁档案，签订领导人员廉洁从业承诺书 69 份。围绕“强化纪检组织监督职能与企业生产经营工作的深度融合”主题，深入三个单位进行了调研，就发现的问题督促抓好了整改，进一步压实了基层单位的责任。加强对各级党组织和领导干部履职、“三重一大”决策制度执行等日常监督，营造了监督正常化、常态化的氛围。（王晓芳）

【信息化建设】积极推动信息贯通工程，按照股份公司信息贯通总体实施方案基本要求，成立信息贯通工程领导小组和工作组，形成信息化建设初步方案，逐步实现业务层面、数据层面和技术层面 3 个层面贯通，并融入股份公司一体化工作平台。（陆记霞）

【履行社会责任】疫情发生后，中铁投资深入学习贯彻习近平总书记重要讲话精神，认真落实股份公司有关工作部署，坚持科学防治，注重精准施策，先后经受住了北京、天津、石家庄等地多轮疫情考验，维护了全体职工身体健康和企业稳定局面。各级党组织、工会组织积极开展募捐活动，全体党员干部职工响应号召，踊跃捐款奉献爱心，以实际行动支援一线。特别是石家庄藁城区突发疫情以后，中铁投资在股份公司的坚强领导下，充分发挥区域总部职能和属地优势，迅速调集各种资源力量，主动请缨、驰援黄庄公寓隔离点建设，以实际行动彰显了央企的责任担当，受到河北省、石家庄市两级党委政府和社会各界的高度赞誉。（法明杰）

【领导人员】

| | |
|---|---|
| 陈　勇 | 党委书记、董事长、法定代表人 |
| 韩勇刚 | 党委副书记、总经理、董事 |
| 吴华松 | 党委委员、副总经理 |
| 张永强 | 党委委员、副总经理、工会主席、董事 |
| 廖　斌 | 党委委员、副总经理 |
| 汪小庆 | 党委委员、副总经理 |

▲中铁投资参建的石家庄地铁 1 号线北国商城站

贾学斌　党委委员、总会计师
任立新　党委委员、纪委书记
彭建萍　党委委员、总工程师

（王文燕）

## 中铁南方投资集团有限公司（中国中铁华南区域总部）

【概况】中铁南方投资集团有限公司（简称“中铁南方”）是中国中铁股份有限公司在广东、福建及海南的投融资经营平台和建设运营管理主体，全权代表中国中铁开展区域内基础设施和产业新城的投资、建设、运营管理业务，总部设在深圳。公司前身是成立于2008年1月的中铁南方投资发展有限公司（深圳地铁5号线BT项目公司）。2013年3月25日，经国家工商总局核准，组建中铁建设投资集团有限公司（简称“中铁建投”）。2014年7月，根据股份公司战略部署，中铁海西投资发展有限公司整体并入中铁建投。2016年8月，中铁珠三角投资发展有限公司整体并入中铁建投。2017年9月29日，为整合华南地区市场，股份公司将中铁华南工程指挥部机构及人员并入中铁建投，实行“一套人马、两块牌子”管理模式，由中铁建投履行中国中铁华南工程指挥部相关职能。2018年4月8日，为传承“中铁南方”品牌和企业发展需要，企业更名为“中铁南方投资集团有限公司”。2018年12月，股份公司设立中铁海南投资建设有限公司，委托中铁南方组建和管理。2019年12月20日，股份公司设立中国中铁华南区域总部，与中铁南方合署办公，实行“一个机构、两块牌子”管理模式。2020年9月7日，股份公司将中铁珠三角城际工程建设指挥部划转中铁南方管理。

中铁南方主要经营业务包括项目投资、项目管理、基础设施建设、房地产开发、土地一级开发整理、市政公用工程、设计咨询、工程咨询、机械设备租赁、房屋建筑工程、机电安装工程、铁路工程施工总承包、城市轨道交通工程专业承包、物业管理、自有物业租赁、房地产经纪与代理、股权投资等。截至2020年末，中铁南方具有市政公用工程施工总承包一级、建筑工程施工总承包一级、公路工程施工总承包一级、机电工程施工总承包二级、铁路工程施工总承包三级等5项资质，7个全资子公司具有市政公用工程施工总承包一级资质，1个子公司具有环保工程专业承包一级、城市及道路照明工程专业承包一级资质。

中铁南方内设行政管理部门9个，党群机构4个，附属机构3个，专业板块事业部2个，省级区域经营机构3个。下设集群指挥部8个、直管项目指挥部1个。依托在建项目，成立各类项目公司、指挥部、项目经理部共计62个。公司在册职工489人，比2019年减少12人。年龄结构方面：35岁以下占比35%，35岁至45岁占比32.6%，45岁以上占比32.4%。学历结构方面：研究生占比12.8%，本科占比80.7%，大专占比6.5%。专业结构方面：工程管理系列占比56.6%，经济及政工管理系列占比31.7%，财务管理系列占比11.7%。职称结构方面：高级职称占比45.8%，中级职称占比36.9%，初级职称占比14.2%。

截至年末，中铁南方资产总额231.26亿元，较2019年末225.83亿元增长2.41%；负债总额153.12亿元，较2019年末161.82亿元降低5.37%，负债并未随资产增加而增加；资产负债率66.21%，较2019年底下降5.45个百分点；所有者权益总额78.14亿元，较2019年末64.01亿元增长22.07%，所有者权益总额增长速度大幅高于资产总额、负债总额的增长速度。固定资产原值3.04亿元，累计折旧0.82亿元，固定资产净值2.22亿元。流动资产合计136.90亿元，其中货币资金57.59亿元，应收账款24.71亿元，预付账款9.12亿元，其他应收款5.02亿元，存货17.89亿元，合同资产3.06亿元，其他流动资产8.73亿元，一年内到期的非流动资产10.78亿元。非流动资产合计94.36亿元，其中投资性房地产5.04亿元，长期股权投资16.78亿元，长期应收款13.19亿元，固定资产净值2.22亿元，无形资产2.73亿元，使用权资产0.22亿元，递延所得税资产0.57亿元，其他非流动资产53.60亿元，长期待摊费用0.01亿元。

（刘　湘　苏　杭　朱　权　赵攀锋）

【主要指标】2020年，中铁南方完成区域新签合同额3035亿元（其中自揽924亿元，较2019年增长了7.6%）；实现营业收入239.19亿元，较2019年增长了6.85%；利润总额7.2亿元，净利润5.55亿元（其中归属母公司净利润5.40亿元，归属小股东净利润0.15亿元），完成股份公司批复年度预算4.8亿元的115.6%。2020年末，归属母公司所有者权益总额78.14亿元。剔除上缴利润等客观因素影响后，国有资本保值增值率115.67%。

（赵攀锋）

表13-38　2019—2020年中铁南方投资集团有限公司主要经济指标

| 项目 | 2019年 | 2020年 | 增长率/% |
|---|---|---|---|
| 资产总额/亿元 | 225.83 | 231.26 | 2.40 |
| 所有者权益/亿元 | 64.01 | 78.14 | 22.07 |
| 营业收入/亿元 | 223.85 | 239.19 | 6.85 |
| 利润总额/亿元 | 5.43 | 7.20 | 32.60 |
| 净利润/亿元 | 4.20 | 5.55 | 32.14 |

续表

| 项目 | 2019 年 | 2020 年 | 增长率 /% |
|---|---|---|---|
| 归属于母公司所有者的净利润 / 亿元 | 4.24 | 5.40 | 27.36 |
| 技术开发投入 / 亿元 | 0.06 | 0.18 | 200.00 |
| 利税总额 / 亿元 | 6.18 | 7.81 | 26.38 |
| 应交税金总额 / 亿元 | 2.05 | 2.63 | 28.29 |
| 全员劳动生产率 /［万元 /（人·年）］ | 118.03 | 153.74 | 30.26 |
| 净资产收益率 /% | 8.45 | 7.81 | 减少 0.64 个百分点 |
| 总资产报酬率 /% | 2.99 | 3.46 | 增加 0.47 个百分点 |
| 国有资本保值增值率 /% | 112.34 | 115.67 | 增加 3.33 个百分点 |

制表：赵攀锋

【改革发展】人事管理。加强干部政治教育。以“不忘初心、牢记使命”主题教育为载体，通过线下党校集训教育、线上网络学院学习等，深入学习贯彻习近平总书记系列讲话和习近平新时代中国特色社会主义思想，推动全体干部党性和政治修养进一步增强，自我净化、自我完善、自我革新、自我提高能力进一步提高。优化人才队伍结构。以满足企业发展需要为目标，以优化人才队伍结构为重点，通过社会招聘、系统内招及转岗交流等方式，补齐人才短板，进一步夯实队伍建设。全年面向社会引进紧缺型人才 10 人、面向系统内部招聘 4 人、转岗交流 34 人。严密干部监督管理。通过开展党员干部违规打麻将问题专项整治活动、对企业领导和关键业务要害岗位人员本人及其子女配偶经商办企情况摸查、严格财务资金出纳及银行预留印章保管人员出入境审批等举措，进一步严密干部监督管理，推动干部守法守规。加大年轻干部培养。实施“4035”工程，分层级明确所属单位年轻干部配备比例，围绕培养、选拔、管理、监督等重点环节，制定有针对性、操作性强的具体措施，并以“忠诚、干净、担当”为标准，选拔任用了一批担当负责、苦干实干的优秀年轻干部。全年提拔任用年轻中层干部 20 人，调整交流各级干部 309 人次。

机构改革。优化区域经营机构。深耕区域市场，加密区域经营，在广东、福建、海南等省级区域重点城市设置 16 个经营分部，共同履行统筹、协调、高端经营、监管和服务职能，进一步完善了公司经营体系建设。打造精干区域总部。落实“去机关化”和区域总部建设要求，统筹推进机关总部改革，中铁南方本部机关部门由 16 个压缩为 13 个（合署办公部门 3 个），压减 23%；机关总定员由 114 人精简为 76 人，压减 55%，进一步释放了公司本部的工作效能。

薪酬绩效。按照“高层推动、职能准备、全员参与、引入咨询”的工作策略，建立营销业绩与所属单位工资总额、员工收入挂钩的激励分配制度，推动营销激励精准投放，发挥薪酬激励对营销工作的牵引作用，激发市场经营活力。参考市场实践，按岗位价值和贡献配置薪酬资源，合理调整薪酬级差，推进薪酬级差随岗位层级增加而同步增加，适度拉大同级薪酬宽带，有效解决“大锅饭”问题。不断坚持职工工资水平与市场水平相适应，积极稳妥地推进企业收入分配制度改革，薪酬资源使用效率进一步提高。

成本管理。优化工资总额预算管理。根据企业职能定位和生产经营情况，按管理层级、岗位类别等多个维度对所属单位员工工资进行统计，仔细核定所属单位工资总额，做好合理的预算安排；定期对所属单位工资总额预算执行情况进行分析、审核，对违规发放等问题及时采取有效整改措施，使工资总额切实可控。强化全口径人工成本管理。对人工成本利润率、人事费用率、人均利润率、工资总额利润率等企业工资效益关键指标进行动态监控，不断完善企业“四率”指标分析模型，定期做好人工成本分析，严格控制人工成本不合理增长，对人工成本不合理增长及时预警，不断提高人工成本投入产出效率。

社保福利。定期公布相关数据，使“隐形”福利待遇公开化、透明化、显性化，让员工了解企业的负担和担当，综合运用节日慰问、生日祝福、团队拓展、夏送清凉、冬送温暖、办公环境优化等多种形式，提升员工的获得感和幸福感，进一步体现企业福利政策的激励性。常态化做好职工稳岗补贴申请、重特大疾病补充医疗保险投保、补充医疗保险报销、“五险两金”缴纳等日常工作，突出抓好新冠肺炎疫情期间企业社保减免、员工工资发放，落实员工社会保险待遇，进一步提升员工归属感、安全感。（朱 权）

所属单位

【重大项目】2020 年，中铁南方新中标项目 34 个，完成新签合同额 880.65 亿元，其中，投资类项目 7 个，合计金额 473.24 亿元，占 53.74%；施工总承包类项目 27 个，合计金额 397.60 亿元，占 45.15%；在建项目二次经营额 9.81 亿元，占 1.11%。

2020 年，中铁南方在建项目共 42 个（广东地区 29 个、福建地区 8 个、海南地区 4 个、遵义地区 1 个）。其中，完工的项目有 8 个，分别是深圳地铁 6 号线 6102 标、深圳地铁

6号线6111标、深圳地铁10号线1011标、深圳地铁4号线4302标、桂庙路快速化改造工程、南车配套基地工程、遵义新蒲经开区PPP项目、江东大道（二期）生态长廊项目。累计完成产值253.7亿元，占年度计划214.8亿元的118%，在建42个项目开累完成产值742.12亿元，占总额1843.8亿元的40%。

牵头立项了12项科研项目，其中《基于BIM的厦门地铁三号线过海通道施工风险集成控制与系统研发》《深圳前海片区复杂地质条件下典型工程问题分析与对策研究》《深圳繁华滨海地区富水砂卵石软弱地层地铁综合修建技术》《地铁隧道衬砌结构隐伏质量缺陷识别与量化技术研究》等4项课题已结题验收且在积极推广成果应用，《深圳复杂地质长距离区间盾构高效施工技术研究》《深圳地铁14号线岩溶地层溶洞精细化探测及施工安全控制技术》《基于GIS+BIM技术的集团级工程项目一体化智慧管理研究》《大型综合交通枢纽建造风险智能预控关键技术研究》《盾构渣土高效资源化利用智能化装备系统开发与应用研究》《复杂地层海底大直径泥水盾构隧道施工控制关键技术研究》《复杂填海地层及近海潮汐环境条件下超大深基坑工程设计施工综合关键技术研究》《趋零净距敏感周边环境下轨道地下空间精细化施工技术研究》等8项课题处于研究阶段。（肖云飞）

【重大创新】推动业务管理创新。围绕企业中心工作的热点、难点和管理短板，常态化推进管理实验室活动，管理创新活动稳步推进，企业管理整体上呈现高质量发展的良好局面。2020年，共形成3项管理创新成果，其中《盾构渣土高效资源化利用智能化装备系统开发与应用研究》及《产业新城业务模式创新与法律论证》获得股份公司管理创新成果评比二等奖，《加强现代企业管理标准研究与构建　提升企业管理效能》获得股份公司管理创新成果评比三等奖。

加大关键技术创新。以大运枢纽、岗厦北枢纽、黄木岗枢纽等综合交通工程为依托，以解决交通枢纽工程在施工过程中常见的基坑群效应、新老工程相互影响、共用围护结构、近接施工与既有线保护、周边环境负效应问题为出发点，以自动化监控技术为手段，系统研究分析综合交通枢纽的规划、设计、施工、运维等全生命周期建造风险及智能预控手段，形成了一套成熟且适应实际的“大型综合交通枢纽建造风险智能预控关键技术”，有效保证了工程施工安全风险可控。（苏杭　肖云飞）

【工程创优】2020年，中铁南方共获得省部级以上荣誉5项，其中省级（含中国中铁）荣誉4项（厦门地铁3号线2标五工区、福州地铁5号线1标、佛山地铁3号线3203标获得“中国中铁安标工地”；大岗先进制造业基地区块综合开发项目园区管理服务中心工程获得“广东省市政工程安全文明施工示范工地”），国家级荣誉1项（龙华现代有轨电车项目获得国家优质工程奖）。（王丽平）

【党建工作】中铁南方党委以党的政治建设为统领，以钉钉子精神抓好管党治党任务落实。充分发挥党委把方向、管大局、保落实作用，全年召开党委会13次，研究审议重大项目投资、疫情防控、落实全面从严治党等议题171项，其中前置研讨重大议题120项，为推动企业规范有序开展经营活动发挥了领导核心作用。坚持党风廉政建设与全面从严治党、企业各项管理工作同部署、同检查、同落实、同考核，2020年初与所属8个党工委及直属党支部签订党风廉政建设责任书，全年召开党风廉政建设联席会议2次，推进党风廉政建设警钟长鸣。深入开展“干部作风年”建设，通过开展本部“机关化”问题专项整改、推动巡视巡察发现问题整改、持续优化纪检体制机制建设等，不断提升干部工作效率，严格规范干部履职行为，进一步夯实干部作风。以建立“不忘初心、牢记使命”主题教育长效机制为契机，督促各党工委、党支部按时组织开展“三会一课”，严格落实领导人员双重组织生活制度，着力提升广大党员的政治素质，严格规矩意识，切实落实管党治党责任。（李小勇）

【信息化建设】优化工程管控平台。依托深圳地铁14号线等既有重点工程项目，持续优化《工程项目

▲中铁南方建设的滨海大道跨月亮湾大道主线桥　▲建设中的深圳翠苑泰园工程

一体化云平台》《安全监测与重大风险管控平台》《施工监控云平台》《构 TBM 大数据云平台》等“一主三辅”管控平台的模块功能、可视化展示、数据对接，实现了项目环境监测、用电监测、塔吊（龙门吊）监控等工程数据实时接入、采集及外输，初步达到工程智慧管控目标。推广应用 BIM 新技术。在深圳地铁 14 号线、春风隧道、前海市政Ⅴ标、黄木岗枢纽、滨海大道等重点工程大力推广 BIM 技术应用，升级现场生产管控手段，有效提高现场生产管控水平，其 BIM 技术应用成果先后荣获省部级以上荣誉 12 项。加强内部网络安全。实施核心网络和 IPv6 改造，完成 IPv6 网络、云网盘、文件加密、内外网络身份认证等部署，病毒与入侵防护、网络安全实时监管和运维等都得到极大提升，切实保障全公司网络及信息系统的稳定运行。落实信息贯通工程。积极响应股份公司有关推进信息贯通工程要求，成立了中铁南方信息贯通工程领导小组和工作组，先后在中铁南方本部和深圳地铁 14 号线等项目开展了信息贯通工程调研，确定了下一步工作思路。（肖云飞）

【企业文化】中铁南方以基层文化建设为抓手，以推进落实“三个转变”重要指示精神为指引，抓实抓细宣传思想文化工作，发挥企业文化铸魂、塑形、育人的重要作用。加强学习型企业文化建设。狠抓各级党组织政治理论学习、党员干部学习、专题学习，全年举办各类培训 32 班次，参加培训人员 1728 人次。强化宣传工作。围绕重大工程、重要节点、重大活动，开展全方位、多角度的宣传报道，全年在中央和省级主要新闻媒体刊发重点稿件 257 篇，其中在央视新闻频道等栏目播发 5 次。学习榜样精神。用榜样凝聚职工，鼓舞斗志，发挥模范典型人物的示范引领和带动作用，先后特邀中华人民共和国成立 70 周年“功勋工匠”、中国中铁一局高级技师白芝勇，全国五一劳动奖章获得者、中铁隧道局集团盾构主司机母永奇到施工一线进行宣传，举办“致敬最可爱的人——纪念抗美援朝出国作战 70 周年”主题展览，抓好新上重点工程项目的“道德讲堂”建设及活动开展，全年共建成“道德讲堂”8 个，开展活动 50 余场次。（李小勇）

【履行社会责任】积极发挥央企履行社会责任表率作用，把社会责任融入企业生产经营的各个方面，落实到员工的具体行动中。先后组织中铁南方职工到福州连江县坂顶村希望小学开展扶贫助学、到河源市水背村开展精准扶贫、到属地医院开展送温暖送清凉等活动。同时，在新冠肺炎疫情期间组建公司志愿者服务队，积极投身地方社区疫情防控志愿者服务工作，受到相关方好评点赞，企业社会影响力和美誉度不断提升。以项目评先创优为抓手，积极推广应用泥浆净化装置和箱式压滤机、全封闭绿色防尘施工厂棚、围挡自动喷淋系统、自动洗车槽等先进设施与工艺，将绿色施工、文明施工、环保施工贯穿项目建设全过程，铸造绿色品质工程，助力打赢蓝天保卫战。（李小勇）

【领导人员】

| | |
|---|---|
| 付漳湖 | 党委书记、董事长、法定代表人（5 月免）<br>业务总监（5 月任） |
| 赵　勇 | 股份公司华南指挥部指挥长，副总经理（5 月免）<br>党委副书记（主持党委工作）、副董事长（主持董事会工作）、法定代表人（5 月任）<br>党委书记、董事长（7 月任） |
| 王　伟 | 副总经理（主持经理层工作）（5 月任）<br>党委副书记、总经理（7 月任） |
| 全德成 | 副总经理（原职级不变）（11 月任） |
| 王利强 | 党委副书记、纪委书记、工会主席、监事会主席 |
| 张国亮 | 副总经理 |
| 张吉纯 | 副总经理 |
| 刘继强 | 副总经理、总工程师 |
| 肖铁贤 | 副总经理、总经济师 |
| 徐议成 | 总会计师（12 月任） |
| 谌明朗 | 副总经理（9 月任） |
| 彭声前 | 副总经理，股份公司华南指挥部副指挥长（1 月免） |
| 张淦华 | 副巡视员 |

（朱　权）

## 中铁交通投资集团有限公司（中国中铁中南区域总部）

【简况】中铁交通投资集团有限公司（简称“中铁交通”）拥有公路工程、市政公用工程施工总承包一级资质。公司驻地：广西南宁市良庆区凯旋路 15 号绿地中心 8 号楼。前身是中国中铁西南投资管理有限公司，于 2007 年 12 月 28 日在广西南宁市注册成立。2012 年 7 月，经国家工商总局核准，更名为“中铁交通投资集团有限公司”。运营管理 14 条高速公路，包括陕西绥延高速公路、汕湛高速汕头至揭西段、陕西旬凤高速太峪至麟游段和招商中铁控股有限公司合资管理的 11 条高速公路（广西岑梧高速公路、广西岑兴高速公路、广西全兴高速公路、山东德商高速公路、河南平正高速公路、云南富砚高速公路、重庆垫忠高速公路、重庆渝邻高速公路、四川绵遂高速公路、陕西榆神高速公路、陕西神佳米高速公路）；在广西南宁、柳州、桂林，云南昆明，贵州贵阳，江西南昌，湖南长沙、衡阳、娄底、湘潭，四川宜宾等城市投资建设市政项目 27 个；在广西南宁、江西南昌、湖南长沙以“施工总承包”或“投资＋总承包”模式建设投资南宁市轨道交通 3 号线 02 标工程、4 号线 02 标工程、5 号线 02 标工程、南昌市轨道交通 1 号线项目、4 号线 02 标项目、长沙市轨道交通 5 号线一标项目及南玉高铁；在广西南宁投资开发建设“中铁交通·天地明珠”项目，在江西南昌投资开发建设幸福渠房建小区。

中铁交通拥有从业人员671人（不含渝邻、韶新公司），其中中铁系统在册职工435人。资产总额463.39亿元，其中固定资产净值2.27亿元，无形资产净值90.76亿元，流动资产139.62亿元，其他资产230.74亿元。

自成立以来，中铁交通先后4次获得中国中铁“四好班子”称号，投资建设项目获中国建设工程鲁班奖3项、中国土木工程詹天佑奖1项、国家“AAA级安全文明标准化工地”3项，交通运输部公路交通优质工程奖（李春奖）1项，国家优质工程奖2项，中国公路学会交通BIM工程创新奖三等奖1项以及其他省部级以上工法7项、优质工程16项、安标工地15项。获共青团中央“青年文明号”2项、中央企业“青年文明号”3项。

（刘庭　练瑞琪　齐俊玮）

【主要指标】全年实现营业收入160.60亿元，同比下降17.55%；实现利润总额9.98亿元，同比下降82.04%；归属母公司净利润8.93亿元，同比下降78.55%；年末资产负债率72.33%，较目标值低6.83个百分点。（练瑞琪）

表13-39　2019—2020年中铁交通投资集团有限公司主要经济指标

| 项目 | 2019年 | 2020年 | 增长率/% |
|---|---|---|---|
| 资产总额/亿元 | 439.66 | 463.39 | 5.40 |
| 所有者权益/亿元 | 141.51 | 128.24 | -9.38 |
| 营业收入/亿元 | 194.79 | 160.60 | -17.55 |
| 利润总额/亿元 | 55.57 | 9.98 | -82.04 |
| 净利润/亿元 | 43.54 | 8.75 | -79.90 |
| 归母净利润/亿元 | 41.63 | 8.93 | -78.55 |
| 技术开发投入/亿元 | — | — | — |
| 利税总额/亿元 | 56.38 | 11.31 | -79.94 |
| 应交税金总额/亿元 | 0.58 | 6.74 | 1062.07 |
| 净资产收益率/% | 34.12 | 7.23 | 减少26.89个百分点 |
| 总资产报酬率/% | 14.45 | 3.19 | 减少11.26个百分点 |
| 国有资本保值增值率/% | 156.39 | 111.74 | 减少44.65个百分点 |

注：中铁交通于2019年12月23日处置转让招商中铁（原广西高速）51%股权，导致两年主要经济指标大额变动。

制表：练瑞琪

【改革发展】推进运营板块改革，成立运营管理事业部，对中铁交通运营业务实施集中统一经营管理，推动“高速公路+”转型发展。实行运营提前介入，加强对在建高速公路项目整体策划，控制投资、降低成本，实现效益最大化。大力开展“去机关化”工作，完成区域总部机关机构改革，持续推进“三项制度”改革，突出业绩导向，更加注重实绩，合理拉开了机关与项目、项目与项目之间的收入差距。制定领导人员“改非”办法，进一步优化全公司干部队伍结构。（齐俊玮）

【重大项目】2020年，中铁交通共召开5次董事会，形成决议83项；召开7次党委会，研讨184项议题；组织召开7次总经理办公会、13次专题会，研究生产经营事项204项。全年完成新签合同额578.75亿元，牵头中标广西岑溪（粤桂界）至大新公路（横县至南宁段）项目，投资估算222.69亿元。牵头中标广西上林至横县高速公路BOT项目，投资估算87.55亿元。牵头中标G59呼北高速炉红山（湘鄂界）至慈利段、G5515张南高速桑植至龙山段PPP项目，投资估算260.04亿元。所属中铁交通成达公司中标宜宾市川南建材产业园建设项目，合同额1.5亿元；中标珙县二十个灾后重建项目，合同额约6.26亿元。（齐俊玮）

【重大创新】探索走专业化、差异化的发展道路，打造高速公路领域“投建营”一体的专业化平台，逐步实现自主经营、自负盈亏、自我循环、自力更生，承担高速公路领域投资和资产经营职责。筹备组建高速公路专业运营管理公司，加快提升收费管理、路产管理、道路养护、机电养护、路产经营和人力资源等业务的专业化管理水平，探索开展高速公路运营管理整体托管业务。（齐俊玮）

【工程创优】2020年1月，贵州双龙航空港经济区物流外环路道路工程被授予“贵州省建筑安全文明施工样板工地”称号；2020年5月，南宁市轨道交通3号线一期（科园大道—平乐大道）2标工程获2020年广西建设工程“真武阁杯”奖、广西壮族自治区建筑业绿色施工示范工程、2020年广西建设工程施工科技进步奖；2020年6月，昆明市草

海片区195号路（碧鸡路至新街路段）被授予“2019年度昆明市建设施工安全生产标准化工地”称号；2020年10月，贵州双龙航空港经济区物流外环道路工程获“贵州省建筑业绿色施工示范工程”；2020年12月，南宁市沙井—南站立交工程获国家优质工程、娄底中心城区路网完善工程PPP项目获“娄底中心城区建筑施工文明优秀工地”称号、南宁市轨道交通3号线一期工程（科园大道—平乐大道）获中国建设工程鲁班奖。（齐俊玮）

【企业文化】通过更新完善中铁交通集团企业文化展厅、企业宣传画册、网站、宣传栏等，集中展示中铁交通重点项目工程建设的特色和亮点，组织开展企业文化“十四五”建设专项规划编制，指导督促全公司规范使用企业视觉识别系统，不断推进企业文化标准化建设。组织开展先进典型的选树与宣传，引导全公司广大党员干部职工以先进为榜样，争当先进。（杨敏军）

【党建工作】中铁交通党委持续在全公司开展习近平新时代中国特色社会主义思想和十九届五中全会精神学习宣贯工作，通过紧抓中铁交通集团公司、下属党工委及基层党支部三个层级的理论学习，营造了浓厚的学习氛围，通过及时学习宣贯十九届五中全会精神，切实将思想统一到中央决策部署上，通过中心组学习、党（工）委会第一议题、“三会一课”、主题党日、读书班等载体和充分利用学习强国、企业简报、“一微一网”、短视频等“线上+线下”平台，推动学习往深里走、往心里走、往实里走。在理论学习的基础上，中铁交通党委积极开展丰富多彩的实践教育活动，通过红色革命教育切实强化思想上的认识、精神上的触动，组织全公司80多名中层及以上干部和优秀年轻干部分两批前往广西百色开展了“2020年领导干部理想信念暨年轻干部素质培训提升班”，通过“专题教学+现场教学+文体活动”等方式，切实做到学有所思、学有所悟、学有所得。通过督促各基层党组织认真贯彻落实《中国共产党国有企业基层组织工作条例（试行）》，结合中铁交通集团公司党建工作标准化体系切实把党建工作融入生产经营中心工作中，持续完善“党工委发挥工作落实领导作用、党支部发挥战斗堡垒作用、广大党员发挥先锋模范作用”的工作责任体系，切实发挥基层党组织的职能作用。

持续贯彻落实全国国有企业党的建设工作会议精神，认真对标国企改革三年行动方案（2020—2022年），将建立现代企业制度的要求与解决企业实际问题相结合，积极完善权责明晰、各司其职、相互协同的法人治理体系。2020年，召开7次党委会前置研究184项“三重一大”及党建等相关事项，召开5次董事会研究决策75项重大事项，经理层严格按照党委会研究完善后续决策、按照董事会决议抓好具体工作落实，确保把加强党的领导和完善公司治理统一起来，不断提高规范化运作水平。通过贯彻落实《中国共产党重大事项请示报告条例》的具体措施，形成重大事项跟进反馈机制，不断推进各项改革举措和重点工作落实落地；通过配合股份公司董事会开展1次专项调研工作，组织外部董事开展1次专项调研工作，深入调研查找企业在发展战略、企业治理、项目管理等方面的问题，认真落实调研意见建议，助推战略目标的优化和实现；进一步强化巡视“利剑”作用，共制定整改措施118条，已全部整改完成60条，53条已通过完善制度办法、建立工作机制等措施，需长期坚持和推进，剩余5条正按整改计划推进。启动内部专项整治巡察，成立1个巡察组对3个基层党工委进行巡察，发现党的建设、巡视及审计整改等7个方面45个问题，对巡察发现的6个典型问题、13名责任人进行严肃问责，约谈党工委书记3人、纪工委书记1人，诫勉2人，批评教育10人，岗位调整2人，进一步发挥了巡察震慑作用。

坚持党管干部、党管人才原则不松懈，认真执行领导人员管理办法各项规定，严格按照干部选拔任用程序开展工作，从严从实选拔任用领导干部，坚持干部选拔任用20字标准，坚持“德才兼备、以德为先”的用人标准，年度选拔任用中层干部3人，内部公开招聘建设管理岗位后备干部9人，引进中层干部2人，对5名试用期满的中层干部进行了试用期满考核。通过强化年度考核、日常履职巡察，积极了解中层干部的履职情况，联动股份公司政治巡视、内部巡察及时严肃处理有关问题，全年根据工作需要对所属单位班子副职及以上干部交流调整130余人次，领导班子结构进一步优化，配备更加科学合理，政治巡察问责中层干部6人，不断加强对党员干部的严管厚爱。大力推进人才培养工作，全年共向股份公司评审推荐各类高级专业技术资格人员30名，评审通过中初级专业技术资格人员23名；全面落实年度培训计划，全年举办各类培训班14期，培训员工675人次，参加外部培训25人次，合计参培员工700人次。

统筹开展党建思想工作，制定了《中铁交通党委2020年宣传思想文化工作要点》，修订《中铁交通党委理论学习中心组学习规则》，组织委务理论学习中心组学习会议6次，并指导督促所属单位党组织按要求开展中心组学习，切实学习贯彻习近平总书记重要指示批示精神、中央和上级相关决策部署。组织开展“党的十九届四中、五中全会精神学习宣贯”“号召全公司迅速投入疫情防控阻击战”“集中宣贯股份公司及中铁交通集团公司年初系列会议精神”“开展百日大干和决战四季度专项劳动竞赛，实现复工复产达产超产”等专题形势任务教育，把全公司上下两级广大党员干部职工的思想和行动统一到中央、上级和中铁交通集团公司的决策部署上来。

所属单位

持续强化意识形态工作，按要求完成了全公司落实意识形态工作责任制等各项基础工作，督促提醒所属各单位党组织做好统战工作，同时做好了全公司舆情监测工作。以全公司重要会议活动、重大工程建设节点为主线，以宣传中央和上级决策部署要求为重点，并结合全年重大节假日主题，实现由“被动收”全公司新闻宣传素材向“主动要”中铁交通集团公司重点策划需要素材的转变，并与股份公司强化互动沟通交流，联系中央与地方媒体资源，为中铁交通集团公司打开新闻宣传工作局面奠定了坚实基础。全年在公司微信公众号、网站编发宣传稿件近300篇，被股份公司采用宣传稿件、影像素材超过30篇，全公司被外部社会媒体宣传约450次。

持续推动党风廉政建设和反腐败工作向纵深发展，落实“规定动作”、完善考评体系、压实“两个责任”，构建一体推进不敢腐、不能腐、不想腐体制机制，始终保持反腐败高压态势。通过召开党风廉政建设暨警示教育大会，深化警示教育工作，全年推送廉洁提醒教育短信33次、发送短信11319条；领导班子带头开展好党风廉政谈话，并积极利用基层调研教育引导党员干部提升廉洁自律意识。2020年，公司两级纪检组织纪委受理处置问题线索9件，其中地方监委移送1件，股份公司纪委转办2件，自收6件。经初核了结5件，立案1件，移送相关单位处置2件。运用“四种形态”处理党员领导干部10人次，其中第一种形态8人次，第二种形态1人次，第四种形态1人次。认真落实“干部作风建设年”活动部署，制定方案，细化措施。将落实专项整治作为工作的突破口，督促三级公司副处级以上干部以及中铁交通集团公司机关部门副职以上人员、所属单位关键岗位的一般管理人员共164人填报相关资料，进一步摸清领导人员亲属和其他特定关系人所办企业与本企业、关联企业开展业务往来问题底数。（齐俊伟）

【信息化建设】推进安全教育培训云平台全面应用，大力推进安全生产后台监控、施工现场违章捕捉、BIM技术辅助监控和隧道衬砌防脱空预警等安全质量信息化建设，督促在建项目全面运用股份公司安全质量隐患排查系统和智能安全帽，全面推广“中铁微课堂”、多媒体安全培训工具箱的应用，营造浓厚的安全生产文化。开展网络安全和信息化建设，完成南宁地铁3号线项目BIM工程管理平台研发课题结题，以及技术服务费、电信云服务费的结算工作。完成中铁交通“十四五”科技创新发展规划；完善生产管理平台信息化二期建设，优化客户端首页门户展示内容，开发手机端应用界面，完成信息贯通工程调研工作。

（曹承福　唐玉伦）

【履行社会责任】面对新冠肺炎疫情，中铁交通按照党中央、国务院的决策部署，将疫情防控工作作为首要工作，迅速成立应对疫情工作领导小组，全面动员、全面部署、全面加强各项防疫举措。结合公司生产经营实际，及时发布各类疫情防控通知，编制《新型冠状病毒肺炎防控口袋书》，多渠道、多形式开展员工及员工家属疫情防控知识培训，全年共开展疫情防控知识培训5次，培训人员21363人次；安排中铁交通员工、劳务队人员进行核酸检测1182人次。（唐玉伦）

【领导人员】

| | |
|---|---|
| 龙援青 | 党委书记、董事长 |
| 谭世俊 | 党委副书记、总经理 |
| 刘　宁 | 副总经理 |
| 龙　伟 | 副总经理兼总工程师 |
| 王建龙 | 副总经理 |
| 陈　戈 | 副总经理 |
| 韩凤岩 | 党委副书记、纪委书记、工会主席、监事会主席 |
| 何　川 | 总会计师、总法律顾问（9月调离） |
| 李晓鹏 | 总会计师（12月调入） |

（马忠亮）

## 中铁开发投资集团有限公司（中国中铁西南区域总部）

【简况】中铁开发投资集团有限公司（简称“中铁开投”）是中国中铁股份有限公司的全资子公司，成立于2011年12月8日，注册地为云南省昆明市，注册资本50亿元。拥有市政公用工程、公路工程、建筑工程三项工程施工总承包一级资质。经营范围为：投融资；建筑、公路、铁路、市政、轨道交通、机场、水利水电、环保、土地整理、房地产开发（城市综合体开发）领域的工程建设管理及施工；物资设备采购租赁。

中铁开投与中国中铁西南区域总部按照“一个机构、两块牌子”模式进行管理，代表中国中铁全面履行与地方政府签署的战略合作协议，负责云南、贵州、湖北、重庆三省一市以及面向南亚、东南亚多元化投资项目的投融资、建设、运营、移交管理和重大总承包项目承揽，是中国中铁在西南、华中地区及“澜湄五国”投资建设领域的核心力量。

2011年4月8日，中国中铁在昆明成立中国中铁昆明轨道交通工程指挥部和轨道交通3号线西标段项目经理部。2011年12月8日，中国中铁以昆明轨道交通工程指挥部和3号线西标段工程项目经理部为班底，成立“中铁泛亚建设投资有限公司”。2012年3月2日，中铁泛亚建设投资有限公司更名为“中铁昆明建设投资有限公司”。2016年12月8日，中铁昆明建设投资有限公司更名为“中铁开发投资有限公司”。2017年12月26日，昆明中铁总部大厦奠基。2018年1月16日，“中铁开发投资集团有限公司”组建。2019年5月，中铁开投第一次党代会胜利召开；11月，成功中标中国中铁云南滇中引水工程大理Ⅰ段至楚雄段、楚雄段至红河段引入社会资本建设项目；12月，设立中国中铁西南区域总部，与中铁开投按照“一个机构、两块牌子”管理。

2020年，中铁开投相继中标重庆渝湘高速、永川永璧高速，填补中国中铁10年来重庆高速公路市场空白；中标武汉轨道交通12号线，取得武汉轨道交通PPP市场入场券；中标云南瑞丽国际陆港新城、湖北鄂州临空经济区项目、贵州安顺路游公园、昆明安宁大龙山铁路专线、湖北三峡茅坪港翻坝铁路专用线和油气管线，实现自营专用线铁路、油气管网、片区开发、港口建设等业务领域新突破。

截至2020年12月31日，中铁开投本部设置9个职能部门和4个区域总部，下设事业部（中心）7个、子分公司6家（无实体化子公司）、各类型项目指挥部28个、委管项目1个、项目筹备组1个，公司管理或参股管理的各类型项目公司23家、合资公司7家，资产总额760.11亿元、年施工生产能力365.07亿元；公司共有全员制员工384人。公司领导9人、按股份公司二级单位副职管理2人，业务总监1人，处级干部94人、科级干部179人、其他人员99人，处级及以上人员占27.6%。硕士研究生22人、本科314人、专科43人、大专以下5人，本科及以上人员占87.5%。正高级职称16人、副高级职称151人、中级职称166人、初级及以下职称51人，中级及以上职称人员占86.7%。

▲ 2020年9月4日，中国中铁西南区域总部（中铁开投）新办公楼落成

中铁开投先后获得云南省建筑业协会优秀企业、云南省五一劳动奖状、重庆市五一劳动奖状等多项荣誉；投资建设管理的多个重点工程项目先后获得中国建设工程鲁班奖、中国土木工程詹天佑奖、国家优质工程奖、建设工程项目施工安全生产标准化工地等多项国家级、省部级奖项；参与多项国家级课题研究，获得中国铁路工程总公司科学技术奖二等奖2项；获得专利授权10项；获得软件著作权授权11项；获得云南省省级工程建设工法7项；获得中国中铁股份有限公司绿色施工科技示范工程3项，充分发挥了品牌价值和社会效应。

（杨臆蓉　侯苗苗　李涔瑜　张　磊）

【主要指标】2020年，中铁开投实现营业收入345.4亿元，较2019年增长58.49%；归属母公司净利润25.64亿元，较2019年增长104.63%，各投资项目盈利情况良好，无亏损项目；中铁开投合并口径年末资产负债率77.89%，较2019年压降7.21个百分点；“两金”余额25.06亿元，较年初余额压降22.11%。管理体系有效运转，安全质量平稳可控，圆满兑现了节点工期和年度目标，收入利润再创历史新高。（刘　葵）

表 13-40　2019—2020年中铁开发投资集团有限公司主要经济指标

| 项目 | 2019年 | 2020年 | 增长率/% |
|---|---|---|---|
| 资产总额/亿元 | 563.74 | 760.11 | 34.83 |
| 所有者权益/亿元 | 90.53 | 168.06 | 85.64 |
| 营业收入/亿元 | 217.93 | 345.40 | 58.49 |
| 利润总额/亿元 | 13.04 | 27.93 | 114.19 |
| 净利润/亿元 | 12.53 | 25.64 | 104.63 |
| 归属于母公司所有者的净利润/亿元 | 12.53 | 25.64 | 104.63 |
| 技术开发投入/亿元 | 0.01 | 0.02 | 100.00 |
| 利税总额/亿元 | 13.65 | 30.69 | 124.84 |
| 应交税金总额/亿元 | 1.57 | 5.38 | 242.68 |
| 全员劳动生产率/[万元/（人·年）] | 324.9 | 387.01 | 19.12 |
| 净资产收益率/% | 13.85 | 15.25 | 增加1.40个百分点 |
| 总资产报酬率/% | 4.09 | 5.90 | 增加1.81个百分点 |
| 国有资本保值增值率/% | 114.27 | 139.06 | 增加24.79个百分点 |

制表：刘　葵

所属单位

【改革发展】2020年，中铁开投完成了区域总部改革和本部全员竞聘上岗，理顺组织机构和岗位职责边界，明确事业部运行机制。重庆地区轨道交通项目、高速公路项目，武汉地区、宜昌地区项目实施集中管理，“项目集中化、专业区域化、要素集约化”管理模式进一步推进实施。建立管理实验室活动长效机制，以推进管理体系和管理能力现代化为目标，积极开展提质增效专项行动和对标世界一流管理提升行动，切实提升企业管理水平。中铁开投本部及3个指挥部被授予“中国中铁管理实验室先进单位”称号。

在统筹推进疫情防控和经济社会发展中，中铁开投率先启动区域生产经营全面复工复产，明确目标，夯实责任，做好服务保障，实现疫情防控“零感染”，复工复产“全达标”。2020年，中铁开投自主新签合同额完成881亿元，较2019年完成826.2亿元增长6.63%；区域协同新签合同额完成3912亿元，占股份公司下达年度计划3610亿元的108.37%，较2019年完成2848.7亿元增长37.33%。同时，深入推进补短板专业经营开发模式研究工作，不断加大在新兴市场的经营开发和市场拓展力度，并依托基础设施投资培育的市场资源，发挥产业链经营作用，重点瞄准城市建设等新兴市场，成功中标的瑞丽国际陆港新城、三峡茅坪港翻坝铁路专用线及翻坝油气管线项目实现了短板市场的重大突破，为持续发力区域经营开发奠定了坚实基础。

2020年初，提出的“工程建设费创效0.75%、财务资本运作创效2%、物资自营业务利润0.65%”创效指标，全年累计创效约17亿元，其中：工程建设其他费创效7.22亿元、财务创效7.21亿元、物资自营创效2.85亿元。充分利用疫情期间优惠金融政策，延迟东格和寻沾两个项目支付贷款利息，并高效完成了41.9亿元的高资金成本置换；完成无追保理融资20亿元、融资租赁17亿元等资本运作；通过金融创新、税务筹划，为投资项目设计出更科学、可行的交易结构和融资方案，以政策支持和风险管控为手段，保障各项指标的风控切实有效，积极研究ABN、ABS、REITs，对盘活资产、股权退出等设计路径，助力公司持续发展。

（曹盈　李泠瑜　刘葵）

【重大项目】2020年，中铁开投重点项目控制性工程和形象进度多点突破，云南玉楚高速绿汁江特大桥塔柱顺利封顶，是目前世界最大跨度单塔单跨钢箱梁悬索桥；武汉武九管廊罗家港管廊桥主体结构顺利完工，是中国综合管廊最大截面、单体荷载最重的管廊桥；贵州瓮开高速亚洲第四大山区跨峡谷悬索桥开州湖悬索桥成功封顶；贵州遵余高速飞龙湖乌江大桥钢梁顺利合龙，主桥钢梁施工工艺为国内首例。云南滇中引水聚焦“五个关键”，打好建设攻坚战，被全国总工会列入全国示范性劳动和技能竞赛项目，顺利通过水利部多次稽查飞检。中国工程院6位院士齐聚滇中引水开展专题调研，为安全优质高效推进工程建设提供了宝贵的咨询意见。中铁开投代表股份公司以“交钥匙”工程建设管理模式向云南省曲靖市会泽县捐建东南片区和西片区两所幼儿园，2020年6月，由股份公司出资捐建了北片区一所幼儿园。截至2020年末，以中国中铁名义向会泽县捐建幼儿园三所，捐赠金额达8695万元，总占地面积共计24733.3平方米，新建校舍26794平方米，为易地扶贫搬迁的9695户42425名贫困群众解决了近2520个学前幼儿就学需求。

针对涉及云贵渝鄂的国家战略和各类规划及地方政府工作报告等进行分析研究，中铁开投按照“着眼当年、紧盯三年、瞄准五年、展望十年”的思路，全面加强战略引领，先后与各地市州政府、行业主管部门及标杆企业建立了深入有效的工作对接机制，与云贵渝鄂各级政府及平台公司签署战略合作协议32份，与区域内多家银行的省分行签订战略合作协议21份，并全面梳理分析，动态纠偏，积极推动协议落实落地，为项目储备和滚动发展奠定了坚实基础。

着力构建科学合理的现代企业治理结构，搭建企业运行的“14841”总体理论框架，构建“1+4+55+N”的区域经营管理新格局。运行机制进一步完善，出台《区域经营深化攻坚工作方案》，区域经营新格局逐渐形成，各市场主体、各级经营机构有效协同、合纵连横，大兵团作战、大项目运作显著提升；制定《投资风险防范攻坚实施方案》《投资风险防范总体指导意见》，为在建项目保驾护航，进一步增强夯实基本功，提升企业竞争力、控制力、抗风险能力。（曹盈　董一初）

【实业投资】2020年，完成投资192.09亿元，其中，固定资产购置0.16亿元，无形资产支出0.07亿元，股权投资完成2.93亿元，基础设施投资完成181.19亿元，房地产投资完成7.74亿元（含草海项目）。所属中铁惠信基金公司共参与公司投资项目7个，参与中铁隧道局项目2个。已完成三只基金产品备案，管理总规模14.22亿元，其中实缴规模3.67亿元。中铁开投基金公司与云南省交通发展公司的深度合作，促进了经营新签合同345亿元沿边高速公路项目的落地。（刘葵）

【走向海外】2020年，海外（跨境）联合经营中心结合所辖区域独特的地理位置，依托国家“一带一路”倡议、发展面向南亚东南亚国际大通道的战略布局，建立“境外协同机构＋境内中心”的组织模式，重点开拓云南沿边口岸及“澜湄五国”市场，实现境内与海外（跨境）双轮驱动发展。同时，认真贯彻落实中铁开投对中缅铁路通道项目的部署安排，深入研究中缅铁路沿线城市开发、TOD开发市场，为中缅铁路开通后的人、货引流创造基础条件。2020年12月26日，成功以“政

府授权＋投资合作＋规划+EPC”的片区开发合作模式中标瑞丽国际陆港新城项目。（高 超）

【重大创新】中铁开投依托昆明地铁4号线、云南玉楚高速、云南滇中引水项目、贵阳地铁3号线、贵州遵余高速、贵州瓮开高速、武汉武九管廊，开展科技攻关项目共18项，解决项目面临的一系列技术难题，取得了良好的效益。其中，依托昆明地铁4号线，对高富水圆砾地层盾构双线隧道上下重叠下穿既有线掘进技术进行研究，确保了区间盾构法隧道顺利穿越北京路隧道和既有运营地铁2号线隧道；针对富水圆砾地层明挖长大地铁车站深大基坑施工对周边环境影响技术进行研究，总结出一套富水圆砾地层深大基坑合理开挖、支护、降水技术措施和周围地表沉降合理的控制技术，确保火车北站深基坑施工及周边建（构）筑物的安全；通过研究开发基于GIS+BIM的数字化管控平台，规范施工单位的项目管控行为，实现中铁开投各层级对项目实施“规范管理、远程管理、可视管理”的目标，化解公司项目管理力量薄弱的突出矛盾，提升公司的信息化管理水平。依托玉楚高速公路项目，对软岩大跨隧道大变形控制技术研究，提出限阻耗能型支护工艺工法，有效确保齐云隧道顺利贯通。全年共获得实用新型专利授权10项，云南省省级工程建设工法7项，软件著作权授权11项，获得股份公司科学技术进步奖二等奖2项。（董一初）

【工程创优】2020年，中铁开投投资（参建）的重庆轨道交通10号线一期工程获得中国土木工程詹天佑奖；重庆交通5号线一期工程获得国家安装优质工程奖；云南东格高速获得昆明市春城杯和云南省市政工程金杯奖；东格高速土建1标铜都隧道、土建2标达朵隧道、云南寻沾高速土建1标小龙潭1号大桥三项单体工程获得中国中铁杯优质工程奖；云南玉楚高速和总部大厦获得全国建设工程项目施工安全生产标准化工地，武汉武九管廊获评湖北省“安全文明施工现场”，贵州威围高速获评“贵州省基础设施领域PPP样板工程”，重庆轨道交通4号线二期土建1标至土建9标（全线），贵阳轨道交通3号线一期土建4标，云南玉楚高速土建3标、土建16标，遵余高速土建5标等工程获评“中国中铁安全标准工地”。（张 磊）

【企业文化】中铁开投坚持以企业文化建设为突破口，深入推进“开路先锋”文化建设，将中国中铁企业标识、企业精神，作为企业文化建设的统一标准，广泛宣传股份公司“永远的开路先锋”理念，荟萃亮丽夺目的企业符号集；高度重视文化的传承与延续，总结提炼出公司各个时期形成的“八要”“八有”“两手抓”“三个转变”“五个务必”等管理理念和管理要求，使之成为全公司的精神财富和文化内核，作为广大干部员工的行为指引、共同的价值追求；充分发挥企业文化在树立企业品牌形象、增强核心竞争力、打造优秀团队、提升干部队伍素质、规范员工行为方面的重要作用；建立中铁开投文化展厅作为集中展示平台，参加中国重庆绿色发展实践

▲2020年中铁开投投资（参建）的重庆轨道交通10号线一期工程获得中国土木工程詹天佑奖

所属单位

国际论坛、中国西部国际物流产业博览会、央企助力贵州发展大会，全方位、多层次、立体化展示企业改革发展的成果，提升企业品牌形象；牢牢把握意识形态工作的主导权和话语权，大力加强与社会媒体的沟通合作，积极对先进单位、先进典型、重大工程和重大事项进行宣传推广，发挥先进的引领作用，凝聚奋斗的精神力量。（杨臆蓉）

【党建工作】中铁开投始终把政治建设摆在首位，扎实开展“中央企业党建巩固深化年”专项行动，全面深化“不忘初心、牢记使命”主题教育成果。认真落实党建工作责任制。坚持党建工作与经营生产工作同安排、同部署、同检查、同考核，在疫情期间采取线上提交资料方式对所属三级单位党组织党建工作责任制落实情况组织专项检查考核，召开党组织书记抓基层党建工作述职评议会议，全面压实党组织书记抓党建第一责任人职责，推进管党治党主体责任落到实处。认真落实“三会一课”、谈心谈话、民主评议党员、双重组织生活等规定动作，全年召开党委会22次，前置讨论重大事项158项，研究决定83项；完善干部管理选拔制度，强化人才培养、引进和交流，全年累计选派585人次参加地方政府、行业协会及股份公司培训；召开党风廉政建设和反腐败工作会议及对年中推进会进行全面部署。围绕重点工作落实情况通报2次，征求管理建议126条，发出监督建议书3份，提出监督建议9条；约谈落实公司重大决策部署不到位1人次；全年受理问题线索6件，运用第一种形态警示、约谈2人次；修订和新制定党委巡察制度9项，对2家单位党组织开展常规巡察并发现23项主要问题和37项立行立改问题；制定《常态化整治违规打麻将问题的实施细则》并发放共治共建联系函100余份。

（卞文清　王秋林　李涔瑜）

【信息化建设】中铁开投信息化建设围绕“14841”战略主线，按照“两擎两翼五核心一平台”的发展思路，结合股份公司《“十四五”信息化发展规划》的目标要求，制定中铁开投“十四五”信息化建设规划，修订《中铁开投信息化发展规划》和《信息化建设顶层设计》，用于统筹和指导中铁开投未来5年信息化建设工作，并经股份公司专家会评审通过；坚持立足“三省一市、辐射两亚”，建设以“数字开投”为信息化发展主题，科学、合理规划公司信息化建设目标；建设“诚信系统”，先期在滇中引水进行试点，打通“民薪通”接口，建立诚信白名单数据库，实现各参与方互利共赢；完成中铁开投深化改革三年行动信息化相关工作；调研中铁开投各部门业务系统的使用情况，出具各系统“废、改、通”清单，最终完成股份公司的“信息贯通工程”；完成信息化建设第一阶段，完成打基础、搭平台、建门户和做应用等建设任务；优化升级数字化项目管控平台架构和网络，逐步让在建项目得到全面推广应用。（李万里）

【履行社会责任】中铁开投积极响应党中央、国务院关于打赢脱贫攻坚战三年行动的指导意见和云南、贵州、湖北、重庆“三省一市”脱贫攻坚总体部署，主动参与地方脱贫攻坚、疫情防控、捐资助学、抢险救灾，用实际行动贡献力量、回馈社会。2020年，向会泽县捐赠8700万元建设3所扶贫搬迁幼儿园，云南省普通高中项目已完成41所新建及改扩建学校，深度参与教育扶贫攻坚，获得云南省高度认可；在抗疫情、保增长中冲锋在前，精准落实防疫措施，率先推动复工复产，发挥央企“顶梁柱”作用，多方筹集捐赠疫情防控物资，武九管廊逆疫出征，参与方舱医院建设，获评武汉市抗疫标杆；在维护职工权益、提升幸福指数上全力以赴，公司本部搬迁至新的过渡办公楼，总部大厦主体封顶，中铁佳苑12栋住宅交付使用，职工乔迁新居、安居乐业。开展职工慰问、职工体检，对两名大病职工进行了“三不让”救助，支出“三不让”经费8.6万余元。

（杨臆蓉　高培富）

【领导人员】

| | |
|---|---|
| 张润文 | 党委书记、董事长、法定代表人 |
| 陈安惠 | 党委副书记、总经理 |
| 史全洪 | 滇中引水总指挥部党工委书记、指挥长（按股份公司二级单位正职管理）、副总经理 |
| 邓　民 | 党委委员、副总经理 |
| 张国华 | 党委委员、副总经理 |
| 宁　锐 | 党委委员、副总经理、总工程师 |
| 汪志鹏 | 党委委员、总会计师 |
| 王　谊 | 副总经理 |
| 刘庆丰 | 副总经理 |
| 赵庆武 | 业务总监 |
| 郑　杰 | 业务经理 |

（左富生）

## 中铁城市发展投资集团有限公司（中国中铁西部区域总部）

【简况】中铁城市发展投资集团有限公司（简称“中铁城投”）是中国中铁的全资子公司，也是中国中铁在西部七省（自治区）的区域经营总部，代表中国中铁在四川、陕西、新疆、甘肃、宁夏、青海、西藏等七省（自治区）开展基础设施项目的投资、建设、运营管理和总承包项目承揽。中铁城投2013年在四川省成都市天府新区注册成立，注册资本金50亿元。中铁城投及所属单位拥有3个市政公用工程、2个公路工程、3个建筑工程和1个铁路工程共9个施工总承包一级资质。本部设在成都市天府新区——中铁卓越中心，现有正式员工491人，其中具有中高级以上职称430人，占87.6%。资产总额572.64亿元，其中流动资产221.22亿元，固定资产净值0.86亿元，其他资产350.56亿元。中铁城投依托中国中铁全产业链优势，积极拓展融资渠道，不

断深化政企合作，优化整合中国中铁系统内各专业、各板块资源，发挥中国中铁的品牌、人才、资金、技术、管理等方面优势，以PPP、BOT、投融建、股权投资、EPC、施工总承包等合作模式，在城市轨道交通、公路、铁路、水利、市政基础设施、城市双修、生态环保、棚户区改造、土地综合开发等领域，以高性价比的优质服务，实施了一大批重点基础设施项目，在投融资、建设管理和运营管理等方面积累了丰富经验。中铁城投自2012年成立以来，累计新签合同额约4138亿元。在西部大开发和“一带一路”建设中，中国中铁、中铁城投与西部各地方政府和相关企业签订了战略合作协议。中铁城投先后获得四川省五一劳动奖状、成都市五一劳动奖状、中国中铁“四好班子”“模范职工之家”和“工会四好班子”等称号，投资建设的项目获得国家优质工程奖3项。

（杨 雪 钟维章 何 方 严 鹏）

【主要指标】全年完成新签合同额484.54亿元，完成股东下达年度预算682亿元的71.05%；实现营业收入344.89亿元，完成股东下达年度预算268亿元的128.69%；实现净利润41.23亿元，完成股东下达年度预算18.19亿元的226.66%。（严 鹏）

表 13-41 2019—2020 年中铁城市发展投资集团有限公司主要经济指标

| 项目 | 2019 年 | 2020 年 | 增长率 /% |
|---|---|---|---|
| 资产总额 / 亿元 | 316.53 | 572.64 | 80.91 |
| 所有者权益 / 亿元 | 54.57 | 148.95 | 172.95 |
| 营业收入 / 亿元 | 231.99 | 344.89 | 48.67 |
| 利润总额 / 亿元 | 19.12 | 47.74 | 149.69 |
| 净利润 / 亿元 | 16.88 | 41.23 | 144.25 |
| 归属于母公司所有者的净利润 / 亿元 | 16.85 | 41.21 | 144.57 |
| 技术开发投入 / 亿元 | — | 0.03 | — |
| 利税总额 / 亿元 | 21.33 | 49.63 | 132.68 |
| 应交税金总额 / 亿元 | 4.45 | 8.40 | 88.76 |
| 全员劳动生产率 /［万元 /（人・年）］ | 375.25 | 754.78 | 101.14 |
| 净资产收益率 /% | 37.98 | 40.52 | 增加 2.54 个百分点 |
| 总资产报酬率 /% | 7.99 | 11.11 | 增加 3.12 个百分点 |
| 国有资本保值增值率 /% | 141.29 | 184.08 | 增加 42.79 个百分点 |

制表：严 鹏

【改革发展】2020年，中铁城投贯彻落实党中央国企改革三年行动实施方案，不断优化企业治理体系，提升现代化治理能力。推动整章建制，结合机构改革，全年累计修订、制定规章制度128个，废止42个，新增内控流程81个；强化全周期管理；以构建完善有效的投融建运一体化、全周期制度体系为目标，相继修订、制定多项管理制度办法，不断厘清项目公司、总包部、分包单位各主体经济关系、权责利清单，有效规范了管理行为；突出优化设计，修订《设计管理办法》，突出设计工作在项目策划、前期运作阶段的深度介入；增设技术中心，加强项目全过程设计管控力度，突出标前方案评估、投资检算以及建设过程中的方案优化、设计变更管理，确保项目方案合理、投资可控；优化绩效考核，修订《基础设施投资类绩效考核管理办法》，建立“不同板块、不同权重、不同指标”的全生命周期业绩考核管理体系，以企业战略为导向，以阶段性目标为抓手，完善计划、控制、组织、考核全过程激励约束机制，确保企业始终沿着战略方向前进。全年，中铁城投完成区域新签合同额3445亿元，自揽新签合同额484.54亿元；实现营业收入344.89亿元，为年度预算的128.69%，同比增长48.67%；实现净利润41.23亿元，同比增长199.86%；资产负债率73.99%，比2019年末大幅压减了8.77个百分点；回购资金完成50.79亿元，为年度预算的158.72%。（罗 乐）

【重大项目】2020年，中铁城投新签合同额484.54亿元，新中标项目20个。新增项目2项为PPP项目，合同总额220.44亿元，占比45.50%；18项总承包项目，合同总额257.65亿元，占比53.17%；另外，房屋销售合同额6.45亿元，占比1.33%。从项目类型来看，新增项目分为公路、市政、房屋建筑三类，其中公路项目10个，合同总额120.80亿元，占比25.27%；市政项目5个，合同总额202.35亿元，占比42.32%；房屋建筑项目5个，合同额154.95亿元，占比32.41%。从区域分布来看，新增项目主要集中在四川区域，其中四川项目共14个、合同总额190.18亿元，占比39.78%；陕西项目4个、合同额67.48元，占比14.11%；新疆项目1个、合同总额111.28亿元，占比23.28%；甘肃项目1个、合同额109.16元，占比22.83%。

所属单位

2020年，在建项目43个，建安合同额2030.75亿元，完成施工产值357.32亿元，其中轨道交通工程完成115.84亿元，市政工程完成24.73亿元，公路工程完成176.06亿元，房建工程完成13.21亿元，水环境治理工程完成7.77亿元。主要项目进展情况如下。

成都地铁在建项目4个，截至2020年末，成都轨道交通8号线完成投资额108.24亿元，完成合同额的100%；成都地铁9号线一期完成投资额107.02亿元，完成建安投资额的100%；成都地铁10号线三期及13号线一期完成产值18.09亿元，完成合同额的8.5%；成都地铁8号线二期完成产值0.62亿元，完成合同额的1%；工程进展正常。

西安地铁在建项目4个，截至2020年末，西安地铁9号线一期完成建安产值74.20亿元，完成建安投资额的93.9%；西安地铁6号线站后工程完成建安产值14.34亿元，完成合同额的86.4%；西安地铁8号线3标完成产值5.68亿元，完成合同额的7.7%；西安地铁10号线3标完成产值0.51亿元，完成合同额的1.1%。

在建高速公路项目4个，截至2020年末，天府机场高速公路项目完成建安投资额117.17亿元，完成总建安投资额的100%；成资渝高速公路项目完成建安投资45.92亿元，完成建安总投资额的97.3%；宜彝高速公路项目完成建安投资81.57亿元，完成建安总投资额的71.4%；宜威高速公路项目完成建安投资25.44亿元，完成建安总投资额的26.8%。

公路项目2个，截至2020年末，国道109线那曲至羊八井公路改建工程完成施工产值53.90亿元，完成合同额的98.4%；青海省西海（海晏）至察汗诺公路工程PPP项目（XC-1标段）完成施工产值20.97亿元，完成合同额的66.4%。房建项目4个，截至2020年末，内江师范学院新建校区PPP项目完成建安投资额14.59亿元，完成总建安投资额的77.4%；西昌瑶山棚改项目完成建安投资额10.36亿元，完成总建安投资额的71.7%；成都中铁卓越城三期项目完成建安投资额2.50亿元，完成总建安投资额的22.3%；西安中铁丝路总部及配套住宅项目完成建安投资额1.98亿元，完成总建安投资额的28.8%。

（朱家林　龙洪明）

【重大创新】中铁城投技术中心通过成都市企业技术中心认定；2020年中铁城投获得实用新型专利授权7项，申报发明专利1项；“银川丝路明珠塔BIM设计应用”项目获得第九届“龙图杯”全国BIM大赛二等奖；实施的“投资管理体系及信息化系统研究”课题完成信息系统的研发，并在部分项目开展试点。

（何彦君）

【工程创优】成都地铁7号线川师车辆段与综合基地工程获得国家优质工程奖，成都地铁1号线三期首期机电C标项目获得中国安装工程优质奖；成都天府国际机场高速公路龙泉山隧道、成都地铁7号线轨道工程、成都地铁3号线机电系统工程等4个项目获得中国中铁杯优质工程奖；宜彝高速公路、西安地铁9号线及机电装修工程等3个项目获得“中国中铁安全标准工地”；乐西高速公路1标获得“中国中铁绿色施工科技示范工程”。（钟维章）

【企业文化】中铁城投加强官网、微信公众号、抖音三大平台建设，打造“官网+自媒体”内部联动宣传平台。加强与央视、新华社、工人日报等权威媒体联系沟通，加强与四川省电视台、四川日报等地方媒体的良性互动，构建“中央+地方”的良性互动宣传阵地。围绕西安地铁、成都地铁、天府机场高速、成资渝高速、宜宾绕城高速等重点项目开展广泛深入宣传，在中央级媒体发表稿件9篇，省部级24篇，地市级110余篇。围绕提升“中国中铁西部区域总部”品牌形象，以更加灵活、更显特色、更有实效的方式加强中国中铁系统内宣传推广。在中国中铁各媒体平台发表稿件83篇，发表稿件数量创历年之最。2020年，“中铁城投”微信公众号共有4968人关注，发布新闻资讯、党群信息、学习资料等内容文章137篇，阅读量逾12万次。“中铁城投”抖音号共有1.4万粉丝，新发布工程动态、企业文化、青年风采视频10个，点赞量达6.2万次。（石硕岩）

【党建工作】截至2020年12月，中铁城投党委所属单位共设立党委、纪委各6个（含机关党委、纪委），党工委、纪工委各7个，全公司共有党支部38个，所属单位党组织机构实现独立设置全覆盖。公司本部设置了党委干部部、党委办公室、纪委综合室（党委巡察办）、党群工作部等4个党群部门。所属各单位设置综合办公室作为党群职能部门。公司机关本部现有专职党群干部12人（不含公司党委书记、纪委书记、工会主席）。在已成立党组织的12家直管三级单位中，共分别配备党委书记5名、纪委书记5名，党工委书记7名、纪工委书记7名，兼职党支部书记38名，配备专兼职党群工作人员51名。加强业务培训，以情景模拟形式举办党务工作培训班，培训基层党组织书记、专兼职党务工作人员52人，选送14名入党积极分子参加中国中铁入党积极分子示范培训班。开展思想动态调研，285名党员参与线上问卷调研。开展“两优一先”评选表彰工作。截至2020年12月，全公司正式员工共有党员365名，其中正式党员355名，预备党员10名。学习贯彻《中国共产党国有企业基层组织工作条例（试行）》，制定《关于深入开展“创岗建区”活动的实施意见》，修订《基层党组织设置和管理办法》《中铁城投领导班子成员党建工作联系点实施办法》等党建工作制度43项。开展加强和规范党的基层组织建设的自查工作，结合巡视反馈问题整改，制定了6个方面44个小项的自查内容清单，要求各

单位对标、对表逐条自查，列出问题清单，制定整改措施，边查边改、立查立改。各单位共查找出42项问题，均整改销项。深入开展“创岗建区”活动，以党员公开承诺为基础，以党员积分制管理为手段，全面推进创“党员先锋岗”、建“红旗责任区”工作，推进基层党支部晋位升级工作。向新成立的6个基层党委发出《关于做好筹备第一次党员大会工作的通知》，编印下发《中铁城投所属单位党员大会筹备工作指导手册》，督促提醒指导换届选举工作。动员各级党组织为疫情防控和复工复产提供坚强政治保证，组织413名党员自愿捐款12.5075万元支持疫情防控，推荐申报中国中铁抗疫先进个人2人，先进集体1个。围绕重大工程项目保开通目标，广泛开展党员先锋岗、党员突击队活动，确保成都地铁8号线、成都地铁9号线、西安地铁6号线、西安地铁9号线、机场高速、成资渝高速按期开通。探索楼宇党建，建立了“177党建工作体系”。开展2019年度党建工作责任制考核评价工作，结合公司实际，制定了90份材料清单，评选1家优秀、3家良好，考核评价结果与领导班子成员绩效年薪进行挂钩。组织召开2019年度党组织书记抓基层党建工作述职评议会议，安排5家基层党组织书记述职评议和现场测评。出台领导班子成员党建工作联系点实施办法，班子成员全年深入联系点30余次，完成了讲党课、调研、职工座谈等工作。组织开展党委理论中心组学习6次。联合四川省总工会开展“中国梦　劳动美”送文化到基层走进宜宾高速文艺会演活动。召开中铁城投2020年党风廉政建设及反腐败工作会、年中推进会。深入开展“干部作风建设年”活动，出台“三十六条严禁”负面清单，推进中央八项规定精神自查自纠，解决形式主义突出问题为基层减负，召开党风廉政建设和反腐败工作专题会2次。开展“打造全面从严治党示范线工程”活动总结，提炼推广“十个从严工作法”。　（刘　俊）

【信息化建设】基础建设高速发展。网络专线全面升级，与股份公司的网络专线由单线4M升级为双线30M（20M云联网专线以及10M SDH专线），部署完成WOC设备并接入股份公司专网统一安全运维中心。中铁城投官网完成IPv6改造，实现IPv6/IPv4双栈访问，并在DNS上添加了AAAA记录。在中铁城投部署完成股份公司AD域控，并全部导入主数据平台，实现股份公司重要业务系统的身份认证和安全管控。建设的投资管理信息化系统完成系统研发并在部分单位开展试点应用，研发的营销系统、业财共享平台、法律合规信息系统也投入使用。　（何彦君）

【履行社会责任】2020年4月17日，中铁城投在宜宾市筠连县双腾镇云胜小学开展“放飞希望，助力教育”公益助学活动。6月29日，中铁城投和四川省汶川灾后重建基金会在昭觉县大坝乡中心校举行“关爱未来　放飞梦想”爱心助学捐赠活动，向学校捐赠了2520册课外书、12台电脑和66幅美术作品。8月17日，四川省乐山市遭受大范围、高强度、长时间的强降雨袭击，中铁城投迅速行动，全力参与乐山市抗洪救灾工作。9月1日，中铁城投和四川省灾后重建基金会共同举办的“点滴爱心、助力圆梦”捐资助学公益活动在甘孜县四通达乡东谷片区寄宿制学校举行。向学校捐赠了364套校服，1000册图书及10余幅美术作品。9月24日，中铁城投在宜宾召开“精准帮扶齐出力　共筑扶贫大格局”活动启动仪式。启动仪式上为对点帮扶叙州区僰道小学现场捐赠了爱心书包100个。中国中铁城投积极落实《国务院办公厅关于深入开展消费扶贫助力打赢脱贫攻坚战的指导意见》，采取“以购代捐”“以买代帮”等方式采购贫困地区产品，帮助贫困人口增收脱贫。自2019年开展消费扶贫至2020年末，中国中铁城投帮助湖北恩施、四川凉山、陕西汉中等贫困地区农户销售滞销农产品共计42.8万余元，为困难群众持续稳定脱贫提供了有效途径和有力保障。投融资建设项目均加大维稳投入，全年投资项目没有出现社会群体性事件。

（赵艳芳）

【领导人员】

| | |
|---|---|
| 黄天德 | 党委书记、董事长、法定代表人（1月任） |
| 杨林浩 | 党委副书记、总经理（1月任） |
| 杨玉德 | 党委委员、副总经理 |
| 刘仁智 | 党委委员、副总经理 |
| 李家标 | 党委委员、财务总监 |
| 李　政 | 党委委员、副总经理 |
| 吴国强 | 党委副书记、纪委书记 |

▲2020年6月29日，中铁城投举办“关爱未来　放飞梦想”爱心助学捐赠活动

所属单位

赵爱军　副总经理、总工程师（7月任）

李　超　副总经理（7月任）

万姜林　党委委员、副总经理（10月改任非领导职务，业务经理）

薛　军　党委委员、副总经理、工会主席（3月离任）

（戴文博）

## 中铁（上海）投资集团有限公司（中国中铁华东区域总部）

【简况】中铁（上海）投资集团有限公司（简称“中铁上投”）是中国中铁股份有限公司的全资子公司，是中国中铁产融结合的专业平台，是集投融资、规划设计、建设管理及运营为一体的大型专业化公司。中铁上投成立于2016年7月15日，注册资本金15亿元，具有市政工程施工总承包一级资质。2020年，中铁华东工程指挥部更名为“中国中铁华东区域总部”，是中国中铁股份有限公司在华东区域的经营平台，是总部区域经营战略布局和高端经营的延伸，与中铁上投合署，实行“一个机构、两块牌子”的管理模式。依托长三角一体化国家战略，华东区域总部（中铁上投）主要负责浙江、江苏、安徽、上海三省一市责任区域的投资、建设、运营管理和总承包项目承揽。

截至2020年12月31日，中铁上投本部共设10个职能部门，1个事业部（投资运营事业部），1个中心（财务共享中心），下设区域经营机构5个，各类型项目公司10个、工程项目总包部（经理部）10个。正式员工199人，平均年龄41.6岁，高级及以上专业技术职称116人，占员工总数的58.3%；本科及以上学历183人，占员工总数的92%。

（马　飞）

【主要指标】中铁上投2020年管理口径资产总额98.73亿元，较2019年增长19.41%；归属母公司净利润2.06亿元，较2019年增加54.89%；营业收入102.85亿元，较2019年增加20.1%。　（孟晓伟）

**表13-42　2019—2020年中铁（上海）投资集团有限公司主要经济指标**

| 项目 | 2019年 | 2020年 | 增长率/% |
|---|---|---|---|
| 资产总额/亿元 | 82.68 | 98.73 | 19.41 |
| 所有者权益/亿元 | 24.17 | 29.47 | 21.93 |
| 营业收入/亿元 | 85.64 | 102.85 | 20.10 |
| 利润总额/亿元 | 1.78 | 2.84 | 59.55 |
| 净利润/亿元 | 1.33 | 2.12 | 59.40 |
| 归属于母公司所有者的净利润/亿元 | 1.33 | 2.06 | 54.89 |
| 技术开发投入/亿元 | — | — | — |
| 利税总额/亿元 | 2.69 | 4.05 | 50.56 |
| 应交税金总额/亿元 | 0.91 | 1.21 | 32.97 |
| 全员劳动生产率/[万元/(人·年)] | 138.08 | 191.34 | 38.57 |
| 净资产收益率/% | 7.04 | 7.92 | 增加0.88个百分点 |
| 总资产报酬率/% | 3.42 | 3.50 | 增加0.08个百分点 |
| 国有资本保值增值率/% | 105.17 | 110.89 | 增加5.72个百分点 |

制表：孟晓伟

【改革发展】按照《中国中铁关于优化区域总部设置、新设投资公司的通知》要求，原中铁华东工程指挥部更名为“中铁华东区域总部”，与中铁上投合署，实行“一个机构、两块牌子”的管理模式，依托“长江三角洲”战略，经营区域为上海、浙江、江苏、安徽。

依据《区域总部（投资公司）机构编制和定员标准》（中国中铁规划函〔2020〕209号）要求，中铁上投为强化区域总部履职能力建设，更好发挥“统筹、协调、高端经营、监督、服务”的职能，对区域总部的机构编制及定员标准进行调整。本部设置10个部门，分别为综合部、人力资源部、经营开发部、金融财务部、审计部、生产管理部、安全质量监督部、党群工作部、法律合规部和纪委综合室。设置5个区域经营机构，分别为上海区域经营指挥部、浙江区域经营指挥部、江苏区域经营指挥部、淮海区域经营指挥部和安徽区域经营指挥部。区域经营指挥部负责所属区域的市场开发和经营协调，牵头高端经营工作。设置投资运营事业部，旨在研究投融资环境、拓新业务领域、创新业务模式，负责城市基础设施、公共设施、水务环保、片区综合开发等新业务的经营与投资管理，负责统筹投资项目“研、营、投、建、管、退”的全过程管控。

优化调整定员编制，将本部部门定员调整为35人；区域经营指挥部定员由8人调整为10人。实施了本部全员竞聘上岗，制定了竞聘上岗方案，对本部员工竞聘上岗发布、报名、资格审查及竞聘规则、落聘

人员分流等各环节进行了详细规定。

在教育培训方面，引入“行动学习”应用到干部教育培训，凝聚团队智慧，推动组织工作改进和问题解决；组织举办“党建大战略”培训班，协同实施了企业党建品牌创建工作，将党建与企业生产经营深度融合；开展了“痛点大讲堂”，围绕企业发展中的“痛点”组织培训，提高了培训的针对性。

（王春晖　王继魁）

【重大项目】2020年，中铁上投推进区域总部和区域投资平台建设，进一步加强高端经营、立体经营工作，推进与中央企业、省属企业、地方知名企业和金融机构合作，完成片区新签合同额3855亿元，同比增长36%。自揽新签合同金额159.77亿元，其中沪通铁路张家港站客运枢纽配套设施PPP项目，新签合同额41.8亿元，江苏省邳州市官湖镇工业园升级改造项目，新签合同额68亿元，沿江通道浦东段（越江段—五洲大道）工程高速公路主线施工3标项目，新签合同额6.69亿元，合肥市轨道交通8号线一期土建施工总承包-2标段项目，新签合同额42.26亿元。

中铁上投参与建设的杭州地铁7号线大标段施工总承包项目江南段于2020年12月30日正式开通运营，8月18日，中国中铁华东总部基地项目正式开工。该项目总投资额为129291万元，用地面积为13672.5平方米，总建筑面积为80209.14平方米，最大层数为23层，最大高度为100米，计划2022年四季度竣工投入使用。

（陈旻翰　任静雯　翟洪志）

【重大创新】持续深入全面开展管理实验室活动实施方案，组织申报的《基于胜任能力的投资企业干部考评模式探索》课题，获2020年股份公司现代化管理创新成果三等奖。该课题从干部胜任力考核评价指标选取、模型建设、考核评价组织实施及考核结果应用等方面入手，探索构建符合投资企业各类人才特点的考核评价指标体系，提高考核评价的针对性和精准性，促进投资企业人才队伍素质不断提高。芜湖轨道交通工程《跨座式单轨PC轨道梁综合施工技术研究》科研课题于2020年11月顺利通过股份公司专家评审和成果鉴定，科技创新成果水平达到国际领先水平。

（王春晖　翟洪志）

【工程创优】中铁上投参与建设的南京地铁7号线项目获股份公司2020年度安全文明工地。（王　一）

【企业文化】加强宣传工作。围绕股份公司主要领导有关公务活动、区域内重点项目推进、项目重要控制性节点完成、华东区域总部基地项目开工、项目党建联建、芜湖总包部参与抗洪抢险等活动，提前做好宣传策划，通过整合中央和地方主流媒体资源，开展集中宣传报道，扩大了企业的影响力。华东区域总部基地开工奠基受到人民日报、央广网等中央媒体和中新网上海频道、上观新闻等上海主流媒体关注。中央电视台《新闻联播》栏目对芜湖总包部芜湖轨道交通2号线上跨宁芜铁路、宁安高铁、合杭铁路转体梁转体进行了宣传报道。

加强企业文化建设。在生产经营活动中，始终将介绍中国中铁概况、传播中国中铁文化、树立中国中铁的品牌作为主要任务，让中国中铁的品牌影响力在华东区域进一步提升。坚持正向引领，凝心聚力，传承中国中铁发展历程中积淀的优秀文化精神。以创建党建品牌为载体，加强对中铁上投企业使命、愿景、价值观的总结提炼和宣传教育，形成了“让城市更美丽，让生活更美好”的使命、“成为交通基础设施、城市建设全产业链领军企业”的愿景和“担当、专业、创新、共赢”的价值观。

大力选树宣传先进典型。及时总结宣传各级党组织和广大党员、干部在疫情防控斗争和劳动竞赛中涌现出的先进典型和感人事迹，并向中国中铁党委积极推荐先进典型。杭州地铁7号线总包部党工委被评为中国中铁“先进基层党组织”和“抗击疫情先进集体”，1人被评为中国中铁“优秀共产党员”，2人被评为中国中铁“抗击疫情先进个人”。

（陈　坤）

▲杭州地铁7号线奥体中心站

▲中国中铁华东总部基地开工奠基仪式

【党建工作】巩固深化“不忘初心、牢记使命”主题教育成果。持续抓好整改落实，确保主题教育整改任务特别是专项整治工作落到实处、取得实效。对照《主题教育专项整治工作分工方案》列出的41个问题清单及109条整改措施，对责任部门、时间节点和具体整改的推进情况进行了跟踪督促，确保整改到位。加强“三基建设”。对在建项目党组织和干部配备情况进行梳理，先后组建滁宁城际总包部、安庆山口片区总包部、联铁置业党工委，配备党工委委员和兼职党务干部。开展持续整顿软弱涣散基层党组织自查工作，列出问题清单，制定整改措施，并到基层党组织进行调研、整改抽查和工作交底。创新开展项目党建工作。在上海地铁14号线开展了“安全优质保开通　献礼建党一百年”党建主题活动暨上海轨道交通14号线站后工程誓师动员大会。开展党建品牌创建。组织召开三期党建大战略研讨班，深度萃取党建品牌和企业文化DNA，深入阐述党建品牌的创建路径与方法，架构上投党建品牌矩阵框架，塑造特色党建品牌，提升企业影响力。组织开展了党建品牌共创研讨和升级工作，形成了中铁上投党委党建品牌和五家“种子支部”品牌初步成果。开展“坚守初心使命　强化责任担当”庆祝建党99周年主题系列活动。开展了“坚守初心使命　强化责任担当”新党员入党宣誓暨老党员重温入党誓词主题党日活动。结合“党课开讲啦”活动要求，开展了党组织书记为基层党员讲党课活动。召开了庆祝中国共产党成立99周年暨“两优一先”视频表彰大会，表彰了3个先进基层党组织，15名优秀共产党员、4名优秀党务工作者。开展了一次“学两会　学条例”网上知识竞赛活动。组织本部党员参观中共二大会址纪念馆，指导所属单位党组织利用“三会一课”、爱国主义教育基地参观学习、读书荐书等形式和载体，加强党员思想教育。认真落实党建工作联系点制度。出台了制度办法，调整领导班子党建工作联系点分工，建立党建联系点工作清单，中铁上投公司领导班子成员按照分工深入党建工作联系点调研指导工作并为党员讲党课，推动党建工作联系点成为基层党组织全面进步的示范点。落实党建工作责任制。组织召开2019年度书记抓党建述职评议工作视频会。选取4家单位基层党组织书记全面进行了党建工作述职，督促所属10家单位完成了2019年度党建工作责任制考评问题整改。压实全面从严治党“两个责任”。出台《中铁上投党委落实全面从严治党“两个责任”的实施意见》，建立了党委主体责任清单，纪委监督责任清单；修订《党风廉政建设责任制》，明确了党委书记、领导班子其他成员和高管、纪委和本部职能部门的相应责任。大力开展专项整治。先后开展了党员干部违规“打麻将问题”专项整治，落实“中央八项规定”精神情况自查自纠，“四个专项”整治，确保纳入整治范围人员全覆盖，对领导干部填报经商办企业情况按照不低于10%的比例进行了抽查。滚动实现巡察覆盖。2020年，中铁上投党委对安庆总包部、南京地铁7号线总包部、滁宁城际总包部等3家单位进行了常规巡察，累计发现问题24个，提出工作建议24条。（陈　坤　杨志强）

【履行社会责任】通过转发《中国中铁党委关于加强党的领导为打赢疫情防控阻击战提供坚强政治保证的通知》，要求各级党组织切实担负起疫情防控的重要职责，注重发挥基层党组织战斗堡垒作用和党员先锋模范作用。广大党员通过积极创造条件复工复产、捐款、参与社区（乡村）疫情防控志愿服务。2月27日，迅速组织开展支持新冠肺炎疫情防控工作党员自愿捐款活动，共筹集善款5.989万元并全额上缴中国中铁党委。2020年夏天，芜湖总包部党工委先后3次组织抗洪抢险突击队累计出动1000余人次参与芜湖市抗洪抢险，彰显了央企的责任担当。积极响应中国中铁工会号召，以消费扶贫、以购代捐的方式力所能及地采购，帮销湖北省滞销特色农产品，一次性采购恩施地区农副产品20083元，全部用于慰问复工复产项目一线员工，为湖北省复工复产和经济复苏提供了支持和帮助，彰显了央企的责任担当。

（陈　坤）

【领导人员】

沈尧兴　党委书记、董事长、法定代表人（1月免，改任股份公司专职董事、监事）

王传霖　党委书记、董事长、法定代表人（1月调入，任总经理，5月任党委书记、董事长、法定代表人）

吴阿勤　党委副书记、总经理、董事［5月调入，任副总经理（主持工作）、董事，7月任党委副书记、总经理］

吴少华　党委副书记、工会主席、纪委书记（8月免，改任业务经理）

谢大鹏　副总经理（1月免党委副书记、副董事长，任党委委员、副总经理）

李　川　副总经理、董事

叶　樵　党委委员、副总经理、董事

范喜德　党委委员、副总经理

贾学斌　党委委员、总会计师（9月免，调离）

王祥玉　副总经理

王耀辉　副总经理

李　茂　总会计师（9月任）

（王继魁）

## 中铁发展投资有限公司（中国中铁晋鲁豫区域总部）

【简况】中铁发展投资有限公司（简称“中铁发展”）是中国中铁的全资子公司，于2020年5月在青岛成立，注册资本金50亿元，致力于基础设施建设项目的投融资、建设和运营，以投资城市基础设施为主业，统筹中国中铁旗下金融、设计、施工、房地产、工业制造等板块共同发力，实施投融资、建设管理、施工总承包、运营管理上中下游产业链一体化，为地方政府城市基础设施和新型城镇化建设提供从投融资到总体规划、勘察设计、建设总承包、产业导入的“一站式”综合服务。代表中国中铁负责山东、山西、河南三省区域市场经营和项目监管。

中铁发展在青岛、济南、郑州、太原设立4个省级总部，并依据城市经济体量、公共资源、营销能力等因素，设立11个重点城市分部和30个一般城市分部，均已有序运转，实现了区域经营网络全覆盖和统一管理；先后与山东省、山西省、河南省以及青岛市、济南市、郑州市、太原市等十几家省市级政府签署战略合作协议，与中国政企合作投资基金、中国农业银行、中国建设银行等金融机构签订了战略合作协议；2019年，与山东省财金集团、济高控股共同出资成立了山东省新旧动能基金，主要用于基础设施建设投资领域，可撬动投资额超过1000亿元。

公司现有员工352人。其中，正式员工220人，中铁系统助勤人员68人，中铁系统借调人员64人。中共党员230人；研究生及以上学历41人，大学本科学历263人；正高级职称11人，高级职称129人，中级职称133人。

公司可以采用股权投资、PPP、BOT等投融资模式及DB、EPC等总承包模式为政府提供建设管理服务，是集资金、技术、管理优势为一体的建筑业上游企业。先后在晋鲁豫区域内投资建设及管理的重点项目有：青岛地铁1号线、2号线、6号线、8号线，济南地铁1号线、2号线、3号线，郑州地铁2号线、7号线，洛阳地铁1号线、2号线，濮阳至阳新高速公路（菏泽段、宁沈段）、河南新伊高速公路、山西临汾规划三街、山西静兴高速公路、太原西北二环高速公路，青岛上合示范区中央广场项目、潍坊高铁新片区综合开发项目、泰安宁阳高庄片区棚户区改造项目、郑州航空港经济综合实验区项目、长治经开区高端产业及综合配套项目等一批地方大型重点项目，累计完成投资额达2300多亿元；在大型基础设施领域具有丰富的投融资和建设管理经验。（黄建杰）

【主要指标】2020年，中铁发展完成新签合同额3385.98亿元，完成年度调整计划确保目标3160亿元的107.15%，完成值和完成比例在股份公司8个区域总部中分别排第4位和第2位，完成年度调整计划力争目标3400亿元的99.58%，完成比例在8个区域总部中排第1位；公司完成营业收入118.89亿元，是股份公司下达计划108亿元的110.08%；实现净利润11.24亿元，是股份公司下达计划6.71亿元的167.51%，资产负债率79.58%，控制在股份公司下达指标以内。（黄建杰）

【领导人员】

| | |
|---|---|
| 杨兰松 | 党委书记、董事长 |
| 舒　畅 | 党委副书记、总经理、董事 |
| 龙明华 | 党委委员、副总经理，山东总部（青岛）指挥长 |
| 杜强泽 | 党委委员、副总经理，山东总部指挥长 |
| 唐　刚 | 党委委员、副总经理 |
| 王　兴 | 党委委员、副总经理，山西总部指挥长 |
| 綦敦强 | 党委委员、总会计师、工会主席 |
| 陈理平 | 总工程师 |
| 刘林山 | 业务经理，河南总部指挥长 |
| 刘志坚 | 董事会秘书、副总经济师 |

（黄建杰）

## 中铁北方投资有限公司（中国中铁北方区域总部）

【简况】中铁北方投资有限公司（简称“中铁北方”）成立于2020年4月，注册资本金50亿元，注册地黑龙江省哈尔滨市，中铁北方投资有限公司与中国中铁北方区域总部按照“一个机构、两块牌子”运行与管理。公司董事会由5人组成，设董事长1人。监事会由3人组成，设监事会主席1人。经理层，设总经理1人，副总经理2人，总会计师1人，总工程师1人。公司设党委、纪委、工会。党委设委员7人，现有4人，其中党委书记1人；纪委设委员5人，其中纪委书记1人；工会已获股份公司工会批复，并完成工会法人资格注册，设工会主席1人。公司设基层党委1个、党工委12个，共有党员159名。新开项目均按“四同步”要求及时成立了党组织机构。中铁北方本部设部门10个，省区事业部2个，全资子公司2个，项目公司和项目总经理部22个。截至2020年末，中铁北方共有管理人员277人，其中正式职工150人、助勤人员120人、系统内借调7人。另有中国中铁系统内其他股东方派驻项目公司29人，项目公司自聘33人。（孟献宇　王　一）

【主要指标】2020年完成新签合同额1488.82亿元，占年度任务1480亿元的100.6%；实现营业收入62.64亿元，占年度任务55.20亿元的113.48%；实现净利润6.66亿元，占年度任务2.97亿元的224.24%，超额完成了股份公司下达的各项预算指标。（刘建纯）

表 13–43　2020 年中铁北方投资有限公司主要经济指标

| 项目 | 2020 年 |
|---|---|
| 资产总额 / 亿元 | 231.65 |
| 所有者权益 / 亿元 | 77.61 |
| 营业收入 / 亿元 | 62.64 |
| 利润总额 / 亿元 | 6.65 |
| 净利润 / 亿元 | 6.66 |
| 归属于母公司所有者的净利润 / 亿元 | 3.85 |
| 技术开发投入 / 亿元 | 0 |
| 利税总额 / 亿元 | 6.03 |
| 应交税金总额 / 亿元 | –0.62 |
| 全员劳动生产率 / [ 万元 / ( 人 · 年 )] | — |
| 净资产收益率 /% | 增加 10.00 个百分点 |
| 总资产报酬率 /% | 增加 3.13 个百分点 |
| 国有资本保值增值率 /% | 增加 102.32 个百分点 |

注：新成立公司，故无 2019 年主要经济指标数据。　制表：刘建纯

【改革发展】2020 年，中铁北方有效利用“总部＋投资”高度集约化特色，充分发挥中国中铁“八大板块”和“五大优势”，确立了“做实做强投资公司、努力实现永续发展”的目标，统筹落实“五大理念”，全面履行“五大职能”，打造一流区域总部；突出“12345”总体发展思路，打造一流投资公司；努力构建北方方案、北方模式、北方智慧、北方文化，推动各项工作打开新局面、开启新纪元。“12345”总体发展思路为：一个中心，即以股份公司战略构想为中心，坚持政治引领，坚持发展引领；坚持“两个市场、两个产品、两个结合”，实施“两级组织、两级公司、两级管理”，构建“2+2”体制机制；“三化”即以系统化推进公司化，公司化推进集团化，完善中国中铁区域总部化，做实做强中铁北方，本质高质发展北方，提高“三个认识”，理顺“三种关系”，突出“中铁北方＋”，推进“三个模式一体化”，战略合作、要素合作、优势互补、和合共赢，区域经营、立体经营、扎根经营，“三建齐抓”“三个融合”，实现“三个效益”；坚持“四位一体”，推进“四商合一”，确保“四种文化”落地生根，提升企业“硬实力”与“软实力”，提升正能量，提升正文化；“五个过硬”，打造“五大核心竞争力”，又红又专，做中国中铁开路先锋。2020 年，中铁北方突出顶层设计，强化体制机制建设。按照股份公司总体要求，初步构建了“两级组织、两级公司、两重职能、两级管理”高质量发展的体制机制。顶层设计按照“系统化、公司化、集团化，中国中铁区域总部化”布局，构建党建引领，“三建”齐抓（党建、企建、廉建），“三个融合”（党务与业务深度融合，国企党建与生产经营深度融合，建立中国特色现代企业制度与国企党建深度融合），创新党建，创新管理，以高质量党建推动高质量发展制度体系；初步确立了区域总部“五大发展理念”、投资公司“12345”的总体发展思路；构建了“两级组织、两级管理”的管理架构，制定了中铁北方体制机制 1.0 版；突出效益优先、兼顾公平，建立了“2+1”考核与薪酬分配机制，体现了公司价值创造、价值评价和价值分配导向。区域经营、立体经营、扎根经营建立了内外合作机制、内外会议制度，明确了区域总部、投资公司、工程局责权利关系，初步构建了“中铁北方＋”“三个模式一体化”的经营体制机制。建设管理、运营管理初步构建了建设与总包分类管理的 ABC 管理体制机制，按照股份公司对投资公司“投资商”“运营商”定位，突出 B2 管理模式。强化“两个经营”一体化、“两个方案”落地化机制，推进“两个经营”融合、“两个方案”落地，统筹推进疫情防控与项目生产运营，以两个劳动竞赛带动项目建设运营全面提速，围绕 PPP 项目特点，统筹抓实 SPV 公司管理，严控“四个风险”，初步建立防控风险、科学决策体制机制，坚持用人导向、考核导向“两个导向”，打造德才兼备的上游人才团队，坚持党建引领，“三建”齐抓、“三个融合”，创新党建，创新管理，高质量党建引领企业高质量发展。（孟献宇）

【重大项目】2020 年，中铁北方参与建设的大连地铁 5 号线跨海大盾构项目创造了国际首例岩溶地层大盾构海底隧道、最长距离硬岩地层大盾构海底隧道、国内最大直径地铁海底隧道、海域周边环境极度敏感复杂、世界功能最全大直径泥水平衡盾构机“五个第一”，开创性攻克盾构施工下穿海域岩溶强烈发育地质这一“世界性难题”。年内，投资建设的双洮高速公路项目正式通车，工程质量评分为 99.11 分，刷新吉林省高速公路交验得分新纪录。参与建设的呼和浩特市地铁 1 号线是中国中铁和呼和浩特市委市政府创新商业模式和投融资体制，按照“投资＋建设＋运营”的 PPP 模式合作

投资建设的全国第一个全生命周期的地铁PPP示范项目，该项目打造了地铁PPP项目政企合作的典范，实现了呼和浩特市轨道交通发展史上里程碑式的跨越，开创了中国全周期PPP地铁项目的运营时代。10月，以联合体中标吉林高速公路项目，仅用两个月的时间，完成投资额近13亿元，完成建安产值7亿元，实现了现场准备和生产建设同步推进。

中铁北方深入贯彻落实区域经营战略，高端经营持续发力，高层对接成果凸显。截至年末，中铁北方组织策划高层会晤活动75次，其中，股份公司层面对接14次，区域总部层面对接61次。与地方政府、平台公司签订合作协议13份。其中，以股份公司名义签订的协议6份，以区域总部名义签订的合作协议7份。通过高层会晤，开创了哈尔滨北方总部基地、长春“四塔”总部基地、长春东北亚博览城等一批重大项目。通过总部经济、产业导入等方式助力地方经济发展的同时，推动了吉林国高网、长春地铁5号线、抚长高速改移、哈尔滨机场二通道等项目的顺利落地，凸显了高端经营作用。

全年自主经营累计中标5个项目，完成新签合同额580.2亿元，其中投资类项目中标2个，完成新签合同388.34亿元，分别为：吉林国高网项目和甘海线高速公路工程PPP项目；施工总承包类项目中标4个，完成新签合同额191.86亿元，分别为：长春地铁5号线一期工程、抚长高速公路人民大街出口改移工程、哈尔滨机场第二通道迎宾路高架一期工程和中韩（长春）国际合作示范区国际文教科技产业园工程。

（刘　杨　张新文　王子利）

▲2020年8月27日，在第五届全球吉商大会上，吉林省政府与中国中铁正式签署《合作框架协议》

【重大创新】中铁北方所属各项目共开展科研项目5项，获专利19项，省部级工法3项。国家级科技创新奖4项，国家级实用新型专利3项，省部级奖项18项。研究课题获得中国公路学会创新奖二等奖、中勘协第十届“创新杯”二等奖和吉林省大赛一等奖。“振兴东北路先行QC小组”和“高质量振兴东北QC小组”获“全国优秀质量管理小组”称号。（王子利）

【工程创优】中铁北方组织开展安全生产专项整治三年行动，严格落实新时期安全生产“2468”管理要点，深入推进“管”“监”系统责任落实，持续加强重大风险源分级管控，不断强化安全隐患排查与治理力度，实现了安全质量零事故、环保零事件目标。公司自成立以来，获得全国建设工程项目施工安全生产标准化工地1项，省部级安全生产标准化工地28项，省部级优质工程奖17项。2020年，中铁北方共获得省级工程质量奖11项，省级安全生产标准化工地及平安工地11项，中国中铁2020年度绿色施工科技示范工程9项。其中，大连地铁5号线、中德产业园、沈阳快速路项目所属10个单位工程被评为2020年度辽宁省建设工程优质结构，呼和浩特市城市轨道交通1号线一期工程被授予内蒙古自治区“草原杯”工程质量奖。大连地铁5号线、中德产业园、沈阳快速路项目所属7个单位工程被评为2020年度辽宁省建设工程项目安全生产标准化施工工地，呼和浩特市地铁1号线2个单位工程被评为内蒙古自治区建筑施工安全标准化示范工地，双洮高速公路项目被评为吉林省2020年度公路工程省级“平安工地”示范创建项目，大连地铁5号线火梭跨海大盾构区间被评为2020年度中国中铁安全标准工地。大连地铁5号线4个项目，呼和浩特市地铁1号线、沈阳快速路、中德产业园、长春物流港、公主岭地下管廊各1个项目，被评为中国中铁2020年度绿色施工科技示范工程。

（李大伟）

【企业文化】统筹协调中央级媒体驻三省一区机构和各大地方主流媒体，紧密围绕中铁北方改革发展大局、疫情防控和复工复产、重点项目工程重大节点，以策划制造亮点，以亮点塑造品牌，初步形成了“中铁北方”品牌效应。全年共计在各大新闻媒体、网站及股份公司新媒体平台上刊发新闻报道260条，首次在《人民日报》刊发报道；6次登上央视新闻（其中2次在《新闻联播》中播出）；新华社、中新社、经济日报、工人日报等中央媒体客户端以及新华网、人民网、中央广电总台国际在线等主流新闻网站多次集中参与中铁北方重大新闻报道。加强意识形态建设，积极弘扬“实心文化，创新文化，合作、廉洁文化”，倡导实干精神，依托全新打造“中铁北方”微信公众号平台，及时报道重点大经营管理活动信息136条；在“中国中铁”官方微信、微博和学习强国号推送各类信息18条。（梁佳静）

所属单位

【党建工作】党的政治建设全面加强。深入开展党委理论中心组学习，推动理论武装工作深入开展，将上级重要决策部署、文件会议内容作为党委会学习的主要内容，强化党委班子成员对政策形势把握、党的理论知识学习，不断提升党委班子理论水平和工作能力。围绕《习近平新时代中国特色社会主义思想学习纲要》《习近平谈治国理政第三卷》《党的十九届五中全会公报》等内容为学习重点，截至年末，组织开展了5次党委理论中心组集中学习，班子成员及高管结合本职工作撰写了学习体会文章，公司领导班子通过不断学习和研讨，并结合市场经济形势和公司发展现状，创新提出了公司“12345”总体发展思路和“三建齐抓、三个融合”创新党建工作思路，为快速、高速推进企业高质量发展提供了理论支撑。

党建与中心工作深度融合。推动党务与业务的融合。坚持在开展业务的同时融合党建，用党建抓出生产力，用党建抓出战斗力。坚持服务生产经营不偏离，把提高企业效益、增强企业竞争实力、实现国有资产保值增值作为国有企业党组织工作的出发点和落脚点，以企业改革发展成果检验党组织的工作和战斗力。沈阳西部建设投资有限公司党工委成立5支党员突击队，推动加快工期，较好完成了经济指标。大连地铁5号线践行“三个转变”，破解世界难题，积极创建PPP项目管理示范线、SPV公司管理示范线“两个示范线”。1个基层党组织被股份公司党委评为先进基层党组织，1人被评为优秀党务工作者，2人评为优秀共产党员。推动国企党建与生产经营的融合。中铁北方始终坚持经营到哪里党建就覆盖到哪里，坚持经营到哪里党建作用就发挥到哪里，始终做到在区域经营、立体经营中坚持讲政治、讲大局，不断增强“四个意识”，坚定“四个自信”，做到“两个维护”，坚持区域“一盘棋”，践行股份公司战略构想。大连地铁5号线、中德产业园等重点项目顺利推进，长春地铁5号线、吉林高速公路PPP项目快速打开了施工局面。推动建立现代企业制度与党建相融合。落实两个“一以贯之”是最大的政治。公司党委自觉维护中国中铁“大经营”“中铁一家人”，认真落实党委前置程序，对重大投资经营事项进行研讨，提出了合理化意见建议，实现了投资经营重大突破，有力维护了企业健康发展。中铁北方认真做好疫情防控，区域内未发生新冠肺炎感染事件，切实履行社会责任，积极开展“抗击疫情　勇当先锋”党建活动，疫情发生后在北方区域火线成立了11支疫情防控党员突击队，引导党员干部在疫情防控、驰援地方、复工复产中冲锋在第一线。同时，积极响应上级党委号召，迅速组织全体党员开展自愿捐款活动，捐款4.76万元，2人被评为中国中铁抗击疫情先进个人。

和谐企业建设有序推进。先后组织员工进行了“中铁北方杯”线上徒步大赛和“用心理学疏解职场压力”主题培训学习。大连地铁5号线举办了“弘扬工匠精神、推动品质革命”演讲比赛，“忆峥嵘岁月，展青春韶华”主题实践活动。开展“抗疫情、保增长，大干100天”专项劳动竞赛、“决战四季度，决胜保目标”专项劳动竞赛。全年，所属6家单位共12名先进个人获得火车头奖章、省市级劳动模范、省市五一劳动奖章等各类各级表彰，2家单位6个先进集体获得各级表彰。

中铁北方党委始终把两级领导班子政治思想建设放在首位，强化政治思想引领、巩固深化初心的时代感。深入学习贯彻习近平新时代中国特色社会主义思想和党的十九届四中、五中全会精神，增强“四个意识”、坚定“四个自信”、做到“两个维护”，通过学习和研讨，拓展了政治视野、增强了政治担当、提振了治企兴企的信心。统一定位认识、增强治企兴企的责任感，深刻解读区域经营、立体经营、扎根经营的外延和内涵，坚持“中国中铁一盘棋”，坚持投资公司与成员企业之间差异化发展、差异化利润、差异化经营。强化执行力和作风建设，面对疫情冲击、区域再构、企业重组、人员重构的改革发展现状，始终保持战略定力，一张蓝图绘到底，一竿子插到底，对标对表，拟定任务计划书进度图，强化督查督办，攻坚克难、实心实干，率先树立规矩意识、廉洁从业兴业、履行一岗双责，和广大干部职工一道齐心协力推进各项工作，高质量开创了中铁北方元年。党的领导融入治理制度化、规范化、程序化。党建引领，“三建齐抓”，同向发力的党建工作新格局初步形成。

坚持民主集中制原则，从领导体制、工作机制上确保决策的民主化、规范化、制度化和程序化。深入调查研究，汇集民情民智，始终坚持集体研究论证，保证决策的科学性和正确性，形成了推动企业发展合力。持续深化党风廉政建设，大力弘扬党的优良作风，倡导真抓实干、担当作为，强化政治监督，加强廉洁教育，筑牢思想防线。开展专项整治工作，优化政治生态环境，把领导干部亲属违规经商办企业和“四个专项整治”工作作为党风廉政建设和反腐败工作的重中之重，切实加强组织领导，认真制定工作方案，细化工作措施。开展廉洁风险排查活动，强化关键领域、关键环节的教育和防控，初步建立了中铁北方廉洁风险防控体系，对财务系统全体人员进行廉洁从业警示教育，增强了财务人员的法纪意识；推动经营系统和建管系统建立完善任务分配、标段划分、责任追究等制度，筑牢“不能腐”防火墙。

把监督融入企业治理日常工作，坚持把纪律和规矩挺在前面，狠抓党员干部日常监督管理，督促领导干部履职尽责，提升干事创业积极性。强化同级班子监督，建立健全纪检组织负责人对同级领导班子成员常态化监督机制和对领导班子成员“画像”评价制度。认真贯彻

▲ 2020年7月1日，中铁北方全体党员开展“重温入党誓词”宣誓活动

中央八项规定精神，驰而不息纠正“四风”，拓宽举报受理渠道，发现问题线索及时受理处置，积极开展集中整治形式主义、官僚主义活动，开展节前廉政提醒，通报典型案例，时刻警钟长鸣。强化“监督再监督”，工作目标是主体全参与、领域全覆盖、过程全渗透、管段全落实、风险全防控，切实推动各职能部门有效落实股份公司和公司重大工作部署，推动监督责任落到实处。

中铁北方纪委于5月8日正式成立，积极配合公司党委完善组织建设顶层设计，配齐配强纪检人员。通过深入调研，研究制定了公司纪检组织建设和人员配置方案，先后成立了所属辽宁、吉林、黑龙江、内蒙古4个省区总部纪工委、长春地铁5号线、6号线项目纪工委、吉林高速公路项目纪工委，并先后增配专兼职纪检干部11人，满足了开展工作的基本要求，做到了所属单位纪检组织应建尽建。2020年，中铁北方纪委按照上级纪委和公司党委有关制度要求，将制度建设纳入公司体制机制建设1.0版总体方案中，组织对照股份公司现行有效制度清单进行梳理，结合公司纪委职责定位，健全完善党风廉政建设制度体系，先后制定出台《中铁北方投资有限公司反腐败工作协调机制》《中铁北方纪检组织企业政治生态分析与报告实施办法（试行）》《中铁北方党委巡察工作办法》等15项管理制度。监督推动各级党组织深入学习宣贯十九届五中全会精神，做到“四个全覆盖”。监督推动习近平总书记重要讲话精神和指示批示贯彻落实，把习近平总书记关于制止餐饮浪费的重要指示作为监督重点，加强对各单位、各部门贯彻落实情况的监督。强化中央八项规定精神落实情况监督，在重大节日前及时下发通知对全公司人员进行廉洁提醒，对廉洁过节提出明确要求，加强节日期间监督检查，严防“四风”问题反弹回潮。把监督推动“四个专项整治”作为党风廉政建设和反腐败工作的重中之重，协助公司党委制定专项整治工作方案，精准细化工作措施，监督各单位党组织落实责任，全面开展自查自纠工作，其中化公为私方面：对全公司共计117人进行了化公为私排查，未发现化公为私问题；利益输送及设租寻租方面：对公司本部及所属七家法人单位（其中三家为表内公司，四家为表外公司）进行相关问题梳理与排查，未发现存在利益输送及设租寻租问题。积极推动“干部作风建设年”活动在公司落实落地，对照股份公司党委对“干部作风建设年”活动情况专项监督检查内容，加大对各级干部作风建设情况的监督，促进干部作风切实转变。全公司范围内策划开展以“五个一”为主要内容的“廉洁从业、廉洁兴业”警示教育活动，两级纪检组织充分利用中心组学习、各种培训、会议和“三会一课”等时机，进行廉洁从业教育，筑牢广大党员干部拒腐防变的思想道德防线。开展警示参观教育活动，两级纪检组织共组织参观反腐倡廉展览馆、警示教育基地等8场次，举办各类警示教育讲座54场次，受教育390余人次。开展廉洁承诺活动，认真落实《中国中铁领导人员廉洁从业承诺制度（试行）》，组织公司领导班子成员及高管、公司本部各部门正副职和所属单位领导班子成员签订《廉洁从业承诺书》86份，公开承诺内容，推动“一岗双责”落实；开展典型案例警示教育，在公司OA办公平台开设了“警示教育”专栏，编发4期《典型案例警示教育》对涉及违规接受公款宴请、违规公款旅游、公车私用、调门高行动少等违反中央八项规定的15起典型案例进行通报并深入剖析，对全体员工进行警示教育，发挥震慑作用。组织开展廉政党课，阐述了全面从严治党对于中铁北方的重要意义，解读了“两个责任”相关文件，对加强公司总部建设提出了具体要求。加强日常警示提醒教育。在重大节日前开展廉洁提醒谈话，通过会议、微信公众号等形式对廉洁过节进行提醒，做到关键人员“提前防”，关键岗位“重点防”，重大节日“紧盯防”，积极营造廉荣贪耻的浓厚氛围。落实全面从严治党各项要求，一体推进“三不腐”体制机制建设，从源头上防治腐败现象发生，促进公司各级组织和职能部门正确履行监督管理职责。组织开展廉洁风险排查工作，认真组织本部各职能部门和所属各单位深入排查廉洁风险点，科学评估风险等级，制定切实可行的防控措施。共排查出廉洁风险点328项，制定风险防控措施398项，形成了中铁北方和所属各单位两级廉洁风险台账。（梁仕静　高博）

【信息化建设】按照股份公司信息贯通工程总体实施方案及推进计划开展信息化建设，大连地铁5号线、沈阳快速路、吉林双洮高速、呼和浩特地铁1号线等重点项目积极采用BIM技术深化项目建设信息化管理。在建项目基本均推广使用视频监控系统进行安全风险管控，其中大连地铁5号线摄像头100%上线，实现平台端、手机端在线监控，并与股份公司数字化管控中心进行联网。新上项目长春地铁5号线、吉林国高网高速项目积极开展项目信息化建设策划工作。2020年，公司组织呼和浩特市地铁1号线、沈阳快速路、沈阳中德园项目4项作品积极参加股份公司中国中铁第二届“卓越杯”BIM大赛，呼和浩特市地铁1号线一期工程BIM全生命周期应用研究获参赛优秀作品，进入金银奖复赛。（王子利）

【履行社会责任】面对新冠肺炎疫情，中铁北方始终坚持以习近平同志为核心的党中央的坚强领导，坚决贯彻地方政府和股份公司关于疫情防控的工作部署，公司疫情防控领导小组连续及时召开11次专题会议，密集调度、精准施策、压实责任。中铁北方先后组织捐赠口罩22.6万只，消毒液近8000升，医用酒精9000余升，防护服400余套。2020年7月，大连市突发疫情，中铁北方所属大连地铁5号线项目，接到大连市疫情防控指挥部向全市建筑业企业发出提供封闭物资的倡议后，闻令而动，迅速集结，调集13000延长米围挡、3万余米钢管及围网运送至大连湾地区；同时组织了230余名施工人员随物资抵达现场，展开社区封闭施工作业，央企的社会责任担当充分彰显。

2020年11月，长春遭遇冻雨、低温、暴雪、大风等极端天气，导致长春轻轨线路接触网受冰冻停运。中铁北方迅速组织长春地铁5号线、6号线各工区200余名干部员工、20余台车辆，前往各轻轨站点清理接触网积冰，经过连续70多个小时的奋战，圆满完成了长春轻轨接触网除冰应急任务，彰显中国中铁央企担当，强化企地联动，为长春市民清扫出了一条“平安路”“温暖路”。（李大伟）

【领导人员】

| | |
|---|---|
| 刘少魏 | 中铁北方区域总部党委书记、中铁北方投资有限公司党委书记、董事长、法定代表人 |
| 薛　军 | 中铁北方区域总部总经理、中铁北方投资有限公司党委副书记、总经理 |
| 孙玉国 | 中铁北方投资有限公司党委委员、副总经理 |
| 邵国强 | 中铁北方投资有限公司党委委员、副总经理 |
| 张立业 | 中铁北方投资有限公司党委委员、副总经理 |
| 王衍海 | 中铁北方投资有限公司党委委员、纪委书记 |
| 韩惊伟 | 中铁北方投资有限公司副总经理 |
| 王天军 | 中铁北方投资有限公司总会计师 |
| 袁　明 | 中铁北方投资有限公司总工程师 |

（杜岩丰　朱晓旭）

## 中国铁工投资建设集团有限公司

【简况】中国铁工投资建设集团有限公司（简称“中国铁工投资”）成立于2019年12月，注册资本金50亿元，总部设在北京，是中国中铁的全资子公司。中国铁工投资于2019年12月16日开始重组筹备，2020年2月24日正式转入公司化运转，2020年7月16日成功更名为“中国铁工投资建设集团有限公司”，2020年12月30日正式揭牌并入驻首都临空经济核心区。现有职工2600人；拥有资产总额273.90亿元；各种先进机械设备611台（套），总功率5898.9千瓦；拥有建筑工程施工总承包特级资质1项，建筑工程施工总承包一级资质1项，市政公用工程施工总承包一级资质1项；其他施工总承包和专业承包资质共20项；工程设计资质2项，工程造价咨询资质1项。2020年公司完成新签合同额314亿元，完成营业额132.8亿元。2020年，获省部级优质工程奖2项，省部级环保施工示范工地4项，中国中铁杯优质工程奖2项，中国中铁安全标准工地2项，中国中铁绿色施工科技示范工程7项。中国铁工投资秉承“新领域、新业态、新模式、新思维、新组织、新气象”的“六新理念”，聚焦水务、水环境、绿色资源、城市综合开发四大业务板块，全力打造行业一流的生态环境系统服务商和现代城市投资运营商，践行“生态合作，融合发展”的初心，充分发挥产业研究、规划设计、科技研发、投融资、建设管理、运营维护、咨询服务等一体化系统性优势，携手各地政府、企业、高校、科研机构等合作伙伴，共同为社会缔造美好空间、为人民创造幸福生活。

（肖春花）

【主要指标】2020年，中国铁工投资实现营业收入127.73亿元，完成预算确保目标125亿元的102.18%；实现利润总额5.93亿元；实现净利润4.52亿元，完成预算确保目标值3.92亿元的115.31%。

2020年，中国铁工投资经营活动产生的现金流量净额6.26亿元，完成预算确保目标3.92亿元的159.69%；盈余现金保障倍数1.38倍，盈利能力指标良好；现金流动负债比率5.47%，保持良好的偿债能力。2020年末，中国铁工投资资产总额273.90亿元，负债总额193.03亿元，所有者权益总额80.87亿元，资产负债率70.47%，控制在预算管控目标值82%以内。带息负债总量78.67亿元，较预算管控目标90亿元少11.33亿元。

（李静江）

表13–44 2020年中国铁工投资建设集团有限公司主要经济指标

| 项目 | 2020年 |
| --- | --- |
| 资产总额/亿元 | 273.90 |
| 所有者权益/亿元 | 80.87 |
| 营业收入/亿元 | 127.73 |
| 利润总额/亿元 | 5.93 |
| 净利润/亿元 | 4.52 |
| 归属于母公司所有者的净利润/亿元 | 4.54 |
| 技术开发投入/亿元 | 1.14 |
| 利税总额/亿元 | 6.72 |
| 应交税金总额/亿元 | 0.59 |
| 全员劳动生产率/[万元/(人·年)] | 42.84 |
| 净资产收益率/% | 7.86 |
| 总资产报酬率/% | 4.20 |
| 国有资本保值增值率/% | 108.80 |

注：新成立公司，故无2019年主要经济指标数据。　　制表：李静江

【改革发展】中国铁工投资以构建现代企业治理体系和提升治理能力现代化水平为目标，以“做精后台、做强中台、做实前台”的组织建设原则，构建了“前台—中台—后台”权责明确、协调统一、高效运转、管理科学的治理架构。在企业后台，中国铁工投资实行“大部制”，推动组织类别精准化、组织链条扁平化、管理岗位模块化、机构编制弹性化，致力于打造战略管控、构建生态、高效管理、推动变革、塑造文化的价值型、服务型的战略运营总部。在企业中台，中国铁工投资设立投资经营事业部、建设管理事业部、绿色发展研究中心、共享服务中心，打造理念创新、方案决策、技术引领、赋能共享的链接型、赋能型的管理支持平台。在企业前台，通过研究国家区域与重大发展战略，科学设置了覆盖全国的“8个区域中心（含黄河流域经营中心）+1个长三角”一体化示范区经营部。改组中铁一局水务资产，在西安注册成立中铁水务集团有限公司，定位为专业化的水务投资运营平台；改组原中铁上海局市政公司为中铁市政环境建设有限公司，定位为生态环境领域的“施工总承包+工程总承包（EPC）”的建设管理类平台；改组原中国铁工建设有限公司为中国铁工投资建设集团有限公司城市建设分公司，定位为城市建设领域的“施工总承包+工程总承包（EPC）”的建设管理类平台。积极谋划和培育生态环境、绿色资源和城市开发领域的专业化平台。

（杨 昊）

【重大项目】重大决策方面，中国铁工投资制定了党委会、总经理办公会等议事规则及清单，进一步厘清党委、董事会、经理层等各治理主体的权责边界和议事范围。全年召开总经理办公会16次，研究决策企业经营管理事项155项；公司党委切实落实前置程序，累计召开党委会会议15次，党委前置研究讨论企业重大经营管理事项70项。

项目建设方面，2020年，中国铁工投资在建项目66个，重大项目分别是：南京六合区龙袍新城“四新”建设项目、泰城水生态环境治理工程PPP项目、唐山市东湖片区生态修复和基础设施建设PPP项目、石家庄滹沱河生态修复工程项目、邳州市城乡供水一体化PPP项目、淮安区黑臭水体综合整治PPP项目、济宁市农村生活污水治理项目（第一阶段）EPC、呼和浩特市巴彦淖尔路改造提升工程、呼和浩特市海拉尔东街—海拉尔西街—金海路改造提升工程项目、内蒙古呼和浩特市新华广场改造及地下空间互联互

所属单位

通建设项目工程EPC总承包项目、兰州市盐场污水处理厂扩建工程特许经营项目、武汉沙湖港及周边环境综合整治PPP项目等。其中，石家庄滹沱河生态修复工程项目2020年6月1日正式运营。

市场开发方面，践行立体经营理念，发挥协同优势，主动融入中国中铁“大经营格局”，构建中国铁工投资“朋友圈”，积极与各工程局、设计院、产业基金、咨询公司等建立协同合作关系，以投资带动施工、运营提供增值的方式进入，发挥各方优势，分进合击，相互借力，合作共赢。全面对接银行、证券、资管、信托等金融机构，与18家金融机构总部建立良好合作互动关系。积极融入专业圈，与清华大学、同济大学、生态环境部南京环科所、扬子江创新中心、长三角绿色可持续发展研究院、E20环境产业研究院等科研咨询机构的顶尖专家团队建立了深层次合作关系，为提升视野格局和项目高端策划、高效运作提供有力支持。积极加强与各省区市的战略合作，主动对接地方政府和平台公司，全年对接30多个地方政府和20余家行业伙伴，签订战略合作协议20余份。2020年，累计中标22个项目，完成新签合同额314亿元，完成中国中铁下达调整后年度经营计划确保目标150亿元的209%。其中，投资类项目4个，合同金额245.67亿元，具体为：台州市黄岩江口污水处理厂三期扩建工程PPP项目、广德市新杭镇污水处理厂一期提标改造工程、广德市第二污水处理厂二期扩建及提标改造工程、南京六合区龙袍新城“四新”建设项目联合开发特许经营项目。

并购重组方面，2019年12月16日，中国中铁以中铁建工集团有限公司旗下三级公司中国铁工建设有限公司为依托，将所属各单位从事水务环保投资、运营资源和部分相关施工资源重组整合成立专业化水务环保公司，即中国中铁二级企业中国铁工投资建设集团有限公司。

（胡志华　杨昊　杜舫　张忆晨）

【重大创新】整章建制，修订完成《中国铁工投资建设集团有限公司科技研究开发项目管理办法》等4项管理办法，推动科技研发工作有序进行。所属单位中铁市政环境和银川中铁水务分别获批“上海市企业技术中心”和“宁夏智慧水务技术创新中心”。“大型污水处理厂快速建造技术研究”等两项科研项目通过中国中铁科技成果评审，“综合管廊全断面智能建造关键技术研究”获得中国铁路工程集团有限公司科学技术奖二等奖。全年完成专利申报16项，其中发明专利6项；取得专利授权28项，其中发明专利7项；获得省部级工法1项，软件著作权10项。切实推动与高校深度合作，同清华大学环境学院签署战略合作协议就无废城市建设、固废处理资源化、土壤污染治理技术研发等方面建立长期全方位深层次合作关系。

（王婧玥）

【工程创优】中国铁工投资2020年共获得省部级优质工程奖2项（其

▲2020年6月1日，中国铁工投资承建的石家庄滹沱河生态修复工程正式运营

中安徽省优质工程“黄山杯”奖1项，安徽省市政工程优质奖1项）；获得省级环保施工示范工地奖4项；获得中国中铁杯优质工程2项；获中国中铁安全标准工地2项；获中国中铁股份有限公司绿色施工科技示范工程7项。（高 龙）

▲2020年6月30日，中国铁工投资党委召开庆祝建党99周年“一优两先”表彰大会

【企业文化】推进文化体系建设，制定了《新闻宣传考核管理办法》《舆情危机处置》《意识形态工作责任制》等制度文件，以及道德讲堂建设、基层文化建设、官网和微信公众号管理办法等文件，使宣传思想文化工作有章可循、有据可查、有规可依。推出具有中国铁工投资特色的VIS视觉识别手册、企业宣传片、党建宣传片、党建视觉识别手册，以“品质特色、绿岛曲线、生态智慧+”的理念设计建设企业文化展厅。在顺义总部办公大楼的设计中以“环保科技+创新人文”为总体理念，营造绿色健康的工作环境，创新开放共享、智慧办公的工作方式，展示企业“创新、绿色、开放、笃实”的文化内核。以打造标杆项目辐射基层文化建设，选取泰城水生态环境治理项目为试点，精心打造王家院水库、第四污水处理厂、芝田河印月景观三个示范点。积极推动党建课题研究，《齐鸣“五重奏”推进企业快速发展》《以五大市政品牌助推企业跨越发展》等两篇理论文章，分别在《中铁党建》《学习与探索》期刊上发表。申报国企党建专委会2020年度立项课题《党建工作融入生产经营典型做法研究》获评中国中铁股份有限公司三等奖。先后组织策划唐山花海、呼市跨线立交落梁、“美丽中国·青春行动”保护黄河行动三次主题宣传活动，获得河北省、内蒙古自治区、宁夏回族自治区等驻地中央级媒体和当地媒体深度支持和广泛宣传。精心设计职工思想动态调查问卷，形成2020年职工思想动态分析报告，为中国铁工投资及时掌握员工思想，改进完善各项管理举措提供了重要依据。积极推进典型引路，在劳动竞赛中选树了5家优胜单位和10名先进个人，涌现出宁夏回族自治区劳动模范、宁夏回族自治区“全区抗击新冠肺炎疫情先进个人”“上海市普陀区工匠”“河南省工人先锋号”等一批先进集体和个人。（吴凯文 高 龙）

【党建工作】中国铁工投资党委坚持以习近平新时代中国特色社会主义思想为指导，贯彻落实党的十九大和十九届历次全会精神，紧密围绕中国中铁党委2020年中心工作、战略部署和企业重组元年各项重点工作，充分发挥了党委把方向、管大局、保落实的重要作用，为贯彻落实中国中铁战略部署，全面完成企业重组元年各项目标任务提供了坚强保障。

以政治建设为统领，提升企业发展的引领力。坚持以党的政治建设为统领，全面贯彻落实新时代党的建设总要求，深化巩固“不忘初心、牢记使命”主题教育成果，深入推进党建与中心工作融合，为企业发展提供了坚强政治保障。建立“第一议题”学习制度，持之以恒抓好习近平新时代中国特色社会主义思想的贯彻落实，学习研讨“第一议题”34篇次，“两个维护”根基更加牢固。坚持把党的领导融入公司治理各环节，把党的建设内嵌到企业经营生产各方面，全面规范重大事项党委前置程序，累计召开党委会15次，前置研究讨论企业重大经营管理事项70项，充分发挥了“把方向、管大局、保落实”的作用。

以组织建设为基础，提升服务发展的战斗力。坚持把加强基层组

织建设作为首要任务，确保“应建必建”“应换尽换”，全公司共设立4个党委，2个党工委，69个党支部。举办中国铁工投资党群干部培训研讨班，通过多层级培训教育，切实提高党群干部队伍的业务能力与综合素质。先后印发基本制度8项，制定落实中央和上级党委要求的措施类文件10项。结合上级要求和中国铁工投资企业特点，编制了《基层党务工作指导手册》《基层党建视觉系统VIS标准化手册》，以标准化建设的崭新面貌，推动企业党建工作水平再上新台阶。

以队伍建设为重点，提升创新创业的向心力。坚持党管干部、党管人才原则，认真贯彻落实好干部“20字”标准，制定《领导人员管理办法》，树立鲜明的选人用人导向。优化干部队伍结构，调整配备各级领导干部61人次，其中提拔35人，交流2人次，调入24人，改任助理调研员2人。实行全员绩效考核，制定印发《总部员工绩效考核办法》，有效激发员工工作的主动性和创造性。大力引进高学历人才，积极落实中国中铁“5100”人才计划，共招聘2021届毕业生270名，其中本科生225人，硕士45人，“双一流”高校60人（985院校15人）。自主举办了法律合规、BIM技术、办公室业务、党群干部、纪检业务等5期培训班。

以作风建设为保障，提升拒腐防变的免疫力。坚持把党风廉政建设纳入企业改革发展总体布局，压实“两个责任”，完善工作机制，印发了《中国铁工党委落实全面从严治党“两个责任”的实施办法》，制定了中国铁工投资党委全面从严治党主体责任清单和纪委全面从严治党监督责任清单，召开党风廉政建设和反腐败工作年中推进会，对党风廉政建设工作进行系统部署。签订《党风廉政建设责任书》6份，开展党风廉政建设责任制检查考核。开展各类党风廉政建设谈话77人次，与新任职干部开展廉洁谈话33人次。开展化公为私问题专项整治，组织192人填报自查自纠情况表，通过多种方式，对所属6家单位、151名企业领导人员及关键岗位人员信息填报情况进行了监督检查。落实中国中铁为基层减负24项具体措施，规范总部发文、会议、调研检查等工作。开展国资委党委第五巡视组巡视反馈意见整改和贯彻落实中央八项规定精神自查自纠工作，制定2021年巡察工作实施方案，确保按期实现对所属各单位的巡察工作全覆盖。

以群团建设为纽带，提升职工队伍的凝聚力。坚持党建带工团建的方针，全面加强和改进党对群团工作的领导，支持工会、共青团组织独立自主开展工作。增强工会组织建设，中国铁工投资下设工会组织29个，专兼职工会干部88名。拓宽日常民主管理渠道，组织开展“我为企业建言献策”活动，征集合理化建议200余条。维护职工权益，做实员工关爱活动，共慰问一线职工及协作队伍4500余人次，发放慰问金及慰问品65.1万元。加强共青团工作，举办主题团日、主题演讲比赛等活动，提升团队凝聚力。深化青年建功活动，以“千元节支、万元创效”“百日大干青年突击队”为抓手，深化青年创新创效，服务青年建功成才。（胡志华　刘嘉骥）

【信息化建设】2020年，中国铁工投资完成总部新办公大楼信息化智能化建设包括公共广播系统、安防监控系统、多媒体信息发布系统、出入口门禁管理系统、一卡通系统、信息网络系统、语音交换系统、视频会议系统、无纸化会议系统等，统筹规划数据中心机房建设，为公司打造规范、可靠、安全的信息化基础设施环境。中国铁工投资本部部署9个信息系统（OA协同办公平台、营销管理系统、投资管理系统、成本管理系统、物资管理系统、财务共享平台、门户网站、党建系统、电子商务采购系统），解决业务沟通、现场管控、集中采购问题。积极开展BIM技术深度应用，举办BIM技能培训并参与BIM大赛，获得省部级BIM应用大赛奖项6项，第二届“卓越杯”BIM技能赛个人第1名和团体第3名。（张超凡）

【履行社会责任】中国铁工投资在脱贫攻坚、疫情防控、防洪防汛等工作中积极履行社会责任、彰显央企担当。围绕国家脱贫攻坚重点工作，开展精准扶贫，向定点帮扶的内蒙古自治区呼和浩特市武川县哈拉合少乡大庙村捐赠扶贫款8万元，组织参加“呼市青联、青企协助力精准脱贫走基层”的活动，积极履行企业社会责任，助力呼和浩特打赢脱贫攻坚战。疫情发生后，科学部署疫情防控工作，援建宁夏回族自治区“火神山”第四人民医院，疫情暴发期间组织35名党员参与湖北襄阳社区一线疫情防控，组织广大党员为疫情防控爱心捐款。进入汛期后，组织恩施第四水厂、武汉绣球山、枞阳县农村自来水并网、南京主城区应急水源等项目紧盯防汛防洪任务，在确保项目驻地安全和员工安全的前提下，积极投入地方抗洪抢险任务中，彰显央企责任担当。举办“用青春行动·建美丽中国”——保护黄河母亲河增殖放流活动，将210余万尾鱼苗放流黄河，用于改善水域生态环境，以实际行动保护母亲河。（胡志华　吴凯文）

【领导人员】

张建国　党委副书记（主持工作）、副董事长（主持工作）(1月任）

耿树标　党委副书记、总经理（1月任）

王　刚　纪委书记（1月任）

年福兵　党委副书记、工会主席（1月任）

肖　圣　总会计师（1月任）

杨　祯　副总经理（12月任）

谢宝琎　副总经理（12月任）

李　斌　副总经理（12月任）

邓永驰　总工程师、副总经理（12月任）

宫秀川　副总经理（12月任）

王　青　副总经理（12 月任）

（谢勇强）

## 中铁世德铁路投资有限公司

【简况】中铁世德铁路投资有限公司（简称“中铁世德”）成立于 2018 年 5 月，注册地陕西省西咸新区。系由中国中铁股份有限公司、山西世德能源集团有限公司、中铁一局集团有限公司依照《公司法》和其他有关规定，以发起方式设立的有限公司。注册资本金 10 亿元，其中中国中铁投资比例 46%，山西世德投资比例 45%，中铁一局投资比例 9%。2019 年 9 月，中铁世德不再委托中铁一局进行管理，而是由第一大股东中国中铁直接管理。2020 年 6 月 9 日，公司注册地由陕西沣西新城迁转到北京市顺义区。

中铁世德已全面调整发展战略，立足“川陕渝”两省一市实现高端经营、立体经营、特色经营、创新经营、全产业链经营的管理体制和运营目标。追求以市场为导向，深入探索混合所有制企业运营模式和职能定位；实现以“1+6”经营模式为工作主线，明确了“一个核心，六大产业板块”齐头并进的发展方向（围绕铁路运营专线主业，全力发展新兴产业及资源优化、煤电运一体化、水环保、水利水电、土地一级管理及棚户区改造等业务板块），持续顶层设计，树立企业品牌。

企业经营范围为工程建设及管理、投资煤运专线铁路及铁路专用线、集疏运系统和煤炭物流上下游产业链项目、投资及资产管理，主要开展业务遵守国家法律法规，以市场需求为导向，通过国家力推的国企、民企混合所有制形式，投资建设煤运专线铁路及铁路专用线、煤炭集疏运系统及煤炭物流上下游产业链等相关领域，以股权、资产并购方式进行投资，为投资方增值。

（张　伟）

【党建工作】2020 年，中铁世德党工委以党建工作为基础，多渠道引进人才，建立规章制度，不断完善部门配置，为企业发展提供人力资源支持并起到保障作用。根据业务需要，配备复合型人才。2020 年 3 月 13 日，股份公司批复中铁世德本部定员 35 人，其中领导班子 7 人，管理人员 28 人。内设投资开发部、党群工作部、综合管理部、建设运营管理部、财务管理部、法律合规部 6 个职能部门。中铁世德在人才引进方面，坚持多方优选的原则，真正体现精干高效的原则，聘用的人员均是一岗多能的复合型人才，建立了一支能打仗且能打胜仗的队伍。公司现有领导班子 2 人，管理人员 14 人。加强重点制度建设。为进一步加强公司薪酬管理，规范薪酬分配，建立与公司发展战略相适应的薪酬分配秩序，结合公司实际情况，对原《中铁世德铁路投资有限公司员工岗位绩效工资管理办法》进行了修订，并经公司第二届第三次董事会审议通过执行。为加强公司合同管理，起草了《中铁世德铁路投资有限公司合同管理办法（草案）》，充分考虑混合所有制公司的特点，对各类合同进行分级管理，分别按照一般合同、重大合同和特别重大合同进行分级审批，既能充分体现各股东利益，又提高了工作效率。根据股份公司相关规定，公司开始研究制定党工委会议事规则、研究讨论企业重大经营管理事项实施细则、贯彻落实“三重一大”决策制度实施办法等一系列重要的规章制度。加强党建工会工作，维护企业和谐稳定。中铁世德党工委根据《中国共产党章程》与《中国共产党支部工作条例（试行）》规定，为进一步加强公司机关党建思想政治工作，切实发挥机关党组织的战斗堡垒和党员的先锋模范作用，增强机关全体党员干部“转作风、强执行、组发展”的凝聚力和战斗力，经公司党工委（扩大）会议研究，于 2020 年 6 月 12 日成立了中共中铁世德铁路投资有限公司工作委员会机关党支部，为公司开展各项党建工作提供了载体。中铁世德党工委按照股份公司党委统一安排，认真组织了中心组学习会，召开主题党日活动，组织党的十九届五中全会精神传达学习会议，组织学习传达股份公司保密工作会议精神。通过各种会议学习，将党的方针政策和股份公司重大工作安排落实到公司的日常工作中。加强干部队伍管理。2020 年 2 月 17 日，股份公司为进一步加强中铁世德党的建设和思想政治工作，将中铁世德党工委的组织管理关系由股份公司党委直接管理。按照股份公司干部管理规定，公司党工委对公司管理人员进行了研究聘任，并严格按照管理权限进行备案，为公司各部门工作正常开展打下了基础。

（张　伟）

【领导人员】

尚武孝　党工委书记、董事长

王占宇　总经理

（张　伟）

## 中铁站城融合发展投资有限公司

【简况】中铁站城融合发展投资有限公司（简称“中铁站城”）是中国中铁股份有限公司的全资二级子公司。中铁站城成立于 2020 年 9 月 29 日，注册地为云南省昆明市呈贡区，注册资本 30 亿元。

公司专注于城市轨道交通工程、铁路工程、公路工程站点及场段 TOD 综合开发，秉承“开放性融入城市生活、集约化融入城市功能、立体化融入城市空间”的理念，着力打造“TOD+ 绿色智慧城市”产业品牌，疏解“城市病”，努力实现公共交通与城市功能充分融合、土地高效节约利用，助力新型城镇化建设，引领新时代的城市发展格局；努力建设 TOD 产业研究、规划设计、投融资、建设管理、综合开发、运营管理、咨询服务等方面一体化全生命周期的系统发展优势，致力于成为世界一流的 TOD 综合开发运营商。

公司致力打造专业的 TOD 研究团队，计划在北京、上海、深圳等城市设立站城融合研究机构，构建全方位专、精、尖的TOD全产业链研究开发、策划规划、设计实施等系统综合方案能力，赋能赋智于企业高质量、绿色可持续发展。

（柏 鹤）

【领导人员】

张润文 党委书记、董事长

张超斗 党委副书记、总经理

（柏 鹤）

## 中铁（广州）投资发展有限公司

【简况】2016年9月，中国中铁成立中国中铁股份有限公司广州市轨道交通十一号线项目经理部，负责管理广州地铁十一号线、地下综合管廊PPP项目。2017年1月，中国中铁成立中铁广州建设有限公司，负责广州地铁十一号线、十三号线二期、七号线二期项目的计量支付、收付款及税收缴纳，未设定员和内部机构。2017年11月，中国中铁成立中国中铁股份有限公司广州市轨道交通工程指挥部，与广州地铁十一号线项目经理部实行“一个机构、两块牌子”运作。2020年9月，中国中铁成立中铁（广州）投资发展有限公司（简称“中铁广投”），代表股份公司履行广州区域总部“统筹协调、开发服务、监管维护、高端经营、立体经营、大项目经营、总承包经营、投资经营”的职能，负责广州市范围内重大项目投资、总承包项目的经营和管理，公司资质为市政公用工程施工总承包一级，办公地址为广东省广州市海珠区阅江中路832号保利天幕广场5~6层。

截至2020年末，中铁广投管理项目15个，合同额608.8亿元。由股份公司施工类16家二级公司、30家三级公司参建。其中，直管项目5个，合同额502.1亿元（广州地铁十一号线项目177.4亿元、广州地铁十三号线二期项目179.9亿元、广州地铁七号线二期项目90亿元、综合管廊项目42.7亿元、广州地铁七号线一期西延线机电工程项目12.1亿元）。监管项目4个，合同额40.9亿元（白云站枢纽项目16.9亿元、广州地铁三号线东延段项目3亿元、广州地铁五号线东延段项目3亿元、广州地铁十二号线四电及轨道工程项目18亿元）。委托监管项目6个，合同额65.0亿元［白云（棠溪）站枢纽项目4标9.1亿元、6标15亿元、7标9.3亿元、8标20.1亿元、大田道路项目8.7亿元、运管中心项目3.6亿元］。

（李承良）

【主要指标】中铁（广州）投资发展有限公司2020年资产总额50.7亿元，较2019年同期28.35亿元相比增长78.84%；净资产7.75亿元，较2019年同期0.94亿元相比增长724.47%；营业收入72.5亿元，较2019年同期43.28亿元相比增长67.51%；净利润0.008亿元，较同期转亏为盈。

（夏占良）

表13-45 2019—2020年中铁（广州）投资发展有限公司主要经济指标

| 项目 | 2019年 | 2020年 | 增长率/% |
| --- | --- | --- | --- |
| 资产总额/亿元 | 28.35 | 50.70 | 78.84 |
| 所有者权益/亿元 | 0.94 | 7.75 | 724.47 |
| 营业收入/亿元 | 43.28 | 72.50 | 67.51 |
| 利润总额/亿元 | 0.01 | 0.01 | 500.00 |
| 净利润/亿元 | –0.04 | 0.01 | –122.22 |
| 归属于母公司所有者的净利润/亿元 | –0.04 | 0.01 | –122.22 |
| 技术开发投入/亿元 | 0 | 0 | 0 |
| 利税总额/亿元 | 0.03 | 0.09 | 225.93 |
| 应交税金总额/亿元 | 0.08 | 0.08 | 1.32 |
| 全员劳动生产率/［万元/（人·年）］ | 50.26 | 47.83 | –4.83 |
| 净资产收益率/% | –3.80 | 0.19 | 增加3.99个百分点 |
| 总资产报酬率/% | –0.23 | 0.11 | 增加0.34个百分点 |
| 国有资本保值增值率/% | 96.27 | 100.87 | 增加4.6个百分点 |

【人力资源管理】根据股份公司“十四五”人才发展规划和中铁广投“十四五”发展战略，结合公司人才队伍现状，确定了以优化人才队伍结构为目标、以“五支队伍”建设为主线的“十四五”人才发展规划，明确指导思想，建立健全保障机制，采取有效得力措施，推动“人才强企”战略的有效实施。中铁广投从强化干部引进、抓实培养培训、规范员工管理等方面着手，建立健全干部管理制度体系，为从严管理领导人员提供制度保障。积极贯彻落实习近平总书记关于选人用人重要思想，贯彻落实新时代组织工作路线，提升政治站位，切实履行选人用人主体责任，坚持党管干部原则，坚持正确选人用人导向，严格程序、

注重实绩、把握以德为先的任用原则，配齐配强领导干部队伍。截至2020年末，共商调干部39人，其中处级以上领导干部17人，初步满足了企业发展所需要的专业管理人员，其间，对中铁广投总部8个职能部门负责人、4个事业部（中心）及3个经营性筹备组主要负责人进行了正式明确，年内共调整领导干部22人次。

截至2020年12月31日，中铁广投共有正式员工及助勤人员159人，其中公司领导9人。2020年12月，中铁广投对原广州地铁指挥部及项目经理部助勤人员组织考评，对表现优秀的68人纳入首批转录人员名单，拟调入公司。对考评达不到要求的12人结束助勤退回原单位，其余人员继续助勤。管理人员年龄结构为：40岁及以下73人，占总人数的46%，40岁以上86人，占总人数的54%；管理人员学历结构为：博士、研究生（含硕士）14人，占总人数的9%，本科124人，占总人数的78%，大专及以下21人，占总人数的13%；管理人员职称结构为：教授级高级工程师4人，占总人数的2%，副高级职称65人，占总人数的41%，中级职称57人，占总人数的36%，初级职称33人，占总人数的21%。（付梦祥）

【物机工作】中铁广投主要物资管理实行“管采分离”的管控模式，对主要物资进行集中采购，截至2020年末，广州地铁十一号线、综合管廊、广州地铁十三号线二期、广州地铁七号线二期工程累计组织24种类物资（钢筋、水泥、模板台车、智能配电箱、商品砼、管片、箱式房、钢围蔽、竖井围蔽、型材等）招标采购工作，金额达142.31亿元，主要物资累计供应406910.30万元。

中铁广投各参建单位进场主要施工设备共计921台/套，设备完好率99%，利用率为98%，特种设备合格率为100%；累计组织了45台/套盾构机的设计联络、维修改造方案论证、适应性评估、出厂及始发条件验收等工作，确保了盾构机技术状况良好，安全状态可控，满足了业主及广州市复杂地质条件盾构施工要求。

机械化施工：钢构件加工厂投入使用大量数控设备及焊接机器人进行钢构件的加工制作，确保质量符合要求；施工现场投入Brokk破拆机器人、双轮铣、模板液压台车、智能配电箱等智能设备，提高工作效率，保障施工安全及工程质量。

（高立群）

【投资经营】中铁广投建立健全区域高层互动、信息共享、动态管理、沟通协调、经营督导及客户回访等工作机制。通过深入市场调研，构建经营体系，分层分级对接，实施动态管理，经营工作前移，促进政企融合，认真筹划项目，确保方案质量，掌握相关政策，研判市场前景。积极开展高端经营，加强与金融、设计咨询等机构对接洽谈，签订战略合作协议，整合中国中铁在穗资源，集聚经营合力。实地调研踏勘地铁28号线规划站点、流溪河水生态环境治理修复、白云机场主体和配套安置房建设等项目，深入考察城市更新及“三旧”改造项目，收集分析信息，筛选跟踪重点项目29个，总投资约10264亿元。

（欧有扬）

【施工生产】2020年，中铁广投在建项目共计9个，合同总额543亿元，其中广州市轨道交通十一号线及同步实施工程、广州市轨道交通十三号线二期工程、广州市轨道交通七号线二期工程、广州市中心城区地下综合管廊（沿轨道交通十一号线）工程、广州市轨道交通七号线一期工程西延顺德段机电工程、广州白云（棠溪）站综合交通枢纽工程土建1标6个项目正在施工，广州轨道交通三号线东延段、五号线东延段、十二号线四电及轨道工程3个项目暂未开工。

全年完成产值99亿元，开累完成产值191亿元，占合同总额543亿元的35%。其中，“大干100天、决战四季度、决胜保目标”竞赛期间，日均产值由竞赛前1900万元提升至4400万元，共完成产值44亿元，占计划32亿元的136%。在建项目土建共有车站58座，已开工56座，封顶7座，盾构区间贯通6个（其中广州地铁11号线车站25座，已开工25座；广州地铁13号线二期车站22座，已开工20座；广州地铁七号线二期车站11座，已开工11座）。综合管廊44座工作井，已开工40座，22座主体完工；44个盾构区间，已贯通16个。广州地铁七号线一期西延线机电工程共有8座车站、9个区间、1个停车场，其中5座车站、1个区间、1个停车场已进场施工。

（李俊峰）

【科研开发】中铁广投高度重视科研立项工作，原有在股份公司立项的科研项目6项（其中重大课题3项、重点课题2项、引导课题1项），其中3项课题已完成各项研究工作，并通过了股份公司的结题验收。2020年，新立项科研课题2项，其中联合中铁一局依托广州地铁十一号线云大暗挖区间，开展“富水地区浅埋暗挖隧道超大体积冻结关键技术研究”，联合中铁建工依托广州地铁十一号线赤沙车辆段，开展“下沉式双层地铁车辆段大型站场装配化施工技术研究”，前者在股份公司立项为2020年度重点课题，后者立项为重大课题。“城市轨道交通工程施工阶段BIM应用关键技术研究”“城市地铁开挖动态智能设计与关键技术研究”两项课题经过股份公司科技评审，整体评价分别为国际先进、国内领先水平。

中铁广投积极推广“四新”技术应用，为加大知识产权保护，积极申请专利和著作权，合计申请专利22项，其中申请发明10项，实用新型8项、软著3项、外观设计1项。合计授权12项，其中申请发明1项，实用新型7项，软著3项，外观设计 1 项。管理创新成果《大型建筑企业基于城市轨道交通工程的总承包管理体系与能力建设》获股份公司企业管理现代化创新成果一等奖。（郭桂喜）

【信息化建设】2020 年，中铁广投进一步推进应用 BIM 技术以及信息化系统的建设与应用。BIM 技术方面，广州地铁 11 号线赤沙车辆段项目建立施工过程中建筑、结构、桥梁等相关的 BIM 标准族库，建立总体、临建、驻地等模型。通过 Navisworks 等模拟软件，创建了施工模拟、通过施工方案与航拍模型关联，对施工方案进行验证、优化和完善，避免和减少返工以及资源浪费的现象，合理配置施工资源，节省施工成本，加快施工进度。信息化建设应用方面，信息化管理平台综合应用了信息化、BIM、GIS、AI、物联网、大数据等技术，以及在各项目推广应用，施工现场人员进出场管理及现场视频监控管理方面应用尤为出色，施工人员管理在一体化系统实现全线门禁集中授权管理，通过一体化平台对所有闸机权限进行控制，提升门禁授权管理便捷性，同时提升人员实名制录入的及时性和完整性，实现全线人员进出场记录的可查询、可统计、可追溯。现场视频监控支持单项目切换控制管理，实现对全线工程项目监控摄像头的查看及控制，提高了施工现场管理的便捷性，约束现场人员规范操作，规避了施工现场安全隐患。一体化系统平台通过绑定监控摄像头、机械、监测点位、AI 分析设备实现施工现场的可视化管理，提高施工的管理效率及智能化水平，助力智慧工地建设。在赤沙车辆段项目信息化建设中，以 BIM 三维模型为载体，RFID 芯码合一物联网技术为支撑，融合 BIM 模型轻量化、云计算等多种技术，通过对预制梁场与装配式车辆段进行施工生产作业全流程信息全面智能感知和数据处理，并实现地磅自动计量系统、预应力张拉监测、孔道压浆监控、智能喷淋养护等智能化管理。2020 年，以“广州地铁 7 号线二期施工总承包 BIM 技术应用”为主题的参赛内容，获得了铁路 BIM 联盟第二届“联盟杯”铁路工程 BIM 应用大赛（综合工程项目 BIM 应用多阶段应用类）二等奖，该项目参赛主题同时获得 2020 年广东省第三届 BIM 应用大赛一等奖。（黄康明）

【安全生产】中铁广投积极探索创新管理模式，建立安全官交叉任职、现场旁站机制。成立暗挖和盾构管控专家组，编制暗挖和盾构掘进安全管控要点，制作了“暗挖施工 27 字方针”和“暗挖、盾构应急处理及避险”视频，提高一线人员处突、避险能力。实行月度差异化考核，对参加单位实行末位淘汰，结果报地铁公司、股份公司及各参建单位，形成持续安全管控高压态势，不断补齐现场管理短板。中铁广投实行关键岗位人员履职制度，限定履职次数及时间，重点盯控高风险作业工点，加大对隐患的检查及排查力度，及时消除隐患苗头，防范和化解重大风险。

加大科技投入，开发了施工信息化平台和综合监控平台，利用视频监控系统、人脸识别系统，考核关键人员现场履职，抓拍现场“三违”行为，当日、当月进行通报，推动隐患排查治理。引入悬臂掘进机替代传统开挖方式进行暗挖施工，提高了工效，降低了安全风险；组建专业团队，配备专业设备，实施超前地质预报和监测数据分析，为安全生产提供保障。

积极推进安全标准化建设，鼓励各单位创先争优。2020 年，广州市中心城区地下综合管廊支线获得广州市建设工程安全文明绿色施工样板工地，广州市轨道交通七号线二期工程 6 家单位通过广州市建设工程安全文明绿色施工样板工地初审，1 家单位通过广东省安全文明示范工地复审。通过创建安标工地活动，形成较好的创先争优氛围，安全管理和文明施工水平得到一定的提升。针对 641 名参培人员开展暗挖施工、盾构施工专题培训，参培人员涵盖各级管理人员和施工作业一线人员，提高了专业知识和技能。组建 2 支专业应急救援队伍，配置多功能钻机、钻注一体机、注浆装备等共计 32 台（套），针对现场实际积极开展日常训练，针对重大风险源采取有针对性的应急演练。2020 年，中铁广投兼职应急救援队伍共计 2860 人，开展实战、桌面演练 1295 次，参与演练人数 18576 人次，提升全员风险管控意识和应急处置能力。

新冠肺炎疫情暴发后，中铁广投高度重视疫情防控工作，严格落实疫情防控主体责任，做好疫情防控阻击战。立即建立隔离区和观察区，采购防疫物资，印发《新型冠状病毒肺炎防控手册》，组织专人统计人员健康状况，确保各项工作落到实处。积极响应复工复产号召，一手抓疫情防控，一手抓复工复产，2020 年在建项目均顺利复工，无一人感染。（邓向东）

【企业文化】中铁广投围绕中国中铁“开路先锋”文化，致力打造具有中铁广投自身特色的企业文化。建设公司网站并达到上线要求，注册微信公众号新媒体宣传平台。在各基层项目部大力开展“道德讲堂”活动，全年共开设 50 余个道德讲堂，开展 200 余次活动，共有 2000 余人参与，通过“道德讲堂”向广大员工宣传企业形势，倡导向先进模范学习，加深爱国、爱岗、爱企的热情。积极加强与中央媒体和地方重要媒体的联系，邀请人民日报、新华社、中央电视台等媒体记者深入基层项目，共同策划新闻选题，为下一步企业宣传工作打下坚实基础。积极开展内部宣传工作，加强企业文化建设，在公司“大干一百天”劳动竞赛的过程中，认真开展选树

▲中铁广投成立应急救援队伍

▲中铁广投开展“大反思、大整治、大提升”专项活动



典型、重大节点通报、优秀经验交流宣讲等活动，在企业中营造出内树正气、外树人气的文化氛围。

（肖熙涯）

【党建工作】按照“四同步、四对接”的要求和组织程序，2020年9月，股份公司党委研究成立了中铁广投党委、纪委，股份公司工会、团委分别批复成立中铁广投工会、团工委。中铁广投总部设置党群综合部（党办、董办、司办）、党委干部部、纪委综合室（党委巡察办）等3个党群工作部门。设立广州地铁十一号线经理部、十三号线二期经理部、七号线二期经理部、管廊项目经理部共4个党工委、纪工委、工会工委、团工委。设立公司总部4个党支部、地铁七号线西延线机电工程经理部党支部共5个党支部、5个工会支会。配备专兼职党务干部，制发党工委工作手册、党支部工作手册和党支部标准化建设指导手册。建立“第一议题”工作机制，确保习近平总书记重要指示批示精神、重要讲话精神、上级决策部署和领导讲话精神落实落地。坚持思想引领，对企业发展提出基本定位和总体思路，对日常工作提出“八个重抓”举措，对企业治理提出“六项建设”目标，对党员干部提出“坚持六讲”要求，统一思想、凝聚共识。坚持“依法合规”管理企业的原则，召开6次党委会、6次总经理办公会和党委办公会、专题会，研究改革发展、经营管理、党的建设重要事项，制定各项管理制度170余项。召开党委会、中心组学习会，第一时间传达学习党的十九届五中全会精神，制定实施贯彻落实方案。12月12日至13日，举办十九届五中全会培训班，组织两级班子成员宣讲宣传；成立领导小组，全面启动“十四五”规划编制工作。认真落实中央八项规定精神，坚定执行股份公司“勤俭办企业十不准”规定，深入开展“干部作风建设年”活动。全面落实广州地铁集团“4+1”监管体系，对不担当、不作为的党员干部严肃问责。强化廉洁风险防控，紧盯重点领域、重点岗位和“关键少数”，抓好“监督再监督”工作。坚持在公司筹建、施工大干、经营管理中发现干部、检验干部、考察任用干部。关心干部成长、合理引导诉求，做好人才引进、助勤人员转录工作。与省市区领导会谈时，注重把职工落户、子女就学、住房、医疗社保等切身利益作为重要内容，争取理解支持。认真落实中央、地方政府和股份公司的各项决策部署和工作要求，坚持常态化开展疫情防控工作。采取强有力措施，督办落实农民工工资发放、民营企业欠款支付；开展送温暖扶贫帮困活动，“双节”期间各级领导带头走访慰问困难党员、困难职工、一线职工和农民工。（亓百星）

【履行社会责任】中铁广投积极践行央企社会责任，营造和谐建设氛围。积极组织参与广州暴雨抢险，投入人员数百人次、水泵80台、应急救援车30余辆、发电机8台和大量应急抢险物资合计近20万元，广州地铁集团发来感谢信；全面组织参建单位开展疫情防控工作，向所在地医院等公共企业捐赠口罩、酒精等防疫物品；参与广东省梅州市五华县、江西省赣州市信丰县、湖南省桂东县消费扶贫，投资资金289万元，帮助村民实现稳步增收；与广州市海珠区结对帮扶贵州省独山县困难群众，向多所小学捐赠文具、电脑、书籍等物资，向10户重点困难户捐款，解决当地牲畜饮水问题，建立垃圾中转站、为村委会提供办公设备等。（陈小军）

【领导人员】

| | |
|---|---|
| 徐坤甲 | 党委书记、董事长 |
| 李仲峰 | 党委副书记、总经理、董事 |
| 丁树伟 | 党委委员、副总经理 |
| 郭建封 | 总会计师、总法律顾问 |
| 于天生 | 党委委员、工会主席、副总经理 |
| 曹良华 | 党委委员、副总经理 |
| 李应战 | 党委委员、副总经理 |
| 王江卡 | 副总经理 |

（付梦祥）

## 中铁物贸集团有限公司

【简况】中铁物贸集团有限公司（简称“中铁物贸”）是中国中铁股份有限公司全资子公司，前身是中国中铁物贸分公司，于2007年2月成立，2010年12月18日改制为中铁物贸有限责任公司，2017年2月组建企业集团，注册资本金30亿元。中铁物贸是中国中铁唯一指定专业从事物资集中采购和物资贸易的大型企业集团，在国内物流与物资采购、贸易领域拥有较高的影响力和美誉度，是中国物流与采购联合会副会长单位，北京企业（诚信创建）评价协会副理事长单位，全国供应链创新与应用试点企业，中国企业联合会信用评价最优评级AAA企业。中铁物贸先后被评为2018—2019年度全国企业文化优秀成果一等奖单位，2019年全国公共采购“优秀集中采购机构”，获得2020中国物流杰出企业奖、2020中国物流创新奖，中国中铁2019年度“四好班子”等荣誉。

中铁物贸在全国各主要城市及区域设有子分公司、事业部、物供中心，组建了北京、上海、深圳、昆明、武汉、成都、西安、沈阳等8大集采中心，拥有物资贸易专业高级管理人员近千人，本科及以上学历达90%以上。公司主要开展钢材、水泥、钢轨、道岔、油品化工、系统设备集成、有色金属、木材、建筑材料、橡胶制品、机械设备等建筑业全品类物资贸易服务，并提供经济信息咨询、仓储服务、设备租赁、项目投资、资产管理、货物进出口、技术进出口、代理进出口等高附加值服务产品。逐渐形成了以项目物资供应、区域集中采购、战略采购、部管物资代理服务、招标代理服务、国际国内贸易、电子商务及投资业务等8大业务为主的经营格局。

成立十多年来，中铁物贸先后承担了国内外数千项铁路、公路、市政、水利、房建和城轨等工程的物资集采服务，提供了数千亿元的工程建设物资。依托中国中铁系统内部强大的终端需求市场和资源优势，中铁物贸大力开展与上下游客户的战略合作，与国内外主要大型资源厂家、建筑央企、知名互联网企业建立了良好的战略合作关系，拥有丰富、优质的建筑业产业链战略资源，有效提升了市场竞争力和客户体验度。

中铁物贸主动拥抱“互联网+”，持续推进“数字中铁，智慧物贸”战略。由中铁物贸自主开发建设的鲁班采购电子商务平台，是中国中铁官方唯一采购电子商务平台，为中国中铁全系统提供采购管理全流程信息化集成服务，同时面向建筑行业内企业提供采购电子商务产品及信息技术服务，年交易额突破3200亿元，注册供应商超13万家，是中国建筑行业开展电子商务业务的重大创新典范，在中国建筑业电子商务领域处于领先地位。负责平台建设开发的鲁班公司为全国“青年文明号”单位，国家高新技术企业，获得中央企业电子商务联盟“十大电商品牌”“电商十大创新项目”“电商十大新锐产品”等奖项。以“连接、协同、共享”为理念，开发的业务协同平台（BCP）和财务共享系统，实现了业、财、资、税一体化目标，通过上下游客户互联互通，构筑了开放立体的全方位供应链生态圈，

引领建筑业供应链集成服务管理变革。（夏姗姗）

【主要指标】2020年1月至12月，中铁物贸累计完成新签合同额716亿元，完成股份公司下达年度预算700亿元的102.29%，较2019年全年新签合同额610.05亿元增加105.95亿元，增长17.37%；完成营业收入311.92亿元，完成股份公司下达年度预算327亿元的95.39%，较2019年全年营业收入284.73亿元增加27.19亿元，增长9.55%，实现净利润5.35亿元，完成股份公司下达年度预算4.41亿元的121.32%。总资产周转率从1.75次降低至1.58次，资产负债率从2019年末的90.48%下降至89.9%。（聂宗仁）

表13-46 2019—2020年中铁物贸集团有限公司主要经营指标完成情况

| 项目 | 2019年 | 2020年 | 增长率/% |
| --- | --- | --- | --- |
| 资产总额/亿元 | 177.14 | 217.63 | 22.86 |
| 所有者权益/亿元 | 16.86 | 21.87 | 29.72 |
| 营业收入/亿元 | 284.73 | 311.92 | 9.55 |
| 利润总额/亿元 | 5.37 | 6.44 | 19.93 |
| 技术开发投入/亿元 | 0.42 | 0.48 | 14.29 |
| 利税总额/亿元 | 7.50 | 8.84 | 17.87 |
| 应交税金总额/亿元 | 2.98 | 3.68 | 23.49 |
| 全员劳动生产率/[万元/(人·年)] | 3572.00 | 3585.00 | 0.36 |
| 净资产收益率/% | 30.63 | 27.60 | 减少3.03个百分点 |
| 总资产报酬率/% | 3.75 | 3.68 | 减少0.07个百分点 |
| 国有资本保值增值率/% | — | — | — |

制表：聂宗仁

【职工队伍】截至2020年末，中铁物贸职工人数915人。其中，男职工699人，女职工216人；年龄在35岁及以下538人，36~45岁228人，46岁及以上149人；有专业技术职称为初级及以下412人，中级职称271人，高级职称205人；文化程度为硕士研究生159人，大学本科689人，大学专科及以下67人。

从员工所在岗位结构来看，2020年底中铁物贸副处级及以上领导干部132人，占员工总量的14%；一般管理人员783人，占员工总量的86%。从员工专业系统结构来看，2020年底中铁物贸两级公司（集团公司、子分公司及事业部）领导班子成员及高管90人，占员工总量的10%；采购、经营、物供、运营业务人员504人，占员工总量的55%；财务、审计人员112人，占员工总量的12%；研发、党群、纪检、人力资源、法务、综合管理等人员201人，占员工总量的22%；其他人员8人，占员工总量的1%。（王天丛）

【物资供应服务】2020年，中铁物贸累计为196个中国中铁直管、投资及大型项目提供工程物资供应服务，累计供应金额达223.74亿元。其中，供应钢材330.04万吨、供应金额133.92亿元，水泥758.82万吨、供应金额33.55亿元，其他类物资金额56.27亿元。2020年，新增石化产品集采项目591个（历史累计集采项目达到3518个），年累供应石化产品87万吨，供应金额47.29亿元，同比增长5.5%，相较市场价格累计节约成本1.44亿元。其中，成品油58.85万吨，降低1.09亿元；沥青24.92万吨，降低1927万元；润滑油脂5561吨，降低1141万元，在有力保障项目物资供应的基础上，实现了降本增效。（李海波）

【区域集中采购】2020年，中铁物贸纳入区域集中采购模式的项目共计598个，比2019年全年增加213个，本年度区域集采模式下累计供应总额82.47亿元，其中供应钢材166.57万吨、供应金额67.54亿元，供应水泥302.43万吨、供应金额14.92亿元，与市场价格相比，钢材、水泥累计降低成本约2.99亿元。中铁物贸通过提供优质的资源渠道、品质可靠的产品、具有竞争力的价格、专业化的服务，吸引工程局融入区域集采的范围。截至年底，中铁物贸已配合股份公司发布了湖北、湖南、安徽、四川、广东、河南、陕西、上海、新疆、江苏、山东、山西、内蒙古、北京、天津、重庆、黑龙江、吉林、辽宁、浙江、河北、甘肃、江西、广西、福建、西藏、青海、宁夏、海南共计29个区域的钢材、水泥定价规则。（李海波）

【战略采购】2020年，中铁物贸在进一步加强与鞍钢集团、攀钢集团、宝武钢铁和中石油、京东、阿里巴巴等大型资源厂商及知名互联网企业合作的基础上，全年新增战略合作厂商资源16家，已与63家合作供应商签署战略采购协议。其中，钢材类厂家签署战略采购协议36家；水泥类厂家签署战略采购协议17家；润滑油脂类厂家签署战略采购协议2家；桥梁钢板类厂家签署战略采购协议2家；钢绞线、锚具类厂家签署战略采购协议5家；声屏障类厂家签署战略采购协议1家。（李海波）

【防疫物资供应】2020年，中铁物贸积极做好中国中铁疫情防护物资应急集中采购、供应工作。所属各单位、公司各部门各司其职，高效运转，经过不懈努力，从2月1日成功向“火神山”施工现场发出第一批防护物资起至2020年底，中铁物贸为疫区和中国中铁各单位累计采购供应口罩125.9万只、防护手套10.2万副、酒精10820.7升、消毒液2263.7升、二氧化氯6092袋（1袋1000升，相当于消毒液609万升）、洗手液3761升、护目镜5004副、防护服4208套等，为抗击疫情和有序复工提供有了有力保障。（李海波）

【市场开发】2020年，中铁物贸完成市场业务新签合同额126亿元，首次突破百亿元大关（为预算指标的116%），实现了质量与数量的同步提升。出台和修订《区域经营建设考核实施细则》《经营开发奖励办法》《生产经营计划统计管理办法》等制度；召开经营开发工作会，全面推进区域经营、立体经营；八大区域经营中心正式运营，着力夯实基础、固本强基，工作模式、管理机制、人员配备等持续完善；坚持“精英人员搞经营，通过经营培养精英”的原则，组织开展经营人员培训班，全员经营开拓意识得到大幅提升。深入与国铁物资公司、中铁物资集团、江苏铁发等单位合作交流，持续深化与中国建筑、中国铁建、中国交建、中国电建、中国化学等系统外单位的业务合作，基本实现建筑央企招标中心注册备案全覆盖、业务承接全覆盖。2020年，上海公司与沈阳分公司共同参与安徽路桥桥梁钢板招标采购并成功中标，昆明公司与油品公司合作承接中国铁建墨临高速项目沥青供应，“专区协同经营”取得新突破；各单位积极参与各类物资采购和代理服务招标活动186次，投标264个包件，中标89个包件，中标率33.71%，投标次数和中标率较2019年均有显著提高，市场经营开发工作迈上了新台阶。（耿瑞琦）

【科技创新】高质量推进供应链创新试点应用工作。2020年7月，中国物流与采购联合会专家组一行莅临中铁物贸指导调研，对中铁物贸供应链创新试点应用工作表示肯定并提出指导性意见。截至年末，中铁物贸已打造了集业务协同共享平台、财务共享平台、项目物资管理系统、供应链协同服务平台、电子商务平台、网上商城、供应链金融平台、智慧物流平台、智能验收系统于一体的覆盖全业务流程的信息化体系。年末，鲁班平台认证通过供应商近13万家，开通服务的供应商近5万家，年交易金额近3000亿元。2020年，中铁物贸《提升“四个能力”，深入推进供应链创新与应用》经验成果在国资委《国资工作交流》刊登，公司在建筑业供应链创新领域的开创性工作得到高度肯定。积极推进企业从传统购销业务向电商业务转型，助力企业高质量发展。现已在中国中铁“网上商城”开设300余家物资专卖店，实现轨道业务、钢材业务、石化业务、钢绞线及辅料采购业务等大宗交易在线下单、在线交易及在线与供应商的智慧协同等全流程采购一体化。以智能化、大数据应用、物联网应用为方向，持续开展BCP和财务共享平台三期建设，完成平台升级，进一步推进业务协同平台（BCP）和财务共享平台互联互通，构建了“业、财、资、税”一体化管理生态圈。（夏姗姗）

【信息化建设】中铁物贸通过供应链创新提升供应链集成服务能力，推进企业数字化转型，提出“为中铁物贸高质量发展谋赋能、为中国中铁全球产业链谋支撑、为建筑行业供应链创新谋驱动、为央企数字化采购平台谋引领”的整体目标。通过电子商务平台二期的建设和应用，提高管理效率，防范风险。以智能化、大数据应用、物联网应用为方向，开展BCP和财务共享平台三期建设，完成了BCP和财务共享中心的平台升级工作。深化协同，推进BCP和财务共享平台与鲁班平台各业务系统、上下游客户业务系统互联互通、数据集成，消除“信息孤岛”，减少重复录入，运用标准化数据编码，提高工作效率。建设了供应链协同中心作为与外部合作方的统一对接系统，与攀钢、南钢、陕钢等多家供应链上下游企业及物流、金融合作方系统对接，加快推进鲁班平台物流系统、现场收发系统、支付系统与集团主营业务、上下游供应商、客户信息共享及数据集成，提升用户使用体验。推进轨道材料及大宗物资线上采购，实现以BCP为核心，鲁班商城、物流系统为场景，通过在鲁班商城开专卖店、用户在商城下订单、BCP进行结算等实现轨道材料等大宗物资的采购交易线上化。截至2020年末，鲁班平台认证通过供应商133209家，与2019年93555家相比增加39654家，增长42.39%，开通平台服务的供应商51048家。（刘　磊）

【企业创优】2020年，中铁物贸代表建筑业央企分别参加了国家“十四五”物流发展规划和国资委中央企业“十四五”物流发展规划研究前期相关工作。公司先后获得中物联2020中国物流杰出企业奖和2020中国物流创新奖，获得“首都文明单位”称号和全国企业文化优秀成果一等奖。“中国中铁商旅管理平台”获评中施企协“2020年工程建设行业互联网发展最佳实践案例”，“基于移动互联网的智能化实时动态运营管理综合平台”等4项课题获评“2020年工程建设行业互联网发展优秀实践案例”。中铁物贸首次获评中国中铁“四好班子”称号和“七五”普法先进单位，在系统内树立了良好形象。（夏姗姗）

【党建工作】中铁物贸党委充分发挥“把方向、管大局、保落实”作用，为推动企业高质量发展进一步奠定了坚实的党建基础。推动高质量发展的引领能力实现新提升。公司党委把学习贯彻习近平新时代中国特色社会主义思想作为首要政治任

务，建立起学习传达习近平总书记重要讲话及指示批示精神贯彻落实体制机制，“第一议题”制度得到较好落实，领导人员和党员干部政治能力得到显著增强，树牢了“四个意识”，坚定了“四个自信”，做到了“两个维护”。推动高质量发展的治理能力实现新提升。公司党委不断加强重点和难点事项的把关定向，对涉及企业改革发展的“三重一大”事项，遵循政治引领、民主决策、依法合规和高效务实原则，党委会议事能力得到加强。全年共计召开党委会21次，研究审议企业改革发展和党建工作各项议题221个。党委书记履行法治建设第一责任人职责，企业法律合规体系、风险防控体系、内部控制体系建设得到新加强，历史风险化解工作得到有力推进。推动高质量发展的组织能力实现新提升。公司党委认真履行管党治党政治责任，全面从严治党责任不断压实，实现纵深发展。党建工作责任制考核评价、党委书记抓基层党建述职评议工作扎实开展，考核评价结果实现有效运用。领导干部政治素质业务能力得到新提升，连续四年举办领导人员素质提升培训班，首次举办了领导人员党建思想政治工作专题培训班。大力培养使用优秀年轻干部，出台了《关于大力培养选拔使用优秀年轻干部的实施方案》，明确了优秀年轻干部选拔、培养的推进步骤、时间节点与保障措施。“三基建设”持续深化，党建基层基础不断夯实，党支部工作持续加强，物供中心党建工作标准化建设深入推进。围绕抗“疫”复工、集采保供、资源渠道建设、降本增效等建功立业，创新开展了党员亮身份、服务亮承诺、工作亮标准、担当亮作为的“四亮”活动；拓展深化了“物供党旗红、岗位争先锋”和“我是党员，我做表率”主题活动。推进高质量发展的保障能力实现新提升。党内监督扎实开展，完成了对深圳、昆明、天津、轨道四家单位的巡察工作，实现了党委在一届任期内巡察的全覆盖，巡察“利剑”作用充分彰显。有效发挥纪委信息化监督平台作用，取得了监督实效。扎实开展了党员干部违规打麻将问题专项整治和“四个专项整治”工作。推动高质量发展的联动能力实现新提升。公司党政工团齐抓共管，团结带领广大员工在疫情防控和复工复产过程中坚持听党话、跟党走，听指挥、讲奉献。深入开展以“抓整改、树新风、强本领、促发展”为主题的“干部作风建设年”活动，本部各部门不断提升办事效率和服务质量，主动为基层减负，建立了本部服务基层单位改革发展事务首办负责制。群团组织各项主题活动广泛开展，有力促进了公司年度各项目标任务的完成。（夏姗姗）

【履行社会责任】2020年，面对突如其来的新冠肺炎疫情，中铁物贸认真落实党中央、中国中铁的各项决策部署，采取严密、精准、高效的防控措施，充分发挥供应链资源整合优势，强有力地保障了中国中铁各单位防疫物资供应，并高效完成公司疫情防控目标。同时，公司第一时间下拨专项资金，助力基层单位开展疫情防控工作，确保了广大员工的安全。深化员工关爱工程，职工工资和“五险一金”按时足额发放。持续开展夏送清凉、秋送学子、冬送温暖、常年大病送救助、特殊时期送关怀等“六送”活动，扎实推进物供中心“幸福之家十个一工程”。全年共投入“幸福之家”建设资金205.06万元；支出“三不让”资金20余万元；筹集发放“两节”送温暖资金61万元，走访慰问职工863人次。组织开展了“健康大使走基层”活动，公司健康委员到一线物供中心做心理辅导课程，提高了员工的幸福度。全公司共建立心灵驿站34个，开展心理咨询疏导活动40余场次。为积极做好消费扶贫工作，助力精准扶贫攻坚战全面胜利，鲁班公司和中铁惠园App联合开发并线上运营中国中铁“电商助农”项目，为地方农副产品销售搭建平台、扩大销路。中铁物贸本部及下属单位按照重点购买物流较近扶贫县农产品、采购湖北省特色农产品的原则，共计投入28.53万元购买了湖南桂东、湖南汝城、山西保德、四川甘孜及湖北省的扶贫助农产品。（闫玉环）

【领导人员】

马元林　党委书记、董事长、法定代表人

黄怀朋　党委副书记、副董事长、总经理

钱誉庆　党委副书记、纪委书记

杨　泰　党委委员、工会主席、职工董事

李玉侠　党委委员、董事、总会计师

王勇周　党委委员、副总经理

吕　选　党委委员、副总经理、董事会秘书、总法律顾问

占小锁　党委委员、副总经理

（刘　博）

## 中铁云网信息科技有限公司

【简况】中铁云网信息科技有限公司（简称“中铁信科”）是中国中铁成员企业中从事信息化、数字化、智能化建设的二级单位和核心支撑单位，承担着中国中铁信息化规划、管理、建设、运营职能，引领中国中铁数字化、信息化、智能化应用协同发展。2020年1月3日，根据中国中铁《关于成立中国中铁信息技术公司的通知》（中国中铁劳社〔2019〕235号），完成国家工商总局注册核名“中铁云网信息科技有限公司”，3月16日完成注册，12月31日正式揭牌，本部设在北京市顺义区。

中铁信科注册资本金2亿元，资产总额2.77亿元。本部由7个部门组成，其中职能部门3个，党群工作部（人力资源部）、运营管理部（综合部）、财务商务部；业务部门4个，软件部、基础网络部、安全合规与数据流程部、智慧建造业务部。

所属单位

中铁信科拥有计算机软件著作权登记证书 9 项，管理体系认证证书 5 项。

2020 年，拥有员工 56 人（含领导班子 7 人），硕士研究生以上学历 28 人（含博士研究生 4 人），占人员总数的 50%；管理序列人员 16 人，平均年龄 32.75 岁，占人员总数的 29%；技术序列人员 33 人，平均年龄 34 岁，占人员总数的 59%。中级职称及以上专业技术人员 31 人，高级专业技术人员 20 人，其中，正高级职称 2 人，副高级职称 18 人。

（董　颖　刘秋实）

【主要指标】2020 年，中铁信科实现新签合同额 1.76 亿元，营业收入 0.34 亿元，净利润 0.01 亿元，经营性净现金流 0.63 亿元，资产总额 2.7 亿元，净资产总额 2.01 亿元，企业负债率 28%。

（王文平）

表 13–47　2020 年中铁云网信息科技有限公司主要经济指标

| 项目 | 2020 年 |
|---|---|
| 资产总额 / 亿元 | 2.77 |
| 所有者权益 / 亿元 | 2.01 |
| 营业收入 / 亿元 | 0.34 |
| 利润总额 / 亿元 | 0.01 |
| 净利润 / 亿元 | 0.01 |
| 归属于母公司所有者的净利润 / 亿元 | 0.01 |
| 技术开发投入 / 亿元 | 0 |
| 利税总额 / 亿元 | 0.02 |
| 应交税金总额 / 亿元 | 0.06 |
| 全员劳动生产率 /［万元 /（人・年）］ | 100.00 |
| 净资产收益率 /% | 0.82 |
| 总资产报酬率 /% | 0.09 |
| 国有资本保值增值率 /% | 100.41 |

注：新成立公司，故无 2019 年主要经济指标数据。　　制表：王文平

【改革发展】中铁信科按照精干高效的原则筹划公司第一届法人治理结构，其中，党委会设置 6 人、董事会设置 5 人、监事会设置 3 人、经理层设置 5 人，董事长、总经理分设，党委书记兼任董事长，党委副书记兼任总经理。2020 年，公司制定了《中铁信科党委会议事规则》《中铁信科董事会议事规则》《中铁信科监事会议事规则》《中铁信科总经理办公会议规则》《中铁信科贯彻落实“三重一大”决策制度实施办法》等一系列规范性制度，公司决策流程按相关制度正常运转。

中铁信科认真贯彻落实中国中铁深化改革三年行动实施方案要求，持续深化国有企业三项制度改革，积极推进干部员工社会化招聘，做好信息科技人才储备。通过树立市场化选聘人才新观念、加强市场化选聘人才组织领导、完善市场化选聘人才工作机制、规避市场化选聘人才风险、配套招聘后续巩固工作机制等，确保市场化选聘人才工作扎实有效地开展并不断取得新成果。中铁信科制定发布了干部管理、考核、薪酬、培训、岗位聘任等相关制度 6 项，先后完成两批社会化招聘，累计收到简历 2331 份，筛选简历 1144 份，面试 396 人，录用 71 人，录用率为 3%。

中铁信科以“系统化选聘、契约化管理、差异化考核、立体化考核、全面化激励”为抓手积极推进职业经理人制度改革，为中国中铁内部第一家建立职业经理人制度的二级单位。在职业经理人制度建立过程中，中铁信科以中国中铁《选聘管理办法》和《薪酬管理办法》为基本遵循，制定了适用于中铁信科的《职业经理人聘任协议》《职业经理人年度经营业绩合同》《职业经理人任期经营业绩合同》。2020 年，共引进职业经理人 3 名。

（谢学文）

【重大项目】信息贯通工程。中铁信科牢记使命、勇于担当，克服重重困难，奋力推进中国中铁信息化“一号工程”各项工作：对中国中铁总部 13 个业务部门和京津地区 9 家二级、三级单位、项目部开展调研，收集资料 1000 余份，汇总各类问题 491 项，完成《中国中铁信息贯通工程调研报告》；组织编写《贯通工程总体实施方案》，经第二次贯通工程领导小组会审议通过发布实施；对信息贯通工程年度工作任务进行逐项分解，明确 41 套统建系统“通改废”清单，制定下发中国中铁各部门、各单位工作任务清单；全力开展贯通建设，推动“中铁 e 通”上线应用、研发一体化工作平台、开展数据治理，信息贯通工程项目初见成效。

全球组网建设项目。全球组网是实施中国中铁信息贯通工程的高速公路，是支撑一体化工作平台有效运转的基础，是中国中铁业务数据资产集中、稳定传输的保障。中铁信科统筹全球网络整体规划，有序推进，制定了网络建设标准和接

▲中国中铁信息贯通工程总体实施方案汇报会

入规范，建设了一套传输高效、管理便捷、安全可靠的全球广域网络，定制开发了组网设备，强化分支安全建设和接入覆盖，解决“最后一公里”的全球网络通达问题，实现全球网络和控制设备的可视化管理与集中维护，确保支撑贯通工程的网络稳定性、安全性和灵活性。2020年，完成了多个海外网络汇聚中心建设，打造了优质回国网络链路，彰显了中铁信科的“云网速度”。

劳务管理系统项目。为满足中国中铁内部各级用户、分包企业和劳务工的使用需求，中铁信科凝心聚力、砥砺奋进，实现50天完成中国中铁劳务管理软件4个系统共9个模块70余项功能的研发，创造了中铁信科科技研发“新速度”。

安全业务项目。信息系统等级保护项目完成在北京市等保备案预约平台登记注册，完成13套信息系统测评工作；网络安全态势感知平台项目完成级联模块开发，并发布级联标准规范，接入中铁上海局、中铁建工态势感知平台；网络安全攻防演练平台项目完成系统的开发部署工作，组织首次网络安全演练活动；商密防护项目完成系统的开发部署工作，并在中国中铁总部系统上线；云平台安全加固项目完成中国中铁单一来源采购商务工作。

数据业务项目。完成数据中台项目立项、合同签订，初步完成基础产品原型设计、商业情报应用产品设计及图谱分析平台产品设计共计70个页面布局及UI设计；完成外部数据项目立项、合同签订及前期设计工作；数据仓库项目进入系统建设阶段，已完成输入输出需求表，完成生产、财务、投资、安质、经营、信息技术、外部对标7大核心板块管理驾驶舱设计及系统开发，制订《中国中铁数仓接入规范》《中国中铁数据交换管理制度》，完成11套统建系统的数据梳理。

（向 彪　高园庆）

【企业文化】中铁信科以塑造企业核心价值观为核心，培育特色企业文化，既延续了中国中铁企业文化，又吸收了信息科技类公司创新文化。针对干部员工社会化招聘的特点，中铁信科强化党委核心领导，贯彻民主集中制原则，将企业核心价值观深深融入干部员工思想，做到令行禁止、统一步调、思想统一。中铁信科通过召开专题会议、开展问卷调查、召开座谈会等方式，总结提炼中铁信科的企业精神、企业愿景、经营理念，形成了中铁信科《企业文化手册》。

中铁信科统一了企业对外形象展示，制定了企业宣传手册、Logo墙、名片等，建立了媒体联络员机制和公众号发文审批流程机制，积极借助“中铁e通”、微信公众号等新媒体强化对外宣传、防范舆情风险、维护企业形象，重点围绕企业管理、信息化快报、党建知识、疫情防控等开展专题宣传。

（鲁淑敏）

【党建工作】中铁信科始终以党建工作为核心引领，围绕塑魂铸型，建设党建培训阵地，多途径、多形式宣传党的理论路线方针政策、组织广大党员职工认真开展学习。通过党委理论中心组集中学习，领导班子专题讲授党课，“七一”重温入党誓词、党章知识竞赛、“学习强国”等线上线下相结合的方式开展学习，做到学习不漏一人、不留死角，做到每个党员、每名职工都能够学有所思、学有所悟、学有所得。2020年，累计开展内训13场，参培人员达220余人次；认真学习贯彻党的十九届五中全会、中央经济工作会议精神及习近平总书记关于网络强国建设的指示批示精神，发放《习近平谈治国理政》（第三卷）等学习书籍114册，各支部累计集体学习19次，党员干部培训率达100%。

按照中国中铁党委加强党建工作的部署，中铁信科积极推动将党建工作写入章程，坚定不移推进党的建设与现代企业治理深度融合，通过召开党委扩大会、专题会议等形式讨论中铁信科管理发展中遇到的问题，切实发挥党组织领导核心和政治核心作用，确保党中央、国资委、中国中铁各项党建任务落实落细。通过制定中铁信科《党建工作责任制实施办法》《党建工作责任制考核评价办法》等制度，压实党建工作任务。

构建了科学完备、保障有力的党建工作架构体系。设立了党群工作部（人力资源部）负责党办、保密、干部人力、组织、纪检、宣传、工建、团建等工作；配备了7名专兼职党务干部，实现了党组织“应设尽设”，党务干部“应配尽配”；建立了党建重点工作任务与业务工作双融合机制，做到了对重点工作任务、大决策事项的全面督查督办，切实发挥了党委把方向、管大局、保落实的领导作用。

充分发挥党委的主体责任与纪委的监督作用，从严落实两个责任。通过党委扩大会、中心组学习、专题会等方式，对企业主业开展、平台定位、党建工作等方面厘清思路、制定措施，明确了公司领导班子成员职责分工，并将党建工作任务进行细化分解；制定了《中铁信科全面从严治党"两个责任"清单》，明确党委和纪委的职责；制定了《中铁信科党风廉政建设责任制实施办法》，结合公司领导班子成员分工对责任进行分解，确定党风廉政建设责任。（鲁淑敏）

【信息化建设】稳步有序推进中铁信科办公信息化。统一中铁广场C座8层办公楼和西翠办公区信息化集成建设，秉承统一规划设计、统一建设实施、统一运维管理的思路，加入创新研发元素，按时保质完成中铁广场C座8层办公楼和西翠办公区综合布线、安防监控、有线广播、智能门禁、视频会议、智慧办公、网络电话、云打印等系统的信息化集成建设，保障中铁信科信息化办公；有序开展顺义总部基地信息化集成建设，通过多方调研、技术论证及综合研判，以保障施工质量、资源开放共享、数据互联互通为原则，设计了"1+3+5"总体技术架构，快速推进基地信息化集成建设：通过与集团公司党校、中国铁工投资、中铁国资、中铁华铁等入驻和设计单位多轮次的需求沟通、技术研讨，完成了基地整体信息化集成建设规划方案；完成了中国铁工投资4号楼综合布线施工和临时网络系统建设，并持续做好应用保障工作；按照中铁党校入驻计划，多次组织专家和项目团队调研党校智慧校园信息化需求，完成了党校信息化集成和智慧教学建设方案编制工作；按照整体入驻计划，组织启动了基地数据中心建设，全力保障基地信息化集成整体进度。

积极促进中国中铁灾备系统升级扩容。全面梳理中国中铁灾备系统应用现状和存在问题，编制灾备升级扩容方案，完成中国中铁灾备升级扩容及实施运维服务的采购响应工作，有序推进灾备升级扩容工作，保障中国中铁系统的数据安全和业务连续。

全面加强信息化基础设施运维管理。处理计算机网络故障15次、服务器和存储故障10次、计算机和服务器安全事件231次，创建VPN账号56次，发布桌面云设备73套，协助办理虚拟计算资源16次，部署虚拟服务器161台，发布业务地址13个，测试环境、开发环境搭建6套。实现中国中铁云桌面及各业务系统"7×24"全天候正常运行，全年支持视频会议超50万人次，完成邮件投递1000万封。

大力推进财务共享建设。中铁信科通过建制度、理流程、搭环境，仅用20天时间实现了财务共享系统上线，再次创造了属于中铁信科的"信科速度"。随后，通过部署共享系统预算模块、微信审批功能等手段，持续优化财务共享系统，提升财务共享服务水平，确保系统高效、稳定运行。

（金海啸　高国庆　王文平）

【履行社会责任】面对新冠肺炎疫情频发的复杂形势，中铁信科积极响应北京市、中国中铁疫情防控要求，成立疫情防控机构，建立防控体系，多次组织召开疫情防控专题会议，统筹购买发放防疫物资，组织全员（含合作伙伴）进行核酸检测。2020年，通过科学、有力的疫情防控措施和组织保障，中铁信科确保了内外防疫安全，全年全员零感染。

（雪　飞）

【领导人员】

| | |
|---|---|
| 于兴义 | 党委书记、董事长（2月任） |
| 高　峰 | 党委副书记、总经理（9月任） |
| 孙　亮 | 党委副书记、纪律检查委员、工会主席（6月任） |
| 杨向歌 | 党委委员、总会计师（7月任） |
| 房灵国 | 党委委员、副总经理（职业经理人）（9月任） |
| 黄从治 | 党委委员、副总经理（职业经理人）（9月任） |
| 任建新 | 总工程师（职业经理人）（9月任） |

（鲁淑敏）

## 中国中铁"三个转变"研究院

【简况】中国中铁"三个转变"研究院（简称"研究院"）于2020年5月正式挂牌成立，是中国中铁股份有限公司以习近平总书记提出的"三个转变"重要指示精神为遵循，深入推进"三个转变"实践探索上的理论研究，加快提升企业在产业转型、技术创新、质量提升、品牌塑造等方面建设的一个直属机构。研究院的功能定位将紧扣"三个转变"精神内核，打造中国中铁理论研究的学术平台、技术研发的科研平台、成果转化的孵化平台、品质建设的运营平台。研究院积极围绕习近平总书记提出的"三个转变"重要论述，紧扣"十四五"规划目标任务，为推动中国中铁高质量发展，提升中国中铁知名度及品牌价值，努力开展深入的探索和研究工作，通过实行"开放、共享、协同、创新"的运行机制，汇集政府、行业、企业、科研院所、高校等多方力量和优势资源，打造创新资源集聚、组织运行开放的平台，开展专题研究，定期交流探讨，推广先进典型经验，发挥示范引领作用。

研究院以"三型三化"建设为抓手，以科技创新为突破，以管理创新为保障，以质量提升为根本，以品牌塑造为目标，以智慧高铁、TOD业务、智能城市建设、新基建、"一带一路"等领域内的一大批项目为依托，全力推动质量变革、效率变革、动力变革，努力打造世界一流的中国创造、中国质量、中国品牌，切实把"三个转变"重要指示转化为建设世界一流企业的生

动实践。（张　薇）

【研究成果】2020年12月，研究院参与协助完成两项课题研究，先后获得两项一等奖荣誉。一是由陈云书记主持、研究院参与完成的《“十四五”时期我国建设制造强国的政策建议研究》，在参与以“新起点·新使命·新愿景”为主题的第十五届中国管理科学研究院学术年会中，获得优秀论文一等奖。二是由王士奇书记主持，研究院等协助完成的《新时代驱动中国制造业高质量发展的“四项变革”》，在中国企业改革与发展研究会组织开展的“2020中国企业改革发展优秀成果（第四届）申报审定发布活动”中，获得一等奖。（张　薇）

【领导人员】

萧新桥　常务副院长（张　薇）

## 中国中铁雄安新区投资建设总指挥部

【简况】中国中铁雄安新区投资建设总指挥部（简称“雄安指挥部”）是中国中铁积极响应党中央、国务院关于设立雄安新区的战略决策部署，积极参与雄安新区投资建设，充分发挥中国中铁在基建建设领域的专业优势设立的总指挥部。雄安指挥部主要负责与国务院有关部委和雄安新区有关部门就雄安新区建设进行沟通协调；负责收集雄安新区各建设项目信息，深度介入各项目的前期工作；负责协调股份公司各单位有序参与各类项目的经营开发和投标工作；负责对各二级单位的在建项目进行指挥、协调和监督管理；负责新区建设其他事宜的组织协调相关工作。

雄安指挥部现有9人，其中领导班子成员2人（党工委书记、指挥长1人；党工委副书记、常务副指挥长1人），其他管理人员7人；拥有教授级高级工程师2人，高级工程师1人、高级经济师2人、高级政工师1人、工程师1人、助理工程师1人、助理会计师1人。

（王树旺　郭跃峰）

【抗疫复产】面对突如其来的新冠肺炎疫情，雄安指挥部及各参建单位坚持“只有人人打响复工复产攻坚战，才能共同奏好复工复产协奏曲”，迅速建立了指挥有力的领导体系、运转高效的工作机制，研究制定了各项工作方案和应急预案，逐级落实责任、加强联防联控、实行群防群治，确保了疫情防控和复工复产的有力、有序、有效开展。疫情期间，各在建项目坚持“疫情防控不放松，项目建设不停步，成熟一个复工一个”，采用分批分次、点对点“一站式”省际包车，项目驻地采用“一码三区”“两点一线”等形式，保证了劳务工返岗和建设者健康安全。春节后返岗10天，组织各在建项目复工复产达57.14%，返岗20天复工复产率达100%，做到了疫情防控和复工复产“两手抓、两不误”，取得了疫情防控、复工复产“双战双捷”，为雄安新区建设有序加快做出了贡献，得到了雄安集团的表扬。中国中铁积极参与了新区“众志成城抗疫情，共克时艰送温暖”政企联动慰问活动，捐赠了价值80万元的物资物品，重点支援安新县15个抗“疫”重点村群众和三县隔离点、卡点的医护人员和工作人员。采用“以买代帮扶”形式，采购因疫情影响销路不畅的西瓜49.55吨，有力支持了当地群众的生产和生活。在接到新冠肺炎疫情应急工程容东片区“建设者之家”一号营地投资建设运营委托函后，中国中铁边组织、边规划、边设计、边施工，仅用22天时间就完成了10万平方米“建设者之家”一号营地规划设计，并于3月10日准时完成满足第一期1000人入住的装配式建筑宿舍。中国中铁为了提升雄安新区建设者归属感、幸福感、自豪感，让建设者有尊严地劳动，体面地生活，吸引更多新时代年轻人加入雄安建设大军队伍，让建设者幸福家园引领建设者向新时代迈进，促进农民工向产业工人转变，使“建设者之家”成为保障新区高质量建设的基础典范，一号营地在规划理念上借鉴了“社区化”“集体住宅”的理念，构建出“一中心、两轴线、三线索、四区块、五融合、六场景”的整体规划格局，保证了一个可居住、可工作、可生活、可消费、可参观的综合型园区，在整体规划格局上实现了与雄安城市格局的融合（园区道路与未来城市道路契合）、交通的融合（工人交通公交化）、产业的融合（配套设施城市化）以及与未来发展的融合。

（王树旺　郭跃峰）

【精准服务】雄安指挥部全面客观提出了《中国中铁雄安新区投资建设总指挥部建设方案建议》，同步推动以产品实现为目标的“工程师思维”向以客户需求为导向、以精准供给为目的的商业思维转变，协同促进经营工作与市场商业生态充分融合。中铁十局绿博园项目在疫情期间，无偿为雄安集团修建片区便道，加强防疫管理，获得中国雄安集团生态公司“攻坚克难、奉献担当”荣誉锦旗。中铁一局协助新区编制了新区绿色拆除技术标准、建筑垃圾资源化处理和利用、整体征迁村再生骨料坑塘修复利用、绿色拆除及场地整理项目竣工验收、建设工程质量安全巡视督导及推进工作机制等办法，参与了雄安集团工程首件制、试验检测管理制度体系的建设。中铁三局协助新区建设指挥部起草了《雄安新区建设指挥体系工作方案》等内部管理制度30个，制作工作流程共18项，形成《雄安新区建设指挥部工作制度汇编》；协助雄安轨道快线公司编制了《雄安新区至北京大兴国际机场快线铺轨施工方案及铺轨基地设置方案》；协助雄安集团基础公司及设计单位编制了《东西轴线涉铁工程项目施工方案及概预算》。中铁四局协助雄安集团编制了公共建筑类标准管理手册，参与了雄安城发公司对施工单位各类方案专业评定；参与了雄安集团公

▲中铁三局安大线（新区段）公路工程承办2020年雄安新区6S精细管理观摩会

园类项目验收管理办法及流程编制，为新区公园类项目的验收标准提供了大量实践依据。中铁置业为新区提供了青年社区的综合开发运营方案，解决了新区产业导入后产业人群的居住问题，为新区互联网产业园的发展提供了思路。中铁电气化局协助雄安集团编制了新区管廊相关施工规范及工艺标准，组织京投管廊公司与雄安集团基础公司共同商讨管廊运维管理经验。中铁投资、中国铁工投资分别就雄安新区投资建设基金和白洋淀生态环保基金进行了对接和研究，将适时开展基金认缴工作。中铁二局、中铁九局配合地方政府积极开展“三创四建”活动，双双获得雄县人民政府授予的“城乡绿化美化贡献”称号。各集团公司还积极响应新区号召，累计已成立分公司8家。

（王树旺　郭跃峰）

【统筹经营】2020年，中标项目33项，中标金额212.6亿元，中标代项目投资额292.5亿元，代建规模480万平方米，占7个代建项目总投资的47.3%。雄安新区安置房建设大规模启动，雄安指挥部积极提供安置房及其配套相关方案，实现了由容东安置房中铁建工一枝独秀到容西安置房独中“三元”的跨越式转变，全年房建中标133.66亿元，提高了房建市场竞争力，扩大了市场占有率。中铁二局中标雄安站枢纽片区市政道路、综合管廊、排水管网系统（二期）工程、雄安站西侧广场地下空间项目、雄安新区雄县至白沟连接线（一期）工程，不仅是“以现场保市场”的体现，还成就了中铁二局成为雄安新区首家相对连片作业的二级企业。中铁三局、中铁四局、中铁七局参建的悦容公园，使中国中铁成为唯一参建此项目北苑、中苑、南苑的企业，与中铁一局、中铁十局中标的2020年春季植树造林和绿博园项目，持续巩固了在“绿板块”的优势。中铁电气化局中标雄安站枢纽片区综合管廊（一期）机电部分施工标段，使中国中铁在雄安新区成为第一家拥有管廊土建工程，又有管廊机电安装的企业。中铁一局中标环淀路（一期）工程施工、中铁三局中标的安新县白洋淀大道（安新镇段）环境景观提升工程总承包，丰富了中国中铁在新区“新基建”生态板块的覆盖率。

（王树旺　郭跃峰）

【投资业务】为实现推动投资带动主业发展战略在雄安落地，雄安指挥部持续跟进投资项目，努力完善立体经营。中铁置业进行了多维度地产开发创新研究，围绕特色地产、复合用地土地开发、TOD开发、特色小镇和大片商办住综合开发，提出了规划方案，创新开发模式，与卡尔索普大师合作，雄安高铁站TOD项目城市规划设计方案在7家单位中超越华润、万科、中海地产、招商局等行业龙头企业，评价最高、认可度最高；郑州康养特色小镇规划设计方案获得最佳方案荣誉；积极推进优势互补、战略联盟，与华润集团、雄安集团合作，深度研究了昝岗4号地块开发实施方案。中国铁工投资、中铁投资分别对白洋淀生态环保基金、雄安新区投资建设基金与新区进行了交流与研究；中铁投资针对R1线B包与雄安轨道公司进行了密切沟通和交流。

（王树旺　郭跃峰）

▲中铁四局承建的悦容公园实景

▲ 2020 年 8 月，中铁一局绿博园项目获得“百日攻坚”投资建设进度流动红旗

【“百日攻坚”活动】中铁建工容东 E 地块安置房如期顺利实现正负零冲出阶段性目标，13 天实现样板间设计制作验收，近万名建设者 24 小时风雨兼程、日夜攻坚，全力以赴冲刺节点目标；中铁隧道局容东 AF 社区管廊道路 1 标段，中铁隧道局集团公司和三级公司领导现场督战，7 条市政道路立即形成点面兼顾、全面开花、有序推进的局面；中铁九局在昝岗管廊应急工程中，不辱使命，与京雄铁路同步施工，圆满完成了任务；中铁一局、中铁十局绿博园正排工序、倒排工期、见缝插针、多点作业，始终保持强劲势头；中铁二局 K1 快速路实现了单日产值 1075 万元的纪录，连续 4 个月产值破亿。截至 9 月 4 日“百日攻坚”结束，在建项目奇迹般地逢生。7 月，中铁二局获得雄安集团“投资建设进度流动红旗”；8 月，中铁一局绿博园项目获得雄安集团“投资建设进度流动红旗”；中铁一局绿博园项目也获得生态公司“投资建设进度流动红旗”“创先争优先进单位”；中铁十局绿博园项目，获得生态公司“9·10”攻坚“优胜突击队”。中铁物贸积极参与，为各单位提供优质服务和物资保证，为攻坚克难做出应有贡献。

（王树旺　郭跃峰）

【安全质量】中国中铁在雄安新区坚持“人民至上、生命至上、安全发展、安全第一”的理念，以安全质量生产“2468”管理要点为纲，全面动员深入参与，持续推进安全质量生产“管”“监”责任落实。通过宣誓、宣讲、安全宣传咨询日、安全隐患排查治理活动、应急预案演练活动、“安全生产万里行”等活动，提升全员安全质量意识。中铁一局雄东片区 A 社区（一期）配套道路、管廊、给排水工程二标，获得雄安集团基础公司安全质量知识竞赛一等奖。借力雄安集团“百日攻坚”活动，深度参与“两抓五保”等新区各项联合共治共建，强化安全意识到位、队伍建设到位、安全投入到位、刚性交底到位、红线卡控到位、隐患排查到位、安全奖惩到位、文化引领到位，抓住安全生产工作的主动权、控制权，助力“百日攻坚”顺利完成。中铁二局 K1 快速路制定《日常安全巡查工作清单》，现场管控划分“4+1”安全区域，突出“监”“管”责任和安全监督工作机制，“百日攻坚”期间发现问题 500 余项，整改闭环率 100%。中铁三局悦容公园坚持未经培训不上岗，遵守指令不违章；防护缺失不作业，防护用品不能忘；不明机具不使用，未知区域不擅闯，守好安全生产“最后一公尺”（目前，“公尺”仍为国内工程单位常用计量单位，1 公尺等于 1 米），圆满完成“9·10”攻坚战节点目标；中铁置业容东代建项目秉持“宁防十次空、不放一次松”的态度，全方位、全领域、全天候加强防汛、紧盯重点区域，每天进行拉网式排查。（王树旺　郭跃峰）

【信誉评价】通过安全质量巡查，以“纵向穿透提标准、横向穿透破难题、自我穿透进状态、时空穿透找目标”为管理能力、以雄安新区“十月突破”活动为平台、以 6S 精益管理为手段、以“安全、质量、进度、文明施工、廉洁”五星样板建设为目标，投入以“弘扬工匠精神，创造雄安质量；弘扬铁军精神，创造雄安速度；弘扬劳模精神，创造雄安形象”为工作重点的“十月

▲ 2020 年 9 月，中国中铁容东片区 E 组团安置房及配套设施项目质量月启动仪式

▲雄安建设者之家一号营地文化活动

突破”活动中，完善了安全质量生产体制机制，夯实了安全质量生产基础工作，巩固了“体系健全、运行有效、管理规范、风险受控”的安全质量生产态势。注重抓内控重信誉工作，对所有在建项目安全质量生产和全方位管理进行了摸排，对有条件在信誉评价中获得好成绩的进行了统筹策划，积极向雄安集团进行宣传，制定具体措施确保中国中铁在雄安新区信誉评价中取得好名次。中铁二局三季度、四季度连续2次获得雄安集团基础建设A类评价，是中国中铁第一家连续2次获得此殊荣的企业，是雄安新区第二家连续2次获得此殊荣的企业；中铁一局、中铁四局、中铁七局、中铁十局在三季度雄安集团园林绿化类信誉评比中获得最高等级B级评价；中铁隧道局获得四季度雄安集团基础建设A类评价；中铁一局、中铁十局在四季度雄安集团园林绿化类信誉评比中获得最高等级B级评价，创造了连续3个季度获得信誉评价最高等级B级的佳绩。中国中铁10名员工获得雄安新区首届“百名优秀质量员”；11名员工获得雄安新区首届“百名优秀安全员”；12名员工获得雄安新区首届“百名优秀班组长”。 （王树旺　郭跃峰）

【文化引领】下发《中国中铁雄安新区文化建设管理办法（暂行）》，开展了“工匠亮牌、工匠带徒”活动，引导各单位开展文化建设。时代呼唤工匠精神，雄安需要工匠精神，创造“雄安质量”更需要培养新时代的雄安工匠，雄安指挥部溯源鲁班故里山东滕州借鉴学习，在容东片区“建设者之家”一号营地设计上，致力于鲁班文化和工匠精神元素融入营地建设，以鲁班元素为灵感，打造“鲁班广场”设有“鲁班锁”“鲁班亭”“墨斗”等特色景观，营造浓厚的鲁班文化氛围，引导雄安新区建设者弘扬工匠精神。为落实新区“弘扬工匠精神、创造雄安质量；弘扬铁军精神、创造雄安速度；弘扬劳模精神，创造雄安形象”和“十月突破”活动的要求，9月20日，中铁建工在容东E组团开展了“E军突起、五星闪耀”主题实践活动，亮相了“奋战容东E组团，质量精品勇争先！容E规范施工，确保安全容E！中铁建工英雄胆，雄安速度比比看！绿色文明样板，还看容E组团！E组高楼平地起，廉洁自律我做起！”的承诺，雄安集团“四铁四心快报”对中铁建工雄安“创匠”进行了专期报道。10月24日，“永葆奋斗本色、建设美丽雄安”劳模巡讲暨项目文化走进雄安新区活动，在中铁二局K1快速路（一期）项目施工一线举行，为基层一线400余名建设者带来了一场文化盛宴。10月25日，“传承鲁班文化、弘扬工匠精神”之雄安“建设者之家”一号营地开园，同日“传承鲁班文化、弘扬工匠精神”文化活动在雄安新区容东片区“建设者之家”一号营地举行。3位来自中国中铁的“大国工匠”结合自身成长经历作了事迹报告。中国中铁18名建设者，获得雄安新区首届“百名工匠”称号。

（王树旺　郭跃峰）

【领导人员】

孙永刚　党工委书记、指挥长

朱　洁　党工委副书记、常务副指挥长

（王树旺　郭跃峰）

## 中国中铁股份有限公司孟加拉国帕德玛大桥铁路连接线项目经理部

【工程简介】孟加拉国帕德玛大桥铁路连接线项目是“一带一路”建设的重点工程，也是中孟两国政府间合作的最大的基础设施项目，由中国中铁股份有限公司以EPC方式承建。该铁路线是连接孟加拉国东西部客货运输的一条重要通道，线路起于孟加拉国首都达卡，经帕德玛公铁两用大桥至杰索尔为终点，正线全长170千米，工程造价约31.4亿美元，项目于2018年7月3日开工，计划竣工日期为2022年12月31日。新建铁路路基132千米、各类大中小桥全长30.5千米（其中高架铁路桥23.4千米）、涵洞280座。铺设186.6千米有砟轨道和33.1千米无砟轨道，站线铺轨单线49.7千米，新建车站14座，改建车站6座。该项目部分使用中国标准。铁路建成后将成为“孟中印缅经济走廊”中铁路南部通道的重要组成部分。其中，通信信号系统、铁路客运将采用中国制造的宽轨车厢，“中国建造”和“中国制造”将为孟加拉国人民提供更安全、更舒适、更快捷、更便利的铁路运输服务。（李宏伟）

【项目概况】2018年7月3日，中国中铁股份有限公司孟加拉国帕德玛大桥铁路连接线项目经理部（简称“孟铁项目经理部”）成立，是中国中铁股份有限公司直属项目经理部。孟铁项目经理部下设6个部门、1个小组，分别为综合管理部、财务部、设计技术部、工程管理部、商务合同部、采购管理部、市场经营工作小组，截至2020年12月31日，共有正式职工21人，外聘员工1人，孟籍员工17人，办公驻地位于孟加拉国达卡使馆小区12号路21号。

参与建设单位7个，根据业务性质分成7个分部，分别是中铁大桥局（一分部）、中铁一局（二分部）、中铁四局（三分部）、通信信号（四分部）、中铁工业（五分部）、中铁北京局（六分部）、中铁二院（设计分部）。

孟铁项目经理部2020年末资产合计188569.1万元，其中货币资金38044.9万元，项目的预收款存放在股份公司在中国进出口银行开立的两优账户中，由股份公司管理，该部分货币资金主要是项目管理的货币资金。预付账款83812.2万元，主要是预付给中铁内部分包商的预付工程款，其他流动资产66634.9万元，全部为与股份公司资金中心的往来款。固定资产主要为办公设备，其中原值为142.4万元，折旧为65.4万元，固定资产净值为77万元。

孟铁项目经理部自有设备1241台（套），总价值38122.4万元人民币，净值28634.21万元人民币，总功率103891.73千瓦，人均动力装备率328.77千瓦/人，技术装备率90.61万元/人，设备完好率97.9%，设备利用率90%，机械化施工程度75.5%左右。

2020年12月底，在场人员共计5756人，中方员工共796人，其中管理人员438人，其他人员358人；外方员工共4960人。项目在具备正常施工条件的情况下，年平均施工能力超过5亿美元。（李宏伟 胡广明 晁明辉 陈风华）

【主要指标】2020年，孟铁项目经理部完成营业收入34.62亿元，完成了预算收入34.6亿元的100.06%；实现利润为1.7亿元，完成了预算0.35亿元的485.71%；经营性净现金流为0.79亿元，完成了预算0.35亿元的225.89%；资金集中度为100%，完成了计划值95%的105.3%。

全年计划产值51901.74万美元，实际完成产值58153.96万美元，完成产值占计划产值的112.05%；开累完成产值82888.73万美元，占合同额313875万美元的26.41%。

（胡广明 马志昌）

表13-48 2019—2020年孟加拉国帕德玛大桥铁路连接线项目经理部主要指标

| 项目 | 2019年 | 2020年 | 增长率/% |
| --- | --- | --- | --- |
| 资产总额/亿元 | 30.10 | 18.86 | -37.34 |
| 所有者权益/亿元 | 0.02 | -0.08 | -454.55 |
| 营业收入/亿元 | 16.88 | 34.62 | 105.09 |
| 利润总额/亿元 | 0.16 | 1.70 | 962.50 |
| 净利润/亿元 | 0.16 | 1.70 | 962.50 |
| 归属于母公司所有者的净利润/亿元 | 0.16 | 1.70 | 962.50 |
| 技术开发投入/亿元 | 0 | 0 | 0 |
| 利税总额/亿元 | 0.16 | 1.70 | 962.50 |
| 应交税金总额/亿元 | 0 | 0 | 0 |
| 净资产收益率/% | 731.00 | — | — |
| 总资产报酬率/% | 0.54 | 6.90 | 增加6.36个百分点 |
| 国有资本保值增值率/% | — | — | — |

制表：胡广明

【项目进展】2020年，面对突如其来的新冠肺炎疫情，孟铁项目经理部党工委领导全体人员坚决落实中国驻孟使馆、外交部、商务部、国资委以及股份公司有关防疫抗疫的要求，投入了大量的人力、物力和精力，实现了“两稳两争两保”的目标，并在“抗疫保产，大干100天”及四季度中，施工产值再上新台阶，全年超额完成股份公司下达施工任务的112.05%。项目全年未发生质量和安全事故，全员劳动生产率稳步提升，项目进入稳定发展期。

项目主要形象进度方面，全线征地拆迁完成95%，先通段已具备全面施工条件，为项目的全面实施创造了有利条件。路基本体填筑累计完成1440万立方米，占比61.86%。PVD软基处理累计完成2297.4万米，占比86.95%；桩基累计完成4502根，占比77.58%。承台累计完成456个，占比59.07%。节段梁预制累计完成4733片，占比65%；涵洞累计完成60座，占比31.3%。一分部（二工区）于2020年12月28日完成了管段内下部结构任务，二分部于12月30日率先

▲ 2020 年 11 月 13 日，孟铁项目经理部首孔钢桁梁架设完成

完成了先通段所有桥梁施工，三分部于 9 月 19 日完成了全线首座钢梁架设任务，六分部于 12 月 15 日后通段首段路基进入堆载预压期。

2020 年 12 月 2 日，孟铁项目经理部轨枕厂建成投产，该轨枕厂是孟加拉国最大、设备最先进、标准化和智能化程度最高的轨枕厂，占地 7333.3 平方米，采用全封闭式钢结构厂房和自动化流水线作业，是中国中铁为孟加拉国铁路建设量身打造的，兼具亚洲、欧洲多国标准于一体的大型轨枕厂，日均产能达 500 根，可以自主生产孟加拉国铁路所用的1676毫米轨距的有砟宽轨枕、套枕和无砟宽轨枕等十几种轨枕，承担着孟铁项目全线 37 万根轨枕的预制任务。（陈凤华）

**【经营管理】**推动 JMG 铁路项目和数字联通项目的融资落地工作，该项目总金额约 20 亿美元。成立“孟加拉市场经营工作小组”，定期召开市场经营工作会议，发布《中国中铁孟加拉国市场经营管理办法（试行）》和《中国中铁孟加拉对外公共关系实施方案》。贯彻落实《中国中铁股份有限公司境外区域总部试点设立总体方案》，孟铁项目经理部在充分调研的基础上按时上报《中国中铁孟加拉区域总部设立实施方案》。12 月 30 日，举行孟加拉区域总部的揭牌仪式。（钟广洲）

**【抗疫行动】**中国中铁在孟加拉国有 6 个项目，十多家二级单位分布在孟加拉国全境。疫情伊始，按照“一个中国中铁”的要求，孟铁项目经理部受托代表股份公司履行防疫防控职责，稳定队伍，统一筹集防疫及生产生活物资，组建医疗小组，捐赠防疫物资，锁定救助渠道，加强营地保安，迅速采取隔离措施，保护 1500 余名中铁员工健康，40 天内建起了近 120 多个营地，对 8000 多名当地雇员全封闭管理，在铁路沿线 170 余千米构筑了一个一个网格化的安全堡垒，抵御了病毒及社会治安恶化打砸抢等各种冲击，在人流、物流和港口中断等各种不利情况下，同时按照总部部署开展了“大干 100 天”及“大干四季度”活动，艰苦卓绝地开展稳产保产工作。孟铁项目经理部党工委在股份公司党委的坚强领导下，统筹所有在孟单位，完成了多项第一：第一个组织了社会捐赠，第一个开展了自己胶体金检测，第一个组建了专业的医生团队和建立了工地医院，第一批组织了前方人员开展疫苗注射和人员轮换工作。截至年末，孟铁项目经理部中方人员共 671 人，628 名已经注射了疫苗，所有中方人员在孟无一例确诊，120 多个营地孟籍员工未发生聚集性疫情。（秦 红）

**【重大创新】**“孟加拉国铁路建设关键技术研究”被列为股份公司引导课题，该课题包含“深厚饱和粉细砂层桩侧摩阻特性及桩基设计研究”“路基软基处理关键技术”“多跨简支钢桁梁顶推施工关键技术”“曲线混凝土梁节段预制拼装施工关键技术”“宽轨轨道施工关键技术”等 5 个子课题，并将随工程进展逐步完成各类课题研究工作。（易南福）

**【企业文化】**孟铁项目经理部党工委牢固树立“一个中国中铁”“一盘棋”思想，着力在区域和国别内打造“一个中国中铁”的“可敬”“可信”“可亲”的一流企业形象，探索构建一体化外宣体系。通过现有媒体资源在央视媒体、地方媒体、海外媒体刊登项目信息，讲好“一带一路”的故事，同时通过新媒体、自媒体扩大宣传范围和宣传力度，并聘请孟加拉国当地公共关系公司全面搜集和管理中国中铁在孟企业形象，开展舆论引导工作，与当地 24 家主流媒体保持互动，定期宣传中国中铁一流企业形象。同时，鼓励孟籍员工踊跃向当地各类媒体投

▲ 2020 年 12 月 30 日，中国中铁孟加拉区域总部揭牌仪式

稿，并在自媒体“中孟铁歌”开辟了《老孟视角》专栏，陆续推送孟籍员工在本项目沿线的所见所闻所感。全年，在人民日报、新华社、国资委新闻中心、学习强国等国内知名媒体刊发播报孟铁项目图片、影像等新闻信息8篇，在孟加拉国当地媒体刊发孟铁项目相关报道194篇，股份公司新闻宣传平台刊发16篇，“中孟铁歌”微信公众号刊发项目各类宣传稿件57篇。

结合孟加拉国疫情形势，因时因势开展多种形式的职工文娱活动、节日慰问和评优表彰活动。在2020年“七一”期间，深入开展了项目“两优一先”评选活动，5个基层党组织、9名党务工作者、41名党员受到表彰，增强了广大党员干部践行初心使命的责任感。选树“抗疫保产”先进集体和先进个人，完善《关于做好孟铁项目经理部评先评优工作的通知》开展评先评优工作，对先进集体、先进个人授予“孟铁先锋”“孟铁之星”等称号。端午节、中秋节、春节等重大节日前，特委托在国内休假人员为员工家属采购、分发慰问品，并向全线参建单位开展“送温暖”活动。（秦　红）

【党建工作】孟铁项目经理部党工委在中国驻孟加拉大使馆党委及股份公司党委的双重领导下，按照“五不公开，五个好”，紧密围绕股份公司党委2020年中心工作和总体安排部署，以习近平新时代中国特色社会主义思想为指导，深入贯彻落实党的十九大和十九届四中、五中全会精神，牢牢把握新时代党的建设总要求，认真贯彻学习党的方针政策，立足孟铁项目实际，大力抓好党建，充分发挥党组织的政治核心、战斗堡垒作用和党员的先锋模范作用，促进现场各项工作全面发展，取得了较好的成绩。

孟铁项目经理部党工委全面落实党风廉政建设“两个责任”，在项目管理和施工生产的全过程中廉政先行，强化党组织担负全面从严治党主体责任，积极履行党风廉政建设监督责任，保证工程建设健康有序地推进。牢固树立党员领导干部政治纪律和政治规矩意识，保持反腐高压态势，运用“四种形态”，注重抓早抓小。坚持把“三重一大”制度作为加强党内监督，预防党员干部发生违法违纪行为的重点环节。按照股份公司党委的统一部署，进行了专项整治，全面摸清项目领导人员及关键岗位人员亲属和特定关系人所办企业是否与本项目开展了业务往来。组织项目党员领导干部填报“孟铁项目化公为私问题专项整治工作自查自纠统计表”，使领导人员和关键岗位人员强化纪律规矩意识，划出底线和红线，进一步提高了发现问题、防范廉洁风险的能力和水平，推动全面从严治党工作纵深发展。（秦　红）

【履行社会责任】孟铁项目经理部秉承建好“梦想之路”，造福孟加拉国人民的理念，积极主动开展社会公益活动，认真履行社会责任、促进中孟友谊、树立企业形象。自2020年3月底建立封闭化隔离点以来，雇佣当地员工5000余人，在业主未付计价累计达5.5亿美元的情况下，为孟籍员工免费提供医疗物资、防疫物资，解决工资按时发放等问题，并在项目执行中要求中国中铁所属各参建单位积极为当地民众排忧解难，要求各分部结合施工需要，在进行驻地、场站设施、施工便道修筑时，充分考虑当地规划、村民需求，为当地修路、打井、助学等，助力民心相通，方便工程推进。根据不完全统计，2020年孟铁项目经理部为沿线当地村民修建便道、栈桥、打井、救灾等达23余处/次，积极向孟加拉国捐献医用口罩、检测试剂、防护服、护目镜等防疫物资金额累计达231万元人民币；大力推行属地化管理，培养专业技术人才；尊重当地民俗民风，融洽中孟员工的关系，为孟籍员工建立工地祈祷室、举办“工地上的开斋节”等活动。上述活动获得了孟加拉国 *The Financial Express*、*The Daily Star* 等主流媒体及国内人民日报、新华社等主流媒体通过电视、报纸、网站和Facebook等平台的广泛宣传报道并给予高度评价。（秦　红）

【领导人员】

| | |
|---|---|
| 王　坤 | 党工委书记、总经理 |
| 崔文勇 | 党工委委员、副总经理 |
| 黄福波 | 党工委委员、副总经理、纪工委书记、工会工委主任 |
| 李永毅 | 党工委委员、副总经理、总工程师 |

（李宏伟）

## 中国中铁股份有限公司印尼雅万高铁项目经理部

【简况】中国中铁股份有限公司印尼雅万高铁项目经理部（简称“雅万项目经理部”）是代表中国中铁股份有限公司全面履行印尼雅万高铁项目合同、代表股份公司负责印尼国别市场开发及区域经营活动的二级直属机构。雅万项目经理部总部设在印尼西爪哇省万隆市Padalarang新城区。

2016年6月2日，股份公司正式成立雅万项目经理部，并由中铁国际集团有限公司代为管理。2018年7月3日，为进一步有序推动印尼雅万高铁项目，股份公司将雅万项目经理部管理关系调整为股份公司总部直接管理。

雅万项目经理部作为全面履行印尼雅万高铁项目合同的主体，内设“六部一室”，分别为综合部、财务部、工程管理部、安全质量环保部、工程经济部、物资设备部和中心试验室。下设三个分部，分别是中铁三局组建的第一分部、中铁四局组建的第二分部、中铁电气化局组建的第三分部。雅万项目经理部同时代为管理设立在印尼首都雅加达的中国中铁印尼代表处。

截至2020年末，印尼雅万项目经理部（含分部）共有中国中铁员工238人（印尼雅万项目经理部20人，分部218人），其中，管理人员133人，技术工人105人。中级职称专业技术人员42人，高级专业技术人员22人，其中，正高级工程师4人，高级工程师16人，高级会计师1人，高级经济师1人。

印尼雅万项目现有机械运输设备590台（套），其中180型拌和站12套、钢筋加工厂3个，挖掘机49台、装载机37台、混凝土搅拌运输车74台，自卸汽车73台，发电机组31套及其他施工设备41余套作为项目经理部的固定资产，总值约合人民币2.2亿元。（尚　彬）

【获奖情况】1月7日，雅万项目经理部一分部获得中国中铁“红旗项目部”；4月21日，雅万项目经理部一分部中铁三局六公司工区获得中华全国铁路总工会火车头奖杯，雅万项目经理部二分部三工区项目经理赵峰获得中华全国铁路总工会火车头奖章；5月2日，雅万项目经理部总经理张伟获得中国中铁第一届中国中铁海外突出贡献奖；6月2日雅万项目经理部获得中国中铁抗击疫情先进集体，雅万项目经理部沈超、一分部梁国臣、二分部薛模正获得中国中铁抗击疫情“先进个人”；6月24日雅万项目经理部阳雪、一分部刘晓栋获得中国中铁优秀共产党员；10月22日雅万项目经理部沈超获得国资委“中央企业抗击新冠肺炎疫情先进个人”。（尚　彬）

【主要指标】雅万高铁项目是股份公司直属项目，无所有者权益，每期末均要将利润上转到股份公司，期末无利润。根据自身情况，现就主要经济指标完成情况进行说明。资产总额：2020年为9.97亿元，2019年为3.65亿元，比2019年增长173.15%；所有者权益：无；营业收入：2020年完成25.12亿元，2019年完成21.34亿元，比2019年增长17.71%；利润总额、净利润、归母公司利润：2020年完成0.12亿元，2019年完成0.34亿元，比2019年下降64.71%。利润变动属于项目经营正常范围内，受疫情影响，成本略有增加；利税总额：当期不反映税金，故此项与利润相同；应交税金总额：2020年2.46亿元，2019年0.31亿元，两年指标无可比性，2019年并未包括分部全部税金，2020年为项目全部税金，所以两者偏差很大；全员劳动生产率：2020年10920.02万元/（人·年），2019年8891.38万元/（人·年），比2019年增长22.82%；净资产收益率：无；总资产报酬率：2020年1.68%，2019年6.26%，比2019年减少4.58个百分点；国有资本保值增值率：无。（赵　强）

表13–49　2019—2020年印尼雅万高铁主要经济指标

| 项目 | 2019年 | 2020年 | 增长率/% |
|---|---|---|---|
| 资产总额/亿元 | 3.65 | 9.97 | 173.15 |
| 所有者权益/亿元 | — | — | — |
| 营业收入/亿元 | 21.34 | 25.12 | 17.71 |
| 利润总额/亿元 | 0.34 | 0.12 | -64.71 |
| 净利润/亿元 | 0.34 | 0.12 | -64.71 |
| 归属于母公司所有者的净利润/亿元 | 0.34 | 0.12 | -64.71 |
| 技术开发投入/亿元 | — | — | — |
| 利税总额/亿元 | 0.34 | 0.12 | -64.71 |
| 应交税金总额/亿元 | 0.31 | 2.46 | — |
| 全员劳动生产率/[万元/（人·年）] | 8891.38 | 10920.02 | 22.82 |
| 净资产收益率/% | — | — | — |
| 总资产报酬率/% | 6.26 | 1.68 | 减少4.58个百分点 |
| 国有资本保值增值率/% | — | — | — |

制表：赵　强

【重大项目】印度尼西亚雅万高铁项目是国际上首个由政府主导搭台、两国企业对接进行合作建设和运营的高铁项目，是中国“一带一路”倡议与印尼“全球海洋支点”战略对接的重要成果，是中国高铁第一次全系统、全要素、全生产链走出国门的重要实践，更是中国标准、中国技术、中国装备实现国际化的一次深度探索，对于中国高铁“走出去”具有重要的推动和示范效应。

项目始于印尼首都雅加达，止于万隆，全长142.30千米，设4座车站和1座动车段，最高设计时速350千米。2018年6月全面开工，总工期为36个月。项目采用EPC总承包建设模式，中国中铁主要负责设计线路里程85千米至142千米的土建工程施工，以及全线142.30千米电力与电气化工程的建设。

2020年，雅万项目经理部合理组织施工，现场各项建设工作取得一系列重大进展。隧道保持稳产、高产，隧道开挖月进度达到600米左右，衬砌500米左右，5号、7号隧道相继贯通；桥梁施工逐步收尾，4号梁场重启箱梁自架梁工作，产能已基本满足设计要求；车站和动车所正常施工；项目征地、迁改、许可等重难点工作逐步推动解决。截

至2020年，项目完成产值40812万美元，顺完成年度调整计划40609万美元的工作目标，开累完成产值99285.2万美元，占线下工程合同额110430万美元的89.9%，占总合同额136500万美元的72.7%。

（田文翰）

【里程碑事件】2020年3月12日，印尼雅万高铁项目中国中铁管段内5号隧道贯通，是继2019年5月11日瓦利尼隧道贯通后，雅万高铁项目中国中铁管段内第2座贯通的隧道，是雅万高铁项目建设取得的又一重要阶段性进展。2020年9月3日，印尼雅万高铁项目中国中铁管段内4号梁场正式启动连续箱梁的架设施工，标志着雅万高铁万隆段正式进入全面箱梁架设阶段。2020年9月30日，印尼雅万高铁项目10号隧道近距离安全下穿小曲径既有百年铁路，为国庆71周年献礼。2020年11月15日，印尼雅万高铁项目7号隧道安全精准贯通，成为项目首座千米以上贯通的隧道工程。

（田文翰）

【党建工作】雅万项目经理部党工委坚持以习近平新时代中国特色社会主义思想为指导，牢固树立“四个意识”，坚定“四个自信”，坚决做到“两个维护”，在股份公司党委的正确领导下，充分发挥印尼雅万项目经理部的领导核心和政治核心作用，以求真务实的作风把党中央和上级党委各项部署落到实处，通过狠抓境外党建各项工作，全面落实从严治党主体责任，切实把加强党的领导和项目各项工作统一起来，建立健全了党风廉政建设、基层党支部建设、海外干部人才队伍建设、党员教育管理等海外党建工作机制，确保在复杂环境和艰苦条件下组织管理有力，把党的领导转化为发展优势、品牌优势、文化优势，为经理部各项工作指引方向、保驾护航。雅万项目经理部在职党员18名，入党积极分子1名。重点做好1名入党积极分子的培养、考察和培训。同时，加强对党员监督管理，印尼雅万项目经理部党工委2020年度调出党员组织关系1份。

（田文翰）

【信息化建设】打造印尼雅万项目4号梁场为智慧梁场，雅万高铁4号梁场自主开发“中国中铁印尼雅万高铁项目信息化综合管理平台”，该平台以BIM+GIS技术为核心、以物联网感知技术为基础、以施工现场信息化为载体，将施工现场信息化和施工管理信息化整合在一起，实现信息汇聚、信息共享和可视化呈现。基于信息化系统各模块功能的联动，各模块信息和数据关联，数据自动提取和共享，实现梁场生产全过程的智能化、信息化管理。将股份公司和集团公司开发的安全质量隐患排查系统、物资管理7.0系统、施工进度管理系统、生产技术管理系统以及信息化监控系统通过平台进行集成。

（阳　雪）

【履行社会责任】坚持“建好雅万高铁、造福印尼人民”的项目宗旨，立足印尼国情实际，尊重当地文化，关注当地民生，通过真诚交流，融入当地社会，积极履行社会责任，携手共抗疫情，修建便民道，救援急抢险，捐款赈灾区。

携手抗击疫情，2020年受疫情影响，印尼失业率急剧攀升。雅万项目经理部秉持“属地经营，服务社会”的理念，积极融入印尼当地社区，关心弱势群体，为当地政府和居民提供力所能及的帮助。2020年，中国中铁向印尼西爪哇省捐赠了价值约折合人民币55万元的医疗防疫物资，向沿线疫情期间仍然值守一线的警察、安保人员以及贫困家庭捐赠1500份生活物资，并在周边社区进行防疫抗疫宣讲，发放近1万册防疫手册。

在施工建设过程中秉承为民众造福、便利村民出行、升级原有道路、保护沿线环境的设计理念，在充分考虑原有道路、居民点、施工工点的空间等关系后，对每一条施工便道进行合理优化，并结合当地路网规划，连接好沿线的居民点，提供便利。2020年初，印尼雅加达万隆地区大范围降雨，导致多地区严重受灾。接到灾情报告后，雅万项目经理部立即启动应急预案，紧急调动挖机、装载机等大型设备前往洪灾地点，连夜开展救灾泄洪工作。灾情过后，印尼雅万项目经理部心系沿线村民，员工自发组织捐款向受灾村民和生活困难的家庭赠送生活用品，鼓励大家尽快恢复生产。

（田文翰）

【跨文化融合】全面贯彻中宣部、国资委工作部署和股份公司有关工作要求，将跨文化融合专项工作作为重大政治任务认真开展，组织专人成立专门机构，统筹各方面资源，全方位开展各项工作，重点包括：扎实运营海外社媒账号，于2020年7月1日建党99周年纪念日，在印尼境内正式开设运营英文和印尼文版脸书、推特、影格、优兔各四个社媒账号，同时开设TikTok（抖音海外版），粉丝总数突破30万人，阅读量超过1690万次，深层融入印尼社会，TikTok平台发布的“我与雅万”短视频荣获印尼雅万高铁项目业主短视频大赛第二名；与智库合作不断深入，共同研究发布《基础设施行业在印度尼西亚国别投资风险与机遇研究》和《基础设施行业在印度尼西亚投资风险机遇月度分析》等成果，同时，支持、团结并引导亲华智库专家在印尼主流媒体及有影响力的期刊上积极发声；与印尼外媒保持良好沟通，和印尼报社、平面媒体、网络媒体、广播电台以及电视台、传媒公司建立密切合作，联系中国媒体驻印尼机构和中央外宣媒体，以中国中铁积极履行社会责任、雅万高铁建设重要节点、防疫抗疫保生产、传统节日活动等为主题开展系列报道；打造精品企业开放日活动，利用好瓦利尼隧道展厅、动车所、智慧梁场和智能实验室等优质施工现场，为印尼各界参观访问提供平台；打造传统节日庆典活动，与项目沿线社区共度印尼开斋节、宰牲节和中国中秋节、春节等重大节日，增加与印尼的交流互动；开展特色工作，与印尼传媒公司合作编译《中国城轨》电视纪录片并在印尼多家卫星和有线电视频道播放，覆盖印尼家庭500万至700万户，对重塑印尼民众眼中的中国企业、中国产品、中国制造形象发挥了重要作用。（田文翰）

【防疫抗疫】坚决贯彻习近平总书记关于防疫抗疫重要讲话精神，落实国资委、股份公司有关工作要求，创造性提出"实现一个目标，紧抓二级防控，严控三道防线，坚决落实十项措施"的工作方针，重点做好防疫物资、医疗物资、生活物资的配置，提高突发疫情的应急处置能力和现场救治能力，在现场设置医务室最大限度避免在当地医疗机构就诊的交叉感染风险，开展各种思想工作消除中方员工的恐慌情绪和恐惧心理，确保中方员工人身安全。发挥各级党组织和广大党员、干部在防控疫情中的战斗堡垒作用和先锋模范作用，1人获"中央企业抗疫先进个人"称号。

（田文翰）

【领导人员】

张　伟　党工委书记、总经理

胡启升　党工委副书记、纪工委书记、副总经理

王外存　副总经理、总工程师

梁　良　财务总监、工会工委主任

（邹玉柱）

## 中国中铁股份有限公司哈大铁路客运专线工程指挥部

【配合业主单位组织开展项目收尾工作】2020年哈大指挥部主要配合业主要求，组织对开通运营中存在的质量问题进行维修整改。根据实际运营情况和业主要求，对沈阳铁路局工务部门发现的声屏障基础粉化问题进行联合调查，累计发现中铁一局、中铁二局、中铁八局、中铁大桥局等共计572个点位存在粉化或空洞现象，根据要求制定了维修方案；配合建设单位完成对高铁线路两侧声屏障底座粉化的排查工作。组织中铁九局对太子河特大桥墩身裂纹进行修补464处；组织中铁二局对鞍山隧道按照2018年制定方案，继续进行渗漏水整治。配合哈大客专公司土地取证工作，对相关遗留问题进行协调及整改，配合哈大客专公司按照国家对高铁沿线外部环境整治要求（危险源排查），对全线的地下管线拆改情况进行排查，交由产权单位整治；配合客专公司进行资产清查工作，对客专公司代建的非高铁资产对铁路局进行移交（包括沈阳、辽阳、大连），涉及现场实物核查对照，档案补充等相关工作；配合哈大客专公司国验工作，对征地拆迁档案遗留的错误与漏盖章之处进行配合整改；配合沈阳铁路局，按照国铁集团工电部、安监局、工管中心开展隧道隐患排查整治工作。历时两个月，从内业到外业，按照《沈阳局集团公司关于公布进一步加强隧道及轨旁设备隐患排查整治工作实施方案的通知》（沈铁工函〔2020〕270号）文件要求，完成8座隧道敲击排查，共发现隐患问题22件，其中中铁一局17件、中铁二局5件。（姜成财）

【开展归档资料整理工作】根据股份公司关于档案移交的具体要求，完善指挥部内外合同及验工计价文件等资料的整理、补充、装订及归档工作。（姜成财）

【依法合规做好"四场一地"工作】组织各参建单位做好"四场一地"审价资料的补充、完善工作，与审价单位积极沟通，确认项目及费用，截至年末已初步定稿，预计金额为10408万元。与建设单位协商"四场一地"合同及补充协议的签订方式及后续验工计价等相应内容。

（姜成财）

【验工计价】2020年，完成各参建单位有关洞穴处理及桥下绿化的费用调差工作。完善项目收尾阶段各项基础台账。持续加强与哈达公司沟通，争取事前指导和支持，避免盲目和重复工作，提高了工作效率，取得了良好效果。（姜成财）

【财务监察】2020年9月15日，股份公司财务检查组对哈大指挥部进行了为期二天的财务监察工作。此次财务监察对2018—2020年财务账项、资金管理、基础工作等内容进行了抽查，重点对资金安全工作进行了监察和督导。哈大指挥部历年来严控资金流动，防范财务风险，特别是股份公司财务共享系统上线及资金组成立后，资金收支的安全性得到了进一步的加强。

（姜成财）

## 中铁国资资产管理有限公司

【简况】中铁国资资产管理有限公司（简称"中铁国资"）的前身是2007年5月9日成立的中铁宏达资产管理有限公司（简称"中铁宏达"），是在国家工商行政管理总局登记注册的全民所有制企业，是中国铁路工程总公司（简称"总公司"）国有独资的重要成员企业。中铁宏达代表总公司履行非上市单位和资产的管理职能，对总公司委托经营的国有资产效益负责，与中国中铁股份有限公司实行机构、人员、资产、财务、业务"五分开"。2017年12月28日，中国铁路工程总公司完成公司制改制工商变更，改制后公司名称变更为"中国铁路工程集团有限公司"。2017年12月29日，经中国铁路工程集团有限公司批准，中铁宏达由全民所有制企业改制为一人有限责任公司，中国铁路工程集团有限公司持有100%股权，改制后中铁宏达名称变更为"中铁国资资产管理有限公司"。中铁宏达的全部债权债务和资质证照等由改制后的中铁国资资产管理有限公司承继。中铁国资注册资本金1亿元人民币。经营范围包括资产经营管理、投资及相关咨询服务；对教育、卫

生、健康养老服务机构的投资与管理；物业管理。

中铁国资本部机关共设11个部门，分别为公司办公室、战略规划部（法律合规部）、人力资源部（党委干部部）、财务部、经营开发部、职教培训部、行政管理部（保卫部）、纪委综合室（审计部）、党委工作部（董监办、党委办公室、企业文化部）、工会工作部（机关党委、机关工会）、团委。有分支机构22个（与有关二级企业合署办公），人员204人；直管职教院校9所（高职2所、中职6所、培训学院1所），在册职工1404人，其中干部1210人，技术干部1149人。技术干部占干部总数的94.96%，外聘人员330余人，兼职教师（专家）近500人，全日制在校生4万余人；与通用、国药公司资源整合医院10所（中铁国资占49%股份）。

（刘颖林　吕新平）

【主要指标】2020年，中铁国资营业总收入8.6亿元，完成预算目标的138%，归属集团公司净利润1370万元，完成预算确保目标的6.3倍，管理费用、业务招待费和资本性投资控制在批复预算之内。2020年12月31日资产总计49.8亿元，负债合计0.9亿元，净资产39.8亿元，资产负债率20%。（王佳琪）

**表13-50　2019—2020年中铁国资资产管理有限公司主要经济指标**

| 项目 | 2019年 | 2020年 | 增长率/% |
|---|---|---|---|
| 资产总额/亿元 | 40.70 | 49.80 | 22.36 |
| 所有者权益/亿元 | 30.60 | 39.80 | 30.07 |
| 营业收入/亿元 | 12.50 | 8.60 | -31.20 |
| 利润总额/亿元 | 1.10 | 0.20 | -81.82 |
| 净利润/亿元 | 1.10 | 0.10 | -90.91 |
| 归属于母公司所有者的净利润/亿元 | 0.90 | 0.10 | -88.89 |
| 技术开发投入/亿元 | — | — | — |
| 利税总额/亿元 | 1.10 | 0.30 | -72.73 |
| 应交税金总额/亿元 | 0.10 | 0.10 | 0 |
| 全员劳动生产率/［万元/（人·年）］ | 16.00 | 17.00 | 6.25 |
| 净资产收益率/% | 4.10 | 0.40 | 减少0.10个百分点 |
| 总资产报酬率/% | 3.00 | 0.40 | 减少2.60个百分点 |
| 国有资本保值增值率/% | 105.10 | 100.50 | 减少4.6个百分点 |

制表人：李逸云

【改革发展】中铁国资坚持以习近平新时代中国特色社会主义思想为指导，深入学习宣贯党的十九届五中全会精神，坚持和加强党的全面领导，准确把握新发展阶段，贯彻落实新发展理念，积极参与构建新发展格局，以推动高质量发展为主题，提出“以战略总揽全局、以改革重塑企业、以诚信赢得市场、以创新谋求长远”的治企思想，科学研究拟订企业“十四五”发展规划，明确“做实做优做强企业”的发展方向，以建立健全六大体系、着力提升六大能力为抓手，形成以职业教育、职业培训、资产经营管理、医疗参股管理为支撑，以全面深化改革为保障的新发展局面。2020年，中铁国资主要目标任务获得圆满完成，标志着企业“十三五”规划顺利收官。（赵飞宇）

【职教机构改革】2020年，中铁国资深入贯彻落实国务院《关于印发加快剥离国有企业办社会职能和解决历史遗留问题工作方案的通知》（国发〔2016〕19号）以及国资委、财政部等六部委《关于国有企业办教育医疗机构深化改革的指导意见》（国资发改革〔2017〕134号）文件精神，按照中国中铁总体工作部署，中铁国资全面深化改革领导小组加强统筹谋划和组织指导，有力推进职教机构改革工作。根据《中国中铁职业教育机构深化改革方案》，对中国中铁11家职教院校采取分类改革方式，对其中9家实行集中统一管理，开展资源整合；对其余2家实施关闭撤销。通过修订完善管理制度，加强业绩考核，按照“管人、管事、管资产”三统一的原则，对9家职教院校党政纪工团组织和人、财、物实行了全面管理。制定了《中国铁路工程集团有限公司建设国家产教融合型企业方案（2020—2022年）》，全力支持配合中国中铁积极申报国家试点，力争进入国家产教融合型企业前列。按照集团产教融合方案和“十四五”总体规划要求，完成了中国中铁“十四五”职业教育规划的编制，积极谋划职教院校发展新方向，各院校“十四五”规划不断完善。（赵飞宇）

【医疗单位改革】2020年，中铁国资全面贯彻落实国发〔2016〕19号、国资发改革〔2017〕134号以及《关于进一步推进中央企业办医疗机构深化改革有关事项的通知》（国资厅发改革〔2018〕25号）文件精神，根据《中国中铁医疗机构深化改革方案》，中国中铁53家医疗机构的分类改革主体任务已经完成，基本实现了国资委要求的不再直接管理面向社会服务的医疗机构和不再承担主要举办责任的改革政策目标，包括关闭撤销23家，改为对内卫生所11家，移交地方管理3家，重组改制（国有控股权退出）2家，资源整合14家。

参与央企资源整合的14家医疗机构，11家与通用集团下属的通用环球医疗合作，3家与国药集团下属的国药医疗合作，并由央企合作方实施控股。依据与通用环球医疗、国药医疗签订的14家医疗机构资源整合合作协议，除西安医管公司已经于2019年3月28日注册成立，并对中铁一局5家医疗机构实施了集中运营管理外，继续推进落实北京、合肥2个医院管理平台公司的设立及增资工作，成立相应的工作组与合作方对接，细化主要工作任务和步骤，明确职责分工和时间节点要求。2019年6月，中铁国资与通用环球医疗所属子公司通用环球医院投资管理（天津）有限公司签订股东协议，于2019年7月5日在北京市注册成立了通用中铁（北京）医院管理有限公司，并由央企合作方控股。2020年3月31日，双方签订了《通用中铁（北京）医院管理有限公司增资协议》，中铁国资以中铁二局集团第二医院等6家医疗机构资产评估作价增资入股到该公司，合作方按原持股比例相应配资，由合资公司作为举办单位，对6家医疗机构实施了集中运营管理；2020年3月26日，中铁国资与国药医疗健康产业有限公司签订了股东协议，于2020年4月29日在合肥市注册成立了国药中铁（安徽）医疗健康产业有限公司，中铁国资持股比例为49%，国药医疗持股比例为51%，由合资公司作为举办单位，对中铁四局3家医疗机构实施了集中运营管理。

2家已经实施混合所有制改革的股份制医疗机构的重组改制（国有控股权退出）取得突破。2020年3月30日，针对中国中铁阜阳中心医院改革，中铁国资与民营企业股东武汉和润合医院管理有限公司签订了股东出资协议，于4月29日合资注册成立了安徽和润合中铁医院管理有限公司，中铁国资持股比例为49%，武汉和润合公司持股比例为51%，作为中国中铁阜阳中心医院的举办单位，初步完成了阶段性改革任务；2020年8月10日，针对中铁二局集团中心医院改革，中铁国资同2家民营企业股东、中铁二局等相关方协商一致，签订了《中铁二局集团中心医院重组改制增资协议书》，签署了《中铁二局集团中心医院重组改制章程》，通过增资使民营企业股东持股比例上升到51%，中铁国资持股比例下降为49%。2020年9月14日，中铁国资与民营企业合作方共同出资设立成都嘉和中铁医院管理有限公司，完成了工商注册登记，并由民企合作方控股，作为中铁二局集团中心医院的举办单位，初步完成了阶段性改革任务。

此外，完成医疗机构关闭撤销23家、改为对内卫生所11家和移交地方3家。（赵飞宇）

【“三供一业”分离移交工作】2020年，集团公司“三供一业”分离移交项目申报总户数为669565户，经审核鉴定实际完成608020户，占申报户数90.8%，较申报总户数调减61545户。其中，供水申报户数161307户，鉴定完成户数149313户，占申报户数92.6%，较申报户数调减11994户；供电申报户数155716户，鉴定完成户数149007户，占申报户数95.7%，较申报户数调减6709户；供热申报户数97704户，鉴定完成户数80528户，占申报户数82.4%，较申报户数调减17176户；供气申报户数56621户，鉴定完成户数38137户，占申报户数67.4%，较申报户数调减18484户；物业管理申报户数198217户，鉴定完成户数191035户，占申报户数96.4%，较申报户数调减7182户。

“三供一业”分离移交应获得中央财政补助资金分别为：供水43301万元、供电68543万元、供热38251万元、供气18115万元、物业管理71638万元，合计239848万元。已获得中央财政补助资金244614万元，本次集团公司应退回“三供一业”分离移交中央财政补助资金4766万元。

各单位上报“三供一业”分离移交发生费用637474万元，集团公司通过中铁国资拨付资金498260万元，尚有财政补助资金17440万元未拨付。经中铁国资审核和中介机构鉴证认定实际发生485942万元，比按财政部设定维修改造标准计算高出6246万元，集团公司累计拨付资金比实际发生数多出12318万元。集团公司“三供一业”分离移交发生总费用485942万元，应获中央补助资金239848万元，企业需要支出246094万元。（谢成斌）

【资产经营】中铁国资现有土地693.3万平方米，其中主业单位使用土地193.3万平方米，学校医院使用土地280万平方米，闲置土地220万平方米；房产预计剩余232万平方米，其中：经营性房产67.98万平方米；学校和医院（含新建）房产123.67万平方米；配套用房12.12万平方米；闲置房产28.23万平方米。

闲置土地中，有133.3万平方米处于铁路沿线、三角地、偏远地区，受自然条件所限，可开发利用价值较低，剩余86.7万平方米具备开发条件。房产方面，主业单位、学校医院在用资产因生产经营需要，暂无法重新规划利用；闲置房产28.23万平方米绝大部分为无证或存在权属纠纷房产，暂无法规划利用，需规范权属后与占用土地一并处置利用。

中铁国资以集团公司资产管理中心为工作平台推动土地房屋权属规范工作。按照集团公司统一安排和部署，作为主责部门编写了与权属规范工作有关的文件资料，组织召开视频工作会议，编制权属规范工作实施方案，配合组织业务培训，整理相关政策文件及“61号文件”使用释义，编发工作简报，成立工作联系平台，协助办理各类证明资料，实施现场调研等工作。截至2020年末，集团公司存在土地、房屋权属需规范的单位共有31家，总计需规范权属的土地有735宗（非上市346宗）、房屋2235项（非上市963项），分布在全国29个省（自治区或直辖市），其中四川省、北京市、贵州省、陕西省、山东省相对数量集中。截止到2020年12月，已累计规范土地89宗，其中上市85宗，非上市4宗；累计规范房屋270项，其中上市264项，非上市6项。

（徐光男）

【重大项目】*顺义产业用房项目。*2019年，中铁国资投资购置位于北京临空经济商务区核心区的“国家地理信息科技产业园”2B组团内办公楼，购置2B-1和2B-3两栋，建筑面积64733.16平方米（其中2B-1为49001.54平方米、2B-3为15731.62平方米），合同总价含税总房价款为1799581848.00元人民币。

*武汉铁路桥梁学校产教融合项目。*武汉铁路桥梁学院投资建设，项目建设规模控制在8100平方米以内，投资规模控制在3000万元以内；资金来源：申请“十三五”产教融合发展工程中央预算内投资计划2000万元，其余资金由学校自筹。本项目是推动职业教育协调发展的基础必备条件，同时可申请“十三五”产教融合发展工程中央预算资金2000万元，武汉铁路桥梁学校的专业建设与武汉市重点产业布局相适应，与国家总体产业布局相协调。

*兰州铁路技师学院建设中铺实训基地项目。*兰州铁路技师学院投资建设，项目一期建设规模控制在6000平方米以内，投资规模控制在3000万元以内，在兰州市临洮中铺工业园区新购土地80000平方米；所需建设资金由兰州铁路技师学院自筹。本项目建设符合国家教育发展政策，有利于甘肃省职业教育的发展脱贫攻坚，是全面实现教育服务经济建设功能的可靠保证，本项目建成为集理论与实践的专业能力培训和职业素质训导为一体的职业教育场所，可以更好地为中国中铁服务。

*衡水铁路电气化学校建设铁路机车车辆驾驶资格考试中心楼。*衡水铁路电气化学校投资建设，项目建设规模控制在3800平方米以内，投资规模控制在1000万元以内。项目资金来源：①2018年国家级高技能人才培训基地补助资金300万元；②2019年职业教育质量提升工程中央补助资金200万元；③其余资金由学校自筹。本项目是在国家铁路局、中国中铁的支持下努力打造理论—实作一体化考点，建成具有行业特色、区域特色、专业特色的示范实训基地，做优、做强、做大中国中铁机车车辆驾驶资格考试考点，实现机车车辆驾驶人员考试“一站式”服务。

（徐光男）

【资本性投资】2020年，中铁国资所属单位发生资本性项目投资93项，支出金额122209.95万元。经中铁国资审批，同意购置教学设备40项，金额为2656万元。

（徐光男）

【党建工作】2020年，按照党组织隶属关系，中铁国资设立党委10个（含本级党委）、党总支3个、党支部53个，有党员690名，其中在职职工党员650名、离退休职工党员21名，学生党员13名。另有一家所属单位设有1个党委、5个党总支、23个党支部，为公司党委和黑龙江省教育工委双重管理，共有666名党员，其中295名职工党员，294名学生党员，77名离退休职工党员。

2020年，中铁国资党委坚持以学习贯彻习近平新时代中国特色社会主义思想和十九届三中、四中、五中全会精神为主线，认真履行管党治党政治责任，建立健全“六个体系”，着力提升“六种能力”，全面加强管理体系和管理能力建设，抗疫情、保稳定，抓作风、强三基，深调研、促改革，为做实做优做强企业、确保“十三五”圆满收官、“十四五”良好开局提供了坚强政治组织保证。

公司党委提高政治站位、强化担当作为，紧紧围绕学深悟透习近平新时代中国特色社会主义思想，切实发挥把方向、管大局、保落实重要作用，认真贯彻落实十九届系列全会精神，严格落实党的方针政策、集团公司党委相关决策部署要求，有效推进医疗机构股权管理、资产经营区域化管理、公司管理体系建设、“三供一业”分离移交收尾工作、退休人员社会化管理、全面加强“三基建设”、管理能力提升等一系列重点难点工作，以党委理论学习中心组学习、举办领导人员理想信念培训班、公司领导专题党课、民主生活会和组织生活会、“三会一课”、座谈研讨等为主要抓手，结合“学习强国”、网络学院、业务培训等平台，联系实际学、持续跟进学、融会贯通学，加强形势任务教育，统一思想认识，持续推进“两学一做”学习教育常态化制度化，做到学习教育全覆盖、重创新、求实效。购发《习近平谈治国理政第三卷》《民法典》《党的十九届五中全会〈建议〉学习辅导百问》等书籍资料，全面开展“党课开讲啦”活动，坚持举办“道德讲堂”，垒实深耕理论武装思想主阵地，坚定做实做优做强企业发展方向，不断增强“四个意识”、坚定“四个自信”、做到“两个维护”。

公司党委坚决贯彻习近平总书记系列重要指示精神和集团公司党委、集团公司决策部署，认真学习贯彻陈云书记调研中铁国资时的重要讲话精神，把疫情防控和复工复产作为首要政治任务，迅速行动、密集部署、认真履职、真抓实干，要求各级党组织科学判断形势，细化防控措施，健全工作机制，层层落实责任，全力以赴加强联防联控、做好群防群治、尽快复工复产。成立应对新冠肺炎疫情工作领导小组，设立领导小组办公室和6个专项工作组，建立主要领导负总责、分管

所属单位

领导直接负责、机关各部门分工负责的疫情防控工作责任制，带领相关部门人员抓研究部署、抓统筹协调、抓任务落实、抓督察督办、抓情况报告，做到疫情防控常态化，筑牢防线不放松。划拨党费10万元支持在武汉单位疫情防控工作，出资1033万元购买115台（套）医疗物资支援湖北，1169名党员自愿捐款21万元，助力抗击疫情。各职教医疗单位认真落实属地“四早”“四集中”等防控政策要求，积极配合地方、社区防控工作，坚持“停课不停教、停课不停学”，多渠道、多途径、多形式加强联防联控、信息互通、应急响应，做到底数清、情况明、应对快，特别是18家参股医疗机构6000余名医护工作者，为全力做好疫情防控和经济社会稳定做出了突出贡献。

公司党委坚持党委会前置研究讨论，严格履行党委“把方向、管大局、保落实”职能与董事会“定战略、决大事、控风险”职能，加强企业“三重一大”决策和运行监管，企业重大事项决策程序更加规范。加强重大决策事项的专题研究和分析论证，持续抓好战略规划、议案审查和预算执行的督导检查和动态评价，规范通用环球中铁（西安）公司等5家参股公司的治理结构，依法合规治企理念深入人心。先后召开10次党委会，3次党委办公会，6次中心组学习会，8次董事会、监事会，1次“三基建设”现场推进会、年中重点工作推进会、党风廉政建设和反腐败工作会议，1次政工职评会，1次党内规范性文件联席会议等一系列会议，认真贯彻落实党中央、国务院重大战略和集团公司党委相关部署要求，及时学习传达习近平总书记关于国资国企改革的重要指示批示精神，全国“两会”精神，十九届五中全会精神，认真学习领会十九届五中全会公报、国有企业基层组织工作条例等政策件文件法规，全年研究决定党的建设议题150项，研究讨论提交总经理办公会和董事会审议的事关企业改革发展、经营管理、职工利益、顺义装修工程等事项71项，全力推动企业改革发展。

公司党委制定、修订17项党内规范性文件制度，补齐制度短板，筑牢制度堤坝。坚持党管干部原则，严格选拔任用，改善队伍结构，考察调整机关本部、各职教单位，资产管理分中心29名党员领导干部。组织引进各类专业人才45人，选派人员加强参股公司管理，提升基层工作的组织力。大力培养选拔优秀年轻干部，推动领导干部管理走上制度化、规范化、科学化、法治化轨道，全面加快干部队伍年轻化、知识化、专业化进程。切实强化各基层党组织的“主责主业”意识，组织召开“三基建设”现场推进会，围绕党委班子基层联系点建设、“两学一做”学习教育制度化常态化、基层党组织按期换届、增设党群机构、配强党务干部、严格党费管理、严肃党内政治生活、用好党组织和党员信息系统、党建工作量化考评、坚持“三会一课”制度等方面加大检查指导，抓实基层工作基础。巩固发展“不忘初心、牢记使命”主题教育成果，聚焦破解重点难点问题加强调查研究，深化问题整改，建立长效机制。调整党委巡察工作领导小组成员及工作机构，持续整顿基层软弱涣散党组织，严把“火线入党”关口，建立学习贯彻习近平总书记重要讲话和重要指示批示精神工作台账，带头落实中国中铁为基层减负28条措施，扎实推进不忘初心、牢记使命常态化、制度化。严格规范党费收缴使用管理，专款专用，合理开支，定期公开。

公司党委坚持正确舆论导向和正面宣传引导，牢牢掌握意识形态工作领导权、管理权、话语权，大力宣传习近平总书记重要讲话、指示批示精神和治国理政重要思想，大力宣传党中央部署、集团公司党委相关工作要求，推送转发中央和集团公司党委相关文件政策、上级精神、领导讲话和重大报道信息等，及时反映疫情防控、复工复学、“三基建设”、深化改革、退休人员社会化管理、公司治理等工作成效。把握“新、实、准、快、精、深”六字要求，收集上报信息525条，采编168条，编发《中铁国资简报》69期，公众号发布19期，《中国中铁报》刊登通讯3则。通报表彰2019年度信息宣传工作，“两先一优”，新冠肺炎疫情防控以及“学习强国”学习等39个先进集体90名先进个人，全系统获得国资委党委、中国中铁党委等各类荣誉表彰共计25项，1人获“中央企业抗击新冠肺炎疫情先进个人”称号。加大十九届四中、五中全会精神，疫情防控，武汉防汛，纪念抗美援朝70周年，“大干一百天”，脱贫攻坚，“厉行节约、反对浪费”等主题宣传，组织开展党史国情、革命传统、爱国主义、红色教育、主题党日、职业教育周等专题活动，彰显宣传文化硬实力。组织开展中国中铁企业文化重构调研问卷（丁卷），基本实现人员全覆盖。推广“国资e厅”公众号，建立企业公众号，办出亮点、办出实效。组织观看大型原创话剧《情系贺兰》，举办首届“匠心筑梦 情暖国资”职工文化艺术节，丰富广大党员干部、师生员工精神文化生活。

公司党委强化示范教育和警示教育，加强廉洁文化建设，营造崇廉尚廉氛围。坚持与各单位党委、纪委签订党风廉政建设责任书，坚持党委履行主体责任月报、季报、半年报和年报制度，召开党风廉政建设和反腐败工作会议，强化廉政风险动态监控，筑牢党员干部思想道德防线。开展“抓整改、树新风、强本领、促发展”“干部作风建设年”活动，干部能力素质实现“四增强两提升”。严格落实“十五个严禁”要求，自觉遵守中央八项规定精神，坚决防止“四风”问题反弹回潮。认真开展“不忘初心、牢记使命”主题教育存在问题持续整改，开展形式主义、为基层减负专项治理，做到即知即改、真改实改、全面整改。集中开展违规打麻将问题，利益输送、设租寻租、化公为私和腐败问题专项整治，开展贯彻落实中央八项规定精神自查自纠，持续深化企业领导人员亲属违规经商办企业谋取非法利益问题整治，持续抓好所属单位全面审计及发现问题内部整改，一体推进不敢腐、不能腐、不想腐。严格“四好班子”考评和“一报告两评议”制度，严格审核干部人事档案、因私出国（境）管理，查处瞒报漏报行为，严肃任前廉政谈话，强化监督执纪问责。增配纪检监察人员，强化问题线索处置，完成监察体制改革。

公司党委全面落实党的依靠方针，坚持党建带群建、党建促团建，支持工会、共青团组织最大限度发挥桥梁纽带作用。建立职工思想动态分析机制和重大事项及时跟进机制，积极推进民主管理规范化建设，落实职工群众知情权、参与权、表达权、监督权，保障职工合法权益和根本利益。公司工会及武汉桥院等三所院校践行央企社会责任，扎实开展定点帮扶，助力实现全面脱贫。建立健全劳动关系协调机制和职工工资正常增长机制，确保按时足额发放。落实安全生产“2468”管理要点，开展“疫情防控·中铁有爱”员工重疾险疫情专项保障升级活动、“同舟共济、青春偕行——希望工程抗击疫情特别关爱行动”，广泛开展“三让三不让”、健康体检、节日送温暖等活动，认真做好信访、维稳、保密、统战、离退休、政研等方面工作，公司保持健康稳定发展。（刘姝媛）

【信息化建设】2020 年，中铁国资开展对本部机关及所属各单位调研，采取现场交流、线上沟通、提报文字材料等方式，了解掌握了各业务部门 18 套在用的软件系统及所属各院校的信息化工作开展情况、信息系统建设现状及应用情况。深入贯彻股份公司“信息贯通工程”建设的会议精神，落实成立本单位信息贯通工程领导小组和工作组文件的相关要求，完成信息贯通工程联络机构和人员信息以及全面梳理汇总本单位信息贯通工程问题清单和调研报告在一体化工作平台的录入填报工作。积极响应股份公司信息化资源共享服务通知的号召，全面梳理本单位信息化资源体系。完成本部机关 IPv6 的改造。全面更新各部门计算机办公设备，保证了网络系统安全运行，做好视频会议联调。升级和优化了 OA 系统功能及流程，加强了全系统的 OA 培训。（刘颖林）

【职业教育和职业培训】2020 年，中铁国资所属院校共计招生 14758 人，毕业 13163 人，就业人数 12900 人，就业率达 98%。组织开展中国中铁施工现场专业人员培训考核工作，完成 13 个岗位，92 个班次，涉及 18 个企业 6122 人。3 所院校被列为教育部首批“1+X 证书制度”试点单位，并已顺利开展工作。1 所院校被列为国家高水平专业院校。所属职教院校全年累计培训 278 期、158 个工种（专业）、139 家委托培训单位，完成培训总人数 2.78 万人。

（谷有志）

【领导人员】

| | |
|---|---|
| 何梦通 | 党委书记、董事长 |
| 罗育桂 | 党委副书记、总经理 |
| 李　欣 | 总会计师（7 月任改非领导） |
| 经　越 | 党委副书记、纪委书记、工会主席（3 月任改非领导） |
| 于建永 | 副总经理 |
| 陈虎顿 | 副总经理、哈尔滨铁道职业技术学院院长（3 月免） |
| 王彦飞 | 副总经理（2020 年 12 月任职） |

（刘颖林）

## 中国铁路工程集团有限公司党校

【简况】中国铁路工程集团有限公司党校成立于 1984 年 7 月，位于河北省石家庄市，主要承担中国中铁系统领导干部的教育培训任务。根据《中国共产党党校工作条例》有关规定，党校实行校务委员会领导体制，校委会全面领导学校工作，校委会工作由主持日常工作的副校长主持。党校现有内设部门 8 个，现有职工 56 人（含内退职工 2 人），其中，具有全日制研究生学历 14 人，本科学历 35 人，大专及以下学历 7 人；高级职称 11 人，中级职称 20 人，初级职称 2 人；在职党员 39 人。1984 年 10 月，党校成功举办青工政治教育师资培训班，正式开启了干部教育培训事业；1985 年 9 月，举办首届大专班，开启了系统内干部学历教育培训事业。2008 年，中国中铁对党校实施整体开发，2010 年 6 月，党校回迁新大厦，办学、办公、餐饮、住宿自成体系，现拥有办公办学房产 15252 平方米，除办公区以外，设有 6 个多媒体教室、1 个小型体育馆，118 间客房和 1 个 3200 多平方米的饭店。2013 年 7 月，党校跨入中央党校国资委分校管理序列。逐步形成了领导人员培训、专题研讨培训、基层党建培训、岗位提升培训四大培训项目体系。构建了理论教育、党性教育和基层党建课程，世界眼光、战略思维、领导力进阶课程，能力提升、知识更新、职业素养课程和企业特色课程四大培训内容体系。采用讲授式、案例式、研讨式、体验式、互动式和行动学习等多种教学方法。在教学安排中设置党性教育课程，把习近平新时代中国特色社会主义思想作为第一课，依托西柏坡红色教育资源打造出“中国梦·赶考行”大型实践教学活动，依托习近平总书记从政起步的正定县，探寻总书记“治郡县”“谋发展”的坚定信念、政治智慧和实践探索，开发出“知之深·爱之切”实践教学项目，逐步确立了高端教育培训品牌。2018 年 4 月，由中国铁路工程总公司党校更名为“中国铁路工程集团有限公司党校”。2020 年，依托中铁一局党校建立了中铁党校西安培训基地，截至 2020 年末，共建立了党校广州、武汉、成都和西安等 4 个校外培训基地。（王宏图）

【主要指标】2020 年，党校营业收入包括教育培训收入和房屋租赁收入，全年营业收入 3068 万元，全年营业总收入比 2019 年下降 19.5%，其中，培训收入全年为 2214 万元，比 2019 年下降 19.2%；房屋租赁收入为 493 万元，比 2019 年下降 29.1%。全年成本费用总额 3464 万元，比 2019 年减少 12.1%。全年实现利润总额 -293 万元，一是受疫情影响，线下办学下半年恢复正常办学，全年办班数量较 2019 年降低 32%，培训利润下降 180 万元，约下降 12.3%；二是减免疫情期间房租，另外有租户退租，共计减少利润约 200 万元。（王　珊）

表 13-51　2019—2020 年中国铁路工程集团有限公司党校主要经济指标

| 项目 | 2019 年 | 2020 年 | 增长率 /% |
|---|---|---|---|
| 资产总额 / 亿元 | 1.38 | 1.34 | -3.10 |
| 所有者权益 / 亿元 | 1.15 | 1.12 | -2.56 |
| 营业收入 / 亿元 | 0.38 | 0.31 | -19.54 |
| 利润总额 / 亿元 | -0.01 | -0.03 | — |
| 净利润 / 亿元 | -0.01 | -0.03 | — |
| 归属于母公司所有者的净利润 / 亿元 | -0.01 | -0.03 | — |
| 技术开发投入 / 亿元 | — | — | — |
| 利税总额 / 亿元 | — | — | — |
| 应交税金总额 / 亿元 | — | — | — |
| 净资产收益率 /% | -0.19 | -2.62 | 减少 2.43 个百分点 |
| 总资产报酬率 /% | -0.16 | -2.19 | 减少 2.03 个百分点 |
| 国有资本保值增值率 /% | 99.56 | 97.44 | 减少 2.12 个百分点 |

制表：王　珊

【改革发展】2020 年，党校积极适应全公司“去机关化”的总体形势，圆满完成了机构改革和人员调整。办公室、党群部、纪监办、机关党委四部合一，后勤保卫处与资产管理处合并为后勤服务中心，教育培训处拆分为教务处和培训处，并通过内部调转和外部引进，使直接从事教务培训的干部职工人数由 10 人增加为 16 人，增幅 60%。党校重用提拔青年拔尖人才，引进优秀人才充实教学、科研、咨政一线队伍，干部队伍结构得到优化。年内提拔部门正职 2 人、副职 3 人、主管 3 人，引进博士后 1 人、成熟带班班主任 3 人。党校全力推进新党校建设和搬迁筹备工作，7 月，中国中铁党委常委会同意党校使用顺义总部基地 1 号楼、3 号楼和园区围合院落；8 月，中国中铁党委明确中铁国资为装修工程建设主体，党校牵头的中铁顺义总部基地建设项目工程指挥部人员编入中铁国资成立的项目指挥部，党校积极理顺建设主体与使用主体的关系，与中铁国资共同推进房产验收查缺消缺、开展设计监理施工招标、跑办园区电力增容手续、调研装配式产品用于装修、洽谈租购直燃机空调系统，改造装修各项工作进展顺利。圆满完成退休人员社会化管理移交工作年度任务。（王宏图）

【教育培训】2020 年，党校共举办培训班 88 期，培训学员 9001 人次。培训工作坚持守正创新，努力实现源头参与，认真研究干部培训规律和人才成长规律，将中国中铁发展战略、中心工作、重点工作融入培训工作中。三门自有课程成功入选中央党校国资委分校“精品特色课课程库”。推进“党校 + 基地”办学模式、开创片区培训模式、推广全国异地办班模式。坚持严格入学管理、考勤管理、课堂管理、考核管理、课后管理，大力推广研讨式、案例式、模拟式、互动式、体验式教学，不断丰富拓展训练、破冰活动、激情教学、经典诵读、行动学习、学员微课堂等“第二课堂”内容，打出了一套培训形式创新的“组合拳”，有效提升了培训吸引力和教学效果。（王宏图）

【理论研究】2020 年，党校积极承担上级重点课题，注重在公司战略体系中做选题，出成果。党校向中央企业政研会申报立项的课题“打造央企金字品牌　加强品牌建设的路径研究——以中国中铁为例”获三等奖；向股份公司报送的课题“国有企业党的建设学科体系建设研究”“传承红色基因　激扬新时代国企文化”获得中国中铁党建理论研究课题一等奖，“深化运用‘四种形态’一体推进不敢腐不能腐不想腐”获得中国中铁党建理论研究课题三等奖，党校同时获得中国中铁党建理论课题研究优秀组织奖。在中央企业党建思想政治工作研究会会刊《企业文明》上刊发了常务副校长史柏生《以〈条例〉为基本遵循办好新时代国企党校》的署名文章，在《企业文明》《中铁党建》等发表了《党支部书记：练硬翅膀领头飞》《学

习贯彻十九届四中全会精神 全面提升国有企业治理效能》等文章。在《中国中铁》报发表了《立身百行以学为基》《基层党建：守初心要牢记“三个不能忘”》等文章，在《学习与探索》发表了《央企在重大突发疫情中的责任担当——以中国中铁为例》等文章。（王宏图）

【党建工作】2020年，党校坚持以政治建设为统领，以组织建设为重点，以党风廉政建设为保障，以教学党建、学员党建、机关党建、党建研究四大格局建设为载体，在抓实质、求实效上下功夫，引领了党校事业更好发展。党校进一步加大教学党建、学员党建与培训业务的融合力度，强化机关党建“服务中心、建设队伍”职能，加大支部考核力度，完善党建例会制度，持续加强三基建设，党建研究推出一批“拳头产品”。“开门讲党课”制度化、常态化。文化墙、宣传册、宣传片“三大件”制作完成，展示了党校的品牌和形象。党校把“幸福之家”建设和员工健康关爱计划作为重要工作来抓，坚持“冬送温暖、夏送清凉、一年四季送关怀”。党校坚持实质性抓团建，组织青年广泛参与到经营办学、搬迁筹备、疫情防控、教学研究、管理提升等各项工作中，很好地发挥了生力军和突击队作用。

党校坚持把全面从严治党要求贯彻到办学治校全过程、全流程，制定完善党风廉政建设制度体系，深入开展“四个专项整治”工作。校委会、纪检组认真履行党风廉政建设“两个责任”，制定印发年度党风廉政建设工作要点，认真落实定期沟通谈话制度、“三重一大”决策制度、定期报告制度，认真贯彻执行中央八项规定精神，不断深化提升廉政大课堂建设。（王宏图）

【领导人员】

史柏生 常务副校长

王军芳 副校长、工会主席（12月免，退休）

李庆安 副校长 （王宏图）

汕頭海灣大橋

# CHAPTER 14

# 统计资料

## 表 14-1　2020 年中国铁路工程集团有限公司新签合同额（一）

单位：万元

| 项目 | 中铁一局 | 中铁二局 | 中铁三局 | 中铁四局 | 中铁五局 | 中铁六局 | 中铁七局 | 中铁八局 | 中铁九局 | 中铁十局 | 中铁大桥局 | 中铁隧道局 | 中铁电气化局 | 中铁武汉电化局 | 中铁建工 | 中铁广州局 | 中铁北京局 | 中铁上海局 |
|---|---|---|---|---|---|---|---|---|---|---|---|---|---|---|---|---|---|---|
| 总计 | 20010048 | 10537052 | 18513549 | 20959001 | 17078813 | 3656518 | 11863749 | 10300333 | 7577434 | 12054624 | 10632613 | 10680940 | 9033394 | 1267298 | [illegible] | 5299264 | 6718185 | 10009533 |
| 一、境内 | 19111781 | 10365833 | 17997502 | 20172373 | 16652754 | 3291568 | 10631644 | 10049512 | 7108533 | 10795191 | 10074697 | 10333400 | 8651296 | 1256140 | [illegible] | 5119264 | 6348749 | 9994613 |
| （一）基建建设 | 15473407 | 9968616 | 15034936 | 17824984 | 12514680 | 7746039 | 10295929 | 8879879 | 6378099 | 9985021 | 8560775 | 10252459 | 6307603 | 1202778 | [illegible] | 4966599 | 6313079 | 9432075 |
| 1. 铁路工程 | 2698368 | 1007289 | 3494053 | 2310279 | 1019437 | 1942898 | 1471960 | 1224120 | 622808 | 2336995 | 836716 | 2077757 | 2512748 | 521925 | [illegible] | 569498 | 423962 | 1173013 |
| 2. 公路工程 | 2255620 | 1694269 | 3583172 | 2955587 | 2064795 | 1344216 | 1442767 | 773115 | 1563775 | 1374000 | 4223088 | 1328764 | 34562 | 69998 | [illegible] | 840676 | 807256 | 1558049 |
| 3. 市政工程 | 3446124 | 1272482 | 2390172 | 5529067 | 3085835 | 1860080 | 1998873 | 2347617 | 1042241 | 1866516 | 1287052 | 2511036 | 1453055 | 145664 | [illegible] | 1549244 | 1109012 | 3075564 |
| 4. 房建工程 | 4648356 | 3648009 | 3648147 | 3912163 | 3752827 | 2001359 | 4336396 | 4178779 | 2630736 | 3699762 | 965846 | 1334995 | 519778 | 62008 | [illegible] | 1506501 | 3638199 | 2953375 |
| 5. 水利电力工程 | 102434 | 406341 | 138291 | 29281 | 404259 | 6476 | 56818 | 70591 | 0 | 56166 | 0 | 201399 | 4534 | 0 | [illegible] | 638 | 0 | 9939 |
| 6. 港口与航道工程 | 0 | 0 | 0 | 4977 | 0 | 0 | 0 | 0 | 0 | 4727 | 11151 | 0 | 0 | 0 | 0 | 353522 | 0 | 0 |
| 7. 机场工程 | 225773 | 378575 | 200000 | 282488 | 486022 | 0 | 0 | 0 | 0 | 0 | 0 | 0 | 0 | 5074 | 0 | 0 | 146651 | 0 |
| 8. 城市轨道交通工程 | 2046344 | 1522505 | 933232 | 2173724 | 699901 | 542132 | 937593 | 282857 | 489794 | 632859 | 103394 | 1917417 | 1727334 | 333071 | [illegible] | 146090 | 188000 | 662135 |
| 9. 其他工程 | 50388 | 39148 | 647870 | 627420 | 1001604 | 48877 | 51522 | 2800 | 28746 | 13995 | 1133528 | 881091 | 55593 | 65037 | [illegible] | 431 | 0 | 0 |
| （二）勘察设计 | 3022 | 8781 | 5558 | 19513 | 2126 | 1026 | 0 | 3542 | 1739 | 1049 | 1280 | 4418 | 954 | 1254 | [illegible] | 0 | 0 | 0 |
| 1. 铁路工程 | 0 | 444 | 3080 | 2791 | 559 | 824 | 0 | 3064 | 1014 | 666 | 0 | 0 | 192 | 0 | 0 | 0 | 0 | 0 |
| 2. 公路工程 | 0 | 74 | 316 | 2162 | 594 | 0 | 0 | 56 | 0 | 6 | 94 | 82 | 0 | 0 | 0 | 0 | 0 | 0 |
| 3. 市政工程 | 800 | 191 | 1280 | 9191 | 759 | 0 | 0 | 0 | 569 | 16 | 1185 | 3018 | 572 | 0 | 0 | 0 | 0 | 0 |
| 4. 房建工程 | 2067 | 5584 | 883 | 5369 | 0 | 202 | 0 | 422 | 156 | 62 | 0 | 45 | 0 | 0 | [illegible] | 0 | 0 | 0 |
| 5. 水利电力工程 | 0 | 0 | 0 | 0 | 0 | 0 | 0 | 0 | 0 | 0 | 0 | 0 | 0 | 0 | 0 | 0 | 0 | 0 |
| 6. 港口与航道工程 | 0 | 0 | 0 | 0 | 0 | 0 | 0 | 0 | 0 | 0 | 0 | 0 | 0 | 0 | 0 | 0 | 0 | 0 |
| 7. 机场工程 | 0 | 0 | 0 | 0 | 0 | 0 | 0 | 0 | 0 | 0 | 0 | 0 | 0 | 0 | 0 | 0 | 0 | 0 |
| 8. 城市轨道交通工程 | 0 | 2488 | 0 | 0 | 214 | 0 | 0 | 0 | 0 | 90 | 0 | 473 | 190 | 0 | 0 | 0 | 0 | 0 |
| 9. 其他工程 | 155 | 0 | 0 | 0 | 0 | 0 | 0 | 0 | 0 | 210 | 0 | 800 | 0 | 1254 | 0 | 0 | 0 | 0 |
| （三）工业 | 33960 | 0 | 41638 | 72739 | 0 | 42170 | 0 | 16382 | 513305 | 0 | 10579 | 40189 | 688731 | 24879 | [illegible] | 0 | 0 | 0 |
| （四）房地产 | 1354233 | 239402 | 1447800 | 513277 | 265487 | 14002 | 11942 | 699837 | 1083 | 76289 | 310122 | 0 | 50297 | 0 | [illegible] | 1876 | 35670 | 0 |
| （五）基础设施投资业务 | 1686275 | 19600 | 584348 | 1694886 | 3316573 | 223650 | 229997 | 0 | 208988 | 631347 | 599076 | 25252 | 1124253 | 0 | [illegible] | 150789 | 0 | 562538 |
| 1. 铁路工程 | 303882 | 0 | 457048 | 447310 | 0 | 0 | 0 | 0 | 208988 | 248476 | 217376 | 0 | 0 | 0 | [illegible] | 0 | 0 | 403878 |
| 2. 公路工程 | 797121 | 0 | 64600 | 711458 | 1711594 | 188761 | 163552 | 0 | 0 | 281780 | 381700 | 0 | 0 | 0 | [illegible] | 0 | 0 | 0 |
| 3. 市政工程 | 490514 | 19600 | 62700 | 536118 | 449032 | 34889 | 0 | 0 | 0 | 101091 | 0 | 25252 | 1124253 | 0 | [illegible] | 150789 | 0 | 158661 |

续表

| 项目 | 中铁一局 | 中铁二局 | 中铁三局 | 中铁四局 | 中铁五局 | 中铁六局 | 中铁七局 | 中铁八局 | 中铁九局 | 中铁十局 | 中铁大桥局 | 中铁隧道局 | 中铁电气化局 | 中铁武汉电化局 | 中铁建工 | 中铁广州局 | 中铁北京局 | 中铁上海局 |
|---|---|---|---|---|---|---|---|---|---|---|---|---|---|---|---|---|---|---|
| 4. 房建工程 | 94758 | 0 | 0 | 0 | 0 | 0 | 0 | 0 | 0 | 0 | 0 | 0 | 0 | 0 | 0 | 0 | 0 | 0 |
| 5. 水利电力工程 | 0 | 0 | 0 | 0 | 0 | 0 | 0 | 0 | 0 | 0 | 0 | 0 | 0 | 0 | 0 | 0 | 0 | 0 |
| 6. 港口与航道工程 | 0 | 0 | 0 | 0 | 0 | 0 | 0 | 0 | 0 | 0 | 0 | 0 | 0 | 0 | 0 | 0 | 0 | 0 |
| 7. 机场工程 | 0 | 0 | 0 | 0 | 0 | 0 | 0 | 0 | 0 | 0 | 0 | 0 | 0 | 0 | 0 | 0 | 0 | 0 |
| 8. 城市轨道交通工程 | 0 | 0 | 0 | 0 | 0 | 0 | 0 | 0 | 0 | 0 | 0 | 0 | 0 | 0 | 0 | 0 | 0 | 0 |
| 9. 其他工程 | 0 | 0 | 0 | 0 | 1155947 | 0 | 66445 | 0 | 0 | 0 | 0 | 0 | 0 | 0 | 31185 | 0 | 0 | 0 |
| （六）矿产资源 | 0 | 0 | 0 | 0 | 0 | 0 | 0 | 0 | 0 | 0 | 0 | 0 | 0 | 0 | 0 | 0 | 0 | 0 |
| （七）技术咨询 | 0 | 0 | 0 | 1334 | 0 | 0 | 0 | 0 | 4108 | 330 | 21766 | 8027 | 17699 | 0 | 0 | 0 | 0 | 0 |
| （八）工程监理 | 4083 | 0 | 0 | 4592 | 0 | 0 | 0 | 0 | 0 | 0 | 14610 | 0 | 8083 | 0 | 0 | 0 | 0 | 0 |
| （九）批发零售贸易 | 499169 | 52759 | 10148 | 177 | 553027 | 260164 | 93776 | 358330 | 0 | 100068 | 545866 | 0 | 24470 | 27229 | 0 | 0 | 0 | 0 |
| （十）机械租赁 | 0 | 0 | 0 | 0 | 863 | 0 | 0 | 355 | 1210 | 0 | 10030 | 0 | 0 | 0 | 0 | 0 | 0 | 0 |
| （十一）其他 | 57632 | 76675 | 873074 | 40872 | 0 | 4517 | 0 | 91188 | 0 | 1086 | 593 | 3056 | 429207 | 0 | 132192 | 0 | 0 | 0 |
| 二、境外 | 898267 | 171219 | 516046 | 786628 | 426059 | 364950 | 1232105 | 250821 | 468901 | 1259433 | 557916 | 347540 | 382098 | 11158 | 426700 | 180000 | 369436 | 14920 |
| （一）基建建设 | 898267 | 171219 | 516046 | 776584 | 426059 | 364950 | 1080076 | 250821 | 448782 | 524487 | 557916 | 347540 | 326002 | 8143 | 426007 | 180000 | 369436 | 14920 |
| 1. 铁路工程 | 29408 | 76654 | 0 | 38791 | 165781 | 0 | 85415 | 0 | 0 | 19212 | 0 | 0 | 1801 | 8143 | 42310 | 0 | 46507 | 0 |
| 2. 公路工程 | 53509 | 94565 | 516046 | 90872 | 103830 | 0 | 397668 | 1809 | 0 | 281535 | 200517 | 160865 | 0 | 0 | 0 | 0 | 0 | 0 |
| 3. 市政工程 | 537375 | 0 | 0 | 5608 | 12628 | 0 | 184352 | 2693 | 3427 | 29256 | 4835 | 2753 | 273 | 0 | 14963 | 0 | 0 | 0 |
| 4. 房建工程 | 163210 | 0 | 0 | 641313 | 136741 | 196950 | 135642 | 8444 | 48930 | 143356 | 349223 | 0 | 0 | 0 | 350001 | 0 | -134994 | 0 |
| 5. 水利电力工程 | 0 | 0 | 0 | 0 | 7079 | 0 | 6132 | 0 | 0 | 19897 | 0 | 0 | 0 | 0 | 0 | 0 | 185264 | 0 |
| 6. 港口与航道工程 | 2625 | 0 | 0 | 0 | 0 | 0 | 6854 | 0 | 0 | 0 | 3341 | 0 | 0 | 0 | 0 | 180000 | 0 | 0 |
| 7. 机场工程 | 0 | 0 | 0 | 0 | 0 | 0 | 0 | 0 | 0 | 0 | 0 | 0 | 5058 | 0 | 18733 | 0 | 2672 | 0 |
| 8. 城市轨道交通工程 | 112140 | 0 | 0 | 0 | 0 | 0 | 0 | 0 | 0 | 0 | 0 | 147721 | 318658 | 0 | 0 | 0 | 0 | 14920 |
| 9. 其他工程 | 0 | 0 | 0 | 0 | 0 | 168000 | 264013 | 237875 | 396426 | 31231 | 0 | 36201 | 212 | 0 | 0 | 0 | 0 | 0 |
| （二）勘察设计 | 0 | 0 | 0 | 0 | 0 | 0 | 0 | 0 | 0 | 0 | 0 | 0 | 0 | 0 | 0 | 0 | 0 | 0 |
| （三）工业 | 0 | 0 | 0 | 0 | 0 | 0 | 0 | 0 | 0 | 0 | 0 | 0 | 34432 | 3015 | 0 | 0 | 0 | 0 |
| （四）矿产资源 | 0 | 0 | 0 | 10044 | 0 | 0 | 0 | 0 | 0 | 0 | 0 | 0 | 0 | 0 | 0 | 0 | 0 | 0 |
| （五）对外劳务合作 | 0 | 0 | 0 | 0 | 0 | 0 | 0 | 0 | 138 | 0 | 0 | 0 | 0 | 0 | 0 | 0 | 0 | 0 |
| （六）其他 | 0 | 0 | 0 | 0 | 0 | 0 | 152029 | 0 | 19981 | 734946 | 0 | 0 | 21664 | 0 | 693 | 0 | 0 | 0 |

制表：丁 宾

统计资料

表 14-2　2020 年中国铁路工程集团有限公司新签合同额（二）

单位：万元

| 项目 | 中国铁工投资 | 中铁国际 | 东方国际 | 中海外 | 中铁二院 | 中铁六院 | 中铁设计 | 中铁大桥院 | 中铁华铁 | 中铁科研院 | 中铁置业 | 中铁文旅 | 中铁工业 | 中铁资源 | 中铁物贸 |
|---|---|---|---|---|---|---|---|---|---|---|---|---|---|---|---|
| 总计 | 3140824 | 3639070 | 114233 | 1232621 | 2907705 | 826563 | 1501741 | 397894 | 416164 | 406060 | 5897919 | 4985839 | 4183913 | 1223013 | 7159609 |
| 一、境内 | 3140824 | 960678 | 0 | 0 | 2823115 | 821710 | 1451750 | 390038 | 416015 | 403353 | 5897919 | 4985839 | 3937557 | 281901 | 7159609 |
| （一）基建建设 | 684134 | 732342 | 0 | 0 | 705389 | 357601 | 837812 | 65268 | 286729 | 230425 | 1747008 | 786708 | 0 | 0 | 0 |
| 1. 铁路工程 | 1867 | 0 | 0 | 0 | 157690 | 88849 | 603614 | 13682 | 0 | 168586 | 0 | 0 | 0 | 0 | 0 |
| 2. 公路工程 | 0 | 0 | 0 | 0 | 82389 | 0 | 17599 | 4560 | 0 | 15902 | 0 | 0 | 0 | 0 | 0 |
| 3. 市政工程 | 571543 | 4111 | 0 | 0 | 359509 | 246743 | 210452 | 24932 | 0 | 22662 | 0 | 249592 | 0 | 0 | 0 |
| 4. 房建工程 | 110724 | 728231 | 0 | 0 | 0 | 18255 | 5203 | 22094 | 286729 | 15581 | 1747008 | 537116 | 0 | 0 | 0 |
| 5. 水利电力工程 | 0 | 0 | 0 | 0 | 0 | 0 | 0 | 0 | 0 | 0 | 0 | 0 | 0 | 0 | 0 |
| 6. 港口与航道工程 | 0 | 0 | 0 | 0 | 0 | 0 | 0 | 0 | 0 | 0 | 0 | 0 | 0 | 0 | 0 |
| 7. 机场工程 | 0 | 0 | 0 | 0 | 0 | 0 | 0 | 0 | 0 | 0 | 0 | 0 | 0 | 0 | 0 |
| 8. 城市轨道交通工程 | 0 | 0 | 0 | 0 | 102500 | 3755 | 500 | 0 | 0 | 4872 | 0 | 0 | 0 | 0 | 0 |
| 9. 其他工程 | 0 | 0 | 0 | 0 | 3302 | 0 | 443 | 0 | 0 | 2822 | 0 | 0 | 0 | 0 | 0 |
| （二）勘察设计 | 0 | 0 | 0 | 0 | 705750 | 369660 | 492613 | 270511 | 40383 | 19149 | 0 | 0 | 0 | 0 | 0 |
| 1. 铁路工程 | 0 | 0 | 0 | 0 | 463893 | 46728 | 267751 | 181660 | 5350 | 5431 | 0 | 0 | 0 | 0 | 0 |
| 2. 公路工程 | 0 | 0 | 0 | 0 | 10679 | 29288 | 16301 | 54669 | 158 | 7664 | 0 | 0 | 0 | 0 | 0 |
| 3. 市政工程 | 0 | 0 | 0 | 0 | 60297 | 97378 | 161774 | 19801 | 813 | 394 | 0 | 0 | 0 | 0 | 0 |
| 4. 房建工程 | 0 | 0 | 0 | 0 | 13621 | 22239 | 21997 | 5288 | 28741 | 150 | 0 | 0 | 0 | 0 | 0 |
| 5. 水利电力工程 | 0 | 0 | 0 | 0 | 0 | 0 | 0 | 780 | 0 | 0 | 0 | 0 | 0 | 0 | 0 |
| 6. 港口与航道工程 | 0 | 0 | 0 | 0 | 0 | 0 | 0 | 0 | 0 | 0 | 0 | 0 | 0 | 0 | 0 |
| 7. 机场工程 | 0 | 0 | 0 | 0 | 0 | 0 | 0 | 0 | 0 | 42 | 0 | 0 | 0 | 0 | 0 |
| 8. 城市轨道交通工程 | 0 | 0 | 0 | 0 | 157197 | 173285 | 24144 | 5095 | 5321 | 1480 | 0 | 0 | 0 | 0 | 0 |
| 9. 其他工程 | 0 | 0 | 0 | 0 | 63 | 742 | 645 | 3217 | 0 | 3989 | 0 | 0 | 0 | 0 | 0 |
| （三）工业 | 0 | 0 | 0 | 0 | 0 | 0 | 0 | 0 | 0 | 9152 | 0 | 0 | 3686233 | 0 | 0 |
| （四）房地产 | 0 | 0 | 0 | 0 | 46451 | 0 | 0 | 0 | 0 | 0 | 4079870 | 249131 | 0 | 0 | 0 |
| （五）基础设施投资业务 | 2456690 | 0 | 0 | 0 | 1046083 | 0 | 0 | 0 | 0 | 0 | 0 | 3950000 | 0 | 0 | 0 |
| 1. 铁路工程 | 0 | 0 | 0 | 0 | 0 | 0 | 0 | 0 | 0 | 0 | 0 | 0 | 0 | 0 | 0 |
| 2. 公路工程 | 0 | 0 | 0 | 0 | 0 | 0 | 0 | 0 | 0 | 0 | 0 | 0 | 0 | 0 | 0 |
| 3. 市政工程 | 39490 | 0 | 0 | 0 | 0 | 0 | 0 | 0 | 0 | 0 | 0 | 3950000 | 0 | 0 | 0 |

续表

| 项目 | 中国铁工投资 | 中铁国际 | 东方国际 | 中海外 | 中铁二院 | 中铁六院 | 中铁设计 | 中铁大桥院 | 中铁华铁 | 中铁科研院 | 中铁置业 | 中铁文旅 | 中铁工业 | 中铁资源 | 中铁物贸 |
|---|---|---|---|---|---|---|---|---|---|---|---|---|---|---|---|
| 4. 房建工程 | 0 | 0 | 0 | 0 | 0 | 0 | 0 | 0 | 0 | 0 | 0 | 0 | 0 | 0 | 0 |
| 5. 水利电力工程 | 0 | 0 | 0 | 0 | 0 | 0 | 0 | 0 | 0 | 0 | 0 | 0 | 0 | 0 | 0 |
| 6. 港口与航道工程 | 0 | 0 | 0 | 0 | 0 | 0 | 0 | 0 | 0 | 0 | 0 | 0 | 0 | 0 | 0 |
| 7. 机场工程 | 0 | 0 | 0 | 0 | 0 | 0 | 0 | 0 | 0 | 0 | 0 | 0 | 0 | 0 | 0 |
| 8. 城市轨道交通工程 | 0 | 0 | 0 | 0 | 0 | 0 | 0 | 0 | 0 | 0 | 0 | 0 | 0 | 0 | 0 |
| 9. 其他工程 | 2417200 | 0 | 0 | 0 | 1046083 | 0 | 0 | 0 | 0 | 0 | 0 | 0 | 0 | 0 | 0 |
| （六）矿产资源 | 0 | 0 | 0 | 0 | 0 | 0 | 0 | 0 | 0 | 0 | 0 | 0 | 0 | 281901 | 0 |
| （七）技术咨询 | 0 | 0 | 0 | 0 | 79988 | 36085 | 72904 | 21254 | 0 | 88080 | 0 | 0 | 0 | 0 | 0 |
| （八）工程监理 | 0 | 0 | 0 | 0 | 42302 | 35799 | 47167 | 31738 | 88902 | 50399 | 0 | 0 | 0 | 0 | 0 |
| （九）批发零售贸易 | 0 | 228336 | 0 | 0 | 0 | 0 | 0 | 0 | 0 | 1097 | 0 | 0 | 0 | 0 | 7159609 |
| （十）机械租赁 | 0 | 0 | 0 | 0 | 0 | 0 | 0 | 0 | 0 | 1149 | 0 | 0 | 139164 | 0 | 0 |
| （十一）其他 | 0 | 0 | 0 | 0 | 197153 | 22565 | 1255 | 1267 | 0 | 3902 | 71041 | 0 | 112160 | 0 | 0 |
| 二、境外 | 0 | 2678392 | 114233 | 1232621 | 84590 | 4853 | 49991 | 7856 | 149 | 2707 | 0 | 0 | 246356 | 941112 | 0 |
| （一）基建建设 | 0 | 2678392 | 114233 | 1227633 | 0 | 0 | 0 | 0 | 0 | 0 | 0 | 0 | 0 | 0 | 0 |
| 1. 铁路工程 | 0 | 249450 | 2422 | 0 | 0 | 0 | 0 | 0 | 0 | 0 | 0 | 0 | 0 | 0 | 0 |
| 2. 公路工程 | 0 | 161857 | 0 | 193924 | 0 | 0 | 0 | 0 | 0 | 0 | 0 | 0 | 0 | 0 | 0 |
| 3. 市政工程 | 0 | 447024 | 0 | 6114 | 0 | 0 | 0 | 0 | 0 | 0 | 0 | 0 | 0 | 0 | 0 |
| 4. 房建工程 | 0 | 1139023 | 6286 | 413951 | 0 | 0 | 0 | 0 | 0 | 0 | 0 | 0 | 0 | 0 | 0 |
| 5. 水利电力工程 | 0 | 325821 | 0 | 613644 | 0 | 0 | 0 | 0 | 0 | 0 | 0 | 0 | 0 | 0 | 0 |
| 6. 港口与航道工程 | 0 | 10291 | 0 | 0 | 0 | 0 | 0 | 0 | 0 | 0 | 0 | 0 | 0 | 0 | 0 |
| 7. 机场工程 | 0 | 0 | 0 | 0 | 0 | 0 | 0 | 0 | 0 | 0 | 0 | 0 | 0 | 0 | 0 |
| 8. 城市轨道交通工程 | 0 | 0 | 653 | 0 | 0 | 0 | 0 | 0 | 0 | 0 | 0 | 0 | 0 | 0 | 0 |
| 9. 其他工程 | 0 | 344926 | 104867 | 0 | 0 | 0 | 0 | 0 | 0 | 0 | 0 | 0 | 0 | 0 | 0 |
| （二）勘察设计 | 0 | 0 | 0 | 0 | 45434 | 4853 | 45991 | 4946 | 0 | 1699 | 0 | 0 | 0 | 0 | 0 |
| （三）工业 | 0 | 0 | 0 | 4699 | 0 | 0 | 0 | 0 | 0 | 0 | 0 | 0 | 246356 | 0 | 0 |
| （四）矿产资源 | 0 | 0 | 0 | 0 | 0 | 0 | 0 | 0 | 0 | 0 | 0 | 0 | 0 | 941112 | 0 |
| （五）对外劳务合作 | 0 | 0 | 0 | 289 | 0 | 0 | 0 | 0 | 0 | 0 | 0 | 0 | 0 | 0 | 0 |
| （六）其他 | 0 | 0 | 0 | 0 | 39156 | 0 | 4000 | 2910 | 149 | 1008 | 0 | 0 | 0 | 0 | 0 |

制表：丁 宾

统计资料

表 14-3　2020 年中国铁路工程集团有限公司新签合同额（三）

单位：万元

| 项目 | 中铁信托 | 中铁财务 | 中铁资本 | 中铁世德 | 中铁投资 | 中铁南方 | 中铁交通 | 中铁开投 | 中铁城投 | 中铁上投 | 中铁发展 | 中铁北方 | 中铁水利院 | 中铁装配 |
|---|---|---|---|---|---|---|---|---|---|---|---|---|---|---|
| 总计 | 217300 | 165654 | 170270 | 0 | 8092504 | 6580409 | 5787520 | 8814489 | 4845407 | 1632063 | 3307435 | 4290439 | 33495 | 74275 |
| 一、境内 | 217300 | 165654 | 158831 | 0 | 8092504 | 6580409 | 5787520 | 8814489 | 4845407 | 1632063 | 3307435 | 4290439 | 33495 | 74275 |
| （一）基建建设 | 0 | 0 | 0 | 0 | 1161313 | 3071490 | 77557 | 1519569 | 2574529 | 1179432 | 803681 | 936223 | 2780 | 48718 |
| 1. 铁路工程 | 0 | 0 | 0 | 0 | 0 | 128088 | 0 | 356236 | 0 | 0 | 0 | 0 | 0 | 0 |
| 2. 公路工程 | 0 | 0 | 0 | 0 | 0 | 579569 | 0 | 0 | 92072 | 0 | 0 | 0 | 0 | 0 |
| 3. 市政工程 | 0 | 0 | 0 | 0 | 0 | 997618 | 0 | 98470 | 29057 | 746871 | 0 | 0 | 0 | 0 |
| 4. 房建工程 | 0 | 0 | 0 | 0 | 1161313 | 70123 | 15000 | 1064863 | 1549517 | 0 | 0 | 0 | 0 | 48718 |
| 5. 水利电力工程 | 0 | 0 | 0 | 0 | 0 | 249552 | 0 | 0 | 0 | 0 | 0 | 0 | 2780 | 0 |
| 6. 港口与航道工程 | 0 | 0 | 0 | 0 | 0 | 0 | 0 | 0 | 0 | 0 | 0 | 0 | 0 | 0 |
| 7. 机场工程 | 0 | 0 | 0 | 0 | 0 | 0 | 0 | 0 | 0 | 0 | 0 | 0 | 0 | 0 |
| 8. 城市轨道交通工程 | 0 | 0 | 0 | 0 | 0 | 1046540 | 0 | 0 | 903883 | 432561 | 803681 | 936223 | 0 | 0 |
| 9. 其他工程 | 0 | 0 | 0 | 0 | 0 | 0 | 62557 | 0 | 0 | 0 | 0 | 0 | 0 | 0 |
| （二）勘察设计 | 0 | 0 | 0 | 0 | 0 | 0 | 0 | 0 | 1998 | 0 | 0 | 0 | 30715 | 0 |
| 1. 铁路工程 | 0 | 0 | 0 | 0 | 0 | 0 | 0 | 0 | 0 | 0 | 0 | 0 | 0 | 0 |
| 2. 公路工程 | 0 | 0 | 0 | 0 | 0 | 0 | 0 | 0 | 1998 | 0 | 0 | 0 | 0 | 0 |
| 3. 市政工程 | 0 | 0 | 0 | 0 | 0 | 0 | 0 | 0 | 0 | 0 | 0 | 0 | 0 | 0 |
| 4. 房建工程 | 0 | 0 | 0 | 0 | 0 | 0 | 0 | 0 | 0 | 0 | 0 | 0 | 0 | 0 |
| 5. 水利电力工程 | 0 | 0 | 0 | 0 | 0 | 0 | 0 | 0 | 0 | 0 | 0 | 0 | 30715 | 0 |
| 6. 港口与航道工程 | 0 | 0 | 0 | 0 | 0 | 0 | 0 | 0 | 0 | 0 | 0 | 0 | 0 | 0 |
| 7. 机场工程 | 0 | 0 | 0 | 0 | 0 | 0 | 0 | 0 | 0 | 0 | 0 | 0 | 0 | 0 |
| 8. 城市轨道交通工程 | 0 | 0 | 0 | 0 | 0 | 0 | 0 | 0 | 0 | 0 | 0 | 0 | 0 | 0 |
| 9. 其他工程 | 0 | 0 | 0 | 0 | 0 | 0 | 0 | 0 | 0 | 0 | 0 | 0 | 0 | 0 |
| （三）工业 | 0 | 0 | 0 | 0 | 0 | 0 | 0 | 0 | 0 | 0 | 0 | 0 | 0 | 0 |
| （四）房地产 | 0 | 0 | 0 | 0 | 5710000 | 0 | 7212 | 1772830 | 64518 | 32631 | 0 | 0 | 0 | 0 |
| （五）基础设施投资业务 | 0 | 0 | 0 | 0 | 1221191 | 3508919 | 5702751 | 5522090 | 2204361 | 420000 | 2503754 | 3354216 | 0 | 0 |
| 1. 铁路工程 | 0 | 0 | 0 | 0 | 0 | 0 | 0 | 0 | 0 | 0 | 0 | 0 | 0 | 0 |
| 2. 公路工程 | 0 | 0 | 0 | 0 | 1221191 | 2982398 | 5702751 | 3813130 | 1112761 | 0 | 0 | 3354216 | 0 | 0 |
| 3. 市政工程 | 0 | 0 | 0 | 0 | 0 | 0 | 0 | 1708960 | 1091600 | 420000 | 0 | 0 | 0 | 0 |

续表

| 项目 | 中铁信托 | 中铁财务 | 中铁资本 | 中铁世德 | 中铁投资 | 中铁南方 | 中铁交通 | 中铁开投 | 中铁城投 | 中铁上投 | 中铁发展 | 中铁北方 | 中铁水利院 | 中铁装配 |
|---|---|---|---|---|---|---|---|---|---|---|---|---|---|---|
| 4. 房建工程 | 0 | 0 | 0 | 0 | 0 | 0 | 0 | 0 | 0 | 0 | 0 | 0 | 0 | 0 |
| 5. 水利电力工程 | 0 | 0 | 0 | 0 | 0 | 0 | 0 | 0 | 0 | 0 | 0 | 0 | 0 | 0 |
| 6. 港口与航道工程 | 0 | 0 | 0 | 0 | 0 | 0 | 0 | 0 | 0 | 0 | 0 | 0 | 0 | 0 |
| 7. 机场工程 | 0 | 0 | 0 | 0 | 0 | 0 | 0 | 0 | 0 | 0 | 0 | 0 | 0 | 0 |
| 8. 城市轨道交通工程 | 0 | 0 | 0 | 0 | 0 | 0 | 0 | 0 | 0 | 0 | 0 | 0 | 0 | 0 |
| 9. 其他工程 | 0 | 0 | 0 | 0 | 0 | 526521 | 0 | 0 | 0 | 0 | 2503754 | 0 | 0 | 0 |
| （六）矿产资源 | 0 | 0 | 0 | 0 | 0 | 0 | 0 | 0 | 0 | 0 | 0 | 0 | 0 | 0 |
| （七）技术咨询 | 0 | 0 | 0 | 0 | 0 | 0 | 0 | 0 | 0 | 0 | 0 | 0 | 0 | 0 |
| （八）工程监理 | 0 | 0 | 0 | 0 | 0 | 0 | 0 | 0 | 0 | 0 | 0 | 0 | 0 | 0 |
| （九）批发零售贸易 | 0 | 0 | 0 | 0 | 0 | 0 | 0 | 0 | 0 | 0 | 0 | 0 | 0 | 25558 |
| （十）机械租赁 | 0 | 0 | 71364 | 0 | 0 | 0 | 0 | 0 | 0 | 0 | 0 | 0 | 0 | 0 |
| （十一）其他 | 217300 | 165654 | 87467 | 0 | 0 | 0 | 0 | 0 | 0 | 0 | 0 | 0 | 0 | 0 |
| 二、境外 | 0 | 0 | 11439 | 0 | 0 | 0 | 0 | 0 | 0 | 0 | 0 | 0 | 0 | 0 |
| （一）基建建设 | 0 | 0 | 0 | 0 | 0 | 0 | 0 | 0 | 0 | 0 | 0 | 0 | 0 | 0 |
| 1. 铁路工程 | 0 | 0 | 0 | 0 | 0 | 0 | 0 | 0 | 0 | 0 | 0 | 0 | 0 | 0 |
| 2. 公路工程 | 0 | 0 | 0 | 0 | 0 | 0 | 0 | 0 | 0 | 0 | 0 | 0 | 0 | 0 |
| 3. 市政工程 | 0 | 0 | 0 | 0 | 0 | 0 | 0 | 0 | 0 | 0 | 0 | 0 | 0 | 0 |
| 4. 房建工程 | 0 | 0 | 0 | 0 | 0 | 0 | 0 | 0 | 0 | 0 | 0 | 0 | 0 | 0 |
| 5. 水利电力工程 | 0 | 0 | 0 | 0 | 0 | 0 | 0 | 0 | 0 | 0 | 0 | 0 | 0 | 0 |
| 6. 港口与航道工程 | 0 | 0 | 0 | 0 | 0 | 0 | 0 | 0 | 0 | 0 | 0 | 0 | 0 | 0 |
| 7. 机场工程 | 0 | 0 | 0 | 0 | 0 | 0 | 0 | 0 | 0 | 0 | 0 | 0 | 0 | 0 |
| 8. 城市轨道交通工程 | 0 | 0 | 0 | 0 | 0 | 0 | 0 | 0 | 0 | 0 | 0 | 0 | 0 | 0 |
| 9. 其他工程 | 0 | 0 | 0 | 0 | 0 | 0 | 0 | 0 | 0 | 0 | 0 | 0 | 0 | 0 |
| （二）勘察设计 | 0 | 0 | 0 | 0 | 0 | 0 | 0 | 0 | 0 | 0 | 0 | 0 | 0 | 0 |
| （三）工业 | 0 | 0 | 0 | 0 | 0 | 0 | 0 | 0 | 0 | 0 | 0 | 0 | 0 | 0 |
| （四）矿产资源 | 0 | 0 | 0 | 0 | 0 | 0 | 0 | 0 | 0 | 0 | 0 | 0 | 0 | 0 |
| （五）对外劳务合作 | 0 | 0 | 0 | 0 | 0 | 0 | 0 | 0 | 0 | 0 | 0 | 0 | 0 | 0 |
| （六）其他 | 0 | 0 | 11439 | 0 | 0 | 0 | 0 | 0 | 0 | 0 | 0 | 0 | 0 | 0 |

制表：丁 宾

统计资料

表 14-4　2020 年中国中铁股份有限公司所属单位新签合同额排名

| 排名 | 单位名称 | 2020 年新签合同额 / 亿元 | 2019 年完成额 / 亿元 | 同比增长率 /% |
|---|---|---|---|---|
| 一、区域总部（投资公司） | | | | |
| 1 | 中铁西南区域总部 | 3936.8 | — | — |
| | 中铁开投 | 881.4 | 826.2 | 6.7 |
| 2 | 中铁华东区域总部 | 3854.9 | — | — |
| | 中铁上投 | 163.2 | 538.3 | -69.7 |
| 3 | 中铁西部区域总部 | 3445.1 | — | — |
| | 中铁城投 | 484.5 | 880.3 | -45.0 |
| 4 | 中铁晋鲁豫区域总部 | 3386.0 | — | — |
| | 中铁发展 | 330.7 | -912.6 | -63.8 |
| 5 | 中铁华南区域总部 | 3032.3 | — | — |
| | 中铁南方 | 658.0 | 761.1（830.3） | -13.5 |
| 6 | 中铁京津冀区域总部 | 2045.9 | — | — |
| | 中铁投资 | 809.3 | 528.2（1212.7） | 53.2 |
| 7 | 中铁中南区域总部 | 1749.1 | — | — |
| | 中铁交通 | 578.8 | 162.6（445.6） | 256.0 |
| 8 | 中铁北方区域总部 | 1435.9 | — | — |
| | 中铁北方 | 429.0 | -124.2 | 245.4 |
| 9 | 中国铁工投资 | 314.1 | — | — |
| 二、工程局集团公司 | | | | |
| 1 | 中铁四局 | 2095.9 | 1650.0 | 27.0 |
| 2 | 中铁建工 | 2007.5 | 1506.2 | 33.3 |
| 3 | 中铁一局 | 2001.0 | 1616.2 | 23.8 |
| 4 | 中铁三局 | 1851.4 | 1387.4 | 33.4 |
| 5 | 中铁五局 | 1707.9 | 1278.8 | 33.6 |
| 6 | 中铁十局 | 1205.5 | 1102.9 | 9.3 |
| 7 | 中铁七局 | 1186.4 | 854.0 | 38.9 |
| 8 | 中铁隧道局 | 1068.1 | 772.9 | 38.2 |
| 9 | 中铁大桥局 | 1063.3 | 442.1 | 140.5 |
| 10 | 中铁二局 | 1053.7 | 1145.7 | -8.0 |
| 11 | 中铁八局 | 1030.0 | 738.2 | 39.5 |
| 12 | 中铁上海局 | 1001.0 | 704.6 | 42.1 |
| 13 | 中铁电气化局 | 903.3 | 709.1 | 27.4 |
| 14 | 中铁六局 | 865.7 | 808.8 | 7.0 |
| 15 | 中铁九局 | 757.7 | 469.2 | 61.5 |

续表

| 排名 | 单位名称 | 2020 年新签合同额 / 亿元 | 2019 年完成额 / 亿元 | 同比增长率 /% |
|---|---|---|---|---|
| 16 | 中铁北京局 | 671.8 | 582.9 | 15.3 |
| 17 | 中铁广州局 | 529.9 | 420.8 | 25.9 |
| 18 | 中铁国际 | 363.9 | 393.8 | −7.6 |
| 19 | 中国铁工投资 | 314.1 | — | — |
| 20 | 中铁武汉电化局 | 126.7 | 182.8 | −30.7 |
| 21 | 中海外 | 123.3 | — | — |
| 22 | 东方国际 | 11.4 | 3.1 | 266.4 |
| 三、勘察设计咨询公司 | | | | |
| 1 | 中铁二院 | 290.8 | 232 | 25.3 |
| 2 | 中铁设计 | 150.2 | 112.5 | 33.5 |
| 3 | 中铁六院 | 82.7 | 50.1 | 64.9 |
| 4 | 中铁华铁 | 41.6 | 29.4 | 41.6 |
| 5 | 中铁科研院 | 40.6 | 29.6 | 37.0 |
| 6 | 中铁大桥院 | 39.8 | 27.4 | 45.0 |
| 四、房地产集团公司 | | | | |
| 1 | 中铁置业 | 589.8 | 616.6 | −4.3 |
| 2 | 中铁文旅 | 498.6 | 286.7 | 73.9 |
| 五、金融公司 | | | | |
| 1 | 中铁信托 | 21.7 | 18.2 | 19.4 |
| 2 | 中铁资本 | 17.0 | 10.0 | 70.0 |
| 3 | 中铁财务 | 16.6 | 14.2 | 16.6 |
| 六、其他板块公司 | | | | |
| 1 | 中铁物贸 | 716.0 | 610.1 | 17.4 |
| 2 | 中铁工业 | 418.4 | 358.6 | 16.7 |
| 3 | 中铁资源 | 122.3 | 136.3 | −10.3 |

制表：丁 宾

统计资料

表 14-5　2020 年中国铁路工程集团有限公司营业额完成情况一览（一）

单位：万元

| 项目 | 中铁一局 | 中铁二局 | 中铁三局 | 中铁四局 | 中铁五局 | 中铁六局 | 中铁七局 | 中铁八局 | 中铁九局 | 中铁十局 | 中铁大桥局 | 中铁隧道局 | 中铁电气化局 | 中铁武汉电化局 | 中铁建工 | 中铁广州局 | 中铁北京局 | 中铁上海局 |
|---|---|---|---|---|---|---|---|---|---|---|---|---|---|---|---|---|---|---|
| 总计 | 10029646 | 7388489 | 6892081 | 11301558 | 7109203 | 3660924 | 5164585 | 4078947 | 2182587 | 6027073 | 4560185 | 5232886 | 4244072 | 1250476 | 7495008 | 3016419 | 3034759 | 3884868 |
| 一、境内 | 9792657 | 7253318 | 6663649 | 10996319 | 6865373 | 3658101 | 4605242 | 4006914 | 1969149 | 5675435 | 4318749 | 4974155 | 4163203 | 1211236 | 7248696 | 2986186 | 2991489 | 3851159 |
| （一）基建建设 | 9371818 | 6692831 | 6360275 | 10717822 | 6569029 | 3554602 | 4511758 | 3447635 | 1954718 | 5497292 | 3831297 | 4912602 | 3307152 | 1170747 | 6962247 | 2975795 | 2975859 | 3841542 |
| 1 铁路工程 | 1830536 | 1245936 | 2583776 | 2286371 | 2262130 | 1120778 | 598498 | 864864 | 246030 | 1365634 | 943128 | 843083 | 1296635 | 696690 | 388200 | 622056 | 550952 | 970930 |
| 2 公路工程 | 1710029 | 850960 | 1143999 | 1939513 | 905026 | 604906 | 1242800 | 617566 | 223427 | 967917 | 1514007 | 881167 | 22425 | 4388 | 111652 | 563679 | 569629 | 431139 |
| 3 市政工程 | 1961428 | 1273608 | 726450 | 2760134 | 991145 | 723643 | 611542 | 548912 | 793274 | 1308890 | 874981 | 1257091 | 107991 | 14732 | 406352 | 771692 | 377013 | 1065435 |
| 4 房建工程 | 1292415 | 1564708 | 623570 | 1101203 | 914574 | 591062 | 890594 | 839040 | 429697 | 880768 | 133256 | 61733 | 114330 | 14105 | 5724559 | 463842 | 1145895 | 607415 |
| 5 水利电力工程 | 0 | 149537 | 220419 | 35552 | 350197 | 3347 | 137562 | 59215 | 0 | 182520 | 191108 | 196587 | 6907 | 4258 | 5221 | 950 | 0 | 0 |
| 6 港口与航道工程 | 0 | 0 | 0 | 8102 | 0 | 0 | 0 | 0 | 0 | 0 | 25119 | 0 | 0 | 0 | 0 | 194457 | 0 | 0 |
| 7 机场工程 | 0 | 3707 | 0 | 0 | 1716 | 0 | 0 | 0 | 0 | 0 | 0 | 0 | 0 | 0 | 0 | 0 | 113438 | 0 |
| 8 城市轨道交通工程 | 2384374 | 1589555 | 1020466 | 2484291 | 1144241 | 510866 | 700655 | 493778 | 225734 | 396228 | 131822 | 1357331 | 1753636 | 411815 | 280050 | 357192 | 217792 | 762466 |
| 9 其他工程 | 193036 | 14820 | 36585 | 102656 | 0 | 0 | 330107 | 24260 | 36556 | 395335 | 17876 | 315610 | 5228 | 24759 | 46213 | 1927 | 1140 | 4157 |
| （二）勘察设计 | 6954 | 7186 | 15437 | 16120 | 0 | 0 | 0 | 3267 | 9081 | 0 | 276 | 3882 | 3984 | 0 | 7066 | 0 | 0 | 0 |
| 1 铁路工程 | 813 | 0 | 10330 | 4125 | 0 | 0 | 0 | 2740 | 1884 | 0 | 0 | 9 | 1664 | 0 | 0 | 0 | 0 | 0 |
| 2 公路工程 | 0 | 0 | 0 | 0 | 0 | 0 | 0 | 48 | 0 | 0 | 0 | 711 | 0 | 0 | 0 | 0 | 0 | 0 |
| 3 市政工程 | 5326 | 0 | 0 | 5765 | 0 | 0 | 0 | 13 | 627 | 0 | 276 | 1487 | 0 | 0 | 0 | 0 | 0 | 0 |
| 4 房建工程 | 815 | 7186 | 0 | 6230 | 0 | 0 | 0 | 466 | 6570 | 0 | 0 | 0 | 2175 | 0 | 7066 | 0 | 0 | 0 |
| 5 水利电力工程 | 0 | 0 | 0 | 0 | 0 | 0 | 0 | 0 | 0 | 0 | 0 | 0 | 0 | 0 | 0 | 0 | 0 | 0 |
| 6 港口与航道工程 | 0 | 0 | 0 | 0 | 0 | 0 | 0 | 0 | 0 | 0 | 0 | 0 | 0 | 0 | 0 | 0 | 0 | 0 |
| 7 机场工程 | 0 | 0 | 0 | 0 | 0 | 0 | 0 | 0 | 0 | 0 | 0 | 0 | 0 | 0 | 0 | 0 | 0 | 0 |
| 8 城市轨道交通工程 | 0 | 0 | 1124 | 0 | 0 | 0 | 0 | 0 | 0 | 0 | 0 | 94 | 145 | 0 | 0 | 0 | 0 | 0 |
| 9 其他工程 | 0 | 0 | 3983 | 0 | 0 | 0 | 0 | 0 | 0 | 0 | 0 | 1581 | 0 | 0 | 0 | 0 | 0 | 0 |
| （三）工业 | 61368 | 17763 | 41799 | 60028 | 37323 | 1820 | 0 | 78241 | 0 | 0 | 6739 | 44358 | 378401 | 26307 | 15216 | 0 | 0 | 0 |

续表

| 项目 | 中铁一局 | 中铁二局 | 中铁三局 | 中铁四局 | 中铁五局 | 中铁六局 | 中铁七局 | 中铁八局 | 中铁九局 | 中铁十局 | 中铁大桥局 | 中铁隧道局 | 中铁电气化局 | 中铁武汉电化局 | 中铁建工 | 中铁广州局 | 中铁北京局 | 中铁上海局 |
|---|---|---|---|---|---|---|---|---|---|---|---|---|---|---|---|---|---|---|
| （四）房地产 | 5433 | 362571 | 0 | 87200 | 857 | 30151 | 20963 | 250984 | 5350 | 11593 | 254623 | 0 | 73958 | 0 | 1260458 | 0 | 8559 | 0 |
| （五）基础设施投资业务 | 23710 | 0 | 0 | 0 | 0 | 0 | 0 | 0 | 0 | 108689 | 0 | 2836 | 0 | 0 | 0 | 0 | 0 | 9617 |
| （六）矿产资源 | 0 | 0 | 0 | 0 | 0 | 0 | 0 | 0 | 0 | 0 | 0 | 0 | 0 | 0 | 0 | 0 | 0 | 0 |
| （七）技术咨询 | 0 | 0 | 0 | 0 | 0 | 0 | 0 | 0 | 0 | 0 | 33044 | 7421 | 20671 | 0 | 0 | 0 | 0 | 0 |
| （八）工程监理 | 7555 | 0 | 0 | 4105 | 0 | 0 | 0 | 0 | 0 | 0 | 10488 | 0 | 5300 | 0 | 0 | 0 | 0 | 0 |
| （九）批发零售贸易 | 225210 | 126531 | 167378 | 81624 | 244161 | 62850 | 72521 | 160040 | 0 | 2520 | 158838 | 0 | 75138 | 14182 | 0 | 0 | 7071 | 0 |
| （十）机械租赁 | 12691 | 0 | 0 | 0 | 0 | 0 | 0 | 4327 | 0 | 0 | 7029 | 0 | 15600 | 0 | 0 | 0 | 0 | 0 |
| （十一）其他 | 77918 | 46436 | 78760 | 29420 | 14003 | 8678 |  | 62420 | 0 | 55341 | 16415 | 3056 | 282999 | 0 | 3709 | 10391 | 0 | 0 |
| 二、境外 | 236989 | 135171 | 228432 | 305239 | 243830 | 2823 | 559343 | 72033 | 213438 | 351638 | 241436 | 258731 | 80869 | 39240 | 246312 | 30233 | 43270 | 33709 |
| （一）基建建设 | 236989 | 111945 | 228432 | 305239 | 243830 | 2823 | 379181 | 72033 | 211667 | 185733 | 241436 | 258731 | 80869 | 39240 | 246312 | 30233 | 43270 | 33709 |
| 1. 铁路工程 | 84827 | 109975 | 97981 | 88847 | 32631 | 0 | 0 | 42013 | 0 | 0 | 203307 | 0 | 12045 | 38889 | 8885 | 21866 | 37663 | 0 |
| 2. 公路工程 | 90076 | 0 | 38210 | 198534 | 104050 | 0 | 200964 | 0 | 3432 | 59422 | 19627 | 7170 | 0 | 0 | 7895 | 0 | 0 | 0 |
| 3. 市政工程 | 7639 | 0 | 0 | 14940 | 37669 | 0 | 51664 | 5773 | 5104 | 4390 | 4953 | 10331 | 0 | 0 | 26473 | 0 | 0 | 0 |
| 4. 房建工程 | 17294 | 0 | 15736 | 2918 | 18412 | 2823 | 5766 | 4301 | 96303 | 55548 | 102 | 9400 | 0 | 0 | 196073 | 0 | 0 | 17278 |
| 5. 水利电力工程 | 0 | 1970 | 0 | 0 | 10445 | 0 | 0 | 4395 | 0 | 0 | 0 | 0 | 389 | 0 | 0 | 0 | 0 | 0 |
| 6. 港口与航道工程 | 0 | 0 | 0 | 0 | 24006 | 0 | 0 | 0 | 0 | 3389 | 13447 | 0 | 0 | 0 | 2717 | 3331 | 0 | 0 |
| 7. 机场工程 | 0 | 0 | 0 | 0 | 8658 | 0 | 0 | 0 | 0 | 0 | 0 | 0 | 1553 | 0 | 4264 | 0 | 5607 | 0 |
| 8. 城市轨道交通工程 | 34292 | 0 | 76505 | 0 | 7959 | 0 | 0 | 0 | 13999 | 0 | 0 | 219654 | 65802 | 351 | 0 | 5036 | 0 | 16431 |
| 9. 其他工程 | 2861 | 0 | 0 | 0 | 0 | 0 | 120787 | 15551 | 92829 | 62984 | 0 | 12176 | 1080 | 0 | 0 | 0 | 0 | 0 |
| （二）勘察设计 | 0 | 0 | 0 | 0 | 0 | 0 | 0 | 0 | 0 | 0 | 0 | 0 | 0 | 0 | 0 | 0 | 0 | 0 |
| （三）产品销售 | 0 | 0 | 0 | 0 | 0 | 0 | 0 | 0 | 0 | 0 | 0 | 0 | 0 | 0 | 0 | 0 | 0 | 0 |
| （四）矿产资源 | 0 | 0 | 0 | 0 | 0 | 0 | 0 | 0 | 0 | 0 | 0 | 0 | 0 | 0 | 0 | 0 | 0 | 0 |
| （五）对外劳务合作 | 0 | 0 | 0 | 0 | 0 | 0 | 0 | 0 | 0 | 0 | 0 | 0 | 0 | 0 | 0 | 0 | 0 | 0 |
| （六）其他 | 0 | 23226 | 0 | 0 | 0 | 0 | 180162 | 0 | 1771 | 165905 | 0 | 0 | 0 | 0 | 0 | 0 | 0 | 0 |

制表：丁 宾

统计资料

表 14-6　2020 年中国铁路工程集团有限公司营业额完成情况一览（二）

单位：万元

| 项目 | 中国铁工投资 | 中铁国际 | 东方国际 | 中海外 | 中铁二院 | 中铁六院 | 中铁设计 | 中铁大桥院 | 中铁华铁 | 中铁科研院 | 中铁置业 | 中铁[illegible]旅 | 中铁工业 | 中铁资源 | 中铁物贸 |
|---|---|---|---|---|---|---|---|---|---|---|---|---|---|---|---|
| 合计 | 1327715 | 304482 | 161903 | 85629 | 988772 | 319759 | 533328 | 190818 | 128810 | 178136 | 2039839 | 94[illegible]24 | 2643877 | 1218109 | 3115666 |
| 一、境内 | 1327715 | 173394 | 0 | 0 | 888706 | 316732 | 531560 | 186638 | 127461 | 173845 | 2039839 | 94[illegible]24 | 2511342 | 280083 | 3115666 |
| （一）基建建设 | 1214606 | 45941 | 0 | 0 | 157315 | 90353 | 260971 | 23003 | 972 | 60793 | 0 | 36[illegible]1 | 663 | 0 | 0 |
| 1.铁路工程 | 0 | 0 | 0 | 0 | 111279 | 46184 | 165764 | 20120 | 0 | 17459 | 0 | [illegible] | 0 | 0 | 0 |
| 2.公路工程 | 31809 | 5812 | 0 | 0 | 7486 | 0 | 10229 | 335 | 0 | 11559 | 0 | 5[illegible]2 | 0 | 0 | 0 |
| 3.市政工程 | 1054471 | 28973 | 0 | 0 | 33582 | 24284 | 69659 | 1215 | 0 | 4205 | 0 | 10[illegible]77 | 0 | 0 | 0 |
| 4.房建工程 | 66014 | 12156 | 0 | 0 | 0 | 10452 | 787 | 1333 | 972 | 81 | 0 | 26[illegible]2 | 663 | 0 | 0 |
| 5.水利电力工程 | 58110 | 0 | 0 | 0 | 0 | 0 | 0 | 0 | 0 | 0 | 0 | [illegible] | 0 | 0 | 0 |
| 6.港口与航道工程 | 0 | 0 | 0 | 0 | 0 | 0 | 0 | 0 | 0 | 0 | 0 | [illegible] | 0 | 0 | 0 |
| 7.机场工程 | 0 | 0 | 0 | 0 | 0 | 0 | 0 | 0 | 0 | 0 | 0 | [illegible] | 0 | 0 | 0 |
| 8.城市轨道交通工程 | 4202 | 0 | 0 | 0 | 4968 | 9433 | 14308 | 0 | 0 | 0 | 0 | [illegible] | 0 | 0 | 0 |
| 9.其他工程 | 0 | 0 | 0 | 0 | 0 | 0 | 224 | 0 | 0 | 27489 | 0 | [illegible] | 0 | 0 | 0 |
| （二）勘察设计 | 0 | 0 | 0 | 0 | 507292 | 183786 | 184680 | 137270 | 71258 | 11776 | 0 | [illegible] | 0 | 0 | 0 |
| 1.铁路工程 | 0 | 0 | 0 | 0 | 321123 | 31933 | 122337 | 48562 | 7839 | 1293 | 0 | [illegible] | 0 | 0 | 0 |
| 2.公路工程 | 0 | 0 | 0 | 0 | 24000 | 845 | 9933 | 25753 | 0 | 2449 | 0 | [illegible] | 0 | 0 | 0 |
| 3.市政工程 | 0 | 0 | 0 | 0 | 50422 | 19228 | 14954 | 38965 | 0 | 130 | 0 | [illegible] | 0 | 0 | 0 |
| 4.房建工程 | 0 | 0 | 0 | 0 | 0 | 13939 | 7206 | 9888 | 42035 | 287 | 0 | [illegible] | 0 | 0 | 0 |
| 5.水利电力工程 | 0 | 0 | 0 | 0 | 0 | 0 | 0 | 0 | 0 | 0 | 0 | [illegible] | 0 | 0 | 0 |
| 6.港口与航道工程 | 0 | 0 | 0 | 0 | 0 | 0 | 0 | 0 | 0 | 0 | 0 | [illegible] | 0 | 0 | 0 |
| 7.机场工程 | 0 | 0 | 0 | 0 | 0 | 0 | 0 | 0 | 0 | 60 | 0 | [illegible] | 0 | 0 | 0 |
| 8.城市轨道交通工程 | 0 | 0 | 0 | 0 | 109017 | 117675 | 30201 | 11220 | 21384 | 5394 | 0 | [illegible] | 0 | 0 | 0 |
| 9.其他工程 | 0 | 0 | 0 | 0 | 2730 | 166 | 49 | 2882 | 0 | 2163 | 0 | [illegible] | 0 | 0 | 0 |
| （三）工业 | 0 | 0 | 0 | 0 | 0 | 0 | 0 | 0 | 0 | 6501 | 0 | [illegible] | 2335941 | 0 | 0 |
| （四）房地产 | 0 | 0 | 0 | 0 | 1239 | 0 | 0 | 0 | 0 | 0 | 2003747 | 56[illegible]5 | 0 | 0 | 0 |

续表

| 项目 | 中国铁工投资 | 中铁国际 | 东方国际 | 中海外 | 中铁二院 | 中铁六院 | 中铁设计 | 中铁大桥院 | 中铁华铁 | 中铁科研院 | 中铁置业 | 中铁文旅 | 中铁工业 | 中铁资源 | 中铁物贸 |
|---|---|---|---|---|---|---|---|---|---|---|---|---|---|---|---|
| （五）基础设施投资业务 | 113109 | 673 | 0 | 0 | 0 | 0 | 0 | 0 | 0 | 0 | 0 | 0 | 0 | 0 | 0 |
| （六）矿产资源 | 0 | 0 | 0 | 0 | 0 | 0 | 0 | 0 | 0 | 0 | 0 | 0 | 0 | 280083 | 0 |
| （七）技术咨询 | 0 | 0 | 0 | 0 | 47292 | 10963 | 39984 | 11150 | 0 | 63837 | 0 | 0 | 0 | 0 | 0 |
| （八）工程监理 | 0 | 0 | 0 | 0 | 41131 | 20835 | 43033 | 15215 | 55231 | 29268 | 0 | 0 | 0 | 0 | 0 |
| （九）批发零售贸易 | 0 | 125780 | 0 | 0 | 0 | 0 | 0 | 0 | 0 | 0 | 0 | 0 | 0 | 0 | 3115666 |
| （十）机械租赁 | 0 | 0 | 0 | 0 | 0 | 0 | 0 | 0 | 0 | 0 | 0 | 0 | 73015 | 0 | 0 |
| （十一）其他 | 0 | 0 | 0 | 0 | 134437 | 10795 | 2892 | 0 | 0 | 1670 | 36092 | 3818 | 101723 | 0 | 0 |
| 二、境外 | 0 | 131088 | 1619[illegible]3 | 85629 | 100066 | 3027 | 1768 | 4180 | 1349 | 4291 | 0 | 0 | 132535 | 938026 | 0 |
| （一）基建建设 | 0 | 131071 | 1619[illegible]3 | 80443 | 69231 | 605 | 0 | 0 | 0 | 0 | 0 | 0 | 0 | 0 | 0 |
| 1. 铁路工程 | 0 | 5103 | 906[illegible]1 | 3434 | 69231 | 605 | 0 | 0 | 0 | 0 | 0 | 0 | 0 | 0 | 0 |
| 2. 公路工程 | 0 | 49015 | 174[illegible] | 63823 | 0 | 0 | 0 | 0 | 0 | 0 | 0 | 0 | 0 | 0 | 0 |
| 3. 市政工程 | 0 | 9320 | 65[illegible] | 2230 | 0 | 0 | 0 | 0 | 0 | 0 | 0 | 0 | 0 | 0 | 0 |
| 4. 房建工程 | 0 | 20129 | 223[illegible] | 6920 | 0 | 0 | 0 | 0 | 0 | 0 | 0 | 0 | 0 | 0 | 0 |
| 5. 水利电力工程 | 0 | 40821 | 0 | 1910 | 0 | 0 | 0 | 0 | 0 | 0 | 0 | 0 | 0 | 0 | 0 |
| 6. 港口与航道工程 | 0 | 377 | 0 | 0 | 0 | 0 | 0 | 0 | 0 | 0 | 0 | 0 | 0 | 0 | 0 |
| 7. 机场工程 | 0 | 0 | 0 | 0 | 0 | 0 | 0 | 0 | 0 | 0 | 0 | 0 | 0 | 0 | 0 |
| 8. 城市轨道交通工程 | 0 | 0 | 465[illegible]1 | 0 | 0 | 0 | 0 | 0 | 0 | 0 | 0 | 0 | 0 | 0 | 0 |
| 9. 其他工程 | 0 | 6306 | 0 | 2126 | 0 | 0 | 0 | 0 | 0 | 0 | 0 | 0 | 0 | 0 | 0 |
| （二）勘察设计 | 0 | 0 | 0 | 0 | 29735 | 2422 | 1768 | 4180 | 0 | 104 | 0 | 0 | 0 | 0 | 0 |
| （三）产品销售 | 0 | 0 | 0 | 4578 | 0 | 0 | 0 | 0 | 0 | 24 | 0 | 0 | 132535 | 0 | 0 |
| （四）矿产资源 | 0 | 0 | 0 | 0 | 0 | 0 | 0 | 0 | 0 | 0 | 0 | 0 | 0 | 938026 | 0 |
| （五）对外劳务合作 | 0 | 17 | 0 | 608 | 0 | 0 | 0 | 0 | 0 | 0 | 0 | 0 | 0 | 0 | 0 |
| （六）其他 | 0 | 0 | 0 | 0 | 1100 | 0 | 0 | 0 | 1349 | 4163 | 0 | 0 | 0 | 0 | 0 |

制表：丁 宾

统计资料

表 14-7　2020 年中国铁路工程集团有限公司营业额完成情况一览（三）

单位：万元

| 项目 | 中铁信托 | 中铁财务 | 中铁资本 | 中铁世德 | 中铁投资 | 中铁南方 | 中铁交通 | 中铁开投 | 中铁城投 | 中铁上投 | 中铁发展 | 中铁北方 | 中铁水利院 | 中铁装配 |
|---|---|---|---|---|---|---|---|---|---|---|---|---|---|---|
| 总计 | 217300 | 165654 | 104783 | 0 | 357691 | 2537076 | 1686087 | 3742962 | 3716106 | 1084810 | 1503801 | 710169 | 19200 | 57540 |
| 一、境内 | 217300 | 165654 | 103751 | 0 | 357691 | 2537076 | 1686087 | 3742962 | 3716106 | 1084810 | 1503801 | 710169 | 19200 | 57540 |
| （一）基建建设 | 0 | 0 | 0 | 0 | 357691 | 2537076 | 1549787 | 3742962 | 3604611 | 1084810 | 1503801 | 710169 | 12200 | 57540 |
| 1. 铁路工程 | 0 | 0 | 0 | 0 | 0 | 0 | 0 | 0 | 0 | 0 | 0 | 0 | 0 | 0 |
| 2. 公路工程 | 0 | 0 | 0 | 0 | 134282 | 72019 | 891799 | 1777832 | 2148827 | 0 | 952064 | 109507 | 0 | 0 |
| 3. 市政工程 | 0 | 0 | 0 | 0 | 0 | 999557 | 305606 | 82959 | 243790 | 63120 | 59025 | 266562 | 0 | 0 |
| 4. 房建工程 | 0 | 0 | 0 | 0 | 0 | 28867 | 0 | 509990 | 146542 | 0 | 0 | 0 | 0 | 57540 |
| 5. 水利电力工程 | 0 | 0 | 0 | 0 | 0 | 0 | 0 | 243394 | 80841 | 0 | 0 | 0 | 12200 | 0 |
| 6. 港口与航道工程 | 0 | 0 | 0 | 0 | 0 | 0 | 0 | 0 | 0 | 0 | 0 | 0 | 0 | 0 |
| 7. 机场工程 | 0 | 0 | 0 | 0 | 0 | 0 | 0 | 0 | 0 | 0 | 0 | 0 | 0 | 0 |
| 8. 城市轨道交通工程 | 0 | 0 | 0 | 0 | 223409 | 1436633 | 352382 | 1128787 | 984611 | 1021690 | 492712 | 334100 | 0 | 0 |
| 9. 其他工程 | 0 | 0 | 0 | 0 | 0 | 0 | 0 | 0 | 0 | 0 | 0 | 0 | 0 | 0 |
| （二）勘察设计 | 0 | 0 | 0 | 0 | 0 | 0 | 0 | 0 | 0 | 0 | 0 | 0 | 7000 | 0 |
| 1. 铁路工程 | 0 | 0 | 0 | 0 | 0 | 0 | 0 | 0 | 0 | 0 | 0 | 0 | 0 | 0 |
| 2. 公路工程 | 0 | 0 | 0 | 0 | 0 | 0 | 0 | 0 | 0 | 0 | 0 | 0 | 0 | 0 |
| 3. 市政工程 | 0 | 0 | 0 | 0 | 0 | 0 | 0 | 0 | 0 | 0 | 0 | 0 | 0 | 0 |
| 4. 房建工程 | 0 | 0 | 0 | 0 | 0 | 0 | 0 | 0 | 0 | 0 | 0 | 0 | 0 | 0 |
| 5. 水利电力工程 | 0 | 0 | 0 | 0 | 0 | 0 | 0 | 0 | 0 | 0 | 0 | 0 | 7000 | 0 |
| 6. 港口与航道工程 | 0 | 0 | 0 | 0 | 0 | 0 | 0 | 0 | 0 | 0 | 0 | 0 | 0 | 0 |
| 7. 机场工程 | 0 | 0 | 0 | 0 | 0 | 0 | 0 | 0 | 0 | 0 | 0 | 0 | 0 | 0 |
| 8. 城市轨道交通工程 | 0 | 0 | 0 | 0 | 0 | 0 | 0 | 0 | 0 | 0 | 0 | 0 | 0 | 0 |
| 9. 其他工程 | 0 | 0 | 0 | 0 | 0 | 0 | 0 | 0 | 0 | 0 | 0 | 0 | 0 | 0 |
| （三）工业 | 0 | 0 | 0 | 0 | 0 | 0 | 0 | 0 | 0 | 0 | 0 | 0 | 0 | 0 |
| （四）房地产 | 0 | 0 | 0 | 0 | 0 | 0 | 51207 | 0 | 41299 | 0 | 0 | 0 | 0 | 0 |

续表

| 项目 | 中铁信托 | 中铁财务 | 中铁资本 | 中铁世德 | 中铁投资 | 中铁南方 | 中铁交通 | 中铁开投 | 中铁城投 | 中铁上投 | 中铁发展 | 中铁北方 | 中铁水利院 | 中铁装配 |
|---|---|---|---|---|---|---|---|---|---|---|---|---|---|---|
| （五）基础设施投资业务 | 0 | 0 | 0 | 0 | 0 | 0 | 85093 | 0 | 70196 | 0 | 0 | 0 | 0 | 0 |
| （六）矿产资源 | 0 | 0 | 0 | 0 | 0 | 0 | 0 | 0 | 0 | 0 | 0 | 0 | 0 | 0 |
| （七）技术咨询 | 0 | 0 | 0 | 0 | 0 | 0 | 0 | 0 | 0 | 0 | 0 | 0 | 0 | 0 |
| （八）工程监理 | 0 | 0 | 0 | 0 | 0 | 0 | 0 | 0 | 0 | 0 | 0 | 0 | 0 | 0 |
| （九）批发零售贸易 | 0 | 0 | 0 | 0 | 0 | 0 | 0 | 0 | 0 | 0 | 0 | 0 | 0 | 0 |
| （十）机械租赁 | 0 | 0 | 49333 | 0 | 0 | 0 | 0 | 0 | 0 | 0 | 0 | 0 | 0 | 0 |
| （十一）其他 | 217300 | 165654 | 54413 | 0 | 0 | 0 | 0 | 0 | 0 | 0 | 0 | 0 | 0 | 0 |
| 二、境外 | 0 | 0 | 1032 | 0 | 0 | 0 | 0 | 0 | 0 | 0 | 0 | 0 | 0 | 0 |
| （一）基建建设 | 0 | 0 | 0 | 0 | 0 | 0 | 0 | 0 | 0 | 0 | 0 | 0 | 0 | 0 |
| 1. 铁路工程 | 0 | 0 | 0 | 0 | 0 | 0 | 0 | 0 | 0 | 0 | 0 | 0 | 0 | 0 |
| 2. 公路工程 | 0 | 0 | 0 | 0 | 0 | 0 | 0 | 0 | 0 | 0 | 0 | 0 | 0 | 0 |
| 3. 市政工程 | 0 | 0 | 0 | 0 | 0 | 0 | 0 | 0 | 0 | 0 | 0 | 0 | 0 | 0 |
| 4. 房建工程 | 0 | 0 | 0 | 0 | 0 | 0 | 0 | 0 | 0 | 0 | 0 | 0 | 0 | 0 |
| 5. 水利电力工程 | 0 | 0 | 0 | 0 | 0 | 0 | 0 | 0 | 0 | 0 | 0 | 0 | 0 | 0 |
| 6. 港口与航道工程 | 0 | 0 | 0 | 0 | 0 | 0 | 0 | 0 | 0 | 0 | 0 | 0 | 0 | 0 |
| 7. 机场工程 | 0 | 0 | 0 | 0 | 0 | 0 | 0 | 0 | 0 | 0 | 0 | 0 | 0 | 0 |
| 8. 城市轨道交通工程 | 0 | 0 | 0 | 0 | 0 | 0 | 0 | 0 | 0 | 0 | 0 | 0 | 0 | 0 |
| 9. 其他工程 | 0 | 0 | 0 | 0 | 0 | 0 | 0 | 0 | 0 | 0 | 0 | 0 | 0 | 0 |
| （二）勘察设计 | 0 | 0 | 0 | 0 | 0 | 0 | 0 | 0 | 0 | 0 | 0 | 0 | 0 | 0 |
| （三）产品销售 | 0 | 0 | 0 | 0 | 0 | 0 | 0 | 0 | 0 | 0 | 0 | 0 | 0 | 0 |
| （四）矿产资源 | 0 | 0 | 0 | 0 | 0 | 0 | 0 | 0 | 0 | 0 | 0 | 0 | 0 | 0 |
| （五）对外劳务合作 | 0 | 0 | 0 | 0 | 0 | 0 | 0 | 0 | 0 | 0 | 0 | 0 | 0 | 0 |
| （六）其他 | 0 | 0 | 1032 | 0 | 0 | 0 | 0 | 0 | 0 | 0 | 0 | 0 | 0 | 0 |

制表：丁　宾

统计资料

表 14–8　2020 年中国中铁各二级公司营业额同比完成情况统计

| 单位 | 总体情况 | | | 国内 | | | 海外 | | |
|---|---|---|---|---|---|---|---|---|---|
| | 本年累计完成 / 万元 | 上年实际完成 / 万元 | 同比增减 /% | 本年累计完成 / 万元 | 上年实际完成 / 万元 | 同比增减 /% | 本年累计完成 / 万元 | 上年实际完成 / 万元 | 同比增减 /% |
| 中铁一局 | 10029646 | 8011605 | 25.2 | 9792657 | 7787908 | 25.7 | 236989 | 223697 | 5.9 |
| 中铁二局 | 7388489 | 6896174 | 7.1 | 7253318 | 6765992 | 7.2 | 135171 | 130182 | 3.8 |
| 中铁三局 | 6892081 | 5678431 | 21.4 | 6663649 | 5433130 | 22.6 | 228432 | 245301 | –6.9 |
| 中铁四局 | 11301558 | 10201818 | 10.8 | 10996319 | 9938490 | 10.6 | 305239 | 263328 | 15.9 |
| 中铁五局 | 7109203 | 5515421 | 28.9 | 6865373 | 5241421 | 31.0 | 243830 | 274000 | –11.0 |
| 中铁六局 | 3660924 | 3453627 | 6.0 | 3658101 | 3437619 | 6.4 | 2823 | 16008 | –82.4 |
| 中铁七局 | 5164585 | 4616485 | 11.9 | 4605242 | 4052819 | 13.6 | 559343 | 563666 | –0.8 |
| 中铁八局 | 4078947 | 3387077 | 20.4 | 4006914 | 3272956 | 22.4 | 72033 | 114121 | –36.9 |
| 中铁九局 | 2182587 | 1801658 | 21.1 | 1969149 | 1660958 | 18.6 | 213438 | 140700 | 51.7 |
| 中铁十局 | 6027073 | 5030337 | 19.8 | 5675435 | 4779774 | 18.7 | 351638 | 250563 | 40.3 |
| 中铁大桥局 | 4560185 | 4060644 | 12.3 | 4318749 | 3921381 | 10.1 | 241436 | 139263 | 73.4 |
| 中铁隧道局 | 5232886 | 4601558 | 13.7 | 4974155 | 4401491 | 13.0 | 258731 | 200067 | 29.3 |
| 中铁电气化局 | 4244072 | 3980925 | 6.6 | 4163203 | 3963392 | 5.0 | 80869 | 17533 | 361.2 |
| 中铁武汉电化局 | 1250476 | 1051298 | 18.9 | 1211236 | 1051298 | 15.2 | 39240 | 0 | — |
| 中铁建工 | 7495008 | 6004738 | 24.8 | 7248696 | 5762887 | 25.8 | 246312 | 241851 | 1.8 |
| 中铁广州局 | 3016419 | 1785747 | 68.9 | 2986186 | 1713137 | 74.3 | 30233 | 72610 | –58.4 |
| 中铁上海局 | 3884868 | 3509416 | 10.7 | 3851159 | 3482921 | 10.6 | 33709 | 26495 | 27.2 |
| 中铁北京局 | 3034759 | 2726028 | 11.3 | 2991489 | 2690184 | 11.2 | 43270 | 35844 | 20.7 |
| 中国铁工投资 | 1327715 | — | — | 1327715 | — | — | — | — | — |
| 中铁国际 | 304482 | 601858 | — | 173394 | 118073 | — | 131088 | 483785 | — |
| 东方国际 | 161903 | 166865 | — | 0 | 0 | — | 161903 | 166865 | — |
| 中海外 | 85629 | — | — | 0 | — | — | 85629 | — | — |
| 中铁二院 | 988772 | 915006 | 8.1 | 888706 | 893485 | –0.5 | 100066 | 21521 | 365.0 |

续表

| 单位 | 总体情况 | | | 国内 | | | 海外 | | |
|---|---|---|---|---|---|---|---|---|---|
| | 本年累计完成 / 万元 | 上年实际完成 / 万元 | 同比增减 /% | 本年累计完成 / 万元 | 上年实际完成 / 万元 | 同比增减 /% | 本年累计完成 / 万元 | 上年实际完成 / 万元 | 同比增减 /% |
| 中铁六院 | 319759 | 280653 | 13.9 | 316732 | 278494 | 13.7 | 3027 | 2159 | 40.2 |
| 中铁设计 | 533328 | 437078 | 22.0 | 531560 | 433894 | 22.5 | 1768 | 3184 | -44.5 |
| 中铁大桥院 | 190818 | 163599 | 16.6 | 186638 | 156704 | 19.1 | 4180 | 6895 | -39.4 |
| 中铁科研院 | 178136 | 149320 | 19.3 | 173845 | 144563 | 20.3 | 4291 | 4757 | -9.8 |
| 中铁华铁 | 128810 | 107900 | 19.4 | 127461 | 104389 | 22.1 | 1349 | 3511 | -61.6 |
| 中铁工业 | 2643877 | 2180273 | 21.3 | 2511342 | 2058683 | 22.0 | 132535 | 121590 | 9.0 |
| 中铁置业 | 2039839 | 1743282 | 17.0 | 2039839 | 1743282 | 17.0 | — | 0 | — |
| 中铁文旅 | 941124 | 853445 | 10.3 | 941124 | 853445 | 10.3 | — | 0 | — |
| 中铁资源 | 1218109 | 1374109 | -11.4 | 280083 | 332375 | -15.7 | 938026 | 1041734 | -10.0 |
| 中铁物贸 | 3115666 | 2848018 | 9.4 | 3115666 | 2848018 | 9.4 | | 0 | — |
| 中铁信托 | 217300 | 182000 | 19.4 | 217300 | 182000 | 19.4 | — | 0 | — |
| 中铁财务 | 165654 | 138000 | 20.0 | 165654 | 138000 | 20.0 | — | 0 | — |
| 中铁资本 | 104783 | 79429 | 31.9 | 103751 | 78171 | 32.7 | 1032 | 1258 | -18.0 |
| 中铁交通 | 1686087 | 2051558 | -17.8 | 1686087 | 2051558 | -17.8 | — | 0 | — |
| 中铁南方 | 2537076 | 2126669 | 19.3 | 2537076 | 2126669 | 19.3 | — | 0 | — |
| 中铁投资 | 357691 | 2327878 | — | 357691 | 2327878 | -84.6 | — | 0 | — |
| 中铁开投 | 3742962 | 2287643 | 63.6 | 3742962 | 2287643 | 63.6 | — | 0 | — |
| 中铁城投 | 3716106 | 2602642 | 42.8 | 3716106 | 2602642 | 42.8 | — | 0 | — |
| 中铁上投 | 1084810 | 950337 | 14.1 | 1084810 | 950337 | 14.1 | — | 0 | — |
| 中铁发展 | 1503801 | — | — | 1503801 | — | — | — | — | — |
| 中铁北方 | 710169 | — | — | 710169 | — | — | — | — | — |
| 中铁水利院 | 19200 | — | — | 19200 | — | — | — | — | — |
| 中铁装配 | 57540 | — | — | 57540 | — | — | — | — | — |

制表：丁 宾

统计资料

## 劳动工资与相关设备情况统计汇总

表 14-9　2020 年中国铁路工程集团有限公司劳动工资统计（一）

| | 项目 \ 机构 | 中铁一局 | 中铁二局 | 中铁三局 | 中铁四局 | 中铁五局 | 中铁六局 | 中铁七局 | 中铁八局 | 中铁九局 | 中铁十局 | 中铁大桥局 | 中铁隧道局 | 中铁电气化局 |
|---|---|---|---|---|---|---|---|---|---|---|---|---|---|---|
| 在岗 | 1 期末人数 / 人 | 22525 | 17989 | 20515 | 21794 | 17826 | 13044 | 14297 | 10269 | 8673 | 13228 | 12245 | 13498 | 11868 |
| | 2 平均人数 / 人 | 22507 | 17966 | 20938 | 21850 | 18863 | 12789 | 14481 | 10237 | 8582 | 13133 | 12143 | 13527 | 11750 |
| | 3 工资总额 / 元 | 2420182297 | 2519110836 | 2816287898 | 3833443742 | 2227439578 | 1793834135 | 2006204100 | 1563265016 | 1163061173 | 1664630153 | 1981215097 | 1884090676 | 2109916081 |
| | 其中：奖金及效益工资 / 万元 | 685368135 | 992527953 | 770787660 | 708803504 | 707744178 | 923440209 | 0 | 810878078 | 578997884 | 0 | 916137376 | 729887295 | 1036858315 |
| | 4 平均工资 / 元 | 107530 | 140215 | 134506 | 175444 | 118085 | 140264 | 138540 | 152707 | 135523 | 126752 | 163157 | 139284 | 179567 |
| 其他从业 | 1 期末人数 / 人 | 18 | 0 | 0 | 315 | 80 | 45 | 0 | 26 | 0 | 56 | 538 | 0 | 7670 |
| | 2 平均人数 / 人 | 19 | 0 | 20 | 347 | 159 | 51 | 3 | 26 | 0 | 55 | 564 | 2 | 7248 |
| | 3 劳动报酬 / 元 | 2039875 | 0 | 1788046 | 21902308 | 6047243 | 4308850 | 100888 | 1203075 | 0 | 5486364 | 45883191 | 885564 | 590506994 |
| | 4 平均劳动报酬 / 元 | 107362 | 0 | 89402 | 63119 | 38033 | 84487 | 33629 | 46272 | 0 | 99752 | 83126 | 442782 | 81472 |
| 非在岗 | 1 期末人数 / 人 | 2382 | 1305 | 1567 | 1229 | 2322 | 879 | 1938 | 504 | 405 | 1346 | 671 | 1172 | 334 |
| | 2 平均人数 / 人 | 2383 | 1296 | 1563 | 1134 | 2033 | 872 | 1778 | 460 | 474 | 1348 | 693 | 1146 | 325 |
| | 3 生活费 / 元 | 46228163 | 35949163 | 24647373 | 42930727 | 43989596 | 18585083 | 40582881 | 18553205 | 4669260 | 32901457 | 11931879 | 27639278 | 18789128 |
| | 4 平均生活费 / 元 | 19399 | 27739 | 15769 | 37858 | 21638 | 21313 | 22825 | 40333 | 9851 | 24408 | 17218 | 24118 | 57813 |
| | 其中：（1）内部退养职工人数 / 人 | 674 | 402 | 89 | 644 | 868 | 71 | 367 | 196 | 63 | 333 | 106 | 475 | 297 |
| | （2）内部下岗职工人数 / 人 | 1090 | 735 | 1306 | 412 | 1296 | 713 | 1252 | 170 | 239 | 971 | 560 | 628 | 7 |
| | 其中：一年以上 / 人 | 0 | 464 | 711 | 150 | 722 | 376 | 340 | 0 | 43 | 561 | 473 | 178 | 0 |
| | （3）长期病、休假人数 / 人 | 292 | 94 | 53 | 75 | 158 | 69 | 149 | 138 | 81 | 42 | 5 | 56 | 29 |
| | （4）长期学习职工人数 / 人 | 0 | 0 | 0 | 2 | 0 | 0 | 1 | 0 | 0 | 0 | 0 | 0 | 0 |
| | （5）集体外出劳务人数 / 人 | 28 | 74 | 34 | 0 | 0 | 0 | 0 | 0 | 0 | 0 | 0 | 6 | 0 |
| | （6）个人外出劳务人数 / 人 | 298 | 0 | 85 | 96 | 0 | 26 | 169 | 0 | 22 | 0 | 0 | 7 | 1 |

制表：丁　宾

表 14-10　2019 年中国铁路工程集团有限公司劳动工资统计（二）

| | 项目\机构 | 中铁武汉电化局 | 中铁建工 | 中铁广州局 | 中铁北京局 | 中铁上海局 | 中国铁工投资 | 中铁国际 | 东方国际 | 中海外 | 中铁二院 | 中铁六院 | 中铁设计 | 中铁大桥院 | 中铁华铁 | 中铁科研院 |
|---|---|---|---|---|---|---|---|---|---|---|---|---|---|---|---|---|
| 在岗 | 1. 期末人数 / 人 | 4474 | 13870 | 5834 | 7720 | 8430 | 2600 | 653 | 222 | 256 | 5686 | 1899 | 2809 | 1157 | 763 | 1045 |
| 在岗 | 2. 平均人数 / 人 | 4400 | 13849 | 5621 | 7789 | 8517 | 2510 | 653 | 229 | 222 | 5839 | 1876 | 2873 | 1121 | 751 | 1020 |
| 在岗 | 3. 工资总额 / 元 | 547845505 | 2987158540 | [illegible]00231232 | 1096974187 | 1372015216 | 535980000 | 235043088 | 68046700 | 77741405 | 2123537206 | 595103613 | 1018528856 | 41504[illegible]116 | 175060000 | 248881666 |
| 在岗 | 其中：奖金及效益工资 / 万元 | 197321312 | 1032618597 | 18406768 | 211310997 | 241905217 | 84367441 | 71453358 | 13609340 | 0 | 1685410929 | 317429233 | 764078407 | 229246537 | 65500000 | 95729475 |
| 在岗 | 4. 平均工资 / 元 | 124510 | 215695 | 142365 | 140836 | 161091 | 213538 | 359943 | 297147 | 350187 | 363682 | 317219 | 354518 | 370242 | 233103 | 244002 |
| 其他从业 | 1. 期末人数 / 人 | 0 | 0 | 768 | 13 | 13 | 0 | 8 | 113 | 22 | 30 | 0 | 4 | 604 | 1268 | 418 |
| 其他从业 | 2. 平均人数 / 人 | 0 | 0 | 698 | 23 | 20 | 0 | 9 | 126 | 22 | 31 | 0 | 5 | 823 | 1143 | 430 |
| 其他从业 | 3. 劳动报酬 / 元 | 0 | 0 | 37404762 | 2993954 | 2786165 | 0 | 795891 | 13601000 | 3814018 | 3354612 | 0 | 1871600 | [illegible]35915388 | 98500000 | 53439242 |
| 其他从业 | 4. 平均劳动报酬 / 元 | 0 | 0 | 53588 | 130172 | 139308 | 0 | 88432 | 107944 | 173364 | 108213 | 0 | 374320 | 164150 | 86177 | 124277 |
| 非在岗 | 1. 期末人数 / 人 | 107 | 280 | 281 | 557 | 602 | 42 | 5 | 0 | 13 | 21 | 12 | 21 | 16 | 17 | 3 |
| 非在岗 | 2. 平均人数 / 人 | 136 | 312 | 303 | 575 | 623 | 44 | 6 | 0 | 13 | 21 | 15 | 25 | 17 | 17 | 4 |
| 非在岗 | 3. 生活费 / 元 | 7786297 | 10000313 | 8905885 | 9673106 | 13018388 | 1590000 | 270967 | 0 | 1163577 | 4080000 | 459647 | 318078 | 521020 | 130000 | 142232 |
| 非在岗 | 4. 平均生活费 / 元 | 57252 | 32052 | 29392 | 16823 | 20896 | 36136 | 45161 | 0 | 89506 | 194286 | 30643 | 12723 | 30648 | 7647 | 35558 |
| 非在岗 | 其中：（1）内部退养职工人数 / 人 | 19 | 141 | 151 | 54 | 198 | 38 | 5 | 0 | 13 | 5 | 7 | 4 | 1[illegible] | 1 | 1 |
| 非在岗 | （2）内部下岗职工人数 / 人 | 28 | 115 | 129 | 436 | 292 | 4 | 0 | 0 | 0 | 0 | 2 | 9 | 0 | 0 | 0 |
| 非在岗 | 其中：一年以上 / 人 | 17 | 77 | 9 | 409 | 0 | 3 | 0 | 0 | 0 | 0 | 2 | 5 | 0 | 0 | 0 |
| 非在岗 | （3）长期病、休假人数 / 人 | 59 | 9 | 1 | 55 | 66 | 0 | 0 | 0 | 0 | 5 | 1 | 4 | 0 | 1 | 2 |
| 非在岗 | （4）长期学习职工人数 / 人 | 0 | 0 | 0 | 0 | 0 | 0 | 0 | 0 | 0 | 0 | 2 | 0 | 0 | 0 | 0 |
| 非在岗 | （5）集体外出劳务人数 / 人 | 0 | 2 | 0 | 0 | 0 | 0 | 0 | 0 | 0 | 0 | 0 | 0 | 0 | 0 | 0 |
| 非在岗 | （6）个人外出劳务人数 / 人 | 1 | 13 | 0 | 12 | 46 | 0 | 0 | 0 | 0 | 11 | 0 | 4 | 0 | 15 | 0 |

制表：丁 宾

统计资料

## 表 14-11　2020 年中国铁路工程集团有限公司劳动工资统计（三）

| | 项目 \ 机构 | 中铁置业 | 中铁文旅 | 中铁工业 | 中铁资源 | 中铁物贸 | 中铁信托 | 中铁财务 | 中铁资本 | 中铁投资 | 中铁南方 | 中铁交通 | 中铁开投 | 中铁城投 | 中铁上投 | 总部机关 | 中铁发[illegible] | 中铁北方 | 中铁装配 | 中铁水利院 | 中铁长江院 | 中铁党校 | 中铁国资 |
|---|---|---|---|---|---|---|---|---|---|---|---|---|---|---|---|---|---|---|---|---|---|---|---|
| 在岗 | 1. 期末人数 / 人 | 2593 | 446 | 12190 | 1142 | 915 | 454 | 72 | 202 | 228 | 578 | 354 | 400 | 623 | 200 | 304 | 184 | 218 | — | — | — | 40 | — |
| | 2. 平均人数 / 人 | 2727 | 400 | 11767 | 1139 | 870 | 450 | 74 | 192 | 233 | 584 | 355 | 400 | 602 | 200 | 300 | 181 | 230 | — | — | — | 40 | — |
| | 3. 工资总额 / 元 | 643722325 | 119560000 | 1509874161 | 292210001 | 244643819 | 211612620 | 23011952 | 72192418 | 99108917 | 201632012 | 127988231 | 147000300 | 218749999 | 68720671 | 120814235 | 697807[illegible] | 77257484 | — | — | — | 9970000 | — |
| | 其中：奖金及效益工资 / 万元 | 255517051 | 7222400 | 906275282 | 0 | 44300806 | 0 | 1176644 | 16557699 | 49084773 | 125011847 | 57594703 | 57330117 | 65491149 | 12407961 | 29116660 | 0 | 36226925 | — | — | — | 916460 | — |
| | 4. 平均工资 / 元 | 236055 | 298900 | 128314 | 256550 | 281200 | 470250 | 310972 | 376002 | 425360 | 345260 | 360530 | 367501 | 363372 | 343603 | 402714 | 38552[illegible] | 335902 | — | — | — | 249250 | — |
| 其他从业 | 1. 期末人数 / 人 | 43 | 0 | 4 | 0 | 40 | 0 | 2 | 4 | 49 | 0 | 122 | 0 | 0 | 70 | 9 | 137 | — | — | — | — | 14 | — |
| | 2. 平均人数 / 人 | 47 | 0 | 4 | 0 | 54 | 0 | 2 | 4 | 24 | 0 | 126 | 0 | 0 | 70 | 7 | 114 | — | — | — | — | 14 | — |
| | 3. 劳动报酬 / 元 | 7599572 | 0 | 3764546 | 0 | 9787408 | 0 | 243853 | 588300 | 8737829 | 0 | 14545827 | 0 | 0 | 20128255 | 1449633 | 3442960[illegible] | — | — | — | — | 2374776.46 | — |
| | 4. 平均劳动报酬 / 元 | 161693 | 0 | 941137 | 0 | 181248 | 0 | 121927 | 147075 | 364076 | | 115443 | 0 | 0 | 287547 | 207090 | 30201[illegible] | — | — | — | — | 169626.89 | — |
| 非在岗 | 1. 期末人数 / 人 | 0 | 0 | 407 | 0 | 2 | 0 | 0 | 0 | 0 | 0 | 0 | 0 | 0 | 0 | 1 | 0 | — | — | — | — | 1 | — |
| | 2. 平均人数 / 人 | 0 | 0 | 452 | 0 | 2 | 0 | 0 | 0 | 0 | 0 | 0 | 0 | 0 | 0 | 1 | 0 | — | — | — | — | 2 | — |
| | 3. 生活费 / 元 | 0 | 0 | 4283971 | 0 | 73135 | 0 | 0 | 0 | 0 | 0 | 0 | 0 | 0 | 0 | 33725 | 0 | — | — | — | — | 98094.2 | — |
| | 4. 平均生活费 / 元 | 0 | 0 | 9478 | 0 | 36568 | 0 | 0 | 0 | 0 | | 0 | 0 | 0 | 0 | 2810 | 0 | — | — | — | — | 49047.1 | — |
| | 其中：（1）内部退养职工人数 / 人 | 0 | 0 | 168 | 0 | 2 | 0 | 0 | 0 | 0 | 0 | 0 | 0 | 0 | 0 | 0 | 0 | — | — | — | — | 1 | — |
| | （2）内部下岗职工人数 / 人 | 0 | 0 | 110 | 0 | 0 | 0 | 0 | 0 | 0 | 0 | 0 | 0 | 0 | 0 | 1 | 0 | — | — | — | — | — | — |
| | 其中：一年以上 / 人 | 0 | 0 | 110 | 0 | 0 | 0 | 0 | 0 | 0 | 0 | 0 | 0 | 0 | 0 | 0 | 0 | — | — | — | — | — | — |
| | （3）长期病、休假人数 / 人 | 0 | 0 | 9 | 0 | 0 | 0 | 0 | 0 | 0 | 0 | 0 | 0 | 0 | 0 | 0 | 0 | — | — | — | — | — | — |
| | （4）长期学习职工人数 / 人 | 0 | 0 | 0 | 0 | 0 | 0 | 0 | 0 | 0 | 0 | 0 | 0 | 0 | 0 | 0 | 0 | — | — | — | — | — | — |
| | （5）集体外出劳务人数 / 人 | 0 | 0 | 2 | 0 | 0 | 0 | 0 | 0 | 0 | 0 | 0 | 0 | 0 | 0 | 0 | 0 | — | — | — | — | — | — |
| | （6）个人外出劳务人数 / 人 | 0 | 0 | 118 | 0 | 0 | 0 | 0 | 0 | 0 | 0 | 0 | 0 | 0 | 0 | 0 | 0 | — | — | — | — | — | — |

制表：丁　宾

表 14-12　2020 年中国中铁股份有限公司技术动力装备情况年报

| 序号 | 单位名称 | 境内 / 外 | 统计期内自有机械设备 | | | | 统计期全部职工实有数 / 人 | 技术装备率 / (万元 / 人)(净值) | 动力装备率 / (千瓦 / 人) | 统计期施工产值 / 万元 | 装备生产率 / 万元 | 设备新度系数 |
|---|---|---|---|---|---|---|---|---|---|---|---|---|
| | | | 数量 / 台 | 原值 / 万元 | 净值 / 万元 | 总功率 / 千瓦 | | | | | | |
| 1 | 中铁一局 | 境内 | 8060 | 576464.25 | 227608.75 | 882785.99 | 23264 | 9.78 | 37.95 | 9828537.20 | 43.18 | 0.39 |
| | | 境外 | 1001 | 47723.95 | 12301.02 | 157757.83 | 535 | 22.99 | 294.87 | 331821.00 | 26.98 | 0.26 |
| 2 | 中铁二局 | 境内 | 5846 | 376210.58 | 130094.96 | 584710.67 | 19262 | 7.98 | 36.09 | 6692831.00 | 51.45 | 0.35 |
| | | 境外 | 757 | 49803.32 | 23590.20 | 110511.90 | | | | 111945.00 | 4.75 | 0.47 |
| 3 | 中铁三局 | 境内 | 5569 | 527733.00 | 218371.00 | 1149261.00 | 22082 | 10.14 | 54.52 | 6662000.00 | 30.51 | 0.41 |
| | | 境外 | 321 | 14789.00 | 5536.00 | 54669.00 | | | | 228000.00 | 41.18 | 0.37 |
| 4 | 中铁四局 | 境内 | 4933 | 500685.97 | 200504.30 | 758491.88 | 23049 | 8.70 | 32.91 | 10996319.00 | 54.84 | 0.40 |
| | | 境外 | 536 | 23734.93 | 7021.65 | 75871.15 | 390 | 18.00 | 194.54 | 305239.00 | 43.47 | 0.30 |
| 5 | 中铁五局 | 境内 | 6594 | 361257.55 | 125932.14 | 700283.55 | 19004 | 7.49 | 49.21 | 6818056.00 | 54.14 | 0.35 |
| | | 境外 | 1621 | 71419.85 | 16396.77 | 234962.20 | | | | 290944.00 | 17.74 | 0.23 |
| 6 | 中铁六局 | 境内 | 7242 | 228155.48 | 87502.04 | 399186.59 | 13968 | 6.29 | 28.65 | 3614672.00 | 41.31 | 0.38 |
| | | 境外 | 38 | 339.36 | 339.36 | 934.50 | | | | 2823.00 | 8.32 | 1.00 |
| 7 | 中铁七局 | 境内 | 4936 | 233031.21 | 88280.43 | 353106.61 | 15101 | 5.85 | 23.38 | 4511758.00 | 51.11 | 0.38 |
| | | 境外 | 3368 | 163228.49 | 36095.33 | 484614.17 | 1134 | 31.83 | 427.35 | 379181.00 | 10.50 | 0.22 |
| 8 | 中铁八局 | 境内 | 3808 | 184088.57 | 66908.72 | 316479.11 | 10799 | 6.80 | 38.72 | 3448835.00 | 51.55 | 0.36 |
| | | 境外 | 790 | 31426.61 | 6563.16 | 101649.44 | | | | 72494.00 | 11.05 | 0.21 |
| 9 | 中铁九局 | 境内 | 5791 | 184059.62 | 62378.05 | 367779.83 | 9078 | 9.75 | 57.06 | 1969149.00 | 31.57 | 0.34 |
| | | 境外 | 1491 | 67859.95 | 26124.39 | 150180.06 | | | | 213438.00 | 8.17 | 0.38 |
| 10 | 中铁十局 | 境内 | 5363 | 203073.51 | 89500.57 | 452268.25 | 13928 | 6.43 | 32.47 | 5581262.00 | 62.36 | 0.44 |
| | | 境外 | 491 | 34675.43 | 4144.95 | 82388.90 | 232 | 17.87 | 355.12 | 183225.00 | 44.20 | 0.12 |
| 11 | 中铁大桥局 | 境内 | 12408 | 432468.37 | 175784.33 | 490862.95 | 12230 | 16.70 | 49.80 | 3831297.00 | 21.80 | 0.41 |
| | | 境外 | 1561 | 66240.13 | 28468.71 | 118211.03 | | | | 241436.00 | 8.48 | 0.43 |
| 12 | 中铁隧道局 | 境内 | 21631 | 837075.38 | 299254.40 | 1263419.37 | 14668 | 21.24 | 88.97 | 4912602.00 | 15.42 | 0.36 |
| | | 境外 | 398 | 69767.03 | 12282.63 | 41633.66 | | | | 258731.00 | 21.06 | 0.18 |

统计资料

续表

| 序号 | 单位名称 | 境内/外 | 统计期内自有机械设备 | | | | 统计期全部职工实有数/人 | 技术装备率/（万元/人）（净值） | 动力装备率/（千瓦/人） | 统计期施工产值/万元 | 装备生产率/万元 | 设备新度系数 |
|---|---|---|---|---|---|---|---|---|---|---|---|---|
| | | | 数量/台 | 原值/万元 | 净值/万元 | 总功率/千瓦 | | | | | | |
| 13 | 中铁电气化局 | 境内 | 4245 | 184461.20 | 58414.79 | 401484.24 | 11818 | 4.94 | 33.97 | 4649302.82 | 79.59 | 0.32 |
| | | 境外 | 0 | 0. | 0 | 0 | 0 | 0 | 0 | 0 | 0 | 0 |
| 14 | 中铁建工 | 境内 | 947 | 46995.15 | 23101.10 | 55928.76 | 13833 | 2.20 | 6.73 | 5962247.00 | 258.09 | 0.49 |
| | | 境外 | 1860 | 21870.72 | 7051.97 | 37129.45 | | | | 246312.00 | 34.93 | 0.32 |
| 15 | 中铁国际 | 境内 | 2 | 77.16 | 10.40 | 319.00 | 225.00 | 103.53 | 650.05 | 0 | 0 | 0.13 |
| | | 境外 | 1304 | 60926.96 | 23284.19 | 145941.70 | | | | 97716.51 | 4.20 | 0.38 |
| 16 | 中海外 | 境内 | 0 | 0 | 0 | 0 | 0 | 0 | 0 | 0 | 0 | 0 |
| | | 境外 | 1044 | 53881.97 | 10325.34 | 64246.67 | 264.00 | 39.11 | 243.36 | 81179.00 | 7.86 | 0.19 |
| 17 | 中铁广州局 | 境内 | 1377 | 173444.25 | 88145.20 | 179792.39 | 5572 | 15.82 | 32.27 | 3092632.18 | 35.09 | 0.51 |
| | | 境外 | 58 | 3434.70 | 2212.49 | 11290.50 | 87 | 25.43 | 129.78 | 20786.97 | 9.40 | 0.64 |
| 18 | 中铁北京局 | 境内 | 1497 | 100508.25 | 55925.58 | 153219.93 | 8129 | 6.88 | 18.85 | 2975859.30 | 53.21 | 0.56 |
| | | 境外 | 88 | 3174.15 | 2329.92 | 12697.30 | 113 | 20.62 | 112.37 | 43270.00 | 18.57 | 0.73 |
| 19 | 中铁上海局 | 境内 | 2588 | 190206.35 | 106720.11 | 235495.38 | 8537 | 12.50 | 27.59 | 3841542.00 | 36.00 | 0.56 |
| | | 境外 | 20 | 506.97 | 331.24 | 1107.00 | 40 | 8.28 | 27.68 | 33709.00 | 101.77 | 0.65 |
| 20 | 中铁资源 | 境内 | 817 | 87633.54 | 40206.27 | 96103.00 | 585 | 68.73 | 164.28 | 126419.54 | 3.14 | 0.46 |
| | | 境外 | 4514 | 416110.37 | 255987.19 | 190362.17 | 3221 | 79.47 | 59.10 | 789093.00 | 3.08 | 0.62 |
| 21 | 中铁武汉电化局 | 境内 | 1260 | 24538.02 | 6303.35 | 73360.90 | 4491 | 1.40 | 16.34 | 1185836.00 | 188.13 | 0.26 |
| | | 境外 | 15 | 1989.90 | 1253.92 | 1899.80 | 90 | 13.93 | 21.11 | 38891.00 | 31.02 | 0.63 |
| | 合计 | 境内小计 | 104914 | 5452167.42 | 2150946.49 | 8914339.39 | — | — | — | — | — | 0.39 |
| | | 境外小计 | 21276 | 1202903.78 | 481640.43 | 2078058.43 | — | — | — | — | — | 0.40 |
| | | 总计 | 126190 | 6655071.20 | 2632586.92 | 10992397.82 | 255729 | 10.29 | 42.98 | 94671391.52 | 35.96 | 0.40 |

说明：1. 技术装备率＝统计期自有机械设备净值/全部职工人数；
2. 动力装备率＝统计期机械设备总功率/全部职工人数；
3. 装备生产率＝年施工产值（万元）/统计期全部设备净值（万元）；
4. 设备新度系数＝设备净值/设备原值；
5. 统计周期：1月1日至12月31日。

制表：姚道雄

表 14-13　2020 年中国中铁股份有限公司施工机械设备资产变动情况

| 序号 | 单位名称 | 境内 / 外 | 上年末机械 | | 本年新增固资机械 | | | 本年报废机械 | | | 本年处置机械 | | | 本年末机械 | |
|---|---|---|---|---|---|---|---|---|---|---|---|---|---|---|---|
| | | | 数量 / 台 | 原值 / 万元 | 数量 / 台 | 原值 / 万元 | 功率 / 千瓦 | 数量 / 台 | 原值 / 万元 | 功率 / 千瓦 | 数量 / 台 | 原值 / 万元 | 功率 / 千瓦 | 数量 / 台 | 原值 / 万元 |
| 1 | 中铁一局 | 境内 | 7685 | 582601.54 | 859 | 37747.70 | 83565.79 | 484 | 43884.99 | 52151.93 | 258 | 8240.84 | 23446.20 | 8060 | 576464.25 |
| | | 境外 | 988 | 46391.46 | 83 | 5744.55 | 4666.80 | 70 | 4412.05 | 9029.00 | 0 | 0 | 0 | 1001 | 47723.96 |
| 2 | 中铁二局 | 境内 | 5771 | 385461.09 | 383 | 32826.36 | 41648.68 | 308 | 42076.86 | 31257.20 | 176 | 9696.49 | 19005.80 | 5846 | 376210.58 |
| | | 境外 | 732 | 47203.02 | 25 | 2600.30 | 839.80 | 0 | 0 | 0 | 0 | 0 | 0 | 757 | 49803.32 |
| 3 | 中铁三局 | 境内 | 4730 | 485900.17 | 1140 | 57464.71 | 149396.84 | 301 | 15632.15 | 35616.08 | 234 | 12282.52 | 29277.28 | 5569 | 527732.73 |
| | | 境外 | 264 | 10993.90 | 57 | 3795.65 | 11316.50 | 0 | 0 | 0 | 0 | 0 | 0 | 321 | 14789.55 |
| 4 | 中铁四局 | 境内 | 4932 | 477431.39 | 225 | 37634.95 | 116963.44 | 224 | 14380.37 | 20556.69 | 130 | 7051.83 | 13115.00 | 4933 | 500685.97 |
| | | 境外 | 567 | 26090.14 | 21 | 702.90 | 3491.50 | 52 | 3058.11 | 9424.05 | 0 | 0 | 0 | 536 | 23734.93 |
| 5 | 中铁五局 | 境内 | 6620 | 369740.07 | 341 | 12422.60 | 16285.43 | 367 | 20905.12 | 40077.10 | 120 | 6815.60 | 15947.30 | 6594 | 361257.55 |
| | | 境外 | 1688 | 73572.29 | 15 | 333.02 | 1634.00 | 82 | 2485.46 | 16326.00 | 8 | 71.97 | 1380.00 | 1621 | 71419.85 |
| 6 | 中铁六局 | 境内 | 7029 | 219815.52 | 552 | 13438.53 | 31200.17 | 339 | 5098.57 | 18628.28 | 286 | 2681.76 | 8129.16 | 7242 | 228155.48 |
| | | 境外 | 0 | 0 | 38 | 339.36 | 934.50 | 0 | 0 | 0 | 0 | 0 | 0 | 38 | 339.36 |
| 7 | 中铁七局 | 境内 | 4885 | 228418.64 | 333 | 10399.93 | 22936.75 | 282 | 5787.35 | 10866.70 | 167 | 2575.77 | 6613.35 | 4936 | 233031.21 |
| | | 境外 | 3863 | 178796.11 | 217 | 10118.56 | 35583.30 | 712 | 25686.18 | 99543.60 | 1 | 34.76 | 247.00 | 3368 | 163228.49 |
| 8 | 中铁八局 | 境内 | 3379 | 178584.72 | 429 | 5503.85 | 41682.00 | 38 | 1413.19 | 2051.50 | 22 | 286.80 | 290.50 | 3808 | 184088.57 |
| | | 境外 | 676 | 29882.37 | 114 | 1544.24 | 4995.00 | 0 | 0 | 0 | 0 | 0 | 0 | 790 | 31426.61 |
| 9 | 中铁九局 | 境内 | 5490 | 176377.16 | 509 | 14947.81 | 24610.60 | 208 | 7265.34 | 10777.29 | 208 | 7265.34 | 10777.29 | 5791 | 184059.62 |
| | | 境外 | 1497 | 61144.76 | 206 | 14734.78 | 39801.58 | 212 | 8019.59 | 26482.60 | 212 | 8019.59 | 26482.60 | 1491 | 67859.95 |
| 10 | 中铁十局 | 境内 | 5363 | 203073.51 | 535 | 19098.85 | 57857.00 | 437 | 14989.28 | 47377.10 | 270 | 7206.81 | 19312.00 | 5363 | 203073.51 |
| | | 境外 | 491 | 34675.43 | 0 | 0 | 0 | 0 | 0 | 0 | 0 | 0 | 0 | 491 | 34675.43 |
| 11 | 中铁大桥局 | 境内 | 11803 | 411396.37 | 1166 | 31988.65 | 43508.78 | 560 | 15400.15 | 13147.89 | 534 | 12530.37 | 13643.98 | 12408 | 432468.37 |
| | | 境外 | 1268 | 69633.72 | 303 | 9805.48 | 18233.80 | 11 | 8715.57 | 15552.67 | 12 | 106.97 | 190.90 | 1561 | 66240.13 |
| 12 | 中铁隧道局 | 境内 | 20794 | 787842.39 | 1555 | 58928.04 | 61582.78 | 718 | 9695.05 | 34144.25 | 526 | 7473.10 | 22686.70 | 21631 | 837075.38 |
| | | 境外 | 285 | 68676.98 | 113 | 1090.05 | 3854.00 | 0 | 0 | 0 | 0 | 0 | 0 | 398 | 69767.03 |

统计资料

续表

| 序号 | 单位名称 | 境内 / 外 | 上年末机械 | | 本年新增固资机械 | | | 本年报废机械 | | | 本年处置机械 | | | 本年末机械 | |
|---|---|---|---|---|---|---|---|---|---|---|---|---|---|---|---|
| | | | 数量 / 台 | 原值 / 万元 | 数量 / 台 | 原值 / 万元 | 功率 / 千瓦 | 数量 / 台 | 原值 / 万元 | 功率 / 千瓦 | 数量 / 台 | 原值 / 万元 | 功率 / 千瓦 | 数量 / 台 | 原值 / 万元 |
| 13 | 中铁电气化局 | 境内 | 4171 | 180393.78 | 254 | 9867.75 | 29372.70 | 180 | 5800.33 | 21357.30 | 93 | 3872.29 | 11733.30 | 4245 | 184461.20 |
| | | 境外 | 0 | 0 | 0 | 0 | 0 | 0 | 0 | 0 | 0 | 0 | 0 | 0 | 0 |
| 14 | 中铁建工 | 境内 | 817 | 42023.77 | 177 | 6612.82 | 17779.19 | 47 | 1641.44 | 3309.30 | 18 | 1027.50 | 976.30 | 947 | 46995.15 |
| | | 境外 | 1924 | 20508.69 | 52 | 1756.64 | 6929.40 | 116 | 394.61 | 2187.38 | 101 | 382.51 | 1947.38 | 1860 | 21870.72 |
| 15 | 中铁国际 | 境内 | 2 | 77.16 | 0 | 0 | 0 | 0 | 0 | 0 | 0 | 0 | 0 | 2 | 77.16 |
| | | 境外 | 1297 | 60504.63 | 31 | 936.33 | 7570 | 0 | 0 | 0 | 24.00 | 514.00 | 2350.00 | 1304 | 60926.96 |
| 16 | 中海外 | 境内 | 0 | 0 | 0 | 0 | 0 | 0 | 0 | 0 | 0 | 0 | 0 | 0 | 0 |
| | | 境外 | 1044 | 53881.97 | 0 | 0 | 0 | 0 | 0 | 0 | 0 | 0 | 0 | 1044 | 53881.97 |
| 17 | 中铁广州局 | 境内 | 1288 | 166654.33 | 127 | 9118.68 | 11741.32 | 38.00 | 2328.76 | 6146.00 | 11.00 | 1293.29 | 2475.00 | 1377 | 173444.25 |
| | | 境外 | 58 | 3434.70 | 0 | 0 | 0 | 0 | 0 | 0 | 0 | 0 | 0 | 58 | 3434.70 |
| 18 | 中铁北京局 | 境内 | 1418 | 98091.57 | 157 | 6301.05 | 12632.70 | 78 | 3884.37 | 13227.30 | 7 | 543.82 | 647.00 | 1497 | 100508.25 |
| | | 境外 | 78 | 2994.78 | 10 | 179.37 | 1049.00 | 0 | 0 | 0 | 0 | 0 | 0 | 88 | 3174.15 |
| 19 | 中铁上海局 | 境内 | 2612 | 176985.69 | 88 | 16410.33 | 8100.00 | 112 | 3189.66 | 3375.00 | 112 | 3189.66 | 3375.00 | 2588 | 190206.36 |
| | | 境外 | 20 | 506.97 | 0 | 0 | 0 | 0 | 0 | 0 | 0 | 0 | 0 | 20 | 506.97 |
| 20 | 中铁资源 | 境内 | 810 | 87496.85 | 16 | 141.54 | 0 | 9 | 4.84 | 0 | 9 | 4.84 | 0 | 817 | 87633.54 |
| | | 境外 | 4432 | 411500.28 | 82 | 4610.09 | 2660.60 | 0 | 0 | 0 | 0 | 0 | 0 | 4514 | 416110.38 |
| 21 | 中铁武汉电化局 | 境内 | 1264 | 30032.95 | 54 | 1945.30 | 4280.00 | 43 | 5450.33 | 5154.00 | 10 | 391.36 | 138.00 | 1260 | 24538.02 |
| | | 境外 | 15 | 1989.90 | 0 | 0 | 0 | 0 | 0 | 0 | 0 | 0 | 0 | 15 | 1989.90 |
| | 合计 | 境内小计 | 100863 | 5288398.66 | 8900 | 382799.43 | 775144.17 | 4773 | 218828.15 | 369220.91 | 3191 | 94430.01 | 202639.16 | 104914 | 5452167.16 |
| | | 境外小计 | 21187 | 1202382.12 | 1367 | 58291.31 | 143559.78 | 1255 | 52771.57 | 178545.30 | 358 | 9129.80 | 32597.88 | 21276 | 1202904.35 |
| | | 总计 | 122050 | 6490780.78 | 10267 | 441090.75 | 918703.95 | 6028 | 271599.72 | 547766.21 | 3549 | 103559.81 | 235237.04 | 126190 | 6655071.51 |

说明：1. 报废机械：统指已履行报废程序，从账目上已拆除固资的机械设备；
2. 处置机械：指实物已转让或变卖的机械设备；
3. 统计周期：1 月 1 日至 12 月 31 日。

制表：姚道雄

表 14-4　2020 年中国中铁股份有限公司主要施工机械设备实有、完好情况统计

| 序号 | 机械名称 | 能力 | | 质量状况 | | | 运用情况 | | | | |
|---|---|---|---|---|---|---|---|---|---|---|---|
| | | 单位 | 数量 / 台 | 日历台日数 | 完好台日数 | 完好率 /% | 定额台班 | 实作台班 | 利用率 /% | 闲置数量 / 台 | 闲置率 /% |
| 1 | 履带（或轮胎）挖掘机（≥ 1.0m³） | m³ | 1063 | 366308 | 327863 | 89.50 | 443521 | 350095 | 78.94 | 103.0 | 9.69 |
| 2 | 推土机（≥ 132kW） | kW | 241 | 77875 | 70526 | 90.56 | 110236 | 88938 | 80.68 | 29.0 | 12.03 |
| 3 | 轮胎装载机（≥ 2m³） | m³ | 2777 | 1132730 | 1032821 | 91.18 | 1593025 | 1383153 | 86.83 | 201.0 | 7.24 |
| 4 | 震动（或静压）压路机（≥ 14t） | t | 558 | 187076 | 170410 | 91.09 | 197032 | 151964 | 77.13 | 46.0 | 8.24 |
| 5 | 平地机（≥ 118kW） | kW | 279 | 91168 | 78562 | 86.17 | 77321 | 51775 | 66.96 | 23.0 | 8.24 |
| 6 | 凿岩台车（二臂及以上） | 台 | 83 | 29879 | 27992 | 93.68 | 21266 | 16412 | 77.17 | 17.0 | 20.48 |
| 7 | 露天钻机（进口各型） | 台 | 35 | 11213 | 10302 | 91.88 | 11729 | 9007 | 76.79 | 7.0 | 20.00 |
| 8 | 盾构机 | 台 | 363 | 104251 | 94309 | 90.46 | 100411 | 80734 | 80.40 | 52.0 | 14.33 |
| 9 | TBM | 台 | 16 | 820 | 791 | 96.46 | 428 | 186 | 43.51 | 6.0 | 37.50 |
| 10 | 汽车起重机（≥ 8t） | t | 571 | 171815 | 156272 | 90.95 | 158685 | 128098 | 80.72 | 70.0 | 12.26 |
| 11 | 轮式起重机（≥ 20t） | t | 50 | 18283 | 16516 | 90.33 | 33466 | 21094 | 63.03 | 7.1 | 14.20 |
| 12 | 履带起重机（≥ 25t） | t | 87 | 31783 | 28040 | 88.22 | 19704 | 18353 | 93.14 | 5.1 | 5.86 |
| 13 | 塔式起重机（≥ 100t.m） | t.m | 517 | 182618 | 166385 | 91.11 | 153181 | 119043 | 77.71 | 43.0 | 8.32 |
| 14 | 载重汽车（≥ 5t） | t | 415 | 115069 | 102395 | 88.99 | 137174 | 112833 | 82.26 | 79.0 | 19.04 |
| 15 | 自卸汽车（≥ 8t） | t | 2388 | 783553 | 688101 | 87.82 | 1302249 | 1018994 | 78.25 | 288.0 | 12.06 |
| 16 | 混凝土搅拌站（≥ 60m³/h） | m³/h | 3209 | 1159057 | 1070620 | 92.37 | 738275 | 674879 | 91.41 | 238.2 | 7.42 |
| 17 | 混凝土搅拌输送车（≥ 6m³） | m³ | 1535 | 1526400 | 1381629 | 90.52 | 527429 | 471237 | 89.35 | 78.0 | 5.08 |
| 18 | 混凝土输送泵（≥ 60m³） | m³/h | 854 | 310080 | 277479 | 89.49 | 162103 | 126727 | 78.18 | 135.0 | 15.63 |
| 19 | 混凝土泵车（各型） | 台 | 205 | 73482 | 65860 | 89.63 | 48832 | 39745 | 81.39 | 12.0 | 5.85 |
| 20 | 混凝土喷射机械手（≥ 15m³） | 台 | 367 | 129320 | 115024 | 88.94 | 65436 | 51185 | 78.22 | 111.0 | 30.25 |
| 21 | 打桩机 | 台 | 62 | 21196 | 18327 | 86.46 | 15499 | 11553 | 74.54 | 5.3 | 8.55 |
| 22 | 钻机（含：回转、冲击、地质、反循环、水平、多功能） | 台 | 337 | 113433 | 97664 | 86.10 | 108006 | 76385 | 70.72 | 69.1 | 20.50 |
| 23 | 长钢轨焊接生产设备 | 套 | 70 | 24542 | 23012 | 93.77 | 11435 | 10024 | 87.66 | 7.0 | 10.00 |

统计资料

续表

| 序号 | 机械名称 | 能力 | | 质量状况 | | | 运用情况 | | | | |
|---|---|---|---|---|---|---|---|---|---|---|---|
| | | 单位 | 数量 / 台 | 日历台日数 | 完好台日数 | 完好率 /% | 定额台班 | 实作台班 | 利用率 /% | 闲置数量 / 台 | 闲置率 /% |
| 24 | 铺轨机（各型） | 台 | 74 | 26328 | 23864 | 90.64 | 13090 | 12026 | 91.87 | 15.0 | 20.27 |
| 25 | 架桥机（≥ 900t） | 台 | 109 | 38624 | 35001 | 90.62 | 17980 | 11599 | 64.51 | 42.0 | 38.53 |
| 26 | 运梁车（≥ 900t） | 台 | 94 | 32962 | 27857 | 84.51 | 16757 | 10251 | 61.17 | 33.0 | 35.11 |
| 27 | 提梁机（≥ 900t） | 台 | 81 | 29316 | 27638 | 94.28 | 14067 | 9145 | 65.01 | 35.0 | 43.21 |
| 28 | 搬运机（≥ 900t） | 台 | 76 | 27193 | 24285 | 89.31 | 13717 | 10298 | 75.07 | 17.0 | 22.37 |
| 29 | 轮轨式T梁架桥机 | 台 | 34 | 12251 | 10919 | 89.13 | 5995 | 5202 | 86.77 | 17.0 | 50.00 |
| 30 | 公铁两用架桥机（≥ 160t） | 台 | 68 | 23750 | 21868 | 92.07 | 14922 | 10543 | 70.65 | 18.0 | 26.47 |
| 31 | 其他架桥机 | 台 | 60 | 21569 | 17813 | 82.58 | 11707 | 8171 | 69.80 | 23.3 | 38.83 |
| 32 | 造桥机（各型） | 台 | 21 | 7678 | 6980 | 90.91 | 3210 | 1769 | 55.11 | 10.0 | 47.62 |
| 33 | 铁路机车（各型） | 台 | 375 | 135246 | 124251 | 91.87 | 257069 | 232915 | 90.60 | 14.0 | 3.73 |
| 34 | 轨道车（各型） | 台 | 495 | 177271 | 167344 | 94.40 | 193792 | 181842 | 93.83 | 16.0 | 3.23 |
| 35 | 大型机械化养路设备 | 套 | 80 | 26533 | 24643 | 92.88 | 17197 | 13245 | 77.02 | 7.0 | 8.75 |
| 36 | 接触网恒张力放线车、作业车 | 台 | 879 | 316525 | 299270 | 94.55 | 243946 | 215995 | 88.54 | 22.0 | 2.50 |
| 37 | 稳定土厂拌设备（或拌和站）(各型) | 台 | 239 | 81667 | 74448 | 91.16 | 61822 | 50227 | 81.24 | 32.0 | 13.39 |
| 38 | 稳定土摊铺机（各型） | 台 | 16 | 4732 | 4395 | 92.88 | 5348 | 3318 | 62.04 | 3.0 | 18.75 |
| 39 | 混凝土摊铺机（各型） | 台 | 9 | 3105 | 2834 | 91.27 | 3549 | 1779 | 50.13 | 2.2 | 24.44 |
| 40 | 沥青搅拌站（各型） | 台 | 64 | 21373 | 19450 | 91.00 | 21791 | 14687 | 67.40 | 9.3 | 14.53 |
| 41 | 沥青摊铺机（各型） | 台 | 76 | 24876 | 21792 | 87.60 | 26591 | 15246 | 57.34 | 10.5 | 13.82 |
| 42 | 船舶（各型） | 艘 | 40 | 14639 | 14403 | 98.39 | 31394 | 18864 | 60.09 | 2.0 | 5.00 |
| 43 | 其他 | 台 | 11321 | 3447621 | 3165596 | 91.82 | 4903722 | 2942632 | 60.01 | 718.0 | 6.34 |
| 合计 | | | 31933 | 10431101 | 9338878 | 89.53 | 8176968 | 7031419 | 85.99 | 2945.0 | 9.22 |

制表：姚道雄

## 表 14-15　2020 年中国中铁股份有限公司外租设备统计报表

| 序号 | 设备名称 | 设备租赁总体情况 | | | | | | 占比 /% | 股份公司内部单位租赁情况（不含本单位内租） | | | |
|---|---|---|---|---|---|---|---|---|---|---|---|---|
| | | 设备租赁数量 / 台 | | | 应结算金额 / 万元 | | | | 总数量 / 台 | | 应结算金额 / 万元 | |
| | | 总数量 | 境内数量 | 境外数量 | 应结算总金额 | 境内应结算金额 | 境外应结算金额 | | 境内 | 境外 | 境内 | 境外 |
| 1 | 挖掘机 | 24266 | 24016 | 250 | 260503.19 | 256982.21 | 3520.98 | 15.00 | 5 | 1 | 17.18 | 11.90 |
| 2 | 推土机 | 1047 | 1009 | 38 | 7490.29 | 6799.21 | 691.08 | 0.43 | 0 | 1 | 0 | 3.43 |
| 3 | 装载机 | 6237 | 6159 | 78 | 52461.04 | 51650.21 | 810.83 | 3.02 | 5 | 0 | 24.13 | 0 |
| 4 | 压路机 | 1731 | 1678 | 53 | 10370.91 | 9846.91 | 524.00 | 0.60 | 0 | 1 | 0 | 2.24 |
| 5 | 平地机 | 404 | 373 | 31 | 2883.67 | 2356.86 | 526.81 | 0.17 | 0 | 1 | 0 | 1.63 |
| 6 | 凿岩台车（两臂及以上） | 34 | 28 | 6 | 3411.17 | 3021.73 | 389.45 | 0.20 | 1 | 0 | 138.18 | 0 |
| 7 | 露天钻机（管棚钻机、多功能钻机、水平钻机等） | 86 | 84 | 2 | 2812.52 | 2800.89 | 11.63 | 0.16 | 0 | 0 | 0 | 0 |
| 8 | TBM 或盾构 | 248 | 248 | 0 | 164276.42 | 164276.42 | 0 | 9.46 | 99 | 0 | 71985.47 | 0 |
| 9 | 汽车起重机 | 24154 | 24009 | 145 | 242742.56 | 239992.59 | 2749.97 | 13.98 | 0 | 0 | 0 | 0 |
| 10 | 履带起重机 | 868 | 859 | 9 | 27747.09 | 27531.68 | 215.41 | 1.60 | 0 | 0 | 0 | 0 |
| 11 | 塔式起重机 | 6003 | 5992 | 11 | 162635.81 | 162463.99 | 171.83 | 9.37 | 2 | 0 | 19.54 | 0 |
| 12 | 桥门式起重机（含搬运机、提梁机） | 1202 | 1202 | 0 | 26917.55 | 26917.55 | 0 | 1.55 | 50 | 0 | 4166.41 | 0 |
| 13 | 载重汽车 | 7195 | 7056 | 139 | 44710.13 | 43986.83 | 723.30 | 2.58 | 0 | 0 | 0 | 0 |
| 14 | 自卸汽车 | 11532 | 11081 | 451 | 85370.35 | 79526.49 | 5843.87 | 4.92 | 2 | 1 | 4.16 | 9.37 |
| 15 | 混凝土搅拌站 | 198 | 194 | 4 | 16848.41 | 16632.64 | 215.78 | 0.97 | 0 | 0 | 0 | 0 |
| 16 | 混凝土输送车 | 9405 | 9353 | 52 | 144781.77 | 144291.79 | 489.98 | 8.34 | 6 | 0 | 0 | 0 |
| 17 | 混凝土输送泵 | 1127 | 1122 | 5 | 18566.83 | 18515.99 | 50.85 | 1.07 | 0 | 0 | 0 | 0 |
| 18 | 混凝土泵车 | 4667 | 4644 | 23 | 72667.27 | 71976.40 | 690.86 | 4.19 | 0 | 0 | 0 | 0 |
| 19 | 混凝土机械手 | 148 | 147 | 1 | 8425.27 | 8251.75 | 173.52 | 0.49 | 0 | 0 | 0 | 0 |
| 20 | 打桩机（各型） | 258 | 254 | 4 | 9337.62 | 9202.82 | 134.80 | 0.54 | 1 | 0 | 129.08 | 0 |

续表

| 序号 | 设备名称 | 设备租赁总体情况 | | | | | | 占比 /% | 股份公司内部单位租赁情况（不含本单位内租） | | | |
|---|---|---|---|---|---|---|---|---|---|---|---|---|
| | | 设备租赁数量 / 台 | | | 应结算金额 / 万元 | | | | 总数量 / 台 | | 应结算金额 / 万元 | |
| | | 总数量 | 境内数量 | 境外数量 | 应结算总金额 | 境内应结算金额 | 境外应结算金额 | | 境内 | 境外 | 境内 | 境外 |
| 21 | 桩孔钻机（含：回转、冲击、地质、反循环） | 221 | 221 | 0 | 11141.93 | 11141.93 | 0 | 0.64 | 0 | 0 | 0 | 0 |
| 22 | 长钢轨焊接设备（套） | 13 | 13 | 0 | 1730.64 | 1730.64 | 0 | 0.10 | 0 | 0 | 0 | 0 |
| 23 | 铺轨机（各型） | 17 | 17 | 0 | 131.91 | 131.91 | 0 | 0.01 | 1 | 0 | 532.31 | 0 |
| 24 | 运架梁设备（各型） | 174 | 173 | 1 | 19217.90 | 19182.90 | 35.00 | 1.11 | 12 | 0 | 2587.77 | 0 |
| 25 | 造桥机（各型） | 9 | 9 | 0 | 1214.97 | 1214.97 | 0 | 0.07 | 0 | 0 | 0 | 0 |
| 26 | 大型机械化养路设备 | 49 | 49 | 0 | 5398.98 | 5398.98 | 0 | 0.31 | 0 | 0 | 0 | 0 |
| 27 | 铁路机车 | 123 | 123 | 0 | 7008.41 | 7008.41 | 0 | 0.40 | 0 | 0 | 0 | 0 |
| 28 | 轨道车 | 200 | 200 | 0 | 4816.25 | 4816.25 | 0 | 0.28 | 6 | 0 | 420.03 | 0 |
| 29 | 接触网放线车、作业车（各型） | 42 | 42 | 0 | 816.49 | 816.49 | 0 | 0.05 | 1 | 0 | 110.00 | 0 |
| 30 | 稳定土拌和站（各型） | 14 | 14 | 0 | 455.43 | 455.43 | 0 | 0.03 | 0 | 0 | 0 | 0 |
| 31 | 稳定土摊铺机 | 23 | 23 | 0 | 571.65 | 571.65 | 0 | 0.03 | 0 | 0 | 0 | 0 |
| 32 | 混凝土摊铺机 | 4 | 4 | 0 | 42.98 | 42.98 | 0 | 0 | 0 | 0 | 0 | 0 |
| 33 | 沥青搅拌站 | 16 | 16 | 0 | 6562.41 | 6562.41 | 0 | 0.38 | 0 | 0 | 0 | 0 |
| 34 | 沥青摊铺机 | 110 | 107 | 3 | 1788.35 | 1760.41 | 27.94 | 0.10 | 0 | 0 | 0 | 0 |
| 35 | 船舶 | 355 | 354 | 1 | 66393.03 | 66392.12 | 0.91 | 3.82 | 0 | 0 | 0 | 0 |
| 36 | 其他 | 27514 | 27014 | 500 | 243883.92 | 241322.91 | 2561.01 | 14.05 | 13 | 0 | 1642.43 | 0 |
| 合计 | | 129694 | 127887 | 1807 | 1736135.10 | 1715575.31 | 20559.79 | 100.00 | 204 | 5 | 81776.69 | 28.57 |

说明：1. 每类设备只统计数量与统计期应结算金额，不分规格型号；
2. 股份公司内部单位租赁情况是指跨集团之间的设备租赁；
3. 统计周期：1 月 1 日至 12 月 31 日。

制表：姚道雄

# CHAPTER 15

# 附 录

## 文件辑要

表 15-1　2020 年中国铁路工程集团有限公司党委文件目录

| 发文字号 | 文件标题 |
|---|---|
| 中铁程党办〔2020〕1 号 | 中国中铁党委关于 2019 年贯彻落实中央八项规定精神情况的报告 |
| 中铁程党干〔2020〕2 号 | 中国铁路工程集团有限公司党委关于中国中铁股份有限公司有关领导人员职务任免的请示 |
| 中铁程党组〔2020〕3 号 | 中国中铁党委关于 2019 年党建工作责任制考核评价自评情况的报告 |
| 中铁程党办〔2020〕4 号 | 关于学习贯彻国资委统筹推进中央企业新冠肺炎疫情防控和复工复产工作电视电话会议情况的报告 |
| 中铁程党干〔2020〕5 号 | 关于习近平总书记在陕西柞水视察中铁一局帮扶金米村木耳栽培智能大棚项目有关情况的报告 |
| 中铁程党办〔2020〕6 号 | 中国中铁党委关于学习贯彻落实习近平总书记京张高铁开通运营重要指示精神情况的报告 |
| 中铁程党干〔2020〕7 号 | 关于公司领导班子成员及高管工作分工调整的请示 |
| 中铁程党干〔2020〕8 号 | 中国铁路工程集团有限公司党委关于中国中铁股份有限公司有关领导人员职务任免的请示 |
| 中铁程党组〔2020〕9 号 | 中国铁路工程集团有限公司党委关于表彰优秀共产党员优秀党务工作者先进基层党组织的决定 |
| 中铁程党干〔2020〕10 号 | 中国铁路工程集团有限公司党委关于调整党委干部部和党委组织部部长人选的请示 |
| 中铁程党宣〔2020〕11 号 | 中国铁路工程集团有限公司党委关于 2020 年上半年意识形态工作情况的报告 |
| 中铁程党办〔2020〕12 号 | 中国中铁党委关于 2020 年上半年贯彻落实中央八项规定精神情况的报告 |
| 中铁程党办〔2020〕13 号 | 中国中铁党委关于 2020 年上半年落实全面从严治党主体责任、推进党风廉政建设和反腐败工作情况的报告 |
| 中铁程党干〔2020〕14 号 | 中国铁路工程集团有限公司党委关于中国中铁股份有限公司有关领导人员职务任免的请示 |
| 中铁程党纪〔2020〕15 号 | 中国中铁境外违规经营投资责任追究专项工作进展情况的报告 |
| 中铁程党纪〔2020〕16 号 | 关于中铁隧道局新加坡分公司涉嫌行贿问题初步核实情况的报告 |
| 中铁程党办〔2020〕17 号 | 中国中铁党委贯彻落实习近平总书记视察时发表重要讲话和重要批示情况的报告 |
| 中铁程党纪〔2020〕18 号 | 中国铁路工程集团有限公司党委 2020 年境外腐败治理工作情况总结的报告 |
| 中铁程党干〔2020〕19 号 | 中国铁路工程集团有限公司党委关于中国中铁股份有限公司有关领导人员职务任免的请示 |
| 中铁程党干〔2020〕20 号 | 中国铁路工程集团有限公司党委关于责令段永传同志辞去职务的请示 |
| 中铁程党办〔2020〕21 号 | 中国中铁党委 2020 年落实全面从严治党主体责任推进、党内廉政建设和反腐败斗争的情况报告 |
| 中铁程党宣〔2020〕22 号 | 中国铁路工程集团有限公司党委关于 2020 年意识形态工作情况的报告 |

制表：罗庆梅

表 15-2　2020 年中国铁路工程集团有限公司文件目录

| 发文字号 | 文件标题 |
|---|---|
| 中铁程办〔2020〕1 号 | 关于推荐中国铁路工程集团有限公司所属科技型企业的请示 |
| 中铁程办〔2020〕2 号 | 中国铁路工程集团有限公司关于所属中国铁工建设有限公司企业名称变更事宜的请示 |
| 中铁程财〔2020〕3 号 | 中国铁路工程集团有限公司关于 2019 年度产权协议转让有关情况的报告 |
| 中铁程办〔2020〕4 号 | 关于《中国铁路工程集团有限公司工资总额备案制管理办法》的请示 |
| 中铁程董〔2020〕5 号 | 中国铁路工程集团有限公司关于呈报 2019 年度中国特色现代企业制度建设相关工作情况的报告 |
| 中铁程董〔2020〕6 号 | 中国铁路工程集团有限公司关于《中国中铁董事会 2019 年度工作报告》的报告 |
| 中铁程办〔2020〕7 号 | 中国铁路工程集团有限公司关于 2019 年度改革进展情况的报告 |
| 中铁程财〔2020〕8 号 | 中国铁路工程集团有限公司关于 2019 年度产权登记数据汇总分析情况的报告 |
| 中铁程财〔2020〕9 号 | 中国铁路工程集团有限公司关于 2019 年度资产评估管理工作总结的报告 |
| 中铁程办〔2020〕10 号 | 中国铁路工程集团有限公司关于中国中铁“处僵治困”工作最新情况的报告 |
| 中铁程办〔2020〕11 号 | 中国铁路工程集团有限公司关于报送 2019 年重点亏损企业治理工作总结的报告 |
| 中铁程办〔2020〕12 号 | 关于印发《中国铁路工程集团有限公司国家级实验室管理办法》的通知 |
| 中铁程财〔2020〕13 号 | 关于中国铁路工程集团有限公司 2019 年度境外产权管理状况的报告 |
| 中铁程办〔2020〕14 号 | 中国铁路工程集团有限公司关于复工复产工作有关问题和建议情况的报告 |
| 中铁程办〔2020〕15 号 | 关于印发《中国铁路工程集团有限公司 2020 年扶贫工作计划》的通知 |
| 中铁程办〔2020〕16 号 | 中国铁路工程集团有限公司关于报送 2019 年压减工作总结的报告 |
| 中铁程办〔2020〕17 号 | 中国铁路工程集团有限公司关于 2019 年度内部审计工作情况的报告 |
| 中铁程办〔2020〕18 号 | 中国铁路工程集团有限公司关于所属子企业监事会工作情况的报告 |
| 中铁程办〔2020〕19 号 | 中国铁路工程集团有限公司关于 2019 年度《能源节约与生态环境保护统计报表》及《工作总结分析报告》的报告 |

续表

| 发文字号 | 文件标题 |
|---|---|
| 中铁程办〔2020〕20号 | 中国铁路工程集团有限公司关于拟邀请黑山共和国交通与海事部部长奥斯曼·努尔科维奇来访的请示 |
| 中铁程办〔2020〕21号 | 中国铁路工程集团有限公司关于2020年度预算有关情况的请示 |
| 中铁程办〔2020〕22号 | 中国铁路工程集团有限公司关于延期清算“三供一业”分离移交中央财政补助资金的请示 |
| 中铁程办〔2020〕23号 | 关于中国铁路工程集团有限公司2019年度境外法律合规风险排查情况的报告 |
| 中铁程办〔2020〕24号 | 中国铁路工程集团有限公司关于房地产业务有关情况的报告 |
| 中铁程财〔2020〕25号 | 中国铁路工程集团有限公司关于2020年度经营业绩考核目标和职工工资总额预算有关事宜的请示 |
| 中铁程办〔2020〕26号 | 关于《中国铁路工程集团有限公司建设国家产教融合型企业方案（2020—2022年）》的报告 |
| 中铁程办〔2020〕27号 | 中国铁路工程集团有限公司关于加快推进中国中铁股份有限公司收购北京恒通创新赛木科技股份有限公司控制权补充说明的请示 |
| 中铁程财〔2020〕28号 | 中国铁路工程集团有限公司关于2020年度非主业投资控制比例事宜的请示 |
| 中铁程财〔2020〕29号 | 中国铁路工程集团有限公司关于2019年中国中铁内保外贷业务开展情况的报告 |
| 中铁程办〔2020〕30号 | 中国铁路工程集团有限公司关于《中国中铁2020年提质增效专项行动方案》的报告 |
| 中铁程财〔2020〕31号 | 中国铁路工程集团有限公司关于报送2020年度投资计划的报告 |
| 中铁程办〔2020〕32号 | 关于调整中国铁路工程集团有限公司资产管理中心主要工作职责的通知 |
| 中铁程办〔2020〕33号 | 关于设立中国铁路工程集团有限公司外事办公室的通知 |
| 中铁程办〔2020〕34号 | 中国铁路工程集团有限公司关于企业负责人履职待遇、业务支出、2019年度管理情况及2020年度预算方案的报告 |
| 中铁程办〔2020〕35号 | 中国铁路工程集团有限公司关于2019年法律纠纷案件情况的报告 |
| 中铁程财〔2020〕36号 | 中国铁路工程集团有限公司关于2020年度对外捐赠事项备案的报告 |
| 中铁程办〔2020〕37号 | 中国铁路工程集团有限公司关于报送所属培训疗养机构转型为养老服务设施名单的报告 |
| 中铁程办〔2020〕38号 | 中国铁路工程集团有限公司关于黑龙江伊春鹿鸣钼矿相关情况的报告 |
| 中铁程财〔2020〕39号 | 中国铁路工程集团有限公司关于新冠肺炎疫情对中国中铁金融业务影响情况的报告 |
| 中铁程财〔2020〕40号 | 中国铁路工程集团有限公司关于2019年度金融衍生业务开展情况的专项报告 |
| 中铁程财〔2020〕41号 | 中国铁路工程集团有限公司关于中铁四局、中铁七局缴纳雅安至叶城国家高速公路拉萨至日喀则机场段民工工资保证金有关备案事宜的报告 |
| 中铁程办〔2020〕42号 | 中国铁路工程集团有限公司关于“科改示范行动”科技型企业改革方案及工作台账备案的报告 |
| 中铁程财〔2020〕43号 | 中国铁路工程集团有限公司关于信托产品投资专项检查整改情况的报告 |
| 中铁程办〔2020〕44号 | 关于《中国铁路工程集团有限公司2019年度内控体系工作报告》的报告 |
| 中铁程财〔2020〕45号 | 关于《中国铁路工程集团有限公司2019年度境外子企业财务决算报表》的报告 |
| 中铁程办〔2020〕46号 | 中国铁路工程集团有限公司关于中国中铁2020年度“十三五”规划工作情况的报告 |
| 中铁程财〔2020〕47号 | 中国铁路工程集团有限公司关于“挂靠”问题专项梳理排查情况的报告 |
| 中铁程办〔2020〕48号 | 关于2019年中国铁路工程集团有限公司并购情况的报告 |
| 中铁程财〔2020〕49号 | 中国铁路工程集团有限公司关于2019年度资产减值准备财务核销管理工作情况的报告 |
| 中铁程财〔2020〕50号 | 关于《中国铁路工程集团有限公司2019年度企业财务决算报表》的请示 |
| 中铁程财〔2020〕51号 | 中国铁路工程集团有限公司关于2019年度财务决算备案情况的报告 |
| 中铁程财〔2020〕52号 | 中国铁路工程集团有限公司关于2019年度中国中铁有关利润分配方案的报告 |
| 中铁程财〔2020〕53号 | 中国铁路工程集团有限公司关于处置“僵尸企业”国有资本经营预算补助资金清算情况的报告 |
| 中铁程财〔2020〕54号 | 关于《中国铁路工程集团有限公司2019年度国有资本保值增值情况报告》的请示 |
| 中铁程财〔2020〕55号 | 中国铁路工程集团有限公司关于申报2020年特困企业专项治理国有资本经营预算补助资金的报告 |
| 中铁程财〔2020〕56号 | 中国铁路工程集团有限公司关于2019年度账销案存资产管理情况的报告 |
| 中铁程财〔2020〕57号 | 中国铁路工程集团有限公司关于2019年度业绩考核目标完成情况的报告 |
| 中铁程办〔2020〕58号 | 中国铁路工程集团有限公司关于2019年度外部董事报酬管理工作情况的报告 |
| 中铁程财〔2020〕59号 | 关于中国铁路工程集团有限公司调整2020年度经济效益预算目标情况的报告 |
| 中铁程财〔2020〕61号 | 中国铁路工程集团有限公司关于中国中铁参股经营投资自查情况的报告 |
| 中铁程财〔2020〕62号 | 关于中国铁路工程集团有限公司融资租赁业务自查情况的报告 |
| 中铁程财〔2020〕63号 | 中国铁路工程集团有限公司关于所属中铁电气化局集团有限公司办理公务用车车牌所有权归属变更手续的请示 |
| 中铁程财〔2020〕64号 | 关于中国铁路工程集团有限公司离休干部医药费补助资金绩效自评情况的报告 |
| 中铁程财〔2020〕65号 | 关于中国铁路工程集团有限公司“处僵治困”资本预算补助资金绩效自评情况的报告 |

续表

| 发文字号 | 文件标题 |
|---|---|
| 中铁程财〔2020〕66 号 | 关于中国铁路工程集团有限公司申报 2019 年度国有资本收益的请示 |
| 中铁程财〔2020〕67 号 | 中国铁路工程集团有限公司关于国有资本经营预算执行中委托贷款清理情况的报告 |
| 中铁程财〔2020〕68 号 | 中国铁路工程集团有限公司关于申报 2021 年中央企业离休干部医药费国有资本经营预算资金事宜的请示 |
| 中铁程办〔2020〕71 号 | 中国铁路工程集团有限公司关于 2020 年上半年投资完成情况的报告 |
| 中铁程财〔2020〕72 号 | 中国铁路工程集团有限公司关于境外财务、资金管控情况的报告 |
| 中铁程财〔2020〕73 号 | 中国铁路工程集团有限公司关于 2021 年国有资本经营预算事宜的请示 |
| 中铁程办〔2020〕74 号 | 中国铁路工程集团有限公司关于中国中铁“总部机关化”问题专项整改工作总结的报告 |
| 中铁程财〔2020〕75 号 | 中国铁路工程集团有限公司关于所属中铁信托与泰禾集团业务开展情况的报告 |
| 中铁程办〔2020〕76 号 | 关于调整中国铁路工程集团有限公司职称评审工作领导小组成员的通知 |
| 中铁程财〔2020〕77 号 | 中国铁路工程集团有限公司关于 2020 年上半年经营业绩考核目标执行情况的报告 |
| 中铁程办〔2020〕78 号 | 关于《中国铁路工程集团有限公司 2019 年度工资总额清算方案》的请示 |
| 中铁程办〔2020〕79 号 | 中国铁路工程集团有限公司关于中国中铁股份有限公司收购北京恒通创新赛木科技股份有限公司控制权项目进展情况的报告 |
| 中铁程财〔2020〕80 号 | 关于中国铁路工程集团有限公司参股金融类企业情况的报告 |
| 中铁程财〔2020〕81 号 | 中国铁路工程集团有限公司 2020 年度产权登记工作自查报告 |
| 中铁程财〔2020〕82 号 | 中国铁路工程集团有限公司关于职工家属区“三供一业”分离移交中央财政补助资金清算的报告 |
| 中铁程财〔2020〕83 号 | 中国铁路工程集团有限公司关于所属子公司参与云南省相关交通产业基金的汇报 |
| 中铁程财〔2020〕84 号 | 中国铁路工程集团有限公司关于西藏雅叶高速公路拉日段缴存农民工工资保证金整改情况的报告 |
| 中铁程财〔2020〕85 号 | 中国铁路工程集团有限公司关于贯彻落实《关于加强中央企业所属信托公司风险防范和完善管理的通知》情况的报告 |
| 中铁程办〔2020〕86 号 | 关于马来西亚大马城恢复性综合开发项目有关情况的报告 |
| 中铁程财〔2020〕87 号 | 中国铁路工程集团有限公司关于参股经营投资问题整改情况的报告 |
| 中铁程办〔2020〕88 号 | 关于印发《中国铁路工程集团有限公司博士后科研工作站管理规定》的通知 |
| 中铁程办〔2020〕89 号 | 中国铁路工程有限公司关于中国中铁“处僵治困”专项治理工作情况的报告 |
| 中铁程办〔2020〕90 号 | 中国中铁关于变更部分重点亏损企业治理主体的请示 |
| 中铁程财〔2020〕91 号 | 中国铁路工程集团有限公司关于所属中铁信托与恒大集团合作及采取相关措施情况的报告 |
| 中铁程办〔2020〕92 号 | 中国铁路工程集团有限公司关于报送《中国中铁对标世界一流管理提升行动实施方案》的报告 |
| 中铁程办〔2020〕93 号 | 关于印发《中国铁路工程集团有限公司史志工作管理规定》的通知 |
| 中铁程财〔2020〕94 号 | 中国铁路工程集团有限公司关于《“两金”管控 2020—2022 三年工作方案》的报告 |
| 中铁程办〔2020〕95 号 | 中国铁路工程集团有限公司关于《2019 年度国际化经营自评价工作情况》的报告 |
| 中铁程财〔2020〕96 号 | 中国铁路工程集团有限公司关于上报 2021 年国有资本经营预算支出计划建议的报告 |
| 中铁程办〔2020〕97 号 | 关于印发《中国铁路工程集团有限公司国家级实验室管理规定》的通知 |
| 中铁程办〔2020〕98 号 | 中国铁路工程集团有限公司关于批转《中国铁路工程集团有限公司党校内部控制和财务收支审计报告》的通知 |
| 中铁程办〔2020〕98 号 | 中国铁路工程集团有限公司关于企业负责人 2019 年度薪酬兑现情况的报告 |
| 中铁程办〔2020〕99 号 | 中国铁路工程集团有限公司“十三五”法治央企建设总结报告 |
| 中铁程办〔2020〕100 号 | 关于印发《中国铁路工程集团有限公司因公证照管理规定》的通知 |
| 中铁程办〔2020〕101 号 | 关于印发《中国铁路工程集团有限公司科学技术奖奖励规定》的通知 |
| 中铁程办〔2020〕102 号 | 中国铁路工程集团有限公司关于中国中铁混合所有制改革情况的报告 |
| 中铁程财〔2020〕103 号 | 中国铁路工程集团有限公司关于 2020 年度财务决算备案情况的报告 |
| 中铁程财〔2020〕104 号 | 中国铁路工程集团有限公司关于呈报 2021 年度主要指标预算预报表的报告 |
| 中铁程办〔2020〕105 号 | 中国铁路工程集团有限公司关于报送 2020 年提质增效专项行动工作总结的报告 |
| 中铁程办〔2020〕106 号 | 中国铁路工程集团有限公司关于 2020 年剥离企业办社会职能和解决历史遗留问题工作改革总结情况的报告 |
| 中铁程办〔2020〕107 号 | 中国中铁关于报送境外经营风险自查整改专项工作的报告 |
| 中铁程办〔2020〕108 号 | 中国铁路工程集团有限公司关于报送《中国中铁深化改革三年行动实施方案（2020—2022 年）》的报告 |
| 中铁程办〔2020〕109 号 | 中国铁路工程集团有限公司关于落实资质管理制度改革工作的建议报告 |

制表：徐 Ｘ

表 15-3 2020 年中国中铁股份有限公司党委文件目录

| 发文字号 | 文件标题 |
| --- | --- |
| 中国中铁党组〔2020〕1 号 | 中国中铁党委　中国中铁关于表彰“红旗项目部”的决定 |
| 中国中铁党办〔2020〕2 号 | 关于印发陈超英同志在向中国中铁党委反馈巡视情况会议上的讲话、国资委党委第五巡视组巡视反馈意见和张宗言同志表态发言的通知 |
| 中国中铁党纪〔2020〕3 号 | 中国中铁纪检组织对职能部门履行监督管理职责进行再监督的实施办法 |
| 中国中铁党宣〔2020〕4 号 | 关于印发《认真学习贯彻习近平总书记对京张高铁开通运营重要指示精神宣传提纲》的通知 |
| 中国中铁党组〔2020〕5 号 | 中国中铁党委关于加强党的领导为打赢疫情防控阻击战提供坚强政治保证的通知 |
| 中国中铁党宣〔2020〕6 号 | 关于表彰 2019 年度中国中铁示范道德讲堂的决定 |
| 中国中铁党宣〔2020〕7 号 | 关于表彰 2019 年度中国中铁基层文化建设示范点的决定 |
| 中国中铁党办〔2020〕8 号 | 中国中铁党委关于印发《国资委党委第五巡视组巡视反馈意见的整改落实方案》的通知 |
| 中国中铁党组〔2020〕9 号 | 关于成立中共中国铁工建设集团有限公司委员会和纪律检查委员会的通知 |
| 中国中铁党组〔2020〕10 号 | 关于调整中铁世德铁路投资有限公司党组织管理关系的通知 |
| 中国中铁党办〔2020〕11 号 | 关于建立贯彻落实习近平总书记重要指示批示工作机制的通知 |
| 中国中铁党办〔2020〕12 号 | 中国中铁党委关于开展贯彻落实中央八项规定精神自查自纠工作的通知 |
| 中国中铁党组〔2020〕13 号 | 关于印发《中国中铁党委 2020 年组织工作要点》的通知 |
| 中国中铁党宣〔2020〕14 号 | 关于印发《中国中铁党委 2020 年宣传思想文化工作要点》的通知 |
| 中国中铁党宣〔2020〕15 号 | 关于印发《中国中铁党委理论学习中心组学习规则》的通知 |
| 中国中铁党宣〔2020〕16 号 | 关于印发《2020 年中国中铁党委理论学习中心组重点学习内容安排》的通知 |
| 中国中铁党宣〔2020〕17 号 | 关于印发《中国中铁党委关于进一步加强海外宣传工作的指导意见》的通知 |
| 中国中铁党纪〔2020〕18 号 | 关于印发《中国中铁总部管理人员违规干预和插手企业重要事项记录报告有关规定（试行）》的通知 |
| 中国中铁党组〔2020〕19 号 | 中国中铁党委关于加强境外单位党建设工作的指导意见 |
| 中国中铁党办〔2020〕20 号 | 中国中铁党委关于印发《中国中铁股份有限公司党委常委会议事规则》的通知 |
| 中国中铁党组〔2020〕21 号 | 中国中铁党委关于成立中铁云网信息科技有限公司等三家单位党组织和纪检组织的通知 |
| 中国中铁党办〔2020〕22 号 | 关于印发《中国中铁党委进一步发挥党委领导作用的若干意见》的通知 |
| 中国中铁党干〔2020〕23 号 | 关于印发《中国中铁党委关于开展“抓整改、树新风、强本领、促发展”干部作风建设年活动的实施意见》的通知 |
| 中国中铁党组〔2020〕24 号 | 中国中铁党委关于成立中铁发展投资有限公司和中铁北方投资有限公司党组织和纪检组织的通知 |
| 中国中铁党组〔2020〕25 号 | 中国中铁党委关于印发《中国中铁股份有限公司领导班子成员党建工作联系点实施办法》的通知 |
| 中国中铁党组〔2020〕26 号 | 中国中铁党委关于印发《中国中铁股份有限公司党组织工作经费管理办法》的通知 |
| 中国中铁党干〔2020〕27 号 | 关于印发《中国中铁股份有限公司领导人员选拔任用工作责任追究办法（试行）》的通知 |
| 中国中铁党干〔2020〕28 号 | 关于印发《中国中铁股份有限公司领导人员公开招聘管理办法》的通知 |
| 中国中铁党干〔2020〕29 号 | 关于印发《中国中铁股份有限公司二级企业领导人员改任非领导职务管理办法》的通知 |
| 中国中铁党干〔2020〕30 号 | 关于印发《中国中铁股份有限公司领导人员日常履职情况考察办法》的通知 |
| 中国中铁党干〔2020〕31 号 | 关于印发《中国中铁股份有限公司二级企业领导班子和领导人员综合考核评价办法》的通知 |
| 中国中铁党巡〔2020〕32 号 | 中国中铁党委关于调整中国中铁党委巡视工作领导小组组成人员的通知 |
| 中国中铁党办〔2020〕33 号 | 关于印发《中国中铁党委落实全面从严治党“两个责任”的实施意见》的通知 |
| 中国中铁党纪〔2020〕34 号 | 关于印发《中国中铁二级企业纪委主要负责人述职述廉暨履职履责考核评价实施办法（试行）》的通知 |
| 中国中铁党干〔2020〕35 号 | 关于进一步加强因私出国（境）管理工作的通知 |
| 中国中铁党组〔2020〕36 号 | 关于印发《中国中铁党委关于进一步加强和改进新形势下项目党建工作的指导意见》的通知 |
| 中国中铁党宣〔2020〕37 号 | 中国中铁党委关于表彰抗击新冠肺炎疫情先进集体和先进个人的决定 |
| 中国中铁党巡〔2020〕38 号 | 中国中铁党委关于印发《中国中铁党委巡视工作办法》的通知 |
| 中国中铁党巡〔2020〕39 号 | 中国中铁党委关于印发《中国中铁党委巡视工作领导小组工作规则》《中国中铁党委巡视工作领导小组办公室工作规则》《中国中铁党委巡视组工作规则》的通知 |
| 中国中铁党干〔2020〕40 号 | 中国中铁党委关于印发《关于加强国际化人才队伍建设的实施意见》的通知 |
| 中国中铁党纪〔2020〕41 号 | 关于印发《中国中铁党委关于加强和改进全公司纪检组织建设的指导意见》的通知 |
| 中国中铁党巡〔2020〕42 号 | 中国中铁党委关于印发《中国中铁党委关于二级企业党委开展巡察工作的指导意见（试行）》的通知 |
| 中国中铁党巡〔2020〕43 号 | 中国中铁党委关于印发《被巡视党组织配合公司党委巡视组开展巡视工作的规定》的通知 |

附录

续表

| 发文字号 | 文件标题 |
| --- | --- |
| 中国中铁党巡〔2020〕44 号 | 中国中铁党委关于印发《中国中铁党委巡视工作流程》《中国中铁党委巡视问题整改和验收工作规则》《中国中铁党委巡视组作风纪律情况“后评估”办法（试行）》《中国中铁党委巡视报告问题底稿管理办法（试行）》的通知 |
| 中国中铁党纪〔2020〕45 号 | 关于印发《关于加强纪检组织政治建设的指导意见》的通知 |
| 中国中铁党纪〔2020〕46 号 | 关于印发《中国中铁股份有限公司二级企业纪委书记、副书记提名考察任用实施办法》的通知 |
| 中国中铁党办〔2020〕47 号 | 关于中国中铁股份有限公司国家安全领导小组更名及组成人员调整的通知 |
| 中国中铁党干〔2020〕48 号 | 中国中铁党委关于进一步加强二级企业有关职务任前备案管理的通知 |
| 中国中铁党干〔2020〕49 号 | 中国中铁党委关于进一步加强二级企业党委干部部（人力资源部）部长选拔任用工作的通知 |
| 中国中铁党纪〔2020〕50 号 | 关于印发《中国中铁党委加强境外腐败问题专项整治实施方案》的通知 |
| 中国中铁党纪〔2020〕51 号 | 关于印发《关于开展境外腐败、利益输送、涉租寻租和化公为私问题专项整治总体工作方案》的通知 |
| 中国中铁党干〔2020〕52 号 | 关于大力培养选拔使用优秀年轻干部的实施意见 |
| 中国中铁党办〔2020〕53 号 | 关于印发《中国中铁党委关于落实国资委党委第五巡视组反馈意见整改进展情况的报告》的通知 |
| 中国中铁党办〔2020〕54 号 | 中国中铁党委关于印发《深入贯彻落实习近平总书记重要指示批示的督查办法》的通知 |
| 中国中铁党办〔2020〕55 号 | 关于印发《中国中铁股份有限公司国家安全人民防线建设工作规定（试行）》的通知 |
| 中国中铁党办〔2020〕56 号 | 关于修订印发《中国中铁党委党内规范性文件联席会议以及审查和备案制度》的通知 |
| 中国中铁党宣〔2020〕57 号 | 关于印发《中国中铁股份有限公司舆情管理工作规定》的通知 |
| 中国中铁党办〔2020〕58 号 | 关于修订印发《中国中铁股份有限公司党风廉政建设责任制》的通知 |
| 中国中铁党工〔2020〕59 号 | 关于印发《中国中铁股份有限公司所属各单位工会组织新建、换届工作规定》的通知 |
| 中国中铁党宣〔2020〕60 号 | 关于公布《中国中铁》报 2019 年优秀投稿组织单位、优秀通讯员、优秀作品和第九届“中国中铁杯”摄影大赛评选结果的通知 |
| 中国中铁党宣〔2020〕61 号 | 关于印发《中国中铁股份有限公司新闻宣传工作情况通报实施细则》的通知 |
| 中国中铁党宣〔2020〕62 号 | 关于深化新时代文明单位创建工作的意见 |
| 中国中铁党干〔2020〕63 号 | 中国中铁党委关于表彰 2019 年度“四好领导班子”的决定 |
| 中国中铁党纪〔2020〕64 号 | 关于印发《中国中铁股份有限公司纪检人才库建设管理办法》的通知 |
| 中国中铁党组〔2020〕65 号 | 中国中铁党委关于印发《中国中铁股份有限公司党支部建设晋位升级管理规定》的通知 |
| 中国中铁党组〔2020〕66 号 | 中国中铁党委关于印发《中国中铁股份有限公司党委全委会工作规则》的通知 |
| 中国中铁党组〔2020〕67 号 | 中国中铁党委关于印发《中国中铁股份有限公司工程项目部党群工作协理员管理规定》的通知 |
| 中国中铁党组〔2020〕68 号 | 中国中铁党委关于表彰“党课开讲啦”活动优秀党课的通知 |
| 中国中铁党组〔2020〕69 号 | 中国中铁党委关于印发《中国中铁股份有限公司党组织换届选举工作实施细则》的通知 |
| 中国中铁党团〔2020〕70 号 | 中国中铁党委　中国中铁　中国中铁工会　中国中铁团委关于表彰第九届“十大杰出青年”的决定 |

制表：罗庆梅

**表 15-4　2020 年中国中铁股份有限公司文件目录**

| 发文字号 | 文件标题 |
| --- | --- |
| 中国中铁安监〔2020〕1 号 | 中国中铁党委　中国中铁　中国中铁工会　中国中铁团委关于进一步落实安全生产“管”“监”责任暨构建风险和隐患双重预防长效机制的通知 |
| 中国中铁生产〔2020〕2 号 | 关于印发《中国中铁股份有限公司城市轨道交通运营管理指南（试行）》的通知 |
| 中国中铁生产〔2020〕3 号 | 关于印发《中国中铁股份有限公司水务环保运营管理指南（试行）》的通知 |
| 中国中铁干部〔2020〕4 号 | 关于印发《中国中铁股份有限公司管理人员政纪处分规定》的通知 |
| 中国中铁规划〔2020〕5 号 | 关于印发《中国中铁厂办大集体改革工作总体方案（修订）》的通知 |
| 中国中铁规划〔2020〕6 号 | 关于印发《中国中铁退休人员社会化管理工作总体方案》的通知 |
| 中国中铁劳社〔2020〕7 号 | 关于成立中国中铁股份有限公司西藏区域工程建设指挥部的通知 |
| 中国中铁财务〔2020〕8 号 | 关于印发《中国中铁股份有限公司资金与资金集中管理办法》的通知 |
| 中国中铁财务〔2020〕9 号 | 关于印发《中国中铁股份有限公司授信与债务融资管理办法》的通知 |
| 中国中铁规划〔2020〕10 号 | 关于印发《中国中铁“十四五”规划编制工作总体方案》的通知 |
| 中国中铁安监〔2020〕11 号 | 关于表彰 2019 年度中国中铁安全标准工地的决定 |
| 中国中铁经营〔2020〕12 号 | 关于下达中国中铁股份有限公司 2020 年生产经营计划的通知 |
| 中国中铁规划〔2020〕13 号 | 关于印发《中国中铁关于开展“治亏与压减”专项治理工作方案》的通知 |
| 中国中铁规划〔2020〕14 号 | 中国中铁关于发布中铁晋鲁豫区域总部（中铁发展投资有限公司）、中铁北方区域总部（中铁北方投资有限公司）重组方案的通知 |

续表

| 发文字号 | 文件标题 |
| --- | --- |
| 中国中铁安监〔2020〕15号 | 关于印发《中国中铁股份有限公司2020年安全生产、工程质量、环境保护和职业健康监督管理工作要点》的通知 |
| 中国中铁投资〔2020〕16号 | 关于印发《中国中铁股份有限公司基础设施投资项目标段划分实施细则》的通知 |
| 中国中铁劳社〔2020〕17号 | 中国中铁关于变更中国中铁股份有限公司菲律宾分公司管理关系有关事宜的通知 |
| 中国中铁成本〔2020〕18号 | 关于印发《中国中铁工程项目宏观及微观成本管理指导意见》的通知 |
| 中国中铁规划〔2020〕19号 | 中国中铁关于发布2019年度企业管理现代化创新成果的通知 |
| 中国中铁劳社〔2020〕20号 | 中国中铁关于进一步明确中铁工业所属四家工业企业有关管理事项的通知 |
| 中国中铁法规〔2020〕21号 | 关于印发《中国中铁股份有限公司工商事务管理办法》的通知 |
| 中国中铁采购〔2020〕22号 | 关于印发《中国中铁鲁班商城采购管理暂行规定》的通知 |
| 中国中铁劳社〔2020〕23号 | 关于成立中国中铁股份有限公司东莞市轨道交通1号线一期工程1301段项目指挥部的通知 |
| 中国中铁成本〔2020〕25号 | 关于印发《中国中铁工程项目成本管理监控及预警管理办法》的通知 |
| 中国中铁科信〔2020〕26号 | 中国中铁关于表彰2019年度中国中铁绿色施工科技示范工程的决定 |
| 中国中铁劳社〔2020〕27号 | 关于公布《中国中铁股份有限公司企业年金基金受托管理框架合作协议》的通知 |
| 中国中铁规划〔2020〕28号 | 关于印发《中国中铁股份有限公司2020年战略规划工作要点》的通知 |
| 中国中铁劳社〔2020〕29号 | 关于印发《中国中铁股份有限公司二级企业工资总额管理办法》的通知 |
| 中国中铁规划〔2020〕30号 | 中国中铁关于发布中铁华南区域总部（中铁南方投资集团有限公司）和中铁中南区域总部（中铁交通投资集团有限公司）重组方案的通知 |
| 中国中铁财务〔2020〕31号 | 关于转发国资委办公厅做好近期清欠专项工作有关事项通知的通知 |
| 中国中铁法规〔2020〕32号 | 关于印发《中国中铁股份有限公司子公司章程管理办法》的通知 |
| 中国中铁财务〔2020〕33号 | 中国中铁关于印发国内投资项目负面清单和境外投资项目负面清单（2019年版）的通知 |
| 中国中铁规划〔2020〕34号 | 中国中铁关于下达2020—2021年压减计划的通知 |
| 中国中铁干部〔2020〕35号 | 中国中铁关于以股份公司资质承建工程项目拟任项目经理（指挥长）有关事项的通知 |
| 中国中铁财务〔2020〕36号 | 关于印发《中国中铁股份有限公司2020年财务工作要点》的通知 |
| 中国中铁干部〔2020〕37号 | 中国中铁党委中国中铁关于印发《2020年全公司干部管理工作要点》的通知 |
| 中国中铁生产〔2020〕38号 | 中国中铁关于贯彻落实国务院应对新型冠状病毒感染肺炎疫情联防联控机制切实加强疫情科学防控有序做好企业复工复产工作相关要求的通知 |
| 中国中铁外经〔2020〕39号 | 中国中铁关于成立海外经营工作小组的通知 |
| 中国中铁干部〔2020〕40号 | 关于设立中国中铁股份有限公司首席专家的通知 |
| 中国中铁财务〔2020〕41号 | 关于印发《中国中铁金融板块企业“金融、类金融”业务禁止性规定（2020年版）》的通知 |
| 中国中铁安监〔2020〕42号 | 关于表彰2019年度中国中铁杯优质工程项目及获奖单位的决定 |
| 中国中铁劳社〔2020〕43号 | 关于印发《中国中铁股份有限公司所出资企业负责人履职待遇、业务支出管理办法》的通知 |
| 中国中铁劳社〔2020〕44号 | 关于成立中国中铁股份有限公司天津地铁4号线PPP项目北段工程总承包部的通知 |
| 中国中铁生产〔2020〕45号 | 关于成立中国中铁应对新冠病毒肺炎疫情复工复产工作领导小组的通知 |
| 中国中铁安监〔2020〕46号 | 中国中铁关于印发《中国中铁股份有限公司复工复产疫情防控“二十不准”》的通知 |
| 中国中铁安监〔2020〕47号 | 中国中铁关于印发《中国中铁股份有限公司工程项目复工复产应对新冠肺炎疫情方案指引》的通知 |
| 中国中铁经营〔2020〕48号 | 关于印发《中国中铁股份有限公司生产经营计划统计管理办法》的通知 |
| 中国中铁法规〔2020〕49号 | 关于印发《中国中铁股份有限公司2020年法律纠纷案件压减工作方案》的通知 |
| 中国中铁董办〔2020〕50号 | 关于印发《中国中铁股份有限公司监事会2020年工作要点》的通知 |
| 中国中铁科信〔2020〕51号 | 中国中铁关于落实国资委科技创新政策的若干意见 |
| 中国中铁劳社〔2020〕52号 | 关于印发《中国中铁股份有限公司经营开发奖励办法》的通知 |
| 中国中铁办发〔2020〕53号 | 关于印发《中国中铁股份有限公司公务用车管理办法》的通知 |
| 中国中铁规划〔2020〕54号 | 关于成立中国中铁股份有限公司国道109高速公路工程总承包部的通知 |
| 中国中铁规划〔2020〕55号 | 关于成立中国中铁股份有限公司濮新高速公路宁沈段工程指挥部的通知 |
| 中国中铁规划〔2020〕56号 | 关于成立中国中铁股份有限公司滨海快线（福州至长乐机场城际铁路工程）土建施工第1标段项目经理部的通知 |
| 中国中铁规划〔2020〕57号 | 关于成立中国中铁股份有限公司重庆渝湘复线高速公路工程指挥部的通知 |
| 中国中铁规划〔2020〕58号 | 关于成立中国中铁股份有限公司广州市轨道交通7号线一期工程西延顺德段机电工程总承包项目经理部的通知 |

续表

| 发文字号 | 文件标题 |
| --- | --- |
| 中国中铁外经〔2020〕59 号 | 关于成立中国中铁海外体制机制改革专班工作小组的通知 |
| 中国中铁财务〔2020〕60 号 | 关于印发《中国中铁投资项目融资方案设计指导意见》的通知 |
| 中国中铁规划〔2020〕61 号 | 关于成立中国中铁股份有限公司西部区域工程建设指挥部的通知 |
| 中国中铁干部〔2020〕62 号 | 关于印发《中国中铁股份有限公司 2020 年培训计划》的通知 |
| 中国中铁劳社〔2020〕63 号 | 关于印发《中国中铁关于加强二、三级公司本部员工薪酬管理的指导意见》的通知 |
| 中国中铁财务〔2020〕64 号 | 关于印发《中国中铁二级单位经济运行预警管理办法》的通知 |
| 中国中铁财务〔2020〕65 号 | 关于印发《中国中铁股份有限公司清收清欠专项奖惩管理办法》的通知 |
| 中国中铁经营〔2020〕66 号 | 关于表彰中国中铁 2019 年度经营工作先进（优秀）单位和经营工作先进个人的决定 |
| 中国中铁规划〔2020〕67 号 | 中国中铁关于中铁世德铁路投资有限公司和冯红铁路工程指挥部机构编制方案的通知 |
| 中国中铁法规〔2020〕68 号 | 关于印发《新冠肺炎疫情下中国中铁法律合规工作操作指引》的通知 |
| 中国中铁安监〔2020〕69 号 | 中国中铁关于全面规范深化、巩固加强质量安全环保与应急管理工作的通知 |
| 中国中铁安监〔2020〕70 号 | 中国中铁关于印发《中国中铁防范惯性事故强化技术及管理交底刚性要求（修订版）》的通知 |
| 中国中铁科信〔2020〕71 号 | 中国中铁关于下达股份公司 2020 年度工法开发计划和专利申请计划的通知 |
| 中国中铁安监〔2020〕72 号 | 中国中铁关于进一步明确企业主要负责人安全生产责任的通知 |
| 中国中铁法规〔2020〕73 号 | 中国中铁关于发布工程项目常用合同示范文本以及基础设施投资和海外业务常用合同参考文本的通知 |
| 中国中铁法规〔2020〕74 号 | 关于印发中国中铁 2020—2025 年法律合规培训规划的通知 |
| 中国中铁安监〔2020〕75 号 | 中国中铁关于进一步明确项目经理安全质量责任的通知 |
| 中国中铁规划〔2020〕76 号 | 关于成立中国中铁股份有限公司山西太原西北二环高速公路工程指挥部的通知 |
| 中国中铁生产〔2020〕77 号 | 关于印发《中国中铁股份有限公司 2020 年度成本管理工作要点》的通知 |
| 中国中铁外经〔2020〕78 号 | 关于成立中国中铁境外疫情防控专班工作小组的通知 |
| 中国中铁规划〔2020〕79 号 | 中国中铁关于中国铁工建设有限公司申请变更企业名称事宜的批复 |
| 中国中铁审计〔2020〕79 号 | 中国中铁关于批转《中铁资源原总经理孙瑞文同志任期经济责任审计报告》和《任期经济责任审计评议书》的通知 |
| 中国中铁规划〔2020〕80 号 | 关于印发《中国中铁 2020 年提质增效专项行动方案》的通知 |
| 中国中铁法规〔2020〕81 号 | 关于印发《中国中铁股份有限公司法律纠纷案件管理办法》的通知 |
| 中国中铁规划〔2020〕82 号 | 关于成立中国中铁股份有限公司郑济铁路（山东段）工程项目经理部的通知 |
| 中国中铁规划〔2020〕83 号 | 关于印发《中国中铁混合所有制改革操作流程指引》的通知 |
| 中国中铁法规〔2020〕84 号 | 关于印发《中国中铁股份有限公司境外业务合规培训管理细则》的通知 |
| 中国中铁外经〔2020〕85 号 | 关于印发《中国中铁股份有限公司境外突发事件应急处置预案》的通知 |
| 中国中铁法规〔2020〕86 号 | 关于印发《中国中铁股份有限公司境外业务第三方合规管理细则》的通知 |
| 中国中铁法规〔2020〕87 号 | 关于印发《中国中铁股份有限公司境外业务员工行为准则》的通知 |
| 中国中铁法规〔2020〕88 号 | 关于印发《中国中铁股份有限公司境外业务投标合规管理细则》的通知 |
| 中国中铁外经〔2020〕89 号 | 关于印发《中国中铁股份有限公司境外非生产性安全管理办法》的通知 |
| 中国中铁审计〔2020〕90 号 | 关于印发《中国中铁股份有限公司 2020 年度审计工作要点》的通知 |
| 中国中铁审计〔2020〕91 号 | 中国中铁关于批转《中铁城投西安地铁 9 号线一期工程 PPP 投资项目审计报告》的通知 |
| 中国中铁审计〔2020〕92 号 | 中国中铁关于批转《中铁九局集团有限公司原党委书记、董事长段广和同志任期经济责任审计报告》和《任期经济责任审计评议书》的通知 |
| 中国中铁审计〔2020〕93 号 | 中国中铁关于批转《中铁北京局原总经理闫子才同志任期经济责任审计报告》和《任期经济责任审计评议书》的通知 |
| 中国中铁审计〔2020〕94 号 | 中国中铁关于批转《中铁五局原党委书记、董事长张回家同志任期经济责任审计报告》和《任期经济责任审计评议书》的通知 |
| 中国中铁审计〔2020〕95 号 | 中国中铁关于批转《中铁五局原党总经理徐中义同志任期经济责任审计报告》和《任期经济责任审计评议书》的通知 |
| 中国中铁审计〔2020〕96 号 | 中国中铁关于批转《中铁九局集团有限公司原总经理赵中华同志任期经济责任审计报告》和《任期经济责任审计评议书》的通知 |
| 中国中铁审计〔2020〕97 号 | 中国中铁关于批转《中铁五局长沙市轨道交通 5 号线 期 标段项目审计报告》的通知 |
| 中国中铁审计〔2020〕98 号 | 中国中铁关于批转《中铁交通原总经理徐坤甲同志任期经济责任审计报告》和《任期经济责任审计评议书》的通知 |

续表

| 发文字号 | 文件标题 |
|---|---|
| 中国中铁审计〔2020〕99 号 | 中国中铁关于批转《中铁文化旅游投资集团有限公司内部控制和财务收支审计报告》的通知 |
| 中国中铁审计〔2020〕100 号 | 中国中铁关于批转《中铁八局中铁骑士府邸房地产项目审计报告》的通知 |
| 中国中铁科信〔2020〕101 号 | 关于印发《中国中铁股份有限公司 2020 年度科技研究开发计划》的通知 |
| 中国中铁经营〔2020〕102 号 | 关于印发《中国中铁关于加快推进经营工作高质量发展的若干意见》的通知 |
| 中国中铁审计〔2020〕103 号 | 中国中铁党委　中国中铁关于印发《中国中铁股份有限公司经济责任审计办法》的通知 |
| 中国中铁法规〔2020〕104 号 | 关于印发《中国中铁股份有限公司 2020 年法律合规工作要点》的通知 |
| 中国中铁财务〔2020〕105 号 | 关于印发《中国中铁股份有限公司税务档案管理办法》的通知 |
| 中国中铁行管〔2020〕106 号 | 关于印发《中国中铁在京单位集资建房和腾退住房调剂、配售规定》的通知 |
| 中国中铁科信〔2020〕107 号 | 关于印发《中国中铁股份有限公司 2020 年科技创新工作要点》的通知 |
| 中国中铁办发〔2020〕108 号 | 关于印发《中国中铁股份有限公司会议管理办法》的通知 |
| 中国中铁外经〔2020〕109 号 | 关于印发《中国中铁股份有限公司境外基础设施投资管理办法》的通知 |
| 中国中铁规划〔2020〕110 号 | 中国中铁关于成立伊春鹿鸣钼矿 4 号溢井“3.28”尾矿砂泄漏事件清淤及加固工作现场指挥部的通知 |
| 中国中铁规划〔2020〕111 号 | 关于印发《中国中铁三级综合工程公司 20 强和专业工程公司 20 强评选办法》的通知 |
| 中国中铁外经〔2020〕112 号 | 关于印发《中国中铁股份有限公司跨境并购管理办法》的通知 |
| 中国中铁规划〔2020〕114 号 | 关于成立中国中铁股份有限公司郑州市轨道交通 7 号线一期工程土建施工项目经理部的通知 |
| 中国中铁财务〔2020〕115 号 | 关于印发《中国中铁促进金融企业高质量发展暨提升服务主业能力、防范金融风险的指导意见》的通知 |
| 中国中铁规划〔2020〕116 号 | 关于印发《中国中铁股份有限公司战略合作框架协议管理办法》的通知 |
| 中国中铁办发〔2020〕117 号 | 关于印发《中国中铁股份有限公司档案管理办法》的通知 |
| 中国中铁办发〔2020〕118 号 | 关于印发《中国中铁股份有限公司业务招待管理办法》的通知 |
| 中国中铁董办〔2020〕119 号 | 中国中铁关于发布股份公司 2020 年第一期关联法人名单的通知 |
| 中国中铁审计〔2020〕120 号 | 中国中铁关于表彰 2019 年度审计工作先进单位和先进工作者的决定 |
| 中国中铁董办〔2020〕121 号 | 关于发布中国中铁股份有限公司 2019 年年度报告的通知 |
| 中国中铁生产〔2020〕122 号 | 关于印发《中国中铁关于加强农民工实名制及农民工工资支付管理工作的指导意见》的通知 |
| 中国中铁生产〔2020〕123 号 | 关于印发《中国中铁亏损项目治理实施方案》的通知 |
| 中国中铁办发〔2020〕124 号 | 关于印发《中国中铁股份有限公司照片档案管理办法》的通知 |
| 中国中铁办发〔2020〕125 号 | 关于印发《中国中铁股份有限公司资产与产权变动档案处置暂行办法》的通知 |
| 中国中铁办发〔2020〕126 号 | 关于印发《中国中铁股份有限公司录音录像档案管理办法》的通知 |
| 中国中铁办发〔2020〕127 号 | 关于修订《中国中铁股份有限公司会计档案管理办法》等办法的通知 |
| 中国中铁办发〔2020〕128 号 | 关于印发《中国中铁股份有限公司实物档案管理办法》的通知 |
| 中国中铁办发〔2020〕129 号 | 关于印发《中国中铁股份有限公司服务基层单位改革发展事务首办负责制实施办法（试行）》的通知 |
| 中国中铁劳社〔2020〕130 号 | 中国中铁股份有限公司　中国就业培训技术指导中心关于举办 2020 年中国技能大赛——中国中铁股份有限公司第三届职业技能竞赛的通知 |
| 中国中铁外经〔2020〕131 号 | 关于印发《中国中铁股份有限公司境外新冠肺炎疫情分类应急预案指引》的通知 |
| 中国中铁规划〔2020〕132 号 | 关于成立中国中铁股份有限公司 TOD 事业部的通知 |
| 中国中铁规划〔2020〕133 号 | 关于组建中国中铁“三个转变”研究院的通知 |
| 中国中铁规划〔2020〕134 号 | 中国中铁关于公布审批、备案事项的通知 |
| 中国中铁外经〔2020〕135 号 | 关于表彰第一届“中国中铁海外突出贡献奖”的决定 |
| 中国中铁规划〔2020〕136 号 | 中国中铁党委　中国中铁关于印发《中国中铁股份有限公司境外机构设立、变更及注销管理办法》的通知 |
| 中国中铁劳社〔2020〕137 号 | 中国中铁关于对参与匈塞铁路项目匈牙利段经营工作的相关单位给予奖励表彰的决定 |
| 中国中铁规划〔2020〕138 号 | 关于公布中国中铁股份有限公司总部部门机构编制和部门职能、处室职能及岗位职能的通知 |
| 中国中铁法规〔2020〕139 号 | 关于印发《中国中铁股份有限公司企业法治建设总结验收工作实施方案》的通知 |
| 中国中铁规划〔2020〕140 号 | 中国中铁关于表彰 2020 年度优秀质量管理小组的通知 |
| 中国中铁董办〔2020〕141 号 | 关于印发《中国中铁股份有限公司董事、监事和高级管理人员持股变动管理办法》的通知 |
| 中国中铁董办〔2020〕142 号 | 关于印发《中国中铁股份有限公司内幕信息知情人登记管理制度》的通知 |

续表

| 发文字号 | 文件标题 |
|---|---|
| 中国中铁生产〔2020〕143 号 | 关于印发《中国中铁股份有限公司 2020 年采购管理、物资设备管理、物贸业务管理工作要点》的通知 |
| 中国中铁外经〔2020〕144 号 | 中国中铁关于印发《中国中铁股份有限公司境外新冠肺炎疫情应急处置指南》的通知 |
| 中国中铁法规〔2020〕145 号 | 关于印发《中国中铁股份有限公司合规手册》的通知 |
| 中国中铁干部〔2020〕146 号 | 关于印发《中国中铁股份有限公司职业经理人薪酬管理办法（试行）》的通知 |
| 中国中铁劳社〔2020〕147 号 | 中国中铁关于对三家二级企业 2019 年度超发工资总问题处理情况的通报 |
| 中国中铁安监〔2020〕148 号 | 关于印发《中国中铁股份有限公司安全质量责任事故追究办法》的通知 |
| 中国中铁安监〔2020〕149 号 | 关于印发《中国中铁股份有限公司因质量安全、环境保护与职业健康事件被限制市场准入责任追究办法》的通知 |
| 中国中铁生产〔2020〕150 号 | 关于印发《中国中铁投资建设项目和总承包施工项目内部信用评价办法》的通知 |
| 中国中铁安监〔2020〕151 号 | 中国中铁党委　中国中铁　中国中铁工会　中国中铁团委关于 2020 年“安全生产月”活动安排的通知 |
| 中国中铁审计〔2020〕152 号 | 关于印发《中国中铁股份有限公司投资项目后评价管理办法》的通知 |
| 中国中铁生产〔2020〕153 号 | 关于印发《中国中铁股份有限公司亏损项目治理管理办法》的通知 |
| 中国中铁劳社〔2020〕154 号 | 关于印发《中国中铁股份有限公司境外员工薪酬及休假管理指导意见》的通知 |
| 中国中铁外经〔2020〕155 号 | 中国中铁关于印发《中国中铁境外区域总部划分总体方案》的通知 |
| 中国中铁安监〔2020〕156 号 | 关于印发《中国中铁股份有限公司安全生产专项整治三年行动计划实施方案》的通知 |
| 中国中铁财务〔2020〕157 号 | 关于印发《中国中铁全面预算（目标）和业绩考核管理办法》的通知 |
| 中国中铁科信〔2020〕158 号 | 中国中铁股份有限公司关于公布 2020 年度工法关键技术评审成果的通知 |
| 中国中铁规划〔2020〕159 号 | 中国中铁关于下达亏损企业治理计划的通知 |
| 中国中铁法规〔2020〕160 号 | 关于印发《中国中铁股份有限公司境外业务授权委托管理规定》的通知 |
| 中国中铁人资〔2020〕161 号 | 关于印发《中国中铁股份有限公司关于进一步加强劳动合同管理的指导意见》的通知 |
| 中国中铁科创〔2020〕162 号 | 关于印发《中国中铁股份有限公司 2020 年度 B 类、C 类课题科技研究开发计划》的通知 |
| 中国中铁规划〔2020〕163 号 | 中国中铁党委　中国中铁关于印发《全面贯彻落实“三个〈意见〉”的总体工作方案》的通知 |
| 中国中铁规划〔2020〕164 号 | 关于发布中国中铁三级工程公司高质量发展示范企业名录的通知 |
| 中国中铁董办〔2020〕165 号 | 关于调整中国中铁股份有限公司科创板上市工作领导小组的通知 |
| 中国中铁安监〔2020〕166 号 | 中国中铁关于对标中国国家铁路集团“三查五防”专项治理　深入开展安全生产活动的通知 |
| 中国中铁生产〔2020〕167 号 | 关于调整中国中铁物资贸易风险管控领导小组组成人员的通知 |
| 中国中铁规划〔2020〕168 号 | 关于印发《中国中铁“十四五”规划编制工作实施方案》的通知 |
| 中国中铁海外〔2020〕169 号 | 关于印发《中国中铁股份有限公司境外实施项目调度协调监管规定（试行）》的通知 |
| 中国中铁海外〔2020〕170 号 | 关于印发《中国中铁股份有限公司境外工程项目施工生产管理规定（试行）》的通知 |
| 中国中铁信息〔2020〕171 号 | 关于印发《中国中铁股份有限公司 2020 年信息化工作要点》的通知 |
| 中国中铁规划〔2020〕172 号 | 关于发布中国中铁 2020 年高质量监测指标体系的通知 |
| 中国中铁科创〔2020〕173 号 | 关于公布 2020 年度中国中铁股份有限公司级工法的通知 |
| 中国中铁海外〔2020〕174 号 | 关于印发《中国中铁股份有限公司国际业务计划统计管理规定》的通知 |
| 中国中铁海外〔2020〕175 号 | 中国中铁关于印发《中国中铁股份有限公司境外区域总部试点设立总体方案》的通知 |
| 中国中铁规划〔2020〕176 号 | 关于成立中国中铁股份有限公司长春市轨道交通 5 号线一期工程项目经理部的通知 |
| 中国中铁董办〔2020〕177 号 | 关于印发《中国中铁股份有限公司章程》的通知 |
| 中国中铁董办〔2020〕178 号 | 关于印发《中国中铁股份有限公司定期报告信息披露重大差错责任追究制度》的通知 |
| 中国中铁董办〔2020〕179 号 | 关于印发《中国中铁股份有限公司信息披露暂缓与豁免业务管理制度》的通知 |
| 中国中铁财金〔2020〕180 号 | 关于印发《中国中铁股份有限公司国际业务财税管理办法》的通知 |
| 中国中铁规划〔2020〕181 号 | 关于成立中国中铁股份有限公司工程监管中心（工程质量安全监督总站）的通知 |
| 中国中铁规划〔2020〕182 号 | 关于成立中国中铁股份有限公司基建办公室的通知 |
| 中国中铁生产〔2020〕183 号 | 关于印发《中国中铁股份有限公司领导及高管亏损项目治理联系点工作方案》的通知 |
| 中国中铁规划〔2020〕184 号 | 关于印发《中国中铁管理实验室工作管理办法》的通知 |
| 中国中铁董办〔2020〕185 号 | 关于印发《中国中铁控股子公司、参股公司的股东（大）会、董事会、监事会议案审查管理规定（试行）》的通知 |
| 中国中铁安监〔2020〕186 号 | 关于印发《中国中铁新时期安全生产“2468”管理要点》的通知 |
| 中国中铁规划〔2020〕187 号 | 中国中铁党委　中国中铁关于表彰 2019 年度“二级综合工程公司 20 强”“三级专业工程公司 20 强”的决定 |

续表

| 发文字号 | 文件标题 |
|---|---|
| 中国中铁规划〔2020〕188 号 | 中国中铁关于表彰管理实验室活动先进单位、先进个人的决定 |
| 中国中铁规划〔2020〕189 号 | 中国中铁关于表彰管理实验室优秀管理制度的决定 |
| 中国中铁安监〔2020〕190 号 | 关于调整中国中铁股份有限公司安全生产（质量）委员会的通知 |
| 中国中铁安监〔2020〕191 号 | 关于宣传贯彻落实《中国中铁新时期安全生产“2468”管理要点》的通知 |
| 中国中铁安监〔2020〕192 号 | 中国中铁关于印发《中国中铁 50 作业岗位员工安全卡控手册》的通知 |
| 中国中铁海外〔2020〕193 号 | 关于印发《中国中铁股份有限公司境外投资项目立项管理规定》的通知 |
| 中国中铁财金〔2020〕194 号 | 关于印发《中国中铁办公用房管理办法》的通知 |
| 中国中铁规划〔2020〕195 号 | 中国中铁党委 中国中铁关于公布中铁东方国际集团有限公司法人治理结构、党组织设置和本部机构编制及定员标准等事项的通知 |
| 中国中铁法规〔2020〕196 号 | 关于印发《中国中铁股份有限公司境外业务投标合规管理细则》的通知 |
| 中国中铁法规〔2020〕197 号 | 关于印发《中国中铁股份有限公司境外项目法律风险管理细则》的通知 |
| 中国中铁法规〔2020〕198 号 | 关于印发《中国中铁股份有限公司境外业务合规培训管理细则》的通知 |
| 中国中铁法规〔2020〕199 号 | 关于印发《中国中铁股份有限公司境外业务第三方合规管理细则》的通知 |
| 中国中铁财金〔2020〕200 号 | 中国中铁关于公布二级单位 2019 年度业绩考核结果的通知 |
| 中国中铁经营〔2020〕201 号 | 关于下达中国中铁股份有限公司 2020 年新签合同额调整计划的通知 |
| 中国中铁信息〔2020〕202 号 | 关于成立中国中铁信息贯通工程领导小组和工作组的通知 |
| 中国中铁法规〔2020〕203 号 | 关于印发《中国中铁股份有限公司法律合规审核规定》的通知 |
| 中国中铁法规〔2020〕204 号 | 关于印发《中国中铁股份有限公司工程项目合同管理规定》的通知 |
| 中国中铁法规〔2020〕205 号 | 关于印发《中国中铁股份有限公司外聘律师管理规定》的通知 |
| 中国中铁法规〔2020〕206 号 | 关于印发《中国中铁股份有限公司法律纠纷案件管理规定》的通知 |
| 中国中铁法规〔2020〕207 号 | 关于印发《中国中铁股份有限公司内部经济纠纷争议解决规定》的通知 |
| 中国中铁规划〔2020〕208 号 | 中国中铁党委　中国中铁关于成立中国中铁股份有限公司匈塞铁路项目经理部的通知 |
| 中国中铁法规〔2020〕209 号 | 关于印发《中国中铁股份有限公司规章制度管理办法》的通知 |
| 中国中铁法规〔2020〕210 号 | 关于印发《中国中铁股份有限公司法律事务工作办法》的通知 |
| 中国中铁法规〔2020〕211 号 | 关于印发《中国中铁股份有限公司工商事务管理规定》的通知 |
| 中国中铁法规〔2020〕212 号 | 关于印发《中国中铁股份有限公司子公司章程管理规定》的通知 |
| 中国中铁法规〔2020〕213 号 | 关于印发《中国中铁股份有限公司合同管理办法》的通知 |
| 中国中铁法规〔2020〕214 号 | 关于印发《中国中铁股份有限公司合规管理办法》的通知 |
| 中国中铁规划〔2020〕215 号 | 中国中铁党委　中国中铁关于公布北京恒通创新赛木科技股份有限公司法人治理结构、党组织设置和本部机构编制及定员标准等事项的通知 |
| 中国中铁规划〔2020〕216 号 | 关于印发《中国铁工建设投资集团有限公司重组中铁十局集团建筑工程有限公司方案》的通知 |
| 中国中铁经营〔2020〕217 号 | 关于成立中国中铁西昆铁路专家组的通知 |
| 中国中铁安监〔2020〕218 号 | 中国中铁关于开展 2020 年全国“质量月”活动安排的通知 |
| 中国中铁科创〔2020〕219 号 | 中国中铁关于公布 2020 年度通过股份公司结题验收科研计划课题的通知 |
| 中国中铁科创〔2020〕220 号 | 关于印发《中国中铁股份有限公司川藏铁路第一批科技研究开发计划》的通知 |
| 中国中铁财金〔2020〕221 号 | 关于印发《中国中铁股份有限公司资金支付管理规定》的通知 |
| 中国中铁财金〔2020〕222 号 | 中国中铁关于股份公司 2019—2020 年度财务决算考核评比情况的通报 |
| 中国中铁安监〔2020〕223 号 | 关于印发《中国中铁股份有限公司生态环境保护与能源节约监督管理规定》的通知 |
| 中国中铁规划〔2020〕224 号 | 中国中铁关于调整中国中铁股份有限公司珠三角城际工程建设指挥部管理关系的通知 |
| 中国中铁规划〔2020〕225 号 | 中国中铁关于调整中铁广州建设有限公司及广州轨道交通工程指挥部机构职能与编制定员的通知 |
| 中国中铁人资〔2020〕226 号 | 关于印发《中国中铁股份有限公司建筑类执业资格人员管理规定》的通知 |
| 中国中铁安监〔2020〕227 号 | 关于印发《中国中铁股份有限公司职业安全健康监督管理规定》的通知 |
| 中国中铁审计〔2020〕228 号 | 关于印发《中国中铁股份有限公司 2020 年度内部控制评价工作方案》的通知 |
| 中国中铁保密〔2020〕229 号 | 关于印发《中国中铁股份有限公司计算机信息系统安全保密规定》的通知 |
| 中国中铁保密〔2020〕230 号 | 关于印发《中国中铁股份有限公司保密委员会工作规则》的通知 |
| 中国中铁保密〔2020〕231 号 | 关于印发《中国中铁股份有限公司保密工作管理办法》的通知 |
| 中国中铁法规〔2020〕232 号 | 关于印发《中国中铁股份有限公司境外业务员工行为准则》的通知 |
| 中国中铁法规〔2020〕233 号 | 关于印发《中国中铁股份有限公司海外业务合规管理规定》的通知 |
| 中国中铁企化〔2020〕234 号 | 关于印发《中国中铁股份有限公司网站管理规定》的通知 |

续表

| 发文字号 | 文件标题 |
|---|---|
| 中国中铁审计〔2020〕235 号 | 关于调整中国中铁股份有限公司审计工作领导小组组成人员的通知 |
| 中国中铁规划〔2020〕236 号 | 中国中铁党委　中国中铁关于成立中铁站城融合发展投资有限公司的通知 |
| 中国中铁办发〔2020〕237 号 | 关于印发《中国中铁股份有限公司值班工作管理规定》的通知 |
| 中国中铁法规〔2020〕238 号 | 关于表彰中国中铁股份有限公司“七五”普法先进单位和先进个人的决定 |
| 中国中铁办发〔2020〕239 号 | 关于印发《中国中铁股份有限公司文书档案管理细则》的通知 |
| 中国中铁办发〔2020〕240 号 | 关于印发《中国中铁股份有限公司录音录像档案管理细则》的通知 |
| 中国中铁办发〔2020〕241 号 | 关于印发《中国中铁股份有限公司档案归档文件整理细则》的通知 |
| 中国中铁办发〔2020〕242 号 | 关于印发《中国中铁股份有限公司会计档案管理细则》的通知 |
| 中国中铁办发〔2020〕243 号 | 关于印发《中国中铁股份有限公司实物档案管理细则》的通知 |
| 中国中铁办发〔2020〕244 号 | 关于印发《中国中铁股份有限公司项目档案管理细则》的通知 |
| 中国中铁办发〔2020〕245 号 | 关于印发《中国中铁股份有限公司档案工作协作组管理规定》的通知 |
| 中国中铁办发〔2020〕246 号 | 关于印发《中国中铁股份有限公司资产与产权变动档案处置暂行规定》的通知 |
| 中国中铁办发〔2020〕247 号 | 关于印发《中国中铁股份有限公司电子文件归档与电子档案管理规定》的通知 |
| 中国中铁办发〔2020〕248 号 | 关于印发《中国中铁股份有限公司境外档案管理规定》的通知 |
| 中国中铁办发〔2020〕249 号 | 关于印发《中国中铁股份有限公司照片档案管理细则》的通知 |
| 中国中铁办发〔2020〕250 号 | 关于印发《中国中铁股份有限公司科学技术档案管理细则》的通知 |
| 中国中铁办发〔2020〕251 号 | 关于印发《中国中铁股份有限公司归档项目文件整理细则》的通知 |
| 中国中铁办发〔2020〕252 号 | 中国中铁党委　中国中铁关于印发《中国中铁股份有限公司电子公文处理规定》的通知 |
| 中国中铁办发〔2020〕253 号 | 关于印发《中国中铁股份有限公司服务基层单位改革发展事务首办负责制实施办法（试行）》的通知 |
| 中国中铁办发〔2020〕254 号 | 关于印发《中国中铁股份有限公司专题会议规则》的通知 |
| 中国中铁办发〔2020〕255 号 | 关于印发《中国中铁股份有限公司总裁办公会议规则》的通知 |
| 中国中铁办发〔2020〕256 号 | 关于印发《中国中铁股份有限公司办公室信息工作管理规定》的通知 |
| 中国中铁经营〔2020〕257 号 | 关于印发《中国中铁股份有限公司区域总部经营工作管理规定》的通知 |
| 中国中铁董办〔2020〕258 号 | 关于印发《中国中铁股份有限公司资本市场突发事件应对工作规定》的通知 |
| 中国中铁办发〔2020〕259 号 | 关于印发《中国中铁股份有限公司总裁工作规则》的通知 |
| 中国中铁办发〔2020〕260 号 | 关于印发《中国中铁股份有限公司年鉴工作细则》的通知 |
| 中国中铁办发〔2020〕261 号 | 关于印发《中国中铁股份有限公司大事记编报工作实施细则》的通知 |
| 中国中铁安监〔2020〕262 号 | 关于印发《中国中铁股份有限公司工程质量监督管理规定》的通知 |
| 中国中铁法规〔2020〕263 号 | 关于印发《中国中铁法律纠纷案件管理“压存控增、提质创效”专项工作实施方案》的通知 |
| 中国中铁规划〔2020〕264 号 | 关于印发《中国中铁股份有限公司战略合作框架协议管理规定》的通知 |
| 中国中铁办发〔2020〕265 号 | 关于印发《中国中铁股份有限公司文件发送总表》的通知 |
| 中国中铁安监〔2020〕266 号 | 关于印发《中国中铁股份有限公司隧道专业应急救援队伍管理规定》的通知 |
| 中国中铁规划〔2020〕267 号 | 关于印发《中国中铁股份有限公司企业管理现代化创新成果管理规定》的通知 |
| 中国中铁人资〔2020〕268 号 | 关于印发《中国中铁股份有限公司科技创新奖励管理规定》的通知 |
| 中国中铁人资〔2020〕269 号 | 关于印发《中国中铁股份有限公司高技能人才评聘分开管理规定》的通知 |
| 中国中铁人资〔2020〕270 号 | 关于印发《中国中铁股份有限公司职业技能评价认定、高技能人才评价质量督导管理规定》的通知 |
| 中国中铁人资〔2020〕271 号 | 关于印发《中国中铁股份有限公司关于受党纪政纪处分的二级单位负责人薪酬扣减实施细则》的通知 |
| 中国中铁人资〔2020〕272 号 | 关于印发《中国中铁股份有限公司科技型企业股权和分红激励管理规定》的通知 |
| 中国中铁人资〔2020〕273 号 | 关于印发《中国中铁股份有限公司职业技能等级认定管理规定》的通知 |
| 中国中铁规划〔2020〕274 号 | 关于印发《中国中铁党委　中国中铁对标世界一流管理提升行动实施方案》的通知 |
| 中国中铁人资〔2020〕275 号 | 关于印发《中国中铁股份有限公司特级技师、工匠技师职业资格评审管理规定》的通知 |
| 中国中铁企化〔2020〕276 号 | 关于印发《中国中铁股份有限公司新闻发言人工作办法》的通知 |
| 中国中铁规划〔2020〕277 号 | 关于印发《中国中铁股份有限公司三级综合工程公司 20 强和专业工程公司 20 强评选规定》的通知 |
| 中国中铁安监〔2020〕278 号 | 关于印发《中国中铁股份有限公司安全标准工地评选规定》的通知 |
| 中国中铁经营〔2020〕279 号 | 关于印发《中国中铁股份有限公司区域经营工作管理规定》的通知 |

续表

| 发文字号 | 文件标题 |
| --- | --- |
| 中国中铁经营〔2020〕280 号 | 关于印发《中国中铁股份有限公司资质使用管理规定》的通知 |
| 中国中铁经营〔2020〕281 号 | 关于印发《中国中铁股份有限公司承揽国内施工项目投标（合同）评审管理规定》的通知 |
| 中国中铁经营〔2020〕282 号 | 关于印发《中国中铁股份有限公司作为主体承揽国内施工项目投标（合同）评审实施细则》的通知 |
| 中国中铁经营〔2020〕283 号 | 关于印发《中国中铁股份有限公司立体经营工作管理规定》的通知 |
| 中国中铁安监〔2020〕284 号 | 关于印发《中国中铁股份有限公司隧道坍塌等事故应急救援成本计费规定》的通知 |
| 中国中铁人资〔2020〕285 号 | 关于印发《中国中铁股份有限公司优秀劳务人员转录管理规定》的通知 |
| 中国中铁人资〔2020〕286 号 | 关于印发《中国中铁股份有限公司技能大师工作室管理规定》的通知 |
| 中国中铁安监〔2020〕287 号 | 关于印发《中国中铁股份有限公司绿色施工科技示范工程评选规定》的通知 |
| 中国中铁安监〔2020〕288 号 | 关于印发《中国中铁股份有限公司节能低碳技术评选推广管理规定》的通知 |
| 中国中铁保密〔2020〕289 号 | 关于成立中国中铁股份有限公司保密委员会的通知 |
| 中国中铁办发〔2020〕290 号 | 中国中铁党委　中国中铁关于印发《中国中铁股份有限公司印章、介绍信管理规定》的通知 |
| 中国中铁保卫〔2020〕291 号 | 关于印发《中国中铁股份有限公司内部治安保卫工作规定》的通知 |
| 中国中铁科创〔2020〕292 号 | 关于印发《中国中铁股份有限公司工法管理规定》的通知 |
| 中国中铁科创〔2020〕293 号 | 关于印发《中国中铁股份有限公司专业研发中心管理规定》的通知 |
| 中国中铁科创〔2020〕294 号 | 关于印发《中国中铁股份有限公司专利管理规定》的通知 |
| 中国中铁科创〔2020〕295 号 | 关于印发《中国中铁股份有限公司专家委员会管理规定》的通知 |
| 中国中铁科创〔2020〕296 号 | 关于印发《中国中铁股份有限公司科技研究开发计划管理规定》的通知 |
| 中国中铁科创〔2020〕297 号 | 关于印发《中国中铁股份有限公司技术中心管理规定》的通知 |
| 中国中铁审计〔2020〕298 号 | 中铁一局集团有限公司原总经理李晓峰任期经济责任审计报告 |
| 中国中铁审计〔2020〕299 号 | 中国中铁关于批转《中铁隧道局党委书记、董事长于保林同志任期经济责任审计报告》和《任期经济责任审计评议书》的通知 |
| 中国中铁审计〔2020〕300 号 | 中国中铁关于批转《中铁隧道局原总经理唐忠同志任期经济责任审计报告》和《任期经济责任审计评议书》的通知 |
| 中国中铁审计〔2020〕301 号 | 中国中铁关于批转《中铁二局原总经理王广钟同志任期经济责任审计报告》和《任期经济责任审计评议书》的通知 |
| 中国中铁审计〔2020〕302 号 | 中铁一局集团有限公司原总经理马海民任期经济责任审计报告 |
| 中国中铁审计〔2020〕303 号 | 中铁一局集团有限公司原董事长张为和任期经济责任审计报告 |
| 中国中铁审计〔2020〕304 号 | 关于印发《中国中铁股份有限公司投资项目评价管理规定》的通知 |
| 中国中铁审计〔2020〕305 号 | 关于印发《中国中铁股份有限公司投资项目审计规定》的通知 |
| 中国中铁审计〔2020〕306 号 | 关于印发《中国中铁股份有限公司审计发现问题整改管理规定》的通知 |
| 中国中铁审计〔2020〕307 号 | 关于印发《中国中铁股份有限公司专项审计调查规定》的通知 |
| 中国中铁审计〔2020〕308 号 | 关于印发《中国中铁股份有限公司合同审计规定》的通知 |
| 中国中铁审计〔2020〕309 号 | 关于印发《中国中铁股份有限公司审计统计工作管理规定》的通知 |
| 中国中铁法规〔2020〕310 号 | 关于印发《中国中铁股份有限公司境内业务授权委托管理规定》的通知 |
| 中国中铁法规〔2020〕311 号 | 关于印发《中国中铁股份有限公司企业信用信息管理规定》的通知 |
| 中国中铁科创〔2020〕312 号 | 关于印发《中国中铁股份有限公司科技成果转化管理规定》的通知 |
| 中国中铁规划〔2020〕313 号 | 关于印发《中国中铁股份有限公司重大经营风险事件报告管理规定》的通知 |
| 中国中铁规划〔2020〕314 号 | 关于印发《中国中铁股份有限公司内部控制体系运行管理办法》的通知 |
| 中国中铁审计〔2020〕315 号 | 关于印发《中国中铁股份有限公司审计质量管理规定》的通知 |
| 中国中铁审计〔2020〕316 号 | 关于印发《中国中铁股份有限公司审计业务外包管理规定》的通知 |
| 中国中铁审计〔2020〕317 号 | 关于印发《中国中铁股份有限公司企审共建工作管理规定》的通知 |
| 中国中铁审计〔2020〕318 号 | 关于印发《中国中铁股份有限公司审计档案管理细则》的通知 |
| 中国中铁审计〔2020〕319 号 | 关于印发《中国中铁股份有限公司内部控制审计规定》的通知 |
| 中国中铁审计〔2020〕320 号 | 关于印发《中国中铁股份有限公司违规经营投资责任追究实施办法》的通知 |
| 中国中铁审计〔2020〕321 号 | 关于印发《中国中铁股份有限公司审计程序管理规定》的通知 |
| 中国中铁审计〔2020〕322 号 | 关于印发《中国中铁股份有限公司审计工作考核评比规定》的通知 |
| 中国中铁审计〔2020〕323 号 | 关于印发《中国中铁股份有限公司审计工作管理办法》的通知 |
| 中国中铁审计〔2020〕324 号 | 关于印发《中国中铁股份有限公司内部控制评价管理办法》的通知 |

续表

| 发文字号 | 文件标题 |
| --- | --- |
| 中国中铁审计〔2020〕325 号 | 关于印发《中国中铁股份有限公司经济效益审计规定》的通知 |
| 中国中铁审计〔2020〕326 号 | 关于印发《中国中铁股份有限公司财务审计规定》的通知 |
| 中国中铁生产〔2020〕327 号 | 关于印发《中国中铁股份有限公司投资建设项目和总承包施工项目内部信用评价管理规定》的通知 |
| 中国中铁财金〔2020〕328 号 | 关于印发《中国中铁股份有限公司基金业务管理规定》的通知 |
| 中国中铁审计〔2020〕329 号 | 中国中铁关于批转《中铁三局集团有限公司原党委书记、董事长刘宝龙同志任期经济责任审计报告》和《任期经济责任审计评议书》的通知 |
| 中国中铁审计〔2020〕330 号 | 关于印发《中国中铁股份有限公司经济责任审计规定》的通知 |
| 中国中铁审计〔2020〕331 号 | 关于印发《中国中铁股份有限公司企业建设项目审计实施细则》的通知 |
| 中国中铁审计〔2020〕332 号 | 关于印发《中国中铁股份有限公司工程项目审计规定》的通知 |
| 中国中铁审计〔2020〕333 号 | 中国中铁关于批转《中铁二局成都地铁 8 号线一期工程 1 标亏损项目专项审计报告》的通知 |
| 中国中铁审计〔2020〕334 号 | 中国中铁关于批转《中铁信托原总经理景开强同志任期经济责任审计报告》和《任期经济责任审计评议书》的通知 |
| 中国中铁审计〔2020〕335 号 | 中国中铁关于批转《中铁二局原党委书记、董事长邓元发同志任期经济责任审计报告》和《任期经济责任审计评议书》的通知 |
| 中国中铁审计〔2020〕336 号 | 中国中铁关于批转《中铁七局集团有限公司原总经理张建国同志任期经济责任审计报告》和《任期经济责任审计评议书》的通知 |
| 中国中铁审计〔2020〕337 号 | 中国中铁关于批转《中铁三局集团有限公司原总经理郝刚同志任期经济责任审计报告》和《任期经济责任审计评议书》的通知 |
| 中国中铁规划〔2020〕338 号 | 中国中铁关于发布 2020 年度企业管理现代化创新优秀成果的通知 |
| 中国中铁信息〔2020〕339 号 | 关于印发《中国中铁股份有限公司电子邮件系统管理规定》的通知 |
| 中国中铁信息〔2020〕340 号 | 关于印发《中国中铁股份有限公司协同工作平台（OA 系统）管理规定》的通知 |
| 中国中铁信息〔2020〕341 号 | 关于印发《中国中铁股份有限公司视频会议系统管理规定》的通知 |
| 中国中铁规划〔2020〕342 号 | 中国中铁党委　中国中铁关于成立中铁高质量发展科学研究院有限公司的通知 |
| 中国中铁人资〔2020〕343 号 | 关于印发《中国中铁股份有限公司内部培训师管理规定》的通知 |
| 中国中铁审计〔2020〕344 号 | 关于印发《中国中铁股份有限公司违规经营投资责任追究报告工作实施细则》的通知 |
| 中国中铁审计〔2020〕345 号 | 关于印发《中国中铁股份有限公司违规经营投资责任认定实施细则》的通知 |
| 中国中铁审计〔2020〕346 号 | 关于印发《中国中铁股份有限公司违规经营投资问题线索移交实施细则》的通知 |
| 中国中铁审计〔2020〕347 号 | 关于印发《中国中铁股份有限公司违规经营投资资产损失认定实施细则》的通知 |
| 中国中铁审计〔2020〕348 号 | 关于印发《中国中铁股份有限公司〈企业年度工作报告〉填报质量综合评价规定》的通知 |
| 中国中铁人资〔2020〕349 号 | 关于印发《中国中铁股份有限公司培训工作管理规定》的通知 |
| 中国中铁财金〔2020〕350 号 | 关于印发《中国中铁股份有限公司担保管理办法》的通知 |
| 中国中铁财金〔2020〕351 号 | 关于印发《中国中铁股份有限公司授信与债务融资管理办法》的通知 |
| 中国中铁经营〔2020〕352 号 | 关于印发《中国中铁股份有限公司生产经营计划统计管理办法》的通知 |
| 中国中铁信息〔2020〕353 号 | 关于印发《中国中铁股份有限公司信息化建设绩效考核规定》的通知 |
| 中国中铁科创〔2020〕354 号 | 中国中铁关于公布 2020 年度第一批股份公司科技成果评审结果的通知 |
| 中国中铁财金〔2020〕355 号 | 关于印发《中国中铁股份有限公司供应链金融业务管理办法》的通知 |
| 中国中铁生产〔2020〕356 号 | 关于印发《中国中铁股份有限公司优秀工程咨询成果奖评选规定》的通知 |
| 中国中铁投资〔2020〕357 号 | 关于印发《中国中铁股份有限公司基础设施投资项目运营管理规定》的通知 |
| 中国中铁投资〔2020〕358 号 | 关于印发《中国中铁股份有限公司基础设施投资项目标段划分实施规定》的通知 |
| 中国中铁生产〔2020〕359 号 | 关于印发《中国中铁股份有限公司优秀工程勘察设计奖评选规定》的通知 |
| 中国中铁安监〔2020〕360 号 | 关于印发《中国中铁股份有限公司进一步推进班组长安全质量责任制的实施细则》的通知 |
| 中国中铁安监〔2020〕361 号 | 关于印发《中国中铁杯优质工程评选规定》的通知 |
| 中国中铁安监〔2020〕362 号 | 关于印发《中国中铁股份有限公司全面实行班组长安全质量责任制的管理规定》的通知 |
| 中国中铁财金〔2020〕363 号 | 关于印发《中国中铁股份有限公司清收清欠管理规定》的通知 |
| 中国中铁海外〔2020〕364 号 | 关于印发《中国中铁股份有限公司境外突发事件应急处置预案》的通知 |
| 中国中铁财金〔2020〕365 号 | 关于印发《中国中铁股份有限公司清收清欠专项奖惩规定》的通知 |
| 中国中铁信息〔2020〕366 号 | 关于印发《中国中铁股份有限公司信息化网络管理规定》的通知 |
| 中国中铁信息〔2020〕367 号 | 关于印发《中国中铁股份有限公司数据中心机房管理规定》的通知 |

续表

| 发文字号 | 文件标题 |
|---|---|
| 中国中铁财金〔2020〕368 号 | 关于印发《中国中铁股份有限公司经济运行分析工作规定》的通知 |
| 中国中铁信息〔2020〕369 号 | 关于印发《中国中铁股份有限公司软件系统开发与推广管理规定》的通知 |
| 中国中铁科创〔2020〕370 号 | 关于印发《中国中铁股份有限公司科学技术成果评审规定》的通知 |
| 中国中铁人资〔2020〕371 号 | 关于印发《中国中铁股份有限公司干部人事档案管理规定》的通知 |
| 中国中铁审计〔2020〕372 号 | 关于印发《中国中铁股份有限公司违规经营投资责任追究处理规定》的通知 |
| 中国中铁审计〔2020〕373 号 | 关于印发《中国中铁股份有限公司违规经营投资责任追究工作程序规定》的通知 |
| 中国中铁采购〔2020〕374 号 | 关于印发《中国中铁股份有限公司采购管理办法》的通知 |
| 中国中铁财金〔2020〕375 号 | 关于印发《中国中铁股份有限公司扶贫资金管理办法》的通知 |
| 中国中铁财金〔2020〕376 号 | 关于印发《中国中铁股份有限公司公司债券募集资金管理办法》的通知 |
| 中国中铁财金〔2020〕377 号 | 关于印发《中国中铁股份有限公司资金与资金集中管理办法》的通知 |
| 中国中铁财金〔2020〕378 号 | 关于印发《中国中铁股份有限公司资产经营管理办法》的通知 |
| 中国中铁财金〔2020〕379 号 | 关于印发《中国中铁股份有限公司税务管理办法》的通知 |
| 中国中铁财金〔2020〕380 号 | 关于印发《中国中铁股份有限公司财务决算考核评比规定》的通知 |
| 中国中铁董办〔2020〕381 号 | 关于印发《中国中铁股份有限公司章程》的通知 |
| 中国中铁海外〔2020〕382 号 | 关于印发《中国中铁股份有限公司境外基础设施投资管理办法》的通知 |
| 中国中铁海外〔2020〕383 号 | 关于印发《中国中铁股份有限公司境外市场开发管理办法》的通知 |
| 中国中铁信息〔2020〕384 号 | 关于印发《中国中铁股份有限公司网络信息安全管理规定》的通知 |
| 中国中铁财金〔2020〕385 号 | 关于印发《中国中铁股份有限公司内部关联交易和往来管理实施细则》的通知 |
| 中国中铁财金〔2020〕386 号 | 关于印发《中国中铁股份有限公司资产评估项目公示管理细则》的通知 |
| 中国中铁财金〔2020〕387 号 | 关于印发《中国中铁股份有限公司资产评估管理规定》的通知 |
| 中国中铁财金〔2020〕388 号 | 关于印发《中国中铁股份有限公司产权转让管理规定》的通知 |
| 中国中铁财金〔2020〕389 号 | 关于印发《中国中铁股份有限公司产权管理评价规定》的通知 |
| 中国中铁财金〔2020〕390 号 | 关于印发《中国中铁股份有限公司产权登记管理规定》的通知 |
| 中国中铁财金〔2020〕391 号 | 关于印发《中国中铁股份有限公司资产转让管理规定》的通知 |
| 中国中铁财金〔2020〕392 号 | 关于印发《中国中铁股份有限公司资产评估机构选聘管理细则》的通知 |
| 中国中铁财金〔2020〕393 号 | 关于印发《中国中铁股份有限公司境外产权管理规定》的通知 |
| 中国中铁财金〔2020〕394 号 | 关于印发《中国中铁股份有限公司二级单位经济运行预警管理规定》的通知 |
| 中国中铁财金〔2020〕395 号 | 关于印发《中国中铁股份有限公司 PPP 项目财务管理规定》的通知 |
| 中国中铁财金〔2020〕396 号 | 关于印发《中国中铁股份有限公司境外投资财务管理规定》的通知 |
| 中国中铁财金〔2020〕397 号 | 关于印发《中国中铁股份有限公司 PPP 项目股权投资和购买金融资产管理规定》的通知 |
| 中国中铁财金〔2020〕398 号 | 关于印发《中国中铁股份有限公司增值税管理规定》的通知 |
| 中国中铁财金〔2020〕399 号 | 关于印发《中国中铁股份有限公司研发费用加计扣除管理规定》的通知 |
| 中国中铁财金〔2020〕400 号 | 关于印发《中国中铁股份有限公司税务档案管理细则》的通知 |
| 中国中铁财金〔2020〕401 号 | 关于印发《中国中铁股份有限公司财税高端人才管理暂行规定》的通知 |
| 中国中铁财金〔2020〕402 号 | 关于印发《中国中铁股份有限公司产权管理办法》的通知 |
| 中国中铁人资〔2020〕404 号 | 关于印发《中国中铁股份有限公司扶贫项目管理细则》的通知 |
| 中国中铁规划〔2020〕405 号 | 关于成立中国中铁股份有限公司 S39 甘其毛都口岸至海流图高速公路工程 PPP 项目总经理部的通知 |
| 中国中铁规划〔2020〕406 号 | 中国中铁关于成立中国中铁股份有限公司延长高速蒲烟段、烟长段及本集高速桓集段、PPP 项目总经理部等 4 个项目机构的通知 |
| 中国中铁科创〔2020〕407 号 | 关于印发《中国中铁股份有限公司实用技术创新大赛及推广应用管理规定（试行）》的通知 |
| 中国中铁财金〔2020〕408 号 | 关于印发《中国中铁股份有限公司保险业务集中管理办法》的通知 |
| 中国中铁财金〔2020〕409 号 | 关于印发《中国中铁股份有限公司内部债权债务管理规定》的通知 |
| 中国中铁财金〔2020〕410 号 | 关于印发《中国中铁股份有限公司直属境外机构财务管理规定》的通知 |
| 中国中铁财金〔2020〕411 号 | 关于印发《中国中铁股份有限公司境内直属非法人机构财务管理规定》的通知 |
| 中国中铁人资〔2020〕412 号 | 关于印发《中国中铁股份有限公司人才引进管理规定》的通知 |
| 中国中铁财金〔2020〕413 号 | 关于印发《中国中铁股份有限公司财务监察管理办法》的通知 |
| 中国中铁企合〔2020〕414 号 | 关于召开长江生态环保产业联盟建设专业委员会会议的通知 |
| 中国中铁生产〔2020〕415 号 | 关于印发《中国中铁股份有限公司物资贸易业务管理办法》的通知 |

附录

续表

| 发文字号 | 文件标题 |
| --- | --- |
| 中国中铁生产〔2020〕416 号 | 关于印发《中国中铁股份有限公司机械设备管理规定》的通知 |
| 中国中铁生产〔2020〕417 号 | 关于印发《中国中铁股份有限公司物资管理规定》的通知 |
| 中国中铁采购〔2020〕418 号 | 关于印发《中国中铁股份有限公司供应商管理规定》的通知 |
| 中国中铁采购〔2020〕419 号 | 关于印发《中国中铁股份有限公司办公用品采购管理规定》的通知 |
| 中国中铁采购〔2020〕420 号 | 关于印发《中国中铁股份有限公司计算机软硬件采购管理规定》的通知 |
| 中国中铁采购〔2020〕421 号 | 关于印发《中国中铁股份有限公司战略采购管理规定》的通知 |
| 中国中铁采购〔2020〕422 号 | 关于印发《中国中铁股份有限公司框架协议采购管理规定》的通知 |
| 中国中铁采购〔2020〕423 号 | 关于印发《中国中铁股份有限公司招标采购管理规定》的通知 |
| 中国中铁采购〔2020〕424 号 | 关于印发《中国中铁股份有限公司竞争性谈判采购管理规定》的通知 |
| 中国中铁采购〔2020〕425 号 | 关于印发《中国中铁股份有限公司动态竞价采购管理规定》的通知 |
| 中国中铁采购〔2020〕426 号 | 关于印发《中国中铁股份有限公司鲁班商城采购管理规定》的通知 |
| 中国中铁采购〔2020〕427 号 | 关于印发《中国中铁股份有限公司询价采购管理规定》的通知 |
| 中国中铁采购〔2020〕428 号 | 关于印发《中国中铁股份有限公司内部产品和服务采购管理规定》的通知 |
| 中国中铁采购〔2020〕429 号 | 关于印发《中国中铁股份有限公司区域性物资集中采购供应管理规定》的通知 |
| 中国中铁投资〔2020〕430 号 | 关于印发《中国中铁股份有限公司境内基础设施项目投资管理办法》的通知 |
| 中国中铁采购〔2020〕431 号 | 关于印发《中国中铁股份有限公司采购专家管理规定》的通知 |
| 中国中铁采购〔2020〕432 号 | 关于印发《中国中铁股份有限公司采购评审管理规定》的通知 |
| 中国中铁财金〔2020〕433 号 | 关于印发《中国中铁股份有限公司科研经费管理办法》的通知 |
| 中国中铁采购〔2020〕434 号 | 关于印发《中国中铁股份有限公司采购业务监督管理规定》的通知 |
| 中国中铁采购〔2020〕435 号 | 关于印发《中国中铁股份有限公司钢轨道岔战略采购实施细则》的通知 |
| 中国中铁采购〔2020〕436 号 | 关于印发《中国中铁股份有限公司石化产品战略采购实施细则》的通知 |
| 中国中铁生产〔2020〕437 号 | 关于印发《中国中铁股份有限公司生产调度工作管理规定》的通知 |
| 中国中铁财金〔2020〕438 号 | 关于印发《中国中铁股份有限公司钢轨和油品采购资金集中支付暂行规定》的通知 |
| 中国中铁财金〔2020〕439 号 | 关于印发《中国中铁股份有限公司总部财务共享中心网银 U 盾管理细则》的通知 |
| 中国中铁财金〔2020〕440 号 | 关于印发《中国中铁股份有限公司国际业务财税管理规定》的通知 |
| 中国中铁生产〔2020〕441 号 | 关于印发《中国中铁股份有限公司工程项目责任成本预算文件编制质量评比细则》的通知 |
| 中国中铁生产〔2020〕442 号 | 关于印发《中国中铁股份有限公司工程项目责任成本预算编制细则》的通知 |
| 中国中铁生产〔2020〕443 号 | 关于印发《中国中铁股份有限公司工程项目成本管理监控及预警细则》的通知 |
| 中国中铁生产〔2020〕444 号 | 关于印发《中国中铁股份有限公司工程项目二次经营策划书编制质量评比》的通知 |
| 中国中铁生产〔2020〕445 号 | 关于印发《中国中铁股份有限公司工程施工劳务（专业）分包管理规定》的通知 |
| 中国中铁生产〔2020〕446 号 | 关于印发《中国中铁股份有限公司亏损项目治理规定》的通知 |
| 中国中铁采购〔2020〕447 号 | 关于印发《中国中铁股份有限公司工程施工劳务（专业）分包采购规定》的通知 |
| 中国中铁生产〔2020〕448 号 | 关于印发《中国中铁股份有限公司劳务（专业）分包企业管理规定》的通知 |
| 中国中铁生产〔2020〕449 号 | 关于印发《中国中铁股份有限公司工程项目变更索赔规定》的通知 |
| 中国中铁生产〔2020〕450 号 | 关于印发《中国中铁股份有限公司工程项目宏观及微观成本管理规定》的通知 |
| 中国中铁生产〔2020〕451 号 | 关于印发《中国中铁关于推动基建业务高质量发展的指导意见》的通知 |
| 中国中铁生产〔2020〕452 号 | 云南省总工会　中国中铁股份有限公司关于表扬“中国中铁玉磨杯”劳动竞赛 2019 年度优胜单位和先进个人的通报 |
| 中国中铁法规〔2020〕453 号 | 关于印发《中国中铁股份有限公司特别重大法律纠纷案件挂牌督办实施细则》的通知 |
| 中国中铁人资〔2020〕454 号 | 中国中铁党委　中国中铁　中国中铁工会　中国中铁团委关于表彰第三届中国中铁员工职业技能竞赛暨第十九届青年职业技能竞赛及第二届“卓越杯”BIM 技能竞赛先进个人和先进集体的决定 |
| 中国中铁信息〔2020〕455 号 | 关于印发《中国中铁信息贯通工程总体实施方案》的通知 |
| 中国中铁人资〔2020〕456 号 | 中国中铁关于公布 2020 年高级技师、特级技师和工匠技师任职资格的通知 |
| 中国中铁审计〔2020〕457 号 | 中国中铁关于批转《中铁四局原总经理王传霖同志任期经济责任审计报告》和《任期经济责任审计评议书》的通知 |
| 中国中铁审计〔2020〕458 号 | 中国中铁关于批转《中铁上海局原党委书记、董事长荣树森同志任期经济责任审计报告》和《任期经济责任审计评议书》的通知 |
| 中国中铁审计〔2020〕459 号 | 中国中铁关于批转《中铁四局原党委书记、董事长张河川同志任期经济责任审计报告》和《任期经济责任审计评议书》的通知 |

续表

| 发文字号 | 文件标题 |
| --- | --- |
| 中国中铁审计〔2020〕460 号 | 中国中铁关于批转《中铁上海局原总经理闫子才同志任期经济责任审计报告》和《任期经济责任审计评议书》的通知 |
| 中国中铁审计〔2020〕461 号 | 中国中铁关于批转《南宁市“两桥三路”工程项目后评价报告》的通知 |
| 中国中铁审计〔2020〕462 号 | 中国中铁关于批转《刚果（金）MKM 铜钴矿采冶项目后评价报告》的通知 |
| 中国中铁审计〔2020〕463 号 | 中国中铁关于批转《中铁电气化局原总经理李爱敏同志任期经济责任审计报告》和《任期经济责任审计评议书》的通知 |
| 中国中铁审计〔2020〕464 号 | 中国中铁关于批转《中铁大桥院原党委书记田道明同志任期经济责任审计报告》和《任期经济责任审计评议书》的通知 |
| 中国中铁海外〔2020〕467 号 | 关于做好构建“四位一体”境外医疗保障体系有关事项的通知 |
| 中国中铁审计〔2020〕469 号 | 中国中铁关于批转《中铁武汉电气化局原党委书记、董事长周志宇同志任期经济责任审计报告》和《任期经济责任审计评议书》的通知 |
| 中国中铁审计〔2020〕470 号 | 中国中铁关于批转《中铁华铁原总经理彭晓华同志任期经济责任审计报告》和《任期经济责任审计评议书》的通知 |
| 中国中铁审计〔2020〕471 号 | 中国中铁关于批转《中铁华铁原党委书记、董事长毕征才同志任期经济责任审计报告》和《任期经济责任审计评议书》的通知 |
| 中国中铁审计〔2020〕472 号 | 中国中铁关于批转《中铁十局原总经理李学民同志任期经济责任审计报告》和《任期经济责任审计评议书》的通知 |
| 中国中铁审计〔2020〕473 号 | 中国中铁关于批转《中铁十局集团原党委书记、董事长杨兰松同志任期经济责任审计报告》和《任期经济责任审计评议书》的通知 |
| 中国中铁审计〔2020〕474 号 | 中国中铁关于批转《中铁大桥局原总经理文武松同志任期经济责任审计报告》和《任期经济责任审计评议书》的通知 |
| 中国中铁审计〔2020〕475 号 | 中国中铁关于批转《中铁大桥局原党委书记、董事长刘自明同志任期经济责任审计报告》和《任期经济责任审计评议书》的通知 |
| 中国中铁审计〔2020〕476 号 | 中国中铁关于批转《中铁大桥院原总经理张敏同志任期经济责任审计报告》和《任期经济责任审计评议书》的通知 |
| 中国中铁审计〔2020〕477 号 | 中国中铁关于批转《中铁电气化局原党委书记、董事长韦国同志任期经济责任审计报告》和《任期经济责任审计评议书》的通知 |
| 中国中铁审计〔2020〕478 号 | 中国中铁关于批转《中铁武汉电气化局原总经理窦保信同志任期经济责任审计报告》和《任期经济责任审计评议书》的通知 |
| 中国中铁审计〔2020〕479 号 | 中国中铁关于批转《中铁二院原总经理朱颖同志任期经济责任审计报告》和《任期经济责任审计评议书》的通知 |
| 中国中铁审计〔2020〕480 号 | 中国中铁关于批转《中铁文旅集团原董事长李辉同志任期经济责任审计的报告》和《任期经济责任审计评议书》的通知 |
| 中国中铁审计〔2020〕481 号 | 中国中铁关于批转《中铁文旅集团原总经理邓树传同志任期经济责任审计的报告》和《任期经济责任审计评议书》的通知 |
| 中国中铁审计〔2020〕482 号 | 中国中铁关于批转《中铁五局深圳市城市轨道交通 10 号线 1011-4 标亏损项目专项审计报告》的通知 |
| 中国中铁审计〔2020〕483 号 | 中国中铁关于批转《中铁北京局新建连徐铁路站前工程Ⅱ标亏损项目专项审计报告》的通知 |
| 中国中铁审计〔2020〕484 号 | 中国中铁关于批转《中铁三局赣深铁路站前工程 GSSG-2 标亏损项目专项审计报告》的通知 |
| 中国中铁审计〔2020〕485 号 | 中国中铁关于批转《中铁二院原党委书记、董事长赵德义同志任期经济责任审计报告》和《任期经济责任审计评议书》的通知 |
| 中国中铁规划〔2020〕487 号 | 中国中铁关于成立中国中铁股份有限公司合肥市轨道交通 8 号线一期土建施工总承包项目经理部的通知 |
| 中国中铁生产〔2020〕488 号 | 关于调整中国中铁物资贸易风险管控领导小组组成人员的通知 |
| 中国中铁财金〔2020〕489 号 | 关于印发《中国中铁股份有限公司物资集中采购资金融通与支付管理规定》的通知 |
| 中国中铁董办〔2020〕490 号 | 关于印发《中国中铁股份有限公司董事会提案管理办法》的通知 |
| 中国中铁规划〔2020〕491 号 | 关于印发《中国中铁党委　中国中铁深化改革三年行动实施方案（2020—2022 年）》的通知 |
| 中国中铁规划〔2020〕492 号 | 中国中铁关于成立中国中铁股份有限公司沿江通道浦东段（越江段—五洲大道）工程高速公路主线施工 3 标项目经理部的通知 |
| 中国中铁规划〔2020〕493 号 | 中国中铁关于成立中国中铁股份有限公司廊坊临空家园二期工程建设指挥部的通知 |
| 中国中铁规划〔2020〕494 号 | 中国中铁关于撤销中国中铁股份有限公司濮新高速公路宁沈段工程指挥部的通知 |

制表：徐　朵

附录

## 中国中铁总部部门职能

### 董事会办公室

（一）负责公司治理政策研究，参与国家有关部委、证券监管机构有关公司治理政策的“顶层设计”，承担相关课题研究；负责股份公司章程、股东大会、董事会及其专门委员会等议事规则等治理制度体系的建立和完善。

（二）负责股份公司股东大会、董事会及其专门委员会日常工作；负责股份公司股东大会、董事会及其专门委员会会议及其他相关会议的组织、承办、会议决议的报备和决议执行督办及情况反馈工作；负责董事和董事会秘书的履职服务支持和日常沟通；负责建设规范董事会试点日常工作。

（三）负责股份公司信息披露工作。负责公司信息披露事务制度体系建设；负责《重大事项内部报告制度》界定的公司“重大事项”的收集、识别、处理；负责法定披露信息的审查、处理；负责临时公告及通函的编制与发布，定期报告的编制与发布，信息披露暂缓与豁免业务管理；负责内幕信息、内幕信息知情人登记报备和内幕交易防控工作；配合开展企业信息公开工作。

（四）负责股份公司投资者关系管理工作。负责建立完善境内外投资者沟通机制；负责与境内外证券分析师、股东和潜在投资者的日常沟通交流，接待境内外证券分析师和投资者的来访、调研；负责境内外业绩推介会与新闻发布会，业绩和交易路演、反向路演等活动的组织；负责投资者热线的接听和管理，投资者意见和建议的汇总整理与分析，负责股份公司网站投资者关系管理栏目的建设和日常维护工作；负责股份公司利润分配方案的实施。

（五）负责牵头股份公司市值管理相关工作。负责证券监管政策和市值管理政策的理论研究；负责市值管理方式的研究，提出市值管理建议；负责牵头全公司在资本市场的分拆分立、股份回购、股东增减持等工作；负责股份公司关联法人和关联自然人名录的建立、动态维护和申报；负责关联（关连）交易的相关管理工作；负责处理和应对资本市场危机事件；负责资本市场奖项的申报和入围指数管理；负责协助筹划或实施资本市场的股权类、债券类、股债结合类等再融资和并购重组业务。

（六）负责股份公司股权事务管理。负责公司股东名册的管理和股东变动分析；负责公司股份变动的变更登记手续办理；负责公司董事、监事、高级管理人员和内幕信息知情人持股及其变动的管理；负责境内外公司股价和市值变动的监测与分析、资本市场舆情的监测与分析。

（七）负责证券监管机构规定的董事、监事和高级管理人员的服务支持。负责董事、监事和高级管理人员个人基本信息、任职变动情况的收集、更新和向证券监管机构的申报；负责独立董事、董事会秘书等任职前的事前报备和任职后申报；负责董事、监事和高级管理人员责任保险的投保及续保。

（八）负责组织公司董事、监事和高级管理人员参加国资监管和证券监管机构规定的公司治理培训、任职资格及后续培训。

（九）负责股份公司与国资委、中国证监会有关部门，资本市场各相关主体的日常联络。负责与国资委、中国证监会有关部门，境内外证券交易所、境内外证券登记结算机构、上市公司协会、公司律师、财经公关公司、相关财经媒体等相关主体的沟通、联络和协调工作。

（十）负责指导、监督、检查所属境内外子公司建立规范公司治理工作，指导境内外子公司董事会日常工作。

（十一）负责投资项目SPV公司及参股企业股东会、董事会、监事会议案中须经股份公司审核（批）事项的受理、审核（批）任务在总部职能部门间的分配及审核（批）意见的收集和批复。

（十二）负责编制董事会经费预算和董事会经费管理。

### 总裁办公室（信访办公室）

（一）负责组织起草股份公司全局性、综合性重要会议的工作报告、领导讲话，以及公司领导交办的其他文字综合材料。

（二）负责股份公司会议管理和重大活动的组织安排，协调公司经理层领导出席重大公务活动等工作。

（三）负责围绕股份公司的重大决策、重点工作，开展调查研究和信息收集，呈送情况报告，为领导科学决策提供依据和建议。

（四）负责股份公司内、外文电的收发和处理，行政印章、法定代表人印章、相关证照管理等工作。

（五）负责股份公司督查督办工作的实施管理，对督办事项执行情况进行反馈通报。

（六）负责综合协调指导全公司信访维稳工作，建立信访工作制度体系，处理职工群众来信来访，督办重要信访事件。

（七）负责股份公司档案管理和培训、督导，组织编写史志、年鉴和大事记等工作。

（八）负责股份公司对外公共关系的建立、维护和业务接待工作。负责股份公司总部职能部门行政综合事务的协调、调度等工作。

（九）负责股份公司公务用车制度改革方案和相关制度的制定实施，管理公司总部车队，审核各二级公司本部公务用车购置报告。

（十）负责股份公司值班工作，及时报告重要情况，协助公司领导组织处理突发事件。

（十一）负责协调集团公司信息公开工作。

（十二）负责办公用房个人使用面积的审核。

### 规划发展部（全面深化改革领导小组办公室、企业管理实验室）

（一）负责与股份公司相关的国家战略、行业政策的收集和研究，负责组织公司中长期发展战略及滚动发展规划的编制工作，指导各业务和职能战略、二级公司中长期及滚动规划的编制。

（二）牵头组织世界一流企业创建工作；牵头落实公司高质量发展工作。

（三）负责股份公司二级公司职能定位的界定管理工作；负责指导股份公司三级工程公司建设及评优工作。

（四）负责全面深化改革和相关政策研究；负责股份公司全面深化改革领导小组办公室日常工作。

（五）负责牵头组织公司治理体系和治理能力现代化建设工作。

（六）负责企业改革、重组、结构调整及境内并购重组工作；配合境外并购工作。

（七）负责股份公司行政、党群机构设置及编制管理工作；负责所属单位法人治理结构编制工作；负责各级企业设立、变更、注销及关闭、破产的管理工作。

（八）牵头组织企业办社会职能深化改革、移交工作。

（九）负责组织股份公司内部控制、风险管理一体化管理体系建立、维护及运行监督工作。

（十）负责牵头股份公司质量、环境、职业健康安全管理体系认证管理工作。

（十一）负责股份公司各类企业资质规划和管理工作。

（十二）负责企业管理实验室的日常工作；负责现代化管理创新及成果、优秀管理制度评选工作；负责各类QC质量管理成果审核、评选工作。

（十三）负责股份公司战略合作协议归口管理工作。

（十四）负责行业协会和企业管理协会归口管理工作。

（十五）负责企业压减、亏损企业治理相关工作。

（十六）负责股份公司董事会战略委员会赋予的工作。

## 财务与金融管理部（北京财务共享服务中心）

（一）负责学习、研究、贯彻落实党中央和国务院财政、金融、经济、税收政策以及“法律、法规、规章”和国务院国有资产监督管理委员会（以下简称“国资委”）有关财务、金融、会计、产权业务的规定暨工作部署；负责公司党委、股东会、董事会、监事会、经理层有关财务会计工作规划、要求、决议或决策意见的执行；配合相关部门收集、研究海外项目属地国家有关政策；负责建立、健全公司境内外财务、会计制度和选择会计政策。

（二）负责建立、健全财务经营工作体制、机制、办法；负责管理“产融结合”业务，开展“经营的金融财务工作”和“金融财务的经营工作”；负责由股份公司决策投资项目融资方案的审核及监管，统筹协调与各金融机构总部的合作关系。

（三）负责全面预算管理、公司年度预算的编制和披露及上报。审核和批复（下达）二级公司（单位）年度预算和组织机构管理成本预算并监督执行。

（四）负责财务报表（季、年）及月度财务快报的编制、披露、上报及因股权关系产生的关联交易会计信息报告；负责报表审计机构（中介机构）的遴选。

（五）负责财务监察工作以及经济运行情况分析、对二级公司（单位）经济运行和财务状况进行监控和预警。

（六）负责管理产权登记、产权交易、资产评估、对外捐赠；负责对非控股企业股权的管理，协同、配合办理“兼并、收购、重组”中的产权事项；负责管理二级公司（单位）利润分配和“净资产”配置。

（七）负责指导金融板块企业制定发展规划；负责“货币资金、信用担保、保险经纪业务”集中管理和开展融通调剂（货币资金）；负责公司内部“资金、中间业务”市场产品的定价。

（八）负责金融机构授信资源的获取、使用、再生；负责管理权益性、债务性融资以及资产证券化、供应链金融业务；负责总部银行账户管理和相关资金拨付。

（九）负责“外汇、股票、基金、理财、套期保值、金融衍生品”等金融投资及其风险管理。

（十）承办国资委对公司经营业绩考核、财务监督工作。负责考核二级公司（单位）的经营业绩。

（十一）负责财务会计业务系统信息化的规划、建设、运行、维护；负责管理公司总部财务共享服务中心。

（十二）负责公司总部税务事项办理；负责指导所属企业（单位）涉税事务管理及协调、管控所属企业间税务事项；负责规划企业所得税、增值税、综合费税。

（十三）负责管理、组织“双清”工作。督查、考核二级公司（单位）的清欠工作。

（十四）负责管理内部单位间经济关系和秩序、确定性债权债务清算。

（十五）对接国家相关部委局、国资委各厅局和属地政府有关部门。牵头组织、协调国有资本经营预算的编制及申领。

（十六）比照上述职能管理关联表外企业。

（十七）负责非开发式新建办公用房及购置、改扩建（含维修、装修、改造）、置换、租赁办公用房管理工作。

（十八）负责办理公司总部财务会计业务、“补充医保”报销事项。

（十九）负责财务会计从业人员的培训、管理中国中铁财会学会。

（二十）配合国际事业部境外投资工作。

## 人力资源部（党委干部部）

（一）负责贯彻执行上级的干部、人才工作路线、方针、政策及上级的有关指示、规定，建立健全股份公司人力资源管理体系；负责制定实施股份公司中长期人才发展规划、培训规划和各项人力资源管理制度；负责开展董事会提名委员会、薪酬与考核委员会赋予的工作。

（二）负责股份公司党委、股份公司任命干部和产权代表的选拔任用、调整任免、薪酬管理工作；负责所属二级单位法人治理结构有关人选的考核、推荐、选拔、任免；负责所属二级企业领导班子和领导人员的年度考核、任期考核、日常履职情况考察及优秀年轻干部的选拔、培养等工作；负责组织开展二级企业司党委干部选拔任用"一报告两评议"等工作；负责组织开展股份公司"四好班子"的评比表彰工作；负责公司控股和参股企业产权代表日常管理、考核评价。

（三）负责办理二级单位董事会秘书、总经理助理、总法律顾问及人力资源部（党委干部部）部长、财务部部长、审计部部长任前备案批复工作及职工董事、职工监事备案批复工作；负责股份公司领导兼职事项的上报审批工作；负责二级企业领导人员兼职事项的审批工作。

（四）负责股份公司专家队伍、专业技术人才队伍的建设管理工作；负责高校毕业生招聘及人才引进的管理与指导工作；负责股份公司职称改革、评审工作；负责全公司国家各类执（职）业资格统筹管理和股份公司总部相关执业资格人员的注册登记工作。

（五）负责中国中铁首席专家、特级专家、专家的选拔、聘任、考核、管理工作；负责国家级专家及行业协会评选的专家选拔推荐和政府、行业协会专家评委库评委的选拔推荐等工作。

（六）负责公司人才培训、培养的统筹规划和督导检查、内部培训师队伍建设、培训课程与教材开发、在线学习培训管理信息平台建设、运行、管理及总部员工培训审批、管理工作。

（七）负责有关人员因公出国（境）人员审查、审批；负责股份公司党委管理的领导干部因私出国（境）审批、证件管理工作。

（八）负责股份公司总部员工调人、晋升、人员及部门业绩考核、公开招聘、双向挂职、薪酬管理、劳动合同管理等工作。

（九）负责定点扶贫、军转干部、退伍军人安置管理、援疆、援藏、博士服务团干部选派、挂职工作；负责股份公司在京单位毕业生落户、人才京外调干工作。

（十）负责股份公司党委管理的干部个人有关事项报告的采集、录入、上报、核查及结果处理工作；负责配偶已移居国（境）外的股份公司总部部门负责人及二级公司中层以上领导人员任职岗位管理工作。

（十一）负责股份公司人力资源管理信息系统建设、运行、维护、升级管理；负责指导、检查各二级单位人力资源管理信息系统运行及维护等工作；负责全公司人才资源统计工作。

（十二）负责股份公司党委管理的干部及总部员工的档案管理和档案数字化建设工作；负责对股份公司所属各二级单位人事档案管理工作的指导、检查等工作。

（十三）负责产权代表（股东代表、专兼职董事、专兼职监事）日常管理监督及考核评价，做好履职支持服务；协助产权代表制订年度管理工作计划，检查产权代表年度履职计划的实施情况；负责收集、汇编、分析产权代表日常事务报告、调研报告和述职报告，组织产权调查研究。

（十四）负责产权代表在履职工作中（不含投资项目 SPV 公司及参股企业）需经股份公司审核（批）事项的受理、审核（批）任务在总部职能部门间的分配及审核（批）意见的收集和批复工作。

（十五）负责股份公司员工总量控制和员工队伍整体结构调整工作。

（十六）受董事会薪酬与考核委员会委托，负责牵头组织公司高管绩效管理工作；负责公司高管薪酬方案、薪酬报告拟定和报批工作；负责公司董事、监事薪酬（报酬）管理工作。

（十七）负责股份公司境内外薪酬体系建设及日常管理工作。

（十八）负责股份公司工资总额预算、清算管理工作；负责归口管理股份公司专项奖励工作；负责制定公司具有共性的津补贴标准。

（十九）负责公司中长期薪酬激励制度的制定和实施工作；负责公司年金管理；负责公司全员绩效考核体系建设与指导实施；负责指导、核定新设二级单位基本薪酬制度和薪酬水平。

（二十）负责对接国资委薪酬调查工作，开展薪酬调查等专项统计、分析工作；负责公司薪酬信息化建设和日常维护工作；负责公司工资内外收入监督检查工作。

（二十一）负责牵头企业履职待遇和业务支出管理工作，开展履职待遇预算方案管理等工作；负责"三项制度"改革工作，建立员工选拔任用、薪酬分配和劳动用工的市场化机制。

（二十二）负责股份公司技能人才队伍建设工作；负责公司技能人才技能等级鉴定管理和高级技师、特级技师、工匠技师的审定与评审工作；负责牵头股份公司职业技能大赛管理工作。受国家人社部委托，履行中国铁路工程集团有限公司鉴定指导中心对所属鉴定站、考评员、管理员的管理职能。

（二十三）负责组织开展技能人才培训工作；负责国家级技能大师工作室的申办、建设、指导与监管；负责股份公司大师工作室的评审与建设指导工作。

（二十四）负责企业劳动定额、工时假期等劳动标准化工作，对接国家人社部劳标委铁道工程劳动定额标准化委员会；负责职幼教师移交地方等分离办社会的相关遗留问题及有关待遇的组织调整与清算工作。

（二十五）负责股份公司系统基本养老保险、医疗保险、失业保险、工伤保险、生育保险管理工作，承担北京市社会保险基金管理中心直属代办机构的相关工作；负责在京单位社会保险费收缴、清算、拨付管理；负责社会保险财务报表预、决算编制管理和社会保险稽核自查管理。

（二十六）负责中铁人才交流咨询有限责任公司日常工作。

## 法律合规部

（一）负责股份公司法治建设工作，建立法治工作合规管理体系和机制，推动法治建设第一责任人职责和总法律顾问制度的落实，组织合规评价和普法宣传教育，检查和指导股份公司所属单位法律合规工作。

（二）负责与国家有关部委、行业主管部门、协会等沟通协调；负责国家立法、政策制定征求意见的收集、论证和反馈。

（三）负责股份公司规章制度综合管理工作，建立规章制度动态管理制度体系；负责党内规范性文件和公司管理制度的法律合规性审查工作，检查和指导所属各单位规章制度综合管理工作。

（四）负责合同的综合管理，建立健全合同管理体系；负责各类合同的法律合规审核，制定发布合同示范文本，保管和使用合同专用印章，检查和指导所属单位的合同管理工作。

（五）负责股份公司党委常委会、董事会、总裁办公会等决策会议议案的合法合规审查工作。

（六）负责为股份公司境内外重大投资、资本运作、担保、并购、重组、混改、压减、资产处置等事项提供法律服务工作，组织和指导境内外业务的法律人员尽职调查、法律论证、项目评审和合同谈判等工作。

（七）负责关注国家新发法律法规政策对企业的影响，组织公司新领域、新业态、新模式法律合规风险防控相关课题研究；负责关联人、关联交易和同业竞争的识别、审查。

（八）负责公司合法权益维护工作，指导所属单位重大法律纠纷的处理；负责股份公司调解委员会的日常工作；负责境内外外聘法律服务机构的选聘、评价、考核等管理工作。

（九）负责公司控股和参股企业的章程管理工作；负责股份公司法定代表人授权管理工作；负责办理股份公司国内外工商及事业单位登记、信息公示事务，指导各子分公司办理工商注册登记及企业信息公示。

（十）负责公司知识产权（商标）、商业秘密、特征标记的申报、续展、权益维护及对所属单位的指导等工作。

（十一）负责股份公司境外业务法律风险防范工作，建立与公司海外业务体制机制相适应的海外法律风险防控与合规管理体系，研究境外业务主要经营地国家和地区所适用的法律法规，编写国别风险防范手册，开展海外合规风险排查，指导和检查各单位海外业务法律合规管理工作。

（十二）负责督促股份公司中标的各类项目建立规范的法律合规管理机制，建立项目专兼职法律合规联络员制度。

## 审计部（监事会办公室）

（一）负责贯彻落实党中央、国务院及国家部委关于加强国有企业和国有资本审计监督精神，落实股份公司党委、董事会及经理层关于内部审计工作的要求，并按规定定期报告内部审计工作；负责开展董事会审计与风险管理委员会赋予的工作。

（二）负责股份公司监事会制度建设及落实、监督工作；负责监事会办公室日常工作；负责股份公司监事会会议等公司章程规定的有关会议的组织、承办和会议决议的执行督办及情况反馈工作。

（三）负责组织研究审计业务相关法律、法规和制度，规范和完善公司监事会工作、内部审计和违规经营投资责任追究制度体系，指导子公司监事会或类似监督机构日常工作，监督、指导所属企业完善审计监督机制、有效开展内部审计工作，建立健全违规经营投资责任追究工作体系。

（四）负责制定审计工作规划，推进审计工作改革与创新，推动审计工作信息化；负责制订股份公司年度审计工作计划。

（五）负责对所属二级公司（单位）主要负责人的经济责任审计；负责对所属二级公司的财务收支与内部控制审计；负责对经营管理活动中存在突出问题的投资和企业的专项审计；负责重点建设项目审计；负责组织对亏损企业和重大亏损项目开展专项审计；负责对所属二级公司年度经营绩效的复核工作。

（六）负责股份公司各类投资项目的过程经济评价和后评价。

（七）负责组织实施公司内部控制评价工作。

（八）督促、检查审计建议的整改落实工作，加强审计成果应用。

（九）研究和改进审计工作评价体系，构建有效激励约束机制。

（十）负责国资委、审计署及派出机构、地方审计机关对企业审计（检查）的迎审配合工作，指导二级公司做好迎审配合工作；接受审计署、国资委对企业审计工作的指导和监督，督促指导所属企业做好企审共建工作。

（十一）负责与公司外聘审计机构的沟通与联系，针对外聘审计机构发现的重大问题和风险，督促相关部门和单位落实整改。

（十二）负责承担违规经营投资责任追究工作办公室职责，负责组织开展股份公司违规经营投资责任追究工作。

（十三）负责审计署企业年度报告编制工作。

（十四）负责对所属二级公司审计力量的综合调配。

## 经营开发部

（一）负责国内基础设施建设市场分析、相关招投标政策、法律法规的分析研究；负责股份公司国内经营战略的分析、研究、拟定和推进实施工作。

（二）负责建立完善股份公司国内区域经营、立体经营、基建工程

附录

承包经营开发等管理体系及管理制度建设。

（三）负责股份公司国内市场的经营策划、组织协调、业务建设，指导落实国内经营开发计划；负责股份公司国内承包经营项目及资质证书使用的审核工作。

（四）负责股份公司国内市场分析、相关政府部门联系、重要客户合作及重大项目的信息收集、筛选、追踪等工作。

（五）负责股份公司参与的国内总承包项目（含设计施工总承包项目）的投标、合同评审、合同签订及招标、移交工作和重大合同签约信息报送工作。

（六）负责股份公司国内区域总部的协调、指导、服务等工作。

（七）负责公司计划统计工作；负责对国家有关部委、地方政府有关部门的统计数据报送工作。

（八）负责股份公司资质投标经营要素建设管理工作。

（九）负责股份公司经营信息系统建设、运行管理；负责指导、检查、考核各二级单位经营信息系统运行及维护等工作。

（十）负责组织股份公司区域指挥部“二十强”评选工作；负责组织评选股份公司经营优秀单位、先进单位等评选工作；负责牵头组织对各单位新签合同额考核。

## 投资管理部

（一）负责组织开展国家及有关部委投资相关政策的研究工作，拟定股份公司基础设施投资（境内，下同）、房地产投资（境内，含类房地产投资和养老产业，下同）和矿产资源投资（境内外，下同）的发展规划和管理制度，拟订并指导所属单位落实上述投资项目的年度投资计划。

（二）负责拟订基础设施、房地产和矿产资源投资负面清单并指导所属单位执行。

（三）负责指导协调股份公司及所属单位基础设施、房地产和矿产资源投资项目的开发与相关管理工作。

（四）负责牵头组织由股份公司履行决策权的基础设施、房地产和矿产资源投资项目（含相关股权投资）可行性研究报告的评审；负责提交上会议案，并办理批复相关事项。

（五）负责牵头组织股份公司全资、控股或参股的基础设施和房地产投资项目的合同评审，核准后续开工报告；负责核准矿产资源投资项目立项，牵头组织矿产资源投资项目的合同评审，核准后续开工报告。

（六）负责指导协调推进重大、重点基础设施、房地产和矿产资源投资项目，并指导监督所属单位履行投资建设管理责任。

（七）负责指导监督所属单位履行基础设施、房地产和矿产资源投资项目的运营管理责任。

（八）负责指导所属单位建立基础设施、房地产和矿产资源项目投资及投资回收风险管理体系、过程监控和预警机制，并指导所属单位落实相应的风险防范和风险预控措施。

（九）负责股份公司基础设施、房地产和矿产资源投资业务的统计分析、运营状况分析及总结报告，并提出改进和完善性建议。

（十）负责股份公司房地产品牌管理相关工作，组织建立管理制度，指导督促所属单位落实。

（十一）负责指导监督股份公司房屋和土地资产管理及开发利用工作。

（十二）负责股份公司房地产决策委员会办公室日常工作。

（十三）负责开发式（含搬迁式开发）投资建设办公用房管理工作。

（十四）负责生产性（工业）厂房设施投资管理工作。

（十五）配合国际事业部境外基础设施和地产项目的投资业务工作。

## 生产管理部（采购管理中心、战备办公室）

（一）负责制定股份公司生产管理、生产调度管理、项目成本管理、工程经济管理、采购管理、物资管理、机械设备管理及物资贸易业务管理制度，并组织实施。履行采购管理中心、战备办公室职能。

（二）负责股份公司所属各业务板块企业生产活动的指导、协调、服务、监管等工作。

（三）负责与国家相关部委、行业协会的联络，办理与生产相关的行政许可等事项，协调并参与行业自律、标准和政策制定等相关工作。

（四）负责组织指导股份公司重大投资项目、直管总承包项目总体施工组织设计方案及重大专项方案的审定核备、施工组织监管与协调。

（五）负责股份公司所属单位国内工程项目信用评价的指导和监管；负责股份公司投资和总承包项目内部信用评价管理。

（六）负责统计、分析、发布股份公司生产管理信息，下达生产调度指令并督导执行。

（七）负责组织股份公司重大投资和总包项目的设计优化指导及协调工作；负责设计咨询管理和行业创优评先；负责股份公司技术标准管理工作，承担股份公司设计咨询分公司工作。

（八）负责股份公司国防交通战备和人防等工作。

（九）指导股份公司所属单位的铁路运输工作，协助办理路用车审批、自轮运转设备过轨运输等事宜。

（十）负责指导各单位工程项目成本管理；负责指导、督导亏损项目治理相关工作。

（十一）负责指导、监督各单位专业分包、劳务分包和劳务用工管理工作。

（十二）负责组织、指导各单位工程经济管理工作，组织测算、评审、下达股份公司直管投资项目的招标限价、目标利润；负责股份公司二次经营的组织、指导、协调、监督工作，组织、指导、协调重大项目概算清理。

（十三）负责工世概（预）算定额、行业工程造价标准制（修）订管理等工作，指导各子公司建立完善内部定额及分包价格体系。

（十四）负责推进工程项目成本管理、二次经营、工程分包、农民工管理信息化建设工作。

（十五）负责股份公司物资、机械设备、办公用品、计算机设备、商旅服务、外包服务等产品和服务的采购管理工作。

（十六）负责股份公司物资管理工作，组织、指导物资采购供应服务机构做好物资集中采购工作；督导股份公司直管项目物资采购管理工作。负责股份公司物资贸易业务监管工作。

（十七）负责股份公司设备购置预算审核和监管，指导重大项目主要机械设备配置，指导设备租赁及调剂管理，指导铁路运输设备驾驶员培训、考试及取证等相关工作，定期开展设备管理运行分析。

（十八）组织构建、推广应用股份公司采购电子商务平台、项目物资管理信息系统、设备租赁平台、商旅服务平台，负责股份公司内部产品和服务的评审组织与采购管理；负责股份公司采购专家库的建设与应用管理。

（十九）负责对总部组织开展的集中采购、总部各类产品和服务的招标采购、竞争性谈判采购和竞价采购进行业务指导与监督。

（二十）负责股份公司直属收尾项目的管理工作。

（二十一）负责指导、协调、检查试验和测量工作。

## 安全质量环保监督部（应急管理办公室）

（一）贯彻落实国家、行业关于安全生产、工程质量、环保节能、职业健康，生产安全事故、公共卫生事件应急管理相关政策与法律法规。

（二）负责制定和推动实施股份公司安全质量、环保节能、职业健康、应急管理等规划、规章制度的建立与落实；负责股份公司安全质量环保等级事故（事件）总体应急预案的编制、控制和应急响应及救援工作；负责牵头制定公共卫生事件应对方案（预案）并组织实施。

（三）牵头股份公司品牌建设有关工作，突出工程质量监督与创优管理；对品牌建设涉及其他内涵，及时提出推进工作的建议举措；联合有关职能部门共同维护、提升企业品牌影响力，不断实现企业高质量发展。

（四）负责股份公司所属企业与公司直管项目安全生产、工程质量、环保节能、职业健康、应急管理保障体系运行的监督、检查与考核。

（五）积极研究推进全公司安全质量信息化建设、环保节能技术开发工作，提出引进、学习借鉴、推广应用安全质量信息化、环保节能新技术建设成果，并将应用纳入监督检查、稽查范围，推动新技术应用与成果转化不断取得实效。

（六）负责股份公司安全质量、节能环保、安全惯性事故防范、工程质量通病整治、生产过程安全质量环保纠偏与监督工作；参与股份公司安全质量、环境保护等级事故、职业病危害调查工作，对典型事故进行内部调查，依规提出问责处理建议，督办所属企业内部问责的落实并核备；根据国家有关部委监管要求，归口上报安全质量、环境保护等级事故及事故处理信息。

（七）负责股份公司安全质量环保委员会办公室的日常业务工作，完成股份公司董事会安全健康环保委员会赋予的工作；根据在建工程项目安全风险预控信息，适时组织开展安全、质量、环保节能监管检查活动；组织公司安全质量环保（视频）等会议。

（八）承担股份公司安全质量环保应急专职队伍日常建设管理工作；指导各层级专职队伍开展安全质量环保等监管工作。

（九）负责股份公司与国家有关部委的业务联系和工作协调；负责股份公司所属单位安全质量、环保节能工作的评优评先事宜；负责协调鲁班奖、国家优质工程奖、其他省（部）级优质工程奖、全国建设工程项目施工安全生产标准化工地、国家级节能减排工地、绿色施工科技示范工程、国家级重点节能低碳技术的指标申领、上报审核、复查组织协调工作；负责组织股份公司安全标准化工地、环保节能工地、优质工程、绿色施工科技示范工程、节能低碳技术的策划、监督实施、复查评审等工作。

（十）负责全公司安全质量、环保节能教育培训监管工作；负责组织、监督和指导所属企业及项目开展安全质量环保专职人员、其他三类人员、注安师的培训教育工作，积极推动各层级开展针对惯性事故和质量通病预防警示、安全质量法规宣贯、安全质量体系建设、安全措施的落实等培训教育工作。

（十一）负责股份公司安全生产许可证申领和续期工作。

## 科技创新部（技术中心、专家办公室）

（一）负责制定和落实股份公司科技创新战略、中长期科技创新规划及科技工作管理规章制度；负责股份公司科技创新业绩考核工作。

（二）负责股份公司科技创新管理。负责制定股份公司年度科技攻关指南和科技开发计划；负责股份公司科研课题的过程管理和结题验收；组织申报国家有关部委重大科研课题；组织申报国家、全国性行业协会、学会等科学技术奖，负责股份公司科技成果评审；负责股份公司级工法的发布和管理，组织申报国家级、部级工法；负责专利管理工作，组织申报国家专利奖；负责股份公司的知识产权运营管理和专有技术管理。

（三）负责组织实施国家自然科学基金项目、国家科技重大专项项目、国家重点研发计划项目、重大技术装备及关键核心技术攻关、国资委专项项目及股份公司重大科技项目研发和攻关；负责组织先进技术的引进、消化、吸收和再创新，以及“四新”技术的推广应用管理工作；负责组织绿色、智能建造技术的研发和推广应用。

（四）负责股份公司科技学术类团体的归口管理。负责与外部相关学术类团体的联系，承担中国铁道学会铁道工程分会秘书处工作；负责《铁道工程学报》的编辑出版及其他相关工作；负责集团公司科技期刊的主管工作，负责股份公司国内外学术交流工作。

（五）负责股份公司科技创新平台建设管理工作。负责国家级实验室等国家级创新平台的指导和监管，承担国家级实验室理事会办公室工作；负责股份公司技术中心和专业研发中心的建设运行管理。

（六）负责股份公司各类科技专家委员会工作。负责股份公司专家委员会办公室工作，参与对专家委员会专家的考核和调整；负责总部博士后工作站管理，参与专家和科技人才队伍建设；负责股份公司总部专家日常履职的管理工作。

（七）负责对科研项目攻关和专项方案进行技术咨询服务。

（八）承担科技人员的培训工作，组织股份公司技术交流与技术合作。

（九）协调指导所属企业各类技术（研发）中心的建设、管理和运行，并提供服务。

（十）负责国内外科技信息收集以及研究行业发展动态等工作，负责股份公司科技情报管理工作。

（十一）归口管理股份公司科普工作，为相关学会、协会做好相关服务工作。

（十二）负责公司与外部智库机构的业务联系工作。

## 行政管理部（离退休人员管理部、保卫部、机关党委、机关纪委、机关工会）

行政管理部（离退休人员管理部、保卫部）

（一）负责公司总部办公用品、办公电话以及低值易耗品、印刷品的管理，非网络类固定资产的实物管理。

（二）负责公司总部办公楼的物业管理公司选用、合同签订和履行及日常监督管理。

（三）负责落实公司领导及高管履职待遇中的办公用房维修改造、办公家具配备等日常管理工作和通信费用管理，总部员工通信费用标准制定工作，以及公司所出资企业负责人履职待遇中的异地任职住房租赁、通信费用标准制定工作。

（四）负责公司领导及高管、员工餐厅工作用餐管理、劳动保护用品及员工健康体检、计划生育工作，做好总部办公室、办公家具、会议室管理。

（五）负责公司所属企业离退休人员工作的指导和总部离退休人员的管理工作。

（六）负责公司总部住房委员会、在京存量土地开发领导小组办公室的日常工作；做好总部员工租房补贴与人才公租房的管理工作。

（七）负责公司注册地租赁、总部办公大楼的租赁和合同执行等工作。

（八）负责公司所属企业内部治安保卫工作指导和总部内部治安保卫、防恐反恐、消防、卫生防疫、绿化、地面停车场管理、重要来宾和重大活动安保等，做好“门前三包”及社会治安综合治理等工作。

（九）负责与公司总部所在地政府和相关部门、单位的联系与沟通工作。

（十）负责制定总部员工出差报告制度，总部电子考勤系统维护，总部出差、考勤、请假登记督查工作。

机关党委

（一）负责党的路线、方针、政策以及公司党委的决定、决议的宣传、贯彻和落实工作。

（二）负责做好总部党员教育、管理和服务，督促党员履行义务，保障党员的权利。

（三）负责总部党员监督，督促党员干部和其他员工严格遵守法律和公司规章制度，加强党风廉政建设，严格执行党的纪律，完善总部惩防体系和党风廉政建设责任制及有关规定的落实；做好对违纪党员的教育和处理工作。

（四）负责总部精神文明建设，做好员工思想政治理论学习，提升员工思想政治素养。

（五）负责总部党建标准化建设，抓好党组织“三会一课”制度的落实；组织开展党内建设活动，做好评选表彰先进党组织和优秀共产党员、优秀党务工作者。

（六）负责总部和直属单位党内统计、组织关系转递及党费收缴、使用、管理工作。

（七）做好总部和直属单位发展党员工作，指导所属党组织做好对预备党员和积极分子的培养教育及考察工作。

（八）协助做好总部干部提拔任用考核和员工年度业绩考核工作。

（九）加强对机关工会、共青团组织的政治领导，支持其独立负责地开展工作。

机关纪委

（一）协助机关党委抓好党章及其他党内法规的学习教育，贯彻落实上级党组织、纪检组织有关党风廉政建设精神与要求；监督检查总部各党支部与党员贯彻执行党的路线方针政策和决议的情况。

（二）负责监督总部各支部开展党建、遵规守纪、党风廉政建设、作风建设等情况。按照权限对总部党员干部遵规守纪、履职尽责、行使权力进行监督，协助上级纪委审查支部和党员干部违纪问题；监督各支部和党员党纪处分决定的执行，对受处分人员进行回访教育。

（三）受理总部党员、群众的涉纪来信来访。按照权限对出现苗头性问题的党组织和党员及时谈话提醒，约谈函询；对出现严重违法违纪问题的党支部和党员，按有关规定进行查处；对不在权限范围内党员的违纪和重要问题线索及时上报，并配合做好监督、审查等工作。

（四）按照有关规定和权限，对总部各支部和党员违反党纪问题，决定或者取消对这些案件中党员的处分；进行问责或者提出责任追究的建议；受理总部党员控告和申诉，保障党员权利。

（五）完成机关党委和上级纪检组织交办的工作。

机关工会

（一）贯彻落实机关党委、上级工会有关指示、决定，依照工会章程履行职责和义务；加强民主管理，维护职工权益，发挥维护、建设、参与和教育职能，动员组织总部员工围绕公司中心工作，立足本职，建功立业。

（二）负责总部各支会的组织建设，组织总部员工开展合理化建议和文化体育活动，支持兴趣协会、小组积极开展活动，开展职业责任、职业道德、职业纪律和职业素质教育；关注总部员工身心健康，做好福利慰问、扶贫帮困、有关假期管理工作。

（三）负责总部机关工会经费使用和管理、会员关系转接、职工民主联席会工作；做好总部劳动模范、优秀工会工作者、积极分子和优秀会员之家的评选、表彰工作；指导支持总部女工委做好总部女工工作，维护女职工特殊权益。

（四）完成上级组织和领导交办的其他工作。

## 党委办公室（保密办公室）

（一）贯彻党的路线、方针、政策和上级党委指示，及时了解和掌握党委各项重点工作的进展情况，为领导决策提出各项工作建议和方案。

（二）督促检查党中央决策部署、上级党委指示批示和公司党委各项重要决策、重要工作部署的贯彻落实情况，对执行情况进行反馈通报。

（三）协助公司党委落实加强党的领导、党的建设的有关工作，落实向上级党委请示报告重大事项有关工作，落实党务公开工作。

（四）协调处理公司党委的日常事务，协调党群各职能部门落实党委各项具体工作；负责党委重要会议和重要活动的组织协调；协助党委领导统筹安排日常工作、处理突发性事件。

（五）负责落实“三重一大”集体决策制度、党委（常委）会议事规则、党委研究讨论企业重大经营事项等有关制度要求，健全制度体系；负责“三重一大”决策运行和监管系统的日常运管。

（六）负责组织起草公司党委在全局性、综合性会议上的工作报告、领导讲话，以及领导交办的其他文字材料；起草党委工作总结和工作安排；起草党委向上级党组织的报告、请示。

（七）协助公司党委履行党风廉政建设主体责任，健全完善制度体系，履行督促检查责任，落实定期报告制度。

（八）负责信息调研工作，组织党建和思想政治工作有关重要问题的调研活动，撰写有关报告，提出政策性建议；编发公司党委信息简报。

（九）管理公司党委机要文件和有关档案、党委各项重要会议的记录及大事记，负责收发文件、党委印鉴的管理使用，做好内勤工作；审核党委以及有关部门的公文文稿。

（十）负责党和国家以及公司关于保密工作的方针、政策、决定和指示的落实，承担总部国家安全人民防线建设小组办公室和保密委员会办公室具体工作。

## 党委组织部

（一）认真贯彻全面从严治党要求，指导所属企业党委发挥领导作用，把方向、管大局、保落实；指导所属企业党委落实党组织在公司法人治理结构中法定地位的重要制度安排和认真贯彻执行民主集中制。

（二）检查指导全公司各级党委贯彻执行党代会（党员大会）、民主生活会、党内生活等制度情况；做好所属企业党委换届选举和增补委员的指导、审批工作；负责协调所属单位与地方党组织建立党的双重领导关系有关工作。

（三）了解掌握所属企业领导班子的政治思想和班子建设情况；组织召开党员领导干部民主生活会，做好领导班子成员报告职责范围内党风廉政建设情况和落实“一岗双责”情况的相关工作。

（四）指导全公司各级党委贯彻落实党建工作责任制，组织开展所属单位党建工作考核和党委书记抓党建工作述职评议考核工作；指导全公司各级党委加强基层党组织书记和党群干部的培训工作。

（五）组织开展党内集中教育实践活动和专项活动，推进学习教育常态化制度化。制定加强党员教育、管理和发展党员工作的规划和措施，检查指导贯彻落实情况，提出加强和改进的意见。

（六）贯彻落实公司党委加强基层党组织建设的总体要求，指导全公司基层党组织建设，提出具体意见和措施；加强海外项目党建工作，不断增强党建工作的针对性和实效性。

（七）指导开展党内“创先争优”“红旗项目部”等活动，负责做好先进基层党组织、优秀共产党员、优秀党务工作者的推荐表彰工作，抓好党建工作方面的研究，做好先进典型的选树和总结推广工作。

（八）检查指导所属企业党费的收缴、使用和管理工作；负责公司党委留用党费的收缴、使用和管理；做好党内有关刊物的征订、分发工作；管理和指导全公司党员党籍、组织关系工作；指导所属企业党委搞好党内统计工作。

（九）负责提出党群机构编制建议方案，做好党群机构设置和干部编制有关要求的落实，了解和掌握所属企业党群工作机构定编定员及有关情况，督促配齐配强党群干部。

## 党委宣传部（企业文化部、统战部、跨文化融合办、中国中铁报社、政研会）

（一）负责党和国家路线、方针、政策以及公司重大决策部署的宣传工作；负责制定实施股份公司企业文化建设规划。

（二）负责公司思想政治工作、意识形态工作和党委理论学习中心组学习工作。

（三）负责公司新闻宣传工作，组织实施重大宣传报道。

（四）负责公司舆情管理工作，进行监测、分析、引导及处置。

（五）负责公司企业文化建设、精神文明建设和品牌宣传。

（六）负责公司党建思想政治工作理论研究，编辑出版《中国中铁党建》杂志。

（七）负责公司网站、微博、微信等媒体的建设、管理和运营工作。

（八）负责公司社会责任管理工作，编制发布公司社会责任报告。

（九）负责公司统战工作，贯彻落实中央和国资委统战工作的重大决策部署；负责防范和处理邪教等工作。

（十）负责对公司各级党校、政研会、报刊媒体、文化艺术组织的指导工作。

（十一）负责《中国中铁》报编辑出版发行；负责与上级相关部门、新闻媒体、报业协会及其他报纸之间的沟通与交流。

（十二）负责公司重要活动、重大会议等图片资料拍摄和管理工作，加强报纸骨干通讯员队伍的培养、建设；负责协助所属单位做好通讯员的业务培训。

（十三）负责跨文化融合办公室日常工作；负责跨文化融合制度体系建设工作；负责中国中铁品牌海外宣传工作，提升品牌在海外的影响力和品牌效应。

### 党委巡视领导小组办公室

（一）负责传达贯彻公司党委、巡视工作领导小组的决策、部署，向公司党委、巡视工作领导小组报告工作情况，研究落实并督办公司党委、巡视工作领导小组的决定事项。

（二）承担统筹推进公司党委巡视工作职责，制定巡视工作规划、年度计划和阶段任务安排。

（三）负责巡视工作政策研究，健全完善巡视工作制度体系。

（四）具体组织协调指导党委巡视组开展巡视，会同有关部门对巡视组成员进行调配、培训、管理和考核，对巡视组执行组长负责制情况进行了解和监督。

（五）负责二级公司党委巡察工作业务指导、工作调研和信息收集。

（六）会同巡视组及公司纪委、党委干部部、组织部等职能部门对被巡视党组织整改落实情况进行监督检查，加强整改成效检查和评估。

（七）负责巡视巡察发现问题的收集、梳理、分析，配合公司纪委开展政治生态分析评价工作。

（八）负责加强与总部相关职能部门的沟通联络，建立沟通协作机制。

（九）负责按要求向国资委党委巡视工作领导小组办公室报告公司党委巡视巡察工作情况。

### 纪委

（一）维护党的章程和其他党内法规，监督推动党的路线方针政策、决议和中央重大工作部署在公司党委和公司的贯彻落实。

（二）协助党委推进全面从严治党，加强党风廉政建设和组织协调反腐败工作；参与起草制定公司党委全面从严治党规范性文件，开展企业政治生态分析评估，经常性对党员进行遵守纪律的教育。

（三）监督检查公司党委、二级公司党委推进全面从严治党、落实管党治党主体责任情况；监督检查公司党委领导班子成员、公司党委管理的领导人员履行“一岗双责”情况，对总部职能部门履行业务监督管理职责进行再监督。

（四）监督检查二级公司领导班子及公司党委管理的领导人员遵守和执行党的章程及其他党内法规，遵守和执行党的路线方针政策与决议，廉洁从业以及道德操守等方面的情况。

（五）负责信访举报登记管理，按规定做好呈批和上报工作。

（六）负责对公司党委管理的领导人员违反党章党规党纪问题的审查，提出处理建议；监督检查二级公司纪检组织执纪审查工作。

（七）负责对违反党章党规党纪、失职失责的二级公司党委、公司党委工作部门、公司党委管理的领导人员进行问责或者提出责任追究的建议；协调公司有关部门做好政纪处理工作。

（八）受理党员的控告和申诉，保障党员权利。

（九）按照公司党委巡视领导小组安排部署，协调开展企业巡视，加强对巡视问题整改监督；督促和指导二级公司巡察。

（十）监督全公司选人用人管理工作。

（十一）加强对总部纪委、所属二级公司纪委的领导、落实“三为主”要求，督促落实监督责任。

（十二）负责纪检工作调查研究，制定修改纪检工作制度。

（十三）组织与地方执纪执法机关的配合协调，维护企业合法权益。

（十四）加强纪检组织自身建设，负责纪检干部的日常教育和监督管理。

（十五）完成中央纪委国家监委驻国资委纪检监察组、公司党委交办、督办工作。

### 工会

（一）贯彻落实党的路线、方针、政策和工会工作方针，按照公司党委和上级工会的总体要求，研究制定全公司工会工作目标和任务。

（二）负责协助党组织加强各级工会组织建设；指导所属企业工会组建和换届选举工作；协助党委管理工会干部，抓好工会干部队伍建设。

（三）负责职工宣传教育和职工文化建设，抓好职工思想政治、职业道德、科学文化技术教育，开展健康向上的群众性文化体育活动，不断提升职工队伍综合素质。

（四）负责指导所属企业工会组

织围绕企业生产经营的实际，开展群众安全生产监督、劳动竞赛、经济技术创新、合理化建议等活动；做好劳动模范和各类先进典型的评选、表彰与管理工作。

（五）负责指导和落实企业民主管理厂务公开工作，加强职代会建设，做好民主参与、民主管理和民主监督工作，组织开展职代会民主评议和民主测评工作。

（六）负责职工权益维护工作，监督劳动法律法规的执行，指导所属企业工会组织做好签订集体合同、协调劳动关系和调处劳动争议、农民工管理服务工作，推动劳动关系和谐企业建设。

（七）负责职工普惠服务工作，指导所属企业工会建立健全职工生活保障体系，开展“三让三不让”员工关爱工程、困难帮扶、送温暖、助学助医、互助保障、“三工”建设、“幸福之家”建设等活动，帮助解决职工实际困难，改善职工生产生活条件。

（八）负责监督企业贯彻执行劳动安全卫生法律法规；参与公司安全生产规章制度的制定和安全管理工作；参与重大工伤事故的调查处理。

（九）负责公司女职工委员会工作，加强各级女职工组织建设，指导开展特色活动，维护女职工的合法权益。

（十）负责网上工会建设，做好中国中铁智慧工会云平台的运营管理，构建网上网下融合的工会服务工作体系。

（十一）负责公司工会经费的收缴、使用、管理和年度经费预、决算工作；加强工会经费审查监督，指导所属企业工会组织依法管理和使用工会财产，确保工会经费和财产合理使用及安全运行。

（十二）完成公司党委和上级工会交办的其他工作。

## 团委

（一）负责加强团员青年思想政治教育，引导青年坚定共产主义信念，牢固树立社会主义核心价值体系，深入贯彻落实科学发展观，积极开展社会公德、职业道德、家庭美德的教育，树立正确的企业观、职业观、价值观。

（二）负责组织团员青年积极开展青年素质工程、青年创新创效、青年突击队、青年安全生产、青年节约降本增效、青年志愿服务等活动，引导他们热爱企业、立足岗位，投身实践，成才建功。

（三）代表和维护青年的具体权益，关心他们的工作、思想、学习和生活，调研、分析与反映他们的思想动态及合理诉求，按照规范的渠道代表青年参与企业的民主管理和有关决策，建立健全为青年办实事的工作机制。

（四）围绕党的中心任务，开展适合青年特点的独立活动，丰富团员青年的业余文化生活，负责在青年员工中开展党风廉政建设教育活动。

（五）负责对团员进行教育和管理，健全团的组织生活，开展批评和自我批评，监督团员切实履行义务，保障团员的权利不受侵犯；做好团费收缴、管理和使用工作。

（六）负责对团员进行党的基本知识教育，推荐优秀团员成为党的发展对象；发现和选树青年中的优秀人才，推荐先进青年典型；管理和培养青年中的优秀人才，加强境外项目青年人才队伍建设。

（七）积极探索现代企业制度下共青团的组织建设和活动载体，指导基层团的组织建设与活动开展；积极开展党建带团建工作，做好基层团干部的选拔、培养、管理、使用和转业等协管工作。

（八）负责加强团委自身建设，严格执行和维护团的纪律，构建团委组织建设、青年活动、青年培训、青年激励工作体系，负责制定全公司共青团工作的重要规章制度办法等。

（九）负责召集团员代表大会、团员代表会议和团的全委会议，并负责对会议决议组织实施。

## 国际事业部

（一）负责国际化经营政策研究，组织制定股份公司国际化经营子战略、发展规划并开展实施与评价工作。

（二）负责依据部门职能制定国际业务相关的规章制度，并组织实施和监督。

（三）负责股份公司国际业务全球布局和资源配置，履行国际业务总体调度、协调和指挥职能；负责境外区域总部整体规划，对直管境外区域总部进行管理，并对委托管理的境外区域总部进行授权和监管。

（四）负责股份公司国际业务年度生产经营计划的编制、下达和调整，对股份公司国际业务生产经营与管理考核指标负责；并组织对国际业务生产经营和管理指标进行考核评价。

（五）负责国际业务生产经营数据统计、分析和报送工作；配合做好国际业务信息披露工作。

（六）负责与国家相关部委、驻外使领馆、金融机构、行业协会以及外国相关政府部门等对接联络；负责涉外重大活动的统筹、协调和组织安排。

（七）负责牵头组织、协调和运作政府间重大合作项目、境外重大或特殊项目（以及其他十亿美元以上的海外大型项目），重点负责国家发改委、商务部、国家铁路局、国铁集团等牵头的中国铁路“走出去”重大项目的经营开发；负责直管区域市场的经营开发工作。

（八）负责股份公司品牌使用和维护管理；负责以股份公司为主体经营项目的授权、服务及监管；组织重大或特殊投（议）标项目的评审工作。

（九）履行境外实施项目生产的分类分级管理职责。

（十）负责境外项目安全、质量、环保及职业健康的管理工作。

（十一）牵头负责股份公司境外投资（矿产资源类除外）和跨境并购业务管理工作。

附录

（十二）负责办理国际业务相关的政府补贴资金的申报工作；配合做好涉外保函相关的管理工作。

（十三）按照股份公司相关规定履行国际事业部、国际工程分公司及直属机构相应的人事管理权与财务管理权。

（十四）负责组织实施境外专项业务培训。

（十五）配合做好境外机构的设立、变更、注销相关工作。

（十六）依据部门职能履行境外合规、内控和风险管理工作。

### 大企业合作事业部

（一）负责贯彻落实股份公司大企业经营发展战略、方针政策和决策部署，推进大企业高质量发展。

（二）负责股份公司大企业市场的经营开发工作，构建经营开发体系，完成股份公司下达的年度经营任务。

（三）负责制订大企业经营开发计划，开展市场调研，收集项目信息，完善经营要素，统计认定经营业绩。

（四）负责央企总部高层对接、沟通协调，推进战略合作，开展高端经营，建立和维护好公共关系。

（五）负责组织、协调重大项目的经营承揽，统筹协调资源，明确主体责任，开展外部协作和内部协同，扩大市场份额。

（六）负责组织实施企业适应性改造，制定改造方案，完善改造措施，满足设施建设管理要求。

### TOD事业部

（一）负责以西部地区TOD项目为主的组织协调运作，兼顾其他地区TOD项目。

（二）负责总结借鉴国外TOD业务成熟运作模式和先进实践经验，结合当前国内法律法规、行业政策和市场环境等实际情况，探索形成符合中国特色的可复制可推广的TOD业务运作模式和特色做法。

（三）负责建立健全TOD业务管理制度，推动TOD模式管理的规范化。

（四）负责TOD业务的项目政策与模式研究。研究分析TOD模式和相关政策法规，制定并组织实施TOD业务的发展规划。

（五）负责TOD业务的项目策划与开发。

（六）负责TOD业务的项目规划与设计。

（七）负责TOD业务的项目融资与投资。

（八）负责TOD业务的项目建设与运营。

（九）负责TOD业务的统计、运营分析和总结报告，并提出改进和完善性建议。

### 信息化中心

（一）负责归口管理股份公司信息化建设工作。

（二）负责组织编制和实施信息化战略规划，制定信息化制度办法与标准规范，统筹建设信息化管理体系。

（三）负责信息化项目的立项、验收和评审工作，统一规划信息化基础设施建设，组织信息化项目实施。

（四）负责软硬件资产管理和网络信息安全工作，管理企业数据资产，组织推进数据中心、企业网、云平台及业务系统融合工作。

（五）负责信息化考核评价、奖项申报、正版化和软件知识产权管理；负责组织信息化经费归集和预算管理。

## 企业名录

表 15-5 中国中铁所属单位名录

| 单位名称 | 地址 | 邮编 | 电话 |
|---|---|---|---|
| | 一 | | |
| **中铁一局集团有限公司** | **陕西省西安市雁塔北路1号** | **710054** | **029-87864150** |
| 第二工程有限公司 | 河北省唐山市国防道49号 | 063004 | 0315-2596002 |
| 第三工程分公司 | 陕西省宝鸡市渭滨区滨河大道60号 | 721006 | 0917-2862831 |
| 第四工程有限公司 | 陕西省咸阳市玉泉西路8号中铁大厦 | 712000 | 029-33777651 |
| 第五工程有限公司 | 陕西省宝鸡市渭滨区高新10路 | 721013 | 0917-3836240 |
| 桥梁工程有限公司 | 重庆市北部新区人和大道11号 | 401121 | 023-67649669 |
| 新运工程有限公司 | 陕西省咸阳市渭城区人民东路111号 | 712000 | 029-33777751 |
| 建筑安装工程有限公司 | 陕西省西安市雁塔区公园南路89号 | 710043 | 029-87865262 |
| 电务工程有限公司 | 陕西省西安市灞桥区灞柳1路1111号 | 710025 | 029-87868000 |
| 市政环保工程有限公司 | 甘肃省兰州市七里河区任家庄168号 | 730050 | 0931-2923226 |
| 城市轨道交通工程有限公司 | 江苏省无锡市锡山区安镇街道山河路50-6号 | 214105 | 0510-68580011 |
| 天津建设工程有限公司 | 天津市河北区革新道5号 | 300250 | 022-60555188 |
| 厦门建设工程有限公司 | 福建省厦门市翔安区马巷镇莲亭路819号 | 361100 | 0592-7762829 |

续表

| 单位名称 | 地址 | 邮编 | 电话 |
|---|---|---|---|
| 广州分公司 | 广东省广州市番禺区东环街东艺路金山谷创意产业园一期 A6 栋 | 511492 | 020-37758800 |
| 物资工贸有限公司 | 陕西省西安市雁塔北路 1 号 | 710054 | 029-87864228 |
| 陕西中铁一局正方天城置业有限公司 | 陕西省西安市雁塔北路 1 号 | 710065 | 029-81029030 |
| 陕西华营工程建设监理有限公司 | 陕西省西安市雁塔北路 1 号 | 710054 | 029-87864648 |
| 工业贸易有限公司 | 陕西省西安市雁塔北路 1 号 | 710054 | 029-87864733 |
| 勘察设计分公司 | 陕西省西安市雁塔北路 9 号中铁第壹国际 A 座 8 层 | 710054 | 029-82283560 |
| 铁路建设有限公司 | 陕西省咸阳市秦都区文林西路四段路 10 号 | 712000 | 029-32870693 |
| 陕西卓信工程检测有限公司 | 陕西省西安市雁塔区太白南路 189 号 | 710100 | 029-87301212 |
| 海外事业部 | 陕西省西安市雁塔北路 1 号 | 710054 | 029-87864750 |
| 投融资事业部 | 陕西省西安市雁塔北路 1 号 | 710054 | 029-87864712 |
| 大企业事业部 | 陕西省西安市雁塔北路 1 号 | 710054 | 029-87864392 |
| 二 | | | |
| **中铁二局集团有限公司** | **四川省成都市金牛区马家花园路 10 号** | **610031** | **028-864-42050** |
| 第一工程有限公司 | 贵州省贵阳市四通街 5 号金鹏大厦 | 550007 | 0851-5745779 |
| 第二工程有限公司 | 四川省成都市青羊区青羊工业园总部广富路 218 号 G11 栋 | 610091 | 028-62058627 |
| 第三工程有限公司 | 四川省成都市金牛区天回镇金凤凰大道 666 号中铁产业园 A9 栋 | 610000 | 028-69988089 |
| 第四工程有限公司 | 四川省成都市青白江区新河路 8 号 | 610306 | 028-83663555 |
| 第五工程有限公司 | 四川省成都市青羊区腾飞大道 99 号五公司 | 610091 | 028-61679070 |
| 第六工程有限公司 | 四川省成都市金牛区金凤凰大道 666 号中铁产业园 2-B 栋大楼 | 610000 | 028-66768831 |
| 建筑工程有限公司 | 四川省成都市一环路北一段 432 号 | 610031 | 028-87649959 |
| 新运工程有限公司 | 四川省成都市金牛区长福街 1 号 | 610031 | 028-87695809 |
| 电务工程有限公司 | 四川省成都市通锦路 9 号 | 610031 | 028-86442656 |
| 物资公司 | 四川省成都市马家花园路 10 号附楼 | 610031 | 028-87669796 |
| 房地产公司 | 四川省成都市马家花园路 2 号通锦大厦 6 层 | 610031 | 028-86443932 |
| 装饰装修有限公司 | 四川省成都市金牛区金凤凰大道 666 号中铁产业园 A10 栋 | 610000 | 028-69986510 |
| 深圳工程有限公司 | 广东省深圳市南山区中心路 3333 号中铁南方总部大厦 11 层 | 518034 | 0755-83190059 |
| 勘测设计院 | 四川省成都市马家花园路 10 号中铁二局大厦 5 层 | 610031 | 028-86443293 |
| 新城建设指挥部 | 四川省成都市马家花园路 2 号通锦大厦 503 室 | 610031 | 028-86444366 |
| 城通公司 | 四川省成都市金牛区金凤凰大道 666 号中铁产业园 A11 栋 1 单元 | 610000 | 028-69592581 |
| 瑞隆物流有限公司 | 四川省成都市金牛区马家花园路 2 号通锦大厦 | 610031 | 028-86444135 |
| 昆明应急救援队（昆明工程公司） | 云南省昆明市西山区车家壁碧源路 6 号 | 650111 | 0871-8413216 |
| 华南公司 | 广东省广州市天河区黄埔大道西 108 号奥园大厦 13A | 510627 | 0755-38209755 |
| 华中公司 | 湖北省武汉市武昌区秦园东路水岸星城 B 区 D12 栋 301 | 430060 | 027-88921073 |
| 华北公司 | 北京市丰台区外环西路 26 号院 61 号楼 | 100038 | 010-83886635 |
| 华东公司 | 上海市静安区灵石路 709 号 B 区万灵谷花园 A011 室 | 200070 | 021-56987901 |

附录

续表

| 单位名称 | 地址 | 邮编 | 电话 |
|---|---|---|---|
| 东南公司 | 福建省福州市鼓楼区五四路 283 号天骅大厦 2038 室 | 350003 | 0591-87725183 |
| 西北公司 | 陕西省西安市雁塔南路 2216 号曲江国际大厦 9 层 903 室 | 710000 | 029-82252564 |
| 中原公司 | 山东省济南市天桥区明湖西路 800 号银座好望角 B 座 1204 室 | 255000 | 0531-5226956 |
| 东北公司 | 辽宁省沈阳市浑南新区沈营路 3-2 号瑞宝国际花苑 2-2-18-1 | 110180 | 024-23710001 |
| 云桂公司 | 广西壮族自治区南宁市江南区福建园街道石柱岭二路 7 号 | 530031 | 077-14825506 |
| 新疆公司 | 新疆维吾尔自治区乌鲁木齐市阿勒泰路 83 号皓翔金山大厦 3 层 | 830000 | — |
| | 三 | | |
| **中铁三局集团有限公司** | **山西省太原市迎泽区新建南路 1 号** | **030001** | **0351-4038637** |
| 第二工程有限公司 | 河北省石家庄市翟营南大街 9 号中铁大厦 11 层 | 050031 | 0311-87670320 |
| 第三工程有限公司 | 山西省太原市坞城东街南巷 14 号 | 030006 | 0351-8785620 |
| 第四工程有限公司 | 北京市门头沟区三家店新建路 25 号 | 102300 | 010-61818146 |
| 第五工程有限公司 | 山西省晋中市榆次区顺城东街 1 号 | 030600 | 0354-2028713 |
| 第六工程有限公司 | 山西省晋中市榆次区桥东街 128 号 | 030600 | 0354-3102836 |
| 电务工程有限公司 | 山西省晋中市榆次区文苑街 280 号 | 030600 | 0354-3111345 |
| 建筑安装工程有限公司 | 山西省太原市坞城东街南巷 41 号 | 030006 | 0351-8728638 |
| 桥隧工程有限公司 | 四川省成都市金牛区天回镇中铁产业园 A10 栋 1 单元 | 056036 | 0310-4040040 |
| 线桥工程有限公司 | 河北省三河市燕郊镇燕郊开发区 | 065201 | 0316-3332841 |
| 运输工程分公司 | 山西省晋中市榆次区迎宾街 209 号 | 030600 | 0354-3029413 |
| 勘测设计分公司 | 山西省太原市迎泽大街 269 号 | 030001 | 0351-8951767 |
| 社会事业管理中心 | 山西省太原市迎泽大街 269 号 | 030001 | 0351-8950223 |
| 测绘检测工程有限公司 | 山西省太原市迎泽大街 269 号 | 030001 | 0351-8951546 |
| 投资公司 | 山西省太原市迎泽大街 269 号 | 030001 | 0351-8951168 |
| 物资供应有限公司 | 山西省太原市迎泽大街 269 号 | 030006 | 0351-8951596 |
| 天津建设工程有限公司 | 天津市津南区双港镇上海街 58 号 | 300350 | 022-88826366 |
| 华东建设工程有限公司 | 江苏省南京市江宁区麒麟社区靶厂路 8 号 | 211135 | 025-52397958 |
| 广东建设工程有限公司 | 广东省广州市番禺区东环街番禺大道北 555 号天安总部中心 28 号楼 | 510630 | 020-38023006 |
| | 四 | | |
| **中铁四局集团有限公司** | **安徽省合肥市包河区望江东路 96 号** | **230023** | **0551-65244114** |
| 第一工程有限公司 | 安徽省合肥市阜阳北路 434 号 | 230041 | 0551-65531544 |
| 第二工程有限公司 | 江苏省苏州市相城经济开发区蠡塘河路 9 号 | 215131 | 0512-85888868 |
| 第三建设有限公司 | 天津市东丽区矽谷港湾 D2 区 4 号 | 300011 | 022-24413299 |
| 第四工程有限公司 | 安徽省合肥市新蚌埠路 106 号 | 230041 | 0551-64228000 |
| 第五工程有限公司 | 江西省九江市濂溪区青年路 369 号 | 332000 | 0792-7025630 |
| 第七工程分公司 | 安徽省蜀山区合肥市南二环 488 号 | 230022 | 0551-63742262 |
| 第八工程分公司 | 安徽省合肥市阜阳北路 365 号 | 230041 | 0551-65242870 |
| 电气化工程有限公司 | 安徽省蚌埠市蚌山区迎湖路 9 号 | 233040 | 0552-3889358 |
| 建筑工程有限公司 | 安徽省合肥市东流路西段 | 230022 | 0551-63742062 |
| 钢结构有限公司 | 安徽省合肥市环湖东路 388 号 | 200023 | 0551-63741971 |
| 机电设备安装有限公司 | 江西省南昌县东新乡千亿产业园内 | 330209 | 0791-85810366 |
| 路桥工程有限公司 | 吉林省长春市宽城区新月路 416 号 | 130052 | 0431-86036028 |

续表

| 单位名称 | 地址 | 邮编 | 电话 |
|---|---|---|---|
| 市政工程公司 | 安徽省合肥市宿松南路 1188 号中铁科技大楼 | 230022 | 0551-65249987 |
| 城市轨道交通工程分公司 | 安徽省合肥市宿松南路 1188 号中铁科技大楼 | 230022 | 0551-65249001 |
| 上海工程公司 | 上海市静安区中山北路 901 号屹申商务大厦 B 楼 | 200083 | 021-65423104 |
| 南京工程分公司 | 江苏省南京市浦口区浦口大道 1 号新城总部大厦 A 座 1602 室 | 210000 | 025-58779617<br>025-58806814 |
| 工程建设分公司 | 陕西省西安市大庆路 3 号蔚蓝国际 A 座 18 层 | 710082 | 029-87618478 |
| 物资工贸有限公司 | 安徽省合肥市望江东路 96 号 | 230023 | 0551-65244137 |
| 安徽中铁工程材料科技有限公司 | 安徽省合肥市宿松南路 1188 号中铁科技大楼 | 230022 | 0551-65249601 |
| 设计研究院 | 安徽省合肥市望江东路 96 号 | 230023 | 0551-65244043 |
| 房地产开发有限公司 | 安徽省合肥市包河区宿松路 1188 号中铁科技大楼 | 230023 | 0551-65249296 |
| 建设投资分公司 | 安徽省淮南市田家庵区淮河大道 1 号 | 232001 | 0554-6678027 |
| 中铁健康服务有限公司 | 安徽省黄山市屯溪区稽灵山路 32 号 | 245041 | 0559-2572588 |
| 投资运营有限公司 | 安徽省合肥市包河区宿松路 1188 号 | 230022 | 0551-65249165 |
| 试验检测与测量分公司 | 安徽省合肥市包河区宿松路 1188 号 | 230022 | 0551-65244213 |
| | 五 | | |
| **中铁五局集团有限公司** | **湖南省长沙市雨花区韶山北路 309 号** | **410007** | **0731-88891888** |
| 第一工程有限责任公司 | 湖南省长沙市中意一路 646 号 | 410117 | 0731-82833432 |
| 第二工程有限责任公司 | 湖南省衡阳市珠晖区龙家坪 45 号 | 421002 | 0734-8398150 |
| 第四工程有限责任公司 | 广东省韶关市十里亭 | 512031 | 0751-8853459 |
| 华南工程有限责任公司 | 广东省东莞市洪梅镇中兴路 6 号 | 523160 | 0769-87222026 |
| 第五工程有限责任公司 | 湖南省郴州市七里大道 66 号 | 423000 | 0735-7521001 |
| 第六工程有限责任公司 | 重庆市北部新区高新园天宫殿街道锦橙路 26 号 | 401121 | 023-67895175 |
| 机械化工程有限责任公司 | 湖南省衡阳市珠晖区洪塘冲 32 号 | 421002 | 0734-8312459 |
| 电务城通工程有限责任公司 | 湖南省长沙市麓谷咸嘉湖西路 475 号 | 410205 | 0731-88992599 |
| 建筑工程有限责任公司 | 贵州省贵阳市观山湖区毕节路 58 号联合广场 | 550002 | 0851-85797277 |
| 路桥工程有限责任公司 | 广东省广州市南沙区大涌工业五路 5 号 | 511458 | 020-28652686 |
| 物资实业有限责任公司 | 湖南省长沙市洞井铺 | 410117 | 0851-88180558 |
| 贵州工程有限公司 | 贵州省贵阳市枣山路 23 号 | 550003 | 0851-88270829 |
| 成都工程有限公司 | 四川省成都市青羊区工业总部基地腾飞大道 51 号 | 610031 | 028-69086189 |
| 海外分公司 | 贵州省贵阳市枣山路 23 号 | 550001 | 0851-88180961 |
| 置业有限责任公司 | 贵州省贵阳市北京路 241 号天华大厦 5 层 | 550003 | 0851-86866149 |
| 天怡大酒店 | 贵州省贵阳市枣山路 20 号 | 550008 | 0851-86518888 |
| 天龙大酒店 | 湖南省长沙市韶山北路 299 号 | 410007 | 0731-84188888 |
| 测绘试验中心 | 贵州省贵阳市云岩区后坝路 1 号兴隆·枫丹白露城市花园商业 2 栋负 1 层 1 号贵州铁建 | 550008 | 0851-888173134 |
| 多元经济管理中心 | 贵州省贵阳市南明区玉溪巷 89 号 | 550003 | 0851-85778958 转 8305 |
| | 六 | | |
| **中铁六局集团有限公司** | **北京市海淀区万寿路 2 号** | **100036** | **010-68155051** |
| 北京铁路建设有限公司 | 北京市海淀区万寿路 2 号 | 100036 | 010-51825187 |
| 太原铁路建设有限公司 | 山西省太原市杏花岭区建设北路 182 号 | 030013 | 0351-2666168 |
| 呼和浩特铁路建设有限公司 | 内蒙古自治区呼和浩特市新城区车站西街 11 号 | 010050 | 0471-2242057 |
| 天津铁路建设有限公司 | 天津市河北区律纬路与五马路交口西北角诺德中心 10 号楼 | 300143 | 022-60720926 |
| 石家庄铁路建设有限公司 | 河北省石家庄市平安北大街 18 号乐模大厦 | 050000 | 0311-87911903 |
| 路桥建设有限公司 | 湖南省长沙市雨花区金海路 128 号国际研创中心 A7 栋 | 410007 | 0731-85921024 |

附录

续表

| 单位名称 | 地址 | 邮编 | 电话 |
|---|---|---|---|
| 建筑安装工程有限公司 | 北京市昌平区马池口镇下念头村昌流路x017号 | 102299 | 010-89790900 |
| 中铁信达经贸有限公司 | 北京市海淀区万寿路2号 | 100036 | 010-83896219 |
| 中铁丰桥桥梁有限公司 | 北京市丰台区葛村西里1号 | 100070 | 010-63717563 |
| 电务工程有限公司 | 北京市丰台区南四环西路188号15区10号 | 100070 | 010-52226646 |
| 海外工程分公司 | 北京市丰台区南四环西路188号总部基地10区5号楼 | 100070 | 010-52256619 |
| 物资工贸有限公司 | 北京市海淀区万寿路2号 | 100036 | 010-52733281 |
| 广州工程有限公司 | 广东省广州市番禺区番禺大道北555号天安科技园18号楼 | 511400 | 020-34883990 |
| 交通工程分公司 | 北京市丰台区南四环西路188号10区16号楼 | 100070 | 010-50916290 |
| 北京置业有限公司 | 北京市海淀区万寿路2号中铁六局大厦506室 | 100036 | 010-52733362 |
| 工程设计院 | 北京市海淀区万寿路2号 | 100036 | 010-52733537 |
| 云南中铁双百建材有限公司 | 云南省昆明市西山区润城第二大道14层 | 650100 | — |
| 七 | | | |
| **中铁七局集团有限公司** | **河南省郑州市航海东路1225号** | **450016** | **0371-67723150/67723109** |
| 第一工程有限公司 | 河南省洛阳市老城区春都路155号 | 471001 | 0379-65150807 |
| 第二工程有限公司 | 辽宁省沈阳市和平区南京南街中土大厦 | 110000 | — |
| 第三工程有限公司 | 陕西省西安市浐灞生态区广安路2899号 | 710043 | 029-86366628/86366626 |
| 第四工程有限公司 | 湖北省武汉市东湖新技术开发区茅店山西路2号 | 430074 | 027-51130813 |
| 第五工程有限公司 | 河南省郑州市航海东路1225号 | 450016 | 0371-68285511 |
| 郑州工程有限公司 | 河南省郑州市二七区陇海中路3号 | 450000 | 0371-68325317/68324527 |
| 武汉工程有限公司 | 湖北省武汉市东湖新技术开发区茅店山西路2号 | 430074 | 027-51130731/51130700 |
| 西安铁路工程有限公司 | 陕西省西安市新城区金花北路205号西铁工程大厦 | 710032 | 029-82356002/82356025 |
| 电务工程有限公司 | 河南省郑州市金水路226号楷林国际17层 | 450008 | 0371-68361491/67265517 |
| 路桥工程有限公司 | 陕西省宝鸡市金台大道7号院9号楼 | 721000 | 0917-2855301 |
| 海外分公司 | 河南省郑州市航海东路1225号 | 450016 | 0371-68283650/68283682 |
| 中产置业有限公司 | 河南省郑州市陇海中路11号 | 450000 | 0371-86063875/86063975 |
| 物资贸易有限公司 | 河南省郑州市航海东路1225号 | 450016 | 0371-67727238 |
| 投资分公司 | 河南省郑州市航海东路1225号 | 450016 | 0371-61773211 |
| 勘测设计研究院 | 河南省郑州市航海东路1225号 | 450016 | 0371-67727657 |
| 八 | | | |
| **中铁八局集团有限公司** | **四川省成都市金科东路68号** | **610000** | **028-87517570** |
| 第一工程有限公司 | 重庆市九龙坡区黄桷坪铁路三村3号 | 400053 | 023-61215888 |
| 第二工程有限公司 | 四川省成都市犀浦国宁东路1188号中铁塔米亚 | 610097 | 028-69986263 |
| 第三工程有限公司 | 贵州省贵阳市南明区朝阳洞路建材巷1号 | 550007 | 0851 85761991 |
| 建筑工程有限公司 | 四川省成都市高新区西部园区西区大道461号 | 611731 | 028-86106131 |
| 电务工程有限公司 | 四川省成都市郫都区犀浦金樽三街316号 | 610097 | 028-87876787 |
| 昆明铁路建设工程有限公司 | 云南省昆明市春城路321号 | 650200 | 0871-66164827 |
| 房地产开发有限公司 | 四川省成都市一环路北二段100号 | 610081 | 028-83180177 |
| 第七工程有限公司 | 四川省成都市青白江区青华东路173号 | 610300 | 028-83605223 |
| 现代物流有限公司 | 四川省成都市成华区站北路38号 | 610086 | 028-86329800 |
| 海外工程分公司 | 四川省成都市金牛区荷花池街道西北桥东街4号附1号 | 610081 | — |
| 勘察设计研究院 | 四川省成都市金牛区荷花池街道西北桥东街4号附1号 | 610081 | 028-83225980 |
| 城市轨道交通分公司 | 四川省成都市金牛区天龙南一路中铁轨道交通产业园 | 610081 | — |

续表

| 单位名称 | 地址 | 邮编 | 电话 |
|---|---|---|---|
| | 九 | | |
| **中铁九局集团有限公司** | **辽宁省沈阳市和平区胜利南街 46 号** | **110051** | **024-23942635** |
| 第二工程有限公司 | 四川省成都市郫都区古城镇蜀汉西路 68 号 | 611741 | 028-64963097 |
| 第四工程有限公司 | 辽宁省沈阳市沈河区敬宾街 3-1 号 | 110013 | 024-88555223 |
| 第六工程有限公司 | 辽宁省沈阳市沈河区敬宾街 3-1 号 | 110013 | 024-88555028 |
| 第七工程有限公司 | 辽宁省沈阳市大东区工农路 337 号 | 110044 | 024-62046147 |
| 电务工程有限公司 | 辽宁省沈阳市和平区胜利北街 36-5 号 | 110001 | 024-62021656 |
| 工程检测试验有限公司 | 辽宁省沈阳铁西区北一东路 36 号 | 110025 | 024-62393701 |
| 路桥分公司 | 辽宁省沈阳市皇姑区崇山东路 2 号 | 110032 | 024-83960310 |
| 大连分公司 | 辽宁省大连市金州开发区海滨旅游路 35 号 | 116600 | 0411-62493079 |
| 勘察设计院 | 辽宁省沈阳市和平区胜利南街 46 号 | 110051 | 024-23840997 |
| | 十 | | |
| **中铁十局集团有限公司** | **山东省济南市高新区舜泰广场 7 号楼** | **250101** | **0531-82461286** |
| 第一工程有限公司 | 山东省济南市天桥区车站街 167 号 | 250001 | 0531-82422447 |
| 第二工程有限公司 | 河南省郑州市金水区金水路 226 号楷林国际 19 层 | 450000 | 0371-86155690 |
| 第三建设有限公司 | 安徽省合肥市经济技术开发区繁华大道 12666 号 | 230000 | 0551-63547602 |
| 第四工程有限公司 | 江苏省南京市栖霞区紫东路 2 号紫东创意园 A6 座 | 210046 | 025-85831501 |
| 第五工程有限公司 | 江苏省苏州市高新区金枫路金庄街 9 号 | 215011 | 0512-69371915 |
| 第八工程有限公司 | 天津市西青区张家窝镇天安创新科技产业园三区 2 号楼 | 300380 | 022-59565959 |
| 第七工程有限公司 | 陕西省西安市雁塔区锦业二路 69 号 | 710065 | 029-88882182 |
| 青岛工程有限公司 | 山东省青岛市市北区抚顺路 19 号 | 266011 | 0532-55526597 |
| 城市轨道交通工程有限公司 | 广东省广州市番禺区番禺大道北 555 号天安科技园总部 14 号楼 9 层 | 511400 | 020-33102331 |
| 建筑工程有限公司 | 山东省济南市高新区工业南路 59 号中铁汇展国际 8 号楼 6~9 层 | 250101 | 0531-58995926 |
| 电务工程有限公司 | 山东省济南市高新区工业南路 59 号中铁汇展国际 8 号楼 10~13 层 | 250101 | 0531-82461515 |
| 投资开发有限公司 | 山东省济南市高新区工业南路 59 号中铁汇展国际 8 号楼 17~18 层 | 250101 | 0531-589958585 |
| 物资工贸有限公司 | 山东省济南市高新区工业南路 59 号中铁汇展国际 8 号楼 4~5 层 | 250101 | 0531-55565363 |
| 拉美分公司 | 山东省济南市高新区舜泰广场 7 号楼 10 层 | 250101 | 0531-82461232 |
| 非洲分公司 | 山东省济南市高新区舜泰广场 7 号楼 10 层 | 250101 | 0531-82461620 |
| 亚太分公司 | 山东省济南市高新区舜泰广场 7 号楼 10 层 | 250101 | 0531-82461280 |
| 济南勘察设计院 | 山东省济南市高新区舜泰广场 7 号楼 8 层 | 250101 | 0531-82461778 |
| 运营管理分公司 | 山东省济南市高新区工业南路 59 号中铁汇展国际 8 号楼 15 层 | 250101 | — |
| 中铁康养产业投资运营（云南）有限公司 | 云南省滇中新区大板桥街道滇兴街空港商务广场 1 号 1104-001 | 650000 | — |
| | 十一 | | |
| **中铁大桥局集团有限公司** | **湖北省武汉市四新大道 6 号** | **430050** | **027-84596511** |
| 第一工程有限公司 | 河南省郑州市金水区丰乐路 67 号 | 450053 | 0371-63674990 |
| 第二工程有限公司 | 江苏省南京市鼓楼区燕江路 66 号 | 210015 | 025-58781038 |
| 第四工程有限公司 | 江苏省南京市浦口区迎江路 40 号 | 210031 | 025-86966112 |
| 第五工程有限公司 | 江西省九江市浔阳区白水湖路 20 号 | 332001 | 0792-8586229 |

附录

续表

| 单位名称 | 地址 | 邮编 | 电话 |
|---|---|---|---|
| 第六工程有限公司 | 湖北省武汉市蔡甸区新天大道 525 号 | 430100 | 027-69603168 |
| 第七工程有限公司 | 湖北省武汉市经济技术开发区春晓路 8 号 | 430050 | 027-84588875 |
| 第八工程有限公司 | 重庆市江北区港城东环路 6 号 1 栋 | 400000 | 023-67013223 |
| 第九工程有限公司 | 广东省中山市火炬开发区会展东路投资大厦 5 层 | 528437 | 0760-23759860 |
| 中铁大桥科学研究院有限公司 | 湖北省武汉市硚口区建设大道 103 号 | 430034 | 027-83532982 |
| 物资有限公司 | 湖北省武汉市汉阳区莲花湖路特 1 号 | 430050 | 027-84825008 |
| 武汉桥梁特种技术有限公司 | 湖北省武汉市东湖新技术开发区高新八路 97 号 | 430205 | 027-81925128 |
| 武汉桥梁传媒有限公司 | 湖北省武汉市汉阳区四新大道 6 号 | 430050 | 027-84596449 |
| 武汉置业发展有限公司 | 湖北省武汉市经济开发区东风大道 67 号金桥太子湖 1 号 A 座 | 430056 | 027-84597087 |
| 武汉地产有限公司 | 湖北省武汉市武昌区宝通寺路 8 号 | 430070 | 027-87655001 |
| 上海工程有限公司 | 上海市奉贤区南桥镇航南公路 7198 号 | 200071 | 021-66540718 |
| 福船海洋工程有限责任公司 | 福建省福州市马尾区镇冰路 9 号中铁福船大厦 | 350015 | 0591-38133316 |
| 中铁大桥局武汉商业运营管理有限公司 | 湖北省武汉市武昌区宝通寺路 8 号 | 430070 | 027-87655001 |
| 西藏工程有限公司 | 西藏自治区拉萨市经济技术开发区阳光新城 B 区 5 栋 1 单元 5-1 | 540100 | 0891-6168460 |
| 海外工程分公司 | 湖北省武汉市四新大道 6 号 | 430050 | 027-84596635 |
| 设计分公司 | 湖北省武汉市汉阳大道 38 号 | 430050 | 027-84596901 |
| 投资分公司 | 湖北省武汉市四新大道 6 号 | 430050 | 027-84663719 |
| 机械化施工分公司 | 湖北省武汉市汉阳区汉阳大道 54-2 号 | 430050 | 027-84511566 |
| 九江船舶分公司 | 江西省九江市浔阳区滨江东路 148 号 | 332004 | 0792-8615001 |
| 北京路桥分公司 | 北京市西城区马连道格调小区 1 号楼 | 100032 | 010-63358977 |
| 长沙分公司 | 湖南省长沙市开福区三一大道 303 号 | 410003 | 0731-82564106 |
| 东北分公司 | 辽宁省沈阳市浑南区世纪路 5-2 号 | 110179 | 024-31692476 |
| 十二 | | | |
| **中铁隧道局集团有限公司** | **广东省广州市南沙区工业四路** | **511000** | **020-32268902** |
| 中铁隧道股份有限公司 | 河南省郑州市高新技术产业区科学大道 99 号 | 450001 | 0371-67896508 |
| 一处有限公司 | 重庆市渝北区天山大道西段 32 号 2 幢 | 401123 | 023-65933555 |
| 二处有限公司 | 河北省三河市燕郊开发区学院路 410 号 | 065201 | 0316-3362127 |
| 三处有限公司 | 广东省深圳市南山区建工村 33 号 | 518060 | 0755-61385049 |
| 建设有限公司 | 广西壮族自治区南宁市科园大道 29 号 | 530003 | 0771-2315299 |
| 路桥工程有限公司 | 天津市空港经济区中环西路 86 号 | 300308 | 022-84958707 |
| 市政工程公司 | 浙江省杭州市西湖区三墩镇振华路—紫宣路 158 号西城博司 4 幢 | 310030 | 0571-28167046 |
| 机电工程有限公司 | 河南省洛阳市老城区状元红路 | 471009 | 0379-62632893 |
| 勘察设计研究院 | 广东省广州市南沙区工业四路 | 511000 | 020-32268975 |
| 投资事业部 | 广东省广州市南沙区工业四路 | 511000 | 020-32268820 |
| 国际事业部 | 广东省广州市南沙区工业四路 | 511000 | 020-32268633 |
| 设备分公司 | 河南省洛阳市老城区状元红路 | 471009 | 0379-62633024 |
| 物资分公司 | 河南省洛阳市老城区状元红路 | 471009 | 0379-62632578 |
| 测量试验分公司 | 河南省洛阳市老城区状元红路 | 471009 | 0379-62632133 |
| 盾构及掘进技术国家重点实验室 | 河南省郑州市高新技术产业区科学大道 99 号 | 450001 | 0371-67283856 |
| 职工大学 | 河南省洛阳市老城区状元红路 | 471009 | 0379-62632655 |
| 十三 | | | |
| **中铁电气化局集团有限公司** | **北京市丰台区万寿路南口金家村 1 号** | **100036** | **010-51846560** |
| 第一工程有限公司 | 北京市丰台区南四环西路 188 号总部基地 7 区 10 号楼 | 100070 | 010-51850200 |

续表

| 单位名称 | 地址 | 邮编 | 电话 |
| --- | --- | --- | --- |
| 第三工程有限公司 | 河南省郑州市二七区小赵砦东街 33 号 | 450052 | 0371-60655600 |
| 西安电气化工程有限公司 | 陕西省宝鸡市金台区金台大道 7 号院 9 号楼 | 721000 | 0917-2855016 |
| 北京建筑工程有限公司 | 北京市丰台区靛厂甲 121 号 | 100039 | 010-88245508 |
| 北京景旭房地产开发有限公司 | 北京市丰台区六里桥 1 号奈伦大厦 12 层 | 100161 | 010-63885155 |
| 北京电信研究试验中心有限公司 | 北京市丰台区万寿路南口金家村 1 号院 15 号楼 3 层 | 100036 | 010-51846032 |
| 中铁电气化铁路运营管理有限公司 | 北京市丰台区公益西桥西北京市轨道交通建设管理有限公司 C 座 6 层、7 层、8 层 | 100068 | 010-51872285 |
| 北京通达监理有限公司 | 北京市丰台区丰台路口 139 号 202 室 | 100071 | 010-83820515 |
| 物资贸易有限公司 | 北京市海淀区莲花池西路 16 号金鑫大厦 | 100036 | 010-63978586 |
| 中铁电气工业有限公司 | 河北省保定市北三环 6255 号中铁电气工业有限公司轨道交通产业园 | 071000 | 0312-8639315 |
| 北京《电气化铁道》编辑部有限公司 | 北京市丰台区万寿路南口金家村 1 号 | 100036 | 010-51842632 |
| 第二工程分公司 | 广东省广州市番禺区东环街东艺路 139 号 5 栋 1 号 | 510000 | 020-37879519 |
| 电气化公司 | 北京市石景山区京原路 19 号院 1 号楼 | 100034 | 010-51876863 |
| 城铁公司 | 北京市丰台区万寿路南口金家村 1 号 | 100036 | 010-51848190 |
| 上海电气化工程分公司 | 上海市静安区江场路 1377 弄绿地中央广场 1 号楼 5 层 | 200000 | 021-61397678 |
| 沈阳电气化工程分公司 | 辽宁省沈阳市浑南区国际软件园 E19 座 | 110000 | 024-88013796 |
| 铁路工程公司 | 北京市丰台区卢沟桥小屯兴源路 8 号院 B 座 | 100036 | 010-85160212 |
| 国际工程公司 | 北京市丰台区万寿路南口金家村 1 号 | 100036 | 010-51872002 |
| 京沪高铁维护管理公司 | 北京市丰台区莲花池东路 106 号汇融大厦 A 座 26 层 2602 室 | 100055 | 010-51862475 |
| 智能交通与安全技术分公司 | 北京市丰台区六里桥 1 号奈伦大厦 21 层 | 100161 | 010-63355681 |
| 设计研究院 | 北京市丰台区双林东路郭庄子 365 号 | 100036 | 010-52263601 |
| 顺达公司 | 北京市丰台区万寿路南口金家村 1 号 13 号楼 | 100036 | 010-51872199 |
| 石家庄机械装备分公司 | 河北省石家庄市新华区和平西路 686 号 | 050000 | 0311-87638207 |
| 中铁电气化局集团（香港）有限公司 | 香港特别行政区荃湾海盛路 3 号 TML 广场 D 座 1505~1506A | — | 0085236196614 |
| 十四 | | | |
| **中铁武汉电气化局集团有限公司** | **湖北省武汉市东湖新技术开发区光谷创业街 71 号** | **430074** | **027-51172222** |
| 第一工程有限公司 | 湖北省武汉市东湖新技术开发区武大园路 2 号湖北徽商大厦 A 座 7~9 层 | 430223 | 027-51780009 |
| 上海电气有限公司 | 上海市青浦区北青公路 10688 弄张江云立方 30 号 | 201700 | 021-59221209 |
| 中铁电气化（武汉）设计研究院有限公司 | 湖北省武汉市东湖新技术开发区光谷创业街 71 号 | 430074 | 027-51172272 |
| 科工装备有限公司 | 湖北省襄阳市襄城区岘山路 656 号 | 441041 | 0710-3544396 |
| 物资贸易有限公司 | 湖北省武汉市东湖新技术开发区佳园路 9 号同亨大厦 10 层 | 430074 | 027-65527692 |
| 北京分公司 | 北京市丰台区南四环西路 188 号丰台科技园总部基地十区 15 栋 | 100070 | 010-52268953 |
| 城市建设分公司 | 广州市黄埔区九龙大道海丝知识中心 T1 栋 11~12 层 | 510700 | 020-37106131 |
| 机电分公司 | 陕西省西安市碑林区南二环东段 39 号 8~11 层 | 710102 | 029-61103166 |
| 运营管理分公司 | 四川省成都市金牛区中铁轨道高科技产业园金凤凰大道 666 号 12 栋 3 单元 | 610036 | 028-65718555 |

附录

续表

| 单位名称 | 地址 | 邮编 | 电话 |
| --- | --- | --- | --- |
| 城铁分公司 | 湖北省武汉市东湖新技术开发区光谷创业街66号海达创新广场2201 | 430070 | 027-87002588 |
| | 十五 | | |
| **中铁建工集团有限公司** | **北京市丰台区南四环西路128号诺德中心1号楼** | **100070** | **010-51136666** |
| 深圳分公司 | 广东省深圳市南山区南山大道建工村建厂路34号 | 518052 | 0755-26974720 |
| 北京分公司 | 北京市丰台区造甲村111号 | 100070 | 010-63791630 |
| 上海分公司 | 上海市普陀区交通路4621弄李子园商务区10号15~18层 | 200331 | 021-36361116 |
| 西南分公司 | 贵州省贵阳市南明区新华路126号富中国际广场28楼 | 550002 | 0851-85513520 |
| 华北分公司 | 北京市丰台区南四环西路128号诺德中心3号楼23层 | 100070 | 010-87576610 |
| 西北分公司 | 陕西省西安市高新区西部大道企业壹号公园25栋 | 710119 | 029-62817200 |
| 国际工程公司 | 北京市丰台区南四环西路188号总部基地12区45号楼 | 100070 | 010-52238611-8054 |
| 北京路桥分公司 | 北京市丰台区南四环西路188号10区11号楼 | 100070 | 010-52220876 |
| 设计院 | 北京市丰台区诺德中心1号楼东配楼层3~4层 | 100070 | 010-53500920 |
| 广东有限公司 | 广东省广州市番禺大道北555号番禺节能科技园天安总部中心29号楼 | 511400 | 020-31109880 |
| 北方工程有限公司 | 天津市滨海新区塘沽福建北路69号 | 300451 | 022-60616622 |
| 山东有限公司 | 山东省青岛市城阳区上马街道前程社区807号 | 2661001 | 0532-80991501 |
| 建筑安装有限公司 | 北京市丰台区南四环西路188号总部基地10区18栋、19栋 | 100070 | 010-52221107 |
| 北京中铁诺德房地产开发有限公司 | 北京市丰台区汽车博物馆西路诺德中心1号院11号楼42层 | 100070 | 010-511855603 |
| 诺德投资有限公司 | 广东省深圳市福田区民田路178号华融大厦305 | 518048 | 0755-82772952 |
| 东非有限公司 | 7th floor，Uhuru Heights，At the junction of Bibi Titi Mohammed Road/Ohio Street，Dar es Salaam，Tanzania | — | +255-222153321 |
| 北京机械制造有限公司 | 北京市房山区阎村镇南梨园村南临30号 | 102412 | 010-51116721 |
| | 十六 | | |
| **中铁广州工程局集团有限公司** | **广东省广州市南沙区进港大道582号** | **511754** | **020-61996670** |
| 港航工程有限公司 | 广东省广州市黄埔区香山路114号 | 510660 | 020-62223808 |
| 第二工程有限公司 | 广东省广州市花都区建设路34号 | 510800 | 020-36858031 |
| 第三工程有限公司 | 广东省肇庆市站北路45号 | 526020 | 0758-2909255 |
| 深圳工程有限公司 | 广东省深圳市南山区中心路3333号中铁南方总部大厦13层 | 518000 | 0755-21517193 |
| 桥梁工程有限公司 | 广东省广州市花都区新华街松园大道26号 | 510800 | 020-37760109 |
| 城轨工程有限公司 | 广东省广州市南沙区进港大道582号 | 511457 | 020-66230940 |
| 市政环保工程有限公司 | 陕西省西咸新区沣西新城康定路16号中铁港沣国际23层 | 712000 | 029-33133519 |
| 西北投资开发有限公司 | 陕西省西咸新区沣西新城咸户路东钓台工业区辉煌电子研究所 | 712000 | 029-33133519 |
| 惠州置业有限公司 | 广东省惠州大亚湾澳头中兴中路1号东方新天地大厦1栋1单元2507号 | 516081 | — |
| 西咸新区粤铁建筑工程有限公司 | 陕西省西咸新区秦汉新城窑店街道小寨汉创新中心67号楼202室 | 712000 | — |

续表

| 单位名称 | 地址 | 邮编 | 电话 |
|---|---|---|---|
| 广西中铁广通工程有限公司 | 中国（广西）自由贸易试验区南宁片区凯旋路15号南宁绿地中心8号楼37层3712室 | 530221 | — |
| | 十七 | | |
| **中铁北京工程局集团有限公司** | **北京市门头沟区永定镇玉带东二街161号** | **102308** | **010-62720600** |
| 第一工程有限公司 | 陕西省西安市国家民用航天产业基地航创路259号 | 710100 | 029-62625200 |
| 第二工程有限公司 | 湖南省长沙市雨花区环保中路188号四期11栋 | 410014 | 0731-89961124 |
| （天津）工程有限公司 | 天津市红桥区咸阳北路48号银泰科工贸大厦A幢12层 | 300131 | 022-88978778 |
| 北京有限公司 | 北京市延庆区八达岭经济开发区康西路26号 | 100070 | 010-51169528 |
| 第五工程有限公司 | 浙江省杭州市萧山区经济技术开发区通惠北路2号5层 | 310000 | 0571-83580281 |
| 第六工程有限公司 | 辽宁省沈阳市沈北新区蒲河大道888号西六区6号、7号 | 110127 | 024-66801020 |
| 中铁天丰建筑工程有限公司 | 北京市门头沟区石龙经济开发区永安路20号3号楼3层304室 | 102308 | 010-61828500 |
| 城市轨道交通工程有限公司 | 安徽省合肥市高新区天达路20号 | 401147 | 0551-62857527 |
| 物资工贸有限公司 | 北京市门头沟区永定镇玉带东二街161号11层 | 102308 | 010-61828708 |
| 机场工程分公司 | 北京市门头沟区石龙经济开发区永安路20号3号楼A-7942室 | 102308 | 010-61828697 |
| 建筑工程分公司 | 北京市密云区经济开发区科技路25号1号楼 | 100195 | 010-88853881 |
| 国际工程分公司 | 北京市门头沟区永定镇玉带东二街161号501室、502室、503室 | 102308 | 010-61828774 |
| | 十八 | | |
| **中铁上海工程局集团有限公司** | **上海市宝山区富联路777号** | **201906** | **021-80277675** |
| 第一工程有限公司 | 安徽省芜湖市鸠江区卜家店 | 200436 | 0553-2821220 |
| 市政环保工程有限公司 | 上海市宝山区富联路777号 | 201906 | 021-80277333 |
| 第三工程有限公司 | 安徽省合肥市包河区山西路123号 | 230088 | 0551-63736546 |
| 第四工程有限公司 | 天津市滨海新区中新生态城安兴路26号 | 300486 | 022-59665712 |
| 第五工程有限公司 | 广西壮族自治区南宁市良庆区凯旋路绿地中心8号楼35~36层 | 530000 | 0771-2236728 |
| 第六工程有限公司 | 云南省昆明市经开区顺通大道国际银座C3座22~23层 | 650217 | 0871-64620998 |
| 第七工程有限公司 | 陕西省西安市未央区太元路379号保亿大明宫国际3-0101室 | 710032 | 029-61185021 |
| 华海工程有限公司 | 上海市闵行区中春路7500号 | 201101 | 021-64193984 |
| 建筑工程有限公司 | 上海市宝山区富联路777号 | 201906 | 021-80277062 |
| 物资工贸有限公司 | 上海市宝山区富联路777号 | 201906 | 021-80277057 |
| 华南市政建设有限公司 | 广东省广州市海珠区瀛洲路38号 | 510320 | — |
| 城市轨道交通工程分公司 | 上海市宝山区富联路777号 | 201906 | 021-80277205 |
| | 十九 | | |
| **中铁国际集团有限公司** | **北京市海淀区复兴路69号华熙LIVE中心C座2~5层** | **100039** | **010-51880888** |
| 川铁国际经济技术合作有限公司 | 四川省成都市金牛区金府路88号万通金融广场15~18层 | 610036 | 028-68761001 |
| 南美分公司 | Avenida Montenegro esquina Calle 22 Barrio Cala Coto, "Edificio Centro Empresarial" Nº 8232 - Piso 3 Oficina 301 La Paz Bolivia | 999158 | 591-2-2795791 |

附录

续表

| 单位名称 | 地址 | 邮编 | 电话 |
|---|---|---|---|
| 南太平洋公司 | P.O.Box1394，Laurel Villa Section 530 Alloment 7，Savannah Heights，Waigani，POM，NCD，Papua New Guinea | 1394 | 675723872 |
| 南部非洲公司 | Ground Floor，Greystone Building，Fourways Golf Park，Roos Street，Fourways，Sandton，Johannesburg，South Africa，2191 PO Box1507，Cramerview 2060，South Africa | 2191 | 0027-117068991 |
| 亚洲分公司 | 12th Floor，Concord Bilkis Tower，40/6，North Avenue（Madani Road），Gulshan-2，Dhaka-1212，Bangladesh. | 1212 | — |
| 安哥拉分公司 | Rua S/N，Bairro Kinguela Norte（próximo ao Instituto Superior de Ciências Policiais），Benfica，Luanda | 999104 | 028-68761611<br>00244-944-484-344 |
| 中国中铁印尼有限责任公司 | Menara Sunlife Lantai 21 Unit E&G，Jl. Dr. Ide Anak Agung Gde Agung，Mega Kuningan，Kuningan Timur，Jakarta Selatan | 12950 | 62-2125981554 |
| 香港有限公司 | Unit 1201-1203，12/F，APEC Plaza，49 Hoi Yuen Rd，Kwun Tong，KL，Hong Kong SAR | — | 852-21913800<br>852-21913553 |
| 北京建设分公司 | 北京市丰台区莲花池南里 26 号中铁工程大厦 A 座 4 层 | 100055 | 010-63387100 |
| 商贸有限公司 | 北京市门头沟区石龙东路 3 号维科宾馆 5 层 | 102308 | 010-69804238 |
| 中东分公司 | Villa18a，street20b，332c，Jumeirah1，Dubai，UAE | 413696 | 00971-6-5550808 |
| 南非投资有限公司 | First Floor Greystone Building，Fourways Golf Park，Roos Street，Fourways，Johannesburg，2191，PO Box 2862，Rivonia，2128 | 2191 | 00270-114674077 |
| 中铁国际新能源有限公司 | 北京市海淀区复兴路 69 号华熙 LIVE 中心 C 座 3 层 | 100039 | — |
| 中老铁路项目指挥部 | 老挝万象官邸别墅 20 栋 | 01000 | 020-55679388 |
| 巴基斯坦 ML1 铁路项目筹备组 | 北京市海淀区万寿路 2 号中铁六局大厦 309 室 | 100089 | — |
| 乌克兰代表处 | 北京市海淀区复兴路 69 号华熙 LIVE 中心 C 座 3 层 | 100039 | — |
| 阿尔及利亚办事处 | Dar El Amane，Les Vergers，Birkhadem，Alger，Algérie | 16000 | — |
| 科特迪瓦办事处 | 北京市海淀区复兴路 69 号华熙 LIVE 中心 C 座 3 层 | 100039 | — |
| 缅甸代表处 | No.22，Seven Mile Hills，Myangon Township，Yangon，Myanmar | 11181 | — |
| 二十 | | | |
| **中铁东方国际集团有限公司** | **吉隆坡总部：Lot 705&708，7th floor，Menara 2，Faber Towers，Jalan Desa Bahagia，Taman Desa，58100，Kuala Lumpur，Malaysia. 北京总部：北京市丰台区丰台北路 36 号中铁华铁大厦 9 层** | **58100<br>100071** | **603-79717842/603-79818194<br>010-83897014/83897014** |
| 中国铁路工程（马来西亚）有限公司 | 总部：Lot 905&906，9th floor，Menara 2，Faber Towers，Jalan Desa Bahagia，Taman Desa，58100，Kuala Lumpur，Malaysia. | 58100 | 603-79811616<br>603-79818194 |
| 二十一 | | | |
| **中国海外工程有限责任公司** | **China Overseas Engineering Group Co，.Ltd** | **100048** | **010-88566601** |
| 中成博茨瓦纳有限责任公司 | Plot 1385，Mogoditshane Gaborone | 999106 | +267 3902918 |
| 中国海外工程赞比亚公司 | 20B LEOPARDS HILL RD，LUSAKA，Zambia | 999134 | +260-972700679 |

续表

| 单位名称 | 地址 | 邮编 | 电话 |
| --- | --- | --- | --- |
| 中国海外工程南非有限责任公司 | Curzon Place, Turnberry Office Park, 48 Grosvenor Road, Bryanston, Johannesburg, South Africa | 999136 | — |
| 中国海外工程东帝汶有限责任公司 | RUA, PRESIDENTE NICOLAU LOBATO AITARAK LARAN, CAMPO ALOR, DILI, TIMOR–LESTER | — | +670–73368566 |
| 中国海外工程巴布亚新几内亚公司 | Section 9, Lot 12, Boroko, NCD, Port Moresby, Papua New Guinea | 999031 | +675–72977413 |
| 中国海外工程有限责任公司东帝汶分公司 | RUA, PRESIDENTE NICOLAU LOBATO AITARAK LARAN, CAMPO ALOR, DILI, TIMOR–LESTER | — | +670–73368566<br>+670–74232727 |
| 马里纺织股份有限公司 | Route de Markala BP52 – Segou | 999053 | — |
| 中国海外工程苏丹有限责任公司 | THE CUSTOM AREA, JUBA, SOUTHERN SUDAN | 999129 | +254–715221050 |
| 中国海外工程马里股份公司 | BPE2991, Badalabougou, Bamako, Mali | 999053 | +223–66757471 |
| 科中制药公司 | 13 Bis, Zone Industrielle Yopougon–08 B.P.49 CIDEX 2 Abidjan 08– CÔTE D' IVOIRE | 999063 | +225–69261677 |
| 中国海外工程科特迪瓦股份公司 | 06 B.P.347 ABIDJAN 06, ZONE INDUSTRIELLE YOPOUGON ABIDJAN COTE D' IVOIRE | 999063 | +225–87723159 |
| 中国海外工程有限责任公司毛里塔尼亚分公司 | COVEC–MAURITANIE, LOT95, ZONE INDUSTRIELLE DU KSAR, BP7789, NOUAKCHOTT, REPUBLIQUE ISLAMIQUE DE MAURITANIE | 999121 | +222–47790002 |
| 中国海外工程有限责任公司刚果（金）分公司 | NO.213 AVENUE DREY PONT, COMMUNEN–GANIEMA, KINSHASA/RDC | 999059 | +243–854598204 |
| 中国海外工程有限责任公司波兰分公司 | ul.Rotmistrzowska 41/6 02–951 Warszawa | 999038 | +48–731376808 |
| 中国海外工程有限责任公司肯尼亚分公司 | No.1 Kwarara Rd（off Ndege Road）, Karen, Nairobi | 999070 | — |
| 中国海外工程有限责任公司摩洛哥分公司 | Lotissement la colline .n°94, Sidi maarouf , Casablanca Maroc | 999055 | — |
| 中国海外工程有限责任公司斯里兰卡分公司 | No.15/1&15/1A, Alfred House Gardens, Colombo 3 / No.10, Gregory' s Road, Colombo 7 | 999011 | — |
| 中国海外工程有限责任公司尼泊尔分公司 | House No.7, Saraswoti Tole, Panchakanya, Baluwatar–4, Kathmandu Nepal | 999098 | +977–9860669097 |
| 中国海外工程有限责任公司莫桑比克分公司 | Mozambique, Maputo Cidade DISTRITO URBANO 1, Bairro de Sommerschield, Rua Joseph K–Zembo, No. 109 | 999068 | +254–715221050 |
| 北京富晨海经贸集运有限责任公司 | 北京市海淀区紫竹院路 1 号 7 号楼 511 室 | 100048 | 010–88566767 |
| 二十二 | | | |
| **中铁二院工程集团有限责任公司** | **四川省成都市通锦路 3 号** | **610031** | **028–87668866** |
| 中铁二院成都勘察设计研究院有限责任公司 | 四川省成都市火车北站西二巷 4 号 | 610081 | 028–86437317 |
| 中铁二院昆明勘察设计研究院有限责任公司 | 云南省昆明市官渡区春城路福德立交桥西北角 | 650200 | 0871–3538675 |
| 中铁二院重庆勘察设计研究院有限责任公司 | 重庆市北部新区昆仑大道 46 号 | 400023 | 023–88319088 |
| 中铁二院贵阳勘察设计研究院有限责任公司 | 贵州省贵阳市宝山南路 268 号 | 550002 | 0851–5930387 |
| 中铁二院华东勘察设计有限责任公司 | 浙江省杭州市江干区三里亭路 57 号 | 310004 | 0571–87249976 |

续表

| 单位名称 | 地址 | 邮编 | 电话 |
|---|---|---|---|
| 中铁二院（成都）建设发展有限责任公司 | 四川省成都市沙湾东一路新 2 号 | 610031 | 028-87700060 |
| 中铁二院（成都）置业开发有限责任公司 | 四川省成都市通锦路 3 号 | 610031 | 028-87664929 |
| 中铁二院（成都）工程咨询有限责任公司 | 四川省成都市通锦路 3 号 | 610031 | 028-86445807 |
| 中铁二院（成都）咨询监理有限责任公司 | 四川省成都市金牛区天回镇金凤凰大道 666 号中铁轨道产业园 | 610083 | 028-68937193 |
| 中铁二院成都工程检测有限责任公司 | 四川省成都市通锦路 3 号 | 610031 | 028-86446477 |
| 四川中铁二院环保科技有限公司 | 四川省成都市金牛区万石路中铁产业园 | 610083 | 028-86445251 |
| 四川旷谷信息工程有限公司 | 四川省成都市通锦路 3 号 | 610031 | 028-68937037 |
| 四川迈铁龙科技有限公司 | 四川省成都市通锦路 3 号 | 610031 | 028-86446512 |
| 四川艾德瑞电气有限公司 | 四川省成都市通锦路 3 号 | 610031 | 028-86446707 |
| 四川拓绘科技有限公司 | 四川省成都市天回镇金凤凰大道 666 号中铁产业园 | 610083 | 028-69665820 |
| 中铁二院海南勘察设计有限公司 | 海南省海口市金贸中路一号半山花园海天商务楼 2878 室 | 570125 | 0898-68508316 |
| 四川铁创科技有限公司 | 四川省成都市天回镇金凤凰大道 666 号中铁产业园 | 610083 | 028-86445982 |
| 四川睿铁科技有限责任公司 | 四川省成都市天回镇金凤凰大道 666 号中铁产业园 | 610083 | 028-86446897 |
| 中铁二院成都物业服务有限公司 | 四川省成都市天回镇金凤凰大道 666 号中铁产业园 | 610083 | 028-68937079 |
| 中铁二院工程集团有限责任公司南宁勘察设计研究院 | 广西壮族自治区南宁市民族大道 88-1 号铭湖经典大厦 21 层 | 530022 | 0771-2264040 |
| 中铁二院北方勘察设计有限责任公司 | 山东省济南市市中区顺河东街 66 号 | 250012 | 0531-66686168 |
| 四川瑞云信通科技有限公司 | 四川省成都市金牛区金凤凰大道 99 号 | 610081 | 028-86446386 |
| 中铁二院北京分院 | 北京市丰台区吴家村路甲 2 号 | 100040 | 010-51885404 |
| 中铁二院上海分院 | 上海市打浦路 88 号海丽大厦 24 层 | 200023 | 021-53964848 |
| 中铁二院新疆分院 | 新疆维吾尔自治区乌鲁木齐市新市区北京中路 147 号西部豪庭 5 栋 702 室 | 830011 | 0991-6633153 |
| 中铁二院深圳分院 | 广东省深圳市南山区后海大道瑞铧苑 | 518054 | 0755-26479788 |
| 中铁二院广州分院 | 广东省广州市天河区潭村路 344 号跑马地花园凯榕居 | 510627 | 020-85271985 |
| 中铁二院福州分院 | 福建省福州市北环路沁圆新村一号楼 102 室 | 350013 | 0592-5052237 |
| 中铁二院海南分院 | 海南省海口市金贸中路一号半山花园海天商务楼 2878 室 | 570125 | 0898-68598005 |
| 中铁二院厦门分院 | 福建省厦门市槟榔西里 42 号 | 361004 | 0592-5052237 |
| 中铁二院南京分院 | 江苏省南京市珠江路 88 号新世界中心 B 座 2602 室 | 210018 | 025-84716220 |
| 中铁二院珠海分院 | 广东省珠海市拱北侨岭街 84 号 5 幢 501 室、502 室 | 519020 | — |
| 中铁二院南昌分院 | 江西省南昌市站前路 96 号天集大厦 2301 室 | 610031 | 0791-87027599 |
| 中铁二院郑州分院 | 河南省郑州市中州大道 1188 号建业置地广场 B 座 19 层 | 450004 | 0371-53360658 |
| 中铁二院拉萨分院 | 西藏自治区拉萨市城关区色拉北路 87 号雪域明珠园 37-1 室 | 850000 | 0891 640 8743 |

续表

| 单位名称 | 地址 | 邮编 | 电话 |
| --- | --- | --- | --- |
| 中铁二院沈阳分院 | 辽宁省沈阳市沈河区市府大路 256 号东森商务广场 8 号楼 2801 室 | 110002 | 024-22527598 |
| 中铁二院太原分院 | 山西省太原市小店区许坦西街 109 号开元小区北区 C2 栋一单元 602 室 | 030001 | — |
| 中铁二院合肥分院 | 安徽省合肥市蜀山区潜山路绿地蓝海国际大厦 C 座 21 层 | 230071 | — |
| 中铁二院青岛分院 | 山东省青岛市市北区太清路 30 号 C 座 | 266022 | 0532-66028709 |
| 中铁二院长沙分院 | 湖南省长沙市雨花区古曲路 188 号中隆国际御玺 3B1501 | 410007 | 0731-85510856 |
| 中铁二院武汉分院 | 湖北省武汉市武昌区明主路 616 号和璟国际大厦 9 层 | 430060 | 027-87308266 |
| 中铁二院西安分院 | 陕西省西安市经济技术开发区明光路 86 号 20 幢联益中心 1208 室 | 710032 | — |
| 中铁二院雄安新区分院 | 河北省雄安新区容城县奥威路领秀城 21 栋 2 单元 2103 号 | 071000 | — |
| 中铁二院德宏分院 | 云南省德宏傣族景颇族自治州芒市城北小区 76 号 | 678400 | 0692-2901668 |
| 中铁二院西宁分院 | 青海省西宁市城西区文景街 7 号 6 号楼 2 单元 2061 室 | 810001 | — |
| 二十三 | | | |
| **中铁第六勘察设计院集团有限公司** | **天津市空港经济区中环西路 36 号** | **300308** | **022-58670629** |
| 天津中铁电气化设计研究院有限公司 | 天津市河东区江都路 33 号 | 300250 | 022-24340602 |
| 中铁（天津）隧道工程勘察设计院有限公司 | 天津市红桥区河北大街 1 号 | 300133 | 022-27353577 |
| 中铁通信信号勘测设计院有限公司 | 北京市丰台区金家村 1 号院 13 号楼 312 室 | 100036 | 010-51872123 |
| 中铁西安勘察设计研究院有限责任公司 | 陕西省西安市碑林区友谊东路 30 号 | 710054 | 029-82321727 |
| 中铁合肥建筑市政工程设计研究院有限公司 | 安徽省合肥市濉溪东路 8 号 | 230041 | 0551-65602501 |
| 天津路安工程咨询有限公司 | 天津市河东区江都路 33 号 | 300250 | 022-58583528 |
| 中铁第六勘察设计院集团（天津）检测试验技术有限公司 | 天津市自贸试验区（空港经济区）中环西路 36 号 306 室 | 300133 | 022-27330560 |
| 中铁六院集团（天津）工程设计审查咨询有限公司 | 天津市自贸试验区（空港经济区）中环西路 36 号 114 室 | 300308 | 022-58670582 |
| 二十四 | | | |
| **中铁工程设计咨询集团有限公司** | **北京市丰台区广安路 15 号** | **100055** | **010-51835097** |
| 北京中铁诚业工程建设监理有限公司 | 北京市丰台区航丰路 13 号崇新大厦 2 号楼 4056 室 | 100070 | 010-51835210 |
| 中铁济南工程建设监理有限公司 | 山东省济南市槐荫区经十路 25666 号 | 250022 | 0531-82439793 |
| 中铁济南工程技术有限公司 | 山东省济南市槐荫区经十路 25666 号 | 250022 | 0531-82420756 |
| 中铁山西建设工程有限公司 | 山西省太原市杏花岭区建设北路 262 号 | 030013 | 0351-2622885 |
| 中铁咨询集团北京工程检测有限公司 | 北京市丰台区广安路 15 号 | 100055 | 010-51832177 |
| 北京铁专院工程咨询有限公司 | 北京市丰台区广安路 15 号 | 100055 | 010-52696363 |
| 中铁咨询集团北京建筑规划设计有限公司 | 北京市丰台区莲花池南里 26 号中铁国资大厦 A 座 8 层 | 100055 | 010-52686538 |
| 中铁轨道交通设计研究有限公司 | 安徽省芜湖市芜湖经济技术开发区汽经一路 5 号 3-023 | 241000 | 0553-7527920 |
| 中铁旸谷（北京）智慧科技产业有限公司 | 北京市丰台区外环西路 26 号院 20 号楼 1~4 层 | 100071 | 010-52696333 |

续表

| 单位名称 | 地址 | 邮编 | 电话 |
| --- | --- | --- | --- |
| 中铁设计集团渤海交通设计研究有限公司 | 山东省潍坊市奎文区健康东街 13600 号世博国际 22 层 | 261043 | 18500737927 |
| 中铁设计济南设计院 | 山东省济南市槐荫区经十路 25666 号 | 250022 | 0531-82420756 |
| 中铁设计郑州设计院 | 河南省郑州市高新区莲花街 60 号 | 450000 | 0371-68327267 |
| 中铁设计太原设计院 | 山东省太原市杏花岭区建设北路 262 号 | 030013 | 0351-2622885 |
| 二十五 | | | |
| **中铁大桥勘测设计院集团有限公司** | **湖北省武汉市经济技术开发区博学路 8 号** | **430056** | **027-84846738** |
| 中铁武汉大桥工程咨询监理有限公司 | 湖北省武汉市汉阳区汉阳大道 34 号 | 430050 | 027-84836754 |
| 中铁武汉勘察设计研究院有限公司 | 湖北省武汉市东湖新技术开发区光谷软件园 E5 栋 | 430074 | 027-51161672 |
| 中铁大桥（南京）桥隧诊治有限公司 | 江苏省南京市高新区磐能路 8 号 | 210061 | 025-58744609 |
| 中铁时代建筑设计院有限公司 | 安徽省芜湖市鸠江区国泰路 8 号 | 241001 | 0553-5855620 |
| 中铁城市规划设计研究院有限公司 | 安徽省芜湖市鸠江区国泰路 8 号 | 241000 | 0553-3833832 |
| 芜湖市建筑工程施工图设计文件审查中心有限责任公司 | 安徽省芜湖市联盛广场 2 号楼 14 层 6422 室 | 241000 | 0553-3112723 |
| 武汉分公司 | 湖北省武汉市东湖新技术开发区光谷软件园 E5 栋 | 430074 | — |
| 华东分公司 | 江苏省南京市浦口区浦东北路 5 号总部商务广场 10 栋 | 210003 | — |
| 郑州分公司 | 河南省郑州市康复前街 55 号 | 450052 | — |
| 安徽分公司 | 安徽省芜湖市鸠江区北京中路芜湖广告产业园内酒店公寓楼 11 层 1102 室 | 241004 | — |
| 二十六 | | | |
| **中铁华铁工程设计集团有限公司** | **北京市丰台区丰台北路 36 号中铁华铁大厦** | **100071** | **010-63319661** |
| 工业设计院 | 北京市丰台区丰台北路 36 号中铁华铁大厦 | 100071 | 010-83802294 |
| 北京设计院 | 北京市丰台区丰台北路 36 号中铁华铁大厦 | 100071 | 010-83897368 |
| 轨道交通设计院 | 北京市丰台区丰台北路 36 号中铁华铁大厦 | 100071 | 010-83897377 |
| 勘察设计院 | 北京市朝阳区青年路姚家园甲 110 号 | 100038 | 010-85520503 |
| 上海设计院 | 上海市宝山区环镇南路 522 号 A 座 3 楼 | 200436 | 021-56534019 |
| 苏州设计院 | 江苏省苏州市高新区竹园路 209 号创业园 3 号楼 8 楼 | 215011 | 0512-68415880 |
| 深圳设计院 | 广东省深圳市福田区泰然八路 25 号水松大厦 12A-B | 518040 | 0755-82761638 |
| 铁路工程监理公司 | 北京市丰台区丰台北路 36 号中铁华铁大厦 | 100071 | 010-83897531 |
| 城市轨道交通监理公司 | 北京市丰台区丰台北路 36 号中铁华铁大厦 | 100071 | 010-83897615 |
| 上海分公司 | 上海市静安区中兴路 457 号中宝大厦 5 层 | 200071 | 021-56972292 |
| 广州分公司 | 广东省广州市番禺区迎宾路五洲城 C 座 3010 室 | 511430 | 020-34112255 |
| 北京颐和工程监理有限责任公司 | 北京市海淀区北四环西路 87 号 | 100195 | 010-88856175 |
| 北京华铁燕丰物业管理有限公司 | 北京市丰台区丰台北路 36 号中铁华铁大厦 | 100071 | 010-83897650 |
| 二十七 | | | |
| **中铁科学研究院有限公司** | **四川省成都市金牛区西月城街 118 号** | **610031** | **028-86119790** |
| 中铁西南科学研究院有限公司 | 四川省成都市高新西区古楠街 97 号 | 611731 | 028-67582907 |
| 中铁西北科学研究院有限公司 | 甘肃省兰州市城关区民主东路 365 号 | 730030 | 0931-4934554 |
| 中铁岩锋成都科技有限公司 | 四川省成都市高新西区古楠街 97 号 | 611731 | 028-87938100 |
| 四川铁科建设监理有限公司 | 四川省成都市高新西区古楠街 97 号 | 611731 | 028-67580070 |
| 甘肃铁科建设工程咨询有限公司 | 甘肃省兰州市城关区民主东路 365 号 | 730030 | 0931-4934594 |
| 中铁成都科学技术研究院有限公司 | 四川省成都市天府新区万安街道万安路西段 191 号 | 610000 | 028-67580083 |
| 中铁科学研究院有限公司设计院 | 四川省成都市高新西区古楠街 97 号 | 611731 | 028-67580096 |

续表

| 单位名称 | 地址 | 邮编 | 电话 |
|---|---|---|---|
| 中铁科学研究院有限公司工程公司 | 四川省成都市高新西区古楠街 97 号 | 611731 | 028-67580189 |
| 中铁科学研究院有限公司成都分公司 | 四川省成都市金牛区金府路 666 号金府 SOHO 2301 室 | 610000 | 028-61991221 |
| 中铁科学研究院有限公司深圳分公司 | 广东省深圳市福田区京基滨河时代大厦 A 座 2707 | 518000 | 0755-88290572 |
| 二十八 | | | |
| **中铁长江交通设计集团有限公司** | **重庆市北部新区财富大道 17 号** | **401121** | **023-63084666** |
| 重庆市综合交通运输研究所 | 重庆市北部新区财富大道 17 号 | 401121 | 023-63084666 |
| 重庆市交通工程质量检测有限公司 | 重庆市北碚区瑞和路 61 号 | 400700 | 023-86318880 |
| 重庆市知朗咨询有限责任公司 | 重庆市南岸区四公里街 132 号 | 400000 | 023-63073278 |
| 二十九 | | | |
| **中铁水利水电规划设计集团有限公司** | **江西省南昌市青山湖区北京东路 1038 号博士后楼 9~17 层** | **330029** | **0791-87357100** |
| 江西武大扬帆科技有限公司 | 江西省南昌市北京东路 1038 号设计 5 号楼 | 330029 | 0791-88165335 |
| 江西省赣鄱岩土工程建设有限公司 | 江西省南昌市北京东路 1038 号设计 2 号楼 2 层 | 330029 | 0791-87356135 |
| 江西润泽工程咨询有限公司 | 江西省南昌市青山湖区北京东路 1038 号设计 1 号楼 4 层 | 330029 | 0791-87357147 |
| 江西省建洪水利咨询有限公司 | 江西省南昌市北京东路 1038 号设计 2 号楼 3 层 | 330029 | 0791-87357112 |
| 三十 | | | |
| **中铁高新工业股份有限公司** | **北京市丰台区南四环西路诺德中心 11 号楼** | **100070** | **010-52265888** |
| 中铁山桥集团有限公司 | 河北省秦皇岛市山海关区南海西路 35 号 | 066205 | 0335-7940050 |
| 中铁宝桥集团有限公司 | 陕西省宝鸡市清姜路 80 号 | 721006 | 0917-2867273 |
| 中铁科工集团有限公司 | 湖北省武汉市武昌区徐东大街 55 号中铁科技大厦 | 430070 | 027-88772985 |
| 中铁工程装备集团有限公司 | 河南省郑州市经济技术开发区第六大街 99 号 | 450016 | 0371-60608800 |
| 中铁九桥工程有限公司 | 江西省九江市滨江东路 148 号 | 332000 | 0792-7028519 |
| 中铁工程服务有限公司 | 四川省成都市金牛区高科技产业园金凤凰大道 666 号 11 栋 2 单元 | 610083 | 028-83325371 |
| 中铁轨道交通装备有限公司 | 江苏省南京市建邺区白龙江东街 22 号艺树家工场 18 号楼 | 210000 | 025-69561666 |
| 中铁环境科技工程有限公司 | 湖南省长沙市岳麓区先导路湘江时代 A1 栋 20 层 | 410006 | 0731-85456888 |
| 中铁重工有限公司 | 湖北省武汉市洪山区铁机路 98 号 | 430063 | 027-51150820 |
| 中铁钢结构有限公司 | 江苏省南京市六合区金牛湖街道长山社区段庄 500 号 | 211521 | 052-57560593 |
| 中铁合肥新型交通产业投资有限公司 | 安徽省合肥市肥东县店埠镇瑶岗路与北张路交叉口深燃大厦 9 层 | 231699 | — |
| 中铁高新工业股份有限公司西南分公司 | 四川省成都市天府新区宁波路 377 号中铁卓越中心 1 栋裙楼 3 层 307 室 | 610213 | — |
| 中铁高新工业股份有限公司北京分公司 | 北京市丰台区南四环西路诺德中心 11 号楼 | 100070 | — |
| 三十一 | | | |
| **中铁装配式建筑股份有限公司** | **北京市房山区长阳镇万兴路 86-5 号** | **102488** | **010-57961660** |
| 中铁装配式建筑科技有限公司 | 北京市房山区长阳镇万兴路 86-5 号 | 102488 | — |
| 中铁装配科技（吐鲁番）有限公司 | 新疆维吾尔自治区吐鲁番市高昌区港城大道北侧、站前路南侧 | 838000 | 0995-7602209 |
| 中铁装配科技（乌苏）有限公司 | 新疆维吾尔自治区塔城地区乌苏市新市区街道工业区社区塔里木河东路 235 号 | 361006 | 0592-2967279 |
| 中铁装配科技（喀什）有限公司 | 新疆维吾尔自治区喀什市中亚南亚工业园区中亚北二路 256 号 | 844000 | 0998-2666038 |

附录

续表

| 单位名称 | 地址 | 邮编 | 电话 |
|---|---|---|---|
| 中铁装配科技（宿迁）有限公司 | 江苏省宿迁市宿城区运河宿迁港产业园黄河南路七里加油站对面 | 223800 | 0527-80600227 |
| 中铁装配窦店云工厂 | 北京市房山区窦店镇普安路 87 号 | 102433 | — |
| 设计研发中心 | 北京市房山区长阳镇万兴路 86-5 号 | 102488 | — |
| 三十二 | | | |
| **中铁置业集团有限公司** | **北京市丰台区汽车博物馆南路 3 号院北京中铁大厦 A 座** | **100160** | **010-83925798** |
| 沈阳中铁盛丰置业有限公司 | 辽宁省沈阳市于洪区松山西路 160-1 号 | 110148 | 024-62525500 |
| 沈阳中铁万科祥盟置地有限公司 | 辽宁省沈阳市于洪区松山西路 160-1 号 | 110148 | 024-62525500 |
| 中铁置业集团长春房地产开发有限公司 | 吉林省长春市汽车经济技术开发区富民大街中铁城 | 130000 | 0431-81273666 |
| 沈阳中铁阅湖置业有限公司 | 辽宁省沈阳市于洪区松山西路 160-1 号 | 110148 | 024-62525500 |
| 中铁置业集团上海有限公司 | 上海市静安区江场西路 299 弄 22 号 | 200436 | 021-56651118 |
| 上海中铁市北投资发展有限公司 | 上海市静安区江场西路 299 弄 22 号 | 200436 | 021-56651118 |
| 上海中铁宝丰置业有限公司 | 上海市宝山区友谊路 1588 弄 | 201901 | 021-66680533 |
| 中铁诺德（杭州）置业有限公司 | 浙江省杭州市萧山区宁围街道民和路 600 号 | 311215 | 0571—89175552 |
| 杭州中铁和丰置业有限公司 | 浙江省杭州市余杭区北沙西路 28 号 | 311100 | 0571-89175552 |
| 中铁诺德南通置业有限公司 | 江苏省南通市苏通科技产业园区江成路 1088 号内 3 栋（ZC）3831 室 | 226000 | 0513-80561600 |
| 南通协创置业有限公司 | 江苏省南通市崇川区中央路 52 号 | 226000 | 0513-859628209 |
| 亳州中铁置业有限公司 | 安徽省亳州市谯城区花戏楼路与元参路交叉口西北角中铁诺德逸都 | 236800 | 0558-5581116 |
| 中铁置业集团西安有限公司 | 陕西省西安市高新区丈八一路 10 号 | 710075 | 029-88199798 |
| 西安中铁瑞丰置业有限公司 | 陕西省西安市灞桥区灞桥湿地公园 | 710000 | 029-89517629 |
| 西安中铁长丰置业有限公司 | 陕西省西安市高新区丈八一路 10 号 | 710075 | 029-89840813 |
| 西安茂丰置业有限公司 | 陕西省西安市高新区丈八一路 10 号 | 710075 | 029-89840813 |
| 中铁置业集团西安有限公司太原项目指挥部 | 山西省太原市迎泽区新建南路 1 号中铁三局科技研发中心 21 层 | 030002 | 0351-8209281 |
| 中铁置业集团贵州有限公司 | 贵州省贵阳市观山湖区观山西路 200 号 | 550081 | 0851-87991111 |
| 贵阳中铁置业有限公司 | 贵州省贵阳市观山湖区观山西路 200 号 | 550081 | 0851-87991111 |
| 贵阳金丰置业有限公司 | 贵州省贵阳市观山湖区观山西路 200 号 | 550081 | 0851-87991111 |
| 遵义源丰置业有限公司 | 贵州省遵义县龙坑镇中铁共青湖 | 563000 | 13985103550 |
| 贵州中铁诺德地铁置业有限公司 | 贵州省贵阳市清镇市清州大道新气象站旁数据湖城 | 551400 | 0851-87991111 |
| 中铁置业集团上海投资发展有限公司 | 上海市静安区永和路 318 弄 5 号 | 200072 | 021-36562888 |
| 蚌埠中铁置业有限公司 | 安徽省蚌埠市东海大道 2595 号大学科技园 1 号楼西栋 16 层 | 233000 | 0552-2151860 |
| 中铁置业亳州投资发展有限公司 | 安徽省亳州市药都路 6 号 | 236800 | 0558-5857010 |
| 中铁置业滕州投资发展有限公司 | 山东省滕州市高铁客运换乘中心 | 277500 | 0632-5051509 |
| 中铁置业无锡投资发展有限公司 | 江苏省无锡市梁溪区凤宾路 100 号联东 U 谷 18-1-301 室 | 214000 | 0510-83591177 |
| 中铁置业集团山东有限公司 | 山东省青岛市市南区香港中路 8 号 | 266071 | 0532-66759999 |
| 青岛中金渝能置业有限公司 | 山东省青岛市市南区香港中路 8 号 | 266071 | 0532-81635871 |
| 青岛中铁祥丰置业有限公司 | 山东省青岛市城阳区湘潭路 9 号 | 266071 | 0532-68009636 |
| 烟台中铁置业有限公司 | 山东省烟台市莱山区山海路 111 号 | 264000 | 0535-6865006 |
| 济南中铁置业有限公司 | 山东省济南市历城区经十东路中铁城售楼处 2 层 | 250101 | 0531-86517295 |
| 中铁置业集团菏泽有限公司 | 山东省菏泽市牡丹区中华西路中铁牡丹城营销示范区综合办公楼 | 274000 | 0530-5880609 |

续表

| 单位名称 | 地址 | 邮编 | 电话 |
| --- | --- | --- | --- |
| 中铁置业集团济南有限公司 | 山东省济南市历城区经十东路中铁城售楼处 2 层 | 250101 | 0531–86517268 |
| 青岛中铁西海岸投资发展有限公司 | 山东省青岛市西海岸新区滨海大道 7777 号世博城展示中心 | 266400 | 0532–85196369 |
| 青岛世博城国际会议展览有限公司 | 山东省青岛市西海岸新区滨海大道 7977 号世博城展示中心 | 266400 | 0532–85196327 |
| 中铁置业集团北京有限公司 | 北京市门头沟区永定镇玉带东二街 163 号中铁西城大厦 19 层 | 102300 | 010–61828582 |
| 北京中铁润丰房地产有限公司 | 北京市顺义区马坡镇聚源西路 26 号院 1 栋 2 层 2205 室 | 101300 | 010–61828582 |
| 北京中铁东兴房地产开发有限公司 | 北京市门头沟区永定镇玉带东二街 163 号中铁西城大厦 | 102308 | 010–61828582 |
| 中铁置业集团济南有限公司 | 山东省济南市历城区经十东路中铁城售楼处二楼 | 250101 | 0531–86517268 |
| 北京中铁华兴房地产开发有限公司 | 北京市大兴区旧忠路中铁华侨城和园售楼处 | 100076 | 010–67938752 |
| 北京中铁永兴房地产开发有限公司 | 北京市海淀区新材料创业大厦 A 座 309 | 100094 | 010–61828582 |
| 北京中铁顺兴房地产开发有限公司 | 北京市顺义区天北路闫家营段北京中铁顺兴房地产开发有限公司 | 101318 | 010–80414255 |
| 北京中铁大通房地产开发有限公司 | 北京市通州区宋庄镇徐辛庄大街 1 号 517 室 | 101119 | 01061828552 |
| 北京中铁诺德东兴置业有限公司 | 北京市门头沟区永定镇玉带东二街 163 号中铁西城大厦 16 层 | 102300 | 010–61828584 |
| 北京中铁诺德盛兴置业有限公司 | 北京市丰台区汽车博物馆南路 3 号院 D 座 201 | 100160 | 010–53356666 |
| 北京中铁诺德顺兴置业有限公司 | 北京市顺义区空港街道天竺房地产开发有限公司院内 7 号楼 | 101312 | 010–61828582 |
| 北京中铁诺德隆兴置业有限公司 | 北京市顺义区后沙峪镇裕园路西中铁诺德阅墅售楼处 3 层 | 101318 | 010–82058888 |
| 北京中铁诺德晨兴房地产开发有限公司 | 北京市顺义区空港街道天竺房地产开发有限公司院内 7 号楼 | 101304 | 010–61828582 |
| 北京建邦中铁房地产开发有限公司 | 北京市海淀区西北旺镇永靓家园项目部 | 100094 | 010–62442660 |
| 中铁置业集团中南有限公司 | 湖北省武汉市洪山区徐东大街中铁科技大厦 11 层 | 430070 | 027–88735559 |
| 湖南青竹湖置业有限公司 | 湖南省长沙市岳麓区潇湘北路 668 号中铁西江悦售楼部 | 410000 | 0731–85099797 |
| 湖南百鑫达投资置业有限公司 | 湖南省长沙市岳麓区潇湘北路 668 号中铁西江悦售楼部 | 410000 | 0731–85099798 |
| 武汉中铁置业有限公司 | 湖北省武汉市新洲区阳逻之心翔飞路中铁诺德逸都营销中心 | 430415 | 027–88921888 |
| 武汉中铁锦兴房地产开发有限公司 | 湖北省武汉市黄陂区横店街环后湖北路与飞虹街交会处武汉诺德逸园营销中心 | 430000 | 027–83930888 |
| 四川新锐实业投资有限公司 | 四川省都江堰市中兴镇梅花大道 2 号 | 611830 | 028–89716597 |
| 深圳中铁诺德置业有限公司 | 广东省深圳市福田区福中三路 1006 号 | 518026 | 0755–88267777 |
| 深圳市中铁永丰投资发展有限公司 | 广东省深圳市福田区福中三路 1006 号 | 518026 | 0755–88267777 |
| 中铁置业（广州）有限公司 | 广东省广州市白云区江高镇广花三路中铁诺德云城项目工地 | 510450 | 0755–88267777 |
| 三亚中铁置业有限公司 | 海南省三亚市河东区迎宾路 165 号 | 572000 | 0898–88676159 |
| 三亚中铁保丰置业有限公司 | 海南省三亚市吉阳区迎宾路 179–1 号中环广场 1 号楼 29A 层 | 572000 | 0898–88890048 |
| 海南鸿安农场有限公司 | 海南省海口市金盘开发区金华花园连体别墅（丁）型 15 号 | 570102 | 18976715688 |
| 海南胜安农场有限公司 | 海南省海口市金盘开发区金华花园连体别墅（丁）型 15 号 | 570102 | 18976715688 |

续表

| 单位名称 | 地址 | 邮编 | 电话 |
|---|---|---|---|
| 厦门市中铁源昌置业有限公司 | 福建省厦门市湖里区五缘湾木浦路 103 号恒安国际中心 1501~1503 单元 | 361000 | 0592-3781970 |
| 秦皇岛中铁置业房地产开发有限责任公司 | 河北省秦皇岛市海港区河北大街西段中铁秦皇半岛售楼处 | 066000 | 0335-7093960 |
| 北京市安丰工程项目管理有限公司 | 北京市丰台区汽车博物馆南路 3 号院北京中铁大厦 D 座 8~9 层 | 100160 | 010-21722168 |
| 北京中铁第一太平物业服务有限公司 | 北京市丰台区汽车博物馆南路 3 号院北京中铁大厦东配楼 4 层 | 100160 | 010-21722060 |
| 中铁置业集团有限公司成都分公司 | 四川省成都市青羊区光华东三路 486 号 | 610091 | 028-86283909 |
| 中铁置业集团河北雄安有限公司 | 河北省保定市容城县容信路 2 号茂丰产业园内 A 座 3 层 | 071700 | 0312-5626506 |
| 重庆中铁安居文化旅游发展有限公司 | 重庆市铜梁区东城街道办事处中兴东路 613 号潜能燃气大厦 9 楼 | 402560 | 023-45671999 |
| 三十三 | | | |
| **中铁文化旅游投资集团有限公司** | **贵州省龙里县中铁国际生态城白晶谷 5 组团** | **551200** | **0851-85195888** |
| 中铁贵州旅游文化发展有限公司 | 贵州省黔南州龙里县冠山街道体育路 | 551200 | 0851-85195859 |
| 中铁四川生态城投资有限公司 | 四川省眉山市仁寿县黑龙滩镇四海社区商业街 13 栋 | 620561 | 028-36011119 |
| 中铁五局集团成都投资发展有限责任公司 | 四川省成都市金科南路 1 号黑格中心 C5 | 610036 | 028-87503400 |
| 中铁五局集团郫县投资发展有限公司 | 四川省成都市郫县郫筒镇滨河路 16 号 | 610000 | 028-87504800 |
| 济南中铁诺德文旅投资有限公司 | 山东省济南市章丘区绣惠街道中心大街诺德生态城营销中心 3 楼 | 250200 | 0531-83690611 |
| 三十四 | | | |
| **中铁资源集团有限公司** | **北京市海淀区西四环中路 16 号院中铁资源大厦** | **100039** | **010-88213080** |
| 华刚矿业股份有限公司 | 刚果（金）总部：Quartier Kapata，Commune Dilala，Ville de Kolwezi，Province du Lualaba，RDCongo 刚果（金）卢阿拉巴省科卢韦齐市迪拉拉区卡巴达社区北京代表处：北京市海淀区西四环中路 16 号院中铁资源大厦 6~7 层 | 100039 | 010-88612000 |
| MKM 矿业简化股份有限公司 | Kalumbwe Myunga，Territoire de Lubudi，Ville de Kolwezi，Province du Lualaba，RDCongo 刚果（金）卢阿拉巴省科卢韦齐市城乡区噶隆布维・姆雍嘎 | — | +243-811739891 |
| 绿纱矿业简化股份有限公司 | N°70/68 de L'Avenue Tshiniama au Quartier Golf，Commune de Lubumbashi à Lubumbashi，Province de Haut-Katanga，RDCongo 刚果（金）上加丹加省卢本巴希市卢本巴希区高尔夫小区 Tshiniama 街 70/68 号 | — | +243-840948267 |
| 中刚基础设施建设股份有限公司 | N°38612，Avenue UTEX，Quartier Basoko（CONCESSION UTEXAFRICA），Ngaliema，Kinshasa，RDCongo 刚果（金）金沙萨恩加利埃马区 BASOKO 居住区（UTEXAFRICA 租界）UTEX 街 38612 号 | — | +243-0904433837 |
| 中刚工程建设股份有限公司 | N°2，Avenue Femme Congolaise，Quartier Mutoshi，Commune Manika，Ville de Kolwezi，Province du Lualaba，RDCongo 刚果（金）卢阿拉巴省科卢韦齐市玛尼卡区姆投希街区刚果妇女大街 2 号 | — | +243-822520773 |

续表

| 单位名称 | 地址 | 邮编 | 电话 |
|---|---|---|---|
| 新鑫有限责任公司 | Монгол улсын Дорнод аймагийн Дашбалбар сум 1-р баг Шинь Шинь XXK нь Улааны Орд 蒙古国东方省达西县第一村中铁资源新鑫公司乌兰矿 | — | +976-86685556 |
| 伊春鹿鸣矿业有限公司 | 黑龙江省铁力市铁力林业局鹿鸣林场伊春鹿鸣矿业有限公司 | 152500 | 0458-6189065 |
| 中铁资源集团有限公司商贸分公司/北京兴源诚经贸发展有限公司 | 北京市丰台区汽车博物馆南路3号北京中铁大厦B座9~11层 | 100161 | 010-83773001 |
| 廊坊市中铁物探勘察有限公司 | 河北省廊坊市广阳区廊万路9号 | 065000 | 0316-5212305 |
| 中铁资源集团金港矿业管理有限公司 | 北京市海淀区西四环中路16号院中铁资源大厦11层 | 100039 | 010-88212973 |
| 中铁资源集团北京技术咨询分公司 | 北京市丰台区汽车博物馆南路3号院北京中铁大厦B座8层 | 100070 | 010-63725586 |
| 青海热贡文化保护与开发有限公司 | 青海省黄南州尖扎县坎布拉镇 | 811999 | 0973-7702105 |
| 三十五 | | | |
| **中铁信托有限责任公司** | **四川省成都市航空路1号国航世纪中心B座20层、21层、22层** | **610041** | **028-82570957** |
| 宝盈基金管理有限公司 | 广东省深圳市福田区福华一路115号投行大厦 | 518048 | 0755-83275188 |
| 三十六 | | | |
| **中铁财务有限责任公司** | **北京市海淀区复兴路69号中国中铁大厦C座5层** | **100039** | **010-51952345/51952323** |
| 三十七 | | | |
| **中铁资本有限公司** | **北京市海淀区复兴路69号华熙LIVE中心C座6层、8~9层** | **100039** | **010-59898500** |
| 中铁金控融资租赁有限公司 | 北京市海淀区西翠路17号院24号楼2层 | 100039 | 010-88213303 |
| 中铁汇达保险经纪有限公司 | 北京市海淀区西翠路17号院24号楼5层502 | 100039 | 010-51191512 |
| 中铁商业保理有限公司 | 北京市海淀区复兴路69号华熙LIVE中心C座7层 | 100039 | 010-59871699 |
| 中国中铁香港投资有限公司 | 北京市海淀区复兴路69号华熙LIVE中心C座6层 | 100039 | 010-59898626 |
| 三十八 | | | |
| **中铁投资集团有限公司** | **北京市丰台区汽车博物馆南路3号院北京中铁大厦西侧5~11层** | **100160** | **010-83920866** |
| 北京指挥部 | 北京市丰台区汽车博物馆南路3号院北京中铁大厦西侧4层 | 100160 | — |
| 天津指挥部 | 天津市河西区解放南路376号富裕中心1栋24层 | 300202 | 022-23238600 |
| 河北指挥部 | 河北省石家庄市桥西区裕华东路56号中铁商务广场B座15层 | 050000 | 0311-66179001 |
| 石家庄地铁2号线指挥部 | 河北省石家庄市桥西区裕华东路56号中铁商务广场B座14层 | 050000 | 0311-67660567 |
| 中铁京西（北京）高速公路发展有限公司 | 北京市门头沟区莲石湖西路98号石龙阳光大厦3层 | 102300 | 010-60808299 |
| 中国中铁股份有限公司国道109高速公路工程总承包部 | 北京市门头沟区军庄镇宝宜合影视基地院内1~3层 | 102399 | — |
| 中铁河北投资开发建设有限公司 | 河北省廊坊市广阳区银河北路181号中国农业银行培训中心北楼3层 | 065000 | — |
| 中铁京雄（北京）高速公路发展有限公司 | 北京市房山区晨光东路18号院1号楼1~3层 | 102400 | 010-58251000 |
| 中铁承德建设开发有限公司 | 河北省承德市双滦区智能科技园16层 | 067001 | — |

附录

续表

| 单位名称 | 地址 | 邮编 | 电话 |
|---|---|---|---|
| 中铁保定开发建设有限公司 | 河北省保定市莲池区锦湖北大街1111号东湖云端D座7~8层 | 071000 | 0312-737980 |
| 三十九 | | | |
| **中铁南方投资集团有限公司** | **广东省深圳市南山区中心路3333号中铁南方总部大厦20~24层** | **518000** | **0755-33952180** |
| 中铁珠三角投资发展有限公司 | 广东省广州市南沙区港航二街1号6-9层（仅限办公用途） | 511458 | 020-39011829 |
| 佛山市顺德中铁高赞路公路工程项目有限公司 | 广东省佛山市顺德区杏坛镇高赞村委会齐赞成路主帅庙边办公楼2层 | 528300 | 020-39011829 |
| 佛山市顺德中铁碧桂路公路工程项目有限公司 | 广东省佛山市顺德区杏坛镇高赞村委会齐赞成路主帅庙边3层 | 528300 | 020-39011829 |
| 中铁（江门）城镇化建设投资发展有限公司 | 广东省江门市蓬江区建设二路102号11层 | 529000 | 020-39011829 |
| 佛山市顺德北部顺铁路桥建设有限公司 | 广东省佛山市顺德区容桂街道办事处东风社区居民委员会容奇大道中68号 | 528300 | 020-39011829 |
| 深圳深汕特别合作区深铁投资发展有限公司 | 广东省深圳市深汕特别合作区鹅埠镇大同路怡和楼1栋4层4号 | 518200 | 020-39011829 |
| 佛山市城市轨道交通三号线发展有限公司 | 广东省佛山市禅城区汾江南路37号A座903室 | 528000 | 0575-83939800 |
| 广州南沙先进制造产业园开发管理有限公司 | 广东省广州市南沙区南沙街港航二街1号605房（仅限办公用途） | 511458 | 020-39011829 |
| 江门新铁公路建设有限公司 | 广东省江门市新会区三江镇联合村歧丰围（综合楼） | 529100 | 020-39011829 |
| 深圳中铁朗侨峰居有限责任公司 | 广东省深圳市南山区粤海街道中心路3333号中铁大厦3层 | 518000 | 0755-33952180 |
| 江门江铁公路建设有限公司 | 广东省江门市蓬江区杜阮镇松园大道66号 | 529000 | 020-39011829 |
| 广州启创投资有限公司 | 广东省广州市南沙区港航二街1号602室（仅限办公用途） | 511458 | 020-39011829 |
| 广州南沙科创产业园开发管理有限公司 | 广东省广州市南沙区南沙街港航2街1号603室（仅限办公用途） | 511458 | 020-39011829 |
| 广州南沙双越投资有限公司 | 广东省广州市南沙区南沙街港航二街1号604室（仅限办公用途） | 511458 | 020-39011829 |
| 广州南沙科创置业有限公司 | 广东省广州市南沙区横沥镇明珠一街1号704室（仅限办公用途） | 511458 | 020-39011829 |
| 中铁海西投资发展有限公司 | 福建省莆田市湄洲湾北岸经济开发区山亭乡利山村新文路北侧 | 351154 | 0592-2967279 |
| 中铁物贸集团深圳有限公司 | 广东省深圳市前海深港合作区前湾一路1号A栋201室 | 518052 | 0755-36658144 |
| 中铁（福州）投资有限公司 | 福建省福州市晋安区岳峰镇化工路236号（原化工路北侧）泰禾商务中心一区（东二环泰禾城市广场东区C地块）5号楼12层3室 | 350011 | 0591-87310679 |
| 中国中铁股份有限公司广州分公司 | 广东省广州市番禺区东环街番禺大道北555号天安总部中心14号楼915室（仅限办公用途） | 511400 | 0755-33952180 |
| 中铁（厦门）投资有限公司 | 福建省厦门市湖里区泗水道619号2001室 | 361006 | 0592-2967279 |
| 莆田涵盛投资有限公司 | 福建省莆田市涵江区梧塘镇前东坡村蒋坑112号 | 351111 | 0592-2967279 |
| 中铁海南投资建设有限公司 | 海南省海口市美兰区海景路91号蓝岛水岸10号楼2层 | 570100 | 0755-33952180 |
| 中铁南方遵义投资有限公司 | 贵州省遵义市汇川区城上城12座8层1号 | 563000 | 0755-33952180 |
| 中铁南方（东莞）投资有限公司 | 广东省东莞市洪梅镇洪梅桥东路30号113室 | 523180 | 0755-33952180 |

续表

| 单位名称 | 地址 | 邮编 | 电话 |
|---|---|---|---|
| 中铁南方投资集团有限公司城市开发分公司 | 广东省深圳市南山区粤海街道中心路 3333 号中铁大厦 20 层 | 518000 | 0755-33952180 |
| 广东佛云中铁投资发展有限公司 | 广东省云浮市云城区思劳镇云浮国际石材城 C 区东南角（氢能科技企业孵化器内） | 527300 | 0755-33952180 |
| 深圳市现代有轨电车有限公司 | 广东省深圳市龙华区观湖街道观城社区人民路东 21 号电车大厦 101 室 | 518110 | 0755-36861538 |
| 中铁（河源）投资建设有限公司 | 广东省河源市区东城西片区黄沙大道西边、纬十四路北面河源雅居乐花园棕榈岛低层住宅（二期部分）H1-26C 号 | 517000 | 0755-33952180 |
| 遵义中铁南方新蒲经开区投资有限公司 | 贵州省遵义市新蒲新区虾子镇清坪村 | 563000 | 0755-33952180 |
| 遵义中铁南方新蒲职校投资有限公司 | 贵州省遵义市新蒲新区虾子镇清坪村 | 563000 | 0755-33952180 |
| 遵义市中铁城市更新发展有限公司 | 贵州省遵义市红花岗区子尹路 409 号 1 层 | 563000 | 0755-33952180 |
| 广东中铁西江高科投资有限公司 | 广东省肇庆市高要区南岸双龙路北一街 1 号江南名庭售楼中心 2 层 | 526100 | 0755-33952180 |
| 汕头市牛田洋快速通道投资发展有限公司 | 广东省汕头市金平区金信园 6 栋 201 号 | 515041 | 0754-87277086 |
| 东莞市轨道 1 号线建设发展有限公司 | 广东省东莞市东城街道莞樟路东城段 199 号 1 栋 201 室 | 523120 | 0769-22083321 |
| 水乡铁创投资有限公司 | 广东省东莞市麻涌镇麻涌兴华路 26 号 109 室 | 523000 | 0755-33952180 |
| 中铁（揭阳）建设开发有限公司 | 广东省揭阳市榕城区东阳街道尖石新区西 10 栋 8 号 501 室 | 522000 | 0755-33952180 |
| 中铁（三亚）投资有限公司 | 海南省海口市美兰区海景路 91 号蓝岛水岸 10 号楼 2 层 | 570100 | 0755-33952180 |
| 四十 | | | |
| **中铁交通投资集团有限公司** | **广西壮族自治区南宁市良庆区凯旋路 15 号绿地中心 8 号楼中铁交通大厦** | **530021** | **0771-5561630** |
| 广西中铁交通高速公路管理有限公司 | 广西壮族自治区南宁市良庆区凯旋路 15 号绿地中心 8 号楼第 44 层 | 530021 | 0771-5561630 |
| 广西梧州岑梧高速公路有限公司 | 广西壮族自治区玉林市玉州区城西街道林村 | 537000 | 0775-5821118 |
| 广西岑兴高速公路发展有限公司 | 广西壮族自治区玉林市玉州区城西街道林村 | 537000 | 0775-5821118 |
| 广西全兴高速公路发展有限公司 | 广西壮族自治区桂林市兴安县桂黄路 310 路口 | 541300 | 0773-3120589 |
| 河南平正高速公路发展有限公司 | 河南省驻马店市平舆杨埠镇平正高速公路收费站 | 463400 | 0396-5351999 |
| 中铁菏泽德商高速公路建设发展有限公司 | 山东省菏泽市定陶区定砀路 88 号 | 274100 | 0530-6276016 |
| 云南富砚高速公路有限公司 | 云南省文山州砚山县七乡大道秀源社区 | 663100 | 0876-3137787 |
| 重庆垫忠高速公路有限公司 | 重庆市垫江县高安镇重庆垫忠高速公路有限公司 | 408300 | 023-74512885 |
| 重庆渝邻高速公路有限公司 | 重庆市渝北区锦橙路 28 号（北岸新洲）5 栋 | 401147 | 023-88633013 |
| 四川遂宁绵遂高速公路有限公司 | 四川省遂宁市河东新区灵泉大道 | 629000 | 0825-2360502 |
| 陕西榆林榆神高速公路有限公司 | 陕西省榆林市榆阳区家梁 210 国道旁 | 719000 | 0912-8604516 |
| 陕西榆林神佳米高速公路有限公司（中国中铁股份有限公司神佳米项目工程指挥部） | 陕西省榆林市榆阳区牛家梁镇原 210 国道高交六大队旁 | 719000 | 0912-8604516 |
| 陕西榆林绥延高速公路有限公司（中国中铁股份有限公司陕西榆林绥延高速公路项目工程指挥部） | 陕西省榆林市绥德县镇定南路金阳光小区电子服务中心 4 层 | 718000 | 0912-2440458 |
| 广东韶新高速公路有限公司 | 广东省韶关市武江区沐阳东路卓越雅苑 5 号楼 10 层 | 512026 | 0751-8880271 |

续表

| 单位名称 | 地址 | 邮编 | 电话 |
|---|---|---|---|
| 广东汕湛高速公路东段发展有限公司（中铁交通投资集团有限公司广东汕揭高速公路项目工程指挥部） | 广东省汕头市濠江区府前路中段（诚瑜实业副楼） | 515071 | 0754-87252187 |
| 广西南宁铁程投资有限公司（中铁南宁龙岗新区项目工程指挥部、中铁南宁“两桥三路”项目工程指挥部） | 广西壮族自治区南宁市良庆区凯旋路 15 号中铁交通大厦 39 层 3909~3913 室 | 530200 | — |
| 衡阳铁程投资有限公司（中铁衡阳滨江区项目工程指挥部） | 湖南省衡阳市珠晖区东风路 400 号 | 421002 | 0734-81693848 |
| 昆明铁程投资有限公司（中铁昆明草海项目工程指挥部） | 云南省昆明市西山区积善北路 62 号昆明草海项目 | 650206 | 0871-68193608 |
| 临汾铁程建设工程有限公司（中铁临汾规划三街项目工程指挥部） | 山西省临汾市尧都区滨河西路水云间小区 10 号楼 | 041000 | 0357-3222810 |
| 中国中铁股份有限公司南宁轨道交通 3 号线 02 标工程指挥部 | 广西壮族自治区南宁市良庆区凯旋路 15 号中铁交通大厦 41 层 | 530012 | 0771-5593912 |
| 中国中铁股份有限公司南宁轨道交通 4 号线 02 标工程指挥部 | 广西壮族自治区南宁市良庆区凯旋路 15 号中铁交通大厦 41 层 | 530012 | — |
| 中国中铁股份有限公司南宁轨道交通 5 号线 02 标工程指挥部 | 广西壮族自治区南宁市良庆区凯旋路 15 号中铁交通大厦 41 层 | 530012 | — |
| 广西中铁交通天地置业有限公司 | 广西壮族自治区南宁市青秀区长福路远展投资大厦 4 层 | 533000 | 0771-3395960-1 |
| 贵州中铁交通双龙投资建设有限公司（中铁交通贵州双龙航空港项目建设指挥部） | 贵州省贵阳市小河区长江路万科中心 A 座 17 层 | 553009 | — |
| 山西静兴高速公路有限公司（中铁交通山西静兴高速公路项目工程指挥部） | 山西省吕梁市岚县东村镇西二街（田野国际饭店 1~7 层） | 033500 | — |
| 陕西旬凤韩黄高速公路有限公司 | 陕西省宝鸡市凤翔县城关镇秦景北路西城国际·百合小区商业 7 号楼 | 721499 | 0917-7280310 |
| 太原西北二环高速公路发展有限公司（中铁交通山西太原西北二环高速公路工程指挥部） | 山西省太原市迎泽区双塔北路永祚西街 2 号 | 030002 | — |
| 中铁中南投资发展有限公司 | 湖南省长沙市长沙县特立路 48 号 | 410100 | |
| 四川中铁交通成达建设投资有限公司 | 四川省宜宾市翠屏区西郊两路桥苗圃六村 4 号 | 644000 | 0831-8358528 |
| 广西区域指挥部 | 广西壮族自治区南宁市中越路 7 号东盟财经中心 B 座 17 层 1701 室 | 530022 | 0771-588080 |
| 山西区域指挥部 | 山西省太原市万柏林区九院沙河南岸中铁交通投资集团 | 030024 | — |
| 湖南区域指挥部 | 湖南省长沙市雨花区湘府东路 168 号华文森林酒店 12 层 | 410011 | 0731-84331500 |
| | **四十一** | | |
| **中铁开发投资集团有限公司** | **云南省昆明市呈贡区彩云南路中铁大厦** | **650504** | **0871-68107718** |
| 中铁重庆投资发展有限公司 | 重庆市渝北区回兴街道服装城大道绣峰 B8 栋 19 层 | 401120 | — |
| 中铁湖北建设投资有限公司 | 湖北省武汉市洪山区宝通寺路 8 号百瑞景五期东区 7 号楼 2 层 | 430070 | — |
| 中铁云南建设投资有限公司 | 云南省昆明市云景路中段电子信息产业园 10 栋 | 650500 | — |
| 中铁惠信股权投资基金管理有限公司 | 云南省昆明市呈贡区彩云南路中铁大厦 | 650504 | — |
| 昆明中铁总部大厦项目建设管理有限公司 | 云南省昆明市云景路中段电子信息产业园 10 栋 | 650500 | |

续表

| 单位名称 | 地址 | 邮编 | 电话 |
|---|---|---|---|
| 中铁开发投资有限公司云南分公司 | 云南省昆明市经开区云景路电子信息产业创业中心 10 栋 | 650217 | — |
| 中铁开发投资有限公司贵州分公司 | 贵州省贵阳市观山湖区潭坝路迈德国际 A2-408 层 | 550022 | — |
| 中铁开发投资有限公司湖北分公司 | 湖北省武汉市洪山区宝通寺路 8 号百瑞景五期东区 7 号楼 2 层 | 430070 | — |
| 中铁开发投资有限公司重庆分公司 | 重庆市渝北区回兴街道服装城大道绣峰 B8 栋 19 层 | 401120 | — |
| 昆明东格高速公路开发投资有限公司 | 云南省昆明市东川区铜都街道新建村汤丹收费站管理中心 | 654100 | — |
| 昆明寻沾高速公路发展有限公司 | 云南省昆明市寻甸回族彝族自治县仁德街道办月秀路昆明寻沾高速公路发展有限公司 | 655200 | — |
| 昆明轨道交通四号线土建项目建设管理有限公司、中国中铁股份有限公司昆明市轨道交通 4 号线工程指挥部 | 云南省昆明市经开区云景路电子信息产业创业中心 10 栋 | 650500 | — |
| 中国中铁股份有限公司昆明市轨道交通 1 号线西北延工程项目经理部 | 云南省昆明市经开区云景路电子信息产业创业中心 10 栋 | 650500 | — |
| 贵州瓮开高速公路发展有限公司 | 贵州省瓮安县银盏镇平安路 46 号 | 550400 | — |
| 贵州遵余高速公路发展有限公司 | 贵州省遵义市播州区苟江镇苟江大道 1 号 4-K 栋写字楼 | 563100 | — |
| 武汉中铁武九北综合管廊建设运营有限公司 | 湖北省武汉市武昌区徐东大街 6 号汇通新长江 A 座 19 层 | 430061 | — |
| 贵州威围高速公路发展有限公司 | 贵州省毕节市威宁县金斗镇金斗收费站管理中心 | 553100 | — |
| 中铁重庆轨道交通投资发展有限公司 | 重庆市渝北区回兴服装城大道 48 号绣峰写字楼 B8 栋 19 层 | 401120 | — |
| 中铁重庆地铁投资发展有限公司 | 重庆市渝北区回兴服装城大道 48 号绣峰写字楼 B8 栋 19 层 | 401120 | — |
| 重庆轨道四号线建设运营有限公司 | 重庆市渝北区回兴服装城大道 48 号绣峰写字楼 B8 栋 18 层 | 401120 | 023-63466263 |
| 中国中铁股份有限公司重庆渝湘复线高速公路工程指挥部 | 重庆市渝北区回兴街道服装城大道 48 号绣峰写字楼 B8 栋 21 层 | 401120 | — |
| 昆倘高速公路发展有限公司 | 云南省昆明市五华区园博园 2 栋号物业楼 | 650032 | — |
| 贵阳轨道交通三号线开发建设有限公司 | 贵州省贵阳市观山湖区龙滩坝路迈德国际 A2 栋 17~19 层 | 550009 | — |
| 贵阳市城市综合管廊建设管理有限公司 | 贵州省贵阳市观山湖区金阳南路 6 号贵阳世纪城 E 组团 5 单元 27 层 1 号 | 550009 | — |
| 中铁开投云南普高、临沧指挥部 | 云南省临沧市临翔区工业园区路 699 号恒雷大厦 7 层 | 677000 | — |
| 中国中铁滇中引水工程楚红指挥部 | 云南省玉溪市红塔区玉矿大厦 21 层 | 653100 | — |
| 中国中铁滇中引水工程大楚指挥部 | 云南省楚雄市团结路 460 号保安大厦 | 675000 | — |
| 中铁开发投资集团有限公司贵州金仁桐高速公路工程指挥部 | 贵州省遵义市新蒲新区奥体路 88 号千禧大酒店创元写字楼 19 层 | 563000 | — |
| 中铁开发投资集团有限公司贵州桐新高速公路工程指挥部 | 贵州省遵义市新蒲新区奥体路 88 号千禧大酒店创元写字楼 19 层 | 563000 | — |
| 中铁开发投资集团有限公司云南勐绿高速公路工程指挥部 | 云南省普洱市江城县中铁开投勐绿高速工程指挥部 | 665000 | — |
| 中铁开发投资集团有限公司云南玉楚高速工程指挥部 | 云南省玉溪市玉兴路 21 号中国工商银行 11 层 | 653100 | — |

附录

续表

| 单位名称 | 地址 | 邮编 | 电话 |
|---|---|---|---|
| 鄂州中铁临空投资建设有限公司 | 湖北省鄂州市鄂城区武昌大道312号工商银行办公楼5层 | 436000 | 0711-3222618 |
| 中铁开投宜昌指挥部 | 湖北省宜昌市点军区桥边镇智禧湾 | 443004 | — |
| 中铁新丝路建设投资管理有限公司 | 陕西省西安市未央区浐灞商务中心三期16层 | 710000 | 029-83539285 |
| 甘肃分公司 | 甘肃省兰州市城关区皋兰路35-1号 | 730070 | 0931-8175830 |
| 宁夏分公司 | 宁夏回族自治区银川市金凤区创新园66号 | 750001 | 0951 8763907 |
| 青海分公司 | 青海省西宁市城东金汇路33号2号楼111室、112室 | 810000 | 0971-8140798 |
| 新疆分公司 | 新疆维吾尔自治区乌鲁木齐市经济开发区西环北路2219号石油新村中铁办公楼 | 830011 | 0991-5263380 |
| 西藏分公司 | 西藏自治区拉萨市堆龙德庆区柳梧新区国际总部城5栋3单元5层1号 | 850000 | 0891-6571538 |
| 中铁宜宾投资建设有限公司 | 四川省宜宾市叙州区南岸龙湾路4号金沙江宾馆贵宾楼 | 644000 | 0831-3691702 |
| 川西南分公司 | 四川省西昌市大石板路19号西昌市国有资产监督管理局5层 | 615000 | — |
| 四十二 | | | |
| **中铁（上海）投资集团有限公司** | **上海市浦东新区世博馆路52号鲁能国际中心B座15层、16层** | **200126** | **021-60898504** |
| 浙江区域经营指挥部 | 浙江省杭州市萧山区宁围镇江宁大厦A座12层 | 311215 | — |
| 安徽区域经营指挥部 | 安徽省合肥市包河区金谷产业园B52栋 | 230051 | — |
| 江苏区域经营指挥部 | 江苏省南京市秦淮区江宁路5号（无为产业园A座） | 210006 | — |
| 淮海区域经营指挥部 | 江苏省徐州云龙区绿地商务办公写字楼A座1-1105 | 221000 | — |
| 上海区域经营指挥部 | 上海市普陀区丹巴路99号苏宁天御C1栋4层 | 200062 | — |
| 安徽省中海外投资建设有限公司 | 安徽省安庆市迎江区皖江大道161号 | 246000 | — |
| 上海联铁置业发展有限公司 | 上海市普陀区丹巴路99号苏宁天御C1栋4层 | 200062 | — |
| 徐州淮海国际铁路物流港建设有限公司 | 江苏省徐州市泉山区苏丁路A-2号 | 221000 | — |
| 四十三 | | | |
| **中铁发展投资有限公司** | **山东省青岛市市北区镇海路32号中铁发展投资有限公司** | **266000** | **0532-85666670** |
| 山东总部 | 山东省济南市历下区化纤厂路2-3号 | 250000 | — |
| 中铁发展山西总部 | 山西省太原市小店区龙城北街93号人民日报社院内 | 030000 | — |
| 中铁发展投资有限公司山东总部（青岛） | 山东省青岛市市北区昊兴路139号中铁青岛广场A座 | 266000 | — |
| 中铁发展投资有限公司河南总部 | 河南省郑州市经开区朝凤路26号经开投发2层 | 476000 | — |
| 昔阳至榆次高速公路项目工程指挥部 | 山西省晋中市榆次区蕴华街A10号正太商铺 | 030600 | — |
| 中国中铁股份有限公司青岛市地铁6号线一期工程土建施工项目经理部 | 山东省青岛市黄岛区灵山卫街道胶州湾东路79号 | 266400 | — |
| 中铁濮新（菏泽）高速公路有限公司 | 山东省菏泽市牡丹南路滨河新城A4裙楼2层 | 274000 | — |
| 临汾铁程建设工程有限公司 | 山西省临汾市尧都区滨河西路西来闸A区展示中心 | 041000 | — |
| 中铁发展长治潞州区项目总包部 | 山西省长治市潞州区延安南路98号 | 046000 | — |

续表

| 单位名称 | 地址 | 邮编 | 电话 |
|---|---|---|---|
| 中铁（河南）新川高速公路有限公司 | 河南省洛阳市洛龙区开元大道275号 | 471000 | — |
| 中铁（潍坊）城市开发投资有限公司 | 山东省潍坊市寒亭区民主街292号 | 261100 | — |
| 中铁濮新（商丘、周口、鹿邑）高速公路有限公司 | 河南省商丘市梁园区平原街道新区社区党群服务中心 | 476000 | — |
| 中国中铁股份有限公司郑州市轨道交通7号线一期工程土建施工项目经理部 | 河南省郑州市惠济区花园北路213号环艺大厦 | 450000 | — |
| 中铁发展投资有限公司上合示范区中央广场项目总包部 | 山东省青岛市胶州市创新大道17号 | 266318 | — |
| 中国中铁股份有限公司青岛地铁1号线土建一标项目总部 | 山东省青岛市黄岛区灵山卫街道胶州湾东路79号 | 266400 | — |
| 太原西北二环高速公路发展有限公司 | 山西省太原市迎泽区双塔北路永祚西街2号 | 030045 | — |
| 中国中铁青岛市地铁8号线项目总部 | 山东省青岛市李沧区沧安路8号 | 266000 | — |
| 山西静兴高速公路有限公司 | 山西省吕梁市岚县东村镇西二街田野国际饭店1~7层 | 033500 | 0358-6900688 |
| 郑州公用坤城地下空间综合开发有限公司 | 河南省郑州市高新区长椿路11号河南省国家大学科技园西区南配2号楼212室 | 450000 | — |
| 中铁发展投资有限公司青兰高速黎城至霍州段项目工程指挥部 | 山西省临汾市古县延庆街88号 | 042400 | — |
| **四十四** | | | |
| **中铁北方投资有限公司** | **辽宁省沈阳市浑南区三义街28-4号瑞宝东方大厦22层** | **110101** | **024-23700088** |
| 中铁东北投资发展有限公司（中国中铁辽宁指挥部） | 辽宁省沈阳市浑南区彩霞街1-11号 | 110101 | 024-23608019 |
| 中铁北方吉林投资建设有限公司（中国中铁吉林指挥部） | 吉林省长春市南关区东北亚国际金融中心3-306 | 130000 | — |
| 中铁北方吉林房地产开发有限公司 | 吉林省长春市南关区东北亚国际金融中心3-547 | 130000 | — |
| 中铁北方投资有限公司黑龙江事业部（中国中铁黑龙江指挥部） | 黑龙江省哈尔滨市道里区群力新区群力大道3517号星光耀广场二期办公B座15层 | 150001 | 0451-51135558 |
| 中铁北方投资有限公司蒙兴事业部（中国中铁内蒙古指挥部） | 内蒙古自治区呼和浩特市新城区腾飞北路名都和景52号楼4层 | 010050 | 0471-3593510 |
| 吉林中铁高速公路有限公司 | 吉林省吉林市磐石市磐石大街1111白云国际酒店 | 132300 | 0432-65666977 |
| 中国中铁延长高速蒲烟段烟长段及本集高速桓集段PPP项目总经理部 | 吉林省吉林市磐石市磐石大街1111白云国际酒店 | 132300 | 0432-65666977 |
| 中铁大连地铁5号线有限公司 | 辽宁省大连市西岗区沈阳路5号 | 116011 | — |
| 中国中铁股份有限公司大连地铁五号线总承包管理部 | 辽宁省大连市西岗区沈阳路5号 | 116011 | — |
| 呼和浩特市地铁1号线建设管理有限公司 | 内蒙古自治区呼和浩特市赛罕区机场辅路地铁控制中心7层 | 010020 | — |
| 中国中铁股份有限公司呼和浩特市轨道交通1号线一期工程建设指挥部 | 内蒙古自治区呼和浩特市新城区腾飞北路名都和景52号楼3层 | 010050 | 0471-3593510 |
| 中国中铁股份有限公司长春市轨道交通5号线一期工程建设项目经理部 | 吉林省长春市高新技术产业开发区硅谷大街1118号 | 130012 | — |
| 中国中铁股份有限公司长春地铁6号线2标段总包部 | 吉林省长春市高新技术产业开发区硅谷大街1118号 | 130012 | — |

附录

续表

| 单位名称 | 地址 | 邮编 | 电话 |
|---|---|---|---|
| 沈阳快速路建设投资有限公司 | 辽宁省沈阳市浑南区彩霞街 1-11 号 | 110101 | 024-23608019 |
| 中国中铁股份有限公司沈阳快速路项目部 | 辽宁省沈阳市浑南区三义街 28-4 号瑞宝东方大厦 11 层 | 110101 | — |
| 沈阳西部投资建设有限公司 | 辽宁省沈阳经济技术开发区中德大街 6 号甲 1 中德公馆 1 号楼 | 110000 | 024-25671870 |
| 中国中铁股份有限公司中德产业园项目总包部 | 辽宁省沈阳经济技术开发区中德大街 6 号甲 1 中德公馆 1 号楼 | 110000 | 024-25671870 |
| 中铁东北亚长春物流港发展有限公司 | 吉林省长春市宽城区龙湖大路与 102 国道交会处北行 150 米路左侧 | 130000 | — |
| 中国中铁股份有限公司长春新区东北亚国际物流港项目总包部 | 吉林省长春市宽城区龙湖大路与 102 国道交会处北行 150 米路左侧 | 130000 | — |
| 公主岭市中财铁投城市综合管廊管理有限公司 | 吉林省长春市公主岭市岭东路与南环城路交会管廊监控中心 | 136100 | — |
| 中国中铁股份有限公司公主岭市地下综合管廊项目部 | 吉林省长春市公主岭市工业大街征达驾校对面中国中铁 | 136100 | — |
| 内蒙古甘其毛都至乌拉山高速公路建设管理有限公司 | 内蒙古自治区巴彦淖尔市临河区河套大街兴盛国际花园综合楼 4 楼 4010 室 | 015000 | — |
| 中国中铁股份有限公司双辽至洮南公路建设项目第 ST01 合同段项目总经理部 | 吉林省长春市南关区东北亚国际金融中心 3-836 | 130000 | — |
| 四十五 | | | |
| **中国铁工投资建设集团有限公司** | **北京市顺义区正元大街 2 号院 4 号楼** | **101300** | **010-21722127** |
| 中铁水务集团有限公司 | 陕西省西咸新区沣西新城尚业路 1309 号总部经济园 3 号楼 301 室 | 712000 | 029-85876871 |
| 中铁市政环境建设有限公司 | 上海市普陀区武威路 88 弄 3 号楼 A 区 | 200331 | 021-66118132 |
| 中国铁工投资建设集团有限公司城市建设分公司 | 北京市丰台区南四环西路 188 号 10 区 7 号楼 | 100071 | 010-83326338 |
| 石家庄云际生态保护管理服务有限公司 | 河北省石家庄市藁城区金五路与金滩路交叉口东行 300 米石家庄云际公司 | 052160 | — |
| 中铁（泰安）环境治理有限公司 | 山东省泰安市泰山区泰前街道碧霞大街 26 号 | 271000 | — |
| 武汉新沙北岸生态环境工程有限公司 | 湖北省武汉市武昌区徐家棚街团结路 16 号东原锦悦 6 栋 24 层 1 号 | 430061 | — |
| 唐山云之苑综合管理服务有限公司 | 河北省唐山市开平区唐古路 209 号 | 064000 | 0315-5259101 |
| 四十六 | | | |
| **中铁世德铁路投资有限公司** | **陕西省西安市碑林区 99 号建科大厦 901 室** | **710000** | **—** |
| 四十七 | | | |
| **中铁站城融合发展投资有限公司** | **云南省昆明市西山区清苑路 68 号** | **650118** | **0871-68107718** |
| 四十八 | | | |
| **中铁（广州）投资发展有限公司** | **广东省广州市海珠区阅江路 832 号保利天幕广场 5~6 层** | **510320** | **020-89449220** |
| 四十九 | | | |
| **中铁物贸集团有限公司** | **北京市门头沟区永定镇玉带东二街 163 号** | **102308** | **010-61829816** |
| 深圳有限公司 | 广东省深圳市南山区中心路 3333 号中铁南方总部大厦 19 层 | 518054 | 0755-36658162 |
| 昆明有限公司 | 云南省昆明市西山区日新中路润城第一大道 4 栋 21 层 | 650100 | 0871-67152358 |
| 上海有限公司 | 上海市普陀区丹巴路 99 号 C1 座 | 200062 | 021-32514872 |
| 武汉有限公司 | 湖北省武汉市武昌区徐东大街 6 号汇通天地 A 座 18 层 | 430000 | 027-88225009 |

续表

| 单位名称 | 地址 | 邮编 | 电话 |
|---|---|---|---|
| 西安有限公司 | 陕西省西安市碑林区雁塔路北段9号中铁第一国际A座19层 | 710000 | 029-83211586 |
| 北京有限公司 | 北京市丰台区汽车博物馆南路3号院北京中铁大厦西配楼10~11层 | 100055 | 010-83770567 |
| 鲁班（北京）电子商务科技有限公司 | 北京市门头沟区永定镇玉带东二街163号 | 102308 | 010-61829501 |
| 中石油铁工油品销售有限公司 | 北京市西城区北三环中路29号院茅台大厦18层 | 100029 | 010-59089109 |
| 中铁物贸（天津）有限公司 | 天津市滨海新区泰达MSDC2~24层 | 300450 | 022-58808979 |
| 上海亚太国际商品交易服务有限公司 | 上海市浦东新区世纪大道201号渣打银行9层 | 200120 | — |
| 矿产有限公司 | 北京市东城区安定门东大街28号2号楼3层311A室 | 100010 | — |
| 能源有限公司 | 北京市密云区密三路1号 | 101500 | — |
| 成都分公司 | 四川省成都市金牛区金凤凰大道99号中铁产业园A5栋7层 | 610083 | 028-83357960 |
| 沈阳分公司 | 辽宁省沈阳市和平区南堤西路901号中海国际中心B座17层 | 110000 | 024-22552858 |
| 轨道集成分公司 | 北京市丰台区西四环南路35号中都科技大厦13层 | 100071 | 010-63386193 |
| 五十 | | | |
| 中铁云网信息科技有限公司 | 北京市海淀区复兴路69号中铁广场C座8层 | 100039 | 010-51836500 |
| 五十一 | | | |
| 中国中铁“三个转变”研究院 | 北京市海淀区复兴路69号中国中铁大厦 | 100039 | — |
| 五十二 | | | |
| 中国中铁雄安新区投资建设总指挥部 | 河北省保定市容城县容信路1号中国中铁大厦4层 | 071700 | — |
| 五十三 | | | |
| 中国中铁股份有限公司孟加拉国帕德玛大桥铁路连接线项目经理部 | 孟加拉国达卡市巴利达拉小区12号路21号楼 | 1212 | — |
| 五十四 | | | |
| 中国中铁股份有限公司印尼雅万高铁项目经理部 | 印度尼西亚万隆市帕达拉郎镇新城区床具用品专卖场中国中铁股份有限公司印尼雅万高铁项目经理部 | 40553 | — |
| 五十五 | | | |
| 中国中铁股份有限公司哈大铁路客运专线工程指挥部 | 辽宁省沈阳市苏家屯红椿路88号米拉晶典C2-111 | 110111 | — |
| 五十六 | | | |
| 中铁国资资产管理有限公司 | 北京市丰台区西客站南广场西区4号 | 100055 | 010-51843870 |
| 五十七 | | | |
| 中国铁路工程集团有限公司党校 | 河北省石家庄市裕华东路56号 | 050011 | 0311-67660609<br>0311-67660610 |

制表：所属单位相关工作人员

附录

# INDEX 索引

## 使用说明

1. 本索引采用内容分析索引法编制。除大事记外，年鉴中有实质检索意义的内容均予以标引，以便检索使用。

2. 本索引基本上按汉语拼音音序排列。具体排列方法如下：以数字开头的，排在最前面；英文字母打头的，列于其后；汉字标目则按首字的音序、音调依次排列，首字相同时则以第二个字排序，并依此类推。

3. 索引标目后的数字，表示检索内容所在的年鉴正文页码；数字后面的字母 a、b、c，表示年鉴正文中的栏别，合在一起即指该页码及左、中、右三个版面区域。年鉴中用图表反映的内容，则在索引标目后面用括号注明（图）（表）字，以区别于文字标目。

4. 为反映索引款目间的隶属关系，对于二级标目，采取在上一级标目下缩二格的形式编排，之下再按汉语拼音音序、音调排列。

### 0 ~ 9（数字）

## A ~ Z（英文）



## A

## B



## C

## D

## E ～ F



## G

索引

## H

## K

L

## M ~ N



## P ~ Q



索引

## R ~ S

## T

## W



索引

X

## Y

## Z

索引

（王彦祥　刘子涵　编制）

索引